Hellmut Diwald

Geschichte der Deutschen

Hellmut Diwald

Geschichte der Deutschen

Propyläen

Der Band
enthält 837 Bilddokumente
und 25 Karten.

Inhalt

Unterstützung bei der Fertigstellung des Textes: Dr. Petra Koniszewski
Register: Stephan Boehnke
Bilddokumentation: Wolfram Mitte

Zur Sache

Die Geschichte der Deutschen ist so voller Komplikationen und Störungen, daß ihr historischer Zusammenhang, ja ihre Einheitlichkeit oft genug fragwürdig erschienen sind. Mit vergleichbaren Schwierigkeiten hatten es andere Völker kaum zu tun, weder die Franzosen noch die Engländer, weder die Italiener noch die Griechen, weder die Spanier noch die russischen Slawen. Der Begriff ›Deutschland‹ dagegen und in einem präziseren Sinn auch der Ausdruck ›Deutsche‹ sind historisch und geographisch, politisch und sprachlich-kulturell zu einer Zeit festgelegt worden, da die Völker Europas ihren Wunsch, sich national zu formieren, schon realisiert oder unmißverständlich ausgedrückt hatten.

Unabhängig von den besonderen politischen Wirklichkeiten des letzten Viertels unseres Jahrhunderts assoziieren wir bei dem Wort ›Deutschland‹ noch immer ein Territorium Mitteleuropas innerhalb derjenigen Grenzen, an denen vor Jahrzehnten die Souveränität des früheren Deutschen Reiches endete. Solange sich mit diesem Wort derartige Vorstellungen verbinden, solange der staatsrechtlich-territoriale Bezug noch die geringfügigste formal-juristische Sicherung besitzt, solange die Deutschen eine Gegenerklärung nicht eindeutig und einhellig formulieren, bleibt ihr Geschichtsverhältnis ausgerichtet an den Gegebenheiten der Nation und des Nationalen.

Unsere heutige Lage ist mit der Jahreszahl 1945 unlösbar verkettet. Mit ihr verbindet sich der verheerendste Bruch in der deutschen Geschichte. Wir können diese Tatsache inzwischen einigermaßen sachlich registrieren. Im Jahr 1945 riß die historische Kontinuität der Deutschen ab. In der Regel mündet die geschichtliche Entwicklung der Völker ohne grundlegenden Bruch in die Gegenwart, die dann ihrerseits eine natürliche Basis der weiteren Entfaltung und Entwicklung bildet. In einer solchen Gegenwart wird die Vergangenheit, die Geschichte, als sinnreicher Prozeß akzeptiert. Dort, wo das nicht der Fall ist, verwandelt sich die Vergangenheit zu einer Projektionswand für aktuelle Nöte, wird Geschichtsschreibung zu einem Prozeß der Selbstbespiegelung und Gewissenserforschung. In Deutschland wurde nach 1945 dieses Phänomen mit dem Terminus der Vergangenheitsbewältigung charakterisiert.

Derselbe Sachverhalt drückte sich auch politisch aus: in der jahrelangen Umerziehung, der inneren Umpolung des deutschen Volkes durch die Sieger des Zweiten Weltkrieges. Alle Ideen und Überzeugungen, die ihrer Meinung nach zu der politischen, moralischen, charakterlichen Korrumpierung der Deutschen geführt hatten, sollten ein für allemal ausgerottet werden. Im Bereich der Geschichte wurde dies durch einen nahezu lückenlosen Kehraus praktiziert, der sich nicht nur auf die direkten und mittelbaren Vorfahren, sondern auf die ganze deutsche Vergangenheit erstreckte. Die Geschichte der Deutschen wurde nicht sachbezogen inspiziert und interpretiert, sondern moralisch disqualifiziert.

Das 20. Jahrhundert ist von den Katastrophen der zwei Weltkriege geprägt. Beide Male spielte das deutsche Volk einen Part, der nicht unglückseliger hätte sein können. Deshalb ist die Lage der Deutschen in der Gegenwart bestimmt von den Ergebnissen dieser Kriege und der politischen Eigenart der jeweiligen Siegermächte, unter deren Direktive sie gerieten. Unsere Nation ist auseinandergerissen, innerlich zerfetzt, die beiden Hauptkomplexe West- und Mitteldeutschland sind stärker voneinander getrennt als von den meisten Staaten des Erdballs. Von dieser Situation, die inzwischen betoniert ist bis zur Tabuisierung, hängt auch unsere Hilflosigkeit gegenüber der deutschen Geschichte ab.

Kein Deutscher in den drei Republiken, die nach 1945 westlich der Elbe, östlich von ihr und im Alpenland geschaffen worden sind und von deren Existenz keine gemeinsame Brücke in frühere Zeiten führt, konnte sich den Folgen der politischen Umorientierung durch die Alliierten und der Ausrichtung gemäß ihren fundamentalen Überzeugungen entziehen. Bei der Überprüfung unserer Geschichte waren die Siegermächte zu dem Ergebnis gelangt, daß das meiste der deutschen Vergangenheit verdorben, beschädigt, krank gewesen sei. Deshalb mußte mit dieser Vergangenheit gebrochen werden.

Das vielbeklagte und mittlerweile von anderen Völkern herablassend beurteilte offizielle Desinteresse der Deutschen an ihrer Geschichte erklärt sich bei den Älteren aus der Tatsache, daß ihnen in bewußter Gründlichkeit ihre Geschichte entwertet, zerstört und weggenommen wurde. Geschichtsschreibung schloß zu allen Zeiten auch eine moralische Bilanz ein. Doch erst nach 1945 trat sie bei den Deutschen in den Dienst einer Selbstdiskriminierung. Nun gehören allerdings die elementar historischen Bedürfnisse zu den Lebensnotwendigkeiten des einzelnen genauso wie zu der Großgruppe eines Volkes. Das zeigt sich inzwischen wieder bei den Jüngeren, die das Trauma von 1945 und alles, was dazu gehört, nicht kennen. Für die Deutschen heute heißt das unter dem Aspekt ihrer politischen Lage, daß sie ihre Nationalverstümmelung zur Kenntnis nehmen und sich um eine Antwort auf die Frage bemühen müssen, wie sich Deutschland und die deutsche Nation nunmehr politisch definieren und historisch legitimieren, und zwar unter Einschluß Mitteldeutschlands. Das ist vor allem deshalb notwendig, weil der mitteldeutsche Staatsverband für sich in Anspruch nimmt, die Vollendung der wahren, der eigentlichen deutschen Geschichte darzustellen, »die staatliche Verkörperung der besten Traditionen der deutschen Geschichte« zu sein. Westdeutschland dagegen wird zu einem Sammelbecken all dessen stilisiert, was als schlechte Tradition unserer Geschichte gilt.

Politisch ist die Nation der Deutschen zutiefst mit sich selbst verfeindet, territorial zerschlagen, entsprechend den West-Ost-Gegensätzen auch in Gesellschaftsordnungen eingebunden, deren Wertorientierungen sich zueinander kontradiktorisch verhalten. Diese Sachlage ist vorerst unabänderlich; es liegt nicht in unseren Möglichkeiten, daran zu rütteln. Gerade deshalb erhöht sich die Bedeutung der Frage, inwieweit diese künstliche, durch fremde Absprachen verordnete politisch-nationale Schizophrenie neutralisierbar ist, wenn wir sie nicht auch noch in unsere Geschichte ausgreifen lassen.

In unserer Situation spiegelt sich viel von der grundsätzlichen Problematik der Deutschen mit sich selbst. Sie ist so alt wie ihre staatlich-gebundene Geschichte. Das deutsche Volk ist sich seit der Wahl des Sachsenherzogs Heinrich I. zum König des ersten Deutschen Reiches 919 erst nach Überwindung zahlloser Hindernisse seiner wesensmäßigen Zusammengehörigkeit, seiner faktisch begründeten Gemeinsamkeit bewußt geworden. Heute sehen wir, daß Zerrissenheit und Uneinigkeit einen Teil unseres Wesens ausmachen. Auf weiten Strecken der Geschichte begegnen uns Kämpfe zwischen Deutschen, die oft leidenschaftlicher geführt wurden als die Kriege gegen äußere Feinde. Deutschsein hieß in ungezählten Variationen sich gegenseitig unterjochen. Dieser Sachverhalt wiederholt sich in dem Gegeneinander der beiden deutschen Sozialordnungen unserer Zeit.

Die Einheit unserer Geschichte wird weder durch eine künstliche Auflösung oder Retusche der Unverträglichkeiten, Zwiste, Bruderkämpfe der Deutschen, noch durch Ablehnung dieser oder jener schlechten Tradition sichtbar. Wir müssen vielmehr die Heimsuchungen, Zusammenbrüche und Demütigungen in unsere Geschichte genauso einbeziehen wie die Erfolge und Triumphe unserer historischen Entfaltung. Territorialegoismus, Stammesstolz, Regionalpatriotismus, das Eintreten für Kaiser und Reich, oder wider Kaiser und Reich, die Konflikte Nord–Süd oder Ost–West sind Merkmale der eigensinnigen Kraft der Deutschen, Manifestationen ihrer Geschichte. Dazu gehören nicht nur die aufbegehrenden Bauern der ersten gewaltigen Revolution von 1524 bis 1526, sondern auch die Fürsten und Herren, deren Truppen die Aufständischen besiegten und furchtbare Rache an ihnen nahmen. Nicht minder gehören zu dieser Geschichte die mörderischen Leidenschaften der Protestanten und der Katholiken im Dreißigjährigen Krieg, der Kampf Preußens gegen Österreich im 18. Jahrhundert, die deutschen Freiheitskämpfer gegen Napoleon, die Magnaten und Dynasten, die sich der Kräfte des Volkes zu ihrer eigenen Restauration bedienten, die deutsche Revolution des Jahres 1848, Bismarck ebenso wie Bebel, Rosa Luxemburg oder Erich Ludendorff. Ein deutscher Marxist zählt genauso zu Deutschland, zur Geschichte der Deutschen, zur deutschen Realität wie die deutschen Junker, die kaiserlichen Monokelträger, die Juden und Nationalsozialisten. Die Konfrontation der beiden Gesellschaftssysteme in West- und Mitteldeutschland ist für die Einheit unserer Geschichte charakteristischer als für ein unterstelltes Neben- und Gegeneinander sich ausschließender Bestrebungen.

Jeder historischen Betrachtung liegt eine bestimmte Bewußtseinsform zugrunde. Der Mensch wird am unmittelbarsten von den Kräften der Geschichte in seinem eigenen Leben getroffen. Unsere Existenz, unsere persönlichen und sozialen Bedingungen tragen den Stempel derjenigen Etappen, die dahin geführt haben. Deshalb beginnt der natürlichste Blick in die Geschichte damit, diese Stadien Schritt für Schritt zurückzuverfolgen und dabei die Wirkungszusammenhänge zu begreifen. Wer sich entschließt, von dieser Realitätserfahrung aus den allgemeinen Zusammenhang aufzuspüren, hält einen Ariadne-Faden durch das Labyrinth der Geschichte in der Hand – wie Theseus, der Sohn des Königs von Athen, in der alten Sage. Der Kunstgriff des Theseus bedeutet für den Historiker, daß er nicht irgendwo in den dunklen Winkeln ferner Zeiten beginnt, vielmehr dort ansetzt, wo sich der Geschichtsprozeß noch dinghaft realisiert.

Nirgends haben wir mit der Geschichte so direkt zu tun wie hier und jetzt, in Bonn und Berlin-Pankow. Das führt zur Ostpolitik der Bundesregierungen, zur Politik der DDR, zur Gründung der deutschen Rumpfstaaten 1949, durch die beiden Weltkriege, ins Kaiserreich, zum Deutschen Bund, in den Vormärz, zu den Befreiungskriegen der napoleonischen Ära. Ein solcher Weg folgt den Epochen und historischen Phänomenen entsprechend ihrer geschichtlichen Virtualität. Wissenschaftstheoretisch läßt sich dieses Verfahren mit drei Hauptargumenten begründen. Erstens vom Gesichtspunkt der historischen Wirkungskapazität aus, von deren Grad sowohl die Betroffenheit des einzelnen als auch die Intensität seines aktuellen Interesses abhängen und die nach rückwärts, in die Vergangenheit, stetig abnimmt; an ihre Stelle schiebt sich gleichlaufend dazu die Kapazität des erweiterten Horizonts und eines Interesses, dessen Stärke sich aus dem gewonnenen Überblick ergibt. Zweitens aufgrund des Sachverhalts, daß die Modalität unseres gesamten Vorstellungsbereichs, der verbalen und psychisch-mentalen Ausdrucksmöglichkeiten durch die Maßstäbe der zeitgenössischen Moderne bedingt sind. Das schwierige Problem des Verständnisses inhaltsbesetzter Begriffe und Kategorien der Geschichte wird durch das gegenchronologische Verfahren gewissermaßen unterlaufen, weil sich auf diesem Weg die inneren Zusammenhänge der Historie, ihre Kontinuität wie ihre Bruchstellen bündiger erschließen lassen. Drittens durch die Ausschaltung eines Trugschlusses, der sich besonders hartnäckig eingebürgert hat und zu dessen Lasten zahlreiche Verzerrungen der Geschichtsschreibung gehen: daß sich nämlich aus der zeitlichen Aufeinanderfolge der geschichtlichen Ereignisse auch ihr kausaler Zusammenhang ergäbe.

Schließlich läßt sich durch das gegenchronologische Verfahren der Darstellung erhärten, daß es ohne Geschichtsbewußtsein weder eine soziokulturelle noch politische Selbstbehauptung gibt. Aus diesem Grund muß auch die Geschichte immer wieder neu geschrieben werden. Und gerade die Deutschen sind dazu gezwungen, aus ihren aktuellen Nöten und Problemen heraus ihr eigenes Verhältnis zur Geschichte zu entwickeln. So wie es ohne Einblick in die Geschichte keine begründbaren Standpunktbezogenheiten gibt, so gibt es ohne diese keine kritische Prüfung unserer Werte und Verbindlichkeiten. Unsere Geschichte öffnet uns den Blick für Gemeinsamkeiten, die sich nicht durch Zweistaaten-Theorien oder innerdeutsche Grenzen auseinanderschlagen lassen. Nicht sine, sondern cum ira et studio, auf jeden Fall leidenschaftlich genug, um einen Identitätsbeweis zu gewinnen.

Das Zeitalter der großen Kriege

Der Erfolgsweg in die Spaltung

Jalta ist ein herrliches Bad, ein Ort voller Zauber, ein Luxusprodukt der Natur. Mit seiner großartigen Lage an der Südküste der Krim, seinem verführerisch sanften Klima gehört es zu den Sonderschöpfungen der Götter. Die Vorzüge der Krim, besonders die unvergleichliche Bucht vor dem Jaila-Gebirge, wurden schon in der frühen Antike entdeckt. Griechische Siedler landeten hier um 600 vor Christi Geburt. Ihre Städte, so sagte man, waren dem kostbaren »Saum des Gewandes der griechischen Kultur angewebt«. Jaltas geographisch-klimatische Erlesenheit wurde allerdings erst im zaristischen Rußland der Endzeit in persönlichen Genuß ausgemünzt. Vor hundert Jahren ließ der russische Hochadel die schönsten Villen erbauen, prunkvolle Sommersitze in Gärten mit den Ausmaßen stattlicher Parkanlagen. – Das Herz Jaltas ist Liwadia. Hier liegt der Palast, die Sommerresidenz des letzten Zaren, Nikolaus' II.: in einem Meer von Zedern, Mammutbäumen, Kakteen, Zypressen, Lorbeer, immergrünen Eichen, Pinien und Palmen. Das Schloß wird umringt von Gästehäusern, weitläufigen Terrassen, Springbrunnen, Laubengängen; sie umfassen es wie einen Schmuckstein. Hier blühen die Rosen bis in den November. Vom Solarium aus geht der Blick endlos übers Schwarze Meer, im Osten schimmern die zarten Umrisse der Schneegipfel des Kaukasus. Kein Ort hätte besser sein können für den russischen Adel, der sich erholen mußte von den Zumutungen der Gutsverwaltung, von der strapaziösen Geselligkeit Moskaus, von den bedrückenden Vorahnungen eines baldigen Epochenwechsels und Umbruchs. Jalta ist ein Ort zum Meditieren über die Schönheiten der Welt, ihre unerbittliche Vergänglichkeit und die Hinfälligkeit allen Tuns.

Die Villa Alexanders III.
in der Sommerresidenz Liwadia
auf der Krim
Stich nach einer Zeichnung,
1894

Jalta ist der Ort, an dem zum letzten Mal in der Geschichte die Welt aufgeteilt wurde. Auf Schloß Liwadia versammelten sich ein Vierteljahr vor dem Ende des Zweiten Weltkrieges, vom 4. bis zum 11. Februar 1945, drei alte Männer: Winston Churchill, Franklin Delano Roosevelt, Jossif Wissarionowitsch Stalin. Der englische Premierminister war siebzig Jahre alt. Er bezeichnete sich selbst als ›altes Schlachtroß‹ und ließ sich auch von anderen gern so sehen. Daß er seine besten Erfahrungen immer in ausweglosen Situationen gesammelt hatte, gehörte nicht zu seinen politischen Vorzügen. Der Repräsentant Englands war der schwächste dieser drei Großen, unfähig auch, diesen Mangel auszugleichen durch seinen beträchtlichen Weitblick und Scharfsinn, mit denen er die sowjetrussische Partnerschaft nur als ein unvermeidliches Ergebnis der Notlage des Krieges bewertete, dabei seine Befürchtungen vor den Folgen der russischen Übermacht durch mißmutigen Zynismus überspielend. Churchill wußte nur zu gut, daß Stalin seinen ›Thron‹ der Material- und Waffenflut des Westens verdankte und diese Tatsache in leutseliger Unverfrorenheit stolz als russische Leistung herausstrich.

Anders dachte Churchills persönlicher Freund, Roosevelt, mit dem er auch durch ungezählte politische Differenzen verbunden war. Roosevelt, der Präsident der Vereinigten Staaten, dreiundsechzig Jahre alt, war todkrank; jeder sah es. Ein englischer Teilnehmer bezeichnete ihn als »eine zerbrochene Muschel«. Doch Roosevelt war nach wie vor der Illusionist welthistorischen Formats, der sich durch nichts, nicht einmal durch die überzeugendsten Beweise, von seinem gläubigen Wahn abbringen ließ, der sowjetische Kommunismus würde sich zwar langsam, aber in zwangsläufiger Folgerichtigkeit zu einer Demokratie

Der ›Rat der Großen Drei‹: Stalin, Roosevelt und Churchill in Teheran, Ende 1943

vgl. Russen in Warschau hatten Zerstörung u. Vernichtg d. Juden vermeiden können haben gewartet bis Hitler die Arbeit gemacht hätte.

Bomberflotten – Flüchtlinge Zeichnung von Frans Masereel

westlicher Prägung entwickeln. Diese gottesfürchtige Arglosigkeit bestärkte der wichtigste im ›Rat der Großen Drei‹, Marschall Stalin, listig, jovial und erfolgreich. Der sowjetische Diktator, Anfang 1945 fünfundsechzig Jahre alt, hatte wenig Gelegenheit gehabt, den Eindruck, den sein erstes Treffen mit Roosevelt in Teheran Ende 1943 hinterlassen hatte, zu revidieren. Damals war ihm der Präsident als überoptimistisch und flüchtig, geschwätzig und gutgläubig erschienen. Stalin mußte seine Meinung nicht korrigieren, weil sich Roosevelts kindliches Vertrauen zu ihm um keinen Deut verändert hatte. Der Diktator blieb für den amerikanischen Präsidenten der gute alte ›Onkel Joe‹, das Väterchen mit Wodka und weichem Herzen, eine große Seele im russischen Bärenpelz. So viel Naivität war für Stalin Grund genug, um alle ihre Möglichkeiten auszuschöpfen und den Rest als höchsten Trumpf der Freundschaft gegen Churchill und dessen Beziehungen zu Roosevelt auszuspielen.

Aus der Lage der Kriegsfronten durften die Alliierten folgern, daß der militärische Zusammenbruch Deutschlands in wenigen Monaten eine vollendete Tatsache sein würde. Im Westen war das letzte Aufbäumen der Deutschen, die Ardennen-Offensive, längst gescheitert. Die angloamerikanischen Truppen standen am Rhein. Ihre Bomberflotten rüsteten sich auf Wunsch der Sowjets zu der Vernichtungsorgie von Dresden, wo sich Hunderttausende von Flüchtlingen gesammelt hatten. In Oberitalien bereiteten sich die Amerikaner auf den Durchbruch nach Norden, zu den Alpen vor. In Jugoslawien verlief die Front quer durch die Herzegowina, entlang der Linie Mostar zur Drina nach Vischegrad. Budapest, die ungarische Hauptstadt, die sich zwei Monate lang fanatisch gegen die sowjetische Übermacht gewehrt hatte, fiel am 11. Februar. Durch Ostpreußen wälzten sich seit Mitte Januar die russischen Truppen, im Mittelabschnitt waren sie schon bis zur Oder durchgestoßen; ihr Brückenkopf befand sich fünfzig Kilometer vor Berlin. Durch Pommern und Westpreußen, Südpolen und Schlesien flohen Millionen in Trecks auf den spärlichen Hauptstraßen. Abertausende starben in der Eiseskälte, wurden von Panzerzügen überrollt, niedergewalzt, verbluteten in Schnee und Frost.

Über Jalta wölbte sich zur selben Zeit ein wolkenlos strahlender Himmel. Zwischen Feigen- und Mandelbäumen, Eiben und Wacholder wurde hier das künftige Schicksal einer Welt bestimmt, die sich in Krämpfen wand. Die Zusammenstellung der Menüs für die Konferenzteilnehmer war dem ungewöhnlichen Luxus des Zarenschlosses angepaßt, wenn auch nicht frei von Monotonie: Als kalte Vorspeisen wurden Kaviar, Stör, Lachs, frische Gurken und Radieschen serviert, als warme Hors d'œuvres Champignons in saurer Sahne, Hirschbrust, pochierte Eier à la bergère, anschließend die russische Weißkrautsuppe, verschiedene Fleischspezialitäten und als Nachspeise vor allem Obst, dazu diverse Weine, besonders aber Wodka und Sekt vom Kaukasus. Kaviar, schwarzen wie roten, gab es in Mengen. Churchill begann damit bereits sein Frühstück. Das Treffen von Jalta war eine ›Kaviarkonferenz‹.

Zur gleichen Zeit, da überall auf den Hauptplätzen dieses fürchterlichen Weltkrieges, inmitten von Frost und eisigem Regen, Millionen Menschen kämpften und starben, fielen in Jalta die Würfel über die Zukunft. Den Männern des Gipfels war das bewußt, was nicht heißen soll, daß sie sich dem Ausmaß ihrer Entschlüsse gewachsen zeigten. Churchill hat später wiederholt versichert, daß noch nie in der Geschichte von so wenigen Menschen über das Schicksal so vieler entschieden worden ist. Jalta war eine Konferenz der

Der fruchtbare Süden der Halbinsel Krim
Stich, um 1875

Die Großen Drei während der Konferenz von Jalta im Februar 1945:
Stalin, Churchill und Roosevelt mit ihren Unterhändlern

›Die Klage Bremens‹
Gemälde von Franz Radziwill,
1944

Was DIE WOCHE zeigt –

WOLF DURIAN

Vom Hitlerjungen zum Stoßtruppführer

Offiziersnachwuchs von heute

SEIN ERSTER EINSATZ –
– UND SEIN LETZTER

– und was sie verschweigt

Anweisung zum Selbstschutz der Zivilbevölkerung

1. **Du musst wissen, was geschieht.**
Versuche, Dich so gut wie möglich über die militärische Lage zu unterrichten. Lasse Dich nicht durch Gerüchtemacher und Flüsterpropaganda beirren. Bemühe Dich, die Wahrheit über den Vormarsch der Alliierten zu erfahren und weiterzugeben.

2. **Sprich ein offenes Wort mit den Soldaten.**
Der Landser wollte auch in Aachen keine sinnlose Zerstörung. Er wird geopfert, genau wie Du und Deine Stadt. Bestärke ihn in seiner Überzeugung, dass sein Widerstand der Stadt nur schadet.

3. **Schütze Dein Eigentum.**
In der Verwirrung wird es gewissenlose Elemente geben, die die Heime der Evakuierten plündern. Es gilt, gegen diese Elemente energisch einzuschreiten. Daher ist es wichtig, dass sich die Bewohner der Stadt zu gemeinsamem Vorgehen zusammenfinden.

4. **Schütze das Gemeingut.**
Mutwillige Zerstörung lebenswichtiger Gemeindebetriebe bedeutet für Deine Stadt nur mehr Elend im kommenden Winter. Ob Du Wasser, Gas und Elektrizität haben wirst, hängt zum grossen Teil von Dir selbst und Deinen Nachbarn ab.

5. **Schliesse Dich mit Gleichgesinnten zusammen.**
Du musst bereit sein, wenn sich die Alliierten der Stadt nähern, gemeinsam mit anderen den Willen der Bevölkerung durchzusetzen. Allein vermagst Du nichts. Der Kommandeur wird nur von einer machtvollen Kundgebung beeindruckt sein.

Weitere Anweisungen erhältst Du laufend über Radio Luxemburg, den Sender der Alliierten Armeen, auf Welle 1293 m. Auch mit Volksempfänger abzuhören.

WG 20

Psychologische Kampfführung der Alliierten
Amerikanisches und englisches Flugblatt an Deutsche aus den letzten Kriegsjahren

krassesten Antithesen, militärisch, politisch, welthistorisch. Die Geschichte bietet keine Parallele von ähnlicher Dimension. Der Glanz der Sonne von Jalta in den Februartagen des Jahres 1945 ließ die Schatten um so stärker hervortreten. Deutschland schien diese Sonne nicht. Im Schatten von Jalta lebt Deutschland noch immer.

Die letzte Plenarsitzung in Jalta fand, wie fast alle vorher, im Ballsaal des Zarenpalastes statt. Beim Frühstück auf seinem Zimmer entrüstete sich Churchill über das Tempo, mit dem vor allem Roosevelt auf endgültige Abmachungen drang: »Roosevelt will seine Welt in fünf oder sechs Tagen aufbauen. Dabei hat sogar der Schöpfer sieben Tage gebraucht.« In dem Kommuniqué, das am Mittag des 11. Februar, während des letzten gemeinsamen Essens, zwischen Hauptgericht und Dessert, Tellern und Krümeln, unterzeichnet wurde, behandeln die ersten drei Hauptpunkte die Besiegung Deutschlands, seine Besetzung und Kontrolle sowie die Reparationen. Die Grundsätze der künftigen Politik der Sieger in und mit dem zerschlagenen Deutschland wurden von drei Vokabeln geprägt, die dem neu entdeckten Bereich der politischen Desinfektion entstammten. Sie begannen mit ein und derselben Vorsilbe: Entwaffnung, Entmilitarisierung, Entnazifizierung.

Das Erbe der Jalta-Konferenz: ›Zwischen Ost und West‹ Aus einer Zeichnung von A. Paul Weber

Nachmittags unterzeichneten die drei Großen das Geheimprotokoll der Konferenz. In beiden Dokumenten ist festgehalten, Deutschland zu zerstükkeln: in eine Anzahl kleinerer Staaten mit übergeordneten Zonen ohne genaue Grenzen. Detailregelungen vertagte man. Als Reparationssumme wurden mehr als zwanzig Milliarden Dollar festgesetzt; die Hälfte davon sollte Moskau erhalten. Churchill, erst seit wenigen Wochen damit beschäftigt, über die Fehler der Versailler Friedensverträge nach dem Ersten Weltkrieg nachzudenken, protestierte: Wenn die deutsche Industrie demontiert würde – die Reparationen sollten ausschließlich durch Sachleistungen aufgebracht werden –, könnten die Deutschen nur noch hungern: »Wenn man will, daß ein Pferd den Karren zieht, muß man ihm zunächst einmal Futter geben!« Stalin konterte: »Wenn aber das Pferd sich umdreht und nach hinten ausschlägt?« Die endgültigen Grenzen Deutschlands sollten erst auf einer Friedenskonferenz gezogen werden. Die Ostgrenze Polens legte Stalin jedoch bereits fest: die alte Curzon-Linie von Wilna über Grodno-Brest nach Galizien, die nach dem Ersten Weltkrieg von den Alliierten als Grenze vorgeschlagen, aber von den Polen dank ihrer militärischen Siege über die Sowjets im Frieden von Riga 1921 gegenstandslos gemacht worden war. Während des deutschen Angriffs 1939 waren die Russen in Ostpolen einmarschiert und über die Curzon-Linie bis zur Weichsel vorgerückt. Die Westgrenze Polens sollte entlang der Oder und Neiße verlaufen. Auch gegen diesen Punkt protestierte Churchill, ohne Nachdruck und Erfolg, aber mit plastischen Worten: »Es wäre ein Jammer, die polnische Gans mit deutschem Futter so vollzustopfen, daß sie an Verdauungsstörungen eingeht.«

Selten verlief eine Konferenz der drei Alliierten äußerlich so harmonisch wie das Treffen von Jalta. Roosevelt blieb bei seiner Zuneigung zu ›Old Joe‹ Stalin, und auch Churchill beruhigte sich in allen entscheidenden Punkten bei dem satten Gefühl, sich bereits auf Siegeslorbeeren zu betten. Seine Einwände gingen kaum über die Routinevorbehalte des normalen Diplomatengebrauchs hinaus. Er verdrängte sein Unbehagen, schüttelte es ab, duckte sich hinter dem Vorwand, daß nichts wichtiger sei, als erst einmal den Krieg zu gewinnen. Ein paar Jahre später entschuldigte er sich in seiner Darstellung des Zweiten Weltkrie-

»Die Deutschen sind Wilde und scheinen einen sadistischen Haß auf das schöpferische Werk anderer Menschen zu haben.« – Stalin am 4. Februar 1945 in Jalta ges: »Heute, da die Deutschen geschlagen sind, ist es leicht, diejenigen zu verurteilen, die ihr Bestes taten, die Russen bei der Stange zu halten und das gute Einvernehmen mit diesem großen Verbündeten, der so furchtbar gelitten hatte, zu wahren. Unsere optimistischen Annahmen sollten nur zu bald Lügen gestraft werden, dennoch waren sie in der damaligen Zeit die einzig möglichen.« Churchill hätte recht gehabt, wenn die Russen kriegsmüde oder zu schwach gewesen wären. Ebenso falsch war es von ihm, die »optimistischen Annahmen« der Westalliierten als die »einzig möglichen« zu bezeichnen.

Kommuniqué und Geheimprotokoll von Jalta sind Dokumente von Grundsätzen und allgemeinen Erklärungen. In keiner wichtigen Frage waren konkrete Beschlüsse gefaßt. Letztlich bescheinigten nur die Westalliierten, daß sie die neue sowjetische Machtposition samt den künftigen Konsequenzen daraus akzeptieren. In Jalta wurde die Zukunft der Welt entschieden, aber Amerika und England überließen diese Zukunft den russischen Interessen und Wünschen. Stalin setzte alle seine Vorstellungen über die künftige Aufgliederung Europas durch, gleichgültig, unter welche Deklarationen über »Selbstbestimmung« und »freie Völker« er in Jalta seine Unterschrift gesetzt hatte. Bereits zwei Wochen nach der Jalta-Konferenz wurde die rumänische Regierung durch einen kommunistischen Staatsstreich gestürzt. Das Land unter König Michael kämpfte seit dem 12. September 1944 an der Seite der Sowjetunion gegen Deutschland. Der König und die Minister wehrten sich verzweifelt gegen die gewaltsame Einsetzung eines kommunistischen Regierungschefs; sie beriefen sich auf die Beschlüsse von Jalta. Andrej Wyschinskij aber, damals stellvertretender Außenminister Sowjetrußlands, herrschte sie nur an: »Jalta? Was heißt Jalta! Jalta, das bin ich!«

Stalin beim Abfassen einer Rede, 1945

Jalta, das war Stalin; es war die folgerichtige Antwort Rußlands auf die welthistorische Blindheit der westlichen Alliierten. In Jalta wurde nicht nur die Welt verteilt, sondern auch die sowjetische Politik bis in die Gegenwart sowohl in ihren Grundsätzen als auch in ihren Methoden fixiert. Roosevelt hat die Spaltung Europas in zwei feindliche Sphären zu verantworten, die Expansion Rußlands in Europa und Asien. Das sind die folgenschwersten Konsequenzen des größten Krieges der Geschichte.

Politik der Schuldentilgung

Zwei Kriege – zwei Witwen
Gemälde von Max Lingner, 1946

Wesen und Gestalt Deutschlands in den drei Jahrzehnten seit 1945 gehören zu der Hypothek von Jalta und des verlorenen Zweiten Weltkrieges. Sie werden von West und Ost in unerschütterlicher Ausdauer, in brutaler Festigkeit auch als eine Hypothek des Nationalsozialismus bezeichnet und den Deutschen pausenlos vorgehalten. Deshalb trägt alles, was sich in diesem Zeitraum beschönigend ›deutsche Politik‹ nennt, das Brandzeichen jener drei Hypotheken. Das hat zu einer politischen Fesselung geführt, die alles, was etwa nach eigenständigen Handlungen entsprechend den deutschen Interessen aussehen könnte, ans verstohlen Lächerliche heranrückt. Jede Maßnahme, die Rußland seit Jalta in seiner Einflußsphäre durchsetzte, verstieß gegen die Erklärungen von Jalta über die Rechte der Völker, die durch den alliierten Sieg befreit wurden, besonders gegen das Recht der »Einsetzung von frei gewählten und dem Willen des Volkes entsprechenden Regierungen«. Und alles, was von den

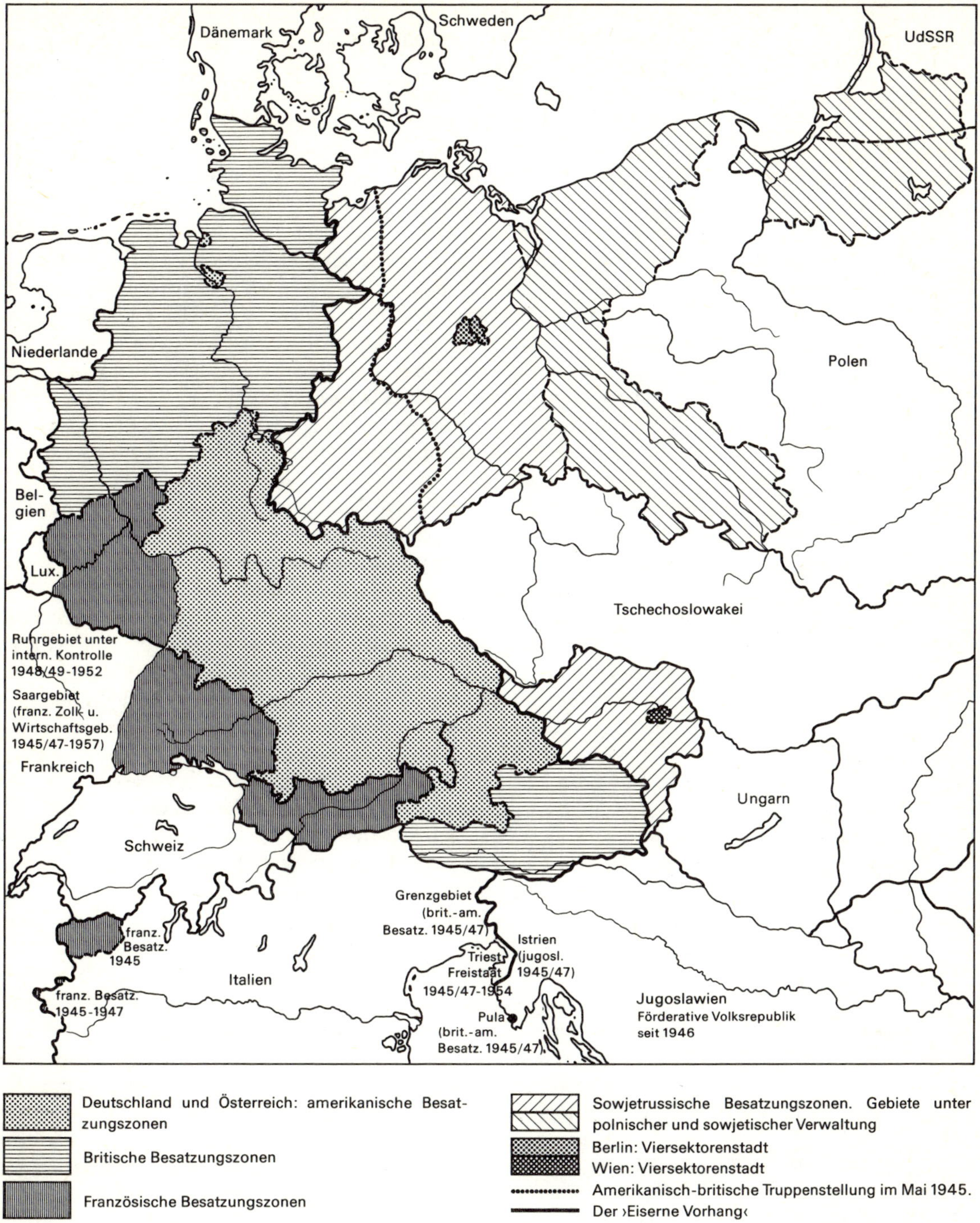

Mitteleuropa nach dem Zweiten Weltkrieg

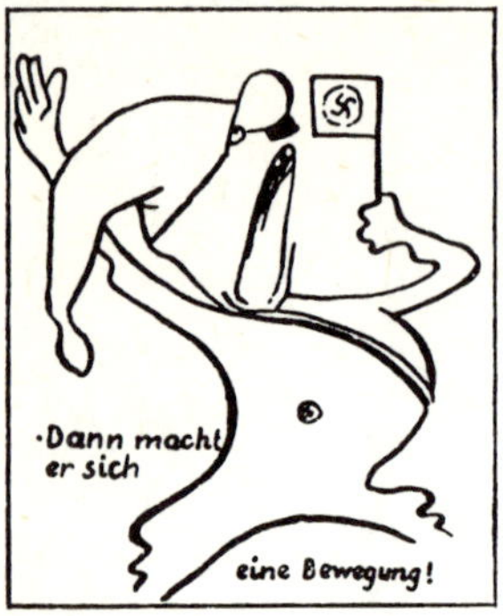

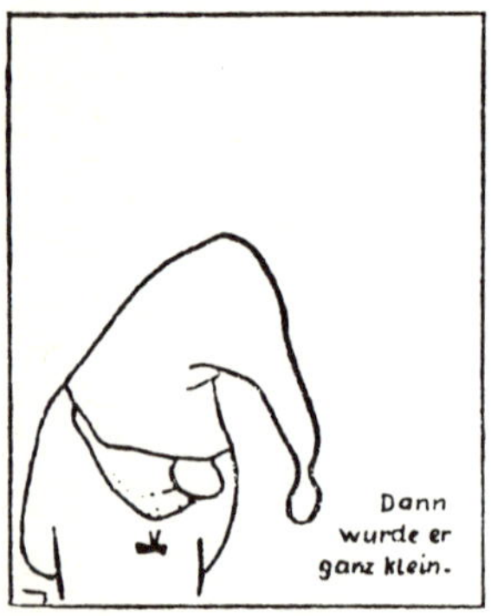

Der Michel-Aspekt
bei der These der Gleichheit
von Nationalsozialismus und
Deutschland
Aus einer Bildsatire von
Helmut Beyer

Westmächten in ihrer eigenen Interessensphäre hinsichtlich Deutschlands unternommen wurde, war das defensive Einfrieren eines Zustands, der in Jalta festgeschrieben worden war.

Während des Krieges wurden von der nationalsozialistischen Führungsgruppe an der Spitze die grauenhaftesten Verbrechen unserer Geschichte begangen, Millionen Menschen wurden ermordet – im Namen Deutschlands und des deutschen Volkes. Was sie dazu veranlaßte, wie sie die Verbrechen begründeten, in welchem Zusammenhang sie mit der Kriegslage standen, alles das ändert nichts an der Tatsache selbst. Kein Deutscher wird dies bezweifeln. Sind diese Verbrechen im Namen Deutschlands begangen worden oder auch von Deutschland und dem deutschen Volk? Der Schlußbericht von Jalta macht keinen Unterschied zwischen Nationalsozialismus und Deutschland: »Nazi-Deutschland ist dem Untergang geweiht. Das deutsche Volk wird selbst den Preis seiner Niederlage nur noch erhöhen, wenn es versucht, den hoffnungslosen Widerstand fortzusetzen.« Hier wird von der völligen Gleichheit als einer Selbstverständlichkeit ausgegangen, so wie sie der Nationalsozialismus vorausgesetzt, wie sie Hitler als absolut natürlich betrachtet hat. Als Kollektivschuld-These zerwühlte sie nach 1945 in Deutschland jahrelang die Gemüter und Herzen, sorgte für unerschöpfliche Ruhelosigkeit der Moral und der Kritik, bis schließlich alle Rücklagen des Gewissens aufgezehrt waren.

Doch Deutschland und der Nationalsozialismus waren nicht von Anfang bis Ende identisch, obgleich überaus viele Gemeinsamkeiten bestanden. Das Verhältnis entsprach etwa zwei übereinanderliegenden, seitlich versetzten Kreisflächen; ihre Mittelpunkte fielen also nicht zusammen. Den Siegern kam es nicht auf solche Feinheiten an. Besonders für die östlichen Völker ist unsere Kollektivschuld unverändert das Richtmaß für die Bestimmung ihres Verhältnisses zur westdeutschen Republik. Nicht anders freilich leiten auch die Regierungen in Bonn wesentliche Grundsätze ihrer Außenpolitik daraus ab: Buße, Sühne, Unterwürfigkeit. Für die Deutschen in der DDR und in Österreich gilt die Kollektivschuld-These deshalb nicht, weil es ihnen glückte, sich vom Nationalsozialismus abzusetzen. Sie waren Opfer seines Terrors. Warum das nicht auch für die Westdeutschen galt, das gehört zu den Rätseln der politischen Welt, die viel zu schwierig sind, als daß sie ohne weiteres zu lösen wären.

Unsere Schuld, wenn es wirklich eine gesamtdeutsche und nicht bloß eine bundesrepublikanisch-deutsche Schuld gewesen sein soll, wurde von uns niemals beschönigt. Sie wurde oft genug in vollem Umfang, ohne Vorbehalte oder Entschuldigungen, eingestanden, viel zu oft; denn dank der überschießenden Häufung unserer Nationalbeichten wurde die Kollektivschuld-These ständig weiter gefüttert. Schuld ist eine sittlich-religiöse Kategorie; die Vorstellung aber, daß ein ganzes Volk für kriminelle Taten verantwortlich sei, gehört in die Bezirke von Magie, Phantasie, moralischer Spekulation. Welche Prinzipien dem politischen Handeln zugrunde liegen sollen und ob es immer dieselben Prinzipien sind, ja ob es sich möglicherweise gar nicht um Prinzipien handelt, sondern um Interessen, die mit Hilfe von Prinzipien getarnt werden, wann Tötung zum Mord wird und wann sich Mord zur Tötung veredelt im Dienst eines Übergeordneten – das alles ist strittig seit den alten griechischen Philosophen vor mehr als zweitausend Jahren, seit dem italienischen Staatsdenker Machiavelli und seinem berüchtigten Buch ›Der Fürst‹ von 1513, seit Friedrich der Große Schlesien überfallen und geraubt hat und seit Bismarck mit kalkulier-

»Kein Deutscher, auch der Gegner Hitlers nicht, kann sich davon freisprechen, daß er die Untaten zuließ.« – Frank Thieß an Johannes R. Becher am 20. März 1946 ten Kriegen als den gerechtfertigten Mitteln einer vernünftigen Politik hantierte.

Wie sich das neudeutsche Problem der Schuld bemessen ließe, von dem wir unser Gewissen nicht entlasten können oder dürfen, ist noch immer unbekannt. Trotz und gerade wegen seiner Unauflöslichkeit wurde es seit 1945 für zahlreiche schnell wechselnde Zwecke beständig wachgehalten. Mit ihm motivierte Bonn die wichtigsten Entscheidungen der bundesrepublikanischen Außenpolitik. In einem nüchternen, geradezu phantasielos vernünftigen Sinn wurde realistische Außenpolitik in Westdeutschland erst seit dem Regierungsbeginn der sozialliberalen Koalition im Oktober 1969 getrieben, und zwar ausdrücklich als eine Politik der Schuldentilgung. Das Kabinett des Bundeskanzlers Willy Brandt entschloß sich, ernst zu machen mit der Situation, die in Jalta vorgezeichnet und von den Westalliierten abgesegnet worden war. Die Bereitschaft dazu brachte man in die Formel von der ›Neuen Ostpolitik‹. Den letzten wichtigen Markstein setzte Willy Brandt durch seine Reise nach Prag im Jahr 1973.

Am 11. Dezember 1973 wurde der ›Normalisierungsvertrag‹ zwischen der Bundesrepublik Deutschland und der Tschechoslowakei unterzeichnet. Beide Staaten nehmen diplomatische Beziehungen auf. Kernstück der Vereinbarungen ist die Erklärung, das Münchener Abkommen vom 29. September 1938 sei null und nichtig. Damals waren entsprechend dem international anerkannten Selbstbestimmungsrecht der Völker die deutschen Grenzgebiete Böhmens, Mährens und Schlesiens mit Billigung der europäischen Großmächte dem Deutschen Reich angegliedert worden. Gleichzeitig rückten polnische Truppen ins Teschener Gebiet und ungarische Kontingente in den Süden der Slowakei ein, ebenfalls zur Sicherung ihrer Volksgruppenrechte.

Die Aufnahme diplomatischer Beziehungen zwischen der Bundesrepublik und der Tschechoslowakei nach Unterzeichnung des Vertrages vom Dezember 1973: Strougal, Brandt, Husák und Scheel in Prag

Mit dem Münchener Vertrag hatte für die Tschechoslowakei das Finale der zwanzigjährigen Geschichte ihrer staatlichen Souveränität begonnen. Er stellte im Verhältnis zu Deutschland nach dem verlorenen Krieg so etwas wie den Rubikon der Beziehungen dar. Nach 1945 waren die Vereinbarungen des Münchener Abkommens durch die geographische Rückgliederung, die Vertreibung von fast drei Millionen Sudetendeutschen und die Entnationalisierung des Restes aufgehoben worden. Diesem Sachverhalt wurde von westdeutscher Seite durch das Zugeständnis Rechnung getragen, daß der Hauptanlaß für die Münchener Beschlüsse nicht mehr bestand. Schon Kurt Georg Kiesinger, der Bundeskanzler der Großen Koalition, hatte in seiner Regierungserklärung vom 13. Dezember 1966 das Münchener Abkommen für die Bonner Regierung als »nicht mehr gültig« erklärt. Solche Versicherungen waren jedoch für Prag unzureichend. Angestrebt wurde nicht nur ein eigener Vertrag über dieses Problem, sondern auch eine westdeutsche Bestätigung, daß der Münchener Vertrag »von Anfang an« nicht rechtens gewesen sei.

Preisgabe des längst Verlorenen

Die völkerrechtlichen Feinheiten des Abkommens mit Prag waren Sache der Juristen. Im ersten Artikel des Vertrages erklärten beide Regierungen lediglich, daß sie nunmehr – also nicht »von Anfang an« – das Münchener Abkommen als nichtig betrachteten. Diese Formel genügte zur Tilgung einer jahrzehntelangen

Empörung und Widerstand der Prager Bevölkerung gegen die Besatzungstruppen des Warschauer Paktes am 23. August 1968

Hypothek, zumindest was die offiziellen Beziehungen zwischen beiden Völkern betraf. Was die Völker selbst voneinander hielten, das stand auf anderen Blättern als den Vertragspapieren. Im Fall der Tschechen und der Deutschen wurden diese anderen Blätter nicht nur in einer tausendjährigen Geschichte und nicht nur vom Nationalsozialismus und der deutschen Wehrmacht des Zweiten Weltkrieges beschrieben, sondern genauso von den Tschechen in den Jahren 1945 bis 1947 aufgrund der maßlosen Exzesse ihrer Rache, ihres Hasses bei der Austreibung der sudetendeutschen Bevölkerung. Beschrieben wurden diese Blätter zwei Jahrzehnte später nochmals von Deutschen, nämlich von den Soldaten der Nationalen Volksarmee Pankows, als sie 1968 zusammen mit den russischen, ungarischen und polnischen Truppen des Warschauer Paktes den ›Prager Frühling‹ durch ihren Einmarsch beendeten, den tschechischen Versuch, einen Sozialismus mit menschlichem Gesicht zu verwirklichen.

Die Bundesregierung betrachtete den Vertrag mit Prag als Krönung und Schlußstein ihrer realistischen Ostpolitik. Mit ihm schien die letzte Barriere beseitigt zu sein, die in den übrigen Staaten des Ostens noch daran hinderte, die üblichen diplomatischen Vertretungen einzurichten; das betraf vor allem Ungarn und Bulgarien. Willy Brandt erwartete von dem Vertrag, daß durch ihn das Tor zu einer neuen »friedlichen Nachbarschaft« auch mit der Tschechoslowakei geöffnet würde. So sagte er, kaum daß er in Prag aus dem Flugzeug gestiegen war. Diesem Ziel allein hatten bereits die früheren Abkommen seiner Regierung mit Moskau, Warschau und Ost-Berlin gedient. Der politische Wirklichkeitssinn, von dem sich Brandt dabei bestimmen ließ, wird in einem seit 1970 wiederholt variierten Argument erkennbar: Die Bundesrepublik – und Brandt meinte damit Deutschland – gebe durch diese Verträge nichts preis, was nicht tatsächlich schon lange von den Vätern verspielt und verloren worden sei.

»Von dem, was Geschichte geworden ist, läßt sich nichts rückgängig machen. Was wir jedoch tun können, ist... Grundlagen zu schaffen für ein neues Verhältnis zwischen unseren Staaten.« – Walter Scheel in einer Ansprache anläßlich der Paraphierung des deutsch-tschechischen Vertrages im Juli 1973

So sachlich knapp sich diese Behauptung auch gab, verschob sie doch eindeutig Grundansprüche, die heute so entschieden wie noch nie jedem Volk zugebilligt werden, in den Bereich eines Lotteriegeschäfts, behandelte sie zumindest als eine Art Wirtschaftsprodukt, bei dem nach Gewinn und Verlust abgerechnet werden muß, um unter dem Strich die Summe ziehen zu können. Nichts dagegen, daß die Einsicht in die wahre Natur der Situationen zu den großen Tugenden eines Politikers gehört, aber Willy Brandt hatte nicht erklärt, inwieweit ein Regierungschef Verfügungsvollmacht über Dinge besitzt, die allzu offenkundig nicht zu seinem Privateigentum gehören. Ostpreußen, Pommern, Schlesien, die Sudetengebiete zählten jedenfalls nicht dazu. Andererseits hatte kein Bundeskanzler vor ihm mit derselben notwendigen Klarheit umrissen, worin der politisch greifbare Inhalt des deutschen Anspruchs auf die besetzten deutschen Gebiete bestehe. Zwanzig Jahre lang ist Bonn auf eine Realpolitik der irrealen Erwartungen eingeschworen gewesen. Willy Brandt machte damit Schluß; er begann die Realpolitik der unbekümmerten Vereinfachung.

Eine neue Ostpolitik

Ende September 1969 fanden in Westdeutschland zum fünften Mal Bundestagswahlen statt. Die Unionsparteien erhielten 46,1 Prozent der Stimmen, die SPD 42,7 Prozent, die FDP 5,8 Prozent. Wegen ihrer Gleichstimmung in der

Außenpolitik entschlossen sich SPD und FDP zu einem Regierungsbündnis. Damit begann eine neue Ära bundesrepublikanischer Politik. Das sozialliberale Programm, das Willy Brandt in seiner Regierungserklärung am 28. Oktober 1969 vortrug, gruppierte sich um die drei Schwerpunkte: Bildungspolitik, Vermögensbildung der Arbeiter und Ostpolitik. Am meisten Aufsehen erregte Brandt mit der Formulierung, daß »zwei Staaten in Deutschland« existieren. Mit dieser kleinen, harmlos scheinenden Wendung signalisierte die neue Bonner Regierung, daß sie darauf verzichtete, wie ihre Vorgänger künftig noch stellvertretend für die Mitteldeutschen zu sprechen. Sie distanzierte sich damit vorsichtig von dem Satz in der Präambel des ›Grundgesetzes für die Bundesrepublik Deutschland‹ vom 23. März 1949, daß das »deutsche Volk in den Ländern« der Bundesrepublik bei der Abfassung seines Grundgesetzes »auch für jene Deutschen gehandelt (hat), denen mitzuwirken versagt war«, und von der Auflage, das deutsche Volk habe »die Einheit und Freiheit Deutschlands zu vollenden«. – Auf diese Weise war höflich an die Tür zu Mitteldeutschland geklopft worden. Die Ost-Berliner Regierung aber blieb noch lange mißtrauisch. Immerhin schrieb das offizielle Presseorgan Pankows, das ›Neue Deutschland‹, wenig später über Bonns sozial-liberalen Wetterwechsel: »Der Nebel, der heute noch vieles umgibt, wird weichen, und man wird sehen, wie die Dinge wirklich liegen.«

Der Nebel wich. Man sah, daß die Dinge der neuen Ostpolitik auf Moskaus Generalkurs lagen. Zentralthema zwischen der Sowjetunion und der Bundesrepublik war seit Jahren das Problem, ein Abkommen zu vereinbaren über den gegenseitigen Gewaltverzicht. Bundeskanzler Kiesinger, drei Jahre lang Chef der Großen Koalition, hatte in seiner Regierungserklärung vom 13. Dezember 1966 die Offerte der Bonner Friedensnote seines Vorgängers Ludwig Erhard vom 25. März 1966 nochmals wiederholt und erneut einen Austausch von Gewaltverzichtserklärungen mit der Sowjetunion und den übrigen osteuropäischen Staaten vorgeschlagen. Am 7. Februar 1967 wurde dem Sowjetbotschafter Semjon Zarapkin der westdeutsche ›Entwurf einer Erklärung über Gewaltverzicht‹ überreicht. Bis in den Frühherbst 1969 zog sich der wechselseitige Austausch von Memoranden zu diesem Thema hin. Am 12. September 1969 schlug Moskau zum ersten Mal in aller Sachlichkeit vor, daß die Verhandlungen über das gegenseitige Gewaltverzichtsabkommen nunmehr in direkten russisch-westdeutschen Gesprächen in Moskau fortgesetzt werden sollten. Im November, nach der Bundestagswahl, überreichte Botschafter Helmut Allardt die positive Antwort der neuen Regierung Brandt. Die Verhandlungen zwischen Außenminister Andrej Gromyko und Botschafter Allardt begannen am 8. Dezember in Moskau. Knapp zwei Monate später, am 30. Januar 1970, trat an die Stelle Allardts als Verhandlungspartner Egon Bahr, damals Staatssekretär im Bundeskanzleramt.

Den Anstoß zu diesen Direktverhandlungen hatte eindeutig Moskau gegeben. Willy Brandt dagegen konnte sich zugutehalten, die angebotene Gelegenheit ergriffen, nicht wie die früheren Regierungen Bonns ausgeschlagen oder verschleppt zu haben. Allerdings war auch erkennbar, daß eine Übereinkunft mit Moskau die Bedingung für sämtliche möglichen, denkbaren oder wünschenswerten ›Normalisierungen‹ mit den sozialistischen Staaten darstellte. Ein Gewaltverzichtsabkommen mit der Sowjetunion mußte deshalb für die Ostpolitik Brandts absoluten Vorrang haben. Kam es zustande, dann besaß es eine

Auf dem Weg nach Erfurt:
der Sonderzug
des Bundeskanzlers
beim Passieren
der innerdeutschen Grenze
am 19. März 1970

Pilotfunktion bei allen Ostgesprächen, auch für die DDR. Wenn Moskau das Verhältnis zu Bonn auf einen neuen Ton abstimmte, konnten seine satellitären Staaten nicht weiter die alte Musik spielen.

Die Delegationsführer der USA und der UdSSR, Smith und Semjonow, im Gedankenaustausch bei den SALT-Gesprächen in Helsinki am 17. November 1969

Bonns Ostpolitik fügte sich nicht nur in den Rahmen der sowjetischen Vorstellungen. Sie hatte auch die durchgängige Unterstützung der Westalliierten, da sie als Teil der Entspannungspolitik rangierte, die US-Präsident Richard M. Nixon in diesen Jahren gegenüber den Staaten des Warschauer Paktes eingeleitet hatte. Die Ostofferten Brandts lebten auch von der Gunst der Stunde; es handelte sich also durchaus nicht nur um sozialliberale Produkte Bonns. Die Parole war von Nixon ausgegeben worden, anläßlich des Beginns der sowjetisch-amerikanischen Gespräche über die Begrenzung der strategischen Nukleardefensivwaffen (SALT) am 17. November 1969 in Helsinki: »Wir müssen von der Ära der Konfrontation zur Ära der Verhandlungen kommen.« Verhandlungen dieser Art betrieb Egon Bahr ein halbes Jahr lang in Moskau, unter schwierigen Bedingungen, abgeschirmt, in einem Halbdunkel der Öffentlichkeit, das oft genug und allzu oft als eine Mischung aus zwiespältig und zwielichtig empfunden wurde. Bahrs wie Brandts ostpolitische Geschäftigkeit wurde auch von mißtrauischen Beobachtern im Ausland oft so empfunden, als hätten sich hier zukunftssichere Schachtalente auf viel zu viele Simultanpartien mit routinierten Großmeistern eingelassen.

Das Jahr 1970 war für die Bundesrepublik ein Jahr der Unsicherheit, Verwirrung, Umstellung. Die vielen Plauderstunden Bahrs mit Außenminister Gromyko im Mai stellten weit mehr dar als lediglich Unterhaltungen zur gegenseitigen Aufklärung. Die Protokolle darüber, die als Information der Regierungen in Moskau und Bonn gedacht waren, erwiesen sich bereits als praktisch fertiger Vertragsentwurf. In Westdeutschland kamen sie als sogenanntes Bahr-Papier in die Presse. Die Öffentlichkeit reagierte verblüfft, entrüstet, und der Bonner Regierung fiel in ihrer Verlegenheit nichts anderes dazu ein, als zu bestreiten, daß hier schon der fertige Vertrag vorläge; die Opposition versuche nur, das Bahr-Papier als Vertragsentwurf zu diffamieren, was aber nicht zutreffe – eine Behauptung, die wissentlich falsch war. Denn die Sowjets bezeichneten die Protokolle ebenfalls als verbindliche Grundlage des fertigen Vertrags. Bonn sah sich plötzlich durch Moskau in seiner Abschluß-Dynamik übertroffen, und so blieb der Bundesregierung nichts anderes als die Zustimmung.

»Wir wollen Sie durch diesen Vertrag natürlich nicht von Ihren westlichen Verbündeten lösen.« – Aleksej Kossygin zu Willy Brandt in Moskau am 12. August 1970

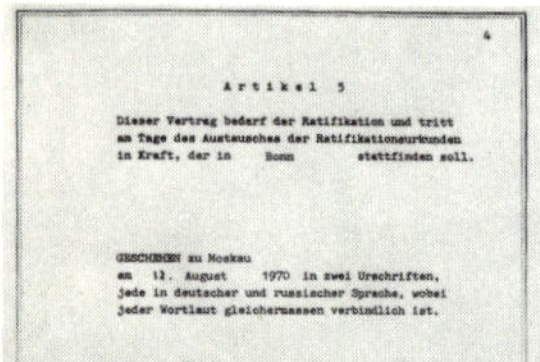

4

Artikel 5

Dieser Vertrag bedarf der Ratifikation und tritt am Tage des Austausches der Ratifikationsurkunden in Kraft, der in Bonn stattfinden soll.

GESCHEHEN zu Moskau am 12. August 1970 in zwei Urschriften, jede in deutscher und russischer Sprache, wobei jeder Wortlaut gleichermassen verbindlich ist.

Für die Bundesrepublik Deutschland

Für die Union der Sozialistischen Sowjetrepubliken

Der Vertrag zwischen der Bundesrepublik und der UdSSR vom 12. August 1970 zur Festigung des Friedens und der Sicherheit in Europa und in der Welt

Am 12. August 1970 unterzeichneten im Katharinensaal des Kreml für die Bundesrepublik Willy Brandt und Außenminister Walter Scheel, für Sowjetrußland Ministerpräsident Aleksej Kossygin und Außenminister Gromyko den Moskauer Vertrag. Sein politisches Zentralstück war die Anerkennung der Unverletzlichkeit der europäischen Grenzen. Damit wurde das Abkommen durch den Verzicht auf Grenzveränderungen praktisch zu einem Grenzvertrag. Für Westdeutschland stand dabei vor allem die Oder-Neiße-Linie im Vordergrund, ebenso der Status völkerrechtlicher Souveränität der DDR. Laut Grundgesetz freilich blieben alle Grenzregelungen einem Friedensvertrag vorbehalten. Andererseits waren sich alle Gesprächspartner ausgesprochen oder stillschweigend in der Überzeugung einig, daß es niemals einen solchen Friedensvertrag für Deutschland geben werde.

Mit der Unterzeichnung des Moskauer Vertrages war die Erstarrung der Ostpolitik unwiderruflich aufgebrochen. Das Abkommen gab auch für die

Regelung mit Polen grünes Licht. Bonn hatte schon am 25. November 1969 in Warschau eine Note überreichen lassen, in der es Gespräche über alle interessierenden deutsch-polnischen Fragen anbot, und zwar einschließlich der Oder-Neiße-Grenze. Pankow seinerseits hatte bereits am 6. Juli 1950 im Görlitzer Vertrag die Oder-Neiße-Linie »als Staatsgrenze zwischen Deutschland und Polen« anerkannt.

Wille zum Kompromiß

Die Bonner Offerte an Warschau stellte seit 1945 den ersten offiziell politischen Kontakt Westdeutschlands mit Polen dar. Brandt gab den anlaufenden Gesprächen die Beteuerung mit auf den Weg, daß die Bundesregierung volles Verständnis für den polnischen Wunsch habe, ein Leben in gesicherten Grenzen zu führen. Am 10. Februar 1970 drückte Außenminister Scheel dieses Verständnis als festen Bonner »Willen zum Kompromiß« aus. Die Gespräche in Warschau begannen am 5./6. Februar, sie endeten am 20. November. Auch zur Unterzeichnung dieses Vertrages fuhr Brandt persönlich nach Warschau. Es war der 7. Dezember 1970. Zunächst besuchte der Kanzler das Denkmal des Unbekannten Soldaten und legte einen Kranz nieder. Dann wiederholte er dasselbe an der Gedenkstätte des Warschauer Gettos, jedoch mit einem Kniefall. Er rechtfertigte ihn während des Rückflugs: »Wenn der Mann an der Spitze überhaupt etwas machen kann, dann doch nur den Versuch, möglichst vielen zu helfen.« In diesen Zusammenhang rückte er zumindest einen wesentlichen Teil seiner ganzen politischen Aktivität. – An jenem Tag in Warschau, ein Vierteljahrhundert nach Ende des Krieges, wurde das Problem der allgemein-öffentlichen Reue erweitert um die Dimension des Kniefalls eines Bundeskanzlers vor den Augen der ganzen Welt.

Der symbolische Kniefall: Brandt vor dem Ehrenmal in Warschau am 7. Dezember 1970

Im Namiestnikowski-Palais setzte Brandt seine Unterschrift unter den ›Vertrag zwischen der Bundesrepublik Deutschland und der Volksrepublik Polen über die Grundlagen der Normalisierung ihrer gegenseitigen Beziehungen‹. Die Bedeutung des Dokuments für das Staatsbewußtsein und den Geschichtsstolz Polens hatte Generalsekretär Władysław Gomulka am 9. Mai 1970 vorweggenommen: »Die vor fünfundzwanzig Jahren erfolgte Rückkehr unseres Volkes in die Gebiete der Piasten, in die westlichen und nördlichen Landesteile, war der größte Sieg in unserer Geschichte.« Kern des Abkommens war wie beim Moskauer Vertrag die Anerkennung des Status quo, des »Verzichts« auf etwas, das schon längst »verloren war«, wie der Kanzler umriß: die ostdeutschen Gebiete Schlesien und Pommern, ebenso Ostpreußen; die Trennungslinie zwischen dem russisch besetzten Teil verlief hier vom Frischen Haff entlang Braunsberg, Bartenstein und Goldap. Polnisch wurde schließlich auch Danzig. Eigens genannt und bedeutsamster Streitpunkt war jedoch die Anerkennung der polnischen Westgrenze. So wie es in den Potsdamer Beschlüssen vom 2. August 1945 festgelegt und der Bestätigung durch einen Friedensvertrag vorbehalten worden war, erklärte sich Bonn im Vertrag mit Polen bereit, die Linie von der Ostsee westlich von Swinemünde an der Oder entlang über die Lausitzer Neiße bis zur Tschechoslowakei als westpolnische Grenze anzuerkennen – offensichtlich trotz neuer Ostpolitik noch unter dem Druck der Bonner Alleinvertretungsfiktion für Deutschland; denn schließlich war diese

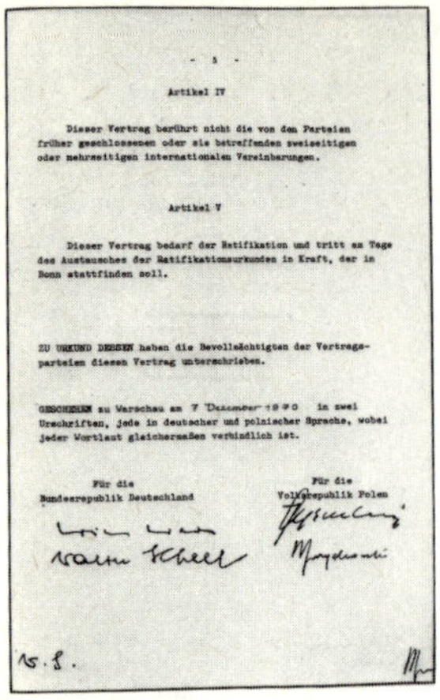

\- 5 -

Artikel IV

Dieser Vertrag berührt nicht die von den Parteien früher geschlossenen oder sie betreffenden zweiseitigen oder mehrseitigen internationalen Vereinbarungen.

Artikel V

Dieser Vertrag bedarf der Ratifikation und tritt am Tage des Austausches der Ratifikationsurkunden in Kraft, der in Bonn stattfinden soll.

ZU URKUND DESSEN haben die Bevollmächtigten der Vertragsparteien diesen Vertrag unterschrieben.

GESCHEHEN zu Warschau am 7 Dezember 1970 in zwei Urschriften, jede in deutscher und polnischer Sprache, wobei jeder Wortlaut gleichermaßen verbindlich ist.

Für die Bundesrepublik Deutschland

Für die Volksrepublik Polen

Die Anerkennung der Oder-Neiße-Linie durch die Bundesrepublik: der Vertrag mit Polen vom 7. Dezember 1970 über die Normalisierung der Beziehungen beider Länder

Grenzlinie nicht Staatsgrenze der Bundesrepublik, sondern Grenze der DDR. Beide Unterzeichnerstaaten bekräftigten, daß diese Grenzen unverletzlich seien, und erhoben keinerlei Ansprüche auf irgendwelche Gebiete. Daß nochmals eigens auf alle Formen der Gewalt oder der Androhung von Gewalt verzichtet wurde, hatte schon den Beigeschmack einer Routineübung. Die Geschichte der Bundesrepublik seit 1949 war begleitet von einer niemals unterbrochenen Hintergrundsmusik solcher Gewaltverzichtserklärungen.

Welche Schlingen und Fußangeln der Vertrag mit Polen enthielt, zeigte sich noch einmal bis zum Zerreißen eineinhalb Jahre später, als er vor der Ratifizierung im Bundestag am 17. Mai 1972 von den Abgeordneten zusammen mit dem Moskauer Vertrag erneut diskutiert wurde. Die Opposition hatte keine geschlossene Meinung; ein entschiedenes Nein war nur von der CSU zu hören, positiv dagegen wurde das Gesamtergebnis von der CDU eingeschätzt. Man einigte sich deshalb auf den rechnerischen Kompromiß der Stimmenthaltung – eine Lösung, wenn auch keine salomonische, sondern eher eine ihrem Wesen nach poröse, nicht viel anders als die abschließende gemeinsame Erklärung des Bundestages, daß die Ostverträge keinesfalls dem Friedensvertrag vorgreifen würden, der noch für ganz Deutschland abzuschließen sei. Denn jeder wußte, daß man hier ein politisches Trugbild beschwor, weil es weder einen Friedensvertrag geben würde noch auszumachen war, wie sich »ganz Deutschland« eigentlich verkörperte. In der Erklärung des Bundestages, die Ostverträge bildeten keine Rechtsgrundlagen für die bestehenden Grenzen, erweist sich recht drastisch, wie es mit den politischen Labyrinthen des Deutschland-Problems steht: Bonn erklärte feierlich, die bestehenden Grenzen seien unverletzlich. Es verpflichtete sich zur uneingeschränkten Achtung vor der territorialen Integrität Polens und betonte voll Ernst, keinerlei Gebietsansprüche zu besitzen und auch in Zukunft niemals welche erheben zu wollen – aber eine Rechtsgrundlage für diese Grenzen gebe es nicht.

Die Anerkennung der DDR

»Es erscheint an der Zeit, das Trennende zurückzustellen und das Verbindende zu suchen.« – Willy Brandt in einem Fernschreiben an Willi Stoph vom 18. Februar 1970

Die beiden Ostverträge waren nicht nur Etappen auf dem Weg zu Vereinbarungen mit dem schwierigsten Partner im Ostgeflecht, mit der DDR; sie waren vielmehr eine unerläßliche Voraussetzung dafür. Brandt hatte mit Pankow, kaum daß die sozialliberale Koalition auf dem glatten Regierungsparkett Schrittsicherheit gewonnen hatte, die Kontakte kräftig verstärkt. Große Hoffnungen setzte er auf ein persönliches Treffen und einen gründlichen Meinungsaustausch mit den Spitzenpolitikern der DDR. Sicherlich trieb ihn auch ein wenig die Zuversicht, daß Sachfragen, eingerahmt von Mittagessen und Zutrunk, ihre scharfen Kanten verlieren würden. Am 19. März 1970 kam es zu einem ersten Gespräch zwischen ihm und dem mitteldeutschen Regierungschef, dem Vorsitzenden des Ministerrats Willi Stoph, in der Luther-Stadt Erfurt in Thüringen.

»Deutsche an einen Tisch!« – wie oft ist dieser Ruf seit 1945 zu hören gewesen, polemisch ausgestoßen, voll Inbrunst oder Heimtücke, ironisch, höhnisch, bald nur geflüstert, bis er schließlich gar nicht mehr laut wurde. Am 19. März 1970 aber saßen sie wirklich an einem Tisch, die Repräsentanten West- und Mitteldeutschlands. Der Chefkommentator des DDR-Fernsehens,

Die Unterzeichnung des Warschauer Vertrages durch Brandt und Gomulka
im Palais des Ministeriums in Warschau am 7. Dezember 1970

Das Gipfeltreffen der beiden deutschen Staatschefs in Erfurt
Begrüßung Brandts durch Stoph auf dem Erfurter Bahnhof am 19. März 1970

Das Treffen Bahr–Kohl
zur Unterzeichnung des Grundvertrages zwischen den beiden deutschen Staaten in Ost-Berlin
Begrüßung Bahrs durch Kohl auf dem DDR-Flughafen Schönefeld am 21. Dezember 1972

Karl Eduard von Schnitzler, allerdings charakterisierte das ledern Erstarrte der ganzen Gesprächsatmosphäre rücksichtslos genau, als er diese Begegnung als das Treffen der Regierungschefs zweier feindlicher Staaten bezeichnete, unterdrückend, daß es sich um zwei deutsche Staaten handelte. Weder in Moskau noch in Warschau ist die Bundesrepublik während der Verhandlungsphase als feindlicher Staat bezeichnet worden, auch später nicht von der Tschechoslowakei. Doch an der Erfurter Begegnung war abzulesen, daß hier Deutsche zweier Staaten an einem Tisch saßen und miteinander sprachen, indem sie gegeneinander redeten. Wenn es überhaupt bestimmende Merkmale des Deutschen gibt, dann gehört die Fähigkeit dazu, sich gegenseitig zu hassen, zu verachten, zu bekämpfen bis aufs Blut. Unsere Geschichte ist bis zum Rand gefüllt von Streit, Feindschaft, Brudermord.

Die Ära des Kalten Krieges in den fünfziger Jahren wäre nicht nötig gewesen, um dem deutschen Hang zur Selbstzerfleischung eine Bühne zu verschaffen. Doch es ist nun einmal ein Charakteristikum der Zeit seit 1945, daß die beiden großen Weltgegensätze in Deutschland besonders hart aufeinanderprallen. Mehr als ein Vierteljahrhundert bildete die Feindschaft zwischen dem westdeutschen Hüben und dem mitteldeutschen Drüben ein festes Kalkül der internationalen Politik. Sie wächst sich in ihrer Beständigkeit fast zu einem stabilisierenden Moment für die Beurteilung der Weltsituation aus, da kaum Befürchtungen aufkommen können, es würde sich in diesem Gegeneinander etwas beunruhigend verändern. Diese Feindschaft ist so typisch deutsch wie die mitteldeutsche Marxismus-Verhärtung oder die westdeutsche Willfährigkeit nach allen Seiten, wie das mangelnde Gefühl der Zusammengehörigkeit zwischen Deutschen und Österreichern oder unser Staunen über das Vaterlandsbewußtsein der Auslandsdeutschen von Südtirol bis Brasilien, von Windhuk bis Kanada.

Mehr als fünfzehn Jahre lang war kein einziges Schreiben aus Ost-Berlin von der Bonner Regierung in Empfang genommen oder geöffnet worden. Die Briefe gingen postwendend an den Absender zurück. Erst unter Bundeskanzler Kiesinger begann sich diese Vereisung der Grundsätze zu erweichen, sicherlich als Konzession an den sozialdemokratischen Regierungspartner, obgleich in den Unionsparteien schon seit Jahren die Bonner Ostpolitik anders diskutiert wurde als unter Konrad Adenauer. Das sozial-liberale Bündnis Brandt/Scheel wurde von der ersten Stunde an von Moskau kräftig unterstützt. Mit solchem Rückenwind konnte Willy Brandt auf dem Regierungsschiff verhältnismäßig leicht den neuen Kurs der ostpolitischen Kreuzfahrten steuern. Bald nach Antritt der Regierung gab er die Gegenparole zu den vergangenen zwei Jahrzehnten Christunions-Politik aus, die 1957 mit dem Slogan »Keine Experimente« ihren größten Wahlerfolg nach 1945 erreicht hatte, nämlich mit 50,2 Prozent die absolute Mehrheit. Dagegen Willy Brandt: »Keine Angst vor Experimenten; das ist der Leitsatz unserer Politik.« Seine Regierungserklärung vom 28. Oktober 1969 war jedoch recht einfallslos hinsichtlich der direkten Frage der Anerkennung der DDR. Dabei hatte man in den vorangegangenen drei Jahren durch die wohlbewußte Durchlöcherung der Hallstein-Doktrin, die jedem Staat, der die DDR anerkenne, den Abbruch der diplomatischen Beziehungen androhte, schon der Neueinschätzung gründlich vorgearbeitet.

Es war nicht strittig, daß die Deutsche Demokratische Republik ein Staat war, und zwar vom ersten Tag ihrer Gründung an – nicht anders als die

Zu Beginn des Erfurter Gipfelgesprächs am 20. März 1970: Brandt und Franke mit Stoph und Winzer an einem Tisch

CSU-Wahlplakat von 1957

Erstmalige Zurschaustellung des DDR-Emblems auf der Messe in Hannover im April 1968

Bundesrepublik. Strittig war jedoch das Problem, ob die Bonner Regierungen aufgrund ihrer demokratischen und nationalen Selbstbestimmungsprinzipien der DDR eine völkerrechtliche Subjektivität zusprechen sollten. Hätte Bonn die Spaltung nicht endgültig vollzogen, wenn es diese Separatkonstruktion sowjetischer Abkunft nicht nur einfach als staatliche Tatsache akzeptierte, sondern ihr auch zugestand, ein Völkerrechtssubjekt zu sein? War andererseits nicht jedes Gebilde, das die Bedingungen eines Staates erfüllte, das also über ein Territorium verfügte, dessen Bewohner durch Gesetze regiert wurden, ganz selbstverständlich ein Völkerrechtssubjekt? Nein; denn zu einem solchen wird ein Staat erst dadurch, daß eine bestimmte Zahl anderer Staaten ihn als Völkerrechtssubjekt anerkennt. Je mehr dies tun, desto eher wird der Zustand eines vollgültigen Völkerrechtssubjekts erreicht. Mitte 1969 hatten erst fünfzehn Staaten ihre Vertreter in Ost-Berlin, und die meisten davon waren Gesandte kommunistischer Regierungen. Die völkerrechtlichen Anerkennungen schleppten sich mühsam dahin: Ende 1969 waren es neunzehn Staaten, darunter dreizehn kommunistische.

Die »besonderen Verhältnisse«

Mehr als eineinhalb Jahrzehnte gab es für Bonn und die Bundesbürger keine Deutsche Demokratische Republik (DDR). Es gab nur die ›Ostzone‹. Während der sechziger Jahre wurde in der Presse, in Rundfunkkommentaren, im Fernsehen immer häufiger von der ›sogenannten DDR‹ gesprochen und dann bald vereinfacht von der DDR in Anführungszeichen. In dem Wechsel der Begriffe drückte sich eine wesentliche Veränderung der politischen Sicht aus. – Von der sozialliberalen Regierung wurden die Anführungszeichen gestrichen; sie verwandelte die Gänsefüßchen in die Formel von den »besonderen Verhältnissen«, den Beziehungen »besonderer Art«, die zwischen den beiden deutschen Staaten bestehen und verhindern sollten, daß durch die Anerkennung der staatlichen Souveränität die DDR für die Westdeutschen zum Ausland wurde und umgekehrt die Bundesrepublik zum Ausland für die Mitteldeutschen. Im April 1970 distanzierte sich Minister Scheel öffentlich vom Alleinvertretungsanspruch der Bundesrepublik. Die Hallstein-Doktrin ist tot, es lebe das »besondere Verhältnis«! Noch im März 1970 hatte der Fraktionsführer der SPD, Herbert Wehner, im Rahmen einer seiner ausgeklügelten, wiewohl spontan wirkenden Explosionen, die er im Bundestag jahrelang wie ein Monopol verwaltete, von »dem so schrecklich schwierigen Verhältnis« gesprochen, das zwischen dem west- und dem mitteldeutschen Staat bestand. Insofern war der Umschwung zum »besonderen Verhältnis« ein Wechsel des politischen Willens.

»In der Formel von den besonderen innerdeutschen Beziehungen ist der alte Anspruch enthalten, die DDR einem Vormundschaftsverhältnis zu unterwerfen.« – Willi Stoph in Erfurt am 19. März 1970

Willy Brandt betonte während seiner viereinhalb Regierungsjahre in unermüdlichen Abwandlungen, daß für ihn die Einheit der deutschen Nation eine Selbstverständlichkeit sei, jetzt und in aller Zukunft. Wie sich ihm diese deutsche Nation und ihre Einheit geschichtlich legitimierte und politisch definierte, dafür fand er in seinem ersten ›Bericht zur Lage der Nation‹ 1970 folgende Wendungen: »Fünfundzwanzig Jahre nach der bedingungslosen Kapitulation des Hitler-Reiches bildet der Begriff der Nation das Band um das gespaltene Deutschland. Im Begriff der Nation sind geschichtliche Wirklichkeit und politischer Wille vereint. Nation umfaßt und bedeutet mehr als gemeinsame Sprache und Kultur, als Staat und Gesellschaftsordnung. Die Nation gründet sich auf das fortdauernde Zusammengehörigkeitsgefühl der Menschen eines Volkes. Niemand kann leugnen, daß es in diesem Sinne eine deutsche Nation gibt und geben wird, so weit wir vorauszudenken vermögen.«

Charakteristisch ist hier die Umkehrung im Prozeß der Nationenbildung, die von Brandt auf den Begriff gezogen wird. Wenn der Kanzler hervorhebt, daß Nation mehr umfasse und bedeute als Sprache, Staat, Gesellschaftsordnung, dann meint er politisch dinghaft, es komme nicht auf diese vergleichsweise zweitrangigen Eigenschaften und Institutionen an, sondern nur oder doch in erster Linie auf das Zusammengehörigkeitsgefühl. Mit Rücksicht auf die deutsche Lage 1970 und die Not, in der auch ein Teufel Fliegen frißt, hatte er recht. Denn die Deutschen besaßen damals von ihrer Nation bestenfalls nur noch ein fahles Zusammengehörigkeitsgefühl, Reste einer Erinnerung an die frühere nationale Existenz. Alle Nationen der Moderne waren dagegen umgekehrt entstanden, auch die deutsche: Das Zusammengehörigkeitsgefühl einer Großgruppe von Menschen drängte danach, in einer Sprachen-, Staaten-, Kultur- und Gesellschaftseinheit politische Gestalt anzunehmen; es konnte sich allein in einer solchen Form national zufriedenstellend ausdrücken. Es gab keinen anderen Weg, das moderne Recht auf Selbstbestimmung sichtbar zu verwirklichen. Deshalb äußerte sich die nationale Impotenz der Westdeutschen besonders erniedrigend in der stillschweigenden Zumutung, das deutsche Zusammengehörigkeitsgefühl vor allem in den Bezirken der Post anzusiedeln, in den Briefen, Paketen oder Telefonaten, deren Vermittlung länger dauerte als diejenige eines Ferngespräches nach Bombay oder San Francisco.

Dieses unfreiwillig oder bewußt beschnittene Wissen Willy Brandts von den Existenzbedingungen einer Nation wurde zur Richtschnur seines Handelns in der Deutschland-Politik. Das Selbstbewußtsein der mitteldeutschen Parteiführer, mit dem sie den »ersten Arbeiter- und Bauernstaat in der Geschichte der Deutschen« regierten, hatte bis dahin alle Bedrängnisse und Krisen überwunden. Die geschichtlichen Traditionen, auf die sie sich beriefen und die in der DDR bedachtsam gepflegt wurden, waren ein wirkungsvolles Moment ihrer politischen Stabilisierung. Von Anfang an beharrte die DDR den Bonner Regierungen gegenüber auf ihrer Eigenstaatlichkeit, die ein Ergebnis der historisch-gesellschaftlichen Entwicklung und ihres marxistisch-sozialistischen Staatsaufbaus sei. Selbstverständnis und Selbstbewußtsein liefen sich gegenseitig den ideologischen Rang ab: »Die Deutsche Demokratische Republik ist nicht nur völkerrechtlich unter dem Gesichtspunkt des Potsdamer Abkommens und somit als einziger deutscher Friedensstaat der rechtmäßige deutsche Staat. Sie ist auch der einzige rechtmäßige deutsche Staat aufgrund der geschichtlichen Gesetzmäßigkeit und der Tatsache, daß in ihm jene Kräfte an der Macht sind, die von der Geschichte zur Führung des deutschen Volkes berufen wurden und deren Politik mit den Interessen der Nation übereinstimmt.« Dem Anspruch Bonns, exklusiv für das deutsche Volk, also auch für die Mitteldeutschen, zu sprechen, setzte Pankow unerschütterlich die Forderung nach gegenseitiger staatlicher Anerkennung entgegen. Und das sollte bekräftigt werden durch den Abschluß eines Abkommens über Gewaltverzicht.

Preußisches Zeremoniell in der DDR: Wachablösung vor Schinkels ›Neuer Wache‹ in Berlin

Eben dies bot Willy Brandt in seiner Regierungserklärung vom 28. Oktober 1969 der DDR an. Er offerierte ihr »Verhandlungen beiderseits ohne Diskriminierung auf der Ebene der Regierungen«. Die nächsten Etappen folgten einander mehr als hurtig, wenn man an den vergangenen zwei Jahrzehnten Unionspolitik in Deutschland mißt.

Am 22. Januar 1970 schlug Willy Brandt dem Vorsitzenden des DDR-Ministerrats Willi Stoph vor, nunmehr die konkreten Verhandlungen über den Austausch von Gewaltverzichtserklärungen aufzunehmen. Stoph antwortete zustimmend, am 11. Februar.

Kein Weg zurück

Schlesier auf einem Heimattreffen im Jahr 1970

Der Kanzler gab sich bei seiner Abreise nach Erfurt keine Mühe, Unklarheiten über die Richtung seiner Ostpolitik bestehen zu lassen. Alle Wiedervereinigungswonnen, deren sich die Unionsparteien so rührig und so unaufrichtig als nationaler Mittel im Dienst nichtnationaler Zwecke bedient hatten, waren ihm fremd. Mit der Unwiderstehlichkeit seiner gesammelten Weisheit, in der sich lediglich eine phänomenale Altersentschiedenheit verkleidete, war es Konrad Adenauer viele Jahre hindurch gelungen, seinen Wählern einzureden, die westalliiert-bundesdeutsche Politik der Stärke würde unumgänglich eines Tages die sowjetische Besatzungszone aufsaugen wie der Schwamm ein Wasserpfützchen. Allen Vertriebenen würde ihr Heimatrecht erfüllt, wenn sich die Bundesrepublik nur nicht davon abbringen lasse, unbeirrt und ergeben im Gefolge ihrer mächtigen Verbündeten auszuharren. Wer den großen Kanzler festzunageln versuchte, ihn nach dem Wie dieser Zaubermechanik politischer Logik ausforschte, ihm gar vorwarf, daß er Illusionen bestärke, den blickte er aus schrägen Augen an: »Illusionen. Meinetwegen nennen Sie es Illusionen. Vielleicht haben Sie ja recht. Aber was glauben Sie wohl, was für eine Rolle Illusionen in der Weltgeschichte spielen.«

Illusionen sind für die Geschichte der Deutschen nach 1945 ein Schlüsselwort. Adenauers Politik der Stärke hing genauso illusionären Zielen nach wie die Realpolitik Brandts. Im Jahr 1964, als die SPD sich schon kräftig mit dem neuen Etikett einer Volkspartei zu den Regierungssesseln in Bonn durchschlug, beteuerte Herbert Wehner auf den Versammlungen: »Die einseitige Grenzziehung entlang der sogenannten Oder-Neiße-Linie und die damit verbundene Annexion deutschen Gebiets ist für uns Sozialdemokraten nicht rechtskräftig.« Wehner prägte dieses Wort auf dem Deutschland-Treffen der Schlesier; die SPD kämpfte damals um jede Stimme. Brandts Illusionen hatten eine Kontrastfärbung zu denen Adenauers. Vor der Abreise nach Erfurt informierte Brandt die Westdeutschen über den Bildschirm: »Ich fahre nach Erfurt mit guten Absichten, aber ohne Illusionen.« Wenige Stunden später, der Zug in Richtung Osten stand abfahrbereit, versicherte er mit ruhiger Stimme: »Wir haben die Einheit verloren, und es gibt bestimmt keinen Weg zurück.«

»Es ist ... haltlos, von einer Einheit der Nation zu sprechen oder eine Einheit der Nation wahren zu wollen, die von den herrschenden Kreisen der Bundesrepublik aus Eigensucht preisgegeben wurde. – Willi Stoph in Erfurt am 19. März 1970

Wahl zwischen Freundschaft oder Feindschaft

In der Luther-Stadt schlug Brandt Jubel entgegen: »Ich war bewegt. Doch ich hatte das Geschick dieser Menschen zu bedenken: Ich würde anderntags wieder in Bonn sein, sie nicht ... So mahnte ich durch eine Bewegung meiner Hände zur Zurückhaltung. Man hat mich verstanden. Die Menge wurde stumm. Ich

Mit Verkündung des Grundgesetzes 1949 wurden die Länder (1970: 10 Länder; Land Berlin) der drei westlichen Besatzungszonen zur Bundesrepublik Deutschland zusammengefaßt (seit 1955 im Besitz der vollen Souveränität). Berlin steht seit 1945 unter Verantwortung der vier Besatzungsmächte. Die Westsektoren sind unter Vorbehalt der Rechte der Alliierten der Bundesrepublik zugeordnet. Die sowjetische Besatzungszone wird durch Annahme einer Verfassung 1949 zur Deutschen Demokratischen Republik erklärt. Der östliche Sektor Berlins ist unter Vorbehalt der Rechte der sowjetischen Militärregierung der DDR angegliedert. Österreich erhält nach 1945 unter den 4 Besatzungsmächten seine staatliche Einheit und eine gewisse Souveränität. Seit dem Staatsvertrag von 1955 ist die Besatzungsherrschaft aufgehoben.

Deutschland und Österreich, 1978 (Bundesstaaten und Bezirke) wandte mich schweren Herzens ab. Mancher meiner Mitarbeiter hatte Tränen in den Augen. Ich fürchtete, hier könnten Hoffnungen wach werden, die sich nicht erfüllen lassen. Das durfte nicht sein. So legte ich mir die notwendige Reserve auf.« Unmittelbar nach seiner Rückkehr von Erfurt versuchte Brandt die Ovationen abzutun als »eine stark gefühlsbetonte« Manifestation.

Dem Kurs des Erfurter Treffens fügten sich die weiteren Etappen sozialliberaler Deutschland-Aktivität. Willy Brandt beendete mit einem unnachsichtig geführten Hieb zwei Jahrzehnte westdeutscher Politik des Als-ob. Konsequent hielt er den Vorsatz durch, sich der Übereinstimmung mit der Sowjetführung zu versichern. Bereits zwei Tage nach Erfurt traf Egon Bahr mit dem stenographischen Protokoll des Gesprächs zwischen Brandt und Stoph in Moskau ein und berichtete Außenminister Gromyko – lange bevor ein DDR-Diplomat sich im Kreml melden ließ, lange bevor die Westalliierten von Bonn mit Details bedacht wurden. Jahrelang wurde um die Formulierungen gerungen. Zur schwersten Krise kam es dann im Frühjahr 1972. Im Bundestag stand die Ratifizierung der Ostverträge an. Die Stimmung war geladen bis zur Explosion. Außenminister Gromyko wies am 12. April mit aller Zurückhaltung darauf hin, daß die Bundesrepublik bei der anstehenden Ratifizierung vor der »Wahl zwischen Freundschaft oder Feindschaft zur Sowjetunion« stehe und seine Regierung zu neuen Verhandlungen über den Moskauer Vertrag nicht bereit sei.

Tumult
während der Ost-Debatte
des Bonner Parlaments
am 25. Februar 1972

In diesen Tagen, auf dem Höhepunkt des Kampfes der Unionsparteien gegen die Ostverträge, entschlossen sich einige Abgeordnete der Koalition dazu, die Regierung nicht mehr zu unterstützen und gegen die Verträge zu stimmen. Die Opposition bekam dadurch Gelegenheit, ein konstruktives Mißtrauensvotum gegen Bundeskanzler Brandt einzubringen; dies geschah zum ersten Mal in der Nachkriegsgeschichte Deutschlands. Der Vorsitzende der Unionsfraktion, Rainer Barzel, konnte mit einer knappen Stimmenmehrheit für seinen Antrag rechnen, Willy Brandt das Vertrauen des Parlaments zu entziehen und ihn somit zum Rücktritt zu zwingen. Am 27. April 1972 stimmte der Bundestag über den Antrag ab. Zweihundertsiebenundvierzig Abgeordnete hatten ihn unterstützt, doch für die absolute Mehrheit wären zwei Stimmen mehr nötig gewesen. Die Unionsopposition war buchstäblich fassungslos: Barzel hatte den Kanzler-Stuhl um zwei Stimmen verfehlt, um Stimmen, die vorher als absolut sicher erschienen waren, um Stimmen, von denen man bis heute nicht weiß, wer sie für Brandt abgegeben hat.

Dieser Tag rettete nicht nur die Ostverträge und mit ihnen das Abkommen mit der DDR, er leitete auch das Ende der politischen Karriere Barzels ein, des Mannes, der die Ablösung Ludwig Erhards dirigiert hatte, der sich nicht zu dem dickhäutigen Nein der CSU zu den Ostverträgen durchringen konnte, der an die Stelle der biblischen Empfehlung zu unverblümtem Ja- oder Nein-Sagen, sein kurze Zeit sprichwörtliches »So nicht!« gesetzt hatte und sich selbst damit schließlich aufs politische Altenteil beförderte.

Am 8. November 1972 wurde in Bonn von den Unterhändlern Egon Bahr und Michael Kohl der ›Grundvertrag‹ abgezeichnet, in seinem vollen Titel: Vertrag über die Grundlagen der Beziehungen zwischen der Bundesrepublik Deutschland und der Deutschen Demokratischen Republik. Nach Bonner Interpretation konzentriert sich das Abkommen ganz auf praktische Regelungen des täglichen Lebens, und zwar auf allen wichtigen Gebieten. Es wurde dadurch, so erklärte Bahr, zum eigentlichen Beginn eines Weges, »der über das organisierte Nebeneinander hinaus zu einem Miteinander führen soll«. Kohl dagegen sah die historische Bedeutung des Vertrages darin, daß mit ihm eine Grundlage geschaffen worden ist, um die Beziehungen zwischen den beiden deutschen Staaten – die voneinander unabhängig seien und gegensätzliche Gesellschaftsordnungen hätten – entsprechend den Prinzipien der UN-Charta zu gestalten. Unterzeichnet wurde das Abkommen am 21. Dezember 1972 in Ost-Berlin. Kurz zuvor schickte die Bundesregierung der mitteldeutschen Regierung einen ›Brief zur deutschen Einheit‹, unterschrieben von Egon Bahr. Bonn stellt darin fest, daß der Grundvertrag nicht dem politischen Ziel der Bundesrepublik widerspreche, daß eines Tages »das deutsche Volk in freier Selbstbestimmung seine Einheit wiedererlangt«. Auch die Unterzeichnung des Moskauer Vertrages war durch die Übergabe eines solchen Briefs belebt worden. Welche Absichten die Bonner Regierung damit verband, wurde oft erklärt, ohne dadurch klar zu werden. Das wäre aber nötig gewesen, um die Vermutung zu entkräften, hier sei etwas unterschrieben worden, das sich mit »dem politischen Ziel der Bundesrepublik«, allen Beteuerungen zum Trotz, nicht deckt. Jahre später wurde Michael Kohl nach diesem Schreiben zur deutschen Einheit gefragt. Seine dürre Antwort: »Ich kenne diesen Brief nicht.« Egon Bahr stand neben ihm. Er blieb stumm. – Der Schlußstrich unter die Normalisierung wurde am 18. September 1973 in New York gezogen. Die DDR rückte als einhundertdreiunddreißigstes Mitglied in den Kreis der Vereinten Nationen ein, gefolgt von der Bundesrepublik als Mitglied unter nächster Nummer.

Die Delegationen der beiden deutschen Staaten als Mitglieder der Vereinten Nationen in der UN-Vollversammlung in New York am 18. September 1973

Brandts Außenpolitik, die sich so sehr auf die bestehenden Realitäten einzustimmen versucht hatte, bewirkte die Entstehung einer Vielzahl neuer Realitäten. Die Phase der Verhandlungen mit Bonn samt dem Vertragsabschluß hatte den Bemühungen der DDR um diplomatische Beziehungen zu anderen Ländern kaum genützt. Am 22. Mai 1970 war Pankow erst von fünfundzwanzig Ländern anerkannt worden, am 6. Juni 1971, also im Verlauf eines Jahres, waren lediglich fünf weitere hinzugekommen. Erst die Unterzeichnung des ›Grundvertrages‹ im Dezember 1972 bescherte der DDR den internationalen Durchbruch. Noch bis zum Ende desselben Jahres schnellte die Zahl der Staaten, die einen Diplomaten nach Ost-Berlin entsandten, auf vierundfünfzig hoch. Bis Anfang Juli 1973 wuchs sie auf siebenundachtzig an, und im Dezember 1976 schließlich unterhielt die DDR zu einhunderteinundzwanzig Staaten diplomatische Beziehungen, also praktisch zu allen Regierungen von Bedeutung. Am 25. März 1975 brach die Republik Österreich mit dem Brauch, nur eine einzige deutsche Staatsbürgerschaft anzuerkennen. Sie akzeptierte in einem Konsularabkommen die DDR-Staatsbürgerschaft als eigene Nationalitätsbezeichnung.

Friedliche Tage auf der Krim

Leonid Breschnjew lud 1971 den Bundeskanzler zu politischen Gesprächen auf die Krim ein. Das Treffen fand vom 16. bis 18. September statt – wieder einmal dort. Die Ergebnisse der Unterredungen wurden in einem Kommuniqué zusammengefaßt. Brandt formulierte die Quintessenz der Krim-Reise bei seiner Ankunft in Bonn so: »Wenn ich mich auf dem Rückflug gefragt habe, was aus meiner Sicht das eigentlich Neue war, dann ist es dies: Die Bundesrepublik

»Wir haben ... seit langem die Lage akzeptiert, wie sie sich aus der Nachkriegsentwicklung ergab.« – Willy Brandt in der Ratifizierungsdebatte Ende Februar 1972

Breschnjew mit Brandt während des Treffens auf der Krim im September 1971

Deutschland und die Sowjetunion machen Fortschritte in ihren Beziehungen zueinander wie andere Staaten auch. Man weiß, wo es Übereinstimmungen, wo es Annäherungen und wo es Unterschiede gibt. Wir sind also im Begriff, uns natürlich und normal zu unterhalten.« Ein nichtssagendes Ergebnis also, wenn es wirklich nur das wäre; aber selbst das Nichtssagende besäße als Indiz für die Normalität des westdeutschen Verhältnisses zu Rußland schon genügend Gewicht. Das Schlußkommuniqué veranlaßte die Opposition im Bundestag, das Ergebnis der Krim-Reise als bestürzend und niederschmetternd zu bezeichnen. Denn Brandt habe nicht nur überhaupt nichts mitgebracht außer zwei leeren Händen und einem gefüllten Erlebnisspeicher, sondern er habe sich von Breschnjew die Anerkennung der DDR abringen lassen. Das sei das Ende der deutschen Wiedervereinigungspolitik.

Bei solchen Vorwürfen handelte es sich um Übertreibungen, die in der Diskussion um die Ostpolitik jener Jahre üblich waren. Weder Brandt noch Breschnjew hatten miteinander ›gerungen‹; die faktische Anerkennung der DDR war von Brandt und der sozialliberalen Koalition schon längst vollzogen worden. Eine deutsche Wiedervereinigungspolitik mit faßbarer Grundlage war seit 1949 von keiner einzigen Regierung in Bonn betrieben worden. Jetzt und ebenso in dem Kampf gegen die Ostverträge und den Grundlagenvertrag mit der DDR lief die CDU/CSU-Opposition nur Sturm gegen den Verzicht auf Illusionen, die sie während einer zwanzigjährigen Regierungszeit entwickelt und künstlich ernährt am Leben gehalten hatte. Sie hatte nie vermocht, das Verhältnis zwischen der Forderung nach Wiedervereinigung und der politischen Wirklichkeit sachlich zu umreißen und überzeugend zu erklären. Und sollte Willy Brandt tatsächlich erst auf der Krim den Russen die Anerkennung der DDR zugestanden und damit in die Spaltung Deutschlands eingewilligt haben, so billigte er schließlich nur ein letztes Mal diejenigen Vereinbarungen, die man im Februar 1945 in Jalta getroffen hatte und die von den Siegern in den folgenden Jahren durchgesetzt worden waren. Waren Brandts ostpolitische Entschlüsse nicht doch das Resultat einer empfindungslos weisen Einsicht in die tatsächliche politische Lage? Kurz nach den hitzigen Auftritten der Opposition war Brandt in München; ein Student drängte sich zu ihm durch, schlug den Kanzler ins Gesicht, zeterte: »Das ist für den Verrat Deutschlands an Moskau.« Welch ein Mißverständnis: Jalta 1945 und Jalta 1971 gehören zusammen.

Eine internationale Lästigkeit

Die Spannungen zwischen Bonn und Pankow bis 1969 entsprangen den völlig gegensätzlichen Auffassungen der beiden deutschen Staaten voneinander. Auch die neue Ostpolitik hat keine Lageveränderungen bewirkt, durch die das Verhältnis zwischen Bundesrepublik und DDR wirklich normalisiert worden wäre. Eine Normalisierung im vollen Sinn des Wortes wäre allein durch völkerrechtliche Anerkennung samt allen juristischen Weiterungen denkbar. Dann würde auch die Notwendigkeit fortfallen, zur Bestätigung der eigenen Oberhoheit sich der Mauer und des Stacheldrahts zu bedienen. – Willy Brandt rechtfertigte in seiner Regierungserklärung vom 18. Januar 1973 seine Ostpolitik mit dem Hinweis, daß die Erleichterungen, die durch die Verträge zustande gekommen seien, große Bedeutung hätten für die »Zusammengehörigkeit der

Deutschen, die auch unter den Existenzbedingungen zweier entgegengesetzter Gesellschaftssysteme ein Volk bleiben wollen«. War es nur Nachlässigkeit, daß der Kanzler jetzt den Volksbegriff erwähnte und nicht den Wunsch der Deutschen, eine Nation bleiben zu wollen, und ihren festen Entschluß, sich künftig immer als eine Nation zu fühlen?

Zum Volk der Deutschen zählen auch Deutsche mit US-Staatsbürgerschaft, die in Traditionsverbänden Chicagos bayerisches Brauchtum pflegen; sie zählen dazu ohne besondere Willenserklärungen. Da war Egon Bahr in der Diskussion, die sich an jene Regierungserklärung anschloß, erheblich ungenierter. Er machte der Unionsopposition und den Westdeutschen klar, die SPD-Politiker seien durch den Ausgang der Wahlen 1969 in die Lage versetzt worden, jene Wahrheit zu bekennen, die sie vorher nicht hätten sagen wollen und können; auch die Wahrheit sei auf bestimmte Situationen angewiesen, erst in ihnen sei es opportun, sie auszusprechen. Im Ausland allerdings war diese Wahrheit schon seit vielen Jahren offenkundig. Regierungsamtlich wurde seit 1969 das Wort ›Wiedervereinigung‹ kaum noch gebraucht. Inzwischen ist es zu einem deutschen Reizwort aus der Ära des Kalten Krieges in den fünfziger Jahren abgesunken.

Vor der Festschreibung zweier deutscher Staaten: ›Deutscher Personalausweis‹ für die Ostzone und den Ostsektor Berlins vom Januar 1949

Diese Spezialformel für das deutsche Recht und den theoretisch unbestrittenen Anspruch auf nationale Selbstbestimmung wurde de facto weder vom Gros der Deutschen noch von einem anderen Staat der Welt ernst genommen. Anfang Dezember 1959 hatte Indiens Ministerpräsident Nehru ohne diplomatisches Geranke erklärt, daß über die deutsche Wiedervereinigung zwar sehr viel gesprochen, daß sie aber von niemandem ernstlich angestrebt werde: »Niemand – Amerika, England, Frankreich, Westdeutschland, Ostdeutschland, Rußland, die Tschechoslowakei, Polen –, niemand will sie.« Bestenfalls wünsche jeder nur eine Lösung nach seinen eigenen Vorstellungen; da aber alle wüßten, daß sich auf diese Weise die deutsche Einheit niemals erreichen lasse, sie jedoch ihre Einstellungen trotzdem nicht änderten, wolle also in Wahrheit niemand eine Lösung. So glitt das einzige deutsche Recht, das man uns nach 1945 nicht einmal auf dem Papier bestritten hatte, im Lauf der Jahre in die Niederungen einer internationalen Lästigkeit. Jeder andere Staat hätte sich in derselben Lage aufgebäumt.

Ein Gutteil des beifälligen Echos in der Bundesrepublik auf die neue Ostpolitik beruhte darauf, daß die Regierung es sorgfältig vermied, davon zu sprechen, welche Konsequenzen sie aus der politischen Lage ziehen wollte und welche Folgen jene Konsequenzen zwangsläufig haben mußten. Warum hielt Bonn an dem Wunschbild fest von dem übergreifenden Dach der nationalen Einheit über zwei deutschen Staaten, die nicht nur gegensätzlich ausgerichtet, sondern deren Gesellschaftsordnungen einander völlig entgegengesetzt sind? Weil es sich von der Adenauer-Verheißung nicht lösen konnte, daß die nationale Einheit eines Tages durch Veränderungen des mitteldeutschen Sozialsystems in Richtung des westdeutschen Musters wiedergewonnen werde.

Insofern läßt sich kein Wort an der Behauptung Willy Brandts streichen, er führe lediglich die Politik Adenauers fort und vollende sie, aber auch kein Jota an Erich Honeckers Feststellung: »Die prinzipielle Linie unserer Partei geht davon aus, daß der gesamte Verlauf der Entwicklung und die Festigung unseres sozialistischen Staates objektiv dahin führt und führen muß, daß die Gegensätzlichkeit zwischen uns und der BRD, die den kapitalistischen Weg geht, sich

10 GEBOTE

GEBOTE

für den neuen sozialistischen Menschen

1. DU SOLLST Dich stets für die internationale Solidarität der Arbeiterklasse und aller Werktätigen sowie für die unverbrüchliche Verbundenheit aller sozialistischen Länder einsetzen.
2. DU SOLLST Dein Vaterland lieben und stets bereit sein, Deine ganze Kraft und Fähigkeit für die Verteidigung der Arbeiter-und-Bauern-Macht einzusetzen.
3. DU SOLLST helfen, die Ausbeutung des Menschen durch den Menschen zu beseitigen.
4. DU SOLLST gute Taten für den Sozialismus vollbringen, denn der Sozialismus führt zu einem besseren Leben für alle Werktätigen.
5. DU SOLLST beim Aufbau des Sozialismus im Geiste der gegenseitigen Hilfe und der kameradschaftlichen Zusammenarbeit handeln, das Kollektiv achten und seine Kritik beherzigen.
6. DU SOLLST das Volkseigentum schützen und mehren.
7. DU SOLLST stets nach Verbesserung Deiner Leistungen streben, sparsam sein und die sozialistische Arbeitsdisziplin festigen.
8. DU SOLLST Deine Kinder im Geiste des Friedens und des Sozialismus zu allseitig gebildeten, charakterfesten und körperlich gestählten Menschen erziehen.
9. DU SOLLST sauber und anständig leben und Deine Familie achten.
10. DU SOLLST Solidarität mit den um ihre nationale Befreiung kämpfenden und den ihre nationale Unabhängigkeit verteidigenden Völkern üben.

WALTER ULBRICHT AUF DEM V. PARTEITAG DER SED AM 10. JULI 1958 IN BERLIN

Die Aufgaben des DDR-Bürgers: Ulbrichts ›Zehn Gebote‹ aus der Rede auf dem Parteitag der SED in Berlin am 10. Juli 1958

verstärkt und daß darum der Prozeß der Abgrenzung zwischen beiden Staaten in allen Bereichen des gesellschaftlichen Lebens immer tiefergehender wird.« Eine Prognose, die sich bis heute Woche für Woche bestätigt hat.

Bonn hat recht. Pankow hat recht. Wenn sich Deutschsein, deutsche Einheit und deutsche Nation mit bestimmten politischen Grundsätzen verbinden und von ihnen abhängig sind, wird das Wort ›Deutschland‹ entleert bis zur Sinnlosigkeit. Selbst wenn Bonn mit der Beharrlichkeit von Gebetsmühlen auf die »unvergängliche«, die »fortdauernde und lebendige Realität« der Einheit der deutschen Nation aufmerksam machen würde, bliebe die Tatsache, daß zwei Drittel der Deutschen eingeschworen sind auf andere Fundamente ihres Daseins als das andere Drittel, daß man in Mitteldeutschland daran festhält: »Das Deutschland von morgen kann nur ein sozialistisches Land, die deutsche Nation der Zukunft nur eine sozialistische Nation sein. So ist die nationale Frage auch in Deutschland eine Klassenfrage.«

Solange diese inneren Gegensätze das Verhältnis der beiden Staaten prägen, verfügen die Deutschen weder über eine Nation, noch läßt sich ohne Irreführung von der deutschen Nation als dem Dach über zwei Staaten sprechen. Das aber widerspricht den gängigen Auffassungen von einer Nation. Alle Nationen der Welt sehen nach wie vor ihre nationalen Wünsche erst in einem gemeinsamen Staat politisch realisiert. Das wird gelten, solange die Vokabel ›Nation‹ einen Aussagewert besitzt. – Sowohl in West- als auch in Mitteldeutschland ist das Nationale vom Logenplatz der politischen Rangordnung verdrängt worden durch die Besonderheit des Gesellschaftssystems. Das wird sich erst ändern, wenn wir mit dieser Staffelung nicht mehr zufrieden sind. Bis dahin werden immer weniger Deutsche das deutsche Reich suchen, weil sie wissen, daß sie es nicht finden. Unter historischen Gesichtspunkten ist dieser Zustand weit kläglicher als vor fünfhundert Jahren. Bekümmert notierte damals der berühmte deutsche Philosoph und Diplomat Nikolaus von Kues: »Man wird das Reich suchen in Deutschland, und man wird es nicht finden.«

»Die Wiedervereinigung ist ein sinnentleerter Begriff, den wir, wollen wir glaubwürdig werden, streichen müssen.« – Günter Grass, Sollen die Deutschen eine Nation bilden?

Die Verheißung innerer Reformen

Das Ehepaar Brandt mit Guillaume (auf der Terrasse) während eines Urlaubs in Norwegen im Juli 1973

Am 6. Mai 1974 beschloß Willy Brandt, als Kanzler der Bundesrepublik zurückzutreten. Man hatte seinen persönlichen Referenten Günter Guillaume als Spion der DDR verhaftet. Guillaume war Hauptmann der Nationalen Volksarmee. Auch Egon Bahr wurde als Kanzleramtsminister entlassen. Brandt sah den Rücktritt als eine Notwendigkeit an, die sich aus seiner politischen Verantwortung ergab.

Das Zentralthema seiner Regierungsära ist die Ostpolitik gewesen. Andererseits hatte er sich hochgemut als ›Kanzler der inneren Reformen‹ verstanden. Die Regierungserklärung des Kanzlerdebütanten 1969 präsentierte ein überwältigendes Reformprogramm, gruppiert um den Schwerpunkt der Bildungspolitik. Der Ehrgeiz griff hier genauso hoch wie in der Deutschland-Politik. Neben einer Bildungsplanung, die sich weit in die Zukunft erstreckte, sollten endlich die viel zu lange abgedrängten Probleme der Mitbestimmung in den Betrieben und der Rentenreform gelöst werden. Alle Reformprojekte der Sozialliberalen standen unter dem Summenzeichen ›Mehr Demokratie‹. Wie die Vorhaben praktisch zu verwirklichen, zu finanzieren seien, darüber konnte

Der ›Käfer‹ in Großserienproduktion
im Volkswagenwerk in Wolfsburg

Smog-Gefahr für die Großstädte
Fahrverbotsschilder für den Ernstfall am Stadtrand von Dortmund

Das Haus am Wohlstandsmüll
Abladeplatz für Autowracks am Rand des Märkischen Viertels in Berlin

die sozialliberale Regierung bei ihrem Start keine verbindliche Auskunft geben. Sie setzte auf die Zukunft, auf die endlich errungene Macht der Ministersessel und die Absicht, mehr für die Menschen zu tun.

Anfangs bediente sich die Regierung des zuverlässigen Mittels der Staatsverschuldung. Sie nahm dafür in Kauf, daß sich der Inflationsdruck gewaltig verstärkte. Die Steigerung der Lebenshaltungskosten nahm um mehr als die Hälfte zu. In den Jahren 1970 bis 1972 gab die öffentliche Hand Milliarden um Milliarden. Die Konjunktur erreichte 1972/73 ihre Spitzengrade, und plötzlich war die Wirtschaft in der Bundesrepublik nicht mehr in der Lage, die Flut der Auslandsaufträge abzufangen, da sämtliche Produktionsreserven ausgeschöpft waren. Die überschwengliche Nachfrage, mit der man nicht fertig wurde, verstärkte in der westdeutschen Wirtschaft die Neigung, unentwegt höhere Preise zu fordern und durchzusetzen. Am häufigsten wurden diese Erscheinungen mit den angeblich rapide steigenden Rohstoffpreisen des Weltmarktes entschuldigt.

Die Regierung entschloß sich als Reaktion darauf, die Investitionssucht der Industrie zu dämpfen. Das Reformprogramm der ersten drei Aufbruchsjahre mit seinen ungeheueren Kosten wurde nun zwangsläufig von einem Stabilitätsprogramm der kleinen Schritte abgelöst. Wichtigster Partner dabei war die Deutsche Bundesbank mit ihrer Kredit- und Zinspolitik des Abdrosselns, des Verzögerns, der Geldverknappung. Der wirkliche Bremseffekt stellte sich allerdings erst nach Monaten ein. Im Spätherbst 1973 erlitt die Wirtschaft eine Abkühlung des Konjunkturklimas. Die Ernüchterung schlug um in eine Erschütterung ohnegleichen, als sich die arabischen Ölförderländer Ende 1973 wegen des Konflikts mit Israel dazu entschlossen, ihre Lieferungen nach Amerika und Europa drastisch einzuschränken. Dieses Ölembargo brachte die westdeutsche Wirtschaft samt der europäischen Industrie von heute auf morgen an den Rand einer Katastrophe.

»Der Schock der Ölkrise muß uns munter werden lassen.« – Gustav Heinemann in seiner Weihnachtsbotschaft 1973

Spätestens nach dem auftrumpfenden Wort des Bundeskanzlers Ludwig Erhard aus den sechziger Jahren – »Wir sind wieder wer« – stellten sich die westdeutschen Bürger ihre Zukunft als eine beständige Schönwetterperiode vor. Solche Erwartungen nährten sich in erster Linie aus der unablässigen Zunahme des wirtschaftlich-industriellen Wachstums, aus der unabsehbaren Steigerung der Produktion und des Exports, des Konsums und Wohlstands, der Löhne und Gehälter, Guthaben und Profite. Die stetige Aufwärtslinie sämtlicher Statistiken wurde nur geknickt durch das schwache Tief der Jahre 1966/67, das in Bonn der Regierungsära Erhards ein Ende setzte. Später zeigte sich im Vergleich mit den folgenden Kabinetten allerdings, daß der in aller Welt gerühmte und bestaunte ›Vater des Wirtschaftswunders‹ Erhard auch als Regierungschef weit erfolgreicher und einsichtiger gewesen ist, als es seine politischen Gegner im Parteienfächer der Bundesrepublik ebenso eilfertig wie selbstsüchtig behauptet haben. Damals war die Mehrheit diesem Maßhalte-Kanzler nicht mehr gewogen, der ihnen mit seinen ständigen Appellen an die Vernunft zusetzte. Wenn sowohl Erhard als auch die Deutschen daraus etwas lernen konnten, dann die alte Erkenntnis, daß nur dort an politische oder wirtschaftliche Vernunft zu appellieren ist, wo es Vernunft gibt.

Unwiderruflich, in brutaler Kürze wurden die Zukunftsperspektiven der sechziger Jahre in Deutschland, in Europa, ja praktisch in der ganzen industrialisierten Welt zum alten Eisen geworfen durch die Energiekrise Ende 1973. Nie in der Geschichte der Bundesrepublik ist zwischen Advent und Neujahr so viel gelärmt und geräuchert worden wie damals. Kurzarbeit, Entlassungen, geschätzte Arbeitslosenzahlen bis zu Millionenhöhe, Katastrophenrufe im Textilgewerbe, Inflation, Benzinnot, Ölsperre, Absatzflauten – dazu die verblüffende Genugtuung so vieler Kommentatoren über den dröhnenden Schuß, den das Schnellboot des Wirtschaftswachstums vor den Bug bekommen hatte. Das Entsetzen darüber wurde den Bürgern als Jungbrunnen empfohlen, ein Nobel-Preisträger sprach von verstecktem Segen und bezeichnete das Prinzip der Bedarfsweckung, der Anregung und bewußten Erzeugung neuer Bedürfnisse in den modernen Wirtschaftssystemen, als kriminell. Auch Bundespräsident Heinemann fand es richtig, die Westdeutschen am Heiligen Abend zu beglückwünschen, daß die prassend heile Konsumwelt endlich einen heilsamen Schock erhalten habe. Die ersten Sonntagsfahrverbote wurden noch amüsiert hingenommen; man genoß die leeren Autostraßen, Tausende von Familien glaubten, neue Formen der Gemeinsamkeit zu entdecken. Dann aber wuchs die allgemeine Unruhe trotz und gerade wegen der regelmäßigen Beschwörungen der Bonner Regierung, die sich wenigstens mit Worten darum bemühte, Öl auf die Wogen der westdeutschen Befürchtungen zu gießen, wenn schon das kostbar gewordene Rohöl ausblieb.

Gähnende Leere
auf der Nord-Süd-Autobahn
am Frankfurter Kreuz
durch das Sonntagsfahrverbot
während der Energiekrise
Ende 1973

Abschied vom Fortschritt

Der anmaßende Fortschrittsglaube war durch die Energiekrise 1973/74 bis ins Mark getroffen. Die Rohstofflieferanten hatten begriffen, daß sie gewissermaßen mit einer Handbewegung riesenhaften Industrien den Boden unter den Füßen wegziehen können. Das war das Exemplarische der Ölklemme. Die Industriegesellschaften merkten plötzlich, daß sie von Staaten, die sie kaum ernst genommen hatten, restlos abhängig waren. Im Hintergrund lauerte die beängstigende Frage, ob denn nicht die ganze Basis der Hochindustrialisierung ins Rutschen gekommen sei.

Die Wechselseitigkeit der wirtschaftlich-industriellen Zusammenhänge verlor damals ihren technisch-neutralen Charakter und enthüllte ihre politische und zutiefst moralische Natur. Das Ölmodell bekam Geltung für alle Rohstoffgebiete, und das riß unerwartete Perspektiven auf. Für jedes Land, dessen Wohlfahrt von den Importen des Grundmaterials abhing, schrillten die Alarmglocken. Europa lieferte dazu ein umgekehrtes Beispiel, als hier für siebzig Millionen Mark 1,4 Millionen Tonnen Weizen vernichtet wurden, während gleichzeitig in Afrika Millionen Menschen verhungerten. Dem defekten Wirtschaftsgleichgewicht entsprach ein defektes Wertverhalten. Eben das sollte in Zukunft nicht mehr geduldet werden. Damit war der große Grabenbruch der industriegesellschaftlichen Entwicklung erreicht. Der Konkurs des politischen Kolonialismus der westlichen Staaten zwei Jahrzehnte zuvor wurde nunmehr besiegelt vom Bankrott des Technikerkolonialismus der Industrienationen.

Erwartet und verlangt wurde als Konsequenz davon die erbarmungslose Einsicht, daß Lebensstandard, Reichtum, Wohlstand in Zukunft nicht mehr allein von der Erzeugung technischer Fertigprodukte abhängen, sondern daß sich tatsächlicher Reichtum und wirkliche Armut nach Bedürfnissen und Ansprüchen bemessen, für deren Bestimmung nicht der Industrialisierungsgrad eines Landes maßgebend ist, so wenig wie die Produktion von Wirtschaftsgütern. Vorbei war es auch mit dem Modewort der Sozialastronauten von der ›Lebensqualität‹, dem jüngsten und letzten Kind von Fortschrittsglauben und Wohlstandsphlegma. Persönliche und gesellschaftliche Lebenssicherheit beruhen seitdem nicht mehr ausschließlich auf technischer Perfektion. Eine neue Einstellung zu allen Hauptbegriffen bahnte sich an, etwa daß Vernunft nicht mehr dasselbe ist wie technische Vernunft oder Zufriedenheit nicht mehr dasselbe wie Bequemlichkeit.

Bürgerinitiative gegen die Gefahr der Umweltverschmutzung im Gebiet des Braunschweiger Hafens Protesttafel am vorgesehenen Baugelände, Mai 1975

Besonders deutlich wurde schließlich die Vorstellung korrigiert, industrialisierte Staaten seien von Natur aus die reichen Staaten der Welt. Das galt vornehmlich für die Bundesrepublik, deren innere Stabilität – alle Mißstände eingeschlossen – auch nach 1973 nichts von ihrer weltweit beneideten Mustergültigkeit verlor, einer Mustergültigkeit, die an das klassische Vorbild der Schweiz heranzukommen schien, deren Zustand ebenfalls schon lange die Frage aufwirft, ob nicht eine geordnete, sozial einigermaßen ausgeglichene Gesellschaft mit blühender Wirtschaft allmählich die typischen Merkmale eines Staates verliert und dafür diejenigen eines vergnügten Kaufhauses mit kräftigen Umsätzen annimmt. Der Reichtum der Bundesrepublik ist ein Reichtum der Arbeit und der technischen Phantasie, kein Reichtum der Substanz. Er besitzt keine Grundlage, ganz im alten Sinne des Bodens, das heißt der Schätze des Bodens verstanden. Westdeutschland besitzt Kohle, aber dieser Rohstoff ist seit langem und vorerst hoffnungslos von der Bedeutung des Öls überflügelt worden. Alle Arbeit in der Bundesrepublik ist sekundärer Natur, abhängig von Materialimporten und deshalb ungewöhnlich anfällig für Störungen, die von außen kommen. Daß sich dies nie ändern wird, war ebenfalls eine besonders drastische Lehre des Ölschocks 1973.

Die Große Koalition – Die Große Mauer

Der Strudel zwischen Ölkrise und Guillaume-Panne ließ den sozialliberalen Zukunftseifer untergehen. Rings um ihn dümpelten die Trümmer der Bildungsreform. Begonnen hatte es mit der stürmischen Diskussion einer Formel, dem Beschwörungswort von der deutschen Bildungskatastrophe 1964. Scheinbar unabhängig von der Lage in den Bildungsprovinzen brach die Unruhe unter den Studenten in einer ersten politisch-öffentlichen Explosion in Berlin aus. Am 2. Juni 1967 besuchte der Schah von Iran West-Berlin. Tausende von linksgestimmten Studenten demonstrierten gegen die Visite eines Herrschers, der ihnen als Symbol undemokratischer Tyrannei erschien. Bei den Versuchen der Polizei, die Absperrungen zu sichern, wurde ein Student erschossen. Bis zum Frühjahr 1968 entwickelte sich die studentische Protestbewegung, die aus hochschulinternen Meutereien entstanden war und von den rund zweitausend Mitgliedern des linksverhärteten Sozialistischen Deutschen Studentenbundes (SDS) ununterbrochen ins öffentlich Politische und Gesellschaftliche getrieben wurde, zur großen Außerparlamentarischen Opposition (APO) der Bundesrepublik. Sie bildete eine aufschlußreiche Reaktion gegenüber der Großen Koalition, die von allen, die sich zur APO zählten, als eine Ausschaltung der notwendigen Parlamentsopposition abgelehnt wurde.

Polizeiliches Vorgehen gegen APO-Demonstranten vor dem Landgericht in Berlin-Tegel im November 1968

Ein untergründiges Beben durchzitterte nicht nur die westdeutschen Universitäten, sondern breitete sich in weite Bereiche des allgemeinen Lebens aus. Zahlenmäßig kaum mehr ausmachbare Barrikadensucher entwickelten eine verblüffende Kunst, Aufsehenerregendes vorzuführen – immer jenseits des bürgerlich Erlaubten, doch bloß um Haaresbreite von seinem Rand entfernt. So hatten sie fast immer den Spott und die Lacher auf ihrer Seite, aber fast nie einen politischen Erfolg. Wütende Angriffe waren ihnen lieber als begeisterter Beifall. Weil sie sich so ungeniert als maßlose Marxisten bezeichneten, scheuchten sie alle auf, die den Marxismus verabscheuten, und weil sie eben genau das erreichen wollten, steigerten sie ihren Marxismus sowohl bis zur Anarchie als auch bis zur Komik. Bewußt grenzten sie die normalen Aufmerksamkeiten auf die Blockbuchstaben kollektiver Verheißungen ein. Ihre Wortführer waren bereit, die Gegenwart der fixen Idee ›Zukunft‹ zu opfern und damit die Gesellschaft, in der sie leben mußten, bewußt verkommen zu lassen. Das verhaßte System der Bundesrepublik hatte ihrer Meinung nach nichts anderes verdient, als gestürzt zu werden.

APO-Plakat
gegen die Notstandsgesetze
nach deren Billigung
durch den Bundestag
am 29. Mai 1968

Sachlich begründete Argumente störten sie nicht, weil sie so nicht argumentieren, sondern handeln wollten. Trotzdem bereicherten sie den politischen Wortschatz Westdeutschlands nicht unerheblich; sie bescherten uns vor allem viel Polemik gegen die Profitmaximierung der Ausbeuter der ganzen Welt. Ihren letzten Höhepunkt erreichte die Woge, als sich das Parlament in Bonn dazu entschloß, eine Notstandsverfassung auszuarbeiten, mit der sich in bestimmten Gefahrensituationen eine Reihe von Artikeln des Grundgesetzes aufheben ließen. Die Diskussion über die Notstandsgesetze erregte auch die Gemüter großer Teile der westdeutschen Bevölkerung, die sich sonst kaum für tagespolitische Fragen interessierten. Der Bundestag billigte am 29. Mai 1968 diese Gesetze mit großer Mehrheit. Da sie sowohl die CDU/CSU als auch die SPD befürwortet hatten, war das Ergebnis nicht anders zu erwarten gewesen. Aber gerade dadurch fühlten sich die extremen Kräfte aller politischen Richtungen bis zum Ausbruch gereizt.

»Es soll erst mal einer kommen, der es besser macht als ich.« – Ludwig Erhard im August 1966

Spätestens im Sommer 1968 wurden den beiden Regierungspartnern die beträchtlichen Nachteile ihres Bündnisses deutlich. Die Große Koalition hatte sich schon nicht unter den günstigsten Voraussetzungen zusammengefunden. Am 27. Oktober 1966 kündigten die Minister der Freidemokraten ihre Mitarbeit im Kabinett Ludwig Erhard; sie hatten sich mit dem Kanzler nicht einigen können, wie der Haushalt 1967 saniert werden sollte. Ludwig Erhard wurde einen Monat später von seiner eigenen Partei im Stich gelassen. Er zog die Konsequenzen und trat als Chef der Minderheitsregierung zurück. Neuer Kanzler wurde der zweiundsechzigjährige Ministerpräsident von Baden-Württemberg Kurt Georg Kiesinger, Außenminister der SPD-Vorsitzende Willy Brandt.

Der Jurist Kiesinger war für die Bundesrepublik ein Mann der ersten Stunde, zählte aber auch zu jenen, die in den letzten Stunden des Dritten Reiches eine Rolle gespielt hatten. Von 1940 bis zum Kriegsende arbeitete er als stellvertretender Leiter der Rundfunkabteilung des Auswärtigen Amtes; er mußte damit zwangsläufig als Mitglied zur NSDAP. Das Parteibuch trug ihm allerdings erst nach seiner Wahl zum Kanzler wiederholte Attacken in der Öffentlichkeit ein; sie steigerten sich bis zu dem antifaschistischen Backenstreich einer Frau auf dem Berliner CDU-Parteitag 1969. Diese Kränkung war das erste Attentat, das auf einen Bundeskanzler verübt worden war. Es blieb ohne Folgen.

Außenminister Brandt sah damals seine Hauptaufgabe darin, diejenigen Bemühungen zu verstärken, die sich als Konsequenzen aus der pragmatischen Einstellung seines Vorgängers Gerhard Schröder ergeben hatten. Brandt zielte nicht nur darauf ab, die Beziehungen zu den osteuropäischen Ländern allgemein zu verbessern, es ging ihm auch darum, sich bei dem Problem des Alleinvertretungsanspruchs der Bundesrepublik soweit wie möglich zurückzuhalten. Da der SPD schweres Koalitionsblei anhing, blieb all das, was sie unter außenpolitischen Erfolgen verstanden und verbucht hätte, zumal im Verhältnis zum deutschen Nachbarstaat, äußerst begrenzt.

Innenpolitisch standen die Zeichen günstiger. Hier bündelten sich die Parteiinteressen ohne viele Schwierigkeiten, um die wirtschaftliche Neuausrichtung gemeinsam durchzuführen. In den Ressorts der Finanz- und Wirtschaftsministerien wurde die mittelfristige Finanzplanung entwickelt. Karl Schiller, gut zusammenspielend mit Franz Josef Strauß, begann die Bereinigung der Schwierigkeiten mit Hilfe projektiver Berechnungen und mit Entwürfen, denen wissenschaftliche Systematik zugrunde lag. Eben das hatte Ludwig Erhard zeitlebens verabscheut. Seine soziale Marktwirtschaft setzte bei allen Bürgern den unbedingten Willen einerseits zu möglichst umfangreichen Freiheitsentscheidungen voraus, andererseits zu selbstregulierenden Begrenzungen durch die Vernunft. Hier lag die Größe des Staatsmannes Erhard, leider aber auch eine der Ursachen für seinen Sturz.

Bundeskanzler Kiesinger und Außenminister Brandt bei Übernahme der Regierungsgeschäfte durch die Koalition zwischen CDU/CSU und SPD im Dezember 1966

Wer heilt, hat recht. Das gilt insbesondere bei Wirtschaftskrisen. Die Große Koalition erarbeitete als erstes und wichtigstes Projekt ein ›Gesetz zur Förderung der Stabilität und des Wachstums der Wirtschaft‹. Der Bundestag verabschiedete es am 10. Mai 1967, drei Wochen nach dem Tod Konrad Adenauers. Von den Initiatoren wurde es stolz als ›Magna Charta‹ der modernen Wirtschaftspolitik gepriesen. Der Erfolg stellte sich bald ein. Bereits Anfang 1968 hatte die Bundesrepublik das leichte Tief ihrer ersten Rezession hinter sich. Durch die Investitions-Haushalte wurde die Konjunktur rasch wieder erwärmt. Die Steigerungsraten des Bruttosozialprodukts erreichten 1968 erneut den Stand der größten Erfolgsjahre 1964/65. Die allseitige Zusammenarbeit in der Wirtschaft wurde durch die Große Koalition geradezu eine staatlich verordnete Pflicht. Die ›Konzertierte Aktion‹ legte durch Gesetz fest, daß sich die Bundesregierung mit den Tarifpartnern regelmäßig am ›Tisch der kollektiven Vernunft‹ zusammensetzen und besprechen müsse, was für ihre freiwillige Kooperation am zuträglichsten war. Hier vor allem lagen die hauptsächlichen Verdienste der Großen Koalition: Sie führte die Wirtschaft der Bundesrepublik aus dem Stadium eines vorherrschenden Wildwuchses über in das Stadium der gärtnerischen Aufsicht.

Die ›Konzertierte Aktion‹: eine neue Harmonielehre von Karl Schiller
Zeichnung von Peter Leger, 1967

Doch ganz so leicht schien es mit der Bändigung der ökonomischen Kräfte nicht zu sein. Und Ludwig Erhard, in der Rolle des abgeklärten Betrachters, war zu vornehm, um in den folgenden Jahren öffentlich seine Ironie auszukosten. Zwar blühte die Wirtschaft erfreulicher denn je, aber ebenso mächtig wuchs die inflationäre Welle an. Die Kosten für die Lebenshaltung steigerten sich von Jahr zu Jahr, schließlich von Monat zu Monat, die Kaufkraft der Deutschen Mark dagegen sackte ab. Wissenschaft hatte die Rezession überwunden, doch nun konnte kein Wissenschaftler stichhaltig erklären, welche Gründe die Inflationsverschärfung verursachten, geschweige denn, daß ein einziger von ihnen über erfolgversprechende Mittel dagegen verfügt hätte.

Drei Jahre lang mußte sich die Große Koalition gegen den Verdacht wehren, daß mit ihr der Abgesang der parlamentarischen Demokratie begonnen hätte. Aus dieser Befürchtung hatten APO und Hartkopf-Marxisten unerschöpfliche Antriebe bezogen. Die Sorge traf nicht im mindesten zu, in der Regierungsära Kiesinger/Brandt entwickelte sich vielmehr das Parlament in Bonn zu einer quicklebendigen Institution. Davon profitierten nach dem Regierungswechsel 1969 sowohl die Sozialliberalen als auch die Unionsparteien, zumal bei dem sauren Geschäft, sich in die Gepflogenheiten der parlamentarischen Opposition einzuüben. Sobald die gemeinsamen Anstrengungen von CDU/CSU und SPD ihren Sanierungszweck erfüllt hatten, begann die Koalitionsharmonie zu zersplittern. Im März 1969 brachen schwere Differenzen aus wegen des nach wie vor aktuellen Problems, ob es sinnvoll sei, die Deutsche Mark aufzuwerten oder nicht. Die Unionsparteien lehnten es ab. Von diesem Augenblick an war die Regierung Kiesinger so gut wie gelähmt; Bonn wartete das Resultat der turnusgemäßen Bundestagswahlen im September ab.

Sie brachten der SPD ihren entscheidenden Wahlerfolg. Der Stimmenzuwachs genügte zwar bei weitem noch nicht, um die absolute Mehrheit zu erreichen, doch die SPD war in der Lage, gemeinsam mit der FDP, die sich seit 1966 nach links hin entwickelt hatte, zum zweiten Mal in der Geschichte der deutschen Sozialdemokratie eine legal gewählte Regierung zu bilden. Ein erstes Mal war dies 1928 bis 1930 unter Reichskanzler Hermann Müller geschehen. Bei den Reichstagswahlen damals hatte sie 29,8 Prozent der Stimmen erhalten; sie konnte zwei Jahre an der Spitze einer großen Koalition regieren. Die Voraussetzungen der beiden Wahlerfolge waren allerdings ganz unterschiedlich. Im Jahr 1969 entwickelte die SPD zweifellos ein erheblich feineres Gespür für die Nöte und Wünsche der Wähler. Sie münzte geschickt so manchen Unmut, der sich in der Außerparlamentarischen Opposition entladen hatte, im Wahlkampf argumentativ gegen die Unionsparteien um. Dabei rangierten an der Spitze auch Probleme der Bildung.

Am untersten Rand des Kulturniveaus

»Die Schule ist noch immer der unbedachte Kriegsfolgengeschädigte Nummer eins.« – Formulierung der Arbeitsgemeinschaft Deutscher Lehrerverbände vom 6. September 1961

Tatsächlich hat seit 1964 kaum etwas die westdeutsche Öffentlichkeit so sehr bewegt wie die Mißstände der bundesrepublikanischen Bildungseinrichtungen, der Schulen und Hochschulen, der Mißverhältnisse zwischen den Zahlen von Schülern und Studenten einerseits, von Lehrern und Professoren andererseits. Das aufreizend ärgerliche Wort von der Bildungskatastrophe wurde selbst in Stehkneipen heimisch; es bewegte die Zungen und Federn von Hunderttausenden. Im internationalen Vergleich mußte die Bundesrepublik hier als ein Staat erscheinen, der sich am untersten Rand des Kulturniveaus befand. Institute und Kommissionen hatten entsprechende Berichte vorgelegt. Die Kultusminister der elf Bundesländer Westdeutschlands färbten im März 1963 in einer alarmierenden ›Bedarfsfeststellung 1961 bis 1970‹ das erschütternde Bild durch amtliche Zahlen noch trüber ein. Die westdeutsche Öffentlichkeit ließ sich, zumindest von den rein quantitativen Gesichtspunkten der Bildungsmisere, geradezu hypnotisieren. Im Jahr 1964 betrugen die Ausgaben für Wissenschaft und Forschung in Prozenten vom Sozialprodukt, also der Summe aller wirtschaftlichen Leistungen: in den USA 2,9, in Großbritannien 2,7, in Frankreich 2,4, in der Bundesrepublik 1,2, wobei sogar die Forschungsausgaben der westdeutschen Industrie enthalten waren. In der vergleichenden Schulstatistik der Organisation für wirtschaftliche Zusammenarbeit und Entwicklung (OECD), in der alle wichtigen Industriestaaten des Westens vertreten sind, rangierte die Bundesrepublik auf der untersten Stufe der europäischen Länder neben Jugoslawien, Irland und Island. Dabei hatte damals nach den eingeleiteten Maßnahmen Jugoslawien einen Abiturientenzuwachs von fast einhundertundfünfzig Prozent zu erwarten, beinahe soviel wie Frankreich. Die Bundesrepublik dagegen konnte in derselben Zeit nur mit vier Prozent rechnen.

Berliner Schüler bei einer Demonstration gegen die Schulmisere im März 1970

Seit 1966 begannen die Reformen anzulaufen, ächzend und schwerfällig, nach etlichen Jahren aber auch gründlich bis zur Erstarrung. Hier vor allem wirkten sich die besonderen Bedingungen des westdeutschen Aufbaus nach 1945, die drei Etappen – Wirtschaftspolitik, Militärpolitik und Kulturpolitik –, aus. Die erste Etappe war erfüllt von den wirtschaftlich-industriellen Bedürfnissen und Notwendigkeiten, die zweite seit Mitte der fünfziger Jahre war von der Militärpolitik bestimmt, und ein Jahrzehnt später schloß sich als dritte Etappe die Kulturpolitik an. Gut anderthalb Jahrhunderte lang hatte die Bildung im Mittelpunkt des deutschen Interesses gestanden. Nach 1945 wurde sie von der Wirtschaft an den Rand gedrückt. Nicht nur aus böser Ironie machten in den sechziger Jahren durchaus wohlmeinende Kritiker darauf aufmerksam, daß Bundeskanzler Erhard aus der Wirtschaft komme, und »wenn er Kulturpolitik erwähnt, so sieht man ihn die Zigarre weglegen und dafür ein Vergißmeinnicht in die Hand nehmen«. Wie sehr aber Bildungsfragen tatsächlich hochbrisante Fragen der Politik sind, das begriffen die Exponenten aller westdeutschen Parteien nicht durch die Not der Sachen, sondern durch den Druck der Studenten und ihren anschwellenden Protest. Hier fand sich mehr Gespür für das Wesentliche als bei denjenigen, die es von Berufs wegen oder dank ihres Mandats besitzen sollten. So wurden die Verantwortlichen gewaltsam darauf gestoßen, daß Politik nicht die Kunst des Möglichen ist, sondern Realisierung des Notwendigen zu sein hat.

Erst durch die Studentenunruhen wurde in aller Schärfe deutlich, wie eng in der hochindustrialisierten Demokratie die politischen Aufgaben, gesellschaftlichen Mängel und wirtschaftlichen Erfordernisse zusammenhängen. Die Bildungsfrage entpuppte sich 1966/67 als das Negerproblem der Bundesrepublik. Die Parallele wiederholte sich nicht nur im Problem, sondern auch im Ablauf: von der Beschaulichkeit in ›Onkel Toms Hütte‹ zur geballten Faust; allerdings mit der Geschwindigkeit eines Zeitraffers. Die Verantwortlichen reagierten plötzlich sehr rasch und mit einer Energie, die das ganze Bildungsproblem ins andere Extrem trieb: in die quantitative Aufblähung. Das Ergebnis fiel zeitlich mit der Ölkrise zusammen. Sie löste einen Finanzierungsstopp auf allen öffentlichen Investitionsfeldern aus, an der Spitze beim Bildungsbudget. Vorgegebener Zwang führte zu einer zunehmend gleichgültigen Haltung gegenüber den Bildungserfordernissen. Die Abgeordneten – längst überdrüssig der heillosen Schwierigkeiten des Verhältnisses von Bund und Ländern in der Bildungspolitik, des verwirrenden Wechselspiels von Hochschulgesetzen und Urteilen des Bundesverfassungsgerichts, des vertrackten In- und Gegeneinanders von Ausbildungsanspruch und Beschäftigungsangebot, des Wertungsgerangels zwischen beruflicher und akademischer Bildung – wandten sich Mitte der siebziger Jahre erleichtert neuen Dringlichkeitsproblemen zu, im strikten Wechseltakt

Aktenberge in der Zentralstelle für die Vergabe von Studienplätzen in Dortmund im Herbst 1975

der innenpolitischen Moden: Die Bildungsprobleme und ihre Lösungen wurden beiseite gelegt, der Umweltschutz trat an ihre Stelle.

An den Grundfragen hat sich kaum etwas verändert. Noch immer zeigt sich in Sachen Bildung am markantesten, mit welchen Unzulänglichkeiten es die Gesellschaft in Westdeutschland zu tun hat. Im Jahr 1970 besuchte nur jedes vierte Kind in der Bundesrepublik einen Kindergarten. Platz wäre in den vorhandenen Räumen lediglich für etwa zehn Prozent aller Kinder gewesen, das Zweieinhalbfache wurde jedoch hineingepreßt. Viele Jahre ist in Westdeutschland der Regel-Kindergarten eine Kinderbewahranstalt gewesen mit der Funktion einer zeitlich befristeten Aufnahme der Kinder. Noch übler stand es mit den Kinderspielplätzen. Von entsprechenden Wünschen fühlten sich die Kommunalpolitiker kaum mehr behelligt als von vergleichbaren Sachen, die sie der Zuständigkeit städtischer Verschönerungsvereine überließen, und diese Institutionen wiederum mißbilligten Kinderspielplätze als eine Verunglimpfung der Grünanlagen.

Gegen Jugendarbeitslosigkeit
Demonstrationszug
durch Hannover
am 14. Juni 1975

Von den Hauptschülern erreichten mehr als ein Fünftel nicht das Abschlußziel oder mußten die weiterführenden Schulen verlassen. Über ein Drittel aller Arbeiterkinder besuchten die Grundschule ohne Erfolg, wechselten in Sonderschulen – ihre Zahl überstieg bald die Normalschulen – und verdienten schließlich ihr Brot mit Beschäftigungen, die man ›ungelernt‹ nennt. Bei den eineinhalb Millionen Lehrlingen in Westdeutschland sah es noch düsterer aus. Um 1970 waren fast vierzig Prozent der Stellen für Berufsschullehrer unbesetzt. Die Lehrlingsausbildung wurde jahrelang zum Zankapfel zwischen Staat, Industrie und Handwerk. In der soziologischen Schichtung gab es immerhin einige Freudenzeichen an den Universitäten. Dort hatte sich die Zahl derjenigen Studenten, die traditionell als Arbeiterkinder bezeichnet werden, im Laufe eines ganzen Jahrzehnts von fünf auf sechs Prozent gesteigert, und unverbesserliche Zukunftsoptimisten hatten sogar für die kommenden Jahre sieben Prozent im Visier.

An den Hochschulen wurde am beunruhigendsten sichtbar, daß es mit dem tatsächlichen bildungspolitischen Fortschritt gegen Ende der sechziger Jahre nichts auf sich hatte. Es gab bloß Zahlen, die der Entwicklung nachschleppten. Da standen einander gegenüber: die Professoren, verschanzt hinter Privilegien und den Brustwehren ihrer Katheder, und die Studenten, verschanzt hinter Forderungen, gesellschaftskritischen Parolen, guten Argumenten und schlechten Manieren, Wandzeitungen, Streiks, Majorisierungsfreuden, Arbeitsgruppen, die ihr Programm aus jeder Art von Linksorientierung bezogen und ihre Ausdauer von den Termiten. Als letzter, aber nicht schwächster Kämpfer, stritt der Staat, vertreten durch die Kultusministerien, die sich an diesem Krieg mit denjenigen Mitteln beteiligten, die von den Obrigkeiten im Lauf der Geschichte für solche Gelegenheiten geschaffen worden sind. Denn der Staat sagt nicht mit dem alten Philosophen Hesiod: Vor die Tugend haben die Götter den Schweiß gesetzt. Er sagt mit Berechtigung: Vor das Examen haben die Götter Ordnung und Disziplin gesetzt.

Die Antwort der aufgebrachten Linken: »Fachidiotentum der Technokratenfabriken«. Unter der klassenkämpferischen Farbe steckte tatsächlich ein Problem. Niemand in Westdeutschland konnte sagen, wofür ausgebildet wurde, abgesehen von der Industrie. Es gab kein Bildungskonzept, weder ein nationales noch ein übernationales, weder ein humanistisches noch ein christliches, und deshalb scheiterte die Spätgeburt des Bildungsgesamtplans von Revision zu Revision. Die Bürger der Bundesrepublik erwarteten von den Universitäten höchste Facheffizienz. Solch ein Begriff machte Eindruck. Aber niemand konnte sagen, ob dieses Ziel am besten durch eine kritiklose Hinnahme der Kathederweisheit erreicht wird oder durch die mühsame Erziehung zu selbständigem Denken.

Die Protestbewegung durchzog alle Universitäten der Welt. In der Bundesrepublik fiel sie zeitlich zusammen mit dem Ausscheren der Sozialdemokraten aus der Rolle der politischen Opposition. Deshalb hatte die gesellschaftspolitische Einfärbung der Studentenagitation mehr als nur zufälligen Sinn. Es waren die turbulentesten Jahre der inneren Geschichte Westdeutschlands, und ihre Wirkungen halten bis heute an. Privat fand sich zwar die Mehrheit der studentischen Anführer mit einer unfreundlich stummen Bekümmerung in die Normalität eines bürgerlichen Broterwerbs, aber die Junglinken waren intelligent genug, um zu sehen, daß sie mit dem proklamierten ›Langen Marsch durch die Institutionen‹ am erfolgreichsten an der Parteibasis der Sozialdemokraten und der neuorientierten Freiliberalen beginnen konnten. Das Erbe der Studentenbewegung und Großen Koalition ist den Parteien bis heute erhalten geblieben. Das Reservoir der Verschärfer, das vorwiegend über die Jungsozialisten ständige Zufuhr erhält, vermittelt der SPD nicht nur Ärger, sondern viel Angst, sie könnte ihr so schwer erkämpftes Ansehen einer Volkspartei einbüßen und damit entscheidende Wählerstimmen; gleichzeitig aber hilft es ihr, beweglich zu bleiben. Die Unionsparteien wiederum sollten nicht glauben, der unruhige Linksnachwuchs sei nichts anderes als ihre beste Wahlkampfunterstützung.

Wahlspruch
auf dem JUSO-Kongreß
im Jahr 1973

Aufgrund der Energiekrise und der damit einsetzenden Finanzierungsflaute verfestigten sich die Fronten so schnell, daß der Staat die Oberhand behielt. Trotzdem wurde noch nicht darüber entschieden, ob die alte deutsche Universität ihren Humboldtschen Geist endgültig aufgeben muß und reine Fachschulen ihr Erbe übernehmen. Gewiß ist, daß parallel zu Reformansätzen von oben einerseits und Revolutionierung von unten andererseits die Lernwilligkeit für nahezu eine Studentengeneration zu einer fremden Vokabel geworden war. Eins jedoch wird bleiben, und das dürfte der entscheidende innere Gewinn aus dieser Misere sein: Eine Autorität, die sich nicht zu rechtfertigen weiß, ist keine Autorität.

Die Mauer zwischen Ost und West

Den Wahrheitsgehalt der Autoritätsformel mußte schon der ›Große Alte‹ der Bundesrepublik, Konrad Adenauer, zur Kenntnis nehmen – im Jahr 1961. Die mitteldeutsche Regierung entschloß sich damals, der ununterbrochenen und 1959/60 erschreckend zunehmenden Massenabwanderung ihrer Bevölkerung einen eisernen Riegel vorzuschieben. Möglich war dies nur in Berlin; denn eben hier, zwischen dem Ostsektor und den Westsektoren, befand sich die letzte offene Stelle der Grenze. Sie wurde am 13. August 1961 hermetisch geschlossen. Tiefe Sperren wurden errichtet aus bestem Stacheldraht, den Pankow aus der Bundesrepublik bezogen hatte. Wenig später begannen Volkspolizisten mit dem Bau der Berliner Mauer. Die Regierung in Pankow erließ den Befehl, auf alle Flüchtlinge gezielt zu schießen.

»Wir sind überzeugt, daß es den Anstrengungen der freien Welt und insbesondere auch unseren Anstrengungen doch eines Tages gelingen wird, Ihnen die Freiheit wieder zu verschaffen.« – Adenauer im Bundestag an die Bürger der DDR am 18. August 1961

Berlin am 13. August 1961
und drei Monate danach:
Panzer der USA und der UdSSR
in Frontstellung
an der Friedrichstraße
bei Beginn des Mauerbaus;
die fertige Mauer in Kreuzberg

Wahlwerbung
der drei großen Parteien
in der Bundesrepublik
an einem alten Siegburger Haus
im September 1961

Die Deutschen waren an diesem Tag gelähmt, verstört, außer Fassung. Ihr einziger Trost waren die festen Worte des mächtigsten Westpartners; denn die USA reagierten schnell, eindrucksvoll in Gestik und Pathos, jedoch wirkungslos im politisch Tatsächlichen. Mehr hatte niemand erwarten können. Wer es noch nicht wußte, begriff es plötzlich: Präsident John F. Kennedy steuerte unbeirrbar einen politischen Kurs, bei dem zunächst alle denkbaren Lösungsmöglichkeiten durchgeprüft sein mußten, bevor er sich zur Anwendung harter Mittel entschloß. Das hieß auf den 13. August angewandt: Für die Vereinigten Staaten gab es keine Möglichkeit und keine Absicht, etwas gegen Maßnahmen innerhalb des sowjetischen Interessenbereichs zu unternehmen, und der Mauerbau war eine jener internen Maßnahmen. Er betraf allein die Deutschen. Die deutschen Interessen aber deckten sich in diesem Fall ganz und gar nicht mit den amerikanischen.

Berlin war keine Rakete wert. Berlin war nur eine Reise wert. So rollte der amerikanische Vizepräsident Lyndon B. Johnson mit dem ehemaligen Berliner Stadtkommandanten General Lucius Clay an der Spitze einer Kampftruppe von fünfzehnhundert Mann mit Panzern und gepanzerten Lastwagen von Helmstedt über die Autobahn nach West-Berlin. Sie wurden am 19. August von der Bevölkerung begeistert empfangen und umjubelt. Sie sprachen kräftige, moralisch belebende Worte. Die Befürchtungen der West-Berliner, im Stich gelassen zu sein, wurden dadurch einigermaßen zerstreut. Konrad Adenauer war die Bedrohung Berlins keine Reise wert, jedenfalls keine schnelle. In kritischen Lagen habe der Regierungschef am Sitz der Regierung zu sein, in Bonn. So sprach er, mehr als eine Woche nach dem Bau der Sperren aus Stacheldraht und Beton. Adenauer erklärte nicht, ob der Regierungssitz in besonders schwierigen Situationen überall dort sei, wo sich der Bundeskanzler gerade aufhalte; denn er wickelte in jenen kritischen Stunden sein Wahlkampfprogramm wie geplant ab und sprach am 14. August in Regensburg. Erst am 22. August, einigermaßen im Kielwasser des amerikanischen Besuchs, gestattete er sich einen Abstecher nach Berlin. Der kühle Empfang mochte ihm andeuten, daß seine Popularität erheblich gemindert und seine politische Reputation stark geschwächt war. Das Vertrauen zu der Vaterfigur Adenauer, das Millionen Westdeutschen eine feuerfeste Geborgenheit bedeutet hatte, wurde im August 1961 radikal zerstört. Bei den Wahlen im September desselben Jahres verlor die CDU/CSU ihre absolute Stimmenmehrheit.

Allerdings konnte man schon vor dem Mauerbau deutlich genug sehen, daß die Höhepunkte der Ära Adenauer vorbei waren. Jahrelang hatte er das Steuer fest in den Händen gehabt, und er war viel zu schlau, um diejenigen zu enttäuschen, die da glaubten, die kürzeste Entfernung zwischen zwei Punkten sei jene zwischen Adenauer und dem Wohle Deutschlands. Adenauers politische Erfolge lagen fast durchweg in der Außenpolitik, die er auf striktem Westkurs hielt. Während der Jahre 1960/61 begannen sich die weltpolitischen Verhältnisse, zumal die Beziehungen zwischen den USA und der Sowjetunion, tiefgreifend zu verändern, und zwar in einer Generalrichtung, die kaum noch etwas mit Adenauers Überzeugungen und Auffassungen zu tun hatte. Daß der Wind sich drehen würde, wußte der Kanzler, als am 9. November 1960 John F. Kennedy zum Präsidenten der Vereinigten Staaten gewählt wurde.

Beiden Regierungschefs war bekannt, was sie voneinander hielten: nicht allzu viel. Bereits 1957 hatte Kennedy als Senator in aller Form und öffentlich die Ära Adenauer als beendet erklärt. Dabei ließ er noch genügend Zweifel daran anklingen, ob diese Ära überhaupt jemals nennenswerte Substanz besessen hatte. Kennedys Hauptkritik an der Deutschland-Politik der USA unter der Führung Eisenhower/Dulles durch die fünfziger Jahre hindurch lief darauf hinaus, daß sie, viel zu eng den Vorstellungen der Unionsparteien und ihrer Regierung angepaßt, auf das starre Konzept des autoritär bestimmenden Bundeskanzlers festgelegt gewesen sei. Die Abneigung Adenauers gegen den um Generationen Jüngeren, wiewohl nicht allein deshalb politisch wendigeren, aber weltpolitisch ganz anders denkenden Kennedy war nicht weniger stark. Ins Gewicht fielen damals Kennedys Skepsis gegenüber den Beurteilungen Adenauers und Adenauers Mißtrauen gegenüber einem Präsidenten, der kein gutes Haar an der Politik seines Vorgängers und seiner deutschen Freunde ließ.

Dem entsprach das Klima beim zweiten Treffen des Bundeskanzlers mit Kennedy vom 20. bis 22. November 1961 in Washington. Die Erinnerung an ihre erste Begegnung im vorangegangenen April – mit Adenauers hochfahrendem Versuch, Kennedy und seiner politischen Haltung die Leviten zu lesen, wie es der Kanzler in seinen Memoiren angedeutet hat – garantierte keine Vertrauensbasis. Im November legte Adenauer einen üppigen Wunschkatalog auf den Besprechungstisch. Sein Generalkurs zielte darauf ab, mit der guttrainierten amerikanisch-deutschen Politik der Stärke alles lahmzulegen, worauf Kennedys Bereitschaft zu einer Politik des Arrangements mit den Sowjets basierte, gleichgültig ob sie illusionär war oder nicht.

Bekundung
der Sicherheitsgarantie
für West-Berlin durch die USA:
Kennedy mit Adenauer
in Washington
beim Verlesen des
Kommuniqués
der Besprechungen vom
20. bis 22. November 1961

Adenauer sah das deutsche Problem als verwickelten Komplex, als Herzstück eines umfangreichen Globalplans, in dessen Verwirklichung er die Grundbedingung für ein entschärftes Nebeneinander der Weltmächte sah. Kennedy dagegen war bemüht, das Konzept einer neuen Entspannungspolitik zu entwickeln, dem sich alle einzelstaatlichen Probleme unterordnen mußten, auch und vor allem das deutsche Problem. Nunmehr freilich, Monate nach dem Bau der Berliner Mauer, bestand dieses deutsche Problem für das Amerika Kennedys zunächst in nichts anderem als darin, von der Sowjetunion die ›Three essentials‹ der USA garantiert zu erhalten, die sie während des Berliner Mauerbaus formuliert hatten: die ungestörte Anwesenheit der Amerikaner in West-Berlin; das Recht auf freien Zugang durch das Territorium der DDR; Sicherheit der West-Berliner und Garantie ihres Anspruchs auf eine selbstgewählte Regierung.

Verglichen mit den Forderungen Adenauers war das minimal, doch Kennedy hielt die drei Punkte für so wichtig, daß er ihretwegen sogar über die Anerkennung der Oder-Neiße-Linie als polnischer Westgrenze mit sich reden lassen wollte, ebenso über die Frage, ob die Bundeswehr mit Kernwaffen ausgerüstet werden sollte. Auch die Anwesenheit von Behörden der Bundesrepublik in West-Berlin wollte er überprüfen, und die DDR sollte schließlich in geeigneter Form an der Kontrolle des alliierten Verkehrs nach Berlin beteiligt werden. Adenauer sah seine einzige Chance darin, dem Wunsch Kennedys, das Berlin-Problem isoliert zu behandeln, nachzugeben und dafür die Zusage des Präsidenten einzuhandeln, daß er alle anderen Fragen, seien es deutsche oder europäische, bei den Gesprächen mit den Sowjets ausklammern würde.

Adenauers Rechnung ging auf. Aber die ›Three essentials‹ waren nichts anderes als eine neue Sicherung West-Berlins sowie eine Stärkung der US-Position, allerdings ganz zu Lasten Deutschlands. Der taktische Erfolg Adenauers wurde noch empfindlich geschmälert durch die barsche Unnachgiebigkeit, mit der sich Kennedy das Recht vorbehielt, ohne Information seiner Westpartner mit Moskau zu verhandeln. Für Adenauer hieß das: Amerika und Rußland konnten sich über die deutsche Frage oder über Berlin einigen, ohne daß Bonn ein einziges Wort erfuhr; dann bliebe Westdeutschland nur übrig, dem Ergebnis zuzustimmen – eine Gunst, auf die es verzichten konnte, weil sich am Resultat nichts ändern würde.

»Ich halte es für Gift, wenn dem amerikanischen Präsidenten unterstellt wird, er strebe Vereinbarungen mit der Sowjetunion auf Kosten der Bundesrepublik und der Europäer an.« – Brandt über Kennedy im Jahr 1963

So blieb nach den Novembergesprächen in Washington alles wie zuvor: Kennedys Widerwillen gegen Adenauer hatte ebenso wenig abgenommen wie des Bundeskanzlers abfälliges Urteil über die politischen Fähigkeiten des US-Präsidenten. Die Unterredungen zwischen ihnen waren zeitweilig so erbittert und hemmungslos, daß sie sich nach einer besonders turbulenten Sitzung entschlossen, das Protokoll verbrennen zu lassen. Adenauer hielt es für richtig, von diesem Besuch in Washington nicht direkt zu berichten. Die Weltöffentlichkeit erfuhr nur das, was schon vorher als bewährtes Fundament der nichtssagenden Floskeln solcher Kommuniqués allgemein bekannt war: daß Einigkeit über die grundsätzlichen Elemente bestanden hätte, die eine friedliche Lösung der Berlin-Krise durch Verhandlungen ermöglichen würde, sofern die Sowjetunion eine vernünftige Haltung zeige.

Die Raketenkrise

Die DDR als souveräner Staat hinter hermetischer Grenze

In den Jahren von 1961 bis 1963 spielte Deutschland als politisches Problem des Verhältnisses Amerikas zu Rußland, Kennedys zu Chruschtschow, eine Statistenrolle. Für die DDR war der Mauerbau in Berlin eine Überlebensfrage. Nun erst begann für Pankow die ersehnte Phase der Festigung, vor allem in der Wirtschaft. Keiner der gequälten Statistiker in den staatlichen Planungsämtern mußte seitdem noch mit Schwundquoten von fünfundzwanzig Prozent rechnen, die bis zum Mauerbau normal gewesen sind. Mit der Wirtschaftsstabilisierung zog auch politische Ruhe ein. Die DDR zog mit mächtigen Schritten den übrigen Oststaaten davon. Durch ihre industrielle Leistungsfähigkeit und Wirtschaftskraft verwandelte sie sich in ein bestauntes, aber auch mißmutig gepriesenes Vorbild.

Westdeutschland bescheinigte dem Staat Ulbrichts zwar nach wie vor in turnusmäßigen Etappen den völligen moralisch-politischen Bankrott, doch jede Maßnahme der DDR – vom Mauerbau bis zu den Selbstschuß-Anlagen entlang des Stacheldrahts und den Minenfeldern von der Lübecker Bucht bis ins Fichtelgebirge – festigte in Wirklichkeit die Fundamente des mitteldeutschen Staates. Jahrelang rätselten die Westdeutschen der Frage nach, ob sich in einem solchen Zwangssystem ein eigenes Staatsbewußtsein und Selbstwertempfinden entwickeln könne. Die DDR dagegen zeigte sowohl durch ihren massiven Druck nach innen als auch durch ihre offenkundigen Aufbauerfolge, daß der politische Stolz und das Vertrauen zu sich selbst zu Tagesrealitäten geworden waren. Dazu gehörte die Einführung der allgemeinen Wehrpflicht 1962 genauso wie das Gesetz aus dem Jahr 1967, das den Bewohnern Mitteldeutschlands eine eigene DDR-Staatsbürgerschaft bescherte, im Widerspruch einerseits zum Bonner Grundgesetz, dem lediglich eine Staatsbürgerschaft für alle Deutschen, die in den Gebieten des Deutschen Reiches nach dem Stand vom

Propagandakrieg zwischen den beiden deutschen Staaten auf dem Boden Berlins:
West-Berliner Spruchband
am Verbindungsweg zwischen Invalidenstraße und Kemperplatz im Jahr 1962;
Ost-Berliner Plakatwand
am Sektorenübergang Friedrichstraße im Jahr 1964

Demonstration vor dem Mahnmal für die Opfer des Faschismus in Kassel
aus Anlaß des Kasseler Treffens Brandt–Stoph am 21. Mai 1970

Die Unterzeichnung des Vertrags über die Grundlagen der Beziehungen zwischen den beiden deutschen Staaten
durch Bahr und Kohl in Ost-Berlin am 21. Dezember 1972

31. Dezember 1937 leben, bekannt ist, andererseits zu Artikel 1 der DDR-Verfassung des Jahres 1949: »Es gibt nur eine deutsche Staatsbürgerschaft.«

Im Jahr 1961 begann die DDR offiziell einzuschwenken in eine Theorie, die für die Sowjetunion schon lange Gültigkeit besaß: die Theorie von den zwei unabhängigen deutschen Staaten. Drei Jahre später dokumentierte sie das zusätzlich durch die Änderung der Währungsbezeichnung – statt ›Deutsche Mark der Deutschen Notenbank‹ nunmehr nur noch ›Mark der Deutschen Notenbank‹ – und nach weiteren vier Jahren durch die Einführung einer neuen Verfassung vom 9. April 1968. Mochte für das amtliche Westdeutschland der Abschied von der einheitlichen Nation mit der Unterzeichnung des Grundvertrages zwischen der Bundesrepublik und der DDR im Jahr 1972 beginnen, so hatte dieser Abschied für die DDR schon ein Jahrzehnt früher eingesetzt. Vom Mauerbau bis zu den Verhandlungen mit dem sozialliberalen Bonn lief alles auf Distanzierung, Abgrenzung, Festschreibung hinaus. Als die DDR im Oktober 1969 ihren zwanzigsten Geburtstag feierte, konnte sie sich, leicht berauscht und mit ihrem gewohnten Pathos, selbst als »Krönung der deutschen Geschichte« preisen und sich zujubeln als der Heimstatt alles dessen, »was es in der deutschen Geschichte an Gutem, Schönem und Fortschrittlichem gibt«.

Plakat der Gesellschaft für Deutsch-Sowjetische Freundschaft vom Mai 1969

Den Westdeutschen erschien ein solcher Feiertagsüberschwang genauso fremdartig, wie ihnen nahezu alles politisch befremdlich blieb, was sich in Mitteldeutschland seit dem Mauerbau ereignete. Das steigerte sich von Jahr zu Jahr und dauert bis heute an. Für den westdeutschen Bürger ist die DDR der weithin unbekannte Nachbar, der, soweit er überhaupt interessiert, bloß mit politisch-militärischen Gewaltbegriffen zu verstehen ist, ein Staat, der sich nach Westen mit allen modernen Errungenschaften kriegerischer Befestigung abgrenzen muß, der auf seine Flüchtlinge schießt und diejenigen, die ihn kritisieren, ihm aber nicht entfliehen wollen, ausbürgert oder unter Hausarrest stellt. Und so bleibt er der mitteldeutsche Nachbar, dessen Deutsch westlich der Elbe so wenig zu verstehen ist wie das bundesrepublikanische Deutsch in der DDR, unvergleichlich in seiner Entwicklung und nicht zu vergleichen mit Westdeutschland, weil ihn die Westdeutschen genausowenig kennen wie die Mitteldeutschen die Bundesrepublik.

So entscheidend der Mauerbau für Pankows Stabilität gewesen ist, so wenig hatte Moskau die Berlin-Krise 1961 als ausreichenden Test für die These Chruschtschows betrachtet, daß sich ein lokaler Militärkonflikt mit dem Westen nicht zwangsläufig zu einem weltumspannenden Atomkrieg ausweiten müsse. Erst im Herbst 1962 versuchte der sowjetische Ministerpräsident die Probe aufs Exempel. Die Gelegenheit ergab sich, als ein ernster Streit zwischen Moskau und Havanna im Hochsommer geschlichtet worden war. Seit Anfang August lief Tag für Tag ein sowjetisches Schiff die Zuckerinsel an. Chruschtschow erklärte am 11. September vor aller Welt, daß Moskau nur Defensivwaffen in Kuba entlade und Kennedy glaubte ihm. Er glaubte ihm so lange, bis einen Monat später die ersten Luftaufnahmen auf seinem Tisch lagen: Fast ein halbes Hundert Abschußrampen waren im Bau; die Raketen hatte man bereits gelagert; in aller Kürze waren die ersten Basen für den Einsatz bereit.

US-Flottenverband vor den Küsten Kubas am 24. Oktober 1962

Zur selben Zeit hielten weitere vierundzwanzig sowjetische Schiffe Kurs auf Kuba. Das Weiße Haus ließ in aller Stille zwei Divisionen Marineinfanterie nach Florida verlegen; denn der Präsident hatte sich mit seinen Beratern zu einer Blockade der Insel entschlossen. Sie begann am 24. Oktober 1962. Vier Tage später beugte sich Chruschtschow dem Ultimatum Kennedys. Er hatte verloren, und Amerika war dank dieser Probe gezwungen worden, über die Vor- und Nachteile einer allzu bequemen Beruhigungspolitik nachzudenken. Außerdem war von Chruschtschows Spekulation, daß Kennedy einem Rückzug der Alliierten aus West-Berlin zustimmen würde, wenn Moskau seine Raketen wieder aus Kuba entfernte, nichts übriggeblieben.

»Es ist, als starrten sich zwei in die Augen – jetzt hat einer mit der Wimper gezuckt.« – Dean Rusk über die Kuba-Krise

Sowohl de Gaulle als auch Adenauer hatten sich wie die meisten Staaten des Westens bedingungslos an die Seite der USA gestellt. Trotzdem war dieser beklemmende Konflikt für Europa und Westdeutschland auch ein bedeutsames Lehrstück. Hatte sich hier – an einem Musterbeispiel – nicht Adenauers Befürchtung als richtig erwiesen, daß die USA bereit waren, alle wichtigen Fragen selbstherrlich mit Moskau zu regeln, und zwar notfalls über die Interessen ihrer militärisch schwächeren Freunde und Bundesgenossen hinweg? Kennedy hatte in der Raketen-Krise das Projekt einer engen ›Atlantischen Partnerschaft‹ zwischen den Vereinigten Staaten und einem auch politisch fest zusammengeschlossenen Westeuropa ohne Zögern fallengelassen.

Adenauers letzter Triumph: eine Niederlage

In dem frostigen Klima zwischen den USA und der Bundesrepublik wandte sich der Kanzler mit Energie einem europäischen Partner zu, der ihm bessere Gelegenheit zur Pflege herzlicher Freundschaft zu bieten schien. General Charles de Gaulle, seit 1959 Präsident der fünften Republik Frankreichs und 1962, nach einer Verfassungsänderung, mit Vollmachten ausgerüstet, die auch einem unbeschränkten König gut zu Gesicht gestanden hätten, teilte Adenauers Mißtrauen gegenüber John F. Kennedy. Der bewundernde Respekt, den ihm der amerikanische Präsident entgegenbrachte, schmeichelte ihm nicht. Im Frühjahr 1962 entwickelte er den Plan einer ›Konföderation der europäischen Staaten‹, nach dessen Leitlinien sich Europa zu einer dritten Weltmacht neben den USA und der Sowjetunion durcharbeiten sollte. Hier setzte Adenauer an. Beide Staatsmänner waren sich über die Bedeutung der USA für Europa, für Frankreich, für Westdeutschland einig. Unterschiedlich beurteilten sie allerdings das Verhältnis zu der militärischen Kraft Amerikas. Adenauer schätzte den Nordatlantik-Pakt (NATO) als unersetzlichen Schild der freien Welt, der vor dem Terror aus dem Osten bewahrte, de Gaulle dagegen betrachtete ihn als eine Art nationaler Entmündigung, eine Spielart des amerikanischen Kolonialismus in Europa. Das sagte er auch einem Mann wie Kennedy ins Gesicht, der sich vom Beginn seiner politischen Laufbahn an als einer der heftigsten Gegner des Kolonialismus einen Namen gemacht hatte.

De Gaulle
»im Gefühl für Größe«
Zeichnung von
Hanns Erich Köhler, 1958

In der Einschätzung Amerikas lagen die grundsätzlichen Unterschiede zwischen Adenauer und de Gaulle. Im Sommer 1958 hatte der Kanzler den General auf seinem Landsitz in Colombey-les-deux-Eglises besucht: Nach diesem ersten Treffen stellte Adenauer beruhigt fest, er habe aus den Unterredungen nicht den Eindruck gewonnen, daß de Gaulle ein Nationalist sei: »Er hat das Gefühl für Größe, und wie könnte ein Mann, der dieses Gefühl besitzt, ein Gegner des Aufbaus Europas sein?« Daß de Gaulle zunächst ein Gefühl für seine eigene und die nationale Größe Frankreichs besaß, und dann erst für Europa – wenn überhaupt für ein Europa, so wie es Adenauer verstand –, das dämmerte dem

Kanzler erst spät, zu spät. Für de Gaulle lag eine strikt national ausgerichtete Staatsordnung »in der Natur der Dinge«; neben der Familie war die Nation das elementarste Moment allen Zusammenlebens. Adenauer dagegen hatte zu allem Nationalen nur ein Verhältnis der Redensart.

Vom 3. bis 8. Juli 1962 unternahm Adenauer einen großangelegten Staatsbesuch in Frankreich. Die Reise erfolgte nach allen Regeln theatralischer Regie. Der erste Trinkspruch de Gaulles begann mit den beiden Sätzen: »Herr Bundeskanzler, für Deutschland und Frankreich bedeutet Ihr Staatsbesuch in Paris eine ›Stunde der Wahrheit‹. Doch diese Wahrheit ist eine der glücklichsten, die es geben kann.« Feierlich auch die Truppenparade auf den Schlachtfeldern des Ersten Weltkrieges, der Dankgottesdienst in der Kathedrale von Reims, dem Krönungsort der französischen Monarchen seit dem 13. Jahrhundert, feierlich die Treuegelöbnisse und Umarmungen. Zwei Monate später erwiderte de Gaulle den Staatsbesuch. Auch er bereiste Westdeutschland fünf Tage lang, feierte die französisch-deutsche Freundschaft in Tischreden, Ansprachen, Gelöbnissen, Zukunftsvisionen.

»Beide lieben die Autorität, besitzen einen starken, bis zur Starrköpfigkeit gehenden Willen, wahren gerne und gut das Geheimnis ihrer Vorhaben.« – André François-Poncet über De Gaulle und Adenauer

Beide Regierungschefs sprachen die Einzelheiten eines Vertrages zur Gründung einer deutsch-französischen Union durch. Sie sollte die beiden Staaten enger zusammenführen und aneinanderbinden. Der Vertrag sollte zudem das leidensvolle Kapitel der alten Gegnerschaft Frankreich-Deutschland in moralisch-symbolischer Weise unwiderruflich beenden. Die Aussöhnung war zwar schon längst eine Tatsache des Alltags, aber sie sollte auch in gebührender Form beschlossen und besiegelt werden. Am 22. Februar 1963 wurde dieser Vertrag in Paris unterzeichnet. Seine Paragraphen sollten die Freundschaft und Zusammenarbeit zwischen Paris und Bonn auf unbefristete Zeit, also für immer, regeln.

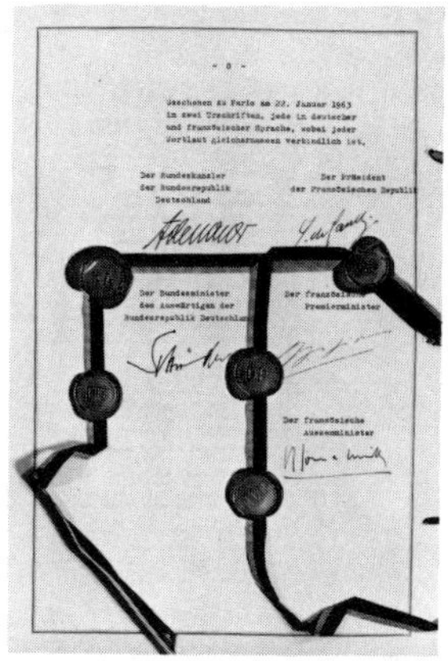

Die Beendigung
der alten Gegnerschaft
Frankreich–Deutschland:
der Vertrag über die
deutsch-französische
Freundschaft
vom 22. Januar 1963

Das war der letzte große Erfolg der Außenpolitik Adenauers, ein Erfolg, der um so lauter gepriesen wurde, je heftiger sich die Sorgen regten, daß Adenauer mit dem Vertragswerk selbst Dynamit an sein Europa-Werk gelegt hatte. Ein Erfolg war der deutsch-französische Vertrag nur hinsichtlich des Symbolwerts, nicht aber hinsichtlich seiner politischen Substanz. Um einen Vertrag mit Gewicht hätte es sich gehandelt, wenn es Adenauer möglich gewesen wäre, eine solche deutsch-französische Zusammenarbeit einige Jahre früher zu vereinbaren. Etwa 1957, als das Saarland wieder zu Westdeutschland kam und die Verträge über die Europäische Wirtschaftsgemeinschaft (EWG) unterzeichnet wurden, hätte ein solches Abkommen als Fanal der europäischen Integration gewirkt. Doch 1963 enthielt es eine empfindliche Spitze gegen die übrigen europäischen Partner, schon durch seinen Charakter als Sonderbündnis.

Hatte nicht gerade Adenauer immer auf ein Europa gedrungen, dessen Glieder so eng miteinander verbunden sein sollten, daß es keinerlei Sonderabsprachen mehr gab, sondern nur noch Vereinbarungen, die unterschiedslos für alle galten? Aber ein Bündnis zwischen dem Staatschef Frankreichs, der praktisch mit unbeschränkten Vollmachten regierte, und dem westdeutschen Kanzler, dessen Regierungstätigkeit sich wesentlich in den sprichwörtlich gewordenen einsamen Entschlüssen ausdrückte, mußte auch Leichtgläubige vor den drohenden Schatten einer französisch-deutschen Bevormundung Westeuropas zittern lassen. Dieser Vertrag, der die »historische Rivalität zwischen beiden Staaten« beseitigen sollte, war überdies kurz nach dem Veto Frankreichs gegen den EWG-Beitritt Großbritanniens vereinbart worden. Wer sollte deshalb den französischen Auslegungen glauben, wenn neben den Vereinbarungen ein antieuropäisches Handeln offenkundig war?

De Gaulle rechnete mit einer Zermürbung der amerikanisch-westdeutschen Partnerschaft, was zwangsläufig als Stärkung Frankreichs zu Buche schlagen mußte, und zwar auch im ökonomisch-industriellen Bereich. Mit den Vitalitätsspritzen der bundesrepublikanischen Technik, mit Hilfe der westdeutschen Finanzkraft mußte sich die Aufrüstung Frankreichs leicht durchführen lassen: Paris an der Spitze Europas, seine Schlagkraft abgesichert durch das verwunderlich-bewundernswerte deutsche Wunder der wirtschaftlichen Wiedergeburt. De Gaulle sah mit all seiner Vaterlandsliebe und Zukunftsbesessenheit wieder ein Frankreich vor sich, dessen Größe und Gloire nicht mehr aus leerem Anspruch und fülliger Erinnerung bestanden. Mit dem Europa der Wirtschaftsgemeinschaft hatten seine Vorstellungen kaum etwas zu tun. Für ein solches Europa war der bissigste Hohn gerade gut genug. Wenn de Gaulle jetzt die Bundesrepublik zu sich emporhob und sie in »privilegierter Partnerschaft« an Frankreichs Seite stellte, dann setzte er als selbstverständlich voraus, daß sich Westdeutschland wegen des verlorenen Krieges ohne Diskussion der politischen Steuerung Frankreichs als europäischer Führungsmacht fügen würde.

De Gaulle mit Adenauer während des deutschen Staatsbesuches in Frankreich im Juli 1962

Adenauer mußte schließlich erkennen, daß de Gaulles Hauptwirkung in der Wiederbelebung des französischen Nationalstolzes bestanden hatte und als Folge davon in der Kräftigung des nationalen Selbstbewußtseins aller anderen europäischen Völker. Für Deutschland dagegen war diese Entwicklung von äußerster Widerwärtigkeit; denn für nationales Selbstbewußtsein gab es keine realen Möglichkeiten einer ausgewogenen Manifestation. Das war die bitterste Konsequenz des deutsch-französischen Vertrages von 1963, dieses letzten Triumphes des Außenpolitikers Adenauer, der zugleich seine letzte Niederlage bedeutete.

Präsident oder Kanzler?

Die Rivalen in Bad Godesberg: Erhard und Adenauer zu Beginn der Einzelhandelstagung im Oktober 1960

Als für Theodor Heuss, den ersten Bundespräsidenten, 1959 ein Nachfolger gefunden werden mußte, schlug Adenauer für das Amt Ludwig Erhard vor, den großen Wirtschaftsführer der Nachkriegszeit. Der Kanzler witterte zurecht in Erhard den einzigen Politiker der Unionsparteien, der ihm ebenbürtig war. Erhard lehnte wütend ab. Daraufhin erklärte Adenauer im April 1959, er werde nunmehr selbst für das Amt kandidieren. Der dreiundachtzigjährige Kanzler glaubte, damit zweierlei erreichen zu können. Einmal hätte er der wachsenden Zahl von Kritikern den Mund verschlossen, die immer lauter davon sprachen, daß ›der alte Fuchs von Rhöndorf‹ einfach am Sessel der Macht klebe und nur dann einem Nachfolger Platz machen werde, wenn man ihn wie eine verhärtete Frucht abpflücke. Zum anderen rechnete Adenauer damit, das Amt des Bundespräsidenten in etwa so ausweiten zu können, wie es de Gaulle gelungen war, freilich um zwei Ecken herum: Erstens hätte Adenauer das Präsidentenamt nur übernommen, wenn als Kanzler ein Mann gewählt worden wäre, der sich in einem Verhältnis politischer Hörigkeit zu ihm befand. Zweitens legte er die Rechte des Bundespräsidenten, wie sie vom Grundgesetz umrissen wurden, in allen Punkten so aus, daß er befugt war, drastisch einzugreifen in den Auftrag des Regierungschefs, die Richtlinien der Politik zu bestimmen. Als er seinen

Parteifreunden mitteilte, er werde für das Präsidentenamt kandidieren, versicherte er: »Ich denke nicht daran, mich auf das Altenteil zurückzuziehen. Das liegt mir völlig fern. Ich möchte keinen Zweifel daran lassen, aber auch gar keinen Zweifel, der ich einer der Väter des Grundgesetzes bin, daß ich für eine extensive Interpretation des Grundgesetzes eintreten werde.«

Daß es mit den Möglichkeiten einer extensiven Auslegung des Grundgesetzes nicht weit her war, sah Adenauer in den folgenden Wochen bald ein. Was die Vollmachten zum wirklichen Regieren betraf, verhielten sich Bundespräsident und Bundeskanzler wie die Galionsfigur am Bug eines Schiffes zum Kapitän auf der Kommandobrücke. Vor allem ließ das Grundgesetz Konrad Adenauer keine Chance, die Nachfolge Erhards im Kanzleramt zu verhindern. Als deshalb feststand, daß sein Stellvertreter und Wirtschaftsminister ins Palais Schaumburg einziehen würde, trat Adenauer zwei Monate später, Anfang Juni 1959, von der Präsidentenkandidatur zurück. Noch Jahre später notierte er lapidar: »Mir war es vollkommen klar, daß Erhard als Bundeskanzler nicht in Frage kommen dürfe.«

Die große Schar derjenigen in seiner Partei und außerhalb davon, die darauf gewartet hatten, daß dieses unverwüstliche Regierungsmonument von seinem Sockel stieg, knirschte mit den Zähnen. Nur die Rücksicht darauf, wegen der Wähler nach außen hin die Unionsgeschlossenheit zu bekunden, verhinderte es, daß die Öffentlichkeit erfuhr, wie peinlich und quälend diese Auseinandersetzungen um die Ämter verlaufen waren. Gequält bis zum Dünnschliff der Nerven war auch Ludwig Erhard. Gerade das jedoch und der Genuß daran, daß er Ludwig Erhards Kanzlerhoffnungen zerschlagen hatte, trösteten Adenauer über seine Enttäuschung hinweg und steigerten sein Vergnügen an der allgemeinen Wut über sein Spielen mit den Staatsämtern und Funktionen. So wurde schließlich Heinrich Lübke nominiert und zum zweiten Bundespräsidenten gewählt.

Im Jahr 1960 brachen die Differenzen zwischen Adenauer und Erhard wegen der Konjunkturpolitik erneut in aller Offenheit aus. 1961 wurde Adenauer durch das schlechte Abschneiden der Unionsparteien bei der Wahl dazu gezwungen, nur noch als ›Kanzler auf Zeit‹ zu regieren. Im Oktober 1962 kam es zur Affäre um das Nachrichtenmagazin ›Der Spiegel‹. Anlaß war ein Artikel zu dem NATO-Manöver ›Fallex‹. Die Bundesregierung, zumal der Kanzler, wartete schon lange auf eine Gelegenheit, den Redakteuren dieser Wochenschrift, deren Kritik sich in ihren Augen so leichtfüßig im Niemandsland zwischen Information und Infamie bewegte, das Federhandwerk zu legen. Sie stellte sich hinter die Überzeugung des Bundesanwalts, daß hier eine besonders üble Form von Landesverrat vorliege, nämlich Verrat aus reiner Geldgier. Nichts von diesem Vorwurf stimmte, doch Adenauer äußerte in der Bundestagsdebatte Anfang November: »Wir haben einen Abgrund von Landesverrat im Lande.«

Es gab weder Landesverrat noch einen Abgrund davon. Dafür hatte Westdeutschland seine erste große Affäre im Inneren, eine Affäre, die ebensoviel von den inneren Zerrissenheiten der Bundesrepublik offenbarte wie von der Stabilität und Funktionstüchtigkeit seiner Demokratie. Das Ende waren die schattenlose Rehabilitierung des ›Spiegels‹ und der Rücktritt sämtlicher FDP-Minister. Keiner von ihnen sah sich in der Lage, mit Bundesverteidigungsminister Franz Josef Strauß, einem Sündenbock mit besonders breitem Rücken, noch zusam-

Der ›Spiegel‹-Herausgeber Rudolf Augstein in Untersuchungshaft Anfang Januar 1963

menzuarbeiten. Wegen der aufgekündigten Koalition mußten die Minister der Unionsparteien ebenfalls zum Hut greifen.

Nur Adenauer blieb. Spätestens seit der Koalitionsvereinbarung des Jahres 1961 empfand er die FDP als einen Pfahl im Fleisch. Zunächst versuchte der Kanzler, sich mit den Sozialdemokraten zu einigen. Er schlug als Hauptaufgabe einer großen Regierungskoalition die Einführung des Mehrheitswahlrechts vor. Die Verhältniswahl hatte sich zwar als Schutz der vielen Gruppenminderheiten bestens bewährt, aber die Neigung der Wähler, sich für eine der beiden großen Parteien zu entscheiden, war in den letzten Jahren beträchtlich gewachsen. Man war davon überzeugt, daß die Regierungsführung bei der Mehrheitswahl leichter sein würde als bei dem bestehenden Wahlsystem, das jeden Kanzler, dessen Partei nicht die absolute Mehrheit errang, unter den Druck von Koalitionsabsprachen beugte. Adenauer ging es nicht um die Verbesserung des Wahlverfahrens, sondern lediglich um die Ausschaltung der FDP als dritter Partei und Zünglein oder Doppelzünglein an der Regierungswaage. Die sozialdemokratischen Parteiführer hatten viel Sinn für die Pläne des Kanzlers, doch die Mehrheit der Abgeordneten scheute dann vor einem so schwerwiegenden Schritt zurück; ausschlaggebend war letzten Endes, daß sie die Risiken eines Mandatsverlustes fürchteten.

Adenauer mußte deshalb erneut um das Wohlwollen der Freidemokraten werben, allerdings unter noch schlechteren Bedingungen als 1961. Obwohl ihm abermals die Bildung einer Koalition gelang, mußte er auf Strauß verzichten, Erhard weitgehende Direktiven überlassen und sich verpflichten, sein Amt im darauffolgenden Jahr unwiderruflich zur Verfügung zu stellen. Am 11. Oktober 1963 gab er seinen Rücktritt bekannt. Fünf Tage später wurde Ludwig Erhard zum Bundeskanzler gewählt.

Die Wahllokomotive

Das Wirtschaftswunder Ludwig Erhard
Zeichnung von Fritz Behrendt, 1964

Erhard war tatsächlich in erster Linie ein Mann der Wirtschaft. Immerhin hieß das bereits seit mehr als einem Jahrzehnt: In ihm besaß Westdeutschland einen Politiker, der wie kein anderer neben ihm erkannt hatte, daß in der zweiten Hälfte unseres Jahrhunderts die Wirtschaftskraft eines Staates das Fundament seiner politischen Macht darstellt. Ein Staat, dessen wirtschaftlich-industrielles Rückgrat nicht kerngesund ist, kann geistige, moralische, kulturelle Reputation besitzen; politisches Gewicht besitzt er nicht. Freilich wurde im Bonner Staat seit 1949 allzu bereitwillig vergessen, daß sich aus Wirtschaftskraft allein kein politisches Ansehen ergibt. Dank Ludwig Erhard entwickelten sich Industrie und Wirtschaft der Bundesrepublik so überwältigend rasch und erfolgreich, wurde die deutsche Währung so hart und stabil, daß Westdeutschland für viele Staaten zum heimlichen Paradies hier auf Erden avancierte. Politisch jedoch blieb die Bundesrepublik ein kränkelndes Gebilde im Gefolge der USA, dessen Bereitschaft zu immerwährenden Bekundungen militärischer, finanzieller, demokratischer Gefolgstreue sich durch die Jahre so verläßlich entwickelt hatte, daß sie schließlich auch wohlwollenden Partnern als betrüblichster Beweis mangelnder politischer Mündigkeit erschien.

Deshalb liegen Größe, Ohnmacht und Scheitern Ludwig Erhards so dicht nebeneinander. Der Wechsel von Adenauer zu Erhard war in erster Linie ein

Wechsel der Person, nicht ein Wechsel der Politik, zumindest nicht im Grundsätzlichen. Die Unionsparteien fühlten sich befreit von der Adenauerschen Drakonik. Sie erwarteten von Erhard, daß er nicht mehr durch Dekrete regieren, sondern ihnen die Möglichkeit geben würde, endlich ein freieres Spiel der politischen Kräfte zu entwickeln. Seine Popularität bei der Bevölkerung war kaum zu steigern. Er hatte sich als zugkräftigste aller Wahllokomotiven bewährt; er strahlte Sicherheit, Ruhe, Zuverlässigkeit aus. Erhard war ein Mann des Arguments, Adenauer dagegen hatte nur Widerspruch geduldet, wenn er von ihm selbst stammte.

Wechsel im Bundeskanzleramt im Oktober 1963: Erhard als Nachfolger Adenauers
Zeichnung von Ironimus, 1963

Erhard beabsichtigte allerdings nicht, de Gaulles antiamerikanische Nationalpolitik nur deshalb zu unterstützen, um sich Pariser Beifall zu verdienen. Er hatte früher als Adenauer gesehen, daß de Gaulle um Frankreichs Eigenständigkeit willen bereit war, das ganze Militärbündnis der Atlantischen Gemeinschaft aufzulösen. Die Gegner von Erhards Sympathien für die USA wurden etwas stiller, als de Gaulle tatsächlich im Jahr 1965 die Mitgliedschaft Frankreichs in der NATO kündigte. Trotzdem hatte es Erhard weiterhin mit einer stattlichen Oppositionsgruppe innerhalb der Unionsparteien zu tun, die sich um Adenauer scharte.

Die persönlichen Differenzen zwischen Adenauer und Erhard spiegelten sich nach 1963 auch als sachliche Kontroversen in den Parteien. Diese Tatsache war zum Teil das Ergebnis einer Zwiespältigkeit, der sich weder Erhard noch seine innerparteilichen Opponenten entziehen konnten, auf die sie aber jeweils anders reagierten. Schon Kennedy hatte ausdrücklich erklärt, daß das West-Ost-Verhältnis in Europa nicht durch eine Lösung der deutschen Frage zu beruhigen war, sondern umgekehrt: daß die Lösung der deutschen Frage, wenn überhaupt, nur ein Ergebnis des West-Ost-Ausgleichs sein konnte, da sie sich als eine Folge der Differenzen zwischen West und Ost entwickelt hatte. Diese Umkehrung der Rangordnung durch Kennedy, die Adenauer und mit ihm die amerikanischen Regierungen der fünfziger Jahre nicht akzeptiert hatten, galt nach Kennedys Ermordung am 22. November 1963 auch für seinen Nachfolger Lyndon B. Johnson als Grundsatz der amerikanischen Außenpolitik. Sie galt ebenfalls für die Regierungsjahre Ludwig Erhards, ohne daß der Kanzler ein passables Verhältnis dazu finden konnte.

Ulbricht und Nasser bei der Unterzeichnung des Kommuniqués zum Abschluß des DDR-Staatsbesuches in Kairo am 2. März 1965

Scherben im Nahen Osten

Erhards wichtigste außenpolitische Entscheidung fiel in das Jahr 1965. Am 27. Januar hatte der ägyptische Staatspräsident Nasser den Staatsratsvorsitzenden der DDR, Walter Ulbricht, zu einem Freundschaftsbesuch nach Kairo eingeladen. Vier Tage später, am 31. Januar, deutete Nasser die Möglichkeit an, daß die Vereinigten Arabischen Republiken sich zu einer Anerkennung der DDR verstehen könnten, wenn Bonn sich weiterhin den jahrelangen Vorstellungen der arabischen Staaten verschließe, seine Waffenlieferungen an Israel zu überprüfen und einzustellen. Daß diese umfangreichen Transporte von Kriegsmaterial auch gegen wiederholt beteuerte politische Grundsätze Bonns verstießen, war allgemein bekannt und bildete ein brisantes Problem nicht nur für die arabischen Staaten. Eine Woche darauf drohte Nasser mit der Möglichkeit eines Abbruchs der diplomatischen Beziehungen zu Bonn.

»Ludwig Erhard wird nicht als Außenpolitiker in unserer Erinnerung bleiben.« – Helmut Schmidt

Ludwig Erhard reagierte am 17. Februar mit einer Erklärung im Bundestag, die alles enthielt, nur kein Gran politisches Fingerspitzengefühl und kaum weniger Wahrheitsgehalt. Der Kanzler versicherte allen Ernstes, die Spannungen zwischen Bonn und Kairo hätten ihren wirklichen Grund nicht in den beanstandeten Waffenlieferungen, sondern seien allein durch die Einladung Ulbrichts nach Kairo entstanden. Erhard beschloß diese Beschuldigung mit der Drohung, daß Bonn notfalls seine Wirtschaftshilfe für Ägypten einstellen werde und sich noch weitere Schritte vorbehalte.

Dieses Gewitterklima zwischen Bonn und Kairo bedeutete für die DDR strahlendes Wetter. Unter solchem Aspekt besuchte Walter Ulbricht Ägypten, eine Woche lang, vom 24. Februar bis zum 2. März. In der Nahost-Frage stellte sich der Gast aus der DDR ohne Einschränkung auf die Seite der Araber. Zwei Tage nach dem Rückflug Ulbrichts gab Präsident Nasser bekannt, die Vereinigten Arabischen Republiken würden in Ost-Berlin ein Generalkonsulat eröffnen; mit einer völkerrechtlichen Anerkennung der DDR habe das jedoch nichts zu tun. Erhard, diesmal kräftig unterstützt von dem Fraktionsvorsitzenden der Unionsparteien, Rainer Barzel, schien nunmehr ein besonders barscher Ton angebracht zu sein, entgegen den dringlichen Empfehlungen Gerhard Schröders. Die Bundesregierung ließ am 7. März erklären, durch die Einladung und den Empfang Ulbrichts sei jeder Deutsche provoziert, sei das Verhältnis Bonns zu Kairo aufs schwerste belastet worden. Sie plane jetzt, diplomatische Beziehungen zu Israel aufzunehmen. Mit Ägypten dagegen werde sie keinerlei Abmachungen über weitere Wirtschaftshilfe treffen.

Kannte man in Bonn den Staatschef Nasser wirklich so wenig? Man kannte ihn gut genug. Doch keiner der vielen Experten Westdeutschlands hatte den Bundeskanzler in seinem Entschluß bestärkt. Jeder wußte, daß es nicht nötig war, die seit mehr als eineinhalb Jahrzehnten andauernde Freundschaft mit den Arabern leichtfertig auf solche Probe zu stellen. Die Lage ihrer Staaten im Konflikt mit Israel war so delikat, daß sich selbst die herzlichsten Empfindungen für die Deutschen durch unbedachte Entschlüsse in wenigen Monaten zerstören ließen.

Gründe für die Unterstützung Israels gab es mehr als genug. Es gab gute Gründe und weniger gute, es gab moralische Gründe und solche, deren Moral der Bundesregierung über ihren Kanzler Adenauer von amerikanischer Seite erst einsichtig gemacht worden waren. Es gab politische Gründe mit viel untergründig religiösen Schuldgefühlen und solche mit wenig Gefühl für die untersten Grenzen der Vernunft. Aber wie ein Kanzler nicht gewählt wird, um Sentimentalitäten an unangebrachter Stelle zu pflegen, so darf er sich nicht dazu verleiten lassen, gegen alle politische Vernunft zu handeln.

In der jüngsten Geschichte der Deutschen findet sich kaum ein so freudloses Beispiel für das Verhängnisvolle einer politischen Entscheidung, die lediglich fiel, weil die Verantwortlichen nicht anders als in Gegenbegriffen zu denken vermochten und deshalb glaubten, vor einem Entweder-Oder zu stehen. Politische Vernunft setzt nun einmal den entwickelten Sinn für die Notwendigkeit des Sowohl-Als-auch voraus. Die Bundesregierung war in diesen Monaten des Jahres 1965 von niemandem zu einem Entweder-Oder gezwungen, nicht von ihren NATO-Partnern, nicht von Israel, weder von der deutschen Frage noch von der Hallstein-Doktrin und schon gar nicht von den arabischen Staaten.

Im März beschlossen die Außenminister der Arabischen Liga, die im Kairo-

Handelsbilanz
in israel. Pfunden

EINFUHR		AUSFUHR
rd. 88,0 Millionen	1949	10,0 Millionen
" 103,0 "	1950	13,0 "
" 123,0 "	1951	16,0 "
" 66,6 "	1952 (1. HALBJAHR)	10,3 "

Wiedergutmachungs-Leistung
der Bundesrepublik
insges. 3 000 000 000 DM
davon jährlich 125 000 000 DM in Waren

Stahl u. Eisen, NE-Metalle	26,5	
Erzeugnisse der stahlverarbeitenden Industrie	45,0	Mill. DM
Erzeugnisse der Chemischen u. sonstigen Industrie	35,0	
Landwirtschaftl. Erzeugn.	3,5	
Dienstleistungen	15,0	

dpa

Aufstellung der Globalerstattung an Israel zum Zeitpunkt des deutsch-israelischen Abkommens über Wiedergutmachung vom 10. September 1952

Pakt von 1945 vereinigten arabischen Staaten Asiens und Afrikas, sämtliche arabischen Botschafter zurückzurufen und die diplomatischen Beziehungen zur Bundesrepublik abzubrechen, falls Bonn tatsächlich einen Botschafter nach Israel entsende. Dies war am 12. Mai der Fall. Bonn gab bekannt, daß es zu Israel diplomatische Beziehungen aufnehme. Als Antwort schlossen zehn arabische Staaten umgehend ihre Botschaften am Rhein.

An den Scherben des Porzellans, das in diesen fünf Monaten zerschlagen wurde, sollten sich noch viele blutig schneiden. Bonn ist unfähig gewesen zu sehen, was alle Welt erkannte: Für die Araber besaß die Israel-Frage damals dieselbe Qualität wie für Bonn die Deutschland-Frage. Verantwortlich für dieses Taktieren mit schwerer Hand war Bundeskanzler Erhard. Er hatte sich wider besseres Wissen, entgegen ernsten Vorhaltungen für diesen Einbahnkurs entschieden. Die Grobschlächtigkeit der Bonner Maßnahmen brachte weder den geringsten Fortschritt in der deutschen Frage, noch deckte sie sich in irgendeinem Punkt mit der Entwicklung, die sich in Rußland seit der kubanischen Raketenkrise und in den USA seit ihrem politisch-militärischen Bodenverlust in Vietnam angebahnt hatte. Nicht nur im Verhältnis zwischen den beiden führenden Mächten, sondern überall auf der Welt besaßen um die Mitte der sechziger Jahre die Minderung aller militärischen Konflikte und die weitestgehende Sicherung des allgemeinen Friedens unbezweifelbaren Vorrang gegenüber sämtlichen anderen Fragen, auch und vor allem gegenüber den speziellen Nöten einzelner Staaten. Für die Bundesrepublik zeichnete sich damit schon frühzeitig ab, daß die Hallstein-Doktrin ihren Sinn verloren hatte, es sei denn, man würde sie modifizieren. Am besten freilich wäre es gewesen, sie schleunigst durch Grundsätze und Angebote abzulösen, bei denen nicht der Geist starrsinniger Defensive Pate stehen durfte. Im Jahr 1965 war nichts so offenkundig wie der peinliche Gegensatz zwischen dem weltweiten Interesse an einer verbindlichen Friedensordnung und dem steifbeinigen Beharren Bonns auf Alleinvertretung und Wiedervereinigung. Nicht der Wunsch danach fiel überall lästig, vielmehr die Unfähigkeit der westdeutschen Regierung, praktikable Vorschläge für die Bereinigung der deutschen Frage auf den Tisch zu legen, die sich mit den Absichten der aktuellen Politik der Entspannung deckten. Die Beschlüsse Erhards in der Nahost-Frage wurden als eine außerordentliche Verschärfung der Spannungen empfunden, mochten auch weite Kreise in den USA kräftig applaudieren.

Walter Hallstein als Vertreter der Bundesrepublik bei einem Appell vor dem Sozialausschuß der UNO im Dezember 1953

»Wer Ulbricht als Staatsoberhaupt eines souveränen Volkes behandelt, paktiert mit den Spaltern der deutschen Nation.« – Ludwig Erhard im Bundestag am 17. Februar 1965

Erhards große Friedensnote

Bonn ist nicht völlig untätig geblieben zwischen Ost und West, aber alle Versuche einer taktischen Umstellung liefen nur auf ein Nachhinken hinaus. Der Ausbau von Handelsvertretungen in den Ostländern wurde vorangetrieben. Ludwig Erhard erklärte wiederholt, das Münchener Abkommen werde von der Bundesregierung als nicht mehr gültig angesehen. Am 25. März 1966 schließlich ließ Bonn allen Staaten, mit denen die Bundesrepublik diplomatische Beziehungen unterhielt, eine große Friedensnote überreichen. Sie gilt als das wichtigste Dokument der deutschen Außenpolitik aus der Regierungszeit Ludwig Erhards. Wesentlich in dem Text war neben den üblichen Beteuerungen der westdeutschen Friedfertigkeit das Angebot an die osteuropäischen Staaten, förmliche Gewaltverzichtsabkommen auszutauschen. Die Antwort aus Moskau kam bereits eine Woche später. Außenminister Gromyko warf darin der Bonner Regierung vor, sie beharre weiterhin auf ihren »revanchistischen Ansprüchen«; denn die Friedensnote gehe davon aus, daß Deutschland noch immer gemäß der Landkarte vom 31. Dezember 1937 bestehe, Bonn also eine Korrektur der Grenzen anstrebe, die heute, 1966, die Gliederung Europas bestimmten. Doch wer nicht einsehe, daß sämtliche europäischen Grenzfragen endgültig und unwiderruflich entschieden seien, der betreibe keine realistische Politik.

Franz Josef Strauß bei einer Debatte vor dem Parlament im März 1966

Was Realismus in der Politik bedeutet, das bestimmt meistens der Stärkere, mitunter aber auch der Klügere. Für Westdeutschland galt 1966 weder das eine noch das andere. Der CSU-Vorsitzende Franz Josef Strauß erklärte wenig später in einem Interview, diesmal im Stil seiner oft unerwartet durchbrechenden Weitsicht, daß sich unter den bestehenden Verhältnissen ein nationaler deutscher Staat nicht wiederherstellen lasse, »auch nicht innerhalb der Grenzen der vier Besatzungszonen«. Denn die Sowjetunion lehne jede Wiedervereinigung ab, gleichgültig, welchen Preis man ihr dafür bieten würde, und wäre es der einer Neutralisierung dieses wiedervereinigten Staates. Wenn Wiedervereinigung überhaupt in Sicht sei, dann allein innerhalb des europäischen Rahmens und als Ergebnis eines tiefgreifenden geschichtlichen Wandlungsprozesses.

Der welthistorische Gesichtspunkt wirkte gut, zumal er politisch stets um so unverbindlicher ist, je weiter er sich spannt. Oder wurde hier versucht, diejenigen Energien in die Beurteilung der Lage einfließen zu lassen, die ihrer politischen Bewältigung zugestanden hätten? Strauß vermied jede Erläuterung von Einzelheiten, er bezog sich auch nicht auf Gerhard Schröder. Der westdeutsche Außenminister hatte nämlich schon ein volles Jahr früher in einer Kabinettssitzung den Ministern zu bedenken gegeben, ob es nicht zweckmäßig wäre, das deutsche Nationalinteresse in Zukunft nur noch oder zumindest vor allem und zunächst als Interesse der Bundesrepublik aufzufassen, selbst wenn damit einem international gleichberechtigten Nebeneinander der beiden deutschen Staaten Vorschub geleistet würde.

Einen Monat nach der Veröffentlichung der Friedensnote nahm Pankow dazu Stellung, obwohl Bonn die DDR und ihre Existenz mit keinem Wort erwähnt hatte. Eben hier hakte Außenminister Otto Winzer ein. Der Austausch von Gewaltverzichtserklärungen sei zu begrüßen. Doch da Bonn zwar mit den sozialistischen Staaten Europas solche Abkommen schließen wolle, nicht aber mit der DDR, handle es sich bei der Friedensnote um nichts anderes als um ein »durchsichtiges Manöver aggressiver Politik«. Damit lag die Friedensnote dort, wo schon so viele Dokumente zur deutschen Frage lagen: bei den Akten. Das Kabinett Erhard war nicht fähig, den Bemühungen Amerikas und der Sowjetunion um einen Vergleich anders beizuspringen als durch ein Festkrallen an Rechtsansprüchen. Nicht um diese Rechte ging es, sondern lediglich darum, welche Möglichkeiten es gab, sie zu verwirklichen, und zwar mit Rücksicht auf den erklärten Willen von Ost und West, alles zu vermeiden, was die Gefahr neuer Kollisionen hervorrufen könnte.

Daß sich das Deutschland-Problem in ganz anderen Zusammenhängen darbot als noch wenige Jahre zuvor, ließ innerhalb der Unionsparteien heftige Diskussionen aufflammen. Es kam zu gegensätzlichen Gruppierungen und erstmals zu regelrechten Flügelkämpfen. Wie desinteressiert die Westpartner inzwischen an der deutschen Frage waren, bekam die Bundesrepublik empfindlich zu spüren bei den neuen Verhandlungen über die Stationierung der alliierten Truppen. Über die politischen Motive der militärischen Präsenz wurde kaum eine Silbe verloren; konkret wurde lediglich über die Höhe der Zahlungen gesprochen.

Die erste Talfahrt der Wirtschaft

Um die Zukunft der Bundesrepublik, soweit sie von der wirtschaftlichen Lage abhing, schien es im Herbst 1966 beklemmend schlecht bestellt zu sein. Darin lag eine besondere Bitternis für Ludwig Erhard, dessen Nimbus ganz und gar mit dem Aufbau der westdeutschen Industrie und Wirtschaft zusammenhing. Mit genialer Unbeirrbarkeit war es ihm gelungen, die Wirtschaftsleistungen Jahr für Jahr zu steigern. ›Konjunktur‹ und ›Dauerblüte‹ wurden zu austauschbaren Begriffen. Als er die Regierung übernahm, waren die wirtschaftlichen Verhältnisse stabil. Der Anstieg des Bruttosozialprodukts verlief so, wie es den Grundsätzen der sozialen Marktwirtschaft entsprach. Im Jahr 1962 war das Sozialprodukt um 8,7 Prozent gestiegen, 1963 um 6,3 und im darauffolgenden Jahr um 9,7. Dann jedoch begann es zu stocken, erreichte 1966 nur noch 2,9 Prozent und glitt 1967 zum ersten Mal in der Geschichte der Bundesrepublik ins Minus: Es schrumpfte um 0,2 Prozent. In keinem Industriestaat Westeuropas war die Nachfrage 1966/67 so gering wie in der Bundesrepublik.

Alarmsignale für diese Entwicklung hatte es genug gegeben. Die Bundesausgaben waren wegen der beständigen Hochkonjunktur in den beginnenden sechziger Jahren schneller gestiegen als das Sozialprodukt, so daß die Haushaltslage Jahr für Jahr kritischer wurde. Schon im Frühjahr 1965 hatten die Bestellungen im Maschinenbau erschreckend nachgelassen, auch die Bautätigkeit ging empfindlich zurück. Obwohl 1966 die Produktion in weiten Bereichen schon auf der Stelle trat, von einer Überhitzung der Konjunktur also keine Rede mehr sein konnte, blieb die Regierung bis in den Herbst desselben Jahres bei ihrem drastischen Restriktionskurs. So stieg vom Juli 1966 bis Januar 1967 die Arbeitslosenzahl um mehr als eine halbe Million an.

Ludwig Erhard hatte jede schärfere Regulierung der Wirtschaftspolitik seit Jahr und Tag abgelehnt, andererseits war seine Subventionspraxis alles andere als ausgewogen. Überdies hielt der Kanzler von einer modernen, der Marktwirtschaft angepaßten Sozialgesetzgebung, erstaunlich wenig. Die Wahlen 1965 hatte er zwar in einer unerwartet souveränen Kampfmanier gewonnen, aber sein Sieg war auch dadurch erleichtert worden, daß sich die Regierung in den vorangegangenen Monaten ausnehmend bewilligungsfreudig gezeigt hatte. Aus diesem Grund hatte man es nach der Wahl nicht nur mit einem beachtlichen Sieg zu tun, sondern auch mit einer beachtlichen Ebbe in den Kassen. Das Haushaltsdefizit, verstärkt durch Auftragsrückgänge und Absinken der Zuwachsraten, nahm immer bedrohlichere Formen an und ging schließlich über die Dreimilliardengrenze weit hinaus.

»Mit Adenauer mußten wir ringen, aber bei Erhard müssen wir führen, weil er nicht führen kann.« – Willy Weyer

Damit war der Punkt erreicht, der die FDP-Minister dazu bewog, die Koalition zu verlassen; innerhalb der Unionsparteien erhielten sämtliche Erhard-Gegner grünes Licht. Dem Kanzler selbst waren die drohende Wirtschaftskrise und der Verlust der Währungsstabilität nicht verborgen geblieben,

Im Zeichen der Rezession: gegen angekündigte Stillegungen von Ruhr-Zechen
Demonstrierende Bergleute in Dortmund im Oktober 1967

aber ihm fiel dazu nichts anderes ein als Mahnungen über Mahnungen in kaum zu zählenden Reden. Seine Appelle an die wirtschaftliche Vernunft aller, der arbeitenden und konsumierenden Bevölkerung, der Gewerkschaften, der Unternehmer, trugen ihm den leicht belustigenden, aber völlig unzutreffenden Titel des ›Maßhalte-Kanzlers‹ ein. Ludwig Erhard warnte unentwegt vor der hemmungslosen Steigerung des Verbrauchs, den ununterbrochenen Investitionen, dem künstlich hochgetriebenen Wirtschaftswachstum, der immer schneller rotierenden Lohn-Preis-Spirale. Er warnte, aber er griff nicht energisch ein.

Das Gespenst der Rezession existierte nicht bloß in den Kassandrarufen des Kanzlers; ohne Ausnahme konnten es 1966 alle Bürger Westdeutschlands besichtigen. Erhard jedoch, der wie kein anderer seit 1949 durch seine soziale Marktwirtschaft der westdeutschen Gesellschaft ein unverwechselbares Gepräge gegeben hatte, war nicht in der Lage, die erste größere Krise dieser Wirtschaft zu meistern. Bei ihrer Talfahrt ließ er sich geradezu überrollen, sowohl von den sachlichen Schwierigkeiten als auch von seinen Gegnern innerhalb der Unionsparteien. Es traf zu: Die Kabinettssitzungen arteten oft in Gesprächsrunden aus, bei denen viel gesagt, aber wenig entschieden wurde. Ludwig Erhard ist ein Künstler des Aufbaus gewesen, ein Meister des Erfolgs. Er war kein Meisterer des Mißerfolgs.

Kalter Krieg und heiße Wirtschaft

Daß ›der Dicke‹, wie Ludwig Erhard oft freundlich respektvoll genannt wurde, ein Mann mit Charakter, Mut, starkem Nacken war, daß er politisches Großformat besaß, hatte er schon in den ersten Nachkriegsjahren gezeigt. In dieser Ära traf man nichts häufiger an als menschliche Hinfälligkeit und nichts seltener als persönliche Kontur; denn nach 1945 wurde den Deutschen so gut wie alles zugemutet, was bis dahin noch keinem Volk geschehen war. Die Deutschen wurden für den fürchterlichsten Krieg der Geschichte voll verantwortlich gemacht; sie hatten diesen Krieg aber auch verloren. Einen modernen Krieg zu entfesseln, ist kriminell. Ihn zu verlieren, steigert das Verbrechen ins nicht mehr zu Messende.

Ludwig Erhard war Franke, er stammte aus Fürth. Schon im April 1945 wurde er vom amerikanischen Stadtkommandanten beauftragt, das Wirtschaftsamt wieder in Gang zu bringen und es zu reorganisieren. Im September, als die Amerikaner für Bayern eine Landesregierung bestellten, wurde Erhard zum Staatsminister für Handel und Gewerbe ernannt und war damit zuständig für die Wirtschaft. Doch er, dessen wirtschaftspolitische Vorstellungen in den letzten Kriegsjapren die Leiter des Widerstandes gegen Hitler bewogen hatten, diesen Fachmann als künftigen Wirtschaftsminister des Deutschen Reiches zu benennen, war nach 1945 unter den Siegern in diesem Ressort am falschen Platz. Die Besatzungsbehörden, aber auch die deutschen Verwaltungen hielten eine rigorose Kontrolle aller noch vorhandenen Güter, eine lückenlose Zwangswirtschaft für absolut notwendig in der katastrophalen Situation Deutschlands. Die entsprechenden Richtlinien sollten deshalb mit eiserner Konsequenz befolgt werden. Schon damals schüttelte Erhard den Kopf: Wer den Mangel bewirtschaftet, verewigt die Misere.

So führte er sein Amt unlustig, mehr schlecht als recht. Im Dezember 1946 wurde er durch einen sozialdemokratischen Wirtschaftsminister ersetzt. Erhard war erleichtert. Er brauchte Ruhe und Zeit, um seine Pläne für die unausweichliche Währungsreform auszuarbeiten. Im Jahr 1947 übernahm er den Vorsitz in der ›Sonderstelle Geld und Kredit‹ in Bad Homburg, in der die konkreten Maßnahmen für die Währungs- und Wirtschaftsreform vorbereitet wurden. Anfang 1948 hielt der Direktor der ›Verwaltung für Wirtschaft des Vereinigten Wirtschaftsgebietes‹ in Frankfurt am Main, Johannes Semler, ein bitterkritisches Referat, die damals vielzitierte ›Hühnerfutter-Rede‹. Semler warf den Amerikanern vor: »Man hat den Mais geschickt und das Hühnerfutter, und wir zahlen es teuer, in Dollars und deutschen Exporten, und wir sollen uns auch noch bedanken.« Die alliierten Behörden setzten Semler auf die Straße und holten Erhard als Nachfolger in dieses Amt, das die ökonomische Kopfstelle der drei Westzonen bildete. Bei den Wahlen zum ersten Deutschen Bundestag im August 1949 errang Ludwig Erhard, der schon damals den meisten Westdeutschen zu einem Begriff geworden war, ein Mandat und wurde im selben Jahr zum Bundesminister für Wirtschaft ernannt. Er führte dieses Ressort eineinhalb Jahrzehnte lang.

Erhard als Wirtschaftsminister im Kreis von Kollegen auf der Frankfurter Konferenz über Wirtschaftsprobleme in den Westzonen Deutschlands im September 1946

Ludwig Erhard wurde zum populärsten Politiker der Bundesrepublik. Nicht so sehr wegen seiner Zigarre oder seiner den Karikaturisten so angenehmen Physiognomie, nicht durch seine gelassene Fülle, die ihn samt seiner undurchdringlich scheinenden Dickfelligkeit zum lebenden Symbol seiner Erfolgswirtschaft verwandelte. Erhards säkulare Leistung war wirtschaftlicher Natur, hatte jedoch unerhörte politische Folgen. Er verkoppelte die Währungsreform vom 20. Juni 1948 in den damaligen Westzonen Deutschlands mit einer totalen Wirtschaftsreform, beseitigte mit einem Schlag fast alle bestehenden Preis- und Bewirtschaftungsvorschriften und entzog dadurch der Zwangswirtschaft jede Grundlage. An ihrer Stelle führte er die soziale Marktwirtschaft ein.

So viel Unverfrorenheit nach so vielen Monaten demütigenden Siegergebahrens hatten die Besatzungsmächte nicht erwartet. General Lucius D. Clay, Befehlshaber der amerikanischen Streitkräfte in Europa und US-Militärgouverneur für Westdeutschland, wies Erhard grob zurecht und erinnerte ihn drohend daran, daß keine einzige Vorschrift über die Bewirtschaftung ohne Erlaubnis der Militärregierung geändert werden dürfe. Ludwig Erhard antwortete ihm mit kalter Ironie: »Ich habe die Vorschriften nicht geändert. Ich habe sie aufgehoben!«

»Er hat als Wirtschaftsminister dadurch gewirkt, daß er der Wirtschaft Freiheiten einräumte, und durch vieles, was er nicht tat.« – Hermann Josef Abs über Ludwig Erhard

Wohlstand für alle

In den Westzonen Deutschlands lebten nach Kriegsende mehr als Dreiviertel der deutschen Bevölkerung, darunter drei Millionen Ostzonenflüchtlinge und fast zehn Millionen Vertriebene. Die landwirtschaftliche Nutzfläche betrug nur etwas mehr als die Hälfte des früheren Deutschen Reiches, davon waren fünfundvierzig Prozent Ackerboden. Die Zerstörungen des Krieges wurden bis zum gänzlichen Ruin fortgesetzt durch systematische Demontage aller noch verwertbaren Industrieanlagen und ununterbrochene Reparationsleistungen. Ein Ende dieses Ausräumungsprozesses zeichnete sich erst 1949 ab.

Der Bestseller des Politikers der sozialen Marktwirtschaft in den Händen des Autors

Im Jahr 1951 gelang Ludwig Erhard ein Kunststück besonderer Art, ebenso großartig wie zweischneidig. Die USA verlangten damals, daß die rapid anwachsende Wirtschaftsaktivität und der Konsum in der Bundesrepublik eingedämmt werden sollten. Zu dieser Zeit bestanden in Deutschland noch umfängliche Forschungsverbote, besonders in den Bereichen der Elektronik und der Chemie. Die Stahlproduktion durfte fünfzehn Millionen Tonnen pro Jahr nicht überschreiten. Ferner war Westdeutschland zu enorm hohen Steinkohle-Zwangsexporten verpflichtet. Erhard wollte im Juli in Washington versuchen, für die Bundesrepublik eine Lockerung dieser Wirtschaftsfesseln zu erreichen. Haupttrumpf sollte der Vorschlag sein, in Westdeutschland wieder mit der Produktion von Rüstungsgütern zu beginnen und sie an die Vereinigten Staaten zu liefern. Die Zeit war für einen solchen Plan günstig. Noch kämpften die Amerikaner mit dem Schock des Korea-Krieges, der am 25. Juni 1950 begonnen hatte. Andererseits war für derartige Projekte bei der Bevölkerung Westdeutschlands keinerlei Verständnis zu erwarten, vom Mißtrauen der USA gegenüber den Deutschen ganz zu schweigen. Doch der Wirtschaftsminister kam, erklärte, triumphierte. Die amerikanische Regierung konzedierte weit mehr, als Bonn erwartet hatte. Am Schluß faßte einer der US-Politiker den Eindruck, den Erhard auf seine Gesprächspartner gemacht hatte, so zusammen: »Er ist ein Kerl wie Churchill – mit keinem normalen Maßstab zu messen.«

Unbeirrt, mit überwältigend optimistischer Sicherheit nahm Erhard eine Hürde nach der anderen, um sein Programm der sozialen Marktwirtschaft so umzusetzen, daß es endlich frei wurde von allen verfälschenden Auflagen, die aus der Besatzungssituation stammten. Am längsten hielt sich die Reglementierung in der Wohnungs- und Agrarwirtschaft, und die Devisenwirtschaft mußte sogar bis 1955/56 auf den Normalzustand warten. Erst zehn Jahre nach Kriegsende begann die Zeit, in der man mit aller Selbstverständlichkeit die Deutsche Mark in jede Währung der Welt tauschen konnte, ausgenommen in die der Staaten mit marxistischer Planwirtschaft. Ebenfalls um die Mitte der fünfziger Jahre setzte eine unerhörte Hochkonjunktur in der Wirtschaft Westdeutschlands ein, mit Steigerungs- und Wachstumsraten, die als zahlenmäßige Basis des deutschen Wirtschaftswunders landauf, landab nur Kopfschütteln oder Neid hervorriefen.

›Neudeutsches Weihnachtswunder‹
Zeichnung von Hanns Erich Köhler, 1958

Erhards Programm hatte nichts mit dem klassischen Liberalismus zu tun. Für ihn besaß die Vokabel ›Freiheit‹ nur insofern einen politischen Sinn, als sie zu seinem Wirtschaftsliberalismus der lockeren Zügel paßte. Das freizügige Wechselspiel von Angebot und Nachfrage wollte Erhard durch Regulierungshilfen des Staates unterstützen und dadurch vor den Auswüchsen des Liberalismus aus dem 19. Jahrhundert bewahren. Die Unternehmer in der Bundesrepublik durften sich auf die staatliche Förderung ihrer Aktivitäten verlassen. Doch auch diejenigen, die keine Unternehmer waren, konnten darauf zählen, daß sich der Staat seiner sozialpolitischen Verantwortung bewußt blieb, daß er alles unternahm, was notwendig war, um ihre Ansprüche zu sichern und ihre Rechte zu wahren. Die Gesellschaft Westdeutschlands, in der sich das Prinzip der sozialen Marktwirtschaft überzeugend durchsetzte, entwickelte sich zwangsläufig innerhalb des Rahmens eines Staates der sozialen Dienstleistungen und der Wohlfahrt für alle.

Noch bevor Erhards Erfolge die Vorwürfe erledigten, daß er einem verdeckten Kapitalismus huldige, versicherte er den Gewerkschaften: »Wir können in den Methoden vielleicht verschiedener Meinung sein, aber ich lehne es mit aller Entschiedenheit ab, daß Sie allein glauben, das soziale Gewissen für unser Volk gepachtet zu haben. Ich will das Wohl des Volkes, das bringe ich hier mit aller Deutlichkeit zum Ausdruck. Wenn es dazu notwendig ist, die gewerbliche Wirtschaft unter Druck zu nehmen – selbst unter härtesten Druck, meine Damen und Herren, das verspreche ich Ihnen –, dann werde ich das tun, weil ich nicht im Auftrag handle, sondern weil ich genau weiß, daß eine gesunde Wirtschaftspolitik nur dann durchführbar ist, wenn sie dem Wohl des ganzen deutschen Volkes dient.«

Für Ludwig Erhard war die Wirtschaftsführung kein Selbstzweck, sondern ein Politikum oberster Ordnung. Die Kritiker, die schon damals gegen Erhard behaupteten, die Westdeutschen hätten um des Wohlstands willen entscheidende Merkmale der Menschlichkeit verkümmern lassen, vergaßen, daß der Begriff des Wohlstands die moderne Formel für diejenigen Rechte und Ziele war, um die Millionen Arbeiter seit dem 19. Jahrhundert rastlos gekämpft hatten. So war es kein Zufall, daß die Unionsparteien bei den Wahlen 1953 mehr als fünfundvierzig Prozent aller Wählerstimmen erhielten und 1957 mit 50,2 Prozent den größten Sieg ihrer Geschichte errangen – einen Sieg, der trotz der nicht eben erfolgreichen Außenpolitik Adenauers errungen wurde, einen Triumph, der ganz auf das Konto Ludwig Erhards ging. Dieser Urnengang wurde treffend als ›Erhard-Wahl‹ charakterisiert. Gleichfalls überzeugend freilich war der Entschluß der Sozialdemokraten 1959, sich in ihrem Godesberger Programm ausdrücklich zur sozialen Marktwirtschaft zu bekennen.

»So mancher Begüterte scheint in seiner persönlichen äußeren Lebensführung nur allzu leicht zu vergessen, daß der Wohlstand wohl eine Grundlage, nicht aber das Leitbild unserer Lebensgestaltung schlechthin ist.« – Ludwig Erhard in seiner Regierungserklärung vom 18. Oktober 1963

Dem ersten Etappenziel Erhards – »Wohlstand für alle« – hatte sich alles unterzuordnen, bis zum Abschluß dieser Phase. Das war zu Beginn der sechziger Jahre der Fall. Von diesem Augenblick an versuchte Erhard den Westdeutschen klar zu machen, daß Wohlstand kein Wert an sich sei, sondern bloß Mittel zu einer umfassenden Gesellschaftspolitik. Ob nun der große Wirtschaftskapitän tauben Ohren predigte oder nicht fähig war, zu überzeugen: Westdeutschland blieb auf dem strikten Erwerbskurs, der an Ludwig Erhard selbst vorbeiführte. Erst später, zu spät, wurde der politisch gescheiterte ›Volkskanzler‹ von der Gesamtentwicklung bestätigt, in den siebziger Jahren.

Entscheidung der Arbeiter in Hessens Gummiindustrie über einen Streik im November 1967

Seitdem dauert das Ringen an zwischen denjenigen, die einem unbedingt notwendigen Wirtschaftswachstum zwischen sechs bis zehn Prozent das Wort reden, und denjenigen, die zwischen Wirtschaftswachstum und Wirtschaftsblähsucht keinen Unterschied sehen und Wachstum ausschließlich als einen qualitativen Wert verstehen. Ebenso heftig wird darum gerungen, ob Erhards Prinzip des rotierenden Konsumkreisels nicht wesensmäßig ein Zentralstück der Wirtschaft aller hochindustrialisierten Staaten bildet oder ob die Nobel-Preisträger recht haben, die 1973 kurzerhand behaupteten: »Die moderne Bedarfsweckung ist ein Verbrechen.«

Die Angst der Sieger voreinander

Die Zusammenarbeit zwischen Konrad Adenauer und Ludwig Erhard stand vom ersten Tag an unter dem Zwang der sachlichen Erkenntnis, daß beide unverbrüchlich aufeinander angewiesen waren, gleichgültig, wie die persönlichen Neigungen und Abneigungen beschaffen waren. Für Erhard gab es nichts Höheres als die Freiheit des Menschen und eine Gesellschaftsordnung, in der diese Freiheit weitestgehend verwirklicht werden konnte. Adenauer teilte diese

Ansicht. Erhard wollte sein Programm in der Wirtschaftsordnung, die schließlich von der Arbeit der Menschen abhängig war, durchsetzen. Adenauer wollte es durch Einbindung in das Allianzsystem der Weststaaten sichern. Eine in dieser Richtung erfolgreiche Außenpolitik des Kanzlers setzte jedoch voraus, daß sich die Bundesrepublik aus einem kränkelnden Gebilde und Objekt politischer Fürsorge rasch zu einem starken Partner entwickelte, zu einer wirtschaftlichen Potenz.

Vollzug der Zwangsvereinigung von SPD und KPD der Sowjetzone zur SED durch Pieck und Grotewohl am 21. April 1946

Die westlichen Siegermächte, an ihrer Spitze die USA, hatten im September 1949 durch Umwandlung ihrer drei Zonen in ein selbständiges Staatsgebilde dem Kalten Krieg in Europa seine offizielle Form verschafft. Die Sowjetunion zog augenblicklich gleich: Sie verwandelte ihre Besatzungszone im Oktober 1949 in die Deutsche Demokratische Republik. Alle Machtbefugnisse lagen dort bei der Sozialistischen Einheitspartei Deutschlands (SED), die am 21. April 1946 aus dem zwangsweisen Zusammenschluß der kommunistischen und sozialdemokratischen Partei der Sowjetzone entstanden war. Für die Regierungspolitik zeichnete das Zentralkomitee der Partei verantwortlich. Seit 1950 stand Walter Ulbricht als Generalsekretär an der Spitze der Partei.

Ulbricht, der in den letzten Kriegstagen mit einigen Altkommunisten von Moskau aus nach Pommern geflogen war, traf Ende April 1945 in Ost-Berlin ein. Im Jahr 1912 hatte sich der neunzehnjährige Tischler der SPD als Mitglied angeschlossen, nach der Novemberrevolution 1918 war er zum Spartakusbund übergeschwenkt, aus dem die ›Kommunistische Partei Deutschlands‹ entstehen sollte, und 1923 hatte man ihn in die Parteizentrale nach Berlin berufen. Nachdem er einen Kursus in der Moskauer Lenin-Schule absolviert und seit 1925 wieder in der Organisationsabteilung der KPD gearbeitet hatte, war er 1928 Mitglied des Reichstages geworden. Er emigrierte im Oktober 1933 und lebte seit 1938 in Moskau.

Ulbricht mit seiner Gruppe unterstand 1945 direkt der sowjetischen Militäradministration. Als Arbeitsdevise hämmerte er seinen Genossen ein: »Es muß demokratisch aussehen, aber wir Kommunisten müssen alles in der Hand haben.« Seit der Gründung der SED wurde die Sozialentwicklung und Wirtschaftsordnung in der Sowjetzone konsequent nach dem russischen Modell des Marxismus-Leninismus ausgerichtet; allerdings dauerte die verhältnismäßig milde Übergangsphase eine ganze Reihe von Jahren. Im Juni 1945 wurde die Devise der Gruppe Ulbricht in einem Aufruf der KPD so umgegossen: »Wir sind der Auffassung, daß der Weg, Deutschland das Sowjetsystem aufzuzwingen, falsch wäre, denn dieser Weg entspricht nicht den gegenwärtigen Entwicklungsbedingungen in Deutschland. Wir sind vielmehr der Auffassung, daß die entschiedenen Interessen des deutschen Volkes in der gegenwärtigen Lage für Deutschland einen anderen Weg vorschreiben, und zwar den Weg der Aufrichtung eines antifaschistischen, demokratischen Regimes, einer parlamentarisch-demokratischen Republik mit allen demokratischen Rechten und Freiheiten für das Volk.«

Eine Maßnahme der DDR von 1952 zum Aufbau des Sozialismus nach sowjetischem Vorbild

In der DDR wurde der landwirtschaftlich nutzbare Boden nicht sofort enteignet, wohl aber nach dem Modell der sowjetischen Kolchosen bearbeitet. Aufgeteilt und an die Bauern übergeben wurde zunächst nur derjenige Landbesitz, der einhundert Hektar überstieg. Dasselbe geschah mit sämtlichen Landwirtschaftsbetrieben, die als Eigentum von Kriegsverbrechern und Nazi-Aktivisten bezeichnet wurden. Beendet war diese Neuverteilung offiziell am 1. Januar 1949. Zusammen mit den Waldgebieten erstreckte sie sich auf insgesamt 3,22 Millionen Hektar Nutzboden. Drei Jahre später setzte die völlige Kollektivierung ein. Im Sommer 1952 begann man damit, sogenannte Landwirtschaftliche Produktionsgenossenschaften (LPG) zu errichten, das mitteldeutsche Gegenstück zu den sowjetischen Kolchosen. Es war die erste tiefgreifende Maßnahme zum Aufbau der Grundlagen des Sozialismus in der DDR, der auf dem zweiten Parteitag der SED im Juli 1952 proklamiert worden war. – Zur selben Zeit begann die Regierung mit der Neuentwicklung der mitteldeutschen Schwerindustrie als der »materiell-technischen Basis des Sozialismus«. Nach den zügellosen Demontagen der Sowjets schien dieses Vorhaben völlig aussichtslos zu sein. Es verdammte die Bevölkerung zu Entbehrungen, die um so bedrückender waren, als gleichzeitig in Westdeutschland die Wirtschaft mit einer Schnelligkeit aufblühte, die anmaßend wirken mußte.

Werbung für die Freundschaft mit der UdSSR auf Briketts aus sächsischen Gruben, 1951

Besonders schwerwiegende Folgen hatte der Entschluß Pankows im Sommer 1948, aus der seit 1945 bestehenden Volkspolizei Einheiten einer Bereitschaftspolizei zu bilden, die militärisch geschult und ideologisch besonders zuverlässig waren. Diese Kader mit einer Gesamtstärke von siebentausendfünfhundert Mann lieferten den deutschen Westzonen ein Hauptargument für die unterstellten Absichten der Sowjets und der mitteldeutschen Regierung, auch in Westdeutschland mit militärischer Gewalt die roten Fahnen zu hissen, also die sowjetische Oberhoheit auf ganz Deutschland ausdehnen zu wollen. Die neuen Einheiten der Bereitschaftspolizei wurden direkt in Zusammenhang gebracht mit den sowjetischen Bemühungen, die Staaten innerhalb des russischen Interessenbereichs strikt unter die Oberherrschaft Moskaus zu beugen und diesem Block die deutschen Westzonen einzugliedern. Die Absicht der Sowjetunion wurde in Bonn als ein politisches Ziel des Ostens behandelt, an dem es nichts zu diskutieren und zu deuteln gab. Adenauer formulierte sie mit der ihm eigenen Unkompliziertheit: »Das Ziel der Russen war eindeutig. Rußland hatte, genau wie unter den Zaren, den Drang nach Westen, den Drang, sich neue Gebiete in Europa anzueignen oder zu unterwerfen.« Die andere Seite beurteilte die Lage mit derselben Schlichtheit, nur gegensätzlich akzentuiert: Die Sowjetunion als Vorkämpferin des Weltfriedens mußte entschlossen die »neue Kriegshetze bekämpfen, die gegen sie von imperialistischen Kräften Amerikas und Europas aufs neue in Deutschland geschürt wird«. 1946 forderte der amerikanische Außenminister James Francis Byrnes: »Wir müssen für den Frieden zum Angriff übergehen, wie wir das im Krieg getan haben.« Und sein sowjetischer Kollege Wjatscheslaw Molotow zahlte mit gleicher Münze zurück: »Das angloamerikanische Kapital hetzt zu neuen Angriffskriegen und strebt die Weltherrschaft an.«

Folgerichtig gelang es der Sowjetunion in ihrem europäischen Machtbereich in sämtlichen Oststaaten – mit Ausnahme Jugoslawiens – bis Ende 1948 kommunistische Regierungen zu etablieren. Die USA mit ihren westlichen Gefolgestaaten legten diesen Homogenisierungsprozeß als systematische Expansion der Sowjetunion aus und entwickelten als Kontrast dazu das Programm einer Politik des Eindämmens. Für die Besatzungszonen im Westen Deutschlands wurde sie als eine Politik des Schutzes und der Sicherung vor dem russischen Zugriff erläutert und begründet. Als Kronbeweis für die Hypothese, daß Moskau eine brutale Expansionspolitik betreibe, wurde in Europa der griechische Bürgerkrieg angeführt, der Versuch des Generals Markos, mit

»Ich bin der Überzeugung, daß wir freien Völkern helfen müssen, wenn sie über ihre Geschicke selbst bestimmen wollen.« – Truman vor dem amerikanischen Kongreß am 12. März 1947 seiner kommunistischen ›Befreiungsfront‹ auch Athen in die Sowjetsphäre einzugliedern. Aber die Partisanenverbände des Generals operierten keineswegs mit dem Segen des Kremls. Stalin erregte sich über den griechischen Aufstand als eine Eselei, die nichts anderes bewirke, als die Vereinigten Staaten zu provozieren. Deshalb müßten die Kämpfe schleunigst eingestellt werden. Wenig später gelang es ihm auch, General Markos die Befehlsgewalt zu entziehen, und nach etlichen Wochen war keine Rede mehr vor der Gefahr eines kommunistischen Umsturzes in Griechenland.

Die Währungsreform 1948 in West-Berlin: Geldumtausch gegen Vorlage des Ausweises

Die amerikanische Außenpolitik war ebenfalls bereits festgelegt. Die Ergebnisse der politischen Bestandsaufnahmen wurden nämlich danach ausgesucht, ob sie den beschlossenen Kurs festigten, und nicht danach, ob sie seiner Überprüfung dienlich waren. Die Chancen einer Korrektur der Haltung Washingtons gingen in Europa endgültig verloren nach der Währungsreform des Schlüsseljahres 1948. In den Westzonen wurde sie am 20. Juni durchgeführt, in der Ostzone vier Tage später. Als die Sowjets die mitteldeutsche Währung für alle vier Besatzungszonen Berlins, also für ganz Berlin, als verbindlich erklärten, protestierten Amerikaner, Engländer und Franzosen und führten in ihren Sektoren die westdeutsche Währung als Zahlungsmittel ein. Die Russen beantworteten dies mit einer völligen Blockade der Westsektoren. Länger als ein ganzes Jahr mußte West-Berlin über eine Luftbrücke versorgt werden.

In diesen dreizehn Monaten verfestigte sich in Westdeutschland das Trauma der sowjetischen Bedrohung zu einer Norm der Politik, und es wurde zusätzlich von allen Parteigängern der amerikanischen Eindämmungspolitik gehärtet. Der Kalte Krieg, der während der Berlin-Blockade greifbar nahe an den allenthalben gefürchteten Dritten Weltkrieg herangerückt war, wurde zum Richtfeld der Deutschland-Politik in den fünfziger Jahren. Sowohl der Entschluß der westlichen Besatzungsmächte, ihre Zonen aus einem besiegten und niederzuhaltenden Territorium in den Staatsverband der Bundesrepublik zu verwandeln, als auch die Gründung der DDR wurden ausschließlich von Gedanken der Strategie des Kalten Krieges zwischen den beiden Großmächten diktiert. Bundesrepublik und DDR sind nicht Produkte des Krieges, den das Deutsche Reich 1945 verloren hatte, sondern Produkte des Ost-West-Konflikts, der dem Zweiten Weltkrieg folgte. Die Gründe für diesen Konflikt sind nicht bei den Deutschen und auch nicht bei Hitler und dem Nationalsozialismus zu finden, vielmehr bei den Irrtümern und Fehleinschätzungen, der Blindheit und Gutgläubigkeit der Westalliierten. So befindet sich alles, was seit 1945 Deutschland und die deutsche Teilung betrifft, in einem direkten Verhältnis zu dem Ost-West-Konflikt und seinen Wandlungen. Diese Tatsache hat Außenminister Dulles in die denkbar knappste Form gebracht: »Wir treiben in Europa keine deutsche Politik, wir treiben in Europa keine französische Politik, wir treiben in Europa amerikanische Politik!« Ob dieser Grundsatz tatsächlich eine klassische Regel der Außenpolitik mächtiger Staaten war, ist von geringerer Bedeutung als der Standpunkt, daß demgegenüber die Sowjetunion kein Recht darauf besäße, innerhalb ihres Hegemonialbereichs sowjetische Politik zu treiben.

Das eben macht im Rückblick für die Deutschen das Heillose der damaligen politischen Entscheidungen aus, die von unendlich viel Mut und von noch weit mehr Hysterie bestimmt wurden, hüben wie drüben. Der Westen Europas starrte voller Furcht auf alles, was sich als russische Expansion interpretieren

Die Versorgungsflotte für West-Berlin während der Blockade 1948/49
auf dem Flughafen Tempelhof

Berliner Kinder beim Luftbrücken-Spiel im Jahr 1949

Die Verdienst-Medaille des Berliner Senats von 1966
Prägung nach einem Entwurf von Harald Haacke

ließ, und so gab es bald nichts mehr, was anders ausgelegt wurde. Harte, entschiedene Worte aus dem Osten bedurften keiner Kommentare, sie sprachen für sich. Verständigungsangebote oder Verhandlungspläne jedoch waren von vornherein abgestempelt als Heuchelei. Und der Osten verhielt sich genauso: Für ihn war selbst die geringfügigste Maßnahme ein Element der imperialistischen Aggression des Westens.

Gleichgültig, was die USA oder die Sowjetunion unternahmen, es war unweigerlich gegen den anderen gerichtet oder wurde so ausgelegt. Daher auch das Stereotype der Wechselreden und gegenseitigen Vorwürfe. Alle Vorschläge Moskaus etwa, die auf Errichtung einer gesamtdeutschen Regierung abzielten, wurden von Washington und Bonn als Bauernfängerei im Dienst der kalten Okkupation ganz Deutschlands verhöhnt und abgelehnt mit der Gegenforderung, erst einmal in Mitteldeutschland freie Wahlen durchzuführen. Freie Wahlen wiederum waren für Moskau nichts weiter als ein anderer Ausdruck dafür, die DDR auf dem Weg einer hinterlistigen, demokratisch getarnten Okkupation in das westliche Militärbündnis einzubeziehen.

Militarisierung im Zwielicht

Im Juni 1950 brach der Korea-Krieg aus. Nordkoreanische Truppen stießen mit sowjetischer Unterstützung nach Südkorea vor und eroberten schon vier Tage später die Hauptstadt Seoul. Den USA und den westeuropäischen Staaten galt Korea als Musterfall für eine ähnliche Möglichkeit in Europa, in Deutschland, aus dessen Teilung sich erheblich kompliziertere Probleme ergeben hatten als in Korea. Der Krieg im Fernen Osten weckte von Norwegen bis Athen die schlimmsten Befürchtungen, zumal hier die Nervenstrapaze der Berliner Blokkade noch längst nicht vergessen war. Die westeuropäischen Staaten stellten zum ersten Mal ernsthafte Überlegungen an, wie sie ihre eigene militärische Sicherung unter dem Aspekt des Korea-Krieges bewerten sollten.

Der Testfall Korea
Zeichnung von
Daniel R. Fitzpatrick, 1950

Noch bevor konkret beraten wurde, meldete sich Konrad Adenauer. Er hatte schon im Januar 1949, viele Monate vor Gründung der Bundesrepublik, öffentlich für die Aufstellung westdeutscher Militäreinheiten plädiert, wenn auch innerhalb des Rahmens einer europäischen Armee. Im Juni 1950 versicherte er in einem Interview, er sei überzeugt, daß die Bundesrepublik in den Atlantik-Pakt aufgenommen werde; deshalb empfehle er, schon jetzt militärisch ausgerichtete Einheiten aufzustellen. Er dachte an siebzigtausend Mann. Adenauer konnte auf einen Vorschlag Churchills zurückgreifen, der im März 1950, also lange vor Ausbruch des Korea-Konflikts, den Plan einer Europa-Armee entwickelt hatte, zu der auch deutsche Armee-Einheiten gehören sollten. Churchill versicherte, eine wirkungsvolle Verteidigung Europas sei ohne deutsche Soldaten nicht denkbar. Doch Ernest Bevin, damals britischer Außenminister, meinte, eine solche Vorstellung sei derart gräßlich, daß ein Projekt dieser Art überhaupt nicht in Frage komme. Deutsche in Waffen, das hieß Deutsche mit Macht. Ein Kommentator faßte die allgemeine Überzeugung in die Formel, daß für den Engländer die Idee eines mächtigen Deutschland von der eines aggressiven Deutschland nicht zu trennen sei. Auch die Franzosen reagierten mit reinem Entsetzen. Publizistisch wurde dieses Thema im Pentagon, dem amerikanischen Verteidigungsministerium, und in Europa schon seit der Berlin-Blockade diskutiert. Ende August 1949 hatte Frankreichs Innenminister Jules Moch kategorisch abgewehrt: »Sollte der Vorschlag gemacht werden, Deutschland gleichberechtigt mit anderen Ländern in den Europarat aufzunehmen, sollten ihm Waffen zugestanden werden – mit denen es dann nur seine Verbündeten verriete –, wir wären Wahnsinnige, wenn wir unsere Zustimmung dazu gäben.«

Alle Entscheidungen in Europa seit dem Korea-Krieg gingen von einer Voraussetzung aus, die als absolut sicher und zweifelsfrei galt, obschon sie bloße Hypothese war: Die Sowjets bereiteten über die DDR einen Angriff auf Westeuropa vor. Adenauer wurde zur Verkörperung der ständigen Beschwörung dieser furchtbaren Gefahr. Er war unerschütterlich davon durchdrungen, »daß Stalin von jeher die Absicht hatte, Westdeutschland möglichst unzerstört in seine Hände zu bekommen. Ich war fest überzeugt, daß Stalin für Westdeutschland das gleiche Vorgehen plante wie in Korea. Die Bundesrepublik befand sich in einer äußerst gefährlichen Lage«. Am 17. August 1950 bat er die drei Hohen Kommissare, wegen der Gefahr aus dem Osten in der Bundesrepublik mehr militärische Macht zu zeigen, um die Westdeutschen, unter denen sich starke Nervosität ausbreite, damit auch psychologisch zu stärken. Adenauer empfahl ferner die Aufstellung einer westdeutschen Freiwilligenarmee von einhundertfünfzigtausend Mann. Nach seinen Informationen sollte um diese Zeit die DDR über rund sechzigtausend militärisch geschulte Volkspolizisten verfügen. Tatsächlich belief sich die Stärke derjenigen Verbände, die allenfalls als militärisch geschulte Kampftruppen hätten eingesetzt werden können, nämlich die Einheiten der 1948 gebildeten Bereitschaftspolizei, damals auf etwa zehntausend Mann. Adenauers dringende Bitte, die Bundesrepublik aufzurüsten, wurde von ihm damit begründet, daß die Truppen der westlichen Besatzungsmächte allein nicht fähig seien, einem sowjetischen Angriff zu widerstehen. Aus diesem Grund lasse es sich nicht umgehen, schleunigst westdeutsche Militäreinheiten aufzustellen, mit deren Stärke und Kampfkraft es dann bis zum Frühjahr 1951 möglich wäre, einen Eventualangriff der ostzonalen Volkspolizei aufzufangen.

»Die Lage ist denkbar schlecht, und es muß unbedingt etwas geschehen.« – Adenauer am 17. August 1950

CDU-Wahlplakat mit der These Adenauers von 1950

Konrad Adenauer witterte in der politischen Verstörung des Westens die erste große Chance für die Bundesrepublik seit ihrer Gründung. Die amerikanischen Befürchtungen, daß die Sowjets wirklich Westeuropa mit Waffengewalt erobern wollten, wurden zur Hintertür, durch die Adenauer die Westdeutschen wieder in den Kreis der Völker mit Reputation schmuggelte: »Auf dem Weg über die Wiederbewaffnung konnte die volle Souveränität der Bundesrepublik erreicht werden. Es war die Frage unserer politischen Zukunft schlechthin.« Der Kanzler begründete den unerläßlichen westdeutschen Militärbeitrag mit einer politischen Argumentation der Nullebene: mit der ethisch entpersonalisierten, gänzlich menschenfernen Verpflichtung, abendländische Güter und Werte höchsten Ranges vor dem Untergang zu bewahren, als deren erklärte Hauptfeinde die Deutschen eben erst vor aller und von aller Welt in sämtliche Tiefen vedammt worden waren.

Adenauers geheimes Sicherheitsmemorandum vom 29. August 1950 an die drei Westmächte wiederholte nochmals seine mündlichen Ausführungen vor den Hohen Kommissaren am 17. August und stellte das Problem der militärischen Garantie Europas vehement unter denjenigen Gesichtspunkten zur Debatte, die sich aus dem Überfall auf Südkorea ergaben. Adenauer erneuerte sein

Ersuchen um drastische Verstärkung der alliierten Streitkräfte und wies mit seiner eigentümlichen Begabung für hölzerne, wirkungsvoll düstere Beweisführungen auf die unbedingte Notwendigkeit hin, der militärischen Aufrüstung in der DDR durch gleiche Maßnahmen in der Bundesrepublik Paroli zu bieten. Nur so könne das tödlich bedrohte Europa wirksam verteidigt werden.

Als Gegenleistung wünschte der Kanzler eine Einschränkung der alliierten Rechte in der Bundesrepublik, damit die bereits vollzogene moralische Läuterung der Bevölkerung durch Revision des politischen Rechtszustandes Westdeutschlands auch nach außen hin bestätigt werde. Hier schreckte Adenauer vor frappanter Logik nicht zurück. Keiner der Alliierten hatte damals von Bonn das »Opfer eines Wehrbeitrags« verlangt, Adenauer selbst hatte es aufgedrängt. Daraus zog er in dem Begleitschreiben zu dem Sicherheitsmemorandum vom August 1950 den bündigen Schluß: »Wenn der deutsche Mensch Opfer jeder Art bringen soll, so muß ihm wie allen anderen westeuropäischen Völkern der Weg zur Freiheit offen sein.«

Die Wiederbewaffnung des Deutschen
Zeichnung von Hanns Erich Köhler, 1949

Die Amerikaner, inzwischen geschult im Wechsel von einem Extrem zum anderen, brachten seit dem Korea-Krieg ihre Rüstung wieder auf volle Touren. Ihr Eifer wurde noch beschleunigt durch die Angstvorstellung, daß die Entwicklung sowjetischer Atomwaffen seit Anfang 1950 das nukleare US-Monopol beseitigt hatte. Ihrer Politik der aktiven Eindämmung gegenüber Moskau fügte sich Adenauers Militärofferte nahtlos ein. Sie entschlossen sich rasch. Am 4. April 1949 hatte man in Washington die Geburt des Vertrages über die ›Nordatlantische Verteidigungsgemeinschaft‹ feiern können. Für diese NATO, die sich erst im Vorstadium des Aufbaus befand und nach den Planungen im Jahr 1951 bestenfalls zwanzig einsatzfähige Divisionen umfassen sollte, wünschte jetzt Hochkommissar John McCloy zwölf westdeutsche Divisionen. Adenauer sagte zu. Der Kanzler wäre bereit gewesen, noch weit mehr deutsche Einheiten aufzustellen.

Nicht nur die Amerikaner waren nun für solche Offerten empfänglicher als im Frühjahr 1950, auch die Franzosen waren es plötzlich. Noch Mitte 1949 hatte Außenminister Robert Schuman feierlich gelobt: »Deutschland im Atlantik-Pakt? Niemals! Deutschland hat keine Armee und soll auch keine haben. Es hat keine Waffen und wird auch keine haben.« Jetzt wollte Frankreich deutsche Einheiten gelten lassen, allerdings als Söldnertruppen, als Kanonenfutter. Am 19. September 1950 fand in New York eine Konferenz der Außenminister Englands, Frankreichs und der USA statt. Das Thema des bundesrepublikanischen Militärbeitrags war nicht mehr neu. Neu war dagegen die ultimative Entschiedenheit, mit der Amerikas Außenminister Dean Acheson seinen europäischen Kollegen versicherte, die künftige Verteidigung Europas stehe und falle für die USA mit der Aufstellung einer westdeutschen Armee. Auf der anschließenden Konferenz des Nordatlantik-Rates in der kanadischen Hauptstadt Ottawa wurde das Problem grundsätzlich positiv entschieden. Der französische Ministerpräsident René Pleven stimmte am 24. September ebenfalls dafür, eine europäische Armee aufzustellen, zu der die Bundesrepublik Waffen und Soldaten liefern sollte.

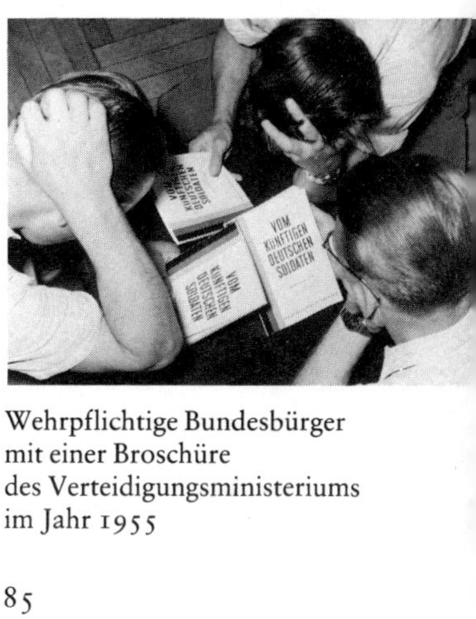

Wehrpflichtige Bundesbürger mit einer Broschüre des Verteidigungsministeriums im Jahr 1955

Die Amerikaner waren erleichtert. Parallel dazu liefen noch immer die Spruchkammerverfahren zur Entnazifizierung, wurden Prozesse über Prozesse gegen deutsche Kriegsverbrecher vorbereitet und durchgeführt, waren die Demontagen der Industrie in vollem Gang, befand sich die Umerziehung der

Deutschen, die Reeducation, auf gutem Weg, hatten doch die Westdeutschen das bündige Wort General Eisenhowers noch im Ohr: »Militarismus muß aus der deutschen Gedankenwelt ausgerottet werden. Für alle Kulturvölker der Erde ist Krieg etwas an sich Unmoralisches, die Deutschen aber müssen zu dieser selbstverständlichen Wahrheit erst erzogen werden.« Nunmehr hielten die USA wegen ihrer eigenen Interessen die Westdeutschen für moralisch tauglich und ausreichend demokratisch umerzogen, um wieder Soldaten zu stellen.

Die Suche nach dem Bruder Abel

Noch 1952 gab ein amerikanischer Experte, der Eisenhower sehr lange und gut kannte, zu bedenken: »Wenn man den unberechenbaren Deutschen die Aufrüstung erlaubt, kann man dann sicher sein, daß sie sich nicht eines Tages entschließen, sich mit den Russen zu verbünden? Die Franzosen würden bis zum letzten jede Möglichkeit bekämpfen, daß Deutschland eine eigene Armee gestattet wird. Die Idee der Europa-Armee hat daher zwei Ziele: erstens, die militärische Erfahrung und Fähigkeit der Deutschen sowie das deutsche Menschenpotential für die Verteidigung Europas nutzbar zu machen; zweitens, gleichzeitig Deutschlands militärische Krallen zu stutzen.«

»Millionen Menschen erfaßt... ein Grauen davor, daß durch die Wiederaufrüstung die persönliche Gewissensnot und die politische Zerklüftung in der Bundesrepublik vertieft werden.« – Erich Ollenhauer in einem Brief an Adenauer vom 23. Januar 1955

Der Gedanke, aus dem namhaften »deutschen Menschenpotential« zwecks eigener Entlastung Söldlinge zu rekrutieren, nützliche Militäridioten, strotzte zwar von Zynismus, enthielt aber nichts Mißhelliges. Anders stand es mit denjenigen Westdeutschen, die zum Waffendienst genötigt wurden. Adenauer wußte nur allzu gut, wie leidenschaftlich von den Westdeutschen jede Wiederbewaffnung abgelehnt wurde. Wenn überhaupt etwas aus der Katastrophe des verlorenen Krieges als innerer Gewinn verbucht werden konnte, dann war es die Gewißheit, daß kein Deutscher jemals wieder eine Waffe tragen und auf Geheiß des Staates Kriegsdienste leisten würde – eine Gewißheit, zu deren Erfüllung sich die Sieger seit Jahren feierlich verpflichtet hatten. Von Franz Josef Strauß wurde es geradezu als Jahrhundertweisheit ins Land geschrien, daß seine Hand verdorren möge, wenn sie jemals wieder ein Gewehr anfassen sollte. Einige Jahre später übernahm er, tapfer dem Risiko seiner Beschwörung entgegensehend, das Verteidigungsministerium der Bundesrepublik.

Auch in einer Epoche der moralischen Öffentlichkeitsstilisierung erzwingen sich die politischen Verhältnisse entsprechend dem Wechsel der Allianzen und Gegner ihre veränderten Sittlichkeitsbegriffe. Eisenhower, der den deutschen Militarismus bis zu den Wurzeln ausrotten wollte, für den die dienstfähigen Männer Deutschlands zu den bevorzugten Objekten der demokratischen Resozialisierung zählten, besann sich unter den neuen Gesichtspunkten des Antisowjetismus eines anderen: Der Mohr muß seine Schuldigkeit jetzt tun, der Mohr soll kommen. Im Dezember 1950 hatte Eisenhower die Bitte Präsident Harry S. Trumans, den Oberbefehl über die Alliierten Streitkräfte in Europa zu übernehmen, akzeptiert. Auf einem Werbefeldzug durch die europäischen Hauptstädte gab er im Januar 1951 seine berühmt gewordene, zutiefst anrüchige ›Ehrenerklärung‹ für den deutschen Soldaten ab. Politiker der Bundesrepublik und die früheren Generale Hans Speidel und Adolf Heusinger wurden in das Haus von Hochkommissar McCloy gebeten, wo ihnen Eisenhower Auge in Auge versicherte: »Lassen wir Gewesenes gewesen sein. Deutschland soll seinen

Die Mützen führender Militärs von vierzehn Nationen im Vorzimmer des Atlantischen Hauptquartiers in Paris im April 1952

Platz verdienter Gleichberechtigung erhalten. Das gilt auch für den deutschen Soldaten, der, wie ich hoffe, einmal mit den Soldaten der übrigen westlichen Welt zusammenstehen wird. Ich will keine ›Hessen‹ unter mir haben. Ich glaube auch nicht, daß der deutsche Soldat im letzten Krieg seine Ehre verloren hat. Die Untaten gewisser Subjekte treffen allein diese und haben nichts zu tun mit der Ehre der Mehrzahl deutscher Offiziere und Soldaten.«

Eisenhower ließ sich von den Widersprüchen seiner verschiedenen Verlautbarungen genausowenig beirren, wie sich Adenauer von der ablehnenden Haltung der Westdeutschen gegen eine neue Militarisierung irritieren ließ. Da er die nationale Einheit als müßiges Problem betrachtete, bekümmerten ihn auch die Rückwirkungen nicht, die eine Aufrüstung darauf hatten. Doch gerade die Sorge, daß dadurch die deutsche Unabhängigkeit, die deutsche Einheit, gemordet würde, war einer der Hauptgründe der Aufrüstungsgegner. Adenauer setzte auf die Variation der bösen Unterstellung, daß sich die Deutschen zwar schwer unter einen Hut, aber leicht unter einen Helm bringen lassen. Der ganze Komplex schrumpfte für ihn zu einer Frage der richtigen Propaganda zusammen. Auf den groben Klotz der Kriegsdienstunlust setzte er den groben Keil der Sowjetgefahr. Wenn man die Frage der Wiederaufrüstung beantworten wollte – so hämmerte er unermüdlich der Bevölkerung ein –, »muß man davon ausgehen, daß es sich darum handelt, den Frieden zu retten«. Die Bildung einer gemeinsamen westlichen Abwehrfront sei die einzige Möglichkeit, »einen Krieg zu verhüten und den Frieden zu erhalten«.

Die Kampagne der Sozialdemokraten gegen die Aufrüstung wurde genauso moralisch disqualifiziert wie der »Ohne mich!«-Standpunkt, den man als politisch verwerflich bekämpfte. Dabei stand hier keineswegs die Bequemlichkeit Pate, sondern ein aufgewühltes Gewissen. Jeder in der Bundesrepublik wußte: Ein europäischer Konfliktfall hätte von der ersten Sekunde an bedeutet, daß Westdeutsche auf Mitteldeutsche schießen und sie töten mußten wie umgekehrt. Man erinnerte sich an die Frage, die Gott im ›Alten Testament‹ gestellt hatte: »Wo ist dein Bruder Abel?«, und man dachte an Kains Antwort: »Ich weiß es nicht. Soll ich meines Bruders Hüter sein?« Noch galt jedem Westdeutschen der Mitteldeutsche als Bruder Abel. Man erinnerte sich auch an die dürre Ablehnung des Generals Hans von Seeckt im März 1920, als der Reichswehrminister Gustav Noske in Berlin gegen die Freikorps des Putschisten Wolfgang Kapp kein anderes Mittel mehr sah als Waffengewalt: »Wollen Sie, Herr Minister, am Brandenburger Tor eine Schlacht schlagen? Truppe schießt nicht auf Truppe!« Sollten die Truppen Bonns und Pankows aufeinander zielen, Deutsche auf Deutsche schießen?

Stalins Angebot von 1952

Noch ehe sich die Vereinigten Staaten endgültig durchgerungen hatten, griff Bundeskanzler Adenauer ihrer Entscheidung voraus. Er rief den christlichen Sozialpolitiker Theodor Blank zu sich und ernannte ihn zu seinem Beauftragten für die Errichtung einer westdeutschen Armee. Der Gewerkschaftler Blank begann am 26. Oktober 1950 mit dem Aufbau einer Organisation als Keimzelle und Kopfstelle des künftigen Heeres der Bundesrepublik. Sie fungierte unter Bezeichnungen wie ›Amt Blank‹, ›Dienststelle Blank‹, bis zur offiziellen Errich-

Uniformen für die Streitkräfte der Bundesrepublik im Jahr 1955

tung des Bonner Verteidigungsministeriums im Juni 1955. Blank blieb erster Chef bis zu seiner Ablösung durch Franz Josef Strauß im Oktober 1956. Seine engsten Mitarbeiter waren die früheren Generale Adolf Heusinger, Johann Adolf Graf von Kielmansegg und Hans Speidel. Blanks heikle Arbeit wurde fünf Jahre lang durch den Titel verbrämt: Beauftragter der Bundesregierung für die mit der Verstärkung der alliierten Truppen zusammenhängenden Fragen.

Der Weg, der von den Plänen auf den glänzend polierten Konferenztischen bis zum Fahneneid der ersten westdeutschen Soldaten führte, war viel kürzer, als die Betroffenen gedacht hatten. Zwischen 1950 und 1954 entschied sich das Nachkriegsschicksal Deutschlands, entschied sich seine Zukunft. Die Ereignisse dieser Jahre werden zumeist isoliert betrachtet und dargestellt: als innenpolitisch-wirtschaftliche Entwicklung; als außenpolitisch-militärische; als Entwicklung der deutschen Frage. Solches Auseinanderlösen ist irreführend; denn die Entscheidungen jener Jahre fielen in sehr unterschiedlichen, sich aber überschneidenden Zusammenhängen. Spätestens seit Ende 1950 bestand das unverbrüchlich feste, geheime Einverständnis zwischen den USA und Konrad Adenauer, mit den konkreten Arbeiten zur Wiederbewaffnung Westdeutschlands zu beginnen. Gleichzeitig setzten getarnte Vorbereitungen in der Wirtschaft ein, die erneute Produktion von Rüstungsgütern aufzunehmen. Beides verlief unabhängig von dem öffentlichen Weg der Beratungen und Beschlüsse der übrigen westlichen Staaten, unabhängig auch von der erregten Diskussion der Wiederbewaffnungsfrage in der westdeutschen Öffentlichkeit. Das Angebot Erhards aus dem Jahr 1951 an die USA, die Rüstungsproduktion anzukurbeln und Adenauers Offerte eines deutschen Militärbeitrags waren nicht nur Konsequenzen des Kalten Krieges, sondern auch entscheidende Elemente des westdeutschen Wirtschaftsaufschwungs.

»Auf irgendeine Weise, in irgendeiner Form, sollten die Deutschen dazu in die Lage versetzt werden, wenn sie ihr eigenes Land verteidigen wollen.« – John McCloy im September 1950

Offiziell wurde über die Außenseite dieser Dinge verhandelt auf der Ebene der Konferenzen zwischen den betroffenen Staaten, die zur Unterzeichnung einer zusammenhängenden Kette von Verträgen führte bis hin zur Souveränitätserklärung der Bundesrepublik am 5. Mai 1955 und ihrer unmittelbar daran anschließenden Aufnahme in den Nordatlantik-Pakt. – Quer dazu verliefen die Bemühungen der Sowjetunion, eine Verdichtung der seit Anfang 1950 betriebenen ›totalen Diplomatie‹ des US-Außenministers Dean Acheson, mit der im März 1950 der Auftakt zur ›Politik der Stärke‹ gegeben worden war, zu verhindern. – Als Ziel der amerikanischen Diplomatie in Europa wurde erklärt: Man wolle die deutsche Frage dadurch lösen, daß mit Hilfe militärischen Drucks und wirtschaftlichen Sogs der Anschluß der DDR an die Bundesrepublik erzwungen wurde. Die Sowjetunion versuchte nach dem für sie ungünstigen Ausgang des Korea-Krieges der US-Aktivität in Europa eine Diplomatie der Sicherungszonen entgegenzusetzen.

Vierer-Verhandlungen über einen Militärbeitrag der Bundesrepublik zu einer Europa-Armee in London im Februar 1952: Adenauer, Acheson, Eden und Schuman

Während im Frühjahr 1951 in Korea die Kämpfe zu einem Stellungskrieg versickerten und die Verhandlungen über einen Waffenstillstand begannen, liefen in Europa die Vorbereitungen für eine Konferenz der Außenminister der vier Siegermächte über die Lage in Deutschland und Europa. Im September beschlossen die Außenminister Amerikas, Englands und Frankreichs, auf die Mitarbeit Moskaus zu verzichten und die Stellung der Bundesrepublik innerhalb Westeuropas in einem neuen Vertragswerk zu umreißen und aufzuwerten. Die Beratungen darüber dauerten mehr als ein halbes Jahr.

Aufmerksam registrierte Moskau diese Entwicklung, zwar besorgt, aber nicht entschlossen genug, um wirksam zu reagieren. Obwohl den Sowjets die Vorstellung einer bedingungslosen amerikanisch-westdeutschen Allianz das größte Unbehagen bereitete, kamen Ost und West in der deutschen Frage über das Geplänkel nicht hinaus, in welcher Form eine Wiedervereinigung oder freie Wahlen durchführbar seien. Stalin entschloß sich erst im März 1952, direkt in die Verhandlungen mit der Bundesrepublik einzugreifen. Der stellvertretende Außenminister Gromyko überreichte am 10. März den drei Westmächten eine Note, zusammen mit dem Entwurf eines Friedensvertrages für Deutschland. Moskau bot hier die Wiederherstellung Deutschlands als eines einheitlichen Nationalstaates an: Etablierung einer gesamtdeutschen Regierung, Abzug aller Besatzungstruppen ein Jahr nach Inkrafttreten des Friedensvertrages, Aufstellung eines nationalen Heeres, das groß genug sein sollte, um eine selbständige Verteidigung Deutschlands zu ermöglichen, Entwicklung einer Rüstungsproduktion, deren Kapazität auf den Bedarf der deutschen Armee abzustimmen sei, und Aufnahme Deutschlands in die UNO. Die einzige Bedingung Moskaus: Deutschland muß sich verpflichten, »keinerlei Koalition oder Militärbündnisse einzugehen, die sich gegen irgendeinen Staat richten, der mit seinen Streitkräften am Krieg gegen Deutschland teilgenommen hat«. Stalin verlangte also Neutralität Deutschlands. Das hieß damals in aller Präzision: keinerlei Militärpakte mit den Weststaaten, zumal mit den USA.

Als Haupteinwand gegen das sowjetische Angebot wurde im Westen vorgebracht, daß sich Moskau nicht deutlich genug dazu geäußert hatte, wie die freien Wahlen abgehalten werden sollten. Die Westmächte plazierten diesen Einwand ins Zentrum ihrer Antwortnoten. Zwei Tage schließlich, bevor Adenauer den Deutschland-Vertrag unterschrieb, am 24. Mai 1952, warnte die Sowjetunion in einer dritten Deutschland-Note vor der Unterzeichnung, weil mit dem Vertrag ein unüberwindliches Hindernis für die Wiedervereinigung Deutschlands entstünde.

Wozu das dicke Konvolut des Deutschland-Vertrages? Auf ganzen vierhundert Seiten wurde hier rechtlich etwas geregelt, das aus dem Recht der Sieger entsprang und wozu sie ohne Vertrag berechtigt waren: Die Bundesrepublik erklärte sich einverstanden mit der dauernden Stationierung ausländischer Truppen auf ihrem Gebiet – von Truppen, deren Anwesenheit eine Tatsache war, die sich unter keinen Umständen ändern ließ, es sei denn mit Billigung Moskaus. Für ein solches Einverständnis der Bundesrepublik hätte es nicht einmal des alten Besatzungsstatus bedurft, geschweige denn dessen Aufhebung durch den Deutschland-Vertrag.

Formal wurde in dieser Vereinbarung der Bundesrepublik bereits Souveränität verliehen. Sie rückte aus dem Status eines besiegten Feindes auf in den Rang eines Freundes und Partners. Daß sich der Deutschland-Vertrag aber auch ganz anders werten ließ, wurde vom Führer der sozialdemokratischen Opposition im Bundestag, Kurt Schumacher, in einer seiner letzten öffentlichen Erklärungen gezeigt. Er wehrte sich mit der Verzweiflung eines Politikers ohne Macht und einleuchtende Alternative gegen die strikte Untertanen- und West-Orientierung der Bundesrepublik, die von Anfang an das Hauptprinzip der Politik Adenauers war. Nur deswegen hatte Schumacher dem Regierungschef schon 1949 das bittere Wort vom ›Bundeskanzler der Alliierten‹ entgegengeschleudert.

Die Entschlossenheit der Vereinigten Staaten, die Bundesrepublik unter allen Umständen als europäischen Eckstein in ihr Paktsystem einzugliedern, war

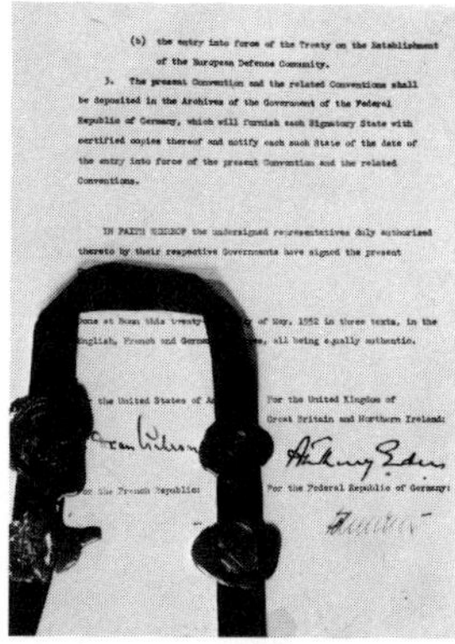
(b) the entry into force of the Treaty on the Establishment of the European Defense Community.
3. The present Convention and the related Conventions shall be deposited in the Archives of the Government of the Federal Republic of Germany, which will furnish each Signatory State with certified copies thereof and notify each such State of the date of the entry into force of the present Convention and the related Conventions.
IN FAITH WHEREOF the undersigned representatives duly authorised thereto by their respective Governments have signed the present
...one at Bonn this twenty... of May, 1952 in three texts, in the ...nglish, French and Germ... , all being equally authentic.
...the United States of A... For the United Kingdom of Great Britain and Northern Ireland:
For the French Republic: For the Federal Republic of Germany:

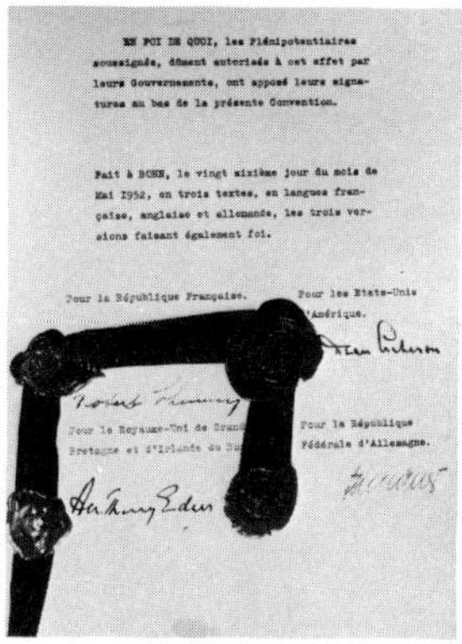
EN FOI DE QUOI, les Plénipotentiaires soussignés, dûment autorisés à cet effet par leurs Gouvernements, ont apposé leurs signatures au bas de la présente Convention.
Fait à BONN, le vingt sixième jour du mois de Mai 1952, en trois textes, en langues française, anglaise et allemande, les trois versions faisant également foi.
Pour la République Française. Pour les Etats-Unis d'Amérique.
Pour le Royaume-Uni de Grand... Bretagne et d'Irlande du N... Pour la République Fédérale d'Allemagne.

Die Beendigung des Kriegszustandes zwischen den Westmächten und Deutschland: der Generalvertrag vom 26. Mai 1952
Die englische und die französische Urkunde

»Wer diesem Generalvertrag zustimmt, hört auf, ein guter Deutscher zu sein.« – Kurt Schumacher in einem Interview mit der amerikanischen Nachrichtenagentur UP über den Deutschland-Vertrag am 22. Mai 1952 durch nichts zu erschüttern. Ebensowenig war Adenauers Entschlossenheit zu beirren, die Bundesrepublik in die westliche Allianz eingliedern zu lassen. Am 10. April 1953 erklärte der Kanzler noch einmal in San Francisco, daß sich die Bundesrepublik unter keinen Umständen aus der Europäischen Verteidigungsgemeinschaft zurückziehen werde, auch dann nicht, wenn die Sowjets einer Wiedervereinigung zustimmen würden. Das Pathos dieser Versicherung wäre nicht nötig gewesen; denn eben die Wiedervereinigung hatte Moskau im März angeboten. Für die Westalliierten und Adenauer hieß Wiedervereinigung Deutschlands nichts anderes, als daß der Nordatlantik-Pakt zum Bündnissystem für ganz Deutschland ausgeweitet werden müsse. Der Sowjetunion jedoch war ihre eigene Sicherheit genauso dringlich wie den USA die amerikanische Sicherheit. Moskau wäre bar aller Vernunft gewesen, wenn es derartigen Lösungen zugestimmt hätte. Und die USA waren bar aller Vernunft, von Moskau derartiges zu erwarten.

Die Vereinigten Staaten hatten nur die Wahl, die Bundesrepublik entweder in ihr Militärbündnis einzubeziehen oder um der Wiedervereinigung willen darauf zu verzichten. Zweifellos standen den USA ihre Sorgen näher als die deutschen Interessen. Adenauer, der gegen eine Wiedervereinigung unter der Bedingung militärischer Neutralität war, wischte die Stalin-Noten des Jahres 1952 mit einer Handbewegung fort, versuchte bestenfalls, sie als Brems- und Propagandapapiere abzutun, ja schreckte nicht einmal davor zurück, sie als Dokumente des Erfolgs seiner Politik der Stärke zu bezeichnen, als überragende Beweise der russischen Schwäche. Auf einer CDU-Versammlung am 16. März 1952 hatte der Kanzler es als Ziel seiner Politik bezeichnet, den Westen so stark zu machen, daß er mit der Sowjetunion in ein vernünftiges Gespräch kommen könne. Wörtlich: »Ich bin fest davon überzeugt, und auch die letzte Note Sowjetrußlands ist wieder ein Beweis dafür, daß, wenn wir auf diesem Weg fortfahren, der Zeitpunkt nicht mehr allzu fern ist, zu dem Sowjetrußland sich zu einem vernünftigen Gespräch bereit erklärt.« Adenauer ließ offen, was er unter »einem vernünftigen Gespräch« verstand. Wie dürftig proportioniert die politische Weisheit und Weitsicht dieser Prognose war, das erwies sich nicht erst an der deutschen Lage 1978. Doch niemand wird dem ersten Kanzler der Bundesrepublik vorwerfen können, er wäre nicht konsequent auf dem Weg fortgefahren, den er für richtig hielt und auf dem die Wiedervereinigung Deutschlands nicht erreicht, sondern sehenden Auges verspielt wurde.

Kurt Schumacher
bei einer Attacke gegen den ›Bundeskanzler der Alliierten‹

Damals wurde nicht allein in Kreisen der SPD-Opposition der Verdacht geäußert, daß Adenauer sowohl aus konfessionellen als auch aus parteipolitischen Gründen den Zuwachs von achtzehn Millionen Mitteldeutschen ablehne. Gegen solche öffentlich diskutierten Mutmaßungen wehrte sich der Kanzler in einem speziellen Rundfunk-Interview. Im Gegensatz zu Adenauer sahen die Sozialdemokraten und eine Großzahl der Freidemokraten und der übrigen politischen Gruppierungen im Angebot Moskaus reelle Chancen. Ihr Vorschlag, sich gemeinsam mit der CDU/CSU bei den Westmächten für sofortige Viermächte-Verhandlungen einzusetzen, wurde von Adenauer unterlaufen. Deshalb warf ihm die SPD mit Recht vor, er sei in der deutschen Frage unaufrichtig, weil er nichts anderes anstrebe als schnellste Eingliederung der Bundesrepublik in das Bündnisgefüge des Westens, und zwar um jeden Preis. Und deswegen auch die Warnungen der SPD vor der Unterzeichnung des Deutschland-Vertrages, der den Weg zur deutschen Einheit blockiere.

Die Westmächte und Konrad Adenauer konnten und wollten sich nicht von der Überzeugung trennen, daß eine militärische Neutralisierung Deutschlands gleichbedeutend sei mit Sowjetisierung. Seit der Berlin-Blockade wurde das Bild des sowjetischen Expansionswillens mit den düstersten Farben ausgemalt. Doch 1951 stellte ein britischer Generalstäbler mit den Empfindungen des Reiters über den Bodensee fest: »Im Jahr 1949 hätten die Russen ohne jeden Widerstand durch Westeuropa marschieren können, wie ein Messer durch die Butter schneidet.« Vor lauter Erleichterung vergaß er sich zu fragen, warum die expansionslüsternen Russen nicht marschiert waren, warum das Messer nicht in die Butter gefahren war. Die politischen Optionen Adenauers hätten den letzten Anschein von Solidität verloren, wenn er nicht verbissen an der Behauptung festgehalten hätte, »daß Deutschland durch Neutralisierung dem Ostblock ausgeliefert werde«. Wie durchsichtig diese Unterstellung war, konnte alle Welt seit Jahren am Beispiel Jugoslawiens studieren. Marschall Tito demonstrierte geradezu schulmäßig, daß sich nationale Eigenständigkeit und militärische Bündnisfreiheit selbst für einen kommunistischen Staat direkt am Rand der sowjetischen Interessen- und Hegemonialsphäre wahren ließen, vorausgesetzt freilich, daß ein bis zum letzten entschlossener Wille zu Eigenständigkeit bestand.

Plakat für den Sender im amerikanischen Sektor Berlins bald nach dessen Gründung im Jahr 1946

Damals und noch bis in die Mitte der fünfziger Jahre sah Moskau in einem frei vereinten, aber strikt militärisch neutralen Deutschland einen weit besseren Garanten seiner Sicherheitsbedürfnisse als in einem Europa, das entlang einer Linie gespalten war, an der die Armeen des Westens und des Ostens aneinanderstießen. Den Sowjets galt die Bündnisfreiheit Deutschlands als einzig denkbarer Ausgleich für ihre Bereitschaft, die östlichen Truppen bis zur Oder-Neiße-Linie zurückzuziehen. In Moskau selbst war noch kaum entschieden, ob diese Ostgrenze wirklich bereits als so unwiderruflich auf den russischen Karten eingezeichnet war, wie es seit der Potsdamer Konferenz aussah. Andererseits konnte es keinen Zweifel an dem Willen der Sowjets geben, ihre Faust eisern auf den Staaten zu halten, die sie in Jalta als Teil ihrer Interessensphäre bezeichnet hatten. Von Deutschland gehörten allenfalls die Ostgebiete dazu. Da die deutsche Frage von Moskau bis in die Mitte der fünfziger Jahre vorwiegend als Stütze oder Bedrohung der inneren Konsolidierung des russischen Herrschaftsgebietes verstanden wurde, berührte die sowjetische Politik alles andere, was sich außerhalb von Moskaus Interessenzone befand, lediglich experimentell. Der Umstand, daß die USA dies nicht erkannten und Konrad Adenauer es nicht sehen wollte, ist die Hauptursache für Deutschlands staatliche Zerstörung, für seine nationale Verrottung im ausgehenden 20. Jahrhundert.

»1. Deutschland wird als einheitlicher Staat wiederhergestellt...
7. Deutschland verpflichtet sich, keinerlei Koalition oder Militärbündnisse einzugehen.«
– Aus den politischen Leitsätzen der Sowjet-Note vom 10. März 1952

Testfeld Österreich

An den letzten Parteitag der KPdSU konnten sich nicht mehr allzu viele Russen erinnern. Er hatte im Jahr 1939 stattgefunden. Zum 5. Oktober 1952 ließ Stalin einen neuen Parteitag einberufen, den neunzehnten seit der Revolution 1917. Niemand wußte zunächst, aus welchem Grund. Offiziell hieß es lediglich, daß die Parteiorganisation verbessert und der turnusmäßige Fünfjahresplan genehmigt werden solle, ein Plan, der schon ein volles Jahr lief. Am Vorabend der Eröffnung des Parteitages wurde ein längerer Artikel Stalins veröffentlicht. In seinen Ausführungen zur weltpolitischen Lage ließ nur die Feststellung aufmerken, daß keinerlei Notwendigkeit für einen Krieg zwischen den politischen Systemen des Westens und des Ostens bestehe; es sei durchaus denkbar und möglich, daß beide in Frieden nebeneinander bestehen könnten.

Hier drückte sich das Sicherheitsbedürfnis Moskaus zum ersten Mal nach dem Krieg in der Neuaufnahme der Stalin-These des Jahres 1925 von der ›Friedlichen Koexistenz‹ in politischer Form aus. Danach bestand keinerlei Zwang, die ideologische Unversöhnlichkeit zwischen Ost und West militärisch auszutragen. Der Stalin-Artikel hob den Hintergrund der sowjetischen Deutschland-Noten dieses Jahres 1952 heraus. Stalins Sekretär, Georgij Malenkow, erläuterte auf dem Parteitag in aller Ausführlichkeit die neuen Leitlinien, deren Quintessenz er in die beiden Sätze brachte: »Koexistenz und friedliche Zusammenarbeit zwischen Kapitalismus und Kommunismus sind durchaus möglich«; und: »Der Export der Revolution ist Unsinn.« Der Westen war allerdings viel zu starr festgelegt auf seine Doktrin von dem sowjetischen Willen zur Expansion um jeden Preis, als daß er den Signalen Moskaus die rechte Bedeutung beigelegt oder sie ernstgenommen hätte. Dabei gab es mitten in Europa, der Bundesrepublik benachbart, ein Studienfeld für die russische Bereitschaft, mit sich sprechen zu lassen: das Testfeld Österreich.

Der Österreichische Nationalrat unter Karl Renner im Wiener Parlamentsgebäude im Dezember 1945

Nach der bedingungslosen Kapitulation 1945 wurde auch Österreich einer Viermächte-Kontrolle unterworfen, wobei die Österreicher einen höheren Status zugebilligt erhielten als die Deutschen. In Jalta hatten sich die Großen Drei darauf geeinigt, sie als »ein von der Naziherrschaft befreites Volk« anders zu behandeln als die Deutschen. Österreich bekam in Wien eine Zentralregierung. Seine volle staatliche Souveränität sollte es freilich erst nach Abschluß eines Staatsvertrages mit sämtlichen vier Siegermächten erhalten.

Jahrelang wurde um die Bedingungen dieses Vertrages gerungen. Die Vorschläge des Westens und der Wiener Regierung liefen sich wiederholt an einem russischen Njet fest. Die USA versuchten deshalb seit dem Korea-Krieg energisch, Wien vom Nutzen einer ähnlichen Regelung zu überzeugen, wie sie mit der Bundesrepublik bestand. Doch die österreichische Regierung blieb solchen Verlockungen gegenüber standhaft. Bundeskanzler Julius Raab lehnte es ab, die Unabhängigkeit von fünfundsiebzig Prozent des Landes für den Preis der Einheit zu erkaufen. Wien stand harte Jahre der Enttäuschungen durch. In Moskau lag das Problem des Staatsvertrages auf Eis. Auch die österreichischen Hoffnungen, endlich das deutsche Südtirol im Rahmen einer Neuordnung Europas zurückzuerhalten, zerschlugen sich. Nach langwierigen Verhandlungen arrangierte sich Wien mit der römischen Regierung: Italien garantierte den Südtirolern die Minderheitsrechte. Seit 1955 begann Wien darum zu kämpfen, die Autonomie Südtirols in Bereiche der Gesetzgebung auszuweiten. Endgültig geregelt wurde dieses Volksgruppenproblem, das seit der Zerschlagung der K. K.-Monarchie 1918 datierte, erst im ›Südtirol-Paket‹ des Jahres 1969.

Wirtschaftlich waren die ersten Nachkriegsjahre Österreichs von ähnlicher Not bestimmt wie in Deutschland. Entscheidend aber blieb der Abschluß eines Staatsvertrages mit den Siegern. Seit Beginn der fünfziger Jahre konzentrierte sich alle politische Phantasie und Energie der österreichischen Regierung auf dieses Ziel; beharrlich, gerissen, zäh wurde darauf hingearbeitet. Der Starrsinn der Russen war dabei nicht minder aufreibend wie die Überredungsdiplomatie der Amerikaner, dem Beispiel Adenauers nachzueifern. Doch Bundeskanzler

Raab beließ es lieber bei dem staatlichen Schwebezustand, als daß er einer Lösung zustimmte, die das Schicksal der Zertrennung des Landes mit absoluter Sicherheit zur Folge haben mußte.

Die österreichischen Politiker spürten mit am frühesten, daß seit den sowjetischen Deutschland-Noten 1952 und unverändert seit Stalins Tod am 3. März 1953 eine mildere Luft aus dem Osten wehte. Da entschloß sich Julius Raab, durch eigene Aktivität die Verhandlungen weiterzutreiben. Er wollte nicht mehr auf den Tag X warten, an dem die Sieger über die Wiener hinweg eine Lösung fänden. Er hatte die Stalin-Noten 1952 genau studiert und sie analysieren lassen. Jetzt unterbreitete er Moskau dasselbe Projekt, das Stalin dem Westen in der deutschen Frage offeriert hatte. Kanzler Raab bot der Sowjetunion als Gegenleistung für den Abschluß des Staatsvertrages die Garantie an, daß sich Österreich unwiderruflich zu einer Politik der Neutralität verpflichte.

Stalin war wenige Wochen nach dem Präsidentenwechsel in den USA gestorben. Das Weiße Haus in Washington erhielt in General Eisenhower einen neuen Chef, und Dean Acheson gab das Außenministerium an John Foster Dulles ab. Dieser Wechsel bedeutete keine Änderung der amerikanischen Politik im Grundsätzlichen, wohl aber eine radikale Veränderung der Einstellung, Aktivitäten und Methoden. Gegenüber der Gesprächsbereitschaft Moskaus grenzte sich Dulles als außenpolitischer Repräsentant der nordamerikanischen Ideologie des Antikommunismus ab. Für sie warb er unermüdlich bei allen nichtkommunistischen Regierungen. Auf den zahllosen Stationen seiner Reisediplomatie baute er die militärische Frontalpolitik der USA systematisch aus. Das ständig wechselnde Interessenspiel zwischen den Völkern und Staaten, das seit alters den Puls des politischen Handelns bestimmt, vereinfachte sich ob der betriebsamen Entschlossenheit des amerikanischen Außenministers zu einem gedankenarmen Kampf zwischen Gut und Böse, Weiß und Schwarz, Engel und Teufel.

Die Enttäuschungen, die der Vertrauensseligkeit Präsident Roosevelts und seines bemühten Nachfolgers Truman folgten, trieben das Pendel des Rückschlags bis zu extremen Zwangsvorstellungen. Die antikommunistischen Verfolgungsjagden, die Senator Joseph Raymond McCarthy in den USA inszenierte, erreichten ihre turbulentesten Höhepunkte 1953 und 1954, zur selben Zeit, in der John Foster Dulles erfolgreich daran arbeitete, die NATO durch weitere Militärpakte zu einem Ring um das russisch-asiatische Herrschaftsgebiet des Kommunismus auszuschmieden. Anfang September 1954 wurde in Manila von acht Staaten der Südostasiatische Sicherheitsvertrag (SEATO) geschlossen. Kurze Zeit später begann der Ausbau des Bagdad-Paktes zwischen der Türkei und dem Irak zur kaum verhüllten direkten Verlängerung der NATO in Vorderasien.

Wenig solid war der Umstand, daß sich die Vereinigten Staaten von ihren Voraussetzungen her zu einer Ideologisierung ihrer Außenpolitik drängen ließen und das Freund-Feind-Klischee zum sittlichen Leitmotiv ihrer Allianzen erhöhten. Bei der Übernahme seines Ministeriums bezeichnete Dulles die amerikanische Politik des Containments, der Eindämmung des sowjetischen Expansionstriebes seit 1945, wörtlich als unmoralisch. Moralisch allein sei eine aktive Politik der Befreiung aller Staaten, die vom »atheistischen Kommunismus« beherrscht und geknebelt seien. Dulles' Politik der Muskelkraft drohte der Sowjetunion massive Vergeltung an durch das Potential der amerikanischen Nuklearwaffen.

»Da die sowjetischen Führer moralische Rücksichten nicht anerkennen, sind Abschreckungsmittel wie diese unerläßlich.« – Dulles über die Notwendigkeit amerikanischer Atomwaffen in einem Brief an Adenauer vom 11. August 1956

Die beiden großen Ideologen des Antikommunismus: Dulles und Adenauer bei Gesprächen über die NATO im Jahr 1954

Das war eine Sprache, in deren Grammatik sich Adenauer wie kein anderer zuhause fühlte. Die Übereinstimmung zwischen dem US-Außenminister und dem Bundeskanzler war von der ersten Minute an der Zement des westdeutsch-amerikanischen Akkords bis zum Beginn der sechziger Jahre. Beide bezeichneten die schleunige Aufnahme der Bundesrepublik in die NATO und den raschen Aufbau einer westdeutschen Armee als unbedingte Voraussetzung für die Wiederherstellung der nationalen Einheit Deutschlands, obwohl diese Behauptung wider bessere Einsicht ging. Beide gaben vor, nicht zu wissen, daß politisches Handeln zum Großteil von der einsichtig illusionslosen Bereitschaft getragen wird, begangene Fehler so schnell wie möglich zu korrigieren, und nicht erst dann eine Korrektur zu versuchen, wenn sie aussichtslos geworden ist. Besonders Dulles war gänzlich unfähig, eigene Fehler in der Politik zu erkennen. Sein Antikommunismus hatte sittliches Format. Seine Formel, wer sich nicht mit den USA verbünde, der sei für Moskau, schloß das Verdikt ein, wer der amerikanischen Politik nicht applaudiere, der sei ein Kommunist. Mit dieser Beweisführung erwarben sich die USA überall in der Welt Freunde, die sich seufzend in das Schicksal der Rettung vor dem Untergang ergaben.

Die Ereignisse der Jahre 1953/54 in Europa bestärkten die Vereinigten Staaten und alle Regierungen, die ihre Urteilsfähigkeit an Washington delegiert hatten, in der Gewißheit, daß diesen ersten Rissen der Zerstörung im sowjetischen Block in Kürze der totale Zusammenbruch des Kommunismus folgen würde. Am 16. Juni 1953 kam es in Ost-Berlin zu Arbeiterdemonstrationen. Sie weiteten sich am 17. Juni zum ersten Aufstand innerhalb des ganzen Ostblocks aus. Er sprang über auf alle großen Städte der DDR und loderte schließlich in mehr als zweihundertundsiebzig Orten. Binnen wenigen Stunden war dieses Buschfeuer der Empörung durchs Land gerast: Dienststellen der SED und Gefängnisse wurden gestürmt, Fabriken in Brand gesetzt, Werkstätten zerstört, die Fenster der sowjetischen Botschaft in Ost-Berlin durch Steine zertrümmert, die sowjetische Flagge wurde vom Brandenburger Tor geholt und durch eine schwarz-rot-goldene ersetzt. Zahllose Volkspolizisten schlossen sich den Aufständischen an. Die Mitteldeutschen revoltierten für eine Freiheit, die durch die Westmächte, die sich seit Beginn des Kalten Krieges als Hort der Freiheit empfahlen, genauso verlorengegangen war wie durch die Sowjets.

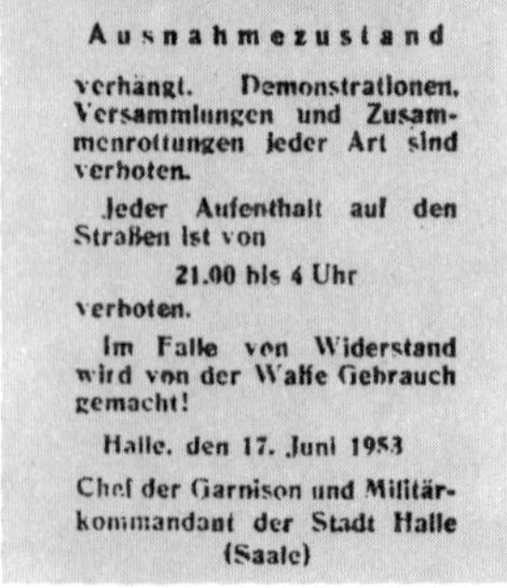

Befehl!

Ueber die Stadt Halle ist der

Ausnahmezustand

verhängt. Demonstrationen, Versammlungen und Zusammenrottungen jeder Art sind verboten.

Jeder Aufenthalt auf den Straßen ist von

21.00 bis 4 Uhr

verboten.

Im Falle von Widerstand wird von der Waffe Gebrauch gemacht!

Halle, den 17. Juni 1953

Chef der Garnison und Militärkommandant der Stadt Halle (Saale)

Die Unterdrückung des Aufstandes vom 17. Juni 1953 Maueranschlag in Halle an der Saale

Die Regierung in Pankow war unfähig, den Aufruhr zu unterdrücken. Sie bat die Sowjets, ihre Truppen und Panzer einzusetzen. Über das ganze Land wurde der Ausnahmezustand verhängt. Eine Woche später war in der DDR Ruhe eingezogen. Die Behörden zählten fünfhundertachtunddreißig Tote und siebzehnhundertundzwölf Verwundete; einhundertundvierzehn Demonstranten waren standrechtlich erschossen worden, und in den folgenden Prozessen wurden elfhundertzweiundfünfzig Personen zu hohen Zuchthausstrafen verurteilt. Die USA, Frankreich, England sowie die Bundesrepublik unternahmen nichts. Offiziell wurde bekanntgegeben: Sie verfolgten die Ereignisse »mit gespannter Aufmerksamkeit«. In Westdeutschland wurden in den folgenden Monaten viele gute Gedenkreden gehalten, Gelöbnisse und feierliche Bekenntnisse abgelegt. Zehn Jahre später ließ Bonn den 17. Juni als ›Tag der deutschen Einheit‹ amtlich zum ›Nationalen Gedenktag des deutschen Volkes‹ erklären. Es ist der einzige nationale Gedenktag in Westdeutschland. Wie es mit seiner Substanz steht, zeigt sich daran, daß schon kurz darauf eine anhaltende Diskussion darüber einsetzte, ob man ihn nicht wieder abschaffen solle. Das

Der 17. Juni 1953:
Arbeiterdemonstration in Ost-Berlin;
Zeitungs- und Zeitschriftenverbrennung vor dem Alten Rathaus in Leipzig

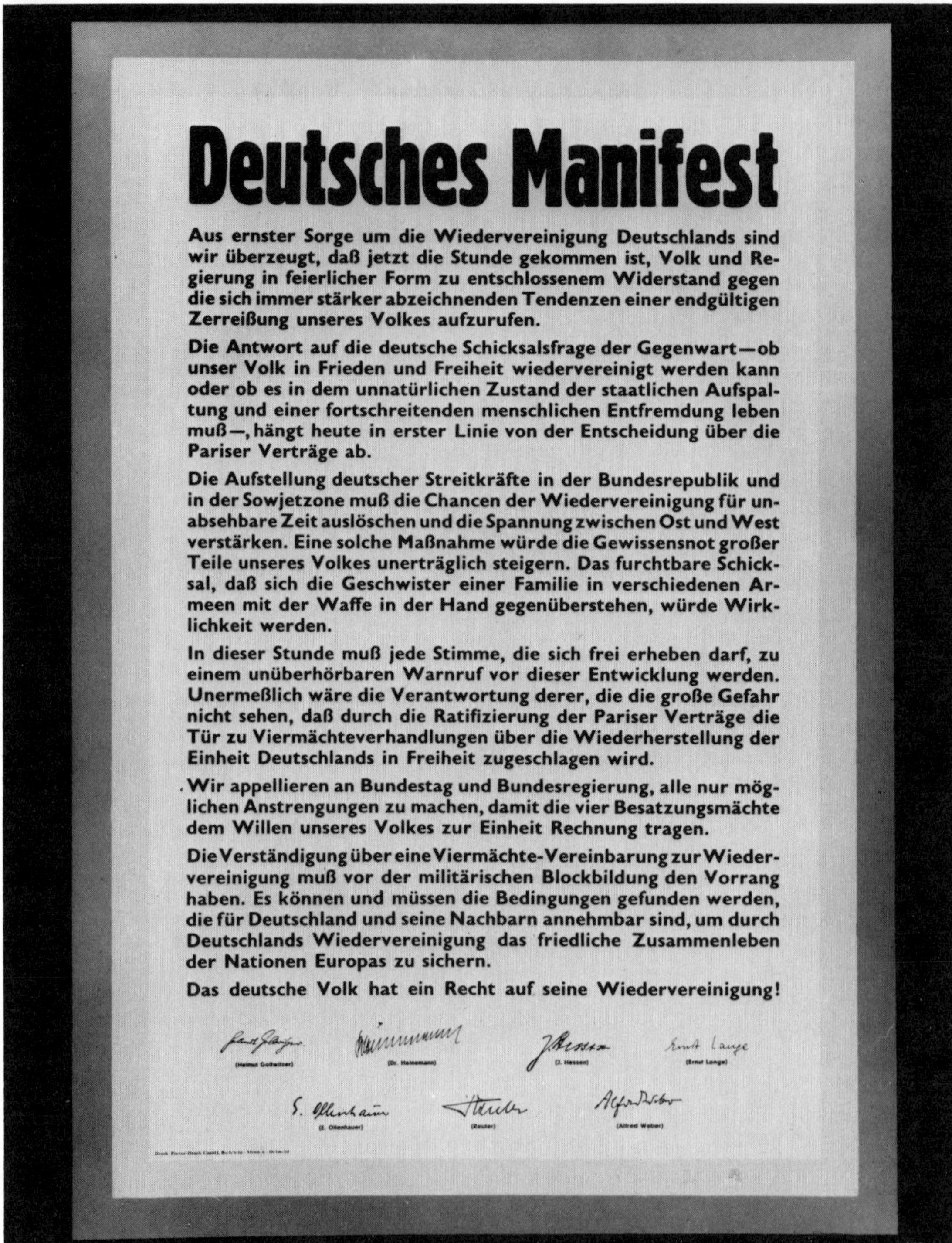

Deutsches Manifest

Aus ernster Sorge um die Wiedervereinigung Deutschlands sind wir überzeugt, daß jetzt die Stunde gekommen ist, Volk und Regierung in feierlicher Form zu entschlossenem Widerstand gegen die sich immer stärker abzeichnenden Tendenzen einer endgültigen Zerreißung unseres Volkes aufzurufen.

Die Antwort auf die deutsche Schicksalsfrage der Gegenwart—ob unser Volk in Frieden und Freiheit wiedervereinigt werden kann oder ob es in dem unnatürlichen Zustand der staatlichen Aufspaltung und einer fortschreitenden menschlichen Entfremdung leben muß—, hängt heute in erster Linie von der Entscheidung über die Pariser Verträge ab.

Die Aufstellung deutscher Streitkräfte in der Bundesrepublik und in der Sowjetzone muß die Chancen der Wiedervereinigung für unabsehbare Zeit auslöschen und die Spannung zwischen Ost und West verstärken. Eine solche Maßnahme würde die Gewissensnot großer Teile unseres Volkes unerträglich steigern. Das furchtbare Schicksal, daß sich die Geschwister einer Familie in verschiedenen Armeen mit der Waffe in der Hand gegenüberstehen, würde Wirklichkeit werden.

In dieser Stunde muß jede Stimme, die sich frei erheben darf, zu einem unüberhörbaren Warnruf vor dieser Entwicklung werden. Unermeßlich wäre die Verantwortung derer, die die große Gefahr nicht sehen, daß durch die Ratifizierung der Pariser Verträge die Tür zu Viermächteverhandlungen über die Wiederherstellung der Einheit Deutschlands in Freiheit zugeschlagen wird.

Wir appellieren an Bundestag und Bundesregierung, alle nur möglichen Anstrengungen zu machen, damit die vier Besatzungsmächte dem Willen unseres Volkes zur Einheit Rechnung tragen.

Die Verständigung über eine Viermächte-Vereinbarung zur Wiedervereinigung muß vor der militärischen Blockbildung den Vorrang haben. Es können und müssen die Bedingungen gefunden werden, die für Deutschland und seine Nachbarn annehmbar sind, um durch Deutschlands Wiedervereinigung das friedliche Zusammenleben der Nationen Europas zu sichern.

Das deutsche Volk hat ein Recht auf seine Wiedervereinigung!

(Helmut Gollwitzer) (Dr. Heinemann) (J. Hessen) (Ernst Lange)

(E. Ollenhauer) (Reuter) (Alfred Weber)

143

Warnung vor dem westdeutschen Weg in die Spaltung
›Deutsches Manifest‹ von 1954 aus Anlaß der bevorstehenden Ratifizierung der Pariser Verträge durch die Bundesregierung

delikate Symbol-Problem wurde salomonisch gelöst: Der arbeitsfreie Tag wurde auch wegen der tarifpolitischen Gewerkschaftshintergedanken beibehalten, aber seines nationalen Charakters noch dadurch beraubt, daß man alle präzisen Erinnerungen an die Ereignisse des Juni 1953 vermeidet.

Das Nein des Westens

Die Offiziellen beteuerten, daß es unmöglich gewesen sei, während des Aufstandes in Ost-Berlin einzugreifen. Jede Diskussion darüber müsse sich im rein Spekulativen verfangen. Aber wie stand es mit den hitzigen Versicherungen des amerikanischen Außenministers, daß nur eine aktive Politik der Befreiung sittlichen Normen gerecht würde? Wie stand es mit seinem angedrohten ›Rollback‹? Der 17. Juni 1953 bewies in entzaubernder Form, daß Dulles – abgesehen von den Reden im Dienst seiner Außenpolitik des Schattenboxens – nicht einmal in Umrissen konkrete Vorstellungen darüber hatte, wie denn diese Befreiung aussehen sollte, sofern die Politik der Stärke nicht darauf hinauslief, auf den Tag der Verheißung so fügsam zu warten wie auf die Gnade göttlicher Segnung. Die Amerikaner richteten als Kompensation ihrer Bloßstellung an den Übergangsstellen von West- nach Ost-Berlin Schalter ein, an denen sich die Bevölkerung der DDR Lebensmittelpakete abholen durfte.

Der ungesicherten Situation innerhalb der sowjetischen Interessensphäre in Europa und den Umschichtungen innerhalb des Ostblocks schenkten die USA bei weitem nicht so viel gespannte Aufmerksamkeit wie der kommunistischen Aktivität in Südostasien. Seit Frankreich sich aus Indochina zurückgezogen hatte, waren die USA entschlossen, den Süden mit der Hauptstadt Saigon vor dem Kommunismus zu retten.

Amerika verstärkte seine Anstrengungen, um von der Bundesrepublik endlich den so lange diskutierten Wehrbeitrag zu erhalten, nicht auf dem Papier, sondern in kampfstarken Divisionen. Auf diese Weise würden die USA in Europa wirklich entlastet und könnten entscheidende Kräfte für Asien freibekommen. Ende September 1954 fand in London eine Konferenz der Atlantik-Pakt-Staaten Kanada, USA, England und der sechs Montanunion-Staaten Frankreich, Bundesrepublik, Italien, Niederlande, Belgien und Luxemburg statt. Hier hob der britische Außenminister Sir Anthony Eden den Fuß Bonns in den Steigbügel der NATO. Die Mehrheit des Bundestages stimmte auf Empfehlung Adenauers am 7. Oktober den Londoner Beschlüssen zu, nach denen die Bundesrepublik als Mitglied in das militärische Paktsystem des Westens aufgenommen werden sollte. Jetzt bestand grünes Licht für die Pariser Verträge, die am 23. Oktober ausgearbeitet auf dem Tisch lagen und unterschrieben wurden. Nach ihrer Ratifizierung erlosch das Besatzungsregime in der Bundesrepublik: Westdeutschland wurde zu einem souveränen, wenn auch fest auf die Westallianzen eingeschworenen Staat; denn Souveränitätserklärung und NATO-Beitritt hingen zusammen.

Noch einmal versuchte Moskau in diesen dramatischen Wochen, den militärischen Einbau der Bundesrepublik in den Westen zu verhindern. Am 6. Oktober, drei Tage nach Abschluß der Londoner Konferenz, garantierte Außenminister Molotow in einer Rede in Ost-Berlin freie Wahlen für ganz Deutschland und die Wiedervereinigung entsprechend den Richtlinien, die England, Frank-

Eden auf dem Weg zur Vierer-Konferenz im Kontrollratsgebäude zu Berlin im Januar 1954

+ S. 100

»Was du dem Augenblicke abgeschlagen, bringt keine Ewigkeit zurück.« – Schiller

reich und die USA im ›Eden-Plan‹ auf der Berlin-Konferenz Anfang des Jahres vorgelegt hatten. Doch der Westen wollte nicht. Er diskutierte kaum die Frage, aus welchen Gründen Rußland für die Wiederherstellung Deutschlands eintrat und wie ernst es den Sowjets damit war. Er befürchtete mit Recht, daß es Moskau darauf ankam, die Bundesrepublik aus der westlichen Militärallianz herauszuhalten. Schon Außenminister Eden hatte das Scheitern der Berlin-Konferenz nicht mit der üblichen Gleichsetzung von Neutralisierung Deutschlands gleich Bolschewisierung Deutschlands kommentiert, sondern freimütig erklärt: »Ich bin überzeugt, daß die Neutralisierung Deutschlands sowohl eine gefährliche als auch eine unrealistische Konzeption ist, und ich werde sagen warum. Ein wiedervereinigtes Deutschland wird ein Land von über siebzig Millionen Menschen sein mit weitverzweigter Industrie und reichen Hilfsquellen. Wird jemand im Ernst behaupten wollen, daß in der Welt von heute solch ein Land neutral und völlig isoliert von seinen Nachbarn bleiben kann? Nach meiner Ansicht würde solch ein Deutschland nicht umhin können, sich entweder nach der einen oder nach der anderen Seite hin zu orientieren, und die unvermeidliche Folge wäre, daß es Ost und West gegeneinander ausspielen würde. Das wäre eine Gefahr für uns alle und am meisten für das deutsche Volk.«

Die Eden-Erklärung verdient Aufmerksamkeit. Eine Nichtneutralisierung Deutschlands war für die Westalliierten die unbedingte Voraussetzung für die Herstellung der deutschen Einheit. Aber Eden sprach auch Befürchtungen aus, auf die man nicht nur in England, sondern auch in den Niederlanden, in Belgien und besonders in Frankreich hitzig und überreizt reagierte. Für die Deutschen mochte der Zustand nationaler Einheit ein Traum sein, für seine Nachbarn in Europa dagegen war er ein Trauma, gleichgültig, ob sich ein solches Deutschland nach Westen oder nach Osten hin orientiert hätte. Sofern die westlichen Staaten Europas überhaupt bereit waren, die Deutschen wieder als Partner zu dulden, wollten sie es unter weitgehenden Mindestvoraussetzungen und unter striktem Polit-Kuratel tun. Die nicht endenwollenden Diskussionen, ob die Sowjetunion bereit gewesen wäre, einer Wiedervereinigung zuzustimmen oder nicht, könnten verhältnismäßig bündig beendet werden durch die Erörterung der Frage, ob denn der Westen tatsächlich jemals an einer Wiedervereinigung rückhaltlos interessiert gewesen ist. In Wirklichkeit ist Moskau niemals ein uneigennütziger Anwalt der deutschen Einheit gewesen, aber auch Amerikas und Adenauers Politik der starken Worte sollten nicht mehr als Ausdruck eines selbstlosen Wiedervereinigungsinteresses verstanden werden.

Da die Westalliierten sicher sein durften, daß Neutralisierung für die Sowjetunion eine absolute Bedingung war, um die deutsche Frage zu lösen, mußte das Schlüsselwort ›Neutralität‹ ins politische und moralische Abseits gerückt werden. Das gelang um so leichter, als es dem Blockdenken der Amerikaner entgegenkam und sich mit der Bereitschaft der Bonner Regierung deckte, Westdeutschlands Kompaß auf den Kurs Washingtons festzulegen. So wurde in der Ära der amerikanischen Außenpolitik unter John Foster Dulles Neutralität ein politisches Schimpfwort. Noch im Jahr 1956, nachdem Dulles der ›immerwährenden Neutralität‹ Österreichs seinen Segen erteilt hatte, bezeichnete er politische Neutralität als etwas Unmoralisches. Trotzdem haben sich weder damals noch in den späteren Phasen der offiziellen Entspannungspolitik Westeuropa und Amerika eigene Gedanken über Wert und Sinn von Neutralität

Leopold Figl und Bruno Kreisky mit John Foster Dulles nach dessen Ankunft in Wien am 14. Mai 1955 vor Unterzeichnung des Staatsvertrages

gemacht. Heute bekennt sich die Mehrheit der Staaten dieser Welt zur Blockfreiheit und hält gerade die Neutralität für ein typisches Merkmal der staatlichen Unverwechselbarkeit, ihrer demokratischen Eigenständigkeit und politisch-moralischen Kontur.

Mit den alten Vorstellungen von Neutralität hat das nichts mehr zu tun. Im klassischen Völkerrecht wird derjenige Staat als neutral bezeichnet, der sich an einem Krieg nicht beteiligt, der sich also aus dem Konflikt heraushält, ohne Partei zu ergreifen. Neutralität hat bis ins 20. Jahrhundert nichts über die Natur oder gar über das ethische Fundament eines Staates ausgesagt; sie war lediglich eine bestimmte Form des Verhaltens in einer Ausnahmesituation. Das galt auch für das Amerika der Monroe-Doktrin von 1823 und seine Außenpolitik des Isolationismus im 19. Jahrhundert. Nichts war daran unmoralisch, genausowenig wie das Verhalten Großbritanniens gegenüber Europa. Sobald aber mächtige Gegner kleinere Staaten zur Parteinahme nötigen, münzen sie Neutralität in Charakterlosigkeit um.

In einer Zeit, in der alles auf eine zunehmend dichtere Verflechtung sämtlicher Daseins- und Handlungsbereiche hinausläuft, scheint Neutralität nicht bloß ein moralischer Negativbegriff zu sein, sondern politisch zumindest eine Kuriosität. Aber das täuscht. Nichts fällt schwerer, als das gesellschaftliche und politische Denken freizumachen von Vorstellungen, deren Herrschaft jahrzehntelang unbestritten war. Niemand zweifelt daran, daß die Fundamente der gesellschaftlichen Ordnung in den westlichen Demokratien den Auffassungen und Überzeugungen der Deutschen in der Bundesrepublik um Welten näher stehen als diejenigen der kommunistischen Staaten. Der enge Zusammenhang von Gesellschaft und Menschenrechten, Wirtschaft und Außenpolitik ist eine objektive Tatsache, jedoch kein religiöser Glaubenssatz, von dem das Heil auf Erden abhängig gemacht werden kann.

Noch nie seit dem Ende des Zweiten Weltkrieges war im Westen so bedrückt nach dem Wert von Bündnissen mit den USA gefragt worden wie im Frühling 1975. Die Bilanz des Indochina-Bankrotts hatte sich zu einem Alptraum der Amerikaner entwickelt; denn sie hatten dort nicht nur den Krieg, sondern auch ihr Gesicht verloren. Dem NATO-Partner Bundesrepublik ist Vertragstreue so selbstverständlich, daß er unbefangen darüber nachdenken kann, ob die Gefahren, in die Staaten wie Südvietnam oder Kambodscha aufgrund ihres Bündnispartners gekommen sind, das Risiko wirklich neutraler Staaten nicht weit überwiegen. Bündnistreue sollte in Zukunft für den schwächeren Partner nicht zugleich heißen, er müsse allen Irrtümern des Größeren zustimmen. Das wäre ein Mindestbeitrag zu unserer unbedingten Erwartung, daß nicht auch Westdeutschland und womöglich Europa eines Tages zum Opfer einer Militärallianz und gebrochener Zusagen werden, was bedeuten würde: Opfer einer verpaßten Neutralität. Nicht die Deutschen, wohl aber die Westdeutschen werden nie vergessen, wie unermeßlich viel sie den Vereinigten Staaten zu verdanken haben. Aber gerade deshalb sollten sie Beistandspakte und Militärbündnisse nicht für eine Art Unfall- und Lebensversicherung halten, sollten sie nicht erwarten, daß der Goliath jenseits des Atlantik stark genug ist, um ihnen die Anstrengungen einer eigenen Politik abzunehmen. Denn die deutsche Politik und die deutschen Interessen sollten uns auf keinen Fall weniger am Herzen liegen als den anderen Staaten ihre Politik und ihre Notwendigkeiten.

Revolutionsthesen auf dem Vietnam-Kongreß in Berlin im Februar 1968

»Wenn man uns mit soviel Sang und Klang empfängt, wird man uns wohl kaum sang- und klanglos abfahren lassen.« – Bruno Kreisky in Moskau am 11. April 1955

Ohne die Konferenzen und Entschlüsse des Jahres 1954 sind die weltpolitische Bedeutung und der Signalcharakter des Österreichischen Staatsvertrages von 1955 nicht zu verstehen. Der Wechsel und das Auf und Ab der Gesprächsphasen wurden von Wien entschlossen ausgenützt. Während sich damals die Bonner Regierung endgültig entschloß, gegen den national einheitlichen Staat und für den Westen zu optieren, reiste eine österreichische Regierungsdelegation mit Bundeskanzler Raab und Außenminister Leopold Figl am 11. April 1955 nach Moskau. Den Sowjets schien jetzt das Wiener Angebot der strikten Neutralität vorzüglich geeignet zu sein, um in Europa und für Westdeutschland ein Exempel des guten Willens zu statuieren. Die Österreicher wurden in Moskau mit allem Pomp begrüßt, das ganze diplomatische Korps hatte sich versammelt.

Wiens Optimismus wurde nicht enttäuscht. Bereits nach drei Tagen waren sich die Gesprächspartner einig. Die Hauptbedingung, das Neutralitätsangebot der Wiener Regierung, wurde aus dem Vertrag selbst ausgeklammert; man billigte, daß Österreichs Neutralität erst nach Erhalt seiner vollen Souveränität in Form einer freiwilligen Verpflichtung als Verfassungsgesetz beschlossen und garantiert wurde. Dieselbe Neutralisierung Deutschlands wurde damals von allen maßgeblichen Politikern des Westens abgelehnt. Am 25. Januar 1955 beendete das Präsidium des Obersten Sowjets der UdSSR offiziell den Kriegszustand mit Deutschland. Am 8. Februar bot Molotow erneut freie Wahlen unter internationaler Kontrolle und die Wiedervereinigung noch im selben Jahr an, sofern Bonn die Pariser Verträge nicht ratifiziere. Sollte dies jedoch geschehen, so werde »die Wiederherstellung der Einheit Deutschlands auf lange Zeit hinaus unmöglich«. Darauf antwortete Adenauer, daß erfolgreiche Verhandlungen mit der Sowjetunion über die deutsche Frage erst dann möglich seien, wenn die Einheit des Westens durch die Ratifikation der Pariser Verträge untermauert sei.

Die Beendigung des Besatzungszustandes der Bundesrepublik: Hinterlegung des Deutschland-Vertrages durch James B. Conant und Adenauer im Palais Schaumburg am 20. April 1955

Der Bundestag billigte am 26./27. Februar in zweiter und dritter Lesung die Abkommen, und am 18. März wurden sie vom Bundesrat verabschiedet. Der wenig später perfekten Österreich-Lösung bestritt die Bundesregierung jeden Modellcharakter, zumal er vom Osten eigens unterstrichen worden war. Österreich rückte für Adenauer erst zum Modell auf, als sich die politischen Grenzlinien in Europa soweit verfestigt hatten, daß der Staatsvertrag keinerlei Beispielhaftigkeit mehr besitzen konnte: 1962 entdeckte Adenauer plötzlich die Perspektiven, auf die er zwischen 1952 und 1955 von Moskau so beharrlich hingewiesen worden war. Der Kanzler bot Ende August in einem nicht veröffentlichten Brief dem sowjetischen Ministerpräsidenten Chruschtschow eine ›österreichische Lösung‹ für Deutschland an.

Vorbereitungsgespräche für ein Militärbündnis der osteuropäischen Staaten unter Vorsitz der sowjetischen Delegation mit Molotow und Bulganin in Warschau am 13. Mai 1955

Die Ratifikationsurkunden der Pariser Verträge wurden vom amerikanischen Hochkommissar bereits am 20. April 1955 hinterlegt, und am 5. Mai geschah dasselbe durch die beiden anderen Hochkommissare. Die Bundesrepublik wurde als souverän proklamiert. Ihre erste Handlung als freier Staat war der Beitritt zum Nordatlantik-Pakt am 9. Mai. Vom 11. bis 14. Mai fand in Warschau eine Konferenz der osteuropäischen Länder statt. Sie endete mit der Gründung des ›Warschauer Paktes‹, des Gegenstücks zur NATO. Die Signatarmächte hatten schon auf einer Konferenz Ende November/Anfang Dezember 1954 in Moskau eine solche Vereinbarung angekündigt, falls Bonn der NATO beitrete. Einen Tag später, am 15. Mai, wurde im großen Festsaal des Schlosses Belvedere in Wien der Österreichische Staatsvertrag feierlich unterzeichnet. Jubelnd winkte Außenminister Figl vom Balkon den Wienern zu. Auch Anthony Eden kehrte glücklich aus Wien zurück: »Das Packeis bricht auf!« Seine Freude war aber nur charakteristisch für das tiefe Mißverständnis des Westens, wo man Moskaus Entgegenkommen in Österreich als Erfolg westlicher Politik der Stärke feierte. In Wirklichkeit handelte es sich um einen der größten Irrtümer dieser Politik. Seit 1955 ist die Deutschland-Frage für Rußland erledigt. Es vertritt seitdem unnachgiebig die Zweistaaten-Theorie.

Extra-Blätter österreichischer Zeitungen aus Anlaß der Beendigung der Besatzungszeit in Österreich am 15. Mai 1955

Die Gründung zweier deutscher Republiken

Im Jahr 1960 wurden in einer Umfrage die Westdeutschen über ihre Erinnerungen an die jüngste Vergangenheit ausgeforscht. Die Mehrheit versicherte übereinstimmend, die schrecklichsten Jahre seien diejenigen der Besatzung zwischen 1945 und 1949 gewesen. Unabhängig von den Sorgen und dem Elend der einzelnen wurden damals in den Besatzungszonen von den Behörden ebenso behutsam wie zielstrebig die Grundsteine für ein neues politisches Leben gesetzt. In Mitteldeutschland war vom ersten Tag an die Gruppe Ulbricht höchst aktiv. Es handelte sich um elf Männer, an deren Spitze der zweiundfünfzigjährige Walter Ulbricht, Reichstagsabgeordneter der KPD in der Weimarer Republik, stand. Sie waren noch während der Kämpfe in Berlin mit einer sowjetischen Transportmaschine aus Moskau gekommen, auf dem Feldflugplatz Kalau siebzig Kilometer östlich der Oder gelandet und von dort ins Hauptquartier des politischen Stabes der Sowjetarmee in Bruchmühle bei Berlin gefahren. Ulbricht war mit seinen Leuten am 29. April 1945 eingetroffen.

Die Männer der Gruppe Ulbricht gehörten zum Zentralkomitee der KPD oder waren Mitglieder des Nationalkomitees ›Freies Deutschland‹, das die Sowjets nach der Eroberung Stalingrads aus kommunistischen Emigranten und deutschen Offizieren und Soldaten gebildet hatten, die mit Hitler nichts mehr zu tun haben wollten. Die Gruppe Ulbricht begann in Mitteldeutschland sofort mit ihrer Organisationsarbeit, dem Aufbau der Stadt- und Bezirksverwaltungen. Am 10. Juni 1945 genehmigte ein Erlaß der sowjetischen Militäradministration die Bildung von politischen Parteien und Gewerkschaften in ihrer Zone. Einen Tag später wurde die KPD neu gegründet, und wenig später folgten die Neugründungen von SPD, Christlich-Demokratischer und Liberal-Demokratischer Partei. In den Westzonen dagegen wurde erst Ende 1945 die Neubildung von Parteien gestattet. Ein Jahr später, im Oktober/November 1946, fanden hier die ersten Landtagswahlen statt. Die KPD und die SPD der Sowjetzone schlossen sich am 21./22. April desselben Jahres auf dem sogenannten Vereinigungsparteitag in Berlin zur Sozialistischen Einheitspartei Deutschlands (SED) zusammen. Von der SPD der Westzonen unter der Leitung Kurt Schumachers wurde diese Fusion scharf verurteilt. Schumacher erklärte, daß die kommunistische Parteiführung verständlicherweise an der Eroberung der Sozialdemokratischen Partei interessiert sei, daß es die SPD der Westzonen jedoch ablehne, Blutspender für den geschwächten Körper der KPD zu spielen: »Wenn die Sozialdemokratie der westlichen Zonen jetzt nachgeben wollte, dann wären die Sache der Demokratie in Europa und die Möglichkeiten einer wirklich unab-

SED-Plakat von 1947

hängigen sozialistischen Internationale auf lange Zeit hin verspielt. Die deutsche Arbeiterklasse und alle die Menschen, die jetzt gewillt sind, sich der Sozialdemokratie geistig und politisch anzuschließen, sind uns einfach zu schade darum, das bloße Instrument einer fremden Außenpolitik zu sein. Sie alle denken nicht daran, für eine Siegermacht zu optieren; denn das würde heißen, daß sie damit gegen alle anderen Siegermächte votieren würden.«

Drei Monate nach der letzten Sitzung des Alliierten Kontrollrats kündigte die Sowjetunion am 16. Juni 1948 ihre Mitarbeit in der Alliierten Militärkommandantur in Berlin. Die Lage in der Stadt hatte sich während dieses Vierteljahres ständig verschärft. Die Sowjets behinderten den Landverkehr durch ihre Zone immer nachhaltiger. Nach der Währungsreform begann die vollständige Abschnürung West-Berlins, und am 30. Juni wurde auch der Zugang in die drei Westsektoren über die Wasserstraßen gesperrt. Diese totale Blockade wurde mit Hilfe eines gigantischen Versorgungsprojekts durchbrochen, durch die berühmt gewordene Luftbrücke. In ununterbrochenem Einsatz brachten Tag und Nacht amerikanische und britische Militärmaschinen sämtliche notwendigen Lebensmittel, Medikamente, Kleidung, Rohstoffe in die blockierten Sektoren, versorgten Monat um Monat zweieinhalb Millionen Einwohner mit allem Unentbehrlichen, flogen täglich mehr als zehntausend Tonnen Fracht ein.

Theodor Heuss nach seiner Wahl zum ersten Präsidenten der Bundesrepublik am 12. September 1949

Die Sowjets gaben in diesem Nervenkrieg erst im Mai 1949 nach, indem sie die früheren Zufahrtswege öffneten. Die Luftbrücke bestand jedoch noch bis zum Oktober weiter. Stalins Haltung hatte sich im Winter 1948/49 durch die Vorbereitungen der Westmächte verhärtet, ihre drei Zonen in einem eigenen westdeutschen Staat zusammenzufassen. Die Taktik Moskaus setzte sich dabei nicht durch. Nachdem vom Parlamentarischen Rat der Westzonen nach langer Arbeit die Paragraphen des ›Grundgesetzes der Bundesrepublik Deutschland‹ formuliert worden waren, wurde seine Fassung am 8. Mai 1949 verabschiedet. Vier Tage später hoben die Sowjets die Blockade offiziell auf. Die Vorbereitungen für eine mitteldeutsche Staatsgründung liefen parallel dazu an. In Ost-Berlin wurde die entsprechende Verfassung für die Deutsche Demokratische Republik am 22. Oktober 1948 gebilligt, aber zunächst abwartend beiseite gelegt und erst am 19. März 1949 vorsorglich vom Deutschen Volksrat angenommen.

Wilhelm Pieck nach seiner Wahl zum ersten Präsidenten der DDR am 11. Oktober 1949

Die Wahlen zum ersten Deutschen Bundestag fanden in den Westzonen am 14. August statt. Die Beteiligung betrug 78,5 Prozent. 31 Prozent der Stimmen konnte die CDU/CSU erringen, die SPD erhielt 29,2, die FDP 11,9, der Rest von 27,9 Prozent entfiel auf die KPD (5,7), die Bayernpartei (4,2), die Deutsche Partei (4,0), das Zentrum (3,1), die Deutsche Konservative Partei (1,8) und einige Splittergruppen. Am 12. September wurde Theodor Heuss zum Bundespräsidenten gewählt und drei Tage später Konrad Adenauer, mit nur einer Stimme Mehrheit, zum Bundeskanzler; von vierhundertundzwei stimmberechtigten Abgeordneten entschieden sich zweihundertundzwei für ihn. Fünf Tage später stellte er dem Bundestag sein erstes Kabinett vor. In der Ostzone hatte der Deutsche Volksrat bis zu diesem Zeitpunkt nichts mehr unternommen. Doch nach der Konstituierung der Bundesrepublik wurde am 7. Oktober beschlossen, umgehend die schon lange vorbereiteten Wahlen zur Volkskammer der DDR abzuhalten. Eine Provisorische Länderkammer wählte den ersten Vorsitzenden der SED, Wilhelm Pieck, zum Präsidenten der DDR. Otto Grotewohl, der frühere Vorsitzende der ostzonalen SPD, erhielt das Amt des Ministerpräsidenten. Walter Ulbricht wurde sein Stellvertreter, assistiert von dem Christdemokraten Otto Nuschke und dem Liberaldemokraten Hermann Kastner.

Konrad Adenauer – Walter Ulbricht

Der führende Mann in der DDR war von Anfang an Walter Ulbricht. Nominell war er lediglich einer der Stellvertreter des Ministerpräsidenten Grotewohl, doch welchen Einfluß er tatsächlich besaß, wie sehr er Leitlinien und Perspektiven bestimmte, wie einschränkungslos die Partei seine Führungsrolle anerkannte, zeigte sich spätestens auf dem dritten Parteitag der SED vom 20. bis 25. Juli 1950, auf dem er zum Generalsekretär des Zentralkomitees (ZK) der Partei gewählt wurde. Mit seinem westdeutschen Gegenspieler Konrad Adenauer verband ihn weit mehr, als man bei diesen gegensätzlichen Politikern gemeinhin annimmt. Zunächst waren sie verbunden durch das, was sich in ihrer politischen Lebensgeschichte als Erfolg registrieren läßt. Der Sohn eines Leipziger Flickschneiders lief dabei dem in kanzleirätlicher Bürgerlichkeit Aufgewachsenen bei weitem den Rang ab. Niemand wirkte so lange und so beharrlich in der deutschen Geschichte dieses Jahrhunderts wie Walter Ulbricht. Er gehörte bei Ausbruch des Ersten Weltkrieges zu dem kleinen Häuflein innerhalb der SPD, das sich energisch gegen die Bewilligung der Kriegskredite durch die sozialdemokratische Reichstagsfraktion sträubte. Im November 1918 wurde Ulbricht Mitglied des Spartakus innerhalb der Unabhängigen Sozialdemokratischen Partei Deutschlands (USPD), nahm an der Gründungsversammlung der KPD in Leipzig teil, gehörte seit 1927 ihrem Zentralkomitee und seit Mai 1928 als Abgeordneter der Kommunisten dem Reichstag an. Am 26. September 1931 verurteilte ihn das Reichsgericht in Leipzig wegen Vorbereitung zum Hochverrat zu zwei Jahren Festungshaft. Grundlage der Anklage waren Reden und Artikel, die sich gegen die Weimarer Verfassung richteten und auf die Vernichtung der Republik zielten. Die Strafe wurde für die Dauer seiner Immunität als Abgeordneter ausgesetzt und am 20. September 1932 auf Grund einer Amnestie erlassen. Ein Jahr später entschloß sich Ulbricht zur Emigration, arbeitete in verschiedenen europäischen Auslandsleitungen der KPD und schlug im Januar 1938 seinen Wohnsitz in Moskau auf. Am 12./13. Juli 1943 war er an der Gründung des Nationalkomitees ›Freies Deutschland‹ maßgebend beteiligt.

»Ein großes, schweres, aber auch ein schönes Leben hat Genosse Ulbricht hinter sich. Blickt man auf alles zurück, so gibt es allen Grund stolz zu sein.« – Chruschtschow im Jahr 1963

Ulbrichts bedingungsloses Akzeptieren des Sowjetmarxismus bis hin zu allen außenpolitischen Entscheidungen Moskaus, gleichgültig in welcher Richtung, kann in seiner Konsequenz nur mit Adenauers ebenso bedingungsloser Option für abendländisch-westdemokratische Wertvorstellungen verglichen werden. Adenauer war siebzehn Jahre älter als Ulbricht. Vier Jahre nach der Entlassung Bismarcks als Kanzler des Deutschen Reiches begann der Kölner Abiturient in Freiburg sein Jurastudium, arbeitete nach Abschluß im Anwaltsbüro eines Kölner Justizrates, der als Zentrumspolitiker über weitreichende Verbindungen verfügte, öffnete sich durch seine Heirat 1904 den Zugang zu den einflußreichsten Familien des Rheinlandes, wurde Mitglied des Zentrums und wenig später Beigeordneter der Stadt Köln, um schließlich 1917 einstimmig zum Oberbürgermeister gewählt zu werden.

Walter Ulbricht (Bildmitte) auf einer Kundgebung im Jahr 1930

Im November 1920 wurde Adenauer Präsident des preußischen Staatsrates. Seine politische Energie konzentrierte er in dieser Zeit auf das Projekt, die

Konrad Adenauer
mit politischen Freunden
in Köln im Jahr 1945

Rheinprovinz aus dem preußischen Staatsverband herauszulösen und sie in eine autonome Republik zu verwandeln. Als Reichskanzler Gustav Stresemann schließlich den passiven Widerstand im Ruhr-Kampf gegen die Franzosen einstellen ließ, brach auch die Separatistenbewegung im Rheinland zusammen. Eine Kandidatur für das Reichskanzleramt schlug Adenauer im Mai 1926 aus, weil sie aussichtslos gewesen wäre. Erfolgreicher dagegen beteiligte er sich 1932 am Sturz des Reichskanzlers Heinrich Brüning. Im März 1933 wurde er von den Nationalsozialisten seines Oberbürgermeisterpostens enthoben. Er fuhr nach Berlin, wo Hermann Göring versuchte, ihn zur Mitarbeit an dem neuen Staat zu gewinnen. Adenauer lehnte ab, zog sich von aller aktiven Politik zurück und lebte bis zum Kriegsende in Rhöndorf von seinen Versorgungsbezügen. Nach der Kapitulation wurde er, neunundsechzigjährig, im März 1946 Vorsitzender des Landesverbandes Rheinland der CDU in der britischen Besatzungszone. Am 1. September 1948 erfolgte seine Wahl zum Präsidenten des Parlamentarischen Rates der drei Westzonen.

Adenauers Anpassungselastizität nach Westen hin hielt sich mit Ulbrichts gleicher Tugend nach Osten hin die Waage. Nur war der Kölner Politiker erheblich stärker darauf bedacht, westdeutsche Konformitätspolitik von dem Ruch reiner Ergebenheit freizuhalten. Der bedingungslos gläubige Katholik Adenauer verabscheute alles Östlich-Preußische, aber beileibe nicht wegen eines abweichenden Verhältnisses zur staatlichen Gewalt. Entsprechend seiner ausgesprochen autoritären Amtsführung als Kanzler wollte er seinen bundesrepublikanischen Reduktionsstaat stark sehen, ausgestattet mit politischer Macht, mit demokratischer Reputation und wirtschaftlicher Kraft. Um das durchzusetzen, hielt er eisern fest an seinem bedingungslosen Ja zu Amerika – nicht weil er besondere Neigungen zu diesem Land gehabt hätte, sondern weil kein Staat außer den USA ihm die Verwirklichung seiner politischen Vorstellungen ermöglichte. Deshalb spielte er die Entscheidung für den Westen ebenso drastisch wie geschickt dazu aus, die Konsolidierung der Bundesrepublik durch Einbau in das Militärpaktsystem der Vereinigten Staaten beschleunigt voranzutreiben. – Erfolg, wie erwünscht, hatten sowohl Ulbricht als auch Adenauer. Der Bundeskanzler durfte dabei noch als stattliches Plus verbuchen, daß seine Westorientierung auf Grund der demokratischen Wahl des Parlaments und seiner Wahl zum Kanzler von den Westdeutschen freiwillig gutgeheißen und als Bestätigung seines Kurses gedeutet wurde. Diese Trumpfkarte der demokratisch freien Legitimation spielte er unentwegt gegen seine sozialdemokratischen Kritiker wie gegen seine ostzonalen Regierungswidersacher aus. Ohne Erfolg, wie jeder weiß. Denn Pankow spielte nicht mit.

Als Politiker stellten sowohl Adenauer als auch Ulbricht unvergleichliche Erscheinungen dar. Ulbricht besaß ein nicht zu steigerndes Selbstbewußtsein. Seine Arbeitskraft stellte alles in den Schatten, was seine Mitarbeiter zu leisten vermochten. Er war ein Taktiker hohen Ranges, machtbesessen, dabei denkbar unsentimental und phantasielos nüchtern, unfähig, sich anders auszudrücken als in verblüffend eindeutiger Form. Sogar das Nichtssagende, selbst die Phrase gewann durch ihn einen seltsamen Wirklichkeitscharakter: »Bei uns erringt der werktätige Mensch die größte Freiheit in seiner jahrtausendealten Geschichte: Er wird zum allseitig gebildeten, geistig und moralisch hochstehenden Beherrscher von Natur und Gesellschaft, von Wissenschaft, Technik und Produktion. Den befreiten sozialistischen Menschen, die kulturelle sozialistische Menschengemeinschaft in unserer Republik, gilt es zu verteidigen, zu vollenden.« Wenn hingegen Adenauer auf öffentlichen Veranstaltungen sprach, hatte jeder Zuhörer den Eindruck, daß er Gedanken formulierte, die viel zu schlicht erschienen für das, was in Wahrheit beabsichtigt war. Deshalb wirkten sie so überzeugend auf Nachdenkende. Die weniger Nachdenkenden hingegen waren aufrichtig davon überzeugt, daß die Grenzen der Politik sich nicht mit den Grenzen ihrer vertrauensvollen Vorstellungskraft deckten. Adenauer konnte sich dank seines sparsam dosierten Vokabulars die Kühnheit leisten, heillos verwickelte Sachverhalte in bestürzender Klarheit zu formulieren und seine Hörer glauben zu lassen, die verworrensten politischen Fäden würden sich genauso leicht lösen, wie er es mit Schläue darstellte. Im 20. Jahrhundert gab es nicht viele Politiker, die versierter als Adenauer die Kunst beherrschten, mit wenigen Worten viel zu behaupten und noch mehr damit zu verschweigen.

Die Repräsentanten der beiden deutschen Staaten: Ulbricht und Adenauer auf Pressekonferenzen

Der erste Bundeskanzler Westdeutschlands war ein Meister des faßlichen Ausdrucks zwischen Zwiespältigkeit und Vereinfachung. In der so häufig strapazierten Versicherung des Kanzlers: »Die Lage war noch nie so ernst« – einer Versicherung vom Rang sprichwörtlicher Ironie, durchgehalten bis zur Hilflosigkeit einer abgeblühten Überzeugung – kam der energische Versuch zur Geltung, der massiven Einheitlichkeitspolitik des mitteldeutschen Staates wenigstens eine in sich geschlossene Haltung entgegenzusetzen, wenn schon auf Grund der Vielfalt des politischen Fächers ein geschlossenes Ideologiekonzept undenkbar erschien. Adenauer beschwor mit ungewöhnlichem Ernst die tödliche Gefahr, die sich mit allen Unternehmungen der Sowjets verband; er tat dies über ein Jahrzehnt lang so beharrlich, entgegen allen Veränderungen der Lage und des Wechsels der Großstaatenziele, daß schließlich nicht mehr daran zu zweifeln war: Diese Gefahr in ihrer grobkörnigen Form existierte im wesentlichen deshalb, weil ihre unabänderliche Beständigkeit eine Erfindung Adenauers bildete. Ihr Hauptzweck war die abstützende Motivierung der Unionspolitik. Sie verfing nur so lange, wie die Fassade dieser beschworenen Gefahr hinreichend geschlossen blieb, daß keine Fragen danach aufkamen, welche politisch-sittliche Problematik sie verdecken sollte.

Der unversöhnliche Gegensatz zwischen Bonn und Pankow Zeichnung von Ernst Maria Lang

Der stampfenden Beweisführung Adenauers entsprach die anspruchslose Wucht der Ulbrichtschen Proklamationen: »Wenn wir gegenwärtig Waffen haben, so deshalb, weil man sich gegen solche Räuber, wie sie in Westdeutschland im Generalstab sitzen, schützen muß.« Auf unversöhnlichen Gegensatz waren Bonn und Pankow von Anfang an eingestimmt. Seine Überzeugungen und die Meinungen, zu denen er seine Wähler überzeugen wollte, verpackte Adenauer rhetorisch anders als seine politischen Ziele. Solche Doppelgleisigkeit war bei Ulbricht nicht nötig. Bei dem Generalsekretär des ZK klang alles so, wie es gemeint war: Westdeutschland als Exponent des Spätkapitalismus, der Klassenfeind Nummer eins, die Verkörperung alles Abwegigen in der deutschen Geschichte, von dem sich die DDR erfolgreich abgesetzt und befreit hatte: »Ebenso wie es nicht möglich ist, Feuer und Wasser zu vermengen, kann natürlich auch die sozialistische Deutsche Demokratische Republik nicht mit einem kapitalistischen und imperialistischen Westdeutschland, das noch dazu eine revanchistische Politik betreibt, zu einem Staat verschmolzen werden.«

Der Konsequenz Ulbrichts in der Übereinstimmung mit der Parteilinie Moskaus entsprach die Zweigleisigkeit Adenauers noch in einer anderen Hinsicht. Kein westdeutscher Politiker neben dem Kanzler führte so häufig das

Wort ›Deutschland‹ im Mund und meinte es in Wirklichkeit so wenig. Die unversöhnliche Starrsinnigkeit seiner Politik des Westkurses besaß freilich ihre Schlüssigkeit unter den Maßstäben von Adenauers persönlich-rheinischem Separatistenrecht. Daraus erklärt sich auch die Erhöhung Bonns zur politischen Hauptstadt der Bundesrepublik, dieser Staatsgründung, die letztlich nichts anderes darstellt als eine entlang des Rheins gruppierte große Provinz, deren politischer Kreislauf sich an dieser Linie ausrichtet. So behielt schließlich der Separatismus Konrad Adenauers aus den Jahren 1919 bis 1923 die Oberhand. Ihn selbst bekümmerte es nicht, daß diese Republik mit dem Rückgrat des Rheins fälschlich den Beinamen ›Deutschland‹ trug. Im Gegenteil, mit Genugtuung sah er, wie sehr es den Westdeutschen das Geschäft erleichterte, sich wohnlich einzurichten in den Ruinen ihres politisch-nationalen Selbstwertgefühls. – Der katholische Rheinländer und der atheistische Sachse – in diesen beiden Persönlichkeiten verkörperten sich die Überbleibsel des Deutschen Reiches: im Westen ein großer Rhein-Distrikt ohne Preußen, im Osten Sachsen, das Preußen und sein Erbe der marxistischen Produktionsgenossenschaft der DDR einverleibt hatte.

»Würde Preußen geteilt werden, würden die westlichen Teile Deutschlands zu einem Bundesstaate der ›Westdeutschen Republik‹ zusammengeschlossen, so würde dadurch die Beherrschung Deutschlands durch ein ... vom Militarismus beherrschtes Preußen unmöglich gemacht.« Adenauer in einer Rede vor rheinischen Politikern am 1. Februar 1919

Die Sieger im Leichenhaus

Die Politik Konrad Adenauers ist ein ebenso zähes wie erfolgreiches Ringen darum gewesen, Deutschland, genauer: Westdeutschland, alles vergessen zu lassen, was sich mit dem Datum der Kapitulation 1945 verband, das Land aus dem schauerlichen Trümmerfeld des Krieges zu verwandeln in einen Staat, der es seiner Bevölkerung ermöglichte, friedlich und behütet ein Leben in Reputation und Wohlfahrt zu führen. Die Westdeutschen sind ihm darin willig und beflissen gefolgt.

Ein Straßenzug in Hamburg nach den Luftangriffen der Alliierten im Sommer 1943

Churchill schloß seine Bilanz am Tag des Sieges mit einem Bekenntnis seiner tiefen Freude darüber, daß es der Welt gelungen sei, sich erfolgreich gegen die »Übeltäter zusammenzuschließen, die jetzt niedergeworfen vor uns liegen«, Präsident Truman sah die Welt vom Bösen gesäubert. Marschall Montgomery, der Oberbefehlshaber der britischen Armee, versicherte der Bevölkerung seiner Zone, daß die Deutschen selbst für alle Taten und Untaten Hitlers haftbar seien und deshalb auch die Folgen auf sich nehmen müßten: »Jedes Volk ist verantwortlich für seine Regierung. Solange Ihre Führer Erfolg hatten, haben Sie zugejubelt und gelacht.«

Vergnügt ist man in Deutschland bestenfalls bis zum Jahr 1939 gewesen, und die ausländischen Staatsmänner und Politiker, die dem Reichskanzler und Führer Adolf Hitler ebenfalls applaudiert und zugelächelt hatten, lassen sich nicht zählen. Als im Morgendämmern des 1. September 1939 der deutsche Angriff auf Polen begann, war jeder zurechnungsfähige Mensch in Deutschland bedrückt. Sechs Jahre später, in den frühen Maitagen 1945, weinten Hunderttausende von Frauen, von alten Männern. Soldaten befanden sich in blinder Verzweiflung, stolperten durch Hekatomben von Trümmern, saßen hinter Stacheldraht, schluchzten vor Elend und Enttäuschung, Scham und Sorgen, und sie waren immer noch besser dran als die Ungezählten, die stumm verkarstet in diesem Weltuntergang kaum noch einer Empfindung fähig zu sein schienen. Lachen konnten allein die Sieger. Sie hatten das Recht ihrer Moral dazu und die

Stärke ihrer Waffen, und sie kosteten es aus bis zur Neige, zusammen mit allem anderen, das ohne Recht und Berechtigung geschah.

Kein Land war in der jüngeren Geschichte so vollständig verwüstet worden wie das Deutsche Reich im Zweiten Weltkrieg. Zwischen Ostpreußen und dem Rheinland, von den Nordküsten bis zu den Alpen dehnte sich ein Gebiet der Vernichtung, des Todes. Im Mai 1945 blickte Harry Lloyd Hopkins, der Sonderberater Präsident Roosevelts in Jalta, vom Flugzeug aus erschüttert auf die Trümmer Berlins, den Totenschädel der Reichshauptstadt. Fast fünf Millionen Wohnungen waren in Deutschland zerstört worden, durch Spreng- und Brandbomben, durch Minen und Granaten. Nach groben Schätzungen betrug die Trümmermenge in Deutschland an die fünfhundert Millionen Kubikmeter; das hätte einen Quader gefüllt von zehn Kilometer Länge, einem Kilometer Breite und fünfzig Meter Höhe. Das Ausmaß der Vernichtung machte Deutschland zur makabersten Sehenswürdigkeit. Die amerikanische Abordnung auf der Potsdamer Konferenz ließ es sich nicht nehmen, auf einer ausgedehnten Rundfahrt »den Schutthaufen zu besichtigen, der einst Berlin war«.

»Das ist ein zweites Karthago!« – Harry Lloyd Hopkins beim Anblick Berlins im Mai 1945

Alles war Schutt geworden, was man einmal mit dem Wort ›Deutschland‹ umschrieben hatte. Nichts mehr existierte davon, weder völkerrechtlich noch territorial, weder materiell noch geistig-politisch. Es gab keinen Staat mehr, der sich ›Deutsches Reich‹ nennen konnte. Herrschaft, Gesetzgebung, vollziehende Gewalt lagen in den Händen der Sieger. Ihre Militärregierungen hatten den deutschen Behörden bis zu den Bürgermeistereien der Dörfer hinab die Rechtsbasis entzogen. Es gab keine Persönlichkeitsrechte, kein Recht auf Eigentum, keinen Schutz vor Willkür. Vom Deutschen Reich war ein Leichenhaus übriggeblieben. Wie die Deutschen zu behandeln oder zu mißhandeln waren, das entschieden die Sieger. Den amerikanischen Besatzungstruppen wurde eingeschärft: »Es muß den Deutschen klargemacht werden, daß sie nicht der Verantwortung für das entgehen können, was sie selbst auf sich geladen haben. Deutschland wird nicht besetzt zum Zwecke seiner Befreiung, sondern als besiegter Feindstaat.«

Im Jahr Null

Der 1. Mai 1945 war ein Dienstag. Um 22 Uhr 30 unterbrach der Hamburger Rundfunk sein abendliches Symphoniekonzert. Nach einem Trommelwirbel ertönte die Stimme des jungen Sprechers: »Aus dem Führerhauptquartier wird gemeldet, daß unser Führer Adolf Hitler heute nachmittag in seinem Befehlsstand in der Reichskanzlei, bis zum letzten Atemzug gegen den Bolschewismus kämpfend, für Deutschland gefallen ist. Am 30. April hat der Führer den Großadmiral Dönitz zu seinem Nachfolger ernannt. Anschließend wird Großadmiral Dönitz zum deutschen Volk sprechen.« Nach einer kurzen Pause legte der Ansager die ›Götterdämmerung‹ aus dem ›Ring der Nibelungen‹ von Richard Wagner auf den Plattenteller.

Der zerstörte Bunker im Hof der Reichskanzlei in Berlin, 1945

Von der Meldung des Rundfunks waren nur die beiden letzten Sätze objektiv richtig. Denn Adolf Hitler hatte am Nachmittag des 30. April zusammen mit Eva Braun, die er einen Tag zuvor im Befehlsbunker der Reichskanzlei geheiratet hatte, Selbstmord begangen. Seine letzten Testamente, das persönliche und das politische, hatte er kurz nach der Trauung unterschrieben. In dem politischen Vermächtnis wurde Karl Dönitz zum Reichspräsidenten und Nachfolger Hitlers ernannt. Der Großadmiral stand seit 1943 an der Spitze der Kriegsmarine. In den letzten Apriltagen 1945 versuchte er als Oberbefehlshaber des Nordraums von Plön aus die Reste militärischen Widerstands zu organisieren. Als ihn die Funksprüche Martin Bormanns, des Chefs der Parteikanzlei und Sekretärs von Hitler, aus Berlin erreichten, ahnte Dönitz, daß seine Regierung nur wenige Tage dauern würde.

Seine Hauptaufgabe sah Dönitz darin, die Kapitulation der Wehrmacht vorzubereiten. Er entschloß sich zu dem Versuch, die Waffen in Etappen niederlegen zu lassen. Dönitz wollte damit, wie er in seiner Rundfunkansprache sagte, möglichst viele »deutsche Menschen vor der Vernichtung durch den vordringenden bolschewistischen Feind retten«; das bezog sich sowohl auf die Truppen als auch auf die endlosen Trecks der Ostflüchtlinge, die nur ein Ziel kannten: die Linien der westlichen Alliierten. Am 4. Mai gelang es dem Gros der Heeresgruppe ›Weichsel‹, durch die britische Front hindurch in englische Gefangenschaft zu kommen. Am 5. Mai stachen alle noch intakten deutschen Zerstörer, Schnell- und Torpedoboote in See, nahmen Kurs auf die Halbinsel Hela in der Danziger Bucht und retteten dreiundvierzigtausend Menschen. In Kurland verließen am 8. Mai die letzten seetüchtigen Schiffe mit dreißigtausend Flüchtlingen an Bord die Häfen Libau und Windau.

Die Ankunft der deutschen Unterhändler im Britischen Hauptquartier bei Lüneburg zur Teilkapitulation am 4. Mai 1945

Dönitz hatte am 2. Mai sein Hauptquartier von Plön nach Flensburg verlegt. Zwei Tage später rang er sich dazu durch, die Kapitulation aller deutschen Streitkräfte in Holland, Nordwestdeutschland und Dänemark durch den neuen Oberbefehlshaber der Kriegsmarine, Generaladmiral Hans-Georg von Friedeburg, im Britischen Hauptquartier bei Lüneburg unterzeichnen zu lassen. Nach dieser Teilkapitulation wurden die pausenlosen Bombenangriffe auf die Flüchtlingstrecks eingestellt; das bedeutete eine wesentliche Entlastung der kämpfenden Truppen im Osten. Am selben Tag kapitulierten in Süddeutschland die Reste der kampffähigen Wehrmachtsverbände. In Flensburg bildete Reichsfinanzminister Johann Ludwig Graf von Schwerin-Krosigk am 5. Mai eine ›Geschäftsführende Reichsregierung‹. Admiral von Friedeburg wurde nach Reims ins Hauptquartier General Eisenhowers entsandt, um Verhandlungen über die Gesamtkapitulation der Wehrmacht aufzunehmen.

Seit der Konferenz von Casablanca im Januar 1943 hatten sich Roosevelt und Churchill auf die bedingungslose Kapitulation der Achsenmächte Deutschland, Italien und Japan geeinigt. Dönitz wußte, daß sich die Alliierten überdies entschlossen hatten, das Deutsche Reich vollständig zu zerschlagen. Er glaubte allerdings nicht daran, daß die Gegner hartköpfig zu ihren Vereinbarungen stehen würden. So rechnete er mit der Möglichkeit von Verhandlungen. Admiral Friedeburg sollte seine Gespräche in Reims solange wie möglich hinziehen, Abschluß und Termin des Inkrafttretens der Kapitulation mit allen Mitteln verschleppen, selbst wenn dadurch bloß ein paar Stunden gewonnen würden. An diese Order hielt sich der Admiral; er bemühte sich zäh und nicht unklug. Doch die Amerikaner ließen sich nicht lange täuschen, auch nicht durch die erneuten Versuche von Generaloberst Alfred Jodl, dem Chef des Wehrmachtsführungsstabes, den Dönitz zur Unterstützung Friedeburgs nach Reims hatte fliegen lassen. Eisenhower war nicht nur durch die Hinhaltetechnik der deutschen Parlamentäre mit den Absichten der Regierung Dönitz vertraut. Auch seine harmlos-bewundernde Einschätzung der sowjetischen Waffenge-

Kriegsgefangene Deutsche auf der Autobahn nördlich von Frankfurt am Main
in den letzten Apriltagen 1945

Die Unterzeichnung der Gesamtkapitulation der Deutschen Wehrmacht
im Hauptquartier Eisenhowers in Reims
durch Hans-Georg von Friedeburg, Alfred Jodl und Wilhelm Oxenius (alle in Rückansicht) am 7. Mai 1945

Das Gesicht der deutschen Städte am Ende des Zweiten Weltkrieges:
das Zentrum Dresdens; Briefträger und Schutträumer in Berlin-Kreuzberg

fährten spielte nicht die erste Rolle, obgleich er tatsächlich dachte, die Bemühungen Friedeburgs und Jodls seien nichts weiter als ein kindischer Versuch der Deutschen, West gegen Ost auszuspielen. Maßgeblich war für ihn einzig und allein die Konsequenz aus der Forderung nach bedingungsloser Kapitulation: Mit dem kapitulierenden Feind durfte kein Wort verhandelt und nicht die geringste Vereinbarung getroffen werden. Eisenhower stellte den deutschen Unterhändlern ein Ultimatum: Wenn die Delegation nicht sofort mit ihren durchsichtigen Verzögerungen aufhöre und unterschreibe, werde er die Flüchtlingsströme durch die amerikanisch-britischen Kampflinien mit Gewalt stoppen, auch auf jeden deutschen Soldaten schießen lassen, selbst wenn er mit erhobenen Händen komme, um sich zu ergeben: »Ich habe es satt, mich dauernd hinhalten zu lassen.«

»Mit dieser Unterschrift sind das deutsche Volk und die deutsche Wehrmacht auf Gnade und Ungnade den Siegern ausgeliefert... Ich kann in dieser Stunde nur die Bitte aussprechen, daß die Sieger mit ihnen gnädig verfahren werden.« – Alfred Jodl nach der Unterzeichnung der Gesamtkapitulation am 7. Mai 1945

Friedeburg und Jodl informierten Dönitz von dem Ultimatum Eisenhowers. Sie erhielten umgehend aus Flensburg die Order, ohne jede weitere Erklärung die Kapitulation zu unterschreiben, so wie sie ihnen vorgelegt werde. Am 7. Mai, frühmorgens um 2 Uhr 41, unterzeichneten für die drei Wehrmachtsteile Generaloberst Jodl, Großadmiral von Friedeburg und General Wilhelm Oxenius im Lehrerzimmer der ehemaligen Berufsschule in Reims die Gesamtkapitulation der Deutschen Wehrmacht. Sie trat mit Beginn des 9. Mai in Kraft. Kurz nach Anbruch dieses Tages, um 0 Uhr 16, wiederholten im Sowjetischen Hauptquartier in Berlin-Karlshorst Generalfeldmarschall Wilhelm Keitel, Generaloberst Hans-Jürgen Stumpff und Admiral von Friedeburg die Unterzeichnung der Kapitulation. Als Keitel den Festsaal der früheren Unteroffiziersschule betrat, grüßte er mit dem Marschallstab. Niemand antwortete, niemand erhob sich von den Stühlen. Hinter den Generalen mußten sich sechs junge hochdekorierte Offiziere postieren; sie bissen sich während der Unterzeichnung die Lippen wund, um die Tränen zu unterdrücken. Bevor Keitel mit seinen Begleitern den Raum verließ, wiederholte er mechanisch dasselbe militärische Grußritual. Auch diesmal keinerlei Reaktion bei den Siegern. Bis in die Details wurde die Kapitulation von ihnen als demütigender Triumph ausgekostet.

Die Unterzeichnung der Gesamtkapitulation der Deutschen Wehrmacht im Sowjetischen Hauptquartier in Berlin-Karlshorst durch Wilhelm Keitel am 8. Mai 1945

Die beiden Kapitulationsurkunden unterschieden sich textlich kaum voneinander. Der knappe Sachgehalt lief darauf hinaus, daß sich die ganze deutsche Armee bedingungslos ergab und die Kampfhandlungen am 8. Mai an allen Fronten eingestellt würden. Das Hinhalteverfahren von Dönitz hatte nicht den erwünschten Erfolg gehabt. Andererseits war es in den zehn Tagen seiner Regierung bis zur Kapitulation immerhin drei Millionen Menschen gelungen, aus dem sowjetischen Herrschaftsbereich zu fliehen. Entgegen der Genfer Konvention verhinderte General Eisenhower nach der Kapitulation mit Waffengewalt alle weiteren Versuche auch unbewaffneter Zivilisten, sich auf amerikanisch besetztes Gebiet zu retten. Flüchtlinge, denen es trotzdem glückte, die aber von der Militärpolizei aufgegriffen wurden, ließ er zurückbringen und der Roten Armee ausliefern.

In Jalta hatte man einen Text vereinbart, der auch die politische Kapitulation des Deutschen Reiches einschloß. Die Bedingungslosigkeit der geforderten Übergabe war Ausdruck eines politischen Kriegsziels. Das änderte jedoch nichts an dem rein militärischen Charakter der in Reims und Berlin-Karlshorst unterzeichneten Abmachungen, zumal sich der Text nur auf die militärische Situation bezog – gemäß der Tradition, nach der eine Kapitulation der Streitkräfte keinerlei politische Regelungen enthalten konnte. Die amtierende

Reichsregierung hatte mit der Unterzeichnung beider Dokumente den militärischen Teil ihrer Aufgabe beendet. Dönitz bemühte sich jetzt, mit seiner Regierung die staatsrechtliche Kontinuität Deutschlands zu retten, die Einheit des Deutschen Reiches zu erhalten oder zumindest als Verbindungsstelle zwischen den Behörden der Sieger und der deutschen Bevölkerung zu dienen. Graf von Schwerin-Krosigk, der den Vorsitz des Kabinetts übernommen hatte, hielt enge Kontakte zu den offiziellen Vertretern der Siegerstaaten, die man an den Dienstsitz von Dönitz in Mürwik, dem Hafen und Marinestützpunkt an der Flensburger Förde, beordert hatte. Die deutsche Regierung legte den Alliierten Plan auf Plan vor, um sofort das Dringlichste gegen die chaotischen Versorgungs-, Ernährungs-, Arbeits- und Wohnungsnöte in Deutschland zu unternehmen. Dönitz versuchte unermüdlich, den Siegern seine Regierung als Team unpolitischer Fachminister und reiner Spezialisten schmackhaft zu machen. Graf von Schwerin-Krosigk befaßte sich auch schon mit einer Verfügung an das Landgericht in Leipzig, umgehend mit der Untersuchung aller begangenen Verbrechen, vornehmlich in den Konzentrationslagern, zu beginnen und die entsprechenden Prozesse vorzubereiten. Dönitz und seine Minister hofften, die Alliierten zu Churchills Meinung bekehren zu können, der die Flensburger Regierung als »nützliches Instrument« zur Erlangung der erforderlichen Verwaltungsvollmachten bezeichnet hatte. Doch Churchills Zustimmung war veranlaßt worden aus Sorge vor den Schwierigkeiten, die sich aus den Beschlüssen von Jalta, aus der totalen Übernahme der Regierung durch die vier Sieger, ergeben mußten. Er blieb damit allein.

Notstände in Deutschland nach 1945: eine provisorische Herdstelle

Die letzte Reichsregierung arbeitete in einem Spannungsfeld, das sich rasch löste. Einerseits bestand die Hoffnung, mit dem neuen Kabinett die Reichseinheit zu erhalten, eine Aussicht, die durch das anfängliche Verhalten der Alliierten nicht völlig illusionär erschien. Andererseits setzte bereits am 13. Mai die Phase der Verhaftungen ein; als erster wurde Generalfeldmarschall Keitel, der Chef des Oberkommandos der Wehrmacht, festgenommen. Mitte Mai wurden die Minister Julius Dorpmüller und Herbert Backe, der eine zuständig für Verkehr und Post, der andere für Ernährung, Landwirtschaft und Forsten, ins Alliierte Hauptquartier befohlen und dort verhaftet. Nach dem Eintreffen der sowjetischen Vertreter bei der Kontrollkommission in Flensburg am 17. Mai setzte eine scharfe Rundfunk- und Zeitungskampagne der Sowjets gegen die »Bande um Dönitz« ein. Radio Moskau forderte jetzt die unverzügliche Verwirklichung der Beschlüsse von Jalta. Die russische Kritik hatte eine rasche Wirkung. Von heute auf morgen rissen die Verbindungen zwischen der Regierung Dönitz und den Alliierten ab.

Die größte Genugtuung über diese Entwicklung empfand Eisenhower. Von Anfang an hatte ihn die sowjetfeindliche Haltung des Dönitz-Teams verstimmt. Ihn beflügelte noch immer der unselig-unverwüstliche Optimismus des verstorbenen Präsidenten Roosevelt. Er schickte von seinem Obersten Hauptquartier der Alliierten Expeditionsstreitkräfte (SHAEF) General Lowell W. Rooks nach Flensburg. Rooks erschien am 23. Mai mit der Alliierten Kontrollkommission bei Dönitz auf dem Wohnschiff ›Patria‹ und teilte dem Großadmiral mit, daß die Mitglieder der deutschen Regierung und des Wehrmachts-Oberkommandos abgesetzt und verhaftet seien. Dönitz schrieb noch einen Protest nieder: Er sei niemals von seinem Amt als Staatsoberhaupt zurückgetreten, und die Mitglieder seiner Regierung hätten ihre Ämter ebenfalls nicht zur Verfügung gestellt.

Die nächste Maßnahme der Alliierten war ein wohlberechneter Akt der Entwürdigung. Dönitz und seine Minister wurden zu einer Leibesvisitation gezwungen und mußten sich ausziehen. Diese Arabeske einer wüsten Untergangszeit läßt sich zumindest durch die Frage ergänzen, wie Churchill oder Stalin, Truman oder Eisenhower reagiert hätten, wenn sie gezwungen worden wären, sich vor aller Augen der Hosen zu entledigen. Admiral von Friedeburg, der sowohl in Reims als auch in Berlin-Karlshorst die Kapitulation unterschrieben hatte, nahm sich am gleichen Tag das Leben.

Am 23. Mai 1945 endete der Versuch, eine deutsche Zentralverwaltung als Mittler zwischen Siegern und Besiegten zu erhalten. Das Deutsche Reich zerfiel nicht mit der bedingungslosen Kapitulation, sondern erst am 23. Mai mit der Verhaftung der letzten Reichsregierung. Wenn Churchill am 16. August 1945 emphatisch dem englischen Unterhaus versicherte: »Den Eroberern fiel ein Deutschland ohne Kopf in die Hand«, so muß das erläutert werden: Die Sieger hatten schon Jahre zuvor beschlossen, den Kopf Deutschlands abzuschlagen und dann die Übernahme der obersten Regierungsgewalt zu proklamieren.

Verantwortliche
des Dritten Reiches
in Nürnberger Haft:
Göring, Dönitz, Funk,
von Schirach

Die Übergangsphase nach der Verhaftung der Regierung Dönitz endete am 5. Juni mit der Berliner Erklärung der Alliierten. Als Auftakt der Verwirklichung ihrer gemeinsamen Deutschland-Politik gaben sie die einschränkungslose Viermächte-Verwaltung der deutschen Territorien bis hinab zu den Gemeinden bekannt. Die Funktion einer deutschen Regierung wurde vom Alliierten Kontrollrat übernommen. Seine Etablierung fand in einem juristischen Niemandsland statt. Mit der Berliner Erklärung zogen die Alliierten nicht nur faktisch die ganze Regierungsgewalt an sich, sondern sie übernahmen auch die volle Verantwortung für alles, was in Deutschland und mit Deutschland geschah, damals wie später. Von diesem Augenblick an wurde Deutschland politisch völlig handlungsunfähig; es wurde zu einem reinen Objekt der Ereignisse und Entwicklungen.

»Deutschland unterwirft sich allen Forderungen, die ihm jetzt oder später auferlegt werden.« – Aus der alliierten ›Erklärung in Anbetracht der Niederlage Deutschlands‹ vom 5. Juni 1945

Die Großen Drei in Potsdam

Schon vor der Kapitulation, am 6. Mai, hatte Churchill dem amerikanischen Präsidenten dringend empfohlen, eine neue Konferenz der Regierungschefs einzuberufen. Anlaß war seine Furcht, daß die Russen noch erheblich weiter nach Westen vorstoßen würden, als ihnen von den Briten und Amerikanern zugestanden worden war. Obwohl Truman, der noch von der Sowjetbewunderung seines Vorgängers durchdrungen war, die Befürchtungen Churchills nicht teilte, regte sich auch bei ihm bereits etliches Mißtrauen. Der amerikanische Präsident erklärte sich mit einer neuen Konferenz einverstanden. Sie fand vom 17. Juli bis zum 2. August in Potsdam statt, auf Schloß Cäcilienhof, das von 1913 bis 1917 für den Kronprinzen Wilhelm, den ältesten Sohn des letzten deutschen Kaisers, erbaut worden war.

Die Großen Drei
der Potsdamer Konferenz:
Churchill, Truman und Stalin
vor Schloß Cäcilienhof
am 23. Juli 1945

Churchill kam nach Potsdam in Begleitung des Führers der britischen Arbeiterpartei, Sir Clement Attlee; denn noch wußte man nicht, ob bei den englischen Wahlen die Konservativen siegen oder verlieren würden, und der Zeichnungsberechtigte für das Kommuniqué sollte auf jeden Fall von Anfang an bei den Beratungen mitgewirkt haben. Churchill, der sich zum Auftakt der Konferenz noch zuversichtlich zusammen mit Truman und Stalin für ein

Siegerbild fotografieren ließ, flog am 25. Juli nach London, um seinen Wahlsieg zu feiern. Die Konferenz wurde für zwei Tage unterbrochen. In London jedoch erwartete Churchill die Hiobspost von der sensationellen Niederlage seiner Partei. Er machte sich mit der Vorstellung vertraut, daß er die politischen Bretter verlassen mußte, die so lange seine und Englands Welt bedeutet hatten. An seine Stelle im Rat der Großen Drei trat Attlee, als Staatsmann schwächlich, gemessen an Stalin.

Seit der Kapitulation und der Verhaftung der Regierung Dönitz gab es keinerlei Vereinbarungen der Sieger darüber, was mit den Deutschen und den eroberten Gebieten geschehen sollte. Die Beschlüsse von Jalta waren zu allgemein, sie mußten jetzt für die Praxis detailliert werden. Eines der wenigen handfesten Ergebnisse der Krim-Konferenz war die Vereinbarung, daß die Gebietsverluste Polens durch die Festlegung der russischen Westgrenze entlang der Curzon-Linie ausgeglichen werden sollten, und zwar auf Kosten Deutschlands in Ostpreußen, Schlesien und Pommern. Die deutsche Bevölkerung in Polen und in der Tschechoslowakei sollte diese Länder verlassen müssen, und die Restgebiete Deutschlands sollten in Besatzungszonen aufgeteilt werden.

Doch inzwischen waren für die Sowjets und die Amerikaner einige neue Tatsachen entstanden. Im Osten hatten die Russen ohne Rücksprache mit den Westalliierten die Oder-Neiße-Linie als Grenze fixiert und die deutschen Gebiete an Polen übergeben. Und in Deutschland waren die amerikanischen Truppen gegen das Zugeständnis der Russen, Verbindungswege für die Westalliierten nach Berlin freizuhalten, am 1. Juli aus Sachsen und Thüringen abgezogen und hatten diese Zentralgebiete der heutigen DDR der russischen Armee überlassen. Potsdam sollte nun klare Verhältnisse für alle weiteren Einzelheiten der alliierten Deutschland-Politik schaffen.

Kern des Potsdamer Abkommens, das am 2. August veröffentlicht wurde, waren die Grundsätze der Behandlung Deutschlands unter der Viermächte-Kontrolle. Erstens: Das oberste Ziel bestand in der Ausrottung des deutschen Militarismus und Nazismus. Zweitens: Die Deutschen sollten die Möglichkeit erhalten, ein neues Leben auf friedlicher und demokratischer Grundlage vorzubereiten. Drittens: Die höchste Regierungsgewalt in Deutschland wurde durch die militärischen Oberbefehlshaber aufgrund der Anordnungen ihrer Regierungen ausgeübt. Das geschah getrennt in den einzelnen Besatzungszonen; als Mitglieder des Kontrollrats waren jedoch die Militärgouverneure zuständig für alle Fragen, die Deutschland als Ganzes betrafen. Viertens: Da Deutschland dezentralisiert werden sollte, wurde vorerst keine deutsche Zentralregierung eingesetzt. Fünftens: Deutsche Behörden sollten, überwacht vom Kontrollrat, auf den Gebieten des Finanz-, Verkehrs- und Transportwesens arbeiten sowie für industrielle Fragen und den Außenhandel zuständig sein. Sechstens: Für die Dauer der Besatzungszeit galt Deutschland als Wirtschaftseinheit. Siebentens: Königsberg und seine benachbarten Gebiete sollten endgültig an die Sowjetunion fallen. Achtens: Die Westgrenze Polens sollte erst auf einer Friedenskonferenz definitiv festgelegt werden. Bis dahin mußten die früheren deutschen Gebiete und Königsberg unter polnischer und sowjetischer Verwaltung bleiben.

Die Siegermächte in unterschiedlicher Betrachtung der deutschen Wirtschaftspotenz Zeichnung von David Low, 1947

Ferner wurden in Potsdam Einzelfragen der Reparationen geklärt. Man entschied über die deutsche Marine und beschloß die Aburteilung der ›Kriegsverbrecher‹ und die ›ordnungsmäßige‹ Ausweisung der Deutschen aus der

Tschechoslowakei, aus Polen und Ungarn. Das Kommuniqué der Potsdamer Konferenz stellte juristisch nichts anderes dar als eine Liste von Vereinbarungen und Beschlüssen, denen jeder Vertragscharakter fehlte. Selbst für die wohlmeinende Einschätzung, es sei ein ›Regierungsvertrag‹ zwischen den USA, Großbritannien und der Sowjetunion, fehlten fundamentale Voraussetzungen. Das Abkommen, das die drei Regierungschefs unterzeichneten, verpflichtete lediglich diese drei Regierungen untereinander, sich an die getroffenen Vereinbarungen zu halten, die eine Basis für das praktische Handeln der Sieger in Deutschland bilden sollten. Es war aber kein völkerrechtlicher Vertrag. Die Verstöße gegen das Abkommen, die sich die Mächte bald gegenseitig vorwarfen, fanden völkerrechtlich gar nicht statt, weil es sich bei dem Papier letzten Endes nur um ein Sitzungsprotokoll handelte. Truman, Stalin und der englische Premierminister beteuerten allerdings, daß die Konferenz »das Band zwischen den drei Regierungen fester geknüpft und den Rahmen ihrer Zusammenarbeit und Verständigung erweitert hat«. Sie verließen Potsdam »mit der verstärkten Überzeugung, daß ihre Regierungen und Völker, zusammen mit anderen Vereinten Nationen, die Schaffung eines gerechten und dauerhaften Friedens sichern werden«.

Den amerikanischen Präsidenten hatte die Ablösung Churchills durch Attlee genausowenig berührt wie der Umstand, daß in Potsdam – entgegen allen offiziellen Beteuerungen – jeder den beginnenden Zerfall der Waffenbrüderschaft zwischen den Westalliierten und den Sowjets registrieren konnte. Weit mehr war Truman auf Schloß Cäcilienhof von einer geheimen Nachricht elektrisiert worden, die er am ersten Tag des Treffens erhalten und sofort Churchill mitgeteilt hatte. Der sinnige Text umfaßte nur drei Worte: »Kinder glücklich geboren.« Am 16. Juli war in New Mexico die erste Atombombe der USA detoniert.

Atombombenexplosion über Nagasaki am 9. August 1945, drei Tage nach dem Abwurf der Atombombe über Hiroshima

Die Konsequenzen dieses Experiments beschäftigten den amerikanischen Präsidenten erheblich intensiver als die enttäuschenden Gespräche mit den Sowjets. Ein Ende des Krieges mit Japan war bis zu dieser Stunde selbst für routinierte Propheten noch nicht in Sicht. Fachleute sahen als einen realistischen Termin die letzten Monate des Jahres 1946 an. Die US-Wunderwaffe jedoch lieferte mit einem Schlag allen strategischen Überlegungen eine neue Grundlage. Die USA waren jetzt auch nicht mehr darauf angewiesen, daß Moskau noch im Fernen Osten aktiv wurde und Japan den Krieg erklärte; im Gegenteil: Sowohl die USA als auch Großbritannien hielten nunmehr eine Beteiligung der Sowjets im pazifischen Raum für absolut überflüssig. Truman gab drei Tage nach Beendigung der Potsdamer Konferenz den Befehl, die Atombombe am 6. August über Hiroshima abzuwerfen. Von den Einwohnern starben 78 150 Menschen, 9 284 wurden verletzt, 13 938 wurden vermißt, zu den Opfern der Zivilbevölkerung kamen noch 20 000 Soldaten. Als Truman von der geglückten Explosion erfuhr, frohlockte er: »Wir haben ihnen einen Ziegel mit zwanzigtausend Tonnen TNT (Trinitrotoluol) auf den Schädel geschmissen!« Die Qualen des Gewissens setzten erst später ein, bei ganz unmaßgeblichen Leuten.

»Ihre Wirkung auf Japan ist gar nicht so wichtig. Viel wichtiger ist eine andere Wirkung: Wir werden die Bombe einsetzen, damit wir in Europa besser mit Rußland umgehen können.« – James Francis Byrnes

Der Einsatz der Atombombe, der das atomare Zeitalter der Weltgeschichte eröffnete, und die Potsdamer Konferenz setzten nicht nur den Schlußpunkt unter das größte militärische Ringen aller Zeiten, sondern legten auch die Grundzüge der Weltpolitik für die folgenden Jahrzehnte fest. Potsdam war die logische Fortführung der Vereinbarungen von Jalta. In Potsdam wurde die Teilung Europas, die man auf der Krim beschlossen hatte, festgeschrieben. Für Deutschland bildete das Abkommen bis in die siebziger Jahre die einzige Rechtsgrundlage – wie schütter und fadenscheinig sie auch immer sein mochte – für die Stationierung alliierter Streitkräfte auf deutschem Territorium und die ausdrücklich übernommene Verantwortung der vier Mächte für das Schicksal und die staatliche Einheit Deutschlands.

Bis 1945 hatten sich noch niemals führende Staatsmänner der Welt zugemutet, die uneingeschränkte politische Verantwortung für ein Millionenvolk, für seinen Staat und in diesem speziellen Fall für einen ganzen Kontinent zu übernehmen. Erst die Sieger des Zweiten Weltkrieges waren davon überzeugt, dafür genügend welthistorisches Format zu besitzen. Freilich stellte sich schon im Lauf der nächsten vier Jahre heraus, daß ihre Bereitschaft zu derart unermeßlicher Verantwortung nur ihrer faktischen Unfähigkeit und dem mangelnden Willen entsprungen war, diese Verantwortung wirklich zu tragen. Churchill hatte noch im September 1943, auf dem Höhepunkt des Krieges, in einer Rede in den USA mit majestätischem Selbstbewußtsein betont: »Der Preis der Größe heißt Verantwortung.« Sie ließ sich in handfesten Militärdimensionen verwirklichen. Die Solidarität der Kämpfenden war eine Solidarität der Bomben und Granaten, Gewehre und Torpedos. Was aber die Grundlagen eines »dauerhaften und gerechten Friedens« waren, wie es im Potsdamer Kommuniqué hieß, darüber hatte es bei den Siegern keine gemeinsamen Überlegungen, gleichlaufenden Gedanken, keine politische Einigkeit gegeben. Vorhanden waren nur Illusionen und bewußte Selbsttäuschungen – nach 1945 noch weit ausgeprägter als in den Zeiten des Krieges.

Sowjetische Offiziere nach der Eroberung Berlins im Hof der Reichskanzlei vor Goebbels' Leiche am 2. Mai 1945

Die Bilanz der Toten 1945 war ungeheuerlich. Genaue Zahlen wird es niemals geben, die Endsumme bewegt sich um rund fünfzig Millionen Menschen. Vor Beginn der Potsdamer Konferenz inspizierte Churchill die Trümmer der Reichskanzlei, in Uniform, umringt von Amerikanern und Russen. Lächelnd hob er die rechte Hand und spreizte die Finger zum berühmt gewordenen Siegeszeichen V. Der Unhold Hitler war tot, der Bösewicht Deutschland lag vernichtet am Boden. Das fürchterliche Opfer an Blut und Schmerzen hatte sich gelohnt. Und doch schien Churchill es schon damals besser zu wissen, wiewohl ein Politiker niemals konsequent auf seine Worte festgelegt werden sollte. Churchill rückte den Sinn des »Kreuzzuges in Europa«, wie es Eisenhower formuliert hat, aus dem klaren Licht der moralischen Lauterkeit in tiefe Verdüsterung, als er am 30. Juli 1952 im Hinblick auf die sowjetische Politik mit beschämendem und beschämtem Zynismus im Unterhaus feststellte: »Wir haben das falsche Schwein geschlachtet.«

Das eingefrorene Provisorium

Während Sowjetrußland und die Regierung der ehemaligen sowjetischen Besatzungszone in Pankow unerschütterlich bei ihrer Auffassung bleiben, das Potsdamer Abkommen sei ein völkerrechtlicher Vertrag, dessen Vereinbarungen völkerrechtliche Wirksamkeit besäßen, halten die drei Alliierten und alle westdeutschen Regierungen bis heute daran fest, daß man sich in Potsdam nur über die politisch-wirtschaftlichen Grundsätze für die Verwaltung der vier

Besatzungszonen geeinigt hätte, und daß für alle Probleme, die Deutschland als Ganzes beträfen, die Mitglieder des Kontrollrats einstimmige Beschlüsse zu fassen hätten.

Bereits am 6. September 1946 hielt der damalige US-Außenminister James Francis Byrnes in Stuttgart eine Rede, die beträchtliches Staunen erregte. Byrnes meinte, die bedingungslose Kapitulation hätte zwar die Alliierten dazu genötigt, die Regierungsaufgaben des zerschlagenen deutschen Staates zu übernehmen, jedoch bloß vorübergehend. Aus diesem Grund hätten sich die Besatzungsmächte in dem Potsdamer Abkommen ausdrücklich dazu verpflichtet, den Deutschen Gelegenheit zu geben, von einer »demokratischen und friedlichen Grundlage« aus einen neuen Staat aufzubauen. Daß Deutschland nie mehr eine einheitliche Zentralregierung besitzen solle, sei in den Potsdamer Beschlüssen mit keiner Silbe auch nur angedeutet.

»Das amerikanische Volk wünscht, dem deutschen Volk die Regierung Deutschlands zurückzugeben.« – James Francis Byrnes am 6. September 1946 in einer Stuttgarter Rede

In dieser Rede hatte Byrnes die entscheidenden Probleme berührt, die sofort zu heißen Eisen wurden, als sich der Alliierte Kontrollrat endgültig als unfähig erwies, auf der Basis des Potsdamer Abkommens eine gemeinsame Deutschland-Politik durchzusetzen. Auf der Kontrollratssitzung vom 20. März 1948 protestierte der sowjetische Vertreter, Marschall Wassilij Sokolowskij, ungestüm gegen die Londoner Sechsmächte-Konferenz über Deutschland. Die USA, Großbritannien, Frankreich, Belgien, die Niederlande und Luxemburg hatten sich Anfang März darauf geeinigt, »daß eine föderative Regierungsform, die die Rechte der betreffenden Staaten ausreichend schützt, aber gleichzeitig für eine angemessene zentrale Autorität sorgt, am besten für die schließliche Wiederherstellung der gegenwärtig fehlenden Einheit Deutschlands geeignet ist«. Die drei Westzonen sollten unverzüglich in das europäische Wiederaufbauprogramm einbezogen werden. Nur der Alliierte Kontrollrat sei ermächtigt und berechtigt – so Marschall Sokolowskij –, Fragen zu behandeln, die das Schicksal Deutschlands beträfen. Die Westmächte würden durch ihr Verhalten deutlich zeigen, daß sie den Kontrollrat nicht mehr als oberstes Machtorgan in Deutschland betrachteten. Da er für sie nicht mehr existiere, seien alle weiteren Beratungen zwecklos. Sokolowskij stand auf und erklärte die Sitzung für geschlossen. Das war die letzte Zusammenkunft des Kontrollrats. Ob die Sowjets oder die Westalliierten Recht hatten, spielt keine Rolle. Wie an jenem bedeutsamen Tag, so stellte auch in den folgenden Jahren die politische und staatsrechtliche Situation Deutschlands nur ein unerfreuliches Spiegelbild der westöstlichen Differenzen dar. Die deutsche Frage entwickelte sich zu einem Unterproblem der Weltgegensätze. Der 20. März 1948 ist einer der vielen Marksteine auf dem Weg der Teilung Deutschlands in zwei selbständige Staatsgebilde. Bemerkenswert ist auch, daß das Potsdamer Abkommen bis heute von keiner Seite ausdrücklich gekündigt worden ist. Man warf sich lediglich wechselseitigen Abkommensbruch vor: Durch die Verstöße sei den Vereinbarungen ihre Existenzgrundlage entzogen worden.

Die Spaltung Berlins: Tagung des Stadtparlaments im britischen Sektor ohne Beteiligung der Vertreter aus dem Sowjetsektor der Stadt am 6. September 1948

Die politischen Gegensätze ließen nicht einmal eine differenzenlose Auslegung der Kapitulationsurkunde zu. Moskau und Pankow beharren darauf, daß durch die Unterzeichnung der Kapitulation auch das Deutsche Reich aufgehört habe zu bestehen. Inzwischen seien mit West- und Mitteldeutschland zwei Nachfolgestaaten des früheren Deutschen Reiches entstanden, nämlich durch eine sogenannte Dismembration seit dem 8. Mai 1945. Deshalb falle keinem dieser beiden Staaten so etwas wie ein Alleinvertretungsanspruch zu. Demgegenüber waren die Westalliierten und mit ihnen die Unionsregierungen der Bundesrepublik der ebenso entschiedenen wie papierenen Meinung, daß das Deutsche Reich niemals aufgehört habe zu existieren und die Bundesrepublik Deutschland identisch sei mit dem Deutschen Reich in seinen Grenzen vom 31. Dezember 1937, also unter Einschluß der mitteldeutschen Gebiete und ebenso derjenigen östlichen Territorien, die sich unter polnischer und sowjetischer Verwaltung befinden. Die einzelnen Teile dieses zerpflückten Deutschlands werden deshalb als staatsrechtliche Provisorien angesehen.

Staatsrechtsexperten des In- und Auslandes haben dieses Hauptproblem Deutschlands nach jeder denkbaren Richtung hin diskutiert. Einigkeit konnte nicht erzielt werden, und auf eben diese Einigkeit wäre es angekommen. Solange zwischen der Sowjetunion und den westlichen Staaten keine gemeinsame Völkerrechtsbasis besteht und jeder Staat von einem anderen Rechtsboden aus argumentiert, ist die völkerrechtliche Situation Deutschlands unlösbar. Bis jetzt gab es auch keine politischen Möglichkeiten, die juristischen Differenzen und die Auffassungen der Staatsrechtler auszugleichen, nicht einmal mit einer Art Hieb durch den Gordischen Knoten. Eine juristische Einigung hätte für Deutschland nur dann praktische Folgen gehabt, wenn die Siegermächte bereit gewesen wären, daraus politische Konsequenzen zu ziehen und sich zu entsprechenden Entscheidungen durchzuringen. Diese Hypothek ruht seit ihrem Sieg von 1945 auf ihnen. Sie dürfen sie allerdings mit Recht ignorieren, weil die Gläubiger, also die Mehrheit der Deutschen, die Fälligkeit niemals entschieden und mit allem Nachdruck reklamiert haben. Das isolierende Einfrieren der ganzen Frage, das routinierte Pflegen des Status quo, das gelangweilte Ausweichen in Vordergründiges haben sich nach dreißig Jahren schließlich als eine präzise Entscheidung mit bestimmten politischen Mitteln demaskiert.

Die kollektive Schuld der Deutschen

In den Konzentrationslagern der Nationalsozialisten wurden seit 1942 ungezählte Menschen ermordet, Juden, Zigeuner, Homosexuelle, Menschen ›minderen Erbgutes‹ oder ›Angehörige unterwertiger Rassen‹. Diese Verbrechen wurden nach der Kapitulation nicht nur zum Gegenstand von Prozessen, sondern ihnen wurde auch eine Schlüsselfunktion bei der politischen Behandlung der Deutschen zugesprochen. Die These, daß das ganze deutsche Volk verantwortlich sei für sämtliche Verbrechen, die in seinem Namen begangen wurden, gleichgültig, wie viele Deutsche von solchen Vergehen überhaupt etwas gewußt hatten oder nicht, diese These von der summarischen Haftbarkeit des deutschen Volkes wurde zum ersten Mal von dem deutschen Theologen Karl Barth formuliert, einem entschiedenen Gegner Hitlers. Barth war die Stütze der ›Bekennenden Kirche‹, die sehr bald zur Opposition gegen den Nationalsozialismus rief. Er emigrierte 1935 nach Basel, allerdings nicht aus politisch-weltanschaulichen Gründen. Seine These von der deutschen Kollektivschuld, die er nach 1945 in den Westzonen verkündete, mochte unter theologischen, moralischen, metaphysischen Gesichtspunkten höchst bedenkenswert sein. Sie löste eine abgrundtiefe Beunruhigung des Gewissens aus, und ihre Wirkung wurde noch verstärkt durch so düstere Fragen wie: »Lebt Hitler in uns selbst?« In der Kollektivschuld-These ließ sich ohne logische Verkrümmun-

Die Kollektivschuld-These
Zeichnung von
Daniel R. Fitzpatrick, 1945

gen ein Reflex des Sterbens von Jesus am Kreuz entdecken, der durch seinen stellvertretenden Opfertod die Menschen kollektiv von ihrer Sündhaftigkeit befreit hatte. Theologisch besaß dieses Mysterium seine eigene, nichtrationale Wahrheit.

Im politischen Bereich dagegen war die Behauptung von der Kollektivschuld des deutschen Volkes krasser Unsinn, ja geradezu nichtswürdig in den martervollen Jahren nach der Kapitulation. Sie wurde von Ungezählten emsig aufgegriffen und weiterverkündet, sowohl von denjenigen, die es nötig hatten, als auch von solchen, deren Verzweiflung sie an den Rand der Selbstzerstörung trieb. Die Kollektivschuld-These kam allen Wünschen nach Rache und Vergeltung entgegen, sie rührte an die übelsten Instinkte, sie verkehrte sogar die wohlmeinendsten Bemühungen der Westalliierten um die Weckung demokratischer Gesinnung in ihr Gegenteil. Denn der ungeheuerliche Vorwurf, die Deutschen hätten, moralisch völlig verrottet, ihre ganze Individualität dem Kollektivdenken des Nationalsozialismus ausgeliefert, wurde zynisch ad absurdum geführt in der Praxis der kollektiven Verurteilung Deutschlands durch die Sieger.

Die Diskussion wurde weiter angeheizt durch feurige Zustimmungen und weitergeführt durch ebenso schroffe Ablehnungen der Schuldthese. Das geistig-moralische Gefechtsfeld wurde freilich für jeden einzelnen Deutschen drastisch spürbar in den Alltag übersetzt durch die praktischen Verfügungen der Militärregierungen, die nichts weiter zu sein schienen als logische Konsequenzen der Kollektivschuld-These. Die Alliierten hatten im übrigen dasselbe schon seit Beginn des Krieges behauptet, freilich weniger philosophisch fundiert, dafür einprägsamer formuliert. In einem Buch, das 1943 in New York erschien und populärer wurde als jedes vergleichbare, sah die deutsche Geschichte so aus: »Die Deutschen machten den Krieg zu ihrem Beruf. Wo sie hintraten, starb die Kultur aus. Sie plünderten Paris, Arras, Reims, Amiens, Tours, Bourdeaux und Dutzende anderer Städte, die in späteren Generationen von ihren kriminellen Nachfahren wiederholt heimgesucht wurden. Karl der Große versuchte, die Welt zu erobern, ein Refrain, der seitdem mit wahnsinniger und zerstörender Ausdauer durch die deutsche Existenz lief. Im 12. Jahrhundert war der Führer ein anderer, aber das monotone Programm das gleiche. Da war es Friedrich Barbarossa, der den Frieden erdolchte.« Der historische Kurzabriß gipfelt in dem Passus: »Adam Müller, Novalis, Fichte, Joseph Görres spielen alle die gleiche Melodie. Das deutsche Volk horcht begierig auf diese kriegerische Musik. Sie entfacht seine Gefühle. Es ist durch den Wahnsinn hypnotisiert und folgt ihm mit brutalen Stiefeln, ja, es gibt eine deutsche Verschwörung gegen den Weltfrieden und gegen jeden freien Menschen in jedem beliebigen Lande. Es ist eine Verschwörung, die nach einer Niederlage nie verlöschen wird. Sie ist in das deutsche Volk eingesenkt und hält es in allen dunklen Zeiten aufrecht.« Auch die Ausbrüche des russischen Schriftstellers Ilja Ehrenburg sind nicht trotz, sondern wegen ihrer Überspanntheit ein treffliches Indiz für die Atmosphäre des grenzenlosen Hasses auf beiden Seiten, die zum Zweiten Weltkrieg genauso gehörte wie Tapferkeit, Anstand oder Würde: »Wenn du einen Deutschen getötet hast, bring den nächsten um – es gibt nichts Schöneres als deutsche Leichen.«

Der gefürchtete Deutsche
Porträt eines Teilnehmers am Rußland-Feldzug im Winter 1943

In einer der ersten Verfügungen der Militärregierung wurde jeder Kontakt zwischen den Angehörigen der Besatzungsarmeen und der deutschen Bevölkerung kategorisch verboten. Diese ›Non-Fraternization‹ war richtungweisend für die Behandlung der Deutschen. Sie dauerte in ihrer unnachsichtigen Form bis zum Spätherbst 1946. Dann war der Zweck vollbracht: Die Deutschen lebten mit der Empfindung einer allgemeinen Diffamierung und grundsätzlichen Minderwertigkeit. Die unsichtbar errichteten Schranken zwischen Siegern und Besiegten waren endgültig erst nach zwei Generationen abgebaut und nahezu vergessen.

»Eine Politik der energischen Ausmerzung aller nationalsozialistischen Einflüsse wird vorübergehend Schwierigkeiten und Unannehmlichkeiten mit sich bringen, aber sie ist grundsätzlich geboten.« – Oberst H. Smith auf der Konferenz der amerikanischen Militärregierung in Frankfurt am Main im August 1945

Die Schranken wurden zunächst noch verstärkt durch die anlaufende Entnazifizierung. Die Auflösung und das Verbot der Nationalsozialistischen Deutschen Arbeiterpartei (NSDAP) samt allen ihren Untergliederungen und Verbänden, der SS, des SD und aller militärischen Organisationen wurden als eine selbstverständliche Folge des totalen Zusammenbruchs des Reiches betrachtet. Als weit weniger selbstverständlich empfand die Bevölkerung all das, was sich als ›Ausrottung des Nazismus‹ im Privatbereich abspielte. Auch hier lieferte die Kollektivschuld-These das sittlich rechtfertigende Fundament. Kaum jemand der Verantwortlichen sah damals, daß sich politisch-moralische Schuld und juristische Handhabe nicht vermischen ließen, ohne daß verwirrendes Unrecht entstand. Strafbar ist und bleibt unter Menschen und in ihrer Gesellschaft nur das, was sich eindeutig als Verstoß gegen geschriebenes Recht nachweisen läßt. Das heißt im Falle des Nationalsozialismus: gegen geltendes deutsches Recht in den Jahren bis 1945. Nichts ist bedenklicher, als rückwirkend die bloße Zugehörigkeit zu einer politischen Partei in ein kriminelles Delikt zu verwandeln, besonders durch den Kriegsgegner und Sieger. Der ›Gesinnungstäter‹ ist ein juristisches Gespenst, und eben das macht die Entnazifizierung nach 1945 zu einem wahrhaft gespenstischen Vorgang.

Wer das damals anders betrachtete, kam in größte Schwierigkeiten. Prominentestes Opfer wurde einer der großen amerikanischen Kriegshelden, das Idol General George Patton, der 1944 mit seiner Dritten US-Armee die Spitze der amerikanischen Verbände bei der Invasion in der Bretagne angeführt hatte. Patton wurde zum Militärgouverneur von Bayern ernannt. Als er begriff, welches Unrecht es war, die ›kleinen Nazis‹ in Lager für politische Häftlinge einzuliefern und dort festzuhalten, ordnete er ihre Entlassung an. Das entfesselte eine Pressekampagne in amerikanischen Zeitungen: Patton wurde als Beschützer von Naziverbrechern angeprangert. Am 22. September 1945 wurde er auf einer international besetzten Pressekonferenz in München nach seiner Meinung über die NSDAP befragt. Der General antwortete: Sie sei eine politische Partei gewesen, so wie es in den Vereinigten Staaten Republikaner und Demokraten gebe. In den letzten zwölf Jahren sei die NSDAP genauso an der Macht gewesen wie die demokratische Partei Roosevelts seit 1933. Man habe sie nur jetzt, 1945, von ihren Amtssesseln entfernt. Eisenhower setzte den Militärgouverneur sofort ab und entzog ihm auch das Kommando über die Dritte Armee. Die ›kleinen Nazis‹ wurden wieder eingefangen und in die Lager zurückgebracht.

Dem engmaschigen Netz der politischen Überprüfung durch die Militärregierungen konnte sich kaum jemand entziehen. Der Fragebogen in der amerikanischen Besatzungszone enthielt einhunderteinunddreißig Punkte, die jeder Deutsche über achtzehn Jahre ausfüllen mußte. Ohne diesen Fragebogen war es so gut wie unmöglich, eine Arbeit außer Schutträumen, Lebensmittelkarten und Ausweise zu erhalten. Am rücksichtslosesten verhielten sich die Sowjets und die

Amerikaner. In der US-Besatzungszone wurde die ideologiche Säuberung erst seit dem 5. März 1946 systematisiert, durch das ›Gesetz zur Befreiung vom Nationalsozialismus und Militarismus‹. Die Betroffenen wurden in fünf Kategorien eingestuft: Entlastete, Mitläufer, Minderbelastete, Belastete, Hauptschuldige. Als Höchststrafe wurde Arbeitslager bis zu zehn Jahren verhängt und alles Vermögen eingezogen. Da Grundbesitz, Bankguthaben, Häuser besonders begehrt waren, wurden auch vor 1945 Verstorbene entnazifiziert, damit man den Kindern oder Verwandten das Erbe sozusagen legal abnehmen konnte. Die Durchführung des Gesetzes übertrugen die Militärbehörden einem ›Befreiungsministerium‹ und den ›Spruchkammern‹. Diese Verordnung vom 5. März 1946 erfaßte 3 249 318 Personen, das waren fast dreißig Prozent aller Erwachsenen.

Überprüfung von Millionen nomineller Anhänger des NS-Regimes
Zeichnung von Helmut Beyer, 1946

Das amerikanische Säuberungssystem wurde durch Beschluß des Kontrollrats am 12. Oktober 1946 für alle vier Zonen verbindlich. Die Bevölkerung reagierte auf die Entnazifizierung mit Erbitterung, Hohn und Verachtung, soweit in der allgemeinen Apathie und bei dem tagtäglich zermürbenden Kleinkampf ums Nichtverhungern überhaupt noch Energien vorhanden waren. Die Spruchkammern setzten sich äußerst selten aus erfahrenen Juristen zusammen, weil die meisten deutschen Rechtsgelehrten selbst Mitglied irgendeiner NS-Gliederung gewesen sind. Außerdem waren diese Gremien ein vorzügliches Mittel für Abertausende von Beisitzern, sich selbst eine besondere demokratische Reputation zu verschaffen. Die Verfahren gegen ›kleine Gesinnungstäter‹, deren Hauptdelikt das Tragen einer NS-Uniform gewesen ist, ließen sich am schnellsten abwickeln. Doch gerade die Erstverurteilten wurden besonders hart bestraft. Gegen die ›großen Täter‹ dagegen wurde erst in einer Zeit verhandelt, in der sich die Säuberungsbeflissenheit schon totgelaufen hatte; sie erhielten deshalb Strafen, deren Ausmaß im Vergleich ungerecht gering war.

Die Entnazifizierung förderte in Deutschland nicht den demokratischen Geist, sondern den Geist des Denunziantentums und des widerwärtigen Vergnügens am kleinlichen Quälen. Es wuchsen das Mißtrauen gegen demokratische Gerechtigkeitsprinzipien und Rechtspraxis sowie der Zynismus der Gefälligkeitsbestätigungen, der sogenannten Persilscheine, mit deren Hilfe sich immer mehr Deutsche zu verkappten Widerstandskämpfern gegen den Nationalsozialismus stilisierten, so daß sich im Laufe der Spruchkammerjahre bis 1950 das Gros des deutschen Volkes als eine bewunderungswürdige Opposition ausgab, die ebenso tapfer wie entsagungsvoll und unsichtbar bis 1945 nichts anderes im Sinn gehabt hätte, als die Vernichtung Hitlers und alles dessen, was zu ihm gehörte. Gegen den Nationalsozialismus gewesen zu sein, war nach 1945 keine demokratische, politische, weltanschauliche Gewissensfrage, sondern eine nackte Existenzfrage. Das ergab ein vorzügliches Klima für den Opportunismus aller Schattierungen.

Vom Mai 1945 bis zum Beginn der fünfziger Jahre brodelten in den vier Besatzungszonen moralisch-politische Bilanzen, Erklärungsversuche, Deutungen, Selbstvorwürfe, Gewissenserforschungen, Scham und Demut, Trauer und Fassungslosigkeit, am intensivsten dort, wo die Deutschen unter sich waren und keine Rücksicht auf die Sieger oder die überraschend aufgetauchten neuen Demokraten mit den blütenweißen Westen nehmen mußten. In der Bundesrepublik empfahl das Parlament Mitte Oktober 1950 den Landesregierungen, sich auf ein Abschlußgesetz für die Entnazifizierungen zu einigen. Der Vorschlag blieb Papier, die Spruchkammerverfahren versickerten unmerklich. Offensichtliche Vergehen gegen Rechtsvorschriften jedoch, an ihrer Spitze bewiesene oder beweisbare Verbrechen, werden bis heute verfolgt; sie verjähren nicht.

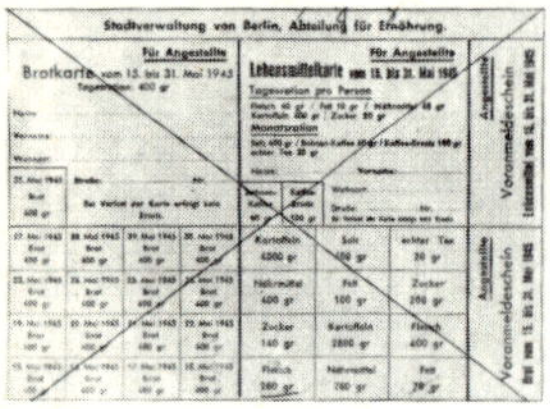

Eine Brot- und Lebensmittelkarte für Angestellte vom Mai 1945

In eine ähnliche Sackgasse führte die offiziell verordnete ›Reeducation‹, die Umerziehung der Deutschen zu friedliebenden, demokratisch zuverlässigen Menschen. Sie sollten von einer politischen Infektion geheilt werden. Zu diesem Zweck mußte man den nationalsozialistischen Virus ausrotten. Auslösend und treibend waren anfangs unzweifelhaft auch hohe moralisch-politische Absichten. Doch die Auswirkungen waren verheerend, weil die Reeducation doppelgleisig fuhr, teils als Bestrafung, teils als pädagogische Totalwende. Aus England war schon während des Krieges zu hören, daß nach dem Sieg das deutsche Volk als Strafe für alles, was es verschuldet habe, eine Zeit der Vergeltung von mindestens fünf Jahren durchmachen müsse. Für die vielen Millionen von Ausgetriebenen, Verjagten, Gequälten, Kranken, Verwundeten, die in dem Trümmerfeld Deutschland nach ihren Kindern, Frauen oder Männern suchten, begann die Umerziehung mit Zuteilung von Lebensmittelrationen, die weit unterhalb der Grenzen des physiologischen Geradenoch lagen, zwischen neunhundert und elfhundert Kalorien pro Tag. In Potsdam hatten sich die Sieger auf Lebensmittelrationen geeinigt, die nicht größer sein sollten als jenes Minimum, das »zur Verhinderung von Epidemien und Aufständen unbedingt notwendig« ist. General Eisenhower berichtete, einigermaßen satt, daß in seinem Gebiet die »durchschnittliche Nahrungsmenge für deutsche Zivilpersonen um ein Drittel unter dem Existenzminimum blieb«. Noch weiter gingen die Franzosen in ihrer Zone. Sie hatten sich geweigert, Flüchtlinge aufzunehmen, und obwohl es verhältnismäßig viel Landwirtschaft und keine allzu verheerenden Kriegszerstörungen gab, senkten sie die Rationen auf achthundertzehn Kalorien pro Tag. Die Werte der westlichen Demokratien präsentierten sich in den entscheidenden ersten Jahren nach der Kapitulation als Zwang zum Überleben mit Hilfe des Schwarzmarktes, des Verschleuderns letzter Besitztümer gegen Kartoffeln und Brot, des Verkaufs von Fleischmarken gegen Vergünstigungen, die mitunter noch wichtiger waren als ein satter Magen. Das drängte die neuen Zeitungen und Verlage, die Umgestaltung des Rundfunks, die Schulprogramme, die Gründungen neuer Hochschulen, die Arbeit der Amerika-Häuser an den Rand angemessener Bewertung.

Kinder als Schwarzhändler im Mai 1948

Die Deutschen haben sich seit 1945 geändert, bis zu den Wurzeln, so scheint es, wenn man sie mit früher vergleicht, und sie haben sich gründlicher geändert, als es die Präzeptoren sich vorgestellt haben: zu einem Volk ohne Sentimentalität, ohne nationalen Kitsch, ohne emphatische Töne, ohne Pathos, ohne Selbstwertgefühl. Seine politische Zuverlässigkeit und Stabilität ist letztlich nur ein Indiz für sein politisches Desinteresse. Unterschwellig wäre der Deutsche gern nicht nur ein verläßlicher Urnengänger bei den Land- und Bundestagswahlen, sondern auch ein politisch direkt befaßter Mensch. Dazu aber fehlt ihm die Kraft zu eigener Orientierung. Wie soll sie sich entwickeln, wenn die amtlichen Erziehungsprogramme, die Schulen und der Staat sich selbst vom politischen Gehalt distanzieren? So bleibt es bei der grenzenlosen Ausdauer des Deutschen, seiner demokratischen Disziplin, seinem Ordnungswillen. Er ist sachlich, nachsichtig und rational, geistig-kulturell desinteressiert über ein Gewohnheitsmaß hinaus. All das sind Anzeichen für einen substantiellen Mangel, der zu Menschen gehört, die sich der Pension nähern oder sie schon erreicht haben. Charakteristisch ist nicht, daß die Deutschen kein Interesse daran haben, ihren Fähigkeiten einen geistigen Ausdruck, eine begründete gesellschaftliche Form und politischen Nachdruck zu geben. Charakteristisch ist, daß sie nicht mehr in der Lage sind, sich als Deutsche, als ein eigenes Volk mit eigentümlichen Merkmalen einzuschätzen.

Mord im Frieden

SPD-Aufruf an die Siegermächte von 1949/50 zur Entlassung der Kriegsgefangenen

Was sich zwischen den Jahren 1945 und 1949 abspielte, an Gewaltverbrechen und Massenmorden abgespielt hat, läßt sich kaum beschreiben und darstellen. Verbrechen werden von einer bestimmten Grenze ab ein schieres Problem der Statistik. Daß sie sich dadurch nicht moralisch neutralisieren, zeigte sich an den Sorgen der Großen Koalition in Bonn. Sie hatte eine ›Dokumentation über Verbrechen an Deutschen in den Vertreibungsgebieten‹ erarbeiten lassen, sich aber im Juni 1969 entschlossen, diese Zusammenstellung des Schreckens nicht in die Öffentlichkeit zu bringen, sondern nur denjenigen Einblick zu gestatten, die wissenschaftliche Zwecke nachweisen konnten. Die sozialliberale Koalition bestätigte diesen Beschluß im August 1974. Dem Klima der Versöhnung ist das sicherlich genauso dienlich, wie es die regelmäßigen Kranzniederlegungen deutscher Politiker an den Mahnmalen der Konzentrationslager sind.

Rache wurde nicht nur an der deutschen Bevölkerung genommen. Auf dem Balkan hatten sich die drei Regimenter der serbischen Staatswache, die gegen die kommunistischen Partisanen Marschall Titos gekämpft hatten, am 12. Mai 1945 den Briten ergeben. Die Engländer lieferten die Serben drei Wochen später an Tito aus. Sie wurden gemeinsam mit elftausend Mann der slowenischen Hilfsverbände, die ebenfalls auf deutscher Seite gegen Tito gestanden hatten, in den Waldgebieten der Stadt Gottschee in Slowenien erschossen; in der Nähe Gottschees, einer alten deutschen Sprachinsel, hatte sich während des Krieges das Hauptquartier der Partisanen befunden. Von den Engländern war schon vorher, am 15. Mai, der Großteil des kroatischen Heeres an Tito ausgeliefert worden; die Heeresführung der Kroaten hatte der britischen Armee am 7. Mai ihre Kapitulation angeboten. Auf dem Weg von Bleiburg in Kärnten nach Marburg an der Drau, dem heutigen Maribor in Slowenien, ließ Tito dreißigtausend dieser Kroaten erschießen, in Marburg wurden dann weitere fünfzigtausend umgebracht, und dazu kamen dreißigtausend kroatische Zivilisten, fast durchweg Frauen und Kinder.

Nach der Kapitulation mußte auch die bis zum letzten Tag kampfstarke Heeresgruppe ›Südost‹ des Generalobersten Alexander Löhr die Waffen niederlegen und sich den Partisanen ergeben. Es waren dreihunderttausend Mann. Weit über zweihunderttausend Soldaten wurden durch Massenerschießungen umgebracht, und 1949 befanden sich noch siebzigtausend in jugoslawischen Gefangenenlagern. Generaloberst Löhr wurde nach einem Schauprozeß im Frühjahr 1947 in Belgrad gehenkt. Ähnlich erging es den drei Armeen der Heeresgruppe ›Mitte‹ des Generalfeldmarschalls Ferdinand Schörner, den Hitler in seinem Testament vom 30. April zum Oberbefehlshaber des Heeres ernannt hatte. Die Heeresgruppe ›Mitte‹ befand sich damals im böhmisch-

»Captain, ich habe mein Leben lang nur einem Herrn gedient, dem russischen Volk.« – Andrej Wlassow zu US-Captain Donajue im Mai 1945

Befreite ›Fremdarbeiter‹ nach der Eroberung Berlins durch die Sowjets Anfang Mai 1945

mährischen Raum. Fast alle dieser 1,2 Millionen Soldaten kamen in sowjetische Lager, die Mehrzahl ist dort gestorben. Trotz aller Proteste wurden auch sämtliche russischen Soldaten der Armee General Andrej Wlassows, die gegen die Rote Armee aufgestellt worden war, an die Sowjets ausgeliefert und in Rußland umgebracht. Wlassow selbst wurde mit elf russischen Generalen und Offizieren im Juli 1946 auf dem Roten Platz in Moskau gehenkt.

Ein anderes Problem bildeten die Millionen von russischen Gefangenen, die während des Krieges in Deutschland gearbeitet hatten. Sie waren, wie die Alliierten den Deutschen vorwarfen, menschenunwürdig behandelt und ausgebeutet worden. In Wirklichkeit hatten die meisten von ihnen nicht sehr viel schlechter gelebt als die deutsche Zivilbevölkerung, von der Unterkunft in den Lagern abgesehen. So begehrten sie nach der Kapitulation auch nicht auf, was selbstverständlich gewesen wäre, wenn man sie geschunden hätte. Der Großteil von ihnen sträubte sich bis zur letzten Minute dagegen, in die Heimat im Osten zurückgebracht zu werden. Ihre Proteste wurden unterdrückt. Die Westalliierten ließen sie zwangsverladen.

Ein eigenes Kapitel britischer Fairneß verknüpfte sich mit dem Schicksal der Kosaken. Die meisten dieser Flüchtlinge, die nach dem Sieg der Bolschewisten und dem Ende des Bürgerkrieges im Jahr 1920 Rußland verlassen hatten und verstreut in ganz Europa lebten, hatten sich im Zweiten Weltkrieg freiwillig der deutschen Wehrmacht eingegliedert. In Rußland waren ebenfalls viele Tausende von der Roten Armee zu den Deutschen übergelaufen, so daß nach einiger Zeit mehr als eine Viertelmillion Kosaken auf deutscher Seite gekämpft hatten. Ihre Verbände waren den deutschen Einheiten völlig gleichgestellt; man hatte sie allerdings nicht an der russischen Front, sondern auf dem Balkan gegen Titos Partisanen eingesetzt. Nach der Kapitulation lehnten es die Kosaken ab, in jugoslawische oder russische Gefangenschaft zu gehen; beides wäre mit Selbstmord identisch gewesen. Sie kämpften sich zu den Engländern auf österreichisches Gebiet durch. Sammelplatz der Kosakenkorps war der Raum Klagenfurt. Dort stellten sie sich unter alliierten Schutz. Nach Geheimverhandlungen zwischen den Sowjets und den Briten wurden mit Hilfe von bewußten Täuschungen, Betrugsmanövern, Lügen und unverhüllten Wortbrüchen der englischen Militärs zweitausendzweihundert Kosakenoffiziere überrumpelt und gewaltsam der Roten Armee ausgeliefert. Siebzig Prozent der Kosaken hatten seit Ausbruch des Zweiten Weltkriegs den Nansen-Paß besessen, so daß sie keine Sowjetbürger waren. Die Absprachen zwischen den Westalliierten und den Sowjets über die Zwangsrepatriierung sowjetischer Staatsbürger trafen demnach auf sie gar nicht zu. Einige Offiziere konnten auf dem Transport fliehen. Sie schlugen sich in das riesige Kosakenlager bei Lienz in Osttirol durch, in dem einhundertsechzigtausend Männer, Frauen und Kinder warteten. Hier wurde jetzt bekannt, daß alle Insassen des Lagers entgegen den wiederholten Zusagen der Engländer ebenfalls an die Rote Armee ausgeliefert werden sollten. Rund fünfhundert Kosaken warfen sich noch in derselben Nacht in die Drau und ertranken. Am nächsten Morgen fuhren Hunderte von englischen Panzern auf. Die Kosaken unternahmen verzweifelte Ausbruchsversuche. Die Engländer eröffneten das Feuer, doch Scharen von Männern und Frauen ließen sich lieber niedermähen oder von den Panzern überrollen als nach Rußland abtransportieren. Nach drei Tagen stellten die Briten das Schießen ein. Man zählte rund zweitausend Tote. Die Briten konnten das Lager den Russen übergeben.

Auf der Potsdamer Konferenz war die »Überführung der deutschen Bevölkerung oder Bestandteile derselben, die in Polen, der Tschechoslowakei oder Ungarn zurückgeblieben sind«, nach Deutschland beschlossen worden. Es wurde bestimmt, »daß jede derartige Überführung in ordnungsgemäßer und humaner Weise erfolgen soll«. Dieser Entschluß zur Aussiedlung datierte bei den Kriegsalliierten schon aus dem Jahr 1943. Der Artikel 13 des Potsdamer Kommuniqués, in dem von Polen gesprochen wird, konnte sich der damaligen Grenzziehung entsprechend freilich nur auf Polen in seinen anerkannten Grenzen aus dem Jahr 1939 beziehen. Ob nun die Vertreibung der Deutschen aus Polen legal war oder illegal – die alten Ostprovinzen des Deutschen Reiches zwischen der westpolnischen Grenze und der Oder-Neiße-Linie gehörten ganz bestimmt nicht zu Polen, und auf diese Deutschen vor allem bezog sich der Überführungsartikel des Potsdamer Kommuniqués. Mit Leicht- und Fingerfertigkeit wurden Millionen Menschen zur gigantischsten Völkerwanderung der Geschichte gezwungen.

Massenvertreibung – Massenflucht
Zeichnung von Frans Masereel

Die »ordnungsgemäße und humane Weise der Überführung« läßt sich in beziehungsfreien Zahlen wiedergeben. In Jugoslawien, dem Land, von dem in Potsdam genausowenig die Rede war wie von Rumänien und seinen Deutschen, lebten bis zum Kriegsende an die fünfhundertzwanzigtausend Volksdeutsche. Fast dreihunderttausend entschlossen sich zur Flucht, und von denen, die in ihrer Heimat blieben, wurden nach dem 8. Mai 1945 mehr als die Hälfte ermordet, nämlich einhundertfünfunddreißigtausend. Eine Aufschlüsselung der Zahlen aller Vertriebenen der deutschen Ostbevölkerung ergibt auch in den zeitlichen Daten kein gleichförmiges Bild. Insgesamt mußten ziemlich genau fünfzehn Millionen ihre Heimat verlassen, wie eine sorgfältige Untersuchung des Statistischen Bundesamtes in Wiesbaden bis zum Herbst 1950 festgestellt hatte.

Die Zahl der Menschen, die auf der Flucht oder während der Vertreibung getötet wurden, beträgt 2,28 Millionen. Nicht exakt erfaßt sind die rund zwei Millionen Deutschen, die während des Krieges zum Schutz vor Bombenangriffen aus den Reichsgebieten in östliche Distrikte evakuiert worden waren. Nach einer vorsichtigen Schätzung erhöht sich die Zahl der Toten auf 2,4 Millionen, wenn man die Gruppe der Evakuierten dazurechnet. Diese Menschen also starben nach dem 8. Mai 1945, nach dem Tag, mit dem die Ära »unserer Gemeinsamkeit an unschätzbaren Werten« beginnen sollte, wie es einer der Sieger ausdrückte. »Wenn wir unsere Augen auf dieses Ziel richten, können keine Hindernisse auf dem Wege der Zusammenarbeit unübersteigbar sein. Weit mehr: Wenn diese Wahrheit in das letzte Dorf und in die Herzen aller Menschen eingedrungen ist, dann können wir endlich unsere Schwerter in Pflugscharen umschmieden und alle Nationen können sich der Fruchtbarkeit dieser Erde freuen.« So General Eisenhower auf einer Siegesfeier in London. Oder Roosevelt in seinem Gebet am Tag der Vereinten Nationen: »Gott der Freien, wir geloben unser Herz und unser Leben der Sache der gesamten freien Menschheit. Gib uns das Geschick und den Mut, die Welt von der Unterdrükkung und der alten gemeinen Lehre, daß die Starken die Schwachen fressen müssen, zu säubern. Amen.«

»Mich beunruhigt die Aussicht des Bevölkerungsaustausches ebensowenig wie die großen Umsiedlungen, die unter modernen Bedingungen viel leichter möglich sind als je zuvor.« – Churchill vor dem Unterhaus am 15. Dezember 1943

Abgesehen von den 2,4 Millionen getöteten Deutschen nach 1945 und den rund zwei Millionen Kriegsgefangenen, die in sowjetischen Lagern gestorben sind: Von 1945 bis heute, also seit dem Ende des Zweiten Weltkrieges, wurden auf dem Erdball rund fünfzig Kriege geführt, von denjenigen Staaten, die nach der Kapitulation befohlen hatten, die überlebenden Verantwortlichen des deutschen Volkes als Schuldige, als verantwortlich für die Vorbereitung und Durchführung eines Angriffskrieges, als Kriegsverbrecher vor Gericht zu stellen und ein Orientierungsexempel zu statuieren für alle, die sich jemals wieder unterfangen sollten, Kriege vorzubereiten.

Richter und Angeklagte

Vor Beginn der Nürnberger Prozesse: »Warten auf Verjährung« Zeichnung von Fritz Behrendt

Schon nach dem Ersten Weltkrieg hatten die Siegermächte das Recht beansprucht, Prozesse wegen Maßnahmen des Gegners, die sie als Kriegsverbrechen bezeichneten, vor eigenen Militärgerichten durchzuführen. Die deutschen Regierungen konnten nach 1918 solche Schauspiele verhindern, indem sie selbst das Schauspiel derartiger Prozesse vorbereiteten und damit alle Racheaktionen unterliefen. Die meisten Verfahren wurden eingestellt oder endeten mit Freisprüchen; nur in wenigen Fällen wurden eindeutige Vergehen nachgewiesen und Straftaten verurteilt. In Jalta hatten die Großen Drei wiederum beschlossen, Kriegsverbrecherprozesse gegen die Besiegten vor alliierten Militärgerichten durchzuführen. Churchill schlug vor, bereits auf der Konferenz eine Liste der Hauptkriegsverbrecher aufzustellen, die sofort erschossen werden sollten, sobald man sie gefangengenommen hätte. Später distanzierte er sich von allen künstlich legalisierten Vergeltungen: »Die Hinrichtung der Führer einer im Krieg unterlegenen Nation durch die Sieger scheint ein moralischer Grundsatz unserer modernen Zivilisation geworden zu sein. Das wird die Verantwortlichen lediglich anstacheln, in künftigen Kriegen bis zum bitteren Ende auszuhalten; denn, wie viele Menschenleben auch überflüssigerweise geopfert werden, sie kostet es nichts mehr.« Zynisch und erfahren wie Churchill war, hatte er Sinn für hochklingende Formulierungen, auf die er sich beschränkte; denn er unternahm nichts gegen die Prozesse.

Vom 26. Juni bis zum 8. August beriet in London eine Kommission für Kriegsverbrechen über die Definition der Straftaten, die Statuten und die Durchführung des Verfahrens. Die Sowjets versuchten bis zum letzten Moment als Kriterium nicht das tatsächlich Kriminelle bestimmter Handlungen gelten zu lassen, sondern durchzusetzen, derartige Handlungen lediglich dann als verbrecherisch zu definieren, wenn sie von Deutschen beziehungsweise von Nationalsozialisten begangen worden waren. Offensichtlich bedrängte sie mittlerweile ihr Massenmord an den sechstausend polnischen Offizieren, die Stalin nach dem deutsch-russischen Sieg 1939 in dem Birkenwald von Katyn bei Smolensk kurzerhand hatte erschießen lassen, ihre Gefangenenbehandlung und die Exzesse bei der Eroberung deutscher Gebiete. Die Amerikaner wandten einigermaßen juristisch logisch und politisch naiv ein, kriminell werde eine Maßnahme nicht durch denjenigen, der sie ausführe und zu verantworten habe, kriminell sei sie vielmehr wegen ihres verbrecherischen Charakters, mithin aufgrund ihrer Strafbarkeit. Deshalb müßten Vergehen gegen das Völkerrecht begrifflich so allgemein umrissen werden, daß sie auf jede Persönlichkeit jeder beliebigen Nation anwendbar seien, die sich derartiger Taten schuldig gemacht habe. Die Briten wiederum erklärten, es sei ihnen nicht möglich gewesen, eine schlüssige Rechtsgrundlage zu finden oder auszubauen, die als Basis dienen

AN DIE BEVÖLKERUNG DER STADT BERLIN

Um die regelmäßige Versorgung der Berliner Bevölkerung mit Lebensmitteln sicherzustellen, hat das Sowjetische Militärkommando durch den Kommandanten der Stadt Berlin der Stadtverwaltung ausreichende Mengen von Lebensmitteln zur Verfügung gestellt.

Gemäß Befehl des Militärkommandanten der Stadt Berlin, Generaloberst BERSARIN, sind ab 15. Mai 1945 folgende feste Lebensmittelrationen **pro Person und Tag** festgesetzt worden:

Brot

1.) Schwerarbeiter und Arbeiter in gesundheitsschädlichen Betrieben	600 gr.
2.) Arbeiter, die nicht in schweren oder gesundheitsschädlichen Berufen tätig sind	500 gr.
3.) Angestellte	400 gr.
4.) Kinder, nichtberufstätige Familienangehörige und die übrige Bevölkerung	300 gr.

Nährmittel

1.) Schwerarbeiter und Arbeiter in gesundheitsschädlichen Betrieben	80 gr.
2.) Arbeiter, die nicht in schweren oder gesundheitsschädlichen Berufen tätig sind	60 gr.
3.) Angestellte	40 gr.
4.) Kinder, nichtberufstätige Familienangehörige und die übrige Bevölkerung	30 gr.

Fleisch

1.) Schwerarbeiter und Arbeiter in gesundheitsschädlichen Betrieben	100 gr.
2.) Arbeiter, die nicht in schweren oder gesundheitsschädlichen Berufen tätig sind	65 gr.
3.) Angestellte	40 gr.
4.) Kinder, nichtberufstätige Familienangehörige und die übrige Bevölkerung	20 gr.

Fett

1.) Schwerarbeiter und Arbeiter in gesundheitsschädlichen Betrieben	30 gr.
2.) Arbeiter, die nicht in schweren oder gesundheitsschädlichen Berufen tätig sind	15 gr.
3.) Angestellte	10 gr.
4.) Kinder	20 gr.
5.) Nichtberufstätige Familienangehörige und die übrige Bevölkerung	7 gr.

Zucker

1.) Schwerarbeiter und Arbeiter in gesundheitsschädlichen Betrieben und Kinder	25 gr.
2.) Arbeiter, die nicht in schweren oder gesundheitsschädlichen Berufen tätig sind, sowie Angestellte	20 gr.
3.) Nichtberufstätige Familienangehörige und die übrige Bevölkerung	15 gr.

Kartoffeln

Für jeden Einwohner	400 gr.

Bohnenkaffee, Kaffee-Ersatz und echter Tee

1.) Schwerarbeiter und Arbeiter in gesundheitsschädlichen Betrieben: 100 gr. Bohnenkaffee, 100 gr. Kaffee-Ersatz und 20 gr. echten Tee im Monat.

2.) Arbeiter, die nicht in schweren oder gesundheitsschädlichen Berufen tätig sind, sowie Angestellte: 60 gr. Bohnenkaffee, 100 gr. Kaffee-Ersatz und 20 gr. echten Tee im Monat.

3.) Kinder, nichtberufstätige Familienangehörige und die übrige Bevölkerung: 25 gr. Bohnenkaffee, 100gr. Kaffee-Ersatz und 20 gr. echten Tee im Monat.

Salz

Für jeden Einwohner **monatlich**	400 gr.

*

Mengen und Form der Versorgung mit Milch, weißem Käse und anderen Milcherzeugnissen werden nachträglich bekanntgegeben.

*

Verdiente Gelehrte, Ingenieure, Ärzte, Kultur-und Kunstschaffende, sowie die leitenden Personen der Stadt-und Bezirksverwaltungen, der großen Industrie und Transportunternehmen erhalten die gleichen Lebensmittelrationen, die für Schwerarbeiter festgesetzt sind. Die Liste dieser Personen muß vom zuständigen Bürgermeister bestätigt werden.

Sonstige technische Angestellte in Betrieben und Unternehmen, Lehrer und Geistliche, erhalten die gleichen Lebensmittelrationen, die für Arbeiter festgesetzt sind.

*

Kranke in Krankenhäusern erhalten Verpflegung entsprechend den Sätzen, die für Arbeiter festgesetzt sind. Kranke, die besonderer Ernährung bedürfen, erhalten eine Sonderverpflegung entsprechend den Sätzen, die von der städtischen Abteilung für Gesundheitswesen festgesetzt sind.

*

Die Brotausgabe erfolgt täglich, wobei der Verbraucher das Recht hat, Brot für zwei Tage — und zwar für den Kalendertag und den nächsten Tag — zu erhalten.

Fleisch, Fett, Zucker, Nährmittel und Kartoffeln **für den Monat Mai** werden entsprechend den festgelegten Tagessätzen in zwei Zuteilungen ausgegeben:

erstmalig für die Zeit vom 15. Mai bis 21. Mai, d. h. für sieben Tage, und das zweite Mal für die Zeit vom 22. Mai bis 31. Mai, d. h. für zehn Tage.

Salz für die Zeit vom 20. bis 31. Mai wird in der Menge des festgelegten Monatsatzes ausgegeben.

Bohnenkaffee und echter Tee wird vom 25. bis 31. Mai ausgegeben, Kaffee-Ersatz vom 21. bis 31. Mai in der Menge des festgelegten Monatsatzes.

Die Ausgabe der Lebensmittelkarten mit den neu festgelegten Sätzen an die gesamte Berliner Bevölkerung erfolgt spätestens am 14. Mai ds. Js.

Bis zum 15. Mai erfolgt die Zuteilung der Lebensmittel, entsprechend den zeitweiligen Sätzen der früher an die Bevölkerung ausgegebenen Lebensmittelkarten, welche bis zum 14. Mai in Kraft bleiben.

13. Mai 1945.

STADTVERWALTUNG VON BERLIN.

Versorgung der Berliner Bevölkerung mit Lebensmitteln im ›Jahr Null‹
Erlaß der Stadtverwaltung von Berlin vom 13. Mai 1945

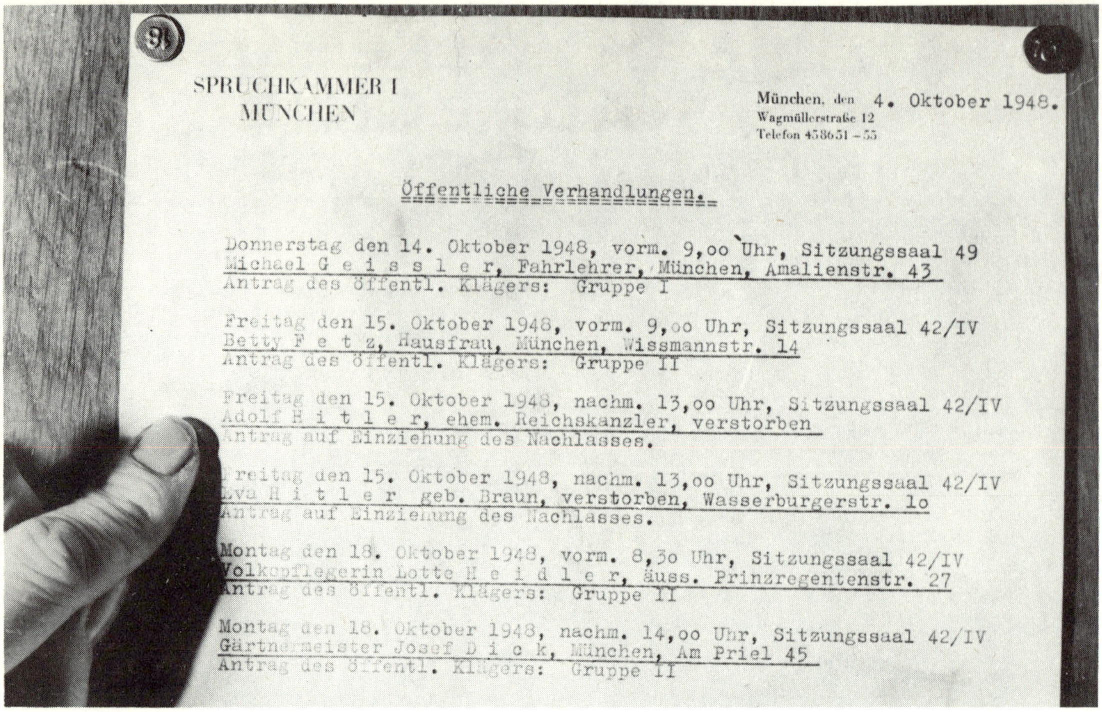

SPRUCHKAMMER I
MÜNCHEN

München, den 4. Oktober 1948.
Wagmüllerstraße 12
Telefon 458651 – 55

Öffentliche Verhandlungen.

Donnerstag den 14. Oktober 1948, vorm. 9,oo Uhr, Sitzungssaal 49
Michael G e i s s l e r, Fahrlehrer, München, Amalienstr. 43
Antrag des öffentl. Klägers: Gruppe I

Freitag den 15. Oktober 1948, vorm. 9,oo Uhr, Sitzungssaal 42/IV
Betty F e t z, Hausfrau, München, Wissmannstr. 14
Antrag des öffentl. Klägers: Gruppe II

Freitag den 15. Oktober 1948, nachm. 13,oo Uhr, Sitzungssaal 42/IV
Adolf H i t l e r, ehem. Reichskanzler, verstorben
Antrag auf Einziehung des Nachlasses.

Freitag den 15. Oktober 1948, nachm. 13,oo Uhr, Sitzungssaal 42/IV
Eva H i t l e r geb. Braun, verstorben, Wasserburgerstr. 1o
Antrag auf Einziehung des Nachlasses.

Montag den 18. Oktober 1948, vorm. 8,3o Uhr, Sitzungssaal 42/IV
Volkspflegerin Lotte H e i d l e r, äuss. Prinzregentenstr. 27
Antrag des öffentl. Klägers: Gruppe II

Montag den 18. Oktober 1948, nachm. 14,oo Uhr, Sitzungssaal 42/IV
Gärtnermeister Josef D i c k, München, Am Priel 45
Antrag des öffentl. Klägers: Gruppe II

Spruchkammerverhandlung gegen das Ehepaar Adolf Hitler in München am 15. Oktober 1948
Öffentliche Bekanntmachung vom 4. Oktober 1948

Die Eröffnungssitzung im Prozeß gegen die Hauptkriegsverbrecher
vor dem Internationalen Militärtribunal in Nürnberg im November 1945

könnte für diese Mischung aus Strafverfahren und politischem Prozeß, die unweigerlich das Wesen der Kriegsverbrecher-Verfahren bilden würde. Der amerikanische Richter am Obersten Bundesgericht der Vereinigten Staaten, Robert H. Jackson, der die Verhandlungen führte, fand die britischen Bedenken übertrieben ängstlich. Leichthin meinte er: Das Recht, das den Prozessen zugrundeliege, werde sich allmählich im Prozeßverlauf herausschälen und endgültig dann für jeden sichtbar sein in den Urteilssprüchen. Jacksons Folgerung war zwar juristisch widersinnig, dafür aber neu.

Für die deutschen Kriegsverbrechen wurde in Nürnberg ein ›Internationales Militärtribunal‹ eingesetzt, für Japan mit Statut vom 19. Januar 1946 in Tokio ein ähnliches. Italien blieb gleiches erspart. Weniger deshalb, weil hier keine solchen Kriegsverbrecher existiert hätten, sondern weil Italien im Juli 1943 aus dem Pakt mit Deutschland und Japan ausgeschert war und die Regierung Mussolini abgesetzt hatte. Außerdem hatte sich eine Reihe italienischer Divisionen an die Seite der gelandeten Amerikaner gegen Deutschland gestellt. Italien galt somit nach der Kapitulation zwar nicht als alliierter, aber immerhin als ein ›mit-kriegführender‹ und insofern nicht kriminell belasteter Partner.

Das Nürnberger Gefängnis für die Hauptschuldigen der deutschen Kriegsverbrechen

440
230
98
82
850

Das Internationale Militärtribunal begann seine Arbeit im Oktober 1945 im Nürnberger Justizgebäude. Im Laufe der drei folgenden Jahre wurden dort insgesamt dreizehn Prozesse abgewickelt. Das erste Verfahren wurde von den vier Besatzungsmächten gemeinsam bestritten, die restlichen zwölf blieben eine rein amerikanische Angelegenheit. Die Russen, Engländer und Franzosen zogen sich bei den Kriegsverbrecherprozessen auf ihre Zonenzuständigkeit zurück. Hingerichtet wurden von den Amerikanern vierhundertvierundvierzig Personen, von den Engländern zweihundertunddreißig, von den Franzosen achtundneunzig und von den Sowjets – nach ihren offiziellen Angaben – zweiundachtzig. Wie viele Menschen in den Gefängnissen und Lagern starben und aus welchen Gründen, das ist nicht bekannt.

Für den Prozeß gegen die Hauptkriegsverbrecher war der Verhandlungsort Nürnberg aus symbolischen Gründen gewählt worden. Die fränkische Metropole hatte im Dritten Reich als Stadt der Reichsparteitage ein nahezu religiös-weltanschauliches Zentrum gebildet. In Nürnberg waren während des Parteitages im September 1935 die antisemitischen Rasseverordnungen erlassen worden: das ›Gesetz zum Schutz des deutschen Blutes und der deutschen Ehre‹, das Ehen mit Juden untersagte und den Nachweis arischer Abstammung zu einer Voraussetzung für jede öffentliche Anstellung erklärte. Die erste Sitzung des Prozesses fand am 20. November 1945 statt. Auf der Anklagebank saßen zweiundzwanzig Spitzenpersönlichkeiten des Dritten Reiches, der NSDAP, der Wehrmacht. Hitler, Goebbels, Himmler hatten Selbstmord begangen, auch Robert Ley, der Leiter der Deutschen Arbeitsfront (DAF), gegen den noch Anklage erhoben wurde, erhängte sich vor Beginn des Verfahrens in seiner Zelle. Gegen Martin Bormann wurde in Abwesenheit verhandelt; man wußte nicht, ob er in Berlin umgekommen oder in Südamerika untergetaucht war. Angeklagt waren auch die wichtigsten Führungsinstitutionen des Deutschen Reiches, und zwar als ›verbrecherische Organisationen‹. An der Spitze das Reichskabinett, das gesamte Führerkorps der NSDAP, die Sturmabteilungen und Schutzstaffeln (SA und SS), die Geheime Staatspolizei und der Sicherheitsdienst (Gestapo und SD) sowie der Generalstab und das Oberkommando der Wehrmacht.

Dönitz, Raeder, von Schirach und Sauckel, davor: Göring, Heß, von Ribbentrop und Keitel auf der linken Seite der Nürnberger Anklagebank im Jahr 1946

Die Vergehen, die in der Anklageschrift aufgeführt waren, bildeten vier Hauptgruppen: Verschwörung gegen den Frieden; Verbrechen gegen den Frieden; Verstöße gegen das Kriegsrecht und die Kriegsgebräuche; Verbrechen gegen die Menschlichkeit. Den Häftlingen wurde vorgeworfen, sie hätten den Versailler Vertrag durch Betrug, durch Drohungen und Verstöße gegen internationale Vereinbarungen widerrechtlich gebrochen, sie wären verantwortlich für die Ermordung von 5,7 Millionen Juden, für zahlreiche Massenmorde während des Krieges, für Experimente an lebenden Menschen. Sie hätten militärische Aggressionen vorbereitet und durchgeführt und sich damit des Verbrechens gegen den Frieden schuldig gemacht. Unter ihrer Regierung und Verantwortung seien Kriegsgefangene und Geiseln ermordet sowie Zwangsarbeiter deportiert worden. Außerdem sei es in den von deutschen Truppen besetzten Gebieten zu Plünderungen gekommen.

Die Verteidiger der Angeklagten protestierten vor allem in vier Punkten. Erstens: Nach dem geltenden Völkerrecht gebe es bis jetzt weder das Delikt einer Verschwörung noch dasjenige eines Verbrechens gegen den Frieden. Folglich habe man es weder begehen können, noch sei es rechtens, wegen derartiger ex post konstruierten Verstöße Anklage zu erheben. Zweitens: Die Strafgesetze, die dem gesamten Verfahren zugrunde lägen, seien erst nach den begangenen Taten geschaffen worden. Das verstoße gegen den obersten Grundsatz aller Rechtspflege, daß es keine Verbrechen und damit auch keine Strafe ohne Gesetze geben könne. Drittens: Ein ähnlicher Verstoß gegen fundamentale Rechtsprinzipien sei der Umstand, daß dieselbe Partei, nämlich die alliierten Siegermächte, nicht nur die Gerichtsverfassung für den Prozeß geschaffen hätten, sondern auch die Ankläger und Richter stellen würden. Viertens: Das Nürnberger Gericht sei erste und letzte Instanz. Das schließe jede Berufungsmöglichkeit aus, und damit entfalle die Gewähr, daß ein unparteiisches Gremium die rechtlichen Streitfragen und Unzulänglichkeiten des Verfahrens nochmals überprüfe und insofern garantiere, daß die Urteile juristisch zureichend abgesichert seien.

»Keine Nation ist ohne Flecken in ihrer Geschichte. Aber angesichts der Verantwortlichen Nazi-Deutschlands können wir uns ohne Furcht befragen: Wir finden kein gemeinsames Maß zwischen ihnen und uns.« – Frankreichs Ankläger François de Menthon im Nürnberger Prozeß

An der Spitze der Angeklagten rangierte Hermann Göring. Während des Krieges hatte man in Moskau Hitler, Mussolini, Göring, Himmler, Goebbels und Ribbentrop als die sechs Hauptverbrecher bezeichnet. Von ihnen lebten nur noch Göring und Ribbentrop. Göring, zweiundfünfzig Jahre alt, bis zum 24. April 1945 Oberbefehlshaber der deutschen Luftwaffe, war seit dem 1. September 1939 formal von Hitler zu seinem »Stellvertreter und Nachfolger in allen meinen Staatsämtern, bei der Partei und bei der Wehrmacht« bestimmt und fungierte seit Juli 1940 als Reichsmarschall des Großdeutschen Reiches. In Nürnberg wurde er offensichtlich auch als Ersatz für die Person Hitlers betrachtet, abgesehen von verschiedenen konkreten Anklagepunkten, die ihn für viele Straftaten direkt verantwortlich machten. Göring war einer der drei Fliegeroffiziere, die im Ersten Weltkrieg den Orden Pour le mérite, die höchste preußische Kriegsauszeichnung, erhalten hatten. Mit fünfundzwanzig Jahren war er 1918 der letzte Kommandeur des legendären Jagdgeschwaders ›Richthofen‹ geworden.

Im Herbst 1922 hatte Göring Hitler kennengelernt, dessen Bewegung er sich vehement anschloß. Er beteiligte sich aktiv am Hitler-Putsch des Jahres 1923 in München und wurde schwer verwundet, als die bayerische Landespolizei vor der Feldherrnhalle den Demonstrationszug der Nationalsozialisten zusammenschoß. Görings Oberschenkelverletzungen verheilten nicht, und er litt ständig unter Schmerzen, so daß er vom Morphium abhängig wurde. Das war einer der Gründe für sein enormes Übergewicht; andererseits entsprach dies seinen elementaren Neigungen zu aller Daseinsfülle, seinem prunkvollen Leben, seiner ausgreifenden Genußsucht, seinem Sinn für alles, was ihm die Zeit zwischen der Renaissance und Rubens verkörperte. In der Weimarer Republik war er am 30. August 1932 mit den Stimmen des Zentrums und der Bayerischen Volkspartei zum Reichstagspräsidenten gewählt worden. Hitler ernannte ihn am 11. April 1933 zum preußischen Ministerpräsidenten und am 5. Mai zum Reichsluftfahrtminister. Seit Oktober 1936 zeichnete er als Generalbevollmächtigter für den ersten Vierjahresplan. Göring war ein äußerst aktiver Mann, höchst erfolgreich in der Koordinierung von Behörden und Wirtschaft, ebenso durch seine hervorragende Tatkraft als Reichsjäger- und Reichsforstmeister, energisch und brutal im Kampf gegen politische Gegner, ungewöhnlich populär sowohl in Deutschland als auch im Ausland, das ihm einen verblüffenden moralischen Kredit einräumte. Er war ein konsequenter Gegner des leichtfertigen Konfliktkurses, den am nachdrücklichsten Außenminister Joachim von Ribbentrop befürwortet hatte. Während des Krieges ging sein Einfluß stark zurück, nicht zuletzt wegen seiner sanguinischen Fehleinschätzungen der deutschen und gegnerischen Luftwaffe wie seiner eigenen Möglichkeiten. Sein Sinn für Ironie, Härte und abgebrühtes Selbstbewußtsein hielt sich bis zur letzten Sekunde. In der Gefangenschaft nahm er rapide ab. Mit Sarkasmus zeigte er Besuchern, wie sein Uniformrock an ihm herunterhing: »Davon habe ich stets geträumt, so schlank zu sein.« Daß ihm der Galgen sicher war, das wußte er, seit er die Anklageschrift gelesen hatte.

Vor dem Nürnberger Tribunal trat er von der ersten Stunde an als Hauptverantwortlicher des Nationalsozialismus auf, auch gemäß der Anklageschrift »gegen Hermann Wilhelm Göring und andere«. Der amerikanische Hauptankläger Robert H. Jackson eröffnete sein Kreuzverhör mit der Frage: »Sie sind sich vielleicht darüber im klaren, daß Sie der einzige lebende Mensch sind, der uns die wahren Ziele der nationalsozialistischen Partei und das Funktionieren seiner Führerschaft erklären kann.« Darauf Göring: »Darüber bin ich mir im klaren.« Ohne die geringste persönliche Rücksicht bekannte sich Göring zu seiner Verantwortung und lehnte es kategorisch ab, sich auch nur in einem einzigen Punkt so zu verteidigen, als wollte er sich für seine Handlungen entschuldigen. Sein einziges Ziel bestand darin, seine Entschlüsse zu erklären, die Antriebe der nationalsozialistischen Bewegung zu erläutern, die Optionen des deutschen Volkes verständlich zu machen – immer mit dem verächtlichen Unterton eines Menschen, der weiß, daß diesem Tribunal und mit ihm der ganzen Siegerwelt letztlich doch nichts zu erklären war, weil sie nicht verstehen, sondern richten und vergelten wollten. Nach dem Studium der hundertseitigen Anklageschrift notierte er: »Der Sieger wird immer der Richter und der Besiegte stets der Angeklagte sein!« Göring wich selbst bedenklichen Vorwürfen nicht aus; er bestritt nur energisch und kalt alles, was ihm als falsche Anklage erschien. Wiederholt fragte ihn Jackson, nachdem er aus den stenographischen Protokollen unvorteilhafte Bemerkungen zitiert hatte, ob sich Göring wirklich so ausgedrückt habe. Und immer erwiderte ihm Göring gelangweilt, mit brüskierender Geringschätzung: »Selbstverständlich habe ich das gesagt!«

Die Nürnberger Richterbank des IMT im Oktober 1945

Göring stand in jeder Phase des Prozesses hinter seinem Entschluß, ein letztes

Mal den Nationalsozialismus authentisch vor die Weltöffentlichkeit zu bringen. Dafür setzte er sein ganzes Format ein, seine Energie, seinen Willen und die Verachtung eines Mannes, der selbst vor dem Tod nichts bereut oder sich gehen läßt. Tatsächlich erweckte Göring bei der internationalen Presse im Gerichtssaal den Eindruck eines einzelgängerischen Löwen. Nach einem der vielen heftigen Zusammenstöße mit dem amerikanischen Ankläger, über die szenengetreu von den Berichterstattern in die Heimatländer gekabelt wurde, erhielt der Reporter eines der größten englischen Blätter die unwillige Anweisung seiner Redaktion: »Entlöwen Sie Göring!«, mit anderen Worten: Spielen Sie den Eindruck, den er macht, herab. In seinem Schlußwort stellte Göring ohne Floskeln nochmals entschieden fest: »Ich stehe zu dem, was ich getan habe. Das einzige Motiv, das mich leitete, war heiße Liebe zu meinem Volk, sein Glück, seine Freiheit und sein Leben.« Nach dem Urteilsspruch des Gerichts ersuchte er darum, nicht gehenkt, sondern erschossen zu werden. Der Antrag wurde abgelehnt. Zwei Stunden vor der Hinrichtung, am späten Abend des 15. Oktober 1946, zerbiß er eine Zyankali-Kapsel und starb. Das Gift hatte er vermutlich während der Untersuchungshaft von dem SS-Obergruppenführer und Polizeigeneral Erich von dem Bach-Zelewsky erhalten.

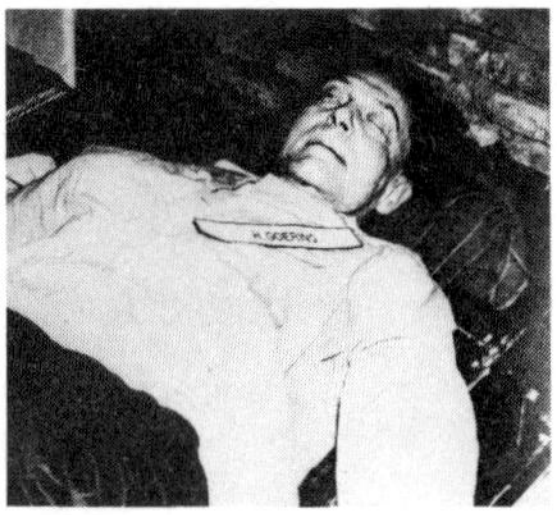

Hermann Görings Leiche nach dem Selbstgiftmord am 15. Oktober 1946

Neben Göring saß auf der Anklagebank Rudolf Heß, den Hitler am 21. April 1933 zu seinem Stellvertreter als Parteiführer ernannt hatte. Heß war drei Jahre jünger als Göring. Beide waren seit 1921, ihrer Münchner Studentenzeit, miteinander befreundet. Heß wurde bereits 1920 Mitglied der NSDAP; sein Parteibuch trug die Nummer sechzehn. Wie Göring beteiligte auch er sich am Putsch des Jahres 1923 in München. Er wurde zu fünfzehn Monaten Festungshaft verurteilt und arbeitete in dieser Landsberger Zeit als Privatsekretär Hitlers, der ihm in der Festung den Großteil seines Buches ›Mein Kampf‹ in die Feder diktierte. Im Dezember 1933 avancierte Heß zum Reichsminister ohne Geschäftsbereich. Er war ermächtigt, an den Gesetzentwürfen aller Reichsressorts mitzuwirken. Zu Kriegsbeginn wurde er von Hitler als sein zweiter Nachfolger hinter Göring bestimmt. Am 10. Mai 1941 flog Heß in einem Messerschmitt-Jagdflugzeug von Augsburg nach Schottland und sprang in der Nähe von Glasgow mit dem Fallschirm ab. Durch diesen ebenso spektakulären wie aussichtslosen Alleingang versuchte er mit Hilfe des Herzogs von Hamilton, den er 1936 bei der Olympiade in Berlin kennengelernt hatte, einen Separatfrieden zwischen England und Deutschland zu arrangieren. Die wirklichen Gründe und Hintergründe dieser Aktion lassen sich nicht mehr vollständig aufklären. Hitler bezeichnete den Versuch von Heß als die Tat eines von Wahnvorstellungen geplagten, geistig zerrütteten Mannes. Die britische Regierung verhielt sich der Sache nach nicht anders: Churchill ließ Heß verhaften und als gewöhnlichen Kriegsgefangenen behandeln. Nach der Kapitulation wurde Heß als geistig voll zurechnungsfähig auf die Anklagebank gesetzt.

»Heß war ein wohlinformierter und williger Teilnehmer an Deutschlands Angriffen auf Österreich, die Tschechoslowakei und Polen.« – Aus dem Urteil von Nürnberg

Sein Nachbar zur Linken war Außenminister Joachim von Ribbentrop. In seiner Person hatte sich die deutsche Außenpolitik vor dem Tribunal zu verantworten. Die Generale Wilhelm Keitel und Alfred Jodl, die Admirale Erich Raeder und Karl Dönitz standen für Aufrüstung und Kriegführung gerade. Der Chef der Sicherheitspolizei, des Sicherheitsdienstes und des Reichssicherheitshauptamtes, Ernst Kaltenbrunner, vertrat den toten Heinrich Himmler. Für Joseph Goebbels, den früheren Reichsminister für Volksaufklärung und Propaganda, figurierte Hans Fritzsche, der Chefkommentator des deutschen

Rundfunks. Mit Alfred Rosenberg standen die weltanschaulichen Vorstellungen des Nationalsozialismus vor Gericht, zugleich aber auch alle deutschen Kriegsdelikte im Osten; denn Rosenberg war 1941 zum Reichsminister für die besetzten Ostgebiete ernannt worden. Als mitverantwortlich saß neben ihm Hans Frank, Reichsminister und seit 1939 Generalgouverneur von Polen. Nach Innenminister Wilhelm Frick folgte in der ersten Reihe der Anklagebank Julius Streicher, Gauleiter von Franken und Herausgeber der widerlichen Wochenzeitschrift, des antisemitischen Hetzblattes ›Der Stürmer‹. Walter Funk und Hjalmar Schacht repräsentierten die deutsche Wirtschaftsführung und Militärindustrialisierung, Baldur von Schirach die nationalsozialistische Jugenderziehung; gleichzeitig stand Schirach wegen seiner Tätigkeit als Reichsleiter, Gauleiter und Verteidigungskommissar von Wien vor Gericht. Gauleiter Fritz Sauckel hatte als Generalbevollmächtigter für den Arbeitseinsatz die Beschäftigung von Kriegsgefangenen und Häftlingen in der deutschen Industrie während des Krieges zu verantworten. In Franz von Papen versuchte man die deutsche Österreich-Politik abzuurteilen, und mit Arthur Seyß-Inquart waren die Übergriffe und Judendeportationen aus den Niederlanden angeklagt. Ähnlich mußte Konstantin Freiherr von Neurath, der Reichsprotektor von Böhmen und Mähren, die deutsche Verwaltung in der Tschechoslowakei verantworten, und da er vom 30. Januar 1933 bis zu seiner Ablösung durch Ribbentrop deutscher Außenminister war, mußte er auch die Wiederbesetzung des Rheinlandes 1935 rechtfertigen. Mit Albert Speer schließlich, dem Architekten Hitlers und Organisationsgenie, im Krieg Reichsminister für Bewaffnung und Munition, sollte letztlich der industrielle Widerstandswille Deutschlands verurteilt werden; angeklagt in allen vier Hauptpunkten wurde Speer lediglich wegen seiner Verantwortung für den Einsatz von Zwangsarbeitern schuldig gesprochen.

Unterredung Albert Speers mit seinem Verteidiger während der Prozesse in Nürnberg

Nach zehn Monaten und zwei Wochen, am 1. Oktober 1946, wurde das Urteil verkündet. Der sowjetische Richter plädierte in einem Sondervotum für härtere Strafen, blieb aber mit seiner Meinung allein. Freigesprochen wurden Papen, Schacht und Fritzsche, ebenso die SA, das Oberkommando der Wehrmacht und das deutsche Reichskabinett. Zum Tode wurden zwölf der Angeklagten verurteilt: an der Spitze Göring, Ribbentrop, Keitel, Jodl, ferner Frank, Frick, Kaltenbrunner, Rosenberg, Sauckel, Seyß-Inquart, Streicher und in Abwesenheit Martin Bormann. Der Rest erhielt langjährige oder lebenslängliche Zuchthausstrafen. Ein Großteil der Todeskandidaten beantragte wie Göring die Änderung der Hinrichtungsart: Sie wollten erschossen werden. Großadmiral Raeder dagegen ersuchte darum, daß man die lebenslängliche Strafe für ihn in ein Todesurteil verwandle. Alle Anträge wurden abgelehnt. Die Hinrichtungen fanden in der Nacht vom 15. zum 16. Oktober 1946 im Nürnberger Justizgebäude statt. Die Leichen wurden verbrannt. Hohe Offiziere der vier Sieger verstreuten in einem seltsam-symbolischen Ritual die Asche in alle Winde.

Das Recht der Sieger

Juristen, Politiker, Theologen waren sich lange vor Beginn des Prozesses über die schwerwiegenden Mängel des Verfahrens einig. Am stärksten wurden sie jedoch von der grundsätzlichen Fragwürdigkeit dieses Tribunals bedrückt.

Trotz aller Rechtfertigungen des Gerichtsstatus ist nicht zu bestreiten, daß in den meisten Anklagepunkten eine unhaltbare Vermischung von rechtlichen und moralischen Anklagen vorlag, daß Vorwürfe ethischer Natur umgemünzt wurden in strafbare Handlungen. Auf der Londoner Vorkonferenz hatte der britische Hauptankläger einen französischen Völkerrechtler gefragt: »Meinen Sie nicht, daß die Leute, die tatsächlich persönlich für den Beginn eines Krieges verantwortlich sind, ein Verbrechen begangen haben?« Der Experte nickte bedächtig: »Wir denken, daß es moralisch und politisch wünschenswert wäre, aber daß es nicht Völkerrecht ist.« Einen beklemmenden Kommentar dazu lieferte die Kriegsverbrechen-Kommission der Vereinten Nationen. Im Frühjahr 1949 erstattete sie einen Bericht über die Gesetzgebung der vorausgegangenen Zeit. Ihr Rechtsausschuß kam darin zu dem Ergebnis, daß der Angriffskrieg, so verwerflich er sein mag, völkerrechtlich kein Verbrechen darstelle. Dasselbe gelte für den Anklagepunkt des Verbrechens gegen die Menschlichkeit. Die Verstöße dagegen seien von jeher in der Geschichte als in höchstem Grade verabscheuenswert betrachtet und verworfen worden. Seit Jahrhunderten existiere der Wunsch und Wille von Millionen, sie als strafwürdig zu erklären. Tatsache aber bleibe es, daß sie bis 1945 nirgends auf der Welt juristisch exakt als strafwürdige Vergehen betrachtet worden sind, und daß deshalb rechtsgültig auch niemand dafür angeklagt werden konnte.

»Künftige Historiker werden ... wahrscheinlich berichten, daß die eigentliche Bedeutung von Nürnberg darin bestand, einen Präzedenzfall dafür zu schaffen, daß die Besiegten von den Siegern abgeurteilt und getötet werden.« – Churchills Sohn Randolph nach der Urteilsverkündung in Nürnberg

Überdies urteilten die Richter in Nürnberg nach Grundsätzen, die speziell nur auf die führenden Männer des Dritten Reiches zugeschnitten und angewandt wurden; das bedeutete eine Jurisdiktion auf Grund erklärter Siegerrechte. Für gleichartige Handlungen und Zielsetzungen anderer Völker, zumal der vier Sieger, galten diese rechtlichen Maßstäbe nicht. Das mindert nicht die Strafwürdigkeit der Vergehen, aber es entzieht der Unvoreingenommenheit des Gerichts den Boden und unterstreicht seine Parteilichkeit. Großbritannien hatte seit dem Januar 1940 die gewaltsame Besetzung Dänemarks und Norwegens vorbereitet. Die deutschen Pläne für dieselbe Aktion waren nichts anders als eine Antwort auf die britischen Absichten, also ein klarer Akt der militärischen Selbstverteidigung. Der einzige Unterschied zwischen beiden Projekten, abgesehen von den Motiven, bestand darin, daß die deutsche Wehrmacht den Engländern um genau zehn Stunden zuvorkam.

Der Angriff gegen Polen war zwischen den Deutschen und Russen abgesprochen worden, in einem zusätzlichen Geheimabkommen als Ergänzung des Nichtangriffs- und Freundschaftsvertrages zwischen Moskau und Berlin vom August 1939 und dem Handelsvertrag vom September. Dieses Geheimabkommen legte sogar präzis die Orte und Distrikte fest, die von den Deutschen und den Russen besetzt werden sollten. Doch in Nürnberg saß der eine Partner des Angriffsvertrages zu Gericht und klagte den anderen wegen dieses Abkommens als Verbrecher an, als handelte es sich beim Völkerrecht um eine einseitige Angelegenheit. Moskau hatte zudem 1939 den Krieg gegen Finnland begonnen und war deswegen vom Völkerbund ausdrücklich zum Angreifer erklärt und aus dem Bund ausgeschlossen worden. Die Sowjetunion hatte in gleicher Form Lettland, Estland und Litauen besetzt und deren Eigenstaatlichkeit vernichtet.

Dasselbe gilt von dem Prinzip des Befehlsnotstandes, der in dem anerkannt autoritär gegliederten Dritten Reich keine Ausrede, sondern eine Selbstverständlichkeit war, wie in allen Staaten, die sich im Krieg befanden. Artikel 8 des

Nürnberger Statuts stellt ausdrücklich fest: »Die Tatsache, daß ein Angeklagter auf Befehl seiner Regierung oder eines Vorgesetzten gehandelt hat, gilt nicht als Strafausschließungsgrund.« Im Militärrecht sämtlicher Staaten der Welt wurden dagegen bei Kriegsverbrechen die Befehle von Vorgesetzten als Verteidigungsgründe zugelassen. Das britische Militärgesetzbuch, gültig in beiden Weltkriegen, legte in seinem Paragraphen 443 fest: »Es ist von Wichtigkeit festzustellen, daß Glieder der Streitkräfte, die solche Verletzungen der anerkannten Regeln der Kriegführung begehen, die von ihrer Regierung oder ihrem Befehlshaber befohlen werden, keine Kriegsverbrecher sind und deswegen nicht vom Feind bestraft werden können.« Die Genfer Kriegsvölkerrechts-Konferenz verwarf nochmals im Mai 1977 das Recht der Soldaten zur Befehlsverweigerung, falls sich aus der Befehlsausführung ein Kriegsverbrechen ergebe.

Die Enthüllungen
der Nürnberger Prozesse
SBZ-Plakat von 1946

Welche bewegenden Zweifel selbst in Amerika nach dem Nürnberger Urteil laut wurden, zeigte sich an einer Rede des US-Senators Robert A. Taft, die er zwischen der Urteilsverkündung und der Hinrichtung auf einer Veranstaltung in Ohio hielt: »Ein von den Siegern über die Besiegten geführter Prozeß kann nicht unparteiisch sein, in welchen Rechtsformen er auch gehalten wird. Ich halte es für fraglich, ob sich jemand abhalten lassen wird, einen Angriffskrieg zu entfesseln, wenn man jene, die ›die Führer‹ des deutschen Volkes waren, aufhängt, so verachtenswert sie gewesen sind; denn niemand unternimmt einen Angriffskrieg, der sich nicht den Sieg davon erhofft. Über diesem ganzen Verfahren schwebt der Geist der Rache, und Rache ist selten identisch mit Recht. Die Hinrichtung der elf Verurteilten wird ein dunkler Punkt in der amerikanischen Geschichte sein, den wir lange bedauern werden. Wir haben in diesem Prozeß die russische Auffassung akzeptiert, derzufolge der Zweck von solchen Prozessen in der Regierungspolitik besteht und nicht in der Rechtsprechung – eine Haltung, die wenig Bezug zu unserem angelsächsischen Erbe hat. Indem wir Politik in die Formen legalen Vorgehens kleiden, können wir die Idee der Gerechtigkeit auf Jahre hinaus in Europa diskreditieren. Letzten Endes könnten wir sogar nach einem so furchtbaren Krieg mit größerer Hoffnung der Zukunft entgegensehen, wenn selbst unsere Feinde glauben dürfen, daß wir sie unserer angelsächsischen Rechtsauffassung entsprechend gerecht behandelt haben, ihnen Hilfe angedeihen ließen und die Territorialfragen einer endgültigen Lösung zuführten.«

Ob die Deutschen diesen Glauben besaßen, ist fraglich. Den Verurteilten jedenfalls fehlte er, und er fehlte selbst der katholischen Kirche. Papst Pius XII. erklärte 1953 in Rom vor den Teilnehmern eines Kongresses für internationales Strafrecht in behutsamer Trockenheit: »Einem unbeteiligten Dritten bereitet es Unbehagen, wenn er sieht, wie nach Abschluß der Feindseligkeiten der Sieger den Besiegten wegen Kriegsverbrechen aburteilt, während sich der Sieger gegenüber dem Besiegten ähnlicher Handlungen schuldig gemacht hat.« Der Papst ließ hier eine Melodie anklingen, die schon Jahre vorher in Amerika voll durchgespielt worden war, und zwar als Wissenschaftler unmißverständlich klarstellten, daß der Bau und Einsatz von Atomwaffen nichts anderes sei als eine systematische Vorbereitung von Verbrechen gegen die Menschlichkeit und Völkermord. Schon im Zweiten Weltkrieg hätten sich die USA solcher Delikte schuldig gemacht; denn während die Engländer ihre Bombenteppiche noch als Vergeltung entschuldigen konnten, war dies den Amerikanern nicht möglich:

Hiroshima nach der Atombombenexplosion am 6. August 1945 – erst seit 1977 ein erklärtes Verbrechen gegen die Menschlichkeit

»Wenn wir ehrlich sein sollen, so müssen wir zugeben, daß diese Art von Bombardierung sich vom Mord in einem Nazi-Vernichtungslager nicht in den Ergebnissen, sondern nur dadurch unterscheidet, daß die unter militärischem Befehl Handelnden in Lebensgefahr standen und keinen persönlichen Kontakt mit ihren Opfern hatten. Vielleicht ist einer der Gründe für unsere anormale Apathie in dieser Sache der, daß eine Prüfung unseres Verhaltens das Gefühl einer fast untragbaren Last von Schuld erwecken würde. Seitdem der Völkermord unsere Politik geworden ist, haben wir die Möglichkeit wirksamer ziviler Kontrolle selbst in Friedenszeiten verloren, und unser Kongreß bewilligt blindlings ungenannte Summen für die Herstellung ungenannter Waffen für ungenannte Zwecke.« Erst 1977 wurden in Genf Terrorangriffe auf die Zivilbevölkerung und Flächenbombardierungen von Städten genauso zu Verbrechen erklärt wie ungerechtfertigte Verzögerung bei der Entlassung von Kriegsgefangenen.

In Nürnberg sind neue Gesetze geschaffen, ist neues Recht gesetzt worden. Trotz des Unrechts, das sich damit verband, hätte man das als eine Jahrhunderttat rühmen müssen, wenn es nicht bloß formuliert, sondern später auch von allen praktiziert worden wäre. Das war nicht der Fall. Weder nach dem Korea-Krieg noch nach dem chinesisch-indischen Krieg der Jahre 1959–1962 kam es zu Kriegsverbrecherprozessen, ebensowenig wie nach den Kriegen im Vorderen Orient, in Bangla Desh, in Kambodscha.

Vietnam
Golfkriege

Der Zweite Weltkrieg

Blitzkriege, Blitzsiege

Der Zweite Weltkrieg hatte fast auf den Tag genau ein Jahrzehnt vor der Gründung der beiden deutschen Staaten begonnen: am 1. September 1939. Eine wechselseitige Übersteigerung der deutschen Forderungen einerseits und die polnisch-britische Verhärtung andererseits ergaben den Anlaß. Hitlers Außenpolitik ist von der ersten Stunde an durch die Entschlossenheit bestimmt gewesen, die Vereinbarungen des Versailler Friedensvertrages zu revidieren. Diese Absicht hatten sämtliche deutschen Regierungen seit 1919 als oberste Leitlinie ihres außenpolitischen Kurses betrachtet. Hitler unterschied sich davon lediglich durch seine Bedingungslosigkeit, durch die Wahl seiner Mittel und das rücksichtslose Tempo seines Handelns. Das Münchener Abkommen vom 29. September 1938 über den Anschluß des Sudetenlandes an das Reich war noch in ganz Europa als glückliche Lösung eines unerträglich gewordenen Problems gepriesen worden. Nicht das Dritte Reich, sondern die Tschechoslowakei mit ihrer herausfordernden Minderheitenpolitik hatte die Krise in diesem Raum Europas heraufbeschworen. Sie war allerdings über Jahre hinweg durch die Anziehungskraft des Nationalsozialismus verstärkt worden, durch seine geistig-politische Solidarisierung mit den nationalen Traditionen und Wünschen der Auslandsdeutschen in aller Welt, die sich seit 1933 zu einem Teil der amtlichen Politik Deutschlands ausgeformt hatte. Im Sommer 1938 studierte der britische Staatsmann Walter Runciman im Auftrag Londons zwei Monate lang mit einer Sonderkommission die Minderheitensituation in der Tschechoslowakei. Sein Bericht an Ministerpräsident Neville Chamberlain, in dem die

Tschechisches Alltagsbild in den Wochen vor dem Münchener Abkommen: übermalte und mit NS-Emblemen versehene tschechische Schrift- und Firmentafeln

Tschechen für die herrschenden Zustände verantwortlich gemacht wurden, veranlaßte den englischen Regierungschef, Hitler am 16. September in Berchtesgaden aufzusuchen und im Verlauf des Gesprächs ausdrücklich das nationale Selbstbestimmungsrecht der Sudetendeutschen anzuerkennen.

Der Bericht der Runciman-Kommission war so überzeugend, daß drei Tage später London und Paris der tschechoslowakischen Regierung eindringlich empfahlen, die sudetendeutschen Gebiete ohne Volksabstimmung an das Deutsche Reich abzutreten. Gleichzeitig boten sie eine Garantie der neuen Staatsgrenzen an. Ein zweites Treffen Chamberlains mit Hitler in Bad Godesberg vom 22. bis 24. September verlief weniger günstig. Hitler setzte dem britischen Premier mit heftigen Vorwürfen zu und drohte schließlich damit, die Sudetengebiete einfach durch deutsche Truppen besetzen zu lassen, falls die Regierung in Prag sich weiter gegen eine Lösung sperre, die von den Großmächten Europas als recht und billig angesehen worden war. Einer zusätzlichen Verschärfung der Spannungen kam der italienische Regierungschef Benito Mussolini zuvor: Er regte ein Treffen der führenden Staatsmänner von England, Frankreich, Italien und Deutschland in München an.

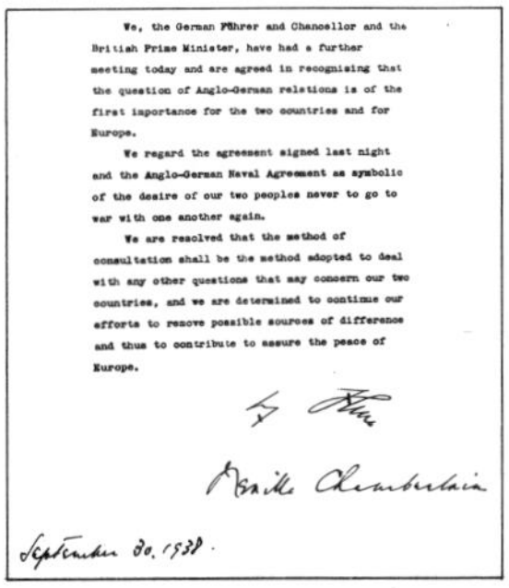

We, the German Führer and Chancellor and the British Prime Minister, have had a further meeting today and are agreed in recognising that the question of Anglo-German relations is of the first importance for the two countries and for Europe.

We regard the agreement signed last night and the Anglo-German Naval Agreement as symbolic of the desire of our two peoples never to go to war with one another again.

We are resolved that the method of consultation shall be the method adopted to deal with any other questions that may concern our two countries, and we are determined to continue our efforts to remove possible sources of difference and thus to contribute to assure the peace of Europe.

Die Vereinbarung des Münchener Abkommens zwischen Deutschland und England vom 30. September 1938 mit den Unterschriften von Hitler und Chamberlain

Der Runciman-Bericht bildete die Grundlage des Münchener Abkommens, mit dem eines der unerquicklichsten Minderheitenprobleme Europas seit 1919 aus der Welt geschafft wurde. Die vier Großmächte bestimmten, daß die Tschechoslowakei die Sudetengebiete an das Deutsche Reich abzutreten hatte. Polen besetzte am 2. Oktober 1938 in Nordmähren das Olsa-Gebiet; es hatte schon nach dem Ersten Weltkrieg diesen Teil des ehemaligen Herzogtums Teschen wegen der überwiegend polnischen Bevölkerung für sich beansprucht und forderte es jetzt von Prag ultimativ ein. Im Sommer 1945 erhielt die Tschechoslowakei das achthundertvierundsechzig Quadratkilometer große Territorium mit seinen über zweihunderttausend Einwohnern wieder zurück, trotz aller Proteste Warschaus. Ungarn schließlich besetzte 1938 einen Gebietsstreifen in der südlichen Slowakei, den Distrikt Oberungarn. Auch dieses Grenzland fiel 1945 an Prag zurück. Die Slowakei und der östlichste Teil der Tschechoslowakei, die Karpato-Ukraine, wurden 1938 zu autonomen Gebieten erklärt mit dem Recht, eigene Regierungen einzusetzen. Die vier Mächte sollten sich entsprechend dem Münchener Abkommen zu einer Garantie der neuen Grenzen und der Sicherheit der nunmehr föderalistischen Tschechoslowakei verpflichten. Diese Garantie wurde allerdings nie förmlich ausgesprochen.

Die Anerkennung des Münchener Abkommens durch Frankreich: Edouard Daladier bei der Unterzeichnung am 29. September 1938 in Anwesenheit von Göring und Hitler

Das Abkommen war nicht unter brutal-militärischem Druck Deutschlands geschlossen worden. Es kam zustande als Folge der Prager Innenpolitik unter Staatspräsident Eduard Beneš, der am 18. Dezember 1935 Nachfolger Tomáš Garrigue Masaryks geworden war. Beneš hatte niemals beabsichtigt, die verhältnismäßig ausgleichende, obschon nicht immer weise das Schweizer Vorbild konsequent anstrebende Politik seines Vorgängers und von allen Nationalitäten der Republik respektierten Staatsgründers Masaryk weiterzuführen oder gar zu übertreffen. – In dem restlichen tschechischen Staatsgebilde steigerte sich die Abneigung der Slowaken gegen die Tschechen im Februar und März 1939 zu einem neuen Höhepunkt. Unterstützt von Berlin erklärte die Slowakei am 14. März ihre Unabhängigkeit. Daraufhin fuhren Staatspräsident Emil Hácha und der tschechische Außenminister nach Berlin, um die neue Lage mit der deutschen Führung zu besprechen. In einer dramatischen Nachtsitzung

»Kinder, Hácha hat unterschrieben. Das ist der größte Tag meines Lebens. Ich werde als der größte Deutsche in die Geschichte eingehen.« – Hitler nach der Unterzeichnung des Protektoratsvertrages zu seinen Sekretärinnen

wurde Präsident Hácha genötigt, einen Protektoratsvertrag mit dem Deutschen Reich zu unterzeichnen. Deutsche Truppen rückten noch am selben Tag, dem 15. März, in Böhmen und Mähren ein. Gleichzeitig besetzte Ungarn die Karpato-Ukraine.

England und Frankreich waren schockiert. Heftige Kritik an der Politik des Nachgebens wurde der britischen Regierung in Hunderten von Zeitungsartikeln vorgeworfen. Im Herbst 1938 war München noch überschwenglich gefeiert worden, jetzt aber wurde der Tag der Unterzeichnung des Abkommens verdammt als Höhepunkt einer widerwärtigen Beruhigungsdiplomatie Englands, als Schandmal des Appeasements, als abstoßendes Beispiel für die Folgen einer Vogel-Strauß-Politik. Und die deutsche Staatsführung unternahm alles, um dieses Urteil auch noch zu rechtfertigen. Hitlers politisches Gespür reichte nicht bis zur Erkenntnis, daß die Zeit vorbei war, da berechtigte Ansprüche eines Staates notfalls dazu berechtigten, sie mit roher Gewalt durchzusetzen. Das Deutsche Reich gewann in der Perspektive seiner westlichen Nachbarn die Züge eines unersättlich gefräßigen Staates; denn der Protektoratsvertrag war ein Bruch des Münchener Abkommens, zumindest der Sache nach: Hitler konnte sich nur formal auf die Korrektheit der zweiseitigen Vereinbarung im Protektoratsabkommen berufen. Die Ministerpräsidenten Englands und Frankreichs, Chamberlain und Daladier, waren fest davon überzeugt, daß Berlin die Unterschrift des tschechoslowakischen Staatspräsidenten erzwungen hatte.

Die Etappen bis zum ersten Schuß

Hitler als Karl der Große auf dem Erfolgsweg Zeichnung eines Franzosen, 1939

In den folgenden Monaten häuften sich die verhängnisvollsten Fehler: Fehler auf beiden Seiten, Fehler in Form von Affekten, Fehleinschätzungen, Drohungen, Verhärtungen, blindem Starrsinn. Es ist schwer zu entscheiden, ob Hitler wirklich nicht wußte, wie gründlich sich die Stimmung in England und Frankreich zu seinen Ungunsten verändert hatte, oder ob ihn die verblüffende Kette seiner außenpolitischen Erfolge zu dem Glauben verleitete, daß sein oberstes Ziel, die vollständige Revision von Versailles, auf dem bis dahin erprobten Weg der rasch vollzogenen Tatsachen, der schnellen Entschlüsse, des politischen Drucks am sichersten erreicht werden konnte. Erfolg macht trunken. Diese Tatsache mag von jedem ausgekostet werden, nur nicht von Staatsmännern und Generalen. Erfolge der deutschen Politik entwickelten sich in den Jahren 1938 und 1939 zu Mißerfolgen der Vertragsmächte des Versailler Friedens, sie verdeutlichten nicht nur die früheren Fehler, sondern wurden auch – nicht zuletzt aus diesem Grund – als Herausforderung empfunden. Doch dafür fehlte Hitler alles Verständnis. Jeder Erfolg verleitete ihn dazu, die westlichen Politiker abzuwerten. Im August 1939 sprach er vor den Befehlshabern der Wehrmacht folgende Geringschätzung aus: »Unsere Gegner sind kleine Würmchen. Ich sah sie in München.« Mitten in der beklemmenden Ruhe nach der Besetzung der Tschechoslowakei griff er das letzte große Problem der Versailler Friedensregelung auf: die deutsch-polnische Frage.

Die Beziehungen zu Polen waren dem Augenschein nach nicht schlecht. Polen, das während des Jahres 1933 noch darum bemüht gewesen ist, Frankreich zu einem gemeinsamen Präventivkrieg gegen Deutschland zu überreden, hatte binnen wenigen Monaten die versöhnlichen Angebote der neuen Regierung in Berlin akzeptiert und am 26. Januar 1934 einen deutsch-polnischen Nichtangriffspakt unterzeichnet, der zunächst für zehn Jahre gelten sollte. Der Vertrag löste Staunen in Europa aus; denn er stellte die Situation, wie sie seit mehr als zehn Jahren bestanden hatte, völlig auf den Kopf: Er sollte wirklich »eine neue Phase in den politischen Beziehungen zwischen Deutschland und Polen einleiten«, wie im Eingangssatz des Abkommens beteuert wurde.

Im März 1938 erzwang Polen durch Ultimatum von der litauischen Regierung die Anerkennung der beiderseitigen Grenze im Nordosten. Polen war im Oktober 1920 in dieses altlitauische Wilna-Gebiet einmarschiert und hatte es zwei Jahre später seinem Staatsverband eingegliedert. Litauen aber hatte sich seitdem beharrlich geweigert, die Annexion anzuerkennen und diplomatische Beziehungen zu Polen herzustellen. Erst 1938 beugte sich die Regierung in Kowno dem polnischen Ultimatum. Ohne stillschweigende deutsche Duldung hätte Polen dieses Ziel nicht erreicht, genausowenig wie ihm die Erwerbung des Olsa-Gebietes während der Sudetenkrise gelungen wäre. Berlin wollte damit auch demonstrieren, daß es von der heiklen Situation der Volksdeutschen in Polen bislang keine Notiz genommen hatte. Dem stärksten Druck waren die Volksdeutschen damals in Oberschlesien ausgesetzt. Im Jahr 1922 hatten sie im Gebiet um Kattowitz und Königshütte eine Reihe von Sonderrechten erhalten, die auf fünfzehn Jahre befristet waren. Diese Rechte hatte man in einem Abkommen in Genf vereinbart, das am 14. Juli 1937 auslief. Im Oktober setzte hier eine rigorose Entgermanisierungspolitik ein, mit Provokationen, Enteignungen, Vertreibungen. Die deutsch-polnische Minderheitenerklärung vom 5. November 1937 änderte nicht das Geringste an diesen Maßnahmen.

Zollkontrolle an der durch die Teilung Oberschlesiens 1919 geschaffenen Grenze – sogar innerhalb eines Bergwerks

Berlin hatte nach Lösung der Sudetenkrise, am 24. Oktober 1938 mit Warschau Gespräche begonnen, um eine »Generalbereinigung aller bestehenden Reibungsmöglichkeiten zwischen Deutschland und Polen« durchzuführen. Die deutschen Vorschläge liefen darauf hinaus, die Stadt und das Umland von Danzig, wo nur Deutsche wohnten, wieder dem Reich einzugliedern und mit Hilfe zweier exterritorialer Verkehrswege eine direkte Landverbindung nach Ostpreußen herzustellen. Als Gegenleistung erklärte sich Berlin bereit, alle wirtschaftlichen Rechte Polens in Danzig anzuerkennen, in der Stadt einen Freihafen beliebiger Größe sicherzustellen und den absolut freien Zugang dorthin zu garantieren, die übrigen deutsch-polnischen Grenzen als endgültig anzuerkennen, einen Nichtangriffspakt für die Dauer von fünfundzwanzig Jahren abzuschließen und zusammen mit Polen und Ungarn für die Unabhängigkeit der Slowakei einzutreten. Durch die Garantie einer unabhängigen Slowakei sollte unterstrichen werden, daß Deutschland an keiner Vormachtstellung in diesem Raum interessiert sei – eine Geste, deren Wert als Respektierung des staatlichen Selbstbewußtseins für Polen nicht ganz ohne Gewicht war.

Der Versailler Vertrag hatte dem Deutschen Reich die Hoheitsrechte über Danzig und sein angrenzendes Gebiet entzogen und die Provinzen Westpreußen und Posen zu polnischem Staatsgebiet erklärt. Danzig war in eine Freie Stadt umgewandelt, dem Schutz des Völkerbundes unterstellt und wegen seiner Bedeutung als Weichsel-Hafen am 1. April 1922 in das polnische Zoll- und Wirtschaftsgebiet aufgenommen worden. Durch die Provinzen Posen und Westpreußen sowie einen Teil Pommerns, hatte Polen einen Zugang zur Ostsee erhalten, wobei in Kauf zu nehmen war, daß in diesen Gebieten über zwei

»Polens Existenz ist unerträglich, unvereinbar mit den Lebensbedingungen Deutschlands. Es muß verschwinden und wird verschwinden.« – General Hans von Seeckt im Jahr 1922

Millionen Deutsche lebten. Diesen ›polnischen Korridor‹ hatten die Siegermächte bereits bei den Beratungen in Versailles als ungewöhnlich zweischneidiges Problem empfunden. Der englische Ministerpräsident David Lloyd George, kaum weniger unerbittlich gegen Deutschland eingestellt als sein französischer Kollege Georges Clemenceau, hatte auf den Plan dieses Korridors betroffen, fast verschreckt reagiert und prophezeit: »Der Vorschlag, daß wir 2,1 Millionen Deutsche der Autorität eines Volkes unterstellen sollen, das abweichender Konfession ist und im Laufe seiner Geschichte niemals gezeigt hat, daß es sich selbst zu regieren versteht, dieser Vorschlag würde uns früher oder später zu einem neuen Kriege im Osten Europas führen.« An seiner Prognose würde sich selbst dann nichts ändern, wenn Deutschland dieser Regelung notgedrungen zustimme und den Friedensvertrag unterzeichne. Auch Jan Christiaan Smuts, die legendäre Figur des Burenkrieges von 1899 bis 1902 und Ministerpräsident der Südafrikanischen Union, hatte versucht, die Bedenken Lloyd Georges zu erhärten und die Politiker von der Notwendigkeit einer Lösung der Vernunft zu überzeugen: »Ich glaube, wir sind dabei, auf Flugsand ein Haus zu errichten. Und im Hinblick auf diese und zahlreiche andere Erwägungen würde ich die Grenzen Polens, wie sie in dem Friedensvertrag provisorisch festgesetzt sind, einer Revision unterziehen, Oberschlesien und alle wirklich deutschen Gebiete Deutschland belassen, die Grenzen der Freien Stadt Danzig enger ziehen und sie, anstatt diese der Oberhoheit Polens zu unterstellen, wie wir es vorgeschlagen haben, unter der Souveränität Deutschlands mit einer dem Völkerbund unterstellten Verwaltung belassen. Ich halte die lange Okkupation des Rheins (durch Frankreich) und die so viel stärkere Vergrößerung Polens, als es je im Kriege geplant war, für die beiden Kardinalfehler des Friedensvertrages. Diese beiden Fehler bilden eine starke Bedrohung des künftigen Friedens Europas, und ich dringe darauf, sie aus der Welt zu schaffen, ehe es zu spät ist. Noch ist es nicht zu spät.« Aber die Skeptiker in Versailles hatten sich nicht durchzusetzen vermocht.

In viermaligen Anläufen versuchte die Reichskanzlei die deutsch-polnische Frage in ihrem Sinn zu lösen. Warschau lehnte hartnäckig ab. Hitler präzisierte seine Wünsche noch einmal am 21. März 1939. Die polnische Regierung war in den vorangegangenen Monaten von London darin bestärkt worden, unnachgiebig zu bleiben. Sie reagierte deshalb auf das März-Angebot aus Berlin in ungewöhnlich brüskierender Form. Sie ordnete am 23. März eine Teilmobilmachung an und ließ drei Tage später durch Botschafter Lipski der deutschen Regierung ihre Antwort überreichen: Warschau lehnte das Angebot Hitlers ab. Der Botschafter war außerdem angewiesen worden, nach Übergabe des Schriftstücks dem deutschen Außenminister zu erklären, daß ein Festhalten an den deutschen Plänen Krieg bedeute. Warschau wählte also eine Form, die ebenso unbeugsam wie herausfordernd wirken sollte.

Polnisches Archivmaterial als angeblicher Beweis für die Schuld Polens am Kriegsausbruch 1939 Demonstration der nach der Einnahme Warschaus gefundenen Dokumente vor ausländischen Pressevertretern

Für die starre Haltung der polnischen Regierung waren drei Umstände besonders ausschlaggebend. Erstens: Ihre Position zwischen den unversöhnlich scheinenden Gegnern Deutschland und Sowjetunion legte die militärische Unantastbarkeit geradezu nahe. Zweitens: Die Beklemmung, die seit dem Einmarsch der deutschen Wehrmacht in die Tschechoslowakei in Europa herrschte, mußte sich zwangsläufig als Unterstützung der polnischen Unnachgiebigkeit auswirken. Drittens: England hatte bereits in der ersten Märzhälfte der Warschauer Regierung einen bedingungslosen Beistand zugesichert. Das

Grenze des Deutschen Reiches im Jahr 1933, innerhalb des Reiches: Gaueinteilung der NSDAP

Grenze des Deutschen Reiches im Jahr 1938

Grenze des ›Großdeutschen Reiches‹ im Jahr 1942

Reichsautobahnen, bis 1939 fertiggestellt

● Städte mit besonderen nationalsozialistischen Funktionen

▲ Konzentrationslager: Haupt- und Vernichtungslager (Auswahl)

Das nationalsozialistische Deutschland

Selbstbewußtsein Polens, auch im militärischen Bereich, ließ sich durch nichts mehr beirren. Fünf Tage nach der ablehnenden Antwort Warschaus an Berlin, am 31. März, gab London eine Garantieerklärung ab: England verpflichtete sich, der polnischen Regierung »alle in seiner Macht stehende Hilfe sofort zu gewähren«, sobald Polen irgendeine Aktion als »eine solche Bedrohung seiner Unabhängigkeit ansähe, daß es mit seinen nationalen Streitkräften Widerstand leiste«. Als Hitler von dieser Garantieerklärung erfuhr, soll er, wie ein etwas obskurer Gewährsmann berichtet, in Wut geraten sein: »Denen werde ich einen Teufelstrank brauen!« In Warschau war man zudem davon überzeugt, die Regierung der Nationalsozialisten sei bei der deutschen Bevölkerung so verhaßt, daß der Ausbruch einer Revolution in Deutschland lediglich eine Frage von wenigen Wochen sei; man müsse diesen Moment nur abwarten. Es gab kenntnisreiche Politiker in Polen, die den Korridor ebenfalls als unerträgliches Problem bezeichneten, aber als beste Lösung vorschlugen, daß auch Ostpreußen dem polnischen Staat einverleibt würde. Als dem polnischen Botschafter in Paris die Bemerkung Hitlers zugetragen wurde, daß er Polen in drei Wochen erobern könne, zuckte er überlegen die Achseln: »Unsinn! Wir werden von Kriegsbeginn an Deutschland besetzen!«

Die polnische Teilmobilmachung unterstrich die Entschlossenheit Polens und bestätigte der deutschen Führung über die mündlichen Versicherungen hinaus, daß Warschau den Krieg einkalkulierte. Am 3. April erhielt das Oberkommando der Wehrmacht (OKW) die Weisung, alle notwendigen Pläne für den ›Fall Weiß‹, den Feldzug gegen Polen, auszuarbeiten. Der Entschluß Hitlers braucht nicht als bloßer Gegenzug in diesem fatalen Wechselspiel der Steigerungen eingeschätzt zu werden, doch er paßt sich überzeugend ein. Der polnische Oberbefehlshaber, Marschall Eduard Rydz-Śmigly, bestätigte später die Entschlossenheit seiner Regierung: Die Mobilmachung sollte offensichtlich der Erklärung Warschaus in Berlin vom 26. März noch einen aus Geschossen und Granaten bestehenden Hintergrund geben.

»Glauben Sie mir, diese Mobilmachung war keine bloße Demonstration!« – Marschall Eduard Rydz-Śmigly

England beeilte sich, gleichlautende Garantiezusicherungen auch den Regierungen Rumäniens, Griechenlands und der Türkei anzubieten. Den ganzen März hindurch hatte es Moskau über den Stand der britischen Garantieofferten informiert. Am 14. April legte der englische Botschafter ausgearbeitete Vorschläge auf den Tisch, wie sich London eine Beteiligung der sowjetischen Regierung an der Bündnisliga »gegen die Aggression« dachte. Unterstützende Vereinbarungen mit Moskau standen jetzt an der Spitze der englischen Wunschliste. Lloyd George hatte diese Sorgen ungewöhnlich drastisch formuliert: »Ich fordere den Kriegsminister auf, dem Unterhaus zu sagen, ob der britische Generalstab der Regierung vor den Garantieerklärungen den Rat erteilt hat, daß diese sicher angelegt seien und eingehalten werden könnten, beziehungsweise daß auch nur die geringste Chance auf einen Sieg bestehe. Wenn der Generalstab das getan hat, dann müßte er sofort entlassen und in eine Irrenanstalt gebracht werden, denn ohne Sowjetrußland stehen wir vor einer sicheren Niederlage.« Englands Ziel bestand darin, von Moskau eine Garantie zu erhalten für sämtliche Staaten, die westlich der russischen Grenze lagen, von Finnland bis zum Schwarzen Meer.

Die Reichsregierung war in den Monaten April und Mai 1939 nicht weniger aktiv. London hatte gedacht, seine Garantieerklärung für Polen werde sich auch als eine Garantie der Stabilisierung in Mitteleuropa auswirken. Aber darin hatte es sich verrechnet. Denn Hitler wurde nur in seinem Entschluß bestärkt, die polnische Frage auf jeden Fall zu lösen. Außerdem rechnete er nicht damit, daß England zu seinem Wort stehen und wegen Danzig und eines Verkehrsweges das Abenteuer eines Krieges riskieren werde. Ebensowenig hatte London bedacht, welche Trümpfe es mit seiner Garantieerklärung Moskau zuspielte. Die Sowjetunion stand bis zum Frühjahr 1939 im Zwielicht einer Diktatur, deren Brutalität mit der Herrschaft Hitlers nicht zu vergleichen war; als weltpolitischer Bündnispartner hatte sie bis dahin keinen nennenswerten Rang besessen. Immerhin fiel es nicht nur im Kreml auf, daß trotz der intensiven Gespräche zwischen den britischen und sowjetischen Botschaftern niemals ausdrücklich von einer englischen Garantie für Rußland die Rede war.

Das Mißtrauen Stalins gegenüber den westlichen Freundschaftsbeteuerungen hätte für die Beobachter an Tiefe gewinnen können durch die überraschende Entlassung des sowjetischen Außenkommissars Maksim Litwinow Anfang Mai. Er galt als einer der entschiedensten Gegner des faschistischen Italiens und des nationalsozialistischen Deutschlands. Sein Nachfolger Molotow kommentierte in seiner ersten Rede die englischen Bündnisbemühungen mit dem unmißverständlichen Satz: »Wir müssen uns sorgfältig an Stalins Warnung erinnern, daß wir uns nicht dazu hergeben dürfen, die Kastanien anderer Leute aus dem Feuer zu holen.« Molotow bezog sich auf eine Rede Stalins vom 10. März, deren Reserve gegenüber den westlichen Mächten, kurz vor dem Einmarsch Hitlers in die Tschechoslowakei, die realistische Möglichkeit eines Arrangements mit Deutschland sichtbar werden ließ.

Hitler beantwortete die herausfordernde Unnachgiebigkeit Polens und die Anstrengungen Londons ohne Umschweife: Er kündigte am 28. April den deutsch-polnischen Nichtangriffspakt aus dem Jahr 1934 und das deutsch-englische Flottenabkommen von 1935. Welche Schlüsselrolle Moskau durch die Bemühungen Englands zugefallen war, blieb weder ihm noch den deutschen Diplomaten verborgen. Schon das Münchener Abkommen hatte sich auf die Beziehungen zwischen Moskau und Berlin nicht ungünstig ausgewirkt. Im Oktober 1938 einigten sich beide Partner, mit der öffentlich-feindseligen Haltung und publizistischen Polemik zu brechen. Ende Dezember begannen die Verhandlungen über ein Warenkreditabkommen. Im Januar 1939 empfing Hitler den sowjetischen Botschafter zu einem ungewöhnlich langen, freundschaftlichen Gespräch. Die Reichskanzlei gab sich keinen Täuschungen darüber hin, daß die unbedingte Voraussetzung für den erfolgreichen Abschluß der Wirtschaftsverhandlungen nur durch die Unterzeichnung eines politischen Abkommens mit Moskau zu schaffen war.

Deutsches Buhlen
um Stalins Gunst
Zeichnung eines Franzosen,
1939

Englands Allianzbemühungen wurden von Außenminister Ribbentrop als Wiederbelebung der klassischen Einkreisung Deutschlands charakterisiert. Das war keine Zweckkonstruktion. Schon am 3. April hatte Ministerpräsident Chamberlain vor dem Unterhaus bestätigt, daß London Deutschland einzukreisen versuche; allerdings sei diese Einkreisung defensiver und nicht aggressiver Natur. Sämtliche Analysen der aktuellen Lage führten unweigerlich zu der

Schlußfolgerung, daß sich ein solcher Einkreisungsring im Osten lediglich dann nahtlos abschließen ließ, wenn Polen durch Moskau gedeckt war. Berlin konnte deshalb das deutsch-polnische Problem, ob politisch oder militärisch, nur insofern lösen, als Rußlands Interessen nicht verletzt wurden. Die bestmögliche Lösung hätte darin bestanden, diese Interessen nicht nur zu respektieren, sondern sie ausdrücklich zu befriedigen.

Es bedurfte keines besonderen Scharfsinns auszumachen, um welche Interessen es sich handelte. Der Versailler Friedensvertrag hatte mit Polen einen Staat geschaffen, dem große Gebiete sowohl Deutschlands als auch Rußlands zugeschlagen worden waren und der darüberhinaus umfangreiche Territorien mit Gewalt besetzt hatte. In Osteuropa war deshalb Polen derjenige Staat, der die Versailler Regelungen am entschiedensten verteidigte. Wie Deutschland zu einer Revision von Versailles stand, war in allen Hauptstädten der Welt bekannt: Hitler hatte nie verheimlicht, daß er eine aktive Politik der territorialen Rückgewinnung betrieb. Wie sich die entsprechende Perspektive dem Kreml anbot, hätte jeder Politiker spätestens wissen können, als der sowjetische Botschafter Wladimir Potjomkin in Paris nach Unterzeichnung des Münchener Abkommens seufzend zu seinem französischen Kollegen äußerte: »Nun gibt es für uns keine andere Lösung als die vierte Teilung Polens.« Wenn also die deutschen Forderungen in Polen mit Hilfe der Waffen durchgesetzt werden sollten, wenn Polen zur Beute werden mußte, dann ließ sich diese Beute am einfachsten dadurch gewinnen, daß man dem anderen Hauptinteressenten einen Teil dieser Beute zusicherte.

Für Hitler war die Einigung mit Moskau die Grundlage seines Entschlusses, die deutsch-polnische Krise notfalls sogar militärisch zu lösen. Wenn eine solche Übereinkunft nicht möglich gewesen wäre, dann hätte er, wie er später sagte, die Polenaktion auf einen günstigeren Termin verschoben und im September 1939 den geplanten ›Parteitag des Friedens‹ in Nürnberg veranstaltet. General Karl Bodenschatz, der Chef des Ministerrats in Görings Luftfahrtministerium, faßte das Problem einem polnischen Diplomaten gegenüber so zusammen: »Wenn Hitler zu der Überzeugung gelangt, daß Deutschland von Osten her durch Polen eingekreist werden kann, so wird er nicht zögern, sich selbst mit dem Teufel zu verbinden. Und unter uns kann ja wohl kein Zweifel herrschen, wer der Teufel ist.«

Die Ratifizierung des ›Teufelspaktes‹ durch Ribbentrop und seinen sowjetischen Kollegen am 14. Dezember 1939

Am 23. August 1939 wurde zwischen Berlin und Moskau der deutsch-sowjetische Nichtangriffspakt unterzeichnet. Seine Basis war der alte Neutralitätsvertrag, den Außenminister Gustav Stresemann im April 1926 mit Moskau vereinbart und den Hitler 1933 verlängert hatte. Die Nachricht von diesem ›Teufelspakt‹ hatte in Europa die Wirkung der sprichwörtlichen Bombe. Als der französische Außenminister seinen Regierungschef mitten in der Nacht weckte, um ihm die Depesche vorzulesen, hielt der Ministerpräsident sie spontan für eine Zeitungsente. Dabei war auch ihm noch nicht der Text des Geheimen Zusatzprotokolls zu dem Vertrag bekannt, in dem die deutsch-sowjetischen Interessensphären in Osteuropa von der Barents-See bis Bulgarien abgegrenzt wurden und in dem die Vertragspartner die Eroberung und Auflösung des polnischen Staates schon als vollzogene Tatsache behandelten. Stalin wußte, daß Hitler sich zu einem Angriff auf Polen entschlossen hatte, und er gab seine Zustimmung dazu. Dieses Einverständnis ermöglichte überhaupt erst den deutschen Angriff; es deckte ihn sowohl politisch als auch militärisch.

Als Ganzes waren die Motive Stalins bei diesem Pakt genauso undurchsichtig wie die Erwartungen, die Hitler in ihn gesetzt hatte. Deshalb wurde später endlos darüber gerätselt: Sah Hitler das Abkommen als eine Garantie dafür an, daß er einen Gegner nach dem anderen überwinden konnte, um sich dann, nach Besiegung des Westens, mit freiem Rücken seinen Ost-Plänen zuzuwenden? Hoffte Stalin, die imperialistisch-kapitalistischen Gegner in Europa sich selbst zerfleischen zu lassen, um danach die Früchte mit leichter Hand zu pflücken? Was nicht eintraf, das waren die Konsequenzen, die Hitler als direktes Ergebnis des Nichtangriffspaktes mit Moskau errechnet hatte. Obwohl Warschau, London und Paris zunächst verstört waren, revidierten sie nach dem 23. August ihre Haltung nicht um Haaresbreite. Am 25. August wurde ein britisch-polnischer Beistandspakt unterzeichnet. Hitler gab Weisung, den Angriffstermin, den er auf den 26. August festgelegt hatte, zu verschieben. Er bemühte sich in den folgenden Tagen in fast pausenlosen Gesprächen, England davon abzubringen, einen deutschen Angriff auf Polen als Bündnisfall anzusehen, und London von dem Eintritt in den Krieg abzuhalten. Umsonst. Polen ordnete am 30. August die allgemeine Mobilmachung an. Hitler erließ am Tag darauf, um 12 Uhr 40, die »Weisung Nr 1 für die Kriegführung«, nach der am 1. September um 4 Uhr 45 »der Angriff gegen Polen nach den für ›Fall Weiß‹ getroffenen Vorbereitungen zu führen« war. Und so begann der größte Krieg in der Geschichte, in einer kalten, trockenen Spätsommernacht, bei sternklarem Himmel, dem idealen Wetter für Panzertruppen und Flieger. Zwei Tage später übermittelten Großbritannien und Frankreich ihre Kriegserklärungen an Deutschland, meldeten sich die Botschafter beider Staaten in der Berliner Reichskanzlei zu ihrem letzten Besuch. Noch am 31. August 1939 hatte Molotow vor dem Obersten Sowjet über die Engländer gesagt: »Wenn diese Herren den unwiderstehlichen Wunsch haben, in den Krieg zu ziehen, nun denn, dann sollen sie selbst gehen, aber ohne die Sowjetunion. Wir werden sehen, was für eine Sorte von Kriegern das geben wird.«

»Welcher Art auch immer das deutsch-sowjetische Abkommen sein wird, so kann es nicht Großbritanniens Verpflichtungen gegenüber Polen ändern ...« – Chamberlain an Hitler in einem Brief vom 22. August 1939

Beseitigung des Schlagbaumes beim Einrücken der deutschen Truppen in Polen Anfang September 1939

Alles, was in den fünf Monaten seit dem März 1939 in Europa geschehen war, hatte für sich genommen eine plausible Erklärung und war dennoch sowohl sachlich als auch politisch leichtfertig, auf frevelhaft unsichere Annahmen gegründet; es stand unter der beschämend platten Devise: zu spät. Im Mai hatte Hitler während einer Besprechung offen und ohne Beschönigung davon gesprochen, daß eine Auseinandersetzung mit England und Frankreich einen »Krieg auf Leben und Tod« bedeuten werde: »Die Ansicht, sich billig loskaufen zu können, ist gefährlich; diese Möglichkeit gibt es nicht. Die Brücken sind dann abzubrechen, es handelt sich nicht mehr um Recht oder Unrecht, sondern um Sein oder Nichtsein von achtzig Millionen Menschen.« Am 3. September, um 9 Uhr, überbrachte der britische Botschafter in Berlin ein Ultimatum, daß England den Krieg erklären werde, falls die Reichsregierung sich nicht binnen zwei Stunden bereit finde, die deutschen Truppen umgehend aus Polen zurückzuziehen. Das Ultimatum wurde Hitler vorgelegt. Er ließ es sich von seinem Chefdolmetscher zweimal vorlesen. Nach einer Pause hob er den Kopf und sagte nur: »Was nun?« Er war tief bestürzt. Seine Frage hatte er an keinen der Anwesenden im großen Raum der Reichskanzlei direkt gerichtet. Jeder wußte, daß Deutschland das Ultimatum nicht annehmen konnte, daß es jetzt in der Tat um Sein oder Nichtsein der Deutschen ging. Dann hörte man Görings tiefe Stimme: »Der Himmel sei uns gnädig, wenn wir diesen Krieg verlieren!«

SS-Heimwehr Danzig
beim Appell, 1939

Am selben Tag entwickelte sich die Schlacht in Westpreußen bereits zu ihrem Höhepunkt. Das Panzerkorps General Heinz Guderians kesselte eine polnische Armee ein. Der Wehrmacht gelang der Durchbruch in Westgalizien. Um die Warthe-Linie wurde bereits gekämpft. An jenem Sonntag, dem 3. September, wurden in Bromberg Tausende von Volksdeutschen von fanatisierten Polen erschlagen. Diese Bluttat stand ebenso unter der Devise des »Zu spät« wie die Rede, die der damalige dänische Ministerpräsident Thorvald Stauning an demselben Sonntag in Kopenhagen hielt und in der er versicherte: »Es ist nicht meine Aufgabe, die Ursachen der augenblicklichen Lage zu untersuchen. Es mag aber doch gesagt sein, daß der Keim für das, was heute in der Entwicklung begriffen ist, sowie für die Ereignisse, die schon zurückliegen, durch den traurigen Krieg 1914 bis 1918 gelegt wurde, dessen Ende Frieden und Gerechtigkeit nicht in genügendem Maße sicherte ... Der Inhalt des Friedensvertrages stimmte nicht mit den Worten überein. Es gab Gebiete, in denen gerechte Grenzen nicht gezogen wurden. Damit war der Keim für die Auflehnung gegen die Bestimmungen des Friedensvertrages gelegt.«

Kurzer Krieg, langer Krieg

Nach der Kapitulation
Warschaus
am 27. September 1939:
Barrikaden-Überreste vor der
rauchenden Innenstadt

Die deutsche Wehrmacht hatte in einem schulmäßigen Blitzfeldzug das polnische Heer zerschlagen. Der polnische Staat war vernichtet. Polen hatte sich Hitler auf seinen Frontreisen in einem verheerenden Zustand präsentiert. Nach Abschluß der Kämpfe, Ende September, war von Hitler zu hören: »Für dieses elende Land sollen nun Millionen Engländer und Deutsche ihr Leben lassen!« Was Moskau von der Bedeutung Polens hielt, das faßte Molotow so zusammen: »Der polnische Staat ist zerfallen. Er existiert nicht mehr. Ein schneller Schlag gegen Polen zuerst von der deutschen Wehrmacht und dann von der Roten Armee – und nichts bleibt übrig von diesem scheußlichen Gebilde des Versailler Vertrages.« Im Polen-Feldzug waren mehr als zehntausendfünfhundert deutsche Soldaten gefallen; Millionen würden sterben müssen, wenn der Krieg Jahre dauerte. Schon im Frühjahr hatte Hitler vor den Befehlshabern der Wehrmacht ausgeführt, daß man in der Geschichte von jeher geglaubt habe, bei militärischen Auseinandersetzungen würde es sich in der Regel um kurze Kriege handeln. Zweifellos sei es richtig, den kurzen Krieg anzustreben, doch eine überlegene »Staatsführung hat sich auch auf einen Krieg von zehn- bis fünfzehnjähriger Dauer einzurichten«. Und er sagte in derselben Besprechung noch deutlicher: »Es besteht kein Zweifel, daß der überraschende Überfall zu einer schnellen Lösung führen kann. Es ist jedoch verbrecherisch, wenn die Staatsführung sich auf die Überraschung verlassen sollte.« Diese Überzeugung beherrschte alle deutschen Militäraktionen des Zweiten Weltkrieges.

Im Jahr 1939 war Hitler noch nicht in der Lage zu ermessen, was ein mehrjähriger Krieg tatsächlich bedeutete. Obwohl er das Wirtschaftspotential seiner Gegner, zu denen er seit den ersten Kriegstagen auch die Vereinigten Staaten rechnete, bei weitem nicht so niedrig einschätzte, wie man lange Zeit vermutet hat, glaubte er daran, daß Deutschland – gemeinsam mit Italien und Japan – selbst einer Weltkoalition nach dem Modell des Ersten Weltkrieges standhalten könnte und schließlich siegen würde, wenn es ihm nur gelang, einen Gegner nach dem anderen in blitzartigen, mit aller Wucht geführten Feldzügen auszuschalten. Wenn Deutschland ganz Kontinentaleuropa kontrollierte, würde sich die katastrophale Situation des Ersten Weltkrieges nicht wiederholen. Die Kriegsziele, die Hitler im Verlauf der folgenden Jahre entwickelte, wurden von der Situation auf den Schauplätzen der Kämpfe bestimmt, von der zunehmenden Schwere der Auseinandersetzungen, der politisch-weltanschaulichen Verhärtung auf beiden Seiten. Sie spielten – bei aller Hybris, Abwegigkeit oder kriminellen Steigerung – eine weit geringere Rolle als die Gründe und Motive für den Beginn des Krieges und seine politische Vorgeschichte.

Die erste Phase stand im Zeichen des kurzen Krieges, der raschen Aktionen. Als nach dem Polen-Feldzug am 28. September der deutsch-sowjetische Nichtangriffspakt durch einen Grenz- und Freundschaftsvertrag ergänzt und in Moskau unterzeichnet wurde, konnte Hitler endgültig davon überzeugt sein, daß Deutschland keinen Zweifrontenkrieg führen müsse. Rußland hatte freie Hand, sich in seiner Interessensphäre einzurichten. Hitler blieb auch dann ungerührt, als Finnland die sowjetische Forderung, Helsinki möge die Karelische Landenge – zwischen Ladoga-See und Finnischem Meerbusen – abtreten und einer Verpachtung des Stützpunktes Hanko, des finnischen Winterhafens im äußersten Süden des Landes, zustimmen, entschieden ablehnte und Moskau daraufhin am 30. November 1939 Finnland den Krieg erklärte. Hitler konzentrierte sich auf die Wirtschaftsblockade Englands durch die deutschen U-Boote, auf die Angriffe der Luftwaffe gegen englische Kriegsschiffe, auf die Verminung der britischen Küsten und Häfen und auf die Vorbereitung der deutschen Offensive im Westen. Als frühesten Termin hatte er den 12. November 1939 angesetzt; dieses Datum wurde wiederholt verschoben, bis zum endgültigen Angriff auf Frankreich am 10. Mai 1940 insgesamt neunundzwanzigmal.

»Der Ende September abgeschlossene deutsch-sowjetische Freundschaftsvertrag ... hat unser Verhältnis zum deutschen Staat noch weiter gefestigt.« – Molotow vor dem Obersten Sowjet am 31. Oktober 1939

Der Befehlshaber der Kriegsmarine, Großadmiral Erich Raeder, machte Hitler am 10. Oktober 1939 in einem ausführlichen Vortrag auf die strategische Bedeutung Norwegens aufmerksam. Hitler hatte nicht entfernt daran gedacht, die norwegische Neutralität zu verletzen; denn für die Interessen Deutschlands genügte es ihm, wenn die Erztransporte aus den reichen Gruben Skandinaviens zuverlässig abgesichert waren. Gerade das aber sah England als entscheidendes Problem an. Winston Churchill, seit dem 3. September britischer Marineminister, hatte bereits zwei Wochen nach seiner Ernennung dem Kriegskabinett eine erste Denkschrift darüber vorgelegt, warum diese Erztransporte auf jeden Fall zu unterbinden seien, samt detaillierten Vorschlägen, wie das geschehen sollte. Nach Ausbruch des finnisch-sowjetischen Krieges wuchs das strategische Gewicht der Nordstaaten. England sah hier die einzige Möglichkeit, Finnland wirksam zu unterstützen. Mitte Dezember wurde Admiral Raeder vor einem bevorstehenden Angriff Englands auf Norwegen gewarnt. Am 16. Januar 1940 liefen die Vorbereitungen der Westmächte für eine Invasion in Skandinavien an. Neun Tage später wurde ein solches Projekt auch vom deutschen Oberkommando aufgegriffen; man arbeitete die Pläne des Unternehmens ›Weser-Übung‹ aus.

Deutscher Gebirgsjäger am Polarkreis in Norwegen im April 1940

Die Unterstützung Finnlands spielte bei den britischen Überlegungen nur eine nachgeordnete Rolle. Die finnische Regierung schloß am 12. März 1940 mit Moskau einen Verlustfrieden. England aber betrieb sein skandinavisches Projekt energisch weiter. Der alliierte Kriegsrat entschloß sich Ende März zur Invasion am 5. April, verschob dann allerdings aus technischen Gründen die Landung um drei Tage. Die deutschen Kriegsschiffe und Transporter liefen am

7. April aus ihren Häfen aus. Das britische Oberkommando erhielt die Nachricht am nächsten Tag und ordnete sofort die Ausschiffung der Truppen an, die bereits an Bord der Invasionsflotte gegangen waren. Dänemark protestierte gegen die Besetzung durch die deutsche Wehrmacht, verteidigte sich aber nicht. Anders die Norweger: Sie setzten sich energisch zur Wehr und wurden später durch britische, französische und polnische Truppen unterstützt. Dennoch konnten sie sich gegen die Deutschen Divisionen nicht behaupten.

Operation Sichelschnitt und Fall Rot

Für Hitler war die skandinavische Aktion eine militärische Operation, die das Heer gewissermaßen mit der linken Hand erledigen konnte. Unabhängig vom Stand der Kämpfe in Norwegen bereitete er den ›Fall Gelb‹ vor: den Frankreich-Feldzug. Am 10. Mai, um 5 Uhr 35, begann die Offensive. Von der Nordsee bis Luxemburg stießen die deutschen Heeresgruppen nach Westen vor. Auf die Neutralität der Niederlande, Belgiens und Luxemburgs wurde keine Rücksicht genommen. Strategische Überlegungen behielten also wie bei Beginn des Ersten Weltkrieges die Oberhand, was der deutschen Führung um so leichter fiel, als sie wußte, daß London im Notfall ebenfalls nicht die Absicht hatte, die Neutralität Belgiens und der Niederlande zu respektieren. Am selben Tage landeten britische Truppen auf Island, das bis dahin mit Dänemark durch Personalunion verbunden gewesen war.

Obdachlose
vor rauchenden Trümmern –
eine Hinterlassenschaft
des deutschen Westfeldzuges
im Mai 1940

Zahlenmäßig waren die gegnerischen Streitkräfte im Westen fast ausgeglichen: Einhundertsiebenunddreißig deutsche Divisionen – Richtzahl für die damaligen Divisionszahlen waren rund vierzehntausend Mann – standen einhunderteinunddreißig der Alliierten gegenüber, wobei die holländischen und belgischen Truppen mitgerechnet sind. Ausschlaggebend war aber nicht die Verbandsstärke, sondern die Schnelligkeit, Konzentration und Kraft der deutschen Operationen, zumal die militärisch weit überlegene und bahnbrechende Art der Panzerführung General Guderians. Luftlandetruppen eroberten bereits in den ersten Tagen strategische Schlüsselpunkte in Holland und Belgien. Die niederländischen Truppen kapitulierten schon vier Tage nach Beginn der Offensive. Dagegen stellte der belgische König Leopold III. die Kämpfe erst am 28. Mai ein und weigerte sich danach, das Land zu verlassen; er blieb auf Schloß Laeken und kam 1944 offiziell in deutsche Kriegsgefangenschaft. In England mußte Ministerpräsident Chamberlain zurücktreten. Sein Nachfolger wurde Winston Churchill. Eine seiner ersten Maßnahmen war die Order an die Royal Air Force (RAF), den strategischen Luftkrieg gegen Deutschland zu eröffnen, die Bombenangriffe gegen das deutsche Hinterland aufzunehmen.

Für den Verlauf des Frankreich-Feldzuges fiel ins Gewicht, daß es den Panzern der Heeresgruppe Mitte bereits am vierten Tag gelang, bei Dinant und Sedan durchzubrechen. Sie stießen in gerader Westlinie über Saint-Quentin vor und erreichten schon am 20. Mai die Stadt Abbeville an der Mündung der Somme in den Atlantik. General von Manstein und Hitler hatten den Plan für diese ›Operation Sichelschnitt‹ entworfen: die Einkesselung der gesamten französischen Nordarmee und des britischen Expeditionskorps. Hitler stoppte am 24. Mai den Vormarsch der deutschen Panzer auf Dünkirchen. Die deut-

Die Unterzeichnung des deutsch-sowjetischen Nichtangriffspaktes durch Molotow in Moskau am 23. August 1939
in Anwesenheit von Ribbentrop und Stalin

Molotow mit Ribbentrop und Keitel beim Abschreiten der Ehrenformation
nach Ankunft des sowjetischen Außenministers in Berlin zu Gesprächen mit Hitler im November 1940

Beschießung der bei Neufahrwasser gelegenen Westerplatte
durch das deutsche Schulschiff ›Schleswig-Holstein‹
Anfang September 1939

Flammenwerfer-Einsatz
gegen die französischen Bunker der Maginot-Linie
Mitte Juni 1940

Deutsche Panzer im Vordringen auf Dünkirchen am 22./23. Mai 1940

schen Panzer sollten für die zweite Etappe des Feldzuges geschont werden, und man wollte die Südflanke der deutschen Truppen nicht zu lange ungeschützt lassen, da erste französische Angriffe über die Somme nach Norden bereits begonnen hatten. Außerdem versicherte Göring, daß seine Luftwaffe in der Lage wäre, die eingekesselten Truppen zu vernichten und die Evakuierung der Engländer zu verhindern. Das aber war eine der folgenschwersten Fehlkalkulationen; denn die Expeditionsarmee Englands und etliche französische Divisionen wurden in einem abenteuerlichen Unternehmen zwischen dem 27. Mai und dem 4. Juni 1940 von Dünkirchen auf die Britische Insel transportiert, insgesamt fast dreihundertundvierzigtausend Mann. An diesem 4. Juni endete auch die erste Phase des Westfeldzuges, die Schlacht um Flandern. 1,2 Millionen Soldaten mußten in deutsche Gefangenschaft. Die Franzosen verloren praktisch ihre ganze Luftwaffe. Die Engländer zogen das Gros ihrer Geschwader zur Verteidigung der Britischen Insel ab und ließen nur wenige Maschinen in Frankreich stationiert.

›Mobilmachung‹
der deutschen Kräfte
für den Krieg
Plakat von Fritz R. Weber,
1939/40

Das hatte seine Auswirkungen auf die Schnelligkeit, mit der die zweite Phase des Feldzuges, der ›Fall Rot‹, durchgeführt wurde. Er setzte ein am Morgen des 5. Juni mit dem Sturm auf die französische Verteidigungslinie an der Somme, mit dem Ziel, nach Süden auf Paris durchzubrechen. Am 14. Juni, drei Tage nach dem endgültigen Sieg der deutschen Truppen in Norwegen, wurde die französische Hauptstadt besetzt. Am selben Tag durchstießen deutsche Verbände die Maginot-Linie südlich von Saarbrücken. Von Norden aus drangen Panzer über Verdun bis zur Schweizer Grenze vor. Am 16. Juni, also eine Woche nach Beginn dieser Phase Zwei, schlug Churchill der französischen Regierung vor, eine Union zwischen beiden Ländern zu bilden – nicht um Frankreich zu retten, sondern um die französische Kriegsflotte für England zu sichern. Das französische Kabinett lehnte dieses Angebot ab und entschloß sich zu einem Waffenstillstand. Hitler traf am 18. Juni mit dem italienischen Staatschef Mussolini zusammen, um die Einzelheiten des Waffenstillstands zu besprechen, nachem sich Italien am 10. Juni ebenfalls entschlossen hatte, in den Krieg einzutreten, ohne im geringsten für einen längeren Kampf gerüstet zu sein. Der Waffenstillstand mit Frankreich wurde am 22. Juni im Wald von Compiègne unterzeichnet, und zwar in demselben Salonwagen, in dem am 11. November 1918 die Waffenruhe zwischen Deutschland und den Entente-Mächten beschlossen worden war. Hitler hat diesen Platz gewählt, nicht um Frankreich zu demütigen, sondern um den deutschen Sieg auszukosten.

»Schon in der Tatsache Ihres Kriegseintritts an sich liegt ein Moment der stärksten Erschütterung der Front unserer Gegner.« – Hitler an Mussolini in einem Brief vom 31. Mai 1940

Der Salonwagen
des Marschalls Foch
im Wald von Compiègne

Frankreich wurde nur zu einem Teil von deutschen Truppen besetzt; in deutsche Hand kam die Atlantik-Küste bis zur spanischen Grenze. Die französische Regierung unter Ministerpräsident und Staatschef Marschall Henri Philippe Pétain, dem Verteidiger Verduns im Ersten Weltkrieg und seit 1917 Oberbefehlshaber des französischen Heeres, schlug ihren Sitz in dem Heilbad Vichy auf. Die Deutschen gestatteten Frankreich ein Heer von hunderttausend Mann und beließen ihm das gesamte Kolonialreich und die Flotte. In London proklamierte General de Gaulle die Fortsetzung des Krieges durch das sogenannte Freie Frankreich; er veröffentlichte am 18. Juni einen Aufruf, der wieder einmal mit den Sätzen begann: »Frankreich hat eine Schlacht verloren. Es hat nicht den Krieg verloren.« – Die Engländer waren jetzt am meisten darüber beunruhigt, daß ihnen die Einheiten der französischen Kriegsmarine nicht zur Verfügung standen. Am 3. Juli überfielen britische Schiffe den Hafen Mers-el-

Kébir bei Oran in Nordafrika und eröffneten das Feuer auf die unvorbereiteten französischen Einheiten. Drei Schlachtschiffe und ein Torpedokreuzer gingen verloren. Am selben Tag wurden alle französischen Schiffe in den Häfen Englands gekapert. Damit war die französische Flotte in ihrer Substanz getroffen; sie zählte außerdem elfhundertsiebenundvierzig Tote. Die Regierung Pétain brach daraufhin die diplomatischen Beziehungen zu Großbritannien ab. Auf Englands Haltung in jenen Wochen gingen die britisch-französischen Spannungen zurück, die bis weit über das Kriegsende hinaus anhielten.

Hitler versuchte nach dem Waffenstillstand mit Frankreich noch einmal einen Ausgleich mit London. Sein ›Friedensappell‹ vom 19. Juli 1940 wurde aber von Churchill brüsk zurückgwiesen, und zwar gegen eine starke Opposition seiner Minister. Churchill verließ sich auf das praktisch unbegrenzte Hilfsangebot Präsident Roosevelts, davon ausgehend, daß der Kriegseintritt der Vereinigten Staaten lediglich eine Frage der Zeit sei, daß Deutschland den USA einen einigermaßen überzeugenden Anlaß dazu liefere. London ließ sich von dem Entschluß, auf keinen Fall mit Hitler einen Vergleichsfrieden zu schließen, weder durch die einsetzende Luftschlacht um England abbringen noch durch die mehr drohend als ernsthaft gemeinten Vorbereitungen einer deutschen Invasion, des Unternehmens ›Seelöwe‹.

Luftkampf
über Englands Küste:
aus Bordwaffen einer Me 109
getroffene englische Maschine
beim Absturz

Für die deutsche Kriegführung war es verhängnisvoll, daß die U-Bootflotte nicht in der Lage war, den Nachschub für die Insel über den Atlantik zu unterbinden. Die Zahl der versenkten Bruttoregistertonnen war enorm, doch die Zahl der Handelsschiffe und Konvois, die britische Häfen mit Versorgungsmaterial erreichten, war noch weit höher. Hier wiederholte sich die Situation vom Ersten Weltkrieg: Auch damals sind die Hilfe und später das militärische Eingreifen der Vereinigten Staaten kriegsentscheidend gewesen. Aber nicht nur die U-Boote konnten ihren Auftrag nicht erfüllen, auch die deutsche Luftwaffe war dazu nicht imstande. Für eine Invasion von Bodentruppen wäre die Luftherrschaft oder zumindest eine unbestrittene Überlegenheit der fliegenden Verbände eine unbedingte Voraussetzung gewesen. Die ›Battle of Britain‹ dauerte bis in den Spätherbst 1940. Die Bilanz Ende Oktober war für Deutschland katastrophal: Es hatte siebzehnhundertdreiunddreißig Flugzeuge verloren, während die Engländer nur neunhundertundfünfzehn Maschinen eingebüßt hatten.

Gegen die Sowjetunion

Der Herbst des zweiten Kriegsjahres glich trotz des See- und Luftkrieges der bedrückenden Ruhe im Zentrum eines Zyklons. Daß der große Sturm 1941 losbrechen würde, ließ sich sowohl an der zunehmenden Unterstützung Englands durch die Vereinigten Staaten, als auch an der unüberlegten italienischen Kriegführung in Nordafrika und dem Entschluß Mussolinis ablesen, trotz eindringlicher deutscher Warnungen nach Jugoslawien und Griechenland auszugreifen. Hinzu kam vor allem Hitlers Absicht, im Frühjahr 1941 die Sowjetunion anzugreifen und innerhalb von fünf Monaten militärisch zu besiegen; er entwickelte diesen Plan zum ersten Mal Ende Juli 1940 gegenüber dem Oberbefehlshaber des Heeres, Generalfeldmarschall Walther von Brauchitsch, und seinem Generalstabschef Franz Halder. Was konnte Hitler dazu veranlassen, ein derartiges Abenteuer zu riskieren? Die Verträge mit Moskau waren noch ein Jahr zuvor als Garanten eines gesicherten deutschen Sieges erschienen. Hitler hatte mit ihnen seine Zusagen erfüllt, die Wehrmacht nicht dem heillosen Problem eines Zweifrontenkrieges auszusetzen. Aber England ließ sich nicht in die Knie zwingen und entwickelte eine Durchhaltemoral, die ebensosehr bestürzte wie Bewunderung weckte.

Gerade dieser Widerstand Englands zeigte Hitler mit aller Deutlichkeit, daß es um einen Kampf um Sein oder Nichtsein ging. Seit der erste Schuß gefallen war, kannte Hitler lediglich ein einziges Kriegsziel, nämlich den Krieg zu gewinnen, gleichgültig unter welchen Verlusten, mit welchen Mitteln, mit welchen Erfolgen oder Eroberungen. Im Jahr 1940 ließ sich dieses Ziel zuversichtlich und positiv formulieren. Zwei Jahre später ging es bereits nur noch darum, den Krieg nicht zu verlieren. Um aber den Krieg zu gewinnen, sah Hitler nach Beendigung des Frankreich-Feldzuges und angesichts des ungebrochenen englischen Widerstandswillens keine andere Möglichkeit, als die gesamte Land- und Staatenmasse von Europa bis in den fernen Osten, also einschließlich Japans, politisch-militärisch auf den Nenner eines Bündnispaktes zu bringen, gegen den eine Allianz England-USA keinerlei Chance besaß. Falls ihm ein solches Großbündnis gelang, konnte Hitler begründet damit rechnen, daß die Vereinigten Staaten die Vorzüge ihres klassischen Isolationismus neu entdekken und England samt dem britischen Weltreich zwar bedauernd, aber eigennützig realistisch seinem Schicksal überlassen würden.

Kam jedoch ein solches Bündnis – zentriert um den massiven Kern eines Vierervertrages zwischen Deutschland, Italien, Rußland und Japan – nicht zustande, stimmte also Moskau nicht ein, dann blieb nur die Möglichkeit, die Sowjetunion so früh wie möglich zu überrennen, über den Kaukasus nach Iran vorzustoßen und von hier aus gemeinsam mit den durch Ägypten vordringenden Italienern den Nahen Osten zu erobern und in den Mittleren Osten einzudringen. Ergänzt würde dieser Keil nach Indien durch eine gegenläufige Offensive Japans über den strategischen Schlüsselpunkt Singapur von Osten her in Richtung Indien. In Europa würde dieses raumgreifende Konzept ergänzt durch die Eroberung Gibraltars und einen Sprung nach Nordwestafrika.

Die Erklärung der japanischen Regierung zu dem am 27. September 1940 geschlossenen Dreimächte-Pakt zwischen Deutschland, Italien und Japan

Der frühe Termin, an dem Hitler erstmals den Plan eines Ostfeldzuges durchsprach, ist noch kein Indiz dafür, daß er sich bereits für eine dieser Möglichkeiten unwiderruflich entschieden hatte. Die Bündnisvereinbarungen, die Deutschland dann anstrebte, konnten für beide Projekte genutzt werden. Am 27. September 1940 wurde in Berlin der Dreimächte-Pakt zwischen Deutschland, Italien und Japan unterzeichnet. Seine Laufzeit betrug zehn Jahre. Die drei Regierungen erklärten in dem Text, sie würden »es als eine Voraussetzung für einen dauerhaften Frieden ansehen, daß jede Nation der Welt den ihr gebührenden Raum erhält. Sie haben deshalb beschlossen, bei ihren Bestrebungen im großostasiatischen Raum und in den europäischen Gebieten Seite an Seite zu stehen und zusammenzuarbeiten, wobei es ihr vornehmstes Ziel ist, eine neue Ordnung der Dinge zu schaffen und aufrechtzuerhalten«. Im dritten Artikel des Vertrages verpflichteten sich die Partner, den militärischen Bündnisfall als gegeben anzusehen, sobald einer der Signatarstaaten von einer anderen Macht angegriffen würde, die sich noch nicht im Krieg befinde; gemeint waren damit die USA. Japan, das hier zu den beiden kriegführenden, durch den ›Stahlpakt‹ vom 22. Mai 1939, die Achse Berlin-Rom, verbundenen europäischen Mächten stieß, wurde völlig freie Hand gelassen für seine Interessen im Fernen Osten; das hieß konkret: zunächst bei seinem Krieg mit China, in den es seit 1937 verwickelt war.

Molotow in Berlin

Auf der Grundlage dieses Paktes begannen Hitlers diplomatische Konsolidierungsbemühungen. Besonders unangenehm waren die ergebnislosen Versuche, die französische Regierung in Vichy aktiv in das Bündnis einzubeziehen; der Mißerfolg war einer Reihe grober Überheblichkeitsfehler der deutschen Führung nach Abschluß des Waffenstillstandes zuzuschreiben. Auch das Spanien Francos lehnte einen Beitritt ab, ja der Caudillo verweigerte hartnäckig einen Durchmarsch deutscher Truppen zur Eroberung Gibraltars. Hitler legte deshalb die Pläne für das ›Unternehmen Felix‹ Anfang Januar 1941 unwiderruflich beiseite. Weit wichtiger als das Werben um Paris und Madrid waren die Bemühungen Hitlers, das Verhältnis zu Moskau im Sinne der umfassenden Kontinental-Allianz auszubauen. Einschneidend dabei wurden der Besuch Außenminister Molotows in Berlin und seine langen Gespräche mit Hitler am 12. und 13. November 1940. Diese Beratungen lösten die wichtigste Entscheidung aus, die Hitler während des Zweiten Weltkrieges gefällt hat.

»Ein trüber, regnerischer Tag. Molotow ist angekommen und äußerst steif und formell empfangen worden ... Er machte auf mich den Eindruck eines Schullehrers aus der Provinz.« – W. L. Shirer, US-Korrespondent in Berlin, am 12. November 1940

Für die Sowjetunion hatte sich die bisherige Form der Verbindung mit Deutschland als äußerst ertragreich erwiesen; das bezog sich nicht nur auf die Besetzung Ostpolens. Hitler hatte in den vorangegangenen Monaten eine ganze Reihe zusätzlicher sowjetischer Maßnahmen studieren können, deren Zielsicherheit klare Rückschlüsse auf die russischen Vorstellungen von den Bedingungen und Grenzen der eigenen Interessensphäre zuließen. Die sowjetische Ausdehnung nach Polen war von ihm selbst in den Verträgen mit Stalin gebilligt worden. Im September und Oktober 1939 hatte Moskau in ultimativer Form Estland, Lettland und Litauen veranlaßt, wichtige Land-, See- und Luftstützpunkte der Roten Armee zu überlassen. Von Finnland hatte sich Moskau während des Winterfeldzuges 1939/40 schon einen wichtigen Zugang zur Ostsee erkämpft. Am 12. Juni 1940 hatten sowjetische Truppen Litauen besetzt und vier Tage später waren sie auch in Estland und Lettland einmarschiert. Die baltischen Anliegerstaaten waren damit ausgelöscht. Am 26. Juni hatte Moskau an Rumänien ein Ultimatum gerichtet, daß Bessarabien und die Nordbukowina an die Sowjetunion abzutreten seien. Die Regierung in Bukarest hatte nachgegeben und gegen die Besetzung dieser Gebiete keinen Widerstand geleistet. Einen Monat später hatte sich die Lage im Südosten erneut krisenhaft zugespitzt: Die ungarisch-rumänischen Verhandlungen über eine Lösung der Siebenbürgen-Frage – ebenfalls ein Erbe des Ersten Weltkrieges, da im Gefolge des Zusammenbruchs der Mittelmächte eine starke magyarische Minderheit unter rumänische Herrschaft gekommen war – hatten sich festgelaufen. Rumäniens deutschfreundliche Regierung hatte daraufhin Berlin um einen Schiedsspruch gebeten. Hitler, dazu bereit, hatte sogleich angeordnet, alles militärisch Notwendige für eine Besetzung der rumänischen Ölfelder vorzubereiten. Zehn deutsche Divisionen wurden zusätzlich nach Südostpolen verlegt. Gleichzeitig trafen zuverlässige Meldungen von größeren sowjetischen Truppenbewegungen an der sowjetisch-rumänischen Grenze ein.

Am 30. August 1940 regelten Deutschland und Italien gemeinsam den Streit zwischen Budapest und Bukarest. Ungarn erhielt das Nordgebiet von Siebenbürgen und den Szekler-Zipfel am Rand der Ostkarpaten. Berlin und Rom garantierten die neuen rumänischen Grenzen. Moskau wurde bei diesen Verhandlungen nicht konsultiert. Am 2. September brach eine deutsche Militärmission nach Rumänien auf. Ihr ausführlicher Bericht über die Lage in Rumänien veranlaßte Hitler, Anfang Oktober eine Infanteriedivision nach Bukarest zu schicken, teils zum Schutz des Ölgebiets, teils zur Ausbildung von drei rumänischen Musterdivisionen. Die Chefs der deutschen Militärmission trafen am 12. Oktober in Rumänien ein. Einen Tag später ließ Hitler durch einen Brief Ribbentrops an Stalin den sowjetischen Außenminister zu einem Besuch nach Berlin einladen.

Das erste Gespräch zwischen Hitler und Molotow fand am Nachmittag des 12. November statt. Zum Auftakt unterstrich Hitler energisch die Gemeinsamkeit der Interessen beider Staaten. Zwischen Rußland und Deutschland müßten keinerlei Gegensätze bestehen und sollten sich auch in Zukunft nicht entwikkeln, wenn beide Nationen begriffen, daß jede von ihnen auf gewisse Lebensnotwendigkeiten unbedingten Anspruch habe. Die augenblickliche Situation beider Staaten unterscheide sich vor allem darin, daß Deutschland Krieg führe, die Sowjetunion dagegen nicht. Viele Maßnahmen, die Deutschland ergriffen habe, seien durch die Tatsache seiner Kriegführung beeinflußt worden. Viele Schritte, die im Lauf des Krieges notwendig geworden seien, hätten sich aus der Kriegführung selbst entwickelt und seien deshalb bei Kriegsausbruch noch nicht vorherzusehen gewesen. Molotow stimmte dem lebhaft zu. Hitler schränkte ein, daß vielleicht nicht jedes der beiden Völker seine Wünsche ganz und gar erfüllt bekommen habe. Doch sei im politischen Leben eine zwanzig- oder fünfundzwanzigprozentige Realisierung von Forderungen schon sehr viel wert: »Ich glaube, daß auch in Zukunft nicht jeder Wunschtraum in Erfüllung gehen wird, daß aber die beiden größten Völker Europas, wenn sie miteinander gehen, auf jeden Fall größeren Gewinn haben werden, als wenn sie gegeneinander arbeiten.« Auch dazu nickte Molotow beifällig.

Molotow und Hitler beim Gipfelgespräch in der Reichskanzlei am 12. November 1940

Dann wurde Hitler präziser: Deutschland sei durch die ungeheure Ausweitung des Krieges dazu gezwungen worden, in Gebiete vorzudringen, an denen es politisch und wirtschaftlich nicht im mindesten interessiert sei. Es handle sich in allen diesen Fällen um Expansionen rein militärischen Charakters und aufgrund militärischer Zwangslagen. Die Probleme, die dadurch entstanden seien, würden nur existieren, solange der Krieg andauere. In keinem Fall aber würden in irgendeiner Form die Interessen Rußlands berührt. Das gelte speziell für den Balkan, auf dem Deutschland überhaupt keine politischen Ambitionen habe; es sei dort im Moment lediglich aktiv, weil es sich bestimmte kriegswichtige Rohstoffe sichern müsse. Dies alles sei belanglos im Vergleich mit dem Hauptproblem der ferneren Zukunft, und dies bestehe darin, gegenüber den USA eine Solidarität zwischen denjenigen Staaten herzustellen, die bei einer Ausweitung des amerikanischen Einflußbereiches in Mitleidenschaft gezogen werden könnten. Das Datum dafür stehe noch nicht dicht bevor, es handle sich also nicht um das Jahr 1945 – wie Hitler ausdrücklich erwähnte –, sondern frühestens um die Jahre 1970 oder 1980. Allerdings müsse sich der europäische Kontinent bereits auf diese Entwicklung einstellen. Daraus ergebe sich die Notwendigkeit einer großen Kombination von Mächten, die unter völlig nüchterner Beurteilung der

Der Kapitalismus in sowjetischer Sicht
Russisches Flugblatt aus dem ›Vaterländischen Krieg‹

Realitäten ihre Interessengebiete untereinander festlegen müßten, damit sie sich dann der anderen Welt gegenüber unter den entsprechenden Bedingungen erfolgreich behaupten könnten. Sicherlich sei es eine schwere Aufgabe, eine derartige Kombination von Staaten zustande zu bringen; insofern gehe es zum Augenblick nur um eine gedankliche Regelung.

Molotow hörte betont aufmerksam zu, bog aber in seiner Erwiderung von den großen Perspektiven sofort ab, indem er die sowjetische Sicht an den Forderungen entwickelte, die in den jüngsten Gebietserwerbungen Rußlands augenfällig geworden waren. Rußland habe viel erreicht, doch die Interessen Moskaus gingen in Finnland und auf dem Balkan über den augenblicklichen Stand hinaus. Die deutsch-russischen Beziehungen benötigten tatsächlich eine dauerhafte Grundlage, aber Deutschland – daran ließ Molotow nicht den Schatten eines Zweifels – könnte in Zukunft nur dann mit dem unveränderten Wohlwollen Sowjetrußlands rechnen, wenn es sich damit einverstanden erklärte, daß ganz Rumänien und Bulgarien in die sowjetische Sicherheits- und Interessensphäre einbezogen würden und damit die Voraussetzung dafür geschaffen würde, das klassische Notproblem Moskaus aus der Zarenzeit zu erledigen: Rußland sei die größte und bedeutendste Macht am Schwarzen Meer; deshalb müsse sein freier Zugang zum Mittelmeer durch Bosporus und Dardanellen mit Hilfe sowjetischer Stützpunkte auf türkischem Gebiet gesichert werden.

Das bildete den Kern der ersten Entwicklungsphase, wie sie Molotow skizzierte. Die zweite Phase der sowjetischen Perspektive, deren Verwirklichung sich dem deutschen Konzept der territorial-staatlichen Neuordnung sowohl zur Seite stellte, als auch dasselbe modifizierte und vor allem die Bedingung für seine Realisierung war, erstreckte sich auf andere Fernziele. Molotow umriß sie im Detail erst am Abend des 13. November in einem Gespräch mit dem deutschen Außenminister. Rußland sei elementar interessiert an allen künftigen Neuordnungen und -gestaltungen in Europa, besonderen Anteil nehme es am Schicksal Rumäniens und Ungarns, Jugoslawiens und Griechenlands. Der sowjetische Außenminister erinnerte Ribbentrop eigens daran, daß ein Protokoll zwischen der Sowjetunion und Deutschland existiere; dort sei ein Meinungsaustausch zwischen beiden Mächten als notwendig vereinbart worden, bevor eine verbindliche Neugestaltung Polens verwirklicht würde. Die Westgrenze Rußlands, wie sie im November 1940 festgelegt war, betrachtete Moskau also keineswegs als endgültig, es schloß vielmehr Westpolen in seine Interessensphäre mit ein. Selbst Schwedens Neutralität schätzte Molotow nicht als ein Problem ein, das beide Staaten ernstlich bekümmern müßte. Diesen Aufriß beendete der sowjetische Außenminister mit der Versicherung, daß Rußland künftig auch äußerstes Interesse daran habe, wie die Ausgänge der Ostsee zur Nordsee, Skagerrak und Kattegat, kontrolliert würden. Solche Ziele Moskaus waren noch niemals so deutlich ausgesprochen worden. Ribbentrops Bericht von Molotows Eröffnungen wirkte wie ein Schock. Göring schilderte die deutsche Reaktion später mit dem Satz: »Das hat uns alle vom Stuhl gerissen!«

Rußland wollte erst seinen Wunsch erfüllt sehen, mit Deutschland die Grenzen der beiden Interessensphären neu abzustecken, bevor es Verhandlungen über seinen Beitritt zum Dreimächte-Pakt begann. Ebenso wurde der schwierigste Differenzpunkt deutlich: Molotow beharrte auf dem Recht Ruß-

Abschied Görings von Molotow nach dem Gipfelgespräch in Berlin am 13. November 1940

lands, einen neuen Krieg mit Finnland zu beginnen, das ganze Land zu besetzen und zu annektieren. Das aber lief Hitlers Einschätzung von der Tragweite neuer Kampfhandlungen im Ostseeraum strikt zuwider; er stimmte diesem russischen Plan unter keinen Bedingungen zu. Seine Enttäuschung und Verärgerung über das sowjetische Festbeißen an Vordergrundzielen äußerte sich wiederholt in heftiger Ironie. Als Molotow sich danach erkundigte, was denn Deutschland dazu sagen würde, wenn Rußland eine Garantie der bulgarischen Grenzen nach dem Vorbild der deutsch-italienischen Garantie Rumäniens in Sofia präsentieren würde, antwortete Hitler mit einer sarkastischen Gegenfrage: Habe denn Bulgarien um eine solche Garantie ersucht? Nur wenn das der Fall sei, bestünde eine Parallele zum rumänischen Modell. Ihm aber sei von einer derartigen Bitte Sofias nichts bekannt.

Die Bilanz der Unterredungen mit Molotow am 12. und 13. November 1940 war für Hitler im Hinblick auf seine Bemühungen, eine Weltkoalition »zu schaffen, die aus Spanien, Frankreich, Italien, Deutschland, Sowjetrußland und Japan bestehen und eine von Nordafrika bis nach Ostasien reichende Interessengemeinschaft darstellen würde«, negativ. Ihr positiver Ertrag bestand lediglich darin, daß es jetzt keine Zweifel mehr darüber gab, welche Entscheidungen Hitler treffen mußte, wenn er den Krieg nach seinen Vorstellungen gewinnen wollte. Die Absicht der Sowjets, die russische Westgrenze nach Europa hineinzudrücken, spielte für Moskau eine zu starke Rolle, als daß es nicht in Kürze zu äußerst heiklen Konfrontationen mit Deutschlands Interessen vom Norden bis zum Mittelmeer kommen würde. Der Chef des Wehrmachtsoberkommandos Keitel behauptete, Hitler hätte nach der Abreise des sowjetischen Außenministers die Perspektiven Molotows als den »Beginn eines großen Einkreisungsmanövers um Deutschland« dargestellt. Sollte Hitler wirklich vor dem Besuch der Ansicht gewesen sein, daß man sich von den Verhandlungen nichts versprechen müsse, so traf das nicht auf die Klärung der Positionen zu. Berlin und Moskau wußten nun, woran sie waren.

Hitler und der russische Bär
Zeichnung von
Sir Bernard Partridge, 1940

Einen Monat lang überdachte Hitler seine nächsten Entscheidungen. Sie wurden beschleunigt durch die offizielle Antwort Molotows auf die deutschen Vorschläge, die Ende November in Berlin eintraf. Rußland erkärte sich nur dann bereit, dem Dreimächte-Pakt beizutreten, wenn die Bedingungen erfüllt würden, die Molotow in Berlin vorgetragen hatte: Deutschland mußte den Sowjets freie Hand in Finnland lassen, einem Beistandspakt zwischen Rußland und Bulgarien zustimmen und die Errichtung militärischer Stützpunkte an den Meerengen im Gebiet des Bosporus und der Dardanellen akzeptieren, notfalls mit Gewalt. Moskau demonstrierte ganz unverhüllt, daß das augenblicklich wenig günstige Stadium in der Schlacht um England und Italiens militärische Unternehmungen für Stalin genügend Anlaß waren, seine West-Aspirationen hart an der Grenze der offenen Nötigung zu entwickeln. Hitler reagierte massiv: Er untersagte es seinem Außenminister, Molotow zu antworten.

Gleichzeitig wurde Hitler über Geheimgespräche zwischen Rußland und den Vereinigten Staaten informiert. Wenn sie erfolgreich verliefen, konnte das Ergebnis nur eine Koalition Washington-Moskau-London sein. Das bestärkte Hitler in seiner Überzeugung, daß er lediglich durch einen Sieg über die Sowjetunion alle englischen Hoffnungen auf eine Niederringung Deutschlands zerstören könne. Am 5. Dezember 1940 äußerte er zu Feldmarschall von Brauchitsch: »Die Entscheidung über die europäische Hegemonie fällt im

Kampf gegen Rußland.« Am 18. Dezember gab Hitler die Weisung Nr 21 aus, bis zum 5. Mai 1941 den ›Fall Barbarossa‹ auszuarbeiten, den Angriff auf Rußland vorzubereiten. Nach dieser Weisung sollte noch vor Beendigung des Krieges gegen Großbritannien im Verlauf eines schnellen Sommerfeldzuges Sowjetrußland niedergeworfen werden. Unwiderruflich legte sich Hitler allerdings auch jetzt noch nicht fest; er verfügte: »Alle von den Herren Oberbefehlshabern aufgrund dieser Vereinbarung zu treffenden Anordnungen müssen eindeutig dahin abgestimmt sein, daß es sich um Vorsichtsmaßnahmen handelt für den Fall, daß Rußland seine bisherige Haltung gegen uns ändern sollte.«

»Die Engländer können jederzeit Sonderfrieden haben nach Rückgabe der Kolonien.« – General Alfred Jodl in seinem Tagebuch am 20. Mai 1940

Um England hatte sich Hitler nach Kriegsausbruch immer wieder bemüht; er hatte versucht, ein Arrangement zu finden, und sich erst spät von der Unnachgiebigkeit Londons überzeugen lassen, widerstrebend, enttäuscht, verbittert, wenngleich er derart emotional-menschlichen Empfindungen in der Regel keinen Spielraum im politischen Entscheidungsfeld ließ. Auch darauf hatte er im Gespräch mit Molotow ein Streiflicht geworfen: »Im Völkerleben läßt sich zwar die Entwicklung auf lange Zeit hinaus schwer festlegen, und oft wird das Entstehen von Konflikten stark von persönlichen Faktoren beeinflußt, trotzdem glaube ich, daß man versuchen muß, auch auf lange Sicht, soweit es geht, die Entwicklung der Nationen so festzulegen, daß wenigstens nach menschlichem Ermessen Reibungen vermieden und Konfliktstoffe ausgeschlossen werden.« Hitler hielt stets daran fest, daß sein Entschluß, die Sowjetunion anzugreifen, richtig war. Sein fanatischer Wille, den Krieg zu gewinnen und den Widerstand Englands durch Niederringung der Sowjetunion zu brechen, gleichgültig mit welchen Opfern, ist durch die weltanschauliche Feindschaft zwischen Bolschewismus und Nationalsozialismus, die Hitler jetzt nicht mehr verdecken mußte, extrem gesteigert worden. Alles, was sich mit Formeln wie »Lebensraum im Osten«, »unausweichlicher Existenzkampf gegen den Bolschewismus«, »Ausbreitung der germanischen Herrenrasse« und ähnlichen programmatischen Rastern verband, ist im Zweiten Weltkrieg weder Anlaß des Krieges noch sein bestimmendes Ziel gewesen. Bloß weil die territorial ausgreifenden Bestrebungen Stalins dem Konzept zuwiderliefen, das Hitler unter dem kontinentalen Konsolidierungszwang als unumgänglich betrachtete, mußte Rußland jetzt angegriffen werden – in einer spiegelbildlichen Wiederholung der Überzeugung Napoleons, daß gegen England nur vor den Toren Moskaus zu siegen oder zu verlieren war.

Der Kommunismus in der Sicht des Nationalsozialismus
Plakat von Axster Heudtlaß, 1942

Fall Barbarossa

Im November 1940 war Franklin D. Roosevelt ein drittes Mal zum Präsidenten der USA gewählt worden. Wenige Tage nach diesem Triumph vertauschten die Vereinigten Staaten den Zustand der offiziellen Neutralität mit demjenigen der ›Nicht-Kriegführung‹. Hitler sah richtig, daß die USA das Rüsten im Laufe des kommenden Jahres abschließen und spätestens 1942 aktiv in den Krieg eintreten würden. Ob mit oder ohne zureichenden Anlaß, würde für die Politiker in Washington dann keine Gewissensfrage mehr sein. Schon jetzt verdankte es England ausschließlich der amerikanischen Hilfe, daß es gegen Deutschland durchgehalten hatte. Der materielle Versorgungsstrom über den Atlantik wuchs ununterbrochen an, mit dem Effekt, daß England trotz seiner ungünstigen Insellage im Herbst 1941 mehr Flugzeuge und Panzer produzierte als Deutschland, obwohl sich hier das Rüstungspotential inzwischen gewaltig gesteigert hatte. Die deutsche Kriegswirtschaft wurde dadurch immer stärker von russischen Rohstofflieferungen abhängig, was sich machtpolitisch für Moskau denkbar vorteilhaft auswirkte.

Der deutsche Angriff im Osten verzögerte sich durch die Niederlagen, die Italien in Griechenland und in Nordafrika hinnehmen mußte. Rom hatte am 28. Oktober 1940, trotz eindringlicher Warnungen Ribbentrops, Griechenland von Albanien aus angegriffen. Hitler war konsterniert, als die Griechen den italienischen Truppen eine Schlappe nach der anderen beibrachten, sie in die Ausgangsstellungen zurückdrängten und sogar in Albanien einzumarschieren begannen. Er entschloß sich zu einer Entlastungsoffensive, nicht nur wegen der Reputation seines Bündnispartners. Politisch wollte er die Militäraktion dadurch absichern, daß die Balkanstaaten bewogen wurden, dem Dreierpakt beizutreten. Bis zum 25. März 1941 hatten sich Ungarn, die Slowakei, Rumänien, Bulgarien und Jugoslawien dem Bündnis angeschlossen. In Belgrad wurde jedoch zwei Tage später, am 27. März, gegen die Regierung geputscht. Hitler änderte sofort den Angriffsplan und gab Weisung, sowohl Jugoslawien als auch Griechenland in einer gemeinsamen Blitzaktion zu erobern. Der Termin für den ›Fall Barbarossa‹ wurde auf den Juni verschoben.

Alleingang der Italiener bindet dt. Kräfte

Der Feldzug gegen Jugoslawien begann am 6. April 1941. Von Bulgarien aus stieß eine deutsche Armee nach Saloniki vor; sie erreichte sechsunddreißig Stunden später ihr Ziel. Durch diese Aktion wurde die griechische Makedonien-Armee von ihren Nachschub- und Verbindungswegen abgeschnitten. Eine Panzergruppe setzte von Westbulgarien aus gegen Jugoslawien zum Angriff an. Konzentrische Aktionen begannen zur selben Zeit von der Steiermark, von Ungarn und dem Banat aus. Ungarische Verbände drangen nach Süden vor, italienische aus Istrien. Deutsche Verbände eroberten nach einer Woche Belgrad. Die Gesamtkapitulation des jugoslawischen Heeres wurde am 17. April unterschrieben. Zehn Tage später rückten erste deutsche Vorausabteilungen auch in Athen ein, und kurze Zeit später war ganz Griechenland einschließlich der Peloponnes und der Inseln besetzt. Die einzige Ausnahme bildete Kreta. Eine Eroberung dieser größten griechischen Insel war schon wegen ihres bedeutenden Flottenstützpunktes strategisch notwendig. Die Invasion wurde sorgfältig vorbereitet. Am 20. Mai begann die umfassendste deutsche Luftlandeaktion des Zweiten Weltkrieges. Kreta wurde von den Engländern äußerst zäh verteidigt. Die deutschen Verluste waren diesmal ungewöhnlich schwer. Dennoch konnte bereits nach elf Tagen das ›Unternehmen Merkur‹ erfolgreich abgeschlossen werden.

Strohtommies in Scheinstellungen auf der Insel Kreta während des Rückzuges britischer Truppen Ende Mai 1941

Die oben!!

In Nordafrika war die italienische Armee am 13. September 1940 von Libyen aus zu einer Offensive nach Ägypten aufgebrochen. Sidi Barrani wurde drei Tage später erobert, dann aber blieb der italienische Vormarsch östlich der Stadt wegen Nachschubschwierigkeiten stecken. Die Briten begannen mit ihrer Gegenoffensive am 9. Dezember. Ihre Nil-Armee drang bis zur großen Syrte vor, der Bucht zwischen Bengasi und Misurata. Dabei gerieten hundertdreißigtausend Italiener in englische Gefangenschaft. Mussolini bat jetzt Berlin um Unterstützung. Hitler beorderte zunächst ein deutsches Fliegerkorps nach Sizilien, um die italienische Versorgung übers Mittelmeer zu sichern. Mitte Februar landete dann die erste Division des deutschen Afrika-Korps unter

Erwin Rommel
im Mai 1942

»Ich glaube, es ist meine Pflicht, Deutschland zu Hilfe zu kommen.« – Erwin Rommel zu Strölin, dem Oberbürgermeister von Stuttgart, im Februar 1944

General Erwin Rommel in Libyen. Der deutsche Gegenangriff begann am 24. März. Die britischen Stellungen wurden rasch durchbrochen. Nach drei Wochen hatten die deutschen Panzer das verlorene Gebiet in Nordafrika bis zur Grenze Ägyptens zurückerobert. Nur die stark befestigte, von den Engländern heftig verteidigte Hafenstadt Tobruk in der Cyrenaica konnte während dieses Unternehmens nicht eingenommen werden. Tobruk wurde erst am 21. Juni 1942 von den Deutschen erobert.

Fast volle zwei Jahre drückten Rommels Intelligenz, Phantasie, Tapferkeit und Härte den Kämpfen in Nordafrika das Gepräge auf. Er wurde zu demjenigen deutschen Heerführer, der uneingeschränkten Ruhm in legendären Dimensionen errang, sowohl bei der eigenen Truppe als auch beim Gegner, der den verwegenen ›Wüstenfuchs‹ bewundernd verklärte; er war dem Feind vollendete Verkörperung der deutschen Dynamik und Begeisterung, aber auch deutschen Anstands und Ehrgefühls. Das bedeutete in jenen Jahren bereits so unerhört viel, daß die Schattenseiten seiner Heroengestalt kaum wahrgenommen wurden, etwa seine Versuche, die Ausbildung der Hitlerjugend straff unter den vormilitärischen Imperativ zu stellen. Rommel war 1935 Verbindungsoffizier zur Reichsjugendführung und hatte deshalb heftige Auseinandersetzungen mit Baldur von Schirach, der ihn mit dem kurzen Bescheid abfertigte: »Ich erziehe die deutsche Jugend für den Frieden, nicht für den Krieg.« Nach der Invasion der anglo-amerikanischen Truppen entdeckte Rommel die politische Dimension des Krieges und seiner eigenen Stellung. Er überwarf sich mit Hitler, schwenkte ein in den Widerstand und wurde, als der Putsch des 20. Juli 1944 fehlgeschlagen und seine Beteiligung offenkundig geworden war, von Hitler vor die Wahl gestellt, Gift zu nehmen oder sich vor einem Volksgerichtshof anklagen zu lassen. Rommel entschloß sich zum Selbstmord, am 14. Oktober 1944.

Nach Abschluß der Kämpfe auf Kreta stand dem Krieg gegen Rußland militärisch nichts mehr im Weg. Hitler zog Dreiviertel aller deutschen Soldaten im Osten zusammen, mehr als drei Millionen Mann. Ihnen gegenüber standen viereinhalb Millionen Sowjetsoldaten. Gerüchte über einen bevorstehenden deutschen Angriff zirkulierten in Moskau seit April, aber Stalin und die sowjetischen Generäle hielten es für unwahrscheinlich, daß Hitler vor der erfolgreichen Beendigung des Krieges im Westen den Angriff auf Rußland riskieren würde. Stalin bereitete sich zwar durch eine gründliche Umrüstung der Roten Armee auf eine solche Auseinandersetzung vor, glaubte aber, durch diplomatische Gespräche mit Berlin über eine Neufassung der deutsch-sowjetischen Abmachungen mehr als genug Zeit zu gewinnen.

›Die Falle von Stalingrad‹ in feindlicher Sicht: der Untergang sowohl der Deutschen Wehrmacht als auch des Nationalsozialismus Zeichnung von Daniel R. Fitzpatrick, 1942

Das ›Unternehmen Barbarossa‹ begann am 22. Juni 1941 und mit ihm gestaltete sich der Zweite Weltkrieg zunehmend grauenerregend. Die folgenden Etappen bis zum völligen Zusammenbruch des Deutschen Reiches waren Stationen einer Odyssee militärischer Triumphe und Katastrophen auf beiden Seiten. Das soldatische Heldentum konnte sich ein letztes Mal genauso entäußern wie erstmals ein sadistisch-systematisches Mördertum, das den wirklichen oder vorgestellten Gegner nicht mehr als militärischen Feind betrachtete, sondern weltanschaulich als Untermenschen einstufte. Dies war mitbestimmend für das Kämpfen, Töten und Morden an der Ostfront, für die Partisanenkämpfe in Jugoslawien und Rußland wie später in Italien und Frankreich, für den frühen Entschluß des britischen Kriegskabinetts, die Luftangriffe im deutschen Hinterland nicht in erster Linie wegen der Zerstörung der deutschen

»Schafft Waffen und Munition für die Front!«:
Hitler bei einer Ansprache vor Arbeitern eines Berliner Rüstungswerkes im Dezember 1940;
Bearbeitung von Kartuschen in einer Heeresmunitionsfabrik;
Plakat von Fritz R. Weber im Dienst der moralischen Kampfführung

Landung deutscher Fallschirmjäger im Abwehrfeuer der Engländer
auf der Insel Kreta im Mai 1941

Rüstungsindustrie durchzuführen, sondern als Terror der Zivilbevölkerung, um sie psychisch-moralisch zu zerbrechen.

Die härter werdenden Auseinandersetzungen bewirkten in Deutschland zunehmende Anstrengungen zur Mobilisierung sämtlicher verfügbaren Kräfte. Was als Notwendigkeit zur militärischen Leistungsfähigkeit selbstverständlich war – nämlich die Realisierung eines uneingeschränkten Ausnahmezustandes –, wurde später dahingehend interpretiert, daß die Diktatur des Nationalsozialismus erst jetzt ihren hemmungslos despotischen Kern und damit ihren wahren Charakter gezeigt habe. Das wurde noch dadurch intensiviert, daß die alliierten Gegner niemals einen Unterschied zwischen Nationalsozialismus und Deutschland akzeptierten, daß sie Hitler und die Deutschen miteinander identifizierten. Diese Ineinssetzung veranlaßte die Alliierten im Januar 1943, mehr als ein Jahr nach dem Eintritt Amerikas in den Krieg, zu ihrer Forderung nach bedingungsloser Kapitulation der Achsen-Gegner – einer Forderung, die in der Kriegsgeschichte neu war und der deutschen Führung genügend Anlaß dafür bot, sich zum ›Totalen Krieg‹ zu entschließen, zur rücksichtslosen Verteidigung bis zum Untergang.

Die Endlösung

Der deutsche Angriff im Osten hatte sich im Winter 1941 vor Moskau festgelaufen; er war in der Schlammperiode steckengeblieben, die gewöhnlich im Oktober/November einsetzt. Die Wehrmacht erlitt ihren ersten empfindlichen Rückschlag, sie entging nur durch unwahrscheinliche Leistungen an Zähigkeit, Opferwillen und Energie einer Katastrophe. Spätestens ab diesem Zeitpunkt brachen bei Hitler immer häufiger paranoide Vorstellungen durch und wirkten sich auf die Maßnahmen der deutschen Führung aus. Die sich nunmehr geltend machende politisch-weltanschauliche Sicht der Kriegsentwicklung war als Ganzes nicht mehr in der Wirklichkeit verankert. Die Mißachtung der Juden durch den Nationalsozialismus, der Rassenantisemitismus, weitete sich bei Hitler zu einer Sündenbock-Theorie aus, die nicht nur ein Kernstück der NS-Weltanschauung war, sondern für seine eigene Person unersetzlich wurde sowohl als moralische Entlastung als auch für die Begründung des rücksichtslosen Vernichtungswillens, der die Alliierten aufgrund imaginärer Befehle des ›Welt-Judentums‹ gegenüber Deutschland und den Deutschen erfüllte. Die seit Jahrzehnten wiederholte Formel: der Jude sei an allem schuld, gewann plötzlich einen unheimlich konkreten Sinn.

Deutsche Soldaten im Kampf gegen den russischen Winter 1941 vor Moskau

In seinem Politischen Testament vom 29. April 1945 versicherte Hitler ein letztes Mal: »Es ist unwahr, daß ich oder irgend jemand anderer in Deutschland den Krieg im Jahre 1939 gewollt habe. Er wurde gewollt und angestiftet ausschließlich von jenen internationalen Staatsmännern, die entweder jüdischer Herkunft waren oder für jüdische Interessen arbeiteten ... Ich habe aber auch keinen Zweifel darüber gelassen, daß, wenn die Völker Europas wieder nur als Aktienpakete dieser internationalen Geld- und Finanzverschwörer angesehen werden, dann auch jenes Volk zur Verantwortung gezogen wird, das der eigentliche Schuldige an diesem mörderischen Ringen ist: das Judentum! Ich habe weiter keinen darüber im unklaren gelassen, daß diesmal nicht nur Millionen erwachsener Männer den Tod erleiden und nicht nur Hunderttau-

Aufruf!

Reichsminister Dr. Goebbels gibt bekannt:
„Die berechtigte und verständliche Empörung des Deutschen Volkes über den feigen jüdischen Meuchelmord an einem deutschen Diplomaten in Paris hat sich in der vergangenen Nacht in umfangreichem Maße Luft verschafft. In zahlreichen Städten und Orten des Reiches wurden Vergeltungsaktionen gegen jüdische Gebäude und Geschäfte vorgenommen.
Es ergeht nunmehr an die gesamte Bevölkerung die strenge Aufforderung, von allen weiteren Demonstrationen und Aktionen gegen das Judentum, gleichgültig welcher Art, sofort abzusehen. Die endgültige Antwort auf das jüdische Attentat in Paris wird auf dem Wege der Gesetzgebung bezw. der Verordnung dem Judentum erteilt werden."

Volksgenossen! Volksgenossinnen!
Auch bei uns in München hat das Weltjudentum die ihm gebührende Antwort erhalten!

Die Synagoge ist abgebrannt!
Die jüdischen Geschäfte sind geschlossen!
Die frechgewordenen Juden sind verhaftet!

Das nationalsozialistische München demonstriert

gegen das Weltjudentum
und seine schwarzen und roten Bundesgenossen
für die Freiheit und Sicherheit
der Nation und aller Deutschen in der Welt.

Es sprechen: Gauleiter
Adolf Wagner
und zwanzig Parteiredner

Kreisleitung München der NSDAP. gez. Walter Ziehnert

NS-Aktion gegen das Judentum
Maueranschlag in Bayern
vom 9. November 1938

sende an Frauen und Kindern in den Städten verbrannt und zu Tode bombardiert werden dürfen, ohne daß der eigentlich Schuldige, wenn auch durch humanere Mittel, seine Schuld zu büßen hat.«

Dies ist das grauenhafte Thema der systematischen Vernichtung eines Volkes, das für Ereignisse büßen mußte, für die es gemäß der Logik eines Wahnsystems verantwortlich gemacht wurde – ein Thema, das durch die Vokabel ›Auschwitz‹ einen entsetzlichen Symbolwert erhalten hat. Die ethische Dimension macht es fast unmöglich, den nachweisbaren Sachgehalt nüchtern zu behandeln, weil die Beweggründe und Formen des Mordens mit einer unbetroffenen Objektivität nicht in Deckung zu bringen sind. Die verbrecherische Diskriminierung der Juden, ihre Verfolgung und fortschreitende und schließlich totale Entrechtung durch den Nationalsozialismus sind von einer Nichtswürdigkeit, die alle überlieferten Sittlichkeitsnormen sprengt.

Die Massenmorde in den Vernichtungslagern werden in dem Testament Hitlers kaum noch verschleiert und als Vergeltung für die deutschen Opfer gerechtfertigt. Es besteht aber kein Zweifel daran, daß sich die Rolle der Juden für Hitler während des Krieges radikal gewandelt hat zu einem Generalvehikel der Entlastung und persönlichen Rechtfertigung. Die Deportationen der gesamten jüdischen Bevölkerung vom Säugling bis zum Greis aus dem deutschen Reich und den besetzten europäischen Gebieten hatten zunächst offiziell als ein Teil des allgemeinen Programms der Zwangsarbeit im Dienst der Rüstungsindustrie begonnen. Bald machte man aber überhaupt kein Hehl mehr daraus, daß es jenseits jeder Arbeitsverpflichtung darum ging, im Zuge von »Umsiedlungen« die jüdische Bevölkerung in Gettos im Osten zu konzentrieren. Tatsächlich häuften sich ab 1943 die Vollzugsmeldungen örtlicher Dienststellen, daß einzelne Städte und ganze Bezirke inzwischen »judenfrei« seien.

Im Sprachgebrauch der damit befaßten Behörden wurde während des Krieges unter dem Ausdruck ›Gesamtlösung‹ oder ›Endlösung‹ zunächst folgendes verstanden: Da eine Auswanderung nicht mehr möglich sei, müßten alle Juden von der deutschen Bevölkerung abgesondert, aus West- und Zentraleuropa herausgelöst, in den Osten evakuiert und in neuen Gettos zusammengefaßt werden. Dieses Projekt spiegelt sich erstmals in dem Auftrag Görings vom 31. Juli 1941 wider, Heydrich möge ihm »in Bälde einen Gesamtentwurf über die organisatorischen, sachlichen und materiellen Vorausmaßnahmen zur Durchführung der angestrebten Endlösung der Judenfrage« vorlegen. Göring bezog das Wort in seinem Schreiben noch direkt auf die »Form der Auswanderung oder Evakuierung«. In dem Protokoll der Geheimkonferenz in Berlin-Wannsee, die Heydrich am 20. Januar 1942 mit den für die Evakuierung zuständigen Staatssekretären abhielt, scheint der Begriff ›Endlösung‹ jedoch bereits eine andere Bedeutung zu haben, denn in einem Passus des Protokolls wird festgestellt, daß diejenigen Juden, die bei ihrem Arbeitseinsatz im Osten nicht »durch natürliche Verminderung ausfallen«, »entsprechend behandelt werden müssen«.

Häftlinge im KZ Bergen-Belsen
im Frühjahr 1945

An der Tatsache der systematischen Vernichtung der Juden, und zwar ohne jeden Zusammenhang mit Kriegnotwendigkeiten und sogar im Widerspruch zu den Notwendigkeiten der Front, ist nichts strittig. Anders steht es mit dem Gesamthintergrund, den auslösenden Motiven für den Umschlag des ursprünglichen Konzepts einer forcierten Auswanderung der Juden über ihre gewaltsame Austreibung bis hin zur systematischen Ermordung des ganzen Volkes, den verschiedenartigen Problemen der jüdischen Bevölkerung in den einzelnen Ländern sowie der Verflechtung mit ausländischen Interessen und Bemühungen, Rettungsversuchen und Widerständen dagegen. Deshalb ist das, was sich im Zusammenhang mit jenem Plan der »Endlösung« samt all seinen vielfachen Verzweigungen zwischen den Jahren 1941 und 1945 tatsächlich abgespielt hat, trotz aller Literatur in zentralen Fragen der Zuständigkeiten, Verantwortlichkeiten und Entscheidungsbefugnisse noch immer ungeklärt. Von den Siegermächten wurden sämtliche Akten nach der Kapitulation beschlagnahmt, ein Teil davon wurde vernichtet. Freier Zugang zu den einschlägigen Dokumenten ist aber die Voraussetzung dafür, um alle diese Fragen zu klären.

Völkermord ist nichts Neues. Doch die Tatsache, daß ein ganzes Volk aufgrund weltanschaulich-geschichtsmetaphysischer Zwangsvisionen zum Träger alles Bösen auf Erden, zum Weltenübel schlechthin erklärt und deshalb seine physische Vernichtung betrieben wird, rührt an Apokalyptisches. Hitler hatte in ›Mein Kampf‹ geschrieben: »Siegt der Jude mit Hilfe seines marxistischen Glaubensbekenntnisses über die Völker dieser Welt, dann wird seine Krone der Totenkranz der Menschheit sein, dann wird dieser Planet wieder wie einst vor Jahrmillionen menschenleer durch den Äther ziehen.«

Die Gefangenen
Radierung von Lea Grundig, 1937

Wie könnte mit den begrenzten Mitteln der Sprache auch nur verhältnismäßig angemessen formuliert werden, was zu dem Spannungsbogen zwischen der abstrusen Phantastik dieser Sätze Hitlers und den Vernichtungslagern gehört? Fassungslosigkeit, Reue bis zur erklärten Unfähigkeit, mit jener Erschütterung, die den Kern persönlich-religiöser Reue ausmacht, auf das in einem ganz präzisen Sinn »Unvorstellbare« zu reagieren, abgründige Scham, Ohnmacht der Empfindung schließlich – eine Summierung derariger Begriffsversuche läuft letztlich nur auf ein völliges Verstummen hinaus als Eingeständnis, daß die Tiefendimension des nicht zu fassenden Verbrechens auch nicht mit dem vorhandenen Vokabular zu fassen, mit Worten nicht wiederzugeben ist.

Opfer im Konzentrationslager Nordhausen am Ende des Zweiten Weltkrieges

Das NS-Deutschland als Friedensbringer Zeichnung von Seppla, 1936

Hitler hatte den Zweiten Weltkrieg ausgelöst, und er wurde dafür verantwortlich gemacht. Die Alliierten kämpften freilich nicht gegen Hitler, nicht gegen den Nationalsozialismus und seine weltanschaulichen Ideen. Gleichgültig, was die Politiker und Staatsmänner der Welt zwischen 1933 und 1939 von der nationalsozialistischen Bewegung hielten: Ihretwegen allein wäre keiner von ihnen in den Krieg gezogen. Wie sich die Deutschen ihren Staat einrichteten, das hielten sie für die Sache der Deutschen. Und die Deutschen, die freiwillig oder verpflichtet in diesem Krieg gegen die Alliierten kämpften, führten zwar Hitlers Krieg, aber sie setzten ihr Leben nicht für ihn, sondern für Deutschland ein. Bei der gängigen Bewertung militärischer Konflikte spielte es damals keine Rolle, ob es sich um einen Angriffskrieg handelte oder nicht, zumal er sich bald zu einem erbitterten Verteidigungskrieg entwickelte und von den Millionen deutscher Soldaten als Verteidigung Deutschlands verstanden wurde. Sie kämpften für ihr Vaterland, für eine Sache, die noch nicht obskur oder wurmstichig war; sie kämpften ganz sicher nicht speziell für den Nationalsozialismus und schon gar nicht für seine gewöhnlichen Repräsentanten wie Gauleiter, Statthalter, Organisationsleiter, Ortsgruppenführer, Amtsleiter oder Funktionäre der Arbeitsfront.

Diejenigen, die sich zum Widerstand gegen Hitler entschlossen hatten, waren ebenfalls zutiefst davon überzeugt, für Deutschland zu kämpfen, wenngleich für ein »anderes«, »besseres« Deutschland, und sie waren willens, dafür ihr Leben aufs Spiel zu setzen. Handelte ein deutscher Gegner des Nationalsozialismus seinem Vaterland gegenüber verantwortungsbewußt, wenn er denjenigen, die in einem Existenzkampf die Nation führten, die Loyalität aufkündigte? Das Heillose dieses Konflikts lag in dem Anspruch der moralischen Gleichwertigkeit von Verhaltensweisen, die sich gegenseitig ausschlossen, also in der moralischen Aporie. Weil sich eine Trennung zwischen Deutschland und dem Nationalsozialismus während des Krieges kaum durchführen ließ, fanden die Widerstandskreise wenig Rückhalt im Volk und die Opponenten im Heer praktisch keine Basis. Die Alliierten nahmen von ihren Plänen keine Notiz. Wäre der Krieg nur ein Kampf gegen den Nationalsozialismus gewesen, wie die Alliierten unermüdlich versicherten, wäre er wirklich ein Kreuzug zur Rettung der höchsten Menschheitswerte vor der Vernichtung gewesen, dann hätten die Verschwörer gegen Hitler die natürlichsten Verbündeten all derjenigen sein müssen, die sich als Feinde des Nationalsozialismus bezeichneten und gegen ihn kämpften. Unter den deutschen Widerstandskämpfern gab es nicht enden wollende Diskussionen über die Grenze von Hoch- und Landesverrat, über die Billigung oder Mißbilligung des Tyrannenmordes, über die Zweischneidigkeit von Sabotagen in Rüstungsbetrieben. Eigentlich hätte die allgemeine Situation verlangt, daß man sich ernsthaft überhaupt nicht mehr die Frage stellte, ob und wie man jetzt, im Krieg, in dem es nach den Worten Hitlers tatsächlich um Sein oder Nichtsein von achtzig Millionen Deutschen ging, noch zwischen deutschen Interessen und nationalsozialistischen Fanatismen trennen konnte, trennen sollte oder trennen mußte. Die Gegner Deutschlands dachten nicht entfernt daran, solche Unterschiede auch nur akademisch zu diskutieren, selbst die Mehrzahl der deutschen Emigranten entschied sich gegen eine derartige Differenzierung. Hätten sie sich anders entschließen können? Gab es seit Kriegsbeginn eine andere Verkörperung Deutschlands als den Nationalsozialismus mit den deutschen Millionenheeren, den deutschen Panzern, Flugzeugen, Kriegsschiffen? Wer sich auf die Existenz eines »anderen Deutschland« berief, auf jenes der Dichter und Philosophen, der Künstler und Forscher, der mußte sich sagen lassen, daß dieses Deutschland keinen Krieg führte und daß es von den Nationalsozialisten genauso reklamiert wurde wie von seinen deutschen Gegnern.

Solche Vereinfachungen drängten sich unerbittlich auf, so falsch und irreführend sie waren und so sehr sie verworfen wurden von allen, die etwas von der inneren Situation Deutschlands seit 1933 verstanden. Politisch besonders folgenschwer war es, daß die Politiker der Alliierten nicht bereit waren, den Widerstandskämpfern wenigstens mit Gesten anzudeuten, daß ein Deutschland ohne Hitler und seine Partei sich in einer anderen Feindsituation befinden würde als mit Hitler an der Spitze. Von Churchill hörten 1944 auch die Opponenten gegen Hitler lediglich: »Nach uns die Sintflut, wenn wir nur das verhaßte nationalsozialistische Deutschland vernichten.« Die deutsche Opposition hatte nicht die geringste Aussicht, selbst bei einem geglückten Putsch und einer sofort proklamierten Waffenruhe bessere Friedensbedingungen zu erhalten als das nationalsozialistische Deutschland. Sie entschloß sich trotzdem, Putsch und Staatsstreich zu versuchen, nicht aus Gründen politischer Vernunft, sondern »allein um der moralischen Rehabilitierung Deutschlands willen«, wie es einer der Frondeure formulierte.

Gefahrvolles Abhören
des feindlichen Senders
während des Totalen Krieges
Zeichnung von
Walter Trautschold

Unter diesen Vorzeichen standen die Aktionen der Offiziersverschwörung des 20. Juli 1944. Oberst Claus Graf Schenk von Stauffenberg verübte im Führerhauptquartier auf Hitler ein Attentat, und die Putschisten versuchten danach, die Staatsführung in die Hand zu bekommen. Diese Männer mißachteten um Deutschlands willen inmitten des Krieges ihren Eid; sie hatten sich für Deutschland dazu bekannt, Deutschland zu verraten. Das moralische Recht war auf ihrer Seite, aber es war auch bei denjenigen, die den Staatsstreich mißbilligten, sich darüber empörten. Es gab damals keinen allgemeingültigen Kodex der Gesittung, und es gibt ihn nirgendwo in Gesellschaftssystemen, die auf politische Gesamtformung angelegt sind. Dieser sorgfältig vorbereitete Staatsstreich-Versuch des 20. Juli verliert auch durch die Tatsache nichts von seinem sittlichen Rang, daß die Mehrheit seiner Akteure den Befehl des Gewissens erst dann wahrzunehmen begann, als die Sache Hitlers und des Nationalsozialismus aussichtslos geworden und der Krieg bereits verloren war.

»Es kommt nicht mehr auf den praktischen Zweck an, sondern darauf, daß die deutsche Widerstandsbewegung vor der Welt und vor der Geschichte den entscheidenden Wurf gewagt hat.« – Generalmajor Henning von Tresckow im Juli 1944

Zu den führenden Köpfen der Verschwörung gehörte Generaloberst Ludwig Beck, von 1935 bis zum 27. August 1938 Generalstabschef des Heeres. Da er Hitlers Außenpolitik nicht billigte, hatte er um seinen Abschied gebeten. Während des Krieges begann er Opponenten um sich zu versammeln, besonders aus Offizierskreisen, darunter Befehlshaber, die von Hitler aus unterschiedlichen Gründen abgelöst worden waren. Beck arbeitete eng mit dem früheren Leipziger Oberbürgermeister Carl-Friedrich Goerdeler zusammen, dem Mittelpunkt der bürgerlichen Frondeure, einem scharfen Denker staatsmännischen Formats, jedoch von staunenswerter Leichtfertigkeit in der Einschätzung derjenigen Bedingungen, die für einen Putsch im Krieg gegen den nationalsozialistischen Staat und sein inneres Sicherungssystem unerläßlich waren. Verantwortlich für den technischen Aktionsplan zeichnete Oberst Stauffenberg. Als Stabschef beim Befehlshaber des Ersatzheeres hatte er die Möglichkeit, Hitler persönlich Vortrag zu halten. Die Putschisten planten, bei einer solchen Gelegenheit Hitler zu töten, die Wehrmacht dadurch von dem Fahneneid zu entbinden, durch Kommandos des Ersatzheeres alle wichtigen Schaltstellen besetzen zu lassen und so die Macht und die Regierung zu übernehmen. Beck sollte Staatsoberhaupt werden, Goerdeler Reichskanzler, Wilhelm Leuschner, der aus der Gewerkschaftsbewegung kam, Vizekanzler.

Der zerstörte Konferenzraum im Führerhauptquartier Wolfsschanze bei Rastenburg nach dem mißlungenen Attentat auf Hitler am 20. Juli 1944

Am Mittag des 20. Juli stellte Oberst Stauffenberg seine Aktentasche, in der sich eine Zeitbombe befand, unter den Kartentisch in der Lagebaracke von Hitlers Hauptquartier ›Wolfsschanze‹ bei Rastenburg in Ostpreußen. Stauffenberg verließ den Raum, niemand beachtete ihn sonderlich; er passierte ungehindert die Sperrkreise und flog nach Berlin zurück. Kaum hatte sich Stauffenberg entfernt, detonierte der Sprengsatz, zwei Meter neben Hitler. Er wurde zur Tür geschleudert, lag blutend unter Schutt und Balken, seine Kleidung brannte, die Haare waren versengt, die Trommelfelle zerrissen, er hörte kaum das Stöhnen und die Schreie der anderen. Nach wenigen Augenblicken schob er die Trümmer von sich, stand auf und verließ hinkend den Besprechungsraum, gestützt von General Keitel. Keiner der vierundzwanzig Anwesenden blieb unverwundet, fünf waren schwer verletzt. Entscheidend für die schwache Wirkung der Bombe waren die dämpfende Wirkung der schweren Eichenplatte des Tisches und die leichte Bauweise der Baracke, deren Wände der Druckwelle sofort nachgegeben hatten. Ein herabstürzender Balken hatte Hitler an der Stirn getroffen. Die Ärzte mußten ihm Hunderte von Holzsplittern aus Gesicht und Beinen entfernen. – Stauffenberg hatte nach seiner Ankunft in Berlin gemeldet, daß Hitler tot sei. Daraufhin wurde das Stichwort ›Walküre‹ ausgegeben. Einige Stunden hatten die Verschwörer in der Hauptstadt die Oberhand. In Paris lief der Plan mit der Verhaftung der SD- und SS-Führung ebenfalls programmgemäß ab. Am Nachmittag wurde jedoch bekannt, daß Hitler noch lebte, nicht einmal sehr schwer verletzt war. Daraufhin brach die ganze Aktion binnen Stunden zusammen. Eine Sonderkommission der Gestapo wurde mit der Untersuchung beauftragt. Der Umfang des Verschwörerkreises, der sich in den folgenden Wochen abzeichnete, nachdem die Namensliste entdeckt worden war, die Goerdeler in einem Hotel deponiert hatte, wirkte auf Hitler und Himmler bestürzend. Mehr als sechstausend Personen wurden verhaftet. Die meisten Putschisten richtete man nach Prozessen vor dem Volksgerichtshof hin.

Der Stein ist im Rollen

DEUTSCHE ARBEITER!

Die deutschen Generale haben einen tödlichen Schlag gegen Hitlers Macht geführt — tödlich, ganz gleich, ob er von sofortigem Erfolg begleitet sein wird oder nicht.

Ein faschistisches Regime, das einen schon verlorenen Krieg führt, kann eine solche Untergrabung seiner Autorität nicht lange überleben.

Die deutschen Arbeiter können sich von einer Revolte, die von deutschen Generalen geführt ist, kein dauerndes Heil versprechen — so wenig wie die Arbeiter anderer Länder.

Aber heute kommt es nur auf eins an: die Generale haben ein Unternehmen ins Rollen gebracht, das dem deutschen Volk Rettung und Frieden bringen kann. Nur der Masseneinsatz der Arbeiterschaft kann dieses Unternehmen zu Ende führen. In den Betrieben kann Hitler seine Niederlage finden.

1918 trugen die deutschen Arbeiter in entscheidender Weise dazu bei, den schon verlorenen Krieg abzukürzen und Schluss zu machen, ehe die volle Katastrophe über Deutschland hereinbrach.

Damals gab es keine 12 Millionen Fremdarbeiter im Herzen Deutschlands wie heute. Sie bilden einen Teil der Massen innerhalb des Reiches, die dazu beitragen können, den Zusammenbruch Hitlers zu beschleunigen.

Die Fremdarbeiter in Deutschland sind heute ein Faktor von allergrösster politischer Bedeutung. Es ist die unzweifelhafte Pflicht der deutschen Arbeiter, in jeder Weise mit ihnen zusammenzuarbeiten und, wenn nötig, ihrer Führung zu folgen.

Die deutschen Arbeiter müssen ihn weiterstossen!

Aufruf an die Arbeiter Berlins zur Revolte gegen Hitler im Nachvollzug des Offiziersputsches vom 20. Juli Flugblatt aus Berlin vom Juli 1944

Kein Staatsstreich der jüngeren Geschichte war von vornherein so sehr auf sich gestellt gewesen wie das Unternehmen des 20. Juli 1944. Stauffenberg wurde noch am Abend zusammen mit drei Mitverschwörern standrechtlich erschossen. Seine letzten Worte lauteten: »Es lebe unser heiliges Deutschland!« Doch auch Göring versicherte in seinem Schlußwort vor dem Nürnberger Tribunal, daß ihn nichts anderes geleitet habe als »heiße Liebe zu meinem Volk, sein Glück, seine Freiheit und sein Leben«, und mit ihm bekannten fast alle übrigen Angeklagten, daß ihr Leben nur Dienst an ihrem Volk und Vaterland gewesen sei. In den Augen der 1944 bereits dem Sieg entgegen eilenden Alliierten dagegen bestand überhaupt kein Deutschland mehr, das sich zu erhalten lohnte, weil ihrer Überzeugung nach Hitler seinen nationalen Gehalt und überlieferten Sinn vollständig korrumpiert hatte. An dieser Haltung kamen auch die Verschwörer des 20. Juli nicht vorbei, obgleich es zu dem Bleibenden ihres Entschlusses gehört, daß sie in den nationalsozialistischen Verbrechen keine Rechtfertigung dafür sahen, Deutschland selbst zu liquidieren.

Feindliche Welten: Das Dritte Reich – Die erste Republik

Am 28. Januar 1933 hatte Franz von Papen, Reichskanzler vom Juni bis zum 17. November 1932 und Vertrauter des Reichspräsidenten Hindenburg, die Verhandlungen mit Hitler über die Zusammensetzung einer neuen Regierung beendet. Hindenburg hatte sein langes Zögern, den Führer der stärksten politischen Partei der Weimarer Republik zum Reichskanzler zu ernennen, endlich aufgegeben. Am Vormittag des 30. Januar wurden ihm die Mitglieder des neuen Kabinetts vorgestellt. Acht konservative Minister flankierten ihre drei nationalsozialistischen Kollegen. Hitlers Koalition, das ›Kabinett des nationalen Zusammenschlusses‹, wurde mittags vereidigt. Hindenburg entließ die neue Regierung mit einem zuversichtlichen, hoffnungsvollen Wort. Das war dem neuen Kanzler aus dem Herzen gesprochen. Allerdings bedeutete dieses »Vorwärts!« für ihn nicht nur den Beginn eines neuen Weges, sondern setzte auch das Schlußzeichen hinter die gewaltigen Anstrengungen und den unermüdlichen Willen, mit denen er sich zu seinem bis dahin obersten politischen Ziel durchgekämpft hatte.

»Und nun, meine Herren, mit Gott vorwärts!« – Hindenburg zu Hitler und seinen Ministern am 30. Januar 1933

An jenem Ziel stand die Reichskanzlei. »Lebend bringt mich hier niemand mehr heraus«, soll Hitler an diesem 30. Januar gesagt haben. Es war ein kalter Wintertag. Berlin lag im Schnee. Joseph Goebbels hatte seine Anhänger und Mitkämpfer aufgerufen, die Ernennung ihres Führers mit einem riesigen Fakkelzug zu feiern. Fünf volle Stunden zogen Einheiten der nationalen Verbände, Tausende von uniformierten Nationalsozialisten, Mitglieder des Stahlhelm, Einheiten der Reichswehr mit Standarten und Fahnen zu den Klängen von Marschmusik durchs Brandenburger Tor und vorbei an der Reichskanzlei in der Wilhelmstraße, angestrahlt von Scheinwerfern, umjubelt von der riesigen Menge, die den Fackelzug auf den Bürgersteigen einsäumte. Der französische Botschafter in Berlin, André François-Poncet, schilderte später, mit dem Bewußtsein anderer Erfahrungen, seinen Eindruck immerhin noch so: »In dichten Kolonnen, mit Musikkapellen, die militärische Weisen spielen, im dumpfen Wirbel ihrer großen Trommeln, tauchen sie aus den Tiefen des Tiergartens auf, ziehen unter der Siegesgöttin des Brandenburger Tores hindurch. Die Fackeln bilden einen einzigen Feuerstrom, einen Strom, dessen Wellen ununterbrochen aufeinander folgen, einen schwellenden Strom, der mit herrischer Macht in das Herz der Hauptstadt stößt. Und von den Männern im braunen Hemd und in hohen Stiefeln, die diszipliniert in Reihen marschieren und mit gleichmäßigen Stimmen aus voller Kehle kriegerische Lieder singen, geht eine unerhörte Begeisterung, eine dynamische Kraft aus. Die Zuschauer, die Spalier bilden, werden von dieser Begeisterung erfaßt. Sie brechen in lang anhaltende Rufe aus, von denen sich der unerbittliche Gleichklang der marschierenden Stiefel und der Rhythmus des Gesanges abheben.« In einem der erleuchteten Fenster des ersten Stocks der Reichskanzlei stand Hitler und nahm das Flammendefilee ab. Abwechselnd traten neben ihn Goebbels, Hermann Göring, Wilhelm Frick und Werner von Blomberg, der neue Reichswehrminister; denn an dem schmalen hohen Fenster war nur für zwei Personen Platz. In einem benachbarten Raum befand sich Hindenburg, ebenfalls am Fenster, allein; mit dem Stock schlug er versonnen den Takt der Marschmusik aufs Parkett.

Die Regierung des Dritten Reiches bei der Abnahme der Parade in Potsdam am 21. März 1933: Frick, von Papen, Hitler, Seldte, Göring

Vierzehn Jahre lang hatte Hitler auf diesen Tag der ›Machtübernahme‹ hingearbeitet. Trotzdem war seine Ernennung zum Reichskanzler nicht gemäß einer unausweichlichen politischen Folgerichtigkeit eingetreten, ebensowenig hatte sie allerdings einen rein zufälligen Charakter. Von den Auswirkungen der Weltwirtschaftskrise Ende der zwanziger Jahre war praktisch jedes Land der Erde hart getroffen worden, doch für die Weimarer Republik bedeutete sie eine Katastrophe. Die Depression brach in einem Moment herein, da sich im ganzen Reich die sozialen und politischen Spannungen rapide gesteigert hatten und einem gewaltsamen Ausbruch entgegenzutreiben schienen. Zunächst hatte es ausgesehen, als würde die zweite Hälfte der zwanziger Jahre im Vergleich mit der Zeit seit 1919 einen Durchbruch zu wirtschaftlichen Erfolgen bedeuten. Aber dies glich nur einem kurzen Sommer, und bald merkte es jeder, daß ihm ein trüber Herbst folgte, der jählings in den härtesten Winter umschlug. Man hatte es im damaligen Deutschland geistig, politisch und industriell-ökonomisch mit einer typischen Hoch- und Nachblüte zu tun gehabt. Um das Jahr 1925 war in ganz Europa der Stand der Industrieproduktion, wie er vor dem Beginn des Ersten Weltkrieges bestanden hatte, wieder einigermaßen erreicht worden. Nur Deutschland, der Hauptverlierer des Krieges, schleppte etwas nach; es litt unter dem Druck der Reparationsleistungen. Die Folgen der katastrophalen Inflation des Jahres 1923 waren noch nicht überwunden, die innenpolitische Situation, die Unversöhnlichkeit der zerstrittenen und sich blutig bekämpfenden Parteien hielten das Klima der Republik im Zustand eines ununterbrochenen Brodelns.

Die Industriegasse der Krupp-Werke in Essen zur Zeit der Weltwirtschaftskrise

Immerhin schloß Deutschland im Jahr 1927 zu den Indexzahlen der Vorkriegsjahre auf, nicht zuletzt dank der Wirtschaftskonjunktur, die 1925 überall eingesetzt hatte und an der seit 1927 sämtliche größeren Staaten der Welt beteiligt waren. Das Volkseinkommen Deutschlands wuchs von siebzig Milliarden Reichsmark im Jahr 1925 auf vierundachtzig Milliarden im Jahr 1929. Bis 1930 steigerte sich die europäische Produktion sogar rascher als diejenige der Vereinigten Staaten in den Jahren ihrer größten Prosperitätszunahme. Die ungezügelte Schnelligkeit der Wirtschaftsblüte trieb schließlich auf der ganzen Welt zu Überproduktion und hektischen Investitionen. Die USA als Domäne des Weltkapitals taumelten geradezu in maßlosen Finanzspekulationen. Im Herbst 1929 wurden die Börsen der Vereinigten Staaten von einem plötzlichen, reißend anschwellenden Strom von Verkaufsaufträgen überschwemmt. Die Ursache hierfür konnte niemals völlig einleuchtend erklärt werden. Der jähe Zusammenbruch der Börsenwerte in New York, der am Donnerstag, dem 24. Oktober 1929, begann und am folgenden ›Schwarzen Freitag‹ schon das Stadium eines Kollapses erreicht hatte, ist in der Geschichte einmalig geblieben; er hat bis in die Gegenwart nichts von seiner Mysteriosität verloren.

»Pumpt, soviel ihr wollt, wir werden nichts zurückzahlen!« – Schlagwort der deutschen Rechten bei den Reparationsdebatten

Der Börsenkrach löste eine ungeheuerliche Erschütterung des Wirtschaftslebens auf dem ganzen Erdball aus. Selten hatte sich die Bezeichnung einer Sache so sehr mit der Sache selbst gedeckt: Weltwirtschaftskrise. Die Wirtschaft aller Staaten unserer Welt schlingerte durch die Tiefen einer Krise, wie man sie sich bis dahin nicht hatte vorstellen können. Daß sie kein einziges Land verschonte, hing mit der internationalen Kreditverflechtung zusammen, deren Gewebe nach dem Ersten Weltkrieg ununterbrochen dichter geworden war. Die Expansion des Kapitals war im Finanzzentrum des Erdballs am stärksten, in den USA,

Hitler auf dem Weg in die Kroll-Oper,
den vorübergehenden Tagungsort des Reichstages,
am 23. März 1933

Das Brandenburger Tor in Berlin im Fackelglanz
am 30. Januar 1933

der größten Gläubigermacht der Welt. Das hatte für die übrigen Staaten unterschiedliche und höchst gefährliche Konsequenzen. Deutschland wäre es völlig unmöglich gewesen, ohne erhebliche Finanzhilfe der Entente-Mächte seinen gewaltigen Reparationsverpflichtungen nachzukommen. Von den Auslandsanleihen, die in den USA öffentlich ausgeschrieben worden waren und die meist nur verhältnismäßig kurze Laufzeiten hatten, gingen vierzig Prozent nach Europa. Und ebenfalls aus den Vereinigten Staaten floß die Hälfte aller Kredite, die Deutschland in den fünf Jahren zwischen 1924 und 1929 erhielt. Das waren schwer vorstellbare Summen: Dieser Betrag war höher als sämtliche Anleihen, die zur gleichen Zeit in der übrigen Welt aufgenommen wurden.

Gewaltsame Auflösung einer Arbeiterdemonstration in Berlin im Mai 1929

Die schlimmste Konsequenz der amerikanischen Börsenkatastrophe war das jähe Abbremsen und Zurückziehen aller kurzfristigen Auslandsanleihen. Während der Krise hatten sich ferner die meisten Länder dazu entschlossen, ihre eigene Wirtschaft durch drastische Schutzzölle abzusichern. Das brachte den Export in eine hoffnungslose Lage, traf in sein Mark. Der Absatz europäischer Produkte auf dem amerikanischen Markt schrumpfte rapide, teilweise brach er völlig zusammen. So rotierte der Katastrophenkreisel immer schneller. Die Bevölkerung der Überschußländer erstickte buchstäblich in ihren Nahrungsmitteln. In anderen Ländern wiederum hungerte man wie in der bittersten Zeit des Krieges. Für Deutschland gab es bald keine Möglichkeit mehr, die Zins- und Amortisationsschulden in Dollars zu erstatten.

All diese Momente waren engstens miteinander verkettet. Sie brachen die deutsche Wirtschaftsblüte binnen wenigen Monaten, sie zermürbten ihre ganze Basis. Der Weimarer Republik blieb auch die schwerste Agrarkrise nicht erspart, zumal die Bauern und die Landbevölkerung um die Mitte der zwanziger Jahre nicht von der allgemeinen Erholung der Wirtschaftslage profitiert hatten; die Konjunktur blieb im wesentlichen auf die Industrie begrenzt. Die außereuropäische Konkurrenz machte es der deutschen Landwirtschaft unmöglich, den Teufelskreis der Überproduktion und Absatzkrise zu durchbrechen. Die Kaufkraft der Landbevölkerung nahm stetig ab, konstant blieben allein die Last der Zinsen und das Wachstum der Steuern. Das wirkte im Inneren empfindlich auf den Absatz der Industrieerzeugnisse zurück, und dieser Effekt verschärfte sich noch durch die gleichbleibend niedrigen Arbeitslöhne in der Landwirtschaft. Eine Zahl sagt hier vielleicht besonders viel: Zwischen 1924 und 1932 mußten täglich sieben bis acht Bauern ihre Äcker aufgeben und ihre Höfe versteigern lassen.

Die Klippe eines halben Prozents

Da sich die wirtschaftliche und industrielle Expansion Deutschlands in den zwanziger Jahren mit Hilfe amerikanischer Kapitalanleihen vollzogen hatte, trafen die Finanzkatastrophe der Vereinigten Staaten und die Weltwirtschaftskrise die Weimarer Republik am härtesten. Neue Kredite als Ersatz für die abrupt zurückgezogenen ließen sich nicht beschaffen. Die Absatzmärkte schmolzen hinweg. Die Produktion wurde schleppend, lief nur noch stolpernd, stockte schließlich. Massenentlassungen setzten ein, waren unvermeidlich. Nach wenigen Monaten hatten ungezählte Betriebe ihre Tore geschlossen, sie lagen verödet und still. Im Jahr 1930 brach alle fünfundvierzig Minuten ein

Gewerbebetrieb zusammen. Es war ganz natürlich, daß die sozialen Auswirkungen der weltweiten Wirtschaftsdepression die innenpolitischen Spannungen ins Extrem steigerten, die Radikalisierung der Parteien förderten, ja in weiten Bereichen diese Entwicklung überhaupt erst ermöglichten. Die innenpolitische Labilität der Weimarer Republik wurde durch die Wirtschaftskrise weitergetrieben zur aussichtslos scheinenden politischen Krise des ganzen parlamentarisch-demokratischen Systems.

Arbeitslose
Holzschnitt von Gerd Arntz, 1931

In den Zahlen der Arbeitslosen allein spiegelt sich zwar nicht die ganze Härte der Lage, aber sie liefern einen überzeugenden Index, zumal als Rahmen der politischen Situation. Ein besonders hoher Stand in Deutschland ist für Februar 1926 mit 2 058 412 verzeichnet. Im Winter 1929/30 wurde hier mit weit über drei Millionen ein neuer, bestürzender Höhepunkt erreicht. Dabei handelte es sich nicht nur um eine saisonbedingte Ziffer; denn auch im Sommer 1930 wurden noch 1,5 Millionen Arbeitslose mehr registriert als im Jahr zuvor. 1931 waren es fünf Millionen und im Februar des Schicksalsjahres 1932 zählte man 6,1 Millionen, so daß ein Drittel der deutschen Bevölkerung auf öffentliche Unterstützung angewiesen war. In den Vereinigten Staaten gab es im März 1933 sogar noch 15,6 Millionen Arbeitslose.

Hält man sich an die sichtbaren Details, so ließe sich behaupten, daß der Parlamentarismus der Weimarer Republik und damit die Republik selbst daran scheiterte, daß sie mit dem Problem der Arbeitslosigkeit nicht fertig wurde. Hier schien sich eine Spirale unaufhörlich zu drehen: Seit 1927 war im Reich die Arbeitslosenversicherung als Zwangsversicherung eingeführt worden. Die ungeheuren Summen, die seit 1929/1930 benötigt wurden, mußten von der Reichsversicherungsanstalt aufgebracht werden. Sie befand sich binnen wenigen Monaten in den größten Zahlungsschwierigkeiten. Zunächst wurde versucht, das um sich fressende Defizit durch Reichsanleihen zu decken. Da aber die Steuereinnahmen wegen der Wirtschaftsflaute immer schneller sanken, wurde plötzlich die Frage zum innenpolitischen Kernproblem, ob die Arbeitslosengelder drastisch herabgesetzt oder die bisherigen Leistungen beibehalten werden sollten, was sich nur durch eine Erhöhung der Beiträge hätte durchführen lassen.

Die Gewerkschaften wehrten sich erbittert gegen eine Senkung der Leistungen. Sie schlugen folgende Lösung vor: Die fehlenden Summen sollten dadurch aufgebracht werden, daß die Beitragszahlungen um ein halbes Prozent erhöht wurden, und zwar durch beide Tarifpartner, also Arbeitgeber und Arbeitnehmer, welche die Beitragslasten für die Arbeitslosenunterstützung entsprechend dem Gesetz vom 16. Juli 1927 zu gleichen Teilen trugen. Falls diese Regelung zur Deckung nicht ausreichte, sollte der Rest durch Reichszuschüsse aufgebracht werden. Die Industrie lehnte diesen Vorschlag ab, weil sie sich in ihrer wirtschaftlichen Notlage überfordert sah. Ihr schien eine Lösung der Krise nur dadurch möglich zu sein, daß die Leistungen für die Arbeitslosen gesenkt wurden. Schließlich wurde nochmals ein Kompromiß auf den Tisch gelegt: An der Höhe der bisherigen Beitragszahlungen sollte zwar nichts geändert werden, aber die ›Reichsanstalt für Arbeitsvermittlung und Arbeitslosenversicherung‹, deren Notstock restlos verbraucht war, sollte durch einen Zuschuß von einhundertundvierzig Millionen Mark saniert, und die Leistungen sollten proportional gesenkt werden; reiche diese Stützungssumme nicht aus, so müßte neu verhandelt werden. Doch auf Druck der Gewerkschaften lehnte der Sozialdemokrat Rudolf Wissell, der Arbeitsminister der Regierung Müller, diesen Plan ab. Die Gewerkschaften, deren Panik zu groß war, als daß sie noch an Grundsätzliches gedacht hätten, befürchteten eine unerträgliche Minderung der sozialen Sicherung, wenn die Arbeitslosenunterstützung gekürzt würde.

Das erste Kabinett der Notverordnungen

Ein halbes Prozent mehr oder weniger, das scheint geradezu eine Lappalie zu sein. Doch an dieser Frage, und nur an ihr, scheiterte die letzte ›normal‹-parlamentarische Regierung der Weimarer Republik, das Kabinett Hermann Müller. Es amtierte vom Juni 1928 bis zum März 1930 und wurde von dem einzigen sozialdemokratischen Kanzler geführt, den die Republik zwischen 1920 und 1933 aufzuweisen hatte. Die SPD war nach ihrem Erfolg bei den Reichstagswahlen im Mai 1928 mit den Bürgerlichen eine Große Koalition eingegangen. Zweifellos hat es seine Symbolik, daß Gustav Stresemann, der bedeutendste Staatsmann der Republik und der Initiator dieser sozialdemokratisch-bürgerlichen Verbindung, kurz vor dem Börsenkrach in New York gestorben war, am 3. Oktober 1929, als Außenminister des Kabinetts Müller. Diese Koalition brach über dem Streit um die Arbeitslosenversicherung am 27. März 1930 auseinander. Tags darauf wurde sie durch die Minderheitenregierung des Zentrumsvorsitzenden Brüning abgelöst.

Das Kabinett Hermann Müller bei Amtsantritt im Juni 1928: Koch-Weser, Müller, Groener, Wissell; dahinter: Dietrich-Baden, Hilferding, Curtius, Severing, Guérard, Schätzel

Heinrich Brüning, der das Kompromißangebot in der Arbeitslosenversicherung entworfen hatte, konnte in der damaligen Situation nur ein einziges politisches Ziel ansteuern: den Ausgleich des Haushalts. Es war nicht allein seine persönliche Überzeugung, daß es keine andere Möglichkeit gab, um mit der Arbeitslosigkeit fertig zu werden. Die Frage war lediglich, ob seine Maßnahmen die einzig richtigen waren, um diesen Haushaltsausgleich erfolgreich durchzuführen. Mit dieser Frage stand und fiel das Schicksal der Republik. Denn die Arbeitslosigkeit, der Hunger, das grassierende Elend zu Beginn der dreißiger Jahre brachten den beiden radikalen Parteien, den Kommunisten und den Nationalsozialisten, einen reißenden Zustrom an Wählern, auch wenn noch ganz andere, weit zurückführende Gründe ihre Rolle dabei spielten.

Brüning stand vor praktisch unlösbaren Aufgaben. Er sollte im Inneren die Finanzen ordnen, er sollte gleichzeitig die Preise und Löhne im Zuge dieser neuen Finanzordnung mit der deflatorischen Entwicklung in der ganzen Welt harmonisieren, und er sollte die Reparationszahlungen einhalten, zu denen Deutschland verpflichtet war. Der Kanzler sah keinen anderen Weg, als ebenfalls einen rigorosen Kurs der Deflation einzuschlagen, also die Staatsausgaben drastisch zu senken und die Steuern zu erhöhen. Alle Ausgaben für die Bahn und die Post, für die Schulen, das Gesundheitswesen wurden gedrosselt, die Beamtengehälter zusammengestrichen, ebenso die Renten und alle öffentlichen Unterstützungen. Zur Abdeckung der Reparationslasten – pro Jahr siebeneinhalb Milliarden Mark – griff er auf die Devisenbestände der Reichsbank zurück. Da jedoch gemäß internationalen Vereinbarungen die Bestände der Reichsbank von der Devisendecke abhängig waren, mußte entsprechend dem Abfluß der Devisen auch der Banknotenumlauf gedämmt, das Geld eingezogen werden. Anfang 1932 war es soweit: Deutschland mußte zu Neujahr seine Zahlungsunfähigkeit für Reparationen erklären, und der deutsche Binnenmarkt war wegen

»Nur wenn ... jeder Staatsbürger merkt, ob eine sparsame Politik getrieben wird, nur dann kommen wir zu der eisernen Sparsamkeit, die ... unbedingt notwendig ist.« – Brüning vor der Rheinischen Zentrumspartei am 8. August 1930 der Verringerung der Zahlungsmittel kurz vor dem Zusammenbrechen. Brüning – ganz im alten Bann des Primats der Außenpolitik seit Bismarck – hatte gehofft, durch korrekte Reparationsleistung bis zum völligen Unvermögen das verheerende Kriegslastenproblem endgültig zu lösen, und nahm dafür eine Verschärfung der inneren Situation in Kauf. Er rechnete damit, daß sich der außenpolitische Erfolg günstig auf die Arbeitslage der Republik auswirken würde und daß nach dem Durchstehen dieser Notstrecke die politische Radikalisierung zu stoppen wäre.

Das Kabinett Heinrich Brüning im Oktober 1930: Curtius, Bredt, Dietrich-Baden; Mitte: Groener, Brüning; rechts: Stegerwald, Wirth, Schiele

Bis in die Gegenwart ist es eine Streitfrage der Experten geblieben, ob dieses Konzept wirklich das einzig mögliche und richtige war. Brüning gelang es zwar tatsächlich, das Budget auszugleichen, aber es gelang ihm nicht, die Arbeitslosigkeit herabzudrücken und damit die politische Radikalisierung entscheidend zu binden. Zum Mißerfolg Brünings läßt sich freilich allzu leicht feststellen, daß nicht die Behebung des Staatsdefizits die Hauptaufgabe hätte sein sollen, wohl aber durch öffentliche Aufträge zunächst die Arbeitslosigkeit zu beseitigen; denn das hätte rasch dazu geführt, daß sich durch die Steigerung des Konsums die gesamte Wirtschaftslage verbessert und sodann das soziale Gefüge gefestigt hätte. Doch gehen solche empfehlenden Urteile ex post von einer Unterschätzung der komplizierten Lage in den Jahren 1930 bis 1932 aus.

Brüning hatte den Mut zum politischen Alleingang. Er hatte sich dazu entschlossen, seine Politik der Deflation auf jeden Fall durchzusetzen, ob mit den Parteien oder ohne ihre Unterstützung. Das hieß für ihn: gegen die Reichstagsmehrheit. Er regierte auf Grund des Ausnahmeartikels 48 der Reichsverfassung durch Präsidialvollmacht. Als er sein Notverordnungsprogramm einbrachte und die Abgeordneten ihm nicht zustimmten, löste er im Juli 1930 den Reichstag auf und schrieb für den 14. September Neuwahlen aus. Unter den vierhunderteinundneunzig Reichstagsabgeordneten befanden sich damals nur vierundfünfzig Kommunisten und zwölf Nationalsozialisten, also nicht mehr als 2,4 Prozent. Bis dahin besaß die NSDAP, so radikal sie auch kämpfte und so entschlossen sie um jede Stimme rang, nur eine verschwindend kleine Anhängerschaft. Man kann wohl behaupten, daß sich an diesen Stimmenverhältnissen nicht allzuviel geändert hätte, wenn die Weltwirtschaftskrise nicht ausgebrochen wäre. Zwar ist es eine Tatsache, daß die Depression zu einem Zeitpunkt über Deutschland hereinbrach, da die sozialen Spannungen und politischen Differenzen kurz vor dem Siedepunkt standen. Aber es ist eine ebenso unumstößliche Tatsache, daß die entscheidenden Gegenspieler dabei nicht die Kommunisten und die Nationalsozialisten waren, sondern daß sich die Auseinandersetzungen zwischen den sozialistischen und den bürgerlichen Parteien abspielten. Erst die Weltwirtschaftskrise leistete dem autoritären Staats- und Diktaturdenken jenen Vorschub, der sich dann in den parlamentarischen Gremien sichtbar auswirkte.

Aufruf zur Zerstörung des Systems

Geistig-theoretisch war die Systemzerstörung längst vorbereitet, und zwar großenteils durch Vorstellungen, die lediglich rückwirkend bestenfalls als so etwas wie private Irrtümer erscheinen, tatsächlich aber von zu vielen und zu viel klugen Köpfen vertreten wurden, als daß sie nicht weitverbreiteten Überzeugungen Ausdruck gegeben hätten. Antiwestliche Affekte fanden sich zusammen mit antizivilisatorischen auf dem Boden allgemein völkischen Ideen und bildeten die feste Grundlage für eine prinzipielle Feindschaft gegenüber dem bestehenden Staat der Weimarer Republik. Ein modellhaftes Beispiel dafür lieferte der Kreis hochbegabter junger Schriftsteller und Journalisten, der sich um die bedeutende Zeitschrift ›Die Tat‹ des Verlegers Eugen Diederichs zusammengefunden hatte. Diederichs veröffentlichte im Dezember 1927 einen Beitrag, in dem er das Fazit seiner nahezu zwanzigjährigen Arbeit zog. Er faßte hier leitmotivisch alle seine bisherigen Bemühungen zusammen und forderte am Ende einer großartigen verlegerischen Lebensarbeit die Zeitgenossen auf, noch einmal mit der Suche nach den Wurzeln zu beginnen. Er richtete sich dabei vor allem an die Jugend. Von ihr wurde gerade in unserem Jahrhundert in einer traditionellen Resignationshaltung immer wieder präzise das an Einsicht und Kraft erwartet, was die Älteren, die selbst einmal die Jugend gebildet hatten, unfähig gewesen waren, zu entwickeln.

Der Agitator
Gemälde von George Grosz, 1928

Eugen Diederichs meinte, die Aufgabe in seiner Zeit, in den ausgehenden zwanziger Jahren, sollte heißen: ein Verhältnis zum Irrationalen, zum »besseren Selbst«, zu suchen. Das sei die entscheidende Forderung heute. Sobald dies bewältigt sei, gelte es dann morgen, »aus dem Chaos des inneren Gärens durch die Kräfte des Logos eine organische Form zu entwickeln«. Übermorgen schließlich würde die Aufgabe beginnen, das eigentliche Problem der geistig-gesellschaftlichen Krise der Zeit zu bewältigen, ein Problem, das sich auf die Beantwortung der Frage reduziere: »Wie kommen wir als Individualitäten menschlich und als Staatsbürger zugleich auch politisch zur Gemeinschaft, die die Kräfte der einzelnen Persönlichkeit wieder in Gegenwirkung steigert?« Sozialismus entsteht hier nicht auf der Grundlage der bloß vernünftigen Einsicht, sondern aus dem Nicht-Rationalen, dem »besseren Selbst«. Der Weg dazu soll über eine neue »Bindung in Blut und Boden« führen, die auch ein vertieftes Verhältnis zur Geschichte einschließt. Das Ergebnis wird mit Begriffen umrissen, deren mystisch-mythischer Gehalt in den Jahren der Weimarer Republik Hunderttausenden von Deutschen so selbstverständlich vertraut war wie anderen Zeiten der Unterschied zwischen einem Vierzylinder- und einem Sechszylinder-Motor: »Verwurzelung im Allgefühl und ein Verbundensein der Erdkräfte mit den kosmischen Einwirkungen.« Die Namen derjenigen, die als geistige Väter einer solchen Lebenshaltung auf humanistisch-völkischem Grund reklamiert wurden, sind jedem vertraut: Goethe, der nach dem »Urphänomen« gesucht hatte; Hölderlin, dessen Griechentum »gestaltet werden sollte«; Novalis, Jakob Böhme und Paracelsus samt ihren Vorstellungen vom Geheimnis, das hinter jedem Leben stehe.

Sachlichkeit, wie sie in der Weimarer Republik vom Bauhaus-Stil so augenfällig verwirklicht wurde, wird nur als ein Irrweg angesehen; denn Kunst sei »ganzes Leben«, Wissenschaft dagegen nur ein »Teilleben«, und es sei nun einmal unmöglich, »ein ganzes Leben von einem Teil meistern« zu lassen. Hier setzt der Hebel vehementer Kritik an der ›Veramerikanisierung‹ an, ebenfalls einem Schlüsselwort für das so schwierig zu erfassende Unbehagen der damaligen Epoche und ihrer Sehnsüchte: »Amerikanismus bedeutet kollektives Massendenken. Dieses kollektive Massendenken ist ein Tyrann, der alles selbständige Denken und Handeln aus innewohnenden geistigen Forderungen tötet.« Die »deutsche faustische Seele« mit ihrem »Willen zur Gestaltung«, der »My-

Wandervögel beim Ringelreihen vor einer Jugendherberge

thos der Sehnsucht, in Spannung zu leben zwischen Erde und Kosmos«, soll hinüberführen zum Eros, dem »Verhältnis der Menschengemeinschaft, zur Volksgemeinschaft«. Von einer derart gestalteten Zukunftshaltung wird die Gesundung des wirtschaftlichen Lebens erhofft, wird erwartet, daß Deutschland dadurch endlich seine besondere Stellung in Europa erhalte und die Liebe der anderen Völker erringe.

Das Ideal, dem hier entgegengestrebt wird, ist ausschließlich auf das Volk bezogen. Deshalb wird auch von der Kunst gefordert, daß sie volkstümlich sein müsse. Kunst um der Kunst willen wird abgelehnt. Das politische Bild dieses »Geistigen Sozialismus« ist durch drei Faktoren bestimmt: »Liberalismus (das heißt Individualismus) ist die Wurzel, die aus dem Erdreich die Säfte holt, Konservatismus ist der Stamm, der die Säfte in die Zweige führt (er ist die gesetzmäßige Ordnung). Sozialismus ist das Laub, in dessen Schutz Blüte und Frucht sich entwickeln.« Das konkrete politische Programm wird formelartig so zusammengefaßt: »Der Sinn der deutschen Revolution ist der soziale Staat und damit die Umwandlung des Eigentumsbegriffes. Diesen Begriff umzuwandeln ist nur möglich durch eine religiöse Einstellung auf das Leben. Das Bürgertum muß wieder flüssiger in seiner Struktur werden, denn seine egoistischen Familieninteressen haben sich jetzt zur Volksgemeinschaft zu erweitern.«

Auflagensteigerung der ›Tat‹:

1929	1 000
1931	20 000
1932	30 000

Eugen Diederichs Resümee war kein Abgesang. Mit dem zwanzigsten Jahrgang veränderte die ›Tat‹ ihren Untertitel; sie wurde eine ›Monatsschrift zur Gestaltung neuer Wirklichkeit‹. Ein zwanzigjähriger Journalist zog in die Redaktion ein, Hans Zehrer, und um ihn sammelte sich eine Gruppe der glänzendsten und begabtesten Publizisten des deutschen politischen Journalismus dieses Jahrhunderts. Mit Zehrer änderte sich außer dem Redaktionsstab und dem äußeren Gesicht der Hefte auch ihr Gehalt, und zwar im Sinne einer jähen Aktualisierung und Radikalisierung. Keine andere Zeitschrift in Deutschland hatte in diesen Krisenjahren der Republik einen so großen Leserkreis; es gab kein publizistisches Organ von größerer zeitgeschichtlicher Bedeutung und höherem Aussagewert, und das war gleichbedeutend mit politischer Wirkung.

Konferenz der Interparlamentarischen Union im Reichstag im Jahr 1928

Zehrer bekannte offen: »Mißtrauen ist unsere Haupteigenschaft.« Mißtrauen hieß jedoch fehlendes Vertrauen zu der vorhandenen politischen Ordnung, und deshalb hielten Mißtrauen und Ablehnung Zehrers Kritik am Bestehenden unter Feuer. Die Wahlen des Jahres 1928 boten ihm eine erste gute Gelegenheit, den Weimarer Parlamentarismus grundsätzlich zu beleuchten. Die Regierungsparteien, voran das Zentrum, hatten erhebliche Verluste zu verzeichnen, SPD und KPD dagegen hohe Gewinne, beide Parteien erhielten zusammen zweiundvierzig Prozent der Stimmen. Zehrer kritisierte die großen Parteibürokratien zugunsten der Splittergruppen, deren Stimmenanteil sich mehr als verdoppelt hatte und die 1928 bereits fünfundvierzig Abgeordnete stellten. Sie würden, meinte Zehrer, ihre bemerkenswerten Erfolge ihrem »festen politischen Willen« verdanken. Gleichzeitig registrierte er eine Tendenz zur Kräftigung des ständischen Geistes, der in demselben Augenblick eingetreten sei, als die politischen Ideen den Moment ihrer Regenerationsmöglichkeit verpaßt hatten. Hier allein würde der Kern der Sache liegen. Denn solange das Parlament alle Wirtschaftsfragen mit so aufreizender Gleichgültigkeit behandle, solange dürfe man sich nicht wundern, daß jede politische Partei, die ihren Wählern etwas Tatsächliches verspreche, auch viele Stimmen gewinne. Deshalb werde der Pendelschlag von links nach rechts solange anhalten, bis

»wir den Boden der neuen Tatsachen« unter den Füßen haben. Zehrer weist auf Italien hin, wo der Faschismus eine ganze Ära der Politik abgelöst hätte. Das stand Deutschland zwar noch nicht direkt bevor, aber Zehrer stellte schon im Herbst lapidar fest: »Wir haben Parlamentarismus, Demokratie haben wir nicht!«

Von 1929 ab gliederte sich Zehrer in die breite Front all derjenigen ein, die ihre Opposition gegen die Republik als unversöhnliche Feindschaft verstanden und das »System von Weimar ausgerottet« wissen wollten, wie es der konservative Publizist Edgar Jung formuliert hat, der von 1932 bis 1934 engster Vertrauter und Berater Franz von Papens wurde. Seit 1929 trat Zehrer als brillantester und radikalster Sprecher dieser Front hervor. Ihm gelang diese »Ausrottung des Systems« so weitgehend, wie es mit journalistischen Mitteln überhaupt gelingen konnte: mit glänzenden Formulierungen, mit Vehemenz, höchstem politischen Scharfsinn, brutaler Zukunftsgläubigkeit und einem gewaltsamen Fanatismus, der sich seine Realvernunft mit allen Methoden eines hohen, sich selbst als unfehlbar einschätzenden Intellekts selbst bestätigte. Bei einer Analyse der »Situation der Innenpolitik« im Jahr 1929 stellte Zehrer fest: »Es gelang diesem Staat, das Gebäude einer Formaldemokratie zu errichten, das an Präzision, an Modernität und an formaljuristischer Gerechtigkeit den Gipfelpunkt des Besten vom Besten darstellt. Nur eben: daß diesem Staat die Idee fehlte. Der Staat war liberal, die Wirtschaft sozialistisch. Eine sozialistische Wirtschaftsform braucht aber eine Staatsform, die stark und autoritär, fest verankert und omnipotent ist.«

›Mein Vorurteil gegen diese Zeit‹
Holzschnitt von Karl Rössing in seiner gleichnamigen Satire, 1932

Im selben Jahr konstatierte er nicht ohne Berechtigung, daß nunmehr die Wirtschaft offen gegen den Staat kämpfe. Durch Alfred Hugenberg, den Führer der Deutschnationalen, nehme dieser Kampf symptomatische Züge an. Charakteristische Merkmale der Entwicklung dürfe man in der Aussperrung von zweihunderttausend Eisenarbeitern sehen, in den Spannungen innerhalb der Regierung Müller, in den Revolten unter dem Landvolk, der Not im Grenzland, der zunehmenden Landflucht. Die Summe dieser Entwicklungen verstärke die weitverbreitete antikapitalistische Stimmung. Alles deute darauf hin, daß der Boden für eine »große Bewegung« bereitet werde. Zehrer drückte es so aus: »Wir haben heute in Deutschland das seltsame Bild, daß ein Staat existiert, der seinen revolutionären Ursprung betont, während der eigentlich revolutionäre Geist sich außerhalb seiner Form befindet. Die Stimmung ist heute bereits so, daß eine nationalrepublikanische Partei, die staatlich rechts, wirtschaftlich links gerichtet ist, und die allein mit der Parole: Für Sauberkeit! ins Feld zieht, auf dreißig bis vierzig Mandate im Parlament rechnen kann. Es ist nur noch niemand da, der sie gründet. Aber warten wir das nächste Jahr ab! Warten wir die große Wirtschaftskrise ab, die spätestens im Herbst nächsten Jahres hereinbrechen wird.«

Diese Krise kam, und sie war alles andere als rein wirtschaftlicher Art. Für die Gegner der Weimarer Republik stülpte sich jetzt der Sinn der Krise um. Sie begrüßten das Chaos, versuchten geradezu besessen, sämtliche revolutionären Ansätze, die auf Unterminierung der demokratischen Grundlagen gerichtet waren, voranzutreiben, weil es für sie keinerlei Zweifel gab an der Notwendigkeit des angelaufenen Zersetzungsprozesses. Für den Angriff auf die liberale Form der Republik und ihres Wirtschaftssystems fand Zehrer eine schlagende Beweisführung, die für Hunderttausende die herrschende Stimmung blendend zusammenfaßte und der nichts entgegenzusetzen war, weil sie auf jede weitere Diskussionsbasis verzichtete: »Das System mag in sich vernünftig sein, aber wir wollen es nicht mehr. Dagegen ist kein Argument gewachsen.« Er hielt eine Verschmelzung von rechts und links für unerläßlich; denn »diese Generation kam sozialistisch nach Hause zurück, nicht, weil sie Karl Marx gelesen und verstanden hätte, sondern weil sie in einer Gemeinschaft auf Leben und Tod zutiefst das soziale Unrecht gespürt und die Berechtigung des sozialen Ressentiments, das in der Arbeiterschaft lebte, begriffen hatte«. Daher konnte er kategorisch fordern, daß sich nationale Bewegung und soziale Forderungen zu einer neuen Volksgemeinschaft zusammenfinden müßten; sie allein sei das Ziel dieser Zeit, nur durch sie lasse sich der deutsche Sozialismus, dessen Verwirklichung unerläßlich sei, herbeizuführen. Dahin aber gebe es nur einen Weg: die Revolution.

Es lag auf der Linie dieser Argumentation, daß die Erfolge der Nationalsozialisten bei den Wahlen im September 1930 als höchst positiv gewertet wurden. Die angekündigte nationale demokratische Diktatur, die auch eine moralische Revolution auslösen würde, schien sich bereits abzuzeichnen. Weite Kreise, die durchaus nicht von vornherein zu den rigorosen Gegnern der Republik zählten, sahen in den Sozialdemokraten inzwischen nichts weiter als eine unübertreffliche Verkörperung des deutschen Spießertums, hatten demgegenüber ein helles Gespür für den demonstrativ unterstrichenen »ethischen Grundcharakter des Nationalsozialismus« und bewerteten Adolf Hitler – mit den Worten Edgar Jungs – als »den einzigen schöpferischen Politiker und Massenführer unserer Zeit«, den zu verdammen zwar weithin zum guten Ton gehöre, der aber allein fähig sei, die »Rettung« mit Hilfe einer »Politik der nationalen Vernunft« herbeizuführen.

Der Durchbruch
der Nationalsozialisten
bei der Septemberwahl 1930
in ausländischer Sicht:
Abrücken von den Versailler
Verträgen
Zeichnung von
Daniel R. Fitzpatrick, 1930

Bei diesen Septemberwahlen des Jahres 1930 war den Nationalsozialisten der Durchbruch gelungen. Sie zogen in den Reichstag mit einhundertundsieben Abgeordneten ein. Sie hatten das Zentrum überflügelt und waren nach den Sozialdemokraten zur zweitstärksten Partei geworden. Für die Regierung Brüning wurde die politische Lage mehr als düster und zusätzlich verschattet dadurch, daß die Auslandskapitalien nicht ohne Zusammenhang mit dem umwälzenden Ergebnis der Septemberwahlen in erhöhtem Tempo unentwegt weiter abberufen wurden. Die Wirtschaftskrise entwickelte sich von Tag zu Tag verheerender und trieb die Republik ins politische Desaster. In der Ära Brüning erreichte die Arbeitslosenzahl ihren absolut höchsten Stand. Ende Mai 1932 waren die Tage des ersten Kabinetts der Notverordnungen gezählt. Der Kanzler wurde von Hindenburg entlassen. Dies traf ihn zwar überraschend, aber nicht ganz unvorbereitet; er stürzte, wie er es ahnungsvoll in seiner letzten Reichstagsrede am 12. Mai 1932 ausgedrückt hatte, »hundert Meter vor dem Ziel«.

»Ich muß Sie wegen meines Namens und meiner Ehre entlassen.« – Hindenburg zu Brüning am 30. Mai 1932

Trotzdem war die Entlassung Brünings nicht in erster Linie ein Erfolg seiner Gegner; sie war vielmehr denjenigen Parteien und ihren Ratgebern bei Hindenburg zu verdanken, die auf die Länge der Sicht am wenigsten von seinem Sturz profitierten. Das galt vor allem für die Deutschnationale Volkspartei unter der Führung Hugenbergs. Die Entlassung Brünings erfolgte in ähnlicher Weise, wie er berufen worden war und regiert hat, nämlich zum ersten Mal in der Geschichte der Weimarer Republik durch ein einfaches Dekret des Reichspräsidenten, ohne Mitwirkung des Reichstages und der Parteien. Genauso wurde auch sein Nachfolger Franz von Papen zum Kanzler ernannt.

Mit Heinrich Brüning trat der letzte, ganz und gar integre Politiker der Republik von der Regierungsbühne ab. Ob die rüde Kritik, die später an seinem Kabinett geübt wurde, wirklich einen sachlichen Kern hat, bleibt hauptsächlich ein Thema der Wirtschaftsexperten. Wichtiger dürfte der Vergleich mit seinem Nachfolger Papen sein. Brüning ging es bei seiner Notverordnungspolitik und der Ausschaltung des Parlaments letztlich doch nur um die Stabilisierung der Demokratie. Papen dagegen, der gleichfalls gegen die Reichstagsmehrheit regieren mußte, lediglich auf die Autorität Hindenburgs gestützt und von ihr getragen, richtete sich gegen die Demokratie. Etwas Absprechendes enthielte diese Feststellung nur unter der Voraussetzung, daß der großen Mehrheit der Deutschen die Republik damals als beste aller möglichen politischen Welten erschienen wäre. Ihre Erfahrungen besagten anderes. Nicht einmal von ihren Gründervätern, den Sozialdemokraten, war sie mit Herz und Fantasie geliebt, mit Beharrlichkeit und Leidenschaft gestärkt, mit Worten und Taten verteidigt worden. Daß der Reichstag den Kanzler Brüning trotz der Ausschaltung des Parlaments tolerierte, den Kanzler Papen hingegen nicht, hing mit den Personen zusammen, nicht jedoch mit der republikanisch-demokratischen Option.

Das Kabinett Franz von Papen beim Amtsantritt im Juni 1932: Gürtner, Eltz von Rübenach, Schwerin von Krosigk, von Braun, von Neurath, von Papen, von Gayl, Warmhold

Der neue Kanzler versuchte, sich Rückendeckung von allen nationalen Kräften, Gruppierungen und Parteien geben zu lassen. Das hieß in der Situation des Jahres 1932: von den erklärten Gegnern der Republik. Bei Franz von Papen mischten sich Illusionismus, diplomatische Gerissenheit, politische Naivität und konservativ-reaktionäre Vorstellungen. Mit dem Reichspräsidenten war er seit langem vertraut. Sein Ziel war es, einen autoritären ›Neuen Staat‹ politisch und institutionell aufzubauen. Was er aber mit autoritärer Reform der Demokratie meinte, mußte praktisch auf eine Grablegung der Weimarer Republik hinauslaufen – ein Unterfangen, das damals von rechts bis links eine unerhörte Resonanz hatte, jedoch mit allem anderen verbunden war als mit den Hoffnungen auf Freiheit und Recht. Die Ursachen dafür spielten längst keine Rolle mehr: Die klassischen Parteien der Republik hatten sich als unfähig erwiesen, diese Republik zu regieren.

Brüning war konzessionslos auf die Rechtsstaatlichkeit seiner Regierung bedacht. Papen setzten solche Skrupel kaum zu. Seit 1921 hatte Papen den rechten, monarchisch-konservativen Flügel des Zentrums geführt und als Abgeordneter repräsentiert. Seine Partei war jetzt mit der neuen Regierungsbildung durch ihn nicht einverstanden. Daraufhin trat Papen aus dem Zentrum aus. Sein ›Kabinett der nationalen Konzentration‹ setzte sich vorwiegend aus konservativen Fachleuten zusammen, die keiner Partei angehörten. Im übrigen rechnete er auf die Unterstützung der Nationalsozialisten, die er sich durch Konzessionen leicht zu erkaufen hoffte. Das wichtigste Zugeständnis war die Auflösung des Reichstages, die Ausschreibung von Neuwahlen und die Aufhebung des Verbots ihrer politischen Kampfbünde SA, SS und HJ, das Brüning mit der ›Notverordnung zur Sicherung der Staatsautorität‹ am 13. April erlassen hatte.

»Ich sah keine Möglichkeit, dem Bankrott der Partei mit Aussicht auf Erfolg entgegenzuwirken.« – Gustav Noske in seinen Erinnerungen über die SPD in der Weimarer Republik

Papen versuchte schließlich, durch einen gewaltsamen Eingriff in Preußen die politische Isolierung zu durchbrechen und seine Regierung im größten Land der Republik demonstrativ und handgreiflich zu konsolidieren. In Preußen hatten am 24. April 1932 Landtagswahlen stattgefunden. Aufgrund des Wahlergebnisses war es allerdings nicht möglich, eine regierungsfähige Mehrheit im Landtag zu bilden. Den zweihundert Abgeordneten der vereinigten Rechtsgruppen, die sich aus Nationalsozialisten, Deutschnationalen und der Deutschen Volkspartei zusammensetzten, standen die einhundertsechsundsechzig Abgeordneten der Sozialdemokraten und restlichen bürgerlichen Mittelparteien unversöhnlich gegenüber. Entscheidend war jedoch, daß die siebenundfünfzig kommunistischen Abgeordneten die Wahl eines Ministerpräsidenten strikt verhinderten. An dieser Konstellation änderte sich trotz aller Bemühungen nichts. So blieb die frühere Regierung des Sozialdemokraten Otto Braun zwangsläufig als geschäftsführendes Kabinett im Amt, obgleich sie nur noch eine parlamentarische Minderheit vertrat.

Am 20. Juli 1932 teilte Papen der preußischen Regierung eine Notverordnung des Reichspräsidenten mit, in der er zum Reichskommissar für Preußen ernannt wurde, mit dem Auftrag, für die »Wiederherstellung der öffentlichen Sicherheit und Ordnung« zu sorgen. Papen erklärte die Regierung Braun für abgesetzt. Damit wurde er praktisch neuer Ministerpräsident. Sämtliche Mitglieder der Regierung Braun wurden zum Rücktritt aufgefordert und entlassen, ebenso der Berliner Polizeipräsident, sein Stellvertreter und der Kommandeur der Schutzpolizei; sie wurden von der Reichswehr verhaftet. Die Verfassung gab dem Reichspräsidenten das Recht, in Notfällen Reichskommissare zu ernennen, um die gesetzlich verankerte Diktaturgewalt ausüben zu können. Papen ernannte den damaligen Oberbürgermeister von Essen und Zentrumspolitiker Franz Bracht, der ebenfalls zum rechten Flügel der Partei zählte, zu seinem Stellvertreter und zum Innenminister von Preußen. Otto Braun, sein Stellvertreter Heinrich Hirtsiefer und der preußische Innenminister Carl Severing protestierten aufgebracht gegen diese Maßnahmen, bezeichneten sie als verfassungswidrig und versicherten, daß sie sich lediglich der Gewalt beugten. Widerstand wäre sinnlos gewesen; denn Papen ließ schon am Vormittag des 20. Juli 1932 über Berlin und Brandenburg den militärischen Ausnahmezustand verhängen. Bewaffnete Einheiten der Reichswehr besetzten alle Schlüsselpunkte Berlins. An keiner einzigen Stelle kam es zu gewaltsamen Zusammenstößen.

Später wurde heftig darüber gestritten, ob es nicht ratsam gewesen wäre, die Sozialdemokratie zum energischen Kampf gegen die Papen-Regierung zu mobilisieren und damit die Grundlage eines Widerstandes gegen die Ernennung Hitlers zum Reichskanzler zu legen. Solche Überlegungen gehen völlig an der Lage vorbei, wie sie damals bestand. Hätte man zum Generalstreik aufgerufen, wäre das bei sechs Millionen Arbeitslosen ein seltsamer Ruf in die Wüste gewesen. Auch ein Einsatz des sozialdemokratischen Kampfverbandes, des ›Reichsbanners Schwarz-Rot-Gold‹, zusammen mit den freien Gewerkschaften und den anderen entschlossen republikanischen Verbänden – sie bildeten später die ›Eiserne Front‹ – konnte nicht riskiert werden, weil zum einen die Reichswehr in der Ausbildung und Bewaffnung weit überlegen war, und weil das zum anderen eine offene Erklärung des Bürgerkriegs bedeutet hätte. Für solche Empfehlungen wäre eine Zukunftsschau bis zur Kapitulation 1945 nötig gewesen.

Preis 10 Pf.
Eiserne Front
Berlin, 5. Mai 1932
Was wird aus Preußen?
Nazis und Zentrum – Die Haltung der Sozialdemokratie
Unverschämte Nazilügen!

Das Presseorgan des ›Reichsbanners Schwarz-Rot-Gold‹ Ausgabe vom 5. Mai 1932

Die abgesetzte Regierung Braun-Severing hielt sich konsequent an die Verfassung. Sie entschloß sich zu einer Klage beim Staatsgerichtshof, daß die Notverordnung vom 20. Juli und damit der Staatsstreich Papens verfassungswidrig sei.

Das war ebenso korrekt wie politisch aussichtslos, da ein solcher Schritt die reale Machtsituation falsch einschätzte. Das Urteil erging am 25. Oktober 1932. Die Vorwürfe Papens gegen die Regierung Braun wurden zurückgewiesen, und es wurde erklärt, daß die Vertretung Preußens im Reichsrat Staatsrecht und deshalb ihre Aufhebung gegenüber dem Reich und den Ländern unzulässig sei. Otto Braun wurde somit die Wahrnehmung der staatlichen Hoheitsrechte zugesprochen. Doch in dem Urteil wurde auch festgestellt, daß Reichspräsident Hindenburg entsprechend der Verfassung tatsächlich befugt sei, für Preußen einen Reichskommissar zu ernennen, wenn er es für notwendig halte. Das lief darauf hinaus, daß es juristisch nunmehr zwei Regierungen in Preußen gab: Papens Stellvertreter Bracht, der die Geschäfte des Reichskommissars führte, also die Regierungsgewalt ausübte, und den stimmführenden Bevollmächtigten Preußens im Reichsrat, Ministerialdirektor Arnold Brecht. Die deutsche Öffentlichkeit kommentierte diesen Zustand mit der ironischen Feststellung: »Brecht hat das Recht, Bracht hat die Macht.«

NS-Plakat zu den Reichstagswahlen 1932

Dieses Wort traf genau die Sache. Denn Preußen wurde von Papen unabhängig von allen gerichtlichen Klagen und trotz aller Proteste der Länder zügig dem Reich gleichgeschaltet. Der Kanzler entfernte aus der Verwaltung sämtliche sozialdemokratischen und betont republikanisch eingestellten Beamten und ließ kommissarisch Minister vereidigen. Sein Ziel allerdings, durch diesen Staatsstreich und die folgenden Verordnungen die eigene Regierung zu stärken und abzusichern, erreichte er nicht. Die Nationalsozialisten, die bei den Wahlen am 31. Juli 1932 einen unglaublichen Erfolg verbuchten, 37,4 Prozent der Stimmen erhielten und mit zweihundertunddreißig Abgeordneten als weitaus stärkste Partei in den Reichstag einzogen, feierten zwar die Aktion Papens, sahen darin aber nicht den geringsten Anlaß, sich für sein Kabinett einzusetzen. Die Reibungslosigkeit, mit der Papen seinen Coup durchführte, bestätigte nur, daß die Lage in der Republik schon viel zu verworren war, als daß sie sich noch mit den gewohnten Mitteln und Methoden hätte bewältigen lassen, wozu die Parteien auch gar nicht mehr fähig waren. Ernsthafter Widerstand oder entschlossene Gewalt hätten ein klares Alternativkonzept vorausgesetzt. Dafür wären nur die Sozialdemokraten in Frage gekommen. Aber selbst sie hatten seit 1919 die Republik zwar nüchtern, sachlich, uneingeschränkt bejaht, aber sie hatten nicht um sie gerungen, unter Einsatz aller politischen Kraft, Vitalität, Überzeugung. In der unheilvollen Krise seit 1929, in der Deutschland dem Zusammenbruch entgegenzutreiben schien, übertrafen ihre Zweifel an sich selbst und ihren politischen Fähigkeiten bei weitem ihren Willen, für ihre Vorstellungen von der parlamentarischen Demokratie notfalls auf die Barrikaden zu steigen und ihre Wähler darüber nicht im Unklaren zu lassen. Auf diese Wähler wäre es angekommen. Von 1928 bis 1932 gingen jedoch die Stimmen, die für die SPD abgegeben wurden, in deprimierender Stetigkeit zurück.

Papen hatte Hitler nach den Juliwahlen angeboten, in sein Kabinett als Vizekanzler einzutreten. Der Führer der Nationalsozialisten lehnte dies ab, auch in einem Gespräch mit Hindenburg. Er forderte als Vertreter der stärksten Partei gemäß den Grundsätzen der Verfassung die Kanzlerschaft. Als diese Verhandlungen gescheitert waren, versicherte Reichstagspräsident Hermann Göring, daß Papen nicht mit der Unterstützung durch die Nationalsozialisten rechnen könne, daß sie im Gegenteil sein Kabinett im Reichstag aufs schärfste bekämpfen würden. Das richte sich jedoch nicht speziell gegen ihn persönlich,

Reichstagsdebatte
zwischen Göring und
von Papen
auf der Arbeitssitzung
am 12. September 1932

sondern gegen jedes Kabinett, das seiner Partei die Kanzlerschaft verwehre. Wie schwach die Stellung Papens war, zeigte sich bereits in der ersten Arbeitssitzung des Reichstages am 12. September 1932. Göring war entschlossen, die Regierung zu stürzen; er konnte praktisch mit der Zustimmung aller Abgeordneten rechnen. Die Kommunisten hatten einen Mißtrauensantrag eingebracht. Papen wollte dem negativen Votum zuvorkommen und erschien mit der Order für die Auflösung des Reichstages. Göring sah die rote Mappe, begriff augenblicklich die Absichten Papens, und es kam zu einem heftigen Zusammenstoß zwischen Kanzler und Reichstagspräsidenten. Göring setzte die Abstimmung durch. Das Ergebnis war vernichtend für Papen: Nur etwa sechs Prozent der Abgeordneten standen hinter ihm. Papen löste den Reichstag auf, trat aber auch mit seinem Kabinett zurück und schrieb zum 5. November Neuwahlen aus.

Die Erwartung, das Wahlergebnis würde den national-konservativen Parteien zumindest einen Stimmenzuwachs bringen, der ein passables Regieren ermöglichte, erfüllte sich nicht. Die nationalsozialistischen Abgeordneten fielen zwar von zweihundertzweiunddreißig auf einhundertsechsundneunzig zurück, blieben aber die Vertreter der absolut stärksten Partei. Hindenburg ernannte zum Nachfolger Papens den Reichswehrminister Kurt von Schleicher, der seit 1929 eine der wichtigsten Rollen hinter den Kulissen der Regierungsbildungen spielte. Schleicher hatte allerdings nie die Absicht gehabt, selbst das Kanzleramt zu übernehmen. Er versuchte jetzt, durch ein Programm der Arbeitsbeschaffung und ein Bündnis mit den Gewerkschaften aus dem innenpolitischen Desaster herauszukommen; sein ›Konzept der Querverbindungen‹ konnte er jedoch nicht durchbringen, da er weder von der SPD und ihrem Führer Otto Wels noch durch die NSDAP unterstützt wurde. Schon Anfang Januar bereitete deshalb Papen in Gesprächen mit Hindenburg die Ablösung Schleichers und die Übernahme der Regierung durch die stärkste Partei vor, durch die Nationalsozialisten.

Die »nationale Erhebung«

Papen war überzeugt, daß alle Befürchtungen, die sich mit einer Kanzlerschaft Hitlers verbanden, schnell verfliegen würden. Schließlich konnte doch jedermann in Deutschland sehen, welches Meisterstück Papen mit dieser Regierungsbildung geliefert hatte. Von keiner Partei der Weimarer Republik waren jemals so viele Abgeordnete in den Reichstag geschickt worden wie von der NSDAP, und trotzdem übernahm ihr Führer nur das Kanzleramt, gab sich zufrieden mit lediglich zwei weiteren Ressorts für Nationalsozialisten. Wilhelm Frick, seit 1928 Fraktionsvorsitzender der NSDAP im Reichstag und 1930/31 Innen- und Volksbildungsminister in Thüringen, erhielt das Innenministerium, und Hermann Göring wurde Minister ohne Portefeuille und Reichskommissar für die Luftfahrt, ein damals belangloses Ressort des Verkehrsministeriums. Er setzte allerdings durch, daß er zusätzlich das preußische Innenministerium erhielt. Demgegenüber handelte es sich bei den restlichen acht Mitgliedern des Kabinetts sämtlich um Vertrauensleute Papens, der selbst zum Vizekanzler avancierte. Man hatte also die noch immer so mißtrauisch beäugten, weil ganz und gar nicht bürgerlich reputierlich gesitteten Führer der braunen Bewegung hervorragend »eingerahmt«, wie Papen es selbstzufrieden ausdrückte.

Weit wichtiger als sämtliche Bedenken der Delikatesse war das politische Programm Hitlers, das sich in seiner Substanz mit den Absichten Papens und seiner Freunde deckte. Der Nationalsozialismus war eine völkische Bewegung, war radikal antikommunistisch und extrem national, er forderte einen nach innen und außen mächtigen Staat, war geschichtsstolz und traditionsverhaftet. Das waren genügend Merkmale, um dem auf adlige Verknöcherung hin gepflegten Preußentum Franz von Papens und seinen monarchisch-reaktionären Herren des Vertrauens einnehmender zu erscheinen als alles andere, was sich im Umkreis der sozialdemokratischen Biedermänner sammelte, der Gewerkschaftsfunktionäre und geruhsamen Bildungsbürger, deren weltoffener Liberalismus sich zu gut war für die Straßenbrutalität der Parteienkämpfe, in denen sich die Roten und Braunen in Berlin-Wedding gefielen.

Goebbels während einer Rede in Berlin im Jahr 1931

Adolf Hitler und seine Parteiführer hatten ungezählte Reden gehalten in den vergangenen vierzehn Jahren. Ob sich alle ihre Forderungen, Wünsche, Ziele ohne Widersprüche auf einen Nenner bringen ließen, ob die Fünfundzwanzig Punkte des Parteiprogramms der NSDAP oder die Ausführungen Hitlers in seinem Buch ›Mein Kampf‹ nun wörtlich zu nehmen waren oder nicht, das spielte am 30. Januar 1933 keine Rolle. Wichtig allein war das Programm der Regierung, waren die künftigen Leistungen seines Kabinetts, wichtig allein waren Erfolg oder Mißerfolg, nur das zählte, gleichgültig, mit welchen Devisen und Proklamationen die Nationalsozialisten die Übernahme der Macht, den Einzug Hitlers in die Reichskanzlei kommentierten und bejubelten. Die Regierung Hitler bezeichnete sich als ein »Kabinett des nationalen Zusammenschlusses«. Für die Nationalsozialisten wurde der 30. Januar zum Beginn der »nationalen Erhebung«. Seit der Katastrophe der Wirtschaftskrise, in der sämtliche Unzuträglichkeiten der Republik aufgebrochen waren wie Geschwüre, hatte sich in Deutschland die Empfindung mit der Schnelligkeit eines Steppenbrandes ausgebreitet, »daß die Nation wieder ihren Weg finden müsse«. Damit verband sich als etwas Durchgängiges und Allgemeines, als Gesamtwunsch nichts Konkretes, kein politisches Programm; es handelte sich um die bedrückende, unbändige Gewißheit, daß »es so nicht weitergehen kann«. Selbst untadelige Republikaner stellten schon unter Brüning fest, daß die Gefahr, die in der NSDAP liege, zwar sehr groß sei – denn sie benebele die Massen und schütte über sie ein Füllhorn von Versprechungen aus, ohne selbst an die Möglichkeit ihrer Verwirklichung zu glauben –, daß solche Gefahr aber gänzlich verblasse gegenüber der Dynamik eines Nationalismus, der vor allem die Jugend bis ins Mark erfasse. Die Kernfrage sei nicht, welches Kabinett die bestehende Regierung ablöse, sondern ob die neue Regierung fähig sei, die »Schicksalsfrage für Deutschland« zu lösen, nämlich die Kräfte des Nationalismus, »die ununterdrückbar sind, fruchtbar zu machen«.

»Wir leisteten keinen Widerstand. Wir warfen dem siegreichen politischen Gegner keine Prügel in den Weg. Wir waren reif für den Untergang.« – Wilhelm Hoegner zum 30. Januar 1933

Daran gibt es heute nichts mehr zu zweifeln: Keine einzige der republikanischen und demokratischen Parteien der Weimarer Zeit hatte überhaupt nur den Versuch dazu gemacht. Sie waren blind für die Bedrängnisse einer abgründigen nationalen Irritation, unter der seit 1918 Millionen Deutsche litten und die niemand auf so eingängige Formeln zu bringen wußte wie Hitler. Die Weimarer Republik entwickelte kaum nationale Ambitionen. Deshalb besaß sie auch keinen Sinn für die ungeheure Brisanz des neuen Nationalismus, der plötzlich das politische Feld beherrschte, und unterschätzte die tödliche Gefahr, die er für ihren Staat bedeutete. So war Hitlers Regierung nur kurze Zeit auf die Unter-

Aufmarsch der Reichswehr in Berlin am 21. März 1933

stützung konservativer und traditionell bürgerlicher Kreise angewiesen, was nicht heißen soll, daß zwischen ihren und Hitlers Absichten größere Differenzen bestanden hätten. Das war keineswegs der Fall. Auch auf die Reichswehr konnte sich Hitler verlassen. Sie hatte bis dahin strikte Zurückhaltung gewahrt, hatte stetig und beharrlich ihren unpolitischen Charakter betont. Die Traditionen, denen sie verhaftet war, konnten aber keine anderen sein als die kaiserlichen Traditionen; denn es gab keine anderen. So war sie konservativ und national, doch sie war keineswegs loyal, weil sie sich nicht als Träger der Republik empfand. Die Reichswehr hatte zweifellos immer über den politischen Parteien gestanden und ebenso zweifellos rechts über den Parteien. Daß die Wünsche der Reichswehr in keinem wesentlichen Punkt von denjenigen des neuen Nationalismus abwichen, war so selbstverständlich, daß darüber kaum gesprochen werden mußte.

Worin der Umschwung des 30. Januar 1933 bestand, konnte damals niemand in Deutschland sagen, nicht einmal Hitler, dessen Einzug in die Reichskanzlei schließlich erst den wirklichen Umschwung auslösen sollte, einen Umschwung, dessen Richtung und Form sich in den folgenden Monaten und Jahren ausprägten. Trotzdem waren Millionen Deutsche erfüllt von der Gewißheit, daß der 30. Januar eine Wende bedeutete, eine Wende zum Besseren, zum Guten, zur Beruhigung. Hans Zehrer versicherte noch einmal im März 1933, daß nichts so notwendig sei wie ein autoritärer Staat auf der Basis des deutschen Sozialismus: »Es gilt, den Liberalismus in Staat und Wirtschaft, die beiden Zwillingsbrüder Parlamentarismus und Kapitalismus zu liquidieren.«

Die Übernahme der Regierung durch Hitler war gemäß der Verfassung absolut legal verlaufen. Sie spiegelte den Wählerwillen erheblich demokratischer als jede Regierung seit Brüning; denn es handelte sich um ein Kabinett auf der Basis einer breiten Parlamentsmehrheit. Trotzdem spürte jeder, daß sich etwas Revolutionäres abspielte. Das Gros des deutschen Volkes sah der verkündeten Revolution des nationalen Sozialismus mit Hoffnung und Zuversicht, mit gläubigem Vertrauen und bald genug auch mit Begeisterung entgegen.

»Behebung der Not von Volk und Reich«

An der Art des Regierens änderte sich mit der Machtübernahme vorerst nichts. Obgleich Hitler über eine so starke Mehrheit im Reichstag verfügte wie kein Kanzler vor ihm, regierte er ebenfalls zunächst mit Notverordnungen. Daß er sich jedoch nicht an den Rahmen der Republik gebunden fühlte, daß er und seine Partei den verhaßten ›Novemberstaat‹ beseitigen wollten, das hatte er oft genug versichert, in Reden und Artikeln, kalt oder in überschießender Wildheit, hämisch oder mit ätzender Ironie. Die Zerstörung des alten Staates vollzog sich als Aufbau der neuen Ordnung. Hitler und seine Führer gingen an diese Arbeit mit einer Schnelligkeit und Energie, die selbst auf Skeptiker und Gegner faszinierend und unheimlich wirkte.

»Wir werden Reichstagsabgeordnete, um die Weimarer Gesinnung mit ihrer eigenen Unterstützung lahmzulegen ... Wir kommen nicht als Freunde, auch nicht als Neutrale. Wir kommen als Feinde.« – Goebbels zu Beginn des Wahlkampfes für die Reichstagswahlen im Mai 1928

Die NSDAP, eine politische Partei der Republik, hatte so wenig wie die kommunistische Partei Zweifel daran gelassen, daß sie ein bedingungsloser Feind des demokratischen Parlamentarismus war und dem Kampf der Parteien untereinander, dem latenten Bürgerkrieg, der die Republik erfüllte und allzu offensichtlich, wie es Millionen schien, zu ihrem Wesen gehörte, ein Ende machen würde. Das Parteiprogramm stellte in seinem sechsten Punkt unzweideutig fest: »Wir bekämpfen die korrumpierende Parlamentswirtschaft einer Stellenbesetzung nur nach Parteigesichtspunkten ohne Rücksichten auf Charakter und Fähigkeiten.« Der letzte Punkt, der fünfundzwanzigste des Programms, faßte noch einmal zusammen: »Zur Durchführung alles dessen fordern wir die Schaffung einer starken Zentralgewalt des Reiches. Unbedingte Autorität des politischen Zentralparlaments über das gesamte Reich und seine Organisationen im allgemeinen.« Die eigenen publizistischen Kommentatoren sahen hier den autoritären Staatsaufbau und das Führerprinzip verankert: »Parlamente mit anonymen Beschlüssen sowie jede andere Verantwortungslosigkeit haben im neuen Deutschland keinen Platz.«

Hitler mit Gefolge beim Eintreffen in Nürnberg zum Parteitag 1933

In kurzer Form nahm sich die Argumentation und damit die Rechtfertigung des Führerprinzips, also des Rückgrats des Nationalsozialismus, so aus: Im Parlamentarismus Weimars trugen die Regierungsstellen zwar die politische Verantwortung, aber es war keine Verantwortung gegenüber dem regierten Volk, sondern lediglich gegenüber namenlosen Mehrheiten, die sich ihrerseits Autorität anmaßten durch Vertrauenserklärungen oder durch Vertrauensentzug. Das Führerprinzip sollte diese Verhältnisse umkehren: Die höchste Autorität verdichtete sich in der Spitze und erstreckte sich von oben nach unten; Verantwortung dagegen wurde umgekehrt gegeben, von unten nach oben. Diese hierarchische Struktur hatte nichts mit irgendeiner Absicht zu tun, gegen das Volk zu regieren; seine Zustimmung oder Ablehnung – was nie vorkam – wurde regelmäßig durch Volksentscheide eingeholt. Auch das Führerprinzip war nach Überzeugung der Nationalsozialisten angewiesen auf das Vertrauen des Volkes. Hitler hatte niemals geglaubt, ernsthaft und längere Zeit gegen das Volk regieren zu können. Übertrugen ihm jedoch die Deutschen ihr Vertrauen, dann delegierten sie ihm auch das Recht, nach eigenem Gutdünken diejenigen Personen zu bestimmen, die er für befähigt hielt, Führungsfunktionen auszuüben.

Mit demokratischen Vorstellungen hatte dies alles nichts, aber auch gar nichts zu tun – voller Absicht nicht. Hitler erschien das Führerprinzip politisch und weltanschaulich vollauf gerechtfertigt, ja er hielt es aufgrund der Erfahrungen der parlamentarischen Praxis in der Weimarer Republik sogar für absolut notwendig. Deutschland, das war die unerschütterliche Überzeugung jedes Nationalsozialisten, war durch die parlamentarische Demokratie an den Rand einer Katastrophe gebracht worden. Die Parteien, die Abgeordneten, die Regierungen mit ihrem Roulett von Zufallskoalitionen, das ganze System hatten restlos abgewirtschaftet. Daß die Alternative Hitlers schließlich den meisten Deutschen als letzte und einzige Lösung erschien, drückte sich in dem frappanten Stimmenzuwachs der NSDAP aus – mit den Worten der Nationalsozialisten: Wir haben die Regierung erhalten, weil es der freie Wille des deutschen Volkes war, weil die Deutschen unserer Führung ihre Zustimmung gaben und uns ihre Zukunft anvertrauten.

Der Parlamentarismus lebt von Diskussion und vom Parteienfächer. Das Führerprinzip dagegen schließt eine politische Gliederung auf Grund von Parteien aus; es verlangt den Einheitsstaat und verwirft alle Debatten und jede politische Opposition. Was dies in der Praxis bedeutete, das bekümmerte 1933 die Mehrzahl der Deutschen überraschend wenig. Ihr politisches Leben hatte vierzehn Jahre lang letztlich aus nichts anderem bestanden als aus Debatten und

Opposition, aus Diskussion und Opposition im Reichstag, in den Ländern, in Straßenkämpfen und Saalschlachten. Es war schon fast eine Opposition aller gegen alle geworden und schließlich eine generelle Opposition gegen die ganze Republik. Hitler und seine Anhänger sahen in dieser Art Opposition nichts anderes als ein Mittel, um Deutschland hinabzubringen. Opposition war für sie bloß ein anderes Wort für Destruktion. Da es ihnen jedoch um Aufbau, um den Neubau Deutschlands ging, waren sie entschlossen, jede Opposition auszuschalten und auf diese Weise den Bestand ihrer Macht zu sichern. Die Errichtung von Konzentrationslagern hielten sie bereits 1933 für unbedingt erforderlich, um jeden substantiellen Widerspruch zu ersticken. Das verlangte die Staatsräson. Die erbarmungslose Jagd auf jeden namhaften Gegner, vor allem auf Sozialdemokraten und Kommunisten, und ihre Festsetzung in eigenen Lagern waren ein wesentlicher Teil der nationalsozialistischen Neuordnung und wurden als völlig gerechtfertigt angesehen. Mit der rigiden Empfindungslosigkeit von Politikern, die entschlossen sind, ihre Macht mit allen Mitteln zu festigen, sie auf Biegen und Brechen zu sichern, wurden die Konzentrationslager als bedauerlich, aber unvermeidbar betrachtet. Bis 1934 war Göring für die Konzentrationslager verantwortlich. Als ihm bekannt wurde, daß Ernst Thälmann, der Führer der KPD, nach seiner Verhaftung bei Verhören geschlagen worden war, ließ er ihn aus dem Konzentrationslager zu sich bringen, sprach sein Bedauern aus, entschuldigte sich und versicherte, daß Roheitsdelikte sich absolut nicht mit seinen Absichten deckten; er, Thälmann, solle sich im Wiederholungsfall sofort bei ihm beschweren. Im übrigen sagte Göring, ganz Nationalsozialist, der das Rennen gemacht hat: »Lieber Thälmann, wenn ihr zur Macht gekommen wäret, wäre ich voraussichtlich nicht geschlagen worden, aber ihr hättet mir sofort den Kopf abgeschlagen!« Thälmann antwortete: »Richtig!« Und Göring lächelte.

Thälmann bei einer Rede vor dem Schloß in Berlin

Hauptgegner der NSDAP sind die Kommunisten gewesen. Der Haß beider Parteien aufeinander entsprach der Intensität ihrer Verwandtschaft. Im allgemeinen läuft die nationalsozialistische Bewegung unter Klischeebegriffen, die sämtlich aus derjenigen Ecke stammen, die traditionell mit ›rechts‹ charakterisiert werden; sei es rechts-reaktionär, radikal-konservativ, kapitalistisch-faschistisch oder ähnlich. Das gehört zu der Fülle unbewußter oder absichtlicher Mißverständnisse und Verzeichnungen, die als trüber Schleim das Phänomen des Nationalsozialismus und seine Geschichte überzieht. Wem Orientierungsbegriffe wie ›rechts‹ und ›links‹ im ausgehenden 20. Jahrhundert noch immer unentbehrlich erscheinen, der kommt nicht daran vorbei, daß es sich beim Nationalsozialismus um eine radikal linke Bewegung gehandelt hat.

Am 27. Februar 1933 brannte der Reichstag ab, ein klarer Fall von Brandstiftung. Wer dafür verantwortlich war, das ist bis heute nicht geklärt worden. Die Nationalsozialisten beschuldigten die Kommunisten. Die Zerstörung des Reichstagsgebäudes gab genügend Anlaß, um Hindenburg zu einer neuen Verfügung zu bewegen. Einen Tag später, am 28. Februar, erließ er die ›Verordnung zum Schutze von Volk und Reich‹, in der »zur Abwehr kommunistischer Gewalttaten« wichtige Grundrechte aufgehoben wurden. Der Reichstagsbrand kam den Absichten Hitlers und der nationalsozialistischen Führung so gelegen, daß fast zwangsläufig Gerüchte entstanden, die Nationalsozialisten selbst hätten die Brandstiftung inszeniert, um ein überzeugendes Motiv für die Ausschaltung der Kommunisten zu erhalten. Es ist eindeutig falsch, daß man die

Demonstration der Kommunisten vor dem Berliner Dom im Sommer 1932

KPD für den Brand des Reichstages beschuldigte, und es ist ebenso eindeutig falsch, daß man ihn der NSDAP oder Göring persönlich anlastete. Die KPD wäre auch ohne den Reichstagsbrand verboten worden. Ihr Fortbestand war so wenig eine Frage von Brandstiftungen wie für die anderen Parteien. Im übrigen war das Überleben der Parteien damals kein Problem, das die Mehrheit der Deutschen sonderlich bewegte. Der Überdruß an ihrem Gezänk, an ihrer Unfähigkeit, Gegensätze auf sich beruhen zu lassen und in schweren Krisen republikanische Gemeinsamkeit zu demonstrieren, hatte längst einen Grad erreicht, der das Schicksal der politischen Parteien völlig verblassen ließ vor dem übermächtigen Wunsch, »daß endlich alles besser würde«.

Der Tag von Potsdam

»Wir sind am Ziel. Die deutsche Revolution beginnt.« – Goebbels in seinem Tagebuch ›Vom Kaiserhof zur Reichskanzlei‹ zum 30. Januar 1933

Das eben brachte den Nationalsozialisten eine so ungeheure Zustimmung. Nur deshalb wurde der 30. Januar 1933 von Millionen gefeiert als Auftakt einer wirklich nationalen Erhebung. Für Hitlers Partei allerdings begann mit der Machtübernahme nun erst die speziell nationalsozialistische Revolution. Das wurde am 30. Januar noch nicht jedem deutlich. Zunächst einmal konnten die meisten Deutschen einer nationalen Erhebung zustimmen: die Reichswehr ebenso wie die Nationalsozialisten aller Schattierungen, die Konservativen ebenso wie die Deutschnationalen, das ganze national gestimmte Bürgertum und die Bauern von Schleswig bis ins Berchtesgadener Land.

Am augenfälligsten symbolisierten sich diese Erwartungen und Sehnsüchte in der Gestalt des Reichspräsidenten Paul von Hindenburg. Mit seinem Namen, seiner Persönlichkeit verknüpften sich unvergeßliche Erinnerungen an die ›große Zeit‹ der Wilhelminischen Ära: Er war der überragende und von jedem Deutschen verehrte Feldmarschall des kaiserlichen Deutschlands, der Sieger großer Schlachten, der Repräsentant der heldischen Zeit des Ersten Weltkrieges. Man wußte, daß er noch immer überzeugter Monarchist war, obgleich er – vielleicht gerade deshalb – oft genug betont hatte, wie streng er sich an den Eid gebunden fühlte, mit dem er die Weimarer Verfassung beschworen hatte. Zu Hindenburgs Tragik gehört es, daß seine Person auch ein Kristallisationspunkt für alle diejenigen war, die von nationalen, konservativen, autoritären Überzeugungen erfüllt wurden und die als erklärte Gegner der Republik denselben Staat bekämpften, dessen Oberhaupt Hindenburg von 1925 bis 1934 gewesen war. Hindenburg betrachtete Hitler indigniert: nichts Adeliges an dem Mann, ein Trommler, seine Kunst der Massenbeherrschung zu vulgär. Hitler wiederum verehrte den Feldmarschall zutiefst. Daß der Reichspräsident den dynamischen Willensmenschen im Braunhemd als Kanzler berufen mußte, wurde ihm durch den nationalen Impetus des Mannes und seiner Partei erleichtert. Immerhin darf es als charakteristisch für Hindenburgs Billigung von Grundsätzen der neuen Regierung und der NSDAP angesehen werden, daß der Reichspräsident als Oberbefehlshaber der Reichswehr den Truppen am 15. März 1933 wieder die schwarz-weiß-rote Kokarde verlieh, um »der inneren Verbundenheit der deutschen Wehrmacht mit den wieder erstarkten nationalen Kräften des deutschen Volkes auch einen sichtbaren Ausdruck zu geben«, wie Hindenburg seine Verfügung begründete.

Noch vor der Vereidigung durch den Reichspräsidenten hatte Hitler die

Ein kommunistisches Presseorgan
Ausgabe vom 2. Februar 1933

Sondernummer der Zeitschrift ›Die Woche‹ zum ›Tag der Nation‹

unbedingte Forderung gestellt, kurz nach der Regierungsübernahme neue Wahlen zum Reichstag durchzuführen; er rechnete damit, daß die NSDAP weiter starken Auftrieb erhalten werde, womöglich bis hin zur absoluten Mehrheit. Am entschiedensten wehrte sich Alfred Hugenberg dagegen, erkennend, daß die besten Zeiten der Deutschnationalen unter seiner Führung vorüber waren und er bei einer so rasch wiederholten Neuwahl bloß verlieren würde. Obwohl seine Partei im vorangegangenen Jahr einen stattlichen Auftrieb erhalten hatte, war die Anziehungskraft der NSDAP unvergleichlich größer geworden. Hugenberg setzte sich nicht durch. Nach der Vereidigung hatten die Nationalsozialisten kaum mehr als einen Monat Zeit, um mit Hilfe einer entschlossen und höchst einfallsreich geführten Propaganda die Wahl vorzubereiten, unter Einsatz aller Mittel, die ihnen über den Regierungsapparat zugänglich waren. Die Wahl fand am 5. März statt. Die NSDAP erhielt mehr als siebzehn Millionen Stimmen und erhöhte ihre Reichstagsmandate auf zweihundertachtundachtzig, das waren fast fünfundvierzig Prozent aller Sitze. Zusammen mit den Deutschnationalen, die nur unwesentlich verloren hatten, besaß Hitler jetzt eine absolute Mehrheit von zweiundfünfzig Prozent.

Der neue Reichskanzler gab sich nicht damit zufrieden, nationale Reden zu halten und ergriffene Bekenntnisse abzulegen zu den großen Traditionen der deutschen Geschichte, deren beste und wirkungsvollste sich in der Reichswehr verkörperten, wie er oft versichert hatte. Das Heer war der »Schirm der nationalen Selbstverwaltung und Freiheit«, der »Hort der Freiheit unseres Volkes vor der Macht des Bösen«. Dem Heer des alten Reiches rechnete Hitler es als höchstes Verdienst an, »daß es in einer Zeit der allgemeinen Majorisierung der Köpfe die Köpfe über die Majorität stellte«, wie er in seinem Buch geschrieben hatte. Die Armee erzog zur Entschlußkraft, zum Idealismus, zur »Hingabe an das Vaterland und seine Größe«, erzog ein einiges Volk und bekämpfte dadurch die Trennung der Klassen: »Dies war die hohe Schule der deutschen Nation, und nicht umsonst konzentrierte sich auf sie der grimmige Haß derjenigen, die aus Neid und Habsucht die Ohnmacht des Reiches und die Wehrlosigkeit seiner Bürger brauchten und wünschten. Was viele Deutsche in Verblendung oder bösem Wissen nicht sehen wollten, erkannte die fremde Welt: Das deutsche Heer war die gewaltigste Waffe im Dienste der Freiheit der deutschen Nation und der Ernährung ihrer Kinder.« Der zweite Punkt des Programms seiner Partei forderte die »Gleichberechtigung des deutschen Volkes gegenüber den anderen Nationen«. Hitler verbürgte sich damit, die Wehrfreiheit wiederherzustellen, so wie es auch in Punkt 22 proklamiert wurde: »Wir fordern die Abschaffung der Söldnertruppe und die Bildung eines Volksheeres.« Dem Soldaten war somit höchstes Prestige im neuen Staat garantiert.

Da kein deutscher Politiker dieser Zeit so praktisch dachte wie Hitler, ständig den Durchschnittswähler, den »einzelnen Deutschen« vor Augen, da er unter Politik immer zuerst die Umsetzung programmatischer Sätze in handfeste Maßnahmen verstanden hatte, machte er rasch den realen Untergrund seiner Beteuerungen sichtbar. Schon die erste Reichstagssitzung nach den Wahlen vom 5. März gestaltete er zu einem Höhepunkt seines Werbens um das Heer. Hitler und Goebbels, der am 14. März das neue Ministerium für Volksaufklärung und Propaganda übernommen hatte, beschlossen, den Reichstag in Potsdam zu eröffnen. Man hätte damals in Deutschland keinen Ort finden können, der symbolhafter gewesen wäre als die alte Potsdamer Garnisonkirche

Hitler bei der programmatischen Regierungserklärung
in der Potsdamer Garnisonkirche am 21. März 1933

Festgottesdienst der Berliner Garnison im Schlüter-Hof des Kaiserschlosses am ›Tag von Potsdam‹

mit dem Sarg Friedrichs des Großen, des von Hitler schrankenlos bewunderten »Helden von Sanssouci«, der Verkörperung Preußens, das, wie er geschrieben hatte, in »wundervoller Schärfe« erwiesen habe, »daß nicht materielle Eigenschaften, sondern ideelle Tugenden allein zur Bildung eines Staates befähigen«. Auch kein günstigeres Datum wäre zu finden gewesen als der 21. März. Denn an diesem Tag war 1871 der erste Reichstag des ›Zweiten Reiches‹ durch Bismarck feierlich eröffnet worden. Hitlers ›Drittes Reich‹ wollte das gleiche Zeremoniell ebenso feierlich und selbstbewußt begehen, mit allem Prunk eines großartigen Staatsaktes. Dazu gehörten Gottesdienste, Choräle und Kranzniederlegungen, Gala-Uniformen, Fahnen und Standarten, Präsentiergriffe und klingendes Spiel.

Die Absicht, in Potsdam das junge Dritte Reich für jeden sichtbar, vor allem sichtbar für das Heer, von dem noch unverändert strahlenden Glanz des friderizianischen Staates weihen und verklären zu lassen, die alten Traditionen und das Ethos des Preußentums zu beschwören und an diejenigen des ›Eisernen Kanzlers‹ Bismarck zu erinnern, sie aufzunehmen und weiterzuführen – diese Absicht wurde verwirklicht. Hindenburg hatte seine alte Marschallsuniform angelegt, sämtliche Generale und Admirale der Kaiserzeit, die noch lebten, waren gebeten worden und hatten sich versammelt, ebenso die Prinzen des Hauses Hohenzollern. In der Uniform der Danziger Totenkopf-Husaren stand Kronprinz Wilhelm hinter dem leeren Stuhl seines Vaters, Kaiser Wilhelms II. Der Monarch selbst hörte zur gleichen Zeit in seinem holländischen Exil in Doorn die Rundfunkreportage aus der Garnisonkirche an. Als Hindenburg die Kirche betreten und das Mittelschiff erreicht hatte, verneigte er sich vor der Loge des Kaisers, dann hob er grüßend den Marschallstab zum Kronprinzen.

Der Reichspräsident hielt eine kurze Eröffnungsrede. Nach ihm sprach Hitler. Jeder Satz schien allein an die Repräsentanten der ruhmreichen deutschen Vergangenheit gerichtet zu sein, die in der Kirche versammelt waren. Hindenburg hatte die Hoffnung ausgesprochen, daß »der Geist dieser alten ehrwürdigen Stätte auf die heutige Generation übergehen und uns im Nationalbewußtsein zum Segen eines stolzen, freien und geeinten Deutschland zusammenschließen« möge. Hitler griff diesen Wunsch auf, aktualisierte ihn und beschwor noch einmal das Bild der nationalen Erhebung. Er kenne nur ein einziges Ziel, nämlich das »große Reformwerk der Reorganisation des deutschen Volkes« durchzuführen: »Aus Bauern, Bürgern und Arbeitern muß wieder werden ein deutsches Volk. Es soll dann für ewige Zeiten in eine treue Verwahrung nehmen unseren Glauben und unsere Kultur, unsere Ehre und unsere Freiheit.« Hitler endete mit der feierlichen, respektvoll stolzen Versicherung: »Heute, Herr Generalfeldmarschall, läßt Sie die Vorsehung Schirmherr sein über die neue Erhebung unseres Volkes.«

Für Deutschland, für die meisten Deutschen, also nicht nur für die Konservativen und die Reichswehr, schien es sich tatsächlich um einen besonders glanzvollen Tag der deutschen Geschichte zu handeln. Der neue Staat entdeckte das Unvergängliche in den deutschen Symbolen, die »unzerstörbare Lebenskraft der deutschen Nation«. Wurde hier nicht tatsächlich eine Synthese hergestellt zwischen dem alten Reich Bismarcks und dem jungen Deutschland, eine festliche Vereinigung vollzogen zwischen ruhmreicher Vergangenheit und revolutionärer Zukunft, zwischen preußischer Tradition und nationaler Dynamik?

Der symbolische Händedruck: Hitler und von Hindenburg vor der Garnisonkirche in Potsdam am 21. März 1933

»Am 21. März 1933 erhielt das neue Reich in der Garnisonkirche in Potsdam die Weihe der Tradition.« – Walter Frank, Präsident des ›Reichsinstituts für Geschichte des neuen Deutschland‹

Alles das wurde nicht nur willkürlich in das berühmte Bild hineingelesen, das sich in Millionen Zeitungen fand; es war de facto unverkennbar darin enthalten: Vor dem Portal der Garnisonkirche drückte der Reichspräsident und Feldmarschall Paul von Hindenburg die Hand Adolf Hitlers, des tapferen Meldegängers und einfachen Gefreiten des Ersten Weltkrieges, der sich tief und ehrfürchtig verbeugte. Den sinnbildlichen Gehalt dieses Händedrucks und damit die Substanz der neuen Zeit hatte Hitler schon in seiner Rede angedeutet, in der er diesen Tag rühmte, an dem durch das Vertrauen des Feldmarschall-Reichspräsidenten »die Vermählung vollzogen wurde zwischen den Symbolen der alten Größe und der jungen Kraft«.

Vollmacht für Hitler

Zwei Tage nach dem Schauspiel von Potsdam ersuchte die Regierung den Reichstag um Zustimmung zu einem ›Gesetz zur Behebung der Not von Volk und Reich‹. Dieses ›Ermächtigungsgesetz‹ sollte es dem Kabinett Hitler ermöglichen, ohne weitere Billigungen des Reichstages und Reichsrates vier Jahre lang mit fast unbeschränkter Vollmacht zu regieren. Das Parlament, der Gesetzgeber, übertrug durch diese Ermächtigung der Regierung Hitler das Recht, gesetzesvertretende Verordnungen zu erlassen, delegierte ihr also Aufgaben, die verfassungsmäßig in die Zuständigkeit des Parlaments fielen. Damit war die klassische Gewaltenteilung aufgehoben. Keine Gesetzesvorlage seit dem Jahr 1919 besaß eine größere Tragweite als dieses Ermächtigungsgesetz. Nach dem Zusammenbruch Deutschlands 1945 wurden die letzten Jahre der Weimarer Republik mit ungeheurem Forschungsaufwand minuziös nach Schuld und Verschulden, nach Schwächen und Fehlern, nach Verwirrung, Irreführung und Steigbügelfunktion vor allem der Deutschnationalen durchsucht. Hindenburg wurde beschuldigt, daß er sich hatte dazu überreden lassen, Hitler die Kanzlerschaft anzutragen. Die Ratgeber des Reichspräsidenten wurden angeklagt, sie hätten in einer Art Vorzimmerverschwörung den »alten Herrn« hinters Licht geführt. Papen und Hugenberg wurden des Leichtsinns, der Blindheit und Überheblichkeit bezichtigt. Doch alles, was bis zum 23. März 1933 geschehen war, ist belanglos im Vergleich zum Ablauf dieser Reichstagssitzung in der Kroll-Oper, die den Abgeordneten jetzt als Ersatz für die Räume des abgebrannten Reichstages diente.

Das Ermächtigungsgesetz mußte von zwei Dritteln der Abgeordneten gebilligt werden, ansonsten war der Antrag gescheitert. Daß Hitler nicht im geringsten daran dachte, sich des Ermächtigungsgesetzes nur in der Weise zu bedienen, wie es schon einige Male in den Jahren 1919 bis 1921 und 1923 der Fall gewesen war – beim Übergang von der Kriegswirtschaft zur Friedenswirtschaft und während des Ruhr-Kampfes, als französische Truppen das gesamte Ruhrgebiet besetzt hatten –, mußte jeder Abgeordnete des Reichstages wissen. Kein einziger von ihnen wurde jedoch genötigt, mit Ja zu stimmen, keiner wurde hinters Licht geführt. Hitler begründete seinen Antrag ohne Winkelzüge, mit der rüden Direktheit seines politischen Fanatismus: Seine Regierung sei entschlossen, »die Gebrechen, die jeden Aufstieg hemmen und die Ursachen des Zerfalls gewesen waren«, mit Stumpf und Stiel auszurotten. Die nationale Regierung betrachte es als ihre Pflicht, alle staatsfeindlichen Elemente ihres

Einflusses auf das politische Leben zu berauben und lediglich denjenigen Gleichheit vor dem Gesetz zuzugestehen, die den Staat bejahten und hinter seiner Regierung stünden: »Es würde dem Sinn der nationalen Erhebung widersprechen und dem beabsichtigten Zweck nicht genügen, wollte die Regierung für ihre Maßnahmen von Fall zu Fall die Genehmigung des Reichstages erhandeln und erbitten. Die Regierung wird dabei nicht von der Absicht getrieben, den Reichstag als solchen aufzuheben. Im Gegenteil, sie behält sich auch für die Zukunft vor, ihn von Zeit zu Zeit über ihre Maßnahmen zu unterrichten.« Hitler endete mit einer lapidaren Skizze der Fronten: »Da die Regierung an sich über eine klare Mehrheit verfügt, ist die Zahl der Fälle, in denen eine innere Notwendigkeit vorliegt, zu einem solchen Gesetz die Zuflucht zu nehmen, an sich eine begrenzte. Um so mehr aber besteht die Regierung der nationalen Erhebung auf der Verabschiedung dieses Gesetzes. Sie zieht in jedem Falle eine klare Entscheidung vor. Sie bietet den Parteien des Reichstages die Möglichkeit einer ruhigen deutschen Entwicklung und einer sich daraus in der Zukunft anbahnenden Verständigung, und sie ist aber ebenso entschlossen und bereit, die Bekundung der Ablehnung und damit die Ansage des Widerstandes entgegenzunehmen. Mögen Sie, meine Herren Abgeordneten, nunmehr selbst die Entscheidung treffen über Frieden oder Krieg.«

Jedem im Reichstag war also bekannt, welche Konsequenzen Hitlers Regierung aus einer solchen Ermächtigung ziehen würde. Demjenigen, der sich trotzdem darüber noch immer nicht klar war, wären von den Sozialdemokraten und ihrem Vorsitzenden Otto Wels die Augen geöffnet worden. Die große Rede, in der Wels die Ablehnung des Ermächtigungsgesetzes durch die sozialdemokratische Fraktion begründete, war seine einzige politische Tat von Rang. An diesem Tag konnte kein Abgeordneter behaupten, er wäre nicht bis ins letzte informiert gewesen. Wels nahm kein Blatt vor den Mund: In der Außenpolitik stimmten die Sozialdemokraten der Regierung Hitler zu, aber für die Innenpolitik gelte gleichfalls der Grundsatz, daß aus einem Gewaltfrieden kein Segen komme: »Eine wirkliche Volksgemeinschaft läßt sich auf ihn nicht gründen.« Deshalb dürfe man auch besiegte politische Gegner nicht so behandeln, »als seien sie vogelfrei«. Wels erwähnte die Verhaftungen und Verfolgungen, unter denen die Sozialdemokraten in den letzten Wochen leiden mußten. Die Regierungsparteien hätten zwar bei den Wahlen eine klare Mehrheit errungen, aber mit dem Ermächtigungsgesetz würden die Nationalsozialisten nichts anderes beabsichtigen, als den letzten Schritt zur Auflösung der parlamentarischen Demokratie zu tun, und dazu wollten sie noch das Einverständnis der demokratischen Parteien. Dafür gebe sich seine Fraktion nicht her; auf Opposition dürfe nicht verzichtet werden: »Kritik ist heilsam und notwendig. Noch niemals, seit es einen deutschen Reichstag gibt, ist die Kontrolle der öffentlichen Angelegenheiten durch die gewählten Vertreter des Volkes in solchem Maße ausgeschaltet worden, wie es jetzt geschieht und es durch das neue Ermächtigungsgesetz noch mehr geschehen soll. Eine solche Allmacht der Regierung muß sich um so schwerer auswirken, als auch die Presse jeder Bewegungsfreiheit entbehrt.« Noch einmal legte Otto Wels ein feierliches Bekenntnis ab »zu den Grundsätzen der Menschlichkeit und der Gerechtigkeit, der Freiheit und des Sozialismus«. Sein letzter Satz lautete: »Kein Ermächtigungsgesetz gibt Ihnen die Macht, Ideen, die ewig und unzerstörbar sind, zu vernichten.«

Hitlers Antwort war charakteristisch für seine Entschlossenheit, einen völlig

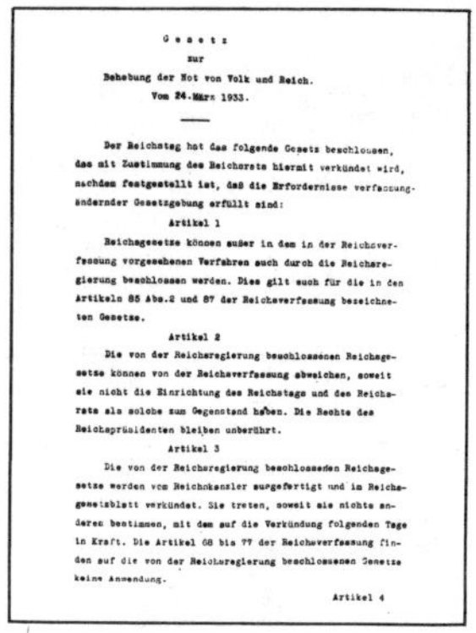

Gesetz
zur
Behebung der Not von Volk und Reich.
Vom 24. März 1933.

Der Reichstag hat das folgende Gesetz beschlossen, das mit Zustimmung des Reichsrats hiermit verkündet wird, nachdem festgestellt ist, daß die Erfordernisse verfassungändernder Gesetzgebung erfüllt sind:

Artikel 1

Reichsgesetze können außer in dem in der Reichsverfassung vorgesehenen Verfahren auch durch die Reichsregierung beschlossen werden. Dies gilt auch für die in den Artikeln 85 Abs. 2 und 87 der Reichsverfassung bezeichneten Gesetze.

Artikel 2

Die von der Reichsregierung beschlossenen Reichsgesetze können von der Reichsverfassung abweichen, soweit sie nicht die Einrichtung des Reichstags und des Reichsrats als solche zum Gegenstand haben. Die Rechte des Reichspräsidenten bleiben unberührt.

Artikel 3

Die von der Reichsregierung beschlossenen Reichsgesetze werden vom Reichskanzler ausgefertigt und im Reichsgesetzblatt verkündet. Sie treten, soweit sie nichts anderes bestimmen, mit dem auf die Verkündung folgenden Tage in Kraft. Die Artikel 68 bis 77 der Reichsverfassung finden auf die von der Reichsregierung beschlossenen Gesetze keine Anwendung.

Artikel 4

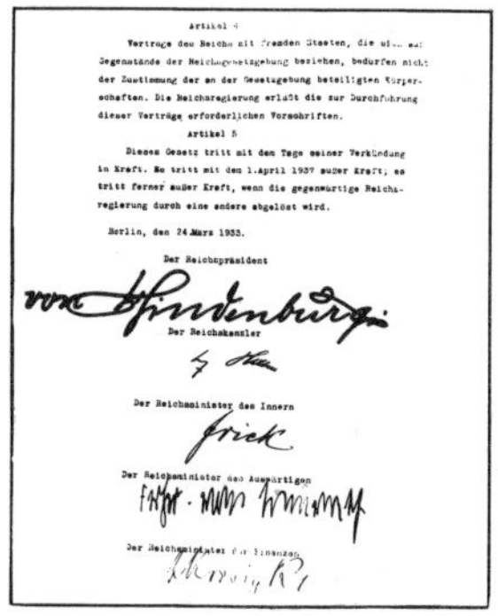

Artikel 4

Verträge des Reichs mit fremden Staaten, die sich auf Gegenstände der Reichsgesetzgebung beziehen, bedürfen nicht der Zustimmung der an der Gesetzgebung beteiligten Körperschaften. Die Reichsregierung erläßt die zur Durchführung dieser Verträge erforderlichen Vorschriften.

Artikel 5

Dieses Gesetz tritt mit dem Tage seiner Verkündung in Kraft. Es tritt mit dem 1. April 1937 außer Kraft; es tritt ferner außer Kraft, wenn die gegenwärtige Reichsregierung durch eine andere abgelöst wird.

Berlin, den 24. März 1933.

Der Reichspräsident
von Hindenburg
Der Reichskanzler
Der Reichsminister des Innern
Frick
Der Reichsminister des Auswärtigen
Der Reichsminister der Finanzen

Das ›Ermächtigungsgesetz‹ vom 24. März 1933

NS-Wahlbroschüre vom Juli 1932

»neuen Staat« zu bauen, charakteristisch aber auch für die Offenheit, mit der er den Abgeordneten reinen Wein kredenzte: »Sie reden von Verfolgungen. Ich glaube, es sind nur wenige unter uns hier, die nicht Verfolgungen von Ihrer Seite im Gefängnis büßen mußten ... Sie sagen weiter, daß die Kritik heilsam sei. Gewiß, wer Deutschland liebt, der mag uns kritisieren. Wer aber eine Internationale anbetet, der kann uns nicht kritisieren! Auch hier kommt Ihnen die Erkenntnis reichlich spät, Herr Abgeordneter! Die Heilsamkeit der Kritik hätten Sie in der Zeit erkennen müssen, als wir uns in Opposition befanden. Damals hat man uns unsere Presse verboten und verboten und wieder verboten, unsere Versammlungen verboten, jahrelang! Und jetzt sagen Sie: Kritik ist heilsam!« Und dann gab Hitler den Sozialdemokraten eine Absage, wie sie radikaler nicht sein konnte, eine Absage, die sich allerdings genauso an alle übrigen Parteien richtete: »Sie sagen: ›Sie wollen nun den Reichstag ausschalten, um die Revolution fortzusetzen.‹ Meine Herren, dazu hätten wir es nicht nötig gehabt, diese Vorlage hier einbringen zu lassen. Den Mut, uns auch anders mit Ihnen auseinanderzusetzen, hätten wir wahrhaftigen Gottes gehabt! ... Dem deutschen Arbeiter werden wir Nationalsozialisten von jetzt ab die Bahn freimachen zu dem, was er fordern und verlangen kann. Wir Nationalsozialisten werden seine Fürsprecher sein. Sie, meine Herren, sind nicht mehr benötigt! Und verwechseln Sie uns nicht mit einer bürgerlichen Welt. Sie meinen, daß Ihr Stern wieder aufgehen könnte! Meine Herren, der Stern Deutschlands wird aufgehen und Ihrer wird sinken.« Die Schlußwendung Hitlers, in ihrer brutal entschiedenen Begründung, zeigt den ganzen Abgrund, der zwischen dem Parlamentarismus Weimars und dem Dritten Reich lag: »Ich glaube, daß Sie für dieses Gesetz nicht stimmen, weil Ihnen Ihrer innersten Mentalität nach die Absicht unbegreiflich ist, die uns dabei beseelt – und ich kann Ihnen nur sagen: Ich will auch gar nicht, daß Sie dafür stimmen! Deutschland soll frei werden, aber nicht durch Sie!«

Hitler wollte die Zustimmung der demokratischen Parteien zur Auflösung des Parteienstaates. Er erhielt diese Zustimmung. Mit Ausnahme der Sozialdemokraten, die in den letzten Wahlen nochmals leichte Stimmenverluste hatten hinnehmen müssen, entschieden sich sämtliche Parteien für ein Ja: das Zentrum genauso wie die Deutschnationalen, die Deutsche Volkspartei genauso wie die liberalen Abgeordneten der Deutschen Demokratischen Partei, unter ihnen auch Theodor Heuss, der 1949 zum ersten Präsidenten der Bundesrepublik gewählt wurde. Die Kommunistische Partei war zwar verboten und ihre Führer waren verhaftet, doch hätten selbst die Stimmen ihrer Abgeordneten zusammen mit der SPD nichts an dem Abstimmungsergebnis geändert; sie wären über das notwendige Drittel nicht hinausgekommen. Nach der Abstimmung wurden vierhunderteinundvierzig Stimmen gezählt, die sich für das Gesetz aussprachen, vierundneunzig Sozialdemokraten stimmten dagegen.

Die demokratischen Parteien »begaben sich ohne Not freiwillig jeden parlamentarischen Einflusses, ... ein Akt politischer Selbstentmannung, wie ihn die Geschichte der modernen Demokratie nicht noch einmal kennt«. – Hjalmar Schacht zum 23. März 1933

Die Parteien der Weimarer Republik waren von den Nationalsozialisten nicht heimtückisch beseitigt oder gewaltsam zerschlagen worden. Sie selbst hatten die Verfassung in ihren für die demokratische Struktur entscheidenden Teilen legal, ohne daß man sie dazu gezwungen hätte, außer Kraft gesetzt und damit für die Selbstauflösung plädiert. Diese Republik war nicht so vernichtet worden, wie man sich gewöhnlich die Eroberung und Zerstörung einer Festung vorstellt: belagert von allen Seiten, abgeschnitten von Verpflegung, Nachschub und Verstärkung, kämpfend bis zur letzten Patrone. Die Republik besaß keine bedingungslosen Verteidiger, sondern nur zuverlässige Gegner. Sie hatte exzellente Kritiker, die bar allen Sinnes waren für die Grenzen zwischen Veränderung und Vernichtung. Sie besaß Parteien, deren demokratische Loyalität sich in der Treue zu ihrem eigenen Programm erschöpfte, dessen Verhältnis zur Substanz der parlamentarischen Demokratie aber rätselhaft blieb. So starb die Republik nicht an ihren Feinden, sondern sie ging unter, weil sie keine wirklichen Freunde besaß, nicht einmal unter denjenigen Parteien, deren politische Vitalität von demokratischen Überzeugungen abhing. Auch die SPD bildete nicht das, was so flüssig als ›staatstragende Partei‹ bezeichnet wird. Getragen haben alle Parteien nur den Sarg der Republik, den sie mit der Annahme des Ermächtigungsgesetzes auf ihre abregierten Schultern hoben.

Fast die Hälfte des deutschen Volkes hatte Hitler gewählt, darunter Verzweifelte, Idealisten, Fanatiker, Hoffende, Enttäuschte, Irrende. Aber mehr als zweiundachtzig Prozent der professionell mit Politik befaßten Mandatsträger Deutschlands statteten Hitler mit Vollmachten aus, über deren Verwendung sie sich genauso wenig im Unklaren sein konnten, wie sich die Nationalsozialisten darüber im Klaren waren. Der Führer der Bayerischen Volkspartei, Hans Ritter von Lex – nach 1949 Staatssekretär im Bonner Innenministerium, seit 1961 Präsident des Deutschen Roten Kreuzes – wies auf die Tragweite dieser Abstimmung hin, bevor auch er und seine Fraktion mit Ja votierten: »Dauer und Inhalt dieses Gesetzes haben in der deutschen Geschichte kein Vorbild.« Die Annahme des Ermächtigungsgesetzes beweist: Selbst die Parteien der Weimarer Republik waren am Schluß davon überzeugt, daß dieses liberale System, dessen Existenz allein von der Existenz der Parteien abhing, keine Möglichkeiten des Weiterlebens enthielt.

Das Weimarer Parteiensystem hinter Schloß und Riegel
Zeichnung in einer türkischen Zeitung vom Mai 1933

Triumph und Tragik der Goldenen Zwanziger

Vierzehn Jahre zuvor war die erste deutsche Republik entstanden, unter weit dramatischeren Umständen, als Produkt des Zusammenbruchs der Monarchie. Am 13. August 1918 hatte General Erich Ludendorff, der Erste Generalquartiermeister des Heeres, offen bekannt, es sei nicht mehr möglich, »den Kriegswillen des Feindes zu brechen und ihn zum Frieden zu nötigen«. Im Laufe des September entwarf die Oberste Heeresleitung zunehmend dunklere Bilder von der Lage, bezeichnete sie schließlich als ausweglos und verlangte am 3. Oktober 1918, daß der Krieg sofort beendet werde. Selbst Ludendorff sprach sich jetzt für die Einführung des parlamentarischen Systems aus. Am selben Tag wurde Prinz Max von Baden zum Reichskanzler und preußischen Ministerpräsidenten ernannt; er sollte dem ersten parlamentarischen Kabinett des Deutschen Reiches vorstehen. Prinz Max begann seine Regierung damit, entsprechend den dringenden Vorstellungen der Obersten Heeresleitung, den amerikanischen Präsidenten um einen sofortigen Waffenstillstand zu ersuchen. Er handelte dabei gegen seine eigene Überzeugung, stand aber unverrückbar zu diesem Entschluß. Präsident Thomas Woodrow Wilson stimmte zwar zu, doch die Bedingungen waren so rigoros, daß sie praktisch auf eine völlige Unterwerfung hinausliefen, von der Forderung, daß der Kaiser abdanken müsse, ganz abgesehen. Die deutsche Heeresleitung akzeptierte die Kapitulation nicht und rief zu einem letzten Widerstand auf. Daraufhin setzte Prinz Max die Entlassung

2. Extraausgabe Sonnabend, den 9. November 1918.

Vorwärts

Berliner Volksblatt.

Zentralorgan der sozialdemokratischen Partei Deutschlands.

Der Kaiser hat abgedankt!

Der Reichskanzler hat folgenden Erlaß herausgegeben:

Seine Majestät der Kaiser und König haben sich entschlossen, dem Throne zu entsagen.

Der Reichskanzler bleibt noch so lange im Amte, bis die mit der Abdankung Seiner Majestät, dem Thronverzichte Seiner Kaiserlichen und Königlichen Hoheit des Kronprinzen des Deutschen Reichs und von Preußen und der Einsetzung der Regentschaft verbundenen Fragen geregelt sind. Er beabsichtigt, dem Regenten die Ernennung des Abgeordneten Ebert zum Reichskanzler und die Vorlage eines Gesetzentwurfs wegen der Ausschreibung allgemeiner Wahlen für eine verfassungsgebende deutsche Nationalversammlung vorzuschlagen, der es obliegen würde, die künftige Staatsform des deutschen Volk, einschließlich der Volksteile, die ihren Eintritt in die Reichsgrenzen wünschen sollten, endgültig festzustellen.

Berlin, den 9. November 1918. Der Reichskanzler.
Prinz Max von Baden.

Es wird nicht geschossen!

Der Reichskanzler hat angeordnet, daß seitens des Militärs von der Waffe kein Gebrauch gemacht werde.

Parteigenossen! Arbeiter! Soldaten!

Soeben sind das Alexanderregiment und die vierten Jäger geschlossen zum Volke übergegangen. Der sozialdemokratische Reichstagsabgeordnete Wels u. a. haben zu den Truppen gesprochen. Offiziere haben sich den Soldaten angeschlossen.

Der sozialdemokratische Arbeiter- und Soldatenrat.

Das Ende der Monarchie
im Reich
Pressemeldung über die
Thronentsagung Wilhelms II.

Ludendorffs durch; sie erfolgte am 26. Oktober. Ludendorff, seit August 1916 der einflußreichste Mann in der Armee, ging nach Schweden.

Am 9. November, als sich der Aufruhr von Kiel aus bis nach Berlin ausgebreitet hatte und sich in Deutschland eine allgemeine Revolution abzuzeichnen schien, überbrachte ein Kurier die endgültigen Waffenstillstandsbedingungen in das Hauptquartier in Spa, der Badestadt in der belgischen Provinz Lüttich. General Wilhelm Groener, der Nachfolger Ludendorffs, empfahl dem Kaiser, seine Abdankung zu unterzeichnen. Am 11. November fuhr Wilhelm II. ins Exil nach Holland. Der Monarch hatte die Frage, um die im Hauptquartier seit Tagen gerungen worden war, ob er zu den Truppen an die Front oder nach Berlin, in die Hauptstadt des Reiches, gehen solle, auf seine Weise gelöst, zumal auch Generalfeldmarschall Hindenburg seinen Entschluß billigte. Groener akzeptierte die Waffenstillstandsbedingungen. Zusammen mit Hindenburg gelang es ihm, binnen wenigen Wochen das Feldheer in voller Disziplin nach Deutschland zurückzuführen.

Entscheidend für die ersten Monate der Republik wurde Groeners Entschluß, nach der Abdankung des Kaisers das Heer keinem politischen Vakuum zu überlassen. Prinz Max hatte am 9. November dem Führer der Sozialdemokraten, Friedrich Ebert, das Amt des Reichskanzlers übertragen: »Herr Ebert, ich lege Ihnen das deutsche Reich ans Herz.« Groener, jetzt der eigentliche Kopf des Heeres, offerierte Ebert die Unterstützung der Armee. Von seinen Überlegungen berichtete der General: »Der Sturz des Kaisertums entzog den Offizieren den Boden ihres Daseins, ihren Sammel- und Ausrichtepunkt. Es mußte ihnen ein Ziel gewiesen werden, das des Einsatzes wert war und ihnen die innerliche Sicherheit wiedergab. Es mußte das Gefühl wachgerufen werden der Verpflichtung nicht nur gegenüber einer bestimmten Staatsform, sondern für Deutschland schlechthin. Das Offizierskorps konnte aber nur mit einer Regierung zusammengehen, die den Kampf gegen Radikalismus und Bolschewismus aufnahm. Dazu war Ebert bereit, aber er hielt sich nur mühsam am Steuer und war nahe daran, von den Unabhängigen und der Liebknecht-Gruppe über den Haufen gerannt zu werden. Was war demnach näherliegend, als Ebert, den ich als anständigen, zuverlässigen Charakter und unter der Schar seiner Parteigenossen als den staatspolitisch wichtigsten Kopf kennengelernt hatte, die Unterstützung des Heeres und des Offizierskorps anzubieten. Am Abend rief ich den Reichskanzler an und teilte Ebert mit, daß das Heer sich seiner Regierung zur Verfügung stelle, daß dafür der Feldmarschall und das Offizierskorps von der Regierung Unterstützung erwarteten bei der Aufrechterhaltung der Ordnung und Disziplin im Heer. Das Offizierskorps verlange von der Regierung die Bekämpfung des Bolschewismus. Ebert ging auf meinen Bündnisvorschlag ein. Von da ab besprachen wir uns täglich abends auf einer geheimen Leitung zwischen der Reichskanzlei und der Heeresleitung über die notwendigen Maßnahmen. Das Bündnis hat sich bewährt.«

Friedrich Ebert
und eine seiner Devisen
vom November 1918
in der Handschrift des Chefs
im Reichskanzleramt:
»Wir wollen aufbauen, nicht
zerstören! Vor allem aber keine
Gewalt!«

Die ›rote Rosa‹

Die erste Bewährungsprobe begann Anfang 1919. Kurz vor Weihnachten, vom 16. bis 20. Dezember, fand in Berlin der Kongreß der Arbeiter- und Soldatenräte aus ganz Deutschland statt, auf dem mit vierhundert gegen fünfzig Stimmen beschlossen wurde, am 19. Januar 1919 Wahlen zur Verfassunggebenden Nationalversammlung durchzuführen. Die spartakistischen Gruppen hatten vergeblich versucht, eine Räteverfassung durchzusetzen und die sozialistische Revolution nicht in bürgerlicher Temperierung versickern zu lassen. Die Mitglieder des radikalen Flügels der Sozialdemokraten, die sich 1917 als ›Unabhängige Sozialdemokratische Partei Deutschlands‹ (USPD) für selbständig erklärt hatten, verließen die Regierung. Der Spartakus-Bund formierte sich neu zur KPD. Die Partei beschloß, die Wahlen zur Nationalversammlung zu boykottieren und einen bewaffneten Aufstand durchzuführen.

Liebknechts bewaffneter Kampf nach bolschewistischem Vorbild Zeichnung von Olaf Gulbransson, 1918

Ein solcher Aufstand konnte zu nichts anderem führen als zur Verwirklichung des Schreckgespenstes, vor dem alle Schichten in Deutschland seit den Novembertagen 1918 zitterten: zum Bürgerkrieg. Das russische Beispiel erschütterte damals die geschlagenen Deutschen besonders nachhaltig. Deshalb war trotz der vielen extremen Gruppierungen der Hang zum Kompromiß bei der Bevölkerung vorherrschend. Am deutlichsten drückte sich das in der Frage der Regierungsform aus, die nach dem Thronverzicht auch der übrigen Fürsten in Deutschland akut wurde. Der Großteil der Sozialdemokraten entschied sich für eine sozialistische Republik, allerdings auf einer strikt demokratisch-parlamentarischen Basis. Gegen diese Haltung kämpften die linksextremen Gruppen von Anfang an mit aller Leidenschaft, vor allem der Spartakus-Bund unter Rosa Luxemburg und Karl Liebknecht. Ihr Ziel war eine Räterepublik nach bolschewistischem Vorbild, mit gewissen Abwandlungen. Rosa Luxemburg verwarf jedoch grundsätzlich jedes aufrührerische, gewaltsame Mittel. Nur auf der Basis einer überwältigenden Mehrheitswahl der proletarischen Massen, also demokratisch völlig legal, sollte die Regierungsgewalt übernommen werden. Sie war für einen Kampf durch immer umfassendere Massenstreiks. Gegen ihre Stimme entschied sich der Spartakus-Bund für den Weg der Revolte.

Rosa Luxemburg war am 5. März 1870 als Tochter reicher Eltern in Zamość, einer Kleinstadt Russisch-Polens, geboren worden. Sie absolvierte das Gymnasium und bekam schon damals Kontakt mit revolutionären Kreisen. Im Alter von neunzehn Jahren drohte ihr zum ersten Mal die Verhaftung. Sie mußte in einem Heuwagen versteckt über die Grenze nach Deutschland fliehen, ging nach Zürich und begann an der Universität zu studieren. Hier befand sie sich im Zentrum der russischen Flüchtlinge vor dem Ersten Weltkrieg. Innerhalb der sozialistischen Bewegung wurde sie zunächst bekannt durch ihre schroffe Einstellung gegen alle polnischen Nationalitätsbestrebungen. Für sie ging es bei dem Kampf um Polen nicht um die Unabhängigkeit des Landes, sondern ausschließlich um die Revolution in ganz Rußland; innerhalb eines befreiten Rußlands würde Polen die Autonomie von selbst erhalten. Diese heiß umstrittene Nationalitätsfrage war für Rosa Luxemburg der Anlaß, 1893 die Polnische Sozialistische Partei zu verlassen und die Sozialdemokratische Partei Polens zu gründen. Gleichzeitig wuchs ihre Bedeutung innerhalb der deutschen Sozialdemokratie, bei der sie seit ihrer Flucht vor der Geheimpolizei des Zaren mitarbeitete. Als 1905 in Petersburg der russische Aufstand ausbrach, beteiligte sie sich sofort an den Kämpfen. Sie wurde gefangengenommen, kam aber nach kurzer Zeit wieder frei und kehrte nach Deutschland zurück. Im Jahr 1909 attackierte sie in einer weitreichenden Kontroverse über den politischen Massenstreik die sozialdemokratischen Revisionisten und brach deswegen sogar mit ihrem alten

Rosa Luxemburg
bei einer Agitationsrede
im Jahr 1907

Freund und Lehrer Karl Kautsky. Die bei aller Leidenschaftlichkeit klar formulierten Argumente, ihr persönlicher Anstand, ihre Angriffe auf den Militarismus und die Reichspolitik machten sie bald im ganzen Land berühmt und gefürchtet.

Den deutschen Sozialisten war Lenin damals noch unbekannt. Im Streit um seine neue Theorie über Planung und Taktik des Klassenkampfes hatten sich 1903 die russischen Sozialdemokraten in Bolschewisten und Menschewisten gespalten. Auch Rosa Luxemburg widersprach Lenin. Hier brach der Gegensatz auf zwischen der natürlichen Entfaltung und Entwicklung der sozialen Bewegung und der bewußten Organisierung dieser Bewegung ohne Rücksicht auf den jeweiligen Zustand der Massen. Rosa Luxemburg brachte ihre Anschauung in dem programmatischen Satz zum Ausdruck: »Fehltritte, die eine wirklich revolutionäre Arbeiterbewegung begeht, sind geschichtlich unermeßlich fruchtbarer und wertvoller als die Unfehlbarkeit des allerbesten Zentralkomitees.« Auf die Dauer setzte sich freilich Lenins Standpunkt durch. Er schuf die Partei als treibende, aktive Eliteorganisation des Klassenkampfes, deren Beschlüsse für alle Untergruppen und jeden einzelnen absolut verbindlich waren.

Gegen solchen Zwang kämpfte Rosa Luxemburg bis zu ihrem Ende. Noch in ihrer letzten Broschüre schrieb sie über die russische Entwicklung: »Lenin und Trotzki haben an Stelle der aus allgemeinen Volkswahlen hervorgegangenen Vertretungskörperschaften die Sowjets als die einzige wahre Vertretung der arbeitenden Massen hingestellt. Aber mit dem Erdrücken des politischen Lebens im ganzen Lande muß auch das Leben in den Sowjets immer erlahmen. Ohne allgemeine Wahlen, ungehemmte Presse- und Versammlungsfreiheit, freien Meinungskampf erstirbt das Leben in jeder öffentlichen Institution, wird zum Scheinleben, in dem die Bürokratie allein das tätige Element bleibt. Diesem Gesetz entzieht sich niemand. Einige Dutzend Parteiführer dirigieren und regieren, im Grunde also eine Cliquenwirtschaft – eine Diktatur allerdings, aber nicht die Diktatur des Proletariats, sondern die Diktatur einer Handvoll Politiker, Diktatur im bürgerlichen Sinne, im Sinne der Jakobiner-Herrschaft.« Das sind Sätze, die später von keinem offiziellen Parteidogmatiker zum Gedenken und zur Ehre des gefeierten Traditionsidols Rosa Luxemburg zitiert wurden.

Mit dem Beginn des Ersten Weltkrieges setzte bei Rosa Luxemburg eine ungeheure Steigerung ihrer politischen Aktivität ein. Der Kriegsausbruch zwang auch die Sozialdemokraten dazu, Farbe zu bekennen. In den Augen einer kleinen entschlossenen Gruppe handelte es sich dabei um die deutschnationalen Farben und nicht um die rote Farbe der Arbeiterbewegung. Rosa Luxemburg, Karl Liebknecht, Franz Mehring und Clara Zetkin protestierten aufgebracht gegen die »vaterländische Haltung« der sozialdemokratischen Reichstagsfraktion. Es waren nicht viele, die mit ihnen übereinstimmten, aber diese wenigen waren so kämpferisch und rigoros, daß sie sich binnen kurzem in die Illegalität manövriert hatten. Rosa Luxemburg und Karl Liebknecht wurden verhaftet; sie erlebten den Novemberzusammenbruch im Gefängnis. Die Haft konnte Rosa Luxemburgs Kampf zwar reduzieren, aber nicht völlig unterbrechen. Ihre Junius-Broschüre ›Die Krise der Sozialdemokratie‹, die 1916 anonym erschien, war eine prinzipielle Auseinandersetzung mit dem Mythos der Vaterlandsverteidigung, den sie als gänzlich korrumpiert einschätzte. Diese Streitschrift, ein einziger Klageruf über den Zusammenbruch der internationalen Solidarität der

Arbeiterbewegung, wurde die theoretische Basis für die endgültige Abspaltung des linken Oppositionsflügels der Sozialdemokratischen Partei. Die Spaltung begann mit dem Ausschluß Liebknechts aus der Reichstagsfraktion im Januar 1916 und endete im darauffolgenden März mit der Gründung der USPD. Seit Herbst 1916 erschienen politische Briefe, die mit dem Namen des römischen Sklavenführers Spartakus unterschrieben waren. Ihre politische Tendenz wurde vollständig von Rosa Luxemburg geprägt, die ihre Beiträge illegal aus dem Gefängnis schickte. Innerhalb weniger Wochen konstituierte sich der Spartakus-Bund als Linksblock der USPD um Luxemburg und Liebknecht. Die meisten Spartakistenführer, die dabei hervortraten, wurden kurz darauf in Schutzhaft genommen.

Straßenkämpfe im Zeitungsviertel Berlins während des Aufstandes der Spartakisten: die Besetzung des Mosse-Verlags Anfang Januar 1919

Im November 1918 hatte es so ausgesehen, als würde die USPD die überwiegende Mehrheit der Sozialdemokratie vertreten. Der Irrtum stellte sich auf dem Reichskongreß der Arbeiter- und Soldatenräte heraus. Ein Redner der Mehrheitssozialisten erklärte in der Debatte: »Mehr Sozialismus ist nicht durchführbar, als das Volk will. Im Augenblick können die Räte ihre Gewalt nur auf Bajonette stützen, und das ist eine sehr unsichere Lage, die zu einem Bürgerkrieg führen kann. Die Diktatur will nur ein kleiner Teil der Arbeiterschaft, während die große Masse sie ablehnt.« Ein Sprecher der Unabhängigen umriß die Gegenposition: »Die jubelnde Zustimmung zur Nationalversammlung ist doch gleichbedeutend mit dem Todesurteil für das Rätesystem. Wenn Sie die Leidenschaft haben, einem Selbstmörderklub anzugehören, ich danke dafür! Das Rätesystem ist die gegebene Organisationsform für die revolutionären Kräfte des Volkes. Die alte bürgerliche Demokratie mit ihrem Stimmzettel muß überwunden werden durch das neue, wirklich revolutionäre Rätesystem.«

»Der Regierungssozialismus stellt sich mit seinem jetzigen Eintritt in die Regierung als Retter des Kapitalismus der kommenden proletarischen Revolution in den Weg.« – Aus dem 12. Spartakus-Brief vom Oktober 1918

Das Todesurteil wurde tatsächlich gesprochen, und es veranlaßte die Geburt der Kommunistischen Partei Deutschlands, gegen den Willen Rosa Luxemburgs. Nach ihrer Niederlage in der Wahlfrage warfen die Spartakisten den Mehrheitssozialisten Verrat an der revolutionären Sache vor. Sie entschlossen sich, durch einen Aufruhr die Mehrheitssozialisten zu zwingen, die Regierung niederzulegen. Am 23. Dezember 1918 versuchte in Berlin eine Gruppe Matrosen, die sich ›Volksmarinedivision‹ nannte, einen Putsch. Sie verhafteten den Stadtkommandanten und zwangen die provisorische Reichsregierung zu Verhandlungen. Erreicht wurde von den Radikalen nichts weiter, als daß die Mitglieder der USPD endgültig aus der Regierung auszogen; die Mehrheitssozialisten blieben weiter im Amt. Neu aufgenommen wurde unter anderem der altbewährte Sozialist Gustav Noske, dem das Ressort für Heer und Marine übertragen wurde. Ende Dezember spaltete sich der Spartakus-Bund von der USPD ab, trotz der beschwörenden Warnungen Rosa Luxemburgs. Sie war gegen die Gründung einer neuen Partei, Liebknecht war dafür. Er setzte sich durch, Rosa Luxemburg schwieg. Aus der Asche dieses Gegensatzes trat am Neujahrstag 1919 die KPD als roter Phönix an die Öffentlichkeit. Die Gründung der Partei war zugleich eine Kampfansage an die amtierende Regierung Ebert/Scheidemann, die jetzt zum »Todfeind des deutschen Proletariats« erklärt wurde. Die Spartakisten begannen mit dem Aufstand. Sie organisierten in Berlin riesige Straßendemonstrationen, stürmten das Polizeipräsidium, okkupierten das Zeitungsviertel, nahmen im Handstreich die Reichsbahndirektion, das Proviantamt und andere wichtige Zentren. In den Straßen Berlins tobten tagelang Kämpfe.

Liebknechts Werbung für seine neue Partei KPD-Plakat von 1919

Ebert entschloß sich, mit Hilfe regulärer Truppen des alten Heeres gegen die Spartakisten vorzugehen. Oberst Walther Reinhardt, der Kriegsminister, schlug vor, Generalleutnant Max Hoffmann das Kommando zu übertragen. Schwere Bedenken wurden dagegen laut, mit Rücksicht auf das Verhältnis der Arbeiter zum Militär. Da kam der Vorschlag, daß Noske selbst das Kommando führen sollte. Der Minister zögerte nur einen Moment, dann sagte er: »Meinetwegen, einer muß der Bluthund sein. Ich scheue die Verantwortung nicht!« Am 10. Januar waren die Truppen einsatzbereit. In der frühen Dämmerung des nächsten Tages begannen sie mit dem Gegenangriff. Sämtliche Waffen wurden eingesetzt, Haubitzen, Panzerautos, schwere Maschinengewehre, Flammenwerfer; beide Seiten kämpften ohne Pardon. Vier Tage später war der Spartakisten-Aufstand niedergeworfen. Karl Liebknecht wurde am 15. Januar verhaftet, auf dem Weg ins Gefängnis Moabit mit Gewehrkolben niedergeschlagen und im Tiergarten erschossen. Rosa Luxemburg erlitt dasselbe Schicksal, ihre Leiche wurde in den Landwehrkanal geworfen. Die Täter hatten sich später vor einem Militärtribunal zu verantworten. Doch durch die grotesk niedrigen Strafen des Gerichts wurden die Morde mehr gebilligt als geahndet.

Rosa Luxemburg war nicht nur das Opfer von Verbrechern in Uniform, sondern auch das Opfer der linken Extremisten, die der ungesicherten jungen Republik mit Gewalt zusetzten und damit die Gewalt aus Notwehr herausforderten. Diese Gewalt, ob in den Händen der Ordnungsmächte und Herrschenden oder in den Händen der Arbeiterbewegung, hatte Rosa Luxemburg immer verabscheut. Stets stand ihr die proletarische Zukunft vor Augen, die Idee einer durch und durch sozialistischen Gesellschaft auf der Grundlage einer Planwirtschaft – eine Zukunft allerdings, die sich von selbst ergeben sollte, sobald die alte Gesellschaft sich überlebt hätte. Deshalb schätzte sie die Novemberrevolte 1918 gänzlich falsch ein; sie glaubte, die Zeit würde die revolutionäre Situation zugunsten der proletarischen Bewegung ständig verbessern. Für sie steckte kein Sinn hinter Kraftakten, falls sich das Desaster des Staates und der Gesellschaft nur als ein vorübergehender Verwirrungszustand erweisen sollte, auf dessen Strohfeuer die verschiedensten Interessenten ihre revolutionäre Suppe kochen konnten. Unternehmungen solcher Art hielt sie für einen kurzsichtigen Radikalismus. »Ihr lauft in die Falle eines bequemen Radikalismus«, hatte sie ihre Genossen beschworen. Damit zeigte Rosa Luxemburg, wie realistisch und zugleich unrealistisch sie im Grunde war. Realistisch, weil die äußeren Ereignisse ihr recht gaben, unrealistisch, weil ohne Initiatoren des Umsturzes nirgendwo auf der Welt der radikale Sozialismus gesiegt hatte. Die ›rote Rosa‹, wie sie der christlich-soziale Demokrat Friedrich Naumann tituliert hat, ist weder für den offiziellen Kommunismus noch für seine mannigfachen Spielarten ein ungetrübtes Idol. Sie haben es schwer, diese Denkerin eines menschlichen Sozialismus ihren Vokabelmechanismen einzufügen, denn sie lehrte die politische Freiheit: »Freiheit nur für die Anhänger der Regierung, nur für die Mitglieder einer Partei ... ist keine Freiheit. Freiheit ist immer nur Freiheit des Andersdenkenden.«

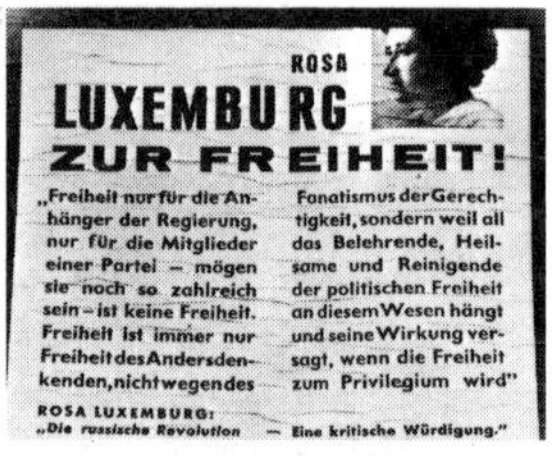

Rosa Luxemburgs Kernsätze über den menschlichen Sozialismus
Flugblatt von 1919

Eröffnungssitzung des Kongresses der Arbeiter- und Soldatenräte
im Gebäude des Preußischen Landtages in Berlin im September 1918

Demonstration für die Erhaltung der Republik an der Gedächtniskirche in Berlin im Jahr 1922

»Überall Betriebsräte – nur kein Betrieb«. Zeichnung von Karl Arnold, 1920
Ein literarisch-künstlerischer Protest gegen die bürgerliche Kultur. Titelseite eines Dada-Organs von 1920

Ein Berliner Theaterereignis im Jahr 1928. Plakatentwurf von Caspar Neher zur Uraufführung des Brecht-Weill-Stückes
Ein ›Schlager‹ der Goldenen Zwanziger. Berliner Notendruck, 1920

Der Spartakus-Aufstand war bei weitem nicht der letzte blutige Umsturzversuch jener Jahre, in denen Tausende von Menschen dem Bürgerkrieg der politischen Gegner zum Opfer fielen. Die erste Hälfte der zwanziger Jahre war in Deutschland eine Zeit völliger politischer Zerrissenheit. Es gab die bitterste wirtschaftliche Not, die politischen Morde, die Inflation, den Ruhr-Kampf und teilweise verheerende Zustände des öffentlichen Lebens. Trotzdem denkt man an ganz anderes, wenn das Stichwort dieser Jahre fällt; man assoziiert bewußt oder unbewußt die ›Goldenen Zwanziger‹. Das Gold, um das es sich dabei gehandelt hat, war ein Reichtum der Literatur, des Theaters, der Künste schlechthin, ja des ganzen Lebensgefühls, so als wäre erst diesen Jahren die befreiende Entdeckung vergönnt gewesen, daß sich nirgends so beschwingt und berauschend tanzen läßt wie auf Vulkanen.

Plakat eines Star-Kabaretts in Berlin zu Anfang der Goldenen Zwanziger

Auffallend an diesen problematischen Goldenen Zwanzigern ist der starke Gegensatz von politisch-wirtschaftlichem und künstlerischem Leben. Eigenartig war das allerdings nur für Deutschland. Das vielzitierte Gold jener Zeit findet sich ebenso in der chaotisch darniederliegenden Weimarer Republik wie in den wirtschaftlich wuchernd-blühenden USA, wo man sich heute der ›Roaring twenties‹ genauso umflorten Blicks entsinnt wie in den meisten anderen Ländern, gleichgültig, ob ihre politische und ökonomische Lage katastrophal oder ausgeglichen war. Die intensive Verflechtung mit den verschiedenartigsten Momenten und Elementen gerade in Deutschland, die außerordentliche Zeitgebundenheit der Belletristik, Literatur, Dichtung, auch der von den akademischen Autoritäten nahezu verabsolutierten sogenannten hohen Literatur, ist heute über den Status einer bloßen Hypothese weit hinaus. Sie ist außerdem allgemeinerer und vor allem anderer Art, als sie im Rahmen der marxistischen Literaturinterpretation gelehrt wird. Der Ruhm, der den zwanziger Jahren zuteil geworden ist, ergibt sich nicht aus der bekannten rückwärtsgerichteten Verklärungstendenz, für die sich eine Epoche um so stärker der guten alten Zeit nähert, je weiter sie zurückliegt. Nur das besonders krasse Mißverhältnis zwischen dem wirtschaftlich-politischen Tief und dem künstlerisch-geistigen Schaffen in der Weimarer Epoche nährt den Verdacht, daß dieser Reichtum erst nachträglich den Zwanzigern als Goldüberzug aufgetragen worden ist. Einen solchen Verdacht räumten bereits damals etliche der hervorstechendsten kritischen Köpfe aus, die derselben Überzeugung waren wie der Kritikerfürst Berlins, Alfred Kerr, der in den Zwanzigern beflügelt notierte, es würde sich in seiner Epoche »um ein perikleisches Zeitalter« handeln, und sich der Worte Ulrich von Huttens bedienen mußte, um seine Daseinsbegeisterung auszudrükken: »Es ist eine Lust zu leben!«

»Das Lebensgefühl der Republik, solange sie noch nicht in völliger Auflösung begriffen war, umfaßte eine innere Gehobenheit, mitsamt der Voraussicht, sie sei vorläufig, sei bedroht.« – Heinrich Mann, ›Ein Zeitalter wird besichtigt‹

War es für alle Deutschen eine Lust zu leben? Oder handelte es sich bei Kerr und ähnlich Gestimmten letztlich bloß um Persönlichkeiten, deren Meinung nicht repräsentativ ist? Sieht man von den bildenden Künsten ab, einschließlich des von Walter Gropius 1919 in Weimar gegründeten Staatlichen Bauhauses, sieht man von der Musik samt Jazz und vom Film ab, so bedeuten die zwanziger Jahre in Deutschland vor allem eine Epoche des Theaters, der Literatur und Dichtung. Neben Berlin gab es die herausragenden Theaterstädte München, Frankfurt am Main, Hamburg und Düsseldorf. Kaum jemals wurden in einer so kurzen Zeitspanne so viele Marksteine der Theatergeschichte gesetzt. Der

›Die Auflösung der Städte . . .‹ Zeichnung von Bruno Taut in der Erstausgabe seiner utopisch-sozialkritischen Beiträge von 1920

Bogen reichte von Aleksandr Tairows ›Entfesseltem Theater‹ bis zu den großen Festen des von Bert Brecht apostrophierten kulinarischen Theaters, vom Illusionstheater bis zur epischen Dramatik und den Lehrstücken des Dreigroschenoper-Autors selbst, dem Zeit- und Tendenztheater. Trotz der Konkurrenz anderer Städte blieb Berlin das unbestrittene Zentrum; mitunter spielte man dort Abend für Abend auf zwanzig Bühnen. Nahezu alles konzentrierte sich damals an der Spree. Selten wurde die zentripetale und selektive Bedeutung einer Hauptstadt offenkundiger als damals. Für die Weimarer Zeit blieb von Anfang bis Ende Berlin diejenige Stadt, die »bestanden« werden mußte, an der Maß zu nehmen war, das Regulativ, »aus dem man sich Impulse holte, vor allem etwas, vor dem man sich genieren konnte«, wie es Gottfried Benn formulierte. Es handelte sich freilich um ein Berlin, das nicht nur im Glanz der Goldenen Zwanziger sprühte, sondern das klar und kalt, kritisch und nüchtern urteilte und dies, obgleich die zwanziger Jahre weit pathetischer, exaltierter, emotional besessener waren, als es dem rational angetrockneten Gefühlsboden der letzten Jahrzehnte dieses Jahrhunderts konvenierte.

Das Zentrum Berlin, die Metropole als Prüfstein, ihr Urteil als Maß – diese Verhältnisse umreißen den richtigen Kern der eingewurzelten Assoziation; denn nicht nur das Theater, sondern auch das literarische Leben der zwanziger Jahre spielte sich im wesentlichen in Berlin ab, speziell in verschiedenen Cafés, etwa bei Schwannecke oder in der Fortführung und Steigerung des damals schon klassisch gewordenen Cafés des Westens, dem Romanischen Café. Nicht zufällig waren diese und ähnliche Orte und Lokalitäten von jener Sorte Asphalt umgeben, die eine eigentümliche und besonders reiche Literatur zum Blühen bringen. Die unbestreitbare Standortgebundenheit der Literatur, zumal der damaligen, bildet ein Seitenstück zu ihrer unbezweifelbaren Zeitgebundenheit. Mit der Literatur jener Jahre verbindet sich ein Namensbündel von Dichtern und Schriftstellern, die als eigentümlich für diese Epoche angesehen werden, ohne daß viel danach gefragt würde, worin ihre Repräsentanz besteht. Auffällig sind der große Anteil der Lyrik, der sich nicht bloß aus den Nachwirkungen des Expressionismus erklärt, die Kraft der literarischen und moralisch-politischen Kritik, die Fülle der Kriegsliteratur aller Sparten und Bekenntnisse sowie das überraschende Abebben der Arbeiterdichtung. Kaum übersehbar ist die Menge der literarischen Zeitschriften, eine so lebendig wie die andere, selbst wenn es sich oft genug um Eintagsfliegen handelte.

Satire auf das Café des Westens, den Berliner Treffpunkt für Literaten und Künstler
Zeichnung von Julius Steiner

Den literarischen Rundschauzeitschriften kommt besonderer Aussagewert zu, da von ihren Programmen her das literarische Leben ebenso zu ihrem Blickfeld gehörte wie das öffentliche Leben. In ihnen spiegelt sich das Verhältnis zum Staat, zur Nation, zur Gesellschaft und Regierungsform, zur Kultur und Kunst. Für die politische Situation sind diejenigen Zeitschriften am aufschlußreichsten, die im Raum der bürgerlichen Mitte angesiedelt waren. Beispielhaft dafür erscheint das Blatt Friedrich Naumanns mit dem Titel ›Die Hilfe‹. Der christliche Sozialismus der Herausgeber und die geistig anspruchsvolle, gediegene bürgerliche Haltung könnten bei diesem Organ die Vermutung nähren, daß sich aus dem Inhalt lediglich das Porträt einer Partei entschlüsseln ließe, die in der Weimarer Nationalversammlung mit vierundsiebzig Abgeordneten vertreten war und auch in so illustren Tageszeitungen wie dem ›Berliner Tageblatt‹, der ›Vossischen Zeitung‹ und der ›Frankfurter Zeitung‹ ihre Sprachrohre besaß. Obwohl dies auf die politischen Aufsätze zutrifft, erscheint es durch die

»Im Raum des Politischen blieb Friedrich Naumann das große Vorbild.« – Theodor Heuss literatur- und kultur-kritische Sparte modifiziert. Gerade hier zeigte sich, daß die mehr als kritische Reserve, mit der ›Die Hilfe‹ der gesamtkünstlerischen Produktion der Weimarer Zeit gegenüberstand und auch vor schroffer Ablehnung nicht zurückschreckte, der Vorliebe für Autoren entsprang, die sich innerhalb des Gevierts von Naturalismus und Brauchtum, Schollenverbundenheit und Mythenneigung bewegten und die auch der Nationalsozialismus zu denjenigen Dichtern zählte, die das deutsche Volk gern las. Es gehört zu den Merkmalen jener Jahre, daß eine eindeutig politisch antinationale, scharf demokratische Zeitschrift hohen Niveaus in Sachen Literatur und Dichtung nicht allein in der gleichen weltanschaulichen Abwehrhaltung gegenüber der betont intellektuell-geistigen, experimentierenden Literatur der vorgreifenden Moderne stand wie die Nationalisten, Völkischnationalen oder Nationalsozialisten, sondern daß sie auf dasselbe literarische Genre festgelegt war wie die politisch Andersdenkenden und ihre späteren Todfeinde.

Die Hilfe
Begründet von D. Friedrich Naumann
Verlag: Ernst Litfaß' Erben, Berlin C 2, Breite Straße 8/9
Herausgegeben von Anton Erkelenz und Gertrud Bäumer
Zeitschrift für Politik, Literatur und Kunst
Nummer 9 — Berlin, 1. Mai 1927 / 33. Jahrgang — Heft 75 Pfg.

Neuschaffende Demokratie
Von Anton Erkelenz, M. d. R.

Weltwirtschaft in Zahlen
Von Dr. Hugo Buschmann

Demokratische Kulturpolitik
Von Dr. Gertrud Bäumer, M. d. R.

Das bürgerlich-literarische Blatt Friedrich Naumanns
Heft vom 1. Mai 1927

Noch charakteristischer war die Ausrichtung eines so renommierten Organs wie der ›Deutschen Rundschau‹. Ihre schroff nationale Opposition nach 1919, ihr unerbittlicher Kampf gegen den Versailler Vertrag, ihre traditionalistisch konservative Haltung und nicht zuletzt ihre entschiedene Ablehnung des Tagesliteratentums und der expressionistischen Literatur ergeben dichte Parallelen zu den entsprechenden Dominanten im Nationalsozialismus, obschon bis 1930 die ›Deutsche Rundschau‹ dieser politischen Bewegung keinerlei Sympathien abgewann. In der Weimarer Zeit wurde nur selten gesehen, daß sich das Politische von anderen Elementen nicht absondern ließ; Ausnahmen bildeten hier nur die Kommunisten und die Nationalsozialisten. Gemäß dem Programm des Herausgebers von 1919 bemühte sich die ›Deutsche Rundschau‹, »in dem fürchterlichen Zusammenbruch und tiefsten Schmerz über den Verlust des Unwiederbringlichen, das vielen den wertvollsten Teil ihrer geistigen Existenz bedeutete, als treue Hüterin unseres Schatzes an geistigen und kulturellen Werten« zu erscheinen, »die unseres Volkes unverlierbarer, jetzt einziger Besitz sind«. Von den künftigen Aufgaben der Zeitschrift hieß es: »In dieser Zeit der nationalen Schmach und Entwürdigung wird sie mit schmerzlichem Stolz den stärksten Nachdruck darauf legen, daß sie nicht aus Zufallswahl den Namen ›Deutsche Rundschau‹ trägt, und wird bestrebt sein, frei von aller jetzt mehr denn je unerträglichen Überheblichkeit und Unduldsamkeit, durch die Tat zu erweisen, daß der deutsche Geist ein Nationalgefühl, wie es völkisch geschlossenere Länder schon lange besitzen, zu schaffen fähig ist – aus der inneren Überzeugung heraus, daß ein in dem Glauben an die tragende Kraft dieser Idee verankertes Deutschland trotz Elend und Besudelung durch fremde und eigene Hand nicht zugrunde gehen kann, weil ohne ein solches Deutschtum die ganze Kulturwelt ärmer und dunkler sein würde.« Dementsprechend sollten in den Spalten dieser Zeitschrift prinzipiell nur diejenigen zu Wort kommen, die als »geistige Führer allein zum Urteil berufen sind«, wobei noch betont wurde, daß diese »Helfer und Zeugen aus dem geistigen Großdeutschland, für das es trennende Grenzen nie gegeben habe«, geworben würden.

Deutsche Rundschau
Herausgegeben von Rudolf Pechel

August 1924

Charles L. Hartmann. Die russischen Archive und der Kriegsausbruch. (Neue Enthüllungen aus den Geheimarchiven)	113
Mosellanus. Die rheinischen Separatisten vor 125 Jahren	134
Siegfried Krebs. Der Tod des Arztes. Erzählung	138
Julius v. Negelein. Gabi. Westöstliche Dichterklänge	147
Eduard Berend. Die historische Grundlage von Theodor Fontanes Erzählung „Schach von Wuthenow"	168
Titus Taeschner. Der Vampyr. Ein Reiseerlebnis	182
Johannes Reinke. Wanderungen eines Botanikers an der östlichsten Riviera	189
Wilhelm Grotkopp. Das europäische Ägypten	197
Vom Grenz- und Auslandsdeutschtum	203
Zum Gedenken des Großen Krieges	206
Literarische Rundschau	210
Wirtschaftliche Rundschau	216
Politische Rundschau	221
Literarische Notizen	224
Nachtrag zu der Aufsatzreihe: Die russischen Archive und der Weltkrieg	225

Deutsche Rundschau G.m.b.H., Berlin
Jahrgang 50, 11

Das Blatt Rudolf Pechels – Heft vom August 1924 mit bereits politischen Beiträgen

Diese Richtlinien erklären, warum vor 1924 in der ›Deutschen Rundschau‹ kaum wesentliche politische Beiträge erschienen sind, warum sich keine grundsätzlichen oder gar kritischen Erörterungen über die Republik finden lassen, wie sie von konservativ-nationaler Seite zu erwarten gewesen wären. Soweit politische Beiträge publiziert wurden, befaßten sie sich mit Bismarcks Reichsgründung oder dem deutschen Charakter Kaiser Franz Josephs. Auch literarisch und kunsttheoretisch blieb das 19. Jahrhundert unveränderte Gegenwart. Im Gefolge Julius Langbehns, des Rembrandt-Deutschen, dessen literarischer Versuch um die Jahrhundertwende, die deutsche Seele sich wieder selbst finden zu lassen, ein ungeheures Echo ausgelöst und tiefgreifende Wirkungen veranlaßt hatte, wurden als Vorbilder der Deutschen Luther, Goethe, Meister Eckart, Dürer und Richard Wagner genannt. Man stellte den ›deutschen‹ Holzschnitt und die ›deutsche‹ Backsteingotik der ›westlichen‹ Kunst gegenüber. Bereits 1919 wurde zur Besinnung auf die Germanen aufgerufen, wurden die »blonden Räuber der Frühe« zu Idealfiguren stilisiert. Der aktuelle Aspekt dieses deutschen Heldenideals zeigte sich durch eine systematische Glorifizierung des »im Felde unbesiegten« deutschen Heeres. Noch 1928, als die Dolchstoß-Legende schon längst die Frische ihrer Attraktion verloren hatte, wurde entsprechenden Gedankengängen nachgehangen, in Fortsetzung der Haltung von 1922, als in der ›Deutschen Rundschau‹ bei aller sonst geübten Zurückhaltung von Revanchekrieg, Rache und Niederwerfung des »übermütigen Frankreich« die Rede war. Ebenso fanden sich detaillierte Gegenüberstellungen einzelner europäischer Völker, deren typologische Kriterien nicht allzu weit entfernt waren von den Rasseauswahlprinzipien, die wenig später gängig wurden.

Nationales Kampfplakat von Theo Matejko, im Geist und im Stil des Rembrandt-Deutschen Julius Langbehn, 1923

Deshalb erstaunt es geradezu, wie abwartend und tolerant, wiewohl skeptisch sich die ›Deutsche Rundschau‹ gegenüber der Republik verhielt. Daß viele aus ihrem Kreis als höchste Beamte, Militärs und bürgerliche Akademiker in Reichs- und Landesregierungen aktiv waren, ist nicht der einzige Grund der Erklärung. Anfangs beschränkte sich der politische Teil der Zeitschrift auf Mitteilungen, dann wurden zunehmend die menschlichen Qualitäten einzelner Regierungsmitglieder gerühmt, so Reichskanzler Wilhelm Cuno oder Gustav Stresemann. Bei aller weltanschaulichen Differenz drückte sich im ersten Jahrzehnt nichts von einer erklärten Republikfeindlichkeit aus, obwohl die ›Deutsche Rundschau‹ im breiten Strom all derer schwamm, die sich niemals direkt für die Republik schlugen, sondern bestenfalls als gekränkte Pflichtverteidiger das Wort ergriffen. Sie hielt sich an die Linie der von ihr beschworenen »konservativ revolutionären« Kräfte, die sich lediglich äußerlich loyal verhielten, wie der alte Beamtenstab, dessen Erhalt zur Beruhigung der streng konservativ-monarchischen Kreise erheblich beigetragen hatte. Diese gewissermaßen indignierte Loyalität schloß das Gefühl nicht aus, daß die Republik verdächtig blieb. Man empfand den zunehmenden Parteihader, die häufigen Kabinettswechsel, die anhaltende Gefahr des Zusammenbruchs, auch den Sozialismus selbst, als degoutant; man registrierte mit wachsamer Genugtuung die unüberbrückbaren Differenzen zwischen Regierung und Volk.

»So ist der deutsche Parlamentarismus: seit fünf Jahren keine Tat, kein Entschluß, kein Gedanke, nicht einmal eine Haltung.« – Oswald Spengler im Jahr 1924

Beim deutschen Volk, für dessen Bildung und Gestaltung die ›Deutsche Rundschau‹ sich so stark einsetzte, ging es um ein seltsames Phänomen, sofern man sich an die Maßstäbe der Zeitschrift hielt. Im Süden und in der Mitte Deutschlands schien es kaum vertreten zu sein. Um so stärker fand es sich dann jählings in dem geistig erst noch zu befreienden Deutsch-Österreich, im Elsaß und in Südtirol. Sein Schwerpunkt aber lag, wie Langbehn mit seinem nordisch-völkischen Ästhetizismus gelehrt hatte, in den Landschaften weit oberhalb der Main-Linie. Besonders wichtig in diesem Volk war die Schicht der Gebildeten, auf deren Erfassung sich die ›Deutsche Rundschau‹ fast ausschließlich konzentrierte. Auch diese Sicht war mithin durch das 19. Jahrhundert geprägt, so daß die faktischen Grenzen genauso ignoriert wurden wie die völlig veränderte soziale Schichtung. Derlei Aspekte waren gegenüber den schärferen Blickwinkeln der Sozialdemokraten, Kommunisten und Nationalsozialisten gänzlich antiquiert.

Dasselbe gilt für eins der prominentesten Organe dieser Gattung, die ›Süddeutschen Monatshefte‹, eine Münchner Rundschauzeitschrift, die sich seit ihrer Gründung im Jahr 1904 bewußt zu einem Gegenstück der ›Deutschen Rundschau‹ entwickelt hatte. Ursprünglich regional gebunden und die geographische Konstellation zwischen München–Süddeutschland und Berlin–Norddeutschland künstlich verbiegend zu dem Gegensatz von Kultur–Volk und Zivilisation–Stadt, sprengten diese Monatshefte ziemlich rasch jene Begrenzung, ohne deshalb die kulturphilosophisch festgelegte Haltung zu verändern. Sie waren betont bayerisch. Sie entdeckten das deutsche Volk mit einem landschaftlich ausgleichenden Gerechtigkeitssinn vor allem dort, wo es für die ›Deutsche Rundschau‹ kaum zu existieren schien, nämlich südlich des Mains. Sie waren katholisch und zu guter Letzt rechts-konservativ.

Süddeutsche Monatshefte
Heft 8 24. Jahrgang Mai 1927

Die deutsche Seemacht

Mit einem Geleitwort von Vizeadmiral ALFRED VON TROTHA
Aus dem Inhalt: Versailles und deutsche Seegeltung / Militärische Aufgaben der Marine / Wissenschaftliche Tätigkeit / Schwierigkeiten des Kriegschiffbaus / Überseewirtschaft / Auslandsfahrten / Handelsschiffahrt

Im Deutschen Erzähler dieses Hefts beginnt die Erzählung „Begegnung auf dem Riesengebirge" von E. G. KOLBENHEYER

Süddeutsche Monatshefte G. m. b. H. München
Vierteljährl. Gm. 4.– Einzelheft Gm. 1.50

Die Rundschauzeitschrift der Rechtskonservativen Heft vom Mai 1927

Ihre nationale Position im Ersten Weltkrieg wurde durch 1918 nicht beeinträchtigt, höchstens angefacht. Die allgemeine Tendenz, das Bild Deutschlands so makellos und vorbildlich wie nur möglich zu zeichnen, prägte sämtliche Nummern; von der stereotypen Gegenüberstellung der Freund-Feind-Antithetik, des ›guten Deutschen‹ und des ›bösen Gegners‹, wurde nicht abgewichen. Die einzelnen Hefte waren stets einem Generalthema gewidmet; es entstammte in der Weimarer Zeit vorwiegend der Politik und der Geschichte. Die Einschätzung und Begründung der militärischen Niederlage blieben innerhalb des Rahmens der Dolchstoß-Legende. Die Berichterstattung der ›Süddeutschen Monatshefte‹ über den Dolchstoß-Prozeß, der 1925 stattfand, belegt ausdrucksvoll, daß das deutsche Volk nicht durch diese Legende verhetzt wurde, sondern daß wegen der schrankenlosen Bereitschaft zu einer solchen Interpretation der Lage Deutschlands die Dolchstoß-Legende einen derartigen Widerhall fand und Jahrzehnte nachwirkte.

Die kaum verhüllte ablehnende Haltung gegenüber den Repräsentanten der Weimarer Republik, der Grundzug kritischer Absprechung, wurde lediglich gegenüber Friedrich Ebert etwas gemildert, zumal anläßlich seines Todes im März 1925. Da hat man nicht nur wegen der gängigen Pietät ein beachtliches Bild der schlichten Persönlichkeit des Verstorbenen gezeichnet, es wurde zudem eingeprägt, daß sein gesundes Nationalempfinden auch die Sympathien vieler Kreise gewonnen hatte, die ihm ob seiner politischen Herkunft und Entwicklung von Anfang an abhold waren.

Die Jahre Gustav Stresemanns

Nachdem der Versailler Friedensvertrag unterzeichnet worden war, bestand das wichtigste Problem des Deutschen Reiches darin, außenpolitisch wieder Vertrauen und Ansehen zu gewinnen, um den tiefgehenden Argwohn der Siegermächte zu zerstreuen und die Feindseligkeit des Auslands abzubauen. Dies hätte sich – neben der notwendigen inneren Stabilisierung – vielleicht erreichen lassen, wenn man bereit gewesen wäre, dem Für und Wider des Vertrages nicht den Vorrang zu geben, sondern die Versailler Auflagen in

Die Paragraphen von Versailles
Zeichnung von
Thomas Theodor Heine, 1922

Walther Rathenau

diskussionsfreier Unterwürfigkeit zu erfüllen, und zwar weniger nach Paragraphen und Buchstaben als vielmehr in geistig-politischer Haltung. Eine derartige Politik hätte den Vorstellungen und Erwartungen der Feindstaaten entsprochen, zumal dem empfindsamen Sicherheitsbedürfnis Frankreichs. Doch dagegen richtete sich sowohl der behutsam-zähe Widerstand der deutschen Regierungen als auch der unumwundene Protest aller Flügelgruppen; denn Deutschland war tatsächlich unfähig, den horrenden Reparationsauflagen innerhalb der Termine nachzukommen. Für die unsicheren Zustände im Inneren der jugendschwachen Republik sorgten die einander rasch folgenden Regierungswechsel. Sie ergaben sich meist daraus, daß selbst sachlich höchst berechtigte und begründete Milderungs- und Revisionswünsche von deutscher Seite unverzüglich mit einem schroffen Nein der Siegermächte abgewiesen wurden. Frankreich besetzte deutsche Städte wie Düsseldorf, Ruhrort, Duisburg, Mühlheim und Oberhausen als Faustpfänder, stellte Ultimaten und trieb die Geldforderungen ins Unermeßliche.

Am 5. Mai 1921 wurde der deutschen Regierung von der Londoner Reparationskonferenz ein Ultimatum gestellt, der Zahlung von einhundertzweiunddreißig Milliarden Goldmark als Reparationssumme zuzustimmen. Für den Fall einer negativen Antwort drohten die Entente-Mächte mit der Besetzung des Ruhrgebiets. Daraufhin trat das bürgerliche Kabinett des rechten Zentrumspolitikers Konstantin Fehrenbach zurück. Nachfolger wurde Josef Wirth, der sich den Londoner Entschlüssen beugte und den Versuch unternahm, durch eine strikte Politik der Erfüllung sämtlicher Siegerforderungen das außenpolitische Klima für Deutschland zu beruhigen. Wirth hatte kurze Zeit Erfolg, aber auf Kosten einer Forcierung der inneren Differenzen. Das Schmähwort von den ›Erfüllungspolitikern‹ als den Verrätern an Deutschland wurde zu einem der vielen Signale für die verheerenden Kämpfe, deren die Weimarer Republik stets nur kurzfristig Herr werden konnte. Mit Beginn des Jahres 1922 trat Walther Rathenau als herausragender Minister des Kabinetts Wirth hervor. Seine Außenpolitik gegenüber dem Westen orientierte sich zwar ebenfalls an der Erfüllung, doch mit der erklärten Absicht, handgreiflich zu zeigen, wie undurchführbar sie war und wie sehr die ganze Versailler Friedensregelung auf illusionären Vorstellungen gründete. Am 16. April 1922 schloß Rathenau mit der sowjetischen Regierung ohne Konsultation des Westens einen Vertrag, in dem beide Staaten auf sämtliche gegenseitigen Finanzforderungen verzichteten.

Man nahm bald diplomatische Beziehungen auf und besprach weitreichende Wirtschaftsabmachungen. Dieser Vertrag von Rapallo löste bei den westlichen Mächten einen Schock aus. Er brachte Deutschland erhebliche Entlastung im Osten, steigerte aber die Spannungen mit Frankreich und England. Rathenau wurde am 24. Juni desselben Jahres von zwei blutjungen Fanatikern ermordet. Nun setzte Reichskanzler Wirth mit seinem leidenschaftlichen Wort »Der Feind steht rechts!« und dem Erlaß des Republikschutzgesetzes ein neues Signal für die Konvulsionen, die den Weimarer Staat peinigten. Ende des Jahres mußte die Regierung Wirth resignieren; sie stand innen- und außenpolitisch vor dem Offenbarungseid. Die Inflation hatte sich selbständig gemacht. Das Reich war unfähig, die Zahlungs- und Lieferungsverpflichtungen zu erfüllen. Um die Jahreswende stellte die alliierte Reparationskommission fest, daß Deutschland mit seinen Kohle- und Holzlieferungen erheblich im Rückstand war. Das gab der Pariser Regierung hinreichend Anlaß, um am 11. Januar 1923 das Ruhrgebiet durch französische und belgische Truppen besetzen zu lassen.

Die bürgerliche Minderheitsregierung Wilhelm Cunos, des Nachfolgers von Josef Wirth, brach mit der Erfüllungspolitik. Sie proklamierte als Antwort auf die Ruhrbesetzung den passiven Widerstand. Die Bevölkerung reagierte mit imponierender Einmütigkeit. Sämtliche Lieferungen ins Ausland versiegten von heute auf morgen. Die Wirtschaft an der Ruhr kam völlig zum Erliegen. Alle französisch-belgischen Versuche, ohne die deutsche Bevölkerung die Produktion und Auslieferung durchzuführen, schlugen fehl; keine Repressalie hatte den erhofften Erfolg. Der passive Widerstand war in Wirklichkeit sehr aktiv: Während der erbitterten Kämpfe starben etwa hundertundvierzig Menschen, und von den Besatzungstruppen wurden hundertachtzigtausend zwangsweise ausgewiesen. Weder Deutschland noch Frankreich konnten auf diese Weise ihre politischen Ziele erreichen. Ende 1923 brach die deutsche Währung gänzlich zusammen, nachdem sich Berlin entschlossen hatte, das erforderliche Geld für die Ruhr-Bevölkerung einfach durch die Druckerpressen zu beschaffen. Das Kabinett Cuno wurde schließlich von den Sozialdemokraten gestürzt. Der Ruhr-Kampf mußte eingestellt werden.

»Die Aktion der französischen und belgischen Regierung im Ruhrgebiet stellt eine schwere Verletzung des Völkerrechts ... dar. Infolgedessen sind Befehle ..., die im Verfolg dieser Aktion an deutsche Beamte ergehen, rechtsunwirksam.« – Aus der Anordnung des passiven Widerstands vom 19. Januar 1923

Der rasche Verfall der deutschen Rentenmark im Jahr 1923

Der Höhepunkt dieser allseitigen Sackgassenpolitik wurde im August/September 1923 erreicht. Cunos Nachfolger Gustav Stresemann, der im Dezember 1918 die Deutsche Volkspartei gegründet hatte, hielt es für aussichtslos, die Politik der direkten Obstruktion fortzusetzen. Er hatte den Mut, die negativen Reaktionen in der deutschen Öffentlichkeit zu ignorieren. Er brach den Ruhr-Kampf ab, leitete die Stabilisierung der deutschen Währung ein, schlug einen kommunistischen Putsch in Sachsen nieder und brach die Sonderbestrebungen Bayerns, die im November 1923 zum Hitler-Putsch in München führten. Da die Sozialdemokraten jedoch auch seiner Regierung das Vertrauen entzogen, mußte Stresemann das Amt des Reichskanzlers am 23. November 1923 abgeben. Er behielt in allen folgenden Kabinetten das Ressort des Außenministers.

In Frankreich beharrte das Kabinett Raymond Poincaré auch nach dem Abbruch des Ruhr-Kampfes auf seinem knochigen Kurs gegen Deutschland. Erst der Wahlsieg eines Kartells der Linken im Mai 1924 zwang die Regierung zum Rücktritt. Das Kabinett des Radikalsozialisten Edouard Herriot ermöglichte es Stresemann, die ersten Grundsteine einer neuen Politik zu legen, einer Politik, die sich dann mit Hilfe des französischen Ministerpräsidenten und Außenministers Aristide Briand seit 1925 durchsetzte. Stresemann wie Briand waren routinierte Politiker; ihre Erfahrungen reichten bis weit in die Zeit vor dem Ersten Weltkrieg zurück. Sie waren versierte Praktiker des parlamentarischen und diplomatischen Parketts, nach Herkunft und Einsicht einander nicht unähnlich, trotz erheblicher Unterschiede des Temperaments. Beide blieben mäßig in den Forderungen und genügsam in den Erwartungen. Sie verstanden bei aller diplomatischen Wendigkeit unter Politik nie etwas anderes als die Kunst der Konzession. Beide waren seit dem Ende des Weltkrieges und seit Versailles davon überzeugt, daß für die Regelung der europäischen Probleme sowie für die Interessen der Einzelstaaten, zumal Deutschlands und Frankreichs, nur eine Politik der Balance, des Ausgleichs, des Gesprächs, der geduldigen Verhandlungen und wechselseitigen Verständigung in Frage komme. Mit vollem Recht gilt deshalb die Ära Stresemann/Briand als die große Zeit der deutsch-französischen Verständigungspolitik auf europäischer Ebene.

Gustav Stresemann
Zeichnung von Emil Orlik
und die Unterschrift
Stresemanns

Die Jahre zwischen 1924 bis zum Tod Stresemanns am 3. Oktober 1929 sind später oft als ›Stresemann-Jahre‹ gerühmt worden. Sie standen außenpolitisch im Zeichen eines klugen, beharrlichen und vorausschauenden Bemühens des deutschen Staatsmannes, die Alliierten und besonders Frankreich von ihrer unversöhnlichen Haltung abzubringen und Verständnis für die Berechtigung der deutschen Revisionswünsche zu wecken. Der Versailler Vertrag hatte für Anfang 1925 die Räumung einer ersten Zone des besetzten Rheinlandes vorgesehen. Aber da die Alliierten dem Deutschen Reich ständige Verletzungen der Abrüstungsbestimmungen und anderer Vereinbarungen vorwarfen, weigerten sie sich, den fixierten Termin einzuhalten. Die deutsche Regierung erhob dagegen in einer Note vom 6. Januar 1925 energischen Protest, und Stresemann empfahl am 9. Februar in einem Memorandum den Abschluß eines Sicherheitsvertrages, der in erster Linie die Westgrenzen garantieren sollte. England reagierte auf diese Friedensoffensive freundlich zustimmend, Frankreich blieb zunächst kühl. Berlin erhielt erst Mitte Juni eine Antwort aus Paris. Die französische Regierung erweiterte das Memorandum und schlug vor, in die Sicherheitsvereinbarungen auch die Ostgrenzen des Reiches einzubeziehen. Während des folgenden Notenwechsels und Meinungsaustauschs zwischen Stresemann und Briand begann die Räumung des Ruhrgebiets, die man Deutschland auf einer Konferenz in London im August 1924 zugestanden hatte. Das beruhigte die Atmosphäre ganz erheblich. Die letzten Details des gesamten Vertragswerkes, das sich aus einer Reihe von Einzelverträgen zusammensetzte, wurden schließlich auf der Konferenz von Locarno im schweizerischen Tessin vom 5. bis zum 16. Oktober 1925 festgelegt. Dort waren neben Deutschland und Frankreich auch England, Belgien, Italien, Polen und die Tschechoslowakei vertreten.

›Durch den Locarno-Vertrag ... haben wir längs der ganzen deutschen Grenze im Westen und im Osten eine entmilitarisierte Zone geschaffen, wie sie nicht einmal der Vertrag von Versailles vorgesehen hatte.« – Briand zur französischen Opposition im Jahr 1927

Die Bedeutung dieses Vertrages von Locarno bestand zunächst vordergründig in der umfassenden Sicherung der West- und Südgrenzen Europas sowie in der Verpflichtung Deutschlands, seine östlichen Grenzen nicht mit Gewalt zu verändern. Stresemann hatte klargestellt, daß Deutschland diese Grenzen nicht anzuerkennen vermöge und auf sein Recht zur Revision nicht verzichten könne. Eine weitere Konsequenz des Vertrages war der vorbehaltlose Beitritt Deutschlands zum Völkerbund; er fand 1926 statt. Die Vereinbarungen von Locarno erfüllten aber nicht nur Frankreichs Sicherheitsbedürfnis, sondern verhinderten auch jedes Bündnis, das sich hätte gegen Deutschland richten können; denn Großbritannien und Italien verbürgten sich für die Einhaltung der Locarno-Regelungen durch Hilfsversprechen für jeden Vertragspartner, der möglicherweise durch einen Verstoß gegen die Abkommen bedroht wurde. Praktisch hieß das: Deutschland verzichtete unwiderruflich auf Elsaß-Lothringen, und Frankreich unterließ ein für allemal sämtliche Bemühungen, das linke Rhein-Ufer zu besetzen. Wichtiger noch als diese Abmachungen auf dem Vertragspapier war der ›Geist von Locarno‹: die Einsicht, daß für Europa das eingewurzelte unversöhnliche Verhältnis zwischen Deutschland und Frankreich etwas politisch Widersinniges darstellte und daß niemandem damit gedient war, wenn eine im Krieg unterlegene Nation Jahre hindurch als eine Art politischer Halbverbrecher behandelt und dazu gezwungen wurde, wirtschaftlich am Rand eines Abgrunds entlangzubalancieren.

Bis 1924 hatte Frankreich den Versailler Vertrag lediglich als ein Mittel betrachtet, um Deutschland nach Kräften und mit bestem Erfolg am Boden zu

Die Schlußsitzung der Konferenz zur Sicherung der Grenzen in West- und Südeuropa in Locarno am 16. Oktober 1925

Luther und Stresemann mit englischen Delegierten im Völkerbund während des Tagungsaufenthaltes in Genf im Jahr 1925

Der geheime Aufbau der Deutschen Wehrmacht:
Manöver mit Attrappen-Panzern in der Uckermark im Jahr 1928

Volksdemonstration gegen Zölle und Teuerung
im Berliner Lustgarten im Jahr 1926

halten. Auch Aristide Briand konnte seine Landsleute nicht völlig dazu bewegen, diese Politik so endgültig aufzugeben, wie es seit 1924 England und die Vereinigten Staaten getan hatten. Deutschland wiederum hatte 1919 zwar den Friedensvertrag unterschrieben, sich aber nicht zum Frieden entschlossen. Es bekannte sich erst seit und durch Stresemann dazu, indem es dies für die Weltöffentlichkeit 1925 in Locarno dokumentierte, obschon es sich dabei um eine offiziell außenpolitische Version handelte und alles darauf angekommen wäre, auch die Deutschen selbst in ihrer überwiegenden Mehrheit einzustimmen. Briand machte für sein Land deutlich, daß das Deutsche Reich seit 1925 in den Augen der Alliierten nicht mehr eine ständig latente Kriegsdrohung darstellte, sondern als gleichberechtigter Partner galt. So umstritten das Vertragswerk von Locarno in seiner praktischen Haltbarkeit sein mochte, so bedeutungsvoll muß sein ideeller Gehalt eingeschätzt werden. Bei einer solchen Gegenüberstellung konnte selbst der desillusionierte politische Realist der Frage nicht ausweichen, ob der symbolische Wert jener Vereinbarung, der Geist von Locarno, nicht doch erheblich schwerer wog als Munition und Mißtrauen. Briand rühmte nicht nur der Rhetorik wegen in seiner Schlußrede das Memorandum Stresemanns vom 9. Februar 1925 »als mutige Geste, welche den Ausgangspunkt dieser Konferenz bildete ... Von Locarno aus muß ein neues Europa entstehen«.

Aristide Briand
Relief von Edwin Scharff, 1925

Mit Stresemann begann der nüchterne, sachbezogene Alltag der Weimarer Republik. Mit ihm betrat der einzige große Wirklichkeitspolitiker Weimars die öffentliche Bühne. Er betrachtete Versailles nicht als rotes Tuch, vielmehr als eine Übereinkunft, die keinen Ewigkeitscharakter besaß und sich deshalb Stück für Stück revidieren ließ. Außerdem sah er die Weimarer Verfassung nicht als ein Übel an, das durch notvolle Umstände erzwungen worden war. Es ist kein Zufall, daß sich mit dem Namen dieses bieder zuversichtlichen Politikers die stabilsten Jahre der Weimarer Republik verbinden. Stresemann gelang es, den Friedensstörer Deutschland in einen verhältnismäßig gleichberechtigten Staat im Kreis der anderen Staaten zu verwandeln. Dabei versuchte er, das Deutsche Reich wieder in den Rang einer Großmacht zu heben. Er wußte von den geheimen deutschen Rüstungen und billigte sie. Aber nicht das Widersprüchliche oder bloß Erhoffte zählt in der politischen Tätigkeit, sondern das wirksam Gewordene, zumal bei Gustav Stresemann und Aristide Briand. Für diese Einschätzung empfand man es als besonders überzeugend, daß beide Staatsmänner durch die gemeinsame Verleihung des Friedens-Nobel-Preises geehrt wurden.

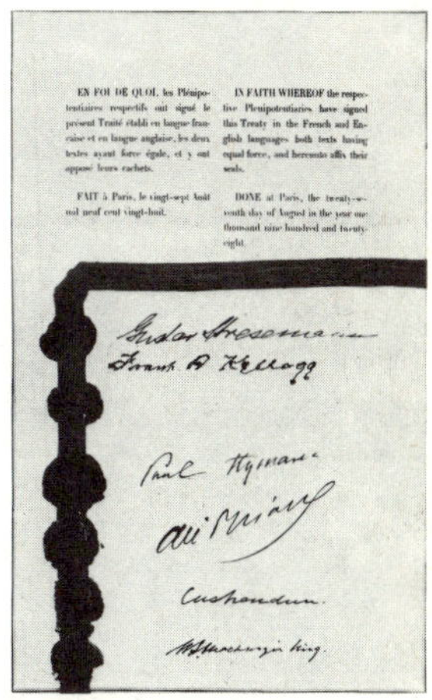

EN FOI DE QUOI, les Plénipotentiaires respectifs ont signé le présent Traité établi en langue française et en langue anglaise, les deux textes ayant force égale, et y ont apposé leurs cachets.

FAIT à Paris, le vingt-sept Août mil neuf cent vingt-huit.

IN FAITH WHEREOF the respective Plenipotentiaries have signed this Treaty in the French and English languages both texts having equal force, and hereunto affix their seals.

DONE at Paris, the twenty-seventh day of August in the year one thousand nine hundred and twenty-eight.

Die Ächtung des Krieges
als Instrument nationaler
Politik:
der Briand-Kellogg-Pakt
vom 27. August 1928
mit den Unterschriften von
Stresemann, Kellogg, Hymans,
Cushendun und King
für Deutschland, die USA,
Belgien und Großbritannien

Zu den letzten Höhepunkten ihrer einheitlichen Politik gehörte die Unterzeichnung des Kellogg-Paktes vom 27. August 1928. Er ging auf eine Anregung Briands zurück und wurde vom amerikanischen Außenminister Frank. B. Kellogg den Locarno-Mächten vorgelegt. In ihm wurde der Krieg »als Instrument der nationalen Politik« geächtet. Das Ganze erwies sich mehr als ein Dokument des guten Willens denn als Instrument praktischen Nutzens zur Minderung kriegerischer Risiken. Bald darauf begann die Vorbereitung des Young-Planes, auf dem die deutschen Zahlungsverpflichtungen drastisch herabgesetzt werden sollten und der Deutschland endlich seine volle finanzielle und wirtschaftliche Souveränität bringen sollte. Stresemann gelang es, ihn mit dem französischen Zugeständnis zu koppeln, das gesamte Rheinland weit vor der Frist zu räumen, die in Versailles festgesetzt worden war, nämlich bis zum

30. Juni 1930. Das letzte Ziel, das Richtfest seiner Politik, konnte Stresemann nicht mehr erleben: die Befreiung Deutschlands von sämtlichen Reparationsverpflichtungen im Jahr 1932 und die gleichzeitige theoretische Anerkennung seiner militärischen Gleichberechtigung, wodurch die diplomatische Isolierung des Reiches dem Prinzip nach durchbrochen wurde.

Der am weitesten reichende und utopisch gehaltvollste Plan Stresemanns und Briands blieb ein bloßes Projekt. Der französische Außenminister hatte die Forderung des Grafen Coudenhove-Kalergi nach einem Pan-Europa aufgegriffen und auch Stresemann dafür gewonnen. In seiner letzten Rede vor dem Völkerbund am 9. September 1929 setzte sich Stresemann leidenschaftlich dafür ein. Er verglich die Situation Europas mit der unerträglichen Lage Deutschlands vor der Gründung des Zollvereins 1833. Was damals natürlicher Zwang gewesen sei, dränge sich heute auf als Nötigung der Vernunft. Ein entsprechendes Memorandum Briands wurde allerdings im Mai 1930 abgelehnt. Es gehört zu der Tragik der zwanziger Jahre, daß Stresemann und Briand politisch erheblich weitsichtiger und leidenschaftsloser waren als ihre Völker. Hätte sich ihre Politik der allseitigen Verständigung, die mit Locarno eingeleitet worden war, schneller durchgesetzt, wäre sie vor allem für Deutschland nicht erst in den Krisenjahren 1930/31 mit der Räumung des Rheinlandes und der Erledigung des heillosen Reparationsproblems verwirklicht worden, so wäre es 1932 sicherlich nicht zu einer derart dichten Verflechtung des politischen Desasters mit der wirtschaftlichen Depression gekommen. Kurz vor seinem Tod meinte Stresemann zu einem Freund: »Ich denke, das bleibt nach mir, daß man ohne Gewaltmittel die Macht wiedergewinnen kann, und vielleicht als Wichtigstes: daß man durch Frieden und Verständigung ebensolche Siege zu erringen vermag wie durch Schlachten und Krieg.« Dieser eindrucksvolle Glaube, von dem der nüchterne Verhandlungspolitiker Stresemann genauso erfüllt war wie sein Kollege Briand, verliert nichts von seinem Gehalt durch den Umstand, daß er die Bewährungsprobe in keiner Phase des 20. Jahrhunderts bestehen konnte. Das war für Europa wie für die übrige Welt ebenso bitter wie eine andere Feststellung Stresemanns: »Es ist Deutschlands Unglück, daß die Brunnenvergiftung eine so gewaltige Stimme hat und die Vernunft nur leise vor sich hinspricht.«

Das Antidemokratische

Die Alternative von Brunnenvergiftung oder Vernunft stimmte nicht für die konkreten Verhältnisse. Sie gehörte aber zu der charakteristisch bürgerlichen Geistgläubigkeit, die im politischen Feld so viele Züge der Donquichotterie trägt und selbst zu den Eigenschaften so radikaler Kritiker zählte, wie sie sich um die berühmte ›Weltbühne‹ Siegfried Jacobsohns und Carl von Ossietzkys sammelten und für die Kurt Tucholskys ätzende Attacken repräsentativ sind. Tucholsky, von Geblüt bürgerlich, war gegen nichts so allergisch wie gegen deutsches Bürgertum: »Dieses deutsche Bürgertum ist ganz und gar antidemokratisch, und das ist der Kernpunkt des Elends.« Noch nach einem Jahrzehnt verspottete er unverändert sarkastisch den Umsturz von 1918: »Eine republikanische Verfassung, die in jedem Satz den nächsten aufhebt, eine Revolution, die von wohlerworbenen Rechten der Beamten des alten Regimes spricht, sind

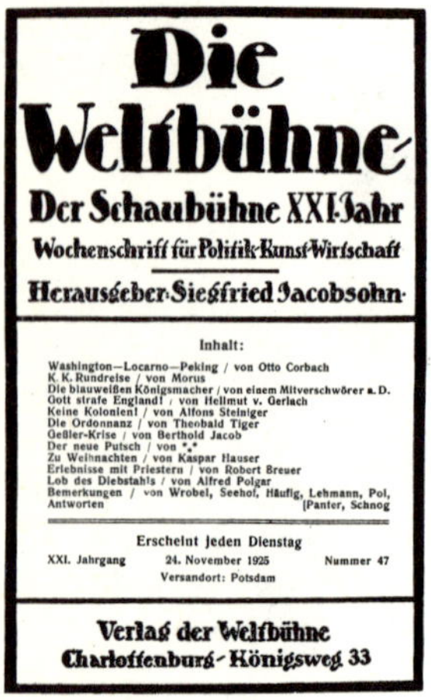
Die Weltbühne
Der Schaubühne XXI. Jahr
Wochenschrift für Politik · Kunst · Wirtschaft
Herausgeber Siegfried Jacobsohn

Inhalt:
Washington—Locarno—Peking / von Otto Corbach
K. K. Rundreise / von Morus
Die blauweißen Königsmacher / von einem Mitverschwörer a. D.
Gott strafe England! / von Hellmut v. Gerlach
Keine Kolonien! / von Alfons Steiniger
Die Ordonnanz / von Theobald Tiger
Geßler-Krise / von Berthold Jacob
Der neue Putsch / von *.*
Zu Weihnachten / von Kaspar Hauser
Erlebnisse mit Priestern / von Robert Breuer
Lob des Diebstahls / von Alfred Polgar
Bemerkungen / von Wrobel, Seehof, Häufig, Lehmann, Pol, [Panter, Schnog
Antworten

Erscheint jeden Dienstag
XXI. Jahrgang 24. November 1925 Nummer 47
Versandort: Potsdam

Verlag der Weltbühne
Charlottenburg · Königsweg 33

Beiträge von Kurt Tucholsky unter den Pseudonymen Tiger, Wrobel, Panter in Jacobsohns Wochenschrift vom 24. November 1925 wert, daß sie ausgelacht werden.« Und so lachten sie über Weimar, die publizistischen Ausputzer, betrachteten die erste deutsche Republik nur als Provisorium, als einen Übergang. Zumal für Tucholsky bildeten die deutschen Bürger kaum gewechselte Zielscheiben: »Es ist ja nicht wahr, daß sie in der Zeit vor dem Krieg unterdrückt worden sind, es war ihnen tiefstes Bedürfnis, emporzublicken, mit treuen Hundeaugen, sich zurechtstoßen zu lassen und die starke Hand des göttlichen Vormunds zu fühlen! Heute ist er nicht mehr da, und fröstelnd vermissen sie etwas. Sie kennen zwischen patriarchalischer Herrschaft und einem ins Räuberhafte entarteten Bolschewismus keine Mitte, denn sie sind unfrei. Sie nehmen alles hin, wenn man sie nur verdienen läßt. Und dazu sollen wir Ja sagen?«

Dieses Bürgertum würde sich in den Ausdrucksformen, Ideen, Gedankenkomplexen und auf den Lebensgrundlagen ungefähr innerhalb einer Opportunitätsphilosophie der achtziger Jahre des 19. Jahrhunderts bewegen. Gerade deshalb war die Republik für Tucholsky mehr oder weniger ein Zufallsprodukt, eine Art negative Monarchie, die nur keine geblieben ist, weil der Monarch geflohen war, eine Republik bar allen Selbsterhaltungstriebes und ohne die geringste Möglichkeit, sich zu schützen; »denn das, wogegen sie sich schützen müßte, liegt in ihr selbst«. Alle Polemik Tucholskys lief auf die Grundüberzeugung hinaus, daß diese Republik zugrundegehen müsse, weil sie sich innerlich nicht von der Vergangenheit lösen könne. Der »republikanische Gedanke«, den Ebert »erfunden« hätte, besitze eine einzige treffliche Eigenschaft; er tue keinem Menschen weh: »Der Sieg des republikanischen Gedankens ist eine optische Täuschung. Das Ufer bewegt sich nicht – der Dampfer fährt aufs Ufer zu.«

»Wir sind im Begriff, alles zu liquidieren, was zwischen 1920 und 1930 mit dem Anspruch auf neue Geltung auftrat... Überall bietet sich das gleiche Bild – ein Trümmerfeld.« – Ernst Robert Curtius im Jahresrückblick 1931

Tucholsky vermochte die Weimarer Republik lediglich aus dem Blickwinkel eines Mannes anzuvisieren, der an den Radikalen deren Extremismus und an den Republikanern deren Schwächen verdammte. So entschieden er und die Publizisten seines Schlages in Haltung und Bekenntnis waren, so wenig gaben sie der Republik eine Hilfestellung – bei aller militant-moralischen Verve ihrer Bemühungen um eine republikanische Gesinnung. Das schweflige Parlando, die lästernd rüffelnde Brillanz nährten ein Feuerwerk, dessen einzige Wirkung dem Effekt von Schüssen nach hinten gleichkam. Leute wie Tucholsky attakkierten Verhältnisse, die erst 1933 Wirklichkeit wurden, und insofern trafen sie das, was sie angriffen, nicht in seiner politisch-realen Substanz. Sie bekämpften die vorgeblich republikanische Gesinnung, die dem Volk effektiv noch unvertraut war, die sie selbst aber keineswegs vorlebten. So trafen ihre Hiebe nur die Republik als solche, womit sie sich in einer gemeinsamen Front mit denjenigen befanden, die von Anfang an auf Vernichtung des Staates von Weimar aus waren und die ihm mitsamt seinen konzessionslosen Kritikern schließlich ein unrühmliches Ende bereiteten. Mit dem Blick auf die permanente Straßenkampfsituation, die den Nationalsozialisten und Kommunisten ein vertrautes Charakteristikum des politischen Schlachtfeldes um die Macht war, ließe sich die Horazische Erkenntnis, daß die Völker bestraft würden, wenn die Könige rasen, geradezu modifizierend umkehren: In der Weimarer Republik mußte für die unheilvollen Handlungen, Entschlüsse und Schwächen der Parteien der Staat leiden, und nicht minder hatte er zu leiden unter der kritischen Stärke seiner Präzeptoren.

Schaufenster einer Buchausstellung in Berlin im Jahr 1930: die politischen Strömungen in Deutschland

Ihre Tragik ergab sich aus dem Radikalismus ihrer Forderungen – einem Radikalismus, der jede Vermittlung zwischen Konzeption und politischer

Realität als Verrat an der Konzeption ablehnte und damit die Grundlage durchsiebte, auf der sich die Konzeption wenigstens einigermaßen hätte verwirklichen lassen. So aber verwandelte sich die Alternative von Sozialismus und Reaktion aus den Anfangsjahren der Republik allmählich in die Alternative von liberal und totalitär. Die Phase, in der sich diese Verwandlung für jeden sichtbar vollzog, schloß sich an die Periode relativer Stabilität unter Stresemann an, die einmal treffend als »euphorisches Zwischenspiel« charakterisiert worden ist. Hatten anfangs die äußere Zwangslage und die innere Notlage den deutschen Regierungen nicht viel mehr erlaubt als ein Lavieren von Fall zu Fall, so drängte sich für die Periode des wirtschaftlichen Ausbaus, der inneren Konsolidierung und des außenpolitischen Klimawechsels der Eindruck einer gewissen Abwendung vom Politischen auf. Die trostlosen Konsequenzen zeigten sich in der Wirtschaftskrise.

Die Hauptfeinde der Republik bei der Testamentsvollstreckung
Zeichnung von Karl Arnold, 1930

Nun setzte die Weimarer Verfassung mit ihrer im damaligen Europa unüberbotenen Liberalität allerdings einen Staatsbürger voraus, den es in der politischen Wirklichkeit nicht gab. Die erste deutsche Republik entwickelte zu ihrem Verderb nicht die geringsten Absichten, die Gesellschaft von sich aus zu ordnen oder wenigstens mit sanfter Reserve zu betreuen. Sie verzichtete auf jede religiöse Grundlage oder areligiöse Weltanschauung, sie hatte keinen konfessionellen Ehrgeiz, sie besaß kein nationales Selbstbewußtsein, sie beschied sich mit einem Minimum an Machtmitteln. Vom Staatlichen her ergab sich daraus die eigentümliche Farblosigkeit der Weimarer Republik.

Die schwerste Schuld traf die Parteien, denen nicht daran gelegen war, sich im Raum der Republik miteinander zu arrangieren. Dadurch entstand das paradoxe Phänomen eines kräftigen politischen Engagements bei zunehmender und sodann umfassender politisch unkritischer Haltung der Wähler: ein Konsensus des Antidemokratischen, nicht aber ein Konsensus der Parteien im Grundsätzlichen. Das Jahrfünft zwischen 1924 und 1929 war als Zeit der Einübung der Republik viel zu kurz, zu kurz für die Regierenden, zu kurz für die Bürger. Reservierte Kühle gegenüber der Weimarer Demokratie wurde zum Merkmal des öffentlichen Lebens. Insbesondere die Gebildeten bewiesen in ihrer gepflegten Republikmüdigkeit und ihrer gemeinsamen Protesthaltung gegen den Liberalismus in der Weimarer Formel und den entsprechenden Institutionen ein Übermaß an politischer Unfähigkeit. Ihre Leidenschaftlichkeit kristallisierte sich immer nur um die jeweiligen direkten Gegner. In diesem Kampf aller gegen alle waren die Gebildeten unbewußte oder erklärte Feinde der Republik und hatten auf diese Weise an deren Zersetzung ebensoviel Anteil wie die politischen Abbruchparteien, die ihren Vernichtungswillen niemals verschleiert hatten. Das Ende war von großer Gleichgültigkeit gegenüber den politischen Dingen bestimmt. Es bestand das dringende Bedürfnis nach geordneter Ruhe. Der Philosoph Karl Jaspers gebrauchte damals den Ausdruck vom »Nichtigkeitsbewußtsein seines eigenen Wesens« als Erläuterung dessen, was als »epochales Bewußtsein« umrissen wurde. Das deckte sich mit der weit verbreiteten Empfindung des Transitorischen, dem ausgeprägten Sinn für die Flüchtigkeit und Instabilität aller Dinge. Die Entnervung der politischen Parteien von Weimar war dafür das untrüglichste Merkmal. Wäre dies anders gewesen, hätten sie vor der Wucht der Nationalsozialisten nicht kapituliert, dem Ermächtigungsgesetz nicht zugestimmt, ihre Auflösung und Selbstauflösung nicht so unverkennbar als moralische Entlastung empfunden.

Das Selbstverständnis der NS-Bewegung seit 1933 Buchumschlag und Plakat

Schon nach zwei, drei Monaten zeigte sich, worin die Substanz der nationalsozialistischen Revolution bestand. Das drückte sich sowohl in der Selbstzersetzung und Ausschaltung der Weimarer Parteien als auch im raschen und gründlichen Umbau des Staates aus. Über den Weg der Gleichschaltung aller Gruppierungen, Zusammenschlüsse, Vereine und Interessenverbände sollte der oberste Grundsatz des Nationalsozialismus – »Gemeinnutz geht vor Eigennutz« – verwirklicht und damit die äußere Voraussetzung für eine »wahrhafte Volksgemeinschaft« geschaffen werden. Hans Zehrer hielt im Sommer 1933 Deutschland nach wie vor »dazu berufen, die endgültige Form des nationalen Sozialismus für die Welt zu schaffen«; er resümierte den Effekt der nationalsozialistischen Veränderungen des öffentlichen Lebens in den Sätzen: »Der Typ des liberalen Menschen hat aufgehört zu existieren. Er hat wenig Zukunft. Das Tempo des Lebens wird ruhiger dahinfließen. Und das ist gut so, damit der Mensch wieder lernt, Mensch zu werden.«

Von den heute allzu vertrauten Positionen einer Pluralität der Freiheiten gibt es keinen Zugang zu solchen Überzeugungen. Trotzdem beherrschten sie die allgemeine Stimmung in Deutschland von 1933 bis 1938. Der Nationalsozialismus, Hitlers fanatische Gewalt und Dynamik, vor allem aber die Breite der Zustimmung und die Gründe dafür, schließlich sogar die Begeisterung der Deutschen für diese Bewegung lassen sich mittlerweile kaum mehr begreifen. Aktionen wie die Verbrennung »artfremden, zersetzenden, undeutschen Schrifttums« am 10. Mai 1933 oder die Ermordung der aufsässigen SA-Führer 1934, oder die Nürnberger Gesetze sind nach der Katastrophe des Zweiten Weltkrieges und nach den Verbrechen an den Juden nur schwer verständlich zu machen. Gliederung und Inhalt des NS-Bildes lassen sich lediglich im Rahmen des nationalsozialistischen Bezugssystems selbst erkennen; alles andere entstellt. Wird das nicht akzeptiert, dann gärt der Nationalsozialismus weiter in einem Winkel unserer Geschichte, den nichts anderes füllt als übler Geruch und Leichengift. Das größte Mißverständnis läge darin, die nationalsozialistische Bewegung zu verkürzen auf ein Ergebnis diabolischer Propagandakünste und weltanschaulicher Verführung des Kleinbürgertums, oder Hitler als Rattenfänger einzuschätzen und den Nationalsozialismus als Verkehrsunfall im Wegenetz der deutschen Geschichte zu betrachten. Am wenigsten läßt sich der Nationalsozialismus begreifen durch die so ehrenwerten intellektuellen Verhöhnungen; denn allesamt kommen zu der Schlußfolgerung, die schon feststand, bevor man folgerte: Der Nationalsozialismus sei nichts weiter gewesen als eine Summierung deutscher Negativerscheinungen, und Hitler stelle einen seit 1945 unaufhörlich zur Verfügung stehenden Paradefall deutscher Miserabilität dar.

Bis zur Machtübernahme 1933 besaß die nationalsozialistische Bewegung einen Doppelcharakter. Zum einen versuchte sie alles zu umfassen, was verneinende Kritik an der Weimarer Republik war, also auf ihre Zerstörung zielte. Jeder Nationalsozialist und ein Heer von Nicht-Nationalsozialisten sahen in der Republik vornehmlich eine Verkörperung des Undeutschen. Dazu gehörte die große Mehrheit derjenigen, die als Soldaten im Ersten Weltkrieg gekämpft hatten und das Erlebnis des Krieges nicht mit dem Ende des Krieges in Deckung bringen konnten. Dazu gehörten der Wandervogel, die Bündische Jugend, die

»Ist das vielleicht deutsch, wenn unser Volk in dreißig Parteien zerrissen ist, wenn nicht eine mit der anderen sich vertragen kann?« – Hitler in einer Rede am 30. Juli 1932 gesamte Jugendbewegung, die Lebensreformer und eine Fülle ähnlicher Zusammenschlüsse und Vereinigungen. Die andere Komponente des Nationalsozialismus war seine spezielle Weltanschauung, der zwar kein theoretisch gänzlich geschlossenes Konzept zugrunde lag, die jedoch über ausreichend scharf umrissene Grundmomente verfügte, um ihr ein unverwechselbares Profil zu geben.

Gesinnungskonflikt
bei einem Berliner Mieterstreik
als Auswirkung
der Weltwirtschaftskrise
im September 1932

So wenig wie die Weltwirtschaftskrise die Ursache der folgenden Entwicklung in Deutschland gewesen ist, wohl aber ihr freisetzendes Moment, so wenig läßt sich der Nationalsozialismus ausschließlich mit den politisch-wirtschaftlichen Besonderheiten der Jahre vor 1933 erklären. Obwohl die Mehrzahl seiner Wähler zum Mittelstand zählte, gaben ihm erheblich mehr Arbeiter ihre Stimmen, als gewöhnlich vermutet wird. Hinzu kamen als besonders starke Gruppen die Bauern und große Teile der übrigen Landbevölkerung, Handwerker und Kleinkaufleute. In den mittleren Städten ergaben sich die Ja-Stimmen durch die Unternehmer und Eigentümer kleiner und größerer Betriebe, durch leitende Angestellte und zahlreiche Angehörige selbständiger Berufe in Industrie und Handwerk, durch Beamte, Lehrer, Studenten und einen erheblichen Prozentsatz aus den freien Berufen wie Schriftsteller, Ärzte, Rechtsanwälte. Ungewöhnlich große Resonanz schlug dem Nationalsozialismus aus den protestantisch-agrarischen Gebieten Schleswig-Holsteins und Niedersachsens entgegen. In den Großstädten dagegen wurde die traditionell fest verankerte Vorherrschaft der SPD und KPD nur in Ausnahmefällen durchbrochen.

Dennoch war der Nationalsozialismus vom Ansatz her eine genuin linke Bewegung, durch und durch antikapitalistisch. Die gleichgewichtige Verkettung von Nationalismus und Sozialismus wurde von Hitler von Anfang an als essentiell betrachtet. Schon 1922 erklärte er kategorisch, daß es ihm nicht auf die vorherrschend bürgerlichen Gruppen ankomme, die seit mehr als einem Jahrhundert mit dem Monopol des exklusiven Nationalitätsanspruchs beschichtet waren. Die nationalsozialistische Bewegung sei vielmehr bestimmt von einer unlösbaren Verbindung beider Begriffe, einer Verbindung freilich, die mehr sei als das Ergebnis einer Addition, in der die Summanden durch die Verkettung ihre isolierte Besonderheit verlören und etwas Selbständiges bildeten, etwas qualitativ Neues. Der Kerngedanke seiner Weltanschauung sei die Zusammenfassung der Ideen der bürgerlichen Welt und der marxistisch-sozialistischen in eine einzige Idee; dies sei der Nerv seines politischen Wollens.

Die Punkte 11 und 14, sowie 17 und 18 des Programms der NSDAP waren extrem antikapitalistisch; sie hätten von jedem Marxisten unterschrieben werden können: »Abschaffung des arbeits- und mühelosen Einkommens, Brechung der Zinsknechtschaft«, Kampf gegen jede Spekulation, Auflösung der Kartelle, Gewinnbeteiligung an Großbetrieben, Bodenreform. Diese Parolen wurden als unmißverständliche Zeugnisse der marxistischen Grundeinstellung des Nationalsozialismus gewertet. Andererseits hob Hitler wiederholt nachdrücklich seine positive Einstellung zum Privateigentum hervor. In einer Rede am 13. April 1928 erläuterte er Punkt 17 des Parteiprogramms, in dem ein »Gesetz zur unentgeltlichen Enteignung von Boden für gemeinnützige Zwecke, Abschaffung des Bodenzinses und Verhinderung jeder Bodenspekulation« verlangt wurde: »Da die NSDAP auf dem Boden des Privateigentums steht, ergibt sich von selbst, daß der Passus ›unentgeltliche Enteignung‹ nur auf die Schaffung gesetzlicher Möglichkeiten Bezug hat, Boden, der auf unrechtmäßige

Weise erworben wurde oder nicht nach den Gesichtspunkten des Volkswohls verwaltet wird, wenn nötig, zu enteignen.«

Hitlers antikapitalistische Einstellung und sein Wunsch, den Sozialismus zu verwirklichen, haben es nach dem 30. Januar 1933 vielen Kommunisten und Rotfront-Straßenkämpfern leicht gemacht, in die SA-Stürme überzuwechseln, mit denen sie sich noch wenige Wochen zuvor brutal geschlagen hatten. Auch die emphatische Gläubigkeit in der nationalsozialistischen Bewegung deckte sich haltungsmäßig mit den geschichtlich-eschatologischen Hoffnungen des Marxismus. Die marxistisch-kommunistische Arbeiterbewegung wird schließlich, solange sie überhaupt existiert, nicht von der vermeintlichen Wissenschaftlichkeit ihrer politischen Argumentation in Marsch gehalten, auch nicht durch proletarisch-humanitäre oder sozialistisch-sittliche Forderungen, sondern allein vom Glauben an ihre historische Mission der Wiederherstellung des Menschen, der Aufhebung seiner Selbstentfremdung. Nicht die komplizierten, höchst fragwürdigen Analysen des ›Kapitals‹ von Karl Marx haben die Arbeitermassen zusammengeschmiedet, sondern die Erlösungshoffnungen, die aus den Formeln des ›Kommunistischen Manifests‹ von 1848 in die Welt flammten, die fanatischen Appelle an die Proletarier des ganzen Erdballs, die nichts als ihre Ketten zu verlieren, dafür aber eine ganze Welt zu gewinnen hätten. Dies besagt das Lied, das von Millionen gesungen wurde: Brüder zur Sonne, zur Freiheit / Brüder zum Lichte empor, / hell aus dem dunklen Vergangen / leuchtet uns Zukunft hervor. Nach derselben Melodie und in demselben Glauben sangen Millionen den Spiegeltext: Brüder in Zechen und Gruben / Brüder, ihr hinter dem Pflug, / aus den Fabriken und Stuben: / folgt unsers Banners Zug!

Glaube gehörte zum Nationalsozialismus genauso ursprünglich wie die Abwehr einer Intellektualität, die man als entwurzelt verabscheute und die weder etwas mit einer dieser Bewegung als spezifisch unterstellten Geistfeindlichkeit zu tun hatte, noch dem Boden entstammte, den Hitler und seine Parteigänger als Domäne ihrer Werte- und Vorstellungswelt betrachteten. Die literarisch-künstlerische Betriebsamkeit der Weimarer Jahre provozierte 1924 zu den schroffen Sätzen: »Über dem furchtbaren inneren Kampf unseres vertrauenslosen, verzweifelten Volkes liegt wie eine unreine Wolke diese unechte, verantwortungslose, schwülstige Geistigkeit der ›Intellektuellen‹. Sie schrecken vor keinem Radikalismus zurück, weil sie den Alltagsweg der Ideale nie durchgemacht haben; sie sind die Helden der unbedingten Forderung, weil die moralische Entrüstung ihnen Genuß ist. Heute gibt es keinen übleren und zugleich bezeichnenderen Typus als diesen ›Intellektuellen‹, den die Vergangenheit nicht kannte.« Dieses Verdikt stammt nicht aus einer Rede Hitlers oder aus dem Zentralorgan der NSDAP, dem ›Völkischen Beobachter‹, sondern von Gertrud Bäumer, der hervorragenden Persönlichkeit der deutschen Frauenbewegung neben Helene Lange; beiden war ein demokratisches Leben unersetzlich, beide engagierten sich in der sozialen Frage.

Vom gleichen Tenor bestimmt, nur erheblich schärfer formuliert, sind die Eingangssätze der Rundfunkrede Gottfried Benns vom 24. April 1933, in der er sich als Sprecher von tausenden Gleichgesinnten zu dem neuen Staat bekannte, mit einer radikalen Absage an jede wertindifferente Geistigkeit. Benns Aussage ist ein Dokument sowohl für das Verständnis der nationalsozialistischen Triebkräfte als auch für die gewaltige Spannweite der Mißverständnisse, die sich mit ihm koppelten: »Ich las kürzlich in einer Zeitung, im Besuchszimmer

Spott der Generaldirektoren über den Antikapitalisten Hitler Zeichnung von Willibald Krain, 1932

»Eine Geistigkeit, die auch mit dem Volke gar nichts mehr zu tun hatte, die sich betätigte, als wenn sie allein dagewesen wäre und ein Volk überhaupt nicht existierte.« – Goebbels über die intellektuelle Atmosphäre der Weimarer Republik in einer Ansprache am 25. März 1933

Eine ›Querschnitt‹-Illustration von George Grosz aus den Goldenen Zwanzigern – in nationalsozialistischer Sicht: das Produkt eines Entwurzelten

eines der neuen preußischen Ministerien sei ein Schild folgenden Inhalts angeschlagen: ›Man kommt nicht in eigener Sache dorthin, wo ein neuer Staat gebaut wird.‹ Ausgezeichnet! Das soll heißen, wo die Geschichte spricht, haben die Personen zu schweigen. Es ist die konkrete Formel der neuen Staatsidee. Wendet man diese Formel auf unser Thema an, kann man berechtigterweise fragen, wieso konfrontieren sich jetzt die Intellektuellen mit dem neuen Staat? Er ist gegen sie entstanden. Alles, was sich im letzten Jahrzehnt zu den Intellektuellen rechnete, bekämpfte das Entstehen dieses neuen Staates. Sie, die jeden revolutionären Stoß von seiten des Marxismus begeistert begrüßten, ihm neue Offenbarungswerte zusprachen, ihm jeden inneren Kredit einzuräumen bereit waren, betrachteten es als ihre intellektuelle Ehre, die Revolution vom Nationalen her als unmoralisch, wüst, gegen den Sinn der Geschichte gerichtet anzusehen. Welch sonderbarer Sinn und welche sonderbare Geschichte, Lohnfragen als den Inhalt aller menschlichen Kämpfe anzusehen. Welch intellektueller Defekt, welch moralisches Manko, kann man schon an dieser Stelle hinzufügen, nicht in dem Blick der Gegenseite über die kulturelle Leistung hinaus, nicht in ihrem großen Gefühl für Opferbereitschaft und Verlust des Ich an das Totale, den Staat, die Rasse, das Immanente, nicht in ihrer Wendung vom ökonomischen zum mythischen Kollektiv, in dem allen nicht das anthropologisch Tiefere zu sehen!«

›Das Symbol der Arbeit‹
Plakat nach einer Vorlage von Max Pechstein

Mit Gottfried Benn sahen Unzählige das »Tiefere« im Nationalsozialismus oder glaubten es in derjenigen Richtung liegen zu sehen, in die sie selbst schon seit langem blickten. Die Alternative von demokratischem oder autoritärem Staat weckte keine Skrupel, da man keine andere demokratische Staatsform erlebt hatte als diejenige der Weimarer Republik, von der wirkliche Demokratie nicht realisiert werden konnte. Gottfried Benn sprach die Formel des Neuen aus: »Rückzug auf die gemeinsam von einem Volk geschichtlich durchlebte Landschaft, auf die sprachliche und kulturelle Tradition, und wir empfinden in dieser geschichtlichen Bewegung durch die vorwärtsgerichtete, ordnende, positive, die moderne Staatstendenz, die moderne Staatsidee, die den unfruchtbar gewordenen marxistischen Gegensatz von Arbeitnehmer und Arbeitgeber auflösen will in eine höhere Gemeinsamkeit, mag man sie wie Jünger ›Der Arbeiter‹ nennen oder nationalen Sozialismus.«

Das Recht der Jugend

Dem Nationalsozialismus lag ein profiliertes Wert- und Glaubensgefüge zugrunde, das sich in den fünfundzwanzig Punkten des Programms der NSDAP nur insoweit ausdrückte, als es politisch formulierbar war. Schon der erste Punkt, der den Zusammenschluß aller Deutschen aufgrund des Selbstbestimmungsrechtes der Völker verlangte, war ein »Bekenntnis zur völkischen Grundlage« des Deutschen Reiches; er postulierte eine Volksgemeinschaft, auf die hin jeder Deutsche sich vorbehaltlos auszurichten hatte. Auf diesen Brennpunkt waren sämtliche Werte, Normen, Verhaltensweisen, Handlungen, Entschlüsse und Pflichten bezogen. Das Bekenntnis dazu wurde zunächst nicht erzwungen; man setzte auf die eigene Überzeugungskraft. Erst später, nach der Gleichschaltung aller Vereinigungen, zumal der Jugendverbände, und nach dem systematischen Ausbau der nationalsozialistischen Pädagogik, wurde in der Hitlerjugend das Prinzip der Freiwilligkeit durch die Mitgliedspflicht ersetzt. Eine erste Etappe auf diesem Weg erreichte man im Dezember 1936 mit dem Gesetz über die ausschließliche Erfassung der Jugend durch die HJ. Abgeschlossen wurde die staatliche Erziehungsregelung durch die beiden Durchführungsverordnungen zum Gesetz über die HJ vom 25. März 1939, die der Reichsjugendführung die alleinige Zuständigkeit in der gesamten Erziehung reservierte und sämtliche Jugendlichen vom zehnten bis zum achtzehnten Lebensjahr zum HJ-Dienst verpflichtete.

Traditionsabzeichen der HJ aus der Kampfzeit

Alles, was der Nationalsozialismus an Substanz und Dynamik, Glaube und Ethos, Idealismus und Faszination, rüder Vereinfachung und Derbheit besaß, realisierte sich am offenkundigsten in seiner Erziehungsprogrammatik, in seiner Wertschätzung der Jugend, die in Baldur von Schirach personifiziert war. Mit siebzehn Jahren gehörte Schirach zur völkischen Jugendbewegung, mit achtzehn lernte er Hitler kennen, mit zweiundzwanzig Jahren wurde ihm die Führung des nationalsozialistischen Studentenbundes anvertraut, und 1931 ernannte Hitler den Vierundzwanzigjährigen zum Reichsjugendführer der NSDAP. Die Lebensdaten der Exponenten der NS-Führung sind typisch für diese »junge Bewegung«. Als Hitler 1919 Mitglied der ›Deutschen Arbeiter Partei‹ (DAP) Anton Drexlers wurde, welche die Keimzelle der NSDAP darstellte, war er dreißig Jahre alt. Dreiundvierzigjährig wurde er Regierungschef, der jüngste Reichskanzler, den Deutschland jemals besessen hat. Göring wurde mit neununddreißig Jahren Reichstagspräsident. Im Jahr der Machtergreifung zählte Alfred Rosenberg vierzig Jahre, der Reichsbauernführer Walter Darré achtunddreißig, Rudolf Heß siebenunddreißig, Goebbels sechsunddreißig, Himmler, Martin Bormann und Gestapochef Rudolf Diels dreiunddreißig, Ernst Wilhelm Bohle dreißig, Heydrich neunundzwanzig, Speer und Walter Frank achtundzwanzig, HJ-Stabsführer Hartmann Lauterbacher vierundzwanzig und Artur Axmann zwanzig.

Keine politische Bewegung der Geschichte setzte so kategorisch auf die Jugend, identifizierte den neuen Staat so eindeutig mit dem jungen Staat. Dafür ist Schirach ein augenfälliger Beweis: in seiner hemmungslosen Begeisterung und schrankenlosen Verehrung für Hitler, den ›Führer‹, in seiner vorbehaltlosen Gläubigkeit, deren unkritische Vehemenz zu den Bedingungen ihrer mitreißenden Kraft gehörte. Seine Gedichte und Lieder füllten einen großen Sektor des nationalsozialistischen Liedgutes, und zwar nicht nur in den platten Bezirken zwischen nationalem Kitsch und politischem Kinderhort. Schirachs Erziehungskonzept war einfach, verständlich, extrem auf körperliche Gesundheit und Leistungsfähigkeit zugeschnitten. Es präsentierte sich in Formeln, die so vertraut anmuteten, als handelte es sich um die Vollendung des Sport- und Körperkultes von Turnvater Jahn und seines Programms von Leibesertüchtigung als Affront gegen die Überbewertung der Verstandesbildung, die aber auch im 20. Jahrhundert teils so fremd wirkten, als wären es Signale aus einer archaischen Welt. Die jungen Deutschen des Dritten Reiches sollten Vorbilder sein in Kraft und Schönheit, Tapferkeit und Wahrhaftigkeit, Pflichtbewußtsein und selbstlosem Dienst; sie sollten abgehärtet, gesund, anständig, ritterlich und kameradschaftlich sein; sie sollten mit Hilfe des körperlichen Trainings Stärke, Schnelligkeit, Ausdauer, Gewandtheit, Energie und Entschlußkraft entwikkeln. Diese »junge Generation« sollte zum »Garanten der deutschen Zukunft« verwandelt werden. Mit der Unbefangenheit des Nationalsozialismus gegen-

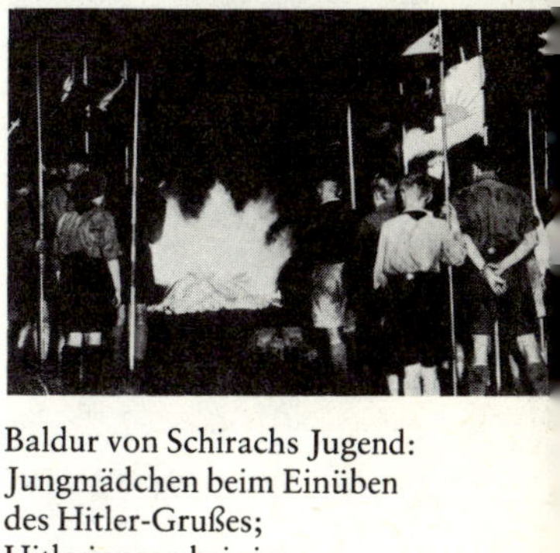

Baldur von Schirachs Jugend: Jungmädchen beim Einüben des Hitler-Grußes; Hitlerjungen bei einer Sonnwendfeier über dem Pathos – einer Eigenschaft der ganzen Epoche – sah Schirach die Aufgabe des BDM, der NS-Mädchenorganisation, darin, daß er »die stolzen und edlen Frauen hervorbringen soll, die im Bewußtsein ihres höchsten Wertes nur dem Ebenbürtigen gehören wollen«. Solche naiven Sätze wurden nicht nur gesagt und geschrieben, sondern von Hunderttausenden auch für bare Münze genommen.

»Der leibesfrohe Mensch und seine Gemeinschaft sind die Pflanzstätte kultureller Werte.« – Reichssportführer von Tschammer und Osten

Hitler selbst hatte das Jugenderziehungsprogramm in drei Sätze gefaßt: »Der völkische Staat hat seine gesamte Erziehungsarbeit in erster Linie nicht auf das Einpumpen bloßen Wissens, sondern auf das Heranzüchten kerngesunder Körper einzustellen. Erst in zweiter Linie kommt dann die Ausbildung geistiger Fähigkeiten. Hier aber wieder an der Spitze die Entwicklung des Charakters, besonders Förderung der Willens- und Entschlußkraft, verbunden mit der Erziehung zur Verantwortungsfreudigkeit, und erst als Letztes die wissenschaftliche Schulung.« Schirach gab diesem Konzept zusätzliche Gesichtspunkte: »Unsere Weltanschauung ist eine Sache des Herzens. Für uns ist das Gefühl mehr als der Verstand. Ein Arbeiterjunge, dessen Herz heiß für unsern Führer schlägt, ist für Deutschland wesentlicher als ein hochgebildeter Ästhet, der jede Regung seines schwächlichen Gefühls mit verstandesmäßigen Überlegungen bekämpft. Er wird in der Stunde der Not unseres Vaterlandes bestimmt nicht wissen, wo er hingehört, wird immer außerhalb der Gemeinschaft stehen, weil er nicht die Kraft hat, die Gemeinschaft zu erleben. Für ihn ist der Marschrhythmus unserer Jungen etwas Unverständliches und Unnötiges. Unsere Begeisterung scheint ihm unverständlich. Er ist vielleicht reich an Geist, aber arm an Gemüt, und das herrliche Gefühl unserer Kameradschaft, das man in Worten nicht auszudrücken vermag, kann von ihm nie mit seiner Bücherweisheit errungen werden. Trotz alledem: Zu unserem Fühlen und Wollen gehört auch das Wissen und Können.«

Was hier biologistisch als Sozial-Darwinismus ausgelegt werden kann, ist vom Nationalsozialismus selbst als fraglos gottgewollte, natürlich hierarchische Ordnung des Lebens interpretiert worden, als ontologische Grundlage des Daseins, die sich aus dem normativen Glauben, der spezifischen Weltanschauung ergab. Dazu gehörten ein bestimmtes Ethos und die axiomatische Selbstgewißheit, mit der die Nationalsozialisten den Anspruch auf Sinndeutung des Lebens durchsetzten. Ebenso gehörte der unbedingte Erziehungswille dazu, dessen Zweck und Ziel Schirach in verständlicher Diktion einmal so umriß: »Die Tendenz der HJ-Erziehung ist eine weltanschauliche. Soldatische Haltung gehört zur nationalsozialistischen Weltanschauung und ist für jeden Hitlerjungen selbstverständlich. Die HJ will die deutsche Jugend nicht für den Krieg, sondern für den Frieden mobilisieren. Indem sie alle Jugend zusammenführt, vernichtet sie die deutsche Uneinigkeit und damit die Voraussetzung innerer Kämpfe. Durch die Einstellung eines jeden Jungen auf die Person des Führers, der seinen Friedenswillen oft genug der ganzen Welt gegenüber zum Ausdruck gebracht hat, ist dafür Sorge getragen, daß auch in aller Zukunft die Friedenspolitik Adolf Hitlers die Politik des deutschen Volkes sein wird. Das ist der Sinn der körperlichen und geistigen Erziehung unserer Jugend.«

Kraft, ›Glaube und Schönheit‹: Tendenzen der Jugenderziehung im NS-Regime

Diese Mobilisierung der Jugend bildete im pädagogischen Bezirk den totalitären Zugriff, dessen Berechtigung aus der absoluten Geltung des umfassenden Wertesystems des Nationalsozialismus abgeleitet wurde; mit den Worten Schirachs: »Die sozialistische Idee des Dritten Reiches verlangt von jedem einzelnen die bedingungslose Unterordnung seines individuellen Seins unter das sozialistische Sein seines Volkes. Dieses sozialistische Sein hat aber in der Jugend nur eine einzige Ausdrucksgestalt: die Hitlerjugend.« Dabei hielt Schirach strikt daran fest, daß zwar seine pädagogischen Grundsätze »eine Erziehung auf der Basis der nationalsozialistischen Idee« intendierten, die spezifisch erzieherischen Gedanken jedoch nicht von Hitler oder von anderen Führern der Partei stammten, sondern aus der Jugend entstanden seien, nämlich durch ihn selbst und durch seine Mitarbeiter. Leitmotiv seiner ganzen Arbeit sei bis zuletzt das Wort von Goethe gewesen: »Die Jugend bildet sich wieder an der Jugend.« In der Fassung Hitlers wurde daraus das Prinzip: Jugend muß von Jugend geführt werden.

In diesen Erziehungsgrundsätzen der HJ fanden sich die obersten Tugenden aus der Kampfzeit des Nationalsozialismus, obgleich erheblich differenzierter; in jener Phase vor 1933 war es letzten Endes zumeist auf die zuversichtliche Unbedarftheit der immer Entschlossenen angekommen. Schirach erwähnte oft genug die Jahre des politischen Ringens, in denen der Glaube dasjenige ersetzen mußte, was der NSDAP an Erfolg noch versagt blieb, und in denen für Hitlers Anhänger die Devise galt, daß nichts die Leistungen so sehr steigert wie der Mißerfolg und sie durch nichts kräftiger angestachelt werden als durch den Erfolg. Der Begeisterungsfähigkeit Schirachs und seinem festen Glauben an Hitler ist es zuzuschreiben, daß der ›Führer‹ von keiner Altersgruppe so fanatisch verklärt worden ist wie von der deutschen Jugend zwischen 1933 und 1945. Im Olympia-Jahr 1936 hielt Schirach eine seiner vielen Reden, und ein Passus daraus kann für ungezählte andere stehen: »Was der Führer einst als einziger bekannte, es brennt heute in den Herzen eines Siebzigmillionenvolkes, und wir, die Jugend, geben die flammende Wahrheit weiter an die Jüngsten, damit sie als Hüter und Kämpfer in Ehren bewahren, was unser Volk glücklich und stolz gemacht hat. Wir sehen unsere Aufgabe, das darf ich wohl im Namen der deutschen Jugend hier bekennen, in der selbstlosen Hingabe aller Jugend des Reiches an das Werk des Führers und an die Lehre, die er dem deutschen Volke predigt.«

Plakat zur Rundfunkausstellung in Berlin im Jahr der Olympiade

Der ›Führer‹

Die tragende Basis des Nationalsozialismus bestand vorab weniger in seinen Zielen als vielmehr in der Mobilisierung der Emotionen, Fähigkeiten, Kräfte des Einzelnen für einen umfassenden Dienst. Er setzte eine Umgestaltung seiner persönlichen Überzeugungen und seines Handelns um bestimmter Ziele willen voraus, deren Gehalt mindestens gleichwertig, wenn nicht zweitrangig war im Hinblick auf denjenigen, der den Sinn des Dienstes aufgewiesen hatte und in dessen Person er sich auch verkörperte: den ›Führer‹ Adolf Hitler. Die rasche Verdichtung aller Antrtiebe des Nationalsozialismus in Adolf Hitler hatte schon während des Jahres 1933 etwas Phantastisches, das sich mit der Vernunft nicht im mindesten erfassen ließ. War es lediglich eine Wirkung diabolischer Propaganda, einer kunstvoll intensiven Methode der Verklärung und Überhöhung, der Mythisierung, des Abrückens der Person Hitlers von allem Persönlich-Menschlichen? Oder war es die Bereitschaft, sich einer Idee ohne Vorbehalte zu verschreiben, wenn sie in einem Menschen sichtbare Gestalt wird, der

»Wir glauben, daß dieser Herrgott uns Adolf Hitler gesandt hat, damit Deutschland für alle Ewigkeit ein Fundament werde.« – Ley im Schulungsbrief der NSDAP, 4. Jg, 1937

Der ›Führer‹
auf dem Obersalzberg
im Sommer 1933

Charles Chaplin in der Rolle
des ›Führers‹
Standbild aus dem Film
›Der große Diktator‹ von 1940

Mensch ist und doch mehr ist als nur ein Mensch? Die Tatsache, daß das Führerprinzip hier seine konsequente Vollendung fand, erklärt nicht die bis zum Abstrusen gesteigerte Verehrung des ›Führers‹, seine Unantastbarkeit, die selbst der politische Witz respektierte. Die Begeisterung, die Hitler seit 1933 überall in Deutschland auslöste, wo er auch auftauchte, war zu überschwenglich, als daß sie bloß für ein Ergebnis rein propagandistisch-handwerklicher Methoden gehalten werden könnte, zu gewaltig auch, als daß bei allen Erklärungen nicht noch ein erheblicher Rest verbleiben würde und man sich eingestehen muß, daß die Erklärung dieses Restes allein entscheidend wäre für das wirkliche Verständnis. Deshalb befriedigen auch alle herabsetzenden Charakterisierungen so wenig, denen zufolge Hitler gesehen wird als ein moralisches Ungeheuer, von beispielloser Miserabilität, als ein Untermensch, ein Totengräber, ein Rattenfänger, als eine Mißgeburt der Geschichte, als der Zorn Satans über sich selbst, als Sujet einer chaplinesken Tragikomödie. Alles das gehört unstreitig zu Hitler, doch wenn man die Summe daraus zieht, besitzt man kaum einen Bruchteil von dem, was er wirklich gewesen ist, was er vor allem historisch bedeutet hat.

Geschichtlich erweist sich der Nationalsozialismus, auch in seinem Exponenten Hitler, nicht in erster Linie als charakteristisch für das allgemeine Problem des Totalitarismus, der Diktatur, der exzellenten Massenverführung oder wie immer die soziologisch-politologischen Ausdrücke dafür heißen mögen. Charakteristisch ist er als ein geschichtliches Phänomen der Integration, wofür die ersten sechs Jahre der weltanschaulichen Vereinheitlichung der Deutschen und des rapiden Staatsumbaus aufschlußreich sind. Dabei handelte es sich nicht allein um ein raffiniertes Taktieren, wie es später etwa aus dem Schauspiel des Tages von Potsdam abgelesen wurde. Denn die herausragenden und namhaftesten Führer der Nationalsozialisten selbst, von Goebbels über Göring bis zu Hitler, waren fest davon überzeugt, daß sich in ihrer Bewegung alle wesentlichen deutschen Traditionen und Werte sammelten, gestärkt zu neuem Leben erwachten und vollendeten.

Daß dabei ein Großteil von Traditionen nicht aufgegriffen wurde, weil man ihn als ›undeutsch‹ ablehnen zu müssen glaubte, hatte bei den Deutschen ebenfalls eine lange Tradition. Nur wurde dieses ›Undeutsche‹ jetzt mit Gewalt, Drohung, unter dem Zeichen des Revolutionären als zeitgenössisch gerechtfertigt unterdrückt und ausgeschieden. Das Zeitgenössische hatte im 20. Jahrhundert die unterschiedlichsten Ausdrucksformen und war nach dem Ersten Weltkrieg nicht auf Deutschland begrenzt. Als erklärtes Ziel galt die Umgestaltung der bürgerlich-kapitalistischen Ordnung. Die Versuche, dieses Ziel zu erreichen, wurden nicht in erster Linie entlang ausgefeilter wirtschaftlicher Theorien unternommen; die Stoßkraft ging zunächst in Richtung des Nationalen. Das allgemeine Stichwort ergab sich aus der Fortführung des Nationalismus des 19. Jahrhunderts und hieß: Erneuerung der Nation. Dazu bekannte sich besonders die Jugend, die ihr gewaltiges Unbehagen an der Gegenwart in einen Kampf um ihre Zukunft verwandelte. Außerdem ging es dabei um die Beseitigung des Liberalismus, der im 19. Jahrhundert die dominierende Rolle gespielt hatte, um seinen Abbau in Staat, Wirtschaft und Kultur. Die Demokratie dieses Liberalismus und ihr Parlamentarismus sollten ersetzt werden durch ein Herrschaftssystem, das sich pyramidenförmig von einer Führerpersönlichkeit durch und über Organisationen, Institutionen und nachgeordnete Führer nach unten erstreckte. Das autoritäre Führerprinzip bildete als Forderung durchaus keine deutsche Besonderheit. Im Anschluß an den Staatsaufbau und die veränderte Gesellschaftsgliederung stellte sich als drittes Problem die Neugestaltung der Wirtschaft. Was in Deutschland als Ruf nach einem deutschen Sozialismus ertönte, wurde in vielen anderen Staaten allgemein als ein Sozialismus auf nationaler Grundlage erhofft und angestrebt.

Als Vorreiter in den Systemen des autoritären Führerprinzips trat die Türkei unter ihrem Diktator Kemal Atatürk auf. Erheblich schärfer wurde es wenig später von Mussolini in Italien gefaßt und ausgebaut, vornehmlich im theoretisch-weltanschaulichen Bereich, während Atatürk wesentlich pragmatischer verfuhr. Eine vergleichbare Staatsführung gab es in Polen, in Ungarn, Jugoslawien und Persien, entschieden ausgeprägt auch in Portugal. Gleichgeartete nationale Bewegungen ließen sich damals in Indien, Ägypten und in etlichen arabischen Staaten registrieren. Dieselbe Richtung zeichnete sich bald auch in Spanien ab, und gleiche Muster finden sich noch immer in Mittel- und Südamerika. Derartiges stand damals im Zeichen von Bemühungen, den international gerichteten Sozialismus marxistischer Herkunft nicht zu akzeptieren, sondern auf eigenen Wegen die nationalen Bestrebungen genauso zur Geltung zu bringen wie die sozialen. Der generelle Hintergrund des Nationalsozialismus, dessen Bewegung innerhalb der deutschen Geschichte etwas Einmaliges darstellt, verliert im zwischenstaatlichen Vergleich erheblich von seinem berüchtigten Ausnahmecharakter.

Trommler und Staatsmann

Hitler, 1889 in Braunau am Inn geboren, besuchte in Linz und Steyr die Realschule. Der Vater hatte für ihn die Beamtenlaufbahn vorgesehen, doch Hitler, der über ein Zeichentalent verfügte, wollte Maler werden. Zu seinen Lieblingsfächern zählten Geographie und Geschichte. Nach einer schweren Lungenkrankheit wurde er mit sechzehn Jahren aus der Schule genommen. Er übersiedelte 1908 nach Wien. Dort lehnte ihn die Kunstakademie ab, weil er seiner zeichnerischen Begabung entsprechend nicht in die Abteilung für Malerei gehöre, sondern in die Architekturschule der Akademie. Dazu aber fehlte ihm als notwendige Voraussetzung die Reifeprüfung. Hitlers Traum vom Künstlerberuf war damit vorbei. Die nächsten sechs Jahre in Wien waren für ihn eine Zeit des sich Durchschlagens und Überlebens von heute auf morgen.

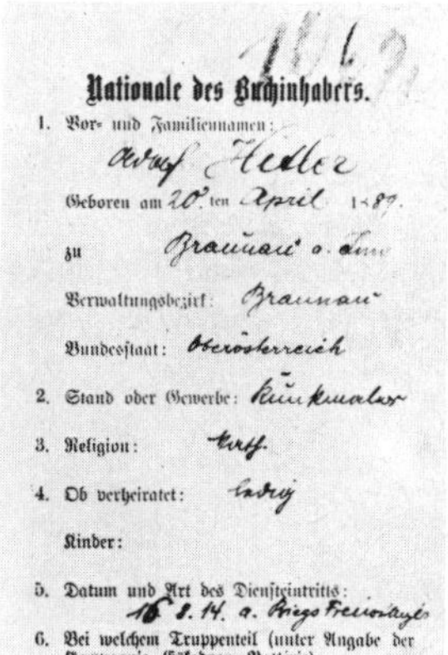
Nationale des Buchinhabers.
1. Vor- und Familiennamen:
Geboren am
zu
Verwaltungsbezirk:
Bundesstaat:
2. Stand oder Gewerbe:
3. Religion:
4. Ob verheiratet:
Kinder:
5. Datum und Art des Diensteintritts:
6. Bei welchem Truppenteil (unter Angabe der Kompagnie, Eskadron, Batterie):

Hitlers Wehrpaß
als Kriegsfreiwilliger 1914

Im Jahr 1913 zog Hitler nach München. Bei Kriegsausbruch 1914 meldete er sich als Freiwilliger. Er kam mit einem bayerischen Infanterieregiment an die Westfront, wo er sofort durch ungewöhnliche Tapferkeit auffiel. Im Oktober 1916 wurde der unermüdliche Meldegänger und Gefreite verwundet, und im Oktober 1918 bei einem englischen Angriff vor der westflandrischen Stadt Ypern, als die Briten Gelbkreuz-Gasgranaten einsetzten, erlitt er nochmals Verwundungen. Das Kriegsende erlebte er in einem Lazarett in Pommern. Er sah die Revolution der Marine, die Art, wie dieser Krieg verloren wurde, als übelsten Verrat an. Die Schlußpassage seiner Schilderung jener Tage in ›Mein Kampf‹ dokumentiert sein Entsetzen; sie ist in ihrer Bündigkeit typisch für die folgenden vierzehn Jahre seiner politischen Arbeit in der Weimarer Republik: »Was folgte, waren entsetzliche Tage und noch bösere Nächte – ich wußte, daß alles verloren war. Auf die Gnade des Feindes zu hoffen, konnten höchstens Narren fertigbringen oder – Lügner und Verbrecher. In diesen Nächten wuchs mein Haß, der Haß gegen die Urheber dieser Tat. In den Tagen darauf wurde mir auch mein Schicksal bewußt. Ich mußte nun lachen bei dem Gedanken an meine eigene Zukunft, die mir vor kurzer Zeit noch so bittere Sorgen bereitet hatte. War es nicht zum Lachen, Häuser bauen zu wollen auf solchem Grunde? Endlich wurde mir auch klar, daß doch nur eingetreten war, was ich so oft schon befürchtet, nur gefühlsmäßig nie zu glauben vermocht hatte. Kaiser Wilhelm II. hatte als erster deutscher Kaiser den Führern des Marxismus die Hand zur Versöhnung gereicht, ohne zu ahnen, daß Schurken keine Ehre besitzen. Während sie die kaiserliche Hand noch in der ihren hielten, suchte die andere schon nach dem Dolche. Mit dem Juden gibt es kein Paktieren, sondern nur das harte Entweder-Oder. Ich aber beschloß, Politiker zu werden.«

Hitler entdeckte seine Rednerbegabung. Fünf Monate nach dem Eintritt in Drexlers Arbeiterpartei verkündete er das Parteiprogramm auf der ersten Massenversammlung. Er sprach noch im selben Jahr, 1920, im süddeutschen Raum und in Österreich Woche für Woche auf politischen Veranstaltungen, insgesamt fünfundfünfzigmal. Im Juli 1921 wurde die Partei umbenannt in NSDAP und Hitler zum ersten Vorsitzenden gewählt. Seit 1923 titulierten ihn die Mitglieder parteioffiziell als »Unseren Führer«. In diesem Jahr näherte sich die Mitgliederzahl bereits der Ziffer sechzigtausend. Schwerpunkte der Anhängerschaft waren der oberbayerische Raum und das Gebiet um Hannover. Im November 1923 versuchte Hitler zusammen mit General Ludendorff während des schweren Verfassungskonfliktes Bayerns mit dem Reich, in dem der Freistaat Sonderrechte reklamierte und mit dem Gedanken seiner Verselbständigung spielte, durch einen Marsch auf Berlin – nach dem Vorbild von Mussolinis Marsch auf Rom im Jahr zuvor – die Regierung Stresemann in Berlin zu stürzen. Der Putsch mißlang, Polizei und Reichswehr schossen den Demonstrationszug Hitlers vor der Feldherrnhalle in München zusammen. Es gab neunzehn Tote. In dem Prozeß vor dem Bayerischen Volksgerichtshof wurde Hitler zu fünf Jahren Festungshaft verurteilt. Er kam nach Landsberg und wurde schon im Dezember 1924 wieder entlassen.

Hitler als Häftling in Landsberg im Jahr 1924

Von 1925 bis 1929 breitete sich die NSDAP über ganz Deutschland aus, allerdings vorwiegend organisatorisch. Der eigentliche Durchbruch zu den Wählern gelang erst 1929. Vier Jahre später, als Hitler das Amt des Reichskanzlers erhielt, kannten ihn die Politiker und Parlamentarier nur als ›völkischen Trommler‹. Hitler wußte das und er fand dabei nichts Einschränkendes, jedenfalls bis zu seinem Einzug in die Reichskanzlei. Am 27. Januar 1932 hielt er vor dem Industrieklub in Düsseldorf eine Rede; er stellte fest: »Man sagt mir oft: ›Sie sind nur der Trommler des nationalen Deutschlands!‹ Und wenn ich nur der Trommler wäre! Es würde heute eine größere staatsmännische Tat sein, in dieses deutsche Volk wieder einen neuen Glauben hineinzutrommeln, als den vorhandenen langsam zu verwirtschaften.« So kannte ihn Deutschland bis 1933 lediglich als fanatischen Agitator, politischen Redner, als Führer seiner Partei, der entschlossen, hart und mit unglaublicher Energie seine Organisation geführt und sich in allen Flügel- und Gruppenkämpfen rigoros durchgesetzt hatte, als einen Mann mit ausgeprägtem Sinn für Massenwirkungen, mit der Fähigkeit, auf riesenhaften Wahlversammlungen die Hörer zu bannen. Dieses Vermögen war so groß, daß das starke Mißverhältnis zwischen dem greifbaren

»Der Evangelist Hitler könnte eine neue Religion gründen. Der Schauspieler Hitler könnte ... volle Theater hinreißen. Der Redner Hitler könnte eine neue Revolution machen.« – Knickerbocker, US-Journalist, im Jahr 1931

Inhalt seiner parteipolitischen Reden und ihrer aktuellen Wirkung gar nicht ins Auge sprang. So wurde von denjenigen, die sich für Kenner der öffentlichen Landschaft der Weimarer Republik hielten, der objektive Gehalt von Hitlers politischem Konzept und der nationalsozialistischen Weltanschauung nur halbernst als Arbeitsprogramm zur Kenntnis genommen. Hitler? Das war für sie ein vulkanisches Naturtalent der Münchener Bierhallen. Das braune Hemd und die Stiefel paßten zu ihm, nicht aber der Frack und das Parkett der Diplomaten. Was verstand dieser Mann in der Reichskanzlei von den wirklichen Problemen des Reiches, von den Schwierigkeiten der großen internationalen Politik? Einen souveränen Regierungschef, einen Staatsmann Hitler, den gab es damals nicht.

Hitler und der Gauleiter von Bayreuth auf einem SA-Treffen im Jahr 1928

Die Revision von Versailles

Am 22. Februar 1920 hatte Hitler mit seinen engsten Mitarbeitern die Leitsätze des Programms der NSDAP formuliert. Zwei Tage später erklärte er sie ausführlich auf der ersten großen Versammlung der Partei im Festsaal des Münchener Hofbräuhauses vor fast zweitausend Menschen. Am Abend dieses 24. Februar debütierte die Partei in der großen Öffentlichkeit. Die Versammlung war für Hitler ein Erfolg, den er in solch hohem Maße nicht erwartet hatte. Er schilderte die Zwischenrufe und Zusammenstöße in den ersten Minuten – die Kommunisten schienen die Mehrheit der Zuhörer gestellt zu haben –, bis der Saalschutz für Ruhe gesorgt hatte: »Ich konnte wieder weitersprechen. Nach einer halben Stunde begann der Beifall das Schreien und Brüllen langsam zu übertönen. Und nun ergriff ich das Programm und begann es zum ersten Male zu erläutern. Von Viertelstunde zu Viertelstunde wurden die Zwischenrufe mehr und mehr zurückgedrängt von beifälligen Zurufen. Und als ich endlich die fünfundzwanzig Thesen Punkt für Punkt der Masse vorlegte und sie bat, selber das Urteil über sie zu sprechen, da wurden sie eine nach der anderen unter immer mehr sich erhebendem Jubel angenommen, einstimmig und immer wieder einstimmig, und als die letzte These so den Weg zum Herzen der Masse gefunden hatte, stand ein Saal voll Menschen vor mir, zusammengeschlossen von einer neuen Überzeugung, einem neuen Glauben, von einem neuen Willen. – Als sich nach fast vier Stunden der Raum zu leeren begann und die Masse sich Kopf an Kopf wie ein langsamer Strom dem Ausgange zuwälzte, zuschob und zudrängte, da wußte ich, daß nun die Grundsätze einer Bewegung in das deutsche Volk hinauswanderten, die nicht mehr zum Vergessen zu bringen waren.«

Die ersten beiden Punkte des Parteiprogramms waren direkt gegen die Friedensverträge von Versailles und Saint-Germain gerichtet. Hitler schätzte sie nur als eine Folge des 9. November 1918 ein, und die Novemberverbrechen wiederum hatten für ihn Gründe in einer längeren Vorgeschichte. »Wir haben diese Niederlage mehr als verdient. Sie ist nur die größte äußere Verfallserscheinung unter einer ganzen Reihe von inneren«, und deshalb ist »die Frage nach den Ursachen des deutschen Zusammenbruchs von ausschlaggebender Bedeutung, vor allem für eine politische Bewegung, deren Zweck ja eben die Überwindung der Niederlage sein soll«. Hier werden die beiden Ansätze der nationalsozialistischen Bewegung unlösbar miteinander verklammert: Revision von Versailles und Veränderung aller bisherigen Richtpunkte des Lebens, sowohl für

Hitler als Programmatiker der Bewegung gegen Versailles
Zeichnung von Kobbe, 1923

den einzelnen als auch für das Volk, um die wirklichen Ursachen des Zusammenbruchs Deutschlands zu tilgen. Also schloß Hitler seine Schilderung der ersten Massenversammlung mit der Feststellung, daß er ein Feuer entfacht hätte, aus dessen Glut einmal das Schwert kommen müsse, das »der deutschen Nation das Leben wiedergewinnen soll. Und neben der kommenden Erhebung fühlte ich die Göttin der unerbittlichen Rache schreiten für die Meineidstat des 9. November 1918«.

An diesen beiden Zielsetzungen orientierte sich Hitlers politischer Weg: »Die Aufgabe des Programmatikers ist nicht, die verschiedenen Grade der Erfüllbarkeit einer Sache festzustellen, sondern die Sache als solche klarzulegen; das heißt: Er hat sich weniger um den Weg als das Ziel zu kümmern. Hierbei aber entscheidet die prinzipielle Richtigkeit einer Idee und nicht die Schwierigkeit ihrer Durchführung. Der Programmatiker einer Bewegung hat das Ziel derselben festzulegen, der Politiker seine Erfüllung anzustreben. Die Größe des einen liegt in der absoluten abstrakten Richtigkeit seiner Idee, die es anderen in der richtigen Einstellung zu den gegebenen Tatsachen und einer nützlichen Verwendung derselben, wobei ihm als Leitstern das Ziel des Programmatikers zu dienen hat.« Hitler zog aus seiner Betrachtung ein Fazit für die Charakterisierung seiner eigenen politischen Rolle: »Innerhalb langer Perioden der Menschheit kann es einmal vorkommen, daß sich der Politiker mit dem Programmatiker vermählt. Je inniger aber diese Verschmelzung ist, um so größer sind die Widerstände, die sich dem Wirken des Politikers dann entgegenstemmen. Er arbeitet nicht mehr für die Erfordernisse, die jedem nächstbesten Spießbürger einleuchten, sondern für Ziele, die nur die wenigsten begreifen. Daher ist dann sein Leben zerrissen von Liebe und Haß. Der Protest der Gegenwart, die den Mann nicht begreift, ringt mit der Anerkennung der Nachwelt, für die er ja auch arbeitet.«

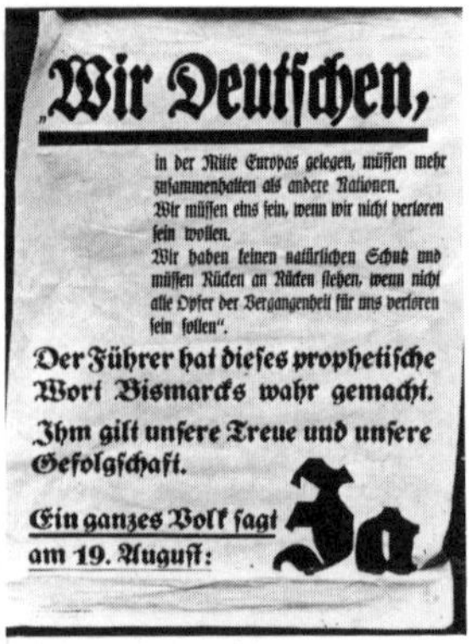

Aufruf zur Volksabstimmung nach der außenpolitischen Isolierung Deutschlands am 19. August 1934

Völkerbund und Wiederaufrüstung

Bis zur letzten Minute vor seinem Selbstmord 1945 blieb Hitler davon überzeugt, daß sein Leben und Wirken erst viel später wirklich verstanden würden. Was aber jeder Deutsche schon seit seinem ersten Auftreten begreifen konnte, war das politische Nahziel des Kampfes gegen die Friedensverträge von Versailles und Saint-Germain. Von diesem Kampf blieb Hitlers Außenpolitik von 1933 bis zum Beginn des Zweiten Weltkrieges bestimmt. Den Auftakt setzte er mit seiner leidenschaftlichen ›Friedensrede‹ vom 17. Mai 1933 vor dem Reichstag in der Kroll-Oper. Er verknüpfte zwar die Kritik an Versailles mit der Forderung, daß Deutschland endlich wieder Gleichberechtigung zugestanden werde, er verwarf jedoch ebenso entschieden jeden militärischen Konflikt: »Der Ausbruch eines solchen Wahnsinns ohne Ende müßte zum Zusammenbruch der heutigen Gesellschafts- und Staatsordnung führen. Ein in kommunistischem Chaos versinkendes Europa würde eine Krisis von unabsehbaren Ausmaßen und nicht abzuschätzender Dauer heraufbeschwören.« Sämtliche Parteien billigten damals ohne Ausnahme die Grundsätze von Hitlers außenpolitischer Erklärung, auch die Fraktion der SPD, darunter Wilhelm Hoegner und Paul Löbe. Am 14. Oktober erklärte die Regierung den Austritt des Deutschen Reiches aus dem Völkerbund und aus der seit 1932/33 bestehenden Genfer

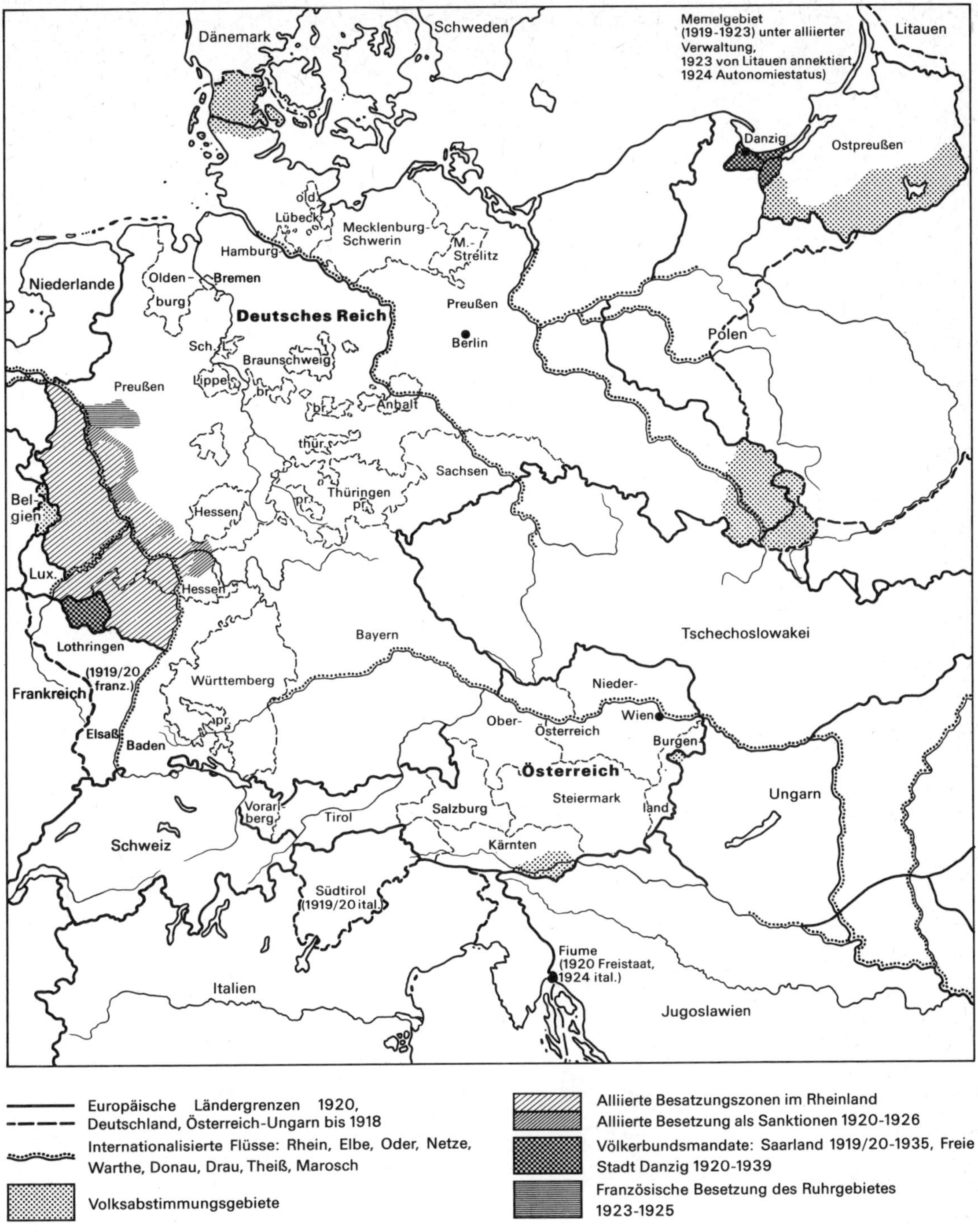

Mitteleuropa nach den Friedensverträgen 1919/20

Der NS-Rassenwahn
in einem Schaubild
aus dem Jahr 1933

Die NS-Tendenz
zum Kolonialismus
Propagandapostkarte von
Hanns Bend
aus dem Jahr 1934

Die Verunglimpfung
der Juden
auf einer Ausstellung
in München
im Jahr 1937
Plakat von H. Stalüter

Abrüstungskonferenz, die das Abrüstungsprogramm des Artikels 8 der Völkerbundssatzung endlich verwirklichen sollte. Die Völkerbundssatzung mit den Bestimmungen über die Mitgliedschaft, die Bundesorgane und die Aufgaben des Völkerbundes war in den ersten sechsundzwanzig Artikeln des Friedensvertrages von Versailles enthalten. Wenn Berlin jetzt seine Mitgliedschaft, die seit 1926 bestand, kündigte, sagte es sich von den Eingangsbestimmungen des Vertrages los.

Die deutsche Regierung begründete ihren Schritt damit, daß Deutschland künftig nur unter der Bedingung im Kreis des Völkerbundes bleiben könne, daß ihm volle, vorbehaltlose Gleichberechtigung zugestanden würde. Das sei bis jetzt lediglich in unverbindlicher Form der Fall gewesen, und es bestehe keine Aussicht darauf, daß es sich demnächst ändern würde. Ferner hätten sich die Staaten dazu verpflichtet, nach der vollständigen Abrüstung Deutschlands ebenfalls ihre Zusagen über die Rüstungsminderungen zu erfüllen. Auch dies sei nicht der Fall gewesen. Staatliche Gleichberechtigung verlange, daß auch ein Rüstungsgleichstand erreicht werde, das heißt konkret: Abrüstung aller Großmächte und gebilligte Aufrüstung Deutschlands bis zum Gleichstand. Ferner hätten sich eine ganze Reihe von Staaten eklatante Verstöße gegen den Versailler Vertrag zuschulden kommen lassen, so etwa Frankreich, Polen, Litauen. Der Völkerbund hätte das zwar gerügt, sonst aber nichts dagegen unternommen. Obwohl alle Beschwerden Deutschlands in den Minderheitenfragen zur Kenntnis genommen und diskutiert worden wären und der Völkerbund den betroffenen Staaten wohlmeinende Ratschläge und Empfehlungen erteilt hätte, sei in Wirklichkeit nicht das mindeste geschehen, um die Gründe für die deutschen Beschwerden aus der Welt zu schaffen. Hitler ließ einen Monat später, am 12. November 1933, die Deutschen über den Austritt aus dem Völkerbund abstimmen: Fünfundneunzig Prozent billigten den Schritt der Reichsregierung.

»Die deutsche Regierung ... sieht ... sich außerstande, unter solchen Umständen als rechtlose und zweitklassige Nation noch weiterhin an den Verhandlungen teilzunehmen, die damit nur zu neuen Diktaten führen könnten.« – Hitler an das deutsche Volk am 14. Oktober 1933

Seit dieser Aktion begann Hitler die Vorbereitungen zur Wiederaufrüstung zu forcieren. Er setzte damit nur etwas in die Praxis um, worauf sich die Reichswehr schon seit Jahren eingestellt hatte. Hitler schätzte allerdings die anderen Staaten richtig ein; er wußte, daß die Aufrüstung vorerst unverhüllt noch nicht durchzuführen war, wenn er nicht ernste Konflikte riskieren wollte. Immerhin konnte er sich mit Recht darauf berufen, daß Deutschland schon vor seiner Machtübernahme und dann das ganze Jahr 1933 hindurch auf der Genfer Abrüstungskonferenz genügend praktische Vorschläge gemacht hatte, die eine allgemeine drastische Rüstungsbegrenzung verwirklicht hätten, wenn die anderen Staaten dazu bereit gewesen wären, Deutschland endlich die Gleichberechtigung und uneingeschränkte Souveränität zuzugestehen: Begrenzung der Heeresstärken, Beschränkung auf bestimmte Waffen, Verbot von Bombenflugzeugen.

Die deutschen Vorschläge hatten keine Resonanz gefunden, gegen sie war vor allem Frankreich, dessen Sicherheitsbedürfnis und Mißtrauen gegenüber Deutschland genauso groß waren wie die Einsicht in die eigene Schwäche. Dafür war Deutschland jedoch nicht verantwortlich zu machen, auch nicht Hitler, den man im Ausland in den Jahren 1933 und 1934 lediglich als einen Staatsmann kannte, der nicht müde wurde, seinen Friedenswillen zu beteuern. Es dürfte müßig sein, Hitler diesen Friedenswillen zu bestreiten, indem man etwa Passagen aus seinen früheren Reden oder gar aus ›Mein Kampf‹ dagegen ausspielt. Im Frühjahr 1938, einige Wochen nach dem Anschluß Österreichs, meinte Hitler in Rom während eines Mittagessens im Quirinal-Palast: »›Mein Kampf‹ ist eine Aneinanderreihung von Leitartikeln für den ›Völkischen Beobachter‹, und ich glaube, selbst dort würde man sie aus sprachlichen Gründen nur ungern annehmen. Inhaltlich möchte ich nichts ändern. Wenn es schon ›Phantasien zwischen Gittern‹ sind, die ich da dem Heß diktiert habe: Es gibt auch eine Logik des Traumes. Nur das Kapitel über die Syphilis müßte ich als unrichtig total umändern. Das jedenfalls weiß ich, wenn ich 1924 geahnt hätte, Reichskanzler zu werden, dann hätte ich das Buch nicht geschrieben. Aber ich weiß nicht, ich sah mich immer nur als Parteiführer und höchstens einmal als beratenden ›Intimus‹ eines Reichsoberhauptes.« Die gänzlich undoktrinäre, auf das jeweils Mögliche, das rein Pragmatische abgestimmte Außenpolitik Hitlers bleibt eine Tatsache – bis zum Einmarsch der deutschen Truppen in die Rest-Tschechoslowakei, dem ersten Akt einer Politik zwischen Einsichtslosigkeit und Aussichtslosigkeit, die das ganze Jahr 1939 erfüllte.

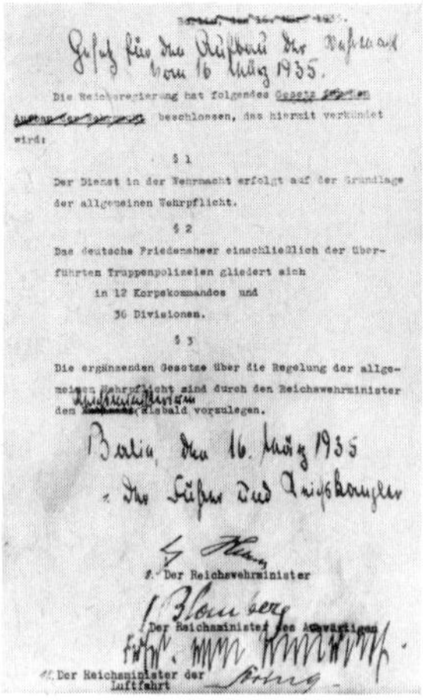
Die Reichsregierung hat folgendes Gesetz beschlossen, das hiermit verkündet wird:

§ 1

Der Dienst in der Wehrmacht erfolgt auf der Grundlage der allgemeinen Wehrpflicht.

§ 2

Das deutsche Friedensheer einschließlich der überführten Truppenpolizeien gliedert sich in 12 Korpskommandos und 36 Divisionen.

§ 3

Die ergänzenden Gesetze über die Regelung der allgemeinen Wehrpflicht sind durch den Reichswehrminister dem alsbald vorzulegen.

Berlin, den 16. März 1935

Der Reichswehrminister

Der Reichsminister des Auswärtigen

Der Reichsminister der Luftfahrt

Der Aufbau der Wehrmacht
Ministerieller Beschluß
vom 16. März 1935

Die Großmächte des Völkerbundes waren seit 1919 nicht in der Lage, sich über den Modus einer tatsächlichen Abrüstung zu einigen und sie durchzuführen. Um zu begreifen, daß diese Unfähigkeit ein Ergebnis ihrer mangelnden Bereitschaft war, mußte man im diplomatischen Geschäft nicht außergewöhnlich erfahren sein. Erschwert wurde die Situation durch die höchst bedrohliche Haltung Polens und die russische Rüstung, die man ohne die geringsten Bedenken gegenüber den anderen Staaten durchführte. Hauptbedingung für die ungehinderte deutsche Aufrüstung war die Einführung der allgemeinen Wehrpflicht; erst sie ermöglichte es Hitler, das Stadium der geheimen, obschon nicht aller Welt völlig unbekannten Aufrüstung zu veranlassen und Deutschlands volle Souveränität zu demonstrieren. Hitler erließ am 16. März 1935 das ›Gesetz für den Aufbau der Wehrmacht‹, am 21. Mai das Wehrgesetz mit den Einzelbestimmungen zum Gesetz vom 16. März. Vorgesehen waren zunächst zwölf Korps und sechsunddreißig Divisionen. Nach dem Tod Hindenburgs am 2. August 1934 übernahm Hitler zusätzlich das Amt des Reichspräsidenten und wurde dadurch Oberster Befehlshaber der Reichswehr; die Truppe legte auf ihn den Eid ab. Wegen dieser Ämtervereinigung wurde wiederum eine Volksbefragung durchgeführt. Hitler erhielt 41,3 Millionen Ja-Stimmen; mit Nein stimmten rund zehn Prozent, nämlich 4,3 Millionen. Am 1. April 1935 ernannte er die Befehlshaber des Heeres, der Marine und der Luftwaffe: General von Blomberg, Admiral Raeder und Generaloberst Göring. Blomberg wurde im Mai zum Reichskriegsminister und Oberbefehlshaber der neuen Wehrmacht ernannt.

Die deutsche Aufrüstung
in ausländischer Sicht
Zeichnung von
Daniel R. Fitzpatrick, 1935

Die Einführung der allgemeinen Wehrpflicht wirkte im Ausland nicht besonders überraschend, auch nicht sonderlich beunruhigend. Seit Deutschland aus dem Völkerbund ausgetreten war, mußte früher oder später die Aufrüstung zu einer offenen Tatsache werden. Am schnellsten stellte sich England auf die neue Lage ein. London schloß mit Berlin am 18. Juni 1935 ein Flottenabkommen und stimmte damit – entgegen den Festsetzungen von Versailles – zu eigenem Nutz und Frommen der deutschen Aufrüstung zu, ohne die Völkerbundsstaaten konsultiert zu haben. Kern der Vereinbarung war ein festes Verhältnis der Flottenstärken. Die deutsche und die britische Kriegsmarine sollten sich an die Relation von fünfunddreißig zu hundert halten. Frankreich sah sich durch dieses Abkommen zurückgedrängt wie im Jahr zuvor bei Abschluß des Nichtangriffspaktes zwischen Berlin und Warschau, einer Vereinbarung, die jenseits des Rheins als Niederlage verbucht wurde. Paris hatte sich demzufolge dafür eingesetzt, daß die Sowjetunion 1934 in den Völkerbund aufgenommen wurde. Frankreich pflegte seitdem die Beziehungen zu Rußland besonders angelegentlich mit dem Ergebnis, daß im Mai 1935 zwischen beiden Staaten ein Militärabkommen zustande kam.

Deutschland wertete diesen Pakt als praktischen Bruch des Locarno-Vertrages von 1925. Andererseits war die Mitgliedschaft des Reiches im Völkerbund eine Voraussetzung für die Realisierung der Vereinbarungen von Locarno, dieses wichtigsten Abkommens seit 1919; denn die Verpflichtungen Frankreichs und Deutschlands, die Versailler Grenzregelungen im Westen zu achten, hatten in Europa eine wohltuend präzise, verhältnismäßig zuverlässige Machtbalance hergestellt. Wenn Rußland jetzt, 1935, als neuer Partner in Frankreichs Vertragssystem einbezogen wurde, verschob sich das Kräfteverhältnis in Mitteleuropa, und zwar keineswegs zugunsten Deutschlands. Das Abkommen bot der Reichskanzlei gebührenden Anlaß, mit einem unmißverständlichen Coup darauf zu antworten, nämlich die Reichssouveränität nunmehr auf sämtliche deutschen Gebiete auszudehnen. Hitler entschloß sich kurzfristig, die entmilitarisierte Zone des Rheingebietes wieder zu besetzen. Nachdem das französisch-sowjetische Bündnis durch die Ratifizierung völkerrechtlich verbindlich geworden war, kündigte das Deutsche Reich am 7. März 1936 den Locarno-Vertrag. Am selben Tag marschierte die Wehrmacht ins Rheinland ein. Im November wurde die Internationalisierung der deutschen Flüsse aufgehoben, die Reichshoheit über die Wasserstraßen wiederhergestellt und damit die volle Reichssouveränität verwirklicht.

NS-Abzeichen
für das Fliegerkorps (NSFK)
und das Kraftfahrkorps
(NSKK)

Die Reichsregierung hatte mit der Einführung der allgemeinen Wehrpflicht, dem deutsch-englischen Flottenabkommen und der Rheinland-Besetzung gewichtige Tragsteine aus dem Versailler Vertrag gebrochen. Um zu bekunden, daß seine Linie der Außenpolitik sich unverändert an dem Willen orientierte, nur Versailles rückgängig zu machen und sonst nichts, erstattete Hitler am vierten Jahrestag seines Regierungsantritts einen umfassenden Rechenschaftsbericht. Er versicherte mit allem Nachdruck, daß die Wiederherstellung der staatlichen Gleichberechtigung Deutschlands ein Prozeß gewesen sei, der ausschließlich das Deutsche Reich selbst berührt und betroffen habe; keinem anderen Volk sei dadurch etwas genommen, kein anderes Volk sei dadurch geschädigt worden. Am Ende seiner Übersicht löschte Hitler in aller Feierlichkeit die Unterschrift der deutschen Regierung von 1919, des Kabinetts des Sozialdemokraten Gustav Bauer, unter der Erklärung des Versailler Friedensvertrages, daß Deutschland die ausschließliche Schuld am Ersten Weltkrieg besitze. Mit dieser einseitigen Annullierung des Versailler Schuldparagraphen war die politisch-moralische Belastung des Friedensvertrages für Deutschland beseitigt.

»Wir sind nicht gewillt zuzulassen, daß Straßburg im Schußbereich der deutschen Kanonen liegt.« – Albert Sarraut in einer Rundfunkansprache am 8. März 1936

Blumen statt Bomben

Das Ende des Ersten Weltkrieges hatte auch das Ende der Habsburger Monarchie bedeutet. Kaiser Karl I. trat am 11. November 1918 zurück und stellte es der österreichischen Bevölkerung frei, über ihre künftige Regierungsform selbst zu entscheiden. Schon am nächsten Tag wurde von der Provisorischen Nationalversammlung in Wien, die sich am 21. Oktober konstituiert hatte, jubelnd und ohne Gegenstimme ein neues Gesetz über die Staats- und Regierungsform angenommen. Sein Artikel 2 bestimmte unumwunden: »Deutsch-Österreich ist ein Bestandteil der Deutschen Republik.« Ostentativ erhoben sich sämtliche Abgeordneten von ihren Plätzen, als der sozialdemokratische Staatskanzler Karl Renner erklärte, daß es »gerade in dieser Stunde, wo es so leicht und so bequem und vielleicht auch so verführerisch wäre, seine Rechnung abgesondert zu stellen«, für die Österreicher nur den »Weg der einen deutschen Schicksalsgemeinschaft« geben könne. Karl Renner, der Ende 1945 zum Bundespräsidenten der neuen Republik Österreich gewählt wurde, hatte bereits in der zweiten Sitzung der Nationalversammlung, am 30. Oktober 1918, eine Note an den amerikanischen Präsidenten Wilson beschließen lassen, in der die Gründung Deutsch-Österreichs auf Grund des Selbstbestimmungsrechtes der Völker mitgeteilt wurde. Einen Tag nach der Erklärung der Vereinigung Österreichs mit Deutschland gaben auch die Deutschen in Böhmen, Mähren und Schlesien bekannt, daß sie und ihre Wohngebiete künftig Teil des Deutschen Reiches seien. Und am 22. November wurde schließlich in Wien ein Gesetz erlassen, das den Umfang, die Grenzen und Beziehungen des neuen staatlichen Territoriums festlegte. Das Staatsgebilde umfaßte auf der Basis des Selbstbestimmungsrechts »das geschlossene Siedlungsgebiet der Deutschen innerhalb der bisher im Reichsrat vertretenen Königreiche und Länder« und wurde als Teil des Deutschen Reiches bezeichnet. Konkret bezog sich das auf die Alpenländer inklusive Südtirol, auf Österreich selbst und die deutschbesiedelten Distrikte Böhmens, Mährens und Schlesiens.

»Ich war, bin und bleibe ein Deutscher.« – Conrad von Hötzendorf, K. K.-Generalstabschef, nach den Friedensverträgen von 1919

Der großdeutsche Anschlußgedanke beherrschte ohne Einschränkungen sämtliche Pläne über den künftigen politischen Weg, bis die österreichische Delegation, geführt von Karl Renner, unter schwerstem Druck und den Drohungen der Sieger die Bedingungen des Friedens von Saint-Germain akzeptieren und unterschreiben mußte. In diesem Vertrag wurde Österreich ausdrücklich das Selbstbestimmungsrecht verweigert, der Anschluß an Deutschland untersagt und ihm verboten, als Staatsbezeichnung den Namen Deutsch-Österreich zu führen. Die Nationalversammlung stimmte am 10. September 1919 für die Vereinbarungen, allerdings unter einstimmigem Protest. Damit war Österreich – territorial gelagert in etwa um das alte Erzherzogtum und den nördlichen Teil der Grafschaft Tirol samt einigen Gebieten der Herzogtümer Steiermark und Kärnten – ein eigenes Staatsgebilde geworden; alle Versuche, die Vereinigung mit Deutschland durchzusetzen, waren an dem Veto der Entente-Mächte gescheitert. Auch damals stand das Siegerrecht über dem Selbstbestimmungsrecht.

Das Staatssiegel der Republik Österreich (ab Mai 1919 bis Juni 1934) Wachsabguß nach dem Typar

Die Machtübernahme Hitlers 1933 wirkte sich auf die inneren Verhältnisse Österreichs extrem verschärfend aus. Schon in den Jahren nach 1919 hatte das Kunstgebilde des neuen Staates praktisch kaum Möglichkeiten gehabt, wirtschaftlich wenigstens einigermaßen Boden unter die Füße zu bekommen. Im Jahr 1928 betrug die Arbeitslosenzahl noch immer fünfundzwanzig Prozent. Jahrelang war die Republik abhängig von Lebensmittellieferungen des Auslands, von vielerlei Hilfsaktionen und hohen Auslandskrediten. Solche Unterstützungen blieben für den Staat nackte Existenz- und Überlebensfragen. Der Völkerbund setzte dabei apodiktisch voraus, daß Wien sich zu keinerlei Politik der deutsch-österreichischen Annäherung verleiten ließ. Doch dieses

Bedingungsgefüge wurde durch die österreichischen Nationalsozialisten massiv gestört. Bei ihnen sammelte sich bald alles, was dem Anschlußgedanken huldigte, und sie hatten bereits 1932 bei den Landtags- und Gemeindewahlen enorme Stimmengewinne erzielen können.

Die Regierung des christlich-sozialen Politikers Engelbert Dollfuß, die sich seit dem 20. Mai 1932 im Amt befand, kämpfte mit aller Energie gegen jede Gruppierung im Land, die dem Anschluß das Wort redete; es handelte sich schon um weit mehr als die Hälfte der Bevölkerung. Dollfuß ging es dabei nicht nur um die eigene Regierung. Er hatte wegen der wirtschaftlichen Notlage am 15. Juli 1932 vom Völkerbund eine Anleihe von dreihundert Millionen Schilling erhalten, und Österreich mußte sich dafür nochmals ausdrücklich verpflichten, die folgenden zwanzig Jahre, also bis 1952, keinerlei wirtschaftliche oder politische Union mit Deutschland einzugehen. In der österreichischen Bevölkerung kam es wegen dieses Junktims zu erregten Protesten, die sich zu den schwersten Unruhen seit 1919 auswuchsen. Dollfuß entschloß sich deshalb Anfang März 1933 zu einem Staatsstreich. Er kassierte die parlamentarische Verfassung, führte statt dessen eine berufsständische Vertretung ein und legitimierte seine Regierung durch Berufung auf das ›Kriegswirtschaftliche Ermächtigungsgesetz‹ vom 24. Juli 1917, was einer juristischen Posse glich. Seit dem 7. März 1933 datierte in Österreich ein Regime, das als ›Austrofaschistische Diktatur‹ gekennzeichnet worden ist. Dollfuß verbot die Kommunistische Partei. Am 19. Juni erließ er auch ein Verbot der NSDAP. Er löste alle Kampfbünde auf wie den Republikanischen Schutzbund, die SA und die SS und gründete als Gegengruppe die ›Vaterländische Front‹. Sein hartnäckiges Bestreben, mit Italien möglichst enge Verbindungen herzustellen, ergab sich nicht vorherrschend aus der verwandten Regierungsform, sondern zielte auf die außenpolitische Sicherung Österreichs; denn Dollfuß durfte in der Anschlußfrage von keinem Staat bessere Rückendeckung erwarten als von Italien. Südtirol war für die faschistische Regierung ebenfalls kein Problem des deutschen Rechts auf nationale Selbstbestimmung; es stellte etwas Ähnliches dar wie Elsaß-Lothringen für Frankreich, zumal die Wasserscheide am Brenner seit mehr als einem Halbjahrhundert als natürliche Grenze Italiens im Norden betrachtet wurde.

Engelbert Dollfuß beim Abschreiten der Front verschiedener Formationen nach einer Gedenkfeier für die Opfer der Februarrevolte vor der Wiener Michaelerkirche im Jahr 1934

Im Februar 1934 kam es in Wien und anderen großen österreichischen Städten zu blutigen Straßenkämpfen zwischen Sozialdemokraten und Regierungstreuen. Dollfuß verbot daraufhin nicht nur die Sozialisten, sondern löste auch sämtliche übrigen Parteien in Österreich auf. Fünf Monate später inszenierte der Landesleiter der österreichischen NSDAP, Theodor Habicht, einen Putsch. Er hatte Hitler vorsätzlich eine völlig unzutreffende Situation skizziert, von einer bevorstehenden Revolte des Heeres gegen Dollfuß berichtet und sich für diesen Fall die Zusicherung geben lassen, daß die österreichische NSDAP die Armee unterstützen dürfe. In Wirklichkeit handelte es sich um eine selbständige Aktion der Nationalsozialisten. Dollfuß wurde am 25. Juli 1934 während eines Handgemenges im Bundeskanzleramt in Wien ermordet. Als Hitler den wahren Sachverhalt erfuhr, ließ er Habicht sofort zu sich kommen, warf ihm in größter Erregung Hinterhältigkeit und Betrug vor und versuchte durch hektische Diplomatenaktivität, das Geschehene möglichst folgenlos zu machen: Papen, der nach dem Röhm-Putsch das Vizekanzleramt niedergelegt hatte, wurde als Sonderbotschafter des Reiches nach Wien geschickt.

»Wir stehen vor einem zweiten Sarajewo.« – Hitler zu Papen über den Putsch in Österreich

Kurt von Schuschnigg

Nachfolger von Engelbert Dollfuß wurde Kurt von Schuschnigg, bis dahin österreichischer Unterrichtsminister. An dem autoritären Kurs von Dollfuß änderte sich durch den Regierungswechsel nichts, allerdings war Dollfuß erheblich entschlossener und von härterem Zuschnitt als Schuschnigg. Ein Ausgleich mit Berlin gelang erst ein Jahr später: Am 11. Juli 1936 wurde ein Nichteinmischungspakt geschlossen; ferner einigten sich beide Regierungen, in der Außenpolitik gegenseitige Abstimmung zu pflegen. Die inneren Unruhen und Spannungen in Österreich waren damit nicht beseitigt, sie erhielten nur ein anderes Gesicht, weil die Regierung Schuschnigg nunmehr die nationalsozialistische Propagandaarbeit wohl oder übel tolerieren mußte und weil überdies Italien nicht mehr als Stützpfeiler der österreichischen Politik diente. Die Einigung mit Österreich hatte für Berlin die Voraussetzung geschaffen, daß Deutschland und Italien am 25. Oktober 1936 einen Freundschaftsvertrag schlossen, ein Abkommen, auf das Mussolini wegen der deutschen Unterstützung seines Abessinien-Abenteuers angewiesen war. Schuschnigg ließ sich vom Duce bei einem Treffen in Venedig Anfang 1937 mündlich bestätigen, daß Italien in der Anschlußfrage nicht mehr hinter Österreich stehe.

Die inneren Schwierigkeiten für die Wiener Regierung wuchsen 1937 bedrohlich an. In Berlin wiederum setzten sich Anfang 1938 diejenigen durch, die für eine rasche, notfalls gewaltsame Lösung des Österreich-Problems plädierten, um so mehr, als über die Haltung der österreichischen Bevölkerung weder bei den Freunden noch bei den Gegnern des Anschlusses Zweifel bestanden und der stellvertretende englische Außenminister Viscount Halifax bei einem Besuch im November 1937 Hitler in Berchtesgaden erklärt hatte, daß verschiedene Änderungen in Europa notwendig seien. Halifax erwähnte namentlich Österreich, Danzig und die Tschechoslowakei. An der Spitze derjenigen, die in Berlin darauf drängten, eine Vereinigung unter allen Umständen durchzuführen, stand Hermann Göring. Hitler selbst hatte wiederholt versichert, daß er kein Interesse daran habe, die Verhältnisse zu forcieren. Auf einen Rat Papens hin entschloß sich der österreichische Regierungschef, durch eine direkte Aussprache mit Hitler die Krise wenigstens etwas zu dämpfen und zu versuchen, eine radikale Lösung des Problems so lange hinauszuschieben, bis sich möglicherweise die außenpolitische Lage zugunsten seiner Regierung verändert habe – eine hoffnungslose Spekulation, denn Frankreich war zwar ein zuverlässiger Freund Wiens, aber auch ein unfähiger Freund, und von England konnte man das erste kaum sagen, dafür das zweite um so sicherer.

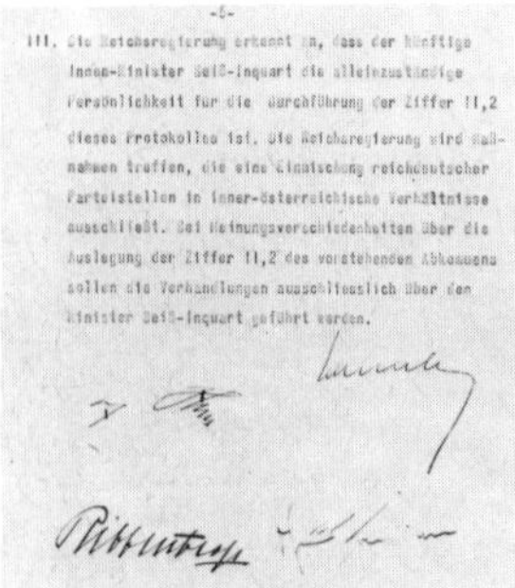

-6-

III. Die Reichsregierung erkennt an, dass der künftige Innen-Minister Seiß-Inquart die alleinzuständige Persönlichkeit für die Durchführung der Ziffer II,2 dieses Protokolles ist. Die Reichsregierung wird Maßnahmen treffen, die eine Einmischung reichsdeutscher Parteistellen in inner-österreichische Verhältnisse ausschließt. Bei Meinungsverschiedenheiten über die Auslegung der Ziffer II,2 des vorstehenden Abkommens sollen die Verhandlungen ausschliesslich über den Minister Seiß-Inquart geführt werden.

Die NS-Aktivität
in der Österreich-Frage
Protokoll über die Unterredung
Schuschniggs mit Hitler
in Obersalzberg
am 12. Februar 1938

Schuschnigg traf mit Hitler am 12. Februar 1938 in Berchtesgaden zusammen. Das Gespräch begann freundschaftlich, doch Hitler steigerte sich rasch in einen heftigen Ärger und überschüttete den österreichischen Kanzler schließlich mit Vorwürfen über die Behandlung der Nationalsozialisten in Österreich, gab ihm alle Schuld an der Verschlechterung der Beziehungen zwischen Berlin und Wien und ließ seinen Gast nicht darüber im unklaren, daß der Anschluß nur noch eine Frage der Zeit sei. Er verlangte von Schuschnigg, den Nationalsozialisten ab sofort politische Freizügigkeit zu gewähren und für alle Verurteilten eine Amnestie zu erlassen. Schuschnigg gab nach. Er nahm Arthur Seyß-Inquart, Mitglied des Staatsrats und Führer der nationalen Katholiken Österreichs, der offen mit den Nationalsozialisten sympathisierte, als Innen- und Sicherheitsminister in sein Kabinett.

In den folgenden Wochen kämpfte Schuschnigg verzweifelt um seine Regierungsautorität. Schließlich rief er zu einer Volksabstimmung auf, bei der sich die Wähler entscheiden sollten »für ein freies und deutsches, unabhängiges und soziales, für ein christliches und einiges Österreich! Für Friede und Arbeit! Und für die Gleichberechtigung aller, die sich zu Volk und Vaterland bekennen«. Das klang nicht übel. Aber das Wahlalter wurde auf vierundzwanzig Jahre festgesetzt, und für den Urnengang wurden lediglich Angehörige der ›Vaterländischen Front‹ zugelassen. Außerdem konnte nur mit Ja gestimmt werden, und selbst zerrissene Wahlzettel sollten zugunsten der Regierung gewertet werden. Hitler reagierte auf diese Farce eines Plebiszits äußerst gereizt; er warf Schuschnigg einen Bruch der Berchtesgadener Vereinbarungen vor. Der Bundeskanzler widerrief daraufhin die Volksbefragung und brachte sich dadurch um das letzte Ansehen. Göring schaltete sich eigenmächtig ein, indem er in einem Telefongespräch mit Wien verlangte, daß Schuschnigg sofort zurücktreten und Seyß-Inquart sein Nachfolger werden müsse. Göring trieb zu äußerster Eile, denn er befürchtete, Hitler würde sich vielleicht damit begnügen, als gemeinsames Staatsoberhaupt zu fungieren und Österreich einen verhältnismäßig selbständigen, getrennten Status vom Reich zuzusprechen. Göring jedoch wollte die bedingungslose Vereinigung. Hitler ließ sich überreden. Er wünschte lediglich der Form halber von dem neuen Bundeskanzler Seyß-Inquart ein Telegramm mit der Bitte um Entsendung von Truppen. Göring war selbst das noch zu viel diplomatisches Schaumschlagen. Er rief erneut in Wien an und ließ Seyß-Inquart ausrichten, er müsse dieses Telegramm nicht auf dem üblichen Weg absenden; es genüge, wenn er es telefonisch nach Berlin durchgebe. Am 12. März 1938 rückte die deutsche Wehrmacht ein, um, wie es amtlich hieß, »jeder Bürgerkriegsgefahr zu begegnen«. Einen Tag später wurde der Anschluß Österreichs proklamiert.

Göring traf noch am Abend des 11. März auf einem festlichen Ball, zu dem nahezu alle akkreditierten Diplomaten geladen waren, mit dem englischen Botschafter in Berlin zusammen. Volle zwei Stunden sprach er auf Sir Henderson ein, entwickelte sämtliche Gründe für den Entschluß der Reichsregierung, die beiden deutschen Länder zu vereinigen, nahm auch eine Wendung aus dem Rechenschaftsbericht Hitlers vom Vorjahr auf und fragte, welcher Staat auf der Welt durch diesen Zusammenschluß der beiden Brudervölker geschädigt werde, wer denn etwas verliere und wem dadurch ein Schaden entstünde. Letzten Endes würde es sich doch nur um eine »absolute Wiedergutmachung« handeln, denn beide Teile hätten viele Jahrhunderte innerhalb des Deutschen Reiches zusammengehört und seien lediglich durch die politischen Konstruktionen des 19. und 20. Jahrhunderts getrennt worden. Unter diesen Voraussetzungen hatten Görings Argumente sicherlich ihr Gewicht, aber die Frage, welcher Staat durch den Anschluß geschädigt worden sei, war offenkundig zu treuherzig; ein versierter Politiker wie Göring konnte schließlich ermessen, welch gravierende Rolle das nationale Machtbewußtsein der anderen Staaten oder die durchaus nicht als fiktiv zu verstehende Verantwortung für ein sogenanntes europäisches Gleichgewicht spielten.

Abschied Hitlers von Seyß-Inquart im März 1938 nach den Feierlichkeiten aus Anlaß des österreichischen Anschlusses

Die deutschen Soldaten zogen mit Fahnen und Musik in Österreich ein, ohne Munitionskolonnen. Sie wurden von der Bevölkerung triumphal empfangen. Schirach wurde von Melancholie überwältigt: »Ich hoffe, daß die Österreicher diesen Jubel niemals bereuen müssen.« Hitler fuhr bereits am Nachmittag des 12. März über seine Geburtsstadt Braunau nach Linz. Der Freudentaumel in der

Stadt übertraf alles, was er bisher an Turbulenz der Zustimmung erlebt hatte. Am 14. März traf er in Wien ein. Alle Kirchenglocken der Metropole läuteten während seiner langsamen Fahrt im offenen Auto durch die Straßen. Als er auf den Balkon seines Hotels trat, entfesselten Hunderttausende auf dem Schwarzenbergplatz einen wahren Orkan der Begeisterung. Am 18. März und am 1. April erließen die Bischöfe und der evangelische Oberkirchenrat feierliche Erklärungen, in denen sie ihre übermächtige Freude wegen dieser »Heimkehr ins Reich« nach so langer Trennung bekundeten und die Gläubigen darum baten, sich bei der kommenden Abstimmung zum Deutschen Reich zu bekennen; denn auch sie seien Deutsche.

»Am Tage der Volksabstimmung ist es für uns Bischöfe selbstverständliche Pflicht, uns als Deutsche zum Deutschen Reich zu bekennen.« – Erklärung der österreichischen Bischöfe zur Volksabstimmung am 10. April 1938

Die Volksbefragung fand am 10. April 1938 statt. Selbst wenn das amtliche Ergebnis mit seinen 99,73 Prozent Ja-Stimmen sich kräftige Abstriche gefallen lassen müßte, stimmte die überwiegende Mehrheit der Österreicher damals dem Anschluß zu. Sogar Karl Renner, der sich nach seiner Verhaftung durch die Regierung Dollfuß von der Politik zurückgezogen hatte, billigte die Vereinigung; er war lediglich mit ihrer Form, mit den Modalitäten nicht einverstanden. Im Nürnberger Prozeß wurde Göring, der alle wesentlichen Maßnahmen in den Monaten Februar/März 1938 veranlaßt hatte, von den Vertretern der Anklage vorgeworfen, Deutschland hätte, wie sich aus dem Anschluß und seiner Vorgeschichte ergebe, einen Angriffskrieg gegen Österreich geplant und durchgeführt. Göring schüttelte den Kopf über so viel Unkenntnis oder bewußtes Unverständnis: »Einen Angriffskrieg führt man, wenn man schießt, Bomben wirft . . . Hier aber wurde nur eins geworfen, und das waren Blumen.« Mit dem Anschluß Österreichs war sowohl der einstimmige Wunsch der österreichischen Abgeordneten der Wiener Nationalversammlung nach zwanzig Jahren verwirklicht worden, als auch ein weiteres Stück aus den Friedensverträgen des Jahres 1919 herausgebrochen. Der amtierende Bundeskanzler Seyß-Inquart hatte Hitler in Linz auf dem Marktplatz begrüßt. In seiner Ansprache erklärte er »in feierlicher Weise den Artikel 88 des Friedensvertrages von Saint-Germain als unwirksam«, denjenigen Artikel, der bestimmte, daß ein Anschluß Österreichs an das Deutsche Reich nur dann möglich und statthaft sei, wenn der Völkerbund sich zuvor damit einverstanden erklärt und seine Zustimmung gegeben hatte. Die Friedensverträge zwischen den Entente-Mächten und den besiegten Staaten nach dem Ersten Weltkrieg standen Pate bei allen nennenswerten Entschlüssen und Handlungen im Europa der Zwischenkriegszeit.

Zum Tag der Volksabstimmung über die Wiedervereinigung der ›Ostmark‹ mit dem Reich Flugblatt und Plakat

Der Erste Weltkrieg

Die Friedensverträge: vom Diktat zur Diktatur

Im Dezember 1918 war der amerikanische Präsident Woodrow Wilson nach Frankreich gekommen, um an den Verhandlungen über die Friedensverträge teilzunehmen. Den Vorsitz führte der französische Ministerpräsident George Clemenceau. Die Beratungen begannen am 18. Januar 1919 im Spiegelsaal des Schlosses von Versailles. Sie dauerten nur wenige Monate. Ursprünglich sollte der Friedensvertrag mit dem Hauptgegner Deutschland für die siegreichen Alliierten das Kernstück eines allgemeinen Weltfriedens darstellen. Im April berichtete der deutsche Außenminister Ulrich Graf von Brockdorff-Rantzau in

Die deutsche Friedensdelegation unter Graf von Brockdorff-Rantzau vor der Abreise nach Versailles auf dem Potsdamer Bahnhof Ende April 1919

Die Anlieferung des Vertragsexemplares zur Unterzeichnung des Friedensdiktats von Versailles am 28. Juni 1919

Der Spiegelsaal des Versailler Schlosses,
Stätte der Vertragsunterzeichnung am 28. Juni 1919

der Weimarer Nationalversammlung, was Deutschland von den Beratungen zu erwarten habe. Daraufhin beschlossen die Abgeordneten einen Antrag, in dem sie es ablehnten, einem Gewaltfrieden zuzustimmen. Am 18. April wurde eine deutsche Delegation nach Versailles gebeten, an ihrer Spitze Brockdorff-Rantzau. Clemenceau übergab den Herren am 7. Mai den Textentwurf des Friedensvertrages. Der deutsche Außenminister, der die Artikel bereits kannte, stellte in einer längeren Rede unter anderem fest: »Wir täuschen uns nicht über den Umfang unserer Niederlage, den Grad unserer Ohnmacht. Wir kennen die Macht des Hasses, die uns hier entgegentritt. Es wird von uns verlangt, daß wir uns als die allein Schuldigen am Kriege bekennen. Ein solches Bekenntnis wäre in meinem Munde eine Lüge. Wir sind fern davon, jede Verantwortung dafür, daß es zu diesem Weltkrieg kam, und daß er so geführt wurde, von Deutschland abzuwälzen. Aber wir bestreiten nachdrücklich, daß Deutschland, dessen Volk überzeugt war, einen Verteidigungskrieg zu führen, allein mit der Schuld belastet wird. Das deutsche Volk ist innerlich bereit, sich mit seinem schweren Los abzufinden, wenn an den vereinbarten Grundlagen des Friedens nicht gerüttelt wird. Ein Friede, der nicht im Namen des Rechts vor der Welt verteidigt werden kann, würde immer neue Widerstände gegen sich aufrufen. Niemand wäre in der Lage, ihn mit gutem Gewissen zu unterzeichnen, denn er wäre unerfüllbar. Niemand könnte für seine Ausführung die Gewähr, die in der Unterschrift liegen soll, übernehmen.«

Die Unterzeichnung des Protokolls über den Empfang des Textentwurfes der Friedensbedingungen durch die deutsche Delegation im Schloß zu Versailles am 7. Mai 1919

Für Brockdorff-Rantzau gab es nicht die mindesten Zweifel daran, »daß dieser der deutschen Regierung unterbreitete Entwurf eines Friedensvertrages in schroffstem Widerspruch mit der vereinbarten Grundlage für einen dauernden Rechtsfrieden steht. Nahezu keine einzige Bestimmung des Vertragsentwurfs entspricht den vereinbarten Bedingungen, und der Entwurf fordert in territorialer Hinsicht die Annexion rein deutschen Gebietes und die Unterdrükkung des deutschen Volkstums. Er bringt die völlige Vernichtung des deutschen Wirtschaftslebens. Er führt das deutsche Volk in eine in der Weltgeschichte bisher nicht gekannte finanzielle Sklaverei. Die Verwirklichung dieses Vertragsentwurfs würde für die ganze Welt ein neues Unglück bedeuten.« Als die deutsche Antwortnote vor der endgültigen Fertigstellung des Vertrages überreicht und nochmals um eine Frist für Beratungen gebeten wurde – vor allem wegen der Erklärung, daß das deutsche Volk Urheber des Krieges sei und die sogenannten Kriegsverbrecher ausgeliefert werden sollten –, lehnte Clemenceau herrisch ab: »Die Zeit der Erörterungen ist vorbei.« Er forderte ultimativ von den Deutschen, den Vertrag in seiner bestehenden Formulierung binnen vierundzwanzig Stunden zu unterzeichnen.

Clemenceau, Wilson und Lloyd George in Versailles, Ende Juni 1919

Graf Brockdorff-Rantzau trat aus Protest zurück. Am 23. Juni 1919 ließ der deutsche Gesandte im Auftrag des Reichsaußenministeriums Clemenceau eine Note überreichen: »Der übermächtigen Gewalt weichend und ohne damit ihre Auffassung über die unerhörte Ungerechtigkeit der Friedensbedingungen aufzugeben, erklärt die Regierung der deutschen Republik, daß sie bereit ist, die von den alliierten und assoziierten Regierungen auferlegten Friedensbedingungen anzunehmen und zu unterzeichnen.« Fünf Tage später, am 28. Juni, gab sie der Nötigung endgültig nach und unterzeichnete den Friedensvertrag. Der Ausdruck ›Gewaltfriede‹ oder ›Diktatfriede‹ ist keine Erfindung späterer Rechtsfanatiker; er entsprach vielmehr der Überzeugung sämtlicher Politiker der jungen Republik, sieht man von den Kommunisten ab.

»Wir haben einen Friedensvertrag, aber er wird keinen dauernden Frieden bringen, weil er auf dem Treibsand des Eigennutzes gegründet ist.« – Robert Lansing zum Versailler Vertrag am 8. Mai 1919

US-Präsident Wilson hatte während der letzten Kriegsperiode in seinen ›Vierzehn Punkten‹ die Idee eines gerechten Friedens auf der Basis des Selbstbestimmungsrechts der Völker und einer allgemeinen Liga der Staaten, eines Völkerbundes zu gegenseitiger Souveränitäts- und bleibender Friedensgarantie, formuliert. Dieses Programm war von Deutschland als Grundlage des Waffenstillstandes und der späteren Friedensvereinbarungen ausdrücklich akzeptiert worden. Das Deutsche Reich hatte auch die letzte Note Wilsons vom 5. November 1918 angenommen und war mit den Siegern einen verbindlichen Friedensvorvertrag eingegangen. Von den Alliierten wurden diese Friedensbedingungen nochmals am 16. Juni 1919 in einer Mantelnote anerkannt. Der Diktatfriede, den sie dann in Versailles entwarfen und durchsetzten, besaß also keine Rechtsbasis, da Deutschland nicht bedingungslos die Waffen niedergelegt hatte und die Absprachen des Vorvertrages von den Entente-Mächten gebrochen wurden. Die Deutschen waren zu den eigentlichen Beratungen weder eingeladen noch zugelassen worden, und das widersprach ebenfalls den ›Vierzehn Punkten‹. In Versailles wurde nicht mit dem Deutschen Reich verhandelt, sondern über das Deutsche Reich.

Friedensbotschaft
des
Präsidenten Wilson
am 8. Januar 1918 an den amerikanischen Kongreß gerichtet.
Vollständiger Text.

Anmerkung: Die Stellen, welche in der deutschen Presse nicht wiedergegeben wurden, sind unterstrichen.

Meine Herren!

Das Programm der Zentralmächte

In wessen Namen sprechen die Vertreter der Zentralmächte?

Wilsons ›Vierzehn Punkte‹
Amerikanisches Flugblatt, 1918

Selbstbestimmungsrecht und Cordon sanitaire

Im Januar 1918 hatte der amerikanische Präsident sein Programm der ›Vierzehn Punkte‹ proklamiert. Die europäischen Partner waren von seinem Inhalt schockiert. Clemenceau rettete sich hoffnungsvoll in seinen routinierten Zynismus: »Gott gab uns die Zehn Gebote. Wir haben sie gebrochen. Wilson gab uns die Vierzehn Punkte. Man wird sehen ...« Ihr Schicksal war tatsächlich unschwer vorauszusehen. Die Alliierten stimmten schließlich den Grundsätzen Wilsons zu, allerdings erst in letzter Minute vor Abschluß des Waffenstillstandes. Sie fühlten sich gebunden durch eine Reihe von Abreden aus dem Krieg. England erhob während der Verhandlungen über die Friedensverträge vor allem in der Kolonialfrage härtesten Widerspruch und bestand auch darauf, die Südtirol-Frage nicht entsprechend dem Selbstbestimmungsrecht zu regeln, sondern gemäß dem geheimen Londoner Vertrag von 1915 mit Italien, in dem Südtirol bis zum Brenner der Regierung in Rom als strategische Grenze versprochen wurde; erst aufgrund dieses Vertrages hatte Italien den Mittelmächten ebenfalls den Krieg erklärt. Frankreich wiederum stemmte sich kategorisch dem Begehren Österreichs entgegen, sich dem Deutschen Reich anzuschließen. Außerdem forderte es mit aller Hartnäckigkeit, die französisch-deutsche Westgrenze entlang des Rheins festzulegen und die linksrheinischen Gebiete »in einen oder mehrere selbständige Staaten unter dem Schutze des Völkerbundes« zu verwandeln. Die Macht- und Sicherungsinteressen Englands und Frankreichs prallten in Versailles beständig mit Wilsons gutmeinender, optimistischer Gläubigkeit zusammen. Das Ergebnis war eine weitgehende Durchlöcherung und Aufweichung des Selbstbestimmungsprinzips der Völker und ein Substanzverfall des Programms der ›Vierzehn Punkte‹, das von allen Beteiligten als verbindliche Grundlage angenommen worden war. Obwohl Clemenceau ausdrücklich versichert hatte, daß die Sieger nicht beabsichtigten, die deutsche Nation zu »amputieren«, wurde im Versailler Vertrag vornehmlich im Osten schwerstens dagegen verstoßen, mit Billigung Clemenceaus.

Die siegreichen Entente-Mächte, allen voran die USA, waren der mittel- und osteuropäischen Situation, wie sie sich nach dem Zusammenbruch der führenden Mächte Deutschland, Rußland und Österreich-Ungarn herausgebildet hatte, nicht gewachsen, wenngleich sie im Laufe der Beratungen dazulernten. Da auch Rußland in Paris nicht vertreten war, entstanden die neuen Staaten im Osten und Südosten ohne Beteiligung der bisherigen drei Ostmonarchien. Die territorialen Veränderungen geschahen auf ihre Kosten und wurden zu ihren Lasten durchgesetzt. Die kleineren Mächte erfuhren ebenfalls erst in dem Moment, als die wesentlichen Verhandlungen über die neuen Grenzen beendet waren, was man über sie beschlossen hatte. Die Vielzahl der neugeschaffenen kleinen Staaten sollte nicht nur den Hauptverlierer Deutschland schwächen, sondern eine Zone der Abwehr gegenüber dem bolschewistischen Rußland bilden, den berühmten ›Cordon sanitaire‹. Die Rußland-Politik Clemenceaus im Jahr 1919 war durch die Überzeugung bestimmt, daß die Sowjetregierung »die abscheulichste, barbarischste sei, die jemals ein Land der Erde verwüstet hat«. Deshalb sollte der Bolschewismus mit einem Stacheldrahtzaun umgeben werden, »der ihn hindert, sich auf das zivilisierte Europa zu stürzen«. Der Cordon sanitaire erhielt folglich eine Doppelaufgabe, für deren Erfüllung er allerdings zu schwach, wenn nicht überhaupt ungeeignet war: Er sollte Europa vor dem Bolschewismus abschirmen und zugleich Deutschland in Schach halten. So sah es Frankreich keineswegs ungern, daß sich das Prinzip der Selbstbestimmung in der Praxis nur bedingt durchführen ließ. Bei dem Hauptproblem der östlichen Regelung handelte es sich nicht nur um die deutschen Volksgruppen, vielmehr auch um das Selbstbestimmungsrecht der Polen. Gerade die Wiederherstellung eines Staatsverbandes für das polnische Volk hatte einen Hauptpunkt sämtlicher Kriegsprogramme der Entente, vor allem der britischen Interessen, ausgemacht. Bei der wiederholten Versicherung während des Krieges, daß Polen in vollem Umfang wiederhergestellt werde, dachte man nicht bloß an das historische Polen, wobei es Wahlmöglichkeiten aus den verschiedenen Jahrhunderten gab, sondern nicht zuletzt an die deutschen Gebiete Posens, Westpreußens und Schlesiens. Ähnlich verhielt es sich mit Litauen und Estland. Die Gegensätze der Nationalitäten im Osten ließen sich durch die neuen Grenzziehungen nicht beseitigen; sie wurden von den Siegerstaaten sogar bewußt erhalten, um Deutschland solange wie möglich zu isolieren und zu gefährden. Dies war ein allgemein-politisches Kalkül, wohl erwogen, doch höchst kurzsichtig.

»Frankreich ... wird immer der Soldat des Ideals sein!«
Clemenceau bei einer Rede vor der Französischen Kammer am 11. November 1918
Aus einem Aquarell, 1918

Ausgestorbene Lebewesen

Ergänzt und vollendet wurde die Neuordnung Mittel- und Osteuropas in den Friedensverträgen zu Saint-Germain-en-Laye vom 10. September 1919 zwischen der Entente und Österreich sowie zu Trianon vom 4. Juni 1920 mit Ungarn, den sogenannten Pariser Vorortverträgen, deren Bedeutung in engstem Zusammenhang mit der Lösung stand, die im Versailler Vertrag angebahnt worden war. Im Vertrag von Saint-Germain wurde die Auflösung Österreich-Ungarns auch völkerrechtlich unwiderruflich bestätigt. Die Unterzeichnung fand in einem Saal statt, der zum naturhistorischen Museum gehörte und in dem die Inschrift ›Ausgestorbene Lebewesen‹ zu lesen war. Als Clemen-

Für die Erhaltung des Deutschtums in Österreich
Deutsche Propagandamarke des Ersten Weltkrieges

»Nein! Nein! Niemals!« – Albert Georg Graf Apponyi, Budapests Delegierter beim Völkerbund, zu der Gebietsverkleinerung Ungarns

ceaus Blick darauf fiel, nickte er beifällig: »Ah, das paßt gut für die Österreicher.« Abgesehen von den extrem hohen Reparationsleistungen, zu denen sich die Besiegten verpflichten mußten, wurde Österreich, das von der Entente zur Rechtsnachfolgerin der Doppelmonarchie erklärt worden war, gebietsmäßig auf seine Nationalitäten aufgeteilt und in ein Großmosaik existenzschwacher Staaten zerlegt. Südtirol fiel entsprechend dem Londoner Geheimvertrag von 1915 bis zum Brenner an Italien. Jugoslawien erhielt die Südsteiermark und Südostkärnten. Der Versuch Belgrads, auch Südkärnten abzutrennen, scheiterte nach schweren Abwehrkämpfen der Kärntner. Jugoslawien erhielt ferner den westlichen Teil des Banats, die bulgarischen Gebiete Caribrod, Bosiligrad und Strumica, das albanische Skutari sowie Teile Dalmatiens und vorübergehend den Hafen Fiume, den es 1919 wieder an Italien verlor, außerdem Istrien, das 1920 gleichfalls an Italien fiel.

Für die Schaffung eines selbständigen tschechoslowakischen Staates hatten sich die Alliierten endgültig erst 1918 entschieden. Bis dahin hatten sie noch darauf gehofft, mit Österreich-Ungarn einen Sonderfrieden abzuschließen. Wäre dies gelungen, dann hätte dies sicherlich eine gänzliche Auflösung der Donau-Monarchie verhindert. Die Tschechoslowakei erhielt das gesamte Sudetengebiet, da die Tschechen schon während des Krieges bei der Regierung der Vereinigten Staaten Ansprüche auf die historischen Länder Böhmen und Mähren erhoben hatten. Sämtliche Anträge auf eine Abstimmung der mehr als drei Millionen Sudetendeutschen und der übrigen dreieinhalb Millionen Ungarn, Polen, Slowaken und Ukrainer – gegenüber sechs Millionen Tschechen – wurden ignoriert. Von Ungarn behielt Österreich lediglich das deutsche Burgenland. Seine Hauptstadt Ödenburg fiel 1920 durch eine umstrittene Abstimmung wieder an Ungarn zurück. Auch Ungarn wurde durch den Vertrag von Trianon hart getroffen. Es verlor zwei Drittel seines Gebietes, so daß drei Millionen Magyaren unter fremdstaatliche Oberhoheit kamen. Es mußte die Bukowina und Siebenbürgen an Rumänien abtreten; Kroatien, Slowenien, die Batschka, das westliche Banat und die Herzegowina an Jugoslawien und die Slowakei mit den siebzehn oberungarischen Komitaten an den tschechischen Staat.

Der langgestreckte Gürtel kleiner Staaten, der durch die Pariser Friedensverträge an Stelle der drei früheren Großmächte von der Ostsee bis zur Adria errichtet worden war, bildete von Anfang an eine Spannungszone ersten Ranges, was England und Frankreich bezweckt hatten, weil sie sich von der Schwächung Deutschlands eine Stärkung ihrer Macht versprachen. Keines dieser Kunstprodukte war ein echter Nationalstaat. Überall mischten sich so viele Völker, daß es sich lediglich um Nationalitätenstaaten handelte, die in den folgenden Jahren versuchten, durch Unterdrückung ihrer Minderheiten den Status von Nationalstaaten zu erlangen. Das bedingte politische Kämpfe untereinander, die nicht abrissen, sich auch wirtschaftlich negativ auswirkten und die gegenseitigen Beziehungen zwanzig Jahre hindurch, bis zum Zweiten Weltkrieg, mit Eifersucht und Mißtrauen vergifteten. Da Frankreich durch die bolschewistische Revolution seinen Partner Rußland verloren hatte, sollten die neuen Staaten im Osten, allen voran Polen und die Tschechoslowakei, durch entsprechende Bindungen und Militärverträge die frühere Sicherung gegenüber Deutschland ersetzen. Diese Politik wurde wenig später auf das östliche Bündnissystem der ›Kleinen Entente‹ ausgedehnt, und zwar durch zweiseitige Verträge mit der Tschechoslowakei, Rumänien und Jugoslawien. Doch diese Bündnisse bewährten sich genauso wenig wie das meiste, das sich politisch unmittelbar oder mittelbar aus dem Friedenswerk von 1919/20 ergab.

Die verheerenden Folgen der Aufsplitterung im Raum der früheren Donau-Monarchie zeigten sich fast unmittelbar nach Unterzeichnung der Verträge. Am Vorabend des Tages, an dem die deutsche Delegation ihre Unterschrift leisten mußte, wurde Marschall Foch – der wie Clemenceau versucht hatte, die ständige Besetzung des Rheinlandes und eine völlige Entwaffnung Deutschlands zu erreichen – gefragt: »Freut es Sie nicht, daß nun der Friede, für den Sie so tapfer gekämpft haben, da ist?« »Friede?«, meinte Foch durch seinen gesträubten Schnauzbart, »Das ist kein Friede. Das ist ein Waffenstillstand für zwanzig Jahre!«

Gegen den Spracheinfluß der Franzosen in Deutschland
Deutsche Propagandamarke aus der Endphase des Ersten Weltkrieges

Obwohl von der Geschichte bestätigt worden ist, daß die politischen Lösungen der Pariser Vorortverträge keine Zukunft besaßen und daß die Minderheitenprobleme bis hin zum Zweiten Weltkrieg zu zahlreichen Halb- und Volldiktaturen geführt haben, sollte nicht übergangen werden, daß trotz aller Einschränkungen das Prinzip des Selbstbestimmungsrechts der Völker tatsächlich im Mittelpunkt des Bestrebens gestanden hat, Europa staatlich zu ordnen. So konnte es aufs Ganze gesehen weder vorher noch später so weitgehend verwirklicht werden wie durch den Vertrag von Versailles und die Pariser Vorortverträge. Gemessen an den Grundsätzen strotzten die Friedensregelungen vor Unrecht, aber gemessen am politisch Realisierbaren bewährten sie sich in einem Maße, auf das bei der Unterzeichnung selbst die Skeptiker kaum zu hoffen gewagt hatten. Die Uneinsichtigkeit und Rachsucht, zumal Frankreichs, hätten eine kürzere Frist bis zur Explosion erwarten lassen. Das Schicksal der Sudeten- und Polendeutschen nach 1919 war gewiß überaus hart, dennoch darf es bis 1938 im Vergleich mit den Ereignissen nach 1945 als äußerst erträglich bezeichnet werden. Die späteren Verteidigungen der Verträge lassen sich nicht durchweg nur als verständliche Rechtfertigungsbemühungen abtun, selbst wenn sich dadurch nichts an ihrer kritisch reservierten Einschätzung ändert und der Weg von den Friedensdiktaten in diejenige Richtung wies, in der auch die Wege zu den Diktaturen verliefen.

»Wir haben überall Grenzen und damit die nationale Staatshoheit zu ändern. Es gibt nichts, das größere Gefahren in sich birgt!« – Woodrow Wilson in Versailles am 27. März 1919

Die Schuld am Krieg

Das Ende des Ersten Weltkrieges bedeutete auch den Zusammenbruch der vier großen Herrschaftsreiche in Europa: des deutschen Kaiserreiches, der österreichisch-ungarischen Monarchie, des russischen Reiches und des Osmanischen Reiches, das sich damals über die ganze arabische Halbinsel erstreckte und zu dem in Nordafrika auch Libyen gehörte – ein Landgebiet, größer als Europa. Die Herrscher dieser vier Großreiche dankten ab oder wurden gestürzt, und ihre Nachfolger konnten oder wollten die bestehenden Grenzen nicht halten. Die staatliche Neuordnung des Kontinents, die in Versailles durchgeführt wurde, war deshalb kein willentlich willkürliches Unterfangen. Willkürlich, das heißt völlig bestimmt von den Interessen der siegreichen Entente-Mächte, waren nur die Regelungen selbst, aber die verantwortlichen Politiker konnten sich zu ihrer Rechtfertigung auf die klassisch-vulgäre Überzeugung berufen, daß das Recht der Leibeigene der politischen Macht ist. Bismarck hat dasselbe feiner und raffinierter ausgedrückt, als er einmal sagte, es sei »eines großen Staates nicht würdig, für eine Sache zu streiten, die nicht seinem eigenen Interesse angehört«.

Für die beiden großen Verlierer in Europa, für Deutschland und die Habsburger Doppelmonarchie, galt 1919 die alte Spruchweisheit: »Mitgegangen, Mitgefangen, Mitgehangen.« Die Sieger hatten Deutschland dazu gezwungen, im Versailler Vertrag ein uneingeschränktes Schuldbekenntnis zu unterschreiben. In der Einleitung des Vertragstextes wird diese Schuld des Deutschen Reiches kategorisch behauptet. Außerdem heißt es in Artikel 231: »Die alliierten und assoziierten Regierungen erklären und Deutschland erkennt an, daß Deutschland und seine Verbündeten als Urheber für alle Verluste und Schäden verantwortlich sind, die die alliierten und assoziierten Regierungen und ihre Staatsangehörigen infolge des Krieges, der ihnen durch den Angriff Deutschlands und seiner Verbündeten aufgezwungen wurde, erlitten haben.« Österreich mußte in dem Vertrag von Saint-Germain einen Passus desselben Wortlauts unterschreiben, den Artikel 177 des Vertrages vom 10. September 1919.

Die Kriegsdevise Deutschlands und Österreich-Ungarns Rückseite einer Medaille von August Gaul, 1915/16

Sowohl die Deutschen als auch die Österreicher bezeichneten von Anfang an diese Erklärungen als unwahr und ihre Unterschriften als erpreßt. Die Regierungen der Weimarer Republik protestierten wiederholt in amtlichen Erklärungen, Verbalnoten oder offiziösen Artikeln gegen die Schuldbehauptungen. Sie forderten, daß die ganze Frage vor einem Internationalen Gerichtshof geklärt werden solle. Da aber keiner der federführenden Staaten ein Interesse daran hatte, die erarbeiteten Friedensverträge und die daraus abgeleiteten übrigen Bestimmungen, bis hin zur letzten Reparationsforderung, rechtlich in Frage stellen zu lassen, riefen sie schließlich die letzte, moralisch vielleicht höchste, doch politisch sicherlich wirkungsloseste Instanz an: Sie appellierten an das Urteil der Geschichte. Unter solchem Gesichtspunkt sprach einiges für das Gewissen der Siegerstaaten, die nicht einfach militärisches Faustrecht praktizierten, sondern es als notwendig erachteten, ihre Interessen und Wünsche, Forderungen und Diktate aus Rechtsgründen abzuleiten, selbst wenn das sittlich schlichten Gemütern als Heuchelei erscheint.

»Für die Alliierten ist die deutsche Verantwortung für den Krieg grundlegend; sie ist das Fundament, auf dem der Bau von Versailles errichtet wurde. Wenn dies abgelehnt oder aufgegeben wird, ist der Vertrag zerstört.« – Lloyd George am 3. März 1921

Am 25. Januar 1919 beschloß die Pariser Friedenskonferenz, eine Kommission einzusetzen, deren Aufgabe »die Feststellung der Verantwortlichkeit der Urheber des Krieges und die aufzuerlegende Sühne« waren. Die fünfzehn Mitglieder des Ausschusses gehörten ausschließlich den siegreichen Entente-Staaten an. Zwei Monate später, am 29. März 1919, legte die Kommission das Ergebnis ihrer Untersuchungen vor. Die Schlußfolgerungen wurden in zwei beachtenswerten Sätzen gezogen: »Der Krieg ist von den Mittelmächten ebenso wie von ihren Verbündeten, der Türkei und Bulgarien, mit Vorbedacht geplant worden, und er ist das Ergebnis von Handlungen, die vorsätzlich und in der Absicht begangen wurden, ihn unabwendbar zu machen. In Übereinstimmung mit Österreich-Ungarn hat Deutschland vorsätzlich daran gearbeitet, die zahlreichen vermittelnden Vorschläge der Entente-Mächte auf die Seite zu schieben und ihre wiederholten Bemühungen, den Krieg zu verhüten, zunichte zu machen.« Aus diesem Fazit wurde der Schuldartikel 231 des Versailler Vertrages abgeleitet.

Da die Verliererstaaten als Urheber des Konflikts für alle Folgen des Krieges haftbar gemacht wurden, entwickelte sich der Kampf gegen die Versailler Bestimmungen zu einem Kampf gegen die Kriegsschuldbehauptung, die Kriegsschuldlüge, wie sie im offiziellen Sprachgebrauch der deutschen und österreichischen Regierungen hieß. Immer war das Aufbegehren gegen Versailles ein Aufbegehren gegen die Kriegsschuld. Unter dem Aspekt des Siegerrechts war Deutschland schuldig, obwohl es den Krieg nicht verursacht und provoziert hatte. Der Philosoph Hans Driesch steuerte die burschikose Formel bei: »Schuldig waren alle, aber die Deutschen waren die Dummen.«

Ein letztes Mal hat man in Versailles das Schuldproblem in der Mantelnote vom 16. Juni 1919 zusammengefaßt, die von den Siegerstaaten dem Ultimatum beigegeben wurde, das Deutschland dazu zwang, den Friedensvertrag zu unterschreiben. In dieser Sammlung von Schriftstücken zur Kriegsschuldfrage ist festgehalten: Der Weltkrieg von 1914 bis 1918 war das größte Verbrechen gegen die Menschheit und gegen die Freiheit der Völker, das jemals von einer Nation, die sich als zivilisiert ausgab, mit Bewußtsein begangen wurde. Die Regierenden des Deutschen Reiches haben, wie es alte preußische Tradition ist, seit langer Zeit die Vorherrschaft in Europa angestrebt, um dieses Europa genauso zu tyrannisieren, wie sie das Deutsche Reich selbst tyrannisiert haben. Ihren Untertanen schärften sie die Lehre ein: Gewalt ist Recht. Unablässig rüsteten sie militärisch zu Wasser und zu Lande, um ihre Nachbarn im geeigneten Augenblick mit höchster Sicherheit und Leichtigkeit zu zerschmettern.

Als diese Vorbereitungen abgeschlossen waren, ermunterte das Deutsche Reich seinen Verbündeten – das von ihm in Abhängigkeit gehaltene Österreich-Ungarn – dazu, Serbien innerhalb von achtundvierzig Stunden den Krieg zu erklären, und daraufhin entfesselte das Deutsche Reich, allen Versuchen der Versöhnung zum Trotz, den Weltkrieg. Dieses Verhalten des Deutschen Reiches ist ohne Beispiel. Die schreckliche Verantwortlichkeit läßt sich in der Tatsache zusammenfassen, daß mindestens sieben Millionen Tote in Europa begraben liegen, während mehr als zwanzig Millionen durch ihre Wunden und Leiden Zeugnis davon geben, daß das Deutsche Reich durch den Krieg seine Leidenschaft für Tyrannei befriedigen wollte. Dieser Krieg war nicht nur ein Verbrechen gegen die Menschheit, sondern auch gegen das Recht.

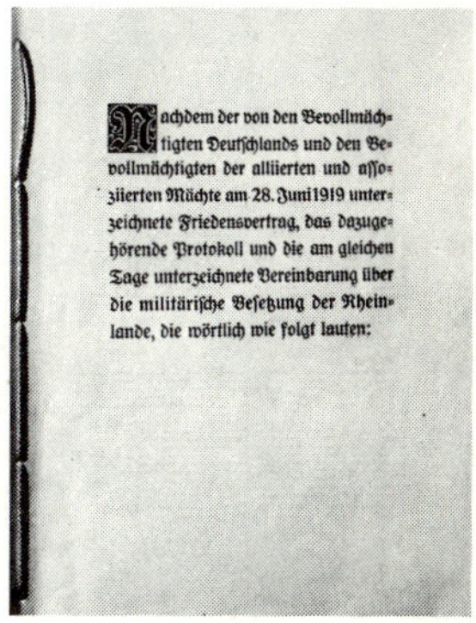
Nachdem der von den Bevollmächtigten Deutschlands und den Bevollmächtigten der alliierten und assoziierten Mächte am 28. Juni 1919 unterzeichnete Friedensvertrag, das dazugehörende Protokoll und die am gleichen Tage unterzeichnete Vereinbarung über die militärische Besetzung der Rheinlande, die wörtlich wie folgt lauten:

Die Versailler Diktate
Erste Seite der
für Frankreich bestimmten
Ratifikationsurkunde
vom 9. Juli 1919

Bei einem Vergleich dieser Passagen mit den Anklagen, die nach 1945 gegen Deutschland erhoben worden sind, fällt nicht nur dieselbe Tonlage auf, sondern auch die Ähnlichkeit der inhaltlichen Vorwürfe. Diese Entsprechungen ermöglichten es, eine Linie von Kaiser Wilhelm II. zu Adolf Hitler zu ziehen, ja man verfolgte sie weiter zurück und behauptete, daß es sich um ein Stück klassisch-deutscher Kontinuität handle, wobei man die Berufung der Entente-Mächte auf die »alte preußische Tradition« heranzog, deren Zweck es gewesen sein sollte, nach der Vorherrschaft in Europa zu streben, um Europa tyrannisieren zu können.

Sarajewo und Nibelungentreue

Karl Renner hatte 1918 vor der Wiener Nationalversammlung nicht aus sentimentalen, sondern aus faktisch politischen Gründen »die eine deutsche Schicksalsgemeinschaft« beschworen. Kaiser Karl I., der Nachfolger Kaiser Franz Josephs I., der am 21. November 1916 im Alter von sechsundachtzig Jahren gestorben war, hatte zwar versucht, im März 1917 hinter dem Rücken des Deutschen Reiches einen Sonderfrieden zu schließen, aber auch das änderte nichts an der grundsätzlichen Zusammengehörigkeit der beiden Mächte. Sie waren zusammengehörig nicht nur aufgrund bestimmter Vertragsartikel, nicht nur aufgrund des europäischen Bündnissystems, das in den Jahren vor 1914 schon fast zur Unbeweglichkeit erstarrt war, sondern zusammengehörig, seit Bismarck 1871 das zweite Deutsche Reich gegründet und damit den endgültigen Strich unter die preußisch-österreichische Rivalität innerhalb Deutschlands gezogen hatte, zusammengehörig schließlich und nicht zuletzt aufgrund der jahrhundertelangen Geschichte.

Alles, was mit dem Ersten Weltkrieg zusammenhängt, jedes kleine Ereignis, jede Rede, jede Handlung, ist später durchforscht und sorgsam überdacht worden. Ein ausuferndes Für und Wider rankt sich um das Verhältnis, das zwischen Wien und Berlin bestanden hat, als die Krise in Serbien im Juli 1914 ihren Gipfel erreichte. Mit dem Scharfsinn des Stumpfsinns ist der deutschen Regierung ihr dickfelliges Einvernehmen mit der Habsburger Monarchie vorgeworfen worden. Ohne diese altfränkische Unerschütterlichkeit hätte sich das Deutsche Reich aus dem Konflikt heraushalten und den Krieg vermeiden können. Auch durch solche Vorwürfe und Überlegungen geistert die Frage nach der Kriegsschuld. Doch Wien und Berlin waren keineswegs nur aus Gründen allgemeiner Zuneigung miteinander verbündet, sondern auch, weil es für sie seit Jahren in Europa keinen anderen Bündnispartner gab. Das hatte der deutsche Reichskanzler Bernhard Fürst von Bülow bereits am 29. März 1909 in einer Reichstagsrede festgestellt: »Meine Herren, ich habe irgendwo ein höhnisches Wort gelesen über unsere Vasallenschaft gegenüber Österreich-Ungarn. Das Wort ist einfältig! Es gibt hier keinen Streit um den Vortritt wie zwischen den beiden Königinnen im Nibelungenliede; aber die Nibelungentreue wollen wir aus unserem Verhältnis zu Österreich-Ungarn nicht ausschalten, die wollen wir gegenseitig wahren.«

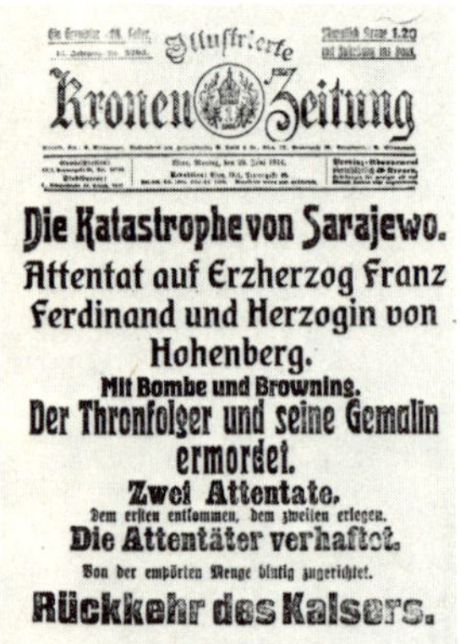
Illustrierte Kronen-Zeitung

Die Katastrophe von Sarajewo.
Attentat auf Erzherzog Franz Ferdinand und Herzogin von Hohenberg.
Mit Bombe und Browning.
Der Thronfolger und seine Gemalin ermordet.
Zwei Attentate.
Dem ersten entkommen, dem zweiten erlegen.
Die Attentäter verhaftet.
Von der empörten Menge blutig zugerichtet.
Rückkehr des Kaisers.

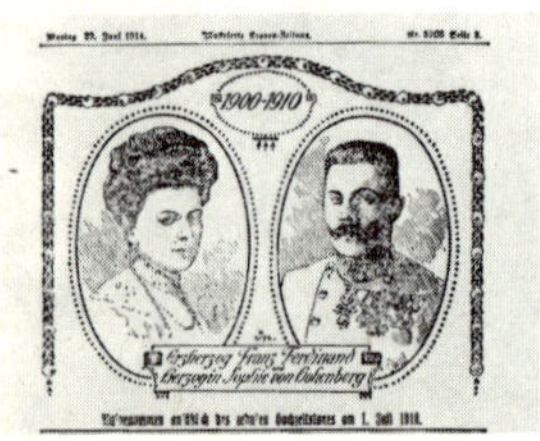

Zum Attentat in Sarajewo
Titel- und Nachrichtenseite der ›Kronen-Zeitung‹ vom 29. Juni 1914

Das Bündnis zwischen Berlin und Wien war zwar von der Empfindung unverbrüchlicher Zusammengehörigkeit getragen, aber aus politischem Kalkül geschlossen worden. Außerdem wäre es kaum möglich gewesen, im Augenblick des Kriegsausbruches den Partner zu verlassen und eine andere Richtung einzuschlagen. Wegen einer falschen Richtung mußten schließlich der österreichische Thronfolger Franz Ferdinand und seine Gemahlin Sophie am 28. Juni 1914 in der bosnischen Landeshauptstadt Sarajewo sterben. Der Fahrer des Autos war in eine Straße falsch eingebogen, so daß der Wagen halten mußte. Genau an dieser Stelle stand der achtzehnjährige Gymnasiast Gavrilo Princip, der zu den serbischen Attentätern gehörte, die seit langem die Ermordung des Thronfolgers geplant hatten. Princip feuerte zwei Schüsse ab, die tödlich waren.

Blankoscheck für Wien

Für die Serben hatte es viele triftige Gründe gegeben, den Thronfolger zu ermorden. Franz Ferdinand wußte genau, worin die dringlichsten Probleme der Doppelmonarchie bestanden, welche Reformen durchgeführt werden müßten, wenn die Grundlagen des Staates nicht zerfallen sollten. Sein Reformprogramm sah die Gleichberechtigung aller Völker vor. Die Monarchie sollte so rasch wie möglich in einen Bundesstaat verwandelt werden. Doch darin lagen todbringende Spitzen gegen Belgrad und Budapest. Franz Ferdinand war nämlich entschlossen, auch das Übergewicht der Magyaren abzubauen, und zwar durch Einführung des allgemeinen Wahlrechts im Vielvölkerstaat des ungarischen Reichsteils, in dem sich die leitenden Minister in einer rigorosen Magyarisierungspolitik gefielen. Gegenüber den Ungarn und den Serben griff der Thronfolger energisch auf die Jahrzehnte alte Idee des Trialismus zurück. Die seit 1867 bestehende Teilung der Monarchie in Österreich-Ungarn sollte erweitert, ergänzt und ausgeglichen werden durch slawisches Staatsgebiet. Das bezog sich sowohl auf die alten Kronländer Böhmen und Mähren als auch auf die Südslawen. Franz Ferdinand plante, ein eigenes Königreich Illyrien zu schaffen.

»Unter einen Glassturz lasse ich mich nicht stellen. In Lebensgefahr sind wir immer. Man muß nur auf Gott vertrauen.« – Erzherzog Franz Ferdinand im Frühsommer 1914

Damit machte er sich all diejenigen zu Todfeinden, die sich von den Träumen der großserbischen Bewegung schaukeln ließen. Nach der Niederlage Napoleons hatte Österreich 1816 aus den Ländern Kärnten, Krain, Görz, Triest und Istrien schon einmal ein Königreich Illyrien gebildet. Es war dann 1849, nach der Revolution, in die Kronländer Kärnten, Krain und das Küstenland aufgelöst worden, nachdem zwischen 1830 und der Revolution die kroatische Bewegung für die nationale Wiedergeburt und Einheit der Südslawen, der Illyrismus, ihren Höhepunkt erreicht hatte. Die Auflösung des Staatsgebiets war als antinationale Brüskierung empfunden worden, nicht anders als der österreichisch-ungarische Ausgleich 1867, und zwar von allen Slawen des Balkans. Deshalb wirkten die Pläne des Erzherzogs, der Habsburger Monarchie eine solide bundesstaatliche Grundlage zu geben, bei den Völkern Südosteuropas unterschiedlich aufreizend. Ihre Realisierung hieß für die Südslawen, daß Kroaten, Bosnier und Dalmatiner wieder ihren eigenen Staat Illyrien bekämen. Einen solchen Staat aber wollten weder die Ungarn, weil sie dadurch fast die Hälfte ihres Gebietes hätten hergeben müssen, noch die Serben, die seit vielen Jahren kein anderes Ziel kannten, als eben diese fünf Millionen Kroaten, Bosnier und Dalmatiner samt ihren Ländern in ein Großserbisches Reich aufzunehmen, anders gesagt: sie zu schlucken. Der serbische Ministerpräsident Nikolaj Pašić hat als politischen Leitsatz formuliert: »Der einzige Daseinszweck Serbiens besteht darin, die südslawischen Provinzen von Österreich-Ungarn loszureißen.« In einer Denkschrift hat er detaillierte Vorschläge entwickelt, wie man die österreichisch-ungarische Verwaltung in Bosnien »diskreditieren und die Unzufriedenheit der Bevölkerung systematisch nähren« könne. Wenn Österreich-Ungarn wirklich Wert darauf lege, mit Serbien in Frieden zu leben, dann müsse es den Anspruch aufgeben, eine Großmacht zu sein.

Die serbischen Zeitungen überschlugen sich vor Jubel, als die Ermordung Franz Ferdinands bekannt wurde. Princip erhielt den Heiligenschein eines Helden und Märtyrers. Die Ungarn durften etwas gelassener reagieren. Ihr Ministerpräsident Stefan Graf Tisza, erfüllt von frommer Freude, meinte lediglich: »Was der liebe Herrgott schickt, muß man dankbar annehmen.« Die Wiener Regierung war ganz anderer Meinung; selbst der Vertreter des Heiligen Stuhls versicherte dem österreichischen Gesandten: Sofern Österreich-Ungarn weiterbestehen wolle, sei eine Bestrafung Serbiens unvermeidlich, auch wenn dies einen europäischen Krieg zur Folge haben würde. Da die Doppelmonarchie weiterbestehen wollte, spielte sich die Politik nach den eingefahrenen Regeln der Bündnisse und Sympathien ab. Rußland sicherte Belgrad seine Unterstützung zu, selbst wenn es zu einem Krieg kommen sollte. Frankreich würde nicht zögern, den Russen behilflich zu sein. Wien konnte nur auf die Partnerschaft Berlins bauen. Der österreichische Außenminister Leopold Graf Berchtold

Stefan Graf Tisza
bei der Huldigungsfeier
der Magyaren in Wien
im Jahr 1915

verließ sich auf seinen Instinkt, der ihm sagte, daß Wilhelm II. über das Attentat außer sich sein würde. Er täuschte sich nicht. Der Kaiser reagierte auf die ersten Berichte mit dem Satz: »Mit den Serben muß aufgeräumt werden, und zwar bald!« Wenig später erhielt er einen Brief des alten Monarchen aus Wien, in dem ihm mitgeteilt wurde, daß die Wiener Regierung entschlossen sei, »Serbien als politischen Machtfaktor auszuschalten«. Wilhelm antwortete dem österreichischen Kaiser ohne Zeitverlust: Ihm sei der Ernst der Lage völlig vertraut, doch er glaube nicht, daß der Zar soweit gehen werde, den Meuchelmördern eines Fürsten bis zum Krieg beizustehen. Er selbst, Wilhelm, maße sich nicht an, Österreich in dieser Sache irgendwelche Ratschläge zu geben, dazu sei er nicht befugt, aber das Deutsche Reich werde in jedem Fall an der Seite Österreich-Ungarns bleiben.

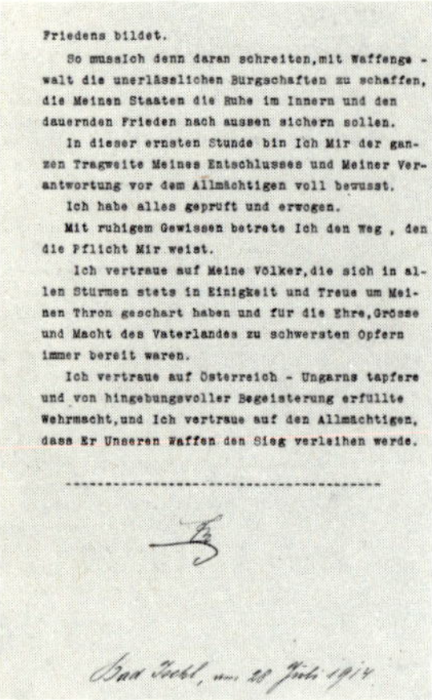

Friedens bildet.

So muss Ich denn daran schreiten, mit Waffengewalt die unerlässlichen Bürgschaften zu schaffen, die Meinen Staaten die Ruhe im Innern und den dauernden Frieden nach aussen sichern sollen.

In dieser ernsten Stunde bin Ich Mir der ganzen Tragweite Meines Entschlusses und Meiner Verantwortung vor dem Allmächtigen voll bewusst.

Ich habe alles geprüft und erwogen.

Mit ruhigem Gewissen betrete Ich den Weg, den die Pflicht Mir weist.

Ich vertraue auf Meine Völker, die sich in allen Stürmen stets in Einigkeit und Treue um Meinen Thron geschart haben und für die Ehre, Grösse und Macht des Vaterlandes zu schwersten Opfern immer bereit waren.

Ich vertraue auf Österreich - Ungarns tapfere und von hingebungsvoller Begeisterung erfüllte Wehrmacht, und Ich vertraue auf den Allmächtigen, dass Er Unseren Waffen den Sieg verleihen werde.

Bad Ischl, am 28. Juli 1914

Das kaiserliche Manifest
zur Kriegserklärung
Österreich-Ungarns an Serbien
Letzte Seite des Entwurfs
vom 28. Juli 1914

Ultimaten, Ultimaten

Mit diesem Blankoscheck fiel es der österreichischen Regierung nicht schwer, am 23. Juli 1914 in Belgrad ein Ultimatum überreichen zu lassen, das auf achtundvierzig Stunden befristet war. Verlangt wurde zweierlei: Serbien habe ab sofort jede Propaganda und alle Aktionen zu unterlassen, die sich gegen österreichisch-ungarisches Staatsgebiet richteten; außerdem müsse es sich damit einverstanden erklären, daß eine gerichtliche Untersuchung gegen alle Beteiligten des Mordanschlags durchgeführt werde, unter Beteiligung österreichischer Beamter. Zwei Tage später faßte der russische Kronrat noch einmal den Entschluß, Serbien zu unterstützen, selbst wenn man zu diesem Zweck die Mobilmachung anordnen und Kriegshandlungen beginnen müsse. Das galt für den Augenblick, in dem österreichische Truppen die Grenzen Serbiens überschreiten würden.

Belgrad war von dieser Erklärung rechtzeitig informiert worden. Die serbische Antwort an Wien fiel deshalb verklausuliert aus, was die österreichische Regierung als völlig unbefriedigend betrachtete. Am Abend desselben Tages wurden die diplomatischen Beziehungen zwischen Österreich-Ungarn und Serbien abgebrochen. Beide Staaten gaben die Mobilmachungsbefehle aus. Am 28. Juli erklärte Wien den Krieg. Am 30. Juli ordnete Petersburg die Mobilmachung an. Am 31. Juli wurde Berlin von diesem Befehl informiert. Der Chef des Generalstabs Helmuth von Moltke telegrafierte nach Wien, daß Österreich nunmehr auch gegen Rußland mobilisieren solle und die deutsche Mobilmachung kurz bevorstehe. Berlin richtete an Petersburg ein auf zwölf Stunden befristetes Ultimatum, daß die deutsche Mobilmachung anlaufen würde, wenn Rußland nicht jede kriegerische Maßnahme unterlasse, die sich gegen Österreich-Ungarn oder Deutschland richte. Am selben Tag ging eine ultimative Anfrage nach Paris, ob sich Frankreich neutral zu verhalten gedenke, falls es zu einem deutsch-russischen Krieg komme. Deutschland erklärte am 1. August Rußland den Krieg. Umgehend verkündete Frankreich die allgemeine Mobilmachung. Am 3. August gab Berlin bekannt, daß es Frankreich den Krieg erklärt habe. Gleichzeitig marschierten deutsche Truppen entsprechend dem deutschen Operationsplan in Belgien ein, verletzten also die Neutralität des Landes. Kanzler Theobald von Bethmann Hollweg gab zwar vor dem Reichstag offen zu, daß diese Maßnahme ein völkerrechtliches Unrecht sei, doch sie habe

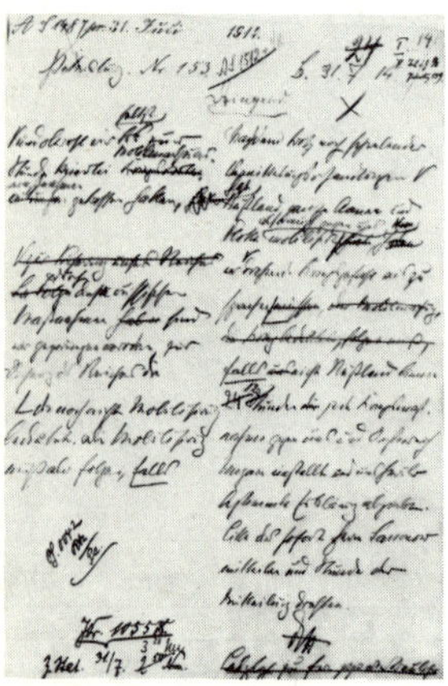

Deutschlands Ultimatum
an Rußland
Eigenhändiges Konzept
Bethmann Hollwegs
vom 31. Juli 1914
für das Telegramm an den
deutschen Botschafter
in Petersburg

sich in der Notwehrsituation nicht vermeiden lassen; man habe es sich nicht leisten können, auch nur eine Minute Zeit zu verlieren.

Der deutsche Einmarsch in Belgien wirkte in England als auslösendes Moment für einen Entschluß, der längst feststand: In einem Konfliktfall zwischen Frankreich und Deutschland wollte sich Großbritannien auf die französische Seite stellen; das hatte London im Jahr 1912 Paris eindeutig zugesagt. Bündnistreue auf Biegen und Brechen überall, zwischen Paris und Petersburg, zwischen Wien und Berlin. Am 11. und 12. August hatte der Krieg bereits sein europäisches Format angenommen. An diesen beiden Tagen ließen Frankreich und England in Wien ihre Kriegserklärungen überreichen.

Die großen Schlachten

Statistik ist weder eine Sache der Außenpolitik noch eine Sache der Strategie. Ginge es allein nach arithmetischen Größenverhältnissen, dann würden sich Probleme wie Machtfragen oder Grenzstreitigkeiten mit einem Griff zu den

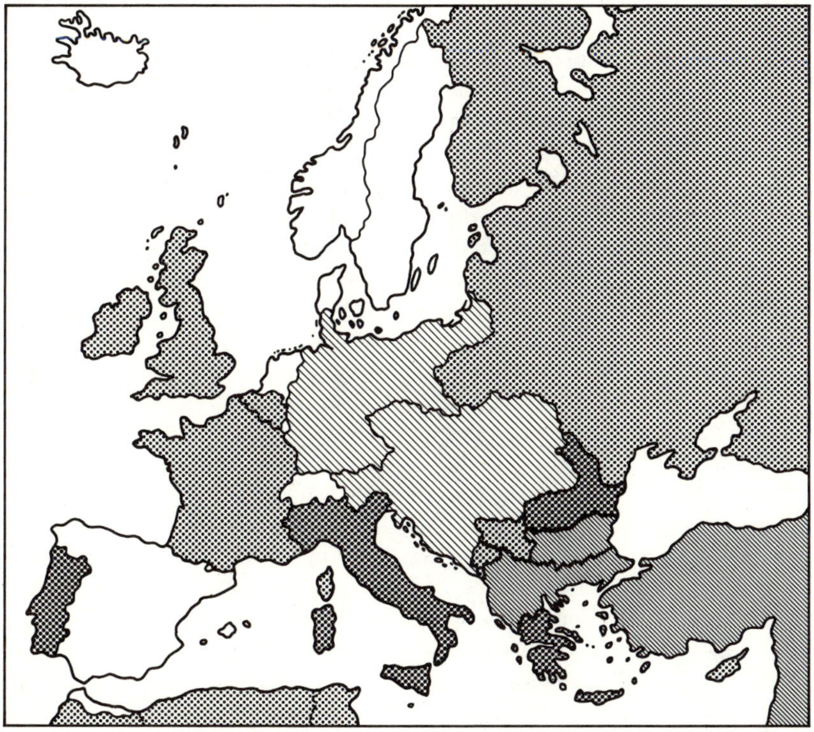

Die europäischen Gegner des Ersten Weltkrieges seit 1914

Mittelmächte 1914: Deutsches Reich, Österreichisch-Ungarische Monarchie

Verbündete der Mittelmächte: Osmanisches Reich (seit 1914), Bulgarien (seit 1915)

Alliierte Mächte 1914: Frankreich, Großbritannien, Belgien, Russisches Reich, Serbien, Montenegro

Europäische Verbündete der Alliierten: Italien (seit 1915), Rumänien (seit 1916), Portugal (seit 1916), Griechenland (seit 1917)

Zahlentabellen lösen lassen. Nach der reinen Mannschaftsstärke waren Deutschland und Österreich-Ungarn ihren Gegnern weit unterlegen. Bei Kriegsausbruch verfügten sie über 1 264 600 Soldaten, die Gegner jedoch über 3 754 000. Nimmt man hinzu, daß auf gegnerischer Seite noch einige Millionen unverzüglich zu mobilisieren waren, so verschlechtert sich das Verhältnis der Kampfstärken ganz beträchtlich. Rüstungstechnisch läßt sich bis 1917 von einem verhältnismäßigen Gleichstand sprechen. Dann aber wuchs das Wirtschaftspotential der Entente-Mächte durch den Kriegseintritt der Vereinigten Staaten am 6. April in Dimensionen, die ein erfolgreiches Kriegsende für die Mittelmächte aussichtslos machten.

Alfred Graf von Schlieffen

Militärisch befand sich Deutschland vom ersten Tag an durch den Zweifrontenkrieg in einer prekären Lage. Mit solcher Problematik hatte man sich seit Jahren theoretisch befaßt. Alfred Graf von Schlieffen, der deutsche Generalstabschef, hinterließ 1906 seinem Nachfolger Helmuth von Moltke, einem Neffen des hochgerühmten Feldmarschalls, eine private Denkschrift, in der er seine Vorstellungen über die Führung eines Krieges entwickelt hatte. Das Projekt ging von den Bündnissen aus, wie sie dann in etwa 1914 bestanden, legte allerdings die Kampfstärken der Heere vom Jahr 1905 zugrunde. Laut Plan befanden sich die Mittelmächte Deutschland und Österreich-Ungarn in Konflikt mit Rußland, Serbien, England, Frankreich und Belgien. Schlieffen brach mit der Tradition des ausgewogenen Zweifrontenkrieges gegen Rußland und Frankreich zugleich. Die deutsche Heeresleitung sollte sich Petersburg gegenüber absolut defensiv verhalten, die Mobilisierung der letzten russischen Einheit hinnehmen und dafür alle militärischen Kräfte im Westen konzentrieren. Schlieffens Ziel bestand darin, Frankreich in kürzester Zeit, innerhalb von acht Wochen, vernichtend zu schlagen und erst danach auf den östlichen Kriegsschauplätzen tätig zu werden. Nur so sei der Krieg in aller Kürze mit einem deutschen Sieg zu beenden; eine lange Auseinandersetzung sei aus wirtschaftlichen Gründen nicht durchzustehen.

»Der rechte Flügelmann soll den Kanal mit seinem Ärmel streifen.« – Alfred Graf von Schlieffen

Der Grundgedanke des Schlieffen-Plans war verblüffend einfach, strategisch kühn und politisch riskant. Frankreich besaß in den Vogesen, von Verdun bis hinab nach Belfort, einen Festungssperrgürtel, der unmöglich rasch zu durchbrechen war. Deshalb sollte an dieser Front nur hinhaltend verteidigt werden. Die Hauptmacht des deutschen Heeres sollte von Norden quer durch Belgien in einer wuchtigen Bogenbewegung südöstlich in Richtung Paris durchstoßen, die Metropole umzingeln, scharf nach Süden und Osten schwenken und die französischen Divisionen an ihrem linken Flügel umfassen. In diesem Riesenkessel wollte Schlieffen die Armee Frankreichs gegen die Mosel-Festungen, den Jura und die Schweizer Grenze drücken und vernichten. Anders war für Schlieffen ein Sieg gegen Frankreich und damit ein Triumph in dem gesamten militärischen Ringen für Deutschland nicht zu erreichen. Diese Umfassungsschlacht im Westen – das größte Cannae, das bis dahin von einem Feldherrn geplant worden war – sei so unerläßlich, daß sogar das politische Wagnis gerechtfertigt sei, die Neutralität Belgiens zu brechen.

Nach Schlieffens Plan wurde der gesamte deutsche Aufmarsch im Westen durchgeführt. Doch Moltke – ein kluger, besonnener, überaus bedächtiger Mann, dessen empfindliches Nervensystem, eingebettet in einen von Krankheit geplagten Körper, auf den Beginn des Krieges mit einem Zusammenbruch reagiert hatte – nahm diesem Plan seine geniale Kühnheit. Statt sich an die

Quintessenz des Kredos zu halten: »Macht mir den rechten Flügel stark!«, schwächte er ihn zugunsten der Front in Elsaß-Lothringen, weil er hier einen Angriff der Franzosen befürchtete. Schlieffen hatte als Verhältnis zwischen Offensiv- und Defensiv-Armeen, zwischen rechts und links, sieben zu eins festgelegt. Sein Nachfolger verwandelte dies in drei zu eins.

Militärführer der Alliierten im Großen Französischen Hauptquartier im August 1916: Joffre, Lord Haigh und Foch

Der deutsche Vormarsch begann mit solcher Energie und Schnelligkeit, daß keine Berechnung mehr stimmte. Die Erfolge, die bis in die ersten Septembertage errungen wurden, schienen den Schlieffen-Plan trotz aller Abstriche glänzend zu rechtfertigen. Die französische Regierung war bereits aus Paris geflohen, und der britische Armeeführer hatte vorgeschlagen, das Expeditionskorps nach England zurückzuziehen. Nun aber zeigte sich, daß der deutsche Generalstabschef unfähig war, seine siegenden Armeen so zu koordinieren, daß man die zurückflutenden Franzosen nicht nur in Einzelschlachten warf, sondern ihre Verfolgung zur operativen Überholung steigerte, um sie dann wirklich zu vernichten. Der französische Oberbefehlshaber im Norden und Nordosten, General Joseph Joffre, hatte es zwar bei seinem Heer mit einer völlig erschöpften, entnervten Armee zu tun, aber er hielt sie zusammen und brachte sie einigermaßen geschlossen hinter die Marne.

Unterdessen wurde, ebenfalls entgegen dem Schlieffen-Plan, der deutschen Armee in Lothringen der Befehl zum Angriff gegeben. Der erste Zusammenprall verlief siegreich für die Deutschen, aber der Durchbruch zwischen den Festungen Toul und Epinal mißlang, was für Schlieffen so selbstverständlich war, daß er dieses Wagnis erst gar nicht geplant hatte. Überdies zog Moltke fünf Armeekorps vom rechten Flügel ab, so daß die deutsche Flanke um ein weiteres dezimiert wurde. Dieser rechte Flügel, die Armee des Generals Alexander von Kluck, mußte östlich von Paris abbiegen; zu einer Umfassung der Hauptstadt war es nicht gekommen. Um diese Zeit, Anfang September, entschloß sich General Joffre zu einem verzweifelten Gegenangriff. Joffres ganzes Genie bestand in seiner unüberbietbaren Phantasielosigkeit; über seine Entscheidungen wurde niemals diskutiert. Als General Ferdinand Foch den Befehl Joffres erhielt, sandte er ein Telegramm: »Meine Flanken sind umgangen; mein Zentrum weicht; ich greife an!«

Das Schlachtfeld an der Marne am 10. September 1914

Mit diesem Aufeinanderprallen höchst ungleichartiger Heere begann die vielberedete Schlacht an der Marne. Sie dauerte eine volle Woche, vom 5. bis zum 12. September, und sie endete mit dem staunenswerten ›Wunder an der Marne‹, einem Phänomen sui generis der gesamten Kriegsgeschichte. Denn die deutsche Oberste Heeresleitung ordnete den Rückzug an, obgleich an der Front nicht die mindeste Notwendigkeit dazu bestand. Die Franzosen vermuteten hinter dem Rückzug eine besonders gefährliche List. Der rechte Flügel der Deutschen unter General von Kluck hatte überall gesiegt. Trotz einer nach links entstandenen Lücke von vierzig Kilometern konnten die Franzosen bis zum 10. September keinen einzigen Erfolg verzeichnen, im Gegenteil: Ihre neugebildete Armee vor Paris und die Armee unter General Foch wurden verheerend geschlagen, und die Deutschen setzten schon wieder dazu an, die Frontlücke zu schließen.

Entscheidend für den Rückzug, der am 10. September begann, waren nicht die Kraft und Tapferkeit der Franzosen, sondern die Schwäche und Ängstlichkeit des deutschen Generalstabschefs Moltke. Er war weder der doppelten Kriegführung, den gleichzeitigen Kämpfen im Osten und im Westen, gewachsen noch dazu imstande, sich ein zuverlässiges Bild von den Situationen an den einzelnen Frontabschnitten im Westen zu verschaffen. Als Kaiser Wilhelm II. Moltke zum Nachfolger Schlieffens ernannt hatte, machten dem neuen Chef des Generalstabs die Erinnerungen an seinen großen Onkel und Vorgänger zu schaffen: »Majestät, in derselben Lotterie gewinnt man nicht zweimal das Große Los!« Moltke machte keine ernsthaften Versuche, es zu gewinnen. Nachdem er den Rückzug der deutschen Armee in der Marne-Schlacht angeordnet hatte und die Vollzugsmeldungen eintrafen, erklärte er dem Kaiser völlig verstört: »Majestät, wir haben den Krieg verloren!« Moltke wurde am 14. September 1914 durch den Kriegsminister, Generalleutnant Erich von Falkenhayn, abgelöst.

Deutsche Winterstellungen in den Vogesen, Januar 1915

Der Rückzug der deutschen Armee hinter die Aisne wurde bald gestoppt. Das deutsche Heer stand wieder, allerdings tief in feindlichem Gebiet, und dies nahezu bis Kriegsende. Im Rückblick sieht es so aus, als hätte die Marne-Schlacht die Wende eines Krieges bedeutet, der noch gar nicht richtig begonnen hatte. Mit dem Sieg an der Marne, den Moltke nicht errang, wurde etwas verschenkt, dessen Wert die deutsche Führung erst dann würdigen konnte, als sie es nicht mehr besaß. Der Krieg verwandelte sich nun zum Stellungskrieg. Es begannen die fürchterlichen Materialschlachten, in denen nach wochenlangem Trommelfeuer und mit entsetzlichen Verlusten um eine kleine Anhöhe, um zwei Schützengräben, um ein paar Meter mehr oder weniger Boden gekämpft wurde. Sieger wurde, wer als letzter verblutete.

In Ostpreußen hatten die Russen kurz nach Beginn des Krieges den Vormarsch angetreten. Die Njemen-Armee unter General Paul von Rennenkampf stieß in Richtung Königsberg vor, und die Narew-Armee des Generals Aleksandr Samsonow drang im Süden über die Grenze. Obwohl sich die Schlacht gegen die zweihunderttausend Mann der Njemen-Armee günstig für die Deutschen entwickelte, brach der Oberbefehlshaber in Ostpreußen, Generaloberst Maximilian von Prittwitz, den Kampf ab, als ihm der russische Vorstoß im Süden gemeldet wurde. Prittwitz wurde daraufhin sofort abgelöst. An seine Stelle trat General Paul von Hindenburg, der bereits pensioniert war. Chef seines Stabes wurde der neunundvierzigjährige Generalmajor Erich Ludendorff. Noch auf der Eisenbahnfahrt zur Front entwarfen die beiden Herren den Plan, die ebenfalls fast zweihunderttausend Mann starke Narew-Armee mit einhundertfünfzigtausend deutschen Soldaten einzukesseln und zu vernichten. Am 26. August begann die Schlacht östlich von Tannenberg. Sie war nach einer Woche beendet. Die Russen zählten fünfzigtausend Tote, zweiundneunzigtausend Soldaten mußten in die Gefangenschaft. Ihr Oberbefehlshaber Samsonow beging Selbstmord. Die Njemen-Armee wurde kurz darauf vom 6. bis zum 14. September, in der Schlacht an den Masurischen Seen, gleichfalls geschlagen. General von Rennenkampf konnte durch einen schnellen Rückzug der Umfassung und Vernichtung entgehen, verlor aber vierzigtausend Soldaten.

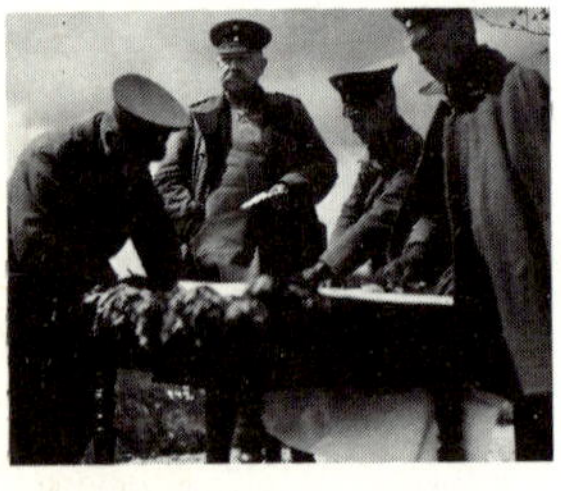

Der deutsche Generalstab mit Ludendorff und Hindenburg auf dem Feldherrnhügel bei Tannenberg im August 1914

Zahlenmäßig war das russische Heer den Deutschen und Österreichern weit überlegen. Dennoch konnte es mit der strategischen Meisterschaft der Mittelmächte nicht konkurrieren. Außerdem trug die Materialschwäche der Russen zu ihren Mißerfolgen erheblich bei. Churchill entwickelte deshalb den Plan, durch einen Vorstoß über die Dardanellen und das Marmarameer Konstantinopel zu erobern, den Bosporus in die Hand zu bekommen und dadurch mit Rußland eine direkte Verbindung über See herzustellen. Der Kriegsgegner

Deutsche Verteidigungsstellungen an den Masurischen Seen
während der Septemberkämpfe 1914

Kriegsbeute in Augustowo nach der Schlacht bei Tannenberg
Ende August 1914

Erfolgreiche Verteidigung der Dardanellen durch die Türken gegen Engländer und Franzosen
am 21. Juni 1915

Nachschub von englischen Tanks für die Panzerschlacht bei Cambrai
Anfang Dezember 1917

Türkei wäre bei dieser Gelegenheit ebenfalls ins Mark getroffen worden. Das Projekt war genial, aber es wurde dilettantisch geplant und fehlerhaft durchgeführt. Der englische Angriff begann am 18. März 1915. Ende April landeten die Alliierten auf der Halbinsel Gallipoli. Dort kamen sie kaum vorwärts. Sie mußten Ende des Jahres, nach hartnäckigen, überaus verlustreichen Kämpfen, das ganze Abenteuer als gescheitert erklären und schließlich abziehen. Churchill, der die Verantwortung für das Fiasko trug und als Marineminister entlassen wurde, gelang es erst viele Jahre später, auf literarischem Weg zu beweisen, daß ihn selbst nicht die geringste Schuld traf; seinen großen Ideen hatten sich die anderen Minister und Militärs nicht gewachsen gezeigt. Auf Gallipoli zerschlugen sich alle Spekulationen der Alliierten, durch einen Hieb in den »weichen Unterleib« des Gegners dem Krieg die entscheidende Wende zu geben.

Alliierte beim Räumen ihrer Stellungen auf Gallipoli, Ende 1915

An der Westfront blieb das Kräfteverhältnis bis zum Beginn des Jahres 1917 ausgeglichen. Militärisch sah es so aus, als würde der Einsatz des deutschen Feldheeres allmählich Früchte bringen. Die Franzosen standen kurz vor dem Ende ihrer Opferbereitschaft und ihrer Kampfmoral. In dieser Situation schrieb der österreichische Kaiser Karl I. hinter dem Rücken Berlins und ohne volle Information seiner Minister in Wien der französischen Regierung, daß Österreich-Ungarn bereit sei, einen Sonderfrieden zu schließen. Es handelte sich um zwei Briefe. Der erste stammte vom 31. März 1917. Die Schreiben hatte Prinz Sixtus von Bourbon-Parma überreicht, ein Bruder der österreichischen Kaiserin Zita; er kämpfte im belgischen Heer gegen die Deutschen. Seine Sonderaktion lief bereits seit Ende Januar. Anfang April 1917 trafen die beiden Kaiser in Bad Homburg zusammen. Der österreichische Herrscher beteuerte wie üblich die unverbrüchliche Treue seines Hauses, machte allerdings kein Hehl aus seiner Skepsis gegenüber allen Hoffnungen auf einen Sieg. Vor dem Treffen hatte er in seiner Umgebung geäußert: »Wenn ich zu den Deutschen gehe, dann stimme ich ihnen in allem zu, und wenn ich nach Hause komme, tue ich, was ich will.« Als Außenminister Ottokar Graf Czernin von den Kontakten des Prinzen Sixtus erfuhr, beruhigte ihn der Monarch mit seinem Ehrenwort, daß er nicht die geringste Kenntnis von solchen Briefen habe. Prinz Sixtus bemühte sich bis in den Sommer 1917, ein Abkommen zwischen Paris und Wien zustande zu bringen, umsonst. Die Franzosen ließen ihre Forderung nach einer Auflösung der Habsburger Monarchie nicht fallen. Überdies leuchtete der Wunsch des Prinzen nach einer Restauration der Bourbonen in Frankreich allzu grell durch die Offerten.

Eine Woche nach dem Eintreffen des ersten Briefes in Paris erklärte Amerika den Mittelmächten den Krieg. Gewöhnlich gilt als eigentlicher Anlaß für diesen Schritt der uneingeschränkte U-Boot-Krieg, zu dem sich das deutsche Hauptquartier am 9. Januar 1917 entschlossen hatte. Die deutsche Flotte kannte aufgrund ihrer Unterlegenheit seit Beginn des Krieges kein anderes Ziel, als die Aktionskraft der britischen Marine zu schwächen. Eine große Schlacht gegen sie konnte nicht riskiert werden, aber Minenfelder und Sperrzonen durch U-Boote hielt man für geeignet, um die englische Blockade scheitern zu lassen. Die Briten hatten sich ihrerseits dazu entschlossen, ein gewaltsames Durchbrechen der Blockade zu verhindern. Militärisch war also die deutsche Hochseeflotte im wesentlichen dazu verurteilt, in den Nord- und Ostseehäfen unter Dampf zu liegen und für einen Einsatz gepflegt zu werden, der gegen die Briten nicht in

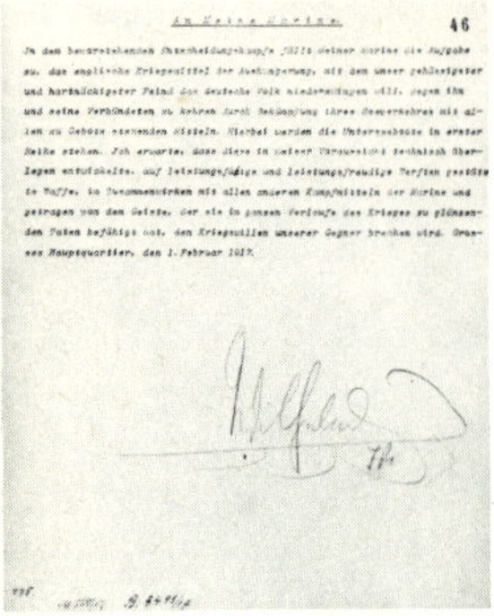

An Meine Marine. 46

In dem bevorstehenden Entscheidungskampfe fällt Meiner Marine die Aufgabe zu, das englische Kriegsmittel der Aushungerung, mit dem unser gehässigster und hartnäckigster Feind das deutsche Volk niederzwingen will, gegen ihn und seine Verbündeten zu kehren durch Bekämpfung ihres Seeverkehrs mit allen zu Gebote stehenden Mitteln. Hierbei werden die Unterseeboote in erster Reihe stehen. Ich erwarte, dass diese in weiser Voraussicht technisch überlegen entwickelte, auf leistungsfähige und leistungsfreudige Werften gestützte Waffe, im Zusammenwirken mit allen anderen Kampfmitteln der Marine und getragen von dem Geiste, der sie im ganzen Verlaufe des Krieges zu glänzenden Taten befähigt hat, den Kriegswillen unserer Gegner brechen wird. Grosses Hauptquartier, den 1. Februar 1917.

Beginn des totalen Krieges zur See
Tagesbefehl Kaiser Wilhelms II. vom 1. Februar 1917

Psychologische Kampfführung der Deutschen im Jahr 1917
Propagandamarke gegen England

Frage kam. Selbst eine große Schlacht hätte bestenfalls die Qualität der deutschen Kriegsmarine erwiesen, nicht aber die englische Übermacht auf See gebrochen.

Dieser Konjunktiv des deutschen Seekrieges wurde Ende Mai/Anfang Juni 1916 bestätigt. Vizeadmiral Reinhard Scheer, der Befehlshaber der deutschen Hochseeflotte, war mit allen Verbänden zu einer Störaktion in die Nordsee ausgelaufen. Der britische Admiral Lord John Jellicoe, der zufällig ebenfalls einen Vorstoß unternommen hatte, reagierte offensiv. Die Flotten stießen nachmittags vor dem Skagerrak aufeinander. Hier kam es zur einzigen großen Seeschlacht des Ersten Weltkrieges, zur bis dahin größten Auseinandersetzung zweier Kriegsflotten. Sie war verblüffend kurz und noch verblüffender in ihrem Ergebnis. Die Deutschen kämpften mit einem weit überlegenen Gegner: Einundzwanzig Großkampfschiffe standen gegen siebenunddreißig. Dennoch versenkte die deutsche Flotte nahezu das Doppelte der Tonnage, die sie selbst verlor, nämlich 115 025 Tonnen. Sie brach die Schlacht in der Dunkelheit ab, als die Gefahr bestand, von der britischen Hauptmacht umfaßt zu werden, und dampfte in ihre Häfen zurück. Die Seeschlacht am Skagerrak war kein deutscher Sieg, aber ein Triumph; sie war für die Engländer keine Niederlage, aber eine Schlappe. Strategisch änderte sich durch sie allerdings nichts.

Auf See schien England nur durch den Einsatz von U-Booten ernstlich verwundbar zu sein. Die deutsche Führung glaubte schließlich fest daran, daß es möglich wäre, mit dieser Waffe einen Blockadering um die Insel zu ziehen und dadurch die Briten verhandlungsbereit zu machen. Die Befürworter legten sogar detaillierte Berechnungen über die zweifelsfrei günstigen Aussichten eines uneingeschränkten U-Boot-Krieges vor. Reichskanzler Theobald von Bethmann Hollweg warnte den Kaiser vor einem solchen Schritt, weil er eine entsprechende Reaktion Amerikas voraussah. Nach der entscheidenden Sitzung des Kronrats am 9. Januar 1917 faßte er seine Befürchtungen zusammen: »Ich habe über eine Stunde gegen den verschärften U-Boot-Krieg gesprochen, denn er wird uns den Eintritt Amerikas in den Krieg bringen. Das können wir nicht vertragen. Die Technik hat in diesem Krieg so große Fortschritte gemacht, daß auch bestimmt Abwehrmaßregeln gegen unsere U-Boote erfunden werden. Die Amerikaner werden kommen; ich kann es nicht beweisen, aber es ist meine Überzeugung. Ich warnte auf das eindringlichste vor diesem Beschluß. Als ich geendet, sprang der Admiral Henning von Holzendorff auf und sagte: ›Ich verbürge mich auf mein Seemannswort, daß kein Amerikaner das Festland betreten wird.‹« Die Marine-Experten hatten den Kaiser davon überzeugt, daß mit Hilfe des totalen Krieges zur See England unweigerlich in fünf bis sechs Monaten am Boden liege und der Krieg somit gewonnen sei. Eine andere Möglichkeit, das Ringen nach zweieinhalb Jahren noch erfolgreich zu beenden, sahen sie nicht mehr. Der Widerstand des Reichskanzlers war der letzte Versuch, gegenüber der Obersten Heeresleitung die politische Stellung der Regierung zu behaupten. Er scheiterte. Von nun an standen sich die Heeresleitung, die in fast diktatorischer Form die politische Führung an sich zog, und der Reichstag – als oppositioneller Partner – gegenüber, unter Umgehung und schließlich praktischer Ausschaltung der Regierung. Dies war die entscheidende innenpolitische Wandlung Deutschlands während des großen Ringens.

Der unbeschränkte U-Boot-Krieg wurde den USA am 31. Januar 1917 in einer Note mitgeteilt. Am 3. Februar brach Washington die diplomatischen

Beziehungen zu Deutschland ab. Zur selben Zeit lief die Sonderaktion des Prinzen Sixtus an. Beide Maßnahmen zeigten den Entente-Mächten überraschend deutlich, in welch' mißlicher Lage sich ihre Gegner befanden, und das stärkte ihre Widerstandskraft. Die Sixtus-Affaire und der uneingeschränkte Krieg zur See waren außerdem von größtem Gewicht für den endgültigen Entschluß Präsident Wilsons, Amerikas Isolation aufzugeben und sich in Europa mit den unbezwinglichen amerikanischen Waffen und Soldaten, mit dem unübertrefflichen Reservoir der USA an Material und Moral zu engagieren. Wilson lieferte Granaten, Lebensmittel, Menschen und sein Programm der Vierzehn Punkte. Die ›Western Civilization‹ brach auf, um die Erde vor dem ›Preußischen Militarismus‹ zu bewahren. Gegen die Mittelmächte stand wenig später nahezu die ganze Welt; die mittel- und südamerikanischen Staaten waren in diesen Weltkonflikt ebenso verwickelt wie Japan und China.

Zeugen der Kriegswende 1918: Engländer und Deutsche an zerstörten Tanks an der Westfront

Die Stationen bis zum Ende des Krieges folgten rasch aufeinander. Der U-Boot-Krieg scheiterte. Das Ausscheren Rußlands durch die Revolution Lenins brachte ebenfalls keine Entlastung. Immerhin war die Oberste Heeresleitung in der Hoffnung darauf dazu bewogen worden, im Frühjahr 1918 noch einmal die Entscheidung im Westen zu suchen. Militärisch waren die Kräfte durch die zweihundert Divisionen, die im Osten frei wurden, wiederum fast ausgeglichen, aber nur so lange, bis Amerika imstande war, direkt und massiv an der Front einzugreifen. Im März 1918 befanden sich dreihundertneunundzwanzigtausend US-Soldaten in Frankreich, im Juli hatte sich ihre Zahl schon auf über eine Million erhöht. Vom 21. März bis zum 15. Juli bemühten sich die deutschen Truppen in fünf aufeinanderfolgenden Offensiven, den Durchbruch zu erzwingen. Trotz erheblicher Geländegewinne blieben diese Aktionen mangels Nachschub schließlich stecken. Die Gegenoffensive der Entente-Mächte, die am 18. Juli begann, brachte die Entscheidung des Krieges. Die Deutschen wurden vor allem durch den massiven Einsatz der Panzerwaffe, der Tanks, wie sie damals hießen, überrascht und zum Rückzug gedrängt. Doch auch den Alliierten gelang trotz ihrer Überlegenheit kein folgenschwerer Durchbruch. Anfang September wichen die Deutschen in die alte Hindenburg-Linie vom Februar/März 1917 zurück, die damals hervorragend ausgebaut worden war, in die sogenannte Siegfried-Stellung. Vom September bis zum 11. November fanden im Westen anhaltende Abwehrschlachten statt. Die Alliierten waren trotz ihrer Übermacht nicht in der Lage, auch nur an einer Stelle durchzustoßen. Diese Tatsache, so sehr sie innerhalb des gesamten Krieges und vor dem politischen Hintergrund eine zweitrangige Rolle spielt, war Anlaß genug für die ebenso hartnäckige wie stolze und verbitterte Feststellung, mit der Tausende von deutschen Soldaten und Millionen von Deutschen ohne Uniform sich die Niederlage Deutschlands erträglich zu machen versuchten, für die Devise, mit der die Bataillone der alten Frontsoldaten in die Heimat zurückkehrten: »Im Felde und zur See unbesiegt!«

»Seit Menschengedenken hatte man keinen solchen Kraftausbruch erlebt wie den des deutschen Vulkans.« – Churchill im Jahr 1918 über Deutschland im Ersten Weltkrieg

Rein militärisch konnte man am Tag des Waffenstillstands, am 11. November 1918, nicht von einem deutschen Zusammenbruch sprechen. Trotzdem war der Krieg eindeutig entschieden worden – nicht durch Verrat oder sonstige Dolchstöße in den Rücken des Heeres, sondern durch den Kriegseintritt der USA, durch das Scheitern des U-Boot-Krieges, also auf See. Das mußte den Kaiser auf seinem Weg ins holländische Exil fatal an seine feurige Prophezeiung erinnern, die er am 23. September 1898 bei der festlichen Eröffnung des Freihafens in Stettin gewagt hatte: »Unsere Zukunft liegt auf dem Wasser!« Der Satz ist eins der vielen Schlüsselworte zur Charakterisierung sowohl der komplizierten Persönlichkeit des Monarchen als auch der Politik des wilhelminischen Deutschland in den Jahren vor dem Ersten Weltkrieg. Witzelnd hieß es bald: »Unsere Zukunft liegt im Wasser.« Obwohl dies der Sache nach nicht falsch war, läßt es die treibenden Motive der damaligen Flottenpolitik und die Anstrengungen des späteren Großadmirals Alfred von Tirpitz unberücksichtigt.

Eine neue Schiffsform für die deutsche Kampfflotte Eigenhändiger Entwurf Kaiser Wilhelms II., nach 1890

Gegen Ende des 19. Jahrhunderts hatte sich der deutsche Außenhandel dank der industriellen und wirtschaftlichen Blüte auf die zweite Stelle der Weltliste hinter England geschoben. Zusammen mit der stürmisch anwachsenden Wirtschaftskraft hatten sich die politischen Ansprüche des Deutschen Reiches gesteigert. Sie drückten sich bald in der Überzeugung aus, daß der Bau einer starken Flotte notwendig sei. Wilhelm II. faßte das in seiner Thronrede Ende November 1897 in den Satz: »Wenngleich es nicht unsere Aufgabe sein kann, den Seemächten ersten Ranges gleichzukommen, so muß Deutschland sich doch in den Stand gesetzt sehen, auch durch seine Rüstung zur See sein Ansehen unter den Völkern der Erde zu behaupten.« Und im Dezember sprach Bernhard von Bülow, damals noch Staatssekretär im Auswärtigen Amt, die später oft wiederholten und noch öfter bewußt herabsetzend zitierten Worte: »Die Zeiten, wo der Deutsche dem einen seiner Nachbarn die Erde überließ, dem anderen das Meer und sich selbst den Himmel reservierte, wo die reine Doktrin thront, diese Zeiten sind vorüber. Wir wollen niemand in den Schatten stellen, aber wir verlangen auch unseren Platz an der Sonne.«

Die junge Großmacht Deutschland

Spätestens seit den letzten zwei Jahrzehnten des 19. Jahrhunderts datiert die Epoche des Imperialismus und der Weltpolitik. Für jeden Staat, der dazu in der Lage war, kam es mehr denn je darauf an, sein politisches Gewicht, das hieß unter den damaligen Bedingungen: seine Macht und seine Geltung unübersehbar auszudrücken. Für England oder Frankreich, Rußland, Amerika oder Japan war dies eine Selbstverständlichkeit. Erfahrungen im weiten Bereich der weltpolitischen Beziehungen und Risiken hatten bis dahin naturgemäß nur die See- und Kolonialmächte besessen. Staaten, die derartige Erfahrungen nicht besaßen, brauchten sich nicht zwangsläufig der Weltpolitik zu enthalten. So sah sich Deutschland nach Lage der Dinge dazu genötigt, eigene Erfahrungen zu machen und vor den damit verbundenen Tücken und Komplikationen nicht zurückzuschrecken.

»Nur solche Staaten und Völker sind fähig, überseeische Politik zu betreiben, die in sich selbst groß und kräftig sind. Es handelt sich darum, den Überschuß von Kraft hinauszusenden.« – Friedrich Hammacher, Mitglied des Deutschen Reichstages, am 14. März 1885

Unrichtig in der Sache ist die Verdrehung des Kaiserzitats von der »Zukunft auf dem Wasser« deshalb nicht, weil die rücksichtslose Energie, mit der Wilhelm II. und das Deutsche Reich den Bau einer kampffähigen Hochseeflotte betrieben, einer der Gründe dafür war, daß die langjährige Freundschaft mit England zerbrach. Als Folge davon verwandelte sich die Außenpolitik der Balance, die Bismarck so überlegen beherrscht hatte, in eine Außenpolitik der Labilität. Der Kaiser und mit ihm die große Mehrheit des deutschen Volkes waren der neuen Flotte verzehrend liebevoll zugetan. Tirpitz hat die Stimmung im Reich treffend charakterisiert: »Es offenbarte sich ein gewisses Bedürfnis der Nation nach einem Ziel, nach einer vaterländischen Sammlungsparole. Das Volk war nicht saturiert. Wenn ein Volk saturiert ist, geht es nieder. Stillstand und Rückgang liegen hart beisammen. Das war bei uns nicht der Fall, und binnen kurzem war die Flotte als Lebensfrage anerkannt und ein selbstverständliches Besitztum der Nation.« Tirpitz und die Initiatoren des Flottenbaues hielten es für »einen entscheidenden Fortschritt, daß die Nation jetzt die See liebgewann«. Der Kaiser selbst war für die Steigerung der Volkstümlichkeit des Flottengedankens unermüdlich tätig; denn auch wegen der enormen Finanzierungslast war seine Realisierung auf breite Zustimmung angewiesen. Hundertfach variierte Wilhelm II. sein Schlagwort: »Bitter not tut uns eine starke deutsche Flotte.« Das Echo war überraschend. Plötzlich glänzten die Tage und Taten der Hanse in Erinnerung auf; binnen wenigen Jahren verlor die Vorstellung, daß auch die Deutschen ein Volk der Seefahrt sind, ihre ausgefallene Besonderheit. Der Buchtitel des Schriftstellers Gorch Fock, der in der Seeschlacht am Skagerrak fiel, war schon keine Forderung mehr, sondern die Beschreibung eines Sachverhalts: »Seefahrt ist not.«

»Zukunfts-Idyll:
die Kriege zu Wasser
und in der Luft«
Zeichnung im ›Kladderadatsch‹
vom Juli 1885

Die integrierende Kraft der Flotte für die Innenpolitik und das nationale Reichsbewußtsein hatte außenpolitische Konsequenzen. Grundsätzlich zweifelte selbst der bedächtigste Politiker damals nicht an der Gleichung, daß die Rolle einer Weltmacht identisch sei mit der Rolle einer Seemacht. Tirpitz sprach es aus: »Die Flotte erschien mir niemals als Selbstzweck, sondern stets als eine Funktion der Seeinteressen. Ohne Seemacht blieb die deutsche Weltgeltung wie ein Weichtier ohne Schale. Denn nur eine Flotte, welche Bündniswert für andere Großmächte darstellte, also eine leistungsfähige Schlachtflotte, konnte unserer Diplomatie dasjenige Werkzeug an die Hand geben, das, zweckentsprechend genützt, unsere festländische Macht ergänzte. Ziel mußte sein die Errichtung einer Mächtekonstellation zur See, die Schädigungen und Angriffe auf unsere wirtschaftliche Blüte unwahrscheinlich machen und den trügerischen Glanz unserer damaligen Weltpolitik zu einer wirklich selbständigen Weltstellung umwandeln würde.«

Dadurch wurde eine neue Bewegung in den bisherigen Beziehungen ausgelöst. Für das britische Weltreich besaß die eindeutige Flottenüberlegenheit den Rang einer absoluten Existenzfrage. Im Jahr 1909 stellte der englische Außenminister Edward Grey kategorisch fest: »Für uns ist die Flotte, was für Deutschland die Armee ist. Für Deutschland würde eine starke Flotte Vermehrung des Ansehens, Vermehrung des diplomatischen Einflusses, Vermehrung des Handelsschutzes bedeuten. Sie ist für Deutschland aber durchaus keine absolute Existenzfrage wie für uns. Die gewaltigste Überlegenheit der englischen Seemacht könnte uns nie in die Lage versetzen, die Unabhängigkeit Deutschlands anzutasten, da unsere Armee ohne Bundesgenossen auf dem

Festland nichts ausrichten könnte. Wäre aber die deutsche Flotte der unseren überlegen, so würde das bei der Stärke des deutschen Heeres unsere Unabhängigkeit und unsere Existenz aufs schwerste bedrohen.« Sowohl dem Kaiser als auch seinen Ministern und Diplomaten waren die englischen Sorgen vom ersten Tag an bekannt. Ohne Beschönigung hatte der deutsche Botschafter in London 1908 an Reichskanzler Bülow geschrieben: »Wir sind entschlossen, eine starke Flotte zu besitzen, und müssen uns daher auch die Folgen klarmachen.« – Die Unfähigkeit der verantwortlichen Staatsmänner, diese Folgen zu übersehen, und der starre Wille der Engländer, sie zu überzeichnen, waren weit schwerwiegender als der forcierte Schiffsbau und die Flottenrüstung selbst. So führte ein gerader Weg von der Entfremdung zwischen Deutschland und England bis zum Abschluß der ›Entente cordinale‹ zwischen Briten und Franzosen im Jahr 1904 sowie zu der Allianz Englands mit Rußland.

Nach der Entlassung Bismarcks 1890 durch den jungen Kaiser hätte das Bündnissystem, in dem sich das Reich befand, nicht besser sein können. Das gilt vor allem für die politischen Übereinstimmungen und Sympathien, für deren Tatsächlichkeit alle Verträge und Bündnisse nur ein schriftlicher Ausdruck sind. Das Jahr 1890, in dem es Bismarcks Nachfolger als Reichskanzler und preußischer Ministerpräsident, General Leo Graf von Caprivi, bewußt unterließ, den Rückversicherungsvertrag mit Rußland zu erneuern, ist ein Angelpunkt für das Verständnis der politischen Umorientierung, die seit einigen Jahren im Gange war. Die Gleichgültigkeit gegenüber Rußland und das Mißtrauen Rußlands gegenüber Deutschland sind ein unübersehbares Indiz für den Wechsel in den Beziehungen der Mächte und dem jählings anschwellenden Selbstbewußtsein des Deutschen Reiches. Die Entfremdung der beiden Staaten und das Werben Frankreichs um Petersburg hatten eine ansehnliche Vorgeschichte. Paris ergriff prompt die Gelegenheit zur Bündnislösung; 1892 wurde eine russisch-französische Militärkonvention abgeschlossen.

»Eine Annäherung Deutschlands an Rußland würde unsere Verbündeten uns entfremden, England schädigen und unserer eigenen Bevölkerung unverständlich und unsympathisch sein.« – Leo Graf von Caprivi

Als der Kaiser und die deutschen Staatsmänner begriffen, daß Deutschland durch die Bemühungen Frankreichs in eine Zweifronten-Situation geriet, war es zu spät. Festen Bestand, so schien es, hatte nur noch die Allianz mit Österreich-Ungarn und Italien. Allerdings war mit Rom im Ernstfall kaum zu rechnen. Im Mai 1882 hatten sich Deutschland, die Doppelmonarchie und Italien zu gegenseitiger Hilfe verpflichtet, falls ein Partner angegriffen würde. Italien war dem Bündnis lediglich beigetreten, weil es die französische Politik in Nordafrika, die Errichtung eines Protektorats über Tunesien 1881, nicht akzeptieren wollte. Deshalb mußte der Dreibund Entscheidendes von seiner Substanz verlieren, sobald diese Differenzen nicht mehr bestanden. Zwischen 1898 und 1900 verständigten sich Paris und Rom über ihre nordafrikanischen Interessen. Damit war das Hauptmotiv für die Entstehung des Dreibundes entfallen. Der deutsche Botschafter in Rom schrieb damals in sachlicher Weitsicht an Bülow: »In diesem französischen Entgegenkommen liegt für Italiens Haltung in fernerer Zukunft eine ernste Gefahr.« Im Mai 1902 wurde der Dreibund zwar noch einmal ausdrücklich bestätigt, aber fünf Monate später sicherten sich Frankreich und Italien in einem Geheimvertrag gegenseitig Neutralität im Falle eines Angriffs zu; als Angreifer kam nur Deutschland in Betracht.

Das Entstehen der Zweifronten-Situation gegen das deutsche Ungeheuer auf dem Wasser
Französisches Flugblatt, um 1890

Im gleichen Zeitraum, zwischen 1898 und 1901, fanden zahlreiche Verhandlungen zwischen London und Berlin statt, ohne daß eine Verständigung erreicht worden wäre. Das Reich beharrte auf seiner Forderung nach einem festen

Bündnis, während England aus Rücksicht auf Frankreich und Rußland eine zu weitgehende Fixierung der Absprachen verweigerte. Später sind diese Verhandlungen häufig als die letzte große Möglichkeit bezeichnet worden, eine Gruppierung herzustellen, die den Ausbruch des Ersten Weltkrieges unmöglich gemacht hätte. Für das Scheitern der Gespräche war jedoch nicht Leichtfertigkeit, sondern in erster Linie die Überzeugung beider Partner ausschlaggebend, daß für das Bestehen freundschaftlicher Beziehungen ein Bündnis nicht notwendig sei, zumal sowohl England als auch Deutschland glaubten, im vertraglosen Zustand weiterhin leichter Herr ihrer Entschlüsse zu bleiben, gemäß der damals modischen sogenannten Politik der freien Hand.

England wertete den unverbindlichen Ausgang der Verhandlungen schließlich doch als endgültiges Signal für eine Neuausrichtung seiner gesamten Beziehungen. Um den Einfluß Rußlands in Ostasien einzudämmen, schloß es 1902 mit Japan ein Abkommen mit dem Ziel, den Status quo in China und Korea zu sichern. England mußte sich jetzt nicht mehr auf deutschen Beistand im Fernen Osten verlassen; es war in der Lage, einen Großteil seiner Flotte aus dem Pazifik abzuziehen. Die Rückenfreiheit in Ostasien war eine Voraussetzung für England, um strittige Fragen mit Frankreich regeln zu können. Dazu gehörte die Überprüfung der Interessen beider Staaten in Nordafrika. Sie führte bald zu einem Einvernehmen: Frankreich respektierte den Vorrang Englands in Ägypten, und Großbritannien überließ Frankreich die Vorhand in Marokko. Dadurch wurden Mißhelligkeiten erledigt, die seit vielen Jahren das Verhältnis der beiden Staaten getrübt hatten.

Diese ›Entente cordiale‹ ließ für Deutschland das Gespenst der Einklammerung in die Fronten Rußland–Frankreich zu dem Alptraum der Einkreisung durch die europäischen Großmächte auswachsen. Rußland und England stimmten nach dem russisch-japanischen Krieg der Jahre 1904/05, der für Petersburg unglücklich verlaufen war, ebenfalls ihre Einflußbereiche im Fernen und Mittleren Osten miteinander ab. Rußland erhoffte sich dadurch englischen Beistand in der Meerengenfrage und auf dem Balkan. Für Deutschland und Österreich-Ungarn hatte das Ende des russisch-japanischen Krieges den bedenklichen Effekt, daß Rußland, nunmehr im Rücken unbelastet, seine ganze Aufmerksamkeit auf Europa richten konnte.

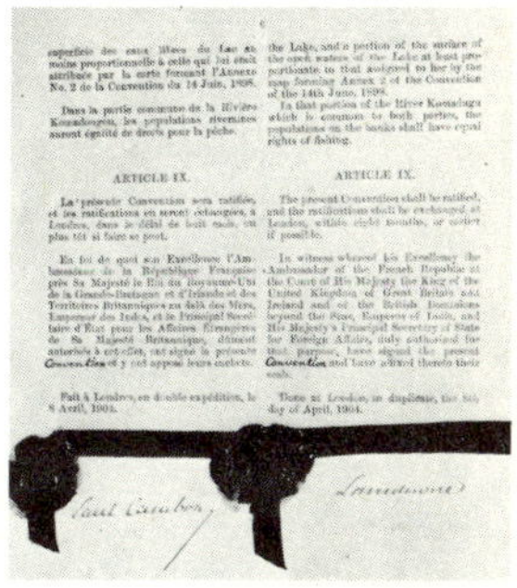

superficie des eaux libres du lac au moins proportionnelle à celle qui lui était attribuée par la carte formant l'Annexe No. 2 de la Convention du 14 Juin, 1898.

Dans la partie commune de la Rivière Komadougou, les populations riveraines auront égalité de droits pour la pêche.

the Lake, and a portion of the surface of the open waters of the Lake at least proportionate to that assigned to her by the map forming Annex 2 of the Convention of the 14th June, 1898.

In that portion of the River Komadugu which is common to both parties, the populations on the banks shall have equal rights of fishing.

ARTICLE IX.

La présente Convention sera ratifiée, et les ratifications en seront échangées, à Londres, dans le délai de huit mois, ou plus tôt si faire se peut.

En foi de quoi son Excellence l'Ambassadeur de la République Française près Sa Majesté le Roi du Royaume-Uni de la Grande-Bretagne et d'Irlande et des Territoires Britanniques au delà des Mers, Empereur des Indes, et le Principal Secrétaire d'État pour les Affaires Étrangères de Sa Majesté Britannique, dûment autorisés à cet effet, ont signé la présente Convention et y ont apposé leurs cachets.

Fait à Londres, en double expédition, le 8 Avril, 1904.

ARTICLE IX.

The present Convention shall be ratified, and the ratifications shall be exchanged at London, within eight months, or earlier if possible.

In witness whereof his Excellency the Ambassador of the French Republic at the Court of His Majesty the King of the United Kingdom of Great Britain and Ireland and of the British Dominions beyond the Seas, Emperor of India, and His Majesty's Principal Secretary of State for Foreign Affairs, duly authorized for that purpose, have signed the present Convention and have affixed thereto their seals.

Done at London, in duplicate, the 8th day of April, 1904.

Die Freundschaftserklärung zwischen Frankreich und England in Bezug auf ihr Verhältnis in West- und Südafrika Deklaration vom 8. April 1904 in der für Frankreich bestimmten Ausfertigung

Isolierung und Wettrüsten

Eine Art Schlußstein bildete die Algeciras-Konferenz in den ersten Monaten des Jahres 1906, von der sich Deutschland eine Sicherung seiner Interessen in Marokko und den Zerfall des Bündnisses zwischen Frankreich und England erhofft hatte. Berlin war bis dahin der französischen Marokko-Politik nach Kräften entgegengetreten, weil es eine Minderung seiner Handelschancen befürchtete. Da eine direkte Verständigung mit Frankreich gescheitert war, hatte Deutschland auf einen günstigen Schiedsspruch durch eine internationale Konferenz gesetzt. Diese Rechnung ging jedoch nicht auf. Das Reich sah sich in Algeciras einem geschlossenen Block der anderen Mächte gegenüber, der Frankreich trotz eines ausgehandelten Kompromisses weiterhin die Vorhand über Marokko ließ, so daß Deutschland praktisch isoliert war. Dies bildete den Hintergrund für eine eindringliche Warnung durch Fürst Bülow. Am 14.

Bernhard Fürst von Bülow
Gemälde von
Artur Ferraris, 1904

November 1906 gab er vor dem Reichstag einen großangelegten Überblick über die internationale Lage. Er stellte dabei fest, daß trotz jüngster Differenzen zwischen Deutschland und Frankreich »ruhige, normale und korrekte Beziehungen sehr gut möglich sind. Ich hoffe, daß die Zahl derjenigen Franzosen, die einen Krieg nur deshalb scheuen, weil er vielleicht im letzten Ende für Frankreich ungünstig verlaufen würde, abnehmen wird. Wir hoffen alle, daß bei beiden Völkern die Einsicht fortschreiten wird, daß keiner von beiden ein Interesse daran hat, das ganze gewaltige Risiko und das ganze furchtbare Elend eines Krieges auf sich zu nehmen, und daß den gegenseitigen Frieden nicht zu stören im Interesse beider Völker liegt. – Und was weiter möglich erscheint, ist, daß beide Völker sich auf wirtschaftlichem Gebiet industrieller und kommerzieller Unternehmungen begegnen und zusammenarbeiten, vielleicht auch hier und da einmal über eine koloniale Frage sich verständigen. Dabei bemerke ich ausdrücklich, daß wir nicht daran denken, uns zwischen Frankreich und Rußland oder Frankreich und England eindrängen zu wollen. Insbesondere denken wir nicht daran, die Störung der französisch-englischen Beziehungen zum Gegenstande unserer offenen oder versteckten Bemühungen zu machen. Die französisch-russische Allianz ist bis jetzt seit ihrem Bestehen keine Gefahr für den Frieden gewesen; sie hat sich im Gegenteil als ein Gewicht bewährt, das auch zum regelmäßigen Gang der Weltuhr beitrug. Wir hoffen, daß man von der englisch-französischen Entente cordiale dasselbe wird sagen können. Gute Beziehungen zwischen Deutschland und Rußland haben der französisch-russischen Allianz keinen Eintrag getan. Gute Beziehungen zwischen Deutschland und England können an und für sich ebensowenig im Widerspruch stehen mit der Entente cordiale, wenn diese friedliche Zwecke verfolgt. Die Entente cordiale ohne gute Beziehungen der Weltmächte zu Deutschland wäre eine Gefahr für den europäischen Frieden. Eine Politik, die darauf ausginge, Deutschland einzukreisen, einen Kreis von Mächten um Deutschland zu bilden, um es zu isolieren und lahmzulegen, wäre eine für den europäischen Frieden bedenkliche Politik. Eine solche Ringbildung ist nicht möglich ohne Ausübung eines gewissen Druckes. Druck erzeugt Gegendruck, aus Druck und Gegendruck können schließlich Explosionen hervorgehen.«

Das Thema der Einkreisung Deutschlands wurde bestimmend für die außenpolitischen Beschlüsse Berlins in den folgenden Jahren, für die deutschen Versuche, der Einklammerung politisch zu entkommen. Im Jahr 1908, als die freundschaftlichen Kontakte zwischen England und Rußland durch ein Treffen König Eduards VII. mit Zar Nikolaus II. in Reval einen Höhepunkt erreicht hatten, sprach es Wilhelm II. in einer Rede vor der Gardedivision in Döberitz noch einmal trotzig aus: »Es scheint, daß sie uns einkreisen und herausfordern wollen.«

Die deutsche Außenpolitik zwischen 1890 und 1914 gilt als eine Kette unglückseliger Verstöße gegen Bismarcks geniale Bündnispolitik. Doch daß die vom Weg des großen Kanzlers abweichenden Entscheidungen nicht bloß ein Problem der Verträge waren, die man schloß, kündigte oder nicht zustande brachte, zeigte sich besonders auffällig an der neuen Form der Sympathiebekundungen bündnisgleicher Art, die damals gängig wurden: an den Ententen. Da in der Phase des Imperialismus ungewöhnlich viel Dynamik in die zwischenstaatlichen Verhältnisse gekommen war, entwickelte sich aus der Abneigung gegen allzu starr bindende Vereinbarungen die Form der Entente als Ausdruck gemeinsamer Haltungen. Ein Musterbeispiel dafür lieferte Italien, das dem Buchstaben nach dem Dreibund angehörte, jedoch mit Frankreich 1902 ein Geheimabkommen schloß, dessen Vereinbarungen eindeutig gegen den Dreibund verstießen. Denn auch völkerrechtliche Verträge beruhen nach klassischer Auffassung bis heute auf dem Prinzip der Vertragstreue: Pacta sunt servanda.

Von 1906 bis zum Kriegausbruch 1914 war Deutschland mithin weniger durch die Verpflichtungen eines unauflöslichen Vertragssystems eingekreist als von einem Zirkel des Unbehagens, des ärgerlichen Neides, der Antipathie. Von dieser Linie wurde nicht abgewichen. Dabei stand nicht etwa ein gegen das Reich gerichteter Kriegs- oder gar Vernichtungswille im Vordergrund; ausschlaggebend waren vielmehr bedrückende oder hochgespielte Sorgen vor der ständig wachsenden deutschen Macht. Die Hauptschuld an der außenpolitischen Isolierung wurde dem deutschen Kanzler Bülow angelastet, seiner naiv-zuversichtlichen Politik, in der sich Unbedacht und Waghalsigkeit in einem sanguinischen Gleichgewicht hielten. Andererseits bestand kein einsichtiger Grund für Deutschland, aus den Befürchtungen der anderen Staaten die Basis der eigenen Zurückhaltung zu entwickeln. Die neidvolle Mißgunst Englands etwa war nicht weniger übertrieben als die deutsche Politik des Frisch-Fromm-Fröhlich-Frei.

»Nach den politischen Verhältnissen des Jahres 1909 war ein Krieg mit England überhaupt nicht mehr anders denkbar, als daß es sich gleichzeitig mit seinen beiden festländischen Entente-Genossen zu einem solchen entschloß.« – Alfred von Tirpitz, Erinnerungen, 1919

Die Flottenpolitik des Deutschen Reiches richtete sich erst in letzter Instanz direkt gegen England, und selbst darin war sie defensiv. Wilhelm II. warnte wiederholt mit Nachdruck davor, auf See eine unmittelbare Rivalität mit England anzustreben: »Das ist das einzige, wozu wir niemals stark genug sein werden.« Im Jahr 1908 besaß Deutschland zweiundzwanzig Linienschiffe, England dagegen neunundfünfzig. Die Flottenvorlagen des Reiches waren nicht auf ein Wettrüsten zur See angelegt. Von 1909 bis 1914 hielt man in Deutschland an einem Flottenetat unter elf Millionen Mark pro Jahr fest, während er sich in England von elf auf achtzehn Millionen erhöhte. Wer dem Kaiser und dem Fürsten Bülow vorwirft, sie hätten in der Flottenfrage kein Augenmaß besessen, sollte England anlasten, daß seine Einschätzung der deutschen Marine als einer Existenzbedrohung nicht von souveränem Abwägen der Motive bestimmt war; denn auch das läßt sich beweisen. Spätestens seit 1908 verwechselte Großbritannien in seinem Verhältnis zu Deutschland wiederholt Wirklichkeit mit Wahn, Politik mit Panik. England steigerte die deutsche Flottenmacht auch deshalb zu einer direkten Bedrohung, weil es in der Stärke des Reiches eine Gefährdung des europäischen Gleichgewichts witterte, für dessen Erhalt es sich aus eigennützigen Motiven schon so lange verantwortlich fühlte. In Wirklichkeit waren die aggressiven Spitzen, die der Flottenbau des Reiches für den Kriegsfall enthielt, ursprünglich gegen Frankreich und Rußland gerichtet: »Es wäre politisch wie strategisch hirnverbrannt erschienen, die Möglichkeit eines späteren Angriffs auf England zu erwägen«, versicherte Tirpitz. »Der von mir ausgearbeitete Operationsplan von 1895 faßt den Zweifrontenkrieg ins Auge und rechnet bei allen seinen Einzelheiten mit einem neutralen England. Ich ging von der Voraussetzung aus, daß wir den Krieg gegen Frankreich nicht als Kreuzerkampf, sondern mit einer Seeschlacht eröffnen sollten. Hier liegt der Ursprung unseres Schlachtflottenbaus.«

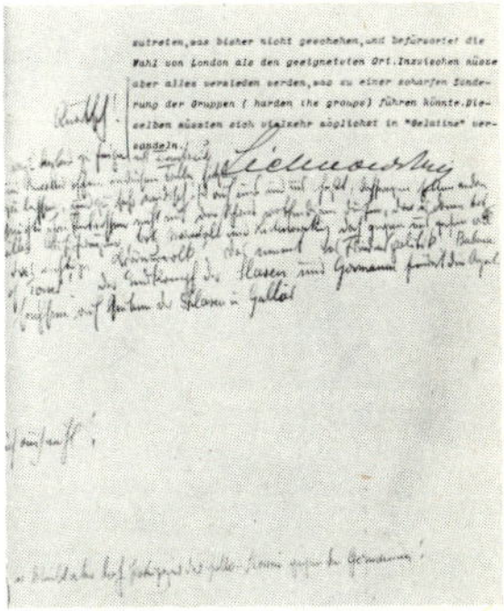
zutreten, was bisher nicht geschehen, und befürwortet die Wahl von London als den geeignetsten Ort. Inzwischen müsse aber alles vermieden werden, was zu einer scharfen Sonderung der Gruppen (harden the groups) führen könnte. Dieselben müssten sich vielmehr möglichst in "Gelatine" versandeln.

Lichnowsky

Die politische Lage Ende 1912
Bericht des
Fürsten Lichnowsky,
des deutschen Botschafters
in London, vom
3. Dezember 1912
über sein Gespräch
mit Lord Haldane
Schlußseite des Schreibens
an Bethmann Hollweg mit
Notizen Kaiser Wilhelms II.

Erst später wurde der Wunsch von Tirpitz, die Stärke der Kriegsmarine so zu erhöhen, daß auch England das Risiko eines Angriffs nicht auf sich nehmen

Kaiser Wilhelm II.
im politischen Gespräch
mit Bethmann Hollweg
während einer Hofjagd
im Spätherbst 1912

»Wilhelm II. hat in gewissem Sinne tatsächlich die Aufgabe eines Königs vollkommen erfüllt, indem er fast immer der Ausdruck der erdrückenden Mehrheit seiner Untertanen gewesen ist,... der Repräsentant ihres Weltbildes.« – Egon Friedell im Jahr 1927

konnte, zum Leitprinzip für die Zahl der Kiele. So defensiv die deutsche Haltung auch war, sie lieferte England schließlich einen zusätzlichen Anlaß für seinen Entschluß, sich in die Front gegen das Deutsche Reich einzugliedern und damit den Ring der Einkreisung – aus deutscher Sicht – zu schließen. Als Fürst Bülow 1909 zurücktrat, waren die Fronten verhärtet, die Tage vorbei, in denen sich ein Arrangement mit England hätte erreichen lassen. Dennoch hielt Wilhelm II. Illusionen wach. Um so enttäuschter reagierte er dann bei Beginn des Krieges: »Das läßt jetzt für mich keinen Zweifel mehr zu: England, Rußland und Frankreich haben sich verabredet, gegen uns den Vernichtungskrieg zu führen. Entweder wir sollen unseren Bundesgenossen schnöde verraten und Rußland preisgeben – damit den Dreibund sprengen, oder für unsere Bundestreue von der Triple-Entente gemeinsam überfallen und bestraft werden, wobei ihrem Neid endlich Befriedigung wird, uns gemeinsam total zu ruinieren. Das ist in nuce die wahre nackte Situation, die langsam und sicher durch Eduard VII. eingefädelt, fortgeführt, durch abgeleugnete Besprechungen Englands mit Paris und Petersburg systematisch ausgebaut, schließlich durch Georg V. zum Abschluß gebracht und ins Werk gesetzt wird. Dabei wird uns die Dummheit und Ungeschicklichkeit unseres Verbündeten zum Fallstrick gemacht. Also ist die berühmte Einkreisung Deutschlands nun doch endlich zur vollsten Tatsache geworden, trotz aller Versuche unserer Politiker und Diplomaten, sie zu hindern. Eine großartige Leistung, die Bewunderung erweckt, selbst bei dem, der durch sie zugrunde geht! Und da hat es Leute gegeben, die geglaubt haben, man könne England gewinnen oder beruhigen, durch diese oder jene kleinen Maßregeln!«

Kaiser eines Zeitalters

Mit dem Namen des letzten regierenden Hohenzollern verbindet sich die Bezeichnung einer ganzen Ära unserer Geschichte: die wilhelminische Epoche. Die Persönlichkeit Wilhelms II., des deutschen Kaisers und Königs von Preußen, der von 1888 bis 1918, also volle dreißig Jahre, regiert hat, ist repräsentativ geworden für den Zustand, die Entwicklung und die Ambitionen des Deutschen Reiches von der Entlassung Bismarcks bis zum Ausbruch des Ersten Weltkrieges. Welche Merkmale konnten einem so langen Zeitraum ein eigenes Gewicht verleihen? Sie gruppieren sich um die drei Hauptbegriffe: Industrialisierung, Imperialismus, Weltgeltung.

Um die Jahrhundertwende war das Deutsche Reich im Begriff, die erste Industriemacht der Welt, Großbritannien, einzuholen. Hatte die deutsche Stahlproduktion 1880 mit Mühe ein Drittel der englischen erreicht, so produzierte Deutschland zwei Jahrzehnte später bereits eineinhalbmal so viel wie England. Die Steinkohlenförderung konnte das Reich von zwanzig Prozent auf fünfzig Prozent steigern. Im Jahr 1897 erhielt zum ersten Mal ein deutsches Schiff das begehrte ›Blaue Band‹ für die schnellste Überquerung des Atlantik. Der Ruf deutscher Erzeugnisse und Industrie-Artikel stellte die Güte der englischen, deren Qualität das ganze 19. Jahrhundert hindurch die Spitze sämtlicher Produkte angeführt hatte, in den Schatten. Der Anteil von Fertigwaren nahm im deutschen Export rapide zu. Das Zeichen ›Made in Germany‹, das im englischen Merchandise Marks Act 1887 vorgeschriebene Signum für alle

Fabriken der BASF
in Ludwigshafen
Aus einem Gemälde von
Robert Stieler, 1881

Waren, die aus Deutschland eingeführt wurden und die man auf diese Weise deklassieren wollte, hatte sich für England als Bumerang erwiesen.

Durch den Sieg über Frankreich 1870/71 war Deutschland in den Besitz der alten Reichsgebiete von Elsaß und Lothringen gekommen. Was dies für die deutsche Industrie bedeutete, läßt sich auch anhand der Zahlen, die vieles sichtbar machen, kaum richtig abschätzen. In Lothringen befanden sich die größten Steinkohlenlager Frankreichs; hier wurden zwei Drittel des französischen Stahls produziert. Die deutsche Kali-Industrie, die 1840 entstanden und gewaltig ausgebaut worden war, errang durch die Kali-Lager, die 1904 im Elsaß entdeckt wurden, eine absolute Monopolstellung. Bis zum Ersten Weltkrieg war die gesamte Kali-Erzeugung praktisch in deutscher Hand. Ihr Anteil an der Weltproduktion betrug sechsundneunzig Prozent. Den Eisenerzen Lothringens verdankte es die deutsche Schwerindustrie, daß sie sich unaufhaltsam zur ersten in Europa entwickelte. Im Jahr 1871 wurden in Lothringen knapp vierhunderttausend Tonnen Erz pro Jahr gefördert, 1917 waren es fünfundvierzigmal so viel, nämlich fast achtzehn Millionen Tonnen. Gehörte es nicht auch zu den so oft mit Recht bespöttelten Zeichen der Zeit, daß 1894 auf dem ersten internationalen Autorennen von Paris nach Rouen ein deutscher Wagen von Daimler siegte? ›Germans to the front‹, das war ein Faktum der Wirtschaft, der Industrie, des Handels, lange bevor es sprichwörtlich wurde für die blinde Tapferkeit der Deutschen.

Um die Jahrhundertwende hatte sich in sämtlichen Industrien die Mechanisierung durchgesetzt, in Verbindung mit dem raschen Prozeß der industriellen Konzentration. Bestanden 1879 nicht mehr als vierzehn deutsche Kartelle, so zählte man 1900 bereits mehr als dreihundert. Die unglaublich schnelle Entwicklung der Industrie stand unter dem Zeichen ›Kohle und Eisen‹. Diese Kombination, die es durch die geographische Nachbarschaft der Eisenerze Lothringens und der Kohlengruben des Saargebiets zu Spitzenerfolgen brachte, wurde zum Index des allgemeinen industriellen Fortschritts. Von 1871 bis zum Beginn des Ersten Weltkrieges konnte die gesamte deutsche Eisenförderung nahezu vervierfacht werden. Die Roheisen- und Stahlerzeugung nahm um das Zehnfache zu; sie stieg von anderthalb Millionen Tonnen auf mehr als fünfzehn Millionen an. Im Jahr 1914 befand sich das Deutsche Reich ohne Konkurrenz an der Spitze der europäischen Eisen- und Stahlerzeugung.

Großbritannien wurde aber auch im Welthandel von Deutschland überflügelt. Das Reich nahm bereits um die Jahrhundertwende den zweiten Platz hinter den Vereinigten Staaten ein. Mit dem Export stand es ähnlich. Rangierte Deutschland 1880 auf der vierten Stelle hinter Frankreich, Großbritannien und den USA, so hatte es zwei Jahrzehnte später seine beiden europäischen Rivalen hinter sich gelassen. Nach den Gesamtzahlen war Großbritannien schon 1895 von Deutschland in der Industrieproduktion überholt worden. Seitdem fiel dem Kaiserreich die problematische Ehre zu, in Handel, Industrie und Verkehr der Rivale Englands zu sein.

Ein britischer Wissenschaftler und Politiker veröffentlichte Anfang Februar 1896 in einer englischen Wochenschrift bedrückende Meditationen: »Weil die Deutschen den Engländern so ähnlich sind im Wesen, im religiösen und wissenschaftlichen Denken, im Gefühlsleben und an Begabung, sind sie unsere vorbestimmten natürlichen Nebenbuhler. Überall auf der Welt, bei jedem Unternehmen, im Handel, in der Industrie, bei sämtlichen Anlagen in der

Berliner Industrieviertel
am Landwehrkanal
in Nähe der Schilling-Brücke
Gemälde von Adolf Meckel,
1891

Berlin im Baufieber
der Gründerjahre:
Bau der Grenadierstraße
beim Alexander-Platz
Gemälde von
Friedrich Kaiser, um 1875

»Die rapide Zunahme unserer Bevölkerung, der beispiellose Aufschwung unserer Industrie, die Tüchtigkeit unserer Kaufleute, kurz, die gewaltige Vitalität des deutschen Volkes, haben uns in die Weltwirtschaft verflochten und in die Weltpolitik hineingezogen.« – Bernhard Graf von Bülow am 11. Dezember 1899

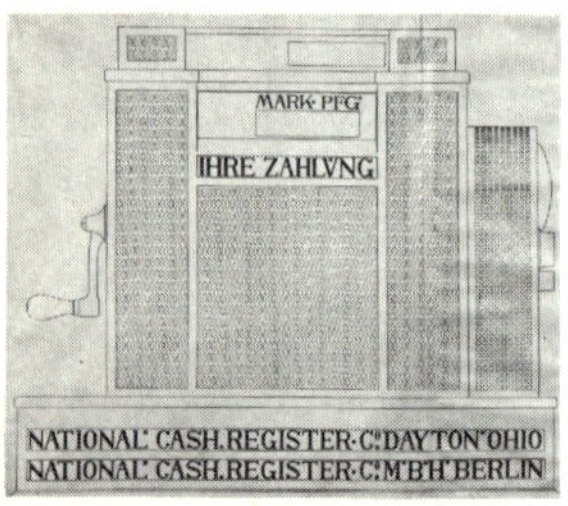

Deutsche Erzeugnisse
für den Weltmarkt
Werbung für deutsche
Rechenmaschinen
Entwurf von
Josef Maria Olbrich, vor 1908

Fremde stoßen Engländer und Deutsche aufeinander. Die Deutschen sind ein wachsendes Volk, ihre Wohnsitze liegen über ihre Reichsgrenzen hinaus. Deutschland muß neuen Raum gewinnen oder bei dem Versuch untergehen. Es stimmt wohl, daß diesem Deutschland richtige koloniale Siedlung unter eigener Flagge bisher nicht gelang. Aber das ist Zufall und hängt mit den deutschen innenpolitischen Zuständen zusammen. Ein Wandel der Dinge ist in Deutschland nahe genug, und die Volksmacht Deutschland wird dasselbe Geschick in den eigenen Kolonien zeigen, wie es Deutsche, die in unsere Kolonien hineinfanden, dort bewiesen haben. Wäre morgen jeder Deutsche beseitigt, es gäbe kein englisches Geschäft noch irgendein englisches Unternehmen, das nicht wüchse. Hier wird der erste große Artenkampf der Zukunft sichtbar. Hier sind zwei wachsende Nationen, die aufeinander drücken rund um die Erde. Eine von beiden muß das Feld räumen, eine von beiden wird das Feld räumen.« Der Verfasser zieht daraus zwei Hauptlehren: »Erstens, schweißt unsere Kolonien in einen Bund zusammen, eine geographische Aufspaltung der angelsächsischen Rasse gegeneinander muß verhindert werden. Zweitens, macht Euch fertig zum Kampf mit Deutschland, denn Germaniam esse delendam.«

Deutschland war auch in seiner Bevölkerung eine wachsende Nation. Im Jahr 1870 betrug seine Einwohnerzahl einundvierzig Millionen; bis 1914 schnellte sie hoch auf siebenundsechzig Millionen. Das imperiale Streben, das in jenen Jahrzehnten allen Industrienationen eigen war, griff im Sinne des Wachstums auf verschiedenen Ebenen über den begrenzten Nationalstaat hinaus und mußte sich wohl oder übel auf Vorherrschaft richten. Wirtschaftsexpansion und Welthandel zielten darauf ab, den Konkurrenten auszustechen, ihm den Rang abzulaufen, so daß imperiales Streben hegemonialem Streben gleichkam. Das mußte unweigerlich den politischen Status quo zersprengen, auf den Bismarck das Deutsche Reich diplomatisch eingespielt hatte. Er selbst, der große Meister des Koalitionslabyrinths, war am Ende seines Lebens nur noch das verehrungswürdige Symbol einer abgelaufenen Epoche der europäischen Politik. Als er kurze Zeit vor seinem Tod den Hamburger Hafen besuchte, und mit Albert Ballin eine Rundfahrt unternahm, verwirrte ihn der hektische Betrieb; er wurde unruhig, schüttelte den Kopf und murmelte schließlich: »Das ist eine neue Welt. Sie ist mir fremd.«

Die Deutschen drängten überall in der Welt nach vorn, mit einem Zukunftsoptimismus, der sich durch jeden Erfolg steigerte und die Grundlage für den nächsten Erfolg schuf. Auch sie hatten sich Kolonien verschafft und im Wettlauf um die weißen Flecken der Landkarte, zumal in Afrika, respektabel abgeschnitten. Sie hatten diese Kolonien ganz unkonventionell erworben, nicht durch Eroberungen, sondern durch Kauf und korrekte Bezahlung. Die Deutschen saßen in Afrika, in Asien und selbst im Pazifik. Ihre Schiffe kreuzten die Seestraßen. Ihre Handelsziffern schlugen nur noch die Rekorde, die sie selbst aufgestellt hatten. Man riß sich um die deutschen Waren, denn sie lagen ganz erheblich unter dem Preis der Engländer. Das alles bedeutete für das Britische Weltreich Einbußen, Verluste, Niederlagen. Selbst wenn die Deutschen ihre Friedfertigkeit unablässig beteuerten, war ihre Wirtschaftsexpansion der erste Kalte Krieg des 20. Jahrhunderts: Der Imperialismus ihrer Produkte war erheblich gefährlicher als der Imperialismus von Kanonen. Lag die Folgerung nicht auf der Hand, daß man sie, die wirtschaftlich nicht zu besiegen waren, politisch isolieren und notfalls militärisch destruieren mußte?

Tatsächlich sah kein deutscher Staatsmann nach Bismarck, daß die Entfaltung Deutschlands und seine Handelspolitik Großbritannien an der verletzlichsten Stelle trafen, an den Wurzeln seiner Existenz. Auch Kaiser Wilhelm II. sah es nicht; er sah es sogar am wenigsten von allen. Mit neunundzwanzig Jahren, am 15. Juni 1888, hatte er den Thron bestiegen, ein selbstbewußter Mann, stolz, phantasievoll, hochintelligent, politisch außerordentlich begabt. Er besaß ein ungewöhnliches Gedächtnis und eine Auffassungsgabe wie keiner seiner Minister oder Kanzler. Bei der Geburt hatte die Hebamme durch einen Mißgriff seinen linken Arm verletzt, so daß dieser verkümmerte. Darunter litt der Kronprinz sehr; denn er, der Nachfahre der ruhmreichsten preußischen Könige und Feldherrn, war ein Krüppel. Viele seiner Entschlüsse, spontanen Reden und Äußerungen sind schon von seinen Zeitgenossen als übereilt, kurzsichtig, taktlos kritisiert worden. Kein deutscher Herrscher hat während seiner Regierung so viel fremdes Porzellan zerschlagen wie er. Die Empörung, mit der jede Affäre Wilhelms II. im Ausland kommentiert wurde, war zu häufig, als daß sie nicht die boshafte Genugtuung verraten hätte, mit der ihre Verfasser die rhetorischen Demütigungen genossen, die sich der Kaiser selbst zugefügt hatte.

Am 20. März 1890 wurde Bismarck vom Kaiser entlassen. Die Bedenken, daß sich die Außenpolitik des Reiches jetzt wandeln könnte, versuchte Wilhelm II. durch ein Telegramm zu zerstreuen: »Das Amt des wachhabenden Offiziers auf dem Staatsschiff ist mir zugefallen. Der Kurs bleibt der alte, und nun voll Dampf voraus!« Selbst wenn sich die Außenpolitik mit der Seefahrt vergleichen ließe, hätte sie es ständig mit Klippen, gefährlichen Strömungen, Sandbänken zu tun und nicht mit der Sanftheit pazifischer Breiten, die zu Volldampf einluden. Man muß das Telegramm anders lesen: Voller Dampf war der Kaiser selbst; er barst geradezu vor Energie und Entschlossenheit, das Deutsche Reich zu leiten und zu führen, so wie er es in einer Rede Anfang 1892 im Brandenburgischen Provinzial-Landtag verheißen hatte: »Zu Großem sind wir noch bestimmt, und herrlichen Zeiten führe ich Euch noch entgegen«, vorausgesetzt allerdings, daß »Ihr Eurem Markgrafen folgt durch dick und dünn.« Sie folgten ihm, trotz der vielen mißverständlichen, unglücklich gewählten Worte des hohen Herrn, der letztlich sein Volk zufrieden und glücklich sehen wollte.

Der Kaiser hielt leidenschaftlich gern Reden, die viel Stoff für Gelächter, Verlegenheit, Ärger und Spott lieferten. Vor allem in den ersten Regierungsjahren versäumte er keine Gelegenheit zu Ansprachen. Die vielen Entgleisungen, die auch eine Folge der Neigung Wilhelms II. waren, das Thema in Quintessenzen enden zu lassen, die den Hörern als sittliche Lebensregel oder moralische Nutzanwendung dienen sollten, diese kaiserlich-pädagogischen Absichten ließen später übersehen, welch schwungvoller, ja mitreißender Redner Wilhelm II. tatsächlich gewesen ist. Wenn der Kaiser sprach, gab es keine Langeweile. Fast immer sprühte er vor Begeisterung und Zuversicht, die auf sein Publikum übersprangen. Da Wilhelm II. am liebsten frei sprach, wurde er oft dazu verleitet, sich quasi kopfüber in den schäumenden Strom seiner eigenen Empfindungen zu werfen und sich treiben zu lassen. Seine Fähigkeit, die glänzendsten Formulierungen zu entdecken, wurde noch übertroffen von der Gabe, auch die diplomatisch schockierendsten Formulierungen zu finden. Immer wieder interpretierte er seinen Zuhörern die aktuellsten politischen

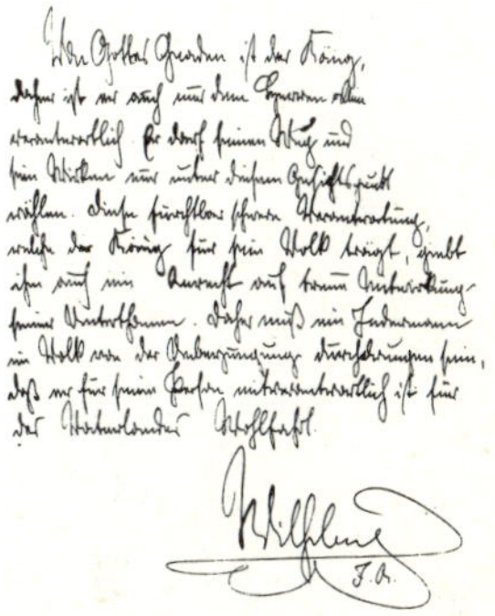

Appell Wilhelms II.
für die Mitverantwortlichkeit
des Einzelnen an des
»Vaterlandes Wohlfahrt«
Kaiserliche Widmung von 1900
für das Goldene Buch
des deutschen Volkes

»Die bourgeoise Phantasie war täglich angeregt und aufgeregt durch die Persönlichkeit des Kaisers.« – Ludwig Thoma im Jahr 1908

Entwicklungen und Komplikationen, sprach, ja predigte von der weltpolitischen Zukunft und dem Platz des Deutschen Reiches in dieser Zukunft. Da Wilhelm II. auch bei Ansprachen seinen Gefühlen mit selbstgefälliger Lust die Zügel locker ließ, hörte man von ihm Hunderte von Malen Versprechungen, Beteuerungen, Drohungen, die so gut wie niemals verwirklicht wurden. Dem deutschen Publikum war der mächtig rollende Theaterdonner Wilhelms bald vertraut, es lächelte nachsichtig, denn es mochte seinen jugendlich ungestümen Monarchen. Das Ausland dagegen hielt sich an den Donner, nicht an das Theater.

Als Wilhelm den Thron bestieg, wußte seine Umgebung, mit welch schwierigem Herrn es das Deutsche Reich zu tun bekam. Sein kluger Freund Philipp Eulenburg skizzierte die Risiken dieser frühen Thronbesteigung recht anschaulich: »Ich rechnete auf das Verdampfen der Leutnantsnebel. Leider verdampften sie nicht früh genug. Der Prinz wurde noch in diesem Nebel Kaiser.« Bis zuletzt fühlte sich der Kaiser als absoluter Monarch, als Herrscher von Gottes Gnaden. Für seine Handlungen war er allein dem Himmel verantwortlich. Nicht zu überbieten war der Stolz Wilhelms II. auf seine Vorfahren, die er gelegentlich hemmungslos glorifizierte. Dafür wurde der Bau der Siegesallee im Berliner Tiergarten von 1898 bis 1901 mit den zweiunddreißig Marmorstandbildern der brandenburgisch-preußischen Herrscher exemplarisch. Wilhelm II. wollte selbst zur vollendeten Verkörperung und absoluten Steigerung dieser Tradition werden. Voller Tatkraft, reich begabt in vieler Hinsicht, aber auch zerfetzt von Eitelkeit und Geltungssucht, ständig auf Popularität bedacht, ungewöhnlich phantasievoll und sprunghaft bis zur Unmöglichkeit, beherrschte ihn ein unerschütterliches Selbstbewußtsein. Wegen des Mangels an Selbstkritik entwickelte er schließlich eine ruchlose Hochachtung vor der Weitsicht seines politischen Urteils, das in der Tat häufig besser war als das seiner Politiker vom Metier. Besonders bedenklich war die Unfähigkeit des Kaisers, die Palette seiner natürlichen Gaben in ein erträgliches Verhältnis zu dem politischen Geschäft zu bringen, das zu seinen täglichen Aufgaben gehörte, denen er sich über immer längere Zeiträume entzog. Schließlich ließ er sich von seinen beiden liebsten Tätigkeiten kaum noch abhalten: von großen Treibjagden und ausgedehnten Fahrten auf seiner Hochseejacht ›Hohenzollern‹.

Kaiser Wilhelm II. in spanischer Gala-Uniform und in der Tracht eines Johanniters Aufnahmen aus der Zeit um 1910

Seine Umgebung, seine Mitarbeiter und Minister behandelte der Kaiser je nach Laune. Kaum einer trat ihm offen entgegen oder hatte den Mut, sich spontan zu empören. Admiral Tirpitz zählte zu diesen weißen Raben. Der Kaiser überschüttete ihn eines Tages mit ungerechten Vorwürfen. Tirpitz bat sofort um seinen Abschied. Wilhelm II. aber lachte nur. Seinen anderen Ministern schmeiße er doch noch viel tollere Sachen an den Kopf; wo solle das hinführen, wenn jeder deswegen seinen Abschied einreiche. Daß hier eine geschundene Kinderseele mit schmerzenden Jugendnarben in einer ordensgeschmückten Uniform herumlief, davon mußte niemand Notiz nehmen; denn der Monarch war als Kaiser keine Privatperson, sondern Herrscher eines Staates.

Immerhin wurde Wilhelm II. in ganz Deutschland bald unglaublich populär, von den Jüngeren bewundert, von den Älteren verehrt und vom Volk geliebt – nicht wegen seiner zeitweiligen Ähnlichkeit mit einem Fassaden-Kaiser, nicht wegen seiner Reden, nicht trotz seiner Reden, sondern weil seine Reden mit seinen Taten kaum etwas zu tun hatten. Letzten Endes waren seine Entschlüsse

Die Eröffnung des Reichstages durch Kaiser Wilhelm II. am 25. Juni 1888
Gemälde von Anton von Werner

»Ich kenne keine Parteien mehr, ich kenne nur Deutsche!«
Kaiser Wilhelm II. bei einer Rede an die Berliner am 4. August 1914
Kunstblatt nach einem Gemälde von Fritz Genutat

Abonnements
werden beim Verlag und dessen bekannten Agenten entgegengenommen, und zwar zum voraus zahlbaren
Vierteljahrspreis von:
Mk. 4,40 für Deutschland (direkt per Brief-Couvert)
öwfl. 2,75 für Oesterreich (direkt per Brief-Couvert)
Shill. 2,— für alle übrigen Länder des Weltpostvereins (Kreuzband).

Inserate
die dreigespaltene Petitzeile
3 Pence — 25 Pfg. — 30 Cts.

Der Sozialdemokrat

Organ der Sozialdemokratie deutscher Zunge.

Erscheint
wöchentlich einmal
in
London.

Verlag
der
German Cooperative Publishing Co.
E. Bernstein & Co., London N. W.
114 Kentish Town Road.

Postsendungen
franko gegen franko.
Gewöhnliche Briefe
nach England kosten Doppelporto

№. 10. Briefe an die Redaktion und Expedition des in Deutschland und Oesterreich verbotenen „Sozialdemokrat" wolle man unter Beobachtung äußerster Vorsicht abgehen lassen. In der Regel schicke man uns die Briefe nicht direkt, sondern an die bekannten Deckadressen. In zweifelhaften Fällen eingeschrieben. 8. März 1890.

20 Mandate im ersten Wahlgang, 17 in der Stichwahl.

1,341,587 sozialdemokratische Wähler — 567,405 Zuwachs

Im ersten Wahlgang:

Glauchau-Meerane:
J. Auer, Sattler (Schriftsteller) in München.
Hamburg I.:
A. Bebel, Drechslermeister (Schriftsteller) in Dresden.
Hamburg II.:
J. H. W. Dietz, Buchdrucker in Stuttgart.
Greiz:
C. Förster, Zigarrenarbeiter in Hamburg.
Altona:
Karl Frohme, Schlosser (Schriftsteller) in Hannover.
Leipzig-Land:
F. Geyer, Zigarrenarbeiter in Großenhain.
Nürnberg:
K. Grillenberger, Schlosser (Korrektor) in Nürnberg.
Barmen-Elberfeld:
F. Harm, Weber (Gastwirth) in Barmen.
Mülhausen i. Elsaß:
F. Hickel, Schreiner in Mühlhausen.
Berlin VI.:
W. Liebknecht, Schriftsteller in Borsdorf.
Hamburg III.:
Wilhelm Metzger, Spengler (Journalist) in Hamburg.
Chemnitz:
Max Schippel, Schriftsteller in Berlin.
Mittweida-Limbach:
A. Schmidt, Buchdrucker in Berlin.
Solingen:
Gg. Schuhmacher, Gerber in Solingen.
Schneeberg-Stollberg:
J. Seifert, Schuhmacher in Zwickau.
Berlin IV.:
P. Singer, Kaufmann in Dresden.
Zwickau-Crimmitschau:
W. Stolle, Gärtner (Gastwirth) in Gesau.
München II. **und Magdeburg:**
G. Vollmar, Schriftsteller in München.
Gera:
E. Wurm, Schriftsteller in Dresden.

In der Stichwahl wurden gewählt:

München I.:
J. Birk, Gastwirth in München.
Braunschweig:
W. Blos, Schriftsteller in Stuttgart.
Bremen:
J. Bruhns, Zigarrenarbeiter in Bremen.
Mannheim:
A. Dreesbach, Tischler (Kaufm.) Mannheim.
Calbe-Aschersleben:
Aug. Heine, Hutfabrikant in Halberstadt.
Naumburg a./Saale:
W. Hofmann, Zigarrenarbeiter in Chemnitz.
Mainz:
Franz Jöst, Tischler in Mainz
Halle a./Saale:
Fritz Kunert, Lehrer (Redakteur) in Breslau.
Hannover:
H. Meister, Zigarren-Arbeiter in Hannover.
Ottensen-Pinneberg:
H. Molkenbuhr, Zig.-Arbeiter in Kellinghusen.
Frankfurt a./M.:
Wilh. Schmidt, Lithograph in Frankfurt.
Sonneberg:
P. Reißhaus, Schneider in Erfurt.
Königsberg i./Pr.:
Carl Schultze, Zigarrenarbeiter in Königsberg.
Lübeck:
Th. Schwartz, Koch (Gastwirth) in Lübeck.
Nieder-Barnim:
Arth. Stadthagen, Rechtsanwalt in Berlin.
Breslau-Ost:
Franz Tutzauer, Tischler in Berlin.
Offenbach-Dieburg:
Carl Ulrich, Schlosser (Redakteur) in Offenbach.

Siegreiche Stichwahlen:

	1890	1887	Stichwahl
München I	7,570	4,563	14,432
Braunschweig	13,621	10,656	15,000
Bremen	14,843	7,743	16,404
Mannheim	8,701	5,128	12,601
Calbe-Aschersleben	12,514	4,837	16,373
Naumburg	10,563	5,591	13,000
Mainz	8,000	5,526	10,000
Halle a./S.	12,618	6,590	14,500
Hannover	16,570	12,210	19,000
Ottensen	10,820	6,520	13,010
Königsberg	12,327	7,987	13,138
Frankfurt a. M.	12,654	8640	18,090
Lübeck	6,389	4,254	7,316
Nieder-Barnim	13,628	5,680	15,400
Breslau-Ost	9,998	7,781	12,337
Offenbach	10,334	8,024	13,000
Sonneberg	7,215	4,959	10,000

Der erste Akt.

Das war vor der Entscheidungsschlacht
In eurem Lager wüstes Lärmen!
Die Becher klangen durch die Nacht,
Musik, Geschrei und trunknes Schwärmen.
Wir sahen euch im Tanze drehn
Durch eurer Lagerfeuer Qualmen
Und ließen uns herüberwehn
Vom Wind die Melodie von Psalmen.

Da ward gebetet und geflucht,
Denn abseits von der tollen Rotte
Hat zitternd Trost und Schutz gesucht
Das Muckerthum bei seinem Gotte;
Und während auf den Knien lag
Mit Angstgeplärr der Troß der Pfaffen,
Schliff pfeifend für den „Ehrentag"
Der Uebermuth sich seine Waffen.

So habt ihr, prahlend und verzagt
Und mit geheucheltem Vertrauen,
Die Nacht verjubelt und verklagt,
Statt erst auf's gute Recht zu bauen;
Und während still das Dunkel wich
Dem Tag und seiner Strahlenkrone
Vollzog in finstrem Schweigen sich
Der Aufmarsch uns'rer Bataillone.

Vernehmlich liefen durch die Reih'n
Geflüsterte Kommandoworte;
Ein Jeder stand im Morgenschein
Geschlossen am bestimmten Orte.
Wir wußten, wo der Gegner stand,
Und konnten nicht im Wege irren,
Und wenn ein schwacher Laut entschwand,
So war's der Waffen leises Klirren.

Wohl krampfte zornig sich die Hand,
Wohl schlug das Herz im heißen Grimme,
Doch selbst die tiefste Wallung fand
In diesen Stunden keine Stimme.
Und kaum ein Lächeln ward getauscht
Von Freunden, wie ein ernstes Mahnen,
Wenn leicht im Morgenwind gerauscht
Die ehrenreichen rothen Fahnen.

Ein Wink, dann ein Trompetenstoß,
Ein Schrei des Hasses tausendstimmig —
Und furchtbar brach das Wetter los,
Wildschön, erhaben, aber grimmig!
Das war kein zierlich Lanzenspiel,
Das war ein Kampf auf Tod und Leben,
Und wer von uns'ren Hieben fiel,
Dem wurde kein Pardon gegeben.

Und wie sie fielen! Links und rechts
Brach's wie der Sturm in ihre Glieder,
Warf rauh die derbe Faust des Knechts
Die zarten, seid'nen Herrlein nieder.
Der Sturm zerblies ihr Heer wie Schaum —
Sie suchten sich umsonst zu sammeln,
Und selbst die Frömmsten fanden kaum
Die Zeit, ihr Stoßgebet zu stammeln.

Ward deines Gleichen je gesehn,
Gewaltigste der Niederlagen?
Um die Armada war's geschehn,
Bevor sie sich noch recht geschlagen,
Und mancher prahlerische Held
Geziert mit Federn und mit Ketten,
Irrt jammernd flüchtig über's Feld
Und sucht verzweifelnd sich zu retten.

Die sich gebrüstet und gebläht,
Als ob sie Keiner jemals schlage —
Wie Garben liegen sie gemäht
Nach diesem großen Ehrentage.
Und die voll Hochmuth uns gedroht,
Daß sie uns fesselten und bänden —
Kein Hund nimmt einen Bissen Brot
Nach diesem Tag aus ihren Händen.

Nach ihren stolzen Fahnen greift
Die Hand des Niedrigsten und Letzten;
Durch Blut und Koth der Wahlstatt schleift
Er spöttisch singend die zerfetzten;
Und was nur splitterte, nicht brach,
Entrann nicht rächenden Geschicken,
Denn unter dieser Last von Schmach
Wird es wie Rohr zusammenknicken.

Wir aber stehen stumm und dicht
In Massen wieder und Kolonnen;
Wir sind die blöden Narren nicht,
Zu glauben, Alles sei gewonnen.
Das große Schauspiel hat gepackt —
Es kehrt mit einem Eisenbesen;
Doch ist's, ihr Herr'n, der erste Akt
Des Riesendramas nur gewesen!

R. L.

Ein Presseorgan der Sozialdemokraten
Ausgabe vom 8. März 1890 zu den Wahlen von 1890

doch recht besonnen, behutsam, durchdacht. Im Juni 1913 feierte er das silberne Jubiläum seines Regierungsantritts. Ganz Deutschland war in festlicher Stimmung. Sicherlich jubelten diejenigen am lautesten, die Nutznießer der wirtschaftlichen Triumphe Deutschlands waren, aber mittlerweile zählten auch die Arbeiter zu dieser Nation und diesem Kaiser, weit mehr jedenfalls, als man selbst in Deutschland vor 1914 hätte vermuten können. Die Sozialdemokraten mischten ebenfalls kräftig auf dem Farbbrett des Nationalen im Kaiserreich mit, diejenigen also, die Bismarck als die teuflischsten aller Feinde angesehen hatte, während sie ihn für den leibhaftigen Beelzebub hielten. Als der Kaiser 1914 in seiner Thronrede, mit der er am 4. August die Außerordentliche Sitzung im Weißen Saal des Schlosses in Berlin eröffnete, den berühmt gewordenen Satz aussprach: »Ich kenne keine Parteien mehr, ich kenne nur Deutsche«, da stimmten ihm alle Deutschen zu, auch die Arbeiter. Bei den Sozialdemokraten drückte sich das parlamentarisch durch die Zusicherung des innenpolitischen Burgfriedens und Bewilligung der Kriegskredite aus. Heinrich Lersch, der große deutsche Arbeiterdichter, sprach für beide, als er den Refrain formulierte: »Deutschland muß leben, und wenn wir sterben müssen!« Das hieß bei Lersch, daß dieses Deutschland des Kaisers auch ein Reich war, in dem alle leben konnten und leben wollten.

Die Frage, ob man im Zweiten Reich, im kaiserlichen Deutschland, wirklich leben konnte, richtete sich gerade bei den Sozialdemokraten an eine vorzügliche Adresse. Denn von niemandem wurde schärfere Kritik geübt. War nicht das, was das Deutschland jener Zeit an Gutem aufzuweisen hatte, gleich so überaus gut und leider auch so überaus rar, daß es bald nur noch dazu dienen mußte, das Kritikbedürftige vor den Attacken abzuschirmen?

Arbeiter und Unternehmer
Lithographie von
Théophile Alexandre Steinlen

Viel wurde von den Kritikern geklagt über die inneren Zerrissenheiten, die pseudopreußische Dominanz, die Mißverhältnisse zwischen gesellschaftlichen und politischen Zuständen, zwischen Kaisertum in der Repräsentanz Wilhelms II. und Staat, zwischen Konservativismus und sozial-industrieller Verfassung. Am Deutschen Reich jedoch als dem nationalen Staat der Deutschen wurde keine Kritik geübt, die sein Dasein grundsätzlich in Frage gestellt hätte. Auch in den bösesten Attacken ging es um die möglichen Veränderungen, Verbesserungen; nie ging es um die Beseitigung. Das gilt für die katholischen Kreise um das Zentrum genauso wie für die sozialistische Arbeiterschaft.

Die Allianzen Bismarcks

Der Kaiser der Jahre 1913/14 war ein gänzlich anderer Monarch als derjenige, der fünfundzwanzig Jahre zuvor den Thron bestiegen hatte. Seine Reden waren zurückhaltender geworden. Die Welt hatte alle wesentlichen Überraschungen, zu denen er fähig war, kennengelernt; grundsätzlich Neues konnte niemand erwarten. Überdies kam es nicht auf den Herrscher allein an; denn der Kaiser befand sich an der Spitze eines Staates, der einen Machtfaktor bildete, wie er bis dahin in Mitteleuropa nicht vorhanden gewesen war. Die europäischen Großstaaten durften sich bei dem Gedanken beruhigen, daß sie diesen Machtblock des Deutschen Reiches samt dem Problemstaat Österreich-Ungarn mit Hilfe von Bündnissen, Zusicherungen, Geheimabsprachen gut eingehegt hatten. Seit der Entlassung Bismarcks 1890 hatte die Außenpolitik des Kaisers und seiner

Kanzler das Ziel der Koalitionsbemühungen des Reichsgründers binnen eineinhalb Jahrzehnten auf den Kopf gestellt – sofern eine solche Wendung lediglich eine Frage der außenpolitischen Kunstfertigkeit bildete. Bismarck war Herr der europäischen Konstellationen bestenfalls bis zum Ende der achtziger Jahre seines Jahrhunderts, dann aber verlor er rapide die Übersicht; er gewann kein Verhältnis zu den einsetzenden Veränderungen. So sehr sich die deutsche Außenpolitik seiner Nachfolger von seiner eigenen unterschied: Wer sich alles Spätere nur damit erklärt, daß es sich bei der deutschen Politik unter Wilhelm II. um eine Politik der Zerstörung des Werkes Bismarcks gehandelt habe, stilisiert die Fähigkeiten des Eisernen Kanzlers zu Tugenden, die seiner unwürdig gewesen wären, und die Schwierigkeiten seiner Erben zu Unfähigkeiten, die lediglich Unterstellungen sind.

Bismarck hatte das Deutsche Reich in Allianzen gebracht, die seinen Hauptgegner Frankreich gänzlich isolierten. Das Drei-Kaiser-Abkommen von 1873 rückte Rußland zu Frankreich in Distanz und hielt Deutschland den Rücken

Bündnisse in Europa 1882–1912

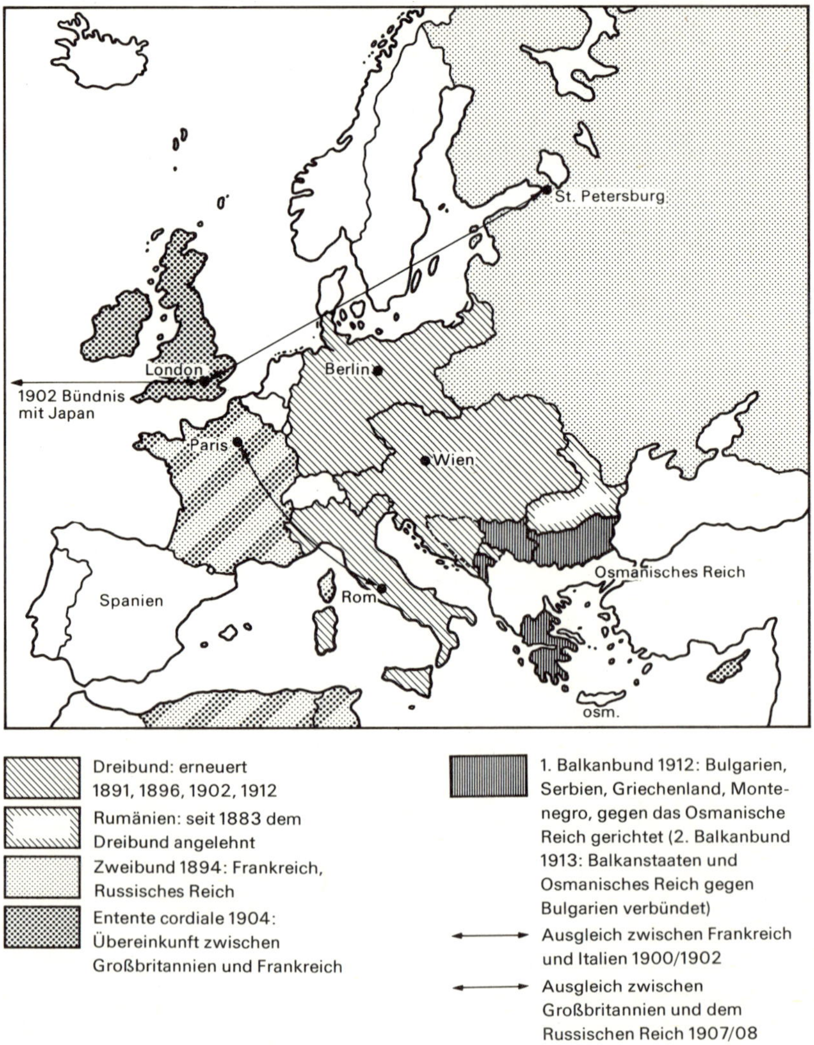

gegenüber dem Westen frei. Ergänzt wurde es 1881 durch ein geheimes Neutralitätsabkommen zwischen den drei Staaten. Die russischen Interessen auf dem Balkan, die Petersburg zum ständigen Widersacher der Habsburger Monarchie machten, konnte Bismarck im Anschluß an den russisch-türkischen Krieg auf dem Berliner Kongreß vom 13. Juni bis zum 13. Juli 1878 keineswegs angemessen befriedigen. Die Großmächte Europas waren zusammengekommen, um – wie Österreich-Ungarn vorgeschlagen hatte – den Machtüberhang Rußlands, der sich aus dem russisch-türkischen Frieden von San Stefano vom März 1878 ergeben hatte, zu beseitigen. Rußland mußte auf sein Protektorat über ein Großbulgarien verzichten. Den Staaten Rumänien, Serbien und Montenegro wurde Unabhängigkeit gewährt. Als Ausgleich erhielt der Zar den größten Teil Bessarabiens, während der Doppelmonarchie das Recht auf die Verwaltung Bosniens und der Herzegowina und das Mandat zur Besetzung zugesprochen wurde. Bismarck, der auf dem Kongreß mit dem Willen eines ehrlichen Maklers den Vorsitz geführt hatte, konnte sich trotz der vermeintlich salomonisch weisen Regelungen kaum zufrieden die Hände reiben.

Der Bündnisvertrag zwischen dem Deutschen Reich und Österreich-Ungarn vom 7. Oktober 1879 Schlußseite des Unterhändlerinstruments in der für die Doppelmonarchie bestimmten Ausfertigung des Zweibund-Abkommens

Das war der Grund, warum sich Berlin und Wien schon im Jahr darauf genötigt sahen, einen Zweibund zu schließen, der sich trotz seines defensiven Charakters offenkundig gegen Rußland richtete: Sollte einer der Partner von Petersburg angegriffen werden, dann war der andere zur Unterstützung verpflichtet. In allen übrigen Konfliktfällen hatte der Grundsatz der wohlwollenden Neutralität zu gelten. Im Jahr 1882 wurde eine ähnlich defensive Absprache zwischen Deutschland, Österreich-Ungarn und Italien vereinbart: Der Dreibund sah wohlwollende Neutralität in Konflikten mit einer vierten Macht vor; falls es sich um die Türkei handelte, hatten die Vertragspartner ihre Ziele abzustimmen. Dabei galt Bulgarien als russisches, der ganze westliche Balkan dagegen als österreichisch-ungarisches Interessengebiet.

Der Dreibund zwischen Deutschland, Österreich-Ungarn und Italien vom Jahr 1882 in satirischer Feind-Sicht aus dem Jahr 1889

Dieses Geflecht von Verträgen schien alle Eventualitäten zu berücksichtigen. Nun brach jedoch 1885, nachdem sich Bulgarien dem russischen Einfluß entzogen hatte und Serbien die Machtsteigerung seines Nachbarn nicht hinnahm, ein Krieg zwischen beiden Staaten aus; die Serben wurden besiegt. Wien vermittelte den Frieden zu Lasten Bulgariens. Damit griff Österreich-Ungarn in die russische Interessensphäre ein und verstieß gegen das Neutralitätsabkommen von 1881. Diese Drei-Kaiser-Absprache, ursprünglich bis 1884 befristet, war bis 1887 verlängert worden, aber ihre Grundlage wurde durch das Verhalten Wiens im bulgarisch-serbischen Konflikt zerstört. Deshalb entschloß sich Bismarck, nachdem ihm der Zar vorgeschlagen hatte, das alte Drei-Kaiser-Abkommen ohne Österreich-Ungarn zu verlängern, zu dem zweiseitigen ›Rückversicherungsvertrag‹ mit Petersburg vom 18. Juni 1887: Petersburg verpflichtete sich, Deutschland zu unterstützen, falls Frankreich einen Krieg beginnen würde; das Deutsche Reich dagegen sicherte Rußland Hilfe zu, falls es von Österreich-Ungarn angegriffen würde. Berlin billigte die Interessen Rußlands in Bulgarien und übernahm die Verpflichtung zu militärischer Neutralität und moralischer Unterstützung, falls es Petersburg für notwendig hielt, selbst »den Schlüssel seines Reiches in der Hand zu behalten« und die Meerengen des Bosporus und der Dardanellen zu besetzen. Der Vertrag war auf drei Jahre befristet. Der Zar hatte sich absolute Geheimhaltung erbeten, weil schon die bloße Erörterung einer Partnerschaft mit dem Deutschen Reich in der russischen Öffentlichkeit helle Empörung ausgelöst hätte.

Dieses Geheimabkommen ist vielfach als Musterstück hoher Staatskunst gerühmt worden, als Schlußstein einer kunstvollen Konstruktion, deren ausschließlicher Zweck die politisch-militärische Sicherung Deutschlands war und die Fesselung Frankreichs mit seidenweichen, aber unzerreißbaren Stricken. Doch der Rückversicherungsvertrag enthielt außer Vorteilen auch Widersprüchlichkeiten sowie Unredlichkeiten. Bismarck hatte sich im Zweibund-Vertrag von 1879 ausdrücklich verpflichtet, Österreich-Ungarn im Fall eines russischen Angriffs beizustehen. Aber im Rückversicherungsvertrag garantierte er Rußland die deutsche Unterstützung im Fall eines österreichischen Angriffs. Es war Bismarcks Absicht, sowohl Petersburg als auch Wien davon abzuhalten, sich auf einen wechselseitigen Konflikt einzulassen. In einem Konfliktfall wäre jedoch Berlin in einer peinlichen Situation gewesen: Wie hätte die Reichsregierung entscheiden sollen, wen sie zum Angreifer erklären mußte? Schon damals richteten sich die realen Interessen nur noch bedingt oder der Form halber nach Vertragsparagraphen. Nicht minder kompliziert war das Verhältnis des Rückversicherungsvertrages gegenüber dem Bund Deutschlands, Österreich-Ungarns und Italiens von 1882: Wenn einer der Partner von einer anderen Macht, außer von Frankreich, angegriffen wurde, waren die anderen zu wohlwollender Neutralität verpflichtet. Sollte allerdings Rußland mit Österreich-Ungarn in Konflikt kommen, hatte Berlin dem Text des Dreibundes entsprechend »wohlwollend neutral« zu bleiben, mußte aber gemäß dem Text des Rückversicherungsvertrages Rußland unterstützen, falls Wien als Angreifer zu betrachten war.

»Deutschland erkennt die geschichtlich erworbenen Rechte Rußlands auf der Balkanhalbinsel an und insbesondere die Rechtmäßigkeit seines vorwiegenden und entscheidenden Einflusses in Bulgarien und Ostrumelien.« – Aus dem 2. Artikel des Rückversicherungsvertrages

In den Vereinbarungen gab es zwei schwache Stellen. Obgleich Bismarck seine Absicht erreicht hatte, Frankreich in eine koalitionsleere Ecke zu manövrieren, war diese Isolierung für Paris so unerträglich, daß die französischen Staatsmänner das oberste Ziel der politischen Vernunft darin sehen mußten, aus der Bündnislosigkeit herauszubrechen. Frankreich fühlte sich in die Enge getrieben. Bismarcks Politik der deutschen Sicherung mußte jenseits des Rheins zwangsläufig Rachegelüste wecken und nähren. Die außenpolitische Devise Frankreichs konnte nur lauten: Bündnisse um jeden Preis. Dafür war niemand so sehr geeignet wie derjenige Staat, der die zweite schwache Stelle in Bismarcks Vertragsnetz bildete: Rußland. Der Situation auf dem Balkan war Bismarck niemals völlig Herr geworden. Petersburg wurde dort nicht nur von Großmachtwünschen umhergetrieben; die panslawistischen Bestrebungen, die russische Solidarität mit den Slawen des Balkans spielten eine erheblich größere Rolle, als es dem Zaren lieb sein konnte und dem Vielvölkerstaat Habsburgs lieb sein durfte. Über die Kraft der nationalen Energien in diesem Raum täuschte sich Bismarck mit seinen Maklerkünsten hinweg. Er irrte sich auch über den Grad der russischen Empfindsamkeit.

Nikolaus II. von Rußland, der Nachfolger Alexanders III., mit Felix Faure, dem französischen Staatspräsidenten, bei Bündnis-Gesprächen in Kronstadt im Jahr 1897

Alexander III. hatte sich lediglich notgedrungen zu diesem Vertrag entschlossen, weil er wie Frankreich auf Koalitionen angewiesen war. England hielt Rußland und Frankreich für die gefährlichsten Wühler in Europa. Als der Zar von Bündnisgesprächen Bismarcks mit dem englischen Premier Marquess of Salisbury erfuhr, lenkte Bismarck ab: Es habe sich lediglich um die Samoa-Inseln gehandelt, an deren Erwerb das Deutsche Reich interessiert sei. Der Zar wußte, daß Bismarck log: »Dieses Obervieh führt wieder etwas im Schilde und will uns mit Samoa die Augen auswischen!« Wäre die Freundschaft aus Verlegenheit zwischen Berlin und Petersburg so fest gegründet gewesen, wie

»Der Fürst Bismarck hat uns in die Arme Frankreichs getrieben.« – Nikolaj Karlowitsch Giers zu dem deutschen Botschafter in Petersburg im Jahr 1893

Bismarck vermutete, dann hätte sie durch die Kündigung des Rückversicherungsvertrages nach Bismarcks Entlassung nicht so prompt zerbrechen können, und es wäre nicht so rasch zu der Militärkonvention zwischen Paris und Petersburg vom 17. August 1892 gekommen.

Friedensliebe überall

Durch die Unterzeichnung dieser Abmachung hatte Frankreich seine Isolierung unerwartet rasch durchbrochen, was nicht unbedingt bedeutete, daß Deutschland schon mit dem Rücken an die Wand gedrängt war. Erheblich folgenschwerer wirkte es sich aus, daß es den Nachfolgern Bismarcks nicht gelang, das Einvernehmen mit England zu erhalten und vor allem zu verhindern, daß London und Paris zueinander fanden. Wer daran Schuld hatte, ob man überhaupt von Schuld sprechen kann, oder ob nicht vielmehr Zwangsläufigkeiten ausschlaggebend waren, bei denen industrielle und wirtschaftliche Interessen eine genauso große Rolle spielten wie außenpolitische, das gehört zu den Fragen, die einen Teil der Problematik der wilhelminischen Ära und der Epoche des Imperialismus bilden. Tatsache bleibt, daß keine der europäischen Großmächte, sieht man von Rußland und seinen Balkan-Fixierungen ab, wirklich einen Krieg wollte und auf einen Krieg hinarbeitete. Jede aber schloß den Krieg als eine Möglichkeit ein und hatte ihn ständig vor Augen.

Die Staatsmänner und Fürsten Europas waren geprägt von großbürgerlichem Sinn für die leckermäuligen Seiten des Lebens, sie ergingen sich gern seelenfroh in weiten Parks, genossen Opernpremieren und Konzerte, dinierten stundenlang in exklusiven Lokalen. Selbst Georges Clemenceau, französischer Ministerpräsident zwischen 1906 und 1909 und einer der radikalsten Revanchisten, wollte wohl ernstlich keinen Krieg; er verhielt sich eher wie ein Raubtier, das nicht aus Lust tötet, sondern aus Hunger. Clemenceau, dem nichts so verhaßt war wie alles Preußisch-Deutsche, orientierte seine politische Arbeit an dem Leitspruch: »Die deutsche Machtgier hat sich die Vernichtung Frankreichs zum Ziel gesetzt.« Was blieb den Franzosen unter solchem Aspekt anderes übrig, als sich auf einen Krieg vorzubereiten? So oder ähnlich dachten nahezu alle Fürsten und Staatsmänner voneinander. Als König Eduard VII. von England, der Onkel Wilhelms II., 1908 mit dem Zaren in Reval zusammentraf, um die Freundschaft zwischen London und Petersburg zu besiegeln, schrieb der deutsche Botschafter besänftigend nach Berlin, daß der König wirklich an nichts anderem interessiert sei als an der Wahrung des Friedens. Doch der Kaiser empörte sich: »Lügen! Er will Krieg. Aber ich soll ihn anfangen, damit das Odium nicht auf ihn kommt.«

Mißverständnis:
Bismarck als Handlanger deutscher Hegemonialgelüste
Flugblatt aus Süddeutschland, 1897

Wie wörtlich also durfte oder mußte das Deutsche Reich den Grundsatz des liberalen englischen Premiers William Ewart Gladstone aus dem 19. Jahrhundert nehmen, den er für die Politik Londons geprägt hatte: England habe entschlossen dagegen aufzutreten, wenn »irgendeine Macht, wer es immer sei, einen übermäßigen Zuwachs erfahre«. Niemals aber glaubten der Kaiser und die deutschen Politiker, daß England tatsächlich gegen Deutschland zu den Waffen greife. Nur Generalstabschef Helmuth von Moltke, von Haus aus ein kluger Pessimist, schätzte die Beweggründe Londons richtig ein: »England fürchtet eine deutsche Hegemonie und will das Gleichgewicht in Europa aufrecht erhalten.« Das galt vor 1914 genauso wie vor 1939, und das wurde von den Staatsmännern des Kaiserreiches ebenso unterschätzt wie von Hitler. So waren sie gleichermaßen vor den Kopf geschlagen, als ihnen die britischen Kriegserklärungen überreicht wurden. In Paris und Petersburg sah man vor dem Ersten Weltkrieg schärfer, so daß es des Trinkspruchs nicht bedurft hätte, den der russische Großfürst Nikolaj Nikolajewitsch 1912 auf dem Abschiedsbankett, mit dem die französischen Manöver beendet wurden, ausbrachte: »Ich trinke auf unsere gemeinsamen Siege in der Zukunft! Auf Wiedersehen in Berlin, Messieurs!«

War es wirklich so, wie der englische Premier David Lloyd George nach dem Krieg gemeint hat: »Je mehr man von den Memoiren und Büchern liest, die in den verschiedenen Ländern über den Krieg geschrieben werden, desto deutlicher erkennt man, daß keiner von den führenden Männern den Krieg wirklich gewollt hat. Sie glitten sozusagen hinein, oder vielmehr: Sie taumelten und stolperten hinein, aus Torheit!« Oder war doch, wie oft behauptet, bestritten und wiederum in selbstbezichtigendem Klagen unterstellt worden ist, vor allem von Berlin mit vollem Bewußtsein von der politischen Tragweite dieses Strebens auf den Krieg hingearbeitet worden?

Bismarcks Schatten

Wirklich friedliebend war nicht zuletzt auch Wilhelm II., trotz seiner vielen Uniformen, Orden und schneidigen Ansprachen. Nur wegen der Freude des Kaisers am blitzenden Prunk wurde sein Wort von der »schirmenden Wehr« des Deutschen Reiches entstellend als »schimmernde Wehr« zitiert, und selbst das mit geduldiger Nachsicht, denn es wußte jedermann von der Lust Wilhelms II. am Glanz. Wirklich problematisch an den schrillen Tönen des Kaisers war das Echo. Warum aber wurde im Ausland sein Vergnügen an Glanz und Gloria so lebhaft als deutscher Wille zum Konflikt ausgelegt, auch wider besseres Wissen? Bei einer Einladung in der deutschen Botschaft in Paris blieb der französische Kriegsminister Gaston Marquis de Gallifet vor einem großen Gemälde des Monarchen stehen, um es aufmerksam zu betrachten. Der Kaiser ist in der strotzenden Paradeuniform der Garde du Corps dargestellt. »Gefällt Ihnen das Porträt?« erkundigte sich der Botschafter. Darauf Gallifet: »Porträt? Das ist kein Porträt! Das ist eine Kriegserklärung!«

Wilhelm II. hatte wohl Kampfgeist, auch ungewöhnlichen Mut, aber er besaß keine Kriegerseele, wie Fürst Bülow einmal treffend festgestellt hat. Der Kaiser wollte Deutschland groß und mächtig sehen, doch dazu waren Säbel und Kanonen nicht nötig. Er nahm seine Verantwortung für das Volk vor Gott sehr ernst, aber es war ihm nicht gegeben, für diese Verpflichtung eine überzeugende Form zu finden. Auch sein Werben um Freundschaft bei den Nachbarn entsprang einem tiefen Bedürfnis. Die Außenpolitik ließ jedoch nicht viel Platz für wirklichkeitsfremde Empfindungen, so daß sich der Kaiser ständig zurückgesetzt, brüskiert oder mißverstanden fühlte. Wie oft hat er geklagt, daß Deutschland so wenig Freunde im Ausland habe, daß es so wenig beliebt sei.

Otto Fürst von Bismarck
auf der Tribüne des Reichstages
im März 1888
Aus einer Zeichnung, 1888

Darin lag einer der großen Unterschiede zwischen Wilhelm II. und Bismarck. Der Kanzler war nicht weniger impulsiv als der Kaiser, aber das präsentierte er nicht der Weltöffentlichkeit: »Es handelt sich nicht darum, berechtigte Empfindungen kundzugeben, sondern Politik zu treiben; das Wort ›Entrüstung‹ ist in der Politik nie am Platze.« Auch bei der Reichsgründung 1871 hatte Bismarck nur ein Ziel gekannt: Friede für das Deutsche Reich. Um das zu verwirklichen, nutzte er alle politischen und diplomatischen Möglichkeiten. Für ihn gab es jedoch im Gegensatz zu Wilhelm II. keine feststehenden Maximen, denen er Tribut entrichtete zu Lasten der Rücksichten auf politische Tatsachen. Auf diese Weise wurde seine Kunst der Realpolitik so eindrucksvoll, obschon das große Sicherungssystem, das er mit viel Raffinement errichtet hatte, unter demselben Kardinalfehler litt wie der Innenbau des Kaiserreiches: Die Position des Kanzlers, die Struktur Deutschlands, das außenpolitische Beziehungsgeflecht – alles hatte Bismarck auf seine Person zugeschnitten. Es funktionierte, solange der Kanzler im Amt war.

Dies wurde besonders deutlich in Bismarcks genialer Beherrschung der Beziehungen zwischen den fünf europäischen Großmächten, seinem sogenannten Spiel mit den fünf Kugeln. Daß nur ein Jongleur vom Range Bismarcks es zu handhaben vermochte, war der Kardinalfehler des Schaustücks. Hat dieser Gleichgewichtskünstler nie daran gedacht, daß die Sicherung des Deutschen Reiches, die Garantie des europäischen Friedens nur dann soliden Bestand haben könnte, wenn sie nicht auf die Dauer seiner Kanzlerschaft, seines persönlichen Lebens zugeschnitten waren? Die Grundlagen des 1871 geschaffenen Staates und seine außenpolitischen Stützpfeiler waren von Bismarck nicht auf Bestand angelegt, sondern auf Zerfall. Das wurde nach dem Thronwechsel sehr schnell sichtbar. Die neunundneunzig Tage des todkranken Friedrich III. bilden in der Geschichte der Deutschen kaum eine Episode, aber schon während der wenigen Monate zwischen der Thronbesteigung Wilhelms II. und dem ersten schweren Zusammenstoß mit Bismarck war die Brüchigkeit des ganzen Baus an den Rissen der Fassade zu erkennen. Herrscher und Kanzler waren getrennt durch das Alter, durch die unterschiedliche Einschätzung der politischen Notwendigkeiten und durch die Absicht Wilhelms II., bei aller Verehrung für den großen Alten, selbst mehr zu sein als nur der Schlußpunkt hinter Bismarcks Entscheidungen. Zum Bruch kam es wegen der sozialen Frage.

»Er hinterließ eine Nation ... ohne allen und jeden politischen Willen, gewohnt, daß der große Staatsmann an ihrer Spitze für sie die Politik schon besorgen werde.« – Max Weber über Bismarck

Zu Beginn des Jahres 1890 regierte der Kaiser erst eineinhalb Jahre, doch in seiner Stellung hatte er sich bereits souverän gemacht. Mitte Januar wurde im Kronrat die Arbeiterschutzgesetzgebung behandelt. Wilhelm II. hielt eine Rede, in der er den Fabrikanten vorwarf, sie hätten in ihrer Mehrzahl die Arbeiter »ausgepreßt wie Zitronen und dann auf dem Mist verfaulen lassen«. Noch war der Kaiser hingerissen von seinen Gefühlen für das Volk; er wollte ein Fürst der Bettler, der Ausgestoßenen sein. Den Einfall, mit einem sozialpolitischen Manifest seinen Geburtstag am 27. Januar zu schmücken, fand Bismarck zunächst nicht schlecht: »Ich denke, wir machen mit.« Dann aber brach beim Kanzler die alte Wut gegen die Kanaille durch. Den kaiserlichen Erlaß über die Arbeiterschutzfrage vom 4. Februar sah er als eine persönliche Niederlage an. Ihr folgte das Ergebnis der Reichstagswahlen vom 20. Februar 1890: Fast fünfundsechzig Prozent der Stimmen wurden für Parteien abgegeben, die mit Bismarck nicht einverstanden waren; den größten Zuwachs konnten die Sozialdemokraten verzeichnen. Eine Zentrumszeitung stellte nach diesen Wahlen fest: »Der Zusammenbruch der Bismarckschen Inneren Politik ist gestern besiegelt worden. Die Vernichtung ist definitiv; denn eine Auflösung des neuen Reichstages würde das gestrige Resultat ... noch verschärfen.«

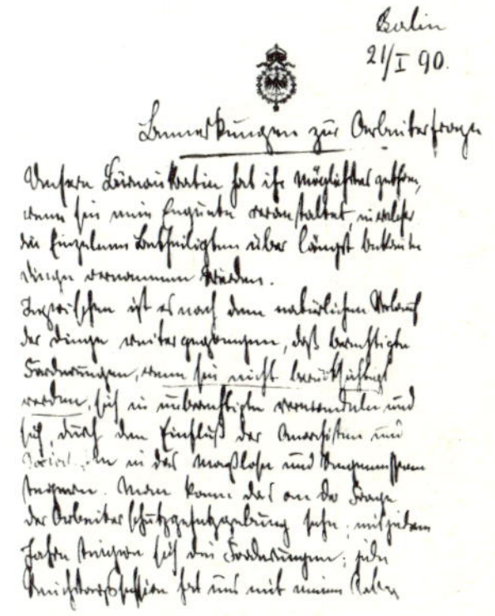
Berlin 21/I 90

Kritische Stellungnahme Bismarcks zur Frage des Arbeiterschutzes Eigenhändiges Schreiben vom 21. Januar 1890

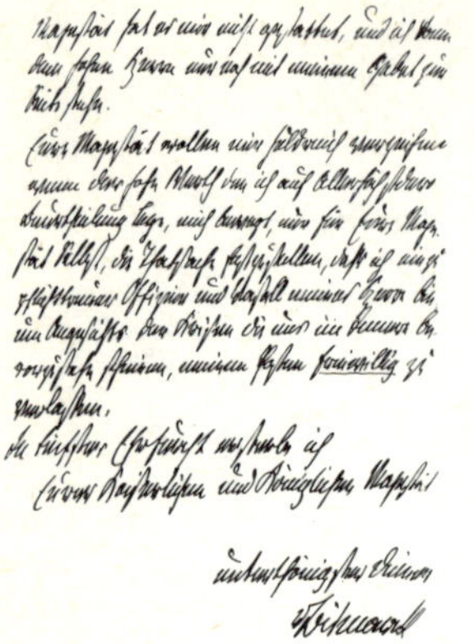

Bismarcks Abschiedsbrief
an Kaiser Franz Joseph I.
vom 26. März 1890,
eine Woche nach seinem Sturz
Schlußseite des
eigenhändigen Schreibens

Ehrerbietung
gegenüber Bismarck:
Thomas Francis Bayard,
Staatssekretär der USA,
vor dem »gepanzerten Riesen«
Zeichnung in ›Daily Graphic‹
vom Dezember 1888

Bismarck dachte an eine Auflösung des Reichstages. Denn wenn sich die Sozialdemokraten weigerten, am Staat zu seinem Schutz mitzuarbeiten, dann gehörten sie nicht zum Staat und man mußte ihnen das Wahlrecht nehmen. Für Bismarck schien es die beste Lösung zu sein, das Deutsche Reich in eine neue Form zu bringen, in der es keinen Reichstag mehr gab. Dieser ›Staatsstreichplan‹ Bismarcks und der Befehl des Kaisers, daß ihm die Minister künftig direkt, ohne sich erst an den Kanzler zu wenden, Vortrag zu halten hätten, vollendeten den Bruch. Bismarck reichte am 18. März sein Abschiedsgesuch ein, das der Kaiser zwei Tage später annahm. Bald darauf brachte Wilhelm II. den Zwist auf die Kurzformel: »Es handelte sich um die Frage, ob die Dynastie Hohenzollern oder die Dynastie Bismarck regieren solle.« Kurz nach Bismarcks Tod 1898 schrieb er exaltiert: »Bismarck, Herr der Situation und des Reiches, das Haus Hohenzollern so gut wie nichts. Da habe ich meine furchtbare Aufgabe erkannt, die Krone zu retten vor dem überwältigenden Schatten des Ministers. Als er seine gefährlichen Ränke gegen mich spann und selbst vor Hochverrat nicht zurückschreckte, streckte ich ihn nieder.«

So empfanden es auch seine Untergebenen, obwohl sie vom Kanzler nicht wie von einem weisen Monarchen, sondern wie von einem Despoten behandelt worden waren. In den gehobenen Verehrerkreisen dominierten bei Bismarcks Entlassung Bedenken, Trauer, Sorgen: »Ein Deutsches Reich, eine Wilhelmstraße 77 ohne Bismarck – das kann unser Geschlecht nicht fassen.« Die deutsche Öffentlichkeit dagegen sah dies ganz anders. In der oppositionellen ›Frankfurter Zeitung‹ fand sich die trockene Bemerkung: »Möge auch von Bismarck gelten, daß nicht wiederkehrt, was einmal gegangen ist; die Nation wird dann den 18. März 1890 bald zu den Tagen zählen, derer man mit Freuden gedenkt.« Das schien selbst den Beauftragten des Volkes noch jahrelang zu gelten; denn die Abgeordneten des Reichstages lehnten es ab, Bismarck am 1. April 1895 zum achtzigsten Geburtstag zu gratulieren.

Bismarck hatte sich durchaus nicht für unfehlbar gehalten, aber seine Politik betrachtete er definitiv als die beste, die Deutschland führen konnte. Ein deutscher Diplomat schilderte die Atmosphäre bei der Thronbesteigung Wilhelms II. recht treffend: »So kann es nicht mehr weitergehen. Der Kaiser ist rerum novarum cupidus, außerdem rasch von Entschluß und von festem Kopf. Der Kanzler will nichts Neues hören, sagt immer ›Nein‹ und wird feindlich, wenn es nicht nach seinem Sinn geht.« Noch detaillierter äußerte sich zur selben Zeit der Chef des Generalstabes, Alfred Graf von Waldersee: »In welchem Grade die Mehrzahl der Menschen hier unter dem Drucke des Kanzlers steht, wird künftig einmal nahezu unglaublich erscheinen. Beinahe alle hat er eingeschüchtert, so daß niemand wagt, eine eigene Ansicht zu äußern. Die Minister sind völlig seine Kreaturen, er kommandiert im Staatsministerium und duldet keinen Widerspruch; alle diplomatischen Agenten berichten nur so, wie sie glauben, daß er es gern hört. Alle Welt macht ihm und seiner Familie den Hof.«

Mit diesem Kanzler also hatte es Wilhelm II. zu tun, der sein absolutes Herrschertum vom ersten Tag an höchst wörtlich nahm, so wörtlich jedenfalls wie Bismarck sein Kanzlertum. Als dem Kaiser mitgeteilt wurde, daß seine Ansichten auf Widerspruch gestoßen seien, beschied er: »Ja, das ist es ja, meine Untertanen sollten einfach tun, was ich ihnen sage, aber meine Untertanen wollen immer selber denken, und daraus entstehen dann alle Schwierigkeiten.«

So kam es zu dem oft beanstandeten persönlichen Regiment Wilhelms II., das er selbst einmal so skizziert hat: »Ich schreibe nach Rücksprache mit dem Präsidenten des Staatsministeriums dem Letzteren die Bahnen vor, auf denen ich meine Politik verwirklicht sehen will! Nicht umgekehrt! Und ob ich Schritt oder Trab die Staatskarosse fahren lasse, darüber haben sich die Insassen nicht gegenseitig meinen Kopf zu zerbrechen.«

Die Sozialpolitik

Der Politiker und Nationalökonom Johann Karl Rodbertus, dessen staatssozialistische Ideen sich auf den späteren Kathedersozialismus nachhaltig auswirkten, hatte schon im Jubeljahr 1871 prophezeit, daß »die soziale Frage der russische Feldzug von Bismarcks Ruhm« werde. Äußerlich gesehen traf Rodbertus mit dieser Feststellung ins Schwarze, denn in der Kanzlerkrise des Jahres 1890 drangen von den schweren Differenzen zwischen dem jungen Kaiser und Bismarck vor allem die sozialpolitischen Streitpunkte in die Öffentlichkeit. Bismarcks Sturz schien eine direkte Folge seiner Sozialpolitik zu sein.

SPD-Flugblatt
gegen das Programm
der Regierungsparteien

Trotzdem darf die Sozialpolitik der Bismarck-Ära nicht einzig und allein mit der Person des Reichskanzlers verknüpft werden; denn sie deckte sich überwiegend mit den allgemeinen Ansichten über den Arbeiter, mit der herrschenden Auffassung und Bewertung der ganzen sozialen Frage. Im Jahr 1882 bestand ein Viertel der deutschen Bevölkerung aus Arbeitern. Sie stellten vierundsechzig Prozent aller in der Industrie Beschäftigten. 1907 waren es bereits dreißig und sechsundsiebzig Prozent. Ihre soziale Lage war zunächst davon bestimmt, daß sie wegen des puren Broterwerbs an Verträge mit den Fabrikherren gebunden waren, die sie nicht frei aushandeln konnten. Ebensowenig war es ihnen möglich, für ihre wirtschaftlichen Interessen persönlich aktiv zu werden. Dem Gros des Bürgertums war der Arbeiter im wesentlichen nichts anderes als ein Objekt der Fürsorge, der christlichen Nächstenliebe. Bismarcks Kontakte zu Ferdinand Lassalle, mit dessen Tätigkeit sich die Anfänge der sozialdemokratischen Arbeiterbewegung in Deutschland verbinden, waren rein taktischer Natur. Bismarck schätzte in seinem Gesprächspartner vom Herbst 1863 den Feind der liberalen Fortschrittspartei, nicht den gerichtsnotorischen Sozialisten. Bis 1890 galt die Sozialdemokratie als eine revolutionäre Umsturzpartei. Seit ihrer Gründung 1869 in Eisenach forderte sie in ihrem Programm unter anderem die Verwandlung des Staates in eine Republik. Davon rückte sie nicht ab, und darum blieb sie auch nach Bismarcks Entlassung die Opposition schlechthin; sie war kein staatstragender Faktor. Für das politische und nationale Selbstbewußtsein in Deutschland, dessen Puls im Rhythmus des Bürgertums schlug, war bis 1914 der Vierte Stand nicht nötig. Als die Arbeiterversicherung vor dem Parlament verhandelt wurde, betonte Bismarck wiederholt, daß es sich hier lediglich um die praktische Betätigung christlicher Nächstenliebe handle.

»Warum sollte der Soldat der Arbeit nicht eine Pension haben wie der Soldat oder der Beamte? Das ist Staatssozialismus, das ist praktisches Christentum in gesetzlicher Betätigung.« – Bismarck im April 1881

Daraus erklärt sich die scheinbar widersinnige Tatsache, daß die deutsche Sozialgesetzgebung weit über alles hinausging, was zur gleichen Zeit in anderen Staaten praktiziert wurde. Die Anfänge der Arbeiterschutzgesetzgebung reichten bis zu Joseph II. zurück. Aber erst Bismarck brach mit dem Prinzip, das der Sozialpolitik seit der Mitte des 19. Jahrhunderts zugrunde lag: Er legte allen

Nachdruck auf die Sozialversicherung, indem er es den Unternehmern aus der Hand nahm, nach eigenem Gutdünken über Form und Umfang der Versicherungseinrichtungen zu entscheiden. Er setzte die staatliche Zwangsversicherung durch. Bereits 1871 waren Anträge eingebracht worden, die Lage der arbeitenden Frauen und Kinder zu verbessern. Dann wurde im gesamten Reich die Fabrikinspektion eingeführt.

In den siebziger Jahren brach in Deutschland eine schwere Agrarkrise aus. Sie gab den Anstoß dazu, daß Bismarck schließlich zum Schutzzollsystem überging. Sein Hauptziel bestand darin, die Rentabilität und Solidität der deutschen Landwirtschaft abzusichern und der Finanzkraft des Reiches eine solide Basis zu schaffen. Er nahm dafür bewußt, auch mit Rücksicht auf parteipolitische Überlegungen, in Kauf, daß er damit gegen liberale Wirtschaftsprinzipien verstieß, ja bald grundsätzlich mit dem gesamten Wirtschaftssystem des Liberalismus brach. So setzte sich im ökonomischen Bereich der Primat der Politik erstmals wieder durch. Sozialpolitisch richtete sich das gegen die verbreitete und oft erschreckende Gleichgültigkeit der Unternehmer gegenüber den Arbeitsmißständen in ihren Betrieben. Sozialpolitik wurde durch Bismarck zu einer Notwendigkeit des Staates erklärt. Er selbst bezeichnete seine Sozialgesetzgebung als Staatssozialismus; er spürte, daß das, was er wiederholt als Reichsverdrossenheit großer Bevölkerungsgruppen bedauert hatte, nur der Ausdruck eines zutiefst defekten Sozialgefüges war. Denn obgleich der Arbeiterfrage ein Vorrang zukam, war die Lage der Bauern nicht weniger prekär als jene der Handwerker. Bismarcks Sozialpolitik schlug damit die erste Bresche für die Entwicklung der Gesamtordnung in Richtung des Wohlfahrtsstaates.

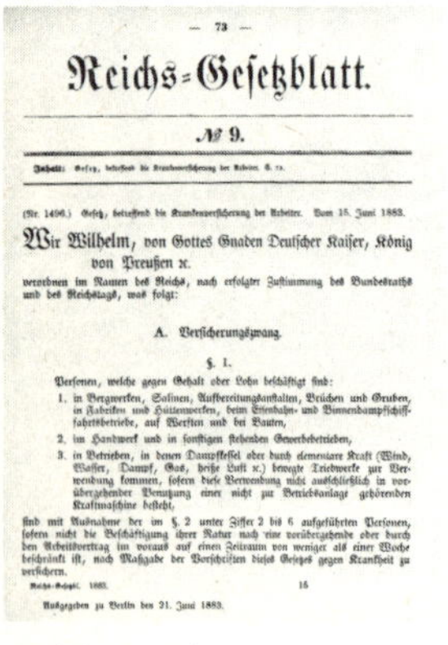

— 73 —

Reichs-Gesetzblatt.

№ 9.

Inhalt: Gesetz, betreffend die Krankenversicherung der Arbeiter. S. 73.

(Nr. 1496.) Gesetz, betreffend die Krankenversicherung der Arbeiter. Vom 15. Juni 1883.

Wir Wilhelm, von Gottes Gnaden Deutscher Kaiser, König von Preußen 2c.

verordnen im Namen des Reichs, nach erfolgter Zustimmung des Bundesraths und des Reichstags, was folgt:

A. Versicherungszwang.

§. 1.

Personen, welche gegen Gehalt oder Lohn beschäftigt sind:

1. in Bergwerken, Salinen, Aufbereitungsanstalten, Brüchen und Gruben, in Fabriken und Hüttenwerken, beim Eisenbahn- und Binnendampfschifffahrtsbetriebe, auf Werften und bei Bauten,
2. im Handwerk und in sonstigen stehenden Gewerbebetrieben,
3. in Betrieben, in denen Dampfkessel oder durch elementare Kraft (Wind, Wasser, Dampf, Gas, heiße Luft 2c.) bewegte Triebwerke zur Verwendung kommen, sofern diese Verwendung nicht ausschließlich in vorübergehender Benutzung einer nicht zur Betriebsanlage gehörenden Kraftmaschine besteht,

sind mit Ausnahme der im §. 2 unter Ziffer 2 bis 6 aufgeführten Personen, sofern nicht die Beschäftigung ihrer Natur nach eine vorübergehende oder durch den Arbeitsvertrag im voraus auf einen Zeitraum von weniger als einer Woche beschränkt ist, nach Maßgabe der Vorschriften dieses Gesetzes gegen Krankheit zu versichern.

Reichs-Gesetzbl. 1883. 15

Ausgegeben zu Berlin den 21. Juni 1883.

Einführung der
Krankenversicherung
für Arbeiter
durch Gesetz
vom 15. Juni 1883
Amtliche Bekanntmachung
vom 21. Juni 1883

Der Auftakt begann mit einer kaiserlichen Botschaft, die Bismarck zum Urheber hatte und die er selbst verlas: »Wir halten es für unsere kaiserliche Pflicht, dem Reichstage diese Aufgabe von Neuem ans Herz zu legen, und würden Wir mit umso größerer Befriedigung auf alle Erfolge, mit denen Gott Unsere Regierung sichtlich gesegnet hat, zurückblicken, wenn es Uns gelänge, dereinst das Bewußtsein mitzunehmen, dem Vaterlande neue und dauernde Bürgschaften seines inneren Friedens und den Hilfsbedürftigen größere Sicherheit und Ergiebigkeit des Beistandes, auf den sie Anspruch haben, zu hinterlassen.« Im Anschluß an die erste Berufs- und Betriebszählung im Jahr 1882 wurde im darauffolgenden Jahr das Krankenversicherungsgesetz erlassen, 1884 das Unfallversicherungsgesetz verkündet und 1889 das Gesetz über die Invaliditäts- und Altersversicherung. Obwohl Bismarck später das ganze Gesetzeswerk als einen »geheimrätlich-parlamentarischen Wechselbalg« beurteilte, konnte die Hauptabsicht, die er mit ihm verbunden hatte, verwirklicht werden: Die Arbeiter weitgehend vor allen Notfällen zu sichern und damit den Hauptgrund für die sozialen Spannungen zu beseitigen.

Nicht gelungen ist Bismarck allerdings die Aussöhnung der Arbeiter mit dem Staat. Wilhelm I. konnte bei seinem Tod durchaus nicht das »Bewußtsein mitnehmen, dem Vaterlande neue und dauernde Bürgschaften seines inneren Friedens ... zu hinterlassen«. Denn der markant positiven Sozialpolitik Bismarcks stand seine entschieden negative, repressive Behandlung der Sozialisten gegenüber. In einem der ersten Gesetzentwürfe zur Unfallversicherung hieß es wörtlich: »Daß der Staat sich in höherem Maße seiner hilfsbedürftigen Mitglieder annehme, ist nicht bloß eine Pflicht der Humanität und des Christentums, von welchem die staatlichen Einrichtungen durchdrungen sein sollen, sondern

Die unterschiedliche Sicht der Reichstagspolitiker im Jahr 1884:
»Ludwig Windthorst, der Führer des Zentrums, sieht nur Rom;
Ludwig Bamberger, der Finanzexperte, starrt auf den Geldbeutel;
Eugen Richter, der Führer der Deutsch-Freisinnigen, hat die Wahlen 1890 im Auge,
während Bismarck in die Zukunft blickt.«
Zeichnung im ›Kladderadatsch‹, 1884

Eine Sitzung des Reichstages im alten Preußischen Herrenhaus in Berlin
am 21. März 1871
Stich nach einer Zeichnung, 1871

»Die Wiederherstellung des Deutschen Reiches unter Wilhelm I.«
Mittelbild in der Goslarer Kaiserpfalz,
Gemälde von Hermann Wislicenus, vor 1882

auch eine Aufgabe staatserhaltender Politik, welche das Ziel zu verfolgen hat, auch in den besitzlosen Klassen der Bevölkerung, welche zugleich auch die zahlreichsten und am wenigsten unterrichteten sind, die Anschauung zu pflegen, daß der Staat nicht bloß eine notwendige, sondern auch eine wohltätige Einrichtung sei. Zu dem Ende müssen sich durch erkennbare direkte Vorteile, welche ihnen durch gesetzgeberische Maßnahmen zuteil werden, dahin geführt werden, den Staat nicht als eine lediglich zum Schutze der besser situierten Klassen der Gesellschaft erfundene, sondern als eine auch ihren Bedürfnissen und Interessen dienende Institution aufzufassen.«

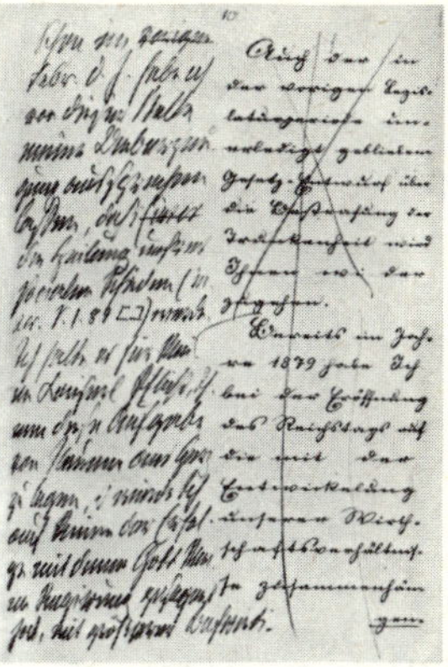

Die kaiserliche Botschaft an den Reichstag vom 17. November 1881 Ankündigung der sozialen Gesetzgebung mit Randbemerkungen Bismarcks

Wenn hier, in der kaiserlichen Botschaft vom 17. November 1881, eigens betont wurde, daß die Arbeiter für den bestehenden Staat gewonnen werden sollten, so war das ein ehrlicher Wunsch Bismarcks. Seine Innenpolitik war jedoch davon bestimmt, die etablierte Staatsordnung zu erhalten. Die Arbeiterversicherung sollte den Arbeitern den Staat schmackhaft machen. Es handelte sich mithin um absolut reaktionäre Leitvorstellungen, an denen Bismarck eine Sozialpolitik orientierte, die von Grund auf Fürsorge- und Wohlfahrtspolitik war, nicht aber eine Anerkennung des Selbstwerts der Arbeiter samt allen Rechten, die sich daraus ergaben.

So fortschrittlich die erlassenen Gesetze auch sein mochten, es war kein einziges als Verwirklichung eines sozialen Programms gedacht. Etwas Derartiges hatte Bismarck niemals im Sinn. Die neuen wirtschaftlichen und industriellen Entwicklungen beurteilte er lediglich aus seinem Erfahrungsumkreis, als pommerscher Gutsbesitzer. Er wollte die Arbeiter durch sozialpolitische Konzessionen für den Staat gewinnen und sah nichts Widersinniges darin, daß er gleichzeitig ihre politische Führerschaft rücksichtslos unterdrückte. Die Sozialgesetze Bismarcks waren oktroyiert. Sie waren als Geschenke mit Hintergedanken konzipiert und wurden nicht aus Gründen der sozialen und gesellschaftlichen Gleichberechtigung erlassen. Bismarcks taktische Überlegungen bei der Innenpolitik waren auch für seine Sozialpolitik maßgebend.

Nirgends offenbarten sich die Grenzen der Bismarckschen Staatskunst deutlicher als in diesem Bereich. Der Widerspruch zwischen seiner Sozialpolitik und seinem Sozialistengesetz, das nach zwei Attentaten auf den Kaiser 1878 erlassen wurde, alle sozialistischen Vereinigungen und Zeitungen verbot und die sozialdemokratischen Führer des Landes verwies, hat schließlich den Wert der damals fortschrittlichen Sozialversicherung völlig zerrüttet. Die Arbeiterschaft organisierte sich desto entschlossener. Vor Erlaß des Sozialistengesetzes zählte die Arbeiterpartei vierhundertdreiundneunzigtausend Wähler. Als das Gesetz 1890 fiel, hatte sich diese Zahl fast verdreifacht. Durch die staatlich erzwungene Illegalität war ihr Wachstum begünstigt worden. Bismarcks Rechnung, die Arbeiter durch Versicherungsgesetze vor der schlimmsten Not zu schützen und somit in die Staats- und Gesellschaftsordnung einzugliedern, aber die Sozialdemokraten, die auf den Umsturz hinarbeiteten, auszuschalten, war nicht aufgegangen. Seine Behandlung der sozialen Frage hatte verhindert, daß sich die Arbeiterschaft dem Kaiserreich integrierte, sie hatte bewirkt, daß die größte Partei Deutschlands sich in Opposition einkapselte und von politischer Verantwortung ausgeschlossen blieb.

Arbeiterinnen-Versammlung in Berlin im Jahr der Reichstagswahlen Holzschnitt von Carl Koch, 1890

Unter Bismarck weigerten sich die sozialdemokratischen Politiker aus Grundsatz, staatliche Maßnahmen zu unterstützen oder auch nur zu tolerieren. Die Sozialversicherung Bismarcks wurde von August Bebel abgelehnt. Die SPD hatte mit diesem Staat nichts gemein, sie arbeitete auf seine Ablösung hin. In der Regierung setzten sich allerdings nach Bismarcks Rücktritt diejenigen durch, welche eine sozialpolitische Weiterentwicklung und den Ausbau der Arbeiterfürsorge als dringlich ansahen. Diese sozialreformerische Ära unter Wilhelm II. ist vorrangig mit dem Namen des preußischen Handelsministers von 1890 bis 1896, Hans Hermann von Berlepsch und mit Bismarcks langjährigem Generalstellvertreter, dem preußischen Staatsminister Karl Heinrich von Boetticher, verknüpft. Später erst drang die Einsicht durch, daß es nicht auf die Fürsorge ankam, sondern auf die gleichberechtigte Einordnung der Arbeiter in die Gesellschaft.

An der Wahlurne in Berlin

Die beiden großen sozialistischen Arbeiterorganisationen, die SPD und die freien Gewerkschaften, wurden nach 1890 politisch nicht mehr behindert. Die theoretische Ablehnung des monarchischen Staates durch die Sozialdemokraten änderte sich deshalb zwar nicht, aber es war wenigstens mit der prinzipiellen Verwerfung aller staatlichen Maßnahmen seitens der SPD vorbei. Ihre Zustimmung zu den Novellen zur Invalidenversicherung 1899 und zur Unfallversicherung ein Jahr später waren ein deutliches Merkmal der veränderten Lage. Praktisch wurde damit der Revisionismus eingeleitet, selbst wenn die revolutionäre Doktrin des Klassenkampfes auf dem Papier fortbestand und Bebel auf den Parteitagen von 1901 und 1903 die revisionistischen Bestrebungen noch energisch verwarf.

Die bedingte Mitarbeit der Sozialdemokraten an der staatlichen Sozialpolitik war besonders auf den Einfluß der freien Gewerkschaften zurückzuführen. Ihre Tätigkeit wurde durch keinerlei ideologische Fesseln beengt. Sie waren zwar sozialistisch und mit den Sozialdemokraten durch Ideen und Neigungen verbunden, aber sie blieben eine selbständige Organisation mit eigener sozialpolitischer Konzeption, die in der Praxis auf Unterstützung jeder sozialreformerischen Bemühung hinauslief. Das schloß, jenseits aller theoretischen Doktrin, eine grundsätzliche Feindseligkeit gegenüber dem Staat und der Gesellschaft aus. Staats- und Gewerkschaftsfunktionäre arbeiteten im Kaiserreich auf allen wesentlichen Gebieten der Sozialpolitik eng zusammen: bei der Unfallverhütung, Fabrikinspektion und Sozialversicherung. Da viele Gewerkschaftsführer Mitglieder der SPD waren, lief ihre sozialreformerische Tätigkeit auf eine Entdogmatisierung der Sozialdemokratie hinaus. Der doktrinäre Radikalismus der Partei wurde gebrochen. Am Ende dieser Entwicklung stand die einstimmige Annahme der Kriegskredite durch die SPD im Reichstag am 4. August 1914.

»Wir lassen in der Stunde der Gefahr das eigene Vaterland nicht im Stich.« – Hugo Haase, sozialdemokratischer Reichstagsabgeordneter, zur Bewilligung der Kriegskredite

Die Epoche der Nationalstaaten

Lobgesang auf die Gründung des Reiches 1871

Wilhelm II., der sich vom Übergewicht Bismarcks nicht befreien konnte, stand in noch stärkerem Maße im Schatten seines Großvaters, Kaiser Wilhelms I., nur empfand er dies nicht als Verdüsterung. Gleichwohl wußte er, welcher Druck sich mit der Erinnerung verband: »Wenn der Enkel auf den Großvater folgt und einen von ihm verehrten, aber alten Staatsmann von der Größe Bismarcks vorfindet, so ist das nicht ein Glück, wie es scheinen könnte und wie ich zuerst dachte.« Noch schärfer spitzte er diese Problematik in dem Satz zu: »Die Tragik im Falle Bismarck lag darin, daß ich der Nachfolger meines Großvaters wurde.«

Der Kaiser wollte als Testamentsvollstrecker Wilhelms I. in die Geschichte aufgenommen werden, als Verwalter und Mehrer seines Erbes. Er wollte als König und Kaiser der Hüter derjenigen Monarchie sein, die Bismarck nicht allein um der Deutschen willen, sondern für seinen königlichen Herrn, Wilhelm I., fundiert und gezimmert hatte. Seinen Großvater stilisierte Wilhelm II. zu einer »fast heiligen Figur«; er versuchte ihn hartnäckig bis zur Unerträglichkeit in »Wilhelm den Großen« zu verwandeln, nicht zuletzt zu Nutz und Frommen der eigenen Größe. Denn im Gegensatz zum Großvater besaß Wilhelm II. keinerlei Anflüge von Bescheidenheit. Wilhelm I., schon resigniert abgeklärt, hatte gemeint, sein Leibjäger könnte im Jenseits einen besseren Platz erhalten als er, falls jener seine Pflicht getreuer erfüllt habe als der Kaiser. Aus diesem Grund sei Bescheidenheit für ihn etwas Selbstverständliches. In jüngeren Jahren hatte sich bei Wilhelm I. Zurückhaltung vielfach als Dürftigkeit ausgedrückt, die mit Härte und Penetranz verbunden war, zumal im militärischen Bereich. Von dieser Unbeirrbarkeit wurde Bismarck wiederholt bis an den Rand der Verzweiflung getrieben.

Kanzler von Gottes Gnaden

Bismarcks Dienst für den König und Kaiser bestand darin, daß er Wilhelm I. mit List und Schläue, Aufopferung und Rücktrittsdrohungen zu seinen eigenen Ansichten bekehrt hatte, bis der Monarch kaum noch einen eigenen Standpunkt bezog oder seine eigene Meinung zu äußern in der Lage war, vom Durchsetzen seiner Ansichten ganz zu schweigen. Aus diesem Verhältnis hatte sich dann auch der Gegensatz zu Wilhelm II. entwickelt, und in ihm waren die Gründe für den Sturz Bismarcks angelegt. Nachdem er im Herbst 1862 zum preußischen Ministerpräsidenten ernannt worden war, hatte der König nichts mehr gegen den Wunsch Bismarcks entschieden. Seine Stellung hing zwar vom Gutdünken des Herrschers ab, doch nach Auftrag und Machtfülle spielte er selbst die Rolle des Königs und Kaisers. Als der Enkel dann selbst Souverän sein wollte und Bismarck ihn daran hinderte, entließ er ihn und versuchte, soweit wie möglich sein eigener Kanzler zu sein.

Der Kaiser und sein Kanzler: Wilhelm I. mit Bismarck im Jahr 1887
Aus einer Zeichnung, 1887

Bismarck hatte das Deutsche Reich nicht auf die Grundlage der Volkssouveränität gestellt, sondern das monarchische Prinzip beibehalten. Er umriß das so: »Der wirkliche, faktische Ministerpräsident in Preußen ist und bleibt Seine Majestät der König.« Nach den verfassungsrechtlichen Grundsätzen war Bismarck nichts weiter als ein Beamter, den der Herrscher nach Belieben einsetzen und entlassen konnte; das Belieben hing von der Intensität des

Vertrauens ab, das den Herrscher mit seinem Kanzler verband. Da Bismarck sein Amt vollständig auf sein persönliches Format zugeschnitten hatte, fehlte der Position des Reichskanzlers jede organisatorische Basis. Dem vielbeanstandeten persönlichen Regiment Wilhelms II. war jahrzehntelang Bismarcks persönliches Regiment vorausgegangen.

»An seinen eigenen Werken kommt Fürst Bismarck zu Fall... Er ist es, der den kaiserlichen Erlaß verfaßt hat, nach welchem die Minister nur die Politik des Herrschers auszuführen haben.« – Aus der Berliner ›Vossischen Zeitung‹ vom 18. März 1890

Die Verfassung, die Bismarck dem Reich gegeben und seiner eigenen Stellung nicht gegeben hatte, sollte dem Monarchen ein absolutes Übergewicht sichern, aber nur deshalb, weil Bismarck voraussetzte, daß er als Kanzler immer in der Lage sein werde, sich den Kaiser gefügig zu machen. Er hielt sich für den Einzigen in ganz Deutschland, der die ABC-Ausstattung der hohen Diplomatie besaß, und betrachtete sich legitim als Kanzler von Gottes Gnaden. Wilhelm I. dagegen war in der Sicht des Reichsgründers – bei aller formellen Devotion gegenüber seinem Herrn und Monarchen – nur ein König und Kaiser von Bismarcks Gnaden. Kurz nach der Entlassung war der Bundesratsbevollmächtigte Bayerns in Berlin, Hugo Graf Lerchenfeld, bei Bismarck zu Besuch. Lerchenfeld, ein Bewunderer des Reichskanzlers, notierte danach: »Was mich in den Äußerungen des Fürsten besonders peinlich berührte, war der Pessimismus, mit welchem er von der Zukunft sprach. Es ist allerdings auf einen gewissen Grad begreiflich, daß sich in den langen Jahren absoluter Macht in dem Kopf des großen Mannes seine Schöpfung mit der eigenen Person identifizierte. Aber daß er selbst, und noch mehr sein Sohn, sich das Reich ohne Bismarck gar nicht vorstellen kann, wirkt direkt befremdend.«

Bismarcks Unterschrift auf der Gründungsurkunde für den Reichstag

Bismarck ist der stärkste Kanzler der deutschen Geschichte gewesen, wenn man vom Sonderfall Hitler absieht. Trotzdem zeigte sich bei seinem Sturz, daß er nicht aufgrund der Macht seines Amtes stark gewesen war, sondern weil er so vorzüglich mit Wilhelm I. zusammengestimmt hatte. An der Schwäche des Reichskanzleramtes änderte sich auch nach 1918 nichts: Die Weimarer Verfassung führte die monarchische Tradition der Abhängigkeit des Kanzlers vom Staatsoberhaupt unter republikanischen Bedingungen fort. Von 1919 bis 1933 war der Reichskanzler nicht viel mehr als ein Schiedsrichter unter seinen Ministerkollegen. Wenn ihnen und ihren Parteifraktionen das Regierungsspiel nicht mehr zusagte, traten sie zurück, und es mußte eine neue Regierung gebildet werden. In diesen vierzehn Jahren wechselte die Regierung neunzehnmal. Die starke Figur war der Reichspräsident, nicht der Kanzler. Er fungierte als eine Art Ersatzkaiser. Er hatte das Recht, ein Reichsministerium zu berufen. Bei allen wichtigen Entscheidungen stand ihm der Kabinettsvorsitz zu. Er konnte den Reichstag auflösen. Unter dem Gesichtspunkt der uneingeschränkten Macht war die Vereinigung beider Ämter in einer Person nach dem Tod Hindenburgs durch Hitler folgerichtig, und mit den Erfahrungen aus der Weimarer Zeit arbeiteten schließlich die Väter des bundesrepublikanischen Grundgesetzes 1948 unter dem Motto: Macht uns den Kanzler stark!

Das Bismarck-Problem

Die überwältigende Persönlichkeit Bismarcks und die vielbewunderte, vielgehaßte Stärke des Eisernen Kanzlers sprengten nicht nur die Grenzen jedes politischen Amtes, das er übernahm, sondern paßten auch jedes dieser Ämter seinen Bedürfnissen an. Bismarck gehörte zu den letzten Staatsmännern, denen es möglich gewesen ist, in einer Epoche, die sich zum Republikanisch-Demokratischen hin veränderte, den Part des großen Einzelnen zu spielen – eine Rolle, die im 20. Jahrhundert nur noch mit den Requisiten der weltanschaulichen Radikalität und der plebiszitären Abstützung gespielt werden konnte, sofern sie nicht gänzlich auf die diskussionslose Programmatik setzte. Bismarck war und bleibt auch wegen dieser Übergangssituation die überragende Figur Europas in der zweiten Hälfte des 19. Jahrhunderts. Von ihm wurden Kontur und Struktur eines Hauptkapitels der jüngeren Geschichte bestimmt, und das wirkte über hundert Jahre nach, bis tief in das 20. Jahrhundert.

Bismarck-Bücher, Bismarck-Lieder, Bismarck-Feiern, Bismarck-Säulen, Bismarck-Münzen, ihm gewidmete Museen und Monumente, nach ihm benannte Eichen – ein Name als Inbegriff für Generationen, als veredelndes Beiwort selbst für Grotesk-Skurriles, vom Archipel bis zu Sekt und Hering, ein Gattungsbegriff nicht etwa nur für das, was sich im Politischen dem Schema von »Blut und Eisen« zuordnen läßt, sondern für die wichtigste Periode national-deutscher Vorstellungen. Kein Wunder, daß der Name des Gefürsteten schließlich sogar für Winkligverspieltes reklamiert wurde. Da gewinnt das ›Haidmärker Frühstück‹ durch eine Empfehlung von ihm seine kulinarische Besonderheit, da gibt es den Verein der ›Getreuen von Jever‹ im Oldenburgischen, die den Eisernen Kanzler und Alten im Sachsenwald Jahr für Jahr mit Kiebitz-Eiern und Kniefall per Post erfreuen und sein Gedenken auch heute noch pflegen wie die Altvorderen.

Ein Bismarck-Monument: der »drohende dritte Band« des Werkes ›Erinnerung und Gedanke‹ Zeichnung von Ludwig Stutz

Neben Bismarck-Schreibpapier und deftigem Bismarck-Korn existiert das Bismarck-Problem. Es betraf alle Deutschen und es betrifft sie noch immer, nur tritt es nicht mehr in Verbindung mit dem Namen des Reichsgründers auf, sondern in Gestalt der touristisch sehenswerten Grenze zwischen den beiden deutschen Staaten. Der westdeutschen Gleichgültigkeit und Schwäche, Konsequenzen zu ertragen, steht die mitteldeutsche Forderung gegenüber, unwiderruflich Abschied zu nehmen von Bismarcks Deutschem Reich, vom Nationalstaat Deutschland, und politische Folgerungen daraus zu ziehen.

Worin besteht das Bismarck-Problem? Von der Reichsgründung 1871 bis zum Ende des Zweiten Weltkrieges 1945 gab es bis auf wenige Ausnahmen nur die Bismarck-Monumentalisierung. Selbst Kritik am Eisernen Kanzler hatte zumeist den Effekt, auf den kein naturalistischer Maler verzichtet, wenn er sich starker Schatten bedient, um sein Objekt so gut wie möglich ins Licht zu bringen, ins rechte Licht. Vor allem nach der Reichsgründung rückten sowohl die liberale Kritik an ihm als auch die prinzipiellen Bedenken einiger preußischer Hochkonservativer an den Modalitäten und Methoden der Realpolitik Bismarcks in den Hintergrund gegenüber den vollzogenen Tatsachen. Nach Bismarcks Entlassung im März 1890 wurde dann jedmögliche distanzierte Wertung von einem Kult erdrückt, der sich nach des Kanzlers Tod zum Mythos steigerte. Die Bismarck-Historiographie der folgenden fünfzig Jahre in Deutschland gestaltete sich überwiegend zu einer Pflege des größten deutschen Nationaldenkmals, an dessen Symbolkraft man umso stärker teilhaben konnte, je weiter es in sakrale Fernen gerückt wurde.

»Er ist auf politischem Gebiete und im Reich der Tat für uns geworden, was Goethe im Reich der Geister und auf dem Gebiete der Kunst und Kultur für uns gewesen ist.« – Bernhard Graf von Bülow über Bismarck bei der Einweihung des Bismarck-Denkmals vor dem Deutschen Reichstag am 16. Juni 1901

Was den Italienern ein Cavour oder ihr Freiheitsheld Garibaldi, den Tschechen ein Palacký oder Masaryk, den Südamerikanern ein Simón Bolivar gewesen ist, das mußte für die deutsche Nation der Gründer des Deutschen Reiches sein. Schloß diese Tatsache zwangsläufig jede nüchterne Frage nach der

Die Problematik
der zu großen Spur
für Bismarcks Nachfolger
Zeichnung in der ›Jugend‹
vom Januar 1907

Bedeutung Bismarcks aus, die sich an anderen Maßstäben orientierte als an den schwarz-weiß-roten? Das war das Problem, das sich nach 1945 stellte und jahrelang auch von der beamteten Geschichtsforschung gedreht und gewendet wurde. Sie verwarf die überkommene Sicht der eigenen Geschichte nunmehr als zu eng. Ihre Distanzierung von dem bis dahin positiv vorherrschenden preußisch-deutschnationalen Geschichtskonzept wurde dadurch ergänzt, daß man das Übergewicht, das so lange Zeit dem Staat zugesprochen worden war, weitgehend minderte. Man scheute sich nicht, der ganzen Geschichtsschreibung Deutschlands vor 1945 zu bescheinigen, daß sie im wesentlichen lediglich Machtstaatsgeschichte getrieben hätte. Damit wurden die früheren Fixierungen auf die herausragenden Orientierungspunkte als kompromittierend empfunden und dementsprechend abgewertet. Das erstreckte sich über den Nationalsozialismus zurück in die wilhelminische Ära, kreiste um Bismarck, erfaßte die namhaftesten Persönlichkeiten der deutschen Befreiungskriege 1813/14, ließ nichts unverschont, was einmal zu altpreußischen Werten gezählt hatte, disqualifizierte Friedrich den Großen und machte weder vor den mittelalterlichen Kaisern noch vor den Germanen halt.

Bei diesen Kontroversen standen mit gutem Grund Bismarck und Friedrich der Große im Zentrum des Für und Wider. An ihnen wurde die Problematik der großen Individuen, sowie des Staates und seines Ranges aufdringlich sichtbar. Die Schonungslosigkeit, mit der man dabei historiographisch abrechnete, wirkte mehr als einmal wie der sprichwörtliche Stich ins Wespennest. Bald wurde offenkundig, daß es nicht bloß um eine revidierte Bestandsaufnahme ging. Denn nicht nur Bismarcks Außenpolitik oder die Großtat der Reichsgründung oder seine Unternehmungen und Entscheidungen wurden in Frage gestellt, sondern man analysierte die Prinzipien, Methoden und inneren Wirkungen seiner Politik dergestalt, daß man sie wog und zu leicht befand. Als Exempel, das für viele stehen sollte, wurde besonders Bismarcks Rücksichtslosigkeit im Kulturkampf angeprangert, die Rigorosität, mit der er versuchte, das Verhältnis von Staat und Kirche auf neue Grundlagen zu stellen. Nie drückte sich der Unmut über Bismarcks Innenpolitik bösartiger aus als in den Jahren des Kulturkampfes. Dennoch endete auch dieser Zwist nicht mit einer bloßen Niederlage des Kanzlers. Der Vatikan verlieh ihm schließlich sogar den Christusorden in Brillanten; zum ersten Mal erhielt ein Protestant diese höchste Auszeichnung der Kirche. Gleichwohl: Was einst als höchste Staatskunst bewundert worden war, präsentierte sich in der Perspektive jener späteren Kritiker als das Behaviour eines Machtmenschen, der zu besessen war von seinen Zielen, als daß er die Folgen überdacht hätte. Die Folgen aber seien verheerend gewesen.

»Bismarck ist die Schlange im Paradiese der Menschheit.« – Pius IX. am 18. Januar 1874

Die wesentlichsten dieser Vorwürfe und Anklagen gegen Bismarck wurden schon zu einer Zeit erhoben, da es sich bei seiner Person noch nicht um den großen Staatsmann und Reichsgründer handelte, dem Anspruch auf Verklärung zukam und dessen Politik kanonische Gültigkeit besaß, zu einer Zeit, da das Verhältnis der Kritiker zu ihm noch frei war von der heimlichen Bewunderung, von der sich später selbst seine entschiedensten Feinde nicht freihalten konnten. Man bekrittelte Bismarck bereits in denjenigen Jahren, da er als Ultima ratio an die Spitze des preußischen Kabinetts berufen wurde, durch einen König, der sich nicht mehr zu helfen wußte, weil ihm keiner seiner Minister einen Weg aus dem Konflikt mit dem Abgeordnetenhaus, aus der Krise des Staates, hatte zeigen können. Seinem Freund und Mentor Ernst Ludwig von Gerlach, dem Führer der preußischen Hochkonservativen, der ihn unablässig an die Gültigkeit christlicher Grundsätze auch im politischen Handwerk erinnerte, warf Bismarck damals vor, daß solche theoretischen Erwägungen »unpraktisch« seien. Doch Gerlach schlug zurück: Es gäbe nichts Unpraktischeres als eine durch und durch »geistlose Realpolitik. Eine ›Realpolitik‹ oder ›Politik der Tatsachen‹, die sich losmacht von den Geboten Gottes – also von der Quelle allen Rechts und von der Wurzel des Staates –, ist eine geistlose Politik im eigentlichen Sinne des Wortes.«

Der Kartätschenprinz

Ohne Bismarck wäre Wilhelm I. ein Herrscher jenes Zuschnitts geblieben, den seine Mutter, Königin Luise von Preußen, 1810 bei dem Dreizehnjährigen erkannt hatte: »Einfach, bieder und verständig.« Zum verehrten Kaiser Deutschlands entwickelte sich Wilhelm I. zwischen 1860 und 1870, und zwar gegen die Absichten und Vorstellungen der deutschen Parlamentarier, doch nicht unbedingt gegen die Wünsche Deutschlands. Die sechziger Jahre des vergangenen Jahrhunderts bilden eine in sich geschlossene, deutlich gegliederte Periode. Die Steigerung ihres epochalen Ranges deckt sich in seltener Genauigkeit mit dem chronologischen Verlauf. Als selbständige Epoche setzen diese sechziger Jahre bereits 1858/59 ein, nämlich mit der Übernahme der Regentschaft durch Prinz Wilhelm und dem Beginn der neuen, liberalen Ära in Preußen. Zu diesem Epochenauftakt gehören die verlorene Schlacht des österreichischen Heeres am 4. Juni 1859 bei Magenta, östlich von Mailand, und die vernichtende, fürchterlich blutige Niederlage zwanzig Tage später bei Solferino am Südende des Gardasees gegen die französisch-piemontesische Armee.

Denkmal für Kaiser Wilhelm I. in Hildesheim

Beide Niederlagen sind für die Geschichte der Deutschen von besonderer Bedeutung, denn sie haben nur auf den ersten Blick ausschließlich etwas mit der nationalen Einigung Italiens durch Camillo Graf Benso di Cavour zu tun. Sie sind Zeugnisse für die Tatsache, daß gerade die spektakulärsten Ereignisse der politischen Geschichte entscheidende Entwicklungen anbahnen. Krieg war in diesen Zeiten außerdem eine Therapie, von deren Wirksamkeit die meisten Staatsmänner absolut überzeugt waren. Napoleon III. hatte kurz zuvor den niedergeschlagenen Grafen Cavour während des Pariser Kongresses getröstet: »Beruhigen Sie sich, ich habe das Vorgefühl, daß der gegenwärtige Friede nicht dauernd sein wird.« Damals war Bismarck lediglich einer unter vielen Diplomaten, die Gott und die Welt kannten, die aber der Welt kaum bekannt waren.

Eine Schilderung der politischen Entwicklungen zwischen 1860 und 1870 in Mitteleuropa läuft fast zwangsläufig auf eine Skizze der Politik Bismarcks hinaus und mündet in eine Darstellung der Reichsgründung und ihres Vorspiels bis zur französischen Kriegserklärung am 19. Juli 1870. Am 7. Oktober 1858 hatte Prinz Wilhelm in Preußen die Regentschaft angetreten; sein Bruder, König Friedrich Wilhelm IV., war unheilbar geistig erkrankt. Diese Regierungsübernahme wurde sowohl von den Liberalen als auch von den Konservativen als ein Epochenwechsel empfunden, und zwar hinsichtlich der preußisch-deutschen Geschichte, aber auch mit dem Blick auf das Gewicht und die Stellung des Königtums. Allerdings hatten nach kaum drei Jahren, die man als ›Neue Ära‹

Kontra Friedrich Wilhelm IV. und seine im Jahr 1849 gezeigte Abneigung gegen eine Bürgerkrone
Flugblatt aus Köln, 1849

bezeichnete, beide Seiten begriffen, daß jede etwas völlig anderes darunter verstand und daß diese kurze Zeit nichts anderes war als eine Vorwegnahme von Erwartungen, die der neue Herrscher weder erfüllen konnte noch erfüllen wollte. Das Mißverständnis erstreckte sich nicht allein auf die Stellung des Königs, auf die Bedeutung der monarchischen Spitze des Staates. Prinzregent Wilhelm selbst hatte einiges dazu beigetragen, als er am 8. November 1858 dem preußischen Staatsministerium die Umrisse seines Regierungsprogramms vorlegte. Seine Rede wurde später auszugsweise oft zitiert: »In Deutschland muß Preußen moralische Eroberungen machen, durch eine weise Gesetzgebung bei sich, durch Hebung aller sittlichen Elemente und durch Ergreifung von Einigungs-Elementen, wie der Zollverband es ist, der indes einer Reform wird unterworfen werden müssen.«

Bei solchen Worten durfte es sich nicht lediglich um wohlklingende, wohlgemeinte Verheißungen handeln. Sie mußten Imperative einer künftigen Politik sein. Die preußischen Liberalen wie die Liberalen des ganzen Deutschen Bundes interpretierten sie in einer Richtung, an die der neue Herrscher nicht im mindesten gedacht hatte. Wegen ihrer hochgespannten Erwartungen überhörten sie sogar die deutliche Verwahrung des Prinzregenten, die sich an ihre eigene Adresse richtete: Die Regierung müsse sich »nicht fort und fort treiben lassen, liberale Ideen zu entwickeln«. Vorherrschend blieb die allgemeine Stimmung einer befreienden Wende. Den Enthusiasmus der Erwartung drückte Großherzog Friedrich von Baden, der Schwiegersohn des Prinzregenten, ganz schlicht aus, als er Wilhelm zwei Tage nach dessen Ansprache schrieb: »Die Gegenwart ist nun – dank Deiner väterlichen Fürsorge – eine schönere denn jemals.« Eine schönere denn jemals hatte sie auch 1840 werden sollen, als Friedrich Wilhelm IV. den Thron bestieg, ein feuriger, gescheiter, verträumter Monarch.

»Auf der betretenen Bahn liberaler Reformen muß unbeirrt weiter vorgeschritten werden.« – Max Duncker als Leiter der Pressestelle im Preußischen Staatsministerium im Jahr 1860

Wilhelm, im März 1797 geboren, war nur eineinhalb Jahre jünger als sein Bruder. In Naturell und Begabung unterschieden sich beide krass voneinander. Wilhelm wurzelte fest in konservativer Tradition; für die ständischen Ideen des Königs und seine nationalen Offerten bis zur Revolution 1848 fehlte ihm jedes Gespür. Während der blutigen Märztage in Berlin wetterte er über die Entschlüsse seines Bruders, zumal bei dem Befehl Friedrich Wilhelms IV. am 19. März, die Truppen vom Schloß und von sämtlichen Straßen und Plätzen Berlins bedingungslos abzuziehen. Wilhelm warf seinen Degen auf den Tisch; er könne ihn nicht mehr in Ehren tragen. Der Prinz kannte nur ein einziges Mittel, um mit den Aufrührern fertigzuwerden: das Militär. Er wollte die ganze Revolution »niederkartätschen«. Nach dem Abzug der Truppen befand er sich in Lebensgefahr, so daß ihm der König zur Flucht riet. Wilhelm – seitdem Kartätschenprinz genannt – mußte nach Spandau und dann auf die Pfaueninsel in der Havel fliehen und von dort, am 23. März, inkognito nach England. Erst nach mehr als zwei Monaten konnte er zurückkommen. Sein Ansehen im Heer war ungebrochen. Gerade in jenen Wochen hörte man oft das Lied: »Prinz von Preußen, ritterlich und bieder / Kehr zu deinen Truppen wieder / Heißgeliebter General!«

Kronprinz Wilhelm mit Metternich und Louis-Philippe im Exil an der Themse in London im April 1848
Aus einer Lithographie vermutlich nach Wilhelm Starck

Trotz der Erfahrungen des Revolutionsjahres, am rechten Ort das Falsche anzuwenden, blieb der Prinz dem Metier der Truppenführung treu; hier war er wirklich Fachmann. Am 8. Juni 1849 wurde ihm die Führung der Armee übertragen, die den Aufstand in der Pfalz und in Baden niederwerfen sollte. Er machte dort kurzen Prozeß mit den Rebellen, wie er es im Jahr zuvor in Berlin empfohlen hatte. Bis 1858 residierte er als Generalgouverneur des Rheinlands und Westfalens in seinem Stabsquartier in Koblenz. Während des Krim-Krieges trat er entschlossen dafür ein, daß Preußen gegen den Zaren ins Feld zog, um Rußland eine Lektion zu erteilen. Berlin entschied sich jedoch für Neutralität. Daraufhin schrieb Wilhelm dem König einen groben Brief, der zur Folge hatte, daß der Prinz einen vierwöchigen Zwangsurlaub antreten mußte; im Falle der Widersetzlichkeit drohte ihm Festungshaft.

Die Haltung Wilhelms im Krim-Krieg war ein Stück seiner innenpolitischen Überzeugungen, die sich seit 1848 gründlich geändert zu haben schienen. Anfang 1854 schrieb ein Freund an Bismarck: »Den ritterlichen Prinzen habt Ihr uns am Rhein ganz ruiniert; er schiebt das Ministerium nach der Linken rüber.« Sowohl in der Koblenzer Zeit als auch in den Jahren der Neuen Ära durften die preußischen Liberalen der Fortschrittspartei in Wilhelm einen Garanten ihrer politischen Hoffnungen sehen. Freilich hing diese Perspektive nicht vom Prinzen selbst ab, sondern von seiner gebieterischen Gemahlin Augusta von Sachsen-Weimar. Die Liberalen hätten den Zuruf von Wilhelms Schwiegersohn nach der Übernahme der Regentschaft auf die Prinzessin von Preußen umstimmen können: Die Gegenwart wird nun – dank Deiner mütterlichen Fürsorge – eine schönere denn jemals.

Das Epochenjahr 1859

Zeitlich fiel das Ende der zehnjährigen Neorestauration in Preußen, die vom Dezember 1848 bis zum Antritt der Regentschaft durch Wilhelm I. dauerte, mit einer neuen diplomatischen Aktivität in der italienischen Frage zusammen. Im Revolutionsjahr 1848 waren auch in Italien die Hoffnungen aller Liberalen und Nationalen aufgebrochen. Aber wie überall, so hatte es auch hier der Wille zu nationaler Einheit, der Wunsch nach politischer Beteiligung der Bürger, sichtbar vor allem in der Forderung nach Verfassungen, zu nichts gebracht. Er war niedergetreten, jedoch keineswegs ausgelöscht worden.

Die italienischen Erwartungen konzentrierten sich seit 1849 auf das Königreich Piemont-Sardinien. Seit dem Wiener Kongreß 1815 existierte Italien als staatliches Sammelsurium selbständiger Königreiche und Herzogtümer; das Wort ›Italien‹ war nur ein geographischer Begriff. Piemont-Sardinien, sein König Viktor Emanuel II. und besonders der außergewöhnliche Staatsmann Camillo Graf Benso di Cavour gehörten zu jenen Abweichlern von der Regel der Fürstendominanz im 19. Jahrhundert, die das Werkzeug der nationalen Einigung zu handhaben vermochten. Seit 1852 stand Cavour in Piemont-Sardinien an der Spitze der Regierung. Sein Ziel war es, ein national geeintes Italien unter der Führung des Königshauses Savoyen zu schaffen. Hauptfeind war Habsburg. Das lombardisch-venezianische Königreich in Oberitalien war ein Bestandteil Österreichs. Außerdem hatte Habsburg seine Hand auf dem Großherzogtum Toskana und den Herzogtümern Modena, Lucca, Parma und Piacenza. Gegen diese Übermacht konnten Piemont-Sardinien und Cavour nur mit Hilfe ausländischer Allianzen kämpfen. Deshalb schlug sich im Krim-Krieg 1855 das Königreich, ohne an dem Zwist selbst oder an einer Unterstützung Wiens interessiert zu sein, auf die Seite der Westmächte. Cavour gewann dadurch europäisches Ansehen und die Sympathie der Großstaaten.

Camillo Graf Benso di Cavour (links vorn am Tisch) mit den Vertretern der kriegführenden Staaten auf dem Friedenskongreß in Paris im März 1856: die Beendigung des Krim-Krieges
Aus einer Lithographie, 1856

Genauso wichtig wie solches Wohlwollen waren Waffen. Sie konnten nur aus Frankreich kommen, das nicht gerade ein Gegner Österreichs, aber ein Freund der italienischen Sache war, sofern für Paris ein Gewinn abfiel. Cavour war einsichtig genug, das zu garantieren. Es fiel ihm umso leichter, als Kaiser Napoleon III. ein Gesprächspartner war, zu dessen offener Korruptheit sich nichts besser fügte als die korrupte Offenheit Cavours. Im Juli 1858 trafen sich Napoleon III. und Cavour in dem kleinen Vogesen-Badeort Plombières-les-Bains. Die Begegnung war geheim. Cavour reiste unter anderem Namen; er hatte den Freunden in Italien mitgeteilt, daß er seine Vettern in der Schweiz besuchen wolle, um »friedlich die frische Bergluft zu atmen, fern von Menschen, die nur an die Politik denken«. Im Zentrum der Gespräche auf gemeinsamen Spazierfahrten standen die Einzelheiten eines Aktionsprogramms, das die österreichische Herrschaft in Italien beenden sollte. Daß Cavour auf die französische Hilfe angewiesen war, wußte Napoleon III., und so nannte er ihm den Preis. Recht besehen handelte es sich um die Befriedigung eines alten Bedürfnisses: Frankreichs Grenzen sollten endlich im Südosten abgerundet werden. Der Kaiser wünschte, daß Savoyen, von Paris begehrt seit Jahrhunderten, und Nizza zu Frankreich kommen sollten. Dafür würden sich zweihunderttausend französische Soldaten erheben und gegen Österreich ins Feld ziehen. Cavour sträubte sich zunächst, denn die Dynastie seines Königs stammte aus Savoyen. Dann aber willigte er ein. Er war auch damit einverstanden, daß der Kaiser ihm vorerst nicht mehr konzedieren wollte, als Piemont-Sardinien durch die Lombardei und Venetien anzureichern. Das war nur ein bescheidener Schritt zu dem Hauptziel Cavours: dem italienischen Nationalstaat. Sie einigten sich darauf, einen ›Italienischen Bund‹ zu gründen nach dem Modell des ›Deutschen Bundes‹.

»Ich erkläre offen meine Hinneigung zu einem Volke, dessen Geschichte der unsrigen verwandt ist und das unter fremdem Joche seufzt.« – Napoleon III. am 7. Mai 1859

Cavour fuhr umgehend nach Baden-Baden und nahm dort Quartier, aber nicht mehr inkognito. In Baden-Baden befand sich Wilhelm, der künftige Herrscher Preußens, zur Kur. Dort hielten sich wie gewöhnlich viele Adlige und Diplomaten auf. Binnen Tagen wußte alle Welt von dem Treffen Cavours mit Napoleon, so daß der Kaiser jetzt auf seine Zusagen quasi öffentlich festgelegt war. Die Förderung der nationalen Bestrebungen Italiens durch das bonapartistische Frankreich bewog auch das liberale England, die Entschlossenheit Cavours, seine Ambitionen mit Waffengewalt durchzusetzen, wohlwollend zu segnen.

Napoleon III. von Frankreich bei seiner Abreise nach Italien im Mai 1859
Aquarell von Alfred François Mouillard

Die Unterstützung der italienischen Nationalbewegung durch die beiden wichtigsten Staaten Westeuropas unterscheidet am markantesten Italiens Weg zur nationalen Einheit von dem deutschen Verfahren. Denn im Reich, im Deutschen Bund, konnten die Wortführer nicht einmal mit der Zustimmung ihrer eigenen Landsleute rechnen, geschweige denn mit der Billigung des Auslands, obwohl sich Bismarck bald genug ebenfalls bemühte, alle nationalen und liberalen Strömungen in einem gemeinsamen System zu kanalisieren. Vor dem Hintergrund der Entwicklung Deutschlands im folgenden Jahrzehnt sind seine Haltung und diejenige Helmuth von Moltkes zum italienischen Konflikt äußerst aufschlußreich.

Am 5. Mai des Epochenjahres 1859 schrieb Bismarck, damals preußischer Gesandter in Petersburg, an Generalmajor Gustav von Alvensleben, den späteren Generaladjutanten des Königs: »Die gegenwärtige Lage hat wieder einmal das große Los für uns im Topf, falls wir den Krieg Österreichs mit Frankreich sich scharf einfressen lassen und dann mit unseren ganzen Armeen nach Süden aufbrechen, die Grenzpfähle im Tornister mitnehmen und sie entweder am Bodensee oder da, wo das protestantische Bekenntnis aufhört vorzuwiegen, wieder einschlagen. Wo ist denn außer uns noch ein europäischer Staat, dem achtzehn oder, wenn ich die Katholiken in Oberbayern oder Oberschwaben abrechne, vierzehn Millionen zwischen seinen eigenen schlecht zusammengefügten Gliedern umherliegen, und nichts weiter von ihm wollen, als ihm angehören? Alle diese Leute schlagen sich ja vierundzwanzig Stunden, nachdem wir sie in Besitz genommen haben, für uns besser als je für ihre frühere Obrigkeit, besonders wenn der Prinzregent ihnen den Gefallen tut, das Königreich Preußen ins Königreich Deutschland umzutauschen.«

Bismarck wollte also mit Frankreich und Piemont-Sardinien gegen Österreich ziehen, den Staat der Habsburger aus dem Deutschen Bund drängen, die günstige Gelegenheit der bedrängten Lage Wiens ausnützen und den gordischen Knoten des deutschen Problems zerhauen; er rechnete mit der Sympathie Rußlands. Das entsprach einem Weg, wie ihn Cavour eingeschlagen hatte: mit ausländischer Unterstützung, Rückendeckung oder zumindest gleichgültiger Zurückhaltung den Einheitsstaat zu erzwingen. Der kalkulierte Effekt lag darin, die Lösung des nationalen Problems durch völkerrechtliche Garantien zu sichern, also genau das anzustreben, was Cavour wenig später tatsächlich gelingen sollte.

Dagegen nun Moltke, seit 1857 Chef des preußischen Generalstabs, der größte deutsche Stratege seines Jahrhunderts. Er wollte nicht gegen Österreich blankziehen, sondern einen deutschen Nationalkrieg gegen Frankreich führen mit dem Ziel, Elsaß und Lothringen zu annektieren, und das nicht aus nationalen Motiven als vielmehr um des preußischen Großmachtanspruchs willen. »Wenn Preußen«, so wog er ab, »sich gegenwärtig für den Krieg entscheidet, so geschieht dies nicht zur Abwehr einer unmittelbar zwingenden Bedrohung, sondern zur Vorbeugung künftiger Gefahren, im Interesse Deutschlands, nicht für, aber mit Österreich.«

Helmuth Graf von Moltke

Beide Ansichten blieben Entwürfe auf Papier. Der Vorschlag Moltkes enthielt allerdings mehr Substanz als das Projekt Bismarcks, denn die öffentliche Meinung vor allem im Süden Deutschlands stand enthusiastisch auf der Seite Österreichs. Bismarck hätte lediglich mit einer Stimmenmehrheit der preußischen Liberalen rechnen können. Ihnen waren die jahrhundertealten Bindungen Süddeutschlands an Österreich unbekannt. Sie waren einfach fasziniert von der Ähnlichkeit ihrer eigenen Bestrebungen mit den italienischen Einheitsträumen. Bei den Liberalen hatte sich seit den Zeiten der Nationalversammlung in der Frankfurter Paulskirche 1848 das kleindeutsche Denken, bestärkt durch den bejahrten antiösterreichischen Affekt, zum politischen Denken schlechthin entwickelt.

Trotzdem war es den Liberalen Preußens und Norddeutschlands nicht möglich, sich wirklich ungetrübt pro oder kontra zu entscheiden. Das Glück der eindeutigen Haltung, frei von komplizierten Überlegungen, war ihnen äußerst selten vergönnt, im 19. Jahrhundert nur zweimal: im Revolutionsjahr 1848/49 und in der preußischen Konfliktszeit der sechziger Jahre. In beiden Fällen bedienten sie sich eines moralisch-theologischen Rechts als Stütze, das sich am Prüfstein des politisch Notwendigen als rhetorisch eindrucksvoll, aber praktisch wirkungslos erwies. Im Jahr 1859 wurde die protestantisch-preußischliberale Gleichgültigkeit gegenüber Österreich noch übertroffen durch die Antipathie gegenüber Frankreich und seinem geschäftsmäßig zynischen Bonapartismus. Heinrich von Treitschke, damals fünfundzwanzig Jahre alt und gerade eingeführter Privatdozent, brachte das aktuelle Problem der Zeit auf eine gescheite Formel: »Preußen muß Österreich in diesem Krieg helfen, um Österreich den empfindlichsten Schlag zu versetzen.«

»Sollte es nicht möglich sein, in allen europäischen Ländern Hilfsgesellschaften zu gründen zu dem Zweck, die Verwundeten in Kriegszeiten ohne Unterschied der Volksangehörigkeit durch Freiwillige pflegen zu lassen?« – Henri Dunant, Eine Erinnerung an Solferino, 1895

Der Habsburger Staat erhielt den empfindlichsten Schlag nicht durch die solide Hilfe Preußens, die man sich hätte mit bundespolitischen Konzessionen abkaufen lassen, wozu Wien in seiner schwierigen Lage gegenüber Frankreich und Piemont-Sardinien nicht bereit gewesen wäre. Der Schlag war rein militärisch. Er erfolgte in den Schlachten bei Magenta und Solferino im Juni 1859. Kaiser Franz Joseph I., der die österreichischen Truppen persönlich geleitet hatte, war entsetzt von dem grauenhaften Anblick der dreißigtausend Toten. Auch der junge Schweizer Henri Dunant vergaß den apokalyptischen Tag von Solferino sein Leben lang nicht. Er brachte die Konferenz zustande, auf der fünf Jahre später, 1864, die Genfer Konvention über den Schutz der Verwundeten, Kriegsgefangenen und der Zivilbevölkerung geschlossen wurde; er veranlaßte die Gründung des Roten Kreuzes.

Kaiser Franz Joseph und Napoleon III. in Villafranca di Verona, dem Ort des Waffenstillstands, am 11. Juli 1859

Da der französische Kaiser das Eingreifen Preußens befürchtete, entschlossen sich Napoleon und Franz Joseph zu dem Vorfrieden von Villafranca. Napoleon meinte: »Sire, wir können in Ehren verhandeln, da sich Ihre und meine Truppen mit gleicher Tapferkeit geschlagen haben.« Darauf Franz Joseph: »Ebenso wie Sie, Sire, wünsche ich den Frieden. Das Los der Waffen hat gegen mich entschieden; ich beuge mich.« Österreich verzichtete auf die Lombardei. Die Abmachungen wurden am 10. November desselben Jahres im Frieden von Zürich bestätigt. Für die deutsche Situation stellte sich als einziges spürbares Ergebnis eine beachtliche Unterkühlung zwischen Berlin und Wien ein. Preußen hatte zwar seine Truppen mobilisiert, aber dieser große Kostenaufwand bewirkte nur, daß Frankreich provoziert und Österreich durch die zögernde Haltung Berlins nur verärgert wurde. Der Kaiserstaat fühlte sich mit Recht gänzlich im Stich gelassen, da sich seine »ältesten und natürlichsten Bundesgenossen hartnäckig der Erkenntnis verschlossen hatten, welche die große Frage in sich schloß«, wie es in dem Manifest hieß, das Kaiser Franz Joseph nach dem Vorfrieden an seine Völker richtete.

Der Krieg hatte wieder einmal drastisch gezeigt, daß der Deutsche Bund in funktionsunfähige Lethargie fiel, sobald die Interessen seiner beiden größten Mächte auseinanderliefen. Von dieser Einsicht wurde die öffentliche Meinung bewegt, von Hamburg bis Wien. Die Konsequenzen der Bestandsaufnahme spitzten sich im engeren deutschen Bereich auf den Gedanken zu, daß die passabelste Lösung doch ein Bundesstaat unter preußischer Führung wäre. Der Wunsch danach drückte sich in einem Anschwellen der nationalen Bekenntnisse aus. Im September 1859, zwischen dem Vorfrieden von Villafranca und dem Züricher Friedensschluß, wurde in Frankfurt am Main der ›Deutsche Nationalverein‹ gegründet. Seine Zusammensetzung spiegelte ein vollständiges Spektrum der nationalen Vorstellungen, die 1848/49 von den Gruppen der Kleindeutschen entwickelt worden waren: ein deutscher Bundesstaat, geführt von Preußen, unter Ausschluß Österreichs. Die italienischen Niederlagen bedeuteten für die Habsburger Monarchie innenpolitisch das Ende des neoabsolutistischen Systems des Freiherrn Alexander von Bach. Der Innenminister trat zurück, und auch im Außenressort fand ein Wechsel statt. Johann Bernhard Graf von Rechberg übernahm den Vorsitz des Ministerrats. Die ersten Maßnahmen der neuen Regierung zugunsten einer inneren Balance verletzten die nationalen Empfindungen der Deutschösterreicher. Die Schiller-Feiern am 10. November 1859 verwandelten sich auch in Österreich, zumal an den Universitäten und durch die Aktivitäten der Burschenschaften, in heftige Nationaldemonstrationen.

Die Reminiszenzen an die Frankfurter Paulskirche machten es unmöglich, daß sich der Nationalverein für eine festumrissene Lösung der deutschen Frage entschloß, wenn er die Süddeutschen nicht von vornherein abschrecken wollte. Seine Formel lautete deshalb, alldeutsch beflissen: »Einigung und freiheitliche Entwicklung des großen gemeinsamen Vaterlandes.« Das war nichtssagend, unverfänglich, weder ein offenes Bekenntnis zur preußischen Führung noch eine Fixierung der künftigen Position Österreichs. Der Nationalverein klammerte die politischen Detailfragen aus, da sich nicht einmal seine Gründer und Führer darüber zu einigen vermochten. Er konzentrierte sich auf die politisch-pädagogische Erziehungsarbeit und den zielstrebigen Ausbau der Vereinsorganisation über die Grenzen der deutschen Staaten hinweg. Zeitweise drängte er sogar die liberalen Forderungen beiseite. Die frische Energie, mit der das Nationale sich wieder regte, machte sich auf den ungezählten Sänger-, Schützen-, Trachten- und Turnerfesten jener Jahre besonders bemerkbar. Eine gleichlaufende Aktivität rührte sich bei den Publizisten und Historikern. Die Geschichtsschreibung wurde erneut zu einer politischen Waffe, und zwar in einem erheblich präziseren Sinn als in den Zeiten des Vormärz. Man war oft kaum noch bemüht zu kaschieren, daß es sich bei den fachlichen Kontroversen oft um Duelle zwischen politischen Gegnern handelte. Der kleindeutsche Gedanke wurde ›wissenschaftlich‹ untermauert. In den aufblühenden historiographischen Geschichtsbilder-Werkstätten fand nur noch derjenige Arbeit und Lohn, der sich der nationalen Zunftordnung fügte. Man hatte sich zum nationalliberalen Fortschrittsglauben zu bekennen, der lehrte, daß sich im »natürlichen Gang der Dinge« das »Zeitgemäße und Vernünftige« dank der in ihm enthaltenen schwergewichtigen Wahrheit von selbst einstellen würde, nämlich der deutsche Nationalstaat unter der Leitung Preußens und mit Billigung der Liberalen.

Der deutsche ›Liederkranz‹ in New York bei einem Maskenball im Jahr 1871
Zeichnung von Anton Berghaus

Mit Feuer und Schwert, mit Eisen und Blut

Friedrich Wilhelm IV. starb am 2. Januar 1861. Sein Bruder, der Prinzregent, wurde Nachfolger und neuer König. Schon die Krönung Wilhelms I. am 18. Oktober in Königsberg – die erste Krönung seit dem Jahr 1701 – und besonders die Rede, die er vor den Abgeordneten hielt, zeigten die Abgründe, die zwischen dem Monarchen und den Liberalen jedweder Färbung klafften. Gustav Freytag, der den preußischen König von ganzem Herzen liebte, beklagte, daß sich der Monarch an diesem Tag, der für die Liberalen so enttäuschend verlief, »von seinem Volk getrennt« habe. Das konnte in Wirklichkeit nur heißen, daß sich die Liberalen von ihren irrigen Erwartungen hatten trennen müssen, daß sich das Ende der Neuen Ära eingestellt hatte. Bereits im Frühjahr hatte Wilhelm I. die Absichten der Parteien mit dem Satz umrissen: »Nicht der

Die Krönung Wilhelms I. in Königsberg am 18. Oktober 1861
Aus einem Gemälde von Adolph Menzel

König soll regieren, sie wollen regieren.« Im Herbst erklärte er, die Aufgabe der Abgeordneten bestehe lediglich darin, der Krone zu raten. Das ergebe sich aus der Stellung des Monarchen innerhalb seines Staates, der von altpreußischem Charakter geprägt sei: »Die Herrscher Preußens empfangen ihre Kronen von Gott. Ich werde deshalb morgen die Krone vom Tische des Herrn nehmen und auf mein Haupt setzen. Dies ist die Bedeutung des Königtums von Gottes Gnaden.«

Das Ende der Neuen Ära bedeutete nicht, daß Wilhelm I. nunmehr eine prinzipiell gewandelte Politik betrieb. Die Thronbesteigung machte nur das volle Ausmaß der falschen Hoffnungen sichtbar, die von den Liberalen gepflegt worden waren; sie hatten um ihrer eigenen Wünsche willen den Regierungswechsel mit einem grundsätzlichen Wechsel des Systems gleichgesetzt. Die parlamentarischen Auseinandersetzungen der anhebenden sechziger Jahre, die man unter dem Wort ›Heereskonflikt‹ zusammengefaßt hat, stellten zunächst nichts anderes dar als den Kampf des preußischen Abgeordnetenhauses um sein Budgetrecht und um die Frage, ob die Minister ihre Tätigkeit mit der Grundanschauung des Parlaments in Einklang zu bringen hatten oder nicht. Das unnachgiebige Beharren des Königs auf Einführung der dreijährigen Dienstzeit war – wie die Heeresvorlagen überhaupt – nicht der Gegenstand des Konflikts, sondern lediglich sein Anlaß. Es handelte sich während eines halben Jahrzehnts um einen Prinzipienstreit zwischen der Krone und dem Parlament, dessen Bösartigkeit durch die Einstellung der Gegner gesteigert wurde: Denken in militärischen Kategorien einerseits und politisches Handeln gemäß bürgerlich-liberaler Kategorien andererseits prallten aufeinander. Dieses Ringen rührte an die Grundfesten des preußischen Staates.

In dieser Krise wurde aus dem pommerschen Junker und witzigen Diplomaten Bismarck der europäische Staatsmann. Der König sah 1862 keine Möglichkeit mehr, den Verfassungskonflikt zu lösen, ohne auf Kronrechte zu verzichten, die er unter keinen Umständen preisgeben wollte. Er spielte bereits mit dem Gedanken des Rücktritts. Denn außer dem preußischen Kriegsminister Albrecht Roon, der noch bedingungslos zu ihm stand, fand Wilhelm I. keine Minister mehr, denen er vertrauen konnte – eine Spiegelverkehrung der Lage zu Beginn der Freiheitskriege, als »der König rief und alle, alle kamen«, wie 1813 landauf, landab gesungen wurde. Jetzt aber konnte es nur heißen: Der König rief, und alle, alle flohen. Die Situation war so hoffnungslos, daß Roon schließlich seinen Freund und Favoriten Bismarck als Ultima ratio vorschlagen konnte, und zwar mit Erfolg.

Es glich einer Verzweiflungstat, daß sich Wilhelm I. auf Bismarcks Berufung zum Ministerpräsidenten einließ; denn er stand dessen Fähigkeiten mehr als reserviert gegenüber. Bismarcks Ansichten im Krim-Krieg hatte er als »Gymnasiastenpolitik« abgetan. Im Juli 1858 hatte er nochmals unterstrichen: »Ich habe keine hohe Meinung von Bismarck.« Im Frühjahr 1859 war Bismarck dann als Gesandter nach Petersburg geschickt und auf diese Weise kaltgestellt worden. Bismarck hatte diese Zurücksetzung hingenommen; er sähe zwar »nicht mit Freudigkeit, aber doch mit dem alten Lebensmut den Eisbären ins Gesicht«. Vorschläge in den späteren Monaten, Bismarck das Außenministerium zu übertragen, wurden vom König mit dem Satz fortgewischt: »Das fehlte jetzt gerade noch, daß ein Mann das Ministerium übernimmt, der alles auf den Kopf stellen wird.« Jetzt aber, 1862, da sich die Dinge selbst auf den Kopf zu

»In dieser Lage werde ich, selbst wenn Ew. Majestät mir Dinge befehlen sollten, die ich nicht für richtig hielte, ... lieber mit dem Könige untergehen, als Ew. Majestät im Kampfe mit der Parlamentsherrschaft im Stiche lassen.« – Bismarck zu Wilhelm I. am 20. September 1862 stellen begannen, konnte ein Mann wie Bismarck vielleicht tatsächlich der rettende Zauberer sein.

Bismarck hatte es nicht nur mit dem Heereskonflikt zu tun, der sich theoretisch deshalb nicht lösen ließ, weil die Ausgangsbedingungen nicht zu ändern waren, er hatte auch das heiße Eisen der deutschen Frage anzupacken: den Kampf zwischen Wien und Berlin um die Vorherrschaft in Deutschland. Sowohl im Äußeren als auch im Inneren spitzte Bismarcks Berufung die politische Situation extrem zu. Denn sein Name war, wie die Hochkonservativen es damals ausdrückten, »eine Fahne«, nämlich das Klischee: stockreaktionärer Hinterwäldler, Krautjunker mit bonapartistischen Gelüsten, mit Machtbesessenheit, Arroganz und Brutalität. Die lockere Zunge Bismarcks schien in Zweifelsfällen nur beweisen zu wollen, wie locker ihm auch das Schwert saß. Besonders überzeugend ausgebildet war bei ihm der neurotische Charme eines einzelgängerischen Braunbären, dessen größtes Vergnügen darin besteht, Jäger in seinem Revier mit einem Prankenhieb zu erledigen. Solche Klischees decken sich selten mit der Wirklichkeit, obwohl sie auf dem Boden der Wirklichkeit entstehen.

Bismarck hielt kaum eine Woche nach seiner Berufung zum preußischen Ministerpräsidenten am 30. September 1862 vor der Budgetkommission seine berühmt gewordene »Eisen-und-Blut«-Rede. Mit klassischen Elementen der Politik war er hinreichend vertraut. Schon 1849 hatte er dem Preußischen Landtag erklärt, daß über bestimmte Prinzipien nicht durch Majoritätsbeschlüsse entschieden werde; darüber »muß der Gott, der die Schlachten lenkt, die eisernen Würfel der Entscheidung werfen«. Und der Bundestagsgesandte Bismarck hatte das Verhältnis der Stellung Preußens zu Österreich in einem Brief an Alexander von Schleinitz, den Minister des Auswärtigen, so umrissen: »Ich sehe in unserem Bundesverhältnis ein Gebrechen Preußens, welches wir früher oder später ferro et igni werden heilen müssen.« Vor der Budgetkommission nun machte er die Abgeordneten darauf aufmerksam, daß Deutschland keineswegs an Preußens Liberalismus interessiert sei, wohl aber an seiner Macht. Die Grenzen dieses Staates Preußen seien freilich »einem gesunden Staatsleben nicht günstig. Nicht durch Reden und Majoritätsbeschlüsse werden die großen Fragen der Zeit entschieden – das ist der Fehler von 1848 und 1849 gewesen –, sondern durch Eisen und Blut«. Wie sich diese unvorsichtig formulierte Wahrheit in den Ohren der Liberalen ausnahm, das wurde von Treitschke in einem Brief skizziert: »Du weißt, wie leidenschaftlich ich Preußen liebe; höre ich aber einen so flachen Junker, wie diesen Bismarck, von dem ›Eisen und Blut‹ prahlen, womit er Deutschland unterjochen will, so scheint mir die Gemeinheit noch durch die Lächerlichkeit überboten.« Zwei Wochen später schloß Bismarck den Landtag. Es begannen vier Jahre des Regierens ohne parlamentarisch genehmigten Staatshaushalt.

Otto von Bismarck
als Bundestagsgesandter

Damit war die Richtung der Innenpolitik festgelegt: Für die deutsche Einheitsbewegung verzweigte sich der Weg und es entwickelte sich das doppelgleisige Kunststück: Getrennt marschieren, vereint aufeinanderschlagen, gemeinsam siegen. Die Gegensätze zwischen Regierung und Parlament in Preußen wurden so schneidend wie noch nie. Dennoch erreichten die Widersacher zur gleichen Zeit dasselbe Ziel, nämlich Deutschlands Einheit, verklammert und geführt von Preußen.

Österreich blieb nicht passiv. Mitte 1863 versuchte der Kaiserstaat noch einmal, die deutsche Frage auf seine Weise zu lösen, in einem letzten Gewaltlauf. Der österreichische Ministerpräsident Anton Ritter von Schmerling legte den Plan einer ausgeklügelten Bundesreform auf den Tisch. Der Entwurf sah ein Direktorium von mehreren Fürsten vor; das Parlament sollte aus Kammerdelegierten bestehen. Ziel des Konzepts war es, den Deutschen Bund auf eine großdeutsch-föderalistische Basis zu stellen. Österreich sollte, pro forma etwas verdeckt, die Führung erhalten. Die Wiener Hofburg war eindeutig bestrebt, dieses Projekt mit allem Nachdruck zu verwirklichen. Kaiser Franz Joseph I. lud die deutschen Fürsten für August 1863 zur Beratung nach Frankfurt am Main ein. Er selbst hatte die Leitung dieses Dynastenkongresses übernommen. Die Mehrzahl der deutschen Fürsten stimmte dem österreichischen Reformplan zu. Daß er trotzdem nicht angenommen wurde, lag an Preußens Haltung, an Bismarck. Denn so geschickt der Plan entworfen worden war und so vorteilhaft er sich von allen früheren Entwürfen unterschied, so wenig konnte die Rede davon sein, daß Wien wirklich beabsichtigt hatte, einen echten Ausgleich zwischen Österreich und Preußen herzustellen.

Die Fürsten des Dynastenkongresses in Frankfurt am Main im August 1863

Bismarck fand das richtige Mittel, kein Heilmittel, kein diplomatisches Schaustück, sondern ein Verfahren der Roßkur. Für die Machtstellung Preußens war der Deutsche Bund ein Stolperstein, und ein vernünftig, praktikabel reformierter Bund wäre zu einem Felsblock auf dem politischen Zukunftsweg geworden. Außerdem enthielt der Revisionsentwurf einen springenden Punkt, gegen den Bismarck sachlich argumentieren konnte, nämlich das Fünferdirektorium der Bundesleitung unter dem Vorsitz Österreichs. Preußen wäre dadurch jederzeit zu überstimmen gewesen. So konnte Bismarck gegen den Plan für das Fünferdirektorium den preußischen Wunsch betonen, daß nur eine Zweierspitze, nur das Alternat, in Frage käme; darin allein könne das tatsächliche Zugeständnis der Gleichberechtigung von Österreich und Preußen bestehen. Wenn von einem echten Ausgleich gesprochen werde, so müsse er so aussehen, daß er auch dem Selbstbewußtsein der preußischen Großmacht Rechnung trage.

Diese Gedanken durften auf dem Fürstentag nicht durch den König entwikkelt werden, denn Bismarck wußte, wieviel Respekt Wilhelm I. seinen regierenden Confratres entgegenbrachte, welche dynastische Solidarität er mit ihnen empfand. Nachdem Franz Joseph dem König in Bad Gastein die Einladung persönlich überreicht und Wilhelm I. zugesagt hatte, drang Bismarck, der später eingetroffen war, mit äußerster Energie auf seinen Herrn ein, so daß der König schließlich seine Zusage widerrief. Dasselbe wiederholte sich wenig später in Baden-Baden, als der hochbetagte König Johann von Sachsen eigens angereist kam, um eine neue Einladung zu überreichen: Erst nach stundenlangem Ringen gelang es Bismarck, die Absage durchzusetzen. Nach der Unterschrift brach der König zusammen, geschüttelt von einem Weinkrampf. Preußen erschien nicht in Frankfurt. Damit hatte sich das Projekt des Fürstentages erledigt; denn so sehr die Mittelstaaten den Reformplan guthießen, so wenig sahen sie einen Sinn darin, ihn ohne Preußen zu unterschreiben.

»Dreißig regierende Herren und ein König sogar als Kurier. Wie kann ich da ablehnen?« – Wilhelm I. in Baden-Baden auf die Einladung zum Fürstentag durch Johann von Sachsen

Wäre der österreichische Reformplan verwirklicht worden, hätte er mit Sicherheit den Krieg zwischen Preußen und Österreich im Jahr 1866 verhindert und die Ereignisse von 1870/71 ausgeschlossen. Wertet man aber aus der Lage des Jahres 1863, dann liegt die Tragik des gescheiterten Fürstentages nicht darin, daß hier von Preußen für Deutschland und den großen Nationalstaat

Der Frankfurter Fürstentag im August 1863:
Konferenzteilnehmer in der Loge des Theaters während einer Festvorstellung;
Sitzung im Konferenzsaal des Bundespalastes
Aquarellierte Zeichnungen, 1863

Sturm auf die Düppeler Schanzen am 18. April 1864
Stich nach einer Zeichnung, 1864

Verladen des Barschatzes der Wiener Nationalbank in den ersten Kriegstagen 1866
Stich nach einer Zeichnung, 1866

vielleicht eine letzte Chance vertan worden wäre, sondern darin, daß dieses Revisionsunternehmen gar keine wirkliche Chance besessen hatte. Sowohl Preußen als auch Österreich befanden sich damals bereits auf Positionen, die zu weit auseinanderlagen. Österreich konnte nicht anders, als es wollte, Preußen wiederum wollte nicht anders, als es konnte; mit anderen Worten: Eine großdeutsche Lösung, die dem faktischen oder beanspruchten politischen Schwergewicht der beiden deutschen Großmächte gerecht geworden wäre und ihre paritätische Stellung gesichert hätte, gab es nicht einmal auf dem Papier, schon gar nicht auf jenem der Wiener Kanzleien.

Die deutsche Eiche, ein Zeugnis des nationalstaatlichen Prinzips, mit den Wappen der Bundesstaaten Bronzearbeit von Karl Siebenpfeiffer, um 1860

Die Schikaneure Schleswig und Holstein

Nach dem gescheiterten Fürstentag bemühte sich Österreich noch einmal um eine direkte Aussöhnung mit Preußen. Der österreichische Außenminister Rechberg meinte damals, daß noch der »Weg nach Berlin für Österreich nicht weiter und schwieriger sei als für die Mittelstaaten«. Das traf zweifellos zu, aber Bismarck stoppte, um im Bild zu bleiben, die großdeutsch-föderalistischen Züge rechtzeitig genug, damit sie nicht in den Zielbahnhof Berlin einfuhren. Die Abwesenheit auf dem Fürstentag zahlte sich schließlich für Preußen aus, während sie für Bismarck und seinen Ruf vorübergehend mit einem Tiefpunkt seines politischen Wirkens verbunden war. Eine Wende setzte erst am 15. November 1863 ein, als König Friedrich VII. von Dänemark starb. Ein Vetter Wilhelms I. kommentierte die Nachricht aufatmend: »Das ist ein gefundener und unerhörter Glücksfall für Preußen.« Es war auch für Bismarck ein Glücksfall.

Im Deutschen Bund gab es damals kein lästigeres Problem als den Status der beiden Herzogtümer Schleswig und Holstein. Der badische Handelsminister Karl Mathy bezeichnete sie als die »größten Schikaneure der Welt«. Was man ›Rechtslage‹ nannte, war ein einzigartiger Wirrwarr von Fürsten-, Bundes-, Landes-, National-, Vertrags-, Anwartschafts-, Sprachen-, Erb- und Thronfolgerechten. Bis heute kann man sich an das Wort des englischen Premiers Lord Palmerston halten, daß nur drei Menschen die schleswig-holsteinische Frage begriffen hätten: Prinzregent Albert, und der sei jetzt tot; ein deutscher Professor, und der sei darüber verrückt geworden; und er, Palmerston, doch er habe alles wieder vergessen. Diese Charakterisierung stimmt auch insofern, als der Krieg gegen Dänemark, zu dem sich 1864 Preußen und Österreich entschlossen, ohne die zerfahrene europäische Politik kaum möglich gewesen wäre. Seit dem Krim-Krieg bestand das so oft und so treuherzig berufene europäische Konzert aus lauter Disharmonien. So ergab sich jetzt für Bismarck eine prächtige Gelegenheit, das Orchester besser zu dirigieren.

Batterie auf Bastion Oldenburg im April 1864

Die schleswig-holsteinische Frage war seit dem Revolutionsjahr 1848 aktuell geblieben, aber im März 1863 begann sie brisant zu werden, als der dänische Reichsrat Holstein aus dem Gesamtstaat ausgliederte und ein neues Grundgesetz für Dänemark und Schleswig ausarbeitete. Durch dieses Patent wurde die völlige Eingliederung Schleswigs vorbereitet, die dann unmittelbar nach dem Tod König Friedrichs VII. beschlossen und durch die Novemberverfassung in Kraft gesetzt wurde. Die neue Verfassung war ganz offenkundig ein Bruch des Londoner Protokolls vom 8. Mai 1852, dem die europäischen Großmächte zugestimmt und das auch Österreich und Preußen unterschrieben hatten. Von Dänemark war darin garantiert worden, Schleswig nicht seinem Königreich einzugliedern und Holstein als Mitglied des Deutschen Bundes im Gesamtstaat eine eigene Position zu erhalten. Die Herzogtümer hatten folglich Anspruch auf besondere, selbständige Rechte.

Nachdem Christian IX., der Nachfolger des verstorbenen Königs, die Novemberverfassung bestätigt hatte, wurde gegen ihn die Bundesexekution beschlossen; denn seit den Vereinbarungen des Wiener Kongresses 1815 unterstand der dänische König als Herzog von Holstein dem Deutschen Bund. Weihnachten 1863 rückten Bundestruppen in Holstein ein. Unabhängig von den Bundesbeschlüssen sandten Wien und Berlin am 16. Januar 1864 ein Ultimatum nach Kopenhagen: Die neue Konstitution widerspreche den Abmachungen des Londoner Protokolls, sie müsse deshalb umgehend aufgehoben werden. Dänemark weigerte sich. Daraufhin überquerten österreichische und preußische Truppen, unter dem Befehl General Friedrich von Wrangels, die Eider. Der Krieg hatte begonnen. Die deutschen Truppen eroberten am 18. April die Düppeler Schanzen. Zwei Tage darauf entschloß sich Dänemark zum Waffenstillstand. Der dänische König verzichtete im Wiener Friedensvertrag vom 30. Oktober 1864 auf sämtliche Rechte an den beiden Herzogtümern. Er trat sie an Österreich und Preußen ab, und die Verwaltung wurde Zivilkommissaren der beiden Staaten übertragen.

Zerschossene Mühle nach dem Sturm auf die Düppeler Schanzen am 18. April 1864

Aus der Perspektive des Rückblicks vom historischen Gipfel könnte es scheinen, als wäre die Doppelverwaltung der Herzogtümer, das Kondominat Berlins und Wiens, nichts anderes gewesen als ein Kuckucksei, das Bismarck ins Nest des Deutschen Bundes praktiziert hatte. Und so verhielt es sich denn auch. Seitdem die Frage Schleswig-Holstein erneut brisant geworden war, sah es Bismarck als vornehmstes Ziel Preußens an, die Herzogtümer zu annektieren. Die ganze Politik Berlins bis 1866 wurde auf dieses Ziel ausgerichtet, was Bismarck später ohne Ausflüchte zugab. Anders steht es mit der Frage, ob sich der preußische Ministerpräsident 1864/65 bereits dazu entschlossen hatte, die Herzogtümer notfalls gewaltsam an sich zu bringen, also ihretwegen mit Österreich einen Krieg zu führen. Darauf gibt es keine klare Antwort. Vermutlich war sich Bismarck damals in dieser Sache noch nicht schlüssig.

In der Regel hielt Bismarck unerbittlich an einem weitgreifenden Konzept fest, ohne Rücksicht auf die rasch, von Jahr zu Jahr wechselnden Situationen, und es gehörte zu seiner hohen politischen Kunst, im geeignet scheinenden Moment diejenigen Entschlüsse zu fassen, welche die Verwirklichung des Konzepts vorantrieben. Bismarck hat dieses Prinzip oft umrissen, gerechtfertigt, begründet, so, wenn er von der hohen Warte des Erfolgs herablassend dozierte: »Der Staatsmann muß die Dinge rechtzeitig herannahen sehen und sich darauf einrichten. Versäumt er das, so kommt er mit seinen Maßregeln meistens zu spät.« Bis 1870/71 kam Bismarck niemals zu spät. In den folgenden Jahren bestand für ihn die Kunst des Staatsmannes letztlich nur in der Fähigkeit, das Rauschen vom Gange Gottes durch die Geschichte zu hören, um dann entschlossen vorzuspringen und einen Zipfel seines Mantels zu erhaschen.

Weder 1864 noch 1865 war Bismarck festen Willens, wegen Schleswig und Holstein mit Österreich einen Krieg zu führen und mit Hilfe einer solchen militärischen Auseinandersetzung den Deutschen Bund auseinanderzusprengen. Andererseits betrachtete Bismarck den Krieg als ein gebräuchliches Requisit der Politik, das nicht schätzenswerter oder verwerflicher war als die übrigen politischen Mittel. Im Dezember 1862 fragte ihn der frühere österreichische Botschafter in Berlin, Anton von Prokesch-Osten, ob er es denn mit seinem Gewissen vereinbaren könne, die Verantwortung für einen Krieg zu übernehmen. Bismarck erwiderte: »Wo das Müssen anfängt, hört das Fürchten auf.« Er verstand es meisterhaft, seine Gegner an die Grenze zu manövrieren, an der er sich mit dem Pathos eines Unschuldigen darauf berufen konnte, daß sie selbst ihn zu dem apostrophierten »Müssen« zwangen. Solche überpersönliche Verpflichtung prägte auch seine persönliche Religiosität: »Wenn ich nicht auf meinen Gott rechnete, so gäbe ich gewiß nichts auf irdische Herren.« Diese Versicherung quittierte der liberale Politiker Ludwig Bamberger mit der skeptischen Bemerkung: »Fürst Bismarck glaubt fest und tief an einen Gott, der die merkwürdige Eigenschaft hat, immer seiner Ansicht zu sein.«

Der beste Alliierte

Anfang Oktober 1865 fuhr Bismarck zur Erholung nach Biarritz, das er besonders liebte, und zwar nicht bloß wegen des mediterranen Klimas und des wundervollen Strandes. Drei Jahre früher, im August 1862, hatte er dort einen langen Urlaub verbracht. Er hatte im Hôtel de l'Europe gewohnt, wo auch der russische Gesandte in Brüssel, Fürst Nikolaj Orlow logierte, den Bismarck seit seiner Petersburger Zeit kannte. Orlow, ein Invalide durch seine schweren Verwundungen im Krim-Krieg, war mit seiner blühendjungen Frau Katharina gekommen. Die Zweiundzwanzigjährige wurde Bismarcks große Liebe, seine Kathi. Ihre Schönheit und Intelligenz, ihre Schlagfertigkeit und Lebenslust, ihre Grazie und Phantasie haben Bismarck zutiefst aufgewühlt. Er war kaum fähig, seine Empfindungen für Katharina Orlow in den Briefen an seine Frau Johanna, mit der er seit vierzehn Jahren verheiratet war, angemessen zu kaschieren. Er schilderte ihr detailliert den Ablauf seiner Urlaubstage, die er mit dem Ehepaar verbrachte. Seine Briefe an Johanna sind Briefe über Katharina, über »die reizendste aller Frauen, die Du sehr lieben wirst, wenn Du sie näher kennst«. Bismarck überspielte seine Verlegenheit: »Wenn Ihr zusammenkommt, wirst Du mir vergeben, daß ich etwas für sie schwärme.« Ähnlich, doch schon deutlicher an seine Schwester Malvine: »Ich habe mich in die niedliche Principessa etwas verliebt. Du weißt, wie mir das gelegentlich zustößt, ohne daß es Johanna Schaden tut.« Das sind Signale seines Versuchs, mit Katharina Orlow umherzustreifen, im Niemandsland zwischen Konflikt und Konvention. Die Principessa war für den Siebenundvierzigjährigen eine Verkörperung der Seligkeiten und Enttäuschungen, deren Erdulden zu den unbedingten Privilegien aller Liebenden gehört. Niemals offenbarte Bismarck so vorbehaltlos sein Innerstes wie in jenem Sommer.

Der Badeort Biarritz
Stich, um 1860

»Wenn er nur gesund und fröhlich ist wie früher.« – Johanna von Bismarck zu einem Freund über den Aufenthalt ihres Mannes in Biarritz

Die Orlows reisten am 1. September 1862 ab. Bismarck verlängerte eigenmächtig seinen Urlaub und fuhr mit ihnen, fast volle zwei Wochen. Erst in Avignon trennten sie sich, hoffend, sich im nächsten Sommer wieder in Biarritz zu sehen. Bismarck schrieb 1863, als feststand, daß kein Wiedersehen möglich war, an Katharina: »Inzwischen tröste ich mich damit, daß ich mein Zigarrenetui öffne, wo ich neben einer Ihrer Nadeln eine kleine gelbe Blume finde, gepflückt in Superbagnères, Moos vom Port de Venasse und einen Olivenzweig von der Terrasse in Avignon – deutsche Sentimentalität, werden Sie sagen. Einerlei, eines Tages werde ich die Genugtuung haben, Ihnen diese kleinen Andenken an eine frohe Zeit, von der ich träume, wie vom paradise lost, zeigen zu können.« Für den Herbst 1865 war erneut ein gemeinsamer Urlaub im Süden verabredet, doch die Fürstin zog überraschend den Aufenthalt in einem englischen Seebad vor, ohne Bismarck zu informieren. Das verletzte ihn schwer; er schrieb ihr: »In einem der Diskretion der Post anvertrauten Brief kann ich mich über die Bedeutung, die eine solche Verständigung für mich gehabt hätte, nicht weiter auslassen.«

Napoleon III. und Bismarck in Biarritz im Oktober 1865 Zeichnung, nach 1865

Statt dessen traf der preußische Ministerpräsident im Süden mit dem französischen Kaiser zusammen. Vom Inhalt der ausführlichen Gespräche ist nichts bekannt geworden, doch es gehört nicht übermäßig viel Intuition dazu, um richtig zu vermuten: Bismarck wollte von Napoleon III. Rückendeckung gegenüber Österreich erreichen. Im November setzte er es durch, daß der Zollverein, der Gesamt-Österreich verschlossen war, mit Italien einen Handelsvertrag vereinbarte. Dieses Abkommen steigerte Preußens Popularität in Italien auf einen bis dahin noch nicht erreichten Gipfel. Die Unterzeichnung des italienischen Handelsvertrages am 31. Dezember 1865 wurde für Bismarck der Auftakt zu rastloser diplomatischer Aktivität, mit der er das Terrain für den Aufmarsch gegen Österreich sondierte und vorbereitete.

In jenen Wochen entschloß sich Bismarck zum Krieg mit Österreich, und zwar zu einem Krieg, der durch Preußen herbeigeführt und in den Österreich mit allen Mitteln hineingetrieben werden mußte. So vermehrte Bismarck einen Konfliktstoff, der durch die erneute Agitation des Herzogs Friedrich VIII. in Schleswig-Holstein für seine Erbansprüche und durch die österreichische Unterstützung dieser Agitation entzündet wurde. Bismarck kalkulierte treffsicher, daß sich die patriotische Stimmung im größten Teil Deutschlands allmählich gegen Wien richte, wenn sie sich schon nicht als direkte Unterstützung der preußischen Politik oder gar als Sympathie für seine Person äußere. Kriege als selbstherrliche Entschlüsse der Fürsten und ihrer Regierungen, Kabinettskriege alten Stils, waren nicht mehr möglich, wie Bismarck wußte: »So zwingend und vor dem eigenen Forum gerechtfertigt auch die inneren Gründe einer Aggression sein möchten, die öffentliche Meinung bedarf einer Rechtfertigung, um den scheinbaren Friedensstörer nicht zu verdammen; unter den gegenwärtigen europäischen Verhältnissen läßt sich ein Krieg nicht durch die willkürliche Aggression einer Macht gegen die andere beginnen.« Also mußte er der Aggression den Anschein des Willkürlichen nehmen. Deshalb besann sich der Mann, der für die sogenannte Majorität bis dahin nur Hohn gezeigt hatte, auf die Macht der Mehrheiten: »Der beste Alliierte, den Preußen haben kann, ist das deutsche Volk.« Er begann bei den Liberalen Norddeutschlands. Doch Rudolf von Bennigsen, der Präsident des Nationalvereins und Führer der liberalen Opposition in Hannover, stellte vorerst nur ironisch fest, daß Bismarck durchaus keinen Krieg führen könne, denn er habe »die öffentliche Meinung zu bestimmt und allgemein gegen sich«. Solche Einschätzung quittierte Bismarck mit einem Achselzucken: »Man schießt nicht mit öffentlicher Meinung auf den Feind, sondern mit Pulver und Blei.«

Dennoch ließ sich ohne die öffentliche Meinung das Pulver nicht zünden. Die Gründe für den Krieg mußten von der öffentlichen Meinung akzeptiert werden. Das hieß in diesem Fall: Bismarck mußte eine Übereinstimmung zwischen den preußischen Macht- und Vorherrschaftsinteressen und den nationalen Wünschen in Deutschland zustande bringen. Deshalb appellierte er nicht an die Parteien, sondern wandte sich an den besten Alliierten Preußens: an das deutsche Volk. Er ließ am 9. April 1866 im Frankfurter Bundestag den Antrag stellen, ein Parlament zu berufen, das aus allgemeinen direkten Wahlen hervorgehen und die überfällige Bundesreform vorbereiten solle. Um diese Bundesreform ging es seit Jahren, so daß damit nichts Aufregendes verbunden war. Verstört aber war man, wie Bismarck richtig vorausgesehen hatte, daß ausgerechnet der stockreaktionäre Ministerpräsident Preußens auf das revolutionäre Wahlgesetz des Revolutionsjahres 1848 zurückgriff. Bismarck prophezeite tags zuvor, der preußische Antrag werde Deutschland in Verwirrung stürzen und vielleicht den Krieg auslösen. Zu einem Gutteil enthielt der Antrag eine Spitze gegen die Liberalen, weil das Klassenwahlrecht ihren Interessen formgerechter zugeschneidert war als das allgemeine gleiche Wahlrecht. Doch das war nicht so wichtig wie die Absicht, die Kriegsmotive zu stärken. Allein ihretwegen setzte Bismarck plötzlich auf die demokratisch-nationale Flagge. Seine Entschlossenheit, die Auseinandersetzung mit Österreich bis zur letzten Instanz durchzufechten, gab Preußen jetzt das Recht festzustellen, in welcher Art und Weise eine den »Bedürfnissen der deutschen Nation entsprechende Reform der Bundesverfassung« zustande kommen sollte.

»In einem Land mit monarchischen Traditionen ... wird das allgemeine Stimmrecht, indem es die Einflüsse der liberalen Bourgeoisieklassen beseitigt, auch zu monarchischen Wahlen führen.« – Bismarck am 19. April 1866

Bismarck wußte es selbst am besten, wie revolutionär sein Antrag war. Dazu hätte es nicht der Versicherungen so vieler anderer bedurft. Revolutionär empfand man ihn überall im Deutschen Bund. Auch der preußische König entsetzte sich: »Aber das ist ja die Revolution, die Sie mir vorschlagen.« Mit beinahe denselben Worten reagierte der russische Kanzler, Aleksandr Fürst Gortschakow: »Das ist nicht mehr Politik, das ist Revolution.« Ihnen ging es dabei nicht um Motiv und mögliches Ziel, vielmehr um das Wahlrecht. Hellhöriger war man in Frankreich. Deshalb reagierte Adolphe Thiers, in jenen Tagen der Oppositionsführer in der Französischen Kammer, äußerst leidenschaftlich. In einer vierstündigen Rede stellte er empört fest: »Der oberste Grundsatz europäischer Politik seit dem Westfälischen Frieden ist, daß Deutschland sich aus unabhängigen Staaten zusammensetzt. Wenn die deutschen Einzelstaaten im einigen Deutschland aufgehen, so ist das ein Attentat gegen die deutsche Freiheit und gegen Europa.« Selten im 19. Jahrhundert und nicht oft im 20. wurde jenseits des Rheins so deutlich und kompetent ausgesprochen, welche Interessen durch die nationale Einheit der Deutschen verletzt wurden: Es waren durchaus nicht diejenigen der deutschen Freiheit oder gar Europas.

Frankreichs Angst
vor dem erstarkenden Preußen
bei einer Bundesreform
Lithographie von
Honoré Daumier, 1866

In all diesen Kommentaren und Reaktionen wurde der sachliche Gehalt des preußischen Antrags über das taktische Moment gestellt. Wesentlich anders beurteilte man die Maßnahme in Deutschland selbst. Insbesondere die süddeutschen Staaten, die zuverlässigsten Verbündeten Österreichs, präparierten die Niedertracht dieses Schrittes heraus. Sie gaben sich peinlich berührt von dem krassen Widerspruch zwischen der praktischen Behandlung des Preußischen Abgeordnetenhauses durch Bismarck und seinem radikal-demokratischen Reformantrag. Das schloß sich gegenseitig aus. Der Stuttgarter ›Beobachter‹ kam zu der Folgerung: »Es sind immer wunderliche Sprünge, die der Teufel macht, wenn er in einen Weihkessel fällt; aber possierlicher ist keiner als dieser Verzweiflungssprung des edlen Grafen Bismarck.« Die Zeitung forderte, daß ärztliche Autoritäten ein Gutachten über Bismarcks Geisteszustand abgeben sollten. Doch daß die Provokation der deutschen Frage ganz anderes Dynamit enthielt, das meditierten die Redakteure nicht.

Auch die ›Augsburger Allgemeine‹, süddeutsch-liberal bis zum Druckfehlerteufel, erinnerte an die ständige Vertagung und Auflösung des Preußischen Landtages durch Bismarck seit seiner Berufung zum Ministerpräsidenten und verglich ihn mit einem Arzt, der in der Zeitung inseriert: »Da alle meine Patienten gestorben sind, suche ich neue.« Der ›Kladderadatsch‹ befürchtete, seine Tage als Witzblatt seien gezählt und er werde sein Erscheinen einstellen müssen: Wenn sich ausgerechnet ein Bismarck an die Nation wende, um sich für ihre Rechte stark zu machen, sei das eine Konkurrenz, der die Zeitschrift nicht gewachsen sei.

Blinds Attentat auf Bismarck am 7. Mai 1866
Nach einer Zeichnung, 1866

Am 7. Mai 1866 hatte Bismarck in Berlin einen kleinen Spaziergang unternommen. Unter den Linden war plötzlich ein junger Mann, der Student Ferdinand Cohen Blind, auf ihn zugetreten, hatte einen Revolver gezogen und geschossen. Bismarck packte den Attentäter, der erneut schoß. Aber die Kugeln durchdrangen nur Bismarcks Überzieher und glitten an der Unterweste ab. Das zurückhaltende, jedoch deutlich spürbare Bedauern über den mißglückten Mordversuch war im Norden Deutschlands nicht zu verkennen. Der Stuttgarter ›Beobachter‹ aber reagierte geradezu unglücklich: »Das Attentat gegen diesen von einem ganzen Volke einmütig verdammten Attentäter Bismarck hat nichts Überraschendes, und es wird sich niemand getrauen, den jungen Mann für einen schlechten Menschen zu erklären, der sein Leben drangegeben hat, um das Vaterland von einem solchen Unhold zu befreien.« Sachlich zuversichtlicher stellte eine Münchner Zeitung fest: »Schad' um die Kugeln! Das Sprichwort sagt: Wer gehängt werden soll, ersäuft nicht.«

Sogar der Unterstützung seitens der preußischen Konservativen konnte sich Bismarck nur mit bitteren Empfindungen erfreuen. Denn der jahrelang politisch führende und geistig noch immer dominierende Kopf der Konservativen, Ernst Ludwig von Gerlach, einer seiner wenigen wirklichen Freunde, sagte sich von ihm los. Einen Tag nach dem Blindschen Attentat, am 8. Mai, veröffentlichte er einen berühmt gewordenen Leitartikel unter der Überschrift ›Krieg und Bundesreform‹. Da hieß es ohne Wenn und Aber: »Preußen und Österreich erklären förmlich vor aller Welt, daß sie einander nicht angreifen wollen. Niemand hat ein Recht, diese Versicherungen Lügen zu strafen, weder nach der einen noch nach der anderen Seite hin. Hüten wir uns vor der scheußlichen Irrlehre, als umfaßten Gottes heilige Gebote nicht auch die Gebiete der Politik, der Diplomatie und des Krieges, und als hätten diese Gebiete kein höheres Gesetz als patriotischen Egoismus. Justitia fundamentum regnorum. Dem berechtigten Preußischen Berufe der Machtentfaltung in Deutschland steht der ebenso berechtigte Österreichische Beruf der Machtentfaltung in Deutschland gegenüber. Dieser Dualismus ist der lebendige Grundcharakter, die reale Basis der Verfassung von Deutschland. Der Deutsche Bund hat große Mängel – aber ich zertrümmere meine Familie oder mein Vaterland nicht deshalb, weil sie Mängel haben. Die wesentlichsten Mängel des Bundes sind die Mängel Preußens und Österreichs selbst. Ein süddeutscher Demokrat hat einmal gesagt: Wenn nur Preußen und Österreich nicht wären, so würde es wohlstehen um den Bund. – Als ob jemand sagte: Um diese Ehe würde es wohlstehen, wenn nur Mann und Frau nicht wären. Preußen und Österreich sind der wesentliche

Inhalt des Bundes. Wie kann der hoffen, neues Recht zu machen, der das alte nicht achtet?«

Bismarck wurde von diesem Artikel zutiefst verletzt. Die Stellungnahme Gerlachs bedeutete nicht bloß den Bruch einer langjährigen Freundschaft, sondern erregte auch insofern großes Aufsehen, als sie von einem der entschlossensten Befürworter der antiparlamentarischen Politik des preußischen Ministerpräsidenten kam und Bismarcks Verhalten aus religiösen, sittlichen, staatsrechtlichen Gründen verwarf. Am 18. Mai trafen die getrennten Freunde und neuen Gegner nochmals zu einem Gespräch unter vier Augen zusammen. Bismarck wich kein Haar zurück, ebensowenig Gerlach. Bismarck bestritt jedes aggressive Verhalten gegenüber Österreich; er sei kein Tollkopf, der das Land in Krieg verwickeln wolle. Dabei verschwieg er geflissentlich, daß er an dem Tag, an dem Gerlachs Artikel erschienen war, am 8. Mai, mit Italien ein Offensiv-Bündnis unterzeichnet hatte, was einen eklatanten Bundesbruch und faktisch das Ende des Deutschen Bundes darstellte. Schließlich murrte Bismarck abfällig über Gerlachs »unpraktische Doktrin«. Die wechselseitigen Vorwürfe waren ihrem innersten Kern nach nicht neu. Darüber Bismarck: »Wenn ich mit Grundsätzen durchs Leben gehen soll, so komme ich mir vor, als wenn ich durch einen engen Waldweg gehen soll und müßte eine lange Stange im Munde halten.«

»Für Italien aber erwuchsen für jetzt aus dem Vertrage nur Pflichten und keine Rechte... Nur nach langem Sträuben hatte sich Italien zu einem so einseitigen Abkommen entschlossen.« – Heinrich von Sybel, Die Begründung des Deutschen Reiches durch Wilhelm I.

Die christlich fundierte Prinzipienpolitik Gerlachs stand im Gegensatz sowohl zur Bismarckschen Interessenpolitik als auch zur Patriotenpolitik der preußischen Konservativen, derjenigen Partei, die von Gerlach aus der Taufe gehoben worden war. Die Abkehr der Konservativen von ihren Grundpositionen vollzog sich in aller Öffentlichkeit. Karl Twesten, radikalliberal, einer der wichtigsten Köpfe der Fortschrittspartei und bald darauf Mitbegründer der Nationalliberalen Partei, hielt am 17. April 1866 eine bösartig ironische Rede, in der er die Lage der Konservativen exakt skizzierte: »Wir sehen, meine Herren, die konservative Partei in Preußen ist in einer Zersetzung begriffen, welche ich Herrn von Bismarck zu einem sehr großen, wenn auch nicht gewollten Verdienste anrechne, zu einem so großen Verdienste, daß ich in der Tat glaube, nach Herrn von Bismarck wird es keine konservative Partei in dem bisherigen Sinn mehr in Preußen geben. Meine Herren, in der inneren Politik sind sie längst von alledem abgekommen, was sie unter dem verstorbenen Könige Friedrich Wilhelm IV. als die Aufgaben der konservativen oder feudalen Politik bezeichneten: Die Herstellung der mittelalterlichen Institutionen in Staat und Kirche – das werfen sie jetzt vollkommen über Bord. Sie wissen und können nichts als die Macht üben im Sinne des bürokratischen Absolutismus. In der auswärtigen Politik haben dieselben Männer bisher das Bündnis mit Österreich als das eigentlich konservative gepriesen; sie haben nicht genug Worte der Entrüstung zu finden gewußt gegen das Vorgehen Preußens in Deutschland, welches gleichen könnte dem Vorgehen Cavours in Italien. Sie haben von dem ›Räuberkönige‹ Viktor Emanuel gesprochen und haben Franz Bourbon einen Ehrenschild überreicht, und jetzt, meine Herren, schüren diese selben Männer unter der Ägide des Herrn von Bismarck zum Kriege gegen Österreich im Bunde mit Viktor Emanuel! Meine Herren, Prinzipien gibt es auf jener Seite nicht mehr, sondern nur noch den Wunsch, zu regieren und die Vorteile des Regierens zu genießen. Sie folgen dem Herrn von Bismarck, obwohl er ihre bisherigen Prinzipien verleugnet, weil er ihnen der Mann ist, durch den sie regieren können,

Die Zeitungspolitiker
Satire auf Republikaner, Konstitutionelle und absolute Monarchisten
Lithographie, nach 1850

und wenn doch einige der alten Garde der feudalen Partei sich finden und hin und wieder vor illegitimen Gelüsten auf fremdes Eigentum warnen und Preußen im alten Geleise mit Österreich zu halten suchen, wie der alte Rundschauer (Gerlach) der ›Kreuzzeitung‹, so bringt man sie jetzt zum Schweigen. Die Masse der Partei verleugnet jetzt diese Prinzipien, und das, meine Herren, wird kein kleiner Gewinn für unsere Zukunft sein.«

Die preußischen Konservativen übersahen in ihrem Entsetzen über Gerlachs Frondieren, daß die Rechtsgrundsätze, auf die der alte Freund und politische Beichtvater Bismarcks so nachdrücklich pochte, keine persönlichen Marotten waren, sondern sich auch mit vielen Überlegungen seiner innenpolitischen Gegner deckten. Zweifelsohne ist es nicht bloß eine Frage der Perspektive, ob man die konsequente Macht- und Interessenpolitik Bismarcks als mutig, groß, weitsichtig, staatsmännisch, säkular bezeichnet oder als sittlich verwerflich, verlogen, infam, brutal, irreligiös. Versucht man, die Situation aus den damaligen Verhältnissen heraus abzuwägen, so handelte es sich bei diesem Zusammenstoß zunächst nicht allein um einen besonders ätzenden Konflikt zwischen Macht und Recht, vielmehr um das Aufeinanderprallen zweier Politiker von sittlich-religiös unterschiedlicher Struktur, die freilich auch Repräsentanz besaßen für die großen Parteien in ihrem Verhalten während der dramatischen Monate im Frühjahr und Sommer 1866.

Wenn jemals, dann war Bismarck damals identisch mit Preußen, und Preußen war identisch mit der Armee. Beide Tatsachen geben den Gesichtspunkten ihr wirkliches Schwergewicht. Was die Notwendigkeit betraf, sich zwischen Preußen und Österreich zu entscheiden, so erklärte in Hessen-Darmstadt der leitende Minister Reinhard Freiherr von Dalwigk mit Süffisanz: »Wenn es die Verhältnisse durchaus nötig machen sollten, sich unter das Protektorat einer Großmacht zu stellen, dann würde ich das Großherzogtum Frankreich wählen.« Die ganze Fülle der gegensätzlichen Neigungen und Wünsche in den Wirbeln zwischen dem Patriotismus der Kleinstaaten und der nationalen Sehnsucht klingt in dem spöttischen Wort an, das in jenen Monaten des Jahres 1866 kursierte: »Deutschland muß geeinigt werden, aber niemand hat ein Recht, es zu tun.«

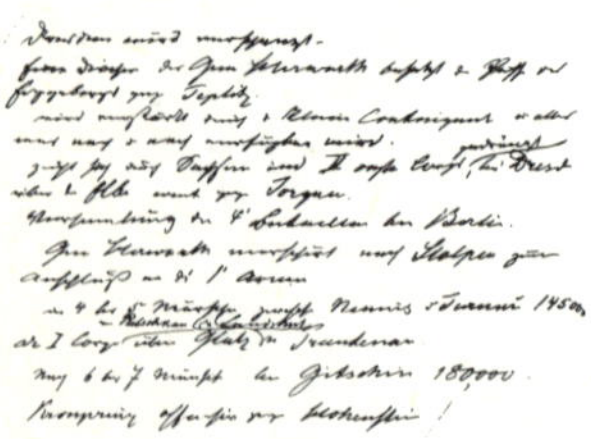

Preußischer Operationsplan gegen Österreich
Eigenhändiges Schreiben von Helmuth von Moltke vom 14. Juni 1866

Vor dieser Kulisse rollte das Juni-Juli-Drama 1866 ab, ebenso rapide wie sinnverwirrend. Der Prolog begann am 1. Juni, als Österreich im Frankfurter Bundestag bekanntgab, es wolle beantragen, für die Erbfolge in Schleswig-Holstein den Schiedsspruch des Deutschen Bundes einzuholen. Bismarck legte dagegen sofort schärfsten Protest ein. Er verwies auf die Abmachungen des Vertrages von Gastein zwischen Preußen und Österreich vom Herbst 1865, in dem vereinbart worden war, daß die Ausübung der Rechte in Schleswig Preußen und in Holstein Österreich zustehen solle, und zwar unter Berücksichtigung des wechselseitigen Mitbestimmungsrechtes. Unmittelbar danach ließ er preußische Truppen in Holstein einrücken. Wien reagierte darauf, unterstützt von Bayern, mit der Forderung beim Bundestag, gegen diesen Einmarsch, der »die innere Sicherheit Deutschlands und die Rechte seiner Bundesglieder« bedrohe, die sieben nichtpreußischen Kontingente der Bundesarmee zu mobilisieren. Einen Tag zuvor hatte Bismarck in Frankfurt den Antrag vorgelegt, eine Bundesreform durchzuführen, die den tatsächlich nationalen Bedürfnissen der Deutschen Rechnung trage, weshalb Österreich samt den niederländischen Gebieten auszuschließen sei. Das war die kleindeutsche Lösung der Frankfurter

Paulskirche 1848/49. Am 14. Juni 1866 wurde die Mobilmachungsforderung Österreichs in Frankfurt akzeptiert, mit neun gegen sechs Stimmen. Preußen konterte umgehend: Es erklärte die Bundesakte für gebrochen und damit erloschen. Zwei Tage vorher hatte Österreich noch mit Napoleon III. eine geradezu kuriose Vereinbarung getroffen. Frankreich verpflichtete sich im Falle eines Krieges zwischen Österreich und Preußen zur Neutralität. Sollte dieser Krieg für Wien günstig verlaufen, dann würde der französische Kaiser mit der Abtretung Venetiens an Frankreich belohnt werden. Österreich sicherte auch die Gründung eines neutralen, nach Paris hin geöffneten Rhein-Staates zu.

Die Teilmobilisierung der Bundesarmee gegen Preußen und die Erklärung Berlins, daß der Bundesvertrag gebrochen und für Preußen nicht mehr verbindlich sei, bedeuteten die Kriegserklärung. Zum letzten Mal in der Geschichte der Deutschen zückten zwei deutsche Staaten die Waffen gegeneinander. So sehr es um die elementarsten Fragen der Nationenbildung ging, so sehr handelte es sich um einen Krieg, an dem sich die Nation selbst so gut wie überhaupt nicht beteiligte, unter dem sie vielmehr litt. Mochte Bismarck auch mit all seiner Beredsamkeit die öffentliche Meinung beschworen und berücksichtigt haben – der Krieg von 1866, der Waffengang zwischen den beiden mächtigsten deutschen Staaten, der gleichsam die Hintertür zur deutschen Einigung öffnete, war ein Kabinettskrieg herkömmlich überholten Stils. Helmuth von Moltke, der preußische Generalstabschef, bekannte später: »Der Krieg von 1866 war nicht aus der Notwehr gegen die Bedrohung der eigenen Existenz entsprungen, auch nicht hervorgerufen durch die öffentliche Meinung und die Stimme des Volkes. Es war ein im Kabinett als notwendig erkannter, längst beabsichtigter und ruhig vorbereiteter Kampf nicht um Ländererwerb, Gebietserweiterung oder materiellen Gewinn, sondern für ein ideales Gut – für Machterweiterung.« In diesem Zweikampf um das »ideale Gut« der Machtposition standen auf der Seite Preußens die meisten norddeutschen Kleinstaaten und die Hansestädte, dazu im Süden, als fremder Partner, Italien. Auf seiten Österreichs kämpfte der Rest des Deutschen Bundes, fast alle Mittel- und Südstaaten, dazu Sachsen, Hannover und Hessen-Kassel. Militärisch hatte Preußen die Trümpfe in der Hand. Seine Armee war besser ausgebildet, und durchweg moderner bewaffnet. Die Infanterie besaß seit Jahren das Zündnadelgewehr; ihre Feuerkraft übertraf deshalb erheblich diejenige der Österreicher, die noch immer mit dem Vorderlader hantierten.

»O des unselig unheilvollen Zwistes, der Deutschlands Willen gegen Deutschland wendet.« – Ludwig II. von Bayern am 17. Juni 1866

Österreich konnte gegen Italien den ersten Waffengang für sich entscheiden: Am 24. Juni erfochten die Truppen Wiens bei Custozza einen Sieg. Doch wegen des entscheidenden Duells mit Preußen im Norden mußte Österreich seine Truppen abziehen und Venetien räumen. Im Norden blieben die Preußen in einer ganzen Reihe von Gefechten Herren des Schlachtfeldes, so bei Náchod, Münchengrätz, Trautenau und Königshof, wo sie den Österreichern schwere Verluste beibrachten. Der österreichische Kommandeur, Feldzeugmeister Ludwig Ritter von Benedek, riet schließlich dem Kaiser, er solle sich um den Abschluß eines Friedens bemühen. Franz Joseph setzte jedoch seine Hoffnungen auf eine große, entscheidende Schlacht. Sie kam, doch sie fiel ganz anders aus, als Wien erwartet hatte. Am 3. Juli 1866 trafen beide Heere bei Königgrätz aufeinander. Nicht einmal in der Völkerschlacht bei Leipzig 1813 hatte man solche Truppenmassen gezählt: rund vierhundertfünfzigtausend Soldaten kämpften an diesem 3. Juli in Nordostböhmen. Die Preußen siegten mit Bra-

Preußische Schützen beim Vordringen auf Königgrätz Anfang Juli 1866 Nach einer Zeichnung von Ludwig Burger vour, obgleich sich die österreichischen Truppen außerordentlich tapfer schlugen. Die Verluste der Österreicher waren horrend, sie übertrafen die preußischen fast um das Fünffache. Die Armeeführung konnte sich noch beglückwünschen, daß es ihr gelang, einen stattlichen Rest des Heeres über die Donau zurückzubringen. Benedek wurde sofort abgesetzt. Eine kriegsrechtliche Untersuchung wurde vom Kaiser zwar bald eingestellt, aber man machte den Feldzeugmeister noch lange Zeit für alles verantwortlich, was weder er noch die österreichische Armee verschuldet, sondern die Preußen erreicht hatten.

Viele Jahre später, 1879, reflektierte Bismarck über den Ausgang der Schlacht bei Königgrätz: »Ich gehorchte unentrinnbaren Notwendigkeiten, als ich den alten Deutschen Bund zerriß, und ich tat es nicht, ohne mir die schweren Folgen dieses Bürgerkriegs vorzustellen, dieses Bruderkriegs, dieser endgültigen Scheidung, die dem häuslichen Zank des Frankfurter Bundestags folgte. Indem ich den Krieg von 1866 machte, marschierte ich gegen das öffentliche Gefühl, nicht nur das deutsche, auch das preußische, ich zog mir die ärgste Unpopularität zu, die schwerste Verantwortlichkeit meines Lebens. Der Sieg hat mich freigesprochen; in der Niederlage wäre der Tod meine Zuflucht gewesen, aber mein Gedächtnis wäre von der Nation verflucht worden.« Daran kann niemand zweifeln. Doch ein militärisches Fiasko hätte nicht nur für die Politik Bismarcks und ihn persönlich eine Katastrophe bedeutet, sondern auch für den Rang und die Würde Preußens. Obwohl es kaum gerechtfertigt ist, die philiströse Denkweise, die Argumente Pro und Kontra einerseits aus dem Eventualfall der Niederlage, andererseits aus der Tatsache des preußischen Erfolges zu beziehen, taten es die Parteien in Preußen nach dem Sieg der Armee in hohem Maße, zu einem Gutteil auch die liberalen und nationalen Deutschen im gesamten Gebiet des früheren Bundes.

Seit Ende 1862 hatte Bismarck gegen die schäumenden Proteste der Abgeordneten Jahr für Jahr ohne verfassungsgemäße Bewilligung des Staatsbudgets regiert. Nach dem Sieg gegen Österreich stellte er quasi in demütiger Reue den Antrag, ihm rückwirkend für sein Verfahren die Absolution zu erteilen. Die überwiegende Mehrheit der Abgeordneten, die er solange verunglimpft hatte, erklärte sich bereit, alle gesetzlich beschlossenen Maßnahmen, die sie in der Konfliktzeit ausdrücklich verworfen hatten, nachträglich abzusegnen, Bismarck also Indemnität zu gewähren. Das Parlament nahm die Vorlage mit zweihundertunddreißig Stimmen gegen fünfundsiebzig an. Ebenso wurden a conto des preußischen Sieges die Annexionen gebilligt, die Bismarck für wünschenswert hielt. Die Nordstaaten des alten Deutschen Bundes, die sich auf die Seite Österreichs geschlagen hatten, wurden besetzt: außer Schleswig-Holstein auch Hannover, Kurhessen, Nassau und die Stadt Frankfurt. Härte im Norden, Milde im Süden – das war Bismarcks Devise. Für den Preis einer weitestmöglichen Schonung des besiegten Österreich mußte Bismarck in Nikolsburg mit seinem König die heftigsten Auseinandersetzungen durchstehen. Völlig unerwartete Hilfe bekam er dabei von dem Kronprinzen, einem bis dahin entschiedenen Gegner seiner Politik. So kam einer der maßvollsten Friedensschlüsse der jüngeren Geschichte zustande. Welche Schwierigkeiten damit verbunden waren, geht aus einer Tagebuchnotiz des Kronprinzen hervor: »Gestern hat Bismarck in meiner Gegenwart geweint über die harten Dinge, die Seine Majestät ihm gesagt hat, so daß ich Bismarck beruhigen mußte. Aber letzterer scheute sich förmlich, zu Seiner Majestät wieder hineinzugehen. Ich

»Vor den Toren von Wien sehe ich mich zu meinem Schmerz gezwungen, nach so glänzenden Siegen der Armee in diesen sauren Apfel zu beißen und einen schmachvollen Frieden anzunehmen.« – Randbemerkung Wilhelms I. auf Bismarcks Memorandum über den Frieden zwischen Preußen und Österreich muß mithin den König sowohl wie Bismarck aussöhnen und ihnen wechselseitig Mut zusprechen.« Das gelang ihm vorzüglich. Albrecht von Roon, der Kriegsminister, schilderte die tränenselige Harmonie nach der Ratifikation der Friedensbedingungen am 28. Juli 1866: Der König »sprang auf, umarmte und küßte dankend und weinend, mit viel beweglichen Worten zuerst Bismarck, dann mich und Moltke«.

Schloß Nikolsburg in Mähren, Ort des Waffenstillstandes zwischen dem preußischen und dem österreichischen Armeekommando am 26. Juli 1866
Stich, 1866

Napoleon III. erhielt von Österreich Venetien, obgleich anderes vereinbart worden war. Der Form nach konnte der französische Kaiser auch den Friedensvermittler spielen. Alle übrigen Kompensationen, die er sich als Folge eines Krieges zwischen den beiden deutschen Großmächten erhofft hatte, erwiesen sich als Chimären. Friedrich Ferdinand von Beust, seit 1867 österreichischer Außenminister, bezeichnete trotz seiner eigenen Sympathien für die deutschen Mittelstaaten den Glauben Napoleons III., er könne die Rheinbund-Politik seines großen Onkels Bonaparte neubeleben, als einen ›Köhlerglauben‹. Der stockkonservative Altbayer Johann Nepomuk Sepp fand dafür den agrarökonomisch derben Satz: »Das Ferkel grunzt der Sau nach.« Recht besehen bedeutete dieser preußische Sieg für Frankreich mindestens eine genauso große Niederlage wie für Österreich, ja in Paris wurde sogar offen ausgesprochen, daß bei Königgrätz nicht die Österreicher geschlagen worden seien, sondern die Franzosen. Auch Adolphe Thiers meldete sich erneut zu Wort, aufgewühlt und schockiert: Die Errichtung des Norddeutschen Bundes, die Neuordnung der deutschen Verhältnisse durch Bismarck und Preußen unter Ausschluß Österreichs seien das größte Unglück, von dem Frankreich seit vierhundert Jahren heimgesucht worden wäre. Tatsächlich enthielt die Schöpfung des Norddeutschen Bundes eine Fülle von faktischen Reminiszenzen an die Anfangsjahre des konfessionellen Zeitalters Europas und die Flammenzeichen, die sich für Frankreich mit der deutschen Reformation Luthers verbanden.

Nationale Leere

Noch bis in unsere Tage wird der Sieg Preußens bei Königgrätz als Grundstein für die nationale Einigung der Deutschen gewertet und gefeiert, mit einer Vehemenz, die nicht viel Raum für nüchterne Überlegungen läßt, welche Konsequenzen sich aus diesem Triumph Bismarcks für das Parteienklima und das politische Selbstgefühl des deutschen Bürgertums ergaben. Was Twesten im April 1866 den preußischen Konservativen als Debet vorgerechnet hatte, das mußten im Juli die Liberalen und mit ihnen in mehr oder weniger abgewandelter Form alle politisch befaßten Deutschen ebenfalls auf sich nehmen. Bismarck hatte Realpolitik praktiziert, von sich aus, nach eigener Einsicht, mit oder gegen sein persönliches Gewissen. Die Deutschen jedoch, die – zumal durch das Sprachrohr ihrer Parteien – bis zum Sieg von Königgrätz die krude Realität nicht so hoch taxiert hatten wie ihre Grundsätze, ließen sich jetzt willig von der Welle der militärischen Erfolge, die Bismarcks Politik bestätigten, der nationalen Zukunft entgegentragen.

Vertreter deutscher Parteien auf dem ›Zwangsweg‹ zur nationalen Einigung
Satire aus Wiener Sicht, 1868

Durch diesen letzten deutschen Bruderkrieg und seinen Ausgang schieden sich die Geister, veränderten sich die Positionen, wandelten sich die Prinzipien, und zwar grundsätzlich. Die völlige Umgruppierung der preußischen Parteien und der entschiedene Wechsel in der Beurteilung Bismarcks hatten keine andere

Heinrich von Treitschke
Gemälde von
Franz Teschendorf

Voraussetzung als die Grundlage des militärischen Sieges. Diesen »Boden des Erfolges« hatte Ludwig von Gerlach bereits vor dem Ausbruch des Krieges als eine dreiste Phrase abgetan. Heinrich von Treitschke, schon auf dem Wege zum preußischen Hofhistoriographen, hatte vor 1866 von dem »flachen Junker« Bismarck gesprochen, dessen Gemeinheit nur noch überboten werde durch die Lächerlichkeit. Nun aber, nach Königgrätz, hatte ihm Bismarcks Hasardieren die Augen geöffnet für »das Walten der Vernunft in der Geschichte«. Ein Kollege Treitschkes, der liberale Historiker und Politiker Hermann Baumgarten, legte ebenfalls Zeugnis ab von der »großen Krisis seines Lebens«, die das Jahr 1866 für ihn wie für jeden anderen deutschen Liberalen bedeutet habe. In einer berühmt gewordenen Schrift ›Selbstkritik des deutschen Liberalismus‹ bekannte er, daß man in seinen Gesinnungskreisen jahrelang nach einem Mann geseufzt hätte, »der endlich Preußen kühn vorwärts führen werde! Nun, jetzt war er nicht nur da, sondern er stand bereits an der richtigen Stelle, er hatte schon ein gutes Stück des Weges hinter sich. Freilich hatte er ein anderes Gesicht, als die liberale Phantasie sich ausgemalt. Dafür stürmte er aber auch die steile Bahn des Sieges mit einer Gewalt hinauf, die weit über allen liberalen Phantasien war. Wir würden diese Belehrung schwer akzeptieren, wenn sie mit unserem Unglück verknüpft wäre. Aber uns ist das Beispiellose widerfahren, daß unser Sieg unser Elend gewesen wäre, unsere Niederlage aber uns überschwengliches Heil gebracht hat. O wahrlich, wir müßten nicht diese gewissenhaften, uneigennützigen, reinen Naturen sein, wenn wir einen solchen Segen des Himmels nicht erwidern wollten durch ehrliche Selbstprüfung und durch den unerschütterlichen Entschluß, jetzt ein neues Leben anzufangen mit bescheidener Hingebung und wahrer Treue und aufrichtigem Gehorsam gegen die großen Offenbarungen, die uns in diesem Jahre zuteil geworden sind.«

Bismarck hat es verstanden, den Liberalen ihre Hingebung, ihre Treue, ihren Gehorsam leicht zu machen, denn seine Bitte um Indemnität war das Eingeständnis, daß sein Regieren ohne bewilligtes Budget in den Jahren der Konfliktzeit nicht rechtens war. Für Bismarck ging es dabei nur um eine Formalität, mit seinem Gewissen hatte es nichts zu tun. »Ein freundliches Wort kostet nichts«, so sagte er damals. Aber erst die Revision der Rechtsgrundlage ermöglichte es den Liberalen, Bismarcks Verhalten nachträglich zu billigen. Erheblich schwerer wurden die preußischen Konservativen durch die Indemnitätsvorlage getroffen. Sie hatten schließlich in den Jahren des Konflikts unerschütterlich versichert, daß es an der rechtlichen Korrektheit von Bismarcks Regierungsmaßnahmen nicht den mindesten Zweifel gebe. Bismarck desavouierte also nicht nur die Treue der Konservativen, um mit den Liberalen seinen Frieden zu schließen, er übernahm auch den Rechtsstandpunkt der früheren parlamentarischen Opposition; mit anderen Worten: Erst seit der Indemnitätsvorlage Bismarcks 1866 begann in Preußen in einem politisch greifbaren Sinn die Zeit des Konstitutionalismus. Für Bismarck war das unerheblich. Was er brauchte, war die Versöhnung mit den Liberalen, denn er benötigte ihre Zustimmung zur Verfassung des Norddeutschen Bundes, den er Ende 1866 gründete.

Destruktion der Parteien:
Saalschlacht zwischen
Anhängern
gegnerischer Wahl-Gruppen
in Berlin
Stich von E. Hosang

Die Umorientierung der Parteien wurde begleitet von einer inneren Destruktion, sowohl bei den Liberalen als auch bei den Konservativen. Die Landtagswahlen im Sommer 1866 spiegelten bloß die äußeren Umschichtungen wider. Das linke Zentrum und die Fortschrittspartei fielen von zweihundertdreiundfünfzig Sitzen auf einhundertachtundvierzig Sitze zurück, die Konservativen dagegen schnellten von achtunddreißig Sitzen auf einhundertzweiundvierzig Sitze empor. Zusätzlich spalteten sich die Liberalen. Ihr rechter Flügel konstituierte sich im November 1866 als ›Neue Fraktion der Nationalen Partei‹, was nichts anderes war als eine Übersetzung des Wortes ›Bismarcktreue Partei‹ ins Neutrale. Die Umstände ihrer Gründung wie ihre Entwicklung in den folgenden Jahrzehnten bestätigten den Resignationscharakter dieser neuen Gruppierung der Nationalliberalen. Zunächst konnte sie, befreit von den preußischen Fesseln, als eine ausgesprochen deutsche Partei die Führungsrolle im Reichstag übernehmen. Der linke Flügel der alten Fortschrittspartei blieb seinem Namen treu und hielt an seinen Prinzipien fest: Seine Mitglieder lehnten Bismarcks Ersuchen um Indemnität ab.

»Ich bin nach wie vor der Ansicht, daß der Weg, den man in Berlin verfolgt, ins Verderben führt. Nicht bloß die kleinen Staaten werden zugrunde gehen, sondern auch Preussen.« – Großherzog Peter von Oldenburg, Denkschrift über die geplante Bundesverfassung

Die Konservativen stimmten nach schweren Bedenken im Herrenhaus und im Landtag schließlich für die Annahme der Indemnitätsvorlage. Sie blieben damit beharrlich im Windschatten von Bismarcks Wechselkurs, wiewohl es sich erneut um einen Verstoß gegen ihre Grundsätze handelte, ähnlich wie vor Kriegsausbruch, da ihnen Macht vor Recht gegangen war. Erheblich leichter fiel ihnen die Zustimmung zu den Annexionen. Preußen umfaßte jetzt flächenmäßig mehr als die Hälfte des späteren Deutschen Reiches. Trotz ihrer geübten Wandelbarkeit mußten sich allerdings auch die Konservativen mit einer Parteispaltung abfinden. Die linke Fraktion formierte sich zur ›Freikonservativen Partei‹, der späteren ›Deutschen Reichspartei‹. Sie hatte aufgrund ihrer Mitgliederstruktur einen ausgeprägten Notablencharakter und stimmte fast vorbehaltlos allen Entscheidungen Bismarcks zu; sie stand also politisch dicht neben dem rechten Flügel der Nationalliberalen. So klein diese Gruppe auch war, so genügte ihre Mitgliederzahl, um zusammen mit den Nationalliberalen Bismarck eine zuverlässige parlamentarische Basis zu geben. Von dem neukolorierten Parteienfächer läßt sich die Rolle ablesen, die seit 1867 den politisch und ökonomisch am fortschrittlichsten orientierten Bürgerschichten in Norddeutschland zufiel und ohne deren Rückendeckung weder die Politik Bismarcks bis zur Reichsgründung noch die Reichsgründung selbst möglich gewesen wäre.

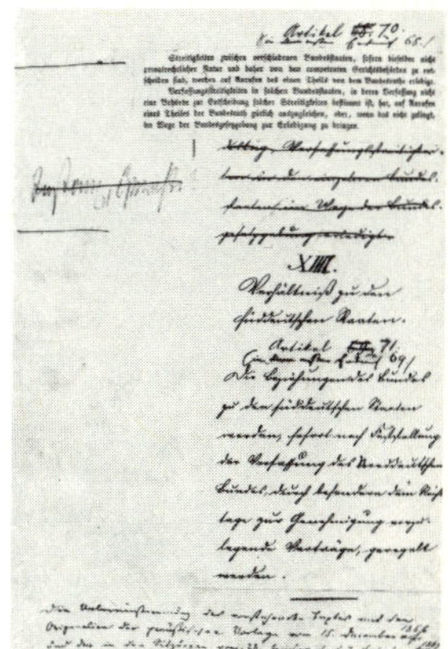

Die Verfassung
des Norddeutschen Bundes
Die redigierte Fassung des
Entwurfes vom
15. Dezember 1866
mit dem Protokollvermerk
von Lothar Bücher
nach den Verfassungssitzungen
im Januar und Februar 1867

Am 18. August 1866, fünf Tage vor der Unterzeichnung des endgültigen Friedens von Prag zwischen Preußen und Österreich, schloß Bismarck mit den siebzehn norddeutschen Kleinstaaten, die auf Preußens Seite gekämpft hatten, einen Vertrag. Die Partner verpflichteten sich, gemäß dem revolutionären Reformvorschlag Bismarcks vom 10. Juni einen Bundesstaat zu gründen und ihm eine Verfassung zu geben. Sachsen, Hessen-Darmstadt nördlich des Mains, Sachsen-Meiningen und das kleine Fürstentum Reuß im Osten Thüringens traten ebenfalls bei. Am 12. Februar 1867 fanden die Wahlen zum Verfassunggebenden Norddeutschen Reichstag statt. Das allgemeine, gleiche und direkte Wahlrecht, das an diesem Tag praktiziert wurde, hatte Bismarck der Reichsverfassung der Frankfurter Paulskirche von 1849 entnommen. Jenes Dokument blieb für den preußischen Ministerpräsidenten und Kanzler des Norddeutschen Bundes bis zur vollendeten Reichsgründung das große Muster. Eduard Simson, der die Delegation der Frankfurter Abgeordneten geführt hatte, die dem preußischen König Friedrich Wilhelm IV. im April 1849 die Würde eines Kaisers der Deutschen antrugen, und der für die Frankfurter Nationalversammlung der letzte Präsident gewesen ist, wurde jetzt, im Februar 1867, zum ersten Präsidenten des Norddeutschen Reichstages gewählt, dessen Verfassung später die Grundlage der deutschen Reichsverfassung bildete. Simson war es auch, der am 18. Dezember 1870 die Deputation des Reichstages führte und als Sprecher des deutschen Volkes den preußischen König Wilhelm I. darum bat, »daß es Ew. Majestät gefallen möge, durch Annahme der deutschen Kaiserkrone das Einigungswerk zu weihen«.

Der Weg von 1867 bis 1870 war auch außenpolitisch mit erheblichen Hindernissen versehen. Denn nicht die Revolution von 1848, wohl aber der Krieg von 1866 hatte die europäische Staatenordnung, wie sie seit dem Wiener Kongreß 1815 bestand, völlig durcheinander gebracht. Die Staatsmänner Europas spürten das bereits nach dem preußischen Sieg bei Königgrätz. Der Kardinalstaatssekretär Giacomo Antonelli reagierte auf die Nachricht mit Entsetzen: »Die Welt stürzt ein!« In England konnte man im ›Spectator‹ lesen: »Dreißig Dynastien sind beiseite gefegt worden. Das Schicksal von zwanzig Millionen Menschen hat sich auf immer verändert. Das politische Gesicht der Welt hat sich gewandelt, wie es sonst nur nach einer Generation des Krieges der Fall ist. Preußen ist in einem einzigen Augenblick der Sprung zur führenden Großmacht Europas geglückt.« Diese führende Macht schloß nun Österreich aus dem Deutschen Bund aus. Der Kaiserstaat wurde dazu genötigt, sein Schwergewicht in den europäischen Südosten zu verlagern. Österreich konnte seine Großmachtstellung nur retten, wenn es den Nationalwünschen seiner anderssprachigen Völker entgegenkam, allen voran den Magyaren. Wien zögerte nicht lange. Der Ausgleich war eine Vereinbarung zwischen Kaiser Franz Joseph als ungarischem König und der ungarischen Nation. Am 8. Juni 1867 ließen sich Franz Joseph und seine Gemahlin feierlich zum König und zur Königin von Ungarn krönen, am 12. Juni wurde das Ausgleichsgesetz sanktioniert, und gegen Ende des Jahres war schließlich das gesamte österreichisch-ungarische Ausgleichswerk unter Dach und Fach. Der Habsburgische Kaiserstaat wurde in eine Doppelmonarchie verwandelt. Entsprechend der Doppelfunktion Franz Josephs als Kaiser von Österreich und König von Ungarn richteten Wien und Budapest gemeinsame Ministerien ein.

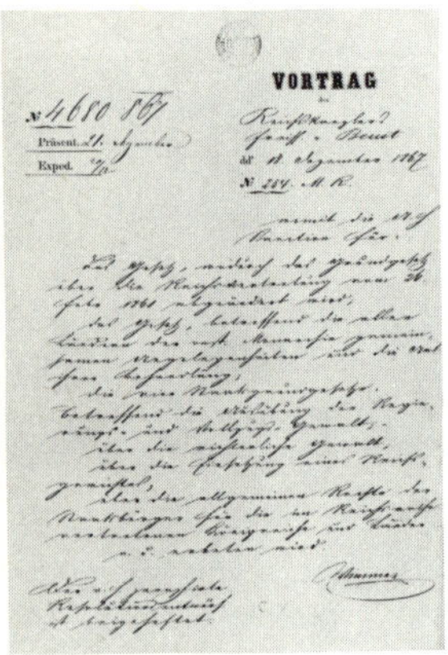
VORTRAG

Die Ausgleichsgesetze zwischen Österreich und Ungarn vom Frühjahr 1867 Vortrag Beusts mit der vom Kaiser paraphierten Entschließung vom Dezember 1867 zu den Staatsgrundgesetzen

Warum Wien sich mit Budapest arrangierte und nicht mit den zahlenmäßig weit größeren Volksteilen der Slawen, das hatte der österreichische Außenminister Friedrich Ferdinand Freiherr von Beust bereits in der Ministerratssitzung am 1. Februar 1867 umrissen: »Es muß schlechterdings ein fester Boden gewonnen werden, von dem man dann später weiter operieren kann, und dieser bietet sich, wie die Sachen einmal gekommen sind, in dem Zusammengehen des deutschen und ungarischen Elementes gegen den Panslawismus. Es erscheint rein unmöglich, daß die Regierung ihre Hauptstütze in den slawischen Bevölkerungen suchen und zugleich ihren Sitz und ihre Zentralaktion inmitten der entfremdeten deutschen Bevölkerung haben soll. Es mag zugegeben werden, daß die slawischen Teile der Monarchie ebensoleicht nach Rußland als die deutschen Provinzen nach Deutschland gravitieren können, aber jedenfalls ist so viel gewiß, daß im entscheidenden Augenblick die befriedigten Deutschen die verstimmten Slawen besser beherrschen werden, als dies im umgekehrten Fall sein würde. Die äußere Lage aber ist entschieden so, daß eine noch weitergehende Verstimmung der deutschen Bevölkerung in Österreich die Gefahren, die Österreich von Preußen her drohen, bei weitem mehr erhöhen muß, als eine vorübergehende Verstimmung der glücklicherweise in ihren Aspirationen geteilten slawischen Bevölkerungen gegenüber Rußland erzielen kann.«

Der seit Maria Theresia verankerte Zentralismus Wiens wurde zugunsten eines Dualismus aufgegeben, der den Deutschen in der westlichen Reichshälfte und den Magyaren in der östlichen die Vorhand ließ. Ungarn akzeptierte zwar den Grundsatz der Untrennbarkeit aller Länder Habsburgs, aber es erhielt durch den Ausgleich Selbständigkeit in der Gesetzgebung und Verwaltung. Der Ausschluß Österreichs aus dem Deutschen Bund vernichtete von heute auf morgen die nationalen Wünsche der zehn Millionen Deutschen des Kaiserstaates. Nicht vernichten konnte das Jahr 1866 die alten Traditionen, das elementare Zusammengehörigkeitsgefühl auch in Zeiten, die unter dem Signet des Nationalen standen. Erst nach 1866 entwickelte sich bei den Deutschen im Reich der Habsburger die ätzende Empfindung, daß sie trotz aller staatlichen Vorrechte in ihrem Gemeinwesen eine nationale Minderheit bildeten. Ohne ihren Halt, den Deutschen Bund, hingen sie in einer nationalen Leere. Das Deutschland des Bismarckschen Kaiserreiches von 1871 verwandelte sich deshalb für sie im Lauf der folgenden Jahrzehnte zur verschwiegen geliebten, verschwiegen ersehnten wahren nationalen Heimat.

Aber auch die Deutschen der Mittel- und Südstaaten, nicht anders als diejenigen des Norddeutschen Bundes, lebten in den Jahren nach 1866 in einer nationalen Leere. Nach all den Wirren und Kämpfen konnten sich jetzt die Liberalen von dem machtvollen Strom aller Nationalwünsche getragen fühlen, und dies verwandelte ihren Wartezustand in ein Martyrium. Am 11. März 1867 hielt Bismarck vor dem Verfassunggebenden Norddeutschen Reichstag eine Rede. Der erfahrene Gutsbesitzer, der seit Jahrzehnten mit Pferden umzugehen wußte, gab den Abgeordneten den Rat: »Setzen wir Deutschland sozusagen in den Sattel; reiten wird es schon können!« Dieses Bild sprach an. Es gelang ihm, die norddeutsche Bundesverfassung rasch über die Hürde des Reichstags zu bringen, so daß Deutschland im Sattel saß. Doch kaum war dies vollbracht, wollte die eine der zwei deutschen Seelen den Reiter gleich galoppieren sehen. Das war nicht nach des Kanzlers Geschmack. Er hatte in derselben Rede die Abgeordneten zu Geduld ermahnt und mit der Annahme der Bundesverfassung die Erwartung verknüpft, daß damit »für das deutsche Volk die Bahn freigemacht worden ist, und daß wir das Vertrauen zum Genius unseres eigenen Volkes haben können, daß es auf dieser Bahn den Weg finden wird, der zu seinen Zielen führt«.

Das war majestätisch unverbindlich, obgleich jeder wußte, wovon die Rede war. Die Bahn zum Ziel, das war der Weg zu Deutschlands Einheit. Wann sie erreicht werden könnte, das wußte 1867 keiner in Deutschland, selbst Bismarck nicht. Mehr als der Abschluß von Schutz- und Trutzbündnissen mit den Süddeutschen Staaten war seiner Meinung nach nicht zu bewerkstelligen. Die Einigung zeichnete sich dabei nur als vage Möglichkeit unter Kriegsbedingungen ab, denn für den Fall eines militärischen Konflikts mit einer ausländischen Macht erhielt der König von Preußen den Oberbefehl auch über die Truppen der Süddeutschen Staaten. Alles weitere im binnendeutschen Feld mußte sich von selbst ergeben. Die Länder und Fürsten südlich des Mains durften auf keinen Fall genötigt werden. Im Dienst der Einigung sollte nichts mehr gewaltsam geschehen, wie Bismarck unermüdlich versicherte; man könne an ein »nationales Werk nicht mit dieser Heuchelei herangehen«.

»Wir dürfen uns nicht täuschen: Die Entwicklung Deutschlands auf dem Wege der Einigung schreitet langsam vorwärts.« – Chlodwig Fürst Hohenlohe-Schillingsfürst am 19. Januar 1867

Mit der Gründung des Norddeutschen Bundes hatte ein Interim begonnen, und Bismarck war davon durchdrungen, daß jetzt nichts so notwendig sei wie

»ein unantastbares Übergangsstadium, bis wir organisch zu Fleisch und Blut miteinander verwachsen sind«. Mit diesem organischen Zusammenwachsen nahm es Bismarck ernst. Zu Beginn des Jahres 1869 schrieb er mißmutig an den preußischen Gesandten in München: »Hinter der wortreichen Unruhe, mit der Leute außerhalb der Geschäfte nach dem Stein der Weisen suchen, der sofort die deutsche Einheit herstellen könne, verbirgt sich in der Regel eine flache und jedenfalls impotente Unbekanntschaft mit den Realitäten und ihren Wirkungen. Wir können die Uhren vorstellen, die Zeit geht aber deshalb nicht rascher, und die Fähigkeit zu warten, ist eine Vorbedingung praktischer Politik.«

Den Abgeordneten des Norddeutschen Bundes schilderte er beschwörend die grundsätzlichen Unterschiede gegenüber den anderen deutschen Staaten: »Es kann doch niemandem entgehen, wie entgegengesetzt die Strömungen im Süden und Norden fließen: Der Süden ist vermöge seiner Stammeseigentümlichkeiten, vermöge seiner Stellung in der früheren Reichsverfassung durch und durch partikularistisch und konservativ, wir sind ihm nicht nur zu liberal, wir sind ihm zu national, also im ganzen zu national-liberal.« Bismarck charakterisierte die Hoffnung auf einen selbständigen Drang der Süddeutschen, sich der nationalen Einigung anzuschließen, als eine Erwartung, die nur in den Köpfen der Liberalen bestehe, aber mit den tatsächlichen Verhältnissen unvereinbar sei: »Der Süddeutsche macht keine Volksbewegung und übt keinen nationalen Druck auf seine eigene Regierung, auf seine eigene Dynastie.« Solange das nationale Einheitsstreben im Süden so schwach entwickelt sei, müsse man die bestehenden Unterschiede hinnehmen; man könne sie nur allmählich ausgleichen, mit Geduld und Nachsicht: »Den Norddeutschen geht die unifizierende Tätigkeit des Bundes zu langsam; was man in Süddeutschland als übertriebene Beschleunigung, als Raschmacherarbeit betrachtet, heißt hier Stagnation. Und diesen Gegensatz zu vermitteln, Süddeutschland nicht aus den Augen zu verlieren, den Gang Norddeutschlands zu beschleunigen, dabei aber Fühlung zu behalten mit sämtlichen Bundesfürsten, mit dem Bundesrat, mit dem Bundespräsidium und vor allem mit diesem Reichstage: das ist die Aufgabe.«

Zum Schluß dieser Programmrede am 16. April 1869 leuchtete Bismarck noch einmal die grundsätzliche Besonderheit der deutschen Verhältnisse vor dem Hintergrund der nationalen Frage aus. Schon das Terrain für die Verfassung des Norddeutschen Bundes sei wegen der vielen Unebenheiten ein höchst schwieriger Baugrund gewesen, der jedoch »absolut benutzt werden mußte. Wir können die Geschichte der Vergangenheit weder ignorieren, noch können wir, meine Herren, die Zukunft machen; und das ist ein Mißverständnis, vor dem ich auch hier warnen möchte, daß wir uns nicht einbilden, wir können den Lauf der Zeit dadurch beschleunigen, daß wir unsere Uhren vorstellen. Mein Einfluß auf die Ereignisse, die mich getragen haben, wird zwar wesentlich überschätzt, aber doch wird mir gewiß keiner zumuten, Geschichte zu machen: Das, meine Herren, könnte ich selbst in Gemeinschaft mit Ihnen nicht, eine Gemeinschaft, in der wir doch so stark sind, daß wir einer Welt in Waffen trotzen könnten, aber die Geschichte können wir nicht machen, sondern nur abwarten, daß sie sich vollzieht. Wir können das Reifen der Früchte nicht dadurch beschleunigen, daß wir eine Lampe darunter halten, und wenn wir nach unreifen Früchten schlagen, so werden wir nur ihr Wachstum hindern und sie verderben. Ich möchte deshalb Ihnen doch mehr Geduld empfehlen, der Entwicklung Deutschlands Zeit zu lassen.«

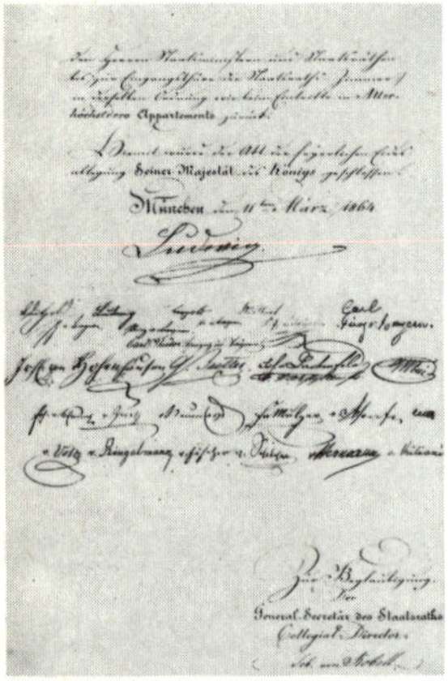
Seiner Majestät des Königs
München den 11. März 1864
Ludwig
General Secretär des Staatsraths
Collegial Director

Die Eidesleistung Ludwigs II.
auf die Verfassung Bayerns
Unterschriftenseite
des Protokolls
vom 11. März 1864

Bismarck
zur Zeit der Gründung
des Norddeutschen Bundes

Solche Mahnungen waren in gewisser Weise Selbstzusprachen; denn Bismarck hatte nicht vergessen, wie rasch nach der Gründung des Norddeutschen Bundes sein Versuch, Hessen-Darmstadt zum Beitritt zu bewegen, an der unnachsichtigen großdeutschen Haltung des Ministers Dalwigk gescheitert war. Bismarcks beflissenes Respektieren der Main-Linie wirkte sich, als der erste Schock nach 1866 überwunden war, als eine Stärkung des süddeutschen Selbstbewußtseins aus. Der badische Außenminister bezeichnete den Norddeutschen Bund höhnisch als den ›Bund des Hundes mit seinen Flöhen‹. Bismarck war sich über das eisig-reservierte Staatsbewußtsein im klaren, das in München herrschte. Der bayerische Ministerpräsident und Außenminister Chlodwig Fürst Hohenlohe-Schillingsfürst war zwar von der Notwendigkeit einer intensiven Beziehung zu Preußen überzeugt, doch er bewertete das Verhältnis der bayerischen Souveränität zu den Vorzügen eines Beitritts zum Norddeutschen Bund wie das Königsdasein eines freien Löwen im Vergleich zu den Sicherheiten einer Mastviehhaltung. So bemühte sich Bayern um eine eigene, mild deutsch-nationale, weißblau eingefärbte Politik, die ihren Akzent durch unermüdliche Vermittlungsversuche zwischen dem Norddeutschen Bund und der K.K.-Monarchie erhielt.

Fürst Hohenlohe-Schillingsfürst

Für Bismarck wiederum bildete die deutsche Frage auch immer ein Problem, das direkt mit den Interessen Frankreichs zusammenhing und somit gewichtige europäische Perspektiven besaß. Spätestens seit dem Westfälischen Frieden 1648 war Frankreichs Ostpolitik hartnäckig auf zweierlei gerichtet: einmal die Vereinzelung der deutschen Staaten aufrechtzuerhalten, zu stärken und ihre Bündnisfähigkeit zu erweitern; zum anderen das linksrheinische Gebiet an sich zu bringen. Der Sieg Preußens bei Königgrätz und die Gründung des Norddeutschen Bundes hatten dieses jahrhundertealte politische Konzept alarmierend durcheinandergebracht. Hätten sich die Süddeutschen Staaten freiwillig zum Norddeutschen Bund geschlagen, so wäre diese Vereinigung für die europäischen Verhältnisse im Jahr 1867 eine unerträgliche Zumutung gewesen. Bismarck konnte sich glücklich schätzen, daß Frankreich lediglich so viel Kraft besaß, um seinen Ärger hinunterzuschlucken und daß Rußland den Machtzuwachs Preußens auf Kosten Habsburgs als eine Stärkung der eigenen Position interpretierte.

Das rote Tuch der Emser Depesche

Bismarck versuchte zunächst eine Annäherung zwischen dem Süden und dem Norden Deutschlands durch eine Reform und Festigung des Deutschen Zollvereins. Er rechnete mit dem wirtschaftlichen Anreiz, denn Norddeutschland hatte schließlich etwas zu bieten. Seit der Schaffung des Zollvereins 1834, seit einem Dritteljahrhundert, waren seine Mitglieder nur durch frei abgeschlossene Verträge untereinander verbunden, durch Verträge, die jeweils nach zwölf Jahren erneuert werden mußten. Der Zollverein besaß keine Verfassung. Jedem Mitglied stand außerdem das Einspruchsrecht gegen zollpolitische Beschlüsse zu. Bismarck hatte deshalb seinem König schon 1861 die Errichtung eines Zollparlaments als besonders wirksames nationalpolitisches Werkzeug empfohlen.

Im Sommer 1867 setzte Bismarck auf einer Konferenz, an der auch die

Vertreter Süddeutschlands teilnahmen, durch, ein Zollparlament und einen Zollbundesrat zu schaffen. Nur Bayern widersprach, weil es nichts von seinen Hoheitsrechten preisgeben wollte. Bismarck hatte das erwartet. Wenn Bayern sich querlege, so meinte er ungerührt, dann sei »die Fortsetzung des Zollvereins mit diesem Staate untunlich«. Untunlich in einem beängstigenden Ausmaß wären jedoch die wirtschaftlichen Folgen eines solchen Schrittes für Bayern gewesen. Und so gab der Ministerrat in München schließlich nach. Auch König Ludwig II. willigte ein. Man respektierte Bayerns Nachgiebigkeit, indem man diesem zweitgrößten Staat Deutschlands statt der ihm zustehenden vier Stimmen im Zollbundesrat sechs Stimmen zubilligte, wie sie auch Preußen hatte. Dennoch hielt die Vergrämung an.

Bismarcks ganze Hoffnung richtete sich jetzt auf die Wahlen der Abgeordneten zum Zollparlament. Seine Enttäuschung über das Ergebnis grenzte an einen Schock. In Bayern und Württemberg war die Bevölkerung gemäß einer präokkupierenden Spielart des Wahlslogans ›Keine Experimente‹ zu den Urnen gegangen; damals lautete die Devise: Keine Verpreußung. Selbst in dem national aufgeschlosseneren Baden entschieden sich dreiundvierzig Prozent der Wähler gegen Preußen. Süddeutschland entsandte nur fünfunddreißig Freunde des Norddeutschen Bundes ins Zollparlament, die Partikularisten dagegen waren mit fünfzig Abgeordneten vertreten. Wenn diese Wahlen als Test der Nationalstimmung südlich des Mains angesehen wurden – und so schätzte sie Bismarck ein –, dann hatten sich fast sechzig Prozent gegen die Einheit entschieden und nur knapp vierzig Prozent dafür. Immerhin bestätigte das Resultat, wie richtig Bismarck das gemeindeutsche Empfinden des Südens taxiert hatte: schwächlich und matt, kaum in Ansätzen spürbar.

»Ich bin wegen der Unabhängigkeit meiner Krone und wegen der Selbständigkeit des Landes sehr besorgt.« – Ludwig II. von Bayern an Fürst Hohenlohe-Schillingsfürst am 26. November 1867

Im darauffolgenden Herbst meldete sich der französische Kaiser, der die binnendeutschen Strömungen genauso wachsam verfolgte wie Bismarck, in der deutschen Sache zu Wort. Im Süden hatte sich inzwischen das Großherzogtum Baden zum Vorreiter des Nationalzusammenschlusses ausgewachsen. Napoleon warnte: Wenn Baden von sich aus dem Norddeutschen Bund beitreten und Preußen dadurch seine Vorherrschaft über die Main-Linie hinaus ausdehnen sollte, sei für Frankreich der Casus belli gegeben. Wilhelm I. zeigte sich jedoch gelassen; ihm selbst hatten preußische Vergrößerungsgelüste niemals zu schaffen gemacht. Seiner Gemahlin, die überängstlich war, was internationale Verwicklungen betraf, aber gerade dem Anschluß ihrer Heimat Baden freudig applaudiert hatte, schrieb er: Die Vereinigung von Nord und Süd »kann viele, viele Jahre noch dauern und wird das Werk unseres Sohnes sein«. Bismarck teilte diese Meinung. Ihm setzten damals die Schwierigkeiten im Norddeutschen Bund und die Reibereien mit seinem König derart zu, daß er am 22. Februar 1869 offiziell um seine Entlassung bat. Der König lehnte ab.

Ein dreiviertel Jahr später sorgte Baden erneut für Mißmut und Komplikationen. Die Karlsruher Regierung des Großherzogtums drängte darauf, in den Norddeutschen Bund eingegliedert zu werden. Eduard Lasker, einer der herausragenden Nationalliberalen, kam ihr zu Hilfe und stellte am 24. Februar 1870 den Antrag, der Norddeutsche Reichstag solle erklären, daß er in den badischen Bemühungen »den lebhaften Ausdruck der nationalen Zusammengehörigkeit anerkenne und mit freudiger Genugtuung den möglichst ungesäumten Anschluß an den bestehenden Bund als Ziel derselben wahrnehme«. Bismarck kochte. Erstens war der Antrag, der kaum absehbare internationale Konse-

Eine Sitzung des Zollparlaments im Jahr 1868
Stich nach einer Zeichnung, nach 1868

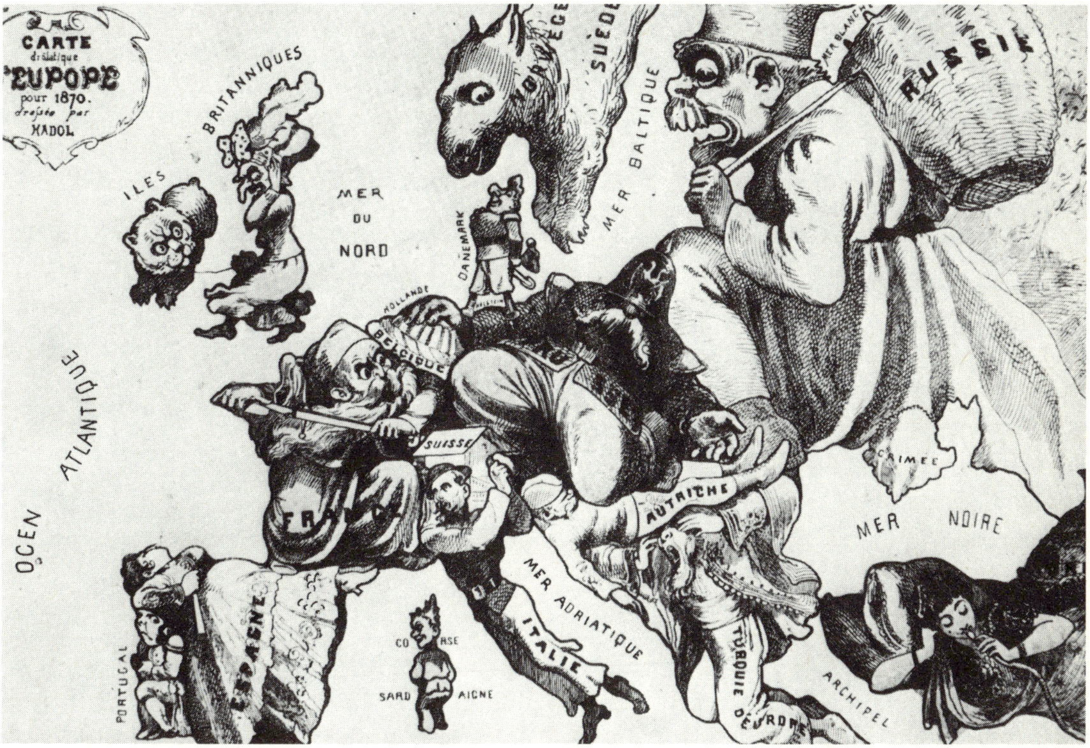

Europa kurz vor Ausbruch des Krieges 1870 in französischer Sicht
Lithographie aus Paris, 1870

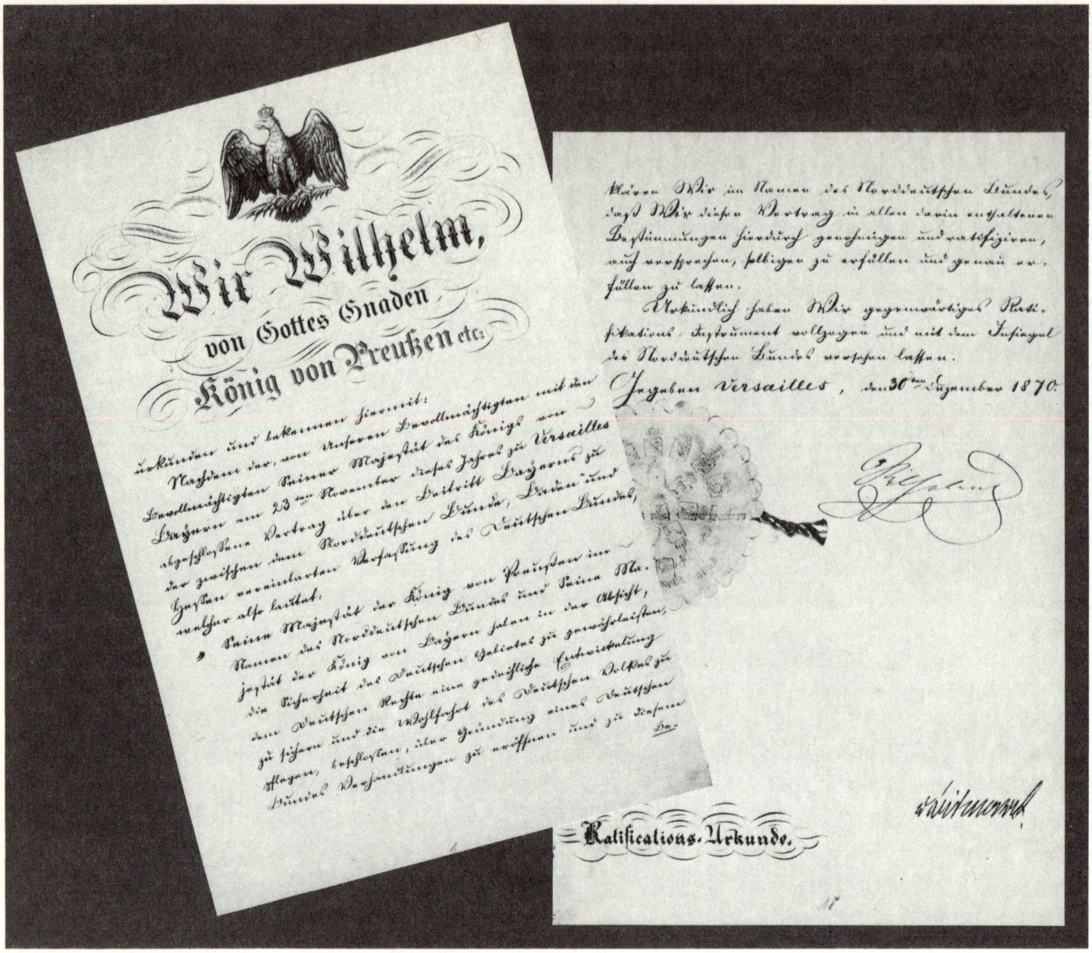
Wir Wilhelm,
von Gottes Gnaden
König von Preußen etc.

Gegeben Versailles, den 30ten Dezember 1870.

Ratifications-Urkunde.

Bayerns Eintritt in das Deutsche Reich aufgrund der Sondierungsgespräche vom September 1870
Preußische Ratifikationsurkunde vom 30. Dezember 1870

quenzen haben mußte, ohne sein Wissen eingebracht worden. Zweitens wurde versucht, eigenmächtig ins außenpolitische Ressort einzugreifen. Drittens war der Zeitpunkt mit Rücksicht auf Frankreichs Verletzlichkeit und Londons Bedenken höchst ungünstig. Bismarck rückte in seiner ablehnenden Reichstagsrede die Eisbrecher-Wirkung Badens gegenüber der Haltung der Süddeutschen Staaten in den Mittelpunkt, ließ also alle anderen Gesichtspunkte des Antrags, zumal die außenpolitischen, beiseite. Baden müsse als »der einzige offizielle Träger des nationalen Gedankens unter den vier süddeutschen Staaten« erhalten bleiben: »So glaube ich, daß wir nicht gut tun, das Element, welches der nationalen Entwicklung im Süden am günstigsten ist, auszuscheiden und mit einer Barriere abzuschließen, gewissermaßen – wenn ich ein triviales Bild gebrauche, so schreiben Sie es der kürzlichen Beteiligung an landwirtschaftlichen Verhandlungen zu –, gewissermaßen den Milchtopf absahnen und das Übrige sauer werden lassen.«

Wie groß die Gefahr einer solchen Versauerung war, zeigte sich wenig später in Bayern, als Ministerpräsident Hohenlohe-Schillingsfürst bei den Neuwahlen von den klerikalen Partikularisten überflügelt wurde und zurücktreten mußte. In diesem Vorfrühling 1870 hatten die treibenden Strömungen und die Möglichkeiten der deutschen Einheitsbewegung einen solchen Tiefpunkt erreicht, daß sich selbst Bismarck dem Gefühl einer lähmenden Stagnation kaum entziehen konnte. Die Übergangssituation, die er als Vorbereitung im Norden herbeigeführt hatte, dickte offenkundig zu einer binnendeutschen Permanenz ein. Das nationale Zusammenschmelzen würde noch Jahrzehnte auf sich warten lassen.

Im September 1868 wurde in Spanien die absolutistisch regierende Königin Isabella II. durch eine Militärrevolte gestürzt. Die Kämpfe gegen die Regierungstruppen zogen sich lange hin; erst nach einem vollen Jahr hatten sich die konstitutionell gestimmten Streitkräfte durchgesetzt. Der Sieger und neue Ministerpräsident, General Juan Prim, Marqués de los Castillejos, begann zusammen mit den Cortes nach einem neuen, geeigneten Monarchen zu suchen. Eine stattliche Liste möglicher Kandidaten wurde durchgeprüft. Die Wahl fiel auf Erbprinz Leopold von Hohenzollern-Sigmaringen. Spanien erhoffte sich gerade von dieser Persönlichkeit eine Garantie für freundschaftliche Beziehungen sowohl zu Paris als auch zum Nachbarland Portugal. Leopolds Gemahlin Antonia war eine Schwester des portugiesischen Königs Ludwig I., und Leopold selbst erfreute sich über seine beiden Großmütter der Verwandtschaft mit dem französischen Kaiserhaus. Sein Bruder Karl von Rumänien hatte 1866 mit Unterstützung Napoleons III. gegen erheblichen Widerstand namhafter europäischer Staaten die Regierung in Bukarest übernommen.

Leopold, Erbprinz von Hohenzollern-Sigmaringen

Die spanischen Kalkulationen fügten sich den wirklichen Verhältnissen nicht ein. Fürst Karl in Rumänien hatte ein feines Gehör für die politischen Melodien entwickelt, die in Berlin erklangen. Als das Napoleon III. merkte, wünschte er entschieden, daß sich Ähnliches in seinem südlichen Nachbarland nicht wiederhole. Bismarck betrachtete die spanische Thronfolge ausschließlich unter dem Gesichtspunkt: Cui bono? Ob Erbprinz Leopold zum Nachfolger Isabellas II. erkoren wurde oder nicht, war für Berlin zweitrangig; wichtig war lediglich, daß kein Regent von Gnaden Napoleons III. den Thron bestieg. Für Paris dagegen schien der Erbprinz von Hohenzollern-Sigmaringen ein Geschöpf von Gnaden Preußen-Bismarcks zu sein. Im Mai 1870 rang sich schließlich der

»Wir glauben nicht, daß die Achtung vor den Rechten eines Nachbarvolkes uns zu dulden verpflichtet, daß eine fremde Macht einen ihrer Prinzen auf den Thron Karls V. setzt und Interessen und Ehre Frankreichs in Gefahr bringt.« – Antoine Alfred Agénor, Herzog von Gramont, vor der Pariser Kammer am 6. Juli 1870

Erbprinz, dem Gott nicht die Kraft zu frohgemuter Entscheidung verliehen hatte, dazu durch, die spanische Krone anzunehmen.

Die Nachricht wurde am 1. Juli in Paris bekannt. Man war entsetzt. Ein ›preußischer Prinz‹ auf dem Thron in Madrid, das weckte die beklemmendsten Erinnerungen an die Einkreisung zu Zeiten Kaiser Karls V. im 16. Jahrhundert, als Frankreich von Habsburg in die Zange genommen worden war. Im ›Soir‹ konnte man lesen: »Wir werden ein Volk von achtunddreißig Millionen Gefangenen sein, wenn sich diese Nachricht als wahr erweist. Sie wird falsch sein, wenn dies unser Wille ist. Aber ist die französische Regierung noch eines Willens fähig?« Die nationale Rechte schäumte, ihr Zorn wurde nur noch von der nationalen Linken übertroffen.

Sommerfrieden dagegen in Deutschland. König Wilhelm I. absolvierte in jenen Tagen eine Kur in Bad Ems. Bismarck spazierte durch die stattlichen Wälder seines Gutes in Varzin. Der französische Botschafter in Berlin, Vincent Graf Benedetti, erholte sich in Wildbad. Am 6. Juli hielt der französische Außenminister im Parlament eine kurze Rede: Wenn Frankreich gestatte, daß eine fremde Macht einem Prinzen aus ihrer herrschenden Dynastie zur spanischen Krone verhelfe, werde das europäische Gleichgewicht katastrophal gestört: »Wir hoffen gewiß, daß der Fall nicht eintrete, und zählen zu seiner Verhinderung auf die Weisheit des deutschen und die Freundschaft des spanischen Volkes. Andernfalls würden wir, stark durch Ihre Unterstützung, meine Herren, und durch die der Nation, ohne Zaudern und ohne Schwäche unsere Pflicht zu tun wissen.« Ein Moment der Stille, dann brach Begeisterung los, so stürmisch, daß der kleine Teil derjenigen Abgeordneten, die vor den Konsequenzen schauderten, kaum auffiel. Einer von ihnen drängte zum Außenminister durch: »Aber das ist der Krieg! Das ist eine Herausforderung, die Sie Preußen hinwerfen!«

Tatsächlich hatte Frankreich mit dem Hochspielen dieser Affäre dem preußischen Staat, zumal Bismarck, einen Strohhalm zugeworfen, mit dessen Hilfe es gelang, Deutschland gewissermaßen aus dem Sumpf der nationalen Apathie herauszuziehen. In Frankreich steigerte sich die Leidenschaft von Tag zu Tag. Der französische Ministerpräsident Emile Ollivier ereiferte sich vor dem österreichischen Botschafter in Paris, Richard Fürst von Metternich: »Kein Schwanken mehr, kein Hin und Her, der Ministerrat ist einmütig. Wir haben wie ein Mann beschlossen zu marschieren. Wir haben die Kammer mit uns fortgerissen, wir werden auch die Nation fortreißen.« Was Bismarck von der Stimmung jenseits des Rheins aus den Zeitungen entnahm, hielt er zunächst für unerheblich. Er glaubte nicht an Krieg. Ein spanischer Erbfolgekrieg des französischen Kaisers? Das war undenkbar.

Am 10. Juli erfuhr Bismarck dann, daß Erbprinz Leopold wegen der französischen Stürme bereit sei, auf seine Kandidatur zu verzichten, allerdings nur, wenn der preußische König es ausdrücklich wünsche. Das alarmierte Bismarck. Preußen, der König, er selbst, kein einziger in Deutschland hatte etwas mit der spanischen Thronfolge zu tun. Wenn Wilhelm I. in irgendeiner Form dazu Stellung nahm, handelte er Preußen ohne den mindesten Anlaß eine Schlappe vor ganz Europa ein. Bismarck telegraphierte nach Bad Ems: »Ich empfehle, nicht zu antworten.« Doch die französischen Minister und ihr Kaiser lechzten nach einem sichtbaren Triumph. Ollivier beorderte seinen Botschafter Benedetti nach Bad Ems. König Wilhelm sollte eine Erklärung abgeben, daß er dem

Die Feindseligkeiten zwischen Deutschland und Frankreich im Sommer 1870
Ein »Friedens-Vorschlag« des ›Kikeriki‹ vom August 1870

Erbprinzen Leopold nahegelegt oder befohlen habe, auf die spanische Krone zu verzichten. Falls Wilhelm sich sperre, wäre der Krieg unvermeidlich.

Der Sache nach war die Affäre bereits erledigt, denn Leopold hatte am 12. Juli offiziell auf den spanischen Thron verzichtet. Napoleon III. betonte ausdrücklich, daß damit jeder Grund für einen Krieg ausgeräumt sei. Es ging aber in den Tagen zwischen dem 9. und 13. Juli vornehmlich darum, daß Preußen nicht das Gesicht verlor, während es für Paris darum ging, Preußen in aller Form bloßzustellen. Der französische Botschafter sollte nunmehr von Wilhelm I. nicht nur die Erklärung einholen, daß er dem Erbprinzen den Rücktritt befohlen habe, sondern auf einem Entschuldigungsschreiben an den französischen Kaiser bestehen, in dem der preußische König außerdem versicherte, einer eventuell erneuerten Kandidatur die Genehmigung zu versagen.

Benedetti überbrachte dem König am 13. Juli auf der morgendlichen Brunnenpromenade in Bad Ems den Auftrag seiner Regierung. Wilhelm I. lehnte höflich, aber bestimmt ab. Als der Botschafter hartnäckig blieb, dann »impertinent« wurde und schließlich ein drittes Mal seine Forderung stellte, reagierte Wilhelm unmißverständlich: »Ich glaube, Herr Botschafter, mich so klar und deutlich ausgedrückt zu haben, daß ich niemals eine solche Erklärung abgeben könnte, daß ich nichts mehr hinzuzufügen habe.« Der König zog seinen Hut, drehte sich um und ließ den Botschafter einfach stehen. Bismarck war eilends von Varzin nach Berlin gefahren. Als er am 12. Juli von dem Verzicht des Erbprinzen erfuhr, hielt er den Prestigeverlust Preußens für irreparabel, er wollte demissionieren: »Ich war sehr niedergeschlagen, denn ich sah kein Mittel, den fressenden Schaden, den ich von einer schüchternen Politik für unsere nationale Stellung befürchtete, wieder gutzumachen.«

Kaiser Wilhelm I. und Vincent Graf Benedetti auf der Promenade in Bad Ems am 13. Juli 1870 Zeichnung, 1870

Am nächsten Tag erreichte Bismarck eine Depesche aus Bad Ems; er dinierte gerade mit Moltke und Roon. Er las seinen Gästen den Bericht des Königs vor: »Graf Benedetti fing mich auf der Promenade ab, um auf zuletzt sehr zudringliche Art von mir zu verlangen, ich sollte ihn autorisieren, sofort zu telegraphieren, daß ich für alle Zukunft mich verpflichtete, niemals wieder meine Zustimmung zu geben, wenn die Hohenzollern auf ihre Kandidatur zurückkämen. Ich wies ihn, zuletzt etwas ernst, zurück, da man à tout jamais dergleichen Engagements nicht nehmen dürfe noch könne. Natürlich sagte ich ihm, daß ich noch nichts erhalten hätte, und, da er über Paris und Madrid früher benachrichtigt sei als ich, er wohl einsähe, daß mein Gouvernement wiederum außer Spiel sei.« Ministerialrat Heinrich Abeken, der in Ems das Telegramm aufgegeben hatte, fügte noch hinzu, daß der König entschlossen sei, Benedetti nicht mehr zu empfangen, da er dem Botschafter in dieser Angelegenheit nichts weiter zu sagen habe. Der König überlasse es Bismarck, ob er Benedettis Forderungen und die Ablehnung des Königs der Presse mitteilen wolle oder nicht.

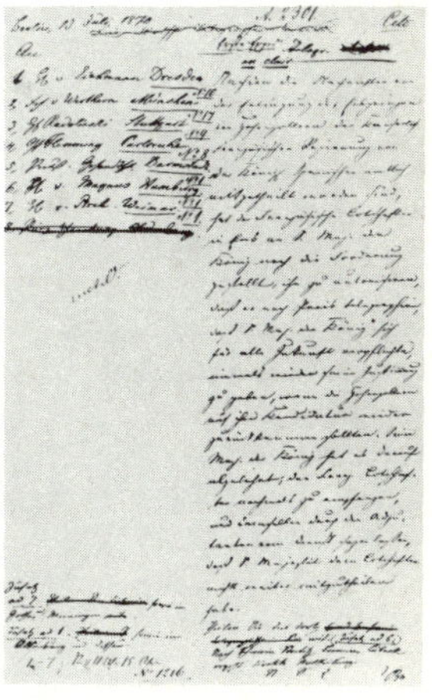

Die Emser Depesche Wortlaut der von Bismarck für die Veröffentlichung redigierten Fassung vom 13. Juli 1870 in der Handschrift von Lothar Bucher

Niemand sagte ein Wort. Bismarck grübelte dem Text nach, überdachte seine Demissionsabsichten. Moltke und Roon hatten das Essen unterbrochen. Moltke sah plötzlich, wie Bismarck später schilderte, »ganz alt und gebrechlich aus«. Plötzlich schob Bismarck den Stuhl zurück, stand auf und ging, die Depesche in der Hand, zu einem Seitentischchen. Nach einigen Minuten des Streichens und Redigierens drehte er sich um: »So wird's gehen«, sagte er zu den Generalen und las die neue Fassung vor: »Nachdem die Nachrichten von der Entsagung des Erbprinzen von Hohenzollern der Kaiserlich Französischen Regierung von der Königlich Spanischen amtlich mitgeteilt worden sind, hat der Französische Botschafter in Ems an S. Majestät den König noch die Forderung gestellt, ihn zu autorisieren, daß er nach Paris telegraphiere, daß S. Majestät der König sich für alle Zukunft verpflichte, niemals wieder seine Zustimmung zu geben, wenn die Hohenzollern auf ihre Kandidatur wieder zurückkommen sollten. S. Majestät der König hat es darauf abgelehnt, den Französischen Botschafter zu empfangen und demselben durch den Adjutanten vom Dienst sagen lassen, daß S. Majestät dem Botschafter nichts weiter mitzuteilen habe.« Da strafften sich mit einem Mal die Gesichter der »alten Blutvergießer«, um Bismarcks Wort zu verwenden. Roon meinte aufatmend: »Das klingt besser!« Und Moltke, der Bismarck jählings »wieder frisch wie vorher« erschien, sagte: »So hat das einen anderen Klang, vorher klang es wie Chamade, jetzt wie eine Fanfare in Antwort auf eine Herausforderung.«

Tatsächlich wäre das Telegramm in seiner ersten Fassung überall als ein Trommelwirbel zum Zeichen der Kapitulation empfunden worden. Durch Bismarcks Redaktion hatte es sich in eine schmetternde Fanfare verwandelt. Bismarck prophezeite, der Text in dieser Form würde in Paris »den Eindruck des roten Tuchs auf den gallischen Stier machen«. Er behielt recht. Als Fanfare wurde die Depesche in allen Städten, von den Gesandten und Diplomaten, von sämtlichen Regierungen verstanden. Mit einem Schlag waren die Rollen vertauscht. Jetzt mußte sich Napoleon III. mit der Schmach abfinden oder den Krieg wählen. Wie die Wahl ausfallen würde, daran gab es nichts zu rätseln. Als der preußische König am nächsten Tag in Bad Ems die redigierte Depesche las, rief er spontan aus: »Das ist der Krieg!« In Paris dagegen sagte der Außenminister nach Kenntnisnahme der Depesche zu Ministerpräsident Ollivier: »Mein lieber Freund, Sie sehen in mir einen Mann, der soeben total zusammengehauen wurde.«

»Preußen hat Jena vergessen; wir müssen es wieder daran erinnern.« – Reaktion der loyal-bonapartistisch gesinnten Öffentlichkeit Frankreichs auf die Emser Depesche

Der Jubel über dieses Telegramm war im Norden Deutschlands genauso stark wie im Süden, sogar in München. König Ludwig II. unterzeichnete am 16. Juli den Befehl zur Mobilmachung. Einen Tag vorher hatte der preußische König seine Badekur beendet und war nach Berlin zurückgefahren. Auf der ganzen Strecke hatte man den Zug umjubelt. Wilhelm I. schilderte seiner Gemahlin: »Ich habe so etwas nicht für möglich gehalten. Mich erfüllt eine komplette Angst vor diesem Enthusiasmus.« Eben diese Begeisterung ließ die Grenze des Mains, die Differenzen zwischen Nord und Süd abrupt verschwinden. Frankreich – in einer Variation der »Zwingherr der Einheit«, den viele Jahrzehnte zuvor Ernst Moritz Arndt in Napoleon bekämpft hatte – erklärte am 19. Juli den Krieg. Damit traten nach dem Text der Schutz- und Trutzbündnisse des Norddeutschen Bundes mit den Süddeutschen Staaten die Militärverträge in Kraft. Ganz sachgemäß deutete auch der bayerische Ministerpräsident und erklärte Bismarck-Gegner Otto Camillo Graf von Bray-Steinburg die Fanfarenklänge der Emser Depesche: »Von hier ab ändert sich die Natur der Sache; die spanische Kandidatur verschwindet, die deutsche Frage beginnt.«

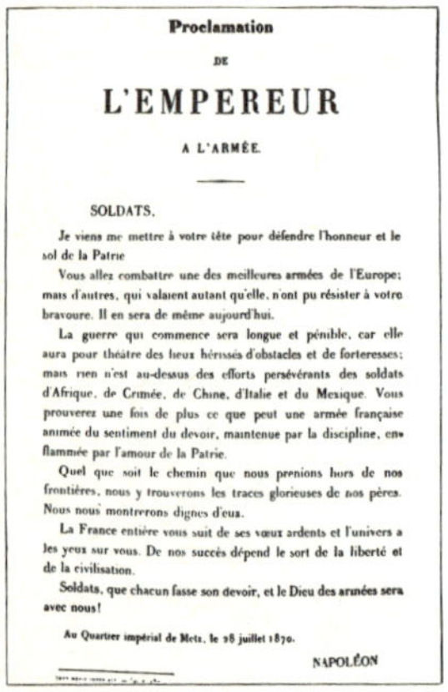
Proclamation

DE

L'EMPEREUR

A L'ARMÉE.

SOLDATS,

Je viens me mettre à votre tête pour défendre l'honneur et le sol de la Patrie

Vous allez combattre une des meilleures armées de l'Europe; mais d'autres, qui valaient autant qu'elle, n'ont pu résister à votre bravoure. Il en sera de même aujourd'hui.

La guerre qui commence sera longue et pénible, car elle aura pour théâtre des lieux hérissés d'obstacles et de forteresses; mais rien n'est au-dessus des efforts persévérants des soldats d'Afrique, de Crimée, de Chine, d'Italie et du Mexique. Vous prouverez une fois de plus ce que peut une armée française animée du sentiment du devoir, maintenue par la discipline, enflammée par l'amour de la Patrie.

Quel que soit le chemin que nous prenions hors de nos frontières, nous y trouverons les traces glorieuses de nos pères. Nous nous montrerons dignes d'eux.

La France entière vous suit de ses vœux ardents et l'univers a les yeux sur vous. De nos succès dépend le sort de la liberté et de la civilisation.

Soldats, que chacun fasse son devoir, et le Dieu des armées sera avec nous!

Au Quartier impérial de Metz, le 28 juillet 1870.

NAPOLÉON

Die Proklamation Napoleons III. an seine Armee am Vorabend des Krieges Amtliche Bekanntmachung vom 28. Juli 1870

Der Kaisertraum

Schon die Befreiungskriege 1813 waren wegen dieser Frage geführt worden. Damals war man ebenfalls gegen Frankreich marschiert. In den Jahren 1864 und 1866 sind es binnendeutsche Konflikte gewesen. Der Zusammenstoß 1870 hatte mit 1866 außer der deutschen Problematik noch eine militärische Gemeinsamkeit: Er entwickelte sich gleichfalls als moderner Blitzkrieg. Am 8. August 1870 traten die deutschen Armeen zur Offensive an. Die Franzosen verloren ein Treffen nach dem anderen. Am 1. September wurde die Armee General MacMahons bei Sedan eingeschlossen; sie kapitulierte bereits am nächsten Tag. Unter den Gefangenen befand sich der französische Kaiser. Zwei Tage darauf wurde in Paris die Republik ausgerufen. Drei Wochen später standen die deutschen Truppen vor der Hauptstadt. Sie schlossen Paris ein und begannen mit der Belagerung, die am 28. Januar 1871 endete. Die Verteidiger kapitulierten. Am 28. Februar wurde der Vorfriede von Versailles unterzeichnet.

Kaiser Napoleon III.
in deutscher Gefangenschaft
am 2. September 1870
Zeichnung von Angelo Jank

Diese acht Monate sind nur militärisches Rankenwerk um die deutsche Frage. Bismarck hatte Ende September 1870 Minister Rudolf Delbrück zu Sondierungsgesprächen nach München gesandt. Während der Belagerung von Paris schlug er sein Hauptquartier in Versailles auf und begann intensive Verhandlungen mit den Vertretern der Süddeutschen Staaten, getrennt voneinander, um die Möglichkeit einer Blockbildung von vornherein auszuschalten. Am sperrigsten erwies sich wiederum Bayern. Hessen und Baden unterschrieben den Vertrag mit dem Norddeutschen Bund am 15. November, Bayern und Württemberg folgten am 23. und 25. November. Die beiden Königreiche erhielten gewisse Sonderrechte zugesprochen. Diese Konzessionen, so ärgerte sich der Reichstagspräsident Simson in einem Brief an seine Frau, seien »viel schwerer verdaulich als die massiven Riesenknödel des bayerischen Hochgebirges«. Simson unterschätzte die vorhandenen Digestionskräfte. An Bismarcks Entschluß, die Grundlagen der Norddeutschen Bundesverfassung als Fundament des neuen Staatengebildes beizubehalten, änderte sich durch sein Entgegenkommen nichts. Juristisch handelte es sich letztlich bloß um die Aufnahme neuer Mitglieder in einen Zweckverband. Weil aber die Mitgliederliste dadurch abgeschlossen wurde, veränderte sich die Funktion des Bundes. Er mußte deshalb umbenannt werden. Die oberste Leitung konnte nominell ebenfalls nicht dieselbe bleiben. In den Novemberverträgen war noch die Rede vom ›Deutschen Bund‹, als dessen Oberhaupt ein Bundespräsident fungieren sollte.

Siegesfeier in München
im Frühjahr 1871
Gemälde von Nikolaus Gysis,
1871

Für Bismarck kam als Name des neuen Gebildes nur ›Deutsches Reich‹ in Frage, und das bedingte für sein Oberhaupt die Titulatur ›Kaiser‹. Das aber lehnte Wilhelm I. strikt ab, zunächst jedenfalls. Nicht weil ihm die eigenmächtige Aufnahme der altehrwürdigen, inhaltsschweren Bezeichnung als eine Anmaßung erschienen wäre, sondern weil seiner tiefen Überzeugung nach der Kaisertitel, diese Konstruktion von Diplomatentischen, seinen angestammten preußischen Königstitel degradierte. Für ihn gab es nichts Höheres als die Würde eines Königs von Preußen. Hätten ihm Parlamentarier den Kaisertitel angetragen, so wäre er wohl zurückgetreten. Nur die deutschen Fürsten hatten das Recht zu einer solchen Offerte. Ausschlaggebend wurde die Haltung König Ludwigs II. von Bayern. Niemand konnte den Hohenzollern Wilhelm I. nachdrücklicher überzeugen als der königliche Repräsentant des Hauses Wittelsbach. Bismarck hatte dem jungen Bayernkönig wiederholt beteuert, daß es bei der Umgestaltung der Bundesordnung um nichts anderes gehe als um die Wiedergeburt des alten Reiches. Danach sehnte sich auch Ludwig II., und für die Erfüllung eines solchen Wunsches war er trotz allen Mißtrauens gegenüber

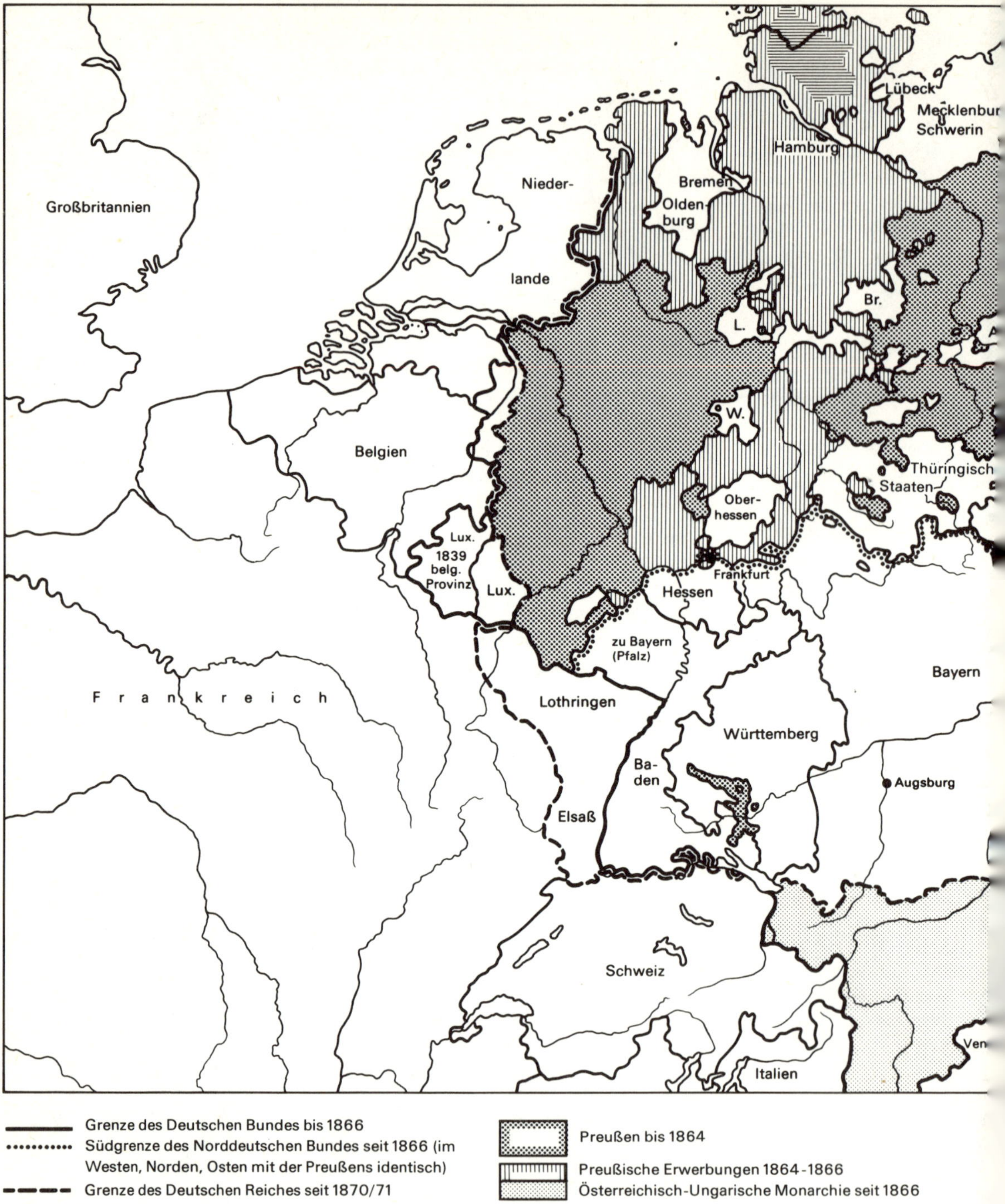

Deutschlands Entwicklung bis zur Gründung des Reiches 1871

Schleswig-Holstein unter österreichisch-preußischer Verwaltung 1864-1866

Br.: Braunschweig; L.: Lippen; W.: Waldeck. Luxemburg (deutsche Bundesfestung): 1815 bis 1867 mit preußischer Garnison; bis 1919 in Zollunion mit dem Deutschen Reich

»Ich beschwöre Dich, das Schreckliche nicht zu tun!« – Otto von Wittelsbach vor den Vereinbarungen über Bayerns Eintritt in das Deutsche Reich in einem Brief an seinen Bruder Ludwig II. vom 25. November 1870

Preußen bereit, dem bayerischen Souveränitätswillen Zügel anzulegen. Zu dem vielgerühmten, umstrittenen Kaiserbrief, in dem der bayerische König seinen Onkel auffordert, den Kaisertitel anzunehmen, entschloß sich Ludwig II. erst im Zuge einer halben Nötigung. Alle Möglichkeiten der Verweigerung waren ausgeschöpft. Seinem Bruder Otto schrieb er am 25. November 1870, daß ihn selbst der so bayerisch-monarchische Minister Bray-Steinburg beschworen hätte, König Wilhelm die Kaiserkrone anzutragen, da sonst andere Fürsten oder gar der Reichstag an seine Stelle treten würden. So habe er »recht viel Trauriges erlebt. Könnte Bayern allein, frei vom Bunde, stehen, dann wäre es gleichgültig, da dies aber geradezu eine politische Unmöglichkeit wäre, da Volk und Armee sich dagegen stemmen würden und die Krone mithin allen Halt im Lande verlöre, so ist es, so schauderhaft und entsetzlich es immerhin bleibt, ein Akt von politischer Klugheit, ja von Notwendigkeit im Interesse der Krone und des Landes, wenn der König von Bayern jenes Anerbieten stellt«.

Als der preußische König den Brief Ludwigs II. in Händen hielt, reagierte er verzweifelt, denn die letzte Chance der Ablehnung war jetzt dahin. Er wurde von derselben grenzenlosen Traurigkeit übermannt wie der bayerische König; er war »ganz außer sich vor Unwillen und wie geknickt«. Nun mußte Wilhelm I. sogar der Formulierung ›Deutscher Kaiser‹ zustimmen; bis zur letzten Minute hatte er um die Bezeichnung ›Kaiser von Deutschland‹ gekämpft. Gerade in dieser Nuance offenbarte sich dem König die ganze Substanzlosigkeit der Kaiserkrone. Er sah sich durch den Titel ›Deutscher Kaiser‹ herabgewürdigt zu einem »Charaktermajor«. Noch am 17. Januar 1871 brach er aus: »Ich mache mir nicht ein Haar breit daraus und halte zu Preußen.« Der alte König verlor die Fassung, er begann zu schluchzen: »Morgen ist der unglücklichste Tag meines Lebens. Da tragen wir das preußische Königtum zu Grabe, und daran sind Sie, Graf Bismarck, schuld.«

Allerhöchster Erlaß
Seiner Majestät des Königs von Preußen
betreffend
die Erneuerung der Deutschen Kaiserwürde.

An das Deutsche Volk!

Wir Wilhelm,
von Gottes Gnaden König von Preußen,

nachdem die Deutschen Fürsten und Freien Städte den einmüthigen Ruf an Uns gerichtet haben, mit Herstellung des Deutschen Reiches die seit mehr denn 60 Jahren ruhende Deutsche Kaiserwürde zu erneuern und zu übernehmen, und nachdem in der Verfassung des Deutschen Bundes die entsprechenden Bestimmungen vorgesehen sind, bekunden hiermit, daß Wir es als eine Pflicht gegen das gemeinsame Vaterland betrachtet haben, diesem Rufe der Verbündeten Deutschen Fürsten und Städte Folge zu leisten und die Deutsche Kaiserwürde anzunehmen. Demgemäß werden Wir und Unsere Nachfolger an der Krone Preußen fortan den Kaiserlichen Titel in allen Unseren Beziehungen und Angelegenheiten des Deutschen Reiches führen, und hoffen zu Gott, daß es der Deutschen Nation gegeben sein wer[illegible] unter dem Wahrzeichen ihrer alten Herrlichkeit das Vaterland

Die Erneuerung der deutschen Kaiserwürde Amtliche Bekanntmachung nach der Proklamation Wilhelms I. zum Deutschen Kaiser in Versailles am 18. Januar 1871

Ähnlicher Schmerz wurde in Bayern laut. Als die Versailler Verträge in der Münchener Abgeordnetenkammer nach langen Redeschlachten im Januar 1871 die Hürde des Landtages nahmen, lediglich mit zwei Stimmen Mehrheit, zog der bayerische Ministerpräsident Ludwig Freiherr von der Pfordten eine historische Parallele: Auf den Tag genau vor achtundsiebzig Jahren, 1793, hätten die Franzosen ihren König Ludwig ermordet. Erschüttert schrieb er in sein Tagebuch: »Heute haben die Abgeordneten Bayerns ihren König und ihr Land unter die preußische Militärherrschaft mediatisiert. Finis Bavariae!«

So kam es am 18. Januar 1871 zur Kaiserproklamation im Spiegelsaal von Versailles, wenige Kilometer vor dem Belagerungsring des umkämpften und beschossenen Paris. Der Termin wurde bewußt auf das Datum des preußischen Krönungstages gelegt. Das Wetter war mild, allerdings sehr trüb. Versailles hatte im Verlauf des Vormittags durch das Anrücken von Regimentern, Ehrenwachen und Offizieren, durch Fahnen und Standarten eine »air de fête« erhalten, wie König Wilhelm seiner Gemahlin schrieb. Um zwölf Uhr mittags versammelten sich die deutschen Fürsten im Spiegelsaal. In der Mitte war ein Altar errichtet worden. Den großen Raum füllten Soldaten, Offiziere, mehrere hundert Personen. Wilhelm I. berichtete: »Wir stellten uns vis-à-vis des Altars, wo Rogge eine verkürzte Liturgie und ein schönes, nicht zu langes Gebet und Anrede sprach mit dem Schluß: Nun danket alle Gott (der liturgische Chor, von den Musikern meines Regimentes wie allsonntäglich, singt sehr gut). Dann ging ich mit den Fürsten nach dem Hauptpas und sprach dieselben mit kurzen

Die Kaiserproklamation im Spiegelsaal des Versailler Schlosses am 18. Januar 1871
Stich nach einer Zeichnung von Otto Günther, 1871

Deutscher Adler über gallischem Huhn
Transparent bei der Siegesfeier in Dresden am 5. März 1871

Das Niederwald-Denkmal bei Rüdesheim

Worten an (abgelesen), worauf Bismarck die Proklamierung verlas und Fritz von Baden das erste Hoch auf mich mit dem neuen Titel ausbrachte, was von der ganzen Versammlung langtönend widerhallte! Es war ein sehr ergreifender Moment!! Es folgte die Gratulation der Fürsten, worauf eine Defiliercour stattfand, und zum Schluß ging ich längs den Fahnen und Eisernen-Kreuz-Mannschaften herunter, womit alles endigte!«

Ergriffenheit erfüllte alle Zeitgenossen, deren Sehnsucht sich jahre-, jahrzehntelang auf ein national geeintes Deutsches Reich mit einem Kaiser an der Spitze gerichtet hatte. Dennoch war es einem Mann wie Richard Wagner, der mehreren Generationen als eine der wundersamen Verkörperungen deutschen Wesens galt, nach 1871 in diesem neuen Nationalstaat preußischer Abkunft »bald sonderbar zumute«. Ähnlich empfanden nach kurzer Zeit manche Offiziere, Politiker, Denker, Dichter, Philosophen, Kritiker, Staatsmänner und in erster Linie deutsche Bürger.

Sonderbar war auch der Weg zu dem »sehr feierlichen Moment« der Geburtsstunde des Deutschen Reiches und der Kaiserproklamation. Der Kampf zwischen Preußen und Österreich-Habsburg um die Vorherrschaft im alten Reich und später im Deutschen Bund hatte mit dem Konflikt zwischen Friedrich dem Großen und Maria Theresia begonnen und war 1866 mit dem Sieg Preußens über Österreich beendet worden. Die Reichsgründung schloß nun in einem europäisch ausgreifenden Sinn einen Hauptabschnitt der deutschen Geschichte ab; denn durch das ebenso kunstvoll wie gewalttätig zusammengezwungene Reichsgebilde annullierte Bismarck 1871 unwiderruflich die Artikel des Westfälischen Friedens von 1648. Am 18. Januar 1871 ging für die große Mehrheit der Deutschen der uralte Kaisertraum in Erfüllung. Vor seiner mythischen Übermacht verlor die Tatsache all ihr Gewicht, daß diejenige Persönlichkeit, in der er Gestalt annahm, sich nie mit voller Seele als deutscher Kaiser empfand, wohl aber als König von Preußen, ja daß sich auch Bismarck niemals au fond als deutsch und national verstand. Trotzdem avancierte viele Jahre später der ›Alte im Sachsenwalde‹ zu einem nationalen Kultsymbol. Für ihn persönlich, der so wenig Selbstironie besaß, hätte dies eine boshaft-historische Replik sein können auf die vielfachen Schaustellungen seiner parlamentarischen Kunstfertigkeit, nationale Gesinnung zu imitieren. Derselbe Mann, der nach der Reichsgründung als ›getreuer Eckart des Deutschen Volkes‹ gefeiert wurde, hatte 1862 kühl bemerkt: »Für deutsche Nationalität habe ich gar keinen Sinn, mir ist ein Krieg gegen den König von Bayern oder Hannover gerade so viel wie gegen Frankreich.«

Die Geburtsstunde des Deutschen Reiches 1871
Aus einer Zeichnung von Anton von Werner für einen Fries an der Siegessäule in Berlin

Der Kaisertraum des deutschen Volkes wurde zum Paten der späteren Nationaldenkmäler, allen voran des Niederwald-Denkmals oberhalb von Rüdesheim, hoch über dem Rhein. Es entstand 1877 bis 1883 zum Gedenken an die Reichsgründung. Gleiches gilt vom Kaiser-Wilhelm-Nationaldenkmal auf dem Kyffhäuser, dem Berg der vielen Sagen, dessen Inneres sich die größten Kaiser des Mittelalters als Aufenthalt gewählt haben sollen. Nunmehr wurde auf seinem Gipfel eine Gedenkstätte errichtet. Über dem hochragenden Sockel reckte sich ein Riesenstandbild Wilhelms, des ersten Kaisers des wiedererstandenen Reiches. Hier wiederholte sich, was in Versailles keiner hatte voraussehen können. Im Mittelpunkt des Deutschen Reiches von 1871 stand nicht die Nation, nicht das deutsche Volk, im Mittelpunkt stand der Monarch. Die Nation war allenfalls in Gesten vertreten. Anschaulich wurde sie lediglich in der

Germania,
das Nationalsymbol
der Deutschen,
auf der Wacht am Rhein
Gemälde von Lorenz Clasen,
1860

Personifizierung eines Sinnbildes, in der Germania, dem volkstümlichsten Nationalsymbol der Deutschen. Sie hat nach der Reichsgründung in sichtbarer Fülle das siegreiche Deutschland repräsentiert: stark an Körper, an weiblicher Wucht. Doch ihre kolossale Walkürenfigur ist keine Germanen-Spezialität. In zeitgenössischer Üppigkeit stehen ihr die französische Marianne oder die englische Britannia nicht nach. So krönt Germania, eine Skulptur von zehneinhalb Metern, das Niederwald-Denkmal, Deutschlands mächtigstes Nationalmonument.

Über solche Pilgerstätten, die jetzt dahindämmern im Niemandsland zwischen politischer Wertung und touristischer Verwertung, läßt sich gut lachen in einer Zeit, die kraftlos genug ist, um Leidenschaft und Hingabe als Schwäche zu verspotten. Derartige Erinnerungsstätten sind bei uns nicht zahlreich. Ihre innige Affinität zum architektonisch mühsam Erträglichen ist keine deutsche Besonderheit. Den Kunstexperten, für deren Feinsinnigkeit solch steinerne Bekundungen niemals geschaffen worden sind, wird niemand ihr Recht auf Indignation schmälern wollen. Italien hat es darin nicht leichter als Frankreich oder Rußland. Auch Englands oder Nordamerikas vergleichbaren Schöpfungen wachsen durch die Patina des Alters keine ästhetische Qualitäten zu. Ihr Bezugswert gehört nicht in den kunstgeschichtlichen Bereich, sondern in den politischen und staatlichen, gesellschaftlichen und kulturell-historischen. Bismarck vermochte den nationalen Staat gleichfalls nicht entsprechend einem theoretischen Begriff von der Nation zu schaffen. Aber der nationale Traum baute auf seinem Werk auf. In diesem Deutschen Reich konnten sich endlich die so lange gehegten Sehnsüchte nach Einheit verkörpern.

»Wodurch hat man die Gnade Gottes verdient, so große und mächtige Dinge erleben zu dürfen? ... Was zwanzig Jahre der Inhalt alles Wünschens und Strebens gewesen, das ist nun in so unendlich herrlicher Weise erfüllt!« – Heinrich von Sybel an Hermann Baumgarten am 27. Januar 1871

Deutschlands Revolution 1848

Bismarck, der überragende Staatsmann der jüngeren Geschichte, ist der verantwortliche Bauherr des Deutschen Reiches gewesen. Das garantiert ihm säkularen Ruhm. Die Hypotheken allerdings, mit denen sein Gebäude belastet war, wurden zur Qual für viele Generationen. Gegen die Behauptung, daß für seine Erfolge der Bankrott des politischen Selbstbewußtseins – im Norden Deutschlands ausgeprägter als im Süden, wo regionale Eigenbrötelei und ultramontaner Stammessinn reduzierend wirkten – eine der Hauptvoraussetzungen war, gibt es so viele Beweise, wie es Argumente dagegen gibt. Bismarck benötigte für die Reichsgründung unerhörte Willenskraft, Genialität, Kühnheit, List und Ausdauer. Er benötigte das preußische Heer, die Generale, die deutschen Fürsten, den König. Die politisch befaßten Deutschen benötigte er, wenn überhaupt, erst ganz zum Schluß. Am 13. Dezember 1881 schrieb Gustav Freytag – der realistische Schriftsteller, der Liberale, der Parteigänger der preußisch-kleindeutsch Nationalen, das Mitglied des Reichstags – an seinen Verleger Hirzel: »Wir werden noch lange daran zu tragen haben, daß die politische Kraft der Nation sich anderthalb Jahrzehnte in einem Mann personifiziert hat. Und mit dem großen Glück und Fortschritt dieser Zeit auch den Schaden tragen, welcher sich an solche Herrschaft eines einzelnen heftet.«

In der Frankfurter Paulskirche hatte Ludwig Uhland vor den Abgeordneten der Nationalversammlung eine Rede gehalten, die in der Versicherung gipfelte, daß niemals ein gekröntes Haupt über Deutschland leuchten würde, das nicht mit einem vollen Tropfen demokratischen Öls gesalbt sei. Damals hatte Prinz Wilhelm von Preußen mürrisch kommentiert, daß es nicht gleich ein ganzes Faß voll Öl sein müsse. Wie Bismarck sah er die nationale Einigung als eine Sache der Dynasten an. Im März 1849, als die Kaiserkrone Friedrich Wilhelm IV. angeboten wurde, stellte der Prinz fest: »Der Antrag zu einer solchen Oberhauptstelle kann nur von den Fürsten ausgehen und wird nur von diesen angenommen werden.« Gustav Freytag erinnerte sich am Tag der Kaiserproklamation an Uhlands Weissagung. Er nahm sie nicht wörtlich, vielleicht um sich über seine immense Enttäuschung hinwegzutrösten: Wilhelm I. sei keineswegs allein durch die Fürsten erhöht worden. Das demokratische Öl Ludwig Uhlands hätte sich 1871 gewandelt in einen besonders »edlen Saft: das Herzblut unserer Krieger«, das gespendet worden sei von dem »deutschen Volk in Waffen«. Gustav Freytag wollte mit dieser taktvollen Sophistik die Kluft zwischen Herrscher und Bürger verdecken, die 1871 kaum weniger abgründig war als 1848/49.

Verzweiflung über die problematisch gewordene Kaiserkrone
in Anspielung auf Friedrich Barbarossa
Satire auf die Wahl Friedrich Wilhelms IV. zum Kaiser der Deutschen, 1849

Noch im September 1870 bezeichnete Wilhelm I. die Kaiserkrone im Vergleich mit der »glänzenden preußischen Krone« als eine »Schmutzkrone«. Jedesmal, wenn er etwas von der Arbeit der Abgeordneten am Umbau des Bundes und von ihren Beschlüssen im Reichstag hörte, sträubten sich ihm die Haare. Für die ›Kaiseradresse‹, die eine Deputation des Reichstages nach Versailles überbringen und Wilhelm I. vortragen sollte, zeichnete der linksliberale Abgeordnete Eduard Lasker verantwortlich. Prompt spottete der König: »Ei, da verdanke ich ja Herrn Lasker eine große Ehre.« Wilhelm weigerte sich in schroffster Form, diese Deputation überhaupt vorzulassen, bevor nicht sämtliche Fürsten ihm den Kaisertitel angetragen hatten. Die Abordnung, geführt von Eduard Simson, kam am 16. Dezember 1870 nach Versailles. Der Empfang war eisig. Der König blieb unsichtbar, und sein Gefolge rümpfte die Nase: »Was wollen die dreißig Kerls hier?« Zwei Tage später wurde die Abordnung vorgelassen. Inzwischen hatte sich nämlich Ludwig II. zu dem Kaiserbrief durchgerungen.

Bei der Proklamation am 18. Januar 1871 befand sich offiziell kein einziger gewählter Volksvertreter im Spiegelsaal. Wilhelm I. hatte zwar nichts daran ändern können, daß die nationale Einigung sich in seiner Person den kaiserlichen Repräsentanten schuf, aber es war ihm gelungen, die zeitgenössisch nationalen Antriebe »der Demokratie aus der Hand zu winden«, wie es sein Flügeladjutant, Heinrich Graf von Lehndorff, formulierte. Das deckte sich mit den Absichten Bismarcks, der überdies dazu fähig war, sachliche Begründungen dafür zu liefern. In seinen ›Gedanken und Erinnerungen‹ variierte er wiederholt eine Behauptung, die als Quintessenz deutscher Eigenschaften gelten sollte: »Das Vorwiegen der dynastischen Anhänglichkeit und die Unentbehrlichkeit einer Dynastie als Bindemittel für das Zusammenhalten eines bestimmten Bruchteils der Nation unter dem Namen der Dynastie ist eine spezifisch reichsdeutsche Eigentümlichkeit.« Mit solchen Maximen vermochte Bismarck vortrefflich seine geheimen Befürchtungen zu blockieren, daß er unrecht haben könnte. Völlig aufrichtig dagegen war seine Beurteilung der Tatsache, daß jener Mann, der 1849 namens der deutschen Volksvertreter König Friedrich Wilhelm IV. die Kaiserkrone angetragen hatte, 1870 mit dem gleichen Wunsch an der Spitze der Reichstags-Deputation zu Wilhelm I. kam. Bismarck bezeichnete diese Dublette des Auftretens Simsons als einen »Witz der Geschichte«.

Die Grundrechte
des deutschen Volkes
Das am 21. Dezember 1848
beschlossene,
am 28. März 1849
in die Verfassung
aufgenommene
und am 23. August 1851
aufgehobene Reichsgesetz
Lithographie von
Adolf Schroedter, 1849

Was berechtigte die deutschen Könige, die Fürsten und adligen Offiziere zu ihrer Verachtung der brennendsten Sehnsüchte und Wünsche des deutschen Volkes? Genügte dafür schon der Umstand, daß sich die Träume der Deutschen nicht immer mit den dynastischen Interessen deckten? Im Jahr 1849 konnte der Prinz von Preußen vom Postament des militärischen Siegers herab feststellen: »Wer Deutschland regieren will, muß es sich erobern; à la Gagern geht es nun einmal nicht. Ob die Zeit zu dieser Einheit schon gekommen ist, weiß Gott allein! Aber daß Preußen bestimmt ist, an die Spitze Deutschlands zu kommen, liegt in unserer ganzen Geschichte – aber das Wann und Wie: Darauf kommt es an.« Das Wann wurde 1870/71 realisiert. Das Wie wurde 1848/49 versucht – ohne Erfolg, wenn man am Schicksal der ersten deutschen Nationalversammlung mißt, mit Erfolg, wenn man die Paulskirchenverfassung von 1849 mit der Verfassung des Deutschen Reiches von 1871 vergleicht.

Kettenreaktion der Aufstände

Im Jahr 1848 flammte zum dritten Mal innerhalb weniger Jahrzehnte in Paris die Revolution auf. Sie besaß auch diesmal höchsten Signalwert für Europa. Vorangegangen war in Frankreich seit 1844 eine Annäherung des Bürgerkönigs Louis Philippe an das Metternichsche System des antirevolutionären Regierens. Diese Entwicklung wurde teils ausgelöst, teils begleitet von immer heftigeren Forderungen der gemäßigten und radikalen Opposition nach einer grundlegenden Wahlreform, durch welche endlich die übermäßige Benachteiligung der Kleinbürger und Arbeiter aufgehoben werden sollte. Je lauter schließlich die Rufe nach einer solchen Reform zu hören waren, um so mehr verschloß die Regierung des Ministerpräsidenten Guillaume Guizot ihre Ohren. Im Februar 1848 demonstrierten schließlich große Massen von Studenten und Arbeitern. Die Regierung trat zurück. Den Radikalen genügte diese Geste nicht, sie stürmten das Palais Royal, zwangen den König zur Abdankung und verkündeten die Republik. Am 4. März wurde das allgemeine und gleiche Wahlrecht proklamiert. – Die französische Februarrevolution war betont sozial orientiert. Allein die Abdankung und die Flucht des Bürgerkönigs stellten einen außerordentlichen Erfolg dar; sie markierten das Ende einer Ära, für die der französische Schriftsteller und Literaturwissenschaftler Edgar Quinet damals die Formel geprägt hat: »Frankreich ist weder eine Aristokratie noch eine Demokratie. Es ist eine vom Volk abgesonderte Bourgeoisie.«

»Schießend, die Marseillaise singend, ging es vorwärts nach den Tuilerien.« – Aus dem Bericht des Uhrmachers Jacques Schlatter, eines Augenzeugen der Ereignisse in Paris am 23. Februar 1848

Daß diese Republik zunächst von extremen sozialistischen Tendenzen bestimmt war, weckte sowohl bei den gemäßigten Bürgern als auch bei den Bauern größtes Mißtrauen, trotz des errungenen allgemeinen Wahlrechts. Deshalb brachten die Wahlen zur Nationalversammlung eine Mehrheit der gemäßigtbürgerlichen Republikaner ans Ruder. Es wurde beschlossen, die im Februar errichteten Nationalwerkstätten, mit deren Hilfe das von den Sozialisten geforderte Recht auf Arbeit verwirklicht werden sollte und die kurz vor dem Bankrott standen, aufzulösen. Diese Absicht führte zu dem fürchterlichen Juni-Aufstand der Arbeiter und Radikalsozialisten in Paris. Er wurde von General Eugène Louis Cavaignac, dem Kriegsminister, rücksichtslos zusammengeschossen. Innerhalb von vier Tagen wurden rund fünfzehntausend Menschen verwundet oder getötet; zu den Opfern gehörte der Erzbischof von Paris.

Cavaignac errichtete eine Militärdiktatur. In der neuen Verfassung, die im Herbst auf den Spitzen der Bajonette präsentiert wurde, fehlten die Arbeiterrechte. Bei den Präsidentschaftswahlen im Dezember konnte Prinz Louis Napoléon, der Neffe des großen Korsen, der zweimal vergeblich gegen den Bürgerkönig geputscht hatte, seinen Rivalen Cavaignac schlagen; er wurde Präsident der Republik.

Die Pariser Ereignisse wirkten sich auf die sozialen und politischen Gärungen in anderen Ländern aus. Allerdings begannen schon am 1. Januar 1848 Unruhen in Mailand. Zwei Tage später wurde Genua davon erfaßt. Mitte des Monats kam es in Sizilien zur Revolution. Am 12. Februar forderte Friedrich Daniel Bassermann, der Führer der liberalen Opposition, im badischen Landtag eine Volksvertretung beim Deutschen Bund. Zur gleichen Zeit wurde Toskana eine Verfassung gewährt. Am 3. März schließlich hielt der ungarische Oppositionsführer Ludwig von Kossuth im Preßburger Landtag seine berühmt gewordene ›Taufrede‹ der österreichischen Revolution, in der er darum bat, »den kaiserlichen Thron mit konstitutionellen Einrichtungen zu umgeben, allen Ländern Österreichs eine Verfassung zu gewähren«. Vier Tage darauf machten sich in Berlin die ersten Unruhen bemerkbar. Gleiche Nachrichten trafen wenig später aus Königsberg, Hamburg und Schwerin ein. Am 15. März brachen in Erfurt Straßenkämpfe aus. Bedrohliche Zusammenrottungen wurden auch aus Gent, Brüssel und Dresden gemeldet. Der Aufstand in Wien vom 13. bis 15. März gipfelte in dem widerstandslosen Rücktritt Metternichs, des Staatskanzlers, der jahrzehntelang allmächtig erschienen war.

Der März des Jahres 1848 wurde für die Fürsten des Deutschen Bundes derjenige Monat, »in dem wir alle auf dem Bauche lagen«, wie es wenig später König Friedrich Wilhelm IV. charakterisiert hat. Die mittel- und süddeutschen Fürsten übertrugen den führenden Liberalen die Regierungsgewalt. Die sogenannten Märzministerien setzten die wichtigsten Forderungen der bisherigen Opposition durch: Sie genehmigten Volksvertretungen sowie Schwurgerichte und hoben jede Pressezensur auf. In Berlin kam es am 18. März – ungewollt, mehr durch ein Versehen – zu Schießereien und Barrikadenkämpfen. Der König, unschlüssig und zerrissen wie niemals vorher oder später, fiel den vordringenden Truppen in den Arm, ließ die Kämpfe einstellen und befahl den Abzug aller Militäreinheiten aus der Stadt. Das vergossene Blut hatte ihn derart konsterniert, daß er sich willenlos den Vorschlägen der Revolutionäre beugte. Am 21. März, um die Mittagszeit, bestieg er ein Pferd und ritt durch Berlin. Ihm voran wurde eine schwarz-rot-goldene Fahne getragen, er selbst war mit einem gleichfarbigen Band geschmückt. Nachdrücklicher konnte er seine Reverenz vor der Revolution seiner »lieben Berliner« gar nicht erweisen. Friedrich Wilhelms IV. unerwartete Nachgiebigkeit und die Schwäche der rasch wechselnden liberalen Ministerien in den folgenden Wochen raubten den Umstürzlern die volle Dynamik und trieben sie in Richtungslosigkeit. Die Entwicklung in Berlin war für den ganzen Deutschen Bund von Bedeutung, in vieler Hinsicht allerdings auch für die Frankfurter Nationalversammlung und ihr beschämendes Ende.

Im Gegensatz zu Frankreich, wo eine sozialistische Revolution gescheitert war und letztlich nur eine Umgruppierung der Kräfte innerhalb des Bürgertums stattgefunden hatte, scheiterte in Deutschland und in Österreich eine bürgerliche Revolution unter sozialen Vorzeichen. Zu ihren Wortführern und Kämp-

Für eine Volksvertretung beim Deutschen Bund: Friedrich Daniel Bassermann bei einer Rede vor dem Landtag in Baden am 12. Februar 1848
Stich, 1848

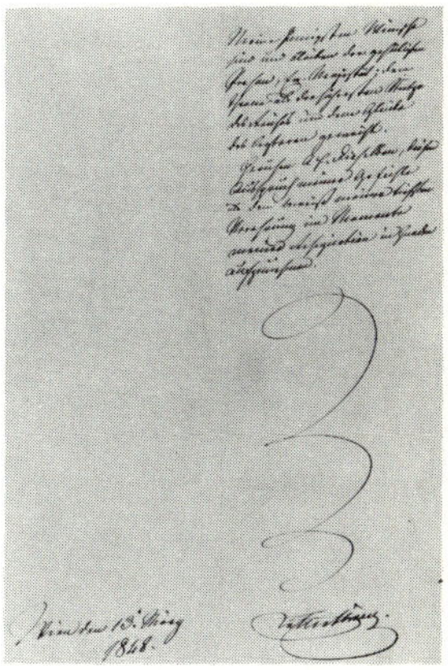

Rücktrittsgesuch Metternichs vom 13. März 1848
Eigenhändiges Schreiben

fern zählten nicht nur die breiten Schichten des besitzenden und gebildeten Bürgertums, sondern auch die kleinbürgerlichen Gruppen sowie aber Tausende von Handwerksgesellen, die bereits ständisch entwurzelt waren. Österreich konnte die Wirren verhältnismäßig schnell durchstehen, denn der Vielvölkerstaat war dazu gezwungen, prompt und durchgreifend zu reagieren, wenn er nicht nach allen Seiten hin auseinanderfallen wollte. In der Habsburger Monarchie verkoppelten sich nicht bloß liberale, konstitutionelle und demokratische Forderungen, hier brachen mit größtem Nachdruck die nationalen Wünsche von elf verschiedenartigen Völkern durch. Das erste Verfassungsdokument vom 26. April, für das der Innenminister Franz von Pillersdorf verantwortlich zeichnete, setzte ausdrücklich fest: »Allen Volksstämmen ist die Unverletzlichkeit ihrer Nationalität und Sprache gewährleistet.« Diese Garantie wurde noch als zu allgemein, zu unverbindlich betrachtet. Unter nationalem Aspekt besaßen sämtliche Wünsche nach Autonomie ihr gutes Recht. Mit Rücksicht auf die Gesamtheit des Staates aber mußten solche Zentrifugalkräfte dem nackten Existenzinteresse der Monarchie strikt zuwiderlaufen. In keiner anderen Hauptstadt Europas stellte sich die Frage von Sein oder Nichtsein mit so unerbittlicher Ausweglosigkeit wie in Wien.

Klemens Fürst von Metternich, die Symbolgestalt der Restauration seit dem Wiener Kongreß, mußte zwar abdanken und nach England fliehen, auch Kaiser Ferdinand I. konnte sich in Wien nicht halten und war nach Innsbruck ausgewichen, dennoch legte sich im Laufe des Sommers der Schock. Man entschloß sich, gegen die Revolutionäre mit dem wirkungsvollsten Mittel vorzugehen: mit der Armee. Im Juni hatte der österreichische Feldmarschall Alfred Fürst zu Windischgrätz den Pfingstaufstand der tschechischen Radikalen in Prag mit seinen Truppen ohne Pardon niedergeschlagen. In Italien besiegte der österreichische Oberbefehlshaber, der einundachtzigjährige legendäre ›Papa Radetzky‹, in wiederholten Schlachten die Truppen des Königs Albert von Sardinien. Die Lombardei wurde zurückgewonnen; am 6. August rückten die Österreicher wieder in Mailand ein, das sie Anfang März, zu Beginn der Revolution, hatten räumen müssen. Im Oktober zog Fürst Windischgrätz mit neunzigtausend Mann nach Wien, um, wie er abfällig sagte, »der Rotzbubenherrschaft ein Ende zu machen«. Nachdem ein Ultimatum des Feldmarschalls abgelehnt worden war, erstürmten die kaiserlichen Truppen am 31. Oktober 1848 die Metropole an der Donau. Der österreichische Reichstag, den man nach dem zweiten Wiener Aufstand Mitte Mai einberufen hatte, wurde zwangsweise nach dem mährischen Städtchen Kremsier verlegt.

»Glück auf, mein Feldherr, führe den Streich!/ Nicht bloß um Ruhmes Schimmer,/ in deinem Lager ist Österreich,/ wir andre sind einzelne Trümmer.« – Franz Grillparzer nach den ersten Erfolgsmeldungen aus Italien am 8. August 1848

Am längsten dauerten die Kämpfe in Ungarn. Anfangs gingen die verantwortlichen Heerführer nur zögernd vor, teils gelähmt von der allgemeinen Lage, teils wegen der fehlenden Truppen, die in Italien benötigt wurden. Österreich mußte sich schließlich soweit demütigen und den Zaren um militärische Hilfe bitten. Kossuth, seit April Finanzminister und de facto der entscheidende Kopf der Regierung, stellte im März 1849 im ungarischen Reichstag den Antrag, das Haus Habsburg-Lothringen für abgesetzt zu erklären. Die Abgeordneten stimmten zu, und Kossuth wurde zum Reichsverweser gewählt. Im Juni sandte der Zar eine Armee von hundertzwanzigtausend Mann nach Ungarn. Die magyarischen Truppen unterlagen dieser Übermacht. Kossuth dankte am 11. August ab und floh ins Ausland. Daß Österreich noch zu einem so späten Zeitpunkt für seine eigenen Territorien die russische Intervention erbitten und

Die Lösung des ungarischen Problems zugunsten der Habsburger: die Kapitulation der Ungarn vor den Russen bei Világos am 13. August 1849 Lithographie von Josef Freysauf, 1849

Bekanntgabe der ›Neuen Konstitution‹ in Wien am 15. März 1848,
zwei Tage nach Beginn der Revolution
Lithographie von Carl Göbel, 1848

Barrikadenkampf an der Kronen- und Friedrichstraße in Berlin am 18. März 1848
Lithographie von F. G. Nordmann, 1848

Sitzung des Frankfurter Vorparlaments in der Paulskirche
unter seinem Präsidenten Alexander von Soiron im April 1848
Stich, 1848

Die Frankfurter Nationalversammlung in der Paulskirche
unter ihrem Präsidenten Heinrich von Gagern im Sommer 1848
Lithographie nach einer Zeichnung von Paul Bürde

annehmen mußte, war die größte Schlappe, mit der es im Verlauf der Revolution fertigzuwerden hatte. Doch es gelang Österreich, sie wettzumachen.

Das erste deutsche Parlament

Der Bundestag in Frankfurt hatte im März 1848 sein Einverständnis erklärt, ein Vorparlament zusammenzurufen, das aus Mitgliedern der deutschen Ständeversammlung gebildet werden sollte. Aufgabe des Vorparlaments sollte die Bildung einer deutschen Nationalversammlung sein, die eine einheitliche deutsche Reichsverfassung auszuarbeiten hatte. Diese erste Gesamtvertretung der Nation seit der Auflösung des alten Heiligen Römischen Reiches im Jahr 1806 ging von der Erwartung aus, daß der Zerfall der Habsburger Monarchie in einzelne Staaten nur noch eine Frage von Tagen, schlimmstenfalls von Wochen sei. Die Eröffnungssitzung in der Paulskirche fand am 18. Mai 1848 statt, zu einer Zeit, da die deutschen Fürsten längst über die Phase der Bedrängnis hinaus waren. Überdies hatten sich die Aufständischen schon unwiderruflich in gemäßigt Liberale und radikale Demokraten gesondert und damit als Ganzes erheblich geschwächt. Die republikanische Revolte im badischen Raum unter der Führung Friedrich Heckers, Georg Herweghs und Gustav von Struves endete mit einem Fiasko: Bundestruppen aus Baden, Württemberg und Hessen sprengten die hilflos operierenden Republikanerhaufen ohne viel Anstrengung auseinander. Selbst Robert Blum, dem es nie an Entschlossenheit fehlte, war über die Leichtfertigkeit der Aufstandsaktion entsetzt.

Die Führer der republikanischen Revolte im badischen Raum: Gustav von Struve, Robert Blum und Friedrich Hecker Zeichnung, 1848

Schon dieses Beispiel hätte der Frankfurter Nationalversammlung zeigen müssen, wie stark selbst in den hoffnungsvollsten Phasen des Revolutionsjahres 1848 die Realitäten, wie ohnmächtig dagegen die Ideen, Wünsche, theoretischen Konzepte waren. Wie wollte man aussichtsreich das Gegeneinander von konkreten historischen Staaten und nationaler Einheitsvorstellung harmonisieren? Einen zusätzlichen Beweis für die Schwierigkeit dieses Problems erhielten die Abgeordneten in Frankfurt aus Böhmen geliefert. Die Einladung, Ständevertreter zum Vorparlament nach Frankfurt zu schicken, war auch nach Böhmen gegangen, dem Kernland der Habsburger Monarchie neben Österreich und Ungarn. František Palacký, der große Historiker, Politiker und Führer der Tschechen im Nationalausschuß, hatte sie zunächst akzeptiert, doch das Angebot, sich auch an dem Fünfziger-Ausschuß zu beteiligen, lehnte Palacký ab.

In einem langen Schreiben vom 11. April 1848 an Alexander von Soiron, den Präsidenten des Frankfurter Vorparlaments, wurde zum ersten Mal der politische Standpunkt der Tschechen präzisiert. Palacký sprach sich vehement dagegen aus, daß die Frankfurter Versammlung auch sein Volk in das neu zu schaffende deutsche Reich einbeziehe. Zwischen Tschechen und Deutschen hätte es früher keine Gemeinsamkeit gegeben, und es gebe auch jetzt keine: »Alle Welt weiß, daß die deutschen Kaiser mit dem böhmischen Volke von jeher nicht das mindeste zu tun und zu schaffen gehabt haben; daß ihnen in und über Böhmen weder die gesetzgebende noch die richterliche oder vollziehende Gewalt zukam; daß sie weder Truppen noch irgend Regalien aus dem Lande jemals zu beziehen hatten.« Die Verbindung Böhmens mit Deutschland sei kein Verhältnis von Volk zu Volk gewesen, sondern nur eine Beziehung von Herr-

»Wir Westslawen, wir freien Slawen, wir Tschechoslawen, wir Südslawen, wir Polen stehen treu zum österreichischen Kaisertum.« – Karel Havliček in der Prager Zeitung ›Národny Listy‹

scher zu Herrscher. Wenn die Frankfurter Nationalversammlung bemüht sei, die Tschechen in den Deutschen Bund einzugliedern, fehle ihr dafür jede historische Rechtsbasis. Sein Volk fühle sich nicht im deutschen Reich beheimatet, sondern in der Habsburger Monarchie. Palacký skizzierte das Programm des Austroslawismus, wobei er alle panslawistischen Tendenzen verwarf und eindringlich vor den ungeheuren Gefahren der russischen Expansionsbestrebungen warnte. Die politischen Forderungen der Tschechen würden sich unter keinen Umständen auf eine Sprengung des österreichischen Staatsverbandes richten, im Gegenteil: »Sobald ich meine Blicke über die Grenzen Böhmens hinaus erhebe, bin ich durch natürliche wie geschichtliche Gründe angewiesen, sie nicht nach Frankfurt, sondern nach Wien zu richten, und dort das Zentrum zu suchen, welches geeignet und berufen ist, meines Volkes Frieden, Freiheit und Recht zu sichern und zu schützen.« Palacký wies bedingungslos alle Neigungen ab, die Habsburger Monarchie aufzulösen: »Denken Sie sich Österreich in eine Menge Republiken und Republikchen aufgelöst – welch ein willkommener Grundbau zur russischen Universalmonarchie!« In kaum einer anderen Warnung wurde die Entwicklung auf dem Balkan während des 20. Jahrhunderts so visionär vorweggenommen. Palacký faßte schließlich die tschechische Haltung in einem berühmt gewordenen und später oft zitierten Satz zusammen, dessen Vorbild Papst Julius II. geliefert hatte, als er eingangs des 16. Jahrhunderts das Verhältnis Roms zu Venedig charakterisierte; Palacký stellte fest: »Wahrlich, existierte der österreichische Kaiserstaat nicht schon längst, man müßte im Interesse Europas, im Interesse der Humanität selbst sich beeilen, ihn zu schaffen.« Im Jahr 1848 forderten Palacký und die Tschechen noch nichts anderes als Gleichberechtigung, nicht Suprematie.

František Palacký

Der nationale Wolf im liberalen Schafspelz

So bildete das Jahr 1848 auch für das Verhältnis der Deutschen zu den Völkern, die auf ihre eigene Nationalität pochten, einen tiefen Einschnitt. Es zeigte sich, daß in der Frage, wie der österreichische Staatsverband gestaltet werden und welche Rollen den Deutschen und Tschechen zufallen sollten, die Auffassungen gänzlich unvereinbar waren. Die offene Auseinandersetzung begann mit den beiden Handschreiben des Kaisers vom 27. März und 8. April an den neuen Innenminister Franz von Pillersdorf, einen liberal-konservativen, gutmeinend reformerisch gesonnenen Mann. Vor allem der zweite Brief, der später auch als ›Böhmische Charte‹ bezeichnet worden ist, war geradezu darauf angelegt, die beiden Völker rigoros voneinander zu trennen. Ferdinand I. erkannte in dem Schreiben die Gleichberechtigung der Nationen grundsätzlich an. Während diesem schnellen Zugeständnis an liberale Forderungen verfassungsrechtliche Maßnahmen nur schleppend folgten, ging das im Vormärz noch wenig getrübte Einverständnis zwischen Deutschen und Tschechen wenn nicht in die Brüche, so doch in den Zustand eines Mißtrauens über, das sich nicht mehr beschwichtigen ließ.

Der Triumph der Tschechen wurde übertroffen von der Empörung der Deutschen. Ihre Enttäuschung war deshalb so groß, weil sie zum ersten Mal unter dem liberalen Schafspelz den nationalen Wolf entdeckten. Sie sprachen von einem tschechischen Verrat an der bisherigen Gemeinsamkeit gegenüber dem restaurativen Druck aus Wien. Im Vormärz hatten die liberalen Deutschen unter der restaurativen Härte genauso gelitten wie die Tschechen. Ihnen jedoch war sie stets vermittels der deutschen Amtssprache bewußt geworden, und sie hatten sie deshalb auch als Unterdrückung ihrer Nationalitätsbestrebungen empfunden. Die tschechische Forderung nach sprachlicher Gleichberechtigung mußte im Jahr 1848 zunächst nicht als unbillig verworfen werden, doch sie konnte sich, wenn sie einmal akzeptiert war, von heute auf morgen leichthin zur gefährlichen Waffe im Volkstumskampf entwickeln. Damals war es noch selbstverständlich, daß jeder Tscheche die deutsche Sprache beherrschte, dagegen nur ein verschwindend kleiner Prozentsatz der Deutschen in Böhmen das Tschechische. Folglich mußten die Tschechen lediglich verlangen, das doppelsprachige Prinzip schematisch auch auf alle Deutschen im Land auszudehnen und vornehmlich in den rein deutschen Randgebieten der Beamtenschaft die Kenntnis des Tschechischen als Pflicht aufzuerlegen. Zum damaligen Zeitpunkt mochten derartige Überlegungen, die vom Prinzip der politischen Motivation jedweder Aktivität ausgingen, noch übertrieben erscheinen; zwei Generationen später waren sie bereits unabänderliche Wirklichkeit, und zwar nicht nur in Böhmen, sondern überall in der österreichischen Monarchie, wo das nationale Einheitsstreben als Volkstumskampf und Sprachenstreit sichtbar wurde: in Böhmen-Mähren wie in Polen oder den bosnischen, serbischen, ungarischen Distrikten.

Slawische Messe in Prag
am 12. Juni 1848
während des ersten Kongresses
der Slawen
Aus einer Zeichnung, 1848

Andererseits mußte ein Volk wie die Tschechen, das seine Existenz seit der verlorenen Schlacht am Weißen Berg zu Beginn des Dreißigjährigen Krieges, 1620, als ein Helotendasein betrachtete, in dem Zugeständnis der sprachlichen Gleichberechtigung eine Art politischen Taufakt erblicken. Wie schnell nach einer solchen vollzogenen Weihe auch die Volljährigkeit erreichbar schien, das skizzierte damals ebenfalls Palacký. Bei der Umgestaltung Österreichs in ein vorwiegend föderatives Slawenreich müßten, so verlangte er, große Teile der mittel- und ostdeutschen Gebiete aufgenommen werden, denn Städte wie Dresden oder Leipzig seien schließlich nichts anderes als alte slawische Orte, in denen sich Deutsche eingenistet hätten.

Die Deutschen Böhmens trennten sich ihrerseits von den Tschechen durch ihre betont positive Haltung zu Frankfurt, durch ihre Beteiligung an der Wahl der Abgeordneten in die Nationalversammlung, die Palacký und die Tschechen so entschieden abgelehnt hatten. Nur die deutsche Bevölkerung Prags bildete eine Ausnahme. Für die großdeutschen Ideen optierte hier lediglich ein Bruchteil; die große Mehrheit sprach sich für Wien aus. Obschon dafür ganz andere Erwägungen bestimmend waren als bei den Tschechen, deckten sich die Konsequenzen mit der Absage Palackýs. Bei der Wahl ergaben sich nur drei Stimmen für Frankfurt, und prompt verkündeten die Tschechen ironisch, in Prag – wo damals rund dreiundsechzig Prozent Deutsche und siebenunddreißig Prozent Tschechen lebten – gebe es nur drei Deutsche. Von den Deutschböhmen wurde dieses Bekenntnis zu Wien den Pragern als ein Votum gegen die deutsche Einigkeit verübelt, das sich weder einsehen noch entschuldigen lasse.

»Mit dem sogenannten Nationalprinzip wird in unseren Tagen sehr viel Unfug getrieben ... Niemals aber, so lange auf Erden Herrschaft besteht, hat ein großes herrschendes Volk diesem Prinzip gehuldigt.« – Aus der Abgeordneten-Rede des Großdeutschen Ernst von Lasaulx am 18. Januar 1849

Wenn der Einheitsstaat, den die Abgeordneten der Paulskirche schaffen wollten, auf dem Volksgedanken beruhen sollte, dann mußten die einzelstaatlichen und dynastischen Gewalten gebrochen werden. Das ließ sich an den Verhältnissen in Böhmen mustergültig studieren. Wer sich zu solchen Konsequenzen nicht durchringen konnte, der mußte das nationale Prinzip durch Konzessionen an das territoriale und geschichtliche Staatsprinzip radikal zurückschneiden und im Grunde desavouieren. Die Frankfurter Nationalversammlung versuchte sowohl das eine als auch das andere. Sie diskutierte verbissen und schließlich geradezu verzweifelt alle Möglichkeiten. Doch von Sitzung zu Sitzung wurde deutlicher, daß sich der Nationalitätsbegriff, so wie er überliefert worden war, mit der Wirklichkeit nicht vereinen ließ.

Aus Österreich waren wegen der Absage Palackýs nur zwei Drittel der ursprünglich vorgesehenen Abgeordneten erschienen. Mehr als die Hälfte der Versammlung bestand aus Juristen und Verwaltungsfachleuten. Fast jeder fünfte war ein Gelehrter. Dazu kamen beinahe fünfzig Industrielle und Kaufleute. Der Rest setzte sich aus Geistlichen, Gutsbesitzern, Ärzten, Schriftstellern und ganz wenigen Handwerkern zusammen. Ein einziger Delegierter war Bauer. Arbeiter waren überhaupt nicht vertreten. Die Deutsche Verfassunggebende Nationalversammlung rekrutierte sich zu Dreivierteln aus dem akademischen Mittelstand.

Jeder dieser Mandatare des deutschen Volkes hatte einen bestimmten Nationalitätsbegriff im Herzen und auf der Zunge. So entflammten schon am ersten Paragraphen der vorgeschlagenen Grundrechte die härtesten Debatten, nämlich an dem Text: »Jeder Deutsche hat das allgemeine deutsche Staatsbürgerrecht.« War dieser Satz nicht eindeutig? Heute, im endenden 20. Jahrhundert, läßt sich unter den Betroffenen kein Konsens darüber herstellen, was ein Deutscher ist. Wenn damals die Sprache ein Indiz dafür gewesen wäre, dann hätte man auch Elsässer und Balten samt ihren Gebieten zu Deutschland zählen müssen, also französisches und russisches Territorium. Ebenso wären ein Gutteil der Schweiz, die meisten Städte und weiteste Gebiete der Habsburger Monarchie, die Donau hinab bis ans Schwarze Meer, in die Zuständigkeit Deutschlands gefallen. Dafür hätte man alle nichtdeutschen Stämme aus dem neuen Deutschen Reich ausschließen müssen: slawisches und italienisches Gebiet sowie den größten Teil Nordschleswigs.

Der Verrat Preußens am nationalen Befreiungskampf der Schleswig-Holsteiner gegen die Dänen durch den Waffenstillstand
Die Verkündigung der Kampfeinstellungen am 18. September 1848
Lithographie, 1848

Zu solchen Plänen sagten die meisten Abgeordneten der Paulskirche entschieden nein. Selbst ein so besonnener, kultivierter Mann wie der gemäßigt-liberale Historiker Georg Waitz, ein Schüler Leopold Rankes, hat es glattweg abgelehnt, in dem konzipierten deutschen Nationalstaat auf die historischen Kronländer Böhmen und Mähren oder auf Südtirol und große polnische Gebiete zu verzichten: Die geschichtlichen Gründe besäßen in diesen Fällen mehr Gewicht als die rein nationalen. Bei Schleswig allerdings argumentierte Waitz genau umgekehrt: Dort wären die nationalen Dominanten bedeutend mächtiger als die historischen. Der radikale Abgeordnete Carl Nauwerck verhöhnte im August 1848 ein derartiges Doppeldenken: »Auch wir treiben Sophistik. Blicken Sie nach Posen, blicken Sie nach Schleswig, so ist bald das eine Prinzip oben, bald das andere. Das geht wie ein Rad herum.«

Der liberale Politiker Georg Beseler hatte es als Fortschritt begrüßt, daß künftig Nation und Staat nicht mehr auseinanderfallen sollten, und sein Kollege Sylvester Jordan stellte mit ätzender Entschlossenheit fest, daß sich eben der Begriff der Nation gegenüber früheren Zeiten erweitert habe: »Alle, welche Deutschland bewohnen, sind Deutsche, wenn sie auch nicht Deutsche von Geburt und Sprache sind. Wir dekretieren sie dazu, wir erheben das Wort ›Deutsche‹ zu einer höheren Bedeutung, und das Wort ›Deutschland‹ wird fortan ein politischer Begriff.« Ähnliches war in der großen Polen-Debatte zu hören: »Es ist hohe Zeit für uns, endlich einmal zu erwachen zu einem gesunden Volksegoismus, um das Wort einmal gerade heraus zu sagen, welcher die Wohlfahrt und die Ehre des Vaterlandes in allen Dingen obenanstellt. Ich gebe ohne Winkelzüge zu: Unser Recht ist kein anderes als das Recht des Stärkeren, als das Recht des Eroberers.«

Österreichische Handwerker beim Politisieren
Aus einem Gemälde von Michael Neder, 1849

Auch der Präsident der Versammlung, Heinrich von Gagern, konstatierte, daß mit Ausnahme Ungarns »in den anderen außerdeutschen Provinzen Österreichs weder Berechtigung noch Bedingung noch Anspruch auf selbständige, nationale Entwicklung besteht. Ich frage: Können wir die außerdeutschen Provinzen Österreichs für die Zukunft sich selbst und dem Zufall überlassen? Ich habe den Beruf des deutschen Volkes als einen großen, weltgebietenden aufgefaßt. Welche Einheit haben wir zu erstreben? Daß wir der Bestimmung nach leben können, die uns nach dem Orient zu gesteckt ist; daß wir diejenigen Völker, die längs der Donau auf Selbständigkeit weder Beruf noch Anrecht haben, wie Trabanten in unser Planetensystem einfangen.« Diese Debatten zeigten deutlicher als alle anderen Versicherungen, warum sich ein Mann wie Palacký oder die Sprecher der übrigen Volksgruppen in der Habsburger Monarchie so gut aufgehoben fühlten: Weil sich auch für sie in Frankfurt unter dem liberalen Schafspelz der nationale Wolf versteckte, weil sie sein furchterregendes Geheul registrierten.

Ohne extreme Eingriffe in das überlieferte Staatensystem war das Nationalitätsprinzip nicht durchzusetzen. Das konnte alle Welt an den Reden in der Paulskirche studieren. Wenn dieses Prinzip konsequent in die Politik umgesetzt worden wäre, hätte es weit größere Sprengkraft entwickelt als die Forderungen der Menschenrechtserklärungen des ausgehenden 18. Jahrhunderts. Seinen destruktiven Komponenten entsprechend war es 1848 erheblich revolutionärer als sämtliche liberalen konstitutionellen Wünsche zusammen. Hauptsächlich von diesem Tatbestand, den nach vielen Wochen auch das Gros der Frankfurter Abgeordneten traurig und erschöpft zur Kenntnis nahm, wurde die ganze Revolution paralysiert. Mit solchen Erfahrungen notierte nach der Reichsgründung 1871 ein konservativ-katholischer Publizist: »Die Einführung des Nationalitätsprinzips in die praktische Politik war allerdings eine Umwälzung aller Staatsform, und zwar in höchster Potenz, viel mehr als ein einfacher Wechsel zwischen Monarchie und Republik.« Nichts war 1848 so heillos wie der Umstand, daß die Revolutionäre der Paulskirche, die ihren eigenen, deutschen Nationalstaat gründen wollten, die Nationalitätsbestrebungen der anderen Völker im Deutschen Bund bis aufs Messer bekämpften, daß revolutionäres Denken auch heißen konnte: andere Nationalitätsbestrebungen abzuwürgen und auszulöschen. Es war die hemmungslose Selbstzerfleischung des Nationalitätsprinzips – und es war keine deutsche Spezialität. Denn die Polen, Tschechen, Ungarn, Kroaten, Serben, Slowaken, Italiener, Dänen ritten begeistert und besessen, stolz und steif auf demselben Prinzip.

Die ›Reichswappenspinne‹ der Kleindeutschen: Abgeordnete der Frankfurter Nationalversammlung im Netz der Preußen Lithographie von Adolf Schroedter, 1848

»Die Revolution und ein Erbkaisertum – das ist ein Jüngling mit grauen Haaren!« – Ludwig Uhland in einer Rede am 21. Januar 1849

›Kampf der Rechten und Linken mit den Argumenten des historischen Rechts‹ in der Frankfurter Nationalversammlung am 7. August 1848 aus Anlaß des Tumultes über einen Amnestie-Erlaß für die Mitglieder des badischen Aufstandes Lithographie, 1848

Die Abgeordneten der Paulskirche hatten sich bald in drei Hauptgruppen zusammengefunden: Da gab es die Parteiung der Kleindeutschen, sodann die großdeutschen Föderalisten und schließlich die großdeutschen Republikaner, die Radikalen. Die Mitglieder dieser Gruppen verfochten recht unterschiedliche Lösungsvorschläge für die Neugestaltung Deutschlands. Die Kleindeutschen plädierten für einen enger zusammengeschlossenen Bund der deutschen Staaten, dessen Führung Preußen übernehmen sollte, erklärten sich aber dazu bereit, durch ein zusätzliches, lockeres Bundesverhältnis auch die österreichische Monarchie in die Neuordnung einzubeziehen. Sie forderten eine möglichst starke Reichszentralgewalt mit einem Erbkaiser an der Spitze. Dafür konnte nur Friedrich Wilhelm IV. in Frage kommen. Der Reichstag sollte in ein Staatenhaus, ein Volkshaus und ein Reichsministerium gegliedert sein. Dem Kaiser wollte man ein Vetorecht gegen die Reichstagsbeschlüsse zugestehen.

Gegen diesen Plan kämpften die großdeutschen Föderalisten mit aller Hartnäckigkeit. Für sie blieb das Miteinander der beiden deutschen Großmächte innerhalb des Bundes das Muster. Sie sprachen sich deshalb für die Beibehaltung der Gemeinsamkeit im deutschen Gliederungsraum aus, so wie er bis dahin von den Grenzen des Deutschen Bundes abgesteckt worden war. Die politische Schwierigkeit bei dieser Lösung bestand in der Form der Reichsspitze, weil in dem Dualismus Österreich–Preußen die Position des künftigen Staatsoberhauptes von vornherein schwach war. Die Großdeutschen dachten an ein wechselndes Präsidium zwischen den beiden Großmächten oder an ein Wahlkaisertum. Ihre Bestrebungen zeichneten sich durch maximale Rücksichten auf die eingewurzelten Stammesgefühle der Deutschen aus. Die Fürsprecher wollten die überlieferte Form der deutschen Territorialstaaten soweit wie möglich beibehalten.

Bei der dritten Gruppe, den großdeutschen Republikanern, sammelten sich beinahe sämtliche radikalen Linken. Ihr Konzept war ebenso verwegen wie undurchführbar. Sie plädierten für eine völlig zentralistische, unitaristische Republik, was darauf hinauslief, sowohl die deutschen Staaten als auch die österreichische Monarchie aufzulösen. Vom Habsburger Staat sollten nur die rein oder zumindest überwiegend deutschsprachigen Teile in die Republik aufgenommen werden. Bei einem solchen Entwurf war es selbstverständlich, daß alle deutschen Dynastien abzudanken und ihre Regierungen zurückzutreten hatten. Im Sinne des Nationalismus und Liberalismus besaß selbst diese radikal-republikanische Lösung ihre logische Folgerichtigkeit. Illusionär, ja absurd war sie lediglich mit dem Blick auf die realen Chancen ihrer Verwirklichung. Doch dieser Vorbehalt galt auch für die übrigen Paulskirchen-Gruppierungen, mithin für die gesamte Frankfurter Nationalversammlung.

Der politischen Wirklichkeit am dichtesten benachbart waren die Pläne der großdeutschen Föderalisten. Ihr Lösungsvorschlag setzte sich in einer verdünnten Variation bis 1866 durch – nicht weil er von ihren Parteigängern besonders erfolgreich vertreten worden wäre, sondern weil in diesem Konzept der größte Anteil Realvernunft steckte. Die fortdauernde Rivalität zwischen Preußen und Österreich blieb eine Konstante in den beiderseitigen Beziehungen während der nächsten fünfzehn Jahre. Ob diese Gegnerschaft 1866 unbedingt mit den Waffen aus der Welt geräumt werden mußte, wird immer ein Streitpunkt sein.

Österreich hatte seit dem Wiener Kongreß in der Frankfurter Bundesversammlung das ständige Präsidium innegehabt. In der dreiundzwanzigsten Sitzung der Konstituierenden Nationalversammlung beantwortete ihr Präsident Heinrich von Gagern die Frage, wie die deutsche Zentralgewalt geschaffen werden könne, mit einem mittlerweile oft zitierten Wort: »Meine Herren! Ich tue einen kühnen Griff, und ich sage Ihnen: Wir müssen die provisorische Zentralgewalt selbst schaffen.« Fünf Tage später wurde Erzherzog Johann von Österreich von den Abgeordneten zum deutschen Reichsverweser gewählt. Der Fürst war für seine deutschen Sympathien bekannt. Er erfreute sich einer beträchtlichen Volkstümlichkeit, weil er aus Neigung mit einer Posthalterstochter verheiratet war. Der Erzherzog verfocht die großdeutsche Lösung. Die Verhandlungen der Nationalversammlung erreichten eine entscheidende Etappe, als sich die Kleindeutschen, geschart um Heinrich von Gagern, durchsetzten und das Übergewicht errangen. Österreichs Position in Frankfurt wurde sowohl wegen der Entwicklung in der Monarchie als auch wegen der inneren Stabilisierung Preußens belanglos. Nach der Erstürmung Wiens durch die kaiserlichen Truppen hatte Felix Fürst zu Schwarzenberg die Leitung des Ministeriums übernommen. Wie energisch der neue Premier die frühere Autorität wiederherstellte, zeigte sich von einem Tag zum anderen. Vor dem Reichstag in Kremsier skizzierte er am 27. November 1848 knapp und klar das Programm Wiens für Frankfurt: »Nicht in dem Zerreißen der Monarchie liegt die Größe, nicht in ihrer Schwächung die Kräftigung Deutschlands. Österreich ist ein deutsches wie ein europäisches Bedürfnis.«

Einzug des Reichsverwesers
Erzherzog Johann
von Österreich
in Frankfurt am Main
am 11. Juli 1848
Lithographie, 1848

Auch die preußische Regierung entschloß sich zu harten Maßnahmen. General Friedrich von Wrangel zog mit seinen Truppen am 10. November wieder in Berlin ein. Die Bürgerwehr hatte zwar Order, den Einmarsch zu verhindern, aber es fiel kein einziger Schuß. An der Spitze der Bataillone befanden sich keine Kanonen, sondern die Tambourmajore. Adolf Prinz von Hohenlohe-Ingelfingen, ein Augenzeuge, erzählte von diesem Tag: »Der Schellenbaum der Janitscharenmusik der Königsgrenadiere war der Sturmbock des Schönhauser Tores. An jedem Tor hat sich dieselbe Komödie abgespielt.« Am selben Tag verlegte ein königlicher Befehl die preußische Nationalversammlung nach Brandenburg an der Havel. Die Abgeordneten protestierten. Der Kommandeur der Bürgerwehr erschien bei Wrangel, der sich bei seinen Truppen auf der Straße befand, und erklärte feierlich: »Die Bürgerwehr ist entschlossen, die Freiheit des Volkes, die Würde der Nationalversammlung zu schützen, und sie wird nur der Gewalt weichen.« Wrangel, auf einem Stuhl sitzend, den er sich aus einem Haus hatte bringen lassen, erwiderte gelassen: »Sagen Sie Ihrer Bürgerwehr, die Gewalt wäre nun da. Die Nationalversammlung wird binnen fünfzehn Minuten den Sitzungssaal verlassen, und dann wird auch die Bürgerwehr abziehen.« Einige Wochen gab es in Berlin kaum einen Mann, der stärker gehaßt wurde als Wrangel. Doch alle Drohungen ließen ihn kalt. Man versuchte es schließlich mit Erpressung. Nach einem nicht ganz gesicherten Bericht wurde ihm anonym mitgeteilt, daß seine Frau in Stettin gehängt würde, wenn er nicht bis zu einem bestimmten Termin Berlin mit den Truppen geräumt hätte. Wrangel saß nach Ablauf des Ultimatums noch beim Mittagessen. Er blickte auf die Uhr: »Ob sie ihr wohl gehängt haben? Ich glaube kaum.« Am 5. Dezember oktroyierte das neue ›Ministerium der rettenden Tat‹ eine Verfassung. Österreichs und Preußens Entschlossenheit wirkten sich sofort in Frankfurt aus. Am

Die Auflösung der
preußischen
Nationalversammlung
in Berlin
am 14. November 1848
Lithographie, 1848

20. Dezember zog Erzherzog Johann nach reiflicher Überlegung die einzig mögliche Konsequenz: Er trat von seinem Amt als Reichsverweser zurück.

Das Manifest der deutschen Revolution

»Über die Schließung des Reichstags jubelten alle rechtlich Gesinnten.« – Erzherzogin Sophie im April 1849

Damit war das Schicksal des ersten deutschen Parlaments schon so gut wie entschieden. Die Abgeordneten der Paulskirche tagten zwar weiter, aber sie diskutierten mehr denn je in einem politisch luftleeren Raum. Drei Monate später repetierte Fürst Schwarzenberg das preußische Beispiel, indem er den Reichstag in Kremsier auflöste und die Verfassung eines zentralistischen Einheitsstaates oktroyierte. Damit war erneut und mit Aplomb die Unteilbarkeit und Einheit der Habsburger Monarchie dokumentiert worden. Die entschiedene Politik Schwarzenbergs drohte seit Ende 1848 Preußens Stellung zu schwächen. Berlin schien in das Schlepptau Wiens zu geraten. Friedrich Wilhelm IV. wurde deshalb zunehmend massiver gedrängt, in Frankfurt initiativ zu werden.

Hier sahen die Abgeordneten der Paulskirche ihre letzte Chance. In einer verzweifelten Konzessionsbereitschaft hofften sie, unter Preußens Führung nun doch ein Kleindeutschland zustande zu bringen, das mit Österreich durch eine Union verbunden war. Auch Friedrich Wilhelm IV. hielt es noch im Januar 1849 für möglich, einen solchen Bundesstaat aus der Taufe zu heben. In einem Zirkularschreiben vom 23. Januar an die deutschen Höfe stellte er den Vorschlag zur Debatte, ohne sich in der Kaiserfrage festzulegen. Österreich reagierte schroff: Schwarzenberg lehnte das kleindeutsche Programm Gagerns rundweg ab. Nun zuckte Friedrich Wilhelm IV. zurück. So stark seine Neigungen waren, ein Arrangement mit Frankfurt zu finden, so sehr beharrte er auf der Übereinstimmung mit Wien. Er teilte mit, daß ein Bruch mit Österreich nichts anderes bedeute als »grenzenloses Unheil. Heute stehen wir isoliert da, von Österreich als Betrüger, von den Königen und Fürsten als kronsüchtig geflohen – und so gehen wir den furchtbarsten demokratischen Stößen entgegen«.

Obwohl nun die letzten Hoffnungen auf ein Entgegenkommen Preußens und des Königs enttäuscht worden waren, verabschiedeten am 28. März 1849 die Abgeordneten in Frankfurt die ›Verfassung des Deutschen Reiches‹, nach Beratungen von fast einem dreiviertel Jahr. Die vierzehn Artikel des sechsten Abschnitts, der die Grundrechte regelte, wurden mustergültig für eine demokratische Gesellschaftsordnung nicht nur bürgerlichen Zuschnitts. Alle Standesunterschiede und -vorrechte wurden aufgehoben, Presse-, Glaubens- und Meinungsfreiheit sowie die Freiheit der Person, der Berufswahl, der Forschung und Lehre garantiert. Die deutschen Staaten sollten durch einen engeren Bund unter Führung Preußens geeint werden. Der Reichstag setzte sich aus dem Staatenhaus, der Ersten Kammer, und dem Volkshaus, der Zweiten Kammer, zusammen. Staatsoberhaupt war ein erblicher Kaiser. Ihm stand das Recht zu, die Minister zu ernennen; verantwortlich waren sie allerdings nicht ihm, sondern dem Reichstag. Der Kaiser besaß kein absolutes, sondern nur ein suspensives Veto. Beharrte der Reichstag auf seinen Beschlüssen, dann hatte der Monarch noch die Möglichkeit, das Volkshaus aufzulösen. Ohne Zustimmung des Staatenhauses konnten keine Reichstagsbeschlüsse zustande kommen. Mit zweihundertundneunzig Stimmen bei zweihundertachtundvierzig Enthaltungen wählten die Abgeordneten den preußischen König zum erblichen Kaiser. Die Paragraphen der Reichsverfassung, die für Österreich entscheidend waren, lauteten: »Das deutsche Reich besteht aus dem Gebiet des bisherigen deutschen Bundes... Hat ein deutsches Land mit einem nichtdeutschen Land dasselbe Staatsoberhaupt, so soll das deutsche Land eine von dem nichtdeutschen Lande getrennte eigene Verfassung, Regierung und Verwaltung haben. In die Regierung und Verwaltung des deutschen Landes dürfen nur deutsche Staatsbürger berufen werden. Die Reichsverfassung und Reichsgesetzgebung hat in einem solchen deutschen Lande dieselbe verbindliche Kraft, wie in den übrigen deutschen Ländern.«

Doppeladler und Doppelkrone, die Symbole für die zwei Kaisertitel des Hauses Habsburg, auf einer österreichischen Fahne, vor 1806

Als dieses Ergebnis in Wien bekannt wurde, protestierte Fürst Schwarzenberg sofort mit Nachdruck. Von Preußen und siebenundzwanzig anderen deutschen Staaten war dem erbkaiserlichen Verfassungsplan im Februar 1849 verhalten zugestimmt worden. Schwarzenberg verwahrte sich jetzt gegen jede Unterordnung Österreichs, gegen jegliche Majorisierung durch deutsche Fürsten. Er rief am 5. April die österreichischen Abgeordneten aus Frankfurt ab und beorderte sie nach Wien zurück. Die Nationalversammlung der Paulskirche sah, daß Ludwig Uhlands Warnung vor der kleindeutschen Lösung vom Oktober 1848 zu düsterer Wirklichkeit wurde: »Wollen Sie zustimmen, daß anderthalb Hundert deutsch-österreichische Volksvertreter vor Ihren Augen hier weggeführt werden in die Verbannung?«

Alles, was die Frankfurter Abgeordneten weiterhin unternahmen, waren nur noch hilflose Gesten in einer politischen Agonie. Nach der Verabschiedung der Reichsverfassung begab sich eine Delegation der Paulskirche, geführt von Präsident Eduard Simson, nach Berlin und ersuchte um eine Audienz bei Friedrich Wilhelm IV.

Die Hanswurst-Brezel

Viele Gegensätze in Frankfurt waren durch die Rücksichtnahme auf den preußischen König überbrückt worden. Man wollte seiner schwierigen Situation möglichst weit entgegenkommen. Die Brüskierung durch Österreich hatte auch viele Großdeutsche auf das kleindeutsche Projekt eingestimmt. Sogar die süddeutschen Demokraten zeigten sich plötzlich nationaler gesonnen, als man gerade von ihnen hätte erwarten können. In ihrem Schriftwechsel unterzeichneten sie nunmehr herausfordernd stolz: »Mit deutschem Gruß!«

Von der Entscheidung Friedrich Wilhelms IV. hing das Wohl und Wehe der Verfassung, des ganzen nationalen Einigungswerkes ab. Was der König von der Revolution hielt, das mußte man sich nicht hinter vorgehaltener Hand zuflüstern. Außerdem kannte man seine Meinung über Nationalversammlungen, die er als »Tagelöhnerparlamente« zu bezeichnen pflegte. Im Dezember 1848 hatte er mit dem Blick auf Frankfurt geäußert, daß es allein ihm und seinesgleichen zustehe, die Kaiserkrone zu vergeben, »aber keiner sogenannten Nationalversammlung, und wäre sie zehntausend Köpfe stark; denn die kann nur eine neugebackene Revolutionskrone bieten, und jeder nachgeborene Graf des alten Reiches ist viel zu gut für solch ein Diadem, geknetet aus Dreck und Letten der Treulosigkeit, des Eidbruchs und des Hochverrats«. Kurz vorher hatte er während eines Sondierungsbesuches Heinrich von Gagerns herablassend gemeint: »Hier in Preußen bin ich die Obrigkeit von Gottes Gnaden, wie sehr auch Irrungen zwischen mir und meinen Untertanen sein mögen.«

In jenen Tagen und Wochen sah sich Friedrich Wilhelm IV. den unterschiedlichsten Ratschlägen ausgesetzt. So manche Ratgeber drängten ihn zur Annahme der ›Volkskrone‹, andere rieten ihm davon ab. Sogar der preußische Ministerpräsident Friedrich Graf von Brandenburg war unschlüssig, ob der König nicht das Angebot aus Frankfurt akzeptieren sollte. Selbst in einer Denkschrift, unterschrieben von dreißig preußischen Junkern, wurde die Bitte geäußert, der König möge sich dem Ruf der Nationalversammlung nicht entziehen. Dieses Dokument ist von besonderer Delikatesse, weil es auch die Unterschrift Otto von Bismarcks trägt.

Die Paulskirchendelegation unter Eduard Simson vor Friedrich Wilhelm IV. im Rittersaal des Berliner Schlosses am 3. April 1849
Stich, 1849

Friedrich Wilhelm IV. empfing die Frankfurter Deputation im Rittersaal des Schlosses in Berlin am 3. April 1849 um die Mittagszeit. Er stand in großer Uniform unter dem Thronhimmel, den Helm im Arm. Präsident Simson trug den Beschluß der Nationalversammlung vor. Der König verlas als Antwort einen längeren Text, an dessen Formulierungen etliche Tage gearbeitet worden war. Er gipfelte in den Sätzen: »Ich würde dem Sinne des deutschen Volkes nicht entsprechen, ich würde Deutschlands Einheit nicht aufrichten, wollte ich, mit Verletzung heiliger Rechte und meiner früheren ausdrücklichen und feierlichen Versicherungen, ohne das freie Einverständnis der gekrönten Häupter, der Fürsten und der freien Städte Deutschlands, eine Entschließung fassen, welche für sie und die von ihnen regierten deutschen Stämme die entscheidendsten Folgen haben darf. An den Regierungen der einzelnen deutschen Staaten wird es daher jetzt sein, in gemeinsamer Beratung zu prüfen, ob die Verfassung dem Einzelnen wie dem Ganzen frommt, ob die mir zugedachten Rechte mich in den Stand setzen würden, mit starker Hand, wie es ein solcher Beruf von mir fordert, die Geschicke des großen deutschen Vaterlandes zu leiten und die Hoffnungen seiner Völker zu erfüllen.«

Die Deputation war zutiefst getroffen. Unter den Abgeordneten befand sich auch der achtzigjährige Ernst Moritz Arndt. Am 9. März 1849 hatte er den König in einem Brief dringlich darum gebeten, die Kaiserkrone anzunehmen. Friedrich Wilhelm IV. hatte ihm geantwortet: »Zuvörderst das Bekenntnis, daß der scheußlich-ekle Schlamm des Jahres 48 mir die Taufgnade nicht abgewaschen, wohl aber, daß ich mir den Schlamm abgewaschen habe.« Dann hatte er seinen »teuersten Arndt« gefragt, was ihm denn da aus Frankfurt angeboten würde: »Ist diese Geburt des gräßlich kreißenden 1848sten Jahres eine Krone? – Das Ding, von dem wir reden, trägt nicht das Zeichen des heiligen Kreuzes, drückt nicht den Stempel ›von Gottes Gnaden‹ aufs Haupt, ist keine Krone. Es ist das eiserne Halsband der Knechtschaft, durch welches der Sohn von mehr als vierundzwanzig Regenten, Kurfürsten und Königen, das Haupt von sechzehn Millionen, der Herr des treuesten und tapfersten Heeres der Welt, der Revolution zum Leibeigenen gemacht werden würde. Und das sei fern!« Ernst Moritz Arndt dürfte also am 3. April von der Ablehnung Friedrich Wilhelms IV. nicht überrascht worden sein. Auch andere Deputierte hätten sich daran erinnern können, daß der König die Kaiserkrone gelegentlich als »Hanswurst-Brezel« bezeichnet hatte, die »von Meister Bäcker und Metzger, aber nicht von Gottes Gnaden« komme. »Für die ist aber der Schädel eines Hohenzollern hunderttausendmal zu gut. Sie ist schlimmer als die Kölnische Narrenkappe, denn die legt man ab nach dem Fasching, und sie entehrt nicht, jene aber brandmarkt.«

»Die Zustände des Vaterlandes sind trostlos; Berliner Belagerungszustand, der preußische Lumpenkönig; eine Handvoll preußischer Junker, des Königs Kamarilla, ist noch mächtig genug, um dem neuerstehenden deutschen Geiste Hohn zu bieten.« – Notiz über die Stimmung in der Nationalversammlung am 6. April 1849 nach der Ablehnung Friedrich Wilhelms IV.

Zu Verfassungen stand Friedrich Wilhelm IV. nicht viel anders als zur Kaiserkrone. Schon lange vor der Revolution waren alle Hoffnungen, daß er nach seinem Regierungsantritt das alte Versprechen aus der Zeit der Befreiungskriege einlösen und Preußen eine Verfassung geben würde, von ihm zerstört worden. Er wollte nicht, wie er bei der Eröffnung des Vereinigten Landtages am 11. April 1847 im Weißen Saal des Berliner Schlosses betonte, »daß sich zwischen unseren Herrgott im Himmel und dieses Land, daß sich zwischen den König von Gottes Gnaden und sein Volk ein Blatt Papier gleichsam als eine zweite Vorsehung dazwischenschiebt, um uns mit ihren Paragraphen zu regieren«. Wenn er jetzt, im April 1849, auch die Reichsverfassung von sich schob und sie als revisionsbedürftig bezeichnete, so wußte er genau, daß er damit einen irreparablen Bruch mit der Nationalversammlung vollzog und ihr ganzes Werk vernichtete. Denn die Abgeordneten der Paulskirche hatten mit großer Mehrheit beschlossen, daß an ihrer Verfassung kein Buchstabe geändert werden dürfe.

Friedrich Wilhelm IV.
in Abwehr
des ›papiernen Blattes‹
zwischen Volk und Königtum
Satire auf die
Verfassungsfeindlichkeit
des preußischen Königs, 1848

Die Kaiserdelegation benötigte zwei Tage, um mit der Absage des Königs ins reine zu kommen. Am 5. April teilten die Deputierten dem König mit, sie hätten seine Ablehnung zur Kenntnis genommen. Dann begaben sie sich auf den Rückweg nach Frankfurt. In den folgenden Wochen versuchte die Nationalversammlung, die deutschen Regierungen in Einzelverhandlungen zur Annahme der Verfassung zu bewegen und Wahlen für das Volkshaus auszuschreiben. Alle Bemühungen waren umsonst. Am 10. Mai legte Gagern alle Ämter nieder. Ernst Moritz Arndt kapitulierte zehn Tage später und trat zusammen mit dem Gros des rechten Zentrums aus der Nationalversammlung aus. Ende Mai zählte man nur noch einhundertneununddreißig Abgeordnete; sie waren meist linker Couleur. Da Österreich und Preußen die Nationalversammlung nicht anerkannten und überall Regierungstruppen gegen Aufständische eingesetzt hatten, fürchtete die Paulskirchenversammlung eine gewaltsame Auflösung. Sie beschloß deshalb in ihrer letzten, der zweihundertunddreißigsten Sitzung, nach Stuttgart zu übersiedeln. Württemberg gehörte zu den wenigen Staaten, deren Regierung die Versammlung noch akzeptierte.

»In solcher Schlacht erliegt man nicht«

In Stuttgart fanden sich rund einhundert Abgeordnete im sogenannten Rumpfparlament zusammen. Bis zum 17. Juni 1849 setzte es seine Beratungen fort. Dann zog die württembergische Regierung ihre Erklärung, daß sie die Reichsverfassung angenommen habe, zurück und annullierte damit die Anerkennung des Rumpfparlaments. Den Volksvertretern wurde amtlich mitgeteilt, daß man ab sofort »das Tagen der Versammlung und das Schalten der Reichsregentschaft nicht länger dulden könne«. Doch die Wortführer der Abgeordneten formierten sich am nächsten Tag zu einem Zug und machten sich auf den Weg zu ihrem Sitzungssaal im Reithaus, an ihrer Spitze Ludwig Uhland. Der amtierende Präsident meinte, man solle das gewaltsame Auseinandertreiben auf sich nehmen, weil »doch wohl die Versammlung, geführt von dem ersten deutschen Dichter, nicht besser enden könne«. Der Zug stieß unterwegs auf Infanterie, aber die Abgeordneten ließen sich nicht beirren. Kurz vor dem Sitzungssaal ritt ihnen Kavallerie entgegen, erst in leichtem Trab, dann im Schritt. Die Gruppe wurde umzingelt, und einer der Abgeordneten rief: »Wollt Ihr den alten Uhland niederreiten?« Die Soldaten hatten die Säbel gezogen, aber niemand rechnete ernsthaft mit Gewalt. Die Volksvertreter wurden von der Kavallerie einfach auseinandergetrieben. Die Nationalversammlung bestand nicht mehr.

Anführer der Revolte in Dresden auf ihrem Weg ins Gefängnis im Sommer 1849
Lithographie, 1849

In Westfalen, in der Pfalz, in Baden, Sachsen und Württemberg mußte das Militär gegen die Aufständischen vorgehen, die mit Gewalt eine Annahme der Reichsverfassung erzwingen wollten. Am heftigsten tobte der Bürgerkrieg in Baden. Die Festung Rastatt kapitulierte erst am 23. Juli. Ohne Hilfe der preußischen Truppen wäre der Großherzog mit dem Aufstand nicht fertiggeworden.

Die deutschen Fürsten hatten 1849 gegen das revolutionäre Bürgertum gesiegt, aber es ist weithin ein Pyrrhus-Sieg gewesen. Trotz seiner markigen Beteuerungen konnte auch der preußische König die Märztage von Berlin nicht ungeschehen machen. Daß man ihn dazu gezwungen hatte, vor den Leichen der Barrikadenkämpfer im Hof des königlichen Schlosses den Hut abzunehmen und sich zu verneigen, war eine Schmach, die er ebensowenig vergaß wie den Kommentar der Königin: »Jetzt fehlt nur noch die Guillotine.« Wenn der scharfäugige und scharfzüngige Schriftsteller Karl August Varnhagen von Ense, ein enger Freund Wilhelm von Humboldts, wenig später schrieb: »Epimenides nach seinem langen Schlafe kann beim Erwachen keine größere Veränderung gefunden haben, als wir seit dem 18. März (1848) hier erleben!«, so galt das nicht nur für Berlin und Preußen, sondern für ganz Deutschland. Im Jahr 1848 hatte sich bestürzend gezeigt, wie groß die innere Schwäche aller betroffenen Staaten war, aber auch offenbart, wie unfähig die Revolutionäre waren, diese politische Vergreisung auszunützen.

Trauerzug zu Ehren der für die Freiheit Gefallenen vor dem Berliner Schloß am 22. März 1848
Lithographie, 1848

Die Notwendigkeit, der Rang, das Recht von Revolutionen lassen sich nicht mit Hilfe des Begriffspaares ›Erfolg und Mißerfolg‹ bemessen. Wer vom Fürstenstand herab die Bemühungen der Frankfurter Abgeordneten belächelt und tadelt, daß damals der deutsche Bürger für eine aussichtslose Sache gekämpft hätte, dem kann nur entgegnet werden, daß diesem Bürger keine andere Handhabe zur Verfügung stand. Auch im politischen Raum verdient der Entschluß zu Handlungen, die gründlich motiviert sind, deren Erfolg aber nicht garantiert ist, weit größeren Respekt als jede erfolgreiche Aktion, die nur deshalb unternommen wird, weil sie kein Risiko enthält. Ganz allgemein sind Revolutionen, die deutsche Revolution 1848 eingeschlossen, weder gut noch schlecht, weder lobenswert noch verwerflich. Sie sind in erster Linie der drastische Ausdruck einer politischen, staatlichen, gesellschaftlichen Krise – im damaligen Deutschland zumal Ausdruck einer Krise, die schon Jahrzehnte schwelte und deren früheste Vorboten sich zu Beginn des 19. Jahrhunderts gemeldet hatten. Daran erinnerte der greise Ernst Moritz Arndt, der selbst zu diesen Vorboten zählte, als er nach dem Ende der deutschen Nationalversammlung traurig, ratlos und dennoch mit nahezu säkularer Gelassenheit die Verse auf den ›Mai 1849‹ schrieb: »Hinweg! Die besten Streiter matt, / Die stärksten Arme todeswund. / Hinweg! Satt ist und übersatt / Gelebt – es kommt die Sterbestund'. // Weg! Keinen Augenblick gesäumt! / Sonst stirbst du wie ein feiger Hund. / Du hast von Kaiserstolz geträumt – / Vergrab' einstweilen deinen Fund. // Die Besten wissen, wo er liegt. / Einst heben sie ihn ans Sonnenlicht. / Wir sind geschlagen, nicht besiegt. / In solcher Schlacht erliegt man nicht.«

Ernst Moritz Arndt hat fast sein ganzes Leben in dem Kampf um die deutsche Nationalität und ihre Verwirklichung in einem gemeinsamen Staat gestanden, in einem Ringen, bei dem die Niederlagen alle Triumphe und Erfolge übertrafen. Arndt verkörpert sowohl die deutsche Glückseligkeit als auch den deutschen Jammer in der ersten Hälfte des 19. Jahrhunderts. Diesen Umstand bedachten die Abgeordneten der Paulskirche, als sie zu Beginn ihrer Sitzungen Ernst Moritz Arndt mit einer Sonderehrung feierten. Sie erhoben ihn zu einem Symbol der Frankfurter Nationalversammlung. Sie stellten sich bewußt unter die Patronage seines Ruhms und seiner unerschütterlichen Reveillen.

Die Eröffnungssitzung der Nationalversammlung fand am 18. Mai 1848 statt. Heinrich von Gagern, Offizier in den Befreiungskriegen, Mitbegründer der Heidelberger Burschenschaft, politisch kaltgestellt im Vormärz, übernahm am nächsten Tag die Präsidentschaft. In den ersten Sätzen seiner Rede beschwor er das Palladium des Abgeordnetengremiums, die Souveränität der Nation und die gewaltige Verpflichtung, die darin lag. Jakob Venedey, großdeutscher Republikaner, im Vormärz geächtet wie Ernst Moritz Arndt, machte die Parlamentarier auf die Anwesenheit des alten Feuerkopfes aufmerksam. Arndt, der in der Sitzung am Morgen nicht erkannt und zu Wort gekommen war, wurde auf die Rednertribüne gerufen, mit ungeheurem Jubel begrüßt. In seiner kurzen Ansprache versicherte er gerührt: »Daß ich hier stehe, ein Greis jenseits der Grenze, wo man wirken kann, ... ich erschien – gleichsam wie ein gutes altes deutsches Gewissen, dessen ich mir bewußt bin.« Der stenographische Bericht verzeichnet an dieser Stelle: »Unermeßlicher Beifall unterbricht den Redner.« Franz Drinkwelder vom rechten Zentrum, aus Krems an der Donau, meldete sich: »Ich stelle den Antrag, dem ehrwürdigen Arndt für sein Lied ›Was ist des Deutschen Vaterland?‹ den Dank der Nation zu votieren. Es hat uns begeistert in der Zeit der Unterdrückung, und es hat uns vereinigt.« Alexander von Soiron ergänzte: »Ich habe einen kleinen Verbesserungsvorschlag zu machen. Wir wollen ihm nicht für sein Lied, wir wollen ihm überhaupt für seine Wirksamkeit für das ganze Deutschland danken!« Der Stenograph notierte: »Ein dreimaliges donnerndes ›Lebehoch!‹ erschallt in der Versammlung und auf der Tribüne.«

»Unter anderen sprach auch der alte Arndt, ungefähr in dem Sinne wie Simeon, da er den neugeborenen Jesus auf seinen Armen hält und nun gern die Augen schließen will, nachdem er solches gesehen.« – Bericht des Schriftstellers Robert Heller vom 14. Mai 1848

Deutsche Lust am Zwist

Welcher Gegensatz: Noch acht Jahre zuvor hatte Ernst Moritz Arndt als staatsfeindlicher Revolutionär, als polizeiverdächtiger Demagoge gegolten, volle zwei Jahrzehnte lang. Im November 1820 hatten ihn die Behörden seiner Professur in Bonn enthoben. Erst 1840, nach der Thronbesteigung Friedrich Wilhelms IV., war er rehabilitiert und auf seinen Lehrstuhl für neuere Geschichte zurückgeholt worden. Er schrieb einem Freund, daß ihn dieses Zeichen der königlichen Gnade zwar erfreue, er aber leider ausrufen müsse: »Glück! du kommst zu spät! Meine Jahre sind unter mir hingeronnen, und der alte mürbe Fechter ist mit dem Ruhestäbchen zu beschenken. In der Beziehung deucht mir, was vor zehn Jahren noch erfreulich gewesen wäre, ziemlich gleichgültig.« Arndt war einer der ersten, an die der König gedacht hatte. Am 10. August 1840 erließ er eine Amnestie für sämtliche politischen Vergehen und Verbrechen.

Ernst Moritz Arndt
im Jahr seiner Ehrung durch die Paulskirchenversammlung
Daguerreotypie, 1848

Die ausgleichende Gerechtigkeit in Preußen im August 1840
Satire auf die Amnestie unter Friedrich Wilhelm IV.
Zeichnung, nach 1840

Friedrich Ludwig Jahn, der Turnvater, wurde ebenfalls der Polizeiaufsicht entzogen. Der König berief die Gebrüder Grimm in die Preußische Akademie der Wissenschaften. Alexander von Humboldt wurde zum Mitglied des Staatsrates ernannt. Der König rehabilitierte auch den neunundsechzigjährigen General Hermann von Boyen, den engsten Mitarbeiter Scharnhorsts und Gneisenaus bei der preußischen Militärreform vor den Befreiungskriegen, und übertrug ihm 1841 das Kriegsministerium, das er schon einmal als Nachfolger Scharnhorsts geleitet hatte. Boyen hatte 1819 den Dienst quittiert, weil er die Eingliederung der Landwehr nicht verhindern konnte.

Alle diese Männer, Arndt an der Spitze, waren Zeugen der inneren Zerrissenheit Deutschlands und der Deutschen. Wenn Arndt oder Jahn für die Nationalität kämpften und für den politischen Zusammenschluß der Nation, dann fanden sie ihre größten Gegner bei den Deutschen selbst. Es ist keine Verallgemeinerung, daß der Deutsche immer dann eine besondere Freude am Kämpfen entwickelte, wenn es galt, gegen die eigenen Landsleute zu fechten. Bismarck lieferte dazu aus Alterssicht ein Resümee, in das viel Selbsterkenntnis eingeflossen ist: »Wir haben einander immer bekämpft und geschlagen in Deutschland, sei es rhetorisch, sei es kriegerisch, und es würde gewissermaßen ein toter Punkt eintreten, wenn wir plötzlich alle einig würden, wenn wir keine Fraktionen hätten, wenn wir alles, was der Kantor vorsingt, nachsängen, und das würde uns Deutschen sehr schwer ankommen.«

Das Ringen der Deutschen miteinander spielte sich zwischen den beiden Revolutionen von 1789 in Frankreich und 1848 in einem Geviert ab, das von vier Hauptbegriffen umschlossen ist: Reform und Befreiung, Nation und Restauration. Der Kampf stand unter einander widerstreitenden revolutionären Ideen. Das Thema der Revolution, die Problematik des Revolutionären, wurde zum kardinalen Sachverhalt der deutschen wie der europäischen Geschichte jener Jahrzehnte.

Donnerhall und Erbfeindschaft

Auch innerhalb dieses Zusammenhanges markierte die Thronbesteigung Friedrich Wilhelms IV. einen entscheidenden Abschnitt, zumal seine Regierungsübernahme mit einer besonders heftigen Nationalerregung in Deutschland zusammenfiel. In Ägypten versuchte der Vizekönig Mehmet Ali seit langem, das Land aus der Abhängigkeit von der Türkei und von der Oberhoheit des Osmanensultans zu befreien. Unterstützt wurde sein Souveränitätsstreben von Frankreich. England dagegen wünschte wegen seiner Indien-Interessen keine neue starke Macht im Vorderen Orient. Es fand sich mit Rußland zusammen, das sein Eintreten für die Osmanen in einen Aktivposten seiner Meerengenpolitik ausmünzte. Die deutschen Großmächte waren ebenfalls am Erhalt des Osmanischen Reiches interessiert. Dem Druck dieser vier Staaten mußte sich Mehmet Ali trotz eines großartigen militärischen Sieges über die Osmanen 1839 beugen. Seiner Statthalterwürde wurde Erblichkeit zugebilligt. Frankreich hatte es nicht vermocht, den Pascha gegen die Quadrupelallianz zu stützen. In der Londoner Konvention vom 15. Juli 1840 fanden die Viererstaaten eine Regelung des Levante-Problems in ihrem Sinn. Frankreich wurde dabei kurzerhand ignoriert.

Die neue Rhein-Brücke bei Köln vor der Einweihungsfeier am 3. Oktober 1859
Lithographie von Otto Hoppe

Berlins belebte Prachtstraße ›Unter den Linden‹
Blick auf das Palais Friedrich Wilhelms III.
Gemälde von Gustav Schwarz, 1835

Ehrenkompanie vor dem Kultusministerium ›Unter den Linden‹ in Berlin
Gemälde von Wilhelm Brücke, 1843

Dieses ›diplomatische Waterloo‹ demütigte und verbitterte Paris so sehr, daß nicht mehr Kalkül, sondern Stolz die französischen Reaktionen leitete. Im ganzen Land verbreitete sich eine lodernde Kriegsstimmung. Die Regierung ordnete Rüstungen an. Die Erregung richtete sich über Monate hin auf den am nächsten benachbarten Kontrahenten: auf Deutschland. Der Rhein mußte als Kompensation der Niederlage im Vorderen Orient dienen. Französische Zeitungen verkündeten in zahlreichen offiziösen Artikeln, daß ein wirklich festgegründeter Friede in Europa erst dann zu erreichen sei, wenn Frankreich endlich seine natürlichen Grenzen besitze. Im Osten bilde diese Grenze der Rhein; das müsse in die Landkarten eingetragen werden, notfalls durch Krieg. Der französische Ministerpräsident Adolphe Thiers schwieg dazu, und das wirkte diesseits des Rheins als billigende Zustimmung.

In Deutschland brach eine Empörung aus, die ihre Parallele nur in der Aufbruchsstimmung 1813, zu Beginn der Befreiungskriege, besaß. Das Jahr 1840 erhielt für die Ausformung des deutschen Nationalbewußtseins ein ähnliches Schwergewicht wie das Jahr 1813. Die tiefe, jahrzehntelange Sympathie der deutschen Frühliberalen für Frankreich erlosch binnen kürzester Zeit. Durch Deutschland pulste das Gefühl der Zusammengehörigkeit. Damals entstand eine Fülle nationaler Lieder, die fortan zum melodischen Rüstzeug des deutschen Nationalgefühls zählten. Der einunddreißigjährige Nikolaus Becker schrieb: »Sie sollen ihn nicht haben, den freien deutschen Rhein!«, Max Schneckenburger die ›Wacht am Rhein‹: »Es braust ein Ruf wie Donnerhall, / Wie Schwertgeklirr und Wogenprall: / Zum Rhein, zum Rhein, zum deutschen Rhein, / Wer will des Stromes Hüter sein?« National-solidarisch durchglüht wurden in jenen Monaten sogar die deutschen Revolutionäre, die ins Ausland emigriert waren. So steuerte Georg Herwegh aus seinem Schweizer Exil die Verse bei: »Und wär's nur um den Wein, der Rhein soll deutsch verbleiben.« Hoffmann von Fallersleben dichtete die deutsche Nationalhymne, und der zwanzigjährige Friedrich Engels schrieb: »Allerdings ist es eine fixe Idee bei den Franzosen, daß der Rhein ihr Eigentum sei, aber die einzige des deutschen Volkes würdige Antwort auf diese anmaßende Forderung ist das Arndtsche ›Heraus mit dem Elsaß und Lothringen!‹«

Kampf um den Rhein
Satire auf die vaterländischen Trutzlieder zur Rhein-Krise von 1840
Lithographie, 1841

Schon früher hatte man sich bemüht, den Rhein in ein deutsches Sinnbild zu verwandeln. Daß er »Deutschlands Strom, nicht Deutschlands Grenze« sein solle, davon wurden die Deutschen jedoch erst während der nationalen Gefühlswelle der vierziger Jahre überzeugt. Die Empörung griff 1840 tief genug, um den Rhein nicht nur zu einem Symbol der Nation zu erheben, sondern auch zu einem Symbol der Feindschaft. Das übelklingende Wort von der Erbfeindschaft entstand erst sehr viel später; es verband sich fast allzu selbstverständlich mit dem preußischen Staat. Preußen hatte in der Krise des Jahres 1840 den Ehrentitel einer ›Wacht am Rhein‹ deshalb erhalten, weil von Bingen bis zur holländischen Grenze der Rhein durch preußisches Territorium floß und neben der bayerischen Pfalz alles linksrheinische Gebiet preußisches Gebiet war.

Mit dem neuen Regiment in Preußen verband sich in weiten Gebieten Deutschlands die Überzeugung, daß die Restaurationsära Metternichs nunmehr ihren entscheidenden Bruch erhalten würde. Richtig war die Erwartung, daß Friedrich Wilhelm IV. eine Reform des Deutschen Bundes anstrebte, ihn straffer organisiert wissen wollte, zumal unter militärischen Gesichtspunkten. Richtig war, daß seine Regierung in scharfem Gegensatz zu dem Regiment seines Vorgängers und Vaters Friedrich Wilhelm III. stand. Das zeichnete sich bereits durch die persönlichen Eigenschaften ab. Neben Friedrich dem Großen war der König der phantasievollste, begabteste, intelligenteste aller Hohenzollernfürsten, ein politisch ungemein engagierter Herrscher, aufmerksam, umfassend gebildet, kenntnisreich bis in kleinste Details. Schon in seinen ersten Entscheidungen dokumentierten sich Erziehungsgrundsätze seines einflußreichsten Lehrers, Johann Peter Friedrich Ancillons. Dieser frühere Hugenottenprediger und Historiker an der Berliner Militärakademie hatte dem Kronprinzen Wesentliches vom Geist der deutschen Bewegung vermittelt, und so gut wie alle Freunde und Ratgeber, die der König später um sich sammelte, waren von dieser Bewegung geprägt worden. Die Deutsche Bewegung, die erste manifeste Selbstfindung deutscher Eigenheit seit dem späten Mittelalter, war in ihrer Wirkung innerhalb Deutschlands genauso fundamental wie in ihrem Einfluß auf Europa. Zu ihr zählten alle großen Namen der deutschen Dichtung und Philosophie, der Geschichtsforschung und Staatslehre, des Neuhumanismus, der Romantik. Man geht mit der Feststellung nicht zu weit, daß alle, die eingangs des 19. Jahrhunderts in Deutschland Anspruch auf Rang und Namen besaßen, zur Deutschen Bewegung zählten. Sie wurden durch sie geeint. Aber zu ihr gehörten auch gewaltige Mißverständnisse und Gegnerschaften. Charakteristisch dafür ist etwa die tiefe Abneigung zwischen Goethe und den Romantikern.

Friedrich Wilhelm IV.
von Preußen
vor Schloß Charlottenhof
Gemälde von Franz Krüger

Durch Ancillon, einen Vetter von Friedrich Gentz, dem klugen Ratgeber Metternichs, wurde Friedrich Wilhelm IV. auch auf das Stabilitätsprinzip des Staatskanzlers fixiert, auf den Antikonstitutionalismus, die unerschütterliche Überzeugung vom absoluten Vorrang der Monarchie von Gottes Gnaden, die noch durch die besondere Gläubigkeit der preußischen Erweckungsbewegung gestärkt wurde, welche Friedrich Wilhelm IV. sein Leben lang bestimmte. Aus dem christlich-germanischen Ideengut erwuchs auch sein Glaube, daß die beste Form der politischen Ordnung für Deutschland der Ständestaat mittelalterlicher Herkunft sei. Wenn Reformen in Preußen, dann mußten sie darin bestehen, einen solchen ständischen Aufbau durchzuführen.

Von diesen Grundzügen wich der König niemals ab. Später erwiesen sich seine politischen Entscheidungen wiederholt als erheblich fundierter und zutreffender als die Vorschläge seiner Ratgeber, die er gern anhörte, um unterschiedliche Meinungen kennenzulernen. Das hatte nichts mit Wankelmut oder Sprunghaftigkeit zu tun, die ihm so häufig unterstellt worden sind. Der König besaß klar umrissene Vorstellungen von der Funktion des Monarchen und seinem Staat. Das gängige Bild dieses witzigen, gemütlichen, selbstironischen Königs, das sich bis heute erhalten hat, weist so wenig Majestätisches auf, weil ihm das Holzschnittartige fehlt, das dem Porträt eines Herrschers auf dem Thron der Hohenzollern wesensmäßig zuzugehören scheint. Friedrich Wilhelm IV. war eine zu nervöse, sensible, komplexe Natur, allem Musischen und

»Ich habe ein Faible für diesen König. Ich glaube, wir sind uns ähnlich ein wenig. Ein vornehmer Geist, hat viel Talent. Auch ich, ich wäre ein schlechter Regent.« – Heinrich Heine über Friedrich Wilhelm IV.

auch Extravaganten gegenüber viel zu aufgeschlossen, als daß das simple Bild eines Monarchen ihm gerecht werden könnte. Viele Handlungen und Entschlüsse, die einer Unsicherheit oder gar der persönlichen Schwäche des Königs zu entspringen schienen, ergaben sich aus seinem reichen und phantasievollen Charakter, dem sich die Ereignisse und Situationen in mehreren Perspektiven präsentierten. So viel Differenziertheit mutete Bismarck höchst unköniglich an.

Die politischen Grundvorstellungen, denen Friedrich Wilhelm IV. Geltung verschaffen wollte, stellten damals so ziemlich das Gegenteil von flammenden Ideen dar. Der König stand unerschütterlich zu ihnen, obgleich sie sich unter keinen Umständen verwirklichen ließen. Gerade hier liegt der augenfällige Unterschied zu seinem zwei Jahre jüngeren Bruder und Nachfolger Wilhelm, der nur vorübergehend eine nachsichtigere Haltung gegenüber modernen Prinzipien wie dem Liberalismus oder dem Konstitutionalismus bewies. So ist es mehr als nur eine belustigende Assoziation, wenn der Großadjutant Friedrich Wilhelms IV. seine Stellung wiederholt mit derjenigen des Grafen Kent in Shakespeares ›König Lear‹ verglich. Seine Klagen über den »wunderlichen Herrn« rissen niemals ab; dennoch hielt er – christlich wie alle preußischen Hochkonservativen – bedingungslos daran fest, daß auch einem wunderlichen König von Gottes Gnaden zwar kräftig widersprochen werden dürfe, daß ihm aber trotz aller Wunderlichkeit die Treue gehalten, ihm gedient werden müsse.

Marseillaise der Hungernden

Das Drängen der Liberalen auf innenpolitische Reformen sollte die Verfassungsfrage aus ihrer seit Friedrich Wilhelm III. bestehenden Zementierung lösen. Obwohl ihre Agitation große Wirkungen auch außerhalb Preußens auslöste, verspannte sich die innere Situation unerwartet heftig durch die plötzliche Aktualisierung der sozialen Frage. Schlesien war damals ein wichtiges Produktionsgebiet für Textilien. Die Webereien befanden sich im Besitz weniger Unternehmer. Die Arbeiter waren abhängig von den Löhnen, die ihnen nach Gutdünken gezahlt wurden. 1842/43 setzte eine Absatzkrise ein, von der die schlesischen Fabriken besonders empfindlich getroffen wurden. Die Unternehmer versuchten durch Kürzung der ohnedies mehr als niedrigen Löhne konkurrenzfähig zu bleiben. Schließlich trieb der nackte Hunger die Arbeiter in den größten Weberzentren zu offenem Aufruhr. Die Verzweiflung der Weber und Spinner schlug sich in dem Lied ›Das Blutgericht‹ nieder, das im Frühsommer 1844 in den Textildistrikten von den Arbeitern gesungen wurde. Ein Freund von Karl Marx bezeichnete es als ›die Marseillaise der Notleidenden‹. Seine Verse spiegelten das Elend der Arbeiter so eindringlich wider, daß es von Gerhart Hauptmann in sein Drama ›Die Weber‹ aufgenommen wurde, mit dessen Realismus er 1893 ungeheures Aufsehen erregte. Da hieß es: »Hier wird der Mensch langsam gequält, / hier ist die Folterkammer, / hier werden Seufzer viel gezählt / als Zeugen von dem Jammer. // Ihr Schurken all, ihr Satansbrut, / ihr höllischen Dämone, / ihr freßt der Armen Hab und Gut, / und Fluch wird euch zum Lohne. // Was kümmert's euch, ob arme Leut / Kartoffeln satt könn' essen, / wenn ihr nur könnt zu jeder Zeit / den besten Braten fressen. // Hier hilft kein Bitten und kein Flehn, / umsonst ist alles Klagen. / ›Gefällt's euch nicht, so könnt ihr gehn / am Hungertuche nagen‹.«

Die schlesischen Weber im Jahr ihres Aufstandes
Zweitfassung des Gemäldes von
Carl Wilhelm Hübner, 1844

Am 4. Juni 1844 wurde ein Arbeiter in Peterswaldau, der das Lied sang, verhaftet. Seine Kollegen verlangten die Freilassung. Als sie damit keinen Erfolg hatten, stürmten sie das Fabrikgebäude und zerstörten die Maschinen. Dasselbe wiederholte sich in einigen anderen Unternehmen des Städtchens. Anschließend zogen die Weber in den Nachbarort Langenbielau, drangen dort ebenfalls in die Fabriken ein und demolierten die Anlagen. Die siebzehntausend Einwohner beider Orte lebten fast ausschließlich von der Weberei. Von den Behörden wurde militärische Hilfe angefordert. Am 5. und 6. Juni rückten Truppen an. In Langenbielau erhielten die Soldaten Feuerbefehl. Durch drei Gewehrsalven in eine Arbeitermenge vor dem Haus eines Unternehmers wurden elf Menschen getötet, unter ihnen Frauen und Kinder, vierundzwanzig wurden verwundet. Marx und Engels deuteten diese Aufstände als ein Fanal: »Diese Unruhen, die blutig unterdrückt wurden, Erhebungen von Arbeitern, die sich nicht gegen die Regierung, sondern gegen die Unternehmer richteten, machten tiefen Eindruck und gaben der sozialistischen und kommunistischen Propaganda unter den Arbeitern neuen Antrieb.«

Hunger und Verzweiflung

Offizielle Abhülfe

Der Weberaufstand
in sozialkritischer Sicht
Stich, 1848

Tiefen Eindruck machten die Unruhen tatsächlich, doch die Propaganda hatte keineswegs denjenigen Erfolg, den sich Marx erhoffte. Soziologisch bestand damals noch kein Terrain für eine zusammenhängende Arbeiterbewegung. Aus diesem Grund konnte sich auch die Revolution 1848 von der politischen Erhebung nicht zur sozialen weitertreiben lassen. Den Webern, die das Elend der Proletarier in die Welt schrien, ging es lediglich um Mindestlöhne in einer Höhe, die sie vor dem Verhungern bewahrte, und bestenfalls um eine Bezahlung, die sie von Not befreite; es ging ihnen nicht um Klassenkampf und Weltrevolution. Die Theorie und Geschichtsphilosophie von Marx wirkte nur auf philosophisch geschulte Köpfe; die ausgebeuteten Arbeiter verstanden sie nicht und hatten weit massivere Sorgen. Der vierundzwanzigjährige Schriftsetzer Stephan Born, der einzige Arbeiter, der während der Revolution ernstlich versuchte, die Arbeiter organisatorisch zusammenzufassen, und schon am 18. März 1848 in Berlin die Gewerbevereine zusammenschloß und ein ›Zentralkomitee für Arbeiter‹ gründete, war ursprünglich mit Marx und Engels befreundet. Sie schickten ihn als Abgesandten ihres Kommunistenbundes nach Deutschland. Doch hier wurde Born durch die Nöte der Praxis rasch von aller Theorie geheilt. Er war durch den Einblick in die wirkliche Situation der Arbeiter überzeugt, daß zu seiner Zeit nur unmittelbare soziale Reformen das Programm sein konnten: »Man hätte mich ausgelacht und bemitleidet, hätte ich mich als Kommunisten ausgegeben. Das war ich auch nicht mehr. Was kümmerten mich entfernte Jahrhunderte, wo jede Stunde mir dringende Aufgaben und Arbeit in Fülle darbot.«

»Eine kühne Parole des Kampfes, worin das Proletariat sogleich seinen Gegensatz gegen die Gesellschaft des Privateigentums in schlagender, scharfer, rücksichtsloser, gewaltsamer Weise herausschreit.« – Karl Marx über das ›Weberlied‹

Die Idee des Klassenkampfes war auf eine andere industrielle Situation angewiesen als auf diejenige des Jahres 1848 und der vorangegangenen Zeit in Deutschland. Sie stieß erst rund zwei Jahrzehnte später auf wirksame Resonanz bei den Arbeitern: Ihr prozentualer Anteil in der Wirtschaft war in die Höhe geschnellt. In Preußen waren um die Jahrhundertmitte zwischen fünf und zehn Prozent in Fabriken beschäftigt; in der Rheinprovinz lag der Anteil knapp über dreizehn Prozent; in den baltischen Gebieten betrug er nur drei Prozent. Im Jahr 1895 dagegen ermittelte die Gewerbestatistik, daß ein Drittel der Gesamtbevölkerung zur Klasse der ›Vollblutproletarier‹ zählte, und die Zahl verdoppelte sich, wenn man die sogenannten proletarischen Existenzen hinzurechnete. Es war eine Konsequenz der Bevölkerungsumschichtung, daß inmitten dieser Aufwärtsbewegung 1863 von Ferdinand Lassalle der ›Allgemeine Deutsche Arbeiterverein‹ und sechs Jahre später von Wilhelm Liebknecht und August Bebel die ›Sozialdemokratische Arbeiterpartei‹ gegründet wurden.

Aufhebung der Selbstentfremdung

Das Proletariat, wie es der junge Privatgelehrte Karl Marx beschrieben und als treibendes Moment der Weltgeschichte theoretisch sanktioniert hat, bestand 1848 kaum in Ansätzen. Trotzdem nahm seine Theorie von der historischen Rolle der Arbeiterklasse eine universalere Dimension an als jede andere Theorie der Geschichte. Marx hatte zunächst Rechtswissenschaft studiert, dann Geschichte und schließlich Philosophie. Die Etappen dieses Studienweges verraten seine persönliche Veranlagung, denn er war letztlich ein Philosoph von Geblüt. Ein Freund kündigte ihn einmal mit der Beteuerung an: »Du kannst Dich darauf gefaßt machen, den größten, vielleicht den einzigen jetzt lebenden Philosophen kennen zu lernen, der aber der mittelalterlichen Religion und Politik den letzten Stoß versetzen wird; er verbindet mit dem tiefsten philosophischen Ernst den schneidendsten Witz.«

»Was Marx sagte, war in der Tat gehaltreich, logisch und klar. Aber niemals habe ich einen Menschen gesehen von so verletzender unerträglicher Arroganz des Auftretens.« – Carl Schurz

Charakteristisch für Karl Marx war die Kombination von Leidenschaft und Rationalität, Emotion und nüchternstem Denken. Er besaß die Gabe, grenzenlos zu hassen und zugleich in äußerster Kälte zu analysieren. Davon wurden sowohl sein privates Verhalten als auch sein gesamtes philosophisches und schriftstellerisches Werk geprägt. Hinzu kam, daß er bohrend hartnäckig in Tuchfühlung mit der Wirklichkeit zu bleiben versuchte, allerdings immer nur vom Schreibtisch aus, nie an Ort und Stelle, neben den Arbeitern, mit ihnen, in der Fabrik, in ihren Wohnungen, mit ihren bedrängendsten Sorgen. Besonders stark wurde Marx von moralisierendem Geschwätz angeekelt; so kritisierte er die bürgerliche Heuchelei ätzend und bösartig. Persönlich war er durch und durch aufrichtig, unverblümt bis zur Unhöflichkeit und Arroganz, fanatisch unduldsam. Durch seinen intellektuellen Mut und seine dogmatische Direktheit schuf er sich eine unübersehbare Zahl regierungsoffizieller Feinde und stieß sein ganzes Leben lang viele Freunde vor den Kopf.

Karl Marx

Marx sah in Georg Wilhelm Friedrich Hegel nicht nur den großen Lehrmeister, sondern auch seinen schärfsten Gegner. So wurde etwa Hegels Lehre von der Dialektik als dem Entwicklungsprinzip der Menschheitsgeschichte für Marx unentbehrlich, aber er setzte die dialektische Methode in einer völlig anderen Weise ein als Hegel. Im Nachwort zur zweiten Auflage seines Hauptwerkes ›Das Kapital‹, dessen erster Band nach mehr als zwanzigjähriger Arbeit 1867 erschienen war, schrieb Marx: »Ich bekannte mich offen als Schüler jenes großen Denkers. Die Mystifikation, welche die Dialektik in Hegels Händen erleidet, verhindert in keiner Weise, daß er ihre allgemeinen Bewegungsformen zuerst in umfassender und bewußter Weise dargestellt hat. Sie steht bei ihm auf dem Kopf. Man muß sie umstülpen, um den rationellen Kern in ihrer mystischen Hülle zu erkennen.« Das Motiv des Umdrehens ist ein Hauptansatz in der Geschichtsphilosophie von Marx, ebenso allerdings ein persönlicher Grundantrieb seines Denkens. Er notierte einmal kategorisch: »Bisher haben die Philosophen die Welt nur verschieden interpretiert; es kommt aber darauf an,

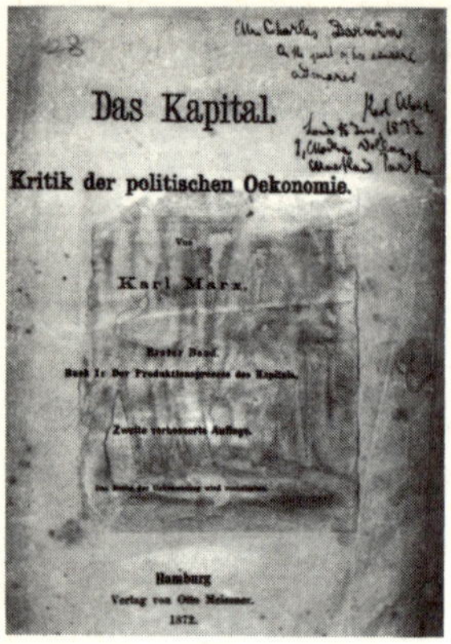

Karl Marx' Darlegung der Entwicklungstendenzen im kapitalistischen Jahrhundert
Titelseite eines Exemplars der zweiten, 1872 in Hamburg erschienenen Auflage des ersten Bandes mit Widmung an Charles Darwin vom 16. Juni 1873

Soziales Elend: Einraumwohnung einer Schusterfamilie in Berlin
Lithographie von Theodor Hosemann, 1845

sie zu verändern.« Später versicherte er: »Es ist nicht das Bewußtsein der Menschen, das ihr Sein, sondern umgekehrt ihr gesellschaftliches Sein, das ihr Bewußtsein bestimmt.«

Von dieser Sicht aus entwickelte Marx ein besonderes Verhältnis von Theorie und Praxis. So wie das Denken niemals beziehungslos über der Wirklichkeit schweben könne, so hätten auch Philosophie und Wissenschaft höchst praktische Konsequenzen. Als Quintessenz seiner Überlegungen und als Leitfaden seiner philosophischen Bemühungen, die auf die Grundlegung eines ›wissenschaftlichen Sozialismus‹ hinausliefen, umriß er die Grundsituation des Menschen: »In der gesellschaftlichen Produktion ihres Lebens gehen die Menschen bestimmte, notwendige, von ihrem Willen unabhängige Verhältnisse ein, die einer bestimmten Entwicklungsstufe ihrer materiellen Produktivkräfte entsprechen. Die Gesamtheit dieser Produktionsverhältnisse bildet die ökonomische Struktur der Gesellschaft, die reale Basis, worauf sich ein juristischer und politischer Überbau erhebt, und welcher bestimmte, gesellschaftliche Bewußtseinsformen entsprechen. Die Produktionsweise des materiellen Lebens bedingt den sozialen, politischen und geistigen Lebensprozeß überhaupt.«

Die Philosophie von Karl Marx, der historische Materialismus, setzt also bei einer praktisch verstandenen Wirklichkeit an, geht von der ökonomisch-gesellschaftlichen Situation des Menschen aus. Marx sah darin eine bewußte Radikalität: »Radikal sein heißt eine Sache bei der Wurzel anpacken. Die Wurzel für den Menschen ist aber immer der Mensch selbst.« Die Situation des Menschen, so wie sie Marx vorzufinden glaubte, war von Not, Armut und Elend bestimmt.

Hier setzten alle Bemühungen des Sozialismus im 19. Jahrhundert an. Sozialismus war damals ganz allgemein nichts anderes als die theoretische Zusammenfassung sämtlicher Bemühungen, die Bedrängung der Arbeiter, die soziale Frage, zu lösen. Die Notlage der Arbeiter betrachtete Marx jedoch nicht, wie immer wieder behauptet worden war, als selbstverschuldet oder als Folge eines außerpersönlichen Geschicks. Er beschrieb diese Grundsituation vielmehr als einen Mißstand, der sich zwangsläufig aus der Gesellschaft selbst, aus der Art des gesellschaftlichen Zusammenlebens entwickelt hatte.

Das Bündel aller Tendenzen, die zur Verelendung des Menschen geführt haben sollten, faßte Marx in der Vokabel ›Selbstentfremdung‹ zusammen. Mit Selbstentfremdung meinte er unter anderem eine unangemessene Mehrerzeugung von Gütern, einen überschießenden Reichtum, der deshalb so verwerflich sei, weil die Menschen dadurch von ihren eigenen Produkten immer stärker abhängig würden; diese unnötigen Produkte würden neue Bedürfnisse wecken und damit wiederum neue, zusätzliche Abhängigkeiten veranlassen. Durch die Bedürfnisse und durch die Steigerung der Begehrlichkeiten, die man dadurch erzeuge, würde der Mensch immer fester an die Güter gefesselt, und dadurch würde sich der Graben zwischen Armen und Reichen, Besitzlosen und Besitzenden, unaufhaltsam vertiefen. Treibend dabei seien: Gier, Betrug, Machttrieb, Ausbeutung.

Der Prozeß der fortschreitenden Selbstentfremdung spielt sich in der Sicht von Karl Marx geschichtlich als wirtschaftliche Expansion ab, nämlich als gesellschaftliche Produktion. In seiner Zeit, im 19. Jahrhundert, waren die Produktionsverhältnisse durch die kapitalistische Wirtschaftsordnung bestimmt, deren Entwicklung mit äußerster Schnelligkeit ihrem kritischen Höhepunkt entgegentrieb. Marx skizzierte dies so: »Die besitzende Klasse und die Klasse des Proletariats stellen dieselbe menschliche Selbstentfremdung dar. Aber die erste Klasse fühlt sich in dieser Selbstentfremdung wohl und bestätigt, weiß die Entfremdung als ihre eigene Macht und besitzt in ihr den Schein einer menschlichen Existenz; die zweite fühlt sich in dieser Entfremdung vernichtet, erblickt in ihr die Ohnmacht und die Wirklichkeit einer unmenschlichen Existenz.«

Die Selbstentfremdung des Menschen findet nach Marx erst dann ihr Ende, wenn sich der Widerstreit zwischen Privateigentum und Proletariat auflöst, und zwar in der Zerstörung der bürgerlich-kapitalistischen Klassengesellschaft und Vernichtung der entsprechenden ökonomischen Grundlage. Die Entfremdung rückgängig machen heißt positiv, daß sich der Mensch, der sich selbst fremd geworden ist, total wiedergewinnt und sich damit auch wieder »die Welt aneignet«. Hier lag für Marx der oberste, der einzige Sinn der Geschichte. Als ökonomische Konsequenz ergibt sich daraus die kategorische Forderung, den Privatbesitz zu enteignen – bis heute ein Richtpunkt aller systemtreu kommunistischen Staaten. Erst dann könne, wie Marx beteuerte, das Reich wirklicher Freiheit beginnen, nämlich der Freiheit von Ausbeutung, Elend und Zwang in der klassenlosen Gesellschaft: »In der bürgerlichen Gesellschaft ist die lebendige Arbeit nur ein Mittel, die aufgehäufte Arbeit zu vermehren. In der kommunistischen Gesellschaft ist die aufgehäufte Arbeit nur ein Mittel, um den Lebensprozeß der Arbeiter zu erweitern, zu bereichern, zu befördern.« Erst die klassenlose Gesellschaft ermögliche die totale Emanzipation des Menschen.

Ein alter Menschheitstraum: die klassenlose Siedlung
Stich von Daniel Chodowiecki, vor 1792

Sehnsucht nach dem Paradies

Einer der Hauptbegriffe, die Wesentliches von der Geschichte umreißen, ist der Ausdruck ›Veränderung‹. Er besagt in einem elementaren Sinn nichts anderes, als daß sich Geschichte immer nur als beständige Veränderung zuträgt. Hier besitzt der Vergleich mit dem einzelnen Menschen seinen guten Sinn: Wie im persönlichen Leben, so herrscht auch in der Geschichte ununterbrochene Veränderung, alles wechselt. Dem Grundsatz des Wechsels hat vor zweieinhalbtausend Jahren der griechische Philosoph Heraklit eine besondere Fassung gegeben. Er erhob die unaufhörliche Veränderung, die sichtbar wird im Widerstreit der Gegensätze, im Wechsel der Widersprüche, zum Prinzip der Welterklärung. Heraklit formulierte damit das dialektische Prinzip der Geschichte.

Hegel und sein Schüler Marx versuchten in der Tradition Heraklits der Realdialektik der Geschichte – dem Umstand, daß die Auflösung aller früheren Formen der Völker, Staaten, Kulturen, Gesellungsweisen durch widerstreitende Tendenzen die unbedingte Voraussetzung für die Gestaltung des Späteren ist – eine Systemdialektik abzugewinnen, um den Geschichtsverlauf nach unverbrüchlichen Gesetzen darstellen zu können. Weder Hegel noch Marx hatten dabei Erfolg. Marx und Engels behaupteten, daß der Motor des historischen Prozesses, die wichtigste Triebkraft der Geschichte, ihr entscheidendes Bewegungsgesetz, der Klassenkampf sei. Dieser Kampf der gesellschaftlichen Klassen gegeneinander habe sich in der unterschiedlichsten Weise abgespielt. Er sei stets abhängig von der ökonomischen Struktur der jeweiligen Gesellschaft und nicht von den geistigen, religiösen, politischen Verfassungen, ihrem ideologischen Überbau. Das ist eine prinzipielle These des historischen Materialismus, eine These, die sich weder theoretisch beweisen noch durch historisches Erfahrungsmaterial abstützen läßt. So richtig es ist, die ökonomischen Faktoren und Interessen zu den einflußreichsten Kräften der Geschichte zu zählen, so wenig läßt sich die Historie zu einer bloßen Geschichte von Klassenkämpfen einengen und deformieren.

»Marx ist der Ökonom gewordene Hegel.« – Ferdinand Lassalle

Marx visierte als Ziel der Geschichte einen Gesellschaftszustand an, in dem es keinerlei Klassen mehr geben wird. Georg von Lukács, einer der führenden marxistischen Denker des 20. Jahrhunderts, kommentierte: »Der Endzweck des (marxistischen) Sozialismus ist utopisch in dem gleichen Sinn, wie er über den wirtschaftlichen, rechtlichen und sozialen Rahmen der heutigen Gesellschaft hinausgeht und nur durch Vernichtung dieser Gesellschaft verwirklicht werden kann.« Das ist Kriegserklärung sowie irreale Hoffnung, das garantiert den Momenten versessener Bösartigkeit in den politischen Gegensätzen unserer Gegenwart Dauer. Die Hoffnung auf ein Reich des harmonischen Zusammenlebens der Menschen, des ewigen Friedens, der absoluten Gerechtigkeit und schrankenlosen Freiheit ist so original wie die Sehnsucht des Menschen nach dem Paradies, seit Adam und Eva aus dem Garten Eden vertrieben worden sind.

An der utopischen Natur des Marxismus ist nicht zu rütteln. Karl Marx argumentierte mit extrem metaphysischer Leidenschaftlichkeit: Der Mensch wird von der Geschichte unweigerlich einem Zustand entgegengeführt, in dem es buchstäblich nichts Schlechtes mehr gibt. So handelte es sich bei Marx letztlich um einen Visionär, der in sozialökonomische Lehrsätze verpackte Erlösungshoffnungen von den Übeln dieser Welt lieferte, einem Traum nachging, der spätestens seit den Propheten des Alten Testaments die Menschen bewegt. Nicht durch die komplizierten, unterdessen längst als fast durchweg falsch erwiesenen wirtschaftlichen Analysen und Voraussagen des ›Kapitals‹ wurden die Arbeiter mobilisiert, sondern durch die Verheißungen der Erlösung, die von Marx und Engels 1848 in den Formeln des ›Kommunistischen Manifests‹ hinausgeschleudert wurden, durch die glühenden Appelle an die Proletariermassen der ganzen Erde, die in einer kommunistischen Revolution nichts zu verlieren hätten als ihre Ketten, dafür aber eine Welt zu gewinnen. Solche Hoffnungen bewegen jenseits aller kommunistischen Gesellschaftstheorien, Dogmenzwänge und Fünfjahrespläne, jenseits aller Illusionen, wirtschaftlichen Mißerfolge und gesellschaftlichen Ungerechtigkeiten Millionen und aber Millionen von Menschen nach wie vor im tiefsten Inneren.

Marx hatte entschiedener als jeder andere Denker in der Weltgeschichte die soziale Realität des Menschen in den Mittelpunkt seiner Überlegungen gestellt. Er und sein Freund Engels reklamierten für sich das Verdienst, mit dem Nachweis angeblich völlig gesicherter Gliederungs- und Entwicklungsgesetze den utopischen Sozialismus derjenigen, denen es lediglich in einer sentimentalen Abart christlicher Nächstenliebe um die Not der Armen gegangen sei, durch den ›wissenschaftlichen Sozialismus‹ ersetzt zu haben. Richtig daran ist, daß der Sozialismus von Karl Marx philosophisch in ein geschlossenes System gebracht worden ist. Er stellte Methoden und Kategorien bereit, die als hochwirksame Mittel im gesellschaftlich-politischen Kampf eingesetzt werden konnten. Ein derartiger Effekt war bis dahin von keiner anderen Theorie erreicht worden. Diese Einheit von Theorie und praktischer Politik postulierte Marx schon als Fünfundzwanzigjähriger. Die Sätze, die er damals schrieb, schlugen das Motto seines ganzen Lebenswerkes an: »Der Kopf der Emanzipation des Menschen ist die Philosophie. Ihr Herz ist das Proletariat. Die Philosophie kann nicht verwirklicht werden ohne die Aufhebung des Proletariats, das Proletariat kann sich nicht aufheben ohne Verwirklichung der Philosophie.«

Das Problem, wie die Lehren des historischen und dialektischen Materialismus richtig zu verstehen und auszulegen sind, beschäftigte schon zu Lebzeiten von Marx und Engels die Gemüter ihrer Anhänger und Freunde. Es beunruhigte sie, es irritierte sie aber auch bis zu unversöhnlicher Feindschaft. So blieb der Theorie von Marx das Schicksal vieler anderer Religionen nicht erspart, das Schicksal, von den Jüngern und späteren Glaubensgemeinden nach dem Tod des Stifters und Meisters unterschiedlich interpretiert oder gelehrt zu werden. Dabei beriefen sich die Marxisten jeder Schulrichtung hartnäckig darauf, nichts anderes zu verkünden, als Marx und Engels selbst gelehrt und behauptet hätten. Heute, weit über ein Jahrhundert nach dem Erscheinen des ›Kapitals‹, existiert eine Vielzahl von marxistischen Schulen, die sich untereinander mindestens genauso erbittert bekämpfen, wie sie alles befehden, was sie als bürgerlich bezeichnen, und von denen sich dennoch jede als legitime Nachfolgerin und Interpretin von Marx und Engels betrachtet.

Im Sinne des ›Kommunistischen Manifests‹: das Banner der Internationale für den Gründungskongreß in Basel im September 1869

Die ›Rheinische Zeitung‹

Im Zensurwesen des Vormärz, der Restaurationsära des Fürsten Metternich, kam der Behauptung, daß die liberale Presse die Gemüter beunruhige, besondere Geltung zu. Unter dem Verdacht solcher Beunruhigung litten die meisten deutschen Publikationsorgane, die sich durch politisches Interesse und ein höheres Niveau auszeichneten, aber den restaurativen Grundsätzen nicht folgten und deshalb als aggressiv galten. Es erregte viel Aufsehen im Deutschen Bund, als der preußische Staatskanzler Fürst von Hardenberg Anfang Januar 1816 den ›Rheinischen Merkur‹ von Joseph Görres verbieten ließ, das berühmteste Kampfblatt aus der Zeit der Befreiungskriege. Ein Vierteljahrhundert danach hatte es ein anderes Presseorgan mit ähnlichen Widrigkeiten zu tun, obschon unter völlig anderen Umständen und bei einer gänzlich anderen Zielsetzung.

Verfolgung und Unterdrückung der Intellektuellen im Vormärz Lithographie, um 1843

Die Erwartungen der liberalen Demokraten, daß sich mit dem Regierungsantritt Friedrich Wilhelms IV. sichtbare Fortschritte in der politischen Szenerie verbinden würden, hielten sich fast zwei volle Jahre. Die Lockerung der Zensur durch die Instruktion vom 24. Dezember 1841 schuf die äußeren Voraussetzungen für die Gründung einer politischen Tageszeitung großen Stils, die bereits lange geplant und vorbereitet worden war und die im Rheinland der beherrschenden ›Kölner Zeitung‹ und ihrem eingeschworenen Klerikalismus, der auf Monopolisierung der Meinungsbildung abzielte, die Waage halten und ihr womöglich sogar den Rang ablaufen sollte. Der Plan zur Gründung dieser ›Rheinischen Zeitung‹ war das Ergebnis von Initiativen junger, führender Unternehmer und Kaufleute, die genügend Intelligenz besaßen, um den direkten Zusammenhang zwischen Geschäftserfolgen und politischer Aktivität nicht zu unterschätzen. Zu den Förderern und Freunden zählten so bedeutende Leute wie die Bankiers Hermann von Beckerath und Ludolf Camphausen, die Industriellen Johann Maria Farina, David Justus Hansemann und August von der

»Seit seinem kurzen Bestehen hat dieses Blatt ein Terrain gewonnen, das fast ans Fabelhafte grenzt. Von allen Seiten strömen ihm Beiträge zu.« – Ein Wiener Berichterstatter im Oktober 1842

Heydt und der Großkaufmann Gustav von Mevissen, alles führende Persönlichkeiten der rheinischen Wirtschaft und herausragende Vertreter des politischen Bürgertums, die sich später auch als Delegierte, Abgeordnete oder Minister für ihre Ideen einsetzten.

Die erste Nummer der ›Rheinischen Zeitung‹ erschien zu Neujahr 1842. Das Echo in weitesten liberalen Kreisen Deutschlands war überraschend stark. Das Blatt rückte mit einem Schlag an die Seite der ›Augsburger Allgemeinen Zeitung‹, die bis dahin unangefochten an der Spitze der Presseorgane rangierte, ja es stellte sie durch die Entschiedenheit der Urteile und die prägnante Diktion bei überlegener Gedankenführung rasch in den Schatten. Charakteristisch für das Debüt der ›Rheinischen Zeitung‹ war ihr ausgeglichenes nationales Fortschrittsprogramm. Die Geschäftsführung der Zeitung wünschte, daß »geradeaus vom Standpunkt der Vernunft und Moral auf die politischen Rechte losgesteuert werde«. Im Wirtschaftlichen trat das Blatt entschieden für den Freihandel ein. Wohlwollen bei den Behörden erwarb es sich anfangs durch die erklärt preußische Ausrichtung. Das Konzept einer preußischen Hegemonie in Deutschland wurde von dieser Zeitung geradezu enthusiastisch vertreten.

Die wichtigsten Mitarbeiter entstammten dem linken Flügel der philosophischen Nachfahren Hegels, dem Junghegelianismus. Die ›Rheinische Zeitung‹ wurde so zum Produkt einer bemerkenswerten Verbindung zwischen rheinischem Unternehmertum einerseits und linksspekulativer Philosophie sowie revolutionär-republikanischer Freiheitsliteratur des ›Jungen Deutschland‹ andererseits. Der grundsätzliche Widersinn einer solchen Verbindung konnte längere Zeit dadurch kompensiert werden, daß das aufblühende bürgerliche Selbstbewußtsein in jenen Jahren nicht mehr nur seine zustehenden Rechte im Staat gesichert sehen, sondern den Staat selbst bürgerlich-fortschrittlich umgestalten wollte.

Bis in den Hochsommer 1842 stand der Junghegelianer Adolph Rutenberg an der Spitze des Blattes, im wesentlichen allerdings nur als technisch arbeitender Strohmann. Bei der Planung hatten die Herausgeber 1841 auch an Friedrich List als Chefredakteur gedacht. Das Profil der Zeitung wurde nicht von Rutenberg, sondern von einem Kreis ausgesucht eigenwilliger Mitarbeiter modelliert, von Politikern, Sozialphilosophen, Dichtern und Schriftstellern wie Bruno und Edgar Bauer, Ludwig Buhl, Wilhelm Carové, Franz Dingelstedt, Friedrich Engels, Moritz Fleischer, Julius Fröbel, Karl Heinzen, Georg Herwegh, Moses Hess, Eduard Meyen, Carl Nauwerck, Robert Eduard Prutz, Lorenz Stein, Max Stirner und vor allem Karl Marx. Nicht nur die Anhäufung so gewichtiger Namen, sondern auch jede einzelne dieser Persönlichkeiten verkörperte ein Programm scharf liberal-demokratischer und sozial-republikanischer Opposition im Vormärz.

Die Behörden wurden bald aufmerksam. Rutenberg mußte aus der Sichtlinie der verärgerten Regierung gebracht werden. Seit Oktober 1842 zeichnete Karl Marx als verantwortlicher Redakteur. Der junge Chef, vierundzwanzig Jahre alt, frisch promoviert, befand sich in der Orientierungsetappe seines Weges. Durch ihn wurde die ›Rheinische Zeitung‹ auf eine durchdringende Tonart eingestimmt. Die maßvolle Opposition während der ersten Monate, die von der Regierung schon als hinreichend lästig empfunden worden war, verwandelte sich jetzt in eine schonungslose Dauerattacke. Marx konzentrierte sich auf die Kritik innenpolitischer und sozialer Mißstände. Sie war so unverhüllt und massiv, daß sich schließlich der König am 19. Januar 1843 in einer Staatsratssitzung über die »fortgesetzte, staatserschütternde Opposition« der ›Rheinischen Zeitung‹ entrüstete. Zwei Tage später wurde das Blatt verboten. Allerdings mußte die Redaktion nicht augenblicklich die Schreibtische räumen; mit Rücksicht auf die finanziellen Verluste der Aktionäre durfte die Zeitung noch bis zum 31. März erscheinen, unter der Bedingung, daß sie sich strikt an die Zensurbestimmungen hielt.

Karl Marx
als gefesselter Prometheus
Satire auf das durch den
preußischen Kultusminister
am 21. Januar für den
31. März 1843 erlassene
Druckverbot
der von Marx redigierten
›Rheinischen Zeitung‹
Lithographie, 1843

Über Marx schrieb der Zensor höchst scharfsichtig nach Berlin, er sei »der doktrinäre Mittelpunkt des Blattes; ich habe ihn kennengelernt, er stirbt für seine Ansichten, die ihm zur Überzeugung geworden sind«. Die Behörden warfen der ›Rheinischen Zeitung‹ die »Zügellosigkeit« ihrer Sprache und ihre üble Gesamttendenz vor. Sie sei von der Absicht beherrscht, »das Bestehende in Staat und Kirche anzufeinden und zu untergraben und allgemeines Mißvergnügen mit der Staatsverwaltung zu erwecken«. So wird es verständlich, daß die Behörden ungeduldig und energisch betonten, es falle nicht in die Zuständigkeit der Zensur, »auf die Dauer einem auf so hartnäckig festgehaltenen, bösartigen Tendenzen beruhenden Unwesen zu steuern«. Die Aufgabe der Zensur bestehe darin, Gesetzesübertretungen vorzubeugen: »Böswilligkeit der Tendenz und unveränderte Konsequenz in Befolgung eines gemeingefährlichen Systems bei einer Zeitung definitiv zu hindern, ist sie nicht berufen.«

Den Aktionären, die sich mit dem abrupten Ende eines Blattes, das so schnell erfolgreich und berühmt geworden war, nicht abfinden wollten und die Überlegungen anstellten, wie die Zeitung unter Anpassung an die Zensurwünsche fortbestehen könnte, versicherte der Geschäftsführer Georg Jung kategorisch: »Die ›Rheinische Zeitung‹ ist zum Waffenplatz der liberalen Richtung Deutschlands geworden. Ohne Leidenschaft aber kein Kampf. Da hilft kein Ruf vorwärts und zurück; im Kampfe entscheidet der Augenblick. Einzelnes können Sie nicht tadeln. Weisen Sie uns mit Haut und Haar zurück oder akzeptieren Sie uns!« Petitionen gegen das Verbot blieben erfolglos. Der preußische Innenminister Adolf Heinrich Graf von Arnim-Boitzenburg erklärte, daß sich in der Geschichte der preußischen Presse kein vergleichbares Beispiel für die Tendenzpolitik der ›Rheinischen Zeitung‹ finde.

Mit ihrem Verbot endete auch die kurze Spanne der bedingten Pressefreiheit im Preußen des ausgehenden Vormärz. Ein Mitarbeiter schrieb als Nachruf: »Die ›Rheinische Zeitung‹ ist vernichtet, und so hat durch den Fall der drei mächtigsten Organe der öffentlichen Meinung, der ›Deutschen Jahrbücher‹, der ›Leipziger Allgemeinen Zeitung‹ und der ›Rheinischen‹ die jugendliche Volkspresse den Todesstreich empfangen. Nun gibt's im ganzen deutschen Vaterlande kein Blatt mehr, in welchem der Kampf des Prinzips gegen das Prinzip gefochten, kein Blatt mehr, in welchem ein Freiheitsruf gehört werden kann. Nur durch die Presse allein kann das Volk aufgeklärt werden, die Presse aber ist vernichtet.«

»Die freie Presse ist das überall offene Auge des Volksgeistes, das verkörperte Vertrauen eines Volkes zu sich selbst, das sprechende Band, das den Einzelnen mit dem Staat und der Welt verknüpft.« – Karl Marx in seinem ersten Beitrag zur ›Rheinischen Zeitung‹

Politisches Selbstbewußtsein, die Überzeugung, das Sprachrohr der öffentlichen Meinung zu sein, die Notwendigkeit der Volkserziehung und -aufklärung durch die publizistische Arbeit waren den Mitarbeitern der ›Rheinischen Zeitung‹ ein beständiger Ansporn. Zwar hatte hier tatsächlich Prinzip gegen Prinzip gefochten, aber die Fehde war nicht argumentativ entschieden worden, sondern entsprechend den Machtverhältnissen. Das klingt an in dem Fazit, das in der letzten Ausgabe der Zeitung gezogen wurde: »Mit der heutigen Nummer hat die ›Rheinische Zeitung‹ ihre Laufbahn geendet. Der Lebende hat Recht, sagt das Sprichwort, und also der Tote Unrecht – jawohl, der Tote hat immer Unrecht in der Zeit, aus der er schied. – Jawohl, auch die ›Rheinische Zeitung‹ hat gesündigt gegen den Geist der Zeit, und deshalb muß sie zu den Toten gehen; aber zu den Toten, deren Unrecht das Recht einer glorreichen Zukunft ist. Die ›Rheinische Zeitung‹ hat ihre haltlose Basis nie verkannt, sie wußte, daß ihre Existenz auf einer Freiheit beruhte, die ihr geschenkt war und ihrem Wesen nach doch nie geschenkt werden konnte; getäuscht hat sie sich nur in einem Punkt, indem sie nämlich glaubte, es werde das deutsche Volk, sobald man ihm gezeigt, wie dieses Geschenk nur ein Teil seines unwiderruflichen Eigentums ausmache, sich mit allen Kräften, allen Fasern seiner Seele daran festklammern und es als sein Heiligstes wahren. Dies war eine Täuschung, und die ›Rheinische Zeitung‹ mußte zugrunde gehen, weil sie das Produkt einer falschen Prämisse war.«

Freiheit des Wortes, Freiheit des Handels

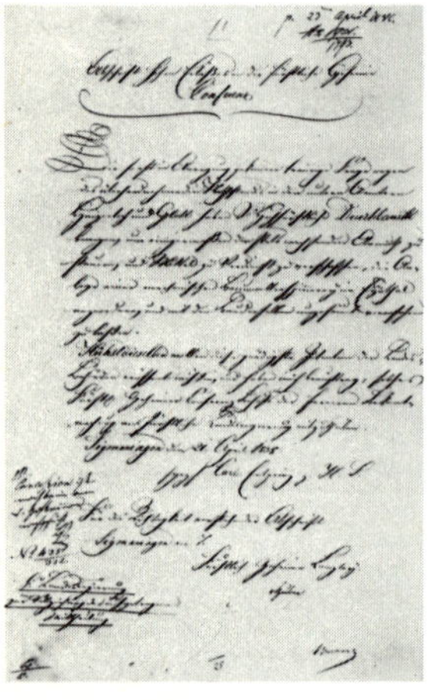

Eine soziale Maßnahme: die Gründung der Baumwollspinnerei Karlstal bei Haigerloch im Jahr 1838 Abschrift des Erlasses durch Karl von Hohenzollern-Sigmaringen

Grundsätzlich liefen die Absichten der rheinischen Unternehmer und diejenigen der Mitarbeiter der Zeitung einander parallel: Freizügigkeit des Handels und ungehemmte Entfaltung der Industrialisierung auf der einen, Freiheit der Meinung und Kritik auf der anderen Seite waren nur verschiedene Perspektiven eines Verhaltens, dessen Berechtigung in der Epoche des Vormärz von Jahr zu Jahr das Odium der anmaßenden Forderung verlor und statt dessen alle Signaturen einer Notwendigkeit gewann. Obgleich sich die proletarisierende Phase der Industrialisierung erst in Ansätzen zeigte, drängte die wirtschaftliche Entwicklung in den deutschen Staaten schon seit den zwanziger Jahren auf grundlegende Veränderungen der politischen Struktur. Die staatliche Gliederung des Deutschen Bundes entsprach nicht den ökonomischen Veränderungen und Bedürfnissen. Das empfanden nicht nur die Unternehmer und Kaufleute oder die liberale Opposition, das erkannten bald auch die Regierungen der deutschen Bundesstaaten.

Sie bedienten sich dabei, dem Augenschein nach abwehrend und widerstrebend, der Arbeit einzelner Protagonisten, der Ideen und Zwangsbesessenheiten von Leuten, deren realistische Einsicht weit genug in die Zukunft gerichtet war, um ihrer eigenen Zeit phantastisch vorzukommen. Zu dieser Kategorie hartnäckiger Träumer zählte Friedrich List, obgleich seine vorrangige Lieblingsidee, die wirtschaftliche Vereinheitlichung Deutschlands durch eine Zollunion, andere Urheber hatte. Auf die Notwendigkeit, die deutschen Einzelstaaten durch ein einheitliches Zollgebiet wirtschaftlich zusammenzuschließen, war bereits in der Reformationszeit des 16. Jahrhunderts hingewiesen worden; entsprechende Maßnahmen zählten zu den Desiderata der anstehenden Reichsreform. Eine Zollunion gehörte auch zu den Zielen der Bauernrevolution 1525. Die Forderung nach Abbau der Zollschranken, ein Bestandteil aller Reformpläne, bildete bei den preußischen Reformen der napoleonischen Zeit ebenfalls ein unentbehrliches Element der staatlichen Neuordnung. Gleichwohl tauchte die Zollunion in der Deutschen Bundesakte von 1815, dem Verfassungsdokument des Wiener Kongresses, in dem die staatliche Gliederung Deutschlands geregelt worden war, nur als Verhandlungsempfehlung für den Frankfurter Bundestag auf.

Mit derartigen Verzögerungen wollte sich der ungebärdige Schwabe Friedrich List nicht abfinden. Der Handwerkerssohn und Autodidakt hatte sein Studium der Jurisprudenz bald als »fast seelenlos gewordene Rechtsweisheit« verabscheuen gelernt und sich statt dessen mit der Staatswirtschaftslehre beschäftigt. Mehr dank persönlicher Protektion als durch eine publizistisch erwiesene Qualifikation wurde der Achtundzwanzigjährige von dem ihm befreundeten württembergischen Kultusminister und Kurator der Universität Tübingen, Karl August von Wangenheim, 1817 zum Professor der Staatswirtschaft und Staatspraxis ernannt. Die liberalen Ideen dieses Reformministers deckten sich mit denjenigen Lists. Wangenheim bemühte sich in Württemberg zunächst um eine Verwaltungsreform, und List unterstützte ihn dabei mit vehementen Angriffen auf die ›Willkürherrschaft der Bürokratie‹, die ihm bald den Ruf eines Demagogen eintrugen. Nachdem er 1819 den ersten praktischen Schritt in der Zolleinigung unternommen und am 19. April in Frankfurt den ›Deutschen Handels- und Gewerbeverein‹ gegründet hatte, den er als Konsulent, als Geschäftsführer der beteiligten Kaufleute und Fabrikanten, leitete, wurde ihm seine Tübinger Professur entzogen. Wangenheim konnte ihn nicht mehr stützen. Nach den Karlsbader Beschlüssen des Jahres 1819 wurde Lists Überwachung verschärft. Man machte ihm wegen Demagogentums schließlich den Prozeß und verurteilte ihn im Frühjahr 1822 zu zehn Monaten Festungshaft. Das Gericht bot ihm Haftverschonung an, falls er sich zur Emigration verpflichtete. List ging nach Frankreich. Als er dann in Württemberg versuchte, beim König Begnadigung zu erlangen, wurde er verhaftet und mußte einen Teil seiner Strafe auf dem Hohenasperg verbüßen. Nun erst folgte er der Einladung Marquis de Lafayettes, den er in Paris kennengelernt hatte, und emigrierte nach Nordamerika.

Als erster deutscher Staat hatte Preußen die Unumgänglichkeit einer Zolleinigung erkannt. Die Regierung in Berlin setzte durch das Zollgesetz vom 26. Mai 1813 sämtliche Binnenzölle außer Kraft, so daß von diesem Tag an nur noch an den Außengrenzen des preußischen Staates Zollgebühren erhoben wurden. Die Bereitschaft der anderen Staaten, sich ebenfalls um eine Vereinheitlichung zu bemühen, wuchs zusehends. Die ersten Verhandlungen der süd- und mitteldeutschen Staaten begannen im Mai 1820, aber sie schleppten sich ohne sichtbare Fortschritte jahrelang dahin. Erst am 18. Januar 1828 fanden sich Bayern und Württemberg zum ›Süddeutschen Zollverband‹ zusammen, zur gleichen Zeit, da sich das preußische Zollgebiet durch Anschluß einiger kleinerer Fürstentümer beträchtlich auszuweiten begann. Gegenüber diesen beiden Blöcken einigten sich siebzehn Mittelstaaten des Deutschen Bundes im September 1828 zur Zollunion des ›Mitteldeutschen Handelsvereins‹. Dem Stuttgarter Verleger Johann Friedrich Cotta gelang schon im Jahr darauf, die süddeutschen und norddeutschen Zollgebiete durch einen Handelsvertrag einander anzunähern mit dem Effekt, daß sich das baldige Ende der mitteldeutschen Trutzvereinigung und die Gründung einer umfassenden Wirtschaftsunion mit Sicherheit berechnen ließen. Die ersten Gespräche begannen im März 1833, in dem Jahr, da Friedrich List als amerikanischer Konsul wieder nach Deutschland zurückkehrte. Im Verlauf des Herbstes wurden die Verhandlungen der Details beendet, so daß der ›Deutsche Zollverein‹ gegründet werden konnte. Seine Artikel traten am 1. Januar 1834 in Kraft. In der Silvesterstunde hoben sich aber Tausende von Zollschranken unwiderruflich zum letzten Mal: Achtzig Prozent

Zollvisitation in Leipzig
Stich von
Christian Gottfried Geißler,
um 1811/12

der Territorien des Deutschen Reiches von 1871 waren wirtschaftlich zusammengeschlossen.

Der Zollverein Bayerns mit Preußen, Sachsen, Hessen und Thüringen
Rückseite des Geschichtstalers Ludwigs I. von Bayern, 1833

Der Zollverein war als Produkt der administrativen und wirtschaftlichen Vernunft, nicht aufgrund nationaler Einigungsbestrebungen entstanden. In der Wirklichkeit des Tages war das Wort ›Deutschland‹ zunächst ein ökonomischer Terminus und seit 1835 a conto der revolutionären Veränderung des Verkehrs durch den Ausbau des Eisenbahnnetzes – Lists zweite Lieblingsidee – ein verkehrstechnischer Begriff. Doch dank der wirtschaftlichen Verflechtung der deutschen Territorien erhielten auch das empfindungsgemäße und das rational fordernde Streben nach nationalem Zusammenschluß materielle Greifbarkeit. Die Deutschen bejubelten die Vernichtung der Zollschranken. So feierte Hoffmann von Fallersleben zu Beginn der vierziger Jahre in seinen ›Unpolitischen Liedern‹, die ihm größten Ruhm, Verlust seiner Breslauer Professur und Landesverweisung einbrachten, den Deutschen Zollverein in den Versen: »Schwefelhölzer, Fenchel, Bricken, / Kühe, Käse, Krapp, Papier, / Schinken, Scheren, Stiefel, Wicken, / Wolle, Seife, Garn und Bier; / Pfefferkuchen, Lumpen, Trichter, / Nüsse, Tabak, Gläser, Flachs, / Leder, Salz, Schmalz, Puppen-Lichter, / Rettich, Rips, Raps, Schnaps, Lachs, Wachs! // Und ihr andern deutschen Sachen, / tausend Dank sei euch gebracht! / Was kein Geist je konnte machen, ei das habet ihr gemacht: / Denn ihr habt ein Band gewunden / um das deutsche Vaterland, / und die Herzen hat verbunden, / mehr als unser Bund, dies Band.«

» ›Der Zollverein‹ – bemerkte er –/
Wird unser Volkstum begründen,/
Er wird das zersplitterte Vaterland/
Zu einem Ganzen verbinden.« –
Heinrich Heine, ›Deutschland – ein Wintermärchen‹

Österreich hatte die wirtschaftliche Einigung zu hintertreiben versucht. In England wurden ihre Etappen mit größtem Mißtrauen verfolgt. Doch es war Wunschdenken, als der englische Außenminister Henry John Temple Viscount Palmerston nachsichtig prophezeite, daß dieser Zollverbund schon während des ersten größeren militärischen Konflikts in Europa unweigerlich zerfallen werde. Er zerfiel nicht und überstand sowohl die Revolution 1848 als auch den deutschen Krieg 1866. Es gab hier keinen Unterschied zwischen wirtschaftlicher Zweckmäßigkeit und nationalem Kitt. Deshalb konnte 1868 eine badische Zeitung die erste Sitzung des von Bismarck initiierten Zollparlaments mit der Feststellung kommentieren, die Mehrheit des Hauses hätte bewiesen, »daß in ihm doch noch mehr vertreten ist als Tabak und Wein und Chemikalien, und zwar der nationale Geist des deutschen Volkes«.

Die Wirklichkeit des Innenraums

Im 19. Jahrhundert bildete das Bürgertum in Deutschland die tonangebende Schicht. Doch es war auch dazu verurteilt, an allen historisch gravierenden Ereignissen nur als Zaungast beteiligt zu sein. Politisch kam das deutsche Bürgertum erst dann zum Zug, als es nichts mehr zu sagen hatte, als die ausschlaggebenden Entscheidungen gefallen waren, über seinen Kopf hinweg. Bürgerlicher Lebensstil prägte alle wesentlichen Bereiche der Gesellschaft. Das Bürgertum beherrschte die Wirtschaft und die Industrie, es dominierte in den religiösen Bezirken, es war federführend im Freiraum des Geistigen und der Kultur, der Dichtung, Literatur und Wissenschaft. Außerdem ist es ein Merkmal für dieses Jahrhundert, daß im letzten Viertel die Dominanz des Bürgertums rapide zu verfallen begann, in einem Prozeß, den der deutsche Bürger selbst schon bald mit hochempfindsamer Aufmerksamkeit verfolgte und kritisch rekapitulierte. Friedrich Nietzsche oder Jakob Burckhardt sind nur besonders exzeptionelle Persönlichkeiten in der großen Schar der intellektuellen Seismographen Deutschlands.

Die erste und schon außerordentlich charakteristische Ausformung deutscher Bürgerlichkeit und deutschen Bürgerwesens fand im Vormärz statt. Man hat das Phänomen später unter dem Begriff ›Biedermeier‹ zusammengefaßt. Seine Eigenart klingt in dem dazumal gängigen Vierzeiler an: »O wie lieblich ist's im Kreis / trauter Biederleute! / Welt und Mensch gewinnt dabei / eine bess're Seite.« Das Biedermeier, der Innenraum des Vormärz, dessen Äußeres von dem politischen Zwang der Restaurationspolitik des Status quo konturiert wurde, verfeinerte den elementaren Sinn für den Genuß des Vorhandenen, entwickelte aber auch das variantenreiche Spiel mit Wirklichkeit und Täuschung zu einer hohen Kunst.

Der Biedermann
beim Schneider
Zeichnung von
Johann Michael Voltz,
um 1840

Nach den harten Jahren der napoleonischen Ära, der zahlreichen Kämpfe, der Besatzung, der Befreiungskriege herrschte 1816 in den deutschen Ländern die Überzeugung, daß die gewaltige Allgemeinverarmung historisch nur vergleichbar sei mit den Zeiten nach dem Dreißigjährigen Krieg. Sie wurde verstärkt durch das Hungerjahr 1816/17, das durch schlimme Mißernten entstanden war. Ohne einen langdauernden Frieden schien es völlig ausgeschlossen zu sein, diese Verelendung bis an die Wurzeln zu überwinden. Nicht der Triumph des Sieges, nicht Überfluß, prospektiver Frohsinn und Überschuß der Kräfte prägten den Lebenszuschnitt der postnapoleonischen Jahre, sondern Entbehrung, Sparsamkeit, haushälterische Disziplin und nüchterne Bescheidung. Der deutsche Bürger begann die großartige Fähigkeit zu kultivieren, in den Grenzen der Armut das Glück der Tugenden zu entdecken. Das wäre ihm ohne seine Bildung nicht geglückt. Deshalb mobilisierte er alles, was an Möglichkeiten in diesem für die bürgerliche Existenz unentbehrlichen Bestimmungselement enthalten war. In der Legitimierung seiner besonderen Daseinsform mit Hilfe der Bildung lag auch eine der Hauptbedingungen des Neuhumanismus des 19. Jahrhunderts. So erhielt der Name Wilhelm von Humboldts seinen symbolischen Rang.

Bildung verhalf dazu, die politischen Enttäuschungen der Metternichschen Restauration zu ertragen. Sie ersetzte die ausbleibende reale Freiheit durch die Öffnung innerer Räume, in der ein anderer Freiheitsbegriff Geltung besaß. Die Deutschen der Biedermeierzeit sprachen das Wort »Bildung macht frei!« mit trotzigem Stolz aus. Dabei klangen deutlich die Neuaufnahme des Freiheitsthemas und seine Brechungen durch die provinziellen Beengungen im deutschen Territorialstaaten-Konglomerat nach 1789 an, ihre auffallend starke Verankerung im Gefühlsmäßig-Poetischen. Der prinzipielle Freiheitsanspruch des Menschen mit seiner ursprünglich betont politischen Zielrichtung verlagerte in Deutschland bald seine Schwerpunkte auf die Forderungen nach der Freiheit des Empfindens, des Gemüts, der Leidenschaften, der Gefühle.

Der Traum des Gefangenen
Gemälde von
Moritz von Schwind, 1836

Die Freiheit, die gemeint wurde, die das Herz erfüllte, enthielt vornehmlich alles das, was im Augenblick fehlte, und nicht so sehr das, was zum Wesen der Freiheit gehörte. Es war nicht mehr und noch nicht wieder das Freiheitspathos und -ethos Schillers, welcher der Freiheit jenen starken Glauben schenkte, den man heutzutage, im ausklingenden 20. Jahrhundert, selbst um Grade reduziert, vermißt. Als Schiller fast verzweifelt ausrief, daß wenigstens die Gedanken frei seien, ging diese Feststellung noch über die Zeitsituation hinaus. Den Auftakt des 19. Jahrhunderts kommentierte er dann mit dem resignierten Wort von 1802: »Freiheit ist nur in dem Reich der Träume.«

Die These schloß in der Zeit nach der Französischen Revolution von 1789 ihre Verlängerung ein: Der freie Gedanke forderte den freien Ausdruck, er verlangte nach Freiheit der Rede, nach dem unbehindert gedruckten Wort. Diese Postulate waren Verneinungen, des politischen Zwangsreglements. Wo dies zurückgenommen wurde in den Bezirk des Geistigen und der Innerlichkeit wie im Biedermeier, mußte das Richtmaß der Bildung an Leuchtkraft gewinnen. In trefflicher Kenntnis ihrer entschärfenden Wirkungen auf das politische Klima wurde deshalb die Bildung auch von den Regierungen intensiv gefördert. Metternich selbst wäre der letzte gewesen, der nicht die Freiheit der Gedanken zugestanden hätte.

Was von freiheitlichen Gedanken ins Wort, zumal ins gedruckte, gebracht werden durfte, das bestimmte die Zensur. Die grotesken Situationen, die lächerlichen Mißgriffe, die zum Zensurwesen gehörten, belustigten nicht allein den Bürger, sondern auch Metternich, den allmächtigen Staatskanzler, in seinem Wiener Palais. Achselzuckend meinte er: Unsere Vorschriften sind sehr gediegen, aber die Ausführung taugt nichts. Metternich las die Gedichte Lord Byrons mit größtem Vergnügen, und genoß die Spottverse Heinrich Heines. Doch daß wegen der Gefährdung der politischen Stabilität die Werke dieser Autoren, die er persönlich schätzte, zu verbieten waren, blieb außerhalb der Diskussion.

»Des Menschen Freiheit ist sein innerer Wert.« – Michael Beer, ›Klytemnestra‹

Bürgerliche Geselligkeit

Auch Goethe, der in seinen jungen Jahren große Gedanken und ein volles Herz als seinen köstlichsten Besitz gepriesen hatte, äußerte sich nach den Befreiungskriegen in einer skeptischen Entschiedenheit, die für das Biedermeier nahezu richtungsweisend wurde: Er schrieb dem Historiker Heinrich Luden: »Wir haben ja die Freiheit erkämpft – was sollte sie uns, wenn wir sie nicht in Wort und Schrift benutzen? Klüger jedoch ist es, die Welt ihren Weg gehen zu lassen und sich nicht in die Zwiste der Könige zu mischen. Glauben Sie ja nicht, daß ich gleichgültig wäre gegen die großen Ideen Freiheit, Volk, Vaterland! Nein, diese Ideen sind in uns, sind ein Teil unseres Wesens, und niemand vermag sie von sich zu werfen.« Im Sinne Goethes wurde im Biedermeier der Freiheitsbegriff einer grundsätzlichen Verinnerung unterworfen. Freiheit konnte nicht durch Aktionen auf der politischen Bühne gewonnen werden, wohl aber durch Bildung. Denn die Bildung befähigte ihren Besitzer, die Widrigkeiten der Umwelt, die politische Ohnmacht durch höhere Geistesgüter zu überwinden.

Zu dieser bürgerlichen Interiorisierung steht die starke Belebung des Schauspielwesens in direkter Beziehung. Das Theater wurde zu einem Teil der bürgerlichen Geselligkeit. Es bot würdige und bildende Unterhaltung, versetzte in eine andere Welt, deren Imagination als wirklichkeitsbezogener empfunden wurde als die politische Welt, wenigstens episodisch. An der Funktion des Theaters im Biedermeier zeigt sich besonders farbig, wie gut es der Bürger verstanden hat, in einer Doppelwelt zu leben, die nicht im Gegensatz einer Welt der Kunst und einer Welt der Wirklichkeit empfunden wurde. Denn man hat im Biedermeier die Wirklichkeit selbst ständig mit anderen realen Wertigkeiten

Das Königliche Theater in München
Ausführungsentwurf für das seinerzeit größte Theater in Mitteleuropa
Zeichnung aus dem Atelier von Karl von Fischer, 1812

Besuch des Landesvaters
Gemälde von Carl Spitzweg

Gesellenbrief der Berliner Zunft der Zimmerleute aus dem Jahr 1839
Urkunde nach einem Entwurf von Adolph Menzel

Abendgesellschaft in einem Berliner Bürgerhaus
Aquarell von Julius Schoppe, um 1825

unterlegt. Wirklichkeit war Wirklichkeitsspiel, Leben war Lebensspiel, ein künstlerisches Unternehmen. Das Wort ›Lebenskünstler‹ erhielt erst damals seine wahre Bedeutung. Der transzendente, bewußt begriffene Sinn erschließt sich aus einem Brief, den Wilhelm von Humboldt 1818 an seine Frau Karoline richtete: »Es gibt eine Art, die Wirklichkeit zu nehmen, wie sie immer mehr in sich trägt, als die Zeit und die Schranke des Daseins faßt. Mit der Kunst ist das offenbar. Aber im Leben braucht es nicht anders zu sein. Es ist alles erst das, was es ist, und dann ist es außerdem noch Symbol dessen, was es wohl auch in seinem tiefen, inneren Wesen, im Zusammenhang mit allem übrigen ist, was es aber nie in diesem oder jenem Moment ganz und gar zugleich sein kann. Wer nun am meisten fähig ist, alle Dinge immer und immer zugleich in ihrer wirklichen und symbolischen Natur zu empfinden, der erreicht am besten die Tiefen und Höhen des Lebens und hat den meisten Genuß am Dasein.«

Der inneren Freiheit durch Bildung entsprach die innere Befreiung der bürgerlichen Gesellschaft, die sich mit vertauschten Vorzeichen auch als bewußte Abkehr von der Wirklichkeit bestimmen läßt. In den Jahren des biedermeierlichen Lebenszuschnitts konnte Berlin eine neue zentrale Stellung erringen. Dort wurde in vielen geselligen Kreisen aus einem Gemisch von Romantik und Rationalismus, Schwärmerei und Vernünftelei, Preußentum und Liberalität geradezu eine Philosophie der Geselligkeit entwickelt, die sich eindrucksvoll in Friedrich Ernst Daniel Schleiermachers Schrift ›Über die Religion, Reden an die Gebildeten unter ihren Verächtern‹ niederschlug und besonders augenfällig in den Gesellschaften Rahel Levins exemplifizierte, die seit 1814 mit Varnhagen von Ense verheiratet war. In Berlin wurde diese faszinierende Frau als eine Offenbarung des Geistes verehrt. Der junge Franz Grillparzer notierte von seinem Berliner Aufenthalt, nach einem anstrengenden Tag: »Ich war zum Sterben müde. Nun fing aber die alternde, vielleicht nie hübsche, von Krankheit zusammengekrümmte, etwas einer Fee, um nicht zu sagen Hexe, ähnliche Frau (Rahel von Varnhagen) zu sprechen an, und ich war bezaubert. Meine Müdigkeit verflog oder machte vielmehr einer Art Trunkenheit Platz. Sie sprach und sprach bis gegen Mitternacht, und ich weiß nicht mehr, haben sie mich fortgetrieben oder ging ich von selbst fort. Ich habe nie in meinem Leben interessanter und besser reden gehört.«

Wie so vielen geistig-kulturellen Phänomenen der Geschichte blieben auch den biedermeier-bürgerlichen Gesellschaften das Routinemäßige, die Institutionalisierung und die Entleerung nicht erspart. Rahel von Varnhagen selbst beklagte sich bitter darüber. Geselligkeit als Verpflichtung war eine Karikatur des ursprünglichen Prinzips, demgemäß sie nicht mehr und nicht weniger zu sein hatte als ein »sich bewußter, behaglicher Verein im Genuß und Weiterbringen alles menschlich schon Geleisteten«. Fünf Jahre vor ihrem Tod, schrieb sie einer Freundin: »Ich habe übermorgen zweiunddreißig Personen zum Tee und heute schon Domestiken, möchte ich sagen. Weshalb, fragen Sie. Weshalb, frag' (auch) ich. Ich muß!«

Tafelrunde bei Anna Amalia
mit Goethe
im Wittumspalais in Weimar
Aquarell von
Georg Melchior Kraus

So waren die Zusammenkünfte bald nur noch ›ästhetischer Tee‹. Der Gelegenheitsdichter verlas eine geruhsam-heitere Geschichte, trug ein paar Verse vor; das junge Mädchen, die höhere Tochter, sang recht und schlecht ein Lied; auf dem Tisch lag die neue Bibel des Biedermeier, das Konversationslexikon, das man an beliebiger Stelle aufschlug, um die stockende Unterhaltung mit einem Stichwort zu beleben. Der Bruder Rahel von Varnhagens hat sich darüber schonungslos mokiert: Das Ganze sei eine Zurschaustellung der Toiletten geworden, der gesellschaftlichen Beziehungen und der Bildungsansprüche, wobei lediglich die Dienstboten profitierten, denn sie würden das Trinkgeld einstreichen. Die Geselligkeitszirkel des Biedermeier nahmen gegen Ende der dreißiger Jahre einen unverkennbaren Asylcharakter an; sie wurden zum unverhüllten Rückzug aus den politischen Räumen in andere Bezirke. Restaurationspolitik im Vormärz hatte sich als eine Macht geäußert, die überall einzudringen vermochte. Politik war allgegenwärtig. Doch weil es sich nicht um Politik des Bürgers handelte, sondern um eine Politik, die ihn belastete, drängte sie ihn in Nebenbezirke. Solches Abgedrängtwerden quittierte der Bürger mit bösartigem Spott.

Am Stammtisch im Stehely am Gendarmenmarkt in Berlin Aus einem Aquarell von Ludwig Leopold Müller, 1827

Als Gegenstück zur bürgerlichen Geselligkeit im Salon wurde in jenen Jahrzehnten die Runde am Stammtisch Mode, das Treffen unter Männern, nicht unter Herren. Am Stammtisch war man noch weit mehr unter sich als im Salon. Die Stätte der Gemütlichkeit, ein Merkmal des Wirtshauses seit dem 18. Jahrhundert, entwickelte sich im Biedermeier zur Zelle der politischen Klubs, die im Revolutionsjahr 1848 geradezu aus dem Boden schossen. Am Stammtisch wurde das Bedürfnis nach politischer Teilhabe, nach Kausalität des persönlichen und öffentlichen Verhaltens als Staatsbürger, wachgehalten. Das Wirtshaus war günstig, weil es nach außen hin weit unverbindlicher erschien als der Salon, dessen Gesellschaft leicht in die Nachbarschaft der Konspiration geriet. Alles, was nur entfernt nach einem Bund aussah, selbst ein Tierzüchterverband, erschien der Polizei in hohem Maß verdächtig. Sobald sich Gesellschaften oder Vereine bei Behörden angemeldet hatten, wurden sie überwacht, sogar diejenigen, die erklärt wissenschaftlichen Bildungszielen nachzustreben beabsichtigten. Das brach schließlich den politisch völlig harmlosen Bildungsvereinen die Antriebskraft und machte sie allmählich zu geistlosen Vergnügungsvereinen.

»So wachse denn und treibe fröhlich Blüte,/ Du kräftig grüner, deutscher Sangesbaum!« – Joseph von Eichendorff im Jahr 1837

Zum Biedermeier gehört auch die Hausmusik. Sie wurde zunehmend beliebt und weitete sich zu ungezählten Chor- und Männergesangsvereinen aus, zu Liedertafeln und Singakademien. Dabei kam es nicht so sehr darauf an, ob der unstillbaren Liebe zum Gesang auch die sängerische Begabung entsprach. Die Texte wurden vielfach auf bestimmte Situationen gemünzt, oder man suchte in ihnen ein Ventil, selbst wenn sie ursprünglich ohne politische Anspielung geschaffen worden waren. Zeilen wie »Es kann ja nicht immer so bleiben« oder »Üb immer Treu und Redlichkeit bis an dein kühles Grab« empfand man sowohl als Hoffnung als auch als Trost. Die Sängerfeste, die später immer häufiger veranstaltet wurden, trugen erheblich zur Erhaltung und Stärkung des Bewußtseins einer grenzübergreifenden vaterländischen Verbundenheit bei. Im Jahr 1845 kam der preußische Gesandte Josias von Bunsen nach dreijährigem Aufenthalt in London nach Deutschland zurück und registrierte überrascht »die Art, wie Vetter Michel seine getäuschten Hoffnungen singend aushaucht und Mut bewahrt, wenn auch nicht mehr Vertrauen«.

Das Vertrauen war im Vormärz tatsächlich verlorengegangen. Daran trugen die politische Reglementierung, die fehlende Pressefreiheit und die Polizei die Schuld. Daß Kunst und Literatur gerade durch die erzwungene Abstinenz in enger Beziehung zur Politik standen, wurde an den Mitgliedern des ›Jungen Deutschland‹ offenkundig. Es handelte sich um eine Gruppe von Schriftstellern, die in den dreißiger Jahren versuchten, ein literarisch-politisches Zentrum zu schaffen. Die Behörden kämpften jahrelang mit den eingespielten Methoden der Zensur gegen diese Autoren und ihre Verleger. Am 10. Dezember 1835 erging folgender Bundesbeschluß: »Nachdem sich in Deutschland in neuerer Zeit und zuletzt unter der Benennung ›das junge Deutschland‹ oder ›die junge Literatur‹ eine literarische Schule gebildet hat, deren Bemühungen unverhohlen dahin gehen, in belletristischen, für alle Klassen von Lesern zugänglichen Schriften die christliche Religion auf die frechste Weise anzugreifen, die bestehenden sozialen Verhältnisse herabzuwürdigen und alle Zucht und Sittlichkeit zu zerstören: so hat die deutsche Bundesversammlung sich zu nachstehenden Bestimmungen vereinigt: Sämtliche deutsche Regierungen übernehmen die Verpflichtung, gegen die Verfasser, Verleger, Drucker und Verbreiter der Schriften der unter der Bezeichnung ›das junge Deutschland‹ oder ›die junge Literatur‹ bekannten literarischen Schule, zu welcher namentlich Heinrich Heine, Carl Gutzkow, Heinrich Laube, Ludolf Wienbarg und Theodor Mundt gehören, die Straf- und Polizeigesetze ihres Landes sowie die gegen den Mißbrauch der Presse bestehenden Vorschriften nach ihrer vollen Strenge in Anwendung zu bringen, auch die Verbreitung dieser Schriften mit allen ihnen gesetzlich zu Gebot stehenden Mitteln zu verhindern.«

Dieser Beschluß hatte von der Warte der Restauration aus seine Berechtigung. Die Jungdeutschen waren einheitlich liberal-revolutionär gestimmt und bedienten sich bereits in hoher Vollendung aller Mittel des politischen Journalismus, selbst in der Lyrik oder dem Drama. Sie bildeten zwar keine literarische Schule, aber sie alle betrachteten den Bezirk der Kunst politisch restlos imprägniert. Das Freiheitsprogramm des ›Jungen Deutschland‹ war auf gefühlsmäßigen Protest gestimmt, auf den leidenschaftlichen Kampfruf, auf die vage, dennoch glühende Forderung nach Freiheit der Person. Das Motto ›In tyrannos‹, traditionsbeladen seit der vorrevolutionären Zeit der Aufklärung, war noch bei den Jungdeutschen die oppositionelle Formel. Die Jungdeutschen machten deutlich, wie schwierig das Verhältnis von subjektiver und objektiver Freiheit beschaffen war. Subjektive Freiheit gibt es in schärfster Zuspitzung in Zwangslagen, in Situationen, in denen die materielle Freiheit fehlt; hier artikuliert sie sich mit Vorliebe, da sie einer Herausforderung bedarf, um wirksam zu werden. Die äußere Freiheit, die mühsam errungene und stets gefährdete politische Freiheit, steht nur sehr bedingt in Entsprechung zur inneren Freiheit des Einzelnen. Sie hängen nicht voneinander ab, ja sie hängen kaum zusammen. Bestenfalls kann die innere Freiheit die äußere motivieren, sie kann sie aber nie begründen. Die innere Freiheit ist das ureigenste Problem des Einzelnen; er muß es täglich selbst bewältigen. Die äußere dagegen ist ein Problem des politischen Ganzen, eine Aufgabe und Forderung gesellschaftlich-staatlicher Natur.

Heinrich Heine
Gemälde von Moritz Oppenheim, 1831

Heinrich Heine zählte zum ›Jungen Deutschland‹ nicht so repräsentativ, wie seine Mitglieder behaupteten. Ihrer Meinung nach hätte er ihr gemeinsames

Goethe im Arbeitszimmer seines Hauses am Frauenplan in Weimar beim Diktat an den Schreiber John
Gemälde von Johann Josef Schmeller, 1831

Wollen und Streben in vollkommenster Weise verkörpert. Wienbarg verkündete geradezu emphatisch, daß Heine für die neue Generation als geistige Zentralgestalt an Goethes Stelle getreten sei. Auch ohne jene Übertreibung bleibt die Tatsache, daß Heine hinsichtlich der Funktion der Kunst und ihres Verhältnisses zur Politik gegenüber Goethe eine Art Antipode darstellt. Das erhellt seine eigene Charakterisierung Goethes. Er billigte dem Olympier in Weimar höchste künstlerische Vollendung zu, warf ihm aber zugleich absolute politisch-soziale Verantwortungslosigkeit vor. Für Heine mögen die künstlerischen Fähigkeiten Goethes vorbildlich gewesen sein, nicht jedoch abgesondert von der Zeit, im Gegenteil: in jeder Artikulation den politischen Zeitverhältnissen verpflichtet, dem Kampf gegen die Restauration.

Für die Situation der Jungdeutschen ist ein Erlebnis Ludolf Wienbargs bezeichnend. Wienbarg hatte wegen eines neuen Buches wiederholt bei dem zuständigen Zensor vorgesprochen, ohne die Druckerlaubnis zu erhalten. Der bekannte Hochschullehrer und Publizist schien dem Zensor nicht unsympathisch zu sein, und so erkundigte er sich bei ihm: »Sagen Sie doch, mein Lieber, warum wollen Sie denn überhaupt ihr Werk gedruckt sehen?« Eine so wohlmeinende Warnung war zu eingängig, als daß man sich an ihrer Geschmacklosigkeit stoßen sollte. Hier äußerten sich zwar Ironie, Blindheit oder Unverständnis, doch ebenso berechtigte Sorge vor den Gefahren eines unbedachten Wortes. In keiner Zeit waren so viele Dichter und Publizisten ob der ständigen Überwachung zur Emigration gezwungen. Die beharrliche Verfolgung subversiver Existenzen veranlaßte im Dezennium vor der Revolution Jahr für Jahr rund vierzigtausend Menschen dazu, aus Deutschland auszuwandern. Der Schriftsteller Karl Heinzen verließ das Preußen Friedrich Wilhelms IV., des Romantikers auf dem Thron, mit dem Abschiedsgruß: »Leb wohl, glückliches Preußen, mit deinen Geheimprozessen, deiner höllischen Rechtsprechung, deinen direkten und indirekten Majestätsbeleidigungen, deiner Pressezensur und Polizei! Leb wohl, Preußen, mit deiner unromantischen Bürokratie und deinem romantischen Despotismus. So leb denn wohl mit deiner Geheimhaltung, den Tücken des Despotismus, deiner Verlogenheit, deiner kaum verhehlten Schurkerei ohne Ende! Leb wohl, mein deutsches Vaterland!«

Das formulierte Wort, geschrieben oder gesprochen, war für die Betroffenen die Grundlage ihrer Existenz. Ernst Moritz Arndt war im November 1820 seiner Bonner Professur enthoben worden. Für ihn bedeutete das die Vernichtung. Er notierte, daß in demselben Monat, da ihm verboten wurde, weiter Vorlesungen zu halten, »die langsame Zerreibung und Zermürbung« seiner besten Kräfte eingesetzt hätten. Die folgenden zwanzig Jahre der Ächtung seien wie ein Halbschlaf gewesen: »Ja, ich bin ein geborener Träumer, ein Fortschweber und Fortspieler, wenn nicht irgend ein festes Ziel, irgend eine Arbeit oder Gefahr, die plötzlich kommt und plötzlich reizt und treibt, mich aus den nebelnden Träumen herausreißt. Ich kann auch nach dieser meiner Natur, wenn ich mich als Gelehrten oder Schriftsteller betrachte, zu fast gar nichts kommen, wenn mir nicht gegeben wird, durch irgendein bestimmtes Handeln, Reden und Vortragen einige helle und klare Funken der Erkenntnis und des Verständnisses hervorzulocken. Ich bin so geboren, daß ich sprechen und reden muß, damit meine Gefühle und Gedanken sich ordnen; ich bedarf der umrollenden und gegeneinander Funken schlagenden Kieselsteine des Gesprächs und der Rede, damit mein bißchen Geist aus mir herauskomme. Die Sperrung meines

Katheders war für die Universität wohl kein Verlust, aber für mich ein Unglück: für mich, für einen Menschen, der in persönlicher Eigentümlichkeit stecken blieb und es nimmer bis zur vollen Gegenständlichkeit brachte; das heißt zu dem ruhigen, sicheren, bewußten Stande den Sachen gegenüber und zur immer heiteren und sonnenhellen Beschauung des Allgemeinen, sondern der nur in dem Besonderen, Eigenen seine einseitige Stärke hat.«

Das Zensurwesen im Vormärz
Lithographie, 1819

Diese verhaltene, gleichwohl aus einem völlig verstörten Inneren herausdrängende Klage Arndts besitzt stellvertretenden Charakter für die Lage der Geknebelten im Vormärz. Sein Weltbild wurde maßgeblich von den wechselnden politischen Tagesereignissen bestimmt; er wollte immer Wirkung erzielen, wollte verändern, nicht schreiben, und wenn er schrieb, dann um dieser Veränderung willen. Deshalb stand jede seiner Zeilen im Dienst dieser Wirkungsabsicht. Die Schriften Arndts sind fast durchweg Zweckschriften. Er wollte politisch erziehen, den Leser zur Aktion drängen. So schrieb er einmal: »Es gibt wohl manche Menschen, die nur so Instrumente sind eines unbekanntes Gottes. Möge ich nur immer die Kraft behalten, daß nichts Böses auf mir spielt.«

»Es gibt nur zwei gute und wohltätige Potenzen in der Welt: Gott und das Volk. Was in der Mitte ist, taugt reinweg nichts.« – Wilhelm von Humboldt

Dieser unbekannte Gott war im Vormärz und in den Befreiungskriegen höchst realpolitisch orientiert. Seine Forderung richtete sich auf den konkreten Staat, der die Gesamtheit des Volkes umschließen sollte, auf seinen lebendigen Organismus, den durch und durch nationales Bewußtsein zu erfüllen hatte. Einem solchen Gott unterwarfen sich mit Ernst Moritz Arndt aber Tausende. Arndt diente ihm in mitreißender, oft auch peinlich rücksichtsloser Einseitigkeit; er war Interpret seines Auftrags, Interpret seiner Zeit, ihrer Forderungen, Hoffnungen, Nöte und jämmerlichen Enttäuschungen.

Ernst Moritz Arndt war ebenfalls von Goethe tief beeindruckt. Er beklagte zwar seine Indifferenz gegenüber der deutschen Befreiungsbewegung in der napoleonischen Zeit, aber er respektierte sie auch: »Welch ein Mensch, der ohne Volk, ohne Helden und Könige, ohne Glorie und Glanz des Lebens solche Kraft, Heldentum und Blüte darstellen darf! Welch eine Natur, die mit solcher Milde und Fülle beinahe vierzig Jahre sich schon behauptet hat! – Und was würde der Göttliche gewesen sein, wäre ihm ein Volk geworden, ein großes, tapfres, eignes Volk, das ihn hätte erkennen und anerkennen können? Wo sind die Hunderttausende gewesen, die ihn als ein unsterbliches Kleinod, als ein Denkmal ihres Daseins für die kommenden Zeiten, hoch auf ihren Schultern gen Himmel emporgehoben und der Welt gezeigt hätten, daß sie sich seiner freute?« Gerade deshalb widerten Arndt die politisch gleichgültigen Jungen als »Goethe-Brut« so sehr an, »jenes takelnde und schnatternde Geschlecht der Vielseitigen«.

Arndt begriff den Nerv politischen Handelns in seiner Zeit wie kaum ein anderer: »Die Deutschen sind Kosmopoliten geworden und verachten die elende Eitelkeit, ein Volk zu sein; feine, leichte und aufgeklärte Gesellen sind es, ohne Vaterland, Religion und Zorn, die nur von Barbaren für etwas Großes gehalten wurden. Und die Schriftgelehrten und Propheten? Es sind Zeitungsschreiber und Kritikaster geworden oder sublime Ästhetiker, die, auf Hellas' und Hispaniens Fluren wandelnd, den stinkenden Mist der Politik verachten; oder himmelstürmende Philosophen, welche ewig feste Staaten bauen, während sie die irdischen mit einem höhnisch stolzen Lächeln unter sich vergehen sehen. Von diesen ist nichts zu hoffen.« Metternich hätte dazu gelächelt. Allein

Repräsentanten der deutschen Einheitsbestrebungen: Fichte, Schleiermacher, Jahn und Arndt
Lithographie, nach 1840

aus diesen Gründen ließen seine Polizei und seine Zensur die Bildungsbeflissenen, die »sublimen Ästhetiker«, ungeschoren, obwohl er aus denselben Gründen Demagogen wie Arndt oder den Jungdeutschen die Rede und die Feder verbot.

Das Wort, das den Demagogen entzogen wurde, sollte sich vornehmlich an diejenigen richten, die als Vorkämpfer der nationalen und liberalen Forderungen galten: an die akademische Jugend. Sie vor allem hielt mit ungebrochener Entschlossenheit an der Idee der deutschen Einheit fest, gegen alle Beschlüsse der Fürsten nach den Befreiungskriegen, gegen die etablierten Staatsordnungen, gegen den Deutschen Bund, gegen das System der Bewahrung des großen Konzertmeisters Metternich, des Kutschers Europas, des Arztes der Revolutionen. Als Verneiner des Bestehenden war diese Jugend revolutionär, obschon in dem Sinn, in dem die preußischen Reformer revolutionär gewesen waren: Männer wie Stein, Scharnhorst, Gneisenau, Boyen, Grolman, Humboldt, Niebuhr, Fichte und so viele andere mit ihnen, welche von der jakobinischen Essenz der Französischen Revolution nachhaltig genug beeinflußt waren, um die feinfühligeren Staatsmänner der Restauration die Gefahr eines Umsturzes in allem wittern zu lassen, was sich auf die Tradition der Befreiungskriege berief und sie weiterzuführen oder gar zu vollenden versuchte, also auf die Tradition des Schwarz-Rot-Gold des legendären Lützowschen Freikorps und der Schlesischen Armee. Die Jugend hatte sich nach dem Wiener Kongreß ihre Mahnsäulen und Erinnerungsdaten errichtet: mit dem Wartburg-Fest von 1817 und dem Hambacher Fest am 27. Mai 1832, der ersten Massenkundgebung der deutschen Geschichte, oder mit dem Sturm auf die Frankfurter Hauptwache im April 1833.

Der Sturm auf die Hauptwache in Frankfurt am Main am 3. April 1833
Lithographie, 1833

Metternich sah richtig: Die Neuordnung Europas, die nach der Besiegung Napoleons notwendig geworden war, konnte nur dann von Bestand sein, wenn die restaurativen Regierungen der Kräfte Herr wurden, die zur Revolution von 1789 geführt hatten und als deren Erbe und Vollender Napoleon aufgetreten war. Konstitutionalismus, Liberalismus, Nationalismus – diese verabscheuungswürdige Trias, die es darauf anlegte, »Deutschland in ein Tollhaus zu verwandeln«, wie Metternich sagte, ließ sich nur mit drakonischen Mitteln am Boden halten. Dazu war jedoch die bedingungslose Einigkeit der Heiligen Allianz der großen Festlandsmonarchien Österreich, Preußen und Rußland und ihrer Herrscher von Gottes Gnaden unerläßlich.

Metternichs Erhaltung des Bestehenden

Dem Fanalbegriff ›Revolution‹ wurde die Sankt-Georgs-Formel ›Restauration‹ entgegengesetzt: Wiederherstellung der früheren Staatsordnungen und ihr Schutz durch unablässige Bekämpfung des revolutionären Untiers. Gemeint war damit keineswegs eine Restauration des vorrevolutionären Territorialsystems, gemeint waren der bewußte Rückgriff auf ihre grundlegenden Rechtsbegriffe, die Erneuerung der Geltung von Gottes ewigen Gesetzen im politischen Raum, die Sicherung ihrer Dominanz. Metternich bekämpfte die liberalen und nationalen Kräfte nur insoweit, als sie sich gegen dieses System der Konservierung richteten, nicht also in erster Linie um ihrer selbst und ihres Gehaltes willen. Er war überdies davon überzeugt, daß seine ganze Meisterschaft der

Staats- und Staatenführung letzten Endes nur ein Hinausschieben bewirken konnte; die Zukunft – für ihn eine Kategorie der politischen Unbedarftheit – gehörte unweigerlich den Gegnern seines Systems und den Kräften, von denen sie bewegt wurden. So schrieb er 1820 in einem Brief: »Die Zeit schreitet in Stürmen vorwärts; ihren ungestümen Gang gewaltsam aufhalten zu wollen, wäre ein eitles Unternehmen. Nur durch Festigkeit, Mäßigung und Weisheit, durch vereinte und in der Vereinigung wohlberechnete Kraft, ihre verheerenden Wirkungen zu mildern: Das allein ist den Beschützern und Freunden der Ordnung noch übrig geblieben. Dieses Ziel läßt sich sehr einfach bezeichnen, es ist heute nichts mehr und nichts minder als die Erhaltung des Bestehenden. In diesem Punkte, mit welchem alles gerettet ist, ja selbst das Verlorene zum Teil noch wiedergewonnen werden kann, müssen alle Anstrengungen des Einzelnen und alle gemeinschaftlichen Maßregeln der in gleichem Sinn und gleichem Interesse Verbundenen zusammentreffen.«

Klemens Graf von Metternich
Zeichnung von Anton Graff,
um 1803

Recht gleich Ordnung

Bei anderer Gelegenheit bezeichnete Metternich es als seinen geheimsten Gedanken, daß das alte Europa am Anfang seines Endes sei, das neue jedoch noch im Werden: »Zwischen Ende und Anfang wird es ein Chaos geben.« Staatskunst bedeutete für ihn die Bemühung darum, Ende und Anfang so dicht wie möglich aneinanderzurücken, um die chaotische Zwischenphase weitestgehend schmal zu halten. Metternich unterstrich in der Ordnung, die er neu verankern wollte, mit Nachdruck das Moment der Prävention. Persönlich konnte er dieser Arbeit keinen übermäßigen Geschmack abgewinnen, selbst wenn man die Züge staatsmännischer Koketterie in solchem Mißmut ignoriert. Schon 1820 meinte er bedauernd: »Mein Leben ist in eine abscheuliche Periode gefallen. Ich bin entweder zu früh oder zu spät auf die Welt gekommen; jetzt fühle ich mich zu nichts gut. Früher hätte ich die Zeit genossen, später hätte ich dazu gedient, wieder aufzubauen; heute bringe ich mein Leben zu, die morschen Gebäude zu stützen. Ich hätte im Jahr 1900 geboren werden und das 20. Jahrhundert vor mir haben sollen.«

Garant der Ordnung konnte lediglich der traditionelle monarchische Staat sein, weniger aus theoretischen als aus historischen Gründen. Nur in ihm wurde, laut Metternich und allen Konservativen, das Recht der ewigen Sittlichkeitsgebote manifest und durch die Kraft des Souveräns verwirklicht. Volkssouveränität bildete schon dem Begriff nach für Metternich etwas gänzlich Widersinniges, da jede weltliche Regierung auch weltlichen Gehorsam, Herrschaft folglich auch ein Untertanenverhältnis bedinge. Deshalb müsse der Monarch die politische Gewalt uneingeschränkt in seiner Hand vereinen. Werde die Macht zwischen ihm und dem Volk geteilt, dann schmälere sich mit der Herrschersouveränität auch die Staatssouveränität, dann sei ein zermürbender Kampf zwischen Monarch und Volk unausbleiblich. Dieselbe Überlegung brachte der zeitgenössische Schriftsteller Antoine Rivarol, der zu den klügsten Kritikern des vorrevolutionären Frankreich und der Revolution zählte, in die Sätze: »Herrschaft ist erhaltende Macht. Die Bildung von Herrschaft setzt Macht voraus. Macht nun, als Einheit des Werkzeugs mit der Kraft, kann allein in der Regierung Bestand haben. Das Volk verfügt nur über Kräfte,

»Wenn Untertanen Rebellen aus Grundsätzen sein wollen, so werden Könige aus Staatsklugheit Tyrannen sein.« – Edmund Burke

›Das dionysische Ohr‹
Satire auf Metternichs Geheimpolizei und den Argwohn gegenüber den politischen Projektemachern
Stich, um 1820

und diese Kräfte, unfähig zu erhalten, wenn sie sich von ihrem Werkzeug getrennt haben, wenden sich der Zerstörung zu. Das Ziel der Herrschaft aber ist die Erhaltung; und deshalb hat die Herrschaft nicht im Volk, sondern sie hat in der Regierung Bestand.«

Metternich verwarf folgerichtig alles Streben nach Mitbeteiligung des Volkes am Regieren. Er wies jedes Insistieren auf Verfassungen hartnäckig zurück. Konstitutionen würden nur die Revolution in eine legislative Form bringen: »Eine Charte ist ebensowenig eine Verfassung, wie der Ehekontrakt eine Ehe ist. Man schreibe soviel man wolle – und das Wenigste wird immer das Beste sein –, und man wird nie etwas anderes als ein Blatt Papier in der Hand haben. England allein hat eine Verfassung ... Sie ist durch Jahrhunderte geschaffen worden.« Alles Konstruieren aus sogenannten Vernunftgründen lehnte Metternich rigoros ab; das führe bloß zu unnützen Neuerungen, und durch solche sei noch niemals etwas gewonnen worden. Nur durch die immanente Kraft der natürlich-organischen Entwicklung würden die Dinge ohne künstliche Gewalt in gesunder Weise verändert. In seinem ›Politischen Testament‹ formte er diesen Standpunkt zu einer Rechtfertigung seiner politischen Tätigkeit: »Als die wichtigste Aufgabe für einen Staatsmann habe ich stets die Sorge betrachtet, die sich selbst herausbildenden und die im Verlauf der Zeiten durch Parteigeist eingeschobenen Dinge streng ins Auge zu fassen und unter sich getrennt zu halten.« Metternich gebrach es allerdings bis zum Ende seines Lebens im Jahr 1859 an ausreichender Scharfsicht, um dies wirklich zutreffend voneinander sondern zu können, zumal was den eigenen Parteigeist betraf. Trotzdem fügte sich die Maxime zu dem Motto, dem er sein ganzes Wirken unterordnete: »Die wahre Kraft liegt im Recht«; alles in der Welt sei vergänglich, nicht jedoch das Recht.

Das historisch sichtbar gewordene Recht war für die konservativen Denker unersetzlich. Der Konflikt um die Begründungen von Freiheit und Recht war in Europa bereits unmittelbar nach der Französischen Revolution aufgebrochen, also bevor die Monarchien dazu gezwungen wurden, mit allen Mitteln um ihre Existenz zu kämpfen. Einer der ersten und zugleich einflußreichsten Kritiker meldete sich nicht zufällig aus England, demjenigen Land, das die zunehmende Durchsetzung, Sicherung und Ausweitung der Freiheitsrechte und der parlamentarischen Staatsform gepachtet zu haben schien. Der Politiker und Publizist Edmund Burke verwarf 1790 in seinen ›Betrachtungen über die Revolution in Frankreich‹ nicht nur die Bestrebungen der Revolution und ihrer Obmänner grundsätzlich und in jeder Hinsicht, sondern schuf auch für die Restaurationsära der Metternich-Zeit die theoretischen Grundlagen. Burkes Buch wurde von Friedrich Gentz, dem intimsten Berater Metternichs, ins Deutsche übersetzt und kommentiert.

Namenszug von Friedrich von Gentz aus dem Jahr 1808

Die konservativen Gewährsmänner und politischen Denker waren weit davon entfernt, jene Todfeinde der politischen Freiheit und der Menschenrechte zu sein, als die sie von den Revolutionären und Frühliberalen beständig geschildert wurden. Schon Burke betonte, daß das einzige Heilmittel gegen die Anarchie nicht die Knechtschaft sei, sondern die Freiheit. In einer Botschaft an seine Wähler schrieb er: »Um die Freiheit zu besitzen, muß man sie begrenzen. Der Umfang der Begrenzung kann nicht in jedem Falle von vornherein genau angegeben werden. Denn Freiheit ist ein Gut, das man zu erweitern, nicht ein Übel, das man zu verringern strebt. Sie ist nicht nur für den Einzelnen ein Segen erster Ordnung, sondern auch die Kraftquelle des Staates selbst, der genau so viel Lebenskraft besitzt, als er Freiheit sein eigen nennt.« Burke konnte sich auf die Geschichte seines Landes beziehen, auf die Erfahrungen der unblutigen ›Glorreichen Revolution‹ von 1688/89 in England, und nachdrücklich darauf aufmerksam machen, daß gewaltsame Umstürze prinzipiell nicht gerechtfertigt seien, weil sich alle freiheitlich-rechtlichen Bestrebungen – unter Einschluß sämtlicher oppositioneller Gruppen – an den Staatsaufgaben ohne Bruch mit den traditionellen Formen des Gesellschaftsgefüges vereinigen ließen. Auf diese Weise würde sich eine faktische Überlegenheit im Sinne zweckmäßigen politischen Funktionierens gegenüber den ›Machern‹ der radikalen Demokratie ergeben.

Hier standen sich zwei grundsätzlich konträre Denkweisen gegenüber. Die konservativ-restaurative, die sich auf ewiges Recht, Tradition und historisches Gewordensein berief, war durch die rational-naturrechtliche zur Selbstformulierung und prinzipiellen Verteidigung herausgefordert worden. Der Kampf zwischen ihnen spielte sich argumentativ genauso heftig ab wie militärisch. Aufgrund der praktisch-politischen Konsequenzen jedoch, die sich jeweils mit den unterschiedlichen Positionen verbanden, und aufgrund des Fehlens begrifflicher Gemeinsamkeiten und Übereinstimmungen gewann seit 1789 die Ideologisierung der Beweisführung unaufhaltsam an Boden. Der dialogische Charakter der Diskussionen wurde zugunsten des Polemischen verdrängt – ein Prozeß, der schließlich zu den Absolutheitsansprüchen der verschiedenen Weltanschauungen im 20. Jahrhundert und deren zunehmend unheilvoller Verfestigung führte.

»Der Mann des kommenden Tages«

Klemens von Metternich, 1773 in Koblenz als Sohn eines angesehenen Diplomaten des Hauses Österreich geboren, war bei Ausbruch der Französischen Revolution sechzehn Jahre alt. Die französischen Armeen hatten seine rheinische Heimat besetzt, als er 1794 in Wien eintraf. Sieben Jahre später wurde der hochintelligente, unerhört wendige, bis zur Kälte selbstbeherrschte junge Mann bereits als österreichischer Gesandter nach Sachsen geschickt. Im Alter von sechsunddreißig Jahren übernahm Metternich das Außenministerium der österreichischen Monarchie. Damit wurde er der verantwortliche Leiter des wichtigsten politischen Ressorts im Habsburger Staat.

Im Jahr seiner Berufung hatte Österreichs Erhebung gegen Napoleon mit einer völligen Katastrophe geendet. Im Mai 1809 konnte Erzherzog Karl Ludwig Johann den französischen Kaiser zwar bei Aspern schlagen, doch Anfang Juli revanchierte sich Napoleon mit dem grandiosen Sieg bei Wagram. Österreichs Kräfte waren erschöpft. Die Regierung schloß einen Waffenstillstand und unterzeichnete am 14. Oktober den Frieden von Wien. Daß die Regelungen bei aller Härte der Gebietsabtretungen – Wien mußte auf das Innviertel, auf Salzburg, die illyrischen Provinzen und Galizien verzichten – die Charakterisierung eines »leidlichen Friedens« zuließen, war ausschließlich Metternich zu danken, der das Außenamt offiziell am 8. Oktober von seinem ebenso tapferen wie schwergeprüften Vorgänger Johann Philipp Graf Stadion übernommen hatte.

Erzherzog Karl von Österreich in der Schlacht bei Aspern am 21./22. Mai 1809
Gemälde von Johann Peter Krafft, 1812

Vier Jahre später sah sich Napoleon bereits einem völlig anderen Mann gegenüber. Das war nicht mehr der Repräsentant einer schwächlichen Macht, als den der Kaiser ihn während seiner Pariser Zeit zwischen 1806 und 1809 kennengelernt zu haben glaubte. Metternichs Ansehen in Europa war jetzt ohne Vorbehalte. Selbst seine Undurchsichtigkeit galt als Indiz für seine unübertrefflichen diplomatischen Fähigkeiten. Der Große Korse hatte die Katastrophe seines Rußland-Feldzuges von 1812 hinter sich. Preußen, verbündet mit Zar Alexander I., war in den Krieg gegen Frankreich eingetreten. Obwohl Napoleon die beiden großen Waffengänge des Jahres 1813 bei Großgörschen (Lützen) und Bautzen für sich entscheiden und den Überfall französischer und rheinbündischer Truppen auf das Lützowsche Freikorps am 17. Juni in der Nähe Leipzigs als stattlichen Erfolg verbuchen konnte, verkörperte er bei weitem nicht mehr diejenige Potenz, der allein es gelungen war, ganz Europa zu unterwerfen.

Während des Waffenstillstands bat der französische Kaiser den österreichischen Außenminister um eine Unterredung. Metternich wertete dies als ein untrügliches Zeichen der kaiserlichen Schwäche. Er fuhr nach Dresden zu Napoleon, »in der stärksten Stellung, die je ein Minister einnahm«, schon ganz »der Mann des kommenden Tages« für ein halbes Jahrhundert, wie er sich später selbst charakterisiert hat. Am 26. Juni 1813 traf er mit dem Kaiser im Palais des Grafen Camillo Marcolini zusammen, des Direktors der Dresdner Kunstakademie und der kurfürstlichen Sammlungen. Das Gespräch dauerte viele Stunden. Zur Diskussion standen die Bedingungen, unter denen Österreich neutral bleiben, sich Frankreich anschließen oder der Koalition Rußland–Preußen–England beitreten würde. Wenn der Kaiser Metternichs Vorschläge ablehne, würde Österreich in den Krieg gegen Frankreich eintreten.

Die Unterredung entwickelte sich rasch zu einem Schlagabtausch von Argumenten, deren Gewicht von der unterschiedlichen Position der Kontrahenten bestimmt wurde. Stenographische Protokolle, welche die einzelnen Formulierungen festhalten, gibt es nicht. Metternich schrieb nach seiner Erinnerung, sich selbst vorteilhaft charakterisierend, das Gespräch später in aller Ausführlichkeit nieder; die Wiedergabe ist nicht authentisch. Der Text muß durch die Schilderung ergänzt werden, die Napoleon einem seiner Vertrauten gab, dem Marquis de Caulaincourt, Frankreichs Außenminister seit November 1813, und durch die Notizen des kaiserlichen Kabinettssekretärs, Agathon Baron de Fain.

Napoleon I.
Gemälde von Robert Lefèvre, 1809

Napoleon ereiferte sich: »Sie wollen also den Krieg? Gut! Sie sollen ihn haben! Die Preußen sind schon bei Lützen vernichtet, die Russen bei Bautzen geschlagen. Auch Sie wollen an die Reihe kommen? Gut! In Wien treffen wir uns wieder!« Metternich ließ sich von der Kette dieser Interjektionen nicht beeindrucken. Krieg oder Frieden lägen tatsächlich ganz in der Hand des Kaisers. Aber Europa und die ganze Welt wünschten den Frieden. Um dies zu erreichen, müsse Napoleon »in die Machtgrenzen zurückkehren, die mit der allgemeinen Ruhe vereinbar sind«. Heute könne der Kaiser noch Frieden schließen, morgen dürfte es schon zu spät sein. Napoleon fuhr erneut auf: »Was will man von mir? Ich trete keine Handbreit Boden ab. Eure Herrscher, geboren auf Thronen, können sich zwanzigmal schlagen lassen und doch immer wieder in ihre Residenzen zurückkehren. Das kann ich nicht. Meine Herrschaft überdauert den Tag nicht, an dem ich aufgehört haben werde, stark und gefürchtet zu sein.«

Noch fühlte sich der Imperator stark, noch fürchteten sie ihn; davon war er durchdrungen. Weshalb also sollte er Frieden schließen? »Jetzt habe ich wieder zwei Schlachten gewonnen. Vor vierzehn Tagen noch hätte ich Frieden schließen können, heute kann ich es nicht mehr.« Auch die Erwiderung Metternichs dürfte in ihrer Form korrekt sein: »Das ist ein neuer Beweis, daß Eure Majestät und Europa zu keiner Verständigung kommen können. Die Mißgeschicke treiben Sie zum Krieg. Und die Erfolge treiben Sie gleichfalls zum Krieg! Der Augenblick ist da, wo Sie, Sire, und Europa sich gegenseitig den Handschuh hinwerfen!« Der Kaiser möge doch die Verfassung seiner Armee bedenken, die er da Hals über Kopf zusammengetrommelt habe: »In gewöhnlichen Zeiten machen die Armeen nur einen kleinen Teil der Bevölkerung aus; heute ist es das ganze französische Volk, das Sie unter die Waffen rufen. Ihre jetzige Armee – ist sie nicht eine ganze vorweggenommene Generation? Ich habe Ihre Soldaten gesehen, Sire, es sind Kinder! Wenn diese jugendliche Armee dahingerafft sein wird, was dann?« Den darauffolgenden Wutausbruch Napoleons schilderte Metternich: »Sie sind nicht Soldat und wissen nicht, was in der Seele eines Soldaten vorgeht. Ich bin im Feld aufgewachsen, ein Mann wie ich pfeift auf das Leben einer Million Menschen!« Napoleon warf seinen Hut in die Ecke des Zimmers.

Nunmehr steigerte sich Metternich, nach eigenem Zeugnis, zu einem Pathos, das niemand bei ihm erwartet hätte, weil man ihn als gemessenen Staatsmann kannte: »Warum haben Sie mich gewählt, Sire, um mir zwischen vier Wänden das unfaßbare Wort zu sagen, das Sie soeben aussprachen? Öffnen wir die Türen! Ihre Worte mögen von einem Ende Frankreichs bis zum anderen erschallen!« Der Kaiser: »Die Franzosen können sich nicht über mich beklagen. Um sie zu schonen, habe ich die Deutschen und die Polen geopfert. Ich habe in Rußland dreihunderttausend Mann verloren; es waren nicht mehr als dreißigtausend Franzosen darunter!« Metternich soll das große Wort dagegengesetzt haben: »Sire, Sie vergessen, daß Sie zu einem Deutschen sprechen!« – Auf diese Unterredung kam Metternich in den folgenden Jahren immer wieder zurück, mit Fug und Recht, denn mit diesem Gespräch begann das letzte Wegstück, das zum Gipfel seiner Karriere führte. An diesem Tag hatte sich der große Minister als der einzig ebenbürtige Gegenspieler Napoleons präsentiert.

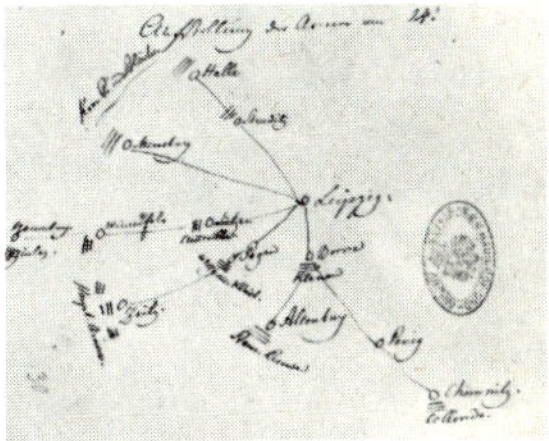

Plan für den Aufmarsch der alliierten Armeen vor Leipzig
Eigenhändige Skizze Metternichs vom 13. Oktober 1813

Der Kongreß Europas

Die beiden Kontrahenten trennten sich ohne Übereinkunft. Napoleon lehnte unnachsichtig alle Vorschläge Metternichs ab; er war überzeugt, daß Österreich nicht zu den Befreiungsmächten überschwenken würde. Metternich mochte ein erfahrener Diplomat sein, aber er war kein Akteur. Napoleons Starrsinn trieb Metternich schließlich wohl oder übel in die Koalition gegen Frankreich. Wien erklärte Paris am 11. August 1813 den Krieg. Zwischen dem 16. und 19. Oktober verlor Napoleon die Völkerschlacht bei Leipzig. Am 31. März 1814 zogen die Verbündeten in Paris ein. Napoleon dankte ab und ging auf die Insel Elba. Im November 1814 begann in Wien der Kongreß aller namhaften Herrscher Europas. Er dauerte bis zum Juni 1815, kaum unterbrochen vom Intermezzo der Hundert Tage, in denen Napoleon nach Frankreich zurückgekehrt, am 20. März 1815 triumphal in Paris eingezogen und endgültig geschlagen worden war: in der Dreierschlacht von Ligny, Quatre-Bras und Belle-Alliance (Waterloo) am 16. und 18. Juni 1815.

Der Wiener Kongreß war eine Veranstaltung, bei der Metternich nicht nur den Gastgeber spielte, sondern für den er auch die Leitlinien festgelegt hatte. Fünf Staaten bildeten das Zentrum, die Signatarmächte des ersten Pariser Friedens vom 30. Mai 1814: Österreich, Rußland, Preußen, England und Frankreich. Dazu kamen Spanien, Portugal und Schweden. Metternich führte das Präsidium dieses leitenden Gremiums. Da es auf dem Kongreß um die Wiederherstellung des europäischen Staatensystems ging, hatten sich an der Donau zusätzlich rund zweihundert Vertreter und Sprecher kleinerer Staaten, Fürstentümer und Städte Europas versammelt.

Das oberste politische Ziel des Kongresses bestand darin, die durch Napoleon bewirkten Veränderungen innerhalb Europas soweit rückgängig zu machen, daß die zerstörten historischen Rechte der Staaten wiederbelebt und in den Zustand eines stabilen Gleichgewichts gebracht wurden. Hauptverantwortlich zeichnete die Pentarchie Österreich, Rußland, Preußen, England und Frankreich. Die neue Ordnung der äußeren Verhältnisse und Beziehungen sollte durch die Stabilisierung der inneren Ordnung in den einzelnen Staaten gefestigt werden. Das war ein europäisches Konzept, bei dem die politischen Kräfte ausgewogen zusammenzuspielen und sich in ihrer Hauptaufgabe – Ausrottung alles Revolutionären – gegenseitig zu unterstützen hatten. Im Vordergrund stand auch für die Zukunft die staatliche Gesamtordnung. Deshalb durfte an dem Bündnissystem, das auf dem Wiener Kongreß ausgearbeitet wurde, nichts geändert werden. Die inneren Verhältnisse in den Territorien jedes Vertragspartners fielen ebenfalls nicht ausschließlich in die Zuständigkeit der eigenstaatlichen Souveränität, sondern waren Objekt einer wachsamen Sorge auch der anderen Signatarmächte.

»Nur auf dem Begriff von Ordnung kann jener der Freiheit beruhen.« – Metternich

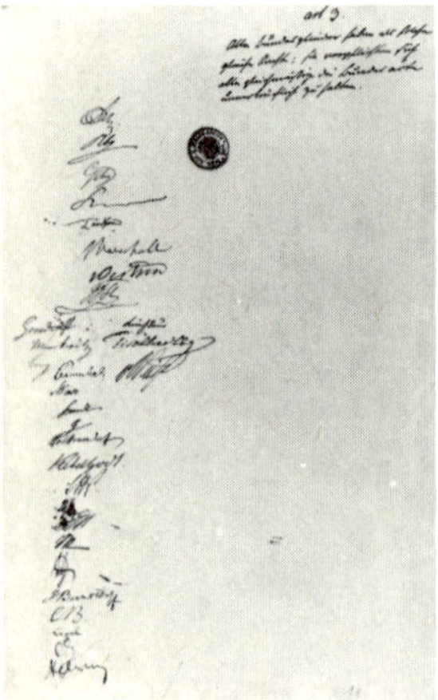

Verpflichtung der Staaten gegenüber dem Deutschen Bund
Paraphiertes Exemplar des dritten Artikels der Bundesakte vom 8. Juni 1815 in der für Österreich bestimmten Ausfertigung

Das deutsche Problem

Für Metternich war auch die Neuordnung Deutschlands und der deutschen Gebiete eine Angelegenheit europäischen Zuschnitts, also nur sekundär eine Frage der deutschen Notwendigkeiten oder gar der Wünsche des deutschen Volkes. Die Konstruktion des ›Deutschen Bundes‹, die auf dem Wiener Kongreß an die Stelle des alten, im Jahr 1806 aufgelösten Heiligen Römischen Reiches Deutscher Nation trat, orientierte sich ausschließlich an den restaurativen Ordnungsgesichtspunkten Metternichs. Ein national geeintes Deutschland schien für ihn völlig abwegig zu sein, so fremd stand er derartigen Vorstellungen gegenüber. Im Juni 1825, während des nationalen Freiheitskampfes der Griechen gegen die osmanische Herrschaft, äußerte der Fürst zu Friedrich Gentz: »Das Nationelle greift in Verhältnissen, wie es die griechischen sind, stets dem Rationellen vor.« Das war abwertend gemeint, traf aber aus der negativen Perspektive ins Schwarze. In der Tat: Das Nationalgefühl der europäischen Völker im 19. Jahrhundert wurde von Erregungen und Optionen getragen, die überwiegend nichtrationalen Charakters waren und sich deshalb schwer ins nüchtern-vernünftige Wort bringen ließen.

Die Richtschnur für die Behandlung der deutschen Verhältnisse sah Metternich darin, nicht ein einheitliches Deutschland zu stiften, sondern ein einiges

Die Siegesmeldung nach der Schlacht bei Leipzig am 19. Oktober 1813:
Fürst Schwarzenberg vor den Verbündeten Monarchen von Preußen, Österreich und Rußland
Gemälde von Johann Peter Krafft, 1817

Einzug der verbündeten Fürsten in Paris am 31. März 1814
Zeichnung von Ludwig Wolf

Aspekte für den Wiener Kongreß: die Restauration oder ›Jedem das Seine‹ Kolorierte Radierung, 1814

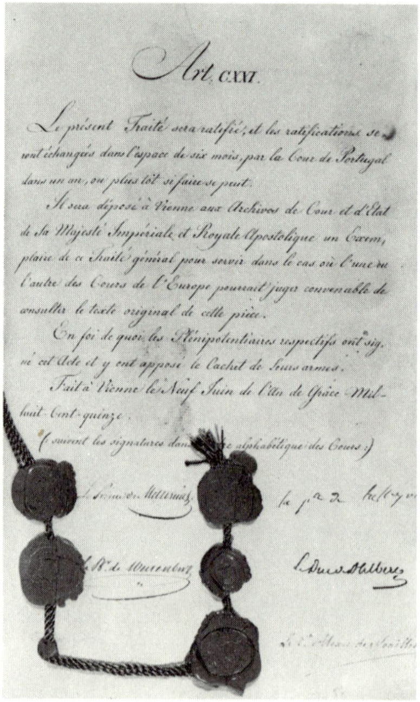

Art. CXXI.

Le présent Traité sera ratifié, et les ratifications seront échangés dans l'espace de six mois, par la Cour de Portugal dans un an, ou plus tôt si faire se peut.

Il sera déposé à Vienne aux Archives de Cour et d'Etat de Sa Majesté Impériale et Royale Apostolique un Exemplaire de ce Traité général pour servir dans le cas où l'une ou l'autre des Cours de l'Europe pourrait juger convenable de consulter le texte original de cette pièce.

En foi de quoi les Plénipotentiaires respectifs ont signé cet Acte et y ont apposé le Cachet de leurs armes.

Fait à Vienne le Neuf Juin de l'An de Grâce Mil-huit-Cent-quinze.

(suivent les signatures dans l'ordre alphabétique des Cours:)

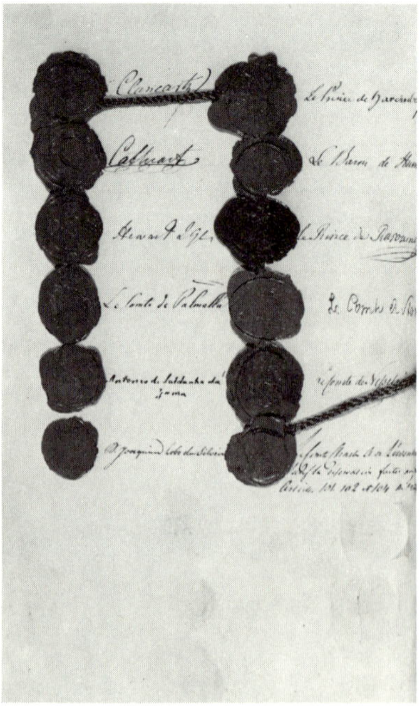

Die Schlußakte des Wiener Kongresses vom 9. Juni 1815 Die letzten Seiten mit den Unterschriften der Kongreßbevollmächtigten in der für Österreich bestimmten Ausfertigung des Vertrages

Deutschland. Dementsprechend war der Zuschnitt des Deutschen Bundes angelegt, dieser Konföderation von fünfunddreißig deutschen Fürstenstaaten und vier Freien Städten. Oberste Bundesbehörde wurde der Bundestag in Frankfurt am Main. Österreich, als Leiter des Bundes, erhielt das ständige Präsidium. Den Zweck der Vereinigung definierte der zweite Artikel der Bundesakte vom 8. Juni 1815 mit dem Satz: »Erhaltung der äußeren und inneren Sicherheit Deutschlands und der Unabhängigkeit und Unverletzbarkeit der einzelnen deutschen Staaten.« Einem der Hauptwünsche der Deutschen, der politischen Teilhabe durch den Übergang zu einem parlamentarischen Leben, mithin der Einführung von Verfassungen, kam man im dreizehnten Artikel durch das unverbindliche Aviso entgegen: »In allen Bundesstaaten wird eine landständische Verfassung stattfinden.« Unter welchen Bedingungen und zu welchem Zeitpunkt, das wußte niemand zu sagen.

In diesem Deutschen Bund waren die Deutschen keineswegs unter sich. Zu seinen Mitgliedern zählten der englische König in seiner Eigenschaft als König von Hannover, der König von Dänemark, weil er zugleich als Herzog von Holstein und Lauenburg amtierte, und der niederländische König, unter dessen Zuständigkeit das Großherzogtum Luxemburg fiel. Dazu kam der große Anteil der fremdsprachigen Völker, denn von Preußen und Österreich gehörten sämtliche Gebiete dem Deutschen Bund an, die auch früher Teile des Deutschen Reiches gewesen waren, beispielsweise Böhmen, Mähren und die italienischen Gebiete bis nach Trient. In diesen Territorien lebten rund sechs Millionen Slawen und eine halbe Million Italiener.

Der föderative Aufbau des Bundes schien für Metternich den Besonderheiten Deutschlands bestmöglich gerecht zu werden. In Wirklichkeit nahm die Bundesakte lediglich Rücksicht auf die Souveränität der Einzelherrschaften, die jahrhundertelang sowohl die Schwäche des alten Reiches, als auch seine eigentümliche innere Stärke gebildet hatte. Wie ernst es Metternich mit seinem Entschluß war, den Status quo zu bewahren, und wie strikt er auf die Sicherung der innerstaatlichen Stabilität, der traditionellen Gesellschaftsordnung, aufgrund der Wiener Beschlüsse bedacht blieb, zeigte sich schon in den nächsten vier Jahren. Die Wiener Parole, jeden Umsturz im Keim zu ersticken, brauchte den deutschen Fürsten nicht oktroyiert zu werden. Ihre Reaktionen auf das Wartburg-Fest der deutschen Studenten am 18. Oktober 1817 waren unmißverständlich.

Zu dem Treffen in Thüringen hatte die Jenenser Burschenschaft eingeladen. An diesem Tag jährte sich zum vierten Mal die Völkerschlacht bei Leipzig. Außerdem sollte auf der alten landgräflichen Burg, in der Martin Luther 1521/22 das ›Neue Testament‹ übersetzt hatte, des Reformationsjahres 1517 gedacht werden. Die Stimmung der rund fünfhundert Burschenschafter, die von allen deutschen Universitäten gekommen waren, drückte der Kriegsveteran und Theologiestudent Heinrich Riemann in seiner Festrede aus: »Vier lange Jahre sind seit jener Schlacht auf den Fluren Leipzigs verflossen. Das deutsche Volk hatte schöne Hoffnungen gefaßt. Sie sind alle vereitelt. Alles ist anders gekommen, als wir erwartet haben. Viel Großes und Herrliches, was geschehen konnte und mußte, ist unterblieben. Mit manchem heiligen und edlen Gefühl ist Spott und Hohn getrieben worden. Über solchen Ausgang sind viele wackere Männer kleinmütig geworden, meinen, es sei eben nichts mit der vielgepriesenen Herrlichkeit des deutschen Volkes, und ziehen sich zurück vom öffentlichen

Feuerrede Ludwig Rödigers beim Wartburg-Treffen am 18. Oktober 1817 Zeichnung, 1817/18

Leben. – Nun frage ich Euch, die Ihr hier versammelt seid, ob Ihr solcher Gesinnung beistimmt? Nein! Nun und nimmermehr! Der Geist, der uns hier zusammenführt, der Geist der Wahrheit und Gerechtigkeit, soll uns leiten durch unser ganzes Leben, auf daß wir alle Brüder, alle Söhne eines und desselben Vaterlandes sind, auf daß wir eine eherne Mauer bilden gegen jegliche inneren und äußeren Feinde dieses Vaterlandes!«

Die Karlsbader Beschlüsse

Metternich deutete den Geist, der die Burschenschafter zusammengebracht hatte, anders. Er sprach vom »Geist des Jakobinismus«, der auf der Wartburg geherrscht hätte und gegen den es zu »wüten« gelte. Die ersten Polizeimaßnahmen gegen die Patrioten der Befreiungskriege setzten ein. Aber erst die Ermordung des Lustspieldichters August von Kotzebue in Mannheim am 23. März 1819 lieferte Metternich einen hinreichend spektakulären Anlaß, um das innere Regiment rigoros zu straffen. Kotzebue hatte als russischer Staatsrat und Generalkonsul regelmäßig über die Situation im Deutschen Bund nach Petersburg berichtet. Das war ausreichend für den Burschenschafter Karl Ludwig Sand, um den bedeutungslosen Mann in seiner Wohnung aufzusuchen und ihn als einen »Verräter des Vaterlandes« zu ermorden. Nach der Tat stürzte Sand hinunter auf die Straße und rief: »Hoch lebe mein deutsches Vaterland, und im deutschen Volke alle, die den Zustand der reinen Menschheit zu fördern streben.« Danach kniete er nieder: »Ich danke Dir, Gott, für diesen Sieg«, und stieß sich denselben Dolch in die Brust, mit dem er Kotzebue umgebracht hatte.

Die Ermordung August von Kotzebues durch den Studenten Karl Ludwig Sand am 23. März 1819 Stich, 1819

Der Gehalt vermeidbarer Theatralik in dem Ereignis läßt sich kaum ausloten. Sand wurde gerettet und nach seiner Genesung am 20. Mai 1820 enthauptet. Metternich nahm das Attentat zum Vorwand, den »der vortreffliche Sand auf Kosten des armen Kotzebue« geliefert hatte; das Vorkommnis erlaubte es dem Staatskanzler, »die möglichste Partie« daraus zu ziehen, wie er sich wörtlich ausdrückte. In einem Vorgespräch im böhmischen Teplitz am 1. August 1819 mit dem verantwortlichen Minister Preußens, Karl August von Hardenberg, wurden die Grundzüge einer Übereinkunft festgelegt, der wenig später die Vertreter der zehn größten deutschen Staaten auf einer langen Konferenz in Karlsbad zustimmten. Die ›Karlsbader Beschlüsse‹ wurden am 20. September 1819 durch Plenarbeschluß des Frankfurter Bundestages zum Bundesgesetz erhoben.

»Die Einen werden es als Monstrum, Andere als ein gutes Werk, die Dritten als eine Dummheit hinstellen. In der Mitte liegt die Wahrheit.« – Metternich über die Karlsbader Beschlüsse am 25. September 1819

Die Absicht der Beschlüsse hatte Metternich schon vor dem Teplitzer Treffen umrissen: »Ich hoffe, die deutsche Revolution mit Gottes Hilfe zu schlagen, wie ich den Eroberer der Welt besiegt habe.« In den vierundzwanzig Paragraphen der Karlsbader Beschlüsse wurde die Vorzensur für sämtliche Zeitungen und Publikationen eingeführt, die weniger als zwanzig Druckbogen umfaßten, und alle Universitäten wurden unter die Aufsicht eines ›außerordentlichen landesherrlichen Bevollmächtigten‹ gestellt. Seine Aufgabe bestand darin, »über die strengste Vollziehung der bestehenden Gesetze und Disziplinarvorschriften zu wachen, den Geist, in welchem die akademischen Lehrer bei ihren öffentlichen und Privatvorträgen verfahren, sorgfältig zu beobachten, und demselben, jedoch ohne unmittelbare Einmischung in das Wissenschaftliche und die Lehrmethoden eine heilsame, auf die künftige Bestimmung der studierenden

Jugend berechnete Richtung zu geben, endlich allem, was zur Beförderung der Sittlichkeit, der guten Ordnung und des äußeren Anstandes unter den Studierenden dienen kann, seine unausgesetzte Aufmerksamkeit zu widmen«. Alle umstürzlerisch tätigen Lehrkräfte wurden entlassen und die Burschenschaften verboten. Im letzten, dem dritten Teil der Karlsbader Beschlüsse wurde eine Zentral-Kommission eingesetzt »zur näheren Untersuchung der in mehreren Bundesstaaten entdeckten revolutionären Umtriebe«. Dies war der offizielle Auftakt zur Demagogenverfolgung in Deutschland.

Der große Irrtum Metternichs

Wenig mehr als ein halbes Jahr war vergangen, da zeigte sich Metternich bereits von seinem Erfolg überzeugt. Am 4. Mai 1820 schrieb er: »Die Konferenzen zu Karlsbad und die daselbst vorbereiteten Beschlüsse haben mächtiger und wohltätiger gewirkt, als wir, im Gefühl der noch fortdauernden Bedürfnisse, vielleicht selbst zu glauben geneigt sind.« Metternich täuschte sich dabei über die Vorzeichen, sofern man seine Meinung nicht nur als Indiz für die äußere Wirksamkeit der Polizei bewerten will. Für das, was die Deutschen im Vormärz wirklich bewegte, fehlten diesem überragenden Staatsmann der äußeren Beziehungen die Sensorien, und dies, obgleich er einmal selbstsicher behauptet hatte: »Ich wittere das Gefahrdrohende früher als andere!«

Sollte er das Gefahrdrohende wirklich früher als andere gewittert haben, so hatte er die elementare Kraft unterschätzt, die in jener Bedrohung steckte. Unverständlich, unverzeihlich, da er sich über ihre effektiv jakobinische Natur nicht hätte täuschen können; denn das Revolutionäre bekämpfte er zusammen mit dem Nationalen von Anfang an als seine quasi persönlichen Todfeinde. Er hatte sie auch in ihrer Personifizierung durch Bonaparte erfolgreich besiegt, jedoch nur im Äußeren, nicht im Inneren. Er hatte die Fortsetzung des militärischen Kampfes mit nichtmilitärischen Mitteln im Bereich des Deutschen Bundes als entscheidend für den Erhalt des Bestehenden angesehen, die Aufgabe, dem »Geist eine heilsame Richtung zu geben«, Sittlichkeit zu befördern, die gute Ordnung zu stärken – nach Maßgabe der Optik eines Menschen, der sich am Uralten orientiert, an Gottes ewigen Gesetzen, für den es nichts Neues gibt und dem selbst das neu Gedachte so alt ist »wie die menschliche Gesellschaft und die Bedingungen des internationalen Lebens der Staaten«.

Gegen Metternich blieb ein Auftrag, der sich mit dem Volk, seinen Wünschen und Neigungen, Bedürfnissen und Leidenschaften befaßte. Ein Deutscher zu sein während der napoleonischen Herrschaft, das konnte nichts anderes heißen als nationale Empfindungen besitzen, patriotisch fühlen. Davon wurden die preußischen Reformer Tag und Nacht bewegt. Davon wurde Österreichs Erhebung im Jahr 1809 angetrieben, dieser erste deutsche Aufstand gegen den französischen Imperator. Und dies brachte Erzherzog Johann, den späteren Reichsverweser der Paulskirche, in den erbärmlichen Wintermonaten des Jahres 1810 zu der Erkenntnis, daß es nichts Wichtigeres gebe als die Regeneration des Inneren: »Nämlich alle bei uns heterogenen Teile so einander nähern und angleichen; nämlich den deutschen Ländern den Zügel etwas schießen (lassen), den ungarischen etwas fester anlegen, die vier Stände überall errichten, ihnen beratenden Anteil an dem Ganzen geben und dadurch, daß sie mitwirken,

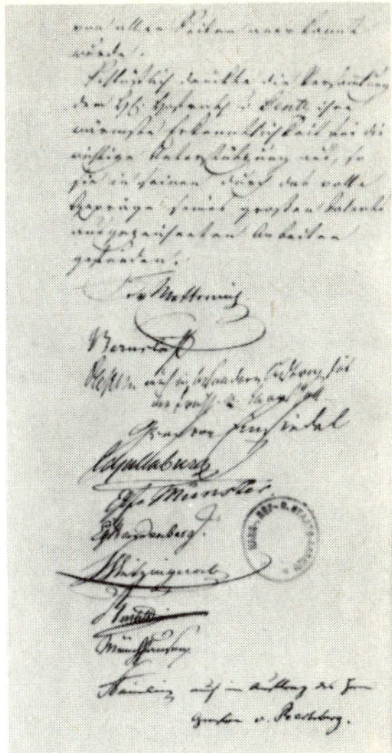

Die Karlsbader Beschlüsse
vom 31. August 1819
Protokoll der 23. Sitzung
über die Einhaltung der
Bundestagsbeschlüsse:
Überwachung aller
Universitäten, Presseorgane
und politischen Bestrebungen
Schlußseite mit den
Unterschriften der Minister von
Österreich, Preußen, Hannover,
Sachsen, Mecklenburg, Bayern,
Baden, Hessen, Württemberg

»Die Befreier Europas
in Paris«
Komposition von
Franz Schubert
Autograph vom 16. Mai 1814

den Patriotismus wecken, den Thron befestigen, die elende Willkür und den Egoismus der Minister tilgen. Dann läßt sich etwas hoffen, eher nicht. Was hat denn der Fürst davon, daß er allein, isoliert, alles auf sich reduziert, dasteht? Nichts, als daß der Untertanen Herzen, unbekannt mit dem, was mit ihnen vorgeht, mit den Ursachen der Maßregeln, immer mehr gleichgültig werden und endlich jede Verminderung (des Reiches) ertragen.« Ähnlich eindringlich hatte schon Edmund Burke versucht, daß es nicht genüge, wenn Staatsverfassungen nur die Ansprüche des Verstandes befriedigten; »sie müssen auch das Herz in Bewegung setzen. Wenn wir unser Vaterland lieben sollen, muß unser Vaterland liebenswürdig sein.«

In Deutschland war damals nichts notwendiger, als das Miteinander von Regierenden und Volk neu zu ordnen. Erzherzog Johann benützte dafür dieselbe unverfälscht einfache Formel, die den preußischen Reformern diente: Erziehung des Volkes. Gemeint war damit eine Erziehung, durch welche die Deutschen zu einem einigen Volk verwandelt würden. Das liest sich in der altertümelnden Diktion des Erzherzogs so: »Ja wohl, auf die Zukunft bauen, den Sinn erfrischen, Jugend stimmen, auf daß das deutsche Volk verjüngt hervorgehe; daß dieses bei keinem Volk geschah, ist die Ursache, warum sie fielen. Man pflegt sie nicht, und die Nationalität will gepflegt werden.«

Die Zukunft, auf die Metternich von 1806 bis 1848 gebaut hatte, lag nicht dort, wo sie Erzherzog Johann, Heinrich Freiherr vom und zum Stein, die Brüder Friedrich Lothar und Johann Philipp Stadion, Scharnhorst, Heinrich von Kleist, Wilhelm von Humboldt oder Ernst Moritz Arndt liegen sahen. Metternichs säkulare Bedeutung bestand darin, daß er bewies, welche ordnungspolitische Kraft und Ausdauer die Bindungsmomente des 18. Jahrhunderts auch noch für das 19. Jahrhundert besaßen, aber wie wenig sie – zumal in ihrer künstlichen Erstarrung – gegenüber denjenigen Elementen vermochten, deren Berechtigung sogar er 1812 zögernd anerkannt hatte: gegenüber der Begeisterung des Volkes, seinem Nationalgefühl, so wie es in den Jahren der Reform und der Befreiungskriege hervorgebrochen war, da die mitreißende Erregung sich noch nicht zur befremdlichen Regel der Selbstverständlichkeit verkrustet hatte.

»Metternich ist ein Prinzip gewesen, ein Panier, dem ein Teil des Jahrhunderts gefolgt ist, während ein anderer dawider gestanden und es zuletzt gestürzt hat.« – Gustav von Usedom

Die fundamentale Differenz drückte sich in dem Verhältnis Metternichs zu Stein aus, und zwar in ihrer ganzen Unüberbrückbarkeit. Drei Jahre nach seinem Sturz las Metternich die berühmte Darstellung des ›Lebens des Ministers Freiherr vom Stein‹ von Georg Heinrich Pertz, dessen erste Bände gerade erschienen waren. Am 16. Mai 1851, einen Tag nach seinem achtundsiebzigsten Geburtstag, fixierte Metternich seinen Eindruck: »Der selige Fürst Johann Liechtenstein hatte mehrere Jahre lang eine sehr hohe Ombre-Partie mit dem Grafen Ferdinand Pallfy gemacht. Pallfy ließ sich ein Haus einrichten und eröffnete dasselbe mit einem großen Ball. Als Fürst Johann in die Appartements trat, rief er aus: ›Curios, ich hatte nicht geglaubt, so viel Geld verloren zu haben.‹ Die Lesung des Wirkens von Stein 1811 bis 1814 beugt mich zu dem Geständnis, daß ich sehr wohl wußte, daß ich mit Phantasten der ärgsten Art zu tun hatte, aber an die Möglichkeit eines Phantasten im Ausmaß Steins nicht glaubte!«

Stein wiederum klagte im Sommer 1813, als Preußen und Deutschland mit der bestürzenden Erkenntnis zu tun hatten, daß Metternich bestenfalls aus staatlich-diplomatischen Gründen Österreich an die Seite der Befreiungsmächte führen würde, niemals jedoch aus elementaren Neigungen: »Wir haben eine Vermehrung der Masse, nicht der Einsichten und der edlen kräftigen Gesinnungen erhalten und die Früchte des seit 1810 befolgten Systems kennengelernt. Von 1806 bis 1809 arbeiteten die Stadions daran, um den Geist der Nation zu heben, um die Armee zu verstärken und zu vervollkommnen, beides mit Erfolg, die Nation war begeistert, die Armee schlug sich tapfer; das neue Ministerium strebte seit dem Frieden bis jetzt den Kurs zu verbessern, den Frieden zu erbetteln, die Armee zu desorganisieren, den Geist der Nation zu lähmen, man hoffte, durch diplomatische Künste das große Problem der Regeneration Europas zu lösen, und es gelang zum Teil: Die Nation war und ist lau, die Armee schlägt sich nicht sonderlich, niemand vertraut, weder auf den schwachen Regenten noch auf seinen egoistischen, kalten, schlauen Minister, der zwar rechnet, aber ohne Tiefe; er ist ein guter Buchhalter, aber kein großer Mathematiker.«

Ein wohlbegründetes Urteil, genauso wohlbegründet wie die Fassungslosigkeit Metternichs über das Ausmaß des Phantastischen bei Leuten wie Stein. Johann Philipp Graf Stadion, Metternichs Vorgänger und Rivale, ein Parteigänger Steins, brachte ebenfalls 1813 die Essenz seines Urteils in die Kritik, daß ihm Metternichs ganze Politik im Inneren, dem Volk gegenüber, als grundfalsch erscheine, wie er Hardenberg versicherte.

Dem Manne,
der
an deutscher Tugend
und
am deutschen Vaterlande
nie verzweifelt hat,
dem Reichsfreiherrn Karl vom Stein,
weihet diese Blätter
der Verfasser.

Widmung Arndts an den Freiherrn vom Stein in der 1813 in Berlin erschienenen Schrift ›Grundlinien einer deutschen Kriegsordnung‹

Der Kampf um die Befreiung

Ernst Moritz Arndt und das deutsche Nationalbewußtsein

Das Jahrzehnt zwischen 1803 und 1813 enthält den Code für das deutsche Problem im 19. Jahrhundert. Dieses Dezennium besitzt noch immer, auch für unsere Gegenwart, ein hohes Maß an Herausforderungen und Irritationen. Besonders augenfällig wird das an den Persönlichkeiten, die in der napoleonischen Ära den Gegenpart spielten, an den Wortführern der diplomatischen, militärischen, politischen, patriotischen Opposition. Diejenigen Kräfte, die das Volk bewegten – äußerst widersprüchliche, ungeklärte, halbbewußte, jedoch bei allen Bedenken unerhört tiefwurzelnde Kräfte und konstitutive Neigungen –, sowie die entscheidenden Antriebe, die den Akteuren der deutschen Befreiungsbewegung entweder nur als zielstrebiger Wille oder als fragmentarisches Situationsbewußtsein gegenwärtig waren – dies alles wurde von Ernst Moritz Arndt in Worten ausgedrückt, und zwar auch mit der Fülle seiner inneren Gegensätzlichkeiten. Damit verdeutlichte Arndt Ungezählten den Sinn der Kämpfe, weckte das Verständnis für die ideellen Zielpunkte der militärischen Aktionen und für die politischen Notwendigkeiten, die dazu gehörten. Ebenbürtig darin war ihm bestenfalls noch Joseph von Görres.

Mißliche Nationalheroen

Im Februar 1815 hatte sich Napoleon mit drei Generalen und fünfhundert Grenadieren in Porto Ferraio, dem Hafen an der Nordküste der Insel Elba, eingeschifft. Er war dann in Antibes gelandet und begann nach einem Triumphzug ohnegleichen – »Flug des Adlers von Kirchtum zu Kirchturm bis zu den

»Die Franzosen tun alles, was ich will, und das genügt.« – Napoleon Bonaparte

Bayerns Ruhmestempel zu Ehren großer Deutscher: die Walhalla bei Donaustauf Aquarell des Baumeisters Leo von Kleuze, zwischen 1830 und 1842

Das Hermann-Denkmal Darstellung des deutschen Nationalmonuments im Teutoburger Wald bei Detmold vier Jahre nach Baubeginn auf der Schießscheibe eines Frankfurter Schützenvereins, 1842

Türmen von Notre-Dame« – am 20. März in Paris seine Herrschaft der Hundert Tage. In seiner Rede vor der Pariser Kammer versicherte der Kaiser: »Ihr werdet noch um mich weinen!« Das war prophetisch. Denn obwohl ihn zu Lebzeiten aber Tausende verflucht hatten, beweinten ihn die Franzosen nach seinem Tod. Ob sie für oder gegen Napoleon gewesen waren: Bonapartes Persönlichkeit wurde auch von seinen zornigsten Kritikern nicht zum Anlaß genommen, um die französische Nation herabzuwürdigen.

Die Selbstverständlichkeit, mit der die Franzosen ihr Panthéon erbauten und besuchten, fiel den Deutschen bei ihrer Walhalla auf dem Hochufer bei Donaustauf bei weitem nicht so leicht. Das hing mit den Komplikationen des nationalen Innenlebens zusammen, unter denen Deutschland seit der Ära der Befreiungsbewegung zu leiden begann. Die Walhalla ist in späteren Jahrzehnten, zumal in unserer Zeit, als ein Bauwerk akzeptiert worden, dessen Alter von rund eineinhalb Jahrhunderten dem empfindsamen Selbstverständnis der Deutschen nichts Unbilliges abverlangt. Dagegen wird die Befreiungshalle bei Kehlheim, die jüngeren Datums ist, fast ausschließlich kritisch beurteilt. Sie wurde im Unterschied zur Walhalla, die allgemein dem Gedächtnis der großen Deutschen gewidmet ist, zur Erinnerung an ein massives Politikum errichtet. Derartige Erinnerungen fallen den Deutschen schwer.

Mit Hilfe der Geschichte wird es jedem möglich, seine Vergangenheit und diejenige seines Volkes zu resümieren. Noch bis vor kurzem überdeckten dabei die Gefühle der Herausforderung die Chancen der Selbsteinsicht. Dem Kleist der ›Hermannsschlacht‹ wurde der schrankenlose Haß auf die Franzosen nicht ohne Rücksicht auf seinen Selbstmord am Wannsee konzediert. Johann Gottlieb Fichtes ›Reden an die deutsche Nation‹ aus dem Jahr 1807 wurden aller aktuell-politischen Anstößigkeit durch eine Interpretation beraubt, die sie ausschließlich als ideal gemeint erscheinen ließ, oder die sie grundsätzlich mit der Zeitbedingtheit ihrer geschichtlichen Situation entschuldigte. Derartige Kunstgriffe entwickelte man in Deutschland zu einer hohen Meisterschaft. Man war bestrebt, die Wirkungslinien von Gestalten, Tatbeständen, Sachverhalten, so kurz wie möglich zu halten, um die Konnexe zur Gegenwart weitgehend zu verdünnen und keinerlei zeitübergreifenden, womöglich immer noch belästigenden Gehalt anzuerkennen. Sollte Arndt also wirklich ein ›großer Deutscher‹ sein, dann gewiß nur ›groß‹ unter den Voraussetzungen und Zwängen seiner eigenen Zeit. Ansonsten sei er der Volksmann und Troubadour einer Deutschheit, deren Pathos zu spüren ist, sobald man sich der alten Sprechweise bedient: Teutschheit.

Der Mann des Volkes, die Liebe zum Volk

Ernst Moritz Arndt war ein Mann des Volkes, und zwar in dem Begriff des Volkes und des Völkischen, wie er in jener Zeit von Johann Gottfried Herder und der deutschen Romantik geprägt worden ist: im Sinne des einfachen Volkes mit seinen derben Sitten und vollen Sinnen, seinem Brauchtum, seinen Spukgestalten, Vorurteilen, Beschränkungen und seinem untrüglichen Gespür für das Gesunde. Der siebzigjährige Arndt notierte: »Für die Bauern habe ich meinen ersten Auslauf getan, für sie sind meine ersten Sträuße ausgeteilt und zurückempfangen. Sie sind auch bis auf den heutigen Tag ein immer ernsterer

Gegenstand meines Nachdenkens geworden und werden es von Tag zu Tag mehr.«

Im Gegensatz zu fast allen anderen Romantikern entstammte der Romantiker Arndt demjenigen Volksboden, den die Landwirte bearbeiteten, Abkömmling eines Bauerngeschlechts in Vorpommern und staatlich gesehen gebürtiger Schwede, weil er 1769 auf der Insel Rügen geboren worden ist. Sein Großvater ist leibeigener Schäfer gewesen. Sein Vater, ebenfalls Leibeigener, wurde von seinem Herrn, dem Grafen Malte Putbus, freigelassen. Er rückte auf zum Inspektor der südlichen Güter auf Rügen und wurde schließlich Pächter. In dieser Umwelt wuchs Ernst Moritz Arndt heran, als Hirtenjunge, Roßbube, Bote, Jagdhelfer. Der Vater konnte es sich schließlich sogar leisten, seinen Sohn von einem Hauslehrer unterrichten zu lassen und ihn auf das Gymnasium in Stralsund zu schicken. Das bedeutete für Arndt eine Zäsur. Die Art der kleinstädtischen Gesellschaft setzte ihm heftig zu. An einem Herbsttag des Revolutionsjahres 1789 verließ er heimlich die Stadt, übernachtete bei einem Hirten, wanderte weiter nach Südosten, umging Greifswald und versuchte, auf einem Gut als Schreiber unterzukommen.Durch einen Zufall wurde Arndt erkannt. Sein Vater ließ ihn zurückholen und stellte ihm frei, selbst einen Beruf zu wählen.

Kreidefelsen auf Rügen
Gemälde von
Caspar David Friedrich, 1818

Arndts Eskapade hat nicht nur anekdotischen Rang. Sie war die verständliche Reaktion eines jungen Mannes vom Lande bei seinem ersten Zusammenstoß mit der gesellschaftlichen Welt. Später entschloß sich Arndt dann doch zum Studium. Er betrachtete es als eine Durchgangsphase. Nachdem er 1796 das theologische Examen abgelegt hatte, fühlte er sich frei zu dem, was er selbst als seinen damals mächtigsten Trieb bezeichnete, der »von Tag zu Tag leidenschaftlicher« wurde, nämlich »Kenntnis von Land und Menschen« zu gewinnen. Eineinhalb Jahre reiste er durch Europa, freilich nicht als Kavalier auf der üblichen Bildungsreise, wie sie noch zehn Jahre früher der junge Freiherr Wilhelm von Humboldt unternommen hatte. Es war unterwegs nicht freiherrlich, so schrieb Arndt, »doch zuweilen herrlich«. Arndt wallfahrtete nicht zu Kunst und Kultur, sondern folgte seinem »naturhistorischen Trieb«.

»In mir lag ein dunkles Ziel, ich habe die Dinge, Menschen und Völker dieser Welt sehen und erkennen gelernt.« – Arndt über seine Reise durch Europa

Einheit und Einigkeit

Überall in Europa hatte Arndt die Wirkungen der Französischen Revolution und Napoleons kennengelernt. »Ich sah die herrische Gestalt der Zeit sich schwingen und fortschwingen.« Hier ist noch nichts von Mißbilligung zu spüren. Arndt fühlte sich damals als Schwede, noch nicht als ein direkt betroffener Deutscher. Doch das änderte sich schnell. Schon 1800 schrieb er: »Nach der Schlacht von Marengo wandelte mich ein Grauen an vor dieser Gestalt... Es schien ein unbewußtes Grauen vor dem Jammer der nächsten zehn Jahre zu sein.« Beim Frieden von Lunéville im Februar 1801 wurde Arndt dann vor Zorn und grenzenloser Erbitterung geschüttelt, weil das linke Rhein-Ufer in französischem Besitz blieb. Und »die Jahre 1805 und 1806 rissen (gar) die letzten Stützen nieder«. Arndt fand die Situation Deutschlands in seinem Inneren gespiegelt, denn erst jetzt, da alles »in einem großen gemeinsamen Jammer über- und untereinander hingeworfen« war, »als Österreich und Preußen nach vergeblichen Kämpfen gefallen waren – da erst fing mein Herz an,

Der Notstand
in den Jahren 1806 bis 1808
Vorderseite der
preußischen Medaille
›Krieg und Frieden‹
von Ludwig Wolf, 1809

sie und Deutschland mit rechter Liebe zu lieben und die Welschen mit rechtem treuen Zorn zu hassen«. Sein Fazit: »Als Deutschland durch seine Zwietracht nichts mehr war, umfaßte mein Herz seine Einheit und Einigkeit.«

Dieser Satz bildet auch einen Schlüssel für das Selbstverständnis des ganzen Jahrzehnts, in dem sich das deutsche Nationalbewußtsein erstmals politisch zu regen begann. Die deutsche Einheit und Einigkeit vermochte sich damals nur in einer doppelten Frontstellung durchzusetzen: gegen Napoleon, gegen Frankreich, gegen die Fremdherrschaft einerseits und gegen die eigenen Regierungen, Fürsten und Obrigkeiten andererseits, gegen Feinde von außen und Gegner von innen. Durch diese Doppelung erhielt das Problem seine politische Brisanz. Es war nur mit militärischen Mitteln zu lösen und nur mit geistigen zu sanktionieren. Den Mittelpunkt mußte ein neues Selbstverständnis bilden, in dem sich der Einzelne nicht mehr als Untertan begriff, sondern als freier Mensch in einem Staat, in dem er politisch anerkannt und tätig war. Ein solches Selbstverständnis konnte damals nur ein nationales Selbstverständnis sein.

In den Jahren 1805 und 1806 entstand der erste Teil der berühmtesten Schrift Ernst Moritz Arndts, der ›Geist der Zeit‹, ein Buch, in dem die Worte geradezu sprühen und dessen Wirkung in Deutschland das Echo der Reden an die deutsche Nation, die Fichte wenig später in Berlin hielt, bei weitem übertraf. Im Sommer 1806 floß auch zum ersten Mal das »hitzige Arndt-Blut zur höheren Ehre der Nation«. Er duellierte sich mit einem schwedischen Offizier, der sich abfällig über das deutsche Volk geäußert hatte. Arndt wurde dabei schwer verletzt, er mußte zwei Monate liegen.

Das Feindbild
der Deutschen und der Russen
und ihre Wunschträume:
der vom Teufel geholte
Napoleon
Stich, 1813

Arndt hatte die Auslöser der deutschen Zwietracht nicht beim Namen genannt. Dennoch gehörten Napoleon und Frankreich in sein Feind-Bekenntnis, das rasch in ein Programm verwandelt wurde. Die gesamte deutsche Freiheitsbewegung sah in Napoleon bald mehr als nur einen militärischen Usurpator und Despoten. Bonaparte wurde von ihr zu einer negativen Symbolfigur erhoben. Er drückte allem, was die Initiatoren und Agitatoren der deutschen Erhebung unternahmen, seinen Stempel auf, einmal dadurch, daß er bis zu seiner endgültigen Verbannung auf Sankt Helena die Ereignisse in Gang hielt, zum anderen dadurch, daß erst er und Frankreich den deutschen Patriotismus, das deutsche Nationalbewußtsein, die deutsche Staatsgesinnung, den deutschen Freiheitswillen weckten und erzeugten.

Keiner aus der großen Schar bedingungsloser Verehrer Napoleons hat den französischen Kaiser so treffend geschildert wie sein bedingungslosester Gegner Arndt. Er verdammte Napoleon mit einer Vehemenz und Energie, die sich von schrankenloser Bewunderung kaum noch unterscheiden lassen: »Man darf den Fürchterlichen so leicht nicht richten, als es die meisten tun in Haß und Liebe. Die Natur, die ihn geschaffen hat, die ihn so schrecklich wirken läßt, muß eine Arbeit mit ihm vorhaben, die kein anderer tun kann. Er trägt das Gepräge eines außerordentlichen Menschen, eines erhabenen Ungeheuers, das noch ungeheurer scheint, weil es über und unter Menschen herrscht und wirkt, welchen es nicht angehört... Bonaparte, der Ernste, Strenge und Fürchterliche, stand da wie eine fremde Kraft außer dem Volke, wie ein mächtiges Verhängnis, was seiner nicht zu bedürfen schien, aber durch gewaltige Erinnerung mit ihm zusammenhing. Abgeschieden wie ein Gott, ernst und schimmernd, stellte er sich hoch über alle, und keine Stufen führen von dem Schemel seines gebückten Sklaven zu seinem kolossalischen Thron!«

»Der Mensch (Napoleon) ist am Boden«, meinte Stein unsentimental, als Paris erobert wurde. Doch mit dem Sieg über Bonaparte lagen auch sie selbst am Boden: Stein, Arndt, Gneisenau, Görres, Jahn, Humboldt und die vielen anderen, die sich seit 1813 mit jedem Sieg, der gegen Napoleon erfochten wurde, unwiderruflich auch dem Zusammenbruch ihrer eigenen Hoffnungen, Pläne, Wünsche und Träume näherten. Der Weg der Freiheitskämpfer ist bis zur letzten siegreichen Schlacht identisch mit einer Serie von Niederlagen.

Nach dem Tilsiter Frieden 1807 war Stein an die Spitze der Regierung berufen worden. Die Reformen in Preußen liefen an. Aber schon nach wenig mehr als einem Jahr wurde der Minister durch ein Dekret Napoleons geächtet und vom König entlassen. Die Reformen stockten; sie wurden nur in Ansätzen verwirklicht. Im Jahr 1812 waren die Träger der Freiheits- und Reformideen als Flüchtlinge über ganz Europa verstreut. So wichtige Akteure wie Clausewitz und Boyen mit Stein und dem Hauptpropagandisten Arndt an der Spitze saßen in Rußland. Gegen sie zogen nunmehr die preußischen Truppen unter napoleonischen Fahnen.

Wie sah das Sturmjahr 1813 aus? Wurde es zum Jahr der großen Umkehr? Kaum ein Bruchteil von dem »großen Aufstand über ganz Deutschland«, den Arndt und seine Freunde erhofft hatten, ließ sich verwirklichen. Konkret wurde der Geist der Erhebung nur in den damaligen schlesischen Armeen unter Blücher und Gneisenau und viele Jahrzehnte später in der deutschen Geschichtsschreibung und in den Schulbüchern. Die tiefen Spaltungen bei den Deutschen glichen sich durch den gemeinsamen Kampf gegen Napoleon nicht aus. Im Oktober und November 1812 wurde die Große Armee des Kaisers auf dem Rückzug aus Rußland zerschlagen. Der Kommandeur des preußischen Hilfskorps, General Ludwig Yorck, konnte seine Truppen, die den linken Flankenschutz gebildet hatten, zusammenhalten; er führte seine zwanzigtausend Mann auf litauisch-russisches Gebiet, wo der Feind sie abschnitt. Am 30. Dezember schloß Yorck in eigener Verantwortung mit dem russischen General Iwan Diebitsch-Sabalkanskij die Konvention von Tauroggen. Das preußische Korps wurde für neutral erklärt und schied damit aus dem Feldzug aus. Friedrich Wilhelm unterließ es, wie stets in kritischen Situationen, darauf zu reagieren; er hätte Yorck wegen Meuterei unverzüglich erschießen lassen müssen. Später wurde der Entschluß zu dem Neutralitätsabkommen von Tauroggen fast übereinstimmend als die beispielhafte Tat eines Helden gefeiert, der die Pflicht gegenüber seinem Volk höher gestellt habe als seinen Eid und das soldatische Gehorsamsgebot.

Solche legendäre Verklärung läßt die Kontraste verschwimmen. Yorck war seit Jahren einer der bedingungslosesten Feinde aller Reformen und Reformer Preußens. Zu der Konvention mit den Russen mußte er von Clausewitz, damals Oberstleutnant in russischen Diensten im Hauptquartier des Generals Graf Sayn-Wittgenstein, tagelang mehr gedrängt als überredet werden. Noch wenige Minuten, bevor sich Yorck zu dem verbindlichen Ja entschloß, schrie er Clausewitz ins Gesicht: »Bleibt mir vom Leibe, ich will nichts mehr mit Euch zu tun haben!« Groß waren an Yorck nicht der Sieg im Abwägen der Pflichten, nicht sein Entschluß, die Qualität des ungeschriebenen höheren Gebotes über den traditionellen Soldatengehorsam zu stellen; groß daran war, daß Yorck sich mit

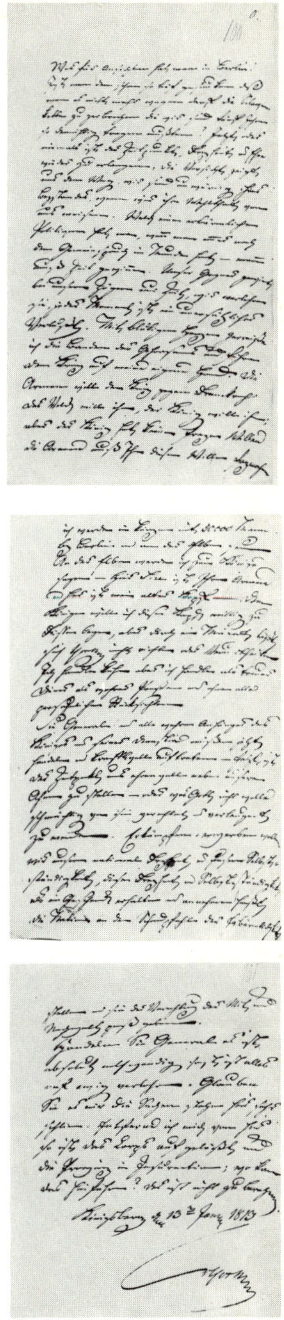

Über die Rechtschaffenheit
der Motive
beim Abschluß
der Konvention von Tauroggen
Schreiben Ludwig Yorcks
an Generalmajor von Bülow
vom 13. Januar 1813

Europa zur Zeit der größten Machtentfaltung Napoleons 1812

Von Napoleon I. unabhängige Staaten

Die abhäng. Staaten wurden entweder v. Napoleons Familienangehörigen regiert oder standen unter direktem französischem Einfluß (Rheinbd., Helvetische Rep.)

Johann Gottlieb Fichte
als Berliner Landsturmmann
im Jahr 1813
Nach einer Zeichnung von
Carl Zimmermann, 1813

Preußens Gesamtinteressen identifizierte, obgleich nicht die Franzosen seine Todfeinde waren, sondern die Männer der preußischen Reform und der deutschen Erhebung. Er schloß sich sogar für kurze Zeit Stein an und stellte sich hinter den Aufruf zur allgemeinen Volksbewaffnung in Ostpreußen, obwohl sich der preußische König noch nicht entschieden hatte, Napoleon den Krieg zu erklären.

An diesen inneren Fronten änderte sich auch in den folgenden drei Jahren bis 1816 nichts. Arndt hatte die Parteiungen schon früh erkannt. Er hatte als einer der ersten begriffen, daß die Erhebung diplomatisch unwiderruflich verloren war, noch bevor man sie militärisch begann. Das galt insbesondere für die Pläne Steins. Auch über seine Entwürfe schob sich als Motto das Hohnwort des preußischen Königs, mit dem er im August 1811 den Plan Gneisenaus zu einem allgemeinen Volksaufstand gegen die Franzosen beiseite gewischt hatte: »Als Poesie – gut!« Gneisenau hatte sich zu einer berühmt gewordenen Replik hinreißen lassen, die in ihrer zornigen Bravour hätte von Arndt stammen können: »Religion, Gebet, Liebe zum Regenten, zum Vaterland, zur Tugend sind nichts anderes als Poesie; keine Herzenserhebung ohne poetische Stimmung. Wer nur nach kalter Berechnung handelt, wird ein starrer Egoist. Auf Poesie ist die Sicherheit der Throne gegründet. Wie so mancher von uns, der mit Bekümmernis auf den wankenden Thron blickt, würde eine ruhige glückliche Lage in stiller Abgezogenheit finden können, wie mancher dürfte selbst eine glänzende erwarten dürfen, wenn er statt zu fühlen berechnen wollte. Jeder Herrscher ist ihm dann gleichgültig; aber die Bande der Geburt, der Zuneigung, der Dankbarkeit fesseln ihn an seinen alten Herrn; mit ihm will er leben und fallen; für ihn entsagt er den Familienfreuden und gibt seine Lieben einer ungewissen Zukunft preis. Dies ist Poesie, und zwar von der edelsten Art. An ihr will ich mich aufrichten mein Leben lang.«

Die deutsche Nation existierte zunächst nur in den Köpfen von Stein, Arndt und einigen wenigen andern, in ihren Herzen und Sinnen. Selbst Arndt war nur der gewaltige Publizist, der große Sänger und Poet, solange Deutschland unter dem Druck der Besatzung ächzte, solange er Deutschland durch den fremden Zwang noch nicht »bei sich selbst« sah, solange er noch glauben und hoffen konnte, daß der Todfeind des Deutschtums, der Deutschen und ihrer Einheit kein anderer war als Napoleon und nicht, wie er seit 1813 endgültig zu begreifen begann, die fürstliche Obrigkeit der Deutschen.

»Die Preußen sind keine Nation, sie haben keinen nationalen Stolz, sie sind vom Zufall abhängig, wir haben sie immer verachtet.« – Napoleon Bonaparte

Volkswünsche, Fürsteninteressen

Von allen Freiheitskämpfern urteilte Ernst Moritz Arndt besonders unbefangen und heftig über die Herrscher, lange bevor er durch seine Bekanntschaft mit Stein oder Gneisenau einen engeren Kontakt zum Geist der Höfe gewann. In Arndts Formulierungen drückte sich die Stimme des Untertanen aus, der sich nun nicht mehr als Untertan empfand, sondern als freier Mann. »Es ist Zeit«, so schrieb er nach der Doppelschlacht bei Jena und Auerstedt als Flüchtling in Schweden an die Adresse der Fürsten, »daß das Geburtsrecht verrufen werde und das Naturrecht herrsche, weil die Welt sonst untergeht. Jedes Große und Tapfere, wo es sich findet, muß aus dem Volke frei ausgehen und den geradesten und geschwindesten Weg zu seiner Herrlichkeit laufen dürfen. Ich sage, die

Aristokratie der Geburt ist veraltet, sie ist ein Verbrechen an dem Zeitalter, sie ist eine Hilflosigkeit in der Not, sie ist eine Hemmung der letzten Anstrengungen, welche die Gegenwart zu ihrer Erlösung machen könnte.« Noch schärfer hatte er schon im ›Geist der Zeit‹ geurteilt: »Deutsche Fürsten, ihr schreiet in eurer Not zur deutschen Nation, ihr gebärdet euch, als wenn ihr an eine solche glaubtet. Verbrecher an ihr, ihr habt sie nie geglaubt, sie nie geliebt noch gekannt! Daß keine mehr da ist – es ist euer Werk.«

Diese schweren Anklagen deckten sich mit den Urteilen der Freunde Arndts. Auch Stein und Gneisenau sahen in der inneren Korruption der herrschenden Stände das entscheidende Hindernis für die Einigung der Nation. Wie sehr sie für ihre Nation eintraten, ergibt sich beispielhaft aus einem Gespräch. In der zweiten Oktoberhälfte 1812 verließen die Franzosen das niedergebrannte Moskau. Auf einem Festbankett zur Feier des Rückzugs wandte sich die Zarenmutter, die frühere Prinzessin Dorothea Auguste von Württemberg, an den Freiherrn vom Stein: »Wenn jetzt noch ein französischer Soldat durch die deutschen Grenzen entrinnt, so werde ich mich schämen, eine Deutsche zu sein.« Stein erhob sich, »im Gesichte rot und längs seiner großen Nase vor Zorn weiß«, er verneigte sich: »Ew. Majestät haben sehr unrecht, solches hier auszusprechen, und zwar über ein so großes, treues, tapferes Volk, welchem anzugehören Sie das Glück haben. Sie hätten sagen sollen, nicht des deutschen Volkes schäme ich mich, sondern meiner Brüder, Vettern und Genossen, der deutschen Fürsten. Ich habe die Zeit durchlebt, ich lebte in den Jahren 1791, 1792, 1793, 1794 am Rhein; nicht das Volk hatte schuld, man wußte es nicht zu gebrauchen: Hätten die deutschen Könige und Fürsten ihre Schuldigkeit getan, nimmer wäre ein Franzose über die Elbe, Oder und Weichsel, geschweige denn über den Dnjestr gekommen.« Darauf antwortete die Zarenmutter: »Sie mögen vielleicht recht haben, Herr Baron; ich danke Ihnen für diese Lektion.«

Ausritt Napoleons
aus dem brennenden Moskau
am 19. Oktober 1812
Aus einem Aquarell von
Christian W. von Faber
du Faur, 1812/13

Die deutschen Fürsten dachten anderes über solche Lektionen als Maria Feodorowna. Auch für Friedrich Wilhelm III., der seinen Reformern die Rettung von Thron, Dynastie und Staat zu danken hatte, waren sie nur die »passionierten Herren«, die ihn mit lästigem Drängen und unzutunlicher Besessenheit aus seiner nüchternen Ruhe brachten. Ihr Eifer mochte lobenswert sein, respektabel wie jeder Einsatz für große Ideen, für poetische Empfindungen und ähnliches mehr; für das Land aber schien er höchst gefährlich zu sein. Das Mißtrauen zwischen beiden Gruppen steigerte sich bis 1812/13 widersinnigerweise, weil beide zunehmend aufeinander angewiesen waren. Im Jahr 1812 prophezeite Arndt unter Anspielung auf das spanische Fiasko Napoleons, der zwar die Truppen König Ferdinands VII. in offener Feldschlacht besiegen, aber den Widerstand des Volkes und der Guerillas nicht brechen konnte: »Auch wir werden unser Spanien haben und beweisen, daß wir Männer sind und nur von unseren elenden Fürsten verraten und verkauft.« Das hatte um so stärkeres Gewicht, als schon Grolman nach dem Konflikt mit dem preußischen König zusammen mit anderen Männern der Reform in Spanien mit einem Fremdenbataillon, der ›Legion Extrangera‹, gegen die französischen Truppen Napoleons gekämpft hatte.

Einen ähnlichen Ton schlug Stein in seiner Prager Denkschrift vom August 1813 an. Er forderte mit feierlicher Arroganz eine deutsche Verfassung: »Fünfzehn Millionen Deutsche sind der Willkür von sechsunddreißig kleinen Despoten preisgegeben, und man verfolge die Geschichte der Staatsverwaltung in Bayern, Württemberg und Westfalen, um sich zu überzeugen, wie es einer Neuerungssucht, einer tollen Aufgeblasenheit und einer grenzenlosen Verschwendung gelungen ist, jede Art des Glücks der beklagenswerten Bewohner dieser einst blühenden Länder zu zerstören.«

Hier die »Despotenhäuptlinge«, dort, wie Stein sagte, die »Bedürfnisse und Wünsche der Nation«. Wenn Arndt den Freiherrn wegen des Aplombs seiner radikalen Forderungen als einen »im Lichte des Gedankens schwebenden deutschen Diktator« bezeichnete, dann dürfte darin ein gutes Stück Selbstcharakterisierung enthalten sein. Auch Arndt, ursprünglich ein entschiedener Monarchist, ein zutiefst konservativer Mensch, entdeckte in Petersburg schließlich das menschliche Ur-Recht auf Revolution. In einem seiner Briefe versicherte er: »Ohne einen großen Aufstand kann nichts werden.« Diese Überzeugung trieb ihn im April 1813 in Dresden, angeekelt von der anhaltenden Entschlußlosigkeit der Regierung, zu dem Ausbruch: »Wir ringen um die Wiedererschaffung eines deutschen Volkes aus den Völkchen. Unsere Fürsten und Herren (aber) bekehren sich nicht wieder zur Treue – der Teufel hole sie!«

Neithardt von Gneisenau
Zeichnung von Franz Krüger, 1819

Trotz seines festgefügten Weltbildes, das sich um den monarchischen Kern zentrierte, war Arndt weit revolutionärer, als er selbst zu sein glaubte. Das verrät eine Bemerkung zu Gneisenau, ebenfalls im Jahr 1813: »Man muß diese Könige als Instrumente gebrauchen, aber sich nicht zum Instrument machen lassen.« Dem Sinn nach hatte Gneisenau schon zwei Jahre früher dasselbe behauptet: »Unser Schicksal wird uns erreichen, wie wir es verdienen. Mit Schande werden wir untergehen; denn wir dürfen es uns nicht verhehlen, die Nation ist so schlecht als ihr Regiment.« Wenn in diesen Jahren und Jahrzehnten von allen dynastisch und restaurativ empfindenden Männern an den politischen Forderungen und dem aufsässigen Eigensinn der Reformer und solcher Volksprediger und -redner wie Arndt oder Görres das prinzipiell Revolutionäre gewittert wurde, dann entsprach dies einem richtigen Instinkt. Die vormärzliche Bezeichnung ›Demagoge‹ war zutreffend unter ihren Gesichtspunkten. Schon vom Wiener Kongreß hatte der französische Außenminister Charles Maurice de Talleyrand seinem König geschrieben: »In Deutschland sind überall revolutionäre Gärungsstoffe verbreitet; der Jakobinismus herrscht hier nicht in den mittleren und unteren Klassen wie bei uns in Frankreich (sondern in gewissen oberen). Mit ihnen im Bunde sind die Männer der Universitäten, die von ihren Theorien erfüllte Jugend und diejenigen, welche der Kleinstaaterei Deutschlands die Leiden zuschreiben, die sich von jeher über dieses Land ergossen haben. Die Einheit des deutschen Vaterlandes ist ihr Geschrei, ihr Glaube, ihre bis zum Fanatismus erhitzte Religion.«

»Gewaltsame Revolutionen zu verhindern, gibt es ein sehr sicheres Mittel; aber es ist das einzige: das Volk gründlich über seine Rechte und Pflichten unterrichten.« –
Johann Gottlieb Fichte, 1793, anläßlich der Französischen Revolution

Für Deutschlands Freiheit und Einheit:
Mitglieder der studentischen Freikorps vor der Kaserne im Jahr 1813
Lithographie, 1813/14

Haß und Herrlichkeit

Unter solchen Gesichtspunkten handelte es sich bei den Männern der preußischen Reformen und der deutschen Freiheitsbewegung wirklich um Jakobiner, Aufrührer, Umstürzler. Von den Agitatoren der Französischen Revolution unterschieden sie sich lediglich darin, daß sie nicht von der Wurzel her Antimonarchisten waren, sondern – um einen Spott Goethes zu verwenden – an den Königen und Fürsten den Mißbrauch ihrer selbst so verächtlich fanden. Ihr Wille und Glaube an die elementare Notwendigkeit der deutschen Einheit hatte vom Prinzip her nichts mit der Alternative Monarchie oder Republik zu tun. »Es dämmerte bei den Deutschen allmählich nach fünfhundert Jahren der Morgentraum von der Wiederauferstehung eines deutschen Reiches«, so hatte Arndt gemeint. Deshalb hielt er die Alternative für kein ernsthaftes Problem. Aber alles, was diesen Morgentraum zerstören wollte, verdammte er als abgelebt. Dementsprechend verhielt er sich Metternich gegenüber: »Die Schwächlichen und Elendigen fliehen zu dem Alten zurück, wo ihrer Furcht vor dem Neuen graut. Die Toren! oder die Narren! denn viele sind auch Narren. Die Zeit hat die alten Rittersporen abgeschnallt, ihr Rost hat sie durchgefressen; vergoldet sie euch, so viel ihr wollt, sie bräunen sich immer wieder. Die Zeit hat den ehrwürdigen Priestermantel verkürzt und verschnitten; ihr möget daran lappen und nähen, wieviel ihr wollt, man wird den neuen Ansatz von dem alten unterscheiden. Das Alte, wenn es auch zu seiner Zeit herrlich war, wird nicht wieder jung, die Toten stehen nicht wieder auf.«

Es gab keinen Zweifel daran, daß ein Nationalbewußtsein die Veränderung der altehrwürdigen Beziehungen der Untertanen zu ihren Landesherren bedeutete. Mit solchen Zwangssituationen hatte es die Freiheitsbewegung immer wieder zu tun, und das führte dazu, daß sie in den Formulierungen ihrer Protagonisten selbst hinreichend Stoff zur Fehlinterpretation ihrer Absichten lieferte. Man bemängelte, vor allem später, den militanten Duktus, die brutale Vehemenz, die negative Radikalität der deutschen Bemühungen um die Nation. Dennoch braucht das Unerquickliche, das sich mit vielen Wendungen in Aufrufen und Kampfschriften verbindet, weder entschuldigt noch gerechtfertigt zu werden. Man muß es zur Kenntnis nehmen als Indiz für die Lage, in der Nationen entstehen.

Im Herbst 1813 erschien Arndts Pamphlet ›Über Volkshaß und über den Gebrauch einer fremden Sprache‹. Darin stehen die Sätze: »Den Haß, der aus eingeborenen Verschiedenheiten der Völker entspringt, möchte ich einen äußerlichen Haß nennen: innerlich wird er, wenn ein Volk sich einmal des Frevels unterstanden hat, seine Nachbarn unterjochen zu wollen: dann brennt er bei edlen Völkern unauslöschlich. So muß bei den Deutschen jetzt der Haß brennen gegen die Franzosen. Dieser Haß wird uns wie ein heller Spiegel sein, worin wir unsere Herrlichkeit wie unser Verderben sehen können; dieser Haß wird uns und unseren Enkeln und Urenkeln nach uns immer ein Aufschüttler sein, daß wir im Glück und in der Sicherheit des Friedens nicht einschlafen können; dieser Haß wird uns gerade durch die Verschiedenheit zeigen, was uns und unserem Gemüte gleich und gerecht ist.« Hier sprach der Volkstribun. Den schrillen Dissonanzen in solchen Sätzen ist unser Gehör nicht mehr gewachsen. Unseren Vorstellungen entsprechen Appelle, die dem Frieden, der Versöhnung, der Nächstenliebe dienen. Doch damit hätten sich die Schlachten der Befreiungskriege gegen Napoleon nicht einleiten lassen. Gneisenau umriß die wirkliche Lage, als er aus Paris schrieb: »Bei unserem Einmarsch in die Hauptstadt setzte ich alle diplomatischen Rücksichten beiseite. ›A bas le tyran!‹ rief ich dem Volke zu, und ›à bas le tyran‹ hallte es wider.«

Nach einem Sieg in solcher Atmosphäre, nach einem solchen Triumph eiferte Arndt in seinen Flugschriften: »Ja, ich hasse, ich hasse innig und heiß. Wie sollte der Mann nicht hassen, der in der Welt etwas tun und wirken will, denn welcher Mensch kann lieben ohne Haß? Und ich liebe mein Vaterland und seine Ehre über alles. Darum rufe ich meinen Zorn aus vor Göttern und Menschen, darum

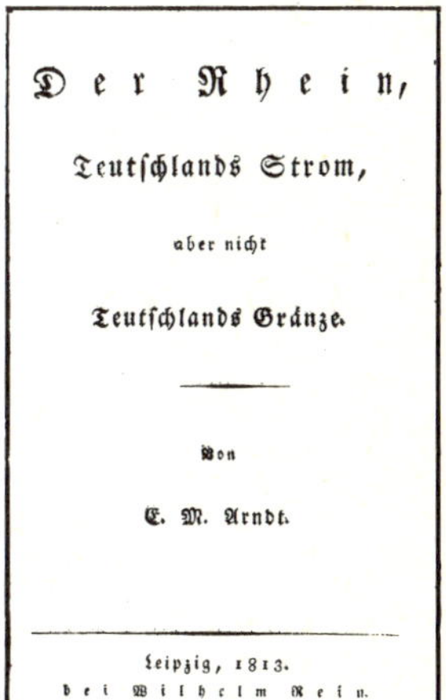
Der Rhein,
Teutschlands Strom,
aber nicht
Teutschlands Gränze.

Von
E. M. Arndt.

Leipzig, 1813.
bei Wilhelm Rein.

Titelseite einer Streitschrift von Ernst Moritz Arndt

will ich Haß auf Leben und Tod, Haß dem einzigen, gewaltigen Retter und Helfer.« Arndt sah im Krieg, dem schauerlichsten Mittel, die einzige Rettung. Das war zeitgebundenes Denken. Nach 1813 wurde bis in unsere Gegenwart noch in Hunderten von Kriegen gekämpft. Etliche davon scheinen ohne ausgeprägten Haß geführt worden zu sein; mit ihrer Sinngebung stand es deswegen nicht besser.

Bei Ernst Moritz Arndt besaß der Haß seine abgegrenzte Funktion im politisch-militärischen Konzept. Er selbst machte darauf aufmerksam: »Jedes Volk hat seine Tugenden und Gebrechen, ja wie der Zustand der menschlichen Dinge ist, liegen gewisse Tugenden desselben sogar notwendig gewissen Mängeln ganz nahe.« Arndt unterstrich die lediglich schützende Wirkung des Hasses als eines heiligen Wahns des Volkes: Denn »was durch Tugend, Wissenschaft und Kunst bei dem einen Volke in seiner Art vortrefflich ist, das Große und Menschliche, was die erhabene Einheit und Göttlichkeit der Welt ausmacht, wird auch dem anderen Volk angehören und als Gemeingut der Menschheit angenommen werden. Die echten Franzosenhasser, die Engländer, kennen sie nicht etwa die Namen Sankt Bernhard, Ludwig der Heilige, Pascal, Montesquieu und beten sie sie nicht an? Auf dieser Höhe hört der Volkshaß auf; da beginnt die große Gemeinschaft der Völker, die allgemeine Menschheit, und wird die Menschlichkeit und Liebe nimmer fehlen, die uns alle zu Kindern eines Gottes und einer Erde macht. Jede Tugend und Größe durchbricht von selbst die Schranken, welche zwischen Menschen und Völkern stehen; wer da noch hassen kann, der ist ein Barbar oder ein Tier. Das bin ich nicht, wenn sie auch sagen, daß ich es bin.«

Arndts Format konnte sich nur schwerlich messen mit demjenigen eines Stein oder Gneisenau. Aber es gab niemanden in den beiden ersten Dezennien des 19. Jahrhunderts, der in Beredsamkeit, Leidenschaftlichkeit, Ausdauer, Gläubigkeit und Liebe zu seinem Volk und seinem Vaterland wirkungsvoller gewesen wäre als er, und niemanden, der zugleich so repräsentativ war für die gewaltigen Spannungen, unter denen sich das politische Nationalbewußtsein der Deutschen in seiner ersten Phase zu entwickeln versuchte.

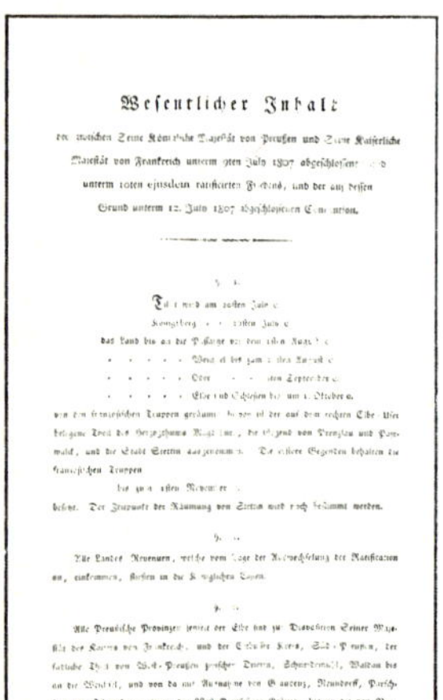
Wesentlicher Inhalt

Der Friede von Tilsit vom 9. Juli 1807
Druck der Hauptpunkte des Vertrages zwischen Preußen und Frankreich vom 24. Juli 1807

Die preußischen Reformer

An Preußen, wie es sich seit Friedrich dem Großen in seiner geistigen Substanz nahezu unverändert erhalten hatte, war viel auszusetzen. Doch selbst nach der Niederlage in der Doppelschlacht bei Jena und Auerstedt am 14. Oktober 1806 und nach dem Frieden von Tilsit 1807, in dem Preußen die polnischen Territorien, die es durch die Teilungen der Jahre 1772, 1793 und 1795 gewonnen hatte, und sämtliche Gebiete westlich der Elbe verlor, blieb es der einzige deutsche Staat mit Rang und Gewicht für politische Konzepte und Handlungen in ausgreifenden Dimensionen. Napoleon als Kontrapost und Preußen als unerschütterliches Widerlager wurden für die deutsche Freiheitsbewegung und sämtliche Kräfte der Reform zu den Conditiones sine quibus non. Voraussetzung für ein deutsches Nationalprogramm war der gänzliche Zusammenbruch Preußens; denn der Wille zur Erneuerung entwickelte sich erst aus der Erkenntnis, daß für die Zukunft nichts mehr zu hoffen war, wenn mit den Ursachen für die Katastrophe nicht aufgeräumt wurde. Diese Einsicht formulierte Hardenberg in seiner ›Denkschrift von 1807‹: »War aber je ein Zeitpunkt günstig für solche Maßregel, so ist es unstreitig der gegenwärtige, wo der Staat eine so große Veränderung erlitten hat und nach ganz neuen Grundsätzen handeln muß.« Was für Preußen galt, das galt auch für das Reich.

»Deutschland ist immer noch da und seine unsichtbare Kraft ist ungeschwächt.« – Friedrich D. Schleiermacher im August 1806

Selbstauflösung des alten Reiches 1803

Die schwerwiegendsten Entscheidungen für Europa seit der Französischen Revolution wurden am 9. Februar 1801 im Frieden von Lunéville zwischen Frankreich und Österreich gefällt. Dieser Friede bildete einen Markstein in der Laufbahn Napoleons, er veränderte die Situation der Habsburger Monarchie bis zu den Wurzeln, er leitete das Ende des ›Heiligen Römischen Reiches Deutscher Nation‹ ein. Mit diesem Vertrag, der den zweiten Koalitionskrieg zwischen den beiden Mächten beendete, wurden die Vereinbarungen des Friedens von Campo Formio vom 17. Oktober 1797 bestätigt und die Folgerungen daraus gezogen. Frankreich erhielt neben Mittelitalien und der Anerkennung seiner neugegründeten Batavischen, Helvetischen und Ligurischen Republiken das ganze linke Rhein-Ufer überschrieben. Der Annexion dieses Gebietes hatten Preußen schon 1775 und Österreich zwei Jahre später zugestimmt. Die deutschen Fürsten und Reichsstände links des Stromes sollten für ihre Verluste entschädigt werden, und zwar vor allem durch die Säkularisation der geistlichen Reichsstände in Deutschland rechts des Rheins.

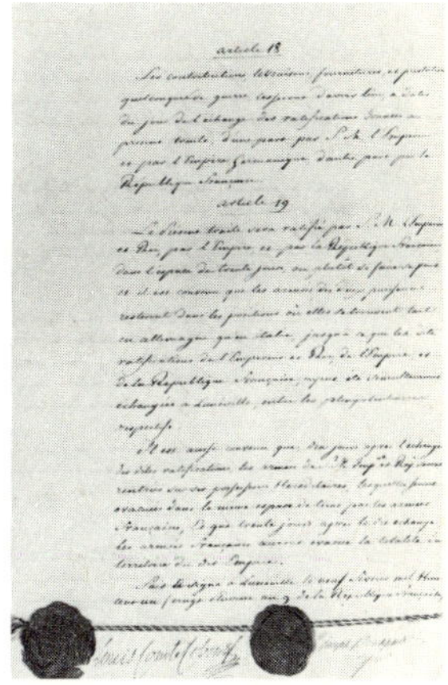

Die Beendigung des zweiten Koalitionskrieges zwischen Österreich und Frankreich: der Friede von Lunéville vom 9. Februar 1801 Schlußseite des Unterhändlerinstruments in der für Österreich bestimmten Ausfertigung

Ebenfalls 1801 übertrug der Reichstag einer Deputation von je vier katholischen und protestantischen Mitgliedern die Regelung der Entschädigungen. Dieser Achtstaatenausschuß, bestehend aus den Kurfürsten von Mainz, Böhmen, Brandenburg, Sachsen und der bayerischen Pfalz, dem Herzog von Württemberg, dem Landgrafen von Hessen-Kassel und dem fränkischen Großmeister des Deutschordens, führte praktisch eine völlige Neuordnung des Reiches durch. Die Arbeiten an den Maßnahmen, begleitet von einer Flut von Bittgängen der Betroffenen bei den federführenden Fürsten und Diplomaten, von Bestechungen, Intrigen, Pressionen, zogen sich eineinhalb Jahre hin und endeten mit einem von den beteiligten Hauptmächten abgesegneten Plan. Er wurde dem Reichstag im August 1802 in ultimativer Weise vorgelegt, nach einigen Pro-forma-Änderungen am 25. Februar 1803 beschlossen und am darauffolgenden 24. März verabschiedet.

Der sogenannte Reichsdeputationshauptschluß bedeutete das Ende der reichsgeschichtlichen Epoche, die seit dem Westfälischen Frieden 1648 datierte. Der Sache nach handelte es sich um eine Fürstenrevolution größten Ausmaßes. Die meisten geistlichen Gebiete wurden in weltlichen Besitz übergeführt. Bei dieser Säkularisation büßten fast alle Reichsstädte und Reichsstände durch Verlust ihrer Hoheitsrechte die Autonomie ein; sie wurden mediatisiert. Nutznießer waren die größeren Staaten wie Preußen, Bayern, Württemberg. Baden wurde sogar um das Neunfache vergrößert. Das Positive dieser politisch-staatlichen Flurbereinigung lag darin, daß die politische Zersplitterung Deutschlands in Kleinststaaten ausgeglichen wurde. An die Stelle der alten Parzellen-Hoheitsgebiete traten Mittelstaaten mit größeren Chancen zur Lebens- und Bündnisfähigkeit. Außerdem wurde die Rechtsgleichheit mächtig vorangetrieben.

Auf die Vereinigung des säkularisierten Hochstifts Würzburg mit Bayern im Jahr 1802 Gemälde von Johann Martin von Wagner

Andererseits waren die Mittelstaaten nicht groß genug, um in völliger Unabhängigkeit politisch existieren zu können. Charakteristisch dafür war ein Land wie Baden, das von Frankreich bewußt in einer territorialen Form gehalten wurde, die für Napoleon militärische Vorteile brachte: Als Durchmarschgebiet hatte Baden einen Vasallenstatus. Gerade mit Baden verband sich Napoleons Absicht, den Reichsdeputationshauptschluß zu nutzen, um die französische Hegemonie in Deutschland auszubauen. Dazu kam die starke Beteiligung Rußlands bei der Neuordnung. So lieferten die Jahre 1801 bis 1803 die ersten untrüglichen Anzeichen dafür, daß Europa mehr und mehr in die Zange der beiden großen Flankenmächte genommen wurde.

Wie stand es mit der inneren Situation des Heiligen Römischen Reiches in dem folgenschweren Jahr 1803? Wenngleich viele winzige Fürstentümer zerschlagen wurden, konnten die partikularen Gewalten den Hauptschluß doch als Sieg verbuchen. Die Neuordnung war überdies nicht gänzlich im Widerspruch zu den alten Ordnungen erfolgt. Obwohl mehr als drei Millionen Menschen Bürger eines anderen Staates wurden und bei der Errichtung der Mittelstaaten die französischen Interessen im Vordergrund standen, wurden diese Staaten schneller als erwartet von einem lebendigen, eigenwüchsigen Staatsbewußtsein erfüllt. Als besonders schwerwiegend erwies sich jedoch die scharfe anti-österreichische Tendenz der neuen Reichsordnung. Die Stärkung Preußens und der süddeutschen Mittelstaaten geschah fast ausschließlich auf Kosten Österreichs. Unter einhundertundzwölf Reichsständen, die aufgehoben wurden, befanden sich alle diejenigen, auf die sich der Kaiser bis dahin hatte verlassen können.

»Die Freiheit, das ist ein guter code civil.« – Napoleon Bonaparte

Das abgespaltene Kaisertum

Kaiser Franz I. Gemälde von Thomas Lawrence

Die neue Machtverteilung zwischen den deutschen Staaten ließ unter Reichsgesichtspunkten zweierlei deutlich werden. Erstens verlor der Kaiser mit dem Hauptschluß seine letzte wirkliche Gewalt im Reich. Zweitens hatten die deutschen Fürsten während des Länderschachers gezeigt, daß für sie das Reich lediglich ein wurmstichiger Rahmen war, eine Staffage für private oder dynastisch motivierte Besitzgier. Der Kaiser selbst hatte sich als unfähig erwiesen, den Einfluß Frankreichs und Rußlands in den Reichsangelegenheiten zu blokkieren und den Zusammenbruch seiner stärksten Stützen im Reich zu verhindern. Sein Einfluß auf die wenigen Reichsstände, die erhalten blieben, wurde fast völlig gebrochen. Damit sanken kaiserliche Macht und Reputation im Reich auf einen Nullpunkt.

Angebahnt hatte sich diese Entwicklung bereits im letzten Jahrzehnt des 18. Jahrhunderts. Österreich-Habsburg trug die Last des Krieges gegen Frankreich ohne jede namhafte Unterstützung des Reiches. Kein Wunder, daß es auf dem Rastatter Kongreß 1798 dem hoffnungslosen Kampf maßgeblicher Reichsvertreter um das linke Rhein-Ufer kaum interessiert zusah, damit auf seine Reichsinteressen verzichtete und in Lunéville – letztlich folgerichtig – endgültig seine deutschen Positionen aufgab. Wien begann schon früh, die Konsequenzen durchzudenken, die sich aus der Tatsache ergaben, daß sich Habsburg und der Kaiser seit Jahren praktisch außerhalb des Reiches befanden. Die altehrwürdige Reichskrone und ihr nomineller Träger hatten nichts mehr miteinander zu tun.

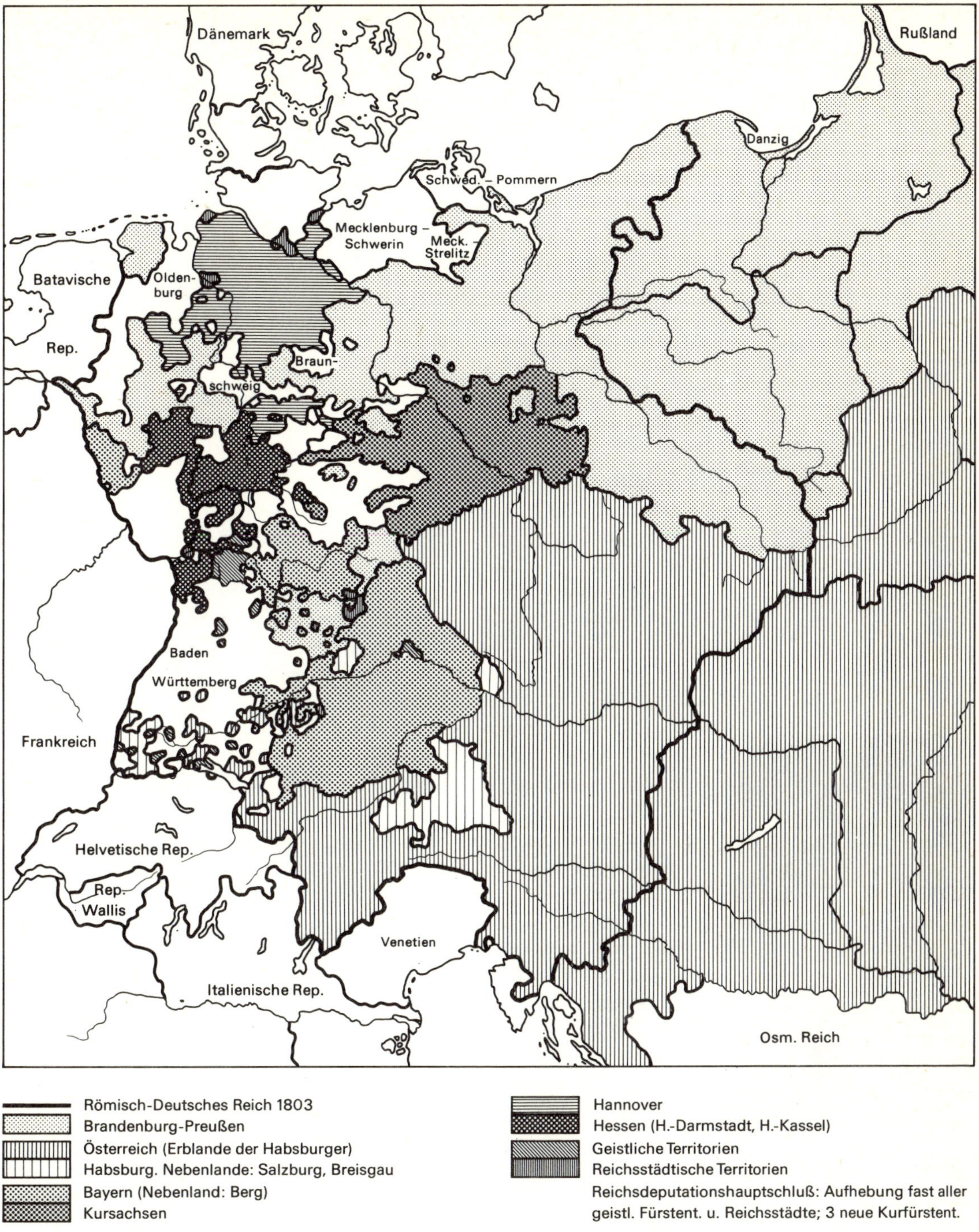

Mitteleuropa nach dem Reichsdeputationshauptschluß 1803

»Sie haben eine neue Ära gegründet, Sie müssen sie verewigen.« – Die Deputation des Pariser Senats am 28. März 1804 zu Napoleon vor seiner Krönung zum Kaiser

Bereits 1796 versicherte Franz II. – als Kaiser Franz I. – unmißverständlich, daß er auf die Kaiserkrone verzichten würde, wenn das für ihn mit Vorteilen verbunden wäre.

Politische Macht besaß Franz II. nur noch in seinen Erblanden. Im Reich dagegen war er nach dem Hauptschluß so gut wie inexistent. Wien mußte sich deshalb ernsthaft fragen, ob das Wahlkollegium, das 1803 neu eingesetzt worden war, bei der nächsten Vakanz auf den Thron des Kaisers wieder einen Habsburger wählen würde. Andererseits war es gar nicht fraglich, daß das Ansehen Habsburgs schwerstens getroffen sein würde, wenn es auf diese Weise die Reichskrone einbüßen sollte. In diese Situation brachen alarmierende Nachrichten aus Paris. Dort war eine breite Kampagne angelaufen, um Napoleons Stellung mit dynastischem Mörtel zu untermauern. Das Ziel wurde bald beim Namen genannt: erbliches Kaisertum.

Von Ähnlichem mußte Franz II. absehen, denn reichsrechtlich war die Erblichkeit der Kaiserwürde nicht vorgesehen. Gleich seinen Vorgängern hatte Franz II. in der Wahlkapitulation feierlich gelobt, keine Erblichkeit seiner Würde anzustreben. Der Zustand des Reiches legte es auch nahe, solchen Wünschen nicht nachzuhängen. Der glänzende Name ›Heiliges Römisches Reich‹ betraf ein Ruinenfeld. Die Meldungen aus Paris beschleunigten ganz anders gerichtete Überlegungen. Es stellte sich die Frage, ob der Habsburger Monarchie in bewußter Absetzung vom übriggebliebenen Reich eine eigene Stellung zu geben sei, durch die Österreich vom künftigen Schicksal des Reiches unabhängig werden konnte. Der Plan, die habsburgischen Erblande zu einem Kaisertum Österreich zusammenzuschließen, reifte 1803/1804. Am 11. August 1804 wurde schließlich bekanntgegeben, daß Franz II. Würde und Titel eines erblichen Kaisers von Österreich angenommen habe. Die Verbindung der österreichisch-deutschen Erblande mit dem Heiligen Römischen Reich sollte dadurch nicht gelockert werden. Das war eine hohle Beteuerung. Der neue Titel samt der Verlagerung der politischen Gewichte zog den Schlußstrich unter eine lange Entwicklung.

Ein Symbol für das Ende des ›Heiligen Römischen Reiches‹: Samteinband mit dem Buchstaben N (für Napoleon) der für Hohenzollern-Hechingen bestimmten Ausfertigung der Rheinbund-Akte von 1806

Nach der Verfassung des Reiches waren die Einrichtung und Proklamation eines eigenen österreichischen Kaisertums ein klarer Rechtsbruch. So absurd es auf den ersten Blick erschien, daß nunmehr die Würde von zwei Kaisern in einer Person vereinigt war, so richtig erwies sich nach der endgültigen formal-offiziellen Auflösung des Reiches am 6. August 1806 der Entschluß des österreichischen Herrschers. Frankreich hatte am 12. Juli 1806 eine neue Fürstenkoalition zustande gebracht: den Rheinbund. In der unterzeichneten Akte sagten sich sechzehn deutsche Fürsten ausdrücklich von Kaiser und Reich los und stellten sich unter das Protektorat Napoleons. Sie waren dazu von Frankreich teils gepreßt, teils überredet oder bestochen worden. Vorreiter wurden die süddeutschen Staaten. Bis 1808 waren dem Rheinbund sämtliche deutschen Staaten beigetreten, abgesehen von Österreich, Preußen, Kurhessen und Braunschweig.

Napoleon, dessen höchster Traum in einer Erneuerung des Reiches Karls des Großen bestand, schien einen guten Schritt vorangekommen zu sein bei der völligen Zerstörung des Deutschen Reiches, die er unter das Motto gestellt hatte: »Le désordre produira l'ordre.« Am 22. Juli 1806 ließ er den österreichischen Geschäftsträger in Paris, General Carl von Vincent, zu sich kommen und forderte ultimativ, daß der Kaiser abdanken müsse; sollte dies nicht bis zum 10.

Österreichische Truppen auf ihrer Rückkehr aus dem Zweiten Koalitionskrieg gegen Frankreich
bei Biberach an der Riß
Gemälde von Johann Baptist Pflug

Begrüßung des nach Wien zurückgekehrten Kaisers Franz I. im Burghof
am 27. November 1809
Wandgemälde von Johann Peter Krafft
im Mittelsaal des Reichskanzleitraktes der Wiener Hofburg

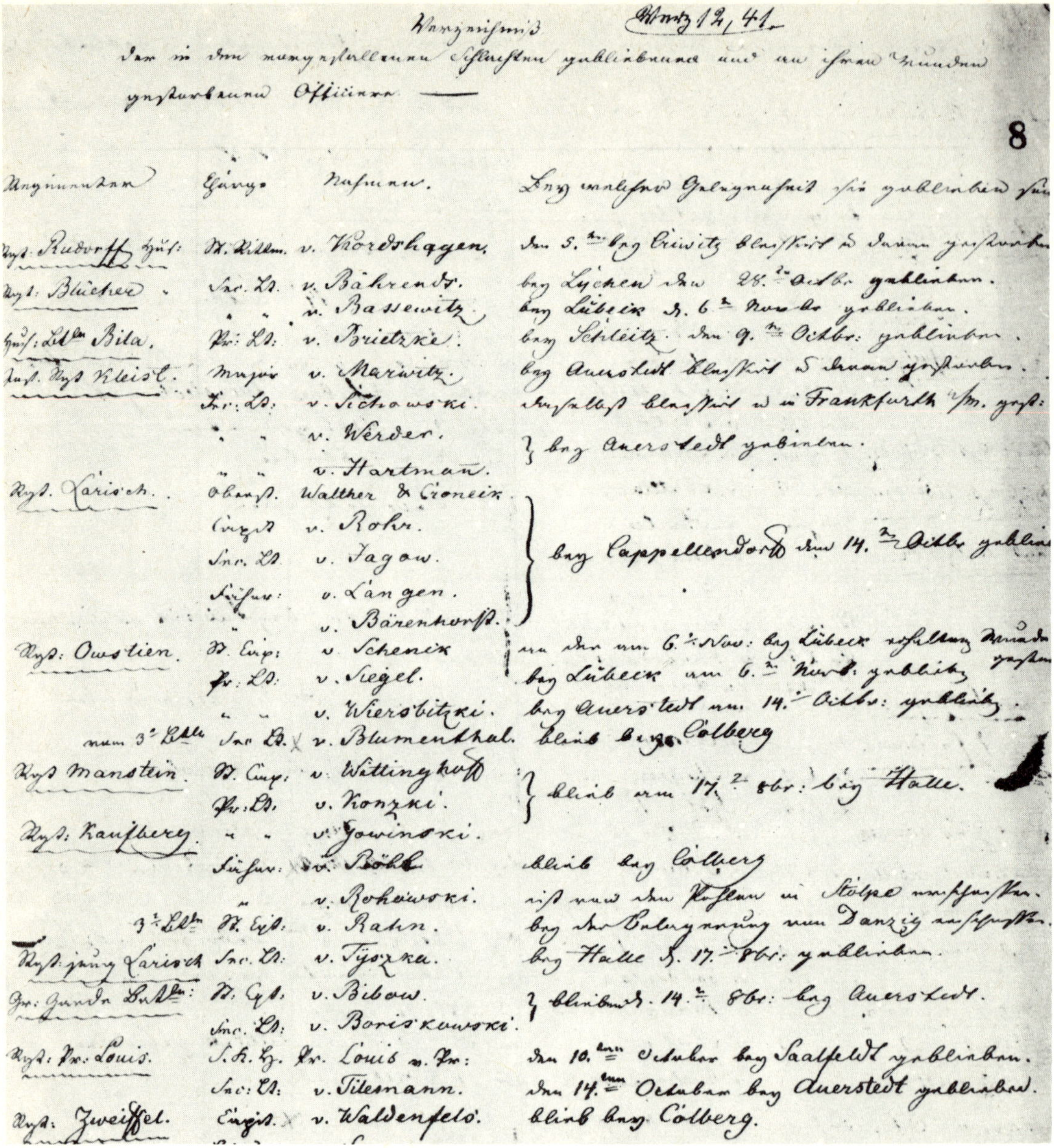

Acta 12, 41

Verzeichniß der in den vorgefallenen Schlachten gebliebenen und an ihren Wunden gestorbenen Officiere

8

Regimenter	Charge	Nahmen	Bey welcher Gelegenheit sie geblieben sind
Regt. Rudorff Hus:	W. Rittm.	v. Wordshagen	den 5. ten bey Criwitz blessirt u. daran gestorben
Regt. Blücher	Sec. Lt.	v. Bährendt.	bey Lycken den 28. ten Octbr. geblieben.
	"	v. Bassewitz	bey Lübeck d. 6. ten Novbr. geblieben.
Hus: Batl. Bila	Pr. Lt.	v. Brietzke	bey Schleitz den 9. ten Octbr: geblieben.
Gard. Regt. Kleist	Major	v. Marwitz	bey Auerstedt blessirt u. daran gestorben.
	Pr. Lt.	v. Tichowski	daselbst blessirt u. in Frankfurth a/M. gest:
	"	v. Werder.	} bey Auerstedt geblieben.
	"	v. Hartman.	
Regt. Larisch	Oberst.	Walther & Croneck	} bey Cappellendorf den 14. ten Octbr geblieben
	Capit.	v. Rohr.	
	Sec. Lt.	v. Jagow.	
	Fähnr:	v. Langen.	
		v. Bärenhorst.	
Regt: Owstien	St. Cap:	v. Schenck	an der am 6. ten Nov: bey Lübeck erhaltenen Wunden gestorben
	Pr. Lt.	v. Siegel.	bey Lübeck am 6. ten Novbr. geblieben
	"	v. Wiersbitzki.	bey Auerstedt am 14. ten Octbr: geblieben.
vom 3. ten Batl.	Sec. Lt.	v. Blumenthal.	blieb bey Cölberg
Regt. Manstein	St. Cap:	v. Wittinghoff	} blieb am 17. ten 8br: bey Halle.
	Pr. Lt.	v. Konzki.	
Regt: Kauffberg	"	v. Jowinski.	
	Fähnr:	v. Böhl	blieb bey Cölberg
	"	v. Rokowski.	ist von den Russen in Stolpe erschossen
3. ten Batl.	St. Cap.	v. Rahn.	bey der Belagerung von Danzig erschossen.
Regt. jung Larisch	Sec. Lt.	v. Tyszka.	bey Halle d. 17. ten 8br: geblieben.
Gren: Garde Batl.	St. Cpt.	v. Bibow.	} blieben d. 14. ten 8br: bey Auerstedt.
	Sec. Lt.	v. Boriskowski.	
Regt: Pr. Louis.	S.K.H.	Pr. Louis v. Pr:	den 10. ten October bey Saalfeldt geblieben.
	Sec. Lt.	v. Tilemann.	den 14. ten October bey Auerstedt geblieben.
Regt: Zweiffel.	Capit.	v. Waldenfels.	blieb bey Cölberg.

Register der in den Schlachten vor Jena und Auerstedt gefallenen Offiziere
Handschriftliches Verzeichnis mit Nennung
des am 10. Oktober 1806 bei Saalfeld gebliebenen Prinzen Louis Ferdinand von Preußen

August geschehen sein, würde er die französischen Truppen marschieren lassen und den Krieg wieder aufnehmen. Der österreichische General erwiderte zwar, daß eine so brüske Drohung nur mit Waffen zu beantworten sei, aber sowohl er als auch Napoleon und der Kaiser wußten, daß Österreich eben erst einen Krieg verloren hatte, über keine Waffen verfügte und keine Armee besaß, die den Heeren Napoleons ebenbürtig gewesen wäre.

Mindestens ebenso ausschlaggebend wie Napoleons Ultimatum war die Haltung der deutschen Reichsfürsten. Im österreichischen ›Kriegsmanifest‹ aus dem Jahr 1809 wurde zurecht darauf hingewiesen, daß »durch das Stillschweigen aller übrigen Mächte, vorzüglich aber durch den Kaltsinn, mit welchem ein beträchtlicher Teil Deutschlands dem Untergange der alten Ordnungen zusah«, der Entschluß des Kaisers erleichtert worden sei. Am 6. August 1806 wurde in Wien die denkwürdige Erklärung des Kaisers veröffentlicht, daß er sich wegen der Formierung des Rheinbundes nicht mehr imstande sehe, das kaiserliche Amt auszuüben. Deshalb gebe er nunmehr bekannt, »daß Wir das Band, welches Uns bis jetzt an den Staatskörper des deutschen Reichs gebunden hat, als gelöst anzusehen, daß Wir das reichsoberhauptliche Amt und Würde durch die Vereinigung der konföderierten rheinischen Stände als erloschen und Uns dadurch von allen übernommenen Pflichten gegen das deutsche Reich losgelöst betrachten und die von wegen desselben bis jetzt getragene Kaiserkrone und geführte kaiserliche Regierung, wie hiermit geschieht, niederlegen«. Franz II. litt zwar keineswegs unter der Gabe politischer Weitsicht, aber er hatte doch früher als andere erkannt, daß die deutsche Kaiserkrone nicht mehr zu retten war und zusammen mit dem Reich untergehen würde. Österreichs Rückzug war kein Akt der Unvernunft.

»Auf Poesie ist die Sicherheit der Throne gegründet.«
Apotheose auf Kaiser Franz I.
Gemälde von
Friedrich Heinrich Füger, 1814

Friedrich Graf Stadion hatte in einem Gutachten für den Wiener Hof am 24. Mai 1806, zweieinhalb Monate vor dem Verzicht des Kaisers auf die deutsche Krone, einige Wahrheiten ausgesprochen, die schon seit 1803 ihre Geltung hatten: »Solange der allerhöchste Hof die deutsche kaiserliche Würde beibehält, befindet er sich in der unangenehmen Lage, eine Würde dem Namen nach zu behaupten, deren Rechte und Pflichten er nicht in Anerkennung bringen kann. Die Auflösung des Reiches ist so sehr vorbereitet, daß es unzweckmäßig wäre, sie durch Anstrengungen oder Aufopferungen verhindern zu wollen.« Kaiser Franz gehörte zu den unnachsichtigsten Anwälten des politischen Status quo der damaligen Zeit. Als er 1835 starb, legte er seinem Nachfolger den Grundsatz ans Herz: »Regiere und ändere nichts!« Stadions Gutachten gipfelte in der nüchternen Feststellung: »Die großen Verhältnisse werden über die deutsche Kaiserkrone entscheiden.« Der Kaiser war zu unsentimental, als daß er das bestritten und sich nicht den Notwendigkeiten angepaßt hätte.

Im Namen von Stein und Hardenberg

Mit dem Zerfall des Deutschen Reiches war alles zerbrochen, was dem Gedanken und dem Empfinden einer deutschen Zusammengehörigkeit bis dahin einen Halt gegeben hatte. 1806, im Jahr der größten Hoffnungslosigkeit, gab der Nürnberger Buchhändler Johann Philipp Palm eine Flugschrift unter dem Titel ›Deutschland in seiner tiefen Erniedrigung‹ heraus, die auch in Österreich vertrieben wurde. Der Text, dessen Verfasser unbekannt geblieben ist, brand-

Reden
an
die deutsche Nation
durch
Johann Gottlieb Fichte.

Berlin, 1808.
In der Realschulbuchhandlung.

Veröffentlichung
der Berliner Reden Fichtes

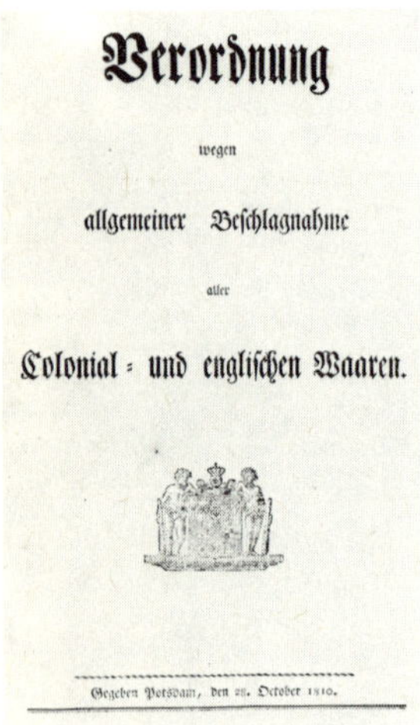
Verordnung
wegen
allgemeiner Beschlagnahme
aller
Colonial= und englischen Waaren.

Gegeben Potsdam, den 28. October 1810.
Gedruckt bey Georg Decker, Königl. Geh. Ober-Hofbuchdrucker.

Napoleons erweitertes Dekret
zur Kontinentalsperre
Berliner Druckschrift
vom 28. Oktober 1810

markte die Willkürherrschaft Napoleons und den schamlosen Fahnenwechsel der deutschen Fürsten. Napoleon ließ Palm und zwei österreichische Kaufleute, die das Büchlein verbreitet hatten, im August von einem Militärgericht zum Tode verurteilen und erschießen. Die Flugschrift selbst hätte niemals eine so aufrüttelnde Wirkung haben können wie Palms Exekution. Seit dem 26. August 1806 besaßen die deutschen Patrioten ihren ersten Märtyrer. Als eineinhalb Jahre später, im Winter 1807/08, der Philosoph Johann Gottlieb Fichte in Berlin seine Reden an die deutsche Nation hielt, wurde befürchtet, daß die französischen Behörden sich an das Exempel erinnern würden, das an Palm statuiert worden war. Doch Fichte blieb unbehelligt. Napoleon reagierte lediglich mit einer verächtlichen Bemerkung über die Scheingefechte der deutschen Kathederrhetorik.

Die Machtsteigerung der imperialen Diktatur Napoleons auf dem Kontinent strebte ihrem Höhepunkt entgegen. Seinen letzten Gegner, England, versuchte der Kaiser durch die Kontinentalsperre in die Knie zu zwingen. Mit dem ›Berliner Dekret‹ vom 21. November 1806 wurde eine totale Blockade über die Britische Insel verhängt; man beschlagnahmte sämtliche Waren und Schiffe englischer Herkunft. Ein Jahr später dehnte Napoleon diese Verfügung auf alle neutralen Schiffe aus, die, von England oder einer seiner Kolonien kommend, das europäische Festland anliefen. Anfangs schien es, als ginge die französische Rechnung auf. Der Kurs der englischen Staatspapiere sank um zwei Drittel, der britische Export schmolz bis zu fünfzig Prozent. Doch der ökonomische Krieg hatte auch seine Wirkungen auf den Kontinent. Frankreich wurde wirtschaftlich nicht gestärkt, und ganz Europa litt bald in ähnlicher Form wie England: Zahlreiche Fabriken und Wirtschaftsbetriebe mußten ihren Bankrott erklären oder stillgelegt werden, die Preise kletterten rapide in die Höhe. Napoleons Kontinentalsperre entwickelte sich zum bisher größten Handelskrieg der Geschichte. Ihr Erfolg hing davon ab, ob es dem Kaiser gelang, die Küsten des Kontinents so lückenlos unter seine Kontrolle zu bringen, daß jede Infiltration englischer Produkte unmöglich wurde. Auf dem Meer war England nicht zu schlagen, folglich mußte Napoleon die Engländer auf dem Kontinent besiegen. Der universale Imperialismus, dem er entgegenstrebte, besaß seinen wirtschaftlichen Untergrund.

Der Friede von Tilsit, zu dessen Unterzeichnung Preußens König Friedrich Wilhelm III. am 9. Juli 1807 genötigt wurde, bedeutete nicht nur den militärischen Zusammenbruch Preußens, sondern auch die Vernichtung des alten Staates. Der König erklärte sich damit einverstanden, die Hälfte seines Landes und der Bevölkerung abzutreten, für den Unterhalt einer starken Besatzungsarmee zu sorgen und hohe Kontributionen zu leisten. Der Grundsatz, daß der Sieger diktiert, war nicht neu. Doch für den König und die preußische Armee, deren Schlagkraft und Überlegenheit den früheren Herrschern als Garantie des Staates und seiner Macht gegolten hatten, war das Ausmaß der Erfahrung jenes Grundsatzes etwas Unbekanntes. Königin Luise zog kurz vor ihrem Tod am 19. Juli 1810 das Fazit: »Es wird mir immer klarer, daß alles so kommen mußte, wie es gekommen ist. Die göttliche Vorsehung leitet unverkennbar neue Weltzustände ein, und es soll eine andere Ordnung der Dinge werden, da die alte sich überlebt hat... Wir sind eingeschlafen auf den Lorbeeren Friedrichs des Großen, welcher, der Herr seines Jahrhunderts, eine neue Zeit schuf. Wir sind nicht fortgeschritten mit ihr, deshalb überflügelt sie uns.«

Die Untertöne der Resignation waren nicht charakteristisch für die wirkliche Entschlossenheit der Königin. Die Beharrlichkeit, mit der sie sich weigerte, das Schicksal Preußens seit Tilsit hinzunehmen, verhalf ihr später zu hohen Graden der Verklärung. Resignation war auch nicht nach dem Geschmack des Reichsfreiherrn vom und zum Stein. Stein war 1804 als Minister ins preußische General-Direktorium in Berlin berufen worden. Der versierte Verwaltungsfachmann reformierte in dieser Eigenschaft das Zoll- und Finanzwesen Preußens. Nach der Katastrophe des Jahres 1806 verlangte er im Januar 1807 in einer seiner Denkschriften die völlige Abschaffung der alten Kabinettsregierung und eine radikale Modernisierung der Staatsführung. Daraufhin wurde er vom König entlassen. In der Kabinettsordre Friedrich Wilhelms III. standen die Sätze: »Ich habe zu meinem Leidwesen gesehen, daß Sie als ein widerspenstiger, trotziger, hartnäckiger und ungehorsamer Staatsdiener anzusehen sind, der, auf sein Genie und sein Talent pochend, weit entfernt, das Beste des Staates vor

»Man muß der Nation das Gefühl der Selbständigkeit einflößen; nur erst dann wird sie sich selbst achten und von anderen Achtung zu erzwingen wissen.« – Scharnhorst am 27. November 1807 zu Clausewitz

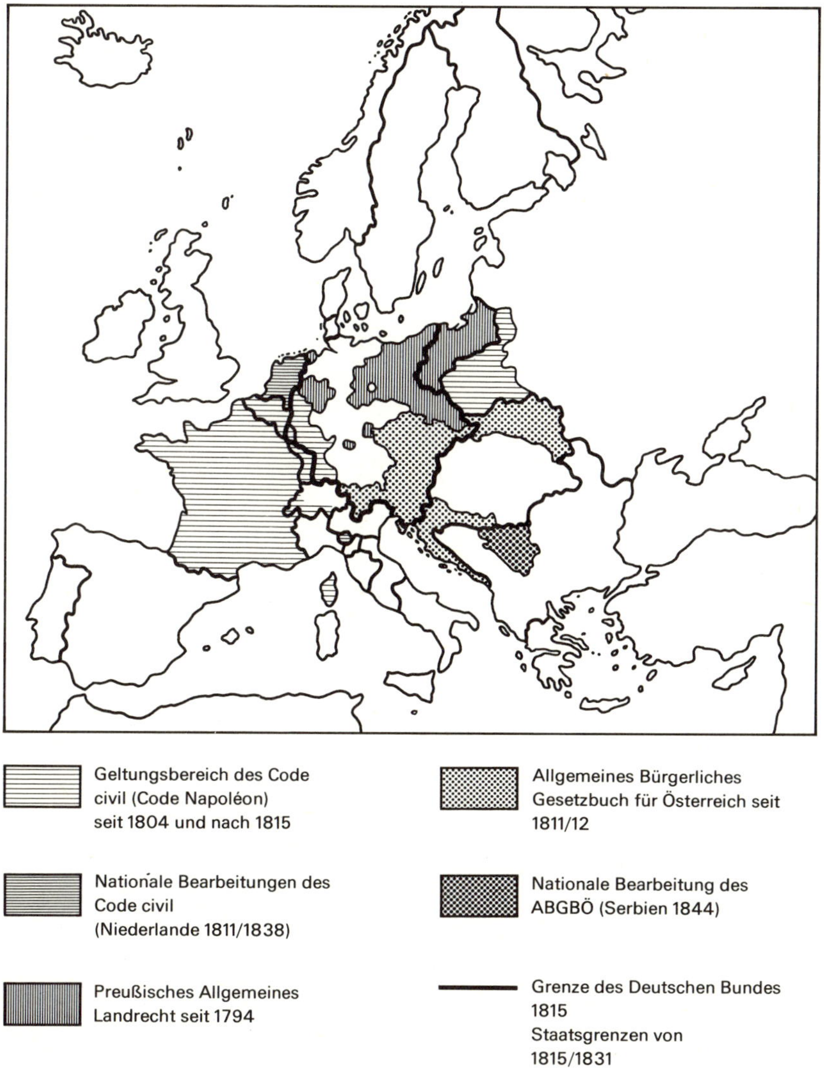

Bauernbefreiung in Europa seit 1781/1789

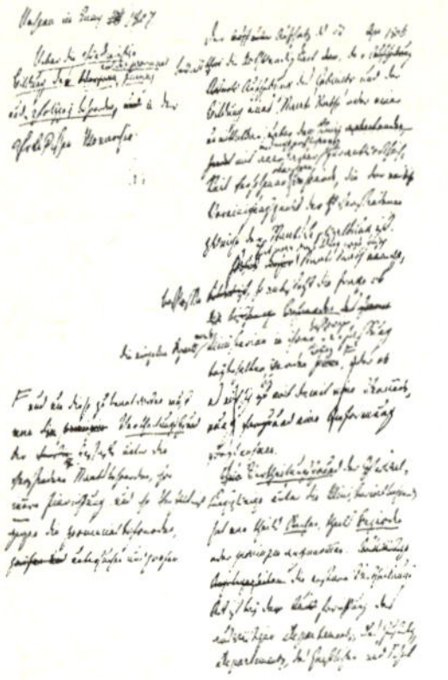

Die ›Nassauische Denkschrift‹ des Freiherrn vom Stein Eigenhändiges Konzept, 1807

Karl Freiherr vom und zum Stein Miniatur von Peter Joseph Lützenkirchen, 1814

Augen zu haben, nur durch Kapricen geleitet, aus Leidenschaft und persönlichem Haß und Erbitterung handelt. Dergleichen Staatsbeamte sind aber gerade diejenigen, deren Verfahrungsart am allernachteiligsten für die Zusammenhaltung des Ganzen wirkt. Ich muß noch hinzufügen, daß, wenn Sie nicht Ihr respektwidriges Benehmen zu ändern willens sind, der Staat keine große Rechnung auf Ihre ferneren Dienste machen kann.«

Von dieser Drohung mußte Friedrich Wilhelm III. bald einige Abstriche machen. Napoleon hatte in Tilsit vom König verlangt, daß er sich von Karl August von Hardenberg trennen müsse, der seit April 1807 leitender Minister Preußens war und als stärkster Befürworter einer preußisch-russischen Zusammenarbeit galt. Vergeblich bemühte sich der König, Napoleon deutlich zu machen, daß er einen Mann mit den Qualitäten Hardenbergs nicht so einfach ersetzen könne. Napoleon soll Friedrich Wilhelm III. erwidert haben: »Nehmen Sie den Baron vom Stein, das ist ein Mann von Geist.« Die Empfehlung entsprach nicht privater Sympathie, sondern der nüchternen Überlegung, daß Preußen die Kontributionen nur dann aufbringen konnte, wenn qualifizierte Fachleute die Geschäfte in die Hand bekamen. Auch Hardenberg riet dem König dringend, Stein wieder zu berufen.

Stein sagte sofort zu. Im Oktober 1807 übertrug ihm der König die Leitung des Inneren und der Finanzverwaltung. Stein erhielt den Vorsitz in der Immediatkommission, die für die Reform dieser Ressorts gebildet worden war, sowie den Vorsitz in der außenpolitischen Konferenz. Da er auch der Kommission angehörte, die unter Leitung des Generalmajors Gerhard von Scharnhorst die Reorganisation der Armee durchführte, regierte der Reichsfreiherr mit nahezu diktatorischen Vollmachten.

Stein begann seine Reformen mit unerhörter Schnelligkeit. In allen Vorschlägen, Verordnungen und Maßnahmen fand sich – bei starker Unterschiedlichkeit im Detail – ein Hauptgedanke: Die alten ständischen Schranken und Beschränkungen mußten abgebaut werden zugunsten der direkten Beteiligung der Bevölkerung an der Verwaltung in den Gemeinden und Städten, zugunsten der politischen Aktivierung des Einzelnen, zugunsten seiner Identifizierung mit dem Staat selbst. Mit dem friderizianischen Preußen des aufgeklärten Absolutismus hatte dies nichts zu tun, doch außerordentlich viel mit der Art, wie Friedrich der Große sich mit dem Staat identifiziert und ihm in eigener Person ›preußischen Geist‹ gegeben hatte. Teilhabe am Staat lag der Agrarreform und der Bauernbefreiung genauso zugrunde wie dem Steinschen Erlaß zur Einführung der Gewerbefreiheit und seinen Verordnungen für die städtische Selbstverwaltung. Gleiches bildete den Nerv der großen Bildungsreform Wilhelm von Humboldts und der radikalen Heeresreform Scharnhorsts und Gneisenaus. Derart grundlegende Eingriffe und Veränderungen wären niemals mit solcher Beflügelung und in so kurzer Zeit möglich gewesen, wenn die Reformer es nicht mit einem bis zu den Fundamenten verheerten Staat zu tun gehabt hätten. Die Aufhebung aller Regionalprivilegien der preußischen Provinzen und der ständischen Vorrechte, also das Prinzip der grundsätzlichen Gleichstellung, setzte die Zerstörung der Rechtsbasis des früheren Reiches durch Napoleon voraus. Stein skizzierte später auch den detaillierten Plan einer Zentralverwaltung aller befreiten und zunächst herrenlosen deutschen Gebiete. Dieses Konzept eines deutschen Staates, der alle Länder außerhalb Preußens und Österreichs umfaßte, wurde durch die Beschlüsse des Wiener Kongresses zuschanden.

Die preußischen Reformen waren gleichermaßen der Arbeit Steins und Hardenbergs zu danken. Die traditionell unterschiedliche Bewertung der beiden Staatsmänner fällt gegenüber der Einheitlichkeit der Reformen kaum ins Gewicht. An Stein hebt man die impulsiv theoretische Energie hervor, an Hardenberg die sachlich abschätzende Pragmatik. Inhaltlich stimmten beide weit stärker zusammen, als sich aus den persönlichen Anlagen und den offiziellen Funktionen zu ergeben scheint. Die Stein-Hardenbergschen Reformen bildeten als Ganzes eine auf lautlosem Weg durchgeführte Revolution. Deshalb waren sie dem König genauso verdächtig, wie sie den altpreußischen Ständen verhaßt waren. Das gesamte Reformwerk lebte von einem erklärt jakobinischen Geist, obwohl die Umgestaltung nicht durch die Bevölkerung initiiert und vollzogen, sondern regierungsamtlich durchgeführt wurde.

In der Denkschrift, die Hardenberg nach seiner Entlassung im September 1807 in Riga verfaßte und die zu den aufschlußreichsten Dokumenten der preußischen Reformer gehört, rühmte der Freiherr an der Französischen Revolution, daß sie den Franzosen »einen ganz neuen Schwung« gegeben hätte. Durch ihre Grundsätze »wurden alle schlafenden Kräfte geweckt«, daraus müsse auch Preußen Konsequenzen ziehen: »Die Gewalt dieser Grundsätze ist so groß, sie sind so allgemein anerkannt und verbreitet, daß der Staat, der sie nicht annimmt, entweder seinem Untergang oder der erzwungenen Annahme derselben entgegensehen muß ... Eine Revolution im guten Sinn, geradehinführend zu dem großen Zweck der Veredelung der Menschheit, durch Weisheit der Regierung und nicht durch gewaltsame Impulsion von innen oder außen – das ist unser Ziel, unser leitendes Prinzip. Demokratische Grundsätze in einer monarchischen Regierung, dieses scheint mir die angemessene Form für den gegenwärtigen Zeitgeist.« Hardenberg forderte, daß Preußen sein neues System mit derselben Energie verwirklichen müsse, die Napoleon entfaltet habe; es müsse sich mit allen gleichgerichteten Bestrebungen verbünden. »Ein solcher Bund, ähnlich dem der Jakobiner, ... und Preußen an der Spitze, könnte die größte Wirkung hervorbringen und wäre für dieses die mächtigste Allianz.«

Karl August von Hardenberg
Marmorbüste von
Christian Rauch, 1816

Entscheidend für den Erfolg des Reformwerkes war die Kraft der leitenden Gedanken. Sie erst ermöglichte die allgemeine Volkserhebung des Jahres 1813. Verblüffend an dem Erneuerungsprozeß war zudem, daß die Reformen zwar mit den Namen herausragender Persönlichkeiten verknüpft waren, daß sie aber trotzdem nicht mit den Reformern selbst standen oder fielen. Stein war keine vierzehn Monate im Amt. Im Herbst 1808 geriet den französischen Behörden ein Brief des Ministers in die Hand, der Napoleon Anlaß gab, Stein am 15. Dezember zu ächten. Der Freiherr mußte aus Preußen fliehen. Auch Humboldt leitete nur eineinhalb Jahre, vom Januar 1809 bis zum September 1810, als Staatsrat die Sektion für Unterricht und Kultus im preußischen Ministerium. In dieser kurzen Zeit reformierte er das gesamte Bildungswesen Preußens. Seine Neuschöpfung wirkte sich in ganz Deutschland aus und gab der Bildungswelt ein so tiefgreifendes Gepräge, daß die Spuren davon bis in die zweite Hälfte des 20. Jahrhunderts reichen. Mit Hardenberg, der nach einer kurzen Übergangsperiode als Nachfolger Steins berufen wurde, ließ sich Humboldt auf einen politischen Machtkampf ein; er wurde aus dem Ministerium entfernt und als Gesandter nach Wien geschickt. Politisch trat er seit 1813 wieder in den Vordergrund. In den folgenden sechs Jahren war er neben Hardenberg der namhafteste Exponent der preußischen Politik. Doch dann ereilte ihn 1819 das

»Leben wir allein für dieses Leben, so sind wir die elendsten aller erschaffenen Wesen.« – Wilhelm von Humboldt

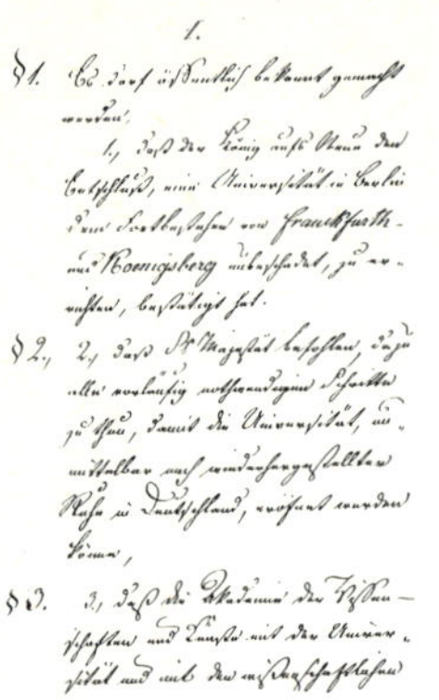

Wilhelm von Humboldts Vorschläge für die Gründung der Berliner Universität auf einer Konferenz in Königsberg im August 1809
Ministerielle Abschrift, 1809

Siegeskomposition von Tobias Haslinger auf die Nachricht über die Einnahme von Paris am 8. Juli 1815
Titelseite, 1815

»Wir müssen anerkennen, daß wir nur auf den Grundlagen weitergebaut haben, welche 1813, 1814 und 1815 gelegt worden sind.« –
Kaiser Wilhelm I. bei der Parade der siegreichen Truppen in Berlin am 16. Juni 1871

Schicksal, dem die meisten preußischen Reformer unterlagen. Humboldt hatte den König hartnäckig dazu gedrängt, sein Verfassungsversprechen einzulösen. Aber Friedrich Wilhelm III. entschloß sich, dem Taktiker Hardenberg zu folgen. Als Humboldt schließlich auch noch gegen die Karlsbader Beschlüsse aufbegehrte und sie als »schändlich, unnational, ein denkendes Volk aufreizend« bezeichnete, gab ihm der König den Abschied.

Spott Europas

Die Schlacht bei Belle-Alliance, in der Napoleons Herrschaft endgültig gebrochen wurde, bedeutete die Vernichtung der deutschen Freiheitsbewegung. Zu den großen Widersprüchen jener Zeit gehört der Umstand, daß die stärksten Hasser Napoleons weit mehr mit seiner Welt zu tun hatten als mit derjenigen, die schließlich über ihn triumphierte und die nach dem Sieg die vorrevolutionären Zustände des Ancien Régime erneut zu beschwören versuchte. Es ist von beklemmender Ironie, daß Gneisenau und seine Mitarbeiter – als ihnen klar geworden war, was die Fürsten auf dem Wiener Kongreß beabsichtigten – den Plan entwarfen, Napoleon von Elba zurückzuholen, um unter seiner Führung dieses Wiener Gespensterfest auseinanderzutreiben. Zur selben Zeit verfaßte Arndt die Flugschrift ›Der deutsche Bund wider das deutsche Reich‹. Er skizzierte darin bereits die Fronten der nächsten Jahrzehnte: »Was ihr hoffen könnt, ist Krieg, weil von nun an der Streit über die Oberherrschaft in Deutschland beginnen kann und wird und muß.«

Sobald Napoleon geschlagen war und das alte Europa mit seinen alten Herrschern sich zumindest fiktiv als wiederhergestellt betrachten konnte, gab es keine Nachsicht mehr mit denjenigen, die durch ihren Kampf die Restauration erst ermöglicht hatten, obgleich ihr Einsatz völlig anderen Zielen galt. Ihre Entmachtung und Verabschiedung waren eine Voraussetzung dafür, daß die Restauration nicht mißglückte. Die Protagonisten beim Militär traten zumeist selbst zurück. Ansonsten wurden Hunderte von Freiheitskämpfern und Reformern zwangsweise entlassen, beschattet, drangsaliert, verhaftet. Auch Joseph von Görres mußte Hals über Kopf nach Straßburg fliehen. Von hier aus wetterte er noch lange, ebenso tapfer wie fruchtlos, gegen die »Gespensterseherei in Berlin«, gegen die »Herrschaft der Bajonette, toten Buchstaben, Bannformeln und Kabinettsordren«. Selbst Napoleon zog den Schlußstrich unter die mörderische Haßliebe zwischen ihm und den deutschen Freiheitskämpfern. Auf Sankt Helena notierte der Kaiser melancholisch: »Hätte mich das Geschick zu einem deutschen Fürsten gemacht, dann hätte ich dieses Volk aus den Stürmen unserer Tage unter ein Szepter gerettet. Dreißig Millionen Deutsche umstanden meinen Thron, und wie ich sie zu kennen glaube, so hätten sie mich, wenn ich einmal von ihnen erhoben und gewählt worden wäre, nicht verlassen. Als ihr Kaiser würde ich auch nicht nach Sankt Helena gekommen sein.« Zu diesem Resümee gehört die frühe Klage Arndts: »Weil der Nationalgeist fehlt, ist ein Volk von dreißig Millionen Menschen der Spott Europas geworden.«

Preußens Gloria
und Habsburgs Doppeladler

Der Alte Fritz

Napoleon am Sarkophag Friedrichs des Großen in der Garnisonkirche zu Potsdam im Jahr 1806
Stich nach einer Vorlage von Edward F. Cunningham

Die Doppelschlacht bei Jena und Auerstedt hatte mit einer wilden Flucht der preußischen Truppen geendet. Napoleon zog nach Berlin. Als unüberwindlicher Kriegsheld ritt er in die preußische Hauptstadt ein, durch das Brandenburger Tor. In Potsdam hielt er vor der Garnisonkirche, stieg ab und ging zum Sarkophag Friedrichs des Großen. Nach einem Augenblick der Stille wandte sich der Kaiser seinen Generalen zu: »Wenn der noch lebte, stünden wir nicht hier.« Eine effektvolle Vermutung. Die Verbeugung galt dem genialen Feldherrn, dem Strategen, dessen Konzept der Umfassungsschlacht mit aufgelöster Gefechtsform und der Vernichtung durch massierten Angriff auf die schwächsten Punkte des Gegners ein neues Kapitel der Kriegsgeschichte eingeleitet hatte; sie galt dem unerschöpflich einfallsreichen Taktiker. Doch diese Reverenz untermalte auch deutlich genug die Tatsache, daß Napoleon mit seinen Generalen und Armeen die preußischen Bataillone, vor deren Ruhm die militärischen Leistungen jedes anderen Heeres verblaßten, buchstäblich von den Schlachtfeldern gefegt hatte. Und darüber hinaus hatte das ganze kunstreiche und vielbestaunte Gebilde des friderizianischen Preußens, das als modernster Staat der ganzen Epoche galt, den Tod seines Schöpfers nur zwei Jahrzehnte überdauert und war unter den ersten Schlägen zusammengebrochen wie morsches Gebälk.

Friedrich II. starb am 17. August 1786 in Sanssouci. Er hinterließ seinem Neffen und Nachfolger Friedrich Wilhelm II. einen Großmachtstaat. Mit den Verhältnissen im Inneren stand es nicht schlecht: Die Wirtschaft florierte annehmbar, die Untertanen lebten gut, der Staatshaushalt verdiente sogar das Prädikat ›außerordentlich gut‹. Vom Zustand der preußischen Armee, derjenigen Institution, durch deren Ausbau und mit deren Hilfe der König sich selbst und dem Staat Preußen einen obersten Rang in der politischen Skala gesichert hatte, ließ sich nicht dasselbe sagen. Die Kritik dieses Sachverhalts hätte weniger Gewicht, wenn die Gründe dafür weniger triftig gewesen wären. In der klassischen Reformdenkschrift Gerhard von Scharnhorsts vom April 1806 findet sich eine Passage, in der sich hinter offenkundiger Hochachtung grundsätzlich Absprechendes verbirgt: »Der große unsterbliche König Friedrich II. siegte in den beiden ersten Schlesischen Kriegen weniger durch die Talente eines großen Generals als durch seinen Unternehmungsgeist und die Stärke des Charakters. Nur den einzigen Sieg bei Hohenfriedberg hatte er dem Genie zu verdanken. Selbst im Siebenjährigen Krieg hat das Glück und sein fester Entschluß zu siegen oder zu sterben (das Gift in seiner Tasche) einen größeren Anteil an dem glücklichen Ausgang gehabt als die Talente eines großen Generals. Jene Eigenschaften machten ihm nicht weniger Ehre als diese. Sein Geist ging auf die Armee über und setzte sie in jene hohe Stimmung, in der sie nun zu großen Taten keiner fremden Einwirkung bedurfte.«

Der Adel

Was hatte sich von diesem Geist beim Tod des Königs noch erhalten? War die preußische Armee davon unverändert beseelt? Oder verwehte der Geist, als die Kriege siegreich beendet waren und die Truppen zurückkehrten in die Kasernen

Das adlige Regierungspersonal des Herzogs von Mecklenburg-Schwerin
Aus einer Zeichnung, 1774

und ihren Alltag? König Friedrich hatte den Offiziersstand grundsätzlich dem Adel vorbehalten, ganz in der Tradition seines Vaters. Nur Adlige, so war er überzeugt, besaßen die unerläßlichen Eigenschaften für die militärische Führung. Auch die höchsten Regierungsposten blieben dem Adel vorbehalten. Ihm wurden die Schlüsselstellen der Administration übertragen. Preußen bildete damit keine Ausnahme; in den anderen deutschen Fürstentümern stand es ähnlich. Nur ein einziges Mal, 1779, ernannte Friedrich II. einen Bürgerlichen zum Minister, der dann lediglich zwei Jahre amtierte. Abgesehen von der Artillerie und dem Ingenieurkorps, die eine fachwissenschaftliche Ausbildung voraussetzten und deshalb auch Bürgerlichen offenstanden, berief der König lieber fremdsprachige Adlige aus anderen Ländern, als daß er von diesen Grundsätzen abwich. In Preußen und in nahezu allen deutschen Fürstentümern bildete der Adel auch nach der Beseitigung seiner politischen Standesrechte die wichtigste Stütze der Regenten. So kritisch Friedrich der Große im einzelnen den Amtsträgern gegenüber war, so rühmte er doch den preußischen Adel als den unvergleichbar besterzogenen der Welt und betrachtete ihn als unersetzliche »Grundlage und Säule des Staates«.

Dieser Adel regierte in staatlichem Auftrag auch das Land. Er war Inhaber der lokalen Polizeigewalt und Gerichtshoheit. Er hielt die Bauern im Zügel, überwachte die pünktliche Entrichtung der Steuern, genoß aber auch die bäuerlichen Dienste und Abgaben. Die Söhne des Adels wurden entweder in die Kadettenanstalten oder in die fürstlich-königliche Verwaltung geschickt, soweit sie nicht die Gutsführung selbst erwartete. Die Leistungen des Adels honorierte der Landesherr durch besondere Privilegien. Im Absolutismus war dem Adel der ausschließliche Besitz der Rittergüter vorbehalten. Bürgern wurde nur in höchst seltenen Ausnahmefällen gestattet, ein solches Gut zu erwerben. Friedrich Wilhelm I. hatte noch durch zahlreiche Domänenprozesse mit adligen Grundherren versucht, den preußischen Kronbesitz zu vergrößern. Auf verschuldete Rittergüter legte der Soldatenkönig als erster die Hand. Friedrich II. brach mit diesem Verfahren. Er begründete es immateriell. Die Söhne des Adels waren für ihn die Verteidiger des Landes; ihre gute Rasse schien ihm am besten in der Armee und abgesichert durch Landbesitz konserviert zu sein.

Der Bürger

Der Bürger war prinzipiell vom Waffendienst für den Staat ausgeschlossen; er arbeitete für ihn nur durch die Mehrung des Einkommens. Von der Pflicht, Rekruten zu stellen, der Kantonspflicht, waren Handel, Gewerbe und gelehrte Berufe befreit. Der friedliche, werkende, zahlende Bürgerstand sollte so wenig wie möglich davon behelligt sein, wenn der König seine ›Bataillen‹ schlug. Seine Ruhe mußte er durch die erheblichen Steuerlasten erkaufen, die ihm aufgebürdet wurden. Und je intensiver der Aufschwung der Gewerbe, je erfolgreicher das bürgerliche Wirtschaften war, um so höher war auch der Steuerertrag. Hier lag das materielle Hauptmotiv, warum sich der friderizianische Staat mit allem Nachdruck darum bemühte, Handel, Gewerbe, Industrie zu beleben.

Unter solchen Verhältnissen konnte sich die ständische, gesellschaftliche Kraft des deutschen Bürgertums nur mühsam entwickeln. Alles, was die bürgerlichen Elemente im Verlauf des 18. Jahrhunderts an Selbstbewußtsein gewannen, mußte Begrenzungen durchstoßen. Doch selbst dort, wo sich das Bürgertum dank geistiger Leistungen und kraft seiner Lehrgebäude Höhepunkten des Selbstgefühls näherte, blieb es in Deutschland von jeder politischen Betätigung abgedrängt. Das Gefüge des kleinstaatlich absolutistischen Aufbaus der Gesellschaft war in der deutschen Aufklärung unerschütterlich. Gefestigt blieben auch die Staaten selbst, trotz aller internen Veränderungen. Dem Bürger stand es lediglich zu, selbständig zu werken und zu wirtschaften, zu denken und zu dichten, nicht aber, selbständig politisch zu handeln. Im letzten Drittel des Jahrhunderts hatte sich die wirtschaftliche Stellung des deutschen Bürgertums bereits erheblich gefestigt, und aus dieser Situation heraus wagte man es, publizistisch weit offener hervorzutreten als bisher. Trotzdem wurde der Widerstand gegen den Adel im aufgeklärten Absolutismus noch von keiner eigenen starken Position getragen; die oppositionelle Gesinnung hielt sich in akzeptablen Grenzen, zumal das Unterlegenheitsgefühl gegenüber den Höfen und dem führenden Stand allzu tief eingewurzelt war. Karl Ludwig von Knebel, einer der engsten Freunde Goethes, charakterisierte um die Jahrhundertwende die Lage des geistig tätigen, literarisch arbeitenden Bürgers mit der Empfehlung: »Wir, die wir noch das Brot der kleinen Fürsten Deutschlands essen, sollten von politischen Dingen lieber schweigen. Erstens sieht man uns den bornierten Horizont gar zu sehr an, und überdies spürt man doch immer die untertänige Nachschleicherei.«

Bürger beim Gesellschaftsspiel nach adliger Manier
Aus einer Zeichnung, nach 1760

Zur selben Zeit, knapp vor dem Wechsel des Jahrhunderts prangerte ein Offizier Friedrichs des Großen, der am Siebenjährigen Krieg von 1756 bis 1763 als Brigademajor, zeitweise im Stab des Königs, teilgenommen hatte, in einer großangelegten Kritik des Absolutismus die gewaltige Differenz zwischen Fürsten und Volk als gravierendstes aller Übel an: »Eroberungen, Abtretungen, Tausche hatten die Untertanen nach und nach einsehen lassen, daß nur ihre Zahl und ihre Habseligkeiten, sie selbst (jedoch) keineswegs bei den Regierungen in Anschlag gebracht würden, die, was die Grundsätze der Behandlung anbetrifft, eine der anderen wie Schwestern glichen. Alle forderten Gehorsam, Grund- und Vermögenssteuern, Akzise, Zölle; keine tat Rechnung von ihrem Haushalten. Überall wurden die Söhne der Menschen ausgehoben, wenn die Politik Schlachtopfer verlangte. Was war demnach natürlicher, als daß mit den Regierungen auch die Namen der Regenten und ihre nur von wenigen gekannten Personen den Regierten gleichgültig wurden.«

König und Kanaille

Trotz aller Aufklärung, trotz der Leidenschaft für rationale Staatsordnung, rationale Wirtschaft, rationales Handeln, trotz des Absolutismus der Vernunft war auch in Preußen, diesem Modell im damaligen Europa, die Entfernung zwischen König und Untertan kaum zu bemessen, die Distanz zwischen dem Feldherrn und dem gemeinen Soldaten, dem obersten Diener des Staates und dem untersten Diener des Korporals oder Gutsherrn, also der ›Kanaille‹. Im geltenden Rahmen der Adelswelt waren solche Plazierungen durchaus natürlich und insofern für Preußens großen König keineswegs abnorm. Sämtliche philosophischen und staatstheoretischen Ideen, politischen und humanitären Gedanken, die Friedrich der Große in seinem langen Leben entwickelte, fügten

»Regierende Personen verhalten sich zu Untertanen wie Väter zu den Kindern.« – Christian Wolff, Vernünftige Gedanken von dem gesellschaftlichen Leben, 1725 sich durchweg in den Strom der allgemeinen Aufklärungsüberzeugungen, der das Jahrhundert breit und gebieterisch durchzog. Friedrichs Fundus an guten und reinen Ideen schien unerschöpflich zu sein, an Ideen, die um so stärker imponierten und wirkten, als Europa hier einen Regenten am Werk sah, der sich mit einem Höchstmaß an Energie und Beharrlichkeit nicht nur seiner Macht bediente, sondern auch seine Vernunft bemühte. Doch zugleich wirkten sie bedrückend, weil König Friedrich wie kein anderer Herrscher neben ihm die Möglichkeit besaß, auch all die großartigen Ideen in seinem Staat der Nagelprobe auszusetzen. Obwohl sich seiner Intelligenz kein Bereich zu verschließen schien, griff sie nicht bis zu der Einsicht, daß Vernunft auf Bewährung angewiesen ist, daß sich ihr Rang und ihre Qualität im Praktischen bewährt. In dieser Hinsicht blieb der König innerhalb der Grenzen des Normalen; hier war er keineswegs größer als die übrigen Philosophen und Staatsdenker des 18. Jahrhunderts, die es so virtuos verstanden, auf dem Instrument der Vernunft zu musizieren, jedoch stets nur als Solisten, die so entrückt die Menschheit und ihr Glück feierten, sich aber so wenig um den Menschen und seine Not bekümmerten.

Den beklemmendsten Beweis dafür lieferte Friedrich der Große mit der preußischen Armee. Die Furcht des Soldaten vor dem Offizier war und blieb für den König der Kern aller militärischen Disziplin. Die Methode der Willensbrechung und Charakterdezimierung feilte er aus zur Grundlage des Kader- und Kadavergehorsams. In seinem Testament von 1768 stellte er lapidar fest: »Das Beste, was man den Soldaten beibringen kann, ist Korpsgeist, das heißt, sie sollen ihr Regiment höher stellen als alle Truppen der Welt. Da die Offiziere sie unter Umständen den größten Gefahren aussetzen müssen, so sollen sie – da man von Ehrgeiz bei ihnen nicht sprechen kann – ihre Offiziere mehr fürchten als alle Gefahren. Sonst wird niemand imstande sein, sie gegen dreihundert Geschütze, die ihnen entgegendonnern, zum Angriff zu führen. Guter Wille wird den gemeinen Mann nie solchen Gefahren Trotz bieten lassen: so muß es denn die Furcht tun.« Doch zur selben Zeit dachten andere, die weder im Krieg noch im Frieden in Preußen für würdig befunden worden wären, den Offiziersdegen zu tragen, vom Soldaten bereits ganz anders. Der Major von Tellheim in Gotthold Ephraim Lessings Lustspiel ›Minna von Barnhelm‹ versichert, daß man entweder Soldat sein müsse für sein Land oder aus Liebe zur Sache, für die gefochten wird. Von einer Tapferkeit aus Furcht weiß er nichts Rühmliches zu sagen. Vielmehr legte ihm Lessing, in dessen Persönlichkeit sich deutsche Aufklärung und deutsche Zuversicht zur Vernunft höchst wirkungsstark verkörpern, Worte in den Mund, die dem gemeinen Soldaten dieselben Tugenden zubilligen, die Friedrich nur seinen Offizieren, dem Adel, vorbehielt: »Die Großen haben sich überzeugt, daß ein Soldat aus Neigung für sie ganz wenig, aus Pflicht nicht viel mehr, aber alles seiner eigenen Ehre wegen tut.«

Illustration zu Lessings ›Minna von Barnhelm‹ Radierung nach einer Zeichnung von Daniel Chodowiecki, 1783

Vom Tod und vom Leben fürs Vaterland

Lessing, der den preußischen Staat verachtete und seinen König nicht liebte, hatte sich dennoch wie viele in Deutschland von Friedrichs beispielhafter Tapferkeit und seinem militärischen Ruhm zu einer verklärenden Bewunderung hinreißen lassen. Kurz vor Lessings Huldigung veröffentlichte auch

Die Neugestaltung Berlins unter Friedrich Wilhelm I.
Blick über den Belle-Alliance-Platz nach Norden
Gemälde, um 1730

Preußische Soldaten
beim Exerzieren
auf dem Kasernenhof
Stich, 1726

Die Hinrichtung von Kattes in
Küstrin am 6. November 1730
vor den Augen des inhaftierten
Kronprinzen Friedrich
Stich, Ende des 18. Jahrhunderts

Thomas Abbt, Schriftsteller und Professor in preußischem Dienst, eine Schrift, die deutlich zu machen versuchte, daß ein Bürger ebenfalls die Möglichkeit und vortreffliche Gründe dafür besitze, den absolutistischen Staat, die Monarchie der Könige von Gottes Gnaden, zu lieben und notfalls auch für sie zu sterben. Das Büchlein ›Vom Tode fürs Vaterland‹ (1761) ist neben den ›Liedern eines preußischen Grenadiers‹ (1758) von Johann Wilhelm Gleim eins der beachtlichsten Zeugnisse für die Suggestivität des heroischen Moments, das in dem Ringen Preußens lag. Der gigantische Kampf seines bereits damals als legendär bestaunten Königs leistete Hebammendienste bei der Geburt des preußisch-deutschen Patriotismus. Wenn in dieser Zeit aus Liebe zum monarchischen Vaterland auch »römische Tränen aus preußischen Augen flossen«, dann öffnete sich dem Bürger plötzlich das Ehrentor zum Gang auf das Schlachtfeld, zum rühmenswerten Tod fürs Vaterland, wiewohl er noch nichts darüber erfuhr, ob dem bürgerlichen Leben in dem gleichen Vaterland ähnliche Ehren gebührten. An diese Frage wurde nicht gerührt, aber die Bejahung der einen schloß zwangsläufig auch Überlegungen nach den Bedingungen der anderen in sich.

Ein Halbjahrhundert später gaben die preußischen Reformer und die Patrioten Österreichs eine Antwort: Wenn die Vorkämpfer gegen die Franzosenherrschaft von allen Deutschen, ob Adligen, Bürgern oder Bauern, erwarteten, daß sie ihr Leben für das Vaterland einsetzten, dann geschah es nicht wegen eines ruhmvollen Todes, sondern wegen eines freien Lebens im Vaterland. Die Worte, die General Ludwig Graf Yorck von Wartenburg am 8. Februar 1813 vor der Ständeversammlung Ostpreußens in Königsberg sprach und mit denen er zur Volksbewaffnung gegen die Franzosen aufrief, benötigten keine Auslegung: »Erhaben und der Achtung der Nachwelt würdig spricht sich in diesem hochwichtigen Augenblick im Königreich Preußen der Geist der Liebe und Treue gegen Monarchie und Vaterland durch die Repräsentanten der Nation aus. Bereit, kein Opfer zu scheuen, wodurch dem Vaterlande seine Selbständigkeit, das Palladium der Privatwohlfahrt wiedergewonnen werden kann, sehe ich mich nicht allein kräftig unterstützt in meinem Wirken, sondern erhalte auch noch Anerbietungen, welche das Gepräge der reinsten Vaterlandsliebe, der edelsten Selbstverleugnung tragen.«

Die Repräsentanten der Nation in Königsberg sahen keinen Unterschied mehr zwischen Adel und Bürger, zwischen Bürgern und Bauern. In der Schrift ›Was bedeutet Landsturm und Landwehr?‹, die Ernst Moritz Arndt damals auf Bitten des Reichsfreiherrn vom und zum Stein entwarf, wurden keine Zweifel gelassen: »Diese Volksbewaffnung, die alle wehrhaften Männer des ganzen deutschen Volkes sogleich versammeln muß, umfaßt vom zwanzigsten bis sechzigsten Jahre alles, was nicht durch Ämter oder körperliche Gebrechen am Dienst gehindert wird. – Jeder, der mit seinem Volke nicht Glück und Unglück, Not und Tod teilen will, ist nicht wert, daß er unter ihm lebt, und muß als ein Bube oder ein Weichling von ihm ausgestoßen werden.« Arndt hätte sich dabei sogar auf den großen König berufen können; denn auch Friedrich II. hatte einmal geschrieben, obschon mit anderer Intention als die ›jakobinischen‹ Preußen der Freiheitsbewegung: »Dem Vaterlande danken wir alles, ihm sind wir unauflöslich verbunden. Liebe und Dankbarkeit für das Vaterland können nur mit dem Tode aufhören. Das Leben gehört ihm, und wenn das Vaterland es zurückforderte, der König würde das seine mit Freuden opfern.«

Verordnung
über
die Organisation
der
Landwehr.

De dato Breslau, den 17ten März 1813.

Berlin, gedruckt bei Georg Decker, Königl. Geh. Ober-Hofbuchdrucker.

Die Verwirklichung einer Reserve- oder Bürgerarmee in Preußen durch Erlaß vom März 1813

Die Grenzen zwischen den Herrschern des Absolutismus und den Regenten der Aufklärung mit ihrem Absolutismus der Vernunft lagen niemals fest; sie bewegten sich unablässig, schoben sich vor und zurück. Zwischen dem französischen König Ludwig XIV. und seinem Zeitgenossen in Rußland, dem Zaren Peter I., dem Großen, liegt die Distanz ganzer Welten. Ludwig gilt bis in unsere Tage als die reinste Verkörperung eines isoliert absolutistischen Herrschertums. Die Haltung Peters des Großen hingegen, der einen Staat regierte, dessen innere Verhältnisse sich mit Frankreich kaum vergleichen lassen, war erheblich moderner, weil sich der Zar eifernd, mit allen Mitteln darum bemühte, Rußland dem neuzeitlichen Standard im Westen anzupassen, das Fenster nach Europa aufzustoßen, sein Land auf einen Weg zu bringen, in dessen Verlauf es sich in eine Macht europäischen Zuschnitts verwandeln sollte. Der Staat, den er schuf, war nicht in erster Linie Resultat eines politischen Ordnungswillens, sondern Ergebnis einer Art Wutausbruch des Absolutismus. Noch Lenin feierte den Zaren als ersten Revolutionär auf dem Thron und rühmte ihn als seinen politischen Ahnherrn. Trotz aller Energie hinterließ Peter I. ein Reich, das unter dem inneren Druck der vielen sinnverwirrenden Neuansätze ächzte. Die vier Jahrzehnte, die seinem Tod im Jahr 1725 folgten, sind eine deprimierende Paraphrase der ungebändigten Neuerungssucht petrinischer Abkunft. Die Machtsteigerung Rußlands konnte sich deshalb in Mitteleuropa nicht wirklich entscheidend auswirken, zum Vorteil für die deutschen Verhältnisse und die Konflikte im Reich, zum Glück für Preußen.

Das Leitbild
des absolutistischen Fürsten:
Ludwig XIV. von Frankreich
Titelblatt einer Stichfolge
mit Festdarstellungen, 1670

Die petrinische Epoche wäre in die Geschichte als Auftakt zu einer Chaotisierung Rußlands eingegangen, wenn nicht seit 1762 Zarin Katharina II. – die deutsche Prinzessin Sophie Friederike Auguste von Anhalt-Zerbst, Tochter eines preußischen Generals und Fürsten – das innere Desaster des russischen Staates beendet, die Verhältnisse konsolidiert und damit Peters Erneuerungswerk gerettet und weitergeführt hätte. Auch Katharina bekannte sich enthusiastisch zu den Ideen der Aufklärung. Sie befand sich dabei in Übereinstimmung mit den bedeutendsten europäischen Herrschern ihrer Zeit, mit Friedrich dem Großen wie mit Maria Theresia und ihrem Sohn, Joseph II. Doch die rationalliberalen Zungenbekenntnisse der Zarin waren gänzlich anders gefärbt als die politische Praxis. Diese Brückenlosigkeit, die auch Friedrich dem Großen so häufig zum Vorwurf gemacht worden ist, bildete nahezu eine Regel des aufgeklärten Absolutismus. Sie gehörte zur Norm seiner Mängel.

Solche Vorbehalte relativieren sich allerdings durch die Tatsache, daß die Umsetzung politischer Prinzipien in die Realität nicht allein einen Prüfstein des aufgeklärt-absolutistischen Staates bildete, sondern ein Richtmaß bleibt für jede Politik und Staatskunst, die sich an Grundsätzen orientiert. Von diesem Sachverhalt hing das Gros der Probleme ab, mit dem sich die Herrscher seit dem 18. Jahrhundert auseinandersetzen mußten. Zweifellos sahen sie sich dabei einem Anspruch gegenüber, der höher war als je zuvor. Doch noch niemals ließen sich neue Einsichten schlichtweg ignorieren, so auch nicht die Einsicht, daß der gerissen wechselnde Pragmatismus einer Realpolitik des kurzen Beins und der niederen Stirn keine Alternative mehr bildete, um die es die darauf eingestimmten Fürsten zu beneiden gegolten hätte.

Der Grundsatz des aufgeklärten Absolutismus, alles für, jedoch nichts durch das Volk zu schaffen, hatte sich in den europäischen Staaten nach den vorhandenen Bedingungen zu richten. Mit ihnen aber verhielt es sich sowohl in Preußen als auch in Österreich so, daß die Aufklärung wohl oder übel vom Schatten des Absolutismus überlagert wurde. Die anderen Fürstentümer des Reiches bildeten darin keine Ausnahme. Eine dieser Bedingungen bestand für die preußischen Könige in der Notwendigkeit, ihre Regierung durch den Adel abzustützen. Seine Privilegien waren Begleiteffekte der persönlichen Treuepflicht, deren Substanz noch wesentlich vom Gehalt des überkommenen ritterlichen Ehrbegriffs zehrte. Daraus erklärte sich, warum die Ablösung der Leibeigenschaft mit vielen Mühseligkeiten und Widerständen zu tun hatte, erklärte sich die Unfähigkeit des aufgeklärten Absolutismus, mit der schroffen Zweiteilung der Sozialstruktur nicht nur dem Prinzip nach, sondern auch realiter zu brechen. Die Abspaltung der Gesellschaft vom Staat gehörte wesensmäßig zum Absolutismus, auch zum Absolutismus der Vernunft.

Eines
Hoch-Löblichen Raths
des Heil. Röm. Reichs freyer Stadt
Nürnberg
Ordnung,
die
Ehehalten und Dienstbothen
betreffend.
Gedruckt bey Franz Köngott. 1741.

Ein Edikt im Zeichen der Gesellschaftsstruktur des Absolutismus: die Nürnberger Kleiderordnung von 1741

Der Staat – ein Felsen von Erz

Absolutismus bedeutete niemals, daß der Herrscher absolut keine Rücksichten nehmen mußte, daß er die gegebenen Bedingungen mißachten durfte. Die Begeisterung der vernunftgläubigen Herrscher dieser Zeit für die Ideen der Aufklärung war erheblich mehr als lediglich eine Euphorie im Rahmen privatpersönlicher Launen. Toleranz und Liberalität orientierten sich an den vorhandenen Möglichkeiten, den Dringlichkeiten der inneren Politik, dem Zwang der realen Lage. Weit über allen anderen Prinzipien rangierte sowohl im Absolutismus als auch in seiner aufgeklärten Entfaltung der Grundsatz der Staatsräson. Friedrich Wilhelm I. hatte ihm durch eine ablehnende Randbemerkung auf die widerstrebende Eingabe der preußischen Stände eine sprichwörtliche Fassung gegeben: »Ich stabilisiere die Souveränität und setze die Krone fest wie einen ›Rocher de bronce‹.« Der Monarch allein verkörpere den Staat als einen »Felsen von Erz«. Den »Herren Junkers« komme keinerlei staatsbestimmende, sondern lediglich eine staatsschützende Funktion zu. Sie drückte sich am augenfälligsten im Dienst der Offiziere aus. Diese Staatsräson wurde von Friedrich dem Großen ebenso konsequent für sich reserviert wie von Maria Theresia, Joseph II. und Katharina der Großen.

Friedrich der Große starb drei Jahre vor Ausbruch der Französischen Revolution. In Berlin hielt sich damals der Graf von Mirabeau auf, dem der König eine Audienz gewährt hatte. Mirabeau skizzierte die Stimmung in der Metropole: »Alles ist düster, niemand ist traurig, alles ist beschäftigt, niemand ist bekümmert. Kein Gesicht, das nicht ein Gefühl der Erleichterung und Hoffnung ausdrückte, nicht ein Bedauern, nicht ein Seufzer, nicht ein Lob. Dahin also führen die vielen gewonnenen Schlachten, der hohe Ruhm, eine fast ein halbes Jahrhundert währende Regierung voll kriegerischer Großtaten? Alle Welt sehnt ihr Ende herbei, alle Welt beglückwünscht sich dazu.« Der leise Hohn, die verdeckte Abfälligkeit bestünden zu Recht, wenn der preußische König es als seine Aufgabe betrachtet hätte, nur zu regieren, um in den Herzen seiner Untertanen die Liebe zum Monarchen einzupflanzen. Doch für Friedrich lag darin kein Impuls; denn nicht das Volk war die normative Größe, sondern der Staat. Der Einzelne wie das Volk waren dem Staat und seiner Wohlfahrt

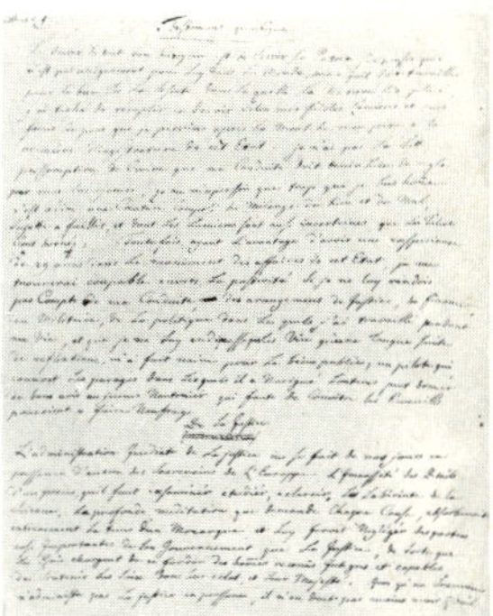

Der preußische Staat als normative Größe
Das zweite Politische Testament Friedrichs des Großen vom 7. November 1768
Eigenhändige Niederschrift

untergeordnet. So steht in des Königs Testament von 1769: »Seitdem ich zur Leitung der Geschäfte gelangte, habe ich mich mit allen Kräften, welche die Natur mir gegeben hatte, und nach meinen schwachen Fähigkeiten bemüht, diesen Staat, den zu regieren ich die Ehre hatte, glücklich und blühend zu machen... Meine letzten Wünsche im Augenblick des Todes werden immer dem Glück dieses Staates gelten. Möge er immer mit Gerechtigkeit, Weisheit und Kraft regiert werden, möge er der glücklichste der Staaten sein durch die Milde der Gesetze, der am gerechtesten verwaltete in Hinsicht der Finanzen und der am tapfersten verteidigte durch ein Heer, das nur nach Ehre und edlem Ruhm strebt, und möge er blühen und dauern bis zum Ende der Jahrhunderte!«

Toleranz

In diesen achtziger Jahren konnte sich das Bürgertum in den Großstaaten Europas kaum über fehlenden Wohlstand beklagen. Obwohl seine Bildung nicht gefördert wurde, legte man ihm allgemein auch keine sonderlichen Hindernisse in den Weg. Der Grund dafür bestand in Preußen in einem völligen Desinteresse des Königs, dem Hauptmotiv seiner vielgerühmten Toleranz, die sich vornehmlich auf Glaubensdinge erstreckte und ihrem Wesen nach nichts weiter war als religiöse Gleichgültigkeit. Im Jahr 1740 hatte der König auf den Bericht über evangelische Maßnahmen zu Lasten der katholischen Schule in Glogau seine berühmt gewordene Marginalie notiert: »Die Religionen müssen alle toleriert werden, und (es) muß der Fiskal auch das Auge darauf haben, daß keine der anderen Abbruch tue, denn hier muß ein jeder nach seiner Fasson selig werden.« Seine religiöse Unempfindlichkeit hinderte ihn allerdings nicht daran, ganz im Sinne seines Freundes Voltaire die Kirchen und die Gläubigen aller Konfessionen in bösartigster Form zu verspotten. Einer seiner Generale war ein überzeugter Katholik, der sich jedesmal, bevor er zum Angriff befahl, mit dem Säbel bekreuzigte. Der König erfuhr davon, und beim nächsten Treffen verhöhnte er ihn. Der General blieb kühl: »Majestät, mischen Sie sich nicht da hinein. Das sind Dinge, die mit Ihrem Dienste nichts zu schaffen haben, ihm nicht schaden können und Sie nichts angehen. Wenn ich nur meine Pflicht erfülle und Ihnen gewissenhaft diene, was kümmern Sie meine religiösen Bräuche und was für einen Gewinn haben Sie davon, einen Ihrer getreuesten Diener ins Lächerliche zu ziehen?« Die Toleranz in Friedrichs Preußen beruhte nicht auf grundsätzlicher Hochachtung vor dem anderen oder auf Respekt vor der Meinungsfreiheit; sie entsprang einer Indifferenz, bei der sich Zynismus und Abgeklärtheit die Waage hielten. So weite Geltung der König dem Toleranzprinzip sicherte, so wenig Eigengewicht besaß es gegenüber den Grenzen, die er durch die Staatsnotwendigkeiten gezogen sah: Vor der Staatsräson verblaßte jede Toleranz zur Bedeutungslosigkeit. In diesem Sinne empfahl er in seinem letzten politischen Testament seinen Verwandten, darauf zu achten, »wann sie ihre persönlichen Interessen dem Wohl des Vaterlandes und dem Vorteil des Staates zu opfern« hätten.

Das Volk hat »diejenigen mit Liebe und Freundlichkeit zu behandeln, die einer anderen Gemeinschaft angehören«. – Joseph II. im Jahr 1781

Der Hinweis, daß der König Generalprivilegien an jüdische Unternehmer in Handel, im Bankwesen und in der Industrie großzügig erteilt hat, sollte nicht über seine gegensätzlichen Maßnahmen hinwegtäuschen. So hat er die Juden insgesamt mit drückenden Sonderabgaben belastet und die alten, beengenden

Vorschriften geradezu unmenschlich verschärft. Mirabeau, der 1788 die erste kritische Würdigung des friderizianischen Staates vorlegte und dem König immerhin bescheinigte, er hätte die Weltseele in sich gespürt, nannte das Generaljudenreglement des Königs aus dem Jahr 1750 »würdig eines Kannibalen«. Dieses Reglement richtete sich unter anderem gegen die »überhandnehmende Vermehrung« der Juden und stellte eine festliegende Proportion zwischen Christen und Juden auf. Von diesem Zeitpunkt an waren in Preußen nur diejenigen jüdischen Familien geduldet, die in dem Reglement aufgeführt sind. Erst das Edikt von 1812 brachte eine grundsätzliche Änderung und schaffte diese spezielle Intoleranz des friderizianischen Staates aus der Welt.

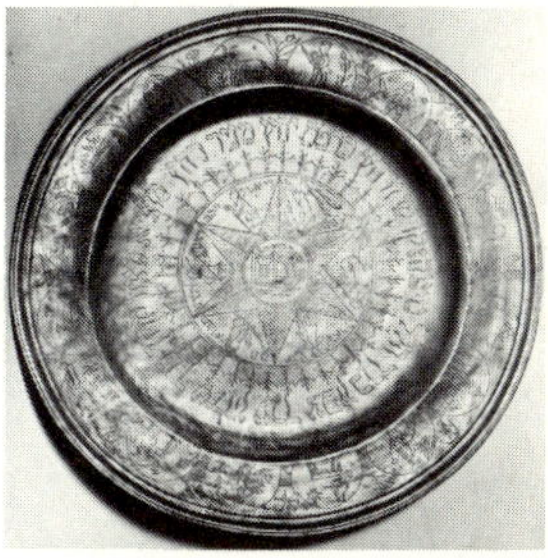

Zinnteller für das Sederfest, die jüdische häusliche Feier Deutsche Arbeit, um 1760/70

Der Skepsis gegenüber religiösen Dogmen mag vor der Kulisse moderner Erfahrungen nur ein bedingter Rang zukommen. Sie wog jedoch recht schwer in einer Zeit, der die Leibeigenschaft genauso vertraut war wie das grauenhafte Spießrutenlaufen oder die Hexenverbrennungen. Das Desinteresse eines Fürsten steckte im Zeitalter der exaltierten Vernunftgläubigkeit den Spielraum der Möglichkeiten ab. Preußen gebührt in diesem Zusammenhang ein besonderes Ruhmesblatt, da nicht nur Friedrich der Große seine religiöse Indolenz in ein Staatsprinzip verwandelte, sondern gemeinhin bei den Hohenzollern eine religiöse Weitherzigkeit durchbrach, die nahezu beispiellos blieb. Johann Gottlieb Fichte mußte 1799 seine erste Professur in Jena aufgeben, weil er sich mit der Orthodoxie überworfen hatte. Er zog nach Berlin, sein Aufenthaltsgesuch wurde genehmigt. Kurz darauf erfuhr Friedrich Wilhelm III. von einem Protest dagegen. Der König verzog keine Miene: »Ist's wahr, daß der Fichte mit dem lieben Gott in Feindseligkeiten begriffen ist, so mag dies der liebe Gott mit ihm abmachen. Mir tut das nichts.« Diese Haltung korrespondiert mit der Einstellung Kaiser Friedrichs III., der mit keinem seiner Ratgeber besser übereinstimmte als mit dem Freisinnigen Ludwig Bamberger, oder mit der nachsichtigen Ironie Kaiser Wilhelms II. gegenüber dem Antisemitismus seines Hofpredigers Adolf Stoecker, den er zweieinhalb Jahre ertrug und dann Ende 1890 nicht daran hinderte, sein Amt niederzulegen. Die jüdischen Freunde des Kaisers, von Albert Ballin bis zu Walther Rathenau, sind kaum zu zählen – eine Unvoreingenommenheit, die um so nachdrücklicher vermerkt werden muß, als sie in die Zeit einer anschwellenden Agitation gegen den jüdischen Einfluß in ganz Europa fiel.

Herrscher und Gesetz

So kam es in der Regierungszeit Friedrichs des Großen zur Konturierung des Bildes eines Herrschers, der seinen Untertanen durch Nichtbeachtung weit mehr ermöglichte als andere Fürsten, die überaus human von ihren Landeskindern dachten, deren Qualität und Eigenschaften berücksichtigten und deshalb mit allen Methoden und Mitteln einer naturwüchsigen Pädagogik danach trachteten, sie nach der fürstlichen Fasson selig werden zu lassen, anstatt nach ihrer eigenen. Dieser Unterschied markiert etwa die Distanz zwischen dem atheistischen Menschenverächter Friedrich II. und seiner gewaltigen Gegenspielerin, der zutiefst frommen Kaiserin Maria Theresia. Die grenzenlose Sorgfaltspflicht dieser höchst liebevollen Landesmutter machte keineswegs vor dem Gewissen und dem Gottesglauben ihrer Untertanen halt.

Friedrich dem Großen läßt sich kein Fürstenporträt nach modernem Zuschnitt abgewinnen. Im Vergleich zu den Bestrebungen und Wünschen, Rechten und Notwendigkeiten, die zur Revolution von 1789 geführt haben, war der König genauso antiquiert wie die anderen Regenten Europas. Für sich genommen freilich überragte er die Zeitgenossen auf dem Thron bei weitem. Unter Berücksichtigung der Aufklärungsideen, der Geltung vernünftiger Grundsätze war König Friedrich lediglich als Einzelner, als individuelle Persönlichkeit, von ungewöhnlichem Format. Diejenigen Momente seines Amtes und des preußischen Staates, die damit in Übereinstimmung zu stehen schienen, waren nur Merkmale einer mehr oder weniger zufälligen Partizipation an diesen privaten Eigenschaften des Monarchen. Sie stellten sich folglich nicht deshalb ein, weil Friedrich das Eigeninteresse des Staates, den Belang der politischen Notwendigkeiten selbst bedacht hätte. Denn im friderizianischen Preußen, dem modernsten Gemeinwesen der Epoche, gab es wie anderswo auf dem europäischen Kontinent keine andere Bindekraft als die selbstherrliche Ineinssetzung des Königs mit dem Staat.

Friedrich als Kronprinz
Aus einem Gemälde von
Antoine Pesne, 1739

Auch die Umstände des Justizwesens, so wie es der König hatte reformieren lassen, widersprechen nur dem Anschein nach dieser Feststellung. Friedrich der Große war stolz auf seinen Entschluß, »niemals in den Lauf des gerichtlichen Verfahrens einzugreifen; denn in den Gerichtshöfen sollen die Gesetze sprechen und der Herrscher soll schweigen«. Nun hatte der König zwar die Freiheit der Richter von allen traditionellen Abhängigkeiten verankert, aber sie waren nicht frei von ihm selbst, von seinem letzten Wort. Daß es sich dabei um ein Machtwort handelte, wurde der preußischen Justiz 1779 in einem berühmt gewordenen Fall vorexerziert.

An einem kleinen Fluß in der Neumark betrieb der Müller Johannes Arnold seine Mühle. Das Grundstück oberhalb gehörte dem Landrat Georg Samuel von Gersdorf. Eines Tages beschloß der Landrat, in seinem Park einen Karpfenteich anzulegen. Er leitete das Flüßchen auf seinem Gebiet um, ließ es den neuen Teich durchqueren und führte es danach wieder in das alte Bett zurück. Müller Arnold beschwerte sich: Wegen des Karpfenteiches könne er nur noch an wenigen Tagen im Jahr Korn mahlen und so weigerte er sich, seinem Grundherrn, dem Grafen Gottfried von Schmettau, die vorgeschriebene Pacht zu entrichten. Der Graf verklagte ihn, Arnold wurde für schuldig befunden, verweigerte aber nach wie vor die Zahlung. Das Gericht ordnete daraufhin die Versteigerung der Mühle an. Nun wandte sich der Müller an die Neumärkische Regierung. Da sie ihn abschlägig beschied, richtete er eine bittere Beschwerde unmittelbar an den König. Friedrich II. war vom ersten Augenblick an absolut sicher, daß hier einem braven Mann durch feudale Willkür schwerstes Unrecht zugefügt worden war. Der Müller war arm, folglich mußten die Gerichte zugunsten des Adelsherren eine Rechtsbeugung begangen haben. Der König übertrug den Fall dem preußischen Kammergericht in Berlin. Nach gründlicher Überpüfung bestätigten auch die ranghöchsten Rechtsgelehrten des Staates die Korrektheit der früheren Urteile. Als Friedrich der Große den Bericht erhielt, übermannte ihn grenzenlose Wut. Er zitierte seinen Großkanzler Karl Joseph von Fürst, ließ die drei verantwortlichen Kammergerichtsräte vor sich bringen, fuhr sie mit den rüdesten Worten an, enthob den Großkanzler auf der Stelle seines Postens und ließ die fassungslosen Gesetzeshüter ins Stadtgefängnis abführen.

»Der Widerstand, der ihm von den Gerichten geboten wurde, konnte ihn zur Raserei bringen.« – Thomas B. Macaulay, Friedrich der Große, 1842

Dann diktierte er einen Brief ans Kammergericht: »Sie müssen wissen, daß der geringste Bauer, ja, was noch mehr ist, der Bettler ebensowohl ein Mensch ist, wie Seine Majestät sind, und dem alle Justiz muß widerfahren werden. Indem vor der Justiz alle Leute gleich sind, es mag sein ein Prinz, der wider einen Bauern klagt, oder auch umgekehrt, so ist der Prinz vor der Justiz dem Bauern gleich; und bei solchen Gelegenheiten muß pur nach der Gerechtigkeit verfahren werden, ohne Ansehen der Person: Danach mögen sich die Justiz-Collegia in allen Provinzen nur zu richten haben, und wo sie nicht mit der Justiz ohne alles Ansehen der Person und des Standes gerade durchgehen, sondern die natürliche Billigkeit beiseite setzen, so sollen sie es mit Seiner Königlichen Majestät zu tun kriegen. Denn ein Justiz-Collegium, das Ungerechtigkeiten ausübt, ist gefährlicher und schlimmer als eine Diebesbande; vor der kann man sich schützen; aber vor Schelmen, die den Mantel der Justiz gebrauchen, um ihre Passiones auszuführen, vor denen kann sich kein Mensch hüten. Die sind ärger als die größten Spitzbuben, die in der Welt sind, und meritieren eine doppelte Bestrafung.«

Das waren keine leeren Drohungen. Der König erließ am gleichen Tag eine Kabinettsorder, durch die das Urteil des Kammergerichts kassiert und Müller Arnold umgehend seine Mühle zurückerstattet wurde. Der Landrat wurde entlassen, sein Karpfenteich zugeschüttet, und die drei Kammerrichter wurden für ein Jahr auf die Festung geschickt. Man findet in der Geschichte selten ein ähnlich funkelndes Zeugnis für den Willen eines Königs, Unrecht zu verhüten und den Ärmeren vor dem Zugriff eines Größeren zu bewahren. Doch ebenso selten findet sich ein bestürzenderes Beispiel für den mangelnden Sinn eines Herrschers für Recht und Justiz unter Berufung auf Recht und Justiz. Denn der Müller befand sich völlig im Unrecht, wie sich Jahre danach herausstellte; er war ein ortsbekannter Querulant und Lügner. In seiner eigenen rechtlichen Voreingenommenheit war der König einem Gauner aufgesessen und hatte wie jeder beliebige Diktator die Gesetze nach seinem eigenen Gutdünken zurechtgebogen.

Von Sr. Königl. Majestät Höchst Selbst abgehaltenes Protocoll den 11 December 1779.

Ueber die drey Cammer-Gerichts-Räthe, Friedel, Graun und Ransleben

Auf die Allerhöchste Frage: Wenn man eine Sentenz gegen einen Bauer sprechen will, dem man seinen Wagen und Pflug und alles genommen, wovon er sich nähren und seine Abgaben bezahlen soll. Kan mann das thun?

Ist von selbigen mit Nein, geantwortet.

Ferner: Kan man einem Müller, der kein Wasser hat, und also nicht mahlen, auch nichts verdienen kan, die Mühle deshalb nehmen, weil er keine Pacht bezahlet hat. Ist das gerecht?

Wurde auch mit Nein beantwortet

Hier ist aber nun ein Edelmann, der will einen Teich machen, und um mehr Wasser in seinen Teich zu haben, so läßt er einen Graben machen, um das Wasser aus einem kleinen Fluß, der eine Wassermühle treibt, in seinen Teich zu leiten. Der Müller verliehret dadurch das Wasser, und kan nicht mahlen, und wenn was noch möglich wäre, so ist

Die Verurteilung der Kammergerichtsräte Friedel, Graun und Ransleben durch Friedrich den Großen im Zusammenhang mit dem Müller-Arnold-Prozeß
Druckschrift vom Dezember 1779

Der Neubau des Staates

Am 31. Mai 1740 verstarb Preußens Soldatenkönig, Friedrich Wilhelm I. Sein Erbe und einziger Sohn bestieg den Thron, achtundzwanzig Jahre alt. Viereinhalb Monate später, am 20. Oktober, läuteten die Glocken auch für Kaiser Karl VI. Nachfolgerin wurde seine Tochter Maria Theresia, eine junge Frau von dreiundzwanzig Jahren, die von ihrem Vater niemals zu den Staatsgeschäften hinzugezogen oder nur im mindesten informiert worden war. Noch nie in der glorreichen Geschichte des Hauses Habsburg hatte ein Herrscher mit so wenig Kenntnissen, so bar aller politischen Erfahrung den Thron bestiegen wie diese Prätendentin. Deshalb entschloß sich der preußische König augenblicklich, Schlesien, die nördlichste Provinz Österreichs, für Preußen zu erobern. Der Besitz dieses Gebietes mußte Friedrichs Staat in eine Großmacht verwandeln.

Um dieses Schlesien zu behaupten, um es wieder zurückzuerhalten, führten Friedrich II. und Maria Theresia drei Kriege, starben Tausende von Menschen, wurden Millionen in Schrecken und ins Elend gestürzt. Das Ringen Preußens mit Österreich nahm zwischen 1740 und 1760 europäische Dimensionen an, zeitweise standen bis zu einer Dreiviertelmillion Soldaten gegeneinander unter den Waffen. Kaum ein Staat des Kontinents, der sich an diesem Zwist nicht beteiligt hätte, nicht davon betroffen gewesen wäre. Selbst Englands Kampf um die Herrschaft auf den Weltmeeren wurde ein gewichtiges Moment dieses ›Duells‹ der beiden großen deutschen Mächte auf dem Festland. Erst nach dreiundzwanzig Jahren, 1763, beendete das Roulett um Besitz oder Verlust Schlesiens endgültig sein Kreisen. Was der König geraubt hatte, das erhielt er am 15. Februar 1763 in den einundzwanzig Artikeln des Friedensvertrages, der auf dem Jagdschloß Hubertusburg bei Dresden unterzeichnet wurde, als Besitz zugesprochen. Die Partner sicherten sich ›ewiges Vergessen‹ aller Taten und Untaten seit 1740 zu. Der dritte Artikel war der wichtigste: »Beide Mächte verzichten auf alle gegenseitigen Gebietsansprüche. Die Kaiserin insbesondere auf die ... an Preußen abgetretenen österreichischen Provinzen (Schlesien und die Grafschaft Glatz).«

Friedrich der Große mit Gefolge
im Gartensaal
des Schlosses Sanssouci
Aus einem Gemälde von
Edward F. Cunningham,
nach 1783

Aus dem jungen, strahlenden, witzigen Friedrich war in jenen dreiundzwanzig Jahren ein völlig anderer Mensch geworden. Die durchsonnten Jahre seiner musischen Neigungen und enthusiastischen Interessen waren ihm so ferngerückt, als hätten sie niemals etwas mit der Wirklichkeit zu tun gehabt: der tiefe Zauber der Rheinsberger Jahre des Kronprinzen und der Tafelrunden von Sanssouci vor Ausbruch des dritten Schlesischen Krieges. Der geistreichste Fürst Europas hatte sich bis zur Unkenntlichkeit in sein Gegenbild verwandelt, in den mürrischen Alten. Mit seinen einundfünfzig Jahren war der König tatsächlich erschreckend vergreist: schlohweiße Haare, der Körper ausgemergelt, das Gesicht verfallen, die ledrige Haut verrunzelt. Er wußte es selbst am besten: »Ich bin grau wie mein Esel. Alle Tage verliere ich einen Zahn und bin halb lahm vor Gicht.« Die Empfindungsfähigkeit seiner Seele sei restlos erschöpft: »Ich bin an Rückschläge und Widerwärtigkeiten so gewöhnt und werde den Ereignissen gegenüber so gleichgültig, daß die Dinge, die mir früher einen Eindruck gemacht hatten, jetzt von meinem Geiste abgleiten.« Wie wenig ihm offenbar noch an seinem persönlichen Leben lag, klang in einer Bemerkung an, in der ein Nachhall der Schrecken und Leiden des Krieges nicht zu überhören ist. Nach der Unterzeichnung des Vertrages von Hubertusburg meinte einer von der Suite des Königs, daß der Friedenstag wohl der schönste Tag seines Lebens sei, doch Friedrich erwiderte nur: »Der schönste Tag des Lebens ist der, an dem man es verläßt.«

Vorbei waren die Zeiten, da er komponiert hatte. Wegen des Zahnverfalls mußte er sein geliebtes Flötenspiel aufgeben. Die ausgedehnten Soupers, von denen er nicht lassen konnte, wurden zu Farcen der früheren Festlichkeiten. Selbst die Literatur rückte ihm fern. In den letzten Jahren distanzierte er sich sogar von den französischen Schriftstellern, deren Meisterschaft er früher so schrankenlos bewundert hatte. Der Held des Siebenjährigen Krieges war in seine Residenz als Zerrbild jener Siegergestalten zurückgekehrt, die als Allegorien des Triumphes, modelliert oder in Kupfer gestochen, der wirklichen Welt entrückt sind und das Gedächtnis der Nachfahren verbilden. Der Stoßseufzer des Königs kurz vor Kriegsende war keine Augenblicksregung: »Ich habe dieses Leben satt. Der ewige Jude kann nicht müder sein als ich. Ich habe alles verloren, was ich auf Erden am meisten liebte und achtete.« Vor seinem Einzug in Berlin besuchte er nochmals das Schlachtfeld von Kunersdorf, fünfzehn Kilometer westlich von Frankfurt an der Oder. Die grauenhaften Bilder dieser fürchterlichen Niederlage im August 1759 konnte er nicht verdrängen; die Qualen,

Niederbrüche, Verwüstungen der Kriegsjahre hatten ihn stigmatisiert: »Wenn es mir gelingt, die Wunden, die uns der Krieg geschlagen hat, wieder zu heilen, so werde ich zu etwas gut gewesen sein.«

Auf die Gesundung des Staates konzentrierte er seine Kräfte. Der Feldherr wurde zum Arbeiter, zum knauserigen, geizigen, rücksichtslosen Haushaltstyrannen. Kaum ein Tag, an dem ihn nicht Schmerzen plagten, er ging am Stock, sein Gehör ließ nach, die Finger krümmten sich. In Europa bestaunte man seinen Weg vom politischen Narren zum Staatsmann und Helden. Doch unter den vielen Bewunderern war keiner, der ihn liebte, auch niemand, den er selbst lieben konnte oder wenigstens zu lieben versuchte. Übrig blieben die Windhunde, armselige Breschen in seinen Kommunikationssperren, stumme und doch so beredte Attribute der Hinfälligkeit eines majestätischen Egoisten, der sich Jahr um Jahr in die Aufopferung des täglichen Dienstes für den Staat zu retten versuchte.

»Ihr habt nicht nötig, Euch bei mir zu bedanken. Es ist meine Schuldigkeit, meinen verunglückten Untertanen wieder aufzuhelfen: Dafür bin ich da.« – Friedrich II. zu den Bürgern von Greifenberg

Allwissender Landesherr

Dem König verblieb für die Restitution Preußens genausoviel Zeit, wie der Kampf um Schlesien insgesamt gedauert hatte: volle dreiundzwanzig Jahre. So selbstherrlich, wie er die Kriege geführt hatte, leitete er auch den Staat im Frieden. Obwohl die Unterschiede nach Temperament, Empfindsamkeit, Intellekt, künstlerischer Kraft zwischen Friedrich dem Großen und seinem Vater gewaltig waren, dachten sie vom Staat dasselbe. Der Anmaßung Friedrich Wilhelms I. – »Die Seligkeit ist für Gott, aber alles andere muß mein sein« – hatte sein Sohn nichts hinzuzufügen. Friedrich II., der zwar nicht zum Soldaten geboren, aber zum Soldaten erzogen und unversehens ein Feldherrngenie geworden war, sah in der Staatskunst nur die Fortsetzung des Krieges mit anderen Mitteln, einen täglichen Kampf auf ständig wechselnden Plätzen. Regieren betrachtete er als ein soldatisches Unterfangen mit Befehlsausgabe, Rapporten, Inspektionen, Belobigungen, Tadel, Auszeichnungen und Strafen. Staatsdienst bedeutete die Verwaltung und Organisation eines riesigen paramilitärischen Truppenkörpers. Beamte, Räte, Minister, Domänenpächter, Architekten, Bürgermeister, Bankiers, Kaufleute – sie hatten Befehle zu empfangen und Befehle auszuführen. Stereotyp die Wendung, mit der Friedrich II. auf seinen Inspektionsreisen die Berichterstatter unterbrach, oft schon nach den ersten Worten: »Hat Er Crayon? So schreibe Er auf...«

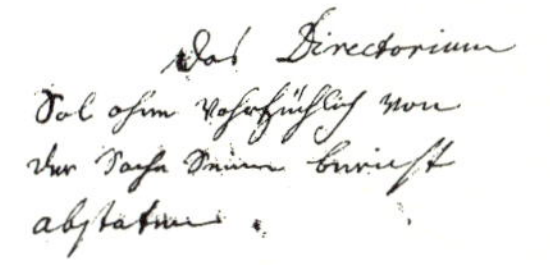

Aufforderung Friedrichs II. zur Berichterstattung des Direktoriums in Sachen der Salzbewirtschaftung Eigenhändiges Schreiben

Friedrich der Große hielt den autokratischen Zentralismus für die beste aller möglichen Regierungsformen. Kein Herrscher seiner Zeit entwickelte ein derart besessenes Interesse an den Details der Staatsgeschäfte, selbst den anscheinend belanglosesten. Der König war unerschütterlich davon überzeugt, daß niemand so kompetent und beschlagen war wie er, daß ihn keiner seiner Experten nach Wissen und Urteilskraft übertraf, ob es sich um das Finanzwesen oder die Wirtschaft handelte, um Zölle oder Steuerkraft, um Justiz oder Administration, um Innen- oder Außenpolitik, um Heereswesen oder Truppenführung. Von der nobilitierenden Kraft des Gottesgnadentums hielt er nichts, dafür um so mehr von seiner Intelligenz und Weitsicht. Alles entschied er selbst. Seine Mitarbeiter beherrschten ihr Metier, auch wenn er ihre Qualitäten noch so sehr rühmte, stets um etliche Grade schlechter als er. Eins freilich blieb bis zuletzt unverändert: Wirklichen Wert besaßen für diesen Herrscher nur Offiziere höheren Ranges.

In einer seltsamen Verkehrung tauchten beim Alten Fritzen beklemmend viele Eigenschaften auf, die den jungen Prinzen an seinem despotischen Vater entsetzt hatten, dubiose wie rühmenswerte. So die Richtlinie, mit der Friedrich Wilhelm I. den Sohn 1730 zum Dienst in die Küstriner Kriegs- und Domänenkammer befohlen hatte: Er müsse lernen, »daß kein Staat bestehen könne sonder Wirtschaft und gute Verfassung und daß ohnstreitig das Wohl des Landes davon dependiere, daß der Landesherr selbst alles verstehet: sonsten das Land den Favoriten und Premierministern zur Disposition bleibet, welche den Vorteil davon haben und alle Sachen in Konfusion setzen«. Friedrich der Große hinterließ keinen in Konfusion gesetzten Staat. Das friderizianische Preußen entwickelte sich zum strikten Gegenteil einer solchen Befürchtung, und zwar in derartiger Perfektion, daß es in kürzester Zeit zum erstarrten Relikt eines bloßen Mechanismus wurde. Wenig mehr als ein Jahrzehnt nach Friedrichs Tod schien dieses Gebilde nur noch eine mißliche Gelegenheit für die preußischen Reformer zu sein, um eine radikale Umgestaltung und Erneuerung durchzuführen, die schon fällig gewesen wäre, als Friedrich 1740 den Befehlsstand dieser Militärapparatur übernahm, einer »Beamtenmaschine«, wie sie der junge Ernst Moritz Arndt genannt hat, angetrieben und in Bewegung gehalten durch den »wildesten Despotismus«.

Die Trümmer der Kreuzkirche nach der Beschießung Dresdens durch preußische Truppen im Jahr 1760
Aus einem Gemälde von Bernardo Belotto, um 1761

Nunmehr, 1763, waren die Länder verwüstet, die Kassen erschöpft. In den letzten Jahren des Kampfes war der Staat bis aufs Mark geschrumpft. Ein britischer Historiker hat von Friedrichs Preußen nach dem Siebenjährigen Krieg gesagt, es sei »bloß Sehne, Muskel, Knochen« gewesen. Doch das Urteil trifft nicht nur den Nachkriegsstaat des Königs. Schon seit Friedrich Wilhelm, dem Großen Kurfürsten, gehörte es zu den hervorstechendsten Charakteristika des staatlichen Kunstprodukts Preußen, »bloß Sehne, Muskel, Knochen« zu sein; nach dem Siebenjährigen Krieg wurde diese Eigenart allerdings besonders deutlich. Was am spätabsolutistischen Preußen des alten Königs von den einen bewundert wurde, nämlich Arbeit, Pflichterfüllung, Entsagung, Härte, Gerechtigkeit, das erfüllte die anderen mit Schauer. Lessing, der selbst etliche preußische Tugenden herauspräpariert hatte, bezeichnete Preußen als das »bis auf den heutigen Tag sklavischste Land von Europa«; es sei eine »verzweifelte Galeere«. Das mißgünstige Urteil hing keineswegs nur damit zusammen, daß Lessing von Friedrich dem Großen als Bibliothekar abgelehnt worden war. Auch Johann Joachim Winckelmann, der große Archäologe, Kunsthistoriker und Herold des deutschen Neuhumanismus, verurteilte Preußen nicht völlig frei von persönlich negativen Erfahrungen. Am unverfänglichsten dürfte die Meinung des Dichters Christoph Martin Wieland sein, der den König zwar ebenfalls als außergewöhnlichen Mann bewunderte, »aber von dem Glück, unter seinem Stock sive Zepter zu leben, bewahre uns der liebe Herrgott«.

Joseph der Deutsche

Der älteste Sohn Maria Theresias, Kaiser Joseph II., zählte viele Jahre zu den größten Bewunderern des Preußenkönigs. Seine Hochachtung entsprang keiner gefühlsmäßigen Zuneigung, sie wurde vielmehr vom ideellen Gleichklang des aufgeklärten Absolutismus bestimmt. Der junge Thronfolger, seit 1764 römischer König, seit 1765 deutscher Kaiser, in Österreich jedoch nur Mitregent seiner Mutter, teilte in den wesentlichen Fragen der monarchischen Herrschaft und des Staatsabsolutismus die Ansichten Friedrichs des Großen. Im Jahr des Hubertusburger Friedens war Joseph zweiundzwanzig Jahre alt. Habsburg hatte nur selten das Glück gehabt, einen so hochintelligenten, genialen und energischen Thronprätendenten zu besitzen, und nur selten das Unglück, einen so stürmischen, ungeduldigen und rücksichtslos alle Einwände beiseitefegenden Regenten. In einer bezeichnenden Variante zu Friedrichs Überzeugungen sah Joseph im Staat nur den Zweck und das Heil des Volkes; seine eigene Aufgabe bestand darin, nicht der erste Diener, sondern der »erste Beamte des Staates« zu sein. Privileg und Vorrang des Herrschers hielt Joseph nicht durch dynastische Auserwähltheit für legitimiert, sondern durch Leistung und Erfolg. Das war eine Konsequenz der Lehren, die ihm einer seiner besten Erzieher vermittelt hatte, Karl Anton Ritter von Martini, der profilierteste Vertreter des aufgeklärten Katholizismus Österreichs: »Das Recht des Monarchen beruht auf dem Recht des Volkes, welches beschlossen hat, sein Recht auf ihn zu übertragen.« Wie der große König im Norden, so hielt auch Joseph II. niemanden als sich selbst besser dafür geeignet, den Untertanen zu ihrem Glück zu verhelfen, dem Staat vorteilhaft zu dienen und ihn in diesem Sinne zu führen.

»Dieser junge Herr will absolutement den König von Preußen imitieren und alles militairement traktieren.« – Graf Khevenhüller, Obersthofmeister Maria Theresias, über Joseph II. in seinem Tagebuch am 8. Juli 1766

Maria Theresia hatte seit dem ersten Schlesischen Krieg mit einer grundlegenden Reform Österreichs begonnen. Daß es unerläßlich war, auf diesem Weg weiterzugehen, darüber gab es niemals Differenzen mit ihrem Sohn. Der Unterschied zwischen beiden bezog sich nur darauf, wie radikal und mit welcher Geschwindigkeit der Staat umgebaut werden sollte beziehungsweise durfte, und in welcher Weise man das Bestehende verändern konnte – Fragen, die weitgehend davon abhingen, ob man die Verhältnisse und ihre Gliederungen als gewachsen bezeichnete oder als überholt. Josephs Überzeugung, daß der aufgeklärte Absolutismus die beste aller Regierungsformen war, ließ sich durch nichts erschüttern, wiewohl ihn seine Mutter aus ihrer überlegenen Menschenkenntnis heraus ständig um Zurückhaltung bat. Bei Joseph verhärtete sich der zeitgenössische Rationalismus, gestützt durch die Möglichkeiten der unbeschränkten Fürstenmacht, zu einem Doktrinarismus.

Maria Theresia als Witwe mit ihren Söhnen Leopold, Ferdinand, Joseph und Maximilian Franz
Gemälde von Louis Joseph Maurice, 177?

Daraus entsprang weitgehend der Leichtsinn am grünen Tisch, mit dem Joseph II. nach dem Tod seiner Mutter 1780 in Österreich zu herrschen begann. Endlich waren die fünfzehn Jahre des gedrosselten Regierens an der Seite der selbstbewußten Mutter vorbei. Jetzt stürzte Joseph die Länder Habsburgs in ein Jahrzehnt der Turbulenzen. Schon 1765, kaum daß ihm Maria Theresia die Mitregierung übertragen hatte, ließ er dem Staatsrat eine Denkschrift überreichen, die von schockierenden Überzeugungen strotzte und den katholischen Landen Bedenkliches verhieß: »Religiöse Toleranz, eine milde Zensur, keine Verfolgung aus Gründen der Moral und keine Spionage in Privatangelegenheiten sollten die Maxime der Regierung sein. Religion und Moral gehören fraglos zu den Anliegen eines Herrschers, doch sein Eifer sollte sich nicht auf die Bestrafung und Bekehrung von Ausländern ausdehnen. In Dingen des Glaubens und der Moral ist Gewalt fruchtlos; erforderlich ist Überzeugung.« Die schiere Revolution kündigte sich jedoch in einem Bekenntnis des jugendlichen Fürsten an, über das selbst der große Friedrich den Kopf geschüttelt hätte: »Die Freiheit der Ehe sollte eingeführt werden, sogar dessen, was wir heute Mesalliancen nennen. Weder das göttliche Gesetz noch das Naturgesetz verbieten es. Nur Vorurteil macht uns glauben, daß ich mehr wert bin, weil mein Großvater ein Graf war oder weil ich ein von Karl V. unterzeichnetes Pergament besitze. Von unseren Eltern erben wir nur die physische Existenz; so sind König, Graf, Bürger und Bauer genau das gleiche.«

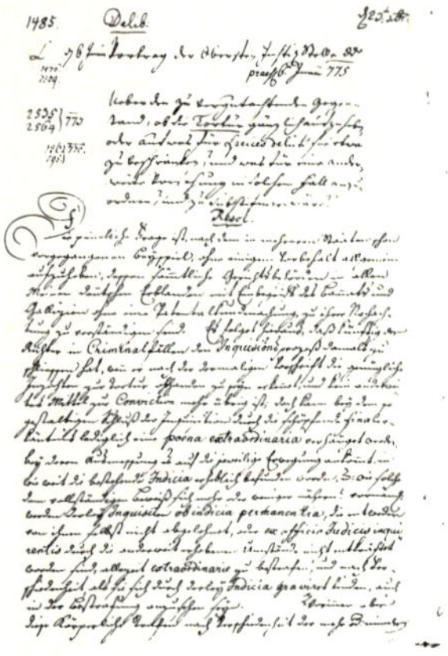

Die Abschaffung der Tortur in Österreich durch Erlaß vom Dezember 1775

Joseph hatte sich schon in der Zeit der Mitregentschaft bemüht, die Bedächtigkeit seiner Mutter zu unterlaufen. Was ihm auf seinen vielen Inspektionsreisen an Mißständen begegnete, das versuchte er auf der Stelle zu beheben. In Mähren kam er einmal überraschend nach Brünn, ließ sich das berüchtigte Gefängnis auf der Festung Spielberg zeigen, besichtigte auch die Vernehmungsräume und entschloß sich plötzlich, eine Tortur zu erproben. Joseph befahl, daß man ihn auf den Wasserfolterstuhl spanne. Das Erlebnis erschütterte ihn so tief, daß er unverzüglich Order gab, »die unteren Gefängniszellen von jetzo an unter Schloß und Riegel unter ewigem Verschluß zu behalten«. Die generelle Abschaffung der Tortur am 23. Dezember 1775 kommentierte er mit den Sätzen: »Ich muß bekennen, daß ich in meiner Überzeugung die Aufhebung der Tortur nicht allein für ein billiges und unschuldiges, sondern als ein notwendiges Mittel ansehe. Ich wäre ohne Scheu mit Auslöschung derselben einverstanden. Ich muß aber zugleich anzeigen, daß (auch) die Todesstrafe viel mehr restringuieret wird.«

Kaum in der Alleinverantwortung, versuchte Joseph II. sämtliche Reformen, die unter Maria Theresia nach sachlichen oder regionalen Dringlichkeiten angeordnet worden waren, unterschiedslos auf alle Länder auszudehnen und alle übrigen Maßnahmen, die er seit vielen Jahren für unerläßlich hielt, zu realisieren. Im Stil der französischen Enzyklopädisten, im Duktus Voltaires und des jungen Preußenkönigs entschloß sich Joseph nunmehr, da er »die Erste Krone der Welt« trug, der Philosophie – deren Ergebnis »die Verkündigung der Aufklärung ist, die sich jetzt über ganz Europa verbreitet hat« – die Gesetzgebung seines Reiches zu übertragen, und zwar mit jener Gründlichkeit, zu der er schon Jahre zuvor nach einer seiner Reisen gemahnt hatte: »Kleinliche Reformen werden nicht genügen; das Ganze muß umgestaltet werden.« Maria Theresia hatte ihm ständig vorgehalten, daß ein katholischer Herrscher die schwerste Verantwortung auf sich lade, wenn er Religionsfreiheit gewähre: »Duldung und Indifferenz sind genau die Mittel, um alles zu unterminieren. Ohne eine beherrschende Religion, was gibt es da noch an Zurückhaltung? Nichts. Weder der Galgen noch das Rad. Ich spreche als Politikerin, nicht als Christin. Nichts ist so notwendig und wohltätig wie die Religion. Würdest Du erlauben, daß jedermann nach Belieben handelt? Wenn es keinen festgelegten Glauben, keine Unterwerfung unter die Kirche gäbe, wo wären wir da? Faustrecht wäre das Resultat.«

Doch die freie Ausübung der Religion war die oberste Forderung aller aufgeklärten Köpfe und der wichtigste Reformwunsch des Kaisers. Am 13. Oktober 1781 erließ Joseph II. das große Toleranzpatent, das allen Religionsgemeinschaften Duldung gewährte, und am 1. November hob er die Leibeigenschaft auf – eine Maßnahme, die, wie Maria Theresia befürchtet hatte, zur »Zerstörung des Adels« führen mußte. Außerdem ließ Joseph umgehend eine grundlegende Justizreform vorbereiten. Er reduzierte den Hofstaat so drastisch, daß sich alle Welt an das preußische Muster der Sparsamkeit unter Friedrich Wilhelm I. erinnerte. Er strich die Einkünfte des kaiserlichen Hauses und aller seiner Verwandten unbarmherzig zusammen. Joseph II. war ein Fanatiker der Verwaltungsreform durch Reglement. Er zeichnete verantwortlich für insgesamt sechstausendfünfhundert Edikte, so daß kein Gebiet unberücksichtigt blieb. Seine Reformen umfaßten gleichmäßig die Bildungs- und Kulturpolitik, das Presse- und Zensurwesen, das kirchliche und wirtschaftliche Leben, die Justiz- und Polizeiorganisation, die Armee; im sozialpolitischen Bereich kam es zu ersten Verordnungen einer Arbeiterschutzgesetzgebung. Die merkantilistischen Grundsätze bemühte sich Joseph II. ebenfalls möglichst konsequent anzuwenden: Er reduzierte die Binnenzölle und steigerte die Schutzzölle gegenüber Einfuhren. Preußen, Sachsen und das Osmanenreich konterten mit denselben Verordnungen. Der Effekt war ein Rückschlag für Österreichs und des Reiches Wirtschaft. Das Handelsvolumen der mittel- und südosteuropäischen Binnenschiffahrt ging stetig zurück, der Export sank ab. Im Inneren erhöhten die Fabrikanten und Kaufleute die Preise für ihre Erzeugnisse und Waren und reduzierten ihre Qualität. Die Beunruhigung in der Monarchie steigerte sich zu Unruhen und Revolten, in Ungarn, in Böhmen, in den Städten Österreichs. Es gab kaum einen Stand, dessen Lage sich durch die Reformen nicht erheblich besserte und der durch andere Reformen beträchtlich litt.

»Wenn Ihr in Eurem Vorhaben fortfahrt, den Glauben und die Gesetze der Kirche zu zerstören, wird die Hand des Herrn schwer auf Euch fallen.« – Pius VI. an Joseph II. im Jahr 1872

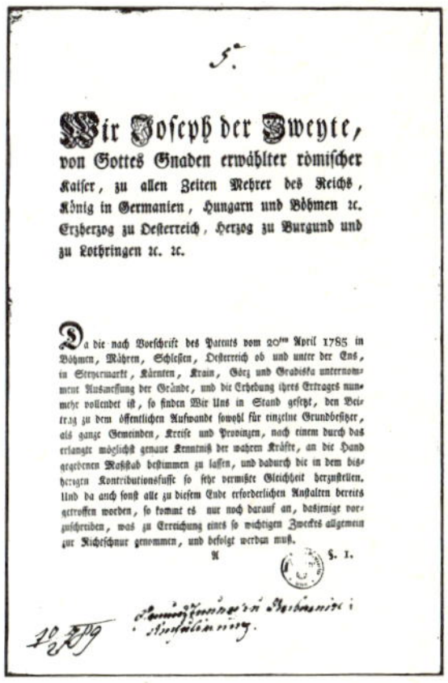
5.

Wir Joseph der Zweyte, von Gottes Gnaden erwählter römischer Kaiser, zu allen Zeiten Mehrer des Reichs, König in Germanien, Hungarn und Böhmen rc. Erzherzog zu Oesterreich, Herzog zu Burgund und zu Lothringen rc. rc.

Da die nach Vorschrift des Patents vom 20ten April 1785 in Böhmen, Mähren, Schlesien, Oesterreich ob und unter der Ens, in Steyermarkt, Kärnten, Krain, Görz und Gradiska unternommene Ausmessung der Gründe, und die Erhebung ihres Ertrages nunmehr vollendet ist, so finden Wir Uns in Stand gesetzt, den Beitrag zu dem öffentlichen Aufwande sowohl für einzelne Grundbesitzer, als ganze Gemeinden, Kreise und Provinzen, nach einem durch das erlangte möglichst genaue Kenntniß der wahren Kräfte, an die Hand gegebenen Maßstab bestimmen zu lassen, und dadurch die in dem bisherigen Kontributionsfusse so sehr vermißte Gleichheit herzustellen. Und da auch sonst alle zu diesem Ende erforderlichen Anstalten bereits getroffen worden, so kommt es nur noch darauf an, dasjenige vorzuschreiben, was zu Erreichung eines so wichtigen Zweckes allgemein zur Richtschnur genommen, und befolgt werden muß.

A §. 1.

Festsetzung der Steuergleichheit zwischen Bauern und Grundherrn in Österreich durch Patent von 1789

Josephs besondere Vorliebe galt der Finanzverwaltung. Er begründete das mit den Sätzen: »Ich bin wie ein guter Kapuzinerpater, der sich mit Voltaire in eine Diskussion einläßt. Seit dieser Zeit wurde ich Atheist bei den Finanzen.« In der politischen Praxis bedeutete dieser Atheismus: absolute Steuergleichheit. Der Kaiser verfügte, daß jeder Stand und jede Provinz in seinen Ländern dieselben Abgaben zu entrichten hatte. Im Steuer- und Urbarialregulierungspatent des Jahres 1789 wurde die Steuergleichheit zwischen Bauern und Grundherrn festgesetzt. Damit hatte Joseph II. zum ersten Mal in der Geschichte ganz Europas, noch vor der Französischen Revolution, das Prinzip allgemeiner und gleicher Besteuerung verwirklicht, hatte dem theoretischen Grundsatz der Gleichheit aller Menschen in einem wichtigen Gebiet der sozialen Ordnung Geltung verschafft.

Nach seinem Regierungsantritt bemühte sich Joseph II. unverzüglich, die vielen Sprachbarrieren niederzureißen, die einer konsequenten Zentralisierung besonders hinderlich waren. Er erhob das Deutsche zur einzigen Amts- und Verwaltungssprache, zur verbindlichen Staatssprache. Maria Theresia hatte zwar schon 1774 der deutschen Sprache in den Schulen und sämtlichen Ämtern des Staates den Vorrang eingeräumt, aber Joseph verschärfte ihre Verfügungen rigoros. In seinem Erlaß vom 11. Mai 1781 beteuerte er: »Welche Vorteile entstehen doch zum Wohl des Bürgers, wenn in der gesamten Monarchie nur eine Sprache gebraucht wird und in dieser alles erledigt wird. Dadurch werden alle Teile des Herrschaftsgebietes fester verbunden und mit einem Band der brüderlichen Liebe vereint. Das Beispiel der Franzosen, Engländer und Russen wird jedermann leicht überzeugen.« Ausschlaggebend für diese Maßnahme, die von den nichtdeutschen Völkern Österreichs als ›Germanisierungs-Dekret‹ verabscheut und bekämpft wurde, waren Zweckerwägungen; doch sie waren nicht ausschließlich treibend. Joseph II. war der letzte Oberherr des Reiches und derjenige Herrscher Habsburgs, der sich in besonders starkem Maße als Deutscher Kaiser empfand. Seine volkstümliche Titulatur ›Joseph der Deutsche‹ spricht für sich. Er ließ nie einen Zweifel daran, daß er sämtliche Staaten, über die er herrschte, als gleichrangige Provinzen des Deutschen Reiches betrachtete. Das beifällige Echo im Reich war verblüffend groß. Johann Gottfried Herder brachte die deutschen Hoffnungen, die dem Kaiser entgegenschlugen, in die hymnischen Verse: »Oh, Kaiser Du von neunundneunzig Fürsten / Und Ständen wie des Meeres Sand, / Das Oberhaupt, gib uns, wonach wir dürsten, / Ein deutsches Vaterland / Und ein Gesetz und eine schöne Sprache / Und redliche Religion ...«

Aufstand der Brüsseler gegen die Herrschaft der Habsburger im Dezember 1789
Aus einer Lithographie von Hieronymus Löschenkohl, 1790

Die josephinische Aktivität der permanenten Revolution von oben brach bereits gegen Ende seiner Regierungszeit zusammen. In Ungarn und in den habsburgischen Niederlanden tobten Aufstände. Eine belgische Unabhängigkeitsarmee rief das Volk zu bewaffnetem Kampf gegen die Reformen auf. Einige Provinzen erklärten den Kaiser für abgesetzt. Am 30. Januar 1790 annullierte Joseph II. sämtliche Reformen, die er seit dem Tod Maria Theresias erlassen hatte, ausgenommen sein Edikt über die Leibeigenschaft. Der Todkranke blickte auf ein Trümmerfeld zurück. Seine Grabinschrift sollte lauten: »Hier liegt Joseph, dem nichts gelang.« Er starb am 20. Februar 1790.

Nachfolger wurde sein Bruder Leopold II., der sich den Reformbestrebungen ebenfalls zutiefst verpflichtet fühlte. Er hatte seit 1766 das Großherzogtum Toskana hervorragend geleitet und modernisiert, jedoch behutsamer und rücksichtsvoller taktierend als Joseph. Leopold mußte sich in Ungarn dem Adel beugen, garantierte ihm zahlreiche Privilegien und nahm die Aufhebung der Leibeigenschaft zurück. Einen Großteil der josephinischen Reformen vermochte er im Gesamtstaat zu retten: das Toleranzedikt, die Vergünstigungen für Handel und Wirtschaft, die Vorherrschaft des Staates gegenüber der Kirche. Joseph II. ist es völlig gleichgültig gewesen, was seine Untertanen, Stände und Adel, von den Neuerungen hielten. Sein Ziel war die Errichtung eines Universalstaates, national vereinheitlicht, gefestigt durch ein konformes Staatskirchentum, geleitet von einer bis zur Perfektion getriebenen Verwaltung – eine Vorstellung, die ebenso ideal war wie illusionär, deren Gehalt nicht ins 18. Jahrhundert, sondern in das folgende gehörte. Die Revolutionäre des Jahres 1848 legten nicht umsonst in respektvoller Erinnerung an Kaiser Joseph II. einen Kranz auf sein Grab.

Eine sehr vorteilhafte Erwerbung

Nach dem Siebenjährigen Krieg gehörte der Plan eines Bündnisses zwischen Österreich und Preußen gegen Rußland zu den außenpolitischen Lieblingsvorstellungen Josephs II. Obwohl sich Maria Theresia allen direkten Gesprächen mit dem preußischen ›Räuber‹ aufgebracht widersetzte, gelang es schließlich ihrem Sohn, 1769 eine erste Begegnung mit Friedrich dem Großen zu arrangieren. Gelegenheit dazu gab der Krieg, den Rußland mit dem Osmanenreich führte. Maria Theresia und ihre Minister wurden zunehmend beunruhigt von der Wahrscheinlichkeit, daß Rußland kaum noch davon abzuhalten war, tief in den Raum des Balkan vorzudringen. Katharina II. wiederum fühlte sich in dem Konflikt mit der Hohen Pforte auf eine kräftige Unterstützung Preußens angewiesen. Wohlgefällig registrierte der König in Berlin das Doppelwerben um seine Gunst.

Am 25. August 1769 trafen Joseph II. und Friedrich II. in der schlesischen Festung Neiße zusammen. Beide Herrscher hofierten einander nach allen

Regeln geistreicher Aufgeklärtheit und der Politesse des Rokoko. Sie tauschten Komplimente aus, die zu geschliffen waren, als daß man sie hätte ernst nehmen können. Die Monarchen trennten sich in völligem, aber vollständig unverbindlichem Einvernehmen; dabei war der preußische König von einer gönnerhaften Überlegenheit durchdrungen. Als im Sommer des folgenden Jahres ein überwältigender Sieg Rußlands über die Osmanen bevorstand und die Pforte sowohl Österreich als auch Preußen um Hilfe bat, entschloß sich Friedrich, den Besuch des Kaisers zu erwidern. Für dieses zweite Treffen im September 1770 wurde Mährisch-Neustadt ausgewählt. Auf österreichischer Seite nahm diesmal auch der führende Minister Habsburgs, der eigentliche Lenker der Wiener Außenpolitik, teil: Hof- und Staatskanzler Wenzel Anton Fürst von Kaunitz-Rietberg.

Nach vier Tagen einigten sich die Herrscher darauf, Rußland ein Dreier-Arrangement vorzuschlagen. Die Verhandlungen darüber zogen sich noch zwei volle Jahre hin, und das Ergebnis war eine wechselseitige Besänftigung der drei Mächte auf Kosten eines anderen Volkes. Wien-Berlin-Petersburg inszenierten die erste polnische Teilung. Katharina II. besetzte die Gebiete östlich der Düna und des Dnjepr, Friedrich II. erhielt den Netze-Distrikt und als Verbindung zwischen dem alten Herzogtum Preußen um Königsberg und dem Stammland Brandenburg das Gebiet Westpreußen bis auf Danzig und Thorn, Maria Theresia schließlich Teile von Südpolen und Ostgalizien. Die Kaiserin hatte sich monatelang gegen eine solche räuberische Regelung gesträubt. Aber der preußische König hatte für ihren Kummer nicht viel übrig: »Sie weint, doch sie nimmt.« Die Territorialgelüste waren bei den Beteiligten gleich stark entwikkelt. Friedrich der Große sah mit Zynismus voraus, daß die Landgier der Anrainer »die drei Religionen, die griechische, katholische und protestantische, vereinigen wird; denn wir werden alle von dem gleichen eucharistischen Leibe Polens kommunizieren, und wenn es auch nicht unseren Seelen zum Heile gereicht, so wird es doch sicherlich unseren Staaten zum größten Wohle dienen«.

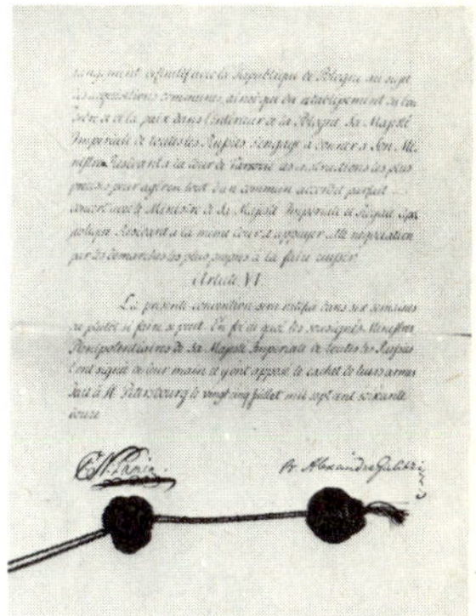

Die erste Teilung Polens: der Petersburger Vertrag vom 25. Juli 1772 zwischen Maria Theresia und Katharina II. in der für Österreich bestimmten Ausfertigung

Der Umstand, daß sich hier drei Großmächte engagierten, zählt nicht wenig im politischen Bereich, in dem sich Gut und Böse mit so fataler Leichtigkeit und Konstanz zahlenmäßig berechnen lassen. Keinem Staatsmann Europas bereitete die polnische Teilung eine schlaflose Nacht, in keiner Hauptstadt spürte man Empörung. Für das Zweifelhafte des Raubes besaß Friedrich II. ein kaum geringeres Gespür als Maria Theresia, die sich vorwarf: »Wie oft habe ich mich bemüht, von einer Handlung abzurücken, die das Ganze meiner Herrschaft beschmutzt! Gott gebe, daß ich dafür nicht in einer anderen Welt verantwortlich gemacht werde. Sie wiegt schwer auf meinem Herzen, quält mein Gehirn und verbittert meine Tage.« Deshalb versuchte der König, den Anteil Preußens mit übertriebenem Hohn herabzuspielen. Rußland hatte sich nach Quadratkilometern den Löwenanteil gesichert. Der Gebietszuwachs Österreichs war doppelt so groß wie derjenige Preußens, doch auf die Struktur des Staates wirkte sich der Gewinn für Preußen am vorteilhaftesten aus. Jetzt waren seine Herrscher nicht mehr Könige in Preußen, sondern Könige von Preußen. Der Besitz Schlesiens hatte dem Staat Großmachtcharakter verliehen. Die Arrondierung durch die polnische Teilung hatte diesen Status unwiderruflich gesichert. Wenngleich Friedrich bei seiner ersten Inspektionsreise abfällig von dem »kleinen Stück Anarchie« sprach, das sein Staat erhalten hatte, so beteuerte er doch im gleichen Atemzug: »Es ist eine sehr gute und sehr vorteilhafte Erwer-

»Wenn Österreich, Rußland und Preußen sich recht miteinander verstünden, sie auf dem Kontinent den Meister spielen würden.« – Kaunitz im Jahr 1776 bung, sowohl in politischer wie in finanzieller Hinsicht. Um jedoch weniger Eifersucht zu erregen, sage ich jedem, daß ich bei meiner Durchreise nur Sand, Tannen, Heide und Juden gesehen habe. Allerdings legt mir dieses Stück Land viel Arbeit auf; keine Ordnung, keine Einteilung, die Städte in bejammernswertem Zustand.«

Später folgten Ungezählte dem König darin, die polnische Einverleibung genauso zu billigen wie den Raub Schlesiens. Sie erhielt faktisch und historiographisch den Segen von Gnaden der Staatsräson, als wäre der Geist, von dem sich diese Vernunft tragen ließ, außenpolitisch nur mit expansiven Kräften begabt. Ton und Klangfarbe der Wertung hat Leopold von Ranke in seinem abschließenden Urteil über den Einmarsch Friedrichs 1740 in Schlesien festgelegt: »Niemals war eine Erwerbung für irgendeinen Staat opportuner und wichtiger als für den preußischen die Eroberung Schlesiens.« Unter dem Aspekt des preußischen Eigeninteresses zweifellos; denn die Fruchtbarkeit Schlesiens wurde zu einer eisernen Reserve des Staates. Schlesien garantierte, daß in Preußen der Merkantilismus noch zu einer Zeit florierte, da er sich längst überholt hatte. Dennoch rückte seit der polnischen Teilung die Oder-Provinz schnell ins zweite Glied. Dafür entpuppte sich Westpreußen für Friedrichs Staat zur »Bedingung seines künftigen politischen Bestehens«.

Preußen und das Reich

Totenmaske
Friedrichs des Großen
Abguß des am 17. August 1786 abgenommenen Originals

In den sechzehn Jahren zwischen dem Hubertusburger Frieden und dem Tod des Königs erhielt die Friedrich-Legende ihre letzte Kontur, das Profil, wie es, als Totenmaske abgenommen, in Millionen deutscher Bürgerstuben des 19. Jahrhunderts hing. Es entstand das Sinnbild des Königs als eines Heros der täglichen Arbeit, die nicht anders bewältigt werden konnte als rastlos und aufopfernd, unter spartanischem Verzicht auf geistigen Konsum, unbeschwerten Frohsinn, auf Lebenslust: der Fürst als Ärmster der Armen, Tag und Nacht an die Wohlfahrt des Staates denkend. Friedrich II., der bei aller Routine tatsächlich annähernd monumentale Auffassungen von Pflicht und Amtsmoral besaß, lieferte selbst zur Untermalung ganze Bündel von Sentenzen: »Mein Handwerk verlangt Arbeit und Tätigkeit, mein Körper und mein Geist müssen sich nach ihrer Pflicht richten. Es ist nicht nötig, daß ich lebe, wohl aber, daß ich tätig bin.« Die späte Formel vom »persönlichen Regiment« trifft auf ihn genauso zu wie auf Joseph II. Sie erhält durch den Preußenkönig allerdings eine noch engere Bedeutung, von der absolutistischen Basis aus. Denn allein durch ihn wurde Preußen zu einer Großmacht, zu einer historischen Macht. Mit dem Faktum Preußen verbanden sich Wirkungen auch in solchen Regionen, die dem direkten Staatseinfluß weitgehend entzogen waren. Preußen wurde bewußtseinsbildend. Es schuf einen eigenen Verhaltensstil, ein eigenes Ethos.

Über lange Etappen der Geschichte hinweg wurde es selbstverständlich, jemandem Ruhm und Rang zuzubilligen, weil er um des imaginär-welthistorischen Ruhmes und Ranges willen jede Not und alles denkbare Leid auf sich nahm und dasselbe von Hunderttausenden forderte und über Hunderttausende brachte. Daran ändert sich nichts, falls es bei diesem Ruhm, dieser Macht und Größe nicht um persönliche Attribute geht, sondern um solche des Staates, in diesem Fall Preußens. Das führt zu einer bestechenden Gleichung: Schandtaten,

Raub, Verbrechen verwandeln sich mit magischer Schnelligkeit in Edelsinn, Opfer, Selbstlosigkeit, sobald sie im Namen von Institutionen geschehen. Bei Friedrich dem Großen wurde die Gleichung noch erweitert: Das Streben Preußens nach dem Status einer Großmacht habe letztlich nicht der eigenen Stärke, der politischen Gewichtszunahme um ihrer selbst willen gegolten, sondern dem Reich gedient. Durch die Zerbröselung des Deutschen Reiches im Westfälischen Frieden 1648 sei die naturwüchsige Tendenz geweckt worden, die Vielzahl der Kleinfürstentümer um starke Zentren gravitieren zu lassen, und jene Zentren – Preußen und Österreich – hätten der gleichfalls natürlichen Neigung frönen müssen, um die Vorherrschaft innerhalb des Reiches zu kämpfen, und zwar um des Reiches willen.

Preußen auf dem Weg zur Großmacht
Rückseite der Schaumünze auf den Regierungsantritt Friedrichs des Großen von Jean Dassier, 1740

Diese Perspektive besticht wegen ihrer Dimension, nicht wegen ihres faktischen Gehalts. Die Schlesischen Kriege Friedrichs II. hatten als augenfälligsten Nebeneffekt zunächst die Isolierung Preußens vom Reich. In diesem Reich dominierte unverändert Österreich, in Form der kaiserlichen und habsburgischen Hausmacht. Assistenz leisteten, bei aller Zunahme der föderativen Selbstsucht, nicht nur die geistlichen Fürsten, sondern auch all diejenigen, die Habsburgs Übergewicht für weniger drückend hielten als eine preußische Vorherrschaft. Unterstützt wurde Österreich schließlich auch von Paris. Ein Übergewicht Habsburgs bedeutete jedoch für Friedrich II. nichts anderes als Schwächung Preußens. Das galt besonders für die Zeit nach dem Hubertusburger Frieden. Deshalb glich eine preußische Reichspolitik lediglich dem Warten auf den geeigneten Moment, Österreich davon abzudrängen, Preußen den Rang in der Gunst der kleineren Herrschaften abzulaufen.

Dieser Augenblick schien sich zu ergeben, als die jüngere Hauptlinie der Wittelsbacher am 30. Dezember 1777 durch den Tod des Kurfürsten von Bayern, Maximilians III. Joseph, erlosch. Die Nachfolge seines Vetters Karl Theodor, des Kurfürsten von der Pfalz, war zwar durch eine Reihe von Verträgen gesichert, doch sie wurde wie üblich nicht durchweg gebilligt und deshalb verschiedentlich angefochten. Auch Joseph II. erhob Territorialansprüche. Er garantierte Karl Theodor erst dann seine volle Unterstützung, wenn der Kurfürst sich einverstanden erklärte, einige Distrikte Niederbayerns und die Herrschaft Mindelheim, ein böhmisches Reichslehen in der Oberpfalz, an Habsburg abzutreten. Karl Theodor, den wenig nach München zog, gab sich zufrieden. Er schloß Anfang 1778 mit Wien ein Abkommen, und Joseph ließ österreichische Truppen in den Bezirk einmarschieren, der von der Salzach, dem Inn und der Donau eingegrenzt wird: in das Innviertel zwischen Passau und Salzburg.

Bei Friedrich dem Großen schrillten die Alarmglocken der preußischen Staatsräson. Sowohl durch den Territorialzuwachs als auch durch die enge Verbindung mit dem Kurfürsten Karl Theodor wurde die Reichsposition Habsburgs gestärkt, mithin Preußens Stellung geschwächt. Also favorisierte der Preußenkönig seinerseits den Erben Karl Theodors, Herzog Karl von Zweibrücken, und bewog ihn, sich unter Berufung auf die 1774 anerkannten Erbrechte den österreichischen Ansprüchen zu widersetzen. Friedrich war entschlossen, sich notfalls militärisch mit dem »César Joseph« zu schlagen. Obschon es nur um eine schwächliche Neuauflage des früheren Ringens mit Österreich ging, war sich Friedrich bewußt, daß er am schnellsten Beistand und Sympathien gewann, wenn er nicht für speziell preußische Interessen, sondern

»Es ist ein schön Gefühl, an der Quelle des Krieges zu sitzen in dem Augenblick, da sie überzusprudeln droht.« – Goethe an Frau von Stein aus Berlin am 17. Mai 1778 für die angeblich hochgradig gefährdeten Freiheiten der deutschen Fürsten zu Felde zog. Er kündigte an, daß eine Annexion bayerischen Gebiets durch Österreich, gleichgültig unter welchen Umständen, durch die preußische Armee beantwortet würde.

Joseph II. als Mitregent
Gemälde von Joseph Hickel, 1774

Maria Theresia warnte ihren Sohn. Joseph indessen, längst geheilt von seiner blinden Bewunderung für Friedrich, ignorierte alle Bedenken. Tatsächlich rückten nun zwei preußische Armeen mit zusammen einhundertvierzigtausend Mann nach Böhmen. Die Österreicher unter ihren erfahrenen Altmeistern, den Feldmarschällen Ernst Gideon Freiherr von Laudon und Franz Moritz Graf von Lacy, igelten sich im Zentrum Böhmens ein, und Friedrichs prächtige Regimenter begnügten sich damit, während des völlig verregneten Herbstes an den Rändern dieser Gigantenstellung entlangzuoperieren und sich vor blutigen Nasen und dem Versinken im Morast zu bewahren. Die Stimmung der Preußen entsprach bald dem Wetter, selbst Friedrichs Trieb nach erneutem Schlachtenruhm ermattete rasch. Erleichtert bedienten sich die Gegner der Vermittlung Frankreichs und Rußlands. Im März 1779 begannen die Verhandlungen, um diesen ›Kartoffelkrieg‹ abzuschließen. Die Eintracht wurde pro forma am 13. Mai 1779 durch den Kompromiß des Friedens von Teschen wiederhergestellt. Österreich behielt das Innviertel, an Preußen sollten nach dem Tod des regierenden Fürsten Friedrich Carl Alexander die Markgrafschaften Ansbach und Bayreuth fallen, Sachsen, das militärisch an der Seite Friedrichs gestanden hatte, wurde mit drei unbedeutenden Herrschaften und einer Abfindungssumme entschädigt.

Der Bayerische Erbfolgekrieg 1778/79 wurde zur Generalprobe für die letzte größere Auseinandersetzung der beiden Mächte im 18. Jahrhundert. Im Jahr 1784 unternahm Joseph II. wiederum einen Vorstoß. Er vereinbarte mit Karl Theodor, daß der Kurfürst sein Land Bayern an Habsburg abtrat und dafür ein rheinisches Fürstentum erhielt, dessen Kerngebiet die österreichischen Niederlande bilden sollten. Doch auch diesmal wußte Friedrich II.: Eine derartige Verlagerung des habsburgischen Schwerefeldes würde einen unerhörten Ausbau der österreichischen Reichsmacht bedeuten und damit zwangsläufig eine Zurücksetzung Preußens, die sich kaum ausgleichen ließ. So ergriff er das Reichspanier, betrat als »Retter deutscher Libertäten« die Szene, scharte die deutschen Fürsten um sich zum Widerstand gegen die neuerliche Bedrohung ihrer Unabhängigkeit. Tatsächlich gelang es dem König, eine Liga zum Schutz der Reichsstände zu gründen. Dem ›Deutschen Fürstenbund‹ vom 23. Juli 1785 schloß sich bald die Mehrzahl der protestantischen Herrscher des Reiches an; denn sie fanden jetzt ihre Interessen unter dem Schirm des alten Preußenkönigs besser aufgehoben als bei dem ungestümen Kaiser: Sachsen, Hannover (Großbritannien) und Braunschweig, Hessen-Kassel, Sachsen-Weimar, Sachsen-Gotha und Mecklenburg, Osnabrück, Pfalz-Zweibrücken, Anhalt, Ansbach, Baden und Mainz. Der Fürstenbund wurde keineswegs geschlossen, um einer »Zerrüttung des Reichssystems« durch das Österreich Josephs II. zu wehren, wie es im Vertragstext hieß, vielmehr um die Autonomie der Fürsten zu kräftigen und die preußische Position zu stärken. Man beabsichtigte ausdrücklich keine Reform der Reichsverfassung, sondern die Bewahrung des Status quo. Gerade dies entsprach nicht den Wünschen des Kaisers, dessen Absicht in einer zentralisierenden Umformung des Reiches bestand. Freilich ging es dem Kaiser zugleich um eine Steigerung des habsburgischen Einflusses. Insofern

Der Stammbaum Karls VII.
Eine Gegenüberstellung der römischen Kaiser mit den spanischen und französischen Königen
Stich nach einer Zeichnung von Jeremias Wachsmut, 1745

Preußisches Truppenlager während des ersten Schlesischen Krieges
Stich, zweite Hälfte des 18. Jahrhunderts

Der Ausmarsch der Österreicher aus Breslau im Dezember 1757
Gemälde, zweite Hälfte des 18. Jahrhunderts

gebührt diesem Pokern innerhalb des Reiches letztlich nur jene engagierte Unbetroffenheit, die allen Machtkämpfen sekundärer Art zusteht. Immerhin wurde durch den Fürstenbund sichtbar, daß gegen Ende des Jahrhunderts die Reichsinteressen nur noch dazu dienten, dem Partikular-Egoismus ein wenig Glanz zu verleihen.

Die Vereinigung der Fürsten unter dem Protektorat Preußens besaß historische Parallelen und Traditionen. Mit dieser Liga zeichnete sich eine Vorform des Norddeutschen Bundes unter Bismarck ab, und sie weckte bedenkliche Erinnerungen an den Schmalkaldischen Bund des Jahres 1531, der das evangelische Bekenntnis gegen Kaiser Karl V. verteidigen sollte und dem bald die Mehrzahl der protestantischen Fürsten Deutschlands beigetreten war. Gemeinsam war diesen drei so unterschiedlichen Bündnissen die Front ihrer Beweggründe und Ziele gegen übergeordnete Gesichtspunkte des Reiches, sei es auch nur in Form des Widerstands gegen die kaiserliche Politik. Bei den Schmalkaldern und der Fürstenliga von 1785 handelte es sich um massive Förderungen der Zerrüttung des Reiches.

Festtafel für Kaiser und Kurfürstenkollegium des Reichstages im Frankfurter Römer im Sommer 1758 Aus einem Stich von André Basset

Kein deutscher Herrscher trug mehr zur Destruktion des Reiches bei als Friedrich II. Unter dem Vorwand der Reichsidee kräftigte er sämtliche kleinstaatlichen Bestrebungen, vertiefte den Partikularismus, intensivierte zentrifugale Neigungen, alles das, was schon immer die tödliche Gefahr für den Reichsverband war. Sein außenpolitischer Rundblick deckte sich gleichsam nur mit der Reichweite der preußischen Vorderlader und Kanonen. Aus solch begrenzter Sicht ergab sich für ihn eine immense Konzentration auf das Widerspiel der Kräfte im deutschen Raum. Niemand preßte so entschlossen die letzten Tropfen aus der vertrocknenden Frucht des Heiligen Römischen Reiches Deutscher Nation wie Friedrich II., der damit zum Nutznießer einer Sache wurde, die zu seiner Zeit für niemanden mehr einen Nutzen zu haben schien.

Noch im Juli 1786 freute sich der König, daß er den Kaiser »über den Löffel barbiert« hatte. Die Erinnerung an den Fürstenbund bereitete ihm viel Vergnügen: »Deutschland ist eine Art Republik. Es war in Gefahr, seine republikanische Form zu verlieren. Mich hat es erfreuet, dieselbe wieder hergestellet zu sehen.« Joseph II. fühlte sich durch Friedrichs Coup der Fürstenliga erneut und ein letztes Mal ausgespielt. Als er von Friedrichs Ableben am 17. August 1786 erfuhr, äußerte er kühl: »Als Soldat bedaure ich das Hinscheiden eines großen Mannes, der in der Kriegskunst Epoche machte. Als Bürger bedaure ich, daß sein Tod dreißig Jahre zu spät gekommen ist.«

Tragödie Schlesien

Der Schöngeist auf dem Thron

Seit den Zeiten der letzten Staufen und dem Anwachsen der habsburgischen Hausmacht unter den Kaisern hatte man den Verfall des Reiches teils dem Eigennutz der Landesfürsten angelastet, teils dem mangelnden Reichssinn der österreichischen Herrscher. Vor allem die Fürsten bedienten sich nahezu mechanisch gleichbleibend immer dann solcher Vorwürfe, wenn sie es für zweckmäßig hielten, von ihrem eigenen Territorial-Egoismus abzulenken. Zu Beginn des 18. Jahrhunderts wurde auch Kaiser Karl VI. vorgehalten, er würde

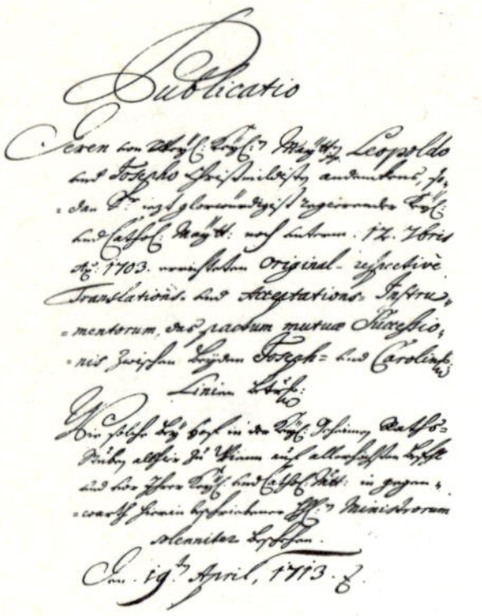
Publicatio

Das neue Hausgesetz Habsburgs: die ›Pragmatische Sanktion‹ vom 19. April 1713

wegen seiner dynastischen Nöte und Sorgen um Habsburgs Hausmacht die Verantwortung für das Reich vernachlässigen. Der Kaiser hatte 1711 den Thron bestiegen. Zwei Jahre später, am 19. April 1713, verkündete er seinen Räten ein neues Hausgesetz Habsburgs, die ›Pragmatische Sanktion‹. Karl VI. stellte fest, daß der Hausbesitz der Dynastie nicht mehr wie in den Zeiten des endenden Mittelalters unter den Erben geteilt werden dürfe; der Gesamtbesitz der Monarchie sei von nun an unteilbar und dürfe nicht getrennt werden. Die Erbfolge seiner Nachkommen sowohl in der männlichen als auch in der weiblichen Linie regle sich künftig nach dem Recht der Erstgeburt.

Der einzige Sohn des Kaisers wurde 1716 geboren und starb noch im selben Jahr. 1717 kam Maria Theresia zur Welt. Drei weitere Jahre lang erhoffte sich der Kaiser einen Manneserben, dann resignierte er und beschloß, die Zustimmung der europäischen Mächte zur Pragmatischen Sanktion einzuholen. Karls gesamte Außenpolitik der beiden folgenden Jahrzehnte war vordringlich von dem Bemühen geprägt, die allgemeine Anerkennung seines Hausgesetzes zu sichern, um der Gefahr eines kriegerischen Konflikts um die Erbfolge rechtzeitig zuvorzukommen.

Trotz aller Schwierigkeiten und Sonderwünsche waren die ausländischen Mächte einfacher zu gewinnen als die Fürsten des Reiches. Sachsen und Bayern, deren Kurfürsten mit Töchtern Josephs I. – des älteren Bruders Karls VI., der von 1705 bis 1711 regiert hatte – verheiratet waren, traten von ihren eigenen Ansprüchen auf die Kaiserkrone nicht zurück; sie beriefen sich auf die Erbfolgeregelung Kaiser Leopolds I. aus dem Jahr 1703. Preußens König Friedrich Wilhelm I. wiederum forderte für seine Zustimmung die Herzogtümer Jülich und Berg, nach deren Erbschaft es ihn schon lange gelüstete. Karl VI. akzeptierte zunächst, verhandelte jedoch insgeheim mit anderen Interessenten weiter und widerrief schließlich seine Zusage – eine Kränkung, die Friedrich Wilhelm I. niemals vergaß.

»Der Kaiser traktiert mich und alle Reichsfürsten wie Schubbjacks.« – Friedrich Wilhelm I. über Karl VI.

Vater und Sohn

Sorgen wegen der Nachfolge setzten auch Friedrich Wilhelm I. zu, freilich ganz anderer Art. Preußen besaß einen männlichen Erben, doch Friedrich Wilhelm konnte an dem Sohn keine einzige derjenigen Qualitäten entdecken, die seiner Meinung nach einen Mann, geschweige denn einen künftigen König auszuzeichnen hatten. Viele Jahre hielt der Soldatenkönig den Thronfolger für das größte Unglück seines Lebens, wiewohl man bei seiner Geburt am 24. Januar 1712 gejubelt hatte. Damals regierte noch Friedrich I., Preußens erster König, der sich am 18. Januar 1701 mit Billigung des Kaisers in Königsberg selbst die Krone aufs Haupt gesetzt hatte. Für ihn, den Großvater, handelte es sich bei dieser Geburt um ein Ereignis von größter dynastischer Bedeutung; denn sie garantierte die direkte männliche Nachfolge. Was konnte zu dieser Zeit für einen Fürsten, der seinem Haus die Königswürde eingebracht hatte, noch wichtiger sein? Der Vater allerdings gab sich damit nicht zufrieden, er wollte mehr. Sein Sohn sollte nicht nur kraft des Geburtsprivilegs den Thron besteigen, er sollte auch diejenigen Fähigkeiten besitzen, die zu den Besonderheiten eines preußischen Herrschers gehörten.

Mit dem Namen dieses Regenten verbindet sich die Ausformung zweier unverwechselbarer Phänomene: der preußischen Sparsamkeit und des preußischen Heeres. Im Jahr 1740, als Friedrich Wilhelm I. im Alter von zweiundfünfzig Jahren starb, besaß der Staat die relativ größte und absolut beste Armee in Europa und verfügte über einen Staatsschatz von acht Millionen Talern. Der König konnte zwar nicht den Ruhm beanspruchen, auch der Schöpfer des preußischen Heeres zu sein, aber er hatte ihm diejenige Form verliehen, die bis in die napoleonische Zeit hielt. Seine numerische Stärke befand sich in einem grotesken Mißverhältnis zur territorialen Größe und dem politischen Gewicht Preußens. Diese Monstergruppe von achtzigtausend Mann, die zahlenmäßig an der vierten Stelle der europäischen Heeresliste rangierte, war als Existenzgarant Preußens nicht nötig. Der König – ein polternder Tyrann, brutal und von allen gehaßt, doch nicht kriegslüstern und ein strenger Calvinist – hätte es niemals übers Herz gebracht, »einen Krieg légèrement anzufangen« und seine überragend gedrillten, wundersam herausgeputzten Truppen den Gefahren eines militärischen Konflikts auszusetzen. Sein Heer war eine Marotte, eine sehr ernste Marotte freilich, wie jedermann wußte.

Soldaten des Regiments von Gersdorf Nr. 18 im Jahr 1730 Lithographie

Damit sich sein Königreich, das überwiegend auf märkischem Sand gebaut war, einen derartigen Soldatenluxus leisten konnte, mußte Friedrich Wilhelm für einen überragenden Staatshaushalt sorgen und für extrem hohe Wirtschaftsgewinne. Schon 1718, im fünften Regierungsjahr, faßte ein Besucher seinen Eindruck vom Berliner Hof so zusammen: »Hier ist die hohe Schule der Ordnung und der Haushaltungskunst.« Die Staatseinnahmen wuchsen ununterbrochen, ohne daß sich die Kaufleute, das wirtschaftende Bürgertum und die Grundbesitzer im geringsten überfordert gefühlt hätten. Dem aufgeklärten Absolutismus entrichtete Friedrich Wilhelm den zeitüblichen Tribut, allerdings mit Einschränkungen, die sich aus seiner Persönlichkeit ergaben. Als junger Herrscher hatte er zu den gebildetsten Fürsten seiner Zeit gehört, doch mit den Jahren legten sich die geistigen Interessen. So überließ er die kulturellen und wissenschaftlichen Stiftungen seines Vaters wie die ›Berliner Societät der Wissenschaften‹ weitgehend sich selbst. Da sich für ihn rechtes Mannestum bald nur noch in Jagden und Trinkgelagen, im Militärdrill und in endlosen Sitzungen des Tabakskollegiums verkörperte, fand sich bei dem Soldatenkönig weitaus mehr Absolutismus als Aufklärung.

Sein ältester Sohn, der Thronfolger Friedrich, sollte in erster Linie Soldat werden, Offizier und später Führer der Armee – eine Funktion, in der sich für Friedrich Wilhelm die Macht des Königtums am sichtbarsten verkörperte. Nichts jedoch war dem jungen Friedrich mehr verhaßt als Garnison, Exerzierplatz, Drill; die Uniform verabscheute er als »Sterbekittel«. Er liebte alles, was sein Vater nicht liebte: Dichtung, Musik, Geschichte, Philosophie, die französische Sprache. Keiner von Preußens Herrschern war seiner Anlage nach weniger zum König bestimmt, als Friedrich, und doch wurde keiner so sehr zum Inbegriff preußischen Königtums. Keiner war für das Militär so ungeeignet wie er, und doch wurde er zur vollendeten Inkarnation preußischen Soldatentums und großer Feldherrnkunst.

Das waren nicht nur Gegensätze, die in äußeren Verhältnissen wurzelten. Friedrichs II. Inneres bestand aus schärfsten Kontrasten, zu jeder Eigenschaft gab es den profilierten Gegensatz. Er war klug und borniert, vorsichtig und unbesonnen, aufrichtig und verschlagen, kalt und impulsiv, mitfühlend und unmenschlich, zart und grausam, ehrlich und verlogen, sensibel und zynisch, bescheiden und selbstgefällig, verletzlich und hämisch, geizig und verschwenderisch, eitel und selbstkritisch, pflichtbewußt und amoralisch, ein asketischer Epikureer, zäh bis zur Selbstvernichtung, durchtrieben, wetterwendisch und willensstark. Diese Eigenschaften waren nicht durchschnittlich entwickelt, sondern ausgeprägt bis zur Hypertrophie – eine Persönlichkeit, so völlig zerspalten, daß sich nicht erklären läßt, wodurch derart viel Heterogenes zusammengehalten wurde.

Friedrich Wilhelm I.
Gemälde aus der Werkstatt von Antoine Pesne

Der Konflikt dieses hochempfindsamen, allem Musischen zugewandten jungen Menschen mit seinem Vater war eine Frage der Ausrichtung, keine des bloßen Temperaments. Seine Lösung jedoch war eine Frage der Macht, und erst durch diesen Prozeß brach die Flut des in sich Widerstreitenden in Friedrich auf, wurde dadurch aber auch bezwungen. Der überzarte und so weiche Kronprinz sträubte sich mit verblüffender Härte und Energie gegen das väterliche Erziehungsprogramm und seine Grundsätze. Dieser Widerstand gegen den wildesten, demütigendsten, entwürdigendsten Zwang hätte dem Vater zu denken geben sollen, hätte ihn die kalte Konsequenz entdecken lassen, die in dem Jungen steckte. Mit sechs Jahren wurde ihm bereits das Kommando über eine Kompanie der kronprinzlichen Kadetten übertragen, er mußte sie bald selbst kommandieren, das preußische Exerzierreglement wurde ihm buchstäblich eingebläut. Der Knall von Schüssen verschreckte das Kind, also wurde es vom Vater gezwungen, Pistole zu schießen, damit es sich daran gewöhne. Je älter Friedrich wurde, um so brutaler reagierte der Vater, wenn sich sein Sohn nicht so verhielt, wie er es von ihm erwartete. Schläge, Fußtritte, Ohrfeigen gehörten zu den Selbstverständlichkeiten. Je drakonischer der König wurde, desto starrsinniger reagierte Friedrich, und das wiederum reizte den Vater, seinen Willen noch rücksichtsloser durchzusetzen. Selbst öffentliche Demütigungen gehörten dazu: »Wenn mich mein Vater so behandelt hätte wie ich dich, hätte ich mich totgeschossen.« Die Dramatik der Jugend Friedrichs war so ungewöhnlich, daß sie wie selbstverständlich den Interpreten zum Schlüssel für das Verständnis sämtlicher Entscheidungen diente, zumal dessen, was der junge Herrscher seit 1740 im Namen Preußens, für Preußen, für das Deutsche Reich und für Europa in Gang setzte.

»Täglich bekomme ich Schläge, werde behandelt wie ein Sklave und habe nicht die mindeste Erholung.« – Kronprinz Friedrich zu seiner Schwester Wilhelmine im Jahr 1730

Küstrin und Rheinsberg

Der Haß zwischen Vater und Sohn entlud sich in einem letzten fürchterlichen Aufeinanderprall. Der Achtzehnjährige floh im Sommer 1730, wurde jedoch rasch wieder eingefangen. Der König schäumte, er warf Friedrich vor, er hätte »desertieren« wollen, stellte ihn vor ein Kriegsgericht und wollte ihn von der Thronfolge ausschließen. Erst auf den energischen Protest eines Offiziers hin gab er nach. Um so härter wurde der Freund und Mitwisser der Fluchtaktion bestraft, Leutnant Hans Hermann von Katte. Das Gericht verurteilte ihn wegen Fahnenflucht zu lebenslanger Festungshaft, der König verwandelte kraft seiner absoluten Fürstenvollmacht den Entscheid in die Todesstrafe. Friedrich wurde gezwungen, der Hinrichtung in der Festung Küstrin zuzusehen; er fiel in Ohnmacht.

Im Ausland hätte man den Dummenjungenstreich des Thronfolgers belächelt. Zu einer Tragödie wurde die Sache nur durch die maßlose Reaktion des

Königs. Immerhin brachte sie eine Wende in das Verhältnis Friedrichs zum Vater. Sein Leben erhielt eine neue Richtung. Was er schon als Knabe gelernt hatte, das trieb er jetzt bis zur Vollendung: die raffinierte Kunst des Doppellebens, eines Lebens im zweckgerichteten Arrangement. Von nun ab kein Wort des Widerspruchs gegen den Vater. Er steigerte den Gehorsam bis zur Unterwürfigkeit, führte sämtliche Befehle und Anordnungen korrekt aus, wie ein Soldat, ein Beamter Preußens. Er versuchte lediglich, sich der direkten Kontrolle des Vaters weitmöglichst zu entziehen. Hinter dem undurchdringlichen Schild der Subordination, in der akzeptierten Rolle des Thron- und Nachfolgers, abgestimmt auf die Beschlüsse des Königs, ließen sich die literarischen, philosophischen, musischen Bedürfnisse weit besser pflegen als früher. Das wurde von Friedrich während seiner anderthalbjährigen Festungshaft in Küstrin entdeckt, die er durch eine Art Freikauf beendete, indem er einwilligte, sich mit der Prinzessin Elisabeth Christine von Braunschweig-Beuern, einer Nichte des Kaisers, zu verheiraten. Das bewies er in den Jahren 1736 bis 1740. Er bekam ein Schlößchen in der Nähe Ruppins zugewiesen: Rheinsberg. Dort konnte er Gesellschaften geben; er verfügte über Freizeit, ja genoß eine bedingte Freiheit, deren Umfang ihm während des Fegefeuers seiner Jugend wie der Himmel selbst erschienen wäre. In Rheinsberg verbrachte er die unbeschwertesten Jahre seines Lebens. Er dichtete, musizierte, wartete auf den Tod des Königs.

Eine Flötenkomposition Friedrichs des Großen: die Sonate Nr 20 Eigenhändige Niederschrift

Streitschrift gegen Machiavelli

Zehn Jahre liegen zwischen Friedrichs Flucht und seinem Regierungsantritt am 31. Mai 1740. Sowohl die Festungshaft als auch die Thronbesteigung bilden außerordentliche Zäsuren. Wie unlöslich beides zusammengehört, in welcher Wechselbeziehung die Daten stehen, läßt sich unschwer erkennen. Doch kaum inthronisiert, entschloß sich der junge König, Schlesien zu erobern. Es scheint unmöglich zu sein, feste Zusammenhänge zwischen seiner Jugend und diesem Schritt nachzuweisen. Da hatte er im Jahr zuvor sein erstes größeres Opus niedergeschrieben, den ›Antimachiavell‹, dieses charakteristische Dokument für die Denkweise eines wertgläubigen Prätendenten, der in ziselierter Beweisführung seine Zeit, seine künftigen Untertanen, seine sittliche Selbstgefälligkeit befriedigen will: Regierende Fürsten sollen »ihren Untertanen ein Vorbild setzen und durch ihre Seelengüte, ihre Großherzigkeit und ihre Milde lebendige Ebenbilder Gottes sein. Die Leidenschaften der Könige sind gefährlicher als Überschwemmungen, Pest und Feuersbrunst, denn ihre Folgen sind von längerer Wirkung«. An diesem Buch, in dem sich das moralische Postulat auf dem hohen C ausruht, ist selbst der Schluß kaum bedenklich, in dem der Kronprinz es zuletzt doch dem Ermessen des Fürsten anheimstellt, einen Krieg zu beginnen, allerdings: Ein »gerechter« Krieg müßte es sein.

Zwei Wochen erst war er König, da schrieb er Mitte Juni 1740 an Voltaire: »Mein höchster Gott ist meine Pflicht. Dichter und Fürst sind eins geworden. Ich diene dem Volk, dem meine Liebe gilt.« An solchen Bekenntnissen ist jeder Satz fragwürdig. War dieser extrem intellektuelle, selbstkritische, reflektiert ironische, zynische Herrscher jemals in der Lage, ein einziges Wort mit demselben Gewicht zu überfrachten, mit dem es für den Leser ausgestattet war? Oder wäre es zutunlicher, seine Äußerungen stets nur als Reflexe der veränderten

Die Vorrede zum ›Antimachiavell‹
Eigenhändige Niederschrift des Kronprinzen Friedrich, 1739

Einzug preußischer Truppen in eine schlesische Stadt im Jahr 1741
Aus einer Radierung von Georg Friedrich Schmidt

Situation anzusehen? Ein solches Verfahren hätte mehr für sich, wenn Friedrich kein Titel so lieb gewesen wäre wie der Beiname ›Philosoph von Sanssouci‹. Da lag sein ›Antimachiavell‹ auf den Tischen der aufgeklärten Literaten, den Tischen in Boudoirs, und im gleichen Atemzug wurden die Herrscher zutiefst schockiert von seinem Überfall auf Schlesien. Wie sollte, wie könnte sich das miteinander vertragen? Was hilft die so banale Feststellung, daß der Mensch im allgemeinen stets mit vielen Widersprüchen fertigwerden muß und daß Fridericus Rex damit besonders reich gesegnet war?

In Rheinsberg bezeichnete es Friedrich als »eine Schmach, seine Staaten zugrunde zu richten, und als eine verbrecherische Raubgier, etwas zu erobern, worauf man keinen rechtlichen Anspruch besitzt«. Dennoch war der Kronprinz bereits entschlossen, Preußen zu vergrößern, zu arrondieren. Sein künftiger Staat, so stellte er fest, benötige das polnische Westpreußen; ebenso wollte er die alten preußischen Ansprüche auf Jülich und Berg durchsetzen, fand sich also damit nicht ab, daß von Kaiser Karl VI. diese Zusage nicht eingehalten, daß Preußen von Österreich geradewegs geprellt wurde.

Nun war der Kaiser am 20. Oktober 1740 gestorben. Friedrich erhielt die Nachricht in Rheinsberg. Zwei Tage später bestellte er Heinrich Graf von Podewils, seinen Kabinettsminister, dem die auswärtigen Angelegenheiten unterstanden. Er zitierte auch Kurt Christoph Graf von Schwerin, seinen Feldmarschall. Sie mußten von Berlin anreisen. Friedrich schrieb unterdessen an Voltaire: »Dieser Tod wirft alle meine friedlichen Ideen über den Haufen. Jetzt ist der Augenblick gekommen, das alte politische System von Grund auf zu ändern.« Als die Herren eintrafen, teilte ihnen der König mit, er wünsche Schlesien an sich zu bringen, die reichste Provinz Habsburgs. Sie möchten ihm ihre Ansicht darüber mitteilen, wie er das Projekt durchführen könne, er wünsche jedoch keine Erörterungen darüber, ob er es tun solle. Man kann bei diesem Conseil geradezu das Blinzeln des Königs sehen. Herr von Podewils kommentierte die Lage: »Schrecklich wird die Verwirrung in Wien sein. Man wird nicht aus noch ein wissen.« Friedrich, schon entschlossen zum Krieg, reflektierte über seine eigene Situation. »Der Tod des Kaisers macht aus mir einen sehr schlechten Korrektor. Es ist eine verhängnisvolle Zeit für mein Buch«, den ›Antimachiavell‹. Doch er wußte auch um einen Trost: »Und vielleicht eine ruhmvolle (Zeit) für meine Person.« – Ruhmvoll war sie in präzis demjenigen politischen Sinn, den er eben noch so verabscheuungswürdig, so zutiefst verwerflich fand. Voltaire, mit dem er von Rheinsberg aus eine Korrespondenz begonnen, den er im September 1740 auf einer Reise persönlich kennengelernt hatte, bezeichnete den ›Antimachiavell‹ zunächst als die beste Schrift aus der Feder eines Fürsten seit dem römischen Philosophen-Kaiser Marc Aurel, also seit über eineinhalb Jahrtausenden. Bald jedoch korrigierte er sich: Der Preußenkönig habe nur in die Suppe des Machiavellismus gespuckt, um sie anderen ungenießbar zu machen.

Am 16. Dezember 1740 überschritten die preußischen Regimenter die Grenze nach Schlesien, ohne Kriegserklärung, dafür mit wirbelnden Trommeln, mit flatternden Fahnen. Podewils erhielt ein paar Zeilen: »Ich habe den Rubikon überschritten... Alles wird nach unserem Wunsche gehen.« Ein Caesar der Moderne? Für die europäischen Mächte, die in bezug auf Überfälle nie unter zarten Nerven litten, war der Schock komplett. Etliche Herrscher zweifelten an dem Verstand des jungen Königs. Doch Friedrich hatte soviel

Verstand besessen, die Aktion meisterhaft vorzubereiten, alles zu tarnen, zu verheimlichen. Zum ersten Mal brach einer der vielen Ratschläge des Vaters in der Praxis durch, mit folgenschwerster Wirkung: »Wenn du der Herr bist, wirst du sie alle betrügen, du kannst nicht anders. Aber mach es gut und bei einer wichtigen Gelegenheit, bei der es sich lohnt. Denn du wirst es nur einmal können.« Der Sohn machte es so gut, daß er Schlesien nahezu ohne einen Gewehrschuß besetzte; nur die Hauptfestungen wehrten sich geringfügig. Die Bevölkerung Breslaus inszenierte geradezu ein Fest. Der Überraschungsakt war gelungen. Friedrich hatte Schlesien nicht erobern müssen, er hatte es besetzt. Daß mit der Invasion das Herzogtum bereits zu einem preußischen Besitztum geworden war, daran glaubte allerdings auch Friedrich nicht.

»Das ist ein Narr! Der Mensch ist verrückt!« – Ludwig XV. von Frankreich zu Friedrichs II. schlesischem Überfall

Der Angriffskrieg

Raub und Ruhm

Im Herbst 1740 hatte niemand mit dem Tod Kaiser Karls VI. gerechnet. Kaum einer dürfte mit dem Gedanken gespielt haben, daß ein Thronwechsel zwangsläufig ähnliche Erschütterungen des europäischen Staatensystems hervorrufen würde wie vier Dezennien zuvor, im Jahr 1700, als Karl II. in Madrid verschied und damit die spanische Linie der Habsburger erlosch. Vierzehn Jahre hatte der Kampf zwischen Österreich und Frankreich um das spanische Erbe getobt. Die Pragmatische Sanktion Karls VI. sollte Konflikte vergleichbarer Art unmöglich machen. Trotzdem entschlossen sich 1740 die namhaftesten Staaten wie Preußen, Bayern, Sachsen, Frankreich, Spanien, der Kaiserdebütantin »die Federn auszurupfen« und womöglich den »prachtvollen Kuchen« der österreichischen Lande unter sich aufzuteilen. In dem geheimen ›Partagetraktat‹, den die Verbündeten schlossen, sollte das habsburgische Erbe bis auf Ungarn eingeschrumpft werden. Friedrich der Große titulierte deshalb die Kaiserin gern einschränkend als ›Königin von Ungarn‹. Wenn es um Rechte gegangen wäre, hätte Bayern die Vorhand besessen. Doch nicht Bayern begann den Krieg, sondern Preußen, obwohl Berlin der Pragmatischen Sanktion ausdrücklich zugestimmt hatte. Daß zwischen beiden Mächten die Sukzessionsfrage Jülich-Berg offenstand und die Atmosphäre belastete, war kein ernstlicher Kriegsgrund. Noch weit fadenscheiniger war das Pochen auf die alten Erbansprüche, die Brandenburg auf die schlesischen Herzogtümer besitzen sollte. Friedrich II. war überdies an den Modalitäten der habsburgischen Erbfolge und damit an der Thronbesteigung Maria Theresias nicht besonders interessiert. Die Rechtmäßigkeit ihrer Regierungsübernahme wurde von ihm nie bestritten. Er wollte keinen anderen Regenten in Wien, er wollte keinen anderen Kaiser des Reiches, er wollte Schlesien.

Anfangs glaubte er, die Blöße des Überfalls mit einem rechtlichen Mäntelchen verdecken zu müssen. Seinem Onkel, König Georg II. von England, beteuerte er frömmlerisch, daß seine Truppen nur marschieren würden, um die Sicherheit und die Stärke Habsburgs aufrechtzuerhalten. Seit dem Tod des Kaisers und »dem völligen Zerfall seiner Angelegenheiten« stehe Österreich allen seinen Feinden offen. Allein um ihnen zuvorzukommen, sei er in Schlesien eingerückt: »Mein einziger Zweck ist die Erhaltung und der wahre Nutzen des Hauses

Österreich.« An die Rechtsproblematik verschwendete der König nicht viel Zeit. Hätten tatsächlich begründete Ansprüche vorgelegen, so wäre es ihm möglich gewesen, sie nach den europäisch eingespielten Regeln anzumelden und einzufordern. Verhandlungen dieser Art zwischen Staaten waren im 18. Jahrhundert gang und gäbe; seit dem Westfälischen Frieden 1648 lief die Richtung in ein allgemein verbindliches, tatsächlich praktiziertes Völkerrecht. Friedrich handelte auch hier entgegen den Bräuchen. Zunächst wollte er Schlesien in preußischem Besitz sehen, dann erst konnte über das weitere gesprochen werden: »Vor Winters einmarschieren, während des Winters verhandeln.« Podewils, noch gänzlich Minister des Soldatenkönigs und deshalb fixiert auf die Gefolgschaft Österreichs, erhob Einwände, wies auf die sachlichen, juristischen Schwierigkeiten hin, quoll über vor Bedenken. Doch der König parierte: »Die Rechtslage ist eine Sache der Minister, ist also Ihre Sache; es ist Zeit, daran heimlich arbeiten zu lassen, denn die Befehle an die Truppen sind gegeben.« Folglich begann Podewils mit der Arbeit, dem Zusammenkratzen der preußischen Rechtsansprüche. Sobald er die Ergebnisse präsentierte, die das Image des Königs wahren sollten, mokierte sich Friedrich beifällig: »Bravo! Das vortreffliche Werk eines Scharlatans!«

Kanonen-Emblem der friderizianischen Zeit: ›Ultima ratio regis‹

Verliert ein Recht seine Verbindlichkeit, wird es antiquiert, dann läßt es sich retten, indem man es auf die Stufe eines aktuell lebendigen Rechtes hebt. Dort gewinnt es als sogenanntes Lebensrecht Legitimität kraft einer angeblich höheren Sittlichkeit. Brach Friedrich II. diesen klassisch gewordenen Raubkrieg wegen eines seit Jahren quälenden, unerträglich brennenden Staatsinteresses vom Zaun? Tatsache bleibt, daß der achtundzwanzigjährige König das größte Blutvergießen zwischen dem Dreißigjährigen Krieg und den napoleonischen Feldzügen veranlaßt hat. Seinem Freund Charles Etienne Jordan schrieb er später jubilierend: »Wer hätte gedacht, daß die Vorsehung einen Dichter dazu ausersieht, das politische System Europas umzustürzen und die politischen Kombinationen seiner Herrscher über den Haufen zu werfen!« Welche Bedürfnisse weckte die apostrophierte Vorsehung tatsächlich in seinem Inneren, damit er den Entschluß zum Krieg fassen konnte? Die materiellen Bedingungen waren vorhanden: ein hervorragend geschultes Heer, eine überquellende Staatskasse. Nichts fehlte als »das Bedürfnis, mich bei den Leuten bekannt zu machen, mein Vorteil ... und der Krieg war beschlossen«. Er bestätigte es mehrfach, wiederholte es in sprühender Offenheit: »Meine Jugend, die Glut der Leidenschaft, der Ruhmesdurst, ja selbst die Neugier, um alles zu gestehen, kurz, ein geheimer Instinkt hat mich den Freuden der Ruhe entrissen. Die Genugtuung, meinen Namen in den Gazetten und später in der Geschichte zu wissen, hat mich verführt.«

Die Antworten des jungen Königs stechen erheblich ab von den Erklärungen, die der Alte Fritz gegeben hat. Einen »geheimen Instinkt« wird dem König niemand bestreiten können, doch sollte man ihn nicht zu einem »dunklen Bewußtsein geschichtlicher Sendung« aufwerfen. Friedrich sehnte sich durchaus nicht nach dem »Wunschbild eines starken, auf seine kriegerische Kraft vertrauenden, eben darum aber auch friedesichernden deutschen Staates der Zukunft, der die unnatürliche Ungunst seiner Lage durch die unentbehrliche Abrundung seines Staatsgebietes überwunden hat«. Nach einem solchen Wunschbild sehnten sich erst nach dem Tod des Königs die Heerscharen der Friedrich-Exegeten.

Daß Preußen auf Schlesien angewiesen war, stand erst fest, als Preußen Schlesien in Besitz hatte; die Abrundung wurde unentbehrlich, als sie vollzogen worden war. Es gehört zur Praxis, und zwar nicht nur im aufgeklärten Absolutismus, daß Länderraub mit kriminellen Mitteln und Methoden durchgeführt, der Besitz des Raubes mit juristischen Mitteln und Methoden eingekleidet und schließlich mit historiographischen Mitteln und Methoden gerechtfertigt wird. Zu den rückwirkend verklärenden Geschichtsbetrachtungen zählt die Versicherung, das Preußen dieses aktionsfreudigen Königs sei ein »strebsamer junger Staat« gewesen, so als müßten einem unerbittlichen Gesetz der Naturwüchsigkeit entsprechend »junge« Staaten unweigerlich dem Trieb folgen, »emporzukommen«, Großmacht zu werden. Selbstverständlich hatte König Friedrich auch seine auseinanderliegenden Gebiete vor Augen, bedachte er die Stabilisierung des Staates. Schon der neunzehnjährige Häftling in Küstrin entwarf ein Expansionsprogramm, das nicht unbedingt nur als Gedankenspiel angelegt war: »Ich schreite von Land zu Land, von Eroberung zu Eroberung und wähle, wie Alexander, neue Welten zur Unterwerfung aus«, so heißt es in dem aufschlußreichen Brief an Karl Dubislaw von Natzmer vom Februar 1731. In Küstrin vermischten sich noch einigermaßen unbefleckt Gerechtigkeitsliebe und Kriegsbereitschaft, Kompensation verletzten Stolzes und politischer Ernst, Friedfertigkeit und erwachender Sinn für die Ehre des Landes, dazu in farbgesättigter Idealität die Hoffnung, »daß dieses Haus Preußen sich hoch über den Staub erheben wird, in dem es bis jetzt gelegen hat«.

»Preußen – ein Grenzenreich!« – Verspottung Voltaires in Rheinsberg

Der schlesische Überfall von 1740 war ein wohlerwogener, geplanter, vorbereiteter Krieg, nüchtern berechnet als Ganzes, kühl berechnet bis ins kleinste Militärdetail. Wie läßt sich mit Rücksicht auf diesen Sachverhalt die ewig beunruhigende Frage nach den unterschiedlichen Maßen beantworten, die für den Staatsmann einerseits und den Privatmann andererseits gelten sollen? Handelt es sich dabei wirklich um unterschiedliche Maßstäbe? Oder erschöpft sich das Phänomen darin, daß der räubernde, wortbrüchige, mordende Staat und sein Lenker nur die Individualmoral mißachten? Die sogenannte höhere Sittlichkeit bestünde dann lediglich in der Verneinung und Aufhebung der niederen. Seit dem großen Staatsdenker Niccolò Machiavelli aus Florenz hat jeder Fürst, König, Staatsmann, Politiker mit dieser Frage zu tun. In der jüngsten Moderne läßt sich nur schwer eine so entschiedene Antwort geben, wie sie Bismarck gefunden hat: »Wenn ich nicht lügen darf, kann ich nicht Staatsmann sein. Die Zehn Gebote taugen nicht für die Politik.« Bei den Nürnberger Prozessen und während einiger Jahre danach wurden diese peinigenden Aporien neu durchdacht. Doch kein Kompetenter sollte sich von den Bedrückungen politischer Entscheidungen dadurch entlastet fühlen, daß aus den Urteilen von Nürnberg keine völkerrechtlichen Nutzanwendungen gezogen worden sind, ebenso wenig dadurch, daß so viele, die als kompetent eingeschätzt werden, nicht das mindeste von solchen Beschwernissen verspüren.

Plan zum Einmarsch in Schlesien
Eigenhändige Skizze Friedrichs des Großen, 1740

Von Kardinal Richelieu bis zu Ludwig XIV. und Friedrich dem Großen, von Diderot bis zu Fichte waren sich Fürsten und Denker mit Machiavelli darin einig, daß es ausschließlich von demjenigen Menschen, der regiert, abhängt, ob die Untertanen gerecht oder ungerecht, drakonisch oder tolerant, grausam oder milde beherrscht werden. Für die Beherrschten komme es im wesentlichen nur auf ein Moment an, auf den Charakter des Herrschers. Das war typisch für diese Zeiten: die zentrale Stellung, die der Einzelpersönlichkeit, hier gespiegelt am Bild des Fürsten, zukam. Deshalb gehören Machiavellismus und Antimachiavellismus von den Voraussetzungen her zusammen. Friedrich der Große hatte dies durchschaut. Er wußte auch als junger Monarch um die menschliche Eigenart, gemeinhin nur solchen Schlußfolgerungen unbeschwert zuzustimmen, die nicht lästig sind; sie müssen wohltun, sonst sind sie falsch. Daß er sich selbst nicht daran hielt, entsprang nicht etwa nur seinem Zynismus, sondern bildete ein Moment seines außerordentlichen Formats.

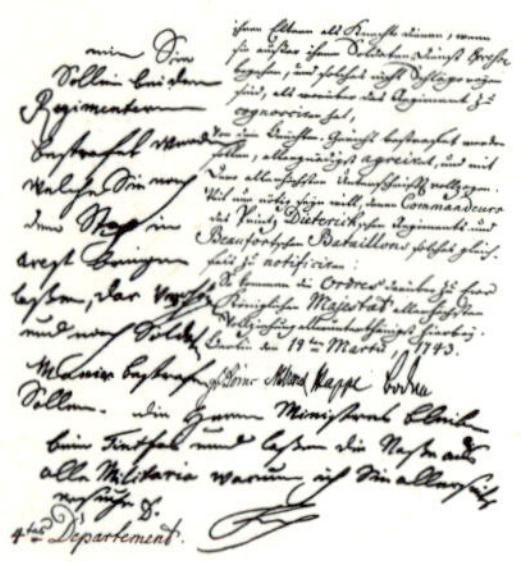

Verbot einer Einmischung der Minister in Angelegenheiten des Militärs
Marginalentscheid Friedrichs des Großen auf einem ministeriellen Bericht vom März 1743

Zu Beginn des zweiten Schlesischen Krieges 1744, da die bestürzenden Erlebnisse der Schlachten des ersten Feldzuges noch frisch waren, schrieb er: »Es ist eine so tolle Leidenschaft, daß ich nicht begreife, wie es möglich ist, daß sie nicht aller Welt den Kopf verdreht.« Erst spät brach anderes durch, die mißbilligende Reserve gegenüber seinem »ach, so töricht blinden Jugendwahn«, die Ahnung, daß es kaum jemals dürftigere Motive für einen Krieg gegeben hatte. Er ist unerbittlich: »Als ich den Thron bestieg, war ich ein Raub der Ehrsucht. Ich dankte alles dem Zufall und nichts der Vernunft.« – Soweit die Kommentare samt den notwendigen Marginalien des Verantwortlichen für ein Unternehmen, das Preußen mit einem Schlag in die Phalanx der europäischen Großmächte brachte und das doch in Anlage und Durchführung ein Kapitalvergehen bildete. Friedrichs eigene Erklärungen unterscheiden sich angenehm von den betulichen Segnungen selbst namhafter Historiker, beispielsweise Rankes: »Daran darf heutzutage niemand zweifeln, daß die Unternehmung mit gutem Gewissen gewagt werden konnte; in der Natur der Sache liegt, daß ihr Widerstand geleistet ward; Angriff und Verteidigung waren beide gerechtfertigt.« Daß sich die Kaiserin mit bewunderungswürdiger Energie, mit allen Kräften gegen den Preußenkönig zur Wehr setzte, brachte ihr höchsten Respekt ein, nicht zuletzt von Friedrich. Gerechtfertigt aber war nur die Verteidigung.

Abgrund des Jammers

»Meine Truppen sind voll guten Willens, die Offiziere voll Ehrgeiz und die Generäle dürsten nach Ruhm!« – Friedrich II. am 16. Dezember 1740

Der erste Schlesische Krieg war das Modell eines Blitzkrieges als Spaziergang. Friedrich II. hatte für die Sicherung der beiden Hauptbedingungen gesorgt. Erstens: höchste Gefechtsbereitschaft der Armee; zweitens: maximal geheimgehaltener Aufmarsch. Dafür bediente er sich trügerischer Informationen: »Wir müssen jedes Mittel anwenden, um sie in die Irre zu führen.« Er ließ falsche Marschbefehle ausstellen. Seine Regimenter waren bereits aufgebrochen, da versicherte er noch dem habsburgischen Gesandten Anton Otto Marchese Botta d'Adorno, er möge seiner Kaiserin mitteilen, daß Preußen nichts tun werde, was sich gegen Österreich richte. Seinen Ministern befahl er, in London versichern zu lassen, »daß ich mich Wien annähere«, und in Hannover, Mainz und Regensburg, »daß ich das Reich aufrechterhalten will, daß ich die Überreste eines schwachen Kaiserhauses zu schützen und auf den rechten Weg zu bringen gedenke«. Und um jeden Zweifel an seiner Friedfertigkeit zu zerstäuben, nahm er noch am Abend seines Aufbruchs zu den Truppen, am 14. Dezember, in Berlin an einem Ball der Königin teil, als Domino gekleidet. Direkt vom Fest stahl er sich fort, befahl dem Adjutanten: »Schmieren Sie Ihre Stiefel, wir brechen auf!« Er brach auf zum »Rendezvous des Ruhms«.

Daß Friedrich II. damals seine eigene Person in den Mittelpunkt stellte, mit all ihrer Leidenschaft, ihrem Ehrgeiz, ihrer Ruhmsucht und Eitelkeit, war nicht entscheidend. Ausschlaggebend war für ihn in diesem Krieg, daß er seine Person nicht in das Wirkungsgeflecht des Staates plazierte. Gemeinwesen und Person standen nebeneinander, eine Entsprechung gab es nicht. Der König verhielt sich wie ein Privatmann, ohne politische Bezüge. Außerdem war er zu klug, als daß er sich die unbekümmerte Geste des Alexander redivivus geleistet hätte, die kleine Geste des Größenwahns, genauer: des Wahns der Größe. Denn kaum, daß der Krieg begonnen hatte, konstatierte er: »Es ist ein großer Wahnsinn, aber man kommt schwer davon los, wenn man einmal davon erfaßt ist.«

Am 10. April 1741 kam es zur ersten Schlacht bei dem Dörfchen Mollwitz in Niederschlesien. Die preußische Armee stieß mit dem österreichischen Gros zusammen, das völlig überrascht wurde. Die Österreicher waren zahlenmäßig unterlegen, doch mit ihrer hervorragenden, furchtlosen Kavallerie konnten sich die Preußen nicht messen. Nachmittags schien das Treffen verloren. Feldmarschall Schwerin beschwor den König, sich zu retten – eine Empfehlung, die Friedrich gern befolgte. Erst weit nach Mitternacht wurden die Flüchtenden von einem Offizier Schwerins eingeholt. Der Heerführer hatte die preußischen Truppen neu formiert. Die Bataille endete mit einer Niederlage der Österreicher. Friedrich erfuhr bei Mollwitz zum ersten Mal leibhaftig, was er im ›Antimachiavell‹, vom Schreibtisch aus, formuliert hatte: »Der Krieg ist ein solcher Abgrund des Jammers, daß es die Landesherren nicht genug überlegen können, ehe sie ihn auf sich nehmen.« Jordan berichtete er: »Wir sind die betrüblichsten Sieger, die Du Dir vorstellen kannst, Gott behüte uns vor einer zweiten so mörderischen Schlacht. Mir blutet das Herz, wenn ich daran denke.« Doch nicht das Grauen setzte sich durch, auch nicht die Scham über die unglückliche Figur, die er bei dem Debüt der Schlacht gemacht hatte, sondern der Sieg, der seinen Willen versteifte, nichts revidieren zu lassen, weder durch den Gegner noch durch die eigenen Fehler. Seine Kavallerie hatte versagt, also ließ er sie völlig neu aufbauen. Der großartige Sieg im Jahr darauf bei Chotusitz in Mittelböhmen am 17. Mai 1742 war fast ausschließlich den Lehren zu danken, die Friedrich aus Mollwitz gezogen hatte.

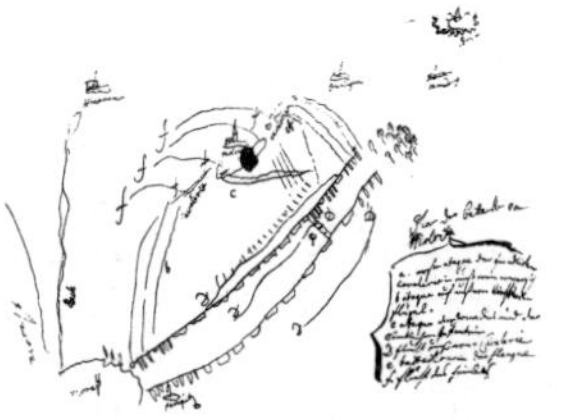

Die für Preußen siegreiche Schlacht bei Mollwitz am 10. April 1741 Eigenhändige Skizze Friedrichs des Großen

So groß die Überraschung und die Empörung über Friedrichs schlesisches Abenteuer waren, so prompt stellten sich kräftige Alliierte ein, die dem Schauspiel von Habsburgs Dezimierung nicht nur interesselos beiwohnen wollten. Die Koalition gegen Wien gab der jungen Kaiserin kaum Chancen. Friedrich II. begrüßte die unerwartete Unterstützung, doch beschäftigte ihn das Schicksal Habsburgs erst in zweiter Linie. Kaum schien er seinen Raub gesichert zu haben und ihn fest in der Hand zu halten, zog er sich zurück. Seine beiden siegreichen Schlachten rahmen ein diplomatisches Schelmenstück ein, das sich zur Manier des schlesischen Überfalls vortrefflich fügt. Friedrich schloß am 9. Oktober 1741 die geheime Konvention von Klein-Schnellendorf. Ohne Information ließ der König seine bayerischen, sächsischen und französischen Verbündeten im Stich. Er garantierte Österreich Neutralität und erhielt dafür Niederschlesien, Breslau, Neiße in Oberschlesien – wegen seiner vielen Kirchen als ›schlesisches Rom‹ bekannt – und Winterquartiere in dem eroberten Gebiet.

Die Friedenspräliminarien von Breslau am 11. Juni 1742 Rückseite einer Medaille von Martin Moltzhey, 1742

»Noch kein Philosoph hat die Grundsätze der Staaten mit der Moral in Übereinstimmung bringen können.« – Kant, Religion innerhalb der Grenzen der bloßen Vernunft, 1793

Sobald Friedrich II. feststellen mußte, daß Maria Theresia, nunmehr frei von dem Druck der preußischen Armee, in dem Erbfolgekrieg gegen ihre Feinde wieder Oberwasser erhielt, gab er seinen Truppen erneut Marschbefehl, schon im Dezember 1741. Daß er die Konvention ohne Wissen seiner Partner abschloß, war ein Wortbruch; daß er sie kaum drei Monate später als nichtexistent betrachtete, war der zweite Wortbruch. Der dritte bestand in dem eigenmächtigen Abschluß des Friedens von Breslau am 28. Juli 1742. Friedrich bemühte sich wortreich, den Alliierten sein Ausscheren aus der Koalition zu begründen. Noch Jahre später betonte er: »Wenn sich unsere Interessen ändern, müssen sich unsere Allianzen mit ihnen ändern. Unser Amt ist, über dem Glück unserer Völker zu wachen; sobald wir für sie in einer Allianz eine Gefahr sehen, müssen wir dieselbe brechen. Hierin opfert sich der Fürst für das Wohl seiner Untertanen. Diejenigen, welche diese Handlungsweise so hart verdammen, betrachten das gegebene Wort als etwas Heiliges. Sie haben recht, und ich denke wie sie, soweit es sich um den Einzelnen handelt. Der Fürst dagegen setzt durch sein Wort das Glück aller auf das Spiel; es ist also besser, daß er einen Vertrag breche, als daß das Volk zugrunde gehe.«

Hier wurde in einer erneuten Variante nüchtern formuliert, was Friedrich in seinem ›Antimachiavell‹ bestritten hatte: das Prinzip der Macht- und Raubstaaten, an dem sämtliche Bemühungen, ein relativ geregeltes Nebeneinander der Völker herbeizuführen, zuschanden werden. Das 18. Jahrhundert, diese großartige Epoche der Aufklärung, des endlichen Sieges der Vernunft, war auch das Zeitalter der leidenschaftlich verteidigten Staatsräson. Doch gelang es keinem Herrscher und keinem Staatsdenker, einen passablen Konsens zwischen Staatsräson einerseits und politischer Wirklichkeit andererseits zu finden, und damit wurde offenkundig, daß jedes Credo der isolierten Staatsräson auf eine fundamentale Verneinung allen Völkerrechts hinauslaufen mußte. Daran hat sich bis heute nichts geändert. Mit Vertragsbrüchen in rascher Folge verspielte der preußische König seinen diplomatischen Kredit. In Paris, der Metropole desjenigen Landes, das mit seiner Thronbesteigung besonders viele Erwartungen verbunden hatte, galt er bis ins hohe Alter nicht als vertrauenswürdig. Was half ihm später die resignierte Einsicht: »Reputation ist ein Ding ohne Vergleichswert und gilt mehr als Macht.« Er gewann das Vertrauen selbst dann nicht zurück, als ihn zuletzt die Mächte von Nord bis Süd, von Ost bis West einhellig bestaunten und ihm den Titel ›Der Große‹ zugestanden, mit dem ihm Voltaire bereits 1742 geschmeichelt hatte.

Durch den Frieden von Breslau wurde Maria Theresia nur von Preußen entlastet. Als Hauptfeind rückte jetzt Bayern, dessen Kurfürst Karl Albert von den Gegnern der Habsburgerin im Januar 1742 als Karl VII. zum römisch-deutschen Kaiser gewählt worden war, an die Spitze. Österreichische Truppen waren bereits im Jahr zuvor tief nach Bayern vorgedrungen und hatten München erobert. Nach dem Frieden von Breslau blieb nur noch Frankreich als feindliche Großmacht im Felde. Am 12. Mai 1743 ließ sich Maria Theresia in Prag huldigen und krönen. Nach der gänzlichen Eroberung Bayerns stießen österreichische Truppen bis an den Rhein vor. Am 7. September 1743 wurde den Franzosen die letzte Befestigung in Deutschland entrissen. Karl von Lothringen setzte über den Rhein. Auf den Vogesen entzündete die Bevölkerung Freudenfeuer. Maria Theresia hatte sich wie durch ein Wunder binnen wenigen Jahren von einer namenlosen Prinzessin zur mächtigsten Herrscherin des Kontinents gewandelt.

Friedrich wurde durch diese Wende im Österreichischen Erbfolgekrieg aufgeschreckt. Er entschloß sich im Sommer 1744, den Breslauer Frieden zu brechen. Seine Armee überrannte Sachsen, marschierte in Böhmen ein und eroberte am 16. September Prag. Die Gründe für Friedrichs erneuten Angriff waren nicht mehr oder weniger zwingend als die früheren Vertragsbrüche. Der »glückliche Quietismus«, den er seinem Minister Podewils für einige Jahre als Grundlage der preußischen Politik empfohlen hatte, schien ihm durch Habsburgs Erfolge empfindlich gestört zu sein. Allein daraus ergab sich der Kriegsgrund – als typischer Zwang zur Prävention für einen Fürsten, der seiner selbst und seiner Beute noch nicht sicher war.

Die Eroberung Prags durch preußische Truppen am 16. September 1744 Aus einer Folge von Medaillon-Stichen, nach 1763

Wiederum sollte es ein Blitzkrieg werden. Nach der leichten Eroberung Prags drängte Friedrich weiter nach Süden. Er hatte damit gerechnet, daß Maria Theresia durch ihren Kampf mit Frankreich um Lothringen, das Stammgebiet ihres Gemahls Franz Stephan, in Böhmen militärisch ohnmächtig sein würde. Der Kalkül war richtig, doch nur für kurze Zeit. Aus Frankreich, das sich als ausnehmend schwächlicher Gegner erwiesen hatte, kehrten die Österreicher in Gewaltmärschen in den Osten zurück. Friedrich erwartete sie im Böhmerwald. Doch die Kaiserlichen ließen ihn dort warten; sie überquerten die Grenze im Norden und manövrierten den König durch Flankenbedrohung aus. Es gehörte zu ihrem Plan, eine Entscheidungsschlacht zu umgehen, obgleich Maria Theresia ihre Heerführer beständig dazu drängte: »Jetzt ist der Augenblick gekommen, wo man Mut zeigen muß, um sich das Land zu erhalten und mit ihm die Königin, denn ohne dasselbe wäre ich nur eine arme Fürstin. Mein Entschluß ist gefaßt, alles aufs Spiel zu setzen, um Böhmen zu retten. Der kritische Augenblick ist da.« Trotzdem kam es zu keinem großen Treffen. Die Österreicher dezimierten statt dessen das preußische Heer durch eine meisterliche Zermürbungstaktik. Friedrichs Armee wurde durch Krankheiten, Versorgungsmangel, Witterungsnöte so gründlich demoralisiert, daß während seines katastrophalen Rückzugs nach Schlesien ein Viertel der Regimenter desertierte, rund siebzehntausend Soldaten. Das schien den preußischen König zu verwandeln: Besucher sahen sich einem nachdenklichen, betroffenen Herrscher gegenüber. Zu allem Überfluß mußte Preußen noch einen nichtmilitärischen Rückschlag hinnehmen: Im Januar 1745 verstarb der Wittelsbacher Gegenkaiser Karl VII.

»In diesem Feldzug beging wohl kein General mehr Fehler als der König.« – Friedrich II. über seinen Krieg in Böhmen 1744

Nunmehr mobilisierte Friedrich diejenigen Eigenschaften, die ihn zu dem unvergleichlich großen Menschen, dem heroischen Vorbild werden ließen. Aus den Erfahrungen des böhmischen Winterverhängnisses zog er noch erheblich drastischere Konsequenzen als aus dem ersten Schlesischen Krieg. Alle Überlegungen und Empfehlungen, sich mit Wien zu arrangieren, notfalls oder am besten durch Preisgabe Schlesiens, wehrte er ab: »Ich habe den Rubikon überschritten und will meine Machtstellung behaupten oder untergehen und alles, selbst den Namen Preußen, mit ins Grab nehmen. Ich habe es zu meiner Ehrenpflicht gemacht, mehr als irgendein anderer zur Erhöhung meines Hauses beizutragen.«

Wiederum reorganisierte der König sein Heer, ließ die Regimenter exerzieren, Tag für Tag mit aller Härte drillen. Sein militärisches Können war überragend. Es gab für ihn keinen ebenbürtigen Gegner, selbst wenn die

Preußisches Feldlager
Aus einem Stich, um 1760

Fähigkeiten eines Feldmarschalls wie Otto Ferdinand Graf von Traun oder noch mehr diejenigen von Leopold Joseph Graf von Daun weit über dem lagen, was als Mittelmaß zu bezeichnen gewesen wäre. Schon im Frühjahr 1745 befanden sich seine Regimenter in einer Verfassung, als hätte es niemals einen böhmischen Feldzug gegeben. Am 4. Juni kam es in Niederschlesien zu einem gewaltigen Treffen bei Hohenfriedberg mit dem numerisch überlegenen Heer der Österreicher und Sachsen, die in acht Marschsäulen aus dem Nordosten Böhmens herangerückt waren. Friedrich focht selbst an der Spitze seiner Grenadiere. Er griff massiert am linken Flügel an, brach durch, überflügelte die gegnerischen Korps. Der Sieg war so vollständig, daß die Feldherrnkunst des Königs seitdem legendäre Züge erhielt. Der Nimbus der Unbesiegbarkeit trat hinzu, als Friedrich am 30. September 1745 bei dem Dorf Soor durch einen seiner vielen Fehler in einen Hinterhalt stolperte. Die Österreicher waren doppelt so stark wie die Preußen. Die völlige Niederlage schien sicher zu sein – eine Mutmaßung, die es allerdings für Friedrich seit der ersten Schlacht bei Mollwitz nicht mehr gab. Soor entwickelte sich für ihn zu dem bislang härtesten aller Treffen. Aus dem sicher scheinenden Desaster wurde für die Preußen ein unglaublicher Triumph.

Maria Theresia gab erst nach zwei weiteren Siegen des Königs – bei Katholisch Hennersdorf am 23. November und bei Kesselsdorf am 15. Dezember 1745 – auf, zumal die Gesprächsbereitschaft Friedrichs II. größer war denn je. Die preußischen Verluste im zweiten Schlesischen Krieg hatten einen erschreckenden Umfang angenommen: Die Kassen des Staates waren erschöpft, die Bevölkerung war entnervt, das Land ausgepumpt. Abermals fand es Friedrich richtig, ohne Konsultation seiner Verbündeten mit Wien zu verhandeln. England vermittelte dabei. Maria Theresia verzichtete auf Schlesien, und Friedrich erkannte als Gegenleistung ihren Gemahl Franz I. als römisch-deutschen Kaiser an. Am 25. Dezember 1745 wurde der Friede von Dresden unterzeichnet.

Die Große Fürstin Österreichs

Als Kaiser Karl VI. starb, war seine Tochter und Nachfolgerin dreiundzwanzig Jahre alt. Der Vater hatte sich in einem Leben voller Widrigkeiten, außenpolitischer Kämpfe, langwieriger Kriege erschöpft; er war in den letzten Jahren geradezu verfallen. Dennoch rechnete niemand mit einem so jähen Tod des Fünfundfünfzigjährigen, am wenigsten seine Erbin. Maria Theresia war nur nach den Paragraphen und Buchstaben des habsburgischen Hausgesetzes für die Regierung eines Imperiums wie Österreich und das Heilige Römische Reich bestimmt, nicht jedoch gemäß ihrer Anlage, ihrem Naturell, ihren Neigungen. Wer das junge Mädchen näher kannte, wußte, daß sie sich weder für die Politik noch gar für einen Krieg eignete. Am wenigsten in diesen Jahren, da sie selbst ganz andere Geschäfte im Sinn hatte als diejenigen des Staates. Seit dem 12. Februar 1736 war sie mit dem achtundzwanzigjährigen Franz Stephan, Herzog von Lothringen und Bar, verheiratet. Ihr Gemahl war ein Enkel des Feldmarschalls Karl Leopold, der 1683 Wien von den Türken befreit hatte. Von der Bevölkerung wurde dieser liebenswerte, harmlose Mensch geschätzt. Er bestach auf den ersten Blick durch sein glänzendes Äußeres; man sprach an der

Donau bald nur noch vom »schönen Franzos«. Maria Theresia war an seiner Seite nichts als eine blühende Frau, eine glückliche Mutter. Obschon ganz nach dynastischen Regeln und Erwägungen verheiratet, wurde sie vom ersten Moment an von einer unerschütterlichen Liebe ergriffen, die so intensiv war, daß sie selbst Franz Stephans anderweitige Zuneigungen überdauerte. Als er 1765 starb, schien die Kaiserin monatelang völlig verstört, sie verkapselte sich, legte bis zu ihrem eigenen Tod die Trauerkleidung nicht mehr ab. Sie verstand sogar den Kummer seiner letzten Mätresse und fühlte mit ihr: »Meine liebe Fürstin, wir haben beide viel verloren!« Im Jahr 1740 hatte sie bereits drei Kinder geboren, und bei ihrer Inthronisation war sie erneut guter Hoffnung. Die Jahre zwischen 1736 und 1740 verklärte sie rückblickend bis in die schönste Unwirklichkeit, ähnlich wie ihr preußischer Gegenspieler das unbeschwerte Leben in Rheinsberg.

Kirche, Kindbett, Kriege

Maria Theresia
im Alter von elf Jahren
Gemälde von Andreas Müller,
1727

Wozu hatte man die junge Prinzessin erzogen? Sie besaß dieselbe Heiterkeit, Anmut, Schönheit wie ihre Mutter Elisabeth von Braunschweig-Wolfenbüttel, über die sich Kaiserin Wilhelmine Amalie, die Mutter Karls VI., nach dem Eintreffen der jungen Fürstin in Wien begeistert hatte: »Es ist nicht zu beschreiben, was sich diese unvergleichliche Prinzessin hier durch Schönheit und liebe Manier für einen Universal-Applauso attirieret hat.« Maria Theresias Erscheinung wurde zusätzlich von einer elementaren Vitalität getragen. In keiner Regentin manifestierte sich die barocke Sinnenhaftigkeit zusammen mit der ungebrochenen Würde des altfürstlichen Herrschertums überzeugender. Das äußerte sich in der Jugend Maria Theresias zunächst als verdeckte Ursprünglichkeit, als in sich selbst ruhende Naivität. Dazu gehörte eine urwüchsige Vernunft, die nichts zu tun hatte und nichts zu tun haben wollte mit der intellektuellen Raffinesse der französischen Salons.

Von ihren Lehrern, Jesuiten, wurde sie in bündig katholischem Glauben erzogen. Von ihnen erhielt sie einen Geschichtsunterricht, der die Berufung des hohen Regenten vor Gott rechtfertigte und seine vom Herrn verliehene Würde, zu der die Verantwortung vor dem Allmächtigen unlösbar gehörte. Die Erzherzogin wuchs auf in der Atmosphäre gegenreformatorischer Kraft, die aus dem frühen 17. Jahrhundert stammte. Der religiöse Skeptizismus der Aufklärung, selbst in der donauländischen Milderung, vor allem aber der übertrieben schroffe ihres Sohnes Joseph, erfüllte sie mit Abscheu. Fremd waren ihr auch die erotische Leichtfertigkeit des Rokoko und die schnelle Reaktion des Geistes. Sie tadelte Staatskanzler Kaunitz, der sich nicht genierte, mit seinen Mätressen in offener Kutsche durch Wien zu fahren. Der Fürst gab Widerpart: »Majestät, ich bin gekommen, um von unseren Affären zu sprechen, nicht von den meinen.«

Ihr Vater, dem sie ungewöhnliche Zärtlichkeit entgegengebracht hatte, hinterließ Maria Theresia ein Reich, das dem Anschein nach die vorherrschende Großmacht in Europa war, tatsächlich jedoch ein Gebilde darstellte, dessen Inneres von zahllosen Gegensätzlichkeiten zerspalten wurde. Nicht oft war ein Staat so wenig auf den Kampf um seine Existenz vorbereitet wie Österreich im Jahr 1740. Vergeblich hatte Prinz Eugen seinen Kaiser beschworen, daß nicht Unterschriften, sondern nur eine starke Armee und ein voller Staatsschatz die besten, ja die einzigen Garanten der Pragmatischen Sanktion seien. Als die Kurfürsten nicht den Gemahl Maria Theresias, sondern Karl Albert von Bayern zum Kaiser wählten, schien die junge Frau bereits ein Erbe verloren zu haben, von dem sie noch nicht einmal richtig Besitz ergriffen hatte. Ihre Regentschaft begann damit, daß erstmals in der Geschichte des Heiligen Römischen Reiches ein Fürstentum militärisch gegen das Kaiserhaus aufstand, und ihr Kaisertum begann damit, daß ihrem Haus die Kaiserkrone vorenthalten wurde.

Welche Katastrophe der Tod des Vaters für Maria Theresia bedeutete, läßt sich anhand der nüchternen Skizze, die sie später entwarf, kaum erspüren: »Da sich der unvermutete betrübliche Todesfall meines Herrn Vaters höchstseligster Gedächtnis ereignet und für mich umso viel schmerzlicher war, weil nicht allein selben verehret und geliebet als einen Vater, sondern wie die mindeste Vasallin als meinen Herrn angesehen und also doppelten Verlust und Schmerzen empfunden und die zur Beherrschung so weitschichtiger und verteilter Länder erforderliche Erfahrung und Kenntnis um so weniger besitzen können, als meinem Herrn Vater niemals gefällig war, mich zur Erledigung weder der auswärtigen noch inneren Geschäfte beizuziehen, noch zu informieren: so sah ich mich auf einmal zusammen von Geld, Truppen und Rat entblößet.«

Haß auf Preußen

Deutlicher noch klingt ihre Verzweiflung an in den Sätzen der ›Großen Denkschrift‹ von 1750/51, ihrem ersten Politischen Testament. Sie stellt fest, daß sich bei ihrer Thronbesteigung in den Staatskassen nichts an Geld gefunden hätte, sie sei ohne Kredit gewesen, »ohne Armee, ohne eigene Experianz und Wissenschaft und endlich auch ohne allen Rat. In dieser Situation befand ich mich, da ich von dem König von Preußen feindlich angegriffen wurde. Dieses Königs süße Worte und kräftigsten Versprechungen machten sogar meine Ministres irre, (da) man nicht glauben konnte noch wollte, daß der König in Preußen feindlich agieren würde. Dieses von den Ministres gehegte Vertrauen, dann meine Unerfahrenheit und mein guter Glaube waren Ursach, daß die Defensionsveranstaltungen in Schlesien, nicht minder die Nachruckung derer nächstgelegenen Regimentern größten Teils negligieret, andurch aber dem König von Preußen freie Hand gelassen wurde, des Herzogtum Schlesiens sich binnen sechs Wochen zu bemächtigen.«

»Eine politische Infamie!« – Fürst Leopold von Anhalt-Dessau zu Friedrichs II. schlesischem Überfall

Friedrich hatte nicht Unrecht, wenn er damals geringschätzig, ja verächtlich von der neuen Regentin in der Wiener Hofburg dachte. Sie war nicht dazu geeignet, Regimenter zu kommandieren. Später schrieb sie: »Sofern ich nicht alle Zeit gesegneten Leibes gewesen wäre, hätte mich gewiß niemand aufgehalten, mich selbst diesem so meineidigen Feind entgegenzusetzen – Gott aber hat es anders verhängt.« Obwohl sie von sich aus keinen Krieg begonnen hätte, mußte sie fast ihre ganze Regierungszeit hindurch Krieg führen. Dennoch blieb Maria Theresia mit dem Herrscher Preußens bis zu ihrem Tod in engster Verbindung, zwar zutiefst verfeindet, aber so untrennbar wie eine vor Gott geschlossene Ehe, die von ihrem Vater einmal erwogen worden war. Kaum jemals gab es in der Geschichte zwei Regenten nebeneinander, die nach Kondition und politischer Ausrichtung so gegensätzlich waren und doch bis zuletzt in derart innigem, fast schon liebevollem Haß aneinander gekettet. Noch am 21. Juni 1778 bezeichnete die Kaiserin in einem Brief an Joseph II. den König in Sanssouci als ein »Monstrum«. Friedrich selbst empfand weniger impulsiv, so geringschätzig er von Frauen dachte, ob gekrönten oder ungekrönten. Selbst bei abfälligeren Bemerkungen über seine Gegnerin schimmerte stets der Respekt hindurch. Der Preußenkönig erkannte rasch, daß sie ganz anderen Zuschnitts war als ihr Vater, den er bei seiner Thronbesteigung 1740 als »abgelebten Schatten eines Idols, das einstmals Macht besaß und gewaltig war, aber heute nichts mehr ist,« bezeichnet hatte. In seiner ›Geschichte des Siebenjährigen Krieges‹ attestierte der König seiner Kontrahentin: »Durch ihre Fürsorge erlangte das Militär in Österreich einen Grad der Vollkommenheit, wie es ihn unter den Kaisern aus dem Hause Österreich nie besessen hatte. So führte eine Frau Vorsätze durch, die eines großen Mannes würdig waren.«

Habsburgs Erneuerung

Ein langer Katalog ließe sich aufstellen: hier Maria Theresia, das rundsinnliche, überschäumende, prall-heitere Gemüt, dort Friedrich der Große, der alles durch intellektuelle Spiegelung brechende Rationalist; hier die glaubensstarke Katholikin, dort der Freigeist; hier die Verkörperung fürstlich-barocker Majestät, dort der asketisch disziplinierte Heros; hier die Kaiserin, erfüllt von der Heiligkeit des Rechts und der absoluten Verbindlichkeit unterzeichneter Verträge, dort der gewalttätige Vertreter eines eben erst künstlich entstandenen Königtums, der den staatlichen Egoismus zum obersten Gesetz erklärte; hier die Regentin eines Reiches, das in der Geschichte wurzelte, dort der König eines Gemeinwesens, das keine anderen Fundamente besaß als den Willen zum Staat, den Nerv kühler Konstruktion. Beide Fürsten bildeten nach Charakter und Erziehung, Herkunft und Lebensart nicht nur Gegenpole, in beiden trafen wesentliche Momente deutscher Anlagen und Möglichkeiten zusammen.

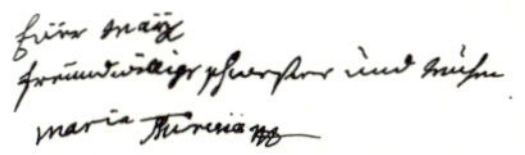

Unterschrift Maria Theresias auf einem Schreiben an Friedrich den Großen vom 4. Juli 1744

Die Kaiserin übertrieb keineswegs, als sie die Heillosigkeit ihrer Lage bei Beginn der Schlesischen Kriege schilderte. Sie hatte ihren altgedienten, erfahrenen Regierungsexperten kaum mitgeteilt, daß sie »die preußische andringende ungerechte Gewalt mit gerechter Gegengewalt abzutreiben« gedenke, und schon steigerte sich das Unglück des Krieges durch das Mißgeschick, daß auf die kaiserliche Resolution hin »sofort die Entzweiung meines Ministeriums« einsetzte. Maria Theresia sah darin eigenes Verschulden. Sie führte es zurück auf ihr »gar zu gutes Gemüt, allen alles Gute zu tun und von allen Gutes zu glauben«. So entwickelten sich die Umstände »immer betrüblicher und niemand aus dem Ministerio ward bedacht, mich und den Staat aus diesen entsetzlichen Ambarras zu ziehen«.

Das änderte sich kaum während der ersten Schlesischen Kriege. Maria Theresia besaß keinen Mitarbeiter von Format, auf den sie sich hätte verlassen können, geschweige denn einen Staatsmann wirklichen Ranges. Sie blieb allein, und deshalb »habe ich bis zum Dresdner Frieden herzhaft agieret, alles hazardieret und alle Kräfte angespannt, weil ich ein besonderes Prinzipio gehabt, daß nämlich meinen Erblanden nichts Unglücklicheres geschehen könnte, als in preußische Hände zu verfallen«. Sie fand sich auch nach dem zweiten Friedensschluß nicht mit dem Raub der Provinz, dem »Juwel der Krone«, ab, ebenfalls nicht während der folgenden vier Jahre, da sie ihre ganzen Kräfte dafür einsetzen mußte, ihrer Herrschaft die rechtliche und faktische Anerkennung der europäischen Herrscher zu sichern. Das geschah am 18. Oktober 1748 durch den Frieden von Aachen zwischen Frankreich und England, dem Österreich beizutreten genötigt war: Die Kaiserin mußte Parma und Piacenza an die spanischen Bourbonen und große Teile des Herzogtums Mailand an Sardinien abtreten; doch der Pragmatischen Sanktion wurde endlich beigestimmt. Maria Theresia war es gelungen, sie aus dem Stück Papier, das sie bei ihrer Thronbesteigung dargestellt hatte, in eine völkerrechtlich feststehende Säule zu verwandeln.

Graf von Haugwitz
Gemälde, nach 1750

Nunmehr waren ihre Hände frei für eine tiefreichende Umgestaltung des Staates. In der Pragmatischen Sanktion war durch den Grundsatz der Unteilbarkeit des habsburgischen Hausbesitzes die Richtung auf Zentralisation angelegt. Die Kaiserin rekapitulierte zunächst allgemein, sie hätte jetzt ihre gesammelte Aufmerksamkeit auf den inneren Zustand ihrer Länder »gewendet, um die erforderlichen Maßregeln zu ergreifen, wie die deutschen Erblande von den so mächtigen beiden Feinden, Preußen und Türken, bei ermangelnden Festungen und baren Geldes, auch geschwächten Armeen noch zu erhalten und zu beschützen wären«. Deshalb war eine radikale Verwaltungsreform äußerst dringlich für sie. In Friedrich Wilhelm Graf von Haugwitz fand sie denjenigen Experten, der sich sowohl durch Erfahrung als auch durch Phantasie und Entschlossenheit auszeichnete und der ein unumwundener Gefolgsmann der Kaiserin war.

Das Ziel seiner inneren Reformen bestand darin, den Einfluß der Stände zu brechen und das gesamte Steueraufkommen in die unmittelbare Zuständigkeit Wiens zu bringen. Nach schwersten Zusammenstößen wurde Ende Januar 1748 der Finanzplan des Grafen Haugwitz vom Kronrat akzeptiert, wodurch die Aufwendungen für ein stehendes Heer von mehr als hunderttausend Mann gesichert waren. Adel und Geistlichkeit mußten sich damit abfinden, daß künftig auch sie der Steuerpflicht unterlagen. Über den Umfang des Effektiv- und Eventualhaushalts hatte die Hofburg noch nie einen exakten Überblick besessen. Das wurde erst jetzt, zum ersten Mal in der langen Geschichte Habsburgs, ermöglicht. Die Kronratssitzung Anfang 1748, durch die Österreichs Zentralisation eingeleitet wurde, verlief voller Spannungen und führte beinahe an den Rand des Aufruhrs; denn der Feudaladel stellte sich gegen die Einbuße uralter Vorrechte. Erregt schrieb die Kaiserin unter das Dokument: »Placet ... in fünfzig Jahren wird man nicht glauben, daß dies meine Minister waren, die von mir allein creiert worden (sind).«

»Sie schuf in ihren Finanzen eine ihren Vorfahren unbekannte Ordnung.« – Friedrich II. über Maria Theresia

Von Beginn an war der elementarste Lebenstrieb der Donau-Monarchie nicht so sehr auf Vergrößerung gerichtet, als vielmehr auf Erhaltung. Wegen des Verlustes der nordöstlichen Herrschaftsbasis Habsburgs wurde unter Maria Theresia die reformerisch-evolutionierende Tendenz der Innenpolitik scharf durch die traditionell-konservative Tendenz der Außenpolitik vorangetrieben. Aus diesem Grund läßt sich die Regierung dieser imposanten Fürstin nicht mit der Elle der äußeren Machterhöhung messen, also nicht mit demjenigen Maß, das für Friedrichs Preußen galt. Für die Kaiserin war es bitter, daß Schlesien schließlich doch verlorenging. Weit wesentlicher aber bleibt der Umstand, daß allein durch den Raubakt des großen Friedrich aus dem buntscheckigen Länderagglomerat, das Maria Theresia als Erbe übernahm, ein festgefügter moderner Staat wurde, dessen Einheit nicht mehr lediglich durch die Person des Monarchen garantiert oder gar bloß fiktiv durch ihn symbolisiert wurde. Im Jahr 1740 war die Staatskasse zerrüttet, der Verwaltungsapparat veraltet und nur ein Garant seines eigenen Leerlaufs. Maria Theresia war konsterniert darüber, daß die Mehrzahl der leitenden Beamten unter Karl VI. ihre Posten persönlichen Gründen verdankten, nicht aber irgendeiner fachlichen Kompetenz. Das Heer schließlich lebte im wesentlichen nur noch von der Erinnerung an seine früheren Erfolge, und damit ließen sich keine Schlachten mehr gewinnen.

Vierzig Jahre später, als Maria Theresia starb, waren Finanzlage und Staatskredit zwar immer noch prekär – ein Spezifikum Habsburgs seit Jahrhunderten –, aber die theresianischen Reformen hatten eine zeitgemäß-moderne Verwaltung ins Leben gerufen, ein schlagkräftiges Heer aufgestellt, die Agrarreform vorangetrieben, die Volksschule verwirklicht. Die größte Revolutionierung verband sich mit der Verwaltungsreform durch Haugwitz, obwohl die Verantwortung dafür und das Verdienst daran ausschließlich der Kaiserin zukamen. Durch die Ausschaltung der Stände aus der Verwaltung war auch für Habsburg der Weg frei geworden für den absolutistisch-zentralistischen Einheitsstaat der Aufklärung. Maria Theresia hatte dadurch der Monarchie die Grundlagen geschaffen, die sich bis zur Auflösung Österreichs im Ersten Weltkrieg hielten. Ihr gediegen patriarchalisches Regieren, mit dem sie sich gegenüber allen Widrigkeiten behauptete, bildete die vollblütigste Variante des monarchischen Absolutismus in Europa. Im Unglück war die Kaiserin bei aller persönlichen Qual von einer unnachahmlichen Gelassenheit. Ihre sechzehn Kinder waren für sie so etwas wie ein mikroskopischer Ausschnitt aus den vielen Millionen ihrer Landeskinder, als deren leibhaftige Mutter sie sich empfand. Dabei beharrte sie unerbittlich auf den angestammten Rechten ihres Hauses, ihrer Dynastie, die seit alters genötigt gewesen war, eine ganze Welt zusammenzuspannen.

Österreichische Knabenschule
Aus einem Gemälde, um 1750

Maria Theresia gelang es, die große Rolle des Habsburger Reiches unter den europäischen Mächten ungeschmälert zu behaupten und ihr noch einen besonderen Nachdruck zu verleihen. Damit prägte eines der merkwürdigsten Paradoxe der Geschichte die Ära dieser wahrhaft großen Fürstin: Der Überfall Friedrichs sollte den Untergang Alt-Habsburgs einleiten, doch Habsburg ging daraus gestärkt hervor. Wäre der Raubzug des Königs nach Schlesien unterblieben, dann hätte sich der Untergang Österreichs kaum aufhalten lassen. Maria Theresia beschloß ihr Dasein mit demselben Gleichmut, der ihr sowohl die Abgründe als auch die Gipfelpunkte ihres Lebens ertragen half. Sie wurde von schwerem Asthma geplagt. In den letzten Minuten überkam sie starke Unruhe. Sie erhob sich, und ihr Sohn stützte sie: »Majestät liegen schlecht!« Doch die Mutter erwiderte leise: »Ja, aber gut genug, um zu sterben.«

Das letzte Duell

Sanssouci

Friedrich der Große meinte es ehrlich, als er nach der Unterzeichnung des Kompromisses von Dresden 1745 versicherte, er würde »von nun an keine Katze mehr angreifen, es sei denn, um mich zu verteidigen«. Von der Leidenschaft der Schlachten »bin ich glücklich kuriert; der Rausch ist vorüber«. Mit diesem Tag setzte ein anderer Rausch ein. Der König wollte den Frieden nützen, den er jetzt noch weit dringlicher benötigte als vor drei Jahren. Gleichzeitig nahm er sich allerdings vor, »endlich mein Leben zu genießen«. Gravitätischer, unterlegt mit einem humanistischen Pathos, das nur bedingt ernst gemeint war, drückte er dasselbe mit dem Satz aus: »Alles, was uns bleibt, ist, nach Herzenslust zu philosophieren, im Schatten des Ölbaums die Wissenschaften zu pflegen und an der Veredelung unserer Seelen zu arbeiten.«

Voltaire
Radierung aus einem Blatt mit Studien der Physiognomie des Dichters von Jean Hubert

»Sie haben für meine Werke diejenige Gefälligkeit, welche die Kardinäle den Verfügungen des Papstes erweisen.« – Friedrich II. zu Voltaire in Sanssouci

Die folgenden zehn Jahre gelten als die augusteische Zeit des friderizianischen Preußen: Es ist die Zeit der Tafelrunde von Sanssouci, der Abendkonzerte, des Flötenspielens, der Tischgespräche, aber auch die Zeit, in der Samuel Freiherr von Cocceji mit einer Justizreform beauftragt wurde, die schon in ihrer ersten Phase das Aufsehen der europäischen Staaten erregte. Der König hielt sich an die Richtlinien, die bald nach seinem Regierungsantritt festgelegt worden waren, als er die Folter verbot. Das meiste der Reformen blieb zwar Ansatz, aber selbst als Torso stellte es – sieht man von Österreich ab – weit mehr dar als diejenigen Maßnahmen, die in den vergleichbaren Staaten Europas zur selben Zeit durchgeführt wurden.

Mit dem Bau seines Schlosses Sanssouci hatte man schon im letzten Kriegsjahr 1745 begonnen. Zwei Jahre später wurde es bezogen. Seit 1750 wurde Voltaire Gast des Königs, fast volle drei Jahre lang. Keinen Zeitgenossen verehrte Friedrich II. aufrichtiger und niemanden durchschaute er besser als diesen ›König der Aufklärung‹. Doch auch Voltaire kannte den Preußenkönig sehr genau und beurteilte ihn kritisch und scharf. Die Grobheiten, mit denen sich beide wechselseitig verletzten, waren ungerecht und zutreffend. In den ersten Jahren der Freundschaft genossen sie den gegenseitigen begeisterten Respekt und die deklamatorischen Schmeicheleien sowie die Relativierung ihrer Persönlichkeiten durch das Übermaß. In kürzester Zeit hatte jeder Klarheit über die Beurteilung des anderen gewonnen. Die verehrungsvolle Zuneigung wurde allmählich zur liebevollen Abneigung. So bewunderten und verachteten sie sich bis zum Tod.

Friedrich der Große charakterisierte sich einmal selbst mit dem Kürzel: »Philosoph aus Neigung, Politiker aus Zwang.« Es trifft zu, sofern man ergänzt: aus innerem und äußerem Zwang. Die Antithese, um die es dabei ging, wurde von Voltaire exakter gefaßt. Der König sei von einem doppelten Enthusiasmus erfüllt, »dem Enthusiasmus des Denkens und dem des Handelns«. Freilich stand der Reflektierende dem Agierenden ununterbrochen im Weg und umgekehrt. Innerhalb dieser bestimmenden Gegensätzlichkeit war das auffälligste Begriffspaar Friedrichs Gleichmut einerseits und seine Eitelkeit andererseits. Mit vierundzwanzig Jahren, in seinem ersten Brief an Voltaire, versicherte der Thronfolger, »daß die Vorzüge der Geburt und jener Dunst von Größe, in den die Eitelkeit uns einhüllt, nur zu wenigem oder besser gesagt zu nichts dienen«. Die gleiche Überzeugung drückte er ein Jahrzehnt später aus: »Die, welche aus Eitelkeit Großes vollbringen, sind nur zweiten Ranges.«

Der Ästhet Friedrich verherrlichte und bewunderte das Heroische und menschlich Exzeptionelle in solchem Übermaß, daß der Verdacht nicht unbegründet erscheint, er wäre nicht zuletzt davon bewogen worden, sich selbst in der Rolle des Helden, des Außergewöhnlichen zu versuchen. Welche Schwierigkeiten jedoch ergaben sich für den Schöngeist, in der politischen und militärischen Wirklichkeit einen Part zu spielen, der sich wechseln ließ? Die Welt nannte ihn bereits ›groß‹, begrüßte ihn mit dem »Vivat Fridericus Magnus«, da klagte

Das Kronprinzenpaar mit kleiner Hofgesellschaft in Rheinsberg
Gemälde von Georg Wenzeslaus von Knobelsdorff, um 1735

Schloß Sanssouci
Stich von Johann David Schleuen

Feldbestellung nach dem Siebenjährigen Krieg
Gemälde von Jacques Philippe Loutherbourg

Die Salinen bei Halle an der Saale
Lavierte Zeichnung von Johann Friedrich Nagel, 1789

er noch: »Der Geist der großen Männer ist nicht der meine.« Und doch vereinten sich in ihm: ein genialer Feldherr, ein erfolgreicher Staatsmann, ein passionierter Musiker und Komponist, ein erstaunlich produktiver Dichter, ein angelegentlicher Historiker, ein beflissener Philosoph, ein brillanter Aphoristiker, ein politischer Denker – zuviel für die durchschnittliche Fassungskraft; selbst Voltaire schüttelte den Kopf: »Es ist lächerlich, daß so viele Seelen nur einen Körper haben.«

Aber nicht diese Polaritäten bestimmten Friedrichs persönliches Leben, sondern die Schwierigkeit, daß er nichts davon ausschließlich sein konnte. Er hat darunter sehr gelitten, er hat es zugleich sehr genossen. Der König schrieb kaum zu zählende Bemerkungen darüber nieder, hervorragende Belege für eine in sich schlüssige Interpretation seines Wesens und vorzügliche Dokumente für das Gegenteil. Doch gerade im 18. Jahrhundert wurde nichts mit derart starker Überzeugung ausgesprochen wie sittliche Überzeugungen, war nichts so unverbindlich wie diese eindringlichen Bekenntnisse.

Was der König zwischen 1746 und 1756 in Sanssouci versuchte, war ein Wiedereinholen der glücklichen Rheinsberger Jahre. Das Ende kam zu rasch, es war enttäuschend, von der Tafelrunde blieb nur ein herber Nachgeschmack. Der Bruch mit Voltaire 1753 fiel zusammen mit der beginnenden Einsamkeit des Königs, einer verabscheuten, gehaßten, weitgehend selbstverschuldeten Einsamkeit. Voltaire schreckte nicht zurück vor den unbarmherzigen Zeilen: »Der Schatz Ihrer Weisheit ist verdorben durch die unselige Freude, die es Ihnen macht, alle anderen Menschen demütigen zu wollen, ihnen verletzende Sachen zu sagen und zu schreiben, eine Freude, die Ihrer um so weniger würdig ist, als Sie durch Ihre Stellung und Ihre einzigartigen Gaben über ihnen stehen. Sie fühlen sicher, daß ich Ihnen die Wahrheit sage.« Friedrich II. war es bewußt, mit welcher Freude sein spitznasiger Intimus, »der unheilvollste und verführerischste Mann von Genie, der je in dieser Welt war oder sein wird«, diese Wahrheit niedergeschrieben hatte.

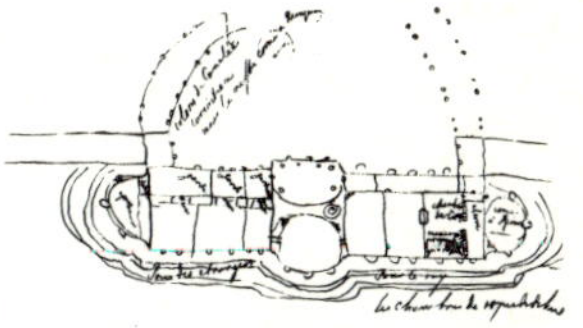

Schloß Sanssouci
im ersten Entwurf von 1745
Eigenhändige Skizze
Friedrichs des Großen

Einkreisung Preußens

Im Jahr 1752, da Voltaire an der Tafelrunde von Sanssouci glänzte, verfaßte Friedrich der Große sein erstes Politisches Testament. Darin hieß es: »Ich wünschte, daß wir Provinzen genug besäßen, um 180 000 Mann, also 44 000 mehr als jetzt, zu unterhalten.« Für die Erfüllung dieses Verlangens schienen ihm Gewaltmittel nicht unbedingt erforderlich zu sein; zusätzlicher Landgewinn ließ sich auf friedlichem Weg erreichen. Charakteristisch dabei war jedoch sein Denken in militärischen Einheiten, in jenem speziellen Angriffs- und Verteidigungsschema, dem er selbst durch den schlesischen Überfall eine neue Färbung verliehen hatte. Bis zu seinem Lebensende blieb Friedrich der Große ein Gefangener seiner eigenen Methoden und Bewertungen, seines Mißtrauens und der Befürchtung, die Herrscher Europas wären genauso unzuverlässig und aggressiv wie er selbst – eine Erwartungsneurose, die ihn zu dauernder Angriffsbereitschaft zwang. Daß Preußens Könige »immer auf dem Posten sein müssen, mit gespitzten Ohren, um ihre Nachbarn zu überwachen, und bereit, sich von einem Tag zum andern gegen die verderblichen Pläne ihrer Feinde zu verteidigen«, das war kein Zeichen innerer Kraft.

Durch diese Ausgangslage wurde Friedrich II. zu dem unglückseligsten politischen Fehler seines Lebens verführt. Seit 1746 bestand ein russisch-österreichisches Verteidigungsbündnis; potentiell war es gegen Preußen gerichtet. England, das durch seine Kämpfe gegen Frankreich zunehmend in Nordamerika engagiert war, versuchte nun, seinen hannoverschen Besitz durch europäische Allianzen abzusichern. Im September 1755 schloß London mit Petersburg einen Beistandsvertrag. Rußland verpflichtete sich darin, Hannover durch Einsatz von mehr als fünfzigtausend Mann zu schützen. Unterdessen hatte Maria Theresia mit geradezu unsäglicher Geduld versucht, in Paris Verständnis dafür zu wecken, daß Wien den uralten Gegensatz, die quasi natürliche Feindschaft zwischen Österreich und Frankreich, als nicht mehr existent ansehe. Bereits ein Jahr nach dem Frieden von Aachen versicherte sie dem französischen Botschafter, das Gleichgewicht zwischen ihren beiden großen Staaten befinde sich in völligem Einstand, eine bessere Friedensgarantie könne es gar nicht geben. Kaunitz lockerte in Paris unentwegt den Boden in dieser Richtung. Im Jahr 1754 waren Frankreich und England in Nordamerika zu offenem Kampf angetreten. Das hatte England zu seinem Bündnis mit Rußland bewegt, da es einen preußischen Angriff auf Hannover befürchtete. Von Wien verlangte London, daß sofort ein starkes Heer nach den Niederlanden geschickt würde, und Frankreich wiederum drängte Friedrich den Großen dazu, unverzüglich Hannover anzugreifen.

Königlich Preußisches
neu revidirtes
MARCH-
REGLEMENT
vor
Seiner Königlichen Majestät
sämtliche
Provintzien und Lande.

De Dato Berlin den 5ten Januarii 1752.

Königsberg,
gedruckt in der Königlichen Preußischen Hof-Buchdruckerey.

Ein Marsch-Reglement des preußischen Heeres aus dem Jahr 1752

Weder Wien noch Berlin reagierten wunschgemäß. Maria Theresia beorderte ein Truppenkontingent in die Niederlande, dessen Stärke kaum mehr als Symbolwert hatte, und Friedrich ließ in Paris mitteilen, wenn er in Hannover einmarschiere, würde Preußen auf der Stelle von einem russischen Riesenheer überschwemmt, worauf die Österreicher im Süden nur warteten. Er könne lediglich aktiv werden, wenn Paris die Osmanen gegen die Kaiserin in Bewegung bringe. Ferner gäbe es noch die Möglichkeit, daß französische Truppen selbst gegen Hannover zum Angriff anträten. Friedrich hatte bei dieser Argumentation unentwegt das Gespenst einer Einkreisung Preußens vor Augen, und zwar so sehr, daß es schließlich durch ihn selbst Gestalt annahm. Denn nach London signalisierte er, daß er sich von der französischen Partnerschaft nichts mehr verspreche; wörtlich: »Frankreichs Alliierter zu sein, heißt Frankreichs Sklave zu sein.« England bat daraufhin den König, sich für den Fall eines französischen Angriffs auf Hannover neutral zu verhalten. Friedrich, gedrängt von seinen Befürchtungen, schloß im Januar 1756 mit London die Westminster-Konvention ab. England und Preußen verpflichteten sich in diesem scheinbaren Defensiv-Papier, die Neutralisierung Deutschlands zu garantieren, das hieß: gegen jeden Einmarsch oder auch nur Durchmarsch fremder Truppen militärisch vorzugehen.

Die Vereinbarung hatte in ihren drei wesentlichen Punkten diejenigen Folgen, die Friedrich der Große vermeiden wollte. Er hatte sich erstens erhofft, daß Frankreich seine deutschen Interessen durch die Konvention nicht beeinträchtigt sehen würde. Dies war eine Fehlspekulation, da England die Konvention gerade wegen und gegen Frankreich abschloß. Er hatte zweitens damit gerechnet, daß nach dem Auslaufen des französisch-preußischen Bündnisses im April 1756 Frankreich keinen anderen Bundesgenossen mehr habe als ihn und deshalb nach wie vor auf Preußen angewiesen sein werde. Auch das war eine Fehlspekulation; denn Paris fühlte sich neuerlich betrogen, es reagierte mit höchster Empörung und schloß unmittelbar darauf am 1. Mai 1756 mit Österreich ein Defensivbündnis ab, das zur Vorstufe eines Offensivvertrages wurde. Friedrich II. hatte drittens darauf gesetzt, daß England nunmehr Rußland dazu bewegen könnte, seine Haltung Preußen gegenüber zu revidieren, wodurch Österreich ins Hintertreffen geraten würde. Dies war ebenfalls eine Fehlspekulation; denn Petersburg zog sich von seinen Verpflichtungen gegenüber England zurück, als die Westminster-Konvention bekannt wurde.

»Fürst Kaunitz hat den klügsten Kopf in Europa.« – Friedrich II.

Unverzüglich richtete deshalb Wien eine Anfrage nach Petersburg, ob die Zarin Elisabeth zu einem Krieg gegen Preußen bereit sei; die Hofburg erhielt eine positive Antwort. Mit dieser »vergnüglichsten, alle Hoffnungen übertreffenden Nachricht« sah Staatskanzler Kaunitz das Meisterwerk eines »Umsturzes der Bündnisse« als beendet an, was ihm ohne die engagierte Mitarbeit des Preußenkönigs niemals gelungen wäre. Erst Friedrichs staatsmännische Kurzsicht machte es Österreich möglich, den Ring um Preußen zu schließen; denn auf Grund der Frontstellung Paris-Wien-Petersburg gelang es Kaunitz, auch Sachsen und das Gros der deutschen Fürsten der Koalition zuzuführen, ebenso den König von Schweden. Durch eigene Schuld sah sich Friedrich der Große dazu genötigt, ein drittes Mal aus »zwingenden Präventivgründen« einen Krieg vom Zaun zu brechen. Viele warnten, auch Graf Podewils. Doch der König verhöhnte ihn und zählte ihn seitdem zu den »Erzschäkers, die das Brot nicht wert sind, das man Euch gibt«. Abermals glaubte Friedrich folgern zu müssen: »Es bleibt mir nur mehr übrig, zuvorzukommen, bevor ich überrascht werde.«

In Wirklichkeit stand es durchaus nicht fest, ob sich die ringförmigen Allianzen außerhalb Preußens bei Frankreich, Sachsen, den Reichsfürsten, Schweden, Polen und Rußland zu der Vernichtungsbereitschaft steigern lassen würden, wie sie sich in dem österreichischen Programm vom August 1755 ausdrückte, in dem das Ziel formuliert worden war, Preußen aufzuteilen. Friedrichs Folgerung, »zuvorkommen« zu wollen, setzte dies voraus, obgleich Sachsen nicht die geringsten Rüstungsanstrengungen unternommen hatte und keiner der mutmaßlichen Gegner 1756 tatsächlich einen Krieg begonnen hätte, nicht einmal Österreich. Preußens Kanonen waren nicht die ›Ultima ratio regis‹, wie Kardinal Richelieu mehr als hundert Jahre zuvor auf den französischen Rohren hatte vermerken lassen, sondern sie waren Friedrichs erste Vernunft. Er zerstörte alle diplomatischen Handlungsmöglichkeiten zugunsten des Zwanges zur militärischen Aktion. Im August 1756 überfiel er Sachsen, wiederum ohne Kriegserklärung.

Das Rohr einer Haubitze Modell des Zehnpfünders, 1744

Polarstern Deutschlands

So begann der zentrale Krieg des 18. Jahrhunderts: der Siebenjährige Krieg, ein Krieg ohne wirkliche Folgerichtigkeit, ohne Nötigung, ohne tatsächlich nachweisliche Bedrohung, ein Krieg allerdings, in dem Friedrich dem Großen weit mehr abgefordert wurde, als er bis dahin gegeben hatte, sei es im Feldlager, sei es in Potsdam, sei es in den Entbehrungen des inneren Aufbaus. Doch was von ihm verlangt wurde, konnte er geben; denn er hatte noch weit mehr in sich selbst zu mobilisieren, als seine Gegner erwarteten.

Für Friedrich den Großen war 1756 ein Jahr belangloser Siege. Die Koalition gegen ihn mußte ihre Armeen erst einmal sammeln. 1757 sah sich Friedrichs

Heer von einhundertfünfundvierzigtausend Mann einer mehr als doppelten Übermacht von Truppen gegenüber, die aus allen Himmelsrichtungen gegen Preußen anrückten. Die erste große, blutige Schlacht fand am 6. Mai vor Prag statt. Friedrich triumphierte, doch er hatte Hunderte von Offizieren verloren, an ihrer Spitze Feldmarschall Schwerin. Der König marschierte in den Nordosten Böhmens. Bei Kolin stieß er am 16. Juni mit Marschall Daun zusammen. Die Preußen hielten der österreichischen Armee nicht stand, obgleich sich Friedrich voller Erbitterung den fliehenden Truppen entgegenstemmte. Der Niederlage folgten Hiobsbotschaften aus ganz Europa: Die Franzosen besiegten Ende Juli hannoveranische Truppen; in Ostpreußen marschierte ein russisches Heer von hunderttausend Mann ein und schlug die preußischen Regimenter bei Großjägerndorf; die Schweden landeten in Pommern.

Verzweifelt bemühte sich Friedrich II. um einen Frieden mit Paris. Er mußte die ersten Selbstmordgedanken niederkämpfen. Im Herbst stießen Kroaten bis Berlin vor, und die Franzosen marschierten in Sachsen ein. Friedrich zog ihnen mit ausgepumpten Regimentern entgegen. Bei Roßbach in der Nähe Leipzigs stießen am 5. November 1757 die Gegner zusammen: Einundzwanzigtausend Preußen sahen sich einem doppelt so starken Heer gegenüber, das aus den Franzosen und der Reichsarmee bestand. Friedrich befahl seinem General Friedrich Wilhelm von Seydlitz eine wuchtige Kavallerie-Attacke in schärfster Gangart gegen die Flanke der Reichsregimenter. Ihre Truppen wurden auseinandergesprengt, und die Franzosen, die zu spät eintrafen, brachen unter dem fürchterlichen Artilleriefeuer der Preußen zusammen. Nach eineinhalb Stunden hatte der König bereits gesiegt. Seine Verluste beliefen sich auf fünfhundertundfünfzig Mann, die Gegner hatten weit über das Zehnfache zu beklagen. Nach diesem Sieg rauschte durch Deutschland zum ersten Mal eine Welle nationalen Jubels. Preußen wurde als deutscher Schild gefeiert. Die Franzosen, verhaßt

Die Kampfhandlungen im Siebenjährigen Krieg

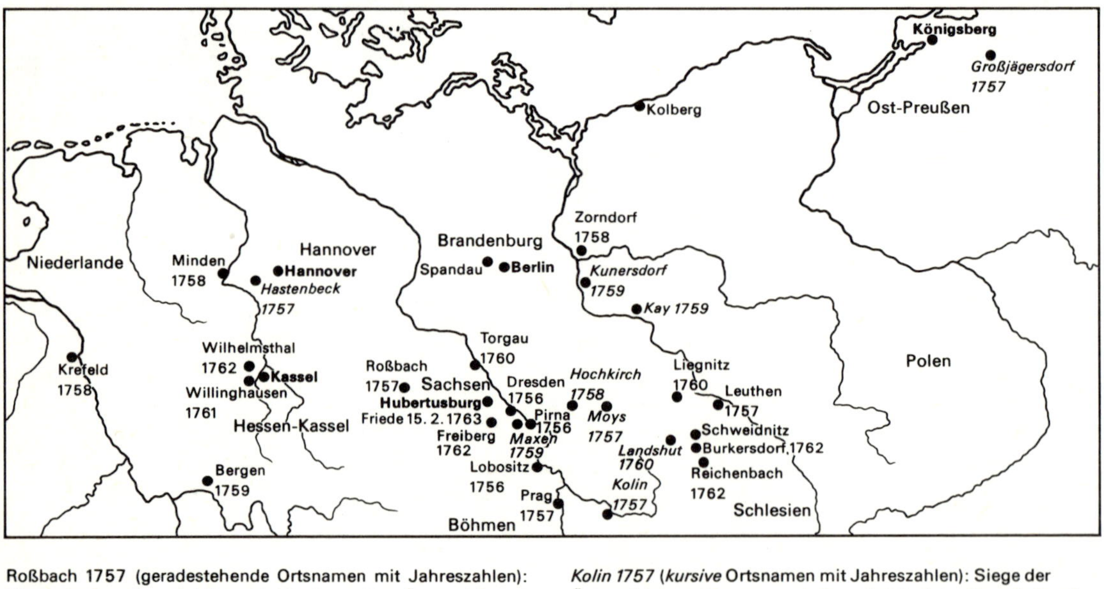

Roßbach 1757 (geradestehende Ortsnamen mit Jahreszahlen): Siege der Preußen und ihrer Verbündeten über Österreich und Rußland sowie ihre Verbündeten.

Kolin 1757 (*kursive* Ortsnamen mit Jahreszahlen): Siege der Österreicher und Russen sowie ihrer Verbündeten über die Preußen und ihre Verbündeten.

schon wegen ihres Gebarens als Besatzungsarmee, wurden zum Gespött; jedermann hatte vergessen, daß Friedrich II. noch wenige Jahre vorher zu ihren Alliierten zählte. Seit Roßbach wandelte sich Preußens Kampf gegen seine Feinde in einen Kampf Deutschlands, des protestantischen Deutschlands.

Der triumphale Sieg half dem König, nicht nur die Rückeroberung des größten Teils von Schlesien durch Prinz Karl und Feldmarschall Daun auf die leichte Schulter zu nehmen, sondern stärkte sein Selbstgefühl so nachhaltig, daß er sich entschloß, dem Heer eine kurze Erholungspause zu gönnen und dann unverzüglich die weit überlegenen Österreicher in Schlesien zu stellen, trotz des Wintereinbruchs. Anfang Dezember stießen die Preußen bei Leuthen in der Nähe Breslaus auf das Lager der Österreicher. Friedrich war zum Angriff entschlossen. Abends hielt er vor seinen Offizieren eine leidenschaftliche Rede, erklärte, daß ihm nichts anderes übrig bliebe, da Preußen sonst alles verliere: »Lassen Sie es sich gesagt sein, ich werde gegen alle Regeln der Kunst die beinahe dreimal stärkere Armee des Prinzen Karl angreifen, wo ich sie finde... Wir müssen den Feind schlagen oder uns alle von seinen Batterien begraben lassen. So denke ich – so werde ich handeln.« Am 5. Dezember 1757 griffen dreiundvierzigtausend Preußen das Heer der Österreicher an, über dreiundsiebzigtausend Mann. Der König operierte mit seinen disziplinierten Regimentern so elastisch, entschlossen und rasch, daß er keine Schwäche des Gegners ungenützt ließ. Am Abend war das österreichische Heer zerschlagen, mehr als zwei Drittel flohen, zwanzigtausend Mann fielen den Preußen als Gefangene in die Hand, der Rest lag auf dem Schlachtfeld. Bis auf die Festung Schweidnitz hatte Friedrich II. Schlesien wieder in der Hand.

Im Frühjahr 1758 mußte auch Schweidnitz kapitulieren. Der König zog mit einem Heer von siebzigtausend Mann nach Mähren; er richtete seine Augen bereits nach Wien, doch ein erneuter russischer Vormarsch durchkreuzte den

Husaren der preußischen Armee während des Siebenjährigen Krieges Stich, 1759

Die Koalitionen im Siebenjährigen Krieg

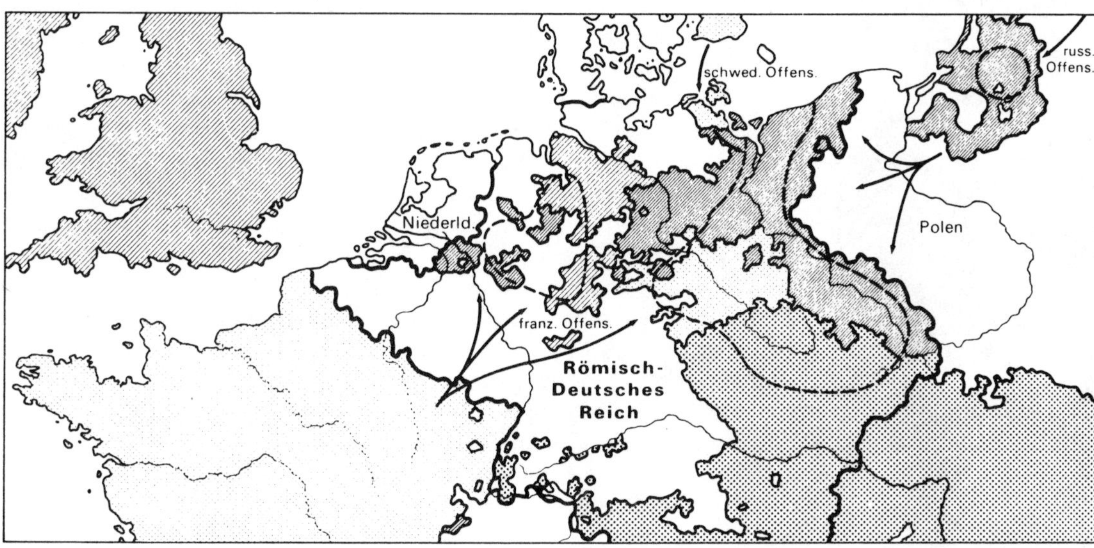

Brandenburg-Preußen und Verbündete: England-Hannover, Braunschweig, Hessen-Kassel

Österreich und Verbündete: Frankreich, Rußland, Sachsen, Schweden und das Reich

Hauptkampfgebiete

Anmarschwege der französischen und der russischen Armeen

Gefangene Russen in Berlin
nach der Schlacht bei Zorndorf
am 25. August 1758
Aus einem Stich von
Daniel Chodowiecki

Plan. In Gewaltmärschen trieb Friedrich seine Truppen zurück und stellte die Russen am 25. August bei Zorndorf. Er schlug sie mit schon fast routinierter Souveränität. Einundzwanzigtausend Mann, die Hälfte der feindlichen Armee, starben, wurden verwundet oder gefangengenommen. Doch was halfen diese Siege, die auch der König mit schweren Verlusten bezahlen mußte? Am 15. Oktober 1758 hatte er sich bei Hochkirch erneut den Österreichern zu stellen. Diesmal griff Feldmarschall Daun an, ganz unerwartet, als wollte er das Seine tun zu Ehren des Namensfestes seiner Kaiserin an diesem Tag. Der König konnte trotz des tollkühnen Einsatzes seiner Person die Lage nicht retten, zumal Dauns Regimenter doppelt so stark waren wie die preußische Armee. Friedrich mußte sich nach fürchterlichen Verlusten zum Rückzug entschließen.

Das folgende Jahr sah auch die Franzosen wieder im Feld, zunächst mit wechselndem Erfolg; denn entscheidend wurden sie erst Anfang August bei Minden geschlagen. Doch für Friedrich bedeutete das keine Entlastung im Osten. Er mußte der Bedrohung Berlins durch die Russen energisch entgegentreten. Am 12. August 1759 trafen die Preußen bei Kunersdorf östlich von Frankfurt an der Oder auf die vereinigten Heere unter General Pjotr Semjonowitsch, Graf Saltykow und Feldmarschall Laudon. Fast hunderttausend Mann standen gegeneinander. Den ganzen Tag über wurde mit unglaublicher Verbissenheit gekämpft. Schließlich geriet die preußische Infanterie ins Wanken, löste sich auf, floh Hals über Kopf. Der König erlitt die fürchterlichste Niederlage seines Lebens. Er gab den Generalen bekannt, daß er den Oberbefehl niederlege; zum Nachfolger bestimmte er seinen Bruder, den Prinzen Heinrich. Doch schon in den nächsten Tagen nahm er alles zurück; denn die Sieger konnten sich nicht darüber klar werden, wie sie weiter operieren sollten, sie setzten dem geschlagenen Heer Friedrichs nicht nach. Der König schrieb seinem Bruder: »Ich verkündige Ihnen das Miracle des Hauses Brandenburg. In der Zeit, in der der Feind nach Überschreiten der Oder eine zweite Schlacht hätte wagen und den Krieg beendigen können, ist er von Müllrose nach Lieberose marschiert.« Die Russen zogen nach Süden ab.

Die Niederlagen Friedrichs II.
in den Schlachten bei
Hochkirch am
14. Oktober 1758
und Kunersdorf am
12. August 1759
Aus einer Folge von
Medaillon-Stichen, nach 1763

Mit den Fehlern des Schlachtengenies Friedrich die Zahl seiner Siege zu mindern, ist kaum der Mühe wert. Immerhin gibt es unter den Kriegshistorikern keinen Disput darüber, daß gerade zur militärischen Überleistung mehr Glück als Verstand gehört. Die Katastrophen von Kolin, Hochkirch oder Kunersdorf sind mit erstaunlichen Mißgriffen gespickt. Doch auch bei den meisten Siegen, die Friedrich errang, lassen sich verblüffende Fehler entdecken, die der Gegner allerdings nicht bemerkt, nicht ausgenützt hatte. So wie Friedrichs Politik oft den Eindruck erweckt, als habe er Schwierigkeiten nur provoziert, um aller Welt zu zeigen, mit welcher Vehemenz er sie zu überwinden wußte, so hat er auf seinen Feldzügen wiederholt demonstriert, daß er auch mit den eigenen Fehlern immer noch mehr anzufangen vermochte als seine Gegner mit ihren Vorteilen. Friedrichs Stärke lag im Improvisieren, im prompten Reagieren, im genialen Einfall, in der Geistesgegenwart, aber nicht im Planen. So wurde mit der Zeit sogar die Furcht vor des Königs unorthodoxer Schlachtenführung – »gegen alle Regeln der Kunst« – zu einem Kalkül dieser Feldherrnkunst.

Mit Wundern wie nach Kunersdorf ließen sich jedoch keine Verträge schließen. Selbst der Triumph des Königs bei Liegnitz und der Pyrrhus-Sieg bei Torgau an der Elbe im Jahr 1760 halfen ihm nicht aus der Bedrängnis. Preußens Lage wurde im darauffolgenden Jahr nahezu hoffnungslos, da England den

Die ›Ballspieler‹ Europas im Jahr 1757. Englische Karikatur

Der Einzug Friedrichs des Großen in Berlin am 30. März 1763 nach Abschluß des Friedens von Hubertusburg
Radierung von Johann Lorenz Rugendas

Maria Theresias letzte Stunden am 29. November 1780
Lavierte Zeichnung von Hieronymus Löschenkohl, 1780

Die Aufbahrung Friedrichs des Großen im Audienzzimmer des Potsdamer Stadtschlosses
Aus einem Gemälde von Friedrich Wilhelm Bock, 1786

König dazu drängte, einen Teil Schlesiens zurückzugeben und Frieden zu schließen, und alle Subsidien strich, als Friedrich sich weigerte. Spanien trat an die Seite Frankreichs. Preußens erschöpfte Truppen wurden kampfunwillig bis zur Meuterei. Friedrich benötigte in der Tat ein erneutes Wunder. Daß er den Siebenjährigen Krieg gegen die Übermacht seiner Gegner durchstand, ist seiner beispiellosen Ausdauer zuzuschreiben, einer Ausdauer freilich, die nicht kraft ihrer selbst den Erfolg garantierte, sondern nur so weit tragen mußte, als das Leben der Zarin Elisabeth reichte. Sie allein hielt Rußland in der antipreußischen Koalition. Für Preußen bedeutete ihr Tod am 5. Januar 1762 die Rettung vor dem sicheren Untergang. Daß die Zarin im rechten Moment, das heißt: im letzten Moment, starb, war zweifellos ein Zufall. Die Einschränkung, daß Friedrich II. damit hatte rechnen können, ist unerheblich, weil er schon seit 1744 damit rechnete. Ein Jahr nach ihrem Tod erhielt Friedrich II. ›seinen‹ Hubertusburger Frieden.

»Friedrich ist der Polarstern, um den sich Deutschland, Europa, ja die ganze Welt zu drehen scheint.« – Goethe

Klein war der König, als er Schlesien raubte, groß wurde er durch den Einsatz, mit dem er auf seinem Unrecht beharrte, den Raub verteidigte. Doch durchaus nicht groß fühlte er sich, als er am 30. März 1763 wieder in Berlin eintraf. Für Maria Theresia war die Rückeroberung Schlesiens von nun ab nur noch eine Chimäre. Die Kaiserkrone hatte sie zwar behaupten können, aber durch Hubertusburg wurde die Existenz zweier gleichberechtigter Großmächte innerhalb des Reiches bestätigt. Der Dualismus war von jetzt an zementiert. Außerdem büßte Österreich mit Schlesien seine Vormacht im Reich ein, verlor Habsburg seine Hegemonie in Europa. Die Rolle, Schild des Reiches gegen Frankreich zu sein, wechselte während des Siebenjährigen Krieges und fiel an den protestantischen Norden. Der Gegensatz zwischen Wien und Berlin wurde für ein volles Jahrhundert zur Schlagader der deutschen Geschichte. Denn nachdem Preußen den Sprung ins Großmachtdasein gewagt und erfolgreich getan hatte, mußte es um seines eigenen Bestandes willen die Existenz des Reiches auszuhöhlen versuchen, damit Österreich vollständig aus dem Reich verdrängt wurde.

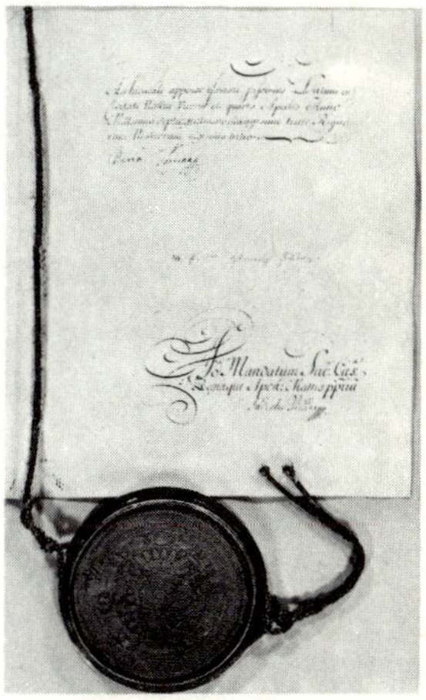

Die Beendigung des Siebenjährigen Krieges: der Friede von Hubertusburg vom 15. Februar 1763 Die Ratifikationsurkunde in der für Preußen bestimmten Ausfertigung vom 4. April 1963

Mit Friedrich dem Großen steht nicht allein das Phänomen Preußen zur Debatte, so groß der Anteil ist, der dem König zugeschrieben werden muß. Hunderte von Namen lassen sich finden, die das Preußische ungleich schärfer vorgestellt haben als er: etwa die preußischen Reformer oder die Hochkonservativen des 19. Jahrhunderts um Friedrich Wilhelm IV. Preußentum als Phänomen sui generis ist etwas Postfriderizianisches. Friedrich II. geht darin nicht auf, wiewohl es ohne ihn nie entstanden wäre. So gab der König den wesentlichen Anstoß zu einem Abstraktionsprozeß: Verhaltensformen und Eigenschaften, Normen und Sittenregeln wurden isoliert, verselbständigt und mit anderen Postulaten, die kaum noch etwas mit dem König zu tun haben, zu einer eigenen Größe erhoben, für die man Friedrichs Namen als Merkzeichen beansprucht.

»Arme Sterbliche, die wir sind. Die Welt beurteilt unser Handeln nicht nach unseren Gründen, sondern nach dem Erfolg. Was bleibt uns also zu tun? Wir müssen Erfolg haben.« – Friedrich II.

Die Selbstkrönung Friedrichs III. zum König in Preußen in Königsberg am 18. Januar 1701
Stich, 1702

Das Jahrhundert langer Kriege

War der Dualismus zweier großer Mächte innerhalb des Reichsverbandes nicht seit Jahrzehnten eine beschlossene Sache, die unweigerlich politisch in Erscheinung treten mußte, sobald sich die Bedingungen dafür einstellten? Am 18. Januar 1701 fand im Schloß zu Königsberg eine denkwürdige, überladen feierliche Zeremonie statt. Kurfürst Friedrich III. war mit einem riesigen Gefolge von der Mark Brandenburg nach Ostpreußen gezogen, um sich als Friedrich I. zum König zu krönen. Eintausendachthundert Kutschen samt einem ungeheuren Troß – insgesamt benötigte man dreißigtausend Pferde –, der ganze Hofstaat war aufgeboten worden, dazu Minister, Offiziere, Junker, Räte, Prälaten, Ritter, drei Kompanien Garde du Corps, alles, was in Brandenburg Stellung und Ansehen besaß, hatte sich eingefunden. Sämtliche Städte und Dörfer, durch die der mehr als siebenhundert Kilometer lange Reiseweg führte, prangten in festlichem Schmuck. Aus den Brunnen floß Wein. Überall wurde der Zug mit Salutschüssen begrüßt. Die Bevölkerung jubelte und feierte. Alles war bis ins Detail vollendet, wie es der Herrscher angeordnet hatte. Der Oberhofzeremonienmeister Johannes von Besser schilderte das Schauspiel in Königsberg, mit dem für Preußen eine neue Epoche begann: »Am 18. Januar erfolgte die Krönung. In feierlichem Zuge begab sich der König nach dem großen Saal des Schlosses. Er trug ein scharlachfarbenes Kleid mit kostbarer Stickerei und Brillantknöpfen, rote Strümpfe, einen langen Purpurmantel, der mit Hermelin ausgeschlagen war und durch eine Spange mit drei großen Diamanten zusammengehalten wurde. Als er auf dem Thron Platz genommen hatte, setzte er sich die Krone mit eigenen Händen aufs Haupt und ergriff das Zepter mit der rechten, den Reichsapfel mit der linken Hand. Hierauf begab er sich in die Gemächer der Königin und setzte ihr die Krone aufs Haupt. Dann zog das Königspaar mit großem Gefolge in die Kirche. Am Altar salbte der Oberhofprediger unter Segensworten dem König, darauf der Königin die Stirn und den Puls. An den Gottesdienst schloß sich das Krönungsmahl im Schlosse an.«

»Das Selbstergreifen der Krone hat eine Würde, welche der Tatsache entspricht und sie ausdrückt.« – Leopold von Ranke über die Krönung Friedrichs I.

Ein unköniglicher Monarch

Dem Gelage folgten Krönungsfeierlichkeiten, die sechs Monate dauerten. Sie verschlangen weit mehr, als es sich das neue Königreich wirtschaftlich und finanziell hätte leisten können. Doch verblaßte diese Verschwendung vor der Bedeutung, die dem jungen Gesamtstaat Preußen durch seine Verwandlung in eine Monarchie bald zukam. Kurfürst Friedrich III. hatte bis dahin kein anderes Ziel gekannt als die Königskrone. Ihm fehlte jede politische Weitsicht. Er ahnte nichts von den Konsequenzen, die sich aus diesem Taufakt ergeben konnten und auch bald ergaben; er sah nur den goldenen, von acht Bügeln überspannten Reif, in dem sich die neue Würde des Herrschers symbolisierte. Friedrich war ein eitler, nachtragender Mensch, dessen Entschlossenheit, seine körperliche Mißgestaltung durch Äußerlichkeiten zu kompensieren, welche die tatsächlichen Mängel – eine Wachstumsverkümmerung, die ihn bucklig erscheinen ließ – weit überstiegen.

Niemand urteilte so ätzend über den Ahnherrn der preußischen Monarchie wie sein Enkel, Friedrich der Große: »Seine Seele glich den Spiegeln, die jeden Gegenstand zurückwerfen. Er war äußerst bestimmbar. Daher konnten diejeni-

Einwohner von Königsberg an einer Weinfontäne vor dem Schloß bei den Feierlichkeiten aus Anlaß der Krönung Friedrichs III. zum König am 18. Januar 1701
Aus einer Zeichnung von Johann Friedrich Wentzel

gen, die einen gewissen Einfluß auf ihn gewonnen hatten, seinen Geist nach Gefallen erregen oder beschwichtigen. Ließ er sich fortreißen, so geschah es aus Laune. War er sanft, so kam das von seiner Nachlässigkeit. Er verwechselte Eitelkeiten mit echter Größe. Ihm lag mehr an blendendem Glanz als am Nützlichen, das bloß gediegen ist. Dreißigtausend Untertanen opferte er in den verschiedenen Kriegen des Kaisers und der Verbündeten, um sich die Königskrone zu verschaffen ... Er zeigte Herrscherpracht und Freigebigkeit. Aber um den gleichen Preis erkaufte er sich das Vergnügen, seine Passionen zu befriedigen! Er verschacherte das Blut seines Volkes an Engländer und Holländer, wie die schweifenden Tataren ihre Herden den Metzgern Podoliens für die Schlachtbank verkauften ... Seine Hofhaltung war eine der prächtigsten in Europa. Er bedrückte die Armen, um die Reichen zu mästen. Seine Günstlinge erhielten hohe Gnadengehälter, während sein Volk im Elend schmachtete. Seine Bauten waren prachtvoll, seine Feste glänzend, seine Marställe und Dienerschaft zeugten eher von asiatischem Prunk als von europäischer Würde ... Alles in allem: Er war groß im Kleinen und klein im Großen, und sein Unglück wollte es, daß er in der Geschichte seinen Platz zwischen einem Vater und einem Sohne fand, die ihn durch überlegene Begabung verdunkeln.«

Friedrich I.
Bernsteinmedaillon,
Anfang des 18. Jahrhunderts

Der Kern dieser Kritik bleibt erhalten, selbst wenn man die Toten und das Elend des Volkes auf sich beruhen läßt, für die Friedrich der Große ebenfalls verantwortlich gezeichnet hat. Ebenso sicher ist es, daß die Krönung in Königsberg jenen mittelmäßigen Herrscher weit aus der Schar der übrigen Reichsfürsten heraushob. König Friedrich I. mußte sich nunmehr seinem engsten Nachbarn gegenüber, August dem Starken von Sachsen, nicht mehr zurückgesetzt fühlen, der schon 1697 zum König von Polen gewählt worden war. Der Kaiser hatte dem Krönungswunsch Friedrichs halb belustigt, halb achselzuckend nachgegeben; ihm war die Zusicherung preußischer Bündnistreue und militärischer Unterstützung wichtiger als derlei erhaschte Monarchenwürden. Andere sahen weiter. Der große Feldherr des Kaisers und herausragende Staatsmann Habsburgs in dieser Zeit, Prinz Eugen von Savoyen, war empört.

Sponton mit dem
königlichen Emblem Preußens
aus der Zeit Friedrichs I.

Ostpreußen, das damalige Herzogtum Preußen, war nicht Teil des Heiligen Römischen Reiches. Noch bis 1660 hatte es unter polnischer Lehnshoheit gestanden. Im Verhältnis zum Reich handelte es sich um einen souveränen Staat. Ob dort die Herrschaft von einem Reichsfürsten ausgeübt wurde oder nicht, spielte kaum eine Rolle. Innerhalb des Reichsverbandes gab es nur einen einzigen König, nämlich den Kaiser als Herrscher Böhmens, wie es in der ›Goldenen Bulle‹ Kaiser Karls IV. festgelegt worden war. Die Königskrone des Markgrafen von Brandenburg und Herzogs von Preußen schien auch deshalb eine Nebensächlichkeit zu sein, weil der westliche Teil des alten Deutschordenslandes Preußen zu Polen gehörte und der Markgraf von Brandenburg sich nur als König in Preußen, nicht jedoch als König von Preußen bezeichnen durfte. Wem schadete es, daß der Fürst sich nunmehr mit ›Majestät‹ ansprechen ließ statt wie bisher mit ›Durchlaucht‹? Trotzdem: Gottfried Wilhelm Leibniz, damals der geistige Exponent von europäischem Rang in Preußen, stellte richtig fest, daß zur Erfüllung des Wesens einer Sache stets auch der Name gehöre. Selbst wenn ein Kurfürst alles besitze, was königlich sei, werde er doch erst dadurch wirklich König, daß er auch den Titel eines Königs trage. Hier lag das staatsrechliche Gewicht der Krone. Sie erhob die Herrscher Preußens durch ein eigenes Prinzip auf die Stufe der Ebenbürtigkeit im Verhältnis zu den anderen unabhängigen Souveränen Europas, wodurch auch Preußen in den höheren Status eines Königreichs aufrückte.

Mit diesem Schritt wurde eine Tatsache sanktioniert, die bereits lange offenkundig gewesen war. Im Westfälischen Frieden 1648 hatte sich bestätigt, daß es neben dem Kaiser keinen mächtigeren Herrscher in Deutschland gab als den Großen Kurfürsten, Friedrich Wilhelm von Brandenburg, auch wenn Bayern auf den ersten Blick die Verwüstungen und Katastrophen des Krieges glimpflicher überstanden hatte. Durch Friedrich Wilhelm wurde der Staat im Norden auf strikte Kräftigung, auf wachsende Stabilität und auf politische Expansion ausgerichtet. Von dieser absolutistischen Modernisierung fühlte sich die Wiener Hofburg keineswegs bedrängt, sie litt unter weit größeren Sorgen. Denn für Habsburg läuteten die Glocken des Westfälischen Friedens nur eine Atempause ein, eine Lockerung des außenpolitischen Würgegriffs. Der Religionskrieg, der 1618 ausgebrochen war, hatte sich in der zweiten Hälfte des Ringens zu einer besonders peinvollen Etappe des alten Kampfes zwischen Wien und Paris um die Hegemonie in Europa gewandelt. Ob Habsburgs beherrschende Stellung im Reich, ob die Machtposition des Kaisers weiter geschmälert wurde, das hing in diesen Jahrzehnten nach 1648 nicht von den deutschen Territorialherren ab, sondern allein von dem Verhältnis zu Frankreich.

In der Mitte des 17. Jahrhunderts war die kaiserliche Zentralgewalt schwächer denn je zuvor, das Reichsgefüge verheerend durchlöchert. Der protestantische Staatstheoretiker und Völkerrechtler Samuel von Pufendorf, oft als Vater der Aufklärung gerühmt, erklärte 1667 in seiner Schrift ›De statu imperii Germanici‹, das Reich in seiner jetzigen Gestalt samt der Reichsverfassung sei »einem Monstrum ähnlich«. Das war nicht nur Spott, darin drückte sich zugleich auch Bekümmerung aus über diesen »durch göttliche Fügung fortlaufend bewahrten Unsinn«. Als Begründung derartiger Urteile hielt Pufendorf nicht nur die tatsächliche politische Ohnmacht des Reiches für ausschlaggebend, sondern auch den Umstand, daß er die Zeit der modernen, souveränen Staaten mit ihrer Neigung zur Nationalisierung angebrochen sah und deshalb das Reich mit seinem Grundsatz der Übernationalität für ein Relikt hielt. Als Verfechter des Absolutismus griff er also nicht das Reich selbst an, sondern nur seine staatliche Form und seine Verfassung. Am heftigsten wandte er sich gegen die anmaßenden Souveränitätsbestrebungen der Territorialfürsten; sie allein wären letzten Endes für die kleinstaatliche Karikierung des Reichsverbandes verantwortlich. Pufendorfs Wünsche zielten auf ein absolutistisches, vereinheitlichtes, kräftiges Reich deutscher Nation.

Kaiser Leopold I.
im Reichsadler
Zeichnung von Andreas Reich, um 1690

Mochte dieses Gebilde in seiner bestehenden Form tatsächlich ein Relikt sein, so ließen sich doch sein Beharrungsvermögen und seine politische Schwerkraft nicht hinwegargumentieren. Das Heilige Römische Reich war auf der Basis eines Verhältnisses zwischen den Reichsgliedern und dem Reichsoberhaupt entstanden, das ständig zwischen partikularistischen und föderalistischen Tendenzen schwankte. In der politischen Realität äußerte sich das nicht als ein Mühen um ausgewogene Partnerschaft, sondern als beständige Fehde zwischen Fürsten und Kaisern. Die Herren versuchten möglichst viele Sonderinteressen und -rechte zu wahren, neue an sich zu ziehen und dadurch die Gewichte einseitig zu verschieben. Die Kaiser dagegen mußten um des Reiches willen ununterbrochen auf die Kräftigung ihrer Zentralgewalt bedacht sein. Die

»Wie die Weltkirche keinen Gläubigen von den anderen ausnehmen kann, so kann auch der Kaiser niemanden von der Reichsgewalt ausnehmen.« – Konrad von Megenberg, De translatione Imperii Romani, 1354

Landesherren und Reichsstädte wiederum strebten mit der gleichen Beharrlichkeit zu einer scharf ausgebildeten Eigenstaatlichkeit, bei der es zwischen Besonderung und Absonderung kaum noch sichtbare Grenzen gab. Dieser Territorialpartikularismus, für den die Potenz des Gesamtverbandes eine zweitrangige Frage darstellte, war allerdings keine deutsche Eigentümlichkeit. Auch Frankreich wurde gequält von einem tausendjährigen Kampf zwischen dem zentripetalen Willen der Monarchen und dem zentrifugal ausgerichteten Feudaladel. Nicht viel anders sah es über ganze Epochen hinweg in England aus. Im Reich drückte sich dieses gegensätzliche Verhältnis als eine faktische Doppelherrschaft aus. So wurde unter dem Gesichtspunkt der historischen Macht und Geschlossenheit in der Verfassung des Reiches – mißlich genug – nur ein Höchstmaß an zusammenhaltender Symbolik mit einem Höchstmaß an politischer Schwäche vereint. Niemals wurden diese Konsequenzen der Reichsstruktur niederschmetternder sichtbar als im Westfälischen Frieden, sie waren schließlich auch maßgebliche Voraussetzungen für die Art des Friedens gewesen.

Ludwig XIV. von Frankreich als Sonnenkönig Figurine aus dem Ballett ›Die Nacht‹ Kostümzeichnung, 1653

Der unbestrittene Sieger des Jahres 1648 hieß Frankreich. Es war die einzige europäische Macht, die ausschließlich Gewinne verbuchen konnte. Das folgende Jahrhundert wurde so auf dem Kontinent geprägt durch die französische Vorherrschaft: Paris dominierte politisch und militärisch, wirtschaftlich und geistig-kulturell. Dieses Übergewicht ließ sich jedoch nur durch ununterbrochene Kriege erhalten. Wenn sich Ludwig XIV. als Sonnenkönig, als Roi Soleil, bezeichnete – nach dem Sonnenemblem, das er 1662 annahm und nicht nur deshalb, weil er an einem Sonntag geboren worden war –, dann handelte es sich in seiner Regierungszeit von 1661 bis 1715 um eine Sonne, die ihren höchsten Stand mit der kräftigsten Strahlung über Schlachtfeldern erreichte. Das ergab sich nahezu zwanglos. Sowohl Frankreich, als auch Schweden vermochten sich nach dem Westfälischen Frieden nicht so unvermittelt ihres fortdauernden Appetits in Europa zu enthalten, der sich während des Dreißigjährigen Krieges derart verheißungsvoll entwickelt hatte. Für Frankreich gab es keine vorteilhaftere Gelegenheit, die Reißkraft seiner Zähne zu erproben als an den deutschen Grenzen links des Rheins.

Die Erbschaft Spaniens

Die Position Ludwigs XIV. war trotz der französischen Übermacht noch immer bestimmt von dem traditionellen Doppelgriff Österreich-Habsburgs und Spanisch-Habsburgs. Dies galt seit den Tagen Kaiser Karls V. Mit besonderer Wachsamkeit verfolgte Frankreich die Entwicklung in Spanien. Doch die anderen europäischen Großmächte wurden kaum weniger intensiv von Überlegungen bewegt, wie die spanische Erbschaft zu gestalten sei, falls Philipp IV. ohne männlichen Erben sterben würde. Der König hatte nur eine einzige Tochter: Marie Therese. Sie war zwar mit Ludwig XIV. verheiratet, doch daraus ergaben sich keine Weiterungen, denn der spanische König hatte sie testamentarisch von der Erbfolge ausgeschlossen. Wider Erwarten wurde Philipp IV. in seiner zweiten Ehe mit Maria Anna von Österreich, seiner Nichte, 1665 doch noch ein Erbe geboren: sein Sohn Karl II. König Philipp verstarb noch im selben Jahr.

Damit war das Problem der Thronfolge vorerst vertagt. Daß es Frankreich gelingen würde, das gesamte spanische Erbe zu übernehmen, damit rechnete Ludwig XIV. nicht – trotz aller Gelüste. Seine Interessen richteten sich lediglich auf die für ihn vorteilhafteste Teilung des spanischen Erbes; er liebäugelte mit den italienischen Besitzungen – Neapel, Sizilien, Sardinien, den Pyrenäen-Gebieten – und spielte insgeheim alle denkbaren Kombinationen durch, die mit den Spanischen Niederlanden zusammenhingen. Ebenfalls für eine Teilung des spanischen Reiches plädierten mit Nachdruck die Seemächte England und Holland, da eine solche Zersprengung den Niedergang eines Rivalen besiegeln würde, gegen den sie Jahrzehnt auf Jahrzehnt gekämpft hatten; überdies wäre die Teilung auch ein wesentlicher Beitrag zur europäischen Mächtebalance. England, Frankreich und Holland erschien diejenige Lösung am zweckmäßigsten, die Habsburg weitestgehend isolierte. Deshalb wurde es einhellig begrüßt, daß auch Bayern Ansprüche auf den Thron Spaniens geltend machen konnte. Kurfürst Maximilian II. Emanuel war mit Erzherzogin Maria Antonia, der Tochter des Kaisers, verheiratet. Die Wittelsbacher Anwartschaft ergab sich daraus, daß Philipp IV. seine Tochter Margarete Theresia, die der zweiten Ehe des Königs entstammte und die mit Leopold I. verheiratet war, zur Erbin bestimmt hatte. Joseph Ferdinand, der Sohn Max Emanuels, besaß folglich einen soliden Rechtsanspruch auf das spanische Erbe.

Teilung der spanischen Monarchie nach dem Aussterben der spanischen Habsburger
Geheimabkommen zwischen Ludwig XIV. von Frankreich und Kaiser Leopold I.
Schlußseite der vom König am 2. Februar 1668 in Saint-Germain eigenhändig geschriebenen Ratifikationsurkunde

So einigten sich England, Holland und Frankreich in einem geheimen Partagevertrag auf die Thronfolge des jungen Wittelsbachers, da Karl II. keine erbfolgeberechtigten Kinder hatte. Der bayerische Kurprinz sollte als Haupterbe Spanien erhalten, dazu die Spanischen Niederlande und die Kolonien. Das Gros der italienischen Besitzungen sollte an den Dauphin fallen. Für Erzherzog Karl, den zweiten Sohn Kaiser Leopolds I., war Mailand vorgesehen. Der spanische König hatte auf Druck Frankreichs dieser Regelung zugestimmt; doch die Abmachungen erregten die Wiener Hofburg genauso wie Spaniens führende Minister, da von der Aufteilung Spaniens nur fremde Mächte profitierten. Sollte Madrid eine nachhaltige Aussöhnung mit dem Nachbarn im Norden damit bezahlen, daß es sich vollständig aufgab? Doch der Wittelsbacher Haupterbe starb 1699, ein Jahr früher als der spanische König. Damit wurde der Vertrag hinfällig. Die Seemächte und Frankreich bemühten sich nun erneut, die spanische Nachfolge ebenso salomonisch wie nutzbringend für sich selbst zu regeln.

Karl II. von Spanien
Gemälde von Juan Carreño de Miranda, vor 1677

Kaiser Leopold I. hatte sich von allen Verhandlungen ferngehalten. Er hoffte, der Wille der Spanier, ihr Reich ungeteilt zu erhalten, würde sich zugunsten Habsburgs und eines der Erzherzöge auswirken. Am 1. November 1700 wurde die Frage der Erbfolge durch den Tod König Karls II. abermals aktuell. Der Herrscher hatte noch auf dem Totenbett ein neues Testament unterschrieben, dessen Einzelbestimmungen seine Minister erst wenige Wochen vorher beraten, beschlossen und ihm vorgelegt hatten. Wien rechnete darauf, daß ein Habsburger als Nachfolger in den Escorial einziehen würde. Am Tag der Testamentseröffnung stand der Gesandte Habsburgs, Ferdinand Bonaventura Graf von Harrach, neben dem französischen Vertreter in der Menge, die sich vor dem Sitzungssaal des Madrider Schlosses versammelt hatte; er konnte seine freudige Erwartung kaum unterdrücken. Dieselbe Hoffnung erfüllte auch den Gesandten Ludwigs XIV. Die Türflügel öffneten sich. Der Herzog von Abrantés trat heraus, das Testament in der Hand. Er sah den österreichischen Gesandten, eilte auf ihn zu und umarmte ihn: »Monsieur, es ist mir das größte Vergnügen, mich von Ihnen für den Rest meines Lebens zu verabschieden und dem Hause Österreich Lebewohl zu sagen.«

Die Minister hatten den sterbenden König dazu bewegen können, Herzog Philipp von Anjou, einen Enkel Ludwigs XIV., als Universalerben einzusetzen. Grundsätzlich hätten die meisten Spanier weder gegen einen Habsburger noch gegen einen Bourbonen etwas einzuwenden gehabt. Wichtiger als die Zustimmung zu diesem oder jenem Herrscher war ihr Wunsch, endlich die zählebigen Auseinandersetzungen mit Frankreich zu beenden, die seit 1667, dem ersten Eroberungskrieg Ludwigs XIV. gegen Spanien, andauerten. Mit dieser Erwartung verband sich freilich auch der Wille, die spanische Gesamtmonarchie ungetrennt zu erhalten; würde dies nicht gelingen, mußte sich Spaniens Machtverfall unabsehbar fortsetzen. Deshalb hatten sich die Minister König Karls II. für einen Bourbonen als neuen König entschieden.

Der Teilungsvertrag vom Juni 1699, den Ludwig XIV. unterzeichnet hatte, wurde durch das Testament Karls II. annulliert. Nicht annulliert war damit die Unterschrift des französischen Königs. Ludwig XIV. akzeptierte jedoch mit Vergnügen die überraschende Wahl seines Enkels. Die Berufung Philipps von Anjou war für Ludwig um so günstiger, als die früheren Teilungsverträge sorgfältig die Spanischen Niederlande von Frankreich ferngehalten hatten. So konnte Paris seine Interessen nunmehr rechtlich untermauern. Ein Bourbone in Madrid als Universalerbe, das war gleichbedeutend mit einer Ausweitung der französischen Macht bis an diejenigen Grenzen, an denen die Macht Spaniens endete. In den letzten Jahren seiner Herrschaft war die Energie Ludwigs XIV. bei der nationalen Verselbständigung der französischen Kirche noch durch persönliche Neigungen gefördert worden. Seine Begehrlichkeiten, die nach Spanien inklinierten, erhielten dadurch verstärkten Auftrieb. Auf diese Weise konnte er die Mißlichkeit rein machtpolitischer Absichten hinter dem Schild einer Fortsetzung der spanischen Gegenreformation verdecken. Solche Klerikalmilitanz mußte sowohl in Spanien selbst als auch im päpstlichen Rom ihre Wirkungen zeigen, denn sie stach von der großzügig-laschen Haltung Wiens und des Kaisers prägnant ab.

»Es gibt keine Pyrenäen mehr!« – Der spanische Gesandte in Versailles zu Philipp V. bei der Huldigung

Wenn der französische König an den Süd- und Nordgrenzen seines Staates unbehelligt war, standen ihm die Pforten des Reiches offen. Nichts würde eine Neugründung des Rheinbundes, der zehn Jahre lang, von 1658 bis 1668, ein so vortreffliches Instrument der französischen Politik in Deutschland gewesen war, verhindern können. Frankreichs Hegemonie in Europa, überglänzt von dem ehrwürdigen Schimmer des karolingischen Weltreiches, wäre bis weit in die Zukunft gesichert. Freilich galt es das erst noch gegen Habsburg durchzusetzen; darum mußte gekämpft werden, notfalls mit Waffen. Ludwig XIV. war zwar nach seinen vielen und langen Kriegen höchst behutsam geworden, doch für diese Krönung seiner gesamten Politik, die das Testament Karls II. in sich barg, war er bereit, noch einmal ins Feld zu rücken.

Philipp V. von Spanien
Gemälde von
Hyacinthe Rigaud, 1700

Sein Enkel zog als neuer König, als Philipp V., in Madrid ein. Kaiser Leopold I. dachte allerdings nicht daran, sich mit dieser Entwicklung stillschweigend abzufinden. Die Ansprüche Habsburgs ergaben sich rechtlich-verwandtschaftlich aus der Tatsache, daß Margarete Theresia, die Gemahlin Leopolds I., eine Schwester Karls II. gewesen war. Folglich durfte nur der Neffe des spanischen Königs, Erzherzog Karl, den Thron in Madrid besteigen. Ludwigs

Gemahlin, Marie Therese, war von ihrem Vater Philipp IV. nicht nur testamentarisch aller Erbrechte enthoben worden, sondern sie hatte auch selbst ausdrücklich darauf verzichtet. Nun hängen seit alters die Gültigkeit von Verträgen und die Verbindlichkeit von Rechten allein von der Entschlossenheit der Partner ab, die Texte als obligatorisch anzusehen und notfalls aus dem Wortlaut die Konsequenzen, das heißt: für ihren Sachgehalt das Schwert, zu ziehen. So entschloß sich Kaiser Leopold I., seinen Ansprüchen für Spanien mit den Waffen Nachdruck zu geben.

Die machtpolitischen Interessen, die im Spanischen Erbfolgekrieg aneinander gerieten, zeichneten auch dem Österreichischen Erbfolgekrieg, den Maria Theresia ein Halbjahrhundert später führen mußte, die Generallinie vor. Doch anders als in der Auseinandersetzung zwischen Österreich und Preußen motivierten im Streit um den spanischen Thron ausschließlich dynastisch-juristische Rechte die politischen Interessen und den militärischen Einsatz. Freilich wußten auch die Staatsmänner in der Wiener Hofburg, daß der Kampf Habsburgs um die eigene Stellung nichts anderes bedeutete, als daß noch einmal sämtliche Kräfte zusammengefaßt werden mußten, um Frankreichs alten Expansionsdrang, dem Ludwig XIV. bisher so erfolgreich gefrönt hatte, Grenzen zu stecken.

Ludwig XIV. zögerte nicht. Seine Truppen rückten nach Italien vor und marschierten in Flandern ein. Doch Leopold, dem Bedächtigkeit von Natur aus näher lag als alles andere, erklärte ganz Mailand als heimgefallenes Reichslehen und entsandte ein österreichisches Heer unter Prinz Eugen nach Italien. Der Spanische Erbfolgekrieg hatte begonnen, ohne daß er korrekt erklärt worden wäre. Noch im selben Jahr 1701 gewann er europäische Dimensionen, denn der englische König, Wilhelm III. von Oranien, bezog gegen die Machtpolitik Ludwigs XIV. Stellung und verbündete sich mit dem Kaiser. Die Große Allianz vom 12. Mai 1689, in der sich Habsburg, die Generalstaaten, Spanien, England, Schweden und Savoyen gegen Ludwig XIV. zusammengeschlossen hatten, lebte erneut auf. Der Kaiser konnte auch mit Preußen als Waffengefährten rechnen, denn nunmehr löste Friedrich I. die Zusage ein, für die ihm die Römische Majestät die Krönung in Königsberg gestattet und die Erhebung Preußens zu einem Königreich gebilligt hatte. Er entsandte Hilfstruppen in einer Stärke von achttausend Mann.

Preußens Beitritt
in die Große Allianz:
der Vertrag von London
und Den Haag
über ein Bündnis zwischen
England, Preußen und den
Niederlanden gegen Frankreich
und Spanien
Schlußseite des Vertragswerkes
vom 30. Dezember 1701
und 20. Januar 1702

Der Großen Allianz schloß sich auch Portugal an. In Deutschland erklärten sich eine Vielzahl von Fürsten für den Kaiser; so konnte Leopold den Reichskrieg gegen Frankreich proklamieren. Vor allem stand Hannover entschlossen zu Wien. Leopold I. hatte Herzog Ernst August vor knapp einem Jahrzehnt die höchste Würde verliehen, die ein Reichsfürst erringen konnte: 1692 erhielt Ernst August die neunte Kurstimme. Seitdem datierte die ›Ewige Union‹ zwischen Wien und Hannover, eine Verbindung, die eineinhalb Jahrhunderte, bis zur Annexion Hannovers durch Bismarck, überdauerte. Die feindliche Haltung des habsburgisch-welfischen Gespanns gegenüber dem machtvoll vordrängenden Brandenburg-Preußen seit Friedrich dem Großen wurde dank der Ewigen Union zu einer verläßlichen Konstante. Sie nahm allerdings für Österreich oft die Charakteristika eines Danaergeschenkes an, da zu Beginn des 18. Jahrhunderts Georg Ludwig, der Sohn des welfischen Kurfürsten, die Anwartschaft auf die englische Krone erhielt und Hannover und England 1714 unter einem einzigen Herrscherhaus vereinigt wurden. Seitdem blieb die Verbindung der Welfen mit Habsburg nicht nur eine gleichgerichtete Interessenallianz, sondern entwickelte sich zu einem Element der kontinentalen Gleichgewichtspolitik Großbritanniens.

Festlandsverbündete Frankreichs waren lediglich Bayern unter Maximilian II. Emanuel und Kurköln mit seinem Erzbischof Joseph Klemens, dem Bruder Max Emanuels. Daß sich der Wittelsbacher auf die Seite Frankreichs schlug, war weder nobel noch im Sinne des Reiches, doch war es verständlich. Das Testament Karls II. hatte den Kurfürsten zutiefst enttäuscht, ebenso die Haltung des Kaisers in der spanischen Frage. Max Emanuel fühlte sich von Leopold I. für seine langjährige Gefolgstreue in den Türkenkriegen und während der Jahre seiner Statthalterschaft in den Spanischen Niederlanden geradezu hintergangen. So schärfte sich sein Gehör für die französischen Angebote, zumal mit Rücksicht auf die altbewährten Bindungen Bayerns an Frankreich. Ludwig XIV. verhieß dem Wittelsbacher eine Königskrone, falls der Kampf erfolgreich endete. Max Emanuel sicherte dafür Frankreich zunächst ein wohlwollend neutrales Verhalten Bayerns zu.

Ein Krieg ohne Triumph

Prinz Eugen von Savoyen
Aus einem Gemälde von
Jacob van Schuppen

Dreizehn Jahre wurde um das spanische Erbe gerungen. In diesem Kampf ging es keineswegs nur um Titel und Thron im Escorial. Ludwig XIV. versuchte höhere Ziele zu erreichen, als sie sich Frankreich bis dahin gesteckt hatte. Die Furcht vor einem Universaldominat des Hauses Bourbon in Europa schmiedete jedoch die Gegner Frankreichs hinreichend fest zusammen. In Oberitalien behielten die Kaiserlichen nach raschen Anfangserfolgen militärisch das Heft in der Hand. Als sich die Lage nach etlichen Siegen stabilisiert hatte, kehrte Prinz Eugen nach Österreich zurück. Er drang in der Hofburg darauf, die Heeresorganisation, zumal die Ausrüstung der Truppen von Grund auf zu verbessern: »Kein Geld, kein (Soldaten)volk, keine Munition, kein Ernst und doch gleichwohl Krieg führen und Land und Leut gewinnen wollen, das sind Contradictoria.« Der Kaiser übertrug ihm die militärische Gesamtverantwortung. Prinz Eugen wurde zum Präsidenten des Hofkriegsrates ernannt. Auf belgischem Boden lieferten sich französische Truppen mit englisch-niederländischen Regimentern heftige Gefechte, ohne daß letzten Endes klare Entscheidungen gefallen wären. In höchstem Maß kritisch wurde die Lage für Habsburg erst, als Kurfürst Max Emanuel seine sympathisierende Neutralität aufgab, mit Frankreich einen Angriffsvertrag schloß und gegen reichliche Subsidien mit einem Heer von zunächst fünfundzwanzigtausend Mann in den Krieg eingriff. Bayern sollte über Tirol in den Süden vordringen und versuchen, sich in Oberitalien mit den Franzosen zu vereinigen. Dieser Plan scheiterte durch den Aufstand der Tiroler Bevölkerung, die unter Michael Sterzinger 1703 die Bayern zurückschlug.

Nun geriet Wien unmittelbar in die strategischen Pläne der Franzosen und Bayern. Die Bedrohung war um so ernsthafter, als Österreich zur selben Zeit von einem Aufstand in Oberungarn heimgesucht wurde, dessen Führung Franz II. Rákóczi von Siebenbürgen übernommen hatte. Durch ihn weitete sich die Revolte zu einer Unabhängigkeitsbewegung aus, die nahezu das ganze Land erfaßte. Die Lage im deutschen Reichsgebiet wurde nur durch die meisterhafte

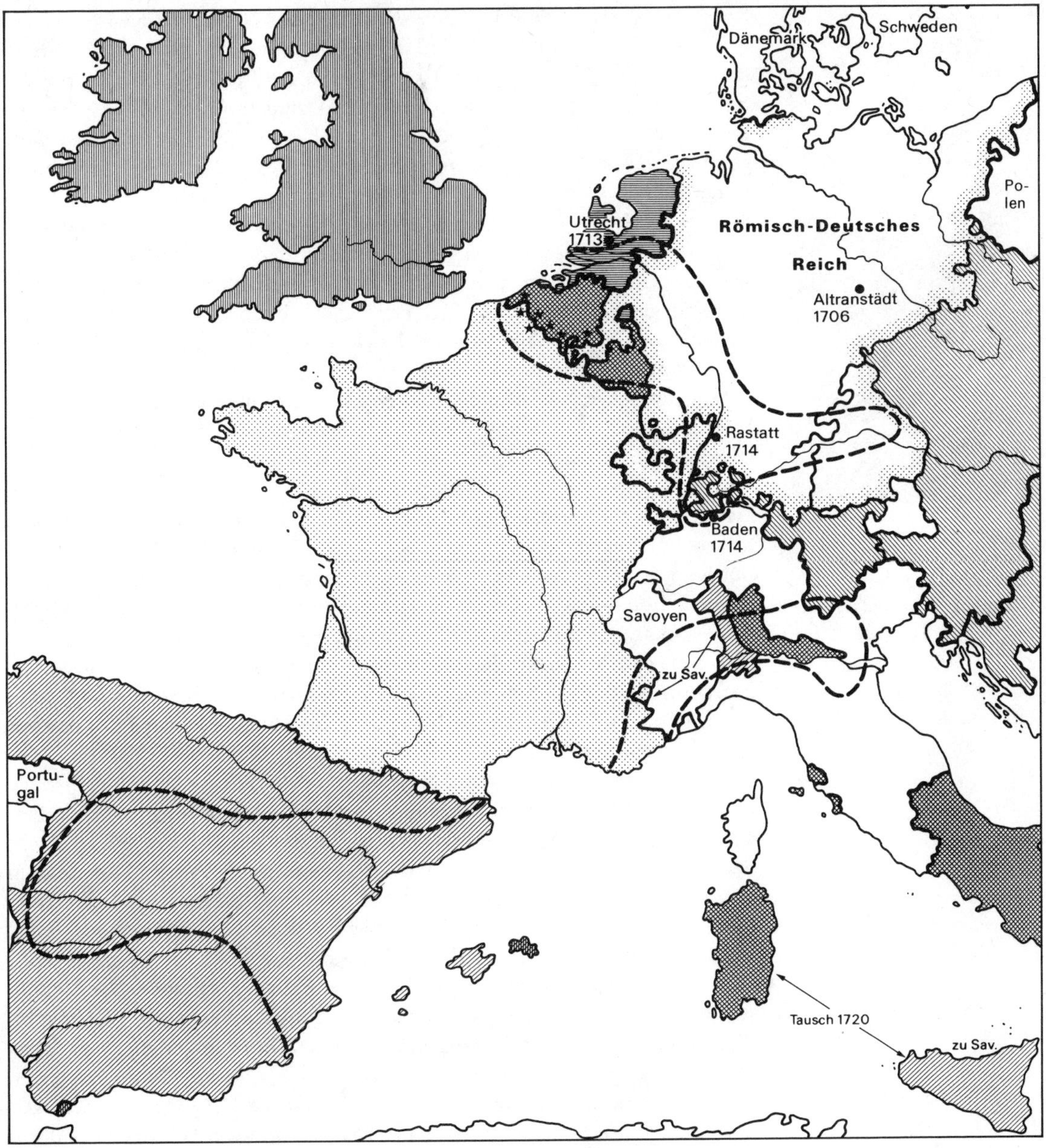

Österreich und Erwerbungen 1713/14 (Friede von Utrecht, Rastatt und Baden)

Verbündete Österreichs: England, Niederlande mit niederländischen Barrière-Festungen

Römisch-Deutsches Reich überwiegend mit Österreich verb., bes. Hannover, Preußen, Savoyen

Spanien; Abtretungen an Österreich und Savoyen

Frankreich; verbündet mit Bayern und Kurköln

Hauptkampfgebiete

Der Spanische Erbfolgekrieg 1701–1713/14

Kooperation zwischen Prinz Eugen von Savoyen und dem Befehlshaber der britischen Truppen in den Niederlanden, John Churchill, gerettet. Die Briten drangen nach Süddeutschland vor und vereinigten sich mit den Truppen des Reiches und Habsburgs. Dieser Armee und besonders ihrer Führung waren die französisch-bayerischen Regimenter trotz zahlenmäßiger Überlegenheit nicht gewachsen. Am 13. August 1704 siegten der britische Feldherr und Prinz Eugen in der großen Entscheidungsschlacht bei Höchstädt an der Donau im Kreis Dillingen. In London überschätzte man diesen Triumph anfänglich als die große Wende des Krieges und erhob John Churchill zum Herzog von Marlborough. Die Österreicher besetzten das gesamte bayerische Land. Max Emanuel und die Reste der geschlagenen Truppen flohen in den Westen. Zum ersten Mal seit den Zeiten Kaiser Karls V. hatten deutsche Heere wieder einen Sieg über französische Truppen errungen.

Truppenlager während des Spanischen Erbfolgekrieges
Aus einem Brüsseler Wandteppich, um 1700

Die Spanischen Niederlande konnten erst 1706 von den Engländern zurückerobert werden. Allerdings wurde dieser Erfolg erheblich neutralisiert durch den Vormarsch des schwedischen Königs Karl XII., der während des Nordischen Krieges mit seinen Truppen Schlesien durchquerte. Die Klagen der einheimischen Protestanten über die religiöse Unnachsichtigkeit Wiens ließen ihn eine drohende Haltung gegenüber Österreich einnehmen. Erst durch Vermittlung des Herzogs von Marlborough konnten 1707 die Mißhelligkeiten behoben und damit die Gefahr einer zusätzlichen Verwicklung gebannt werden. In Spanien war Erzherzog Karl nur unter größten Mühen imstande, sich zu halten, da er lediglich von der Bevölkerung Katalaniens unterstützt wurde. Die Besetzung Madrids durch seine Truppen war nur ein vorübergehender Erfolg; von den großen Städten der Iberischen Halbinsel blieb lediglich Barcelona fest in habsburgischer Hand.

Die Jahre 1708 und 1709 trugen die Verbündeten auf den Gipfel der Erfolge. Sie schlugen am 11. Juli 1708 die Franzosen bei Oudenaarde in den Niederlanden und begannen, nach Frankreich vorzudringen. Wirklich bedeutsam wurde jedoch erst das gewaltige Treffen am 11. September 1709 bei Malplaquet in Nordfrankreich, obgleich es ebenfalls nicht die erhoffte Entscheidung brachte. Die Verbündeten behielten in dieser Schlacht, die zu den größten des 18. Jahrhunderts gezählt wird, die Oberhand, doch konnten sie sich wegen ihrer eigenen schweren Verluste, die wesentlich über denjenigen der Franzosen lagen, kaum der bitteren Genüsse eines traditionellen Pyrrhussieges erfreuen. Gleichwohl, diese beiden Jahre hatten Ludwig XIV. ermüdet. Die Bevölkerung Frankreichs verarmte, hungerte, darbte, Revolten brachen aus; drohende Pamphlete gegen den König erschienen, gegen denselben Herrscher, den noch vor wenigen Jahren das ganze Volk vergöttert hatte. Die Wirtschaft stand vor dem Zusammenbruch, die Staatsfinanzen waren zerrüttet. In der ersten Hälfte des Jahres 1709 litt Frankreich unter einer Hungersnot, deren Ausmaß alles überstieg, woran sich die Menschen erinnern konnten. So vollendete sich die tiefe Wandlung des Königs: Die unermüdliche Zelebrität der Angriffskriege hatte das Zutunliche der Frömmigkeit entdeckt; die religiösen Stiftungen und Spenden Ludwigs für Klöster und Kirchen ließen sich kaum noch überblicken. Allerdings besaß auch dies, nicht minder als seine Kriege, seinen Zentralwert hauptsächlich als Beitrag zu des Königs stolzer Selbstgefälligkeit. Sonst wäre er nicht, als er von einer verlustreichen Schlacht erfuhr, fast rasend geworden vor Zorn: »Eine Niederlage? Ja vergißt denn der Herrgott, was ich für ihn getan habe?«

Soldaten Ludwigs XIV. von Frankreich auf einem Feldzug
Aquarell von Sébastien Le Clerc, nach 1700

Die Schlacht bei Blindheim nahe Höchstädt an der Donau am 13. August 1704:
Sieg des Herzogs von Marlborough und des Prinzen Eugen über die Franzosen und Bayern
Stich, vor 1736

Die Schlacht bei Malplaquet am 11. September 1709:
Sieg des Koalitionsführers Herzog von Marlborough über die Franzosen
in der letzten bedeutenden Schlacht des Spanischen Erbfolgekrieges
Aus einem englischen Wandteppich, erste Hälfte des 18. Jahrhunderts

Tatsächlich befand sich der König, wenn er den bisherigen Verlauf des Krieges überschlug, 1709 in der Defensive. Deshalb initiierte er Friedensverhandlungen, die im Haag aufgenommen wurden und an denen er sich höchst ernsthaft beteiligte. Er bot sogar den Verzicht der Bourbonen auf den spanischen Thron an, der Dynastie sollten lediglich Sizilien und Neapel erhalten bleiben. Auch große Gebiete des Elsaß, Straßburg inbegriffen, wollte Ludwig XIV. zurückerstatten. Doch der Kaiser, irritiert vom Glanz der errungenen Siege, war nicht in der Lage, zwischen Wesentlichem und Unwesentlichem zu unterscheiden. Er forderte zusätzlich die Rückgabe von Metz, Toul und Verdun, die sich seit eineinhalb Jahrhunderten in französischem Besitz befanden, ja verlangte sogar, daß sich der König an den militärischen Operationen der Verbündeten gegen seinen Enkel beteiligte, falls Philipp von Anjou widerspenstig blieb. Dazu jedoch war Ludwig XIV. nicht bereit. Die Verbündeten hatten ihre Forderungen überspannt. Verantwortlich war nicht zuletzt Prinz Eugen, dem in diesem Zusammenhang der schwerwiegendste Fehler seiner Staatskunst unterlief. Durch das Scheitern der Friedensgespräche gingen sämtliche Konzessionen verloren, zu denen Ludwig XIV. bereit gewesen war, denn schon 1710 wendete sich das Blatt zugunsten Frankreichs. In London setzten sich die friedenswilligen Tories durch: Geheimverhandlungen mit Paris liefen an, Marlboroughs Vollmachten wurden beschnitten, und der Feldherr wurde schließlich nach Abschluß eines britisch-französischen Präliminarfriedens 1711 seines Postens enthoben. Damit begann die Allianztreue der kaiserlichen Verbündeten zu zerbröckeln.

»Zwingt man mich zum Kampf, dann werde ich lieber gegen meine Feinde als gegen meine Nachkommen antreten.« – Ludwig XIV. über das Ansinnen eines militärischen Vorgehens gegen Philipp V.

Kaiser Leopold I. war 1705 gestorben. Sein Nachfolger Joseph I. regierte nur knapp sechs Jahre. Im April 1711, mit zweiunddreißig Jahren, trug man ihn als Opfer der Pocken zu Grabe. Joseph hatte die Politik seines Vaters ausnehmend energisch weitergeführt, mit einer Entschlußkraft, die fast den Beginn einer neuen Ära anzudeuten schien. Kaum inthronisiert, beschloß er, die französische Allianz der beiden Wittelsbacher mit der schärfsten Maßnahme zu quittieren, die einem Kaiser möglich war. Er ließ Max Emanuel und Joseph Klemens aus dem Verband des Reiches stoßen, in die Reichsacht erklären – die letzte Achterklärung in der Geschichte der Deutschen. Ebenso entschieden betrieb Joseph I. das alte Projekt, Bayern mit Österreich zusammenzuschließen. Die Verwirklichung dieses Planes hätte nicht nur die Hausmacht Habsburgs immens gesteigert, sondern auch der Nationenbildung der Deutschen gänzlich andere Fundamente gegeben.

Nach dem Tod Josephs I. fielen Erzherzog Karl, der so beharrlich um das spanische Erbe gekämpft hatte, sämtliche Ansprüche und Rechte Habsburgs zu. Die Wahl Karls VI. zum römisch-deutschen Kaiser am 12. Oktober 1711 verlief ohne ernstere Schwierigkeiten, doch folgten seine wichtigsten Verbündeten bald dem Beispiel Englands: Sie unterzeichneten am 11. April und am 13. Juli 1713 den Frieden von Utrecht. Maßgebend für die britische Unlust, den Krieg fortzusetzen und Frankreich weiter zu schwächen, war die Besorgnis, daß sich durch einen allzu imposanten Sieg Habsburgs das vielumstrittene, umsorgte und eifersüchtig gepflegte europäische Gleichgewicht zuungunsten des Inselstaates verschieben würde, was Englands Energien, die zunehmend durch den Kampf um die Weltmeere gebunden wurden, ablenken und dezimieren mußte. Der Grundsatz einer ›Balance of power‹ – als politisches Prinzip erstmals in der italienischen Renaissance entwickelt und angewandt – erhielt seit dem

Spanischen Erbfolgekrieg für England nicht nur kanonische Geltung, sondern wurde von den Briten in monopolistische Obhut genommen. Unter dem Inselaspekt ihrer imperialen Interessen war das kontinentale Gleichgewicht nur dann gewahrt, wenn das Ausmaß der britischen Stärke nicht wesentlich unterhalb derjenigen Kraft verblieb, die sich aus den summierten europäischen Schwächen ergab.

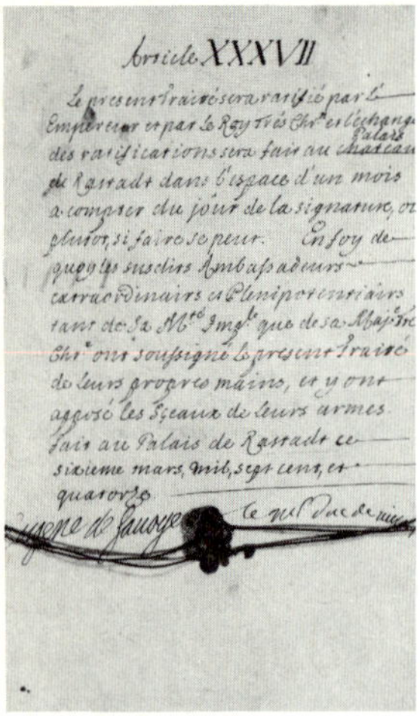
Article XXXVII
Le present Traité sera ratifié par l'Empereur et par le Roy Très Chr. et l'échange des ratifications sera fait au Palais de Rastadt dans l'espace d'un mois a compter du jour de la signature, ou plustot, si faire se peut. En foy de quoy les susdits Ambassadeurs extraordinaires et Plenipotentiaires tant de Sa Mté Impl. que de Sa Majesté Tres Chr. ont soussigné le present Traité de leurs propres mains, et y ont apposé les Sceaux de leurs armes. Fait au Palais de Rastadt ce sixieme mars, mil, sept cent, et quatorze.
Eugene de Savoye

Die Beendigung des Spanischen Erbfolgekrieges: der Friedensvertrag von Rastatt am 6. März 1714 zwischen Kaiser Karl VI. und Ludwig XIV. von Frankreich Schlußseite des Unterhändlerinstruments mit den Unterschriften von Prinz Eugen und Herzog Villars

Wien, nunmehr auf sich gestellt – die Unterstützung der Reichsfürsten, die an der Seite Österreichs verblieben, war recht belanglos –, entschloß sich erst nach Monaten des Zögerns ebenfalls zu Verhandlungen. Am 6. März 1714 endete der Spanische Erbfolgekrieg mit den Friedensvereinbarungen von Rastatt, bei denen weder Frankreich, noch Habsburg Genugtuung empfanden, weil der Friede letztlich nur bestätigte, daß England der Hauptgewinner dieses Krieges war. Frankreich hatte sich ausgeblutet. Kaiser Karl VI. war es nicht gelungen, Habsburgs spanisches Erbe zu erhalten. Zwar verpflichteten sich die Bourbonen, »daß die Kronen von Spanien und Frankreich nie auf einem und dem nämlichen Haupte der bourbonischen Dynastie vereinigt werden sollen«, zwar fielen an Österreich bis auf Sizilien alle übrigen spanischen Nebenländer, also Neapel, Sardinien, Mailand und die Spanischen Niederlande, dieses Ergebnis verblaßte jedoch neben den Zielen, für die Habsburg mit so gewaltigen Opfern gekämpft hatte. Die Wittelsbacher durften zurückkehren, doch Kaiser Karl VI. behielt sich außerhalb der Verträge die Möglichkeit und das Recht vor, unter Umständen die Spanischen Niederlande gegen Bayern einzutauschen. Auf diese Reservatio stützte sich ein halbes Jahrhundert später Kaiser Joseph II. bei seinen Abmachungen mit dem Kurfürsten Karl Theodor, die zur Intervention Friedrichs des Großen führten, den Bayerischen Erbfolgekrieg und die Gründung des Deutschen Fürstenbundes veranlaßten.

Am unglücklichsten war der Krieg für Bayern verlaufen. Hatte Max Emanuel tatsächlich zu hoch gegriffen, war er ein Blinder in seiner üblichen Verblendung gewesen? Keineswegs, jedenfalls nicht in solcher Vereinfachung, denn es stand durchaus nicht von vornherein fest, daß auch Ludwig XIV. nach zu hochgesteckten Zielen strebte. In einzelnen Etappen des Konflikts lag der Erfolg für Frankreich praktisch vor der Tür. Hätte ihn Ludwig XIV. errungen, dann wäre ein rheinisches Königreich mit dem Wittelsbacher auf dem Thron schneller geschaffen worden als es die Chimäre vermuten ließ, der Max Emanuel nachzujagen schien. Das Vorhaben beruht auf keinen trügerischen Annahmen, es lebte von dem alten Traum eines westlichen Königreiches, einem durchaus realistischen, durchaus deutschen Traum mit kräftigen, lebensstarken Wurzeln. Seit der Gründung ihres ersten Reiches mußten die Deutschen in der Mitte Europas fortgesetzt um die Gliederungsprinzipien und -bereiche ihres Zusammenlebens ringen. Seitdem entwickelte sich auch ein Herrschaftsgebiet, das sich – unterschiedlich begrenzt – an der Flußachse Westeuropas, dem Rhein, ausrichtete, zu einer politischen Konstante. Die territoriale Ähnlichkeit der deutschen Gebiete zu so unterschiedlichen Herrschaftsverbänden wie die des alten Reichsfürstentums Lotharingien, des Staatskonzepts Karls des Kühnen, der verschiedenen Rheinstaaten-Bündnisse bis hin zur Schattenstaatlichkeit Westdeutschlands nach dem Verhängnis von 1945 ist nicht von der Hand zu weisen.

Preußen hatte während des Erbfolgezwistes und durch ihn nichts an Substanz eingebüßt. Sein Einsatz ist nicht hoch gewesen; sein Territorialgewinn hielt sich in Grenzen, die niemandes Neid erregten: Es vermehrte seine Länder um die Gebiete von Obergeldern, Neufchâtel und Valengin. Die Königswürde der preußischen Herrscher wurde von Frankreich und Spanien anerkannt. Man könnte mißbilligend hervorheben, daß sich Österreich, Preußen und das Reich um Zwecke geschlagen hatten, die sie aufs Ganze gesehen nur absolutistisch mittelbar betrafen. Doch Österreich, Preußen und das Reich – dieses Deutschland bewies während jener knapp eineinhalb Jahrzehnte, wie weit der Abgrund des Dreißigjährigen Krieges bereits zurücklag. Die Deutschen waren nicht mehr das gepeinigte, geschlagene Volk Europas. Kaiser Karl VI. bemühte sich in den folgenden Regierungsjahren bis 1740 durch die Pragmatische Sanktion eine Nutzanwendung aus den Erfahrungen des Spanischen Erbfolgekrieges zu ziehen, freilich von der Position der politischen Kraft aus, die Österreich durch diesen Krieg errungen hatte. Die beiden führenden Staaten Deutschlands waren durch den klassischen Doppelzwang – aus inneren und äußeren Gründen eine starke Armee aufbauen und sich ihrer bedienen zu müssen – zu Großmächten geworden. Sowohl der Spanische Erbfolgekrieg als auch die langanhaltenden Kämpfe mit Schweden, in die Preußen seit dem Westfälischen Frieden verwikkelt war, hatten denselben Effekt: Sie nötigten zur Bewaffnung und drängten die Staaten ins Licht der politischen Bühne. Österreich und Preußen entwickelten genügend Kraft, um zu siegen. Daß dies mit Hilfe jenes Gran Glücks gelang, dessen Existenz sich der begründeten Erklärung entzieht, darf man ignorieren, denn solches Glück ist Teil jener politischen Kraft.

Berlin um 1660
Aus einem Stich

Zweifrontenkrieg im Norden

König Karl XII. hatte dem turbulenten Für und Wider des schwedischen Reichsrates stundenlang zugehört, aufmerksam, schweigend. Unvermittelt stand er auf: »Meine Herren, ich bin entschlossen, niemals einen ungerechten Krieg zu führen. Doch einen gerechten Krieg werde ich nie anders beenden als durch die Vernichtung meiner Feinde.« Dies war das Wort eines Achtzehnjährigen, das Wort eines Jungherrschers, dessen einzige Leistung bisher darin bestanden hatte, nach dem Tod seines Vaters 1697 bei den Reichsständen durchzusetzen, daß sie ihn, der eben erst seinen fünfzehnten Geburtstag gefeiert hatte, für volljährig erklärten und den Thron besteigen ließen.

Im Jahr 1699 hatten Dänemark und Polen beschlossen, Schweden aus allen Gebieten des Festlandes zu vertreiben. Schwedens Expansion im 17. Jahrhundert war vor allem zu ihren Lasten gegangen, kaum weniger als zu Lasten des deutschen Reiches und Rußlands. Deshalb fiel es Dänemark und Polen nicht schwer, für ihren Plan die Zustimmung des Zaren zu erreichen. Peter I., der Große, drängte in den Westen, er benötigte einen Zugang zum Meer. Da Schweden die absolute Herrschaft über die Ostsee besaß, war der König in Stockholm der erste Gegner des Zaren. Ein Jahr vor Beginn des Dreißigjährigen Krieges, 1617, hatte Schweden die russischen Provinzen Karelien und Ingermanland, die das Finnische Meer im Osten begrenzen, an sich gebracht. Wenn Peter I. das Tor zur Ostsee öffnen wollte, mußte es hier geschehen. Inwiefern die Wiedereroberung der Provinzen rechtens war, spielte so wenig eine Rolle, wie jemals Rechtsgründe für Kriege und Eroberungen ausschlaggebend gewesen sind.

»Zar Peter schleppte Rußland an die Ostsee, um durch sein Fenster auf den Westen zu blicken.« – Francesco Algarotti beigelegter Ausspruch von 1739

Die Schlacht an der Düna
am 8./9. Juli 1701:
Sieg der Schweden über die
von Rußland und Dänemark
unterstützten
polnisch-sächsischen Truppen
Erinnerungstafel
an die Schlacht bei Riga,
18. Jahrhundert

Karl XII. entschloß sich, die Koalition seiner drei Gegner durch einzelne konzentrierte Schläge aufzusprengen. Er landete nach einem maritimen Husarenstück überraschend auf der Insel Seeland, direkt bei Kopenhagen. Der dänische König reagierte genauso schnell; noch bevor Karl XII. zum Sturm auf die Hauptstadt ansetzte, unterzeichnete er einen Friedensvertrag. Er zahlte Schweden eine hohe Entschädigungssumme und verpflichtete sich, nie wieder einen Angriff gegen Schweden zu unternehmen. August II., der Starke, erst seit wenigen Wochen König von Polen, war bereits im Mai 1700 durch Livland vorgestoßen. Sein Ziel war die Eroberung von Riga. Er wurde von den Schweden zurückgetrieben und bat daraufhin den Zaren dringend um Entlastung. Peter der Große zog dann umgehend mit vierzigtausend Mann vor Narwa. Der schwedische König war jedoch nach Bereinigung der dänischen Gefahr mit seinem Heer sofort nach Osten gesegelt. Er landete in der Bucht von Riga, drang mit knapp elftausend Mann nach Nordosten vor und stand plötzlich im Rücken des russischen Heeres. Peter der Große schätzte die Unversehrtheit seiner Person weit mehr, als er der Kampfkraft seiner Truppen und seiner eigenen Feldherrnkunst vertraute. Er floh ohne Zeitverlust nach Moskau. Am 20. November 1700 schlug der schwedische König mit seinem kleinen Heer die viermal stärkere russische Armee.

Entgegen dem Rat seiner Feldherrn wandte sich Karl XII. nunmehr nach Polen. 1702 fiel Warschau praktisch ohne Kampf. August der Starke wurde vom Sieger entthront. Polen schien endgültig aus der Koalition ausgebrochen zu sein, als der Kurfürst von Sachsen in einem Vertrag seiner Absetzung als König von Polen zustimmte und von den gegen Schweden gerichteten Bündnissen zurücktrat. Als einziger Gegner blieb Rußland, denn Dänemark hielt sich an sein Friedensgelöbnis. Der Zar hatte zwar, als die Schweden in Polen kämpften, erneut Narwa angegriffen und erobert, aber sein Vertrauen in die Fähigkeiten der Armee und ihrer Kommandeure blieb weiterhin schwach. Er bat die westeuropäischen Mächte dringend um Hilfe, lernte jedoch nur den Anblick kalter Schultern kennen. So sah sich Rußland ohne Bundesgenossen einem Feind gegenüber, dessen Führer die imperiale Kühnheit Alexanders des Großen zu besitzen und das unerschütterliche Selbstvertrauen Napoleons vorwegzunehmen schien.

Am Neujahrstag 1708 setzte König Karl XII. mit vierundvierzigtausend Mann über die Weichsel und marschierte den Russen entgegen, deren Hauptmacht unter dem Zaren in Grodno versammelt war. Peter I. wich jedoch einer Schlacht aus, bei der ihm der schwedische König persönlich gegenüberstand. Als erster Herrscher Rußlands entwertete der Zar die traditionellen Feldherrnkünste durch den Kalkül des endlosen Landes, der verbrannten Erde. Karl XII. drang das ganze Jahr über in die Weiten Rußlands vor, doch er traf nur auf verwüstete Ortschaften, fand keine Verpflegung, sah kaum Menschen. Die Bevölkerung versteckte sich in den Wäldern und nahm das Vieh mit, wie es Peter I. empfohlen hatte. Die Schweden konnten dankbar sein, wenn sie Trinkwasser fanden. Karls Siege bestanden überwiegend aus den Rückzügen der Russen. Der Winter 1708/09 brach früh herein, er zählte zu den härtesten des Jahrhunderts. Rußland wurde volle sechs Monate von einer Schnee- und Eisschicht überkrustet. Die schwedischen Truppen stießen trotzdem in die Ukraine vor. Sie litten mit ausdruckslosen Gesichtern. Frost war ihnen aus ihrer Heimat vertraut, nicht aber derartige Kälte bei Tag und Nacht ohne Schutz.

Friedrich I. in Preußen,
August der Starke von Sachsen
und Friedrich IV. von
Dänemark
während der Verhandlungen
in Berlin über ein
Neutralitätsbündnis
gegen Schweden im Juni 1709
Gemälde von
Samuel Theodor Gericke

Frostbeulen, schwarze Gliedmaßen, abgefrorene Hände und Füße, Gesichter ohne Nasen wurden selbstverständlich; »viele krochen wie Vierfüßler auf allen vieren«.

Die Russen begannen nunmehr, sich den erschöpften Schweden zu wiederholten Malen zu stellen. Doch noch immer triumphierte des Schwedenkönigs militärisches Können gegen eine vielfache Übermacht, gegen eine Armee, die in den Jahren seit der ersten fürchterlichen Niederlage 1700 vor Narwa sehr viel dazugelernt hatte. Als der Winter endete, war freilich die Armee Karls XII. durch Hunger, Krankheit, Frost und Tod fast auf die Hälfte zusammengeschmolzen. Im Frühsommer stießen die Schweden auf die Hauptmacht der Russen. Bei Poltawa, dreihundert Kilometer östlich von Kiew, kam es zur großen Schlacht. Karls Truppen griffen mit dem alten Ungestüm den viermal stärkeren Gegner an. Aber die Artillerie des Zaren war den Invasoren weit überlegen. Am Abend des 27. Juni war die schwedische Armee völlig geschlagen. Sie floh zum Dnjepr, wo sich die Überlebenden den nachdrängenden Russen ergaben; ein Rest von tausend Mann, geführt von König Karl, rettete sich über den Fluß zu den Osmanen.

»Nun ruhen, mit Gottes Hilfe, die Fundamente von Petersburg für alle Zeiten auf festem Grund.« – Peter der Große nach der Schlacht von Poltawa

Poltawa war eine Art Ausnahme von der Regel, daß es nicht darauf ankomme, die einzelnen Schlachten eines Krieges zu gewinnen, sondern den Krieg selbst. Karl XII. hatte nach neun Jahren Kampf nur diese eine Schlacht verloren, doch mit ihr auch den ganzen Krieg. Das stellte sich allerdings erst nach weiteren neun Jahren heraus. Dänemark vergaß nach Poltawa sein Versprechen eines »ewigen Friedens« und drang in Südschweden ein. August der Starke kehrte auf seinen polnischen Thron zurück. Die Russen – militärisch jetzt so selbstbewußt wie noch nie in ihrer Geschichte – marschierten in Estland und Livland vor. Nach dem Friedensschluß von Utrecht, der Preußen die Hände gegen den Schwedenkönig freigab, schlossen sich König Friedrich Wilhelm I. und Hannover der Koalition gegen Karl XII. an. Die Preußen eroberten Stettin und Holstein, stießen in Pommern vor und schlossen Stralsund ein, die stärkste Festung Schwedens auf dem Kontinent – seit der Landung Gustav Adolfs im Dreißigjährigen Krieg fast ein Symbol für seine militärische Kraft und imperiale Politik. 1714 brach Karl XII. zu seinem legendären Gewaltritt aus der Türkei quer durch Europa auf; sein Ziel war Stralsund. Er übernahm, kaum daß er eingetroffen war, selbst die Verteidigung, mußte aber schließlich im Dezember 1715 kapitulieren und auf einem kleinen Schiff entfliehen. In Kopenhagen hatte der König nur als Sieger einziehen wollen, deshalb mied er seine Hauptstadt. Er stellte eine neue Armee auf und überfiel diesmal Norwegen, um sich territorial schadlos zu halten und so wenigstens diesen Sieg vorweisen zu können. Er starb bei der Belagerung der Festung Fredriksten am 12. Dezember 1718 durch einen Kopfschuß.

Sein Tod brachte diesem langen Krieg ein rasches Ende. Schweden war in den Kampf gezwungen worden, es hatte ihn jedoch selbst durch seinen abenteuerlich fechtenden und von militärischen Kategorien besessenen Herrscher zu einem Kampf gegen alle nur vorstellbaren Feinde ausgeweitet und damit das politische Gewicht des nordischen Reiches verspielt. Außer Wismar, das bis 1903 schwedischer Besitz blieb, und einem Rest Vorpommerns mit der Insel Rügen kamen sämtliche schwedischen Festlandsgebiete wieder in deutsche Hand. Preußen erhielt Stettin samt den Distrikten zwischen Oder und Peene mit den Inseln Usedom und Wollin. Die Schwedengefahr, die dem Reich so viel zu

Der Hafen Stralsund
Aus einem Gemälde,
Anfang des 17. Jahrhunderts

schaffen gemacht hatte, war seit dem Frieden von Stockholm im Januar 1720 zwischen Schweden und Preußen endgültig gebannt.

Der Große Kurfürst

»Möge dereinst aus unseren Gebeinen ein Rächer entstehen!« – Vergil-Zitat auf der Gedenkmünze des Großen Kurfürsten nach dem Frieden 1679

Für Brandenburg-Preußen ist es eine ständige Herausforderung gewesen, daß Vorpommern mit den Oderhäfen sowie Stralsund sich in schwedischer Hand befanden. Wenn auch der Soldatenkönig im Nordischen Krieg nicht viel riskierte, erfüllte er letztlich doch das Vermächtnis postumer Genugtuung, das der Große Kurfürst in einer Aufwallung seinen Nachfolgern hinterlassen hatte, als er von Frankreich 1679 im Frieden von Saint-Germain dazu gezwungen wurde, auf den Besitz Schwedisch-Pommerns zu verzichten, das er so bravourös zurückerobert hatte. Friedrich Wilhelm war durch wiederholte Eigensinnigkeiten bei Ludwig XIV. in Mißkredit geraten. Der französische König hatte sich nach dem Tod Kaiser Ferdinands III. im Jahr 1657 ebenfalls um die Kaiserkrone beworben, doch die Gegenstimme Friedrich Wilhelms entschied, daß der Habsburger Leopold I. gewählt wurde und nicht Ludwig XIV., der, wie Franz I. knapp eineinhalb Jahrhunderte davor, mit horrenden Bestechungsgeldern die Stimmen der deutschen Fürsten für seine eigene Wahl zu kaufen versuchte.

Ludwig XIV. vergaß das dem Brandenburger nicht. Nur Kaiser Leopold vergaß es. Friedrich Wilhelm hatte 1640, im Alter von zwanzig Jahren, die Regierung angetreten. Sein Staat bestand aus fünf unterschiedlichen Territorien: Brandenburg, dem kümmerlich kahlen Stammland, des Heiligen Römischen Reiches Streusandbüchse, ferner aus dem Herzogtum Cleve, den Grafschaften Mark und Ravensburg, sowie aus Ostpreußen, dem alten Ordensland Preußen, das 1618 nach dem Aussterben der Nachfahren des letzten Hochmeisters aufgrund verwandtschaftlicher Ansprüche den Hohenzollern als Erbe zufiel, allerdings unter polnischer Lehnshoheit verblieb. Alle diese weit auseinanderliegenden Gebiete waren ständerechtlich, wirtschaftlich, verwaltungstechnisch, konfessionell unterschiedlich beschaffen. Die oberste politische Aufgabe bestand jedoch nicht in der inneren Vereinheitlichung, sondern – rein geographisch – in der Bereinigung der territorialen Streulage durch Herstellung von ›Landbrücken‹, was letztlich eine gebietsmäßige Expansion bedeutete. Darin lag die außenpolitische Generallinie Preußens; sie erstreckte sich über den Raub Schlesiens durch Friedrich den Großen bis zu Bismarck und die Errichtung des Norddeutschen Bundes. Im Westfälischen Frieden war es dem Kurfürsten gelungen, Hinterpommern samt dem Bistum Kammin zu erwerben, Brandenburg durch das Fürstentum Halberstadt nach Westen vorzuschieben, sich die Anwartschaft auf Magdeburg zu sichern und Ravensburg durch das Fürstentum Minden zu erweitern.

Während des schwedisch-polnischen Krieges 1655 bis 1660 betrieb der Kurfürst ein ebenso skrupelloses wie nutzbringendes Schaukelspiel zwischen den Kontrahenten: Im Frieden von Oliva bei Danzig 1660 erhielt Friedrich Wilhelm die europäische Bestätigung der Souveränität Preußens, die ihm Polen drei Jahre zuvor gegen seinen Verzicht auf Ermland zugestanden hatte. Damit war die polnische Lehnshoheit über Preußen, die seit dem Thorner Frieden 1466 währte, endgültig erloschen. Kurfürst Friedrich Wilhelm hatte damit eines seiner vornehmsten Ziele erreicht. Noch dringlicher war die Vertreibung

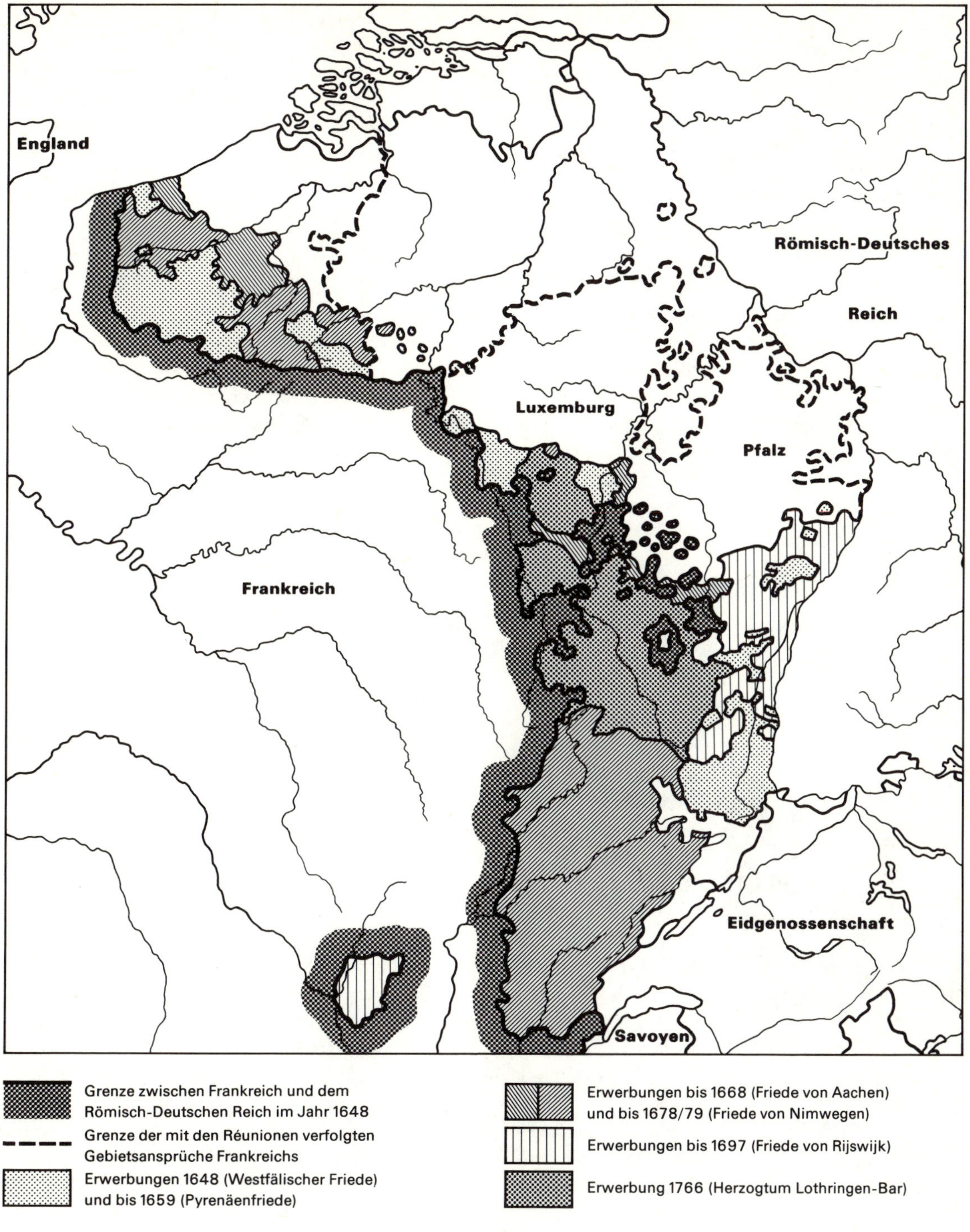

Deutschlands Westgrenze zwischen 1648 und 1766

Die ostpreußische Stadt Tilsit
Holzschnitt, vor 1684

Schwedens aus Vorpommern, sie ließ sich jedoch wesentlich schwieriger verwirklichen als die Souveränität in Ostpreußen: Denn Schweden und Frankreich waren unauflöslich miteinander verbündet, sie waren Partner sowohl als Gegner des deutschen Reiches in dem großen Krieg der Dreißig Jahre, als auch kraft ihrer Funktion als ausländische Garantiemächte des Friedens von 1648.

Friedrich Wilhelm setzte deshalb in dem zweiten Eroberungskrieg Frankreichs gegen die Niederlande 1672 bis 1678 seine erprobten Pendelallianzen beharrlich fort. Er schuf damit eine Tradition, die über viele Jahrzehnte zur Stärkung des Staates beitrug. Zunächst alliierte er sich mit den Niederlanden gegen Frankreich, nicht wegen der niederländischen Interessen, sondern um dem Bundesgenossen und Vertragspartner Schwedens maximale Schwierigkeiten zu bereiten. Da die Niederlande, selbst mit Unterstützung Preußens, dem französischen König bei weitem nicht gewachsen waren, schloß der Kurfürst ohne Rücksicht auf Vertragstreue und Bundesgenossenschaft bereits ein Jahr nach Kriegsausbruch einen Sonderfrieden, den er sich mit einem Geschenk von achthunderttausend Livres – an die fünf Millionen Mark nach heutiger Währung – honorieren ließ. Doch die Niederlande erhielten unerwartete Hilfe: Habsburg, Spanien, Dänemark und einige Reichsfürsten sprangen den Generalstaaten, wie die niederländischen Provinzen offiziell hießen, bei. Diesen Moment nutzte Friedrich Wilhelm, um seine Hand für Subsidien niederländischer und spanischer Herkunft zu öffnen und erneut in den Krieg gegen Frankreich einzutreten.

Die Allianz gegen Rußland rief Schweden auf den Plan, um so mehr, als Preußen seine Truppen vollzählig an den Rhein geworfen hatte. Am Weihnachtsfest 1674 marschierten die Schweden in Brandenburg ein. Sie drangen bis zur Elbe vor, gegen den Widerstand der altmärkischen Bauern, aber auch der städtischen Bevölkerung. Mit solcher Gegenwehr aus dem Volk selbst hatten die Schweden nicht gerechnet. Sie beabsichtigten, die Elbe zu überqueren und nach Hannover durchzustoßen, um sich hier mit den Parteigängern des französischen Königs zu vereinigen und im Rücken der Kaiserlichen und des Reichsheeres eine zweite Front aufzubauen. Der Kurfürst entschloß sich im Spätfrühling 1675 zu einem Gewaltstreich. Mit wenigen tausend Reitern brach er vom Rhein auf, zog in Eilmärschen nach Brandenburg, der preußischen Infanterie voran. Die Schweden waren zwar in gewaltiger Übermacht, doch sie hatten ihre Truppen für den Elb-Übergang geteilt. Der Kurfürst stellte sie einzeln Ende Juni bei Fehrbellin und Rathenow und errang zwei grandiose Siege. Bis 1678 gelang es ihm, die Schweden aus Vorpommern zu vertreiben: Stettin, Greifswald und Stralsund wurden erobert. Einem Versuch der Schweden, Ostpreußen im Winter durch Handstreich zu erobern, setzte Friedrich Wilhelm ein rasches Ende. Er stellte die Schweden nach einem Gewaltritt über das gefrorene Haff bei Königsberg – als fast Sechzigjähriger, krank, ständig von Gichtschmerzen geplagt, einem Leiden, das kaum einem der Fürsten dieser Zeit erspart blieb. Doch im Friedensschluß wurde der Kurfürst dazu genötigt, in die Wiederherstellung des territorialen Status quo ante einzuwilligen. Ludwig XIV. bestand trotz des Protestes Friedrich Wilhelms auf dieser Regelung. Er setzte schließlich ein Ultimatum, und Friedrich Wilhelm mußte sich beugen, zumal der Kaiser kühl erklärte, dies entspreche den Vereinbarungen des Westfälischen Friedens, die bindende Rechtskraft besäßen. Frankreich und Schweden als Garantiemächte dieses Friedens konnten das nur unterstreichen.

Die Schlacht bei Fehrbellin
am 28. Juni 1675:
Sieg des Großen Kurfürsten
über die Schweden
Aus einem Wandteppich
von Pierre Mercier, 1699

Der Kurfürst überwand seine Verbitterung rasch. Er kehrte in den folgenden Jahren zu seiner Interessenpolitik im Dienst des Staates zurück, zu einer Politik, deren Allianzen von den ununterbrochen schwankenden Kräftekonstellationen abhingen. Preußen war inzwischen ein bedeutender Machtfaktor in Europa geworden, ein Staat, mit dem sich Bündnisse lohnten. Schon 1667 hatte Friedrich Wilhelm in seinem Politischen Testament geschrieben: »Allianzen sind zwar gut, aber eigene Kraft (ist) noch besser.« Erneut ging er mit Ludwig XIV. ein Bündnis ein, die sogenannte Engere Allianz, die wenig später inhaltlich noch ausgebaut und zum Defensivvertrag von 1681 erweitert wurde. Der Kurfürst verpflichtetete sich, militärisch und politisch ohne Einschränkung an Frankreichs Seite zu stehen, verbürgte dem König den Besitz des eben erst geraubten Straßburg und garantierte ihm, daß er sich bei der nächsten Kaiserwahl für Ludwig XIV. einsetzen würde. Frankreich ließ sich diese Kurstimme etwas kosten: Als »une marque particulière de son amitié« zahlte er, befristet zunächst auf ein Jahrzehnt, per annum je einhunderttausend Livres – rund siebenhunderttausend Mark – an Preußen. Ein letztes Mal änderte Friedrich Wilhelm seine Haltung im Jahr 1686. Er vereinbarte für die folgenden zwanzig Jahre eine Defensivallianz mit dem Kaiser. Der Wechsel des Lagers war nur scheinbar, denn das Abkommen mit Frankreich war und blieb geheim, weit geheimer als die Vereinbarungen mit dem Kaiser, die ebenfalls als Geheimvertrag geschlossen wurden. Zwei Jahre später starb der Kurfürst.

Der preußische Staat: Wirklichkeit und Idee

Daß sich die Ziele des Herrschers noch nicht ganz folgerichtig mit den Interessen einer eigenen Staatskonzeption deckten, zeigt sich daran, daß er testamentarisch bestimmte, die Länder Brandenburg-Preußen sollten unter seinen Söhnen aufgeteilt werden; der Familienvater wollte mit seinem Testament von 1686 sicherstellen, »daß die jungen Prinzen ihren zureichenden Unterhalt hätten«. Sein Nachfolger Friedrich III. bat jedoch den Kaiser, das Testament für nichtig zu erklären. Leopold I. kassierte die Verfügung und sicherte damit – gegen einige territoriale Zugeständnisse – die Einheit des brandenburgisch-preußischen Erbes. Das Testament des Großen Kurfürsten war in diesem Punkt mit Rücksicht auf die innere Neuordnung, die er mit viel Aufwand betrieben und durchgesetzt hatte, tatsächlich widersinnig. Denn eben dies zählte zu seinen größten Leistungen, daß er die verstreuten Länder des Staates im Innern gleichgeordnet und die Verwaltung zentralisiert hatte. Das Prinzip dieser Zentralgewalt des Herrschers, erkämpft gegen eine wilde Opposition der Stände, schuf den modernen absolutistischen Staat im Norden, hob Preußen selbst aus der Taufe, sowohl in der Idee als auch in der politischen Wirklichkeit.

Erste Aufgabe eines Staates war zu allen Zeiten der Schutz des Landes, im Falle Friedrich Wilhelms: seiner weitverstreuten Länder. Brandenburg-Preußen besaß beim Regierungsantritt des Kurfürsten 1640 nicht mehr als viertausendsechshundertundfünfzig Soldaten, und dies inmitten des Dreißigjährigen Krieges. Die Territorien Friedrich Wilhelms waren zwar nicht groß, doch ein so bescheidenes Heer hätte kaum normale Gendarmeriefunktionen ausüben können. Eine schlagkräftige Armee kostete aber Geld. Und Geld zu bewilligen oblag ausschließlich den Ständen des Kurfürstentums. Doch diese Stände setzten ihr

»Pommern ist dahin, Jülich ist dahin, Preußen haben wir wie einen Aal beim Schwanze und die Mark wollen wir auch noch vermarquetentieren.« – Klage des brandenburgischen Rates von Winterfeldt nach dem Tod des Kurfürsten Georg Wilhelm I. im Jahr 1640

Wir Friderich Wilhelm/von Gottes Gnaden/ Marg-

Friderich Wilhelm.

L.S.

Neue Kopfsteuer für Preußen
Gedruckte Fassung
der Verordnung
des Großen Kurfürsten
vom 7. Januar 1679

Sechspfündige Kanone
aus der Zeit
des Großen Kurfürsten

Steuerbewilligungsrecht als Vehikel im Dienst ihrer eigenen Interessen ein. Friedrich Wilhelms Kampf um die finanzielle Autonomie des Staates mußte deshalb als Kampf gegen die Übermacht der Stände ausgetragen werden. In der Territorialsituation Brandenburg-Preußens und im Verhältnis der Stände mit ihren Sonderrechten gegenüber dem Herrscher wiederholte sich in überraschend spiegelbildlicher Ähnlichkeit die problematische Struktur des Heiligen Römischen Reiches Deutscher Nation. So findet die Kritik Pufendorfs am Zustand des Reiches ihre Paraphrase in dem Entschluß des Großen Kurfürsten, aus Preußen dadurch einen modernen Staat zu schaffen, daß er die ständische Übermacht in seinen Ländern brach. Sein Wille zielte präzis in dieselbe Richtung, zu der auch Maria Theresia gezwungen wurde, als sie beschloß, ihre Monarchie zu reformieren, das heißt zu modernisieren.

Der erste Erfolg, den der Kurfürst errang, schlug nicht nur beim Herrscher zu Buche, sondern auch beim Adel. Damit wurde ein Weg vorgezeichnet, durch den Preußen ein besonderes Signum erhalten sollte. Die Absicht des Kurfürsten, eine kombinierte Steuer einzuführen, hätte den Adel seiner althergebrachten Abgabenfreiheit beraubt. Nach langen zähen Verhandlungen wurden im Landtagsrezeß vom 26. Juli 1653 dem Kurfürsten fünfhundertdreißigtausend Taler an Steuern bewilligt. Dafür mußte Friedrich Wilhelm dem Adel seine bisherigen Privilegien und die Gutsuntertänigkeit der Bauern bestätigen, ein Zustand, mit dem im Prinzip erst durch die preußischen Reformen eineinhalb Jahrhunderte später gebrochen wurde. Die Stände glaubten sogar, sie hätten mit dem Rezeß von 1653 einen Sieg errungen, denn die Steuer, die nach dem Beispiel Wallensteins aus dem Dreißigjährigen Krieg als Kontribution bezeichnet wurde, hatte der Kurfürst nur für den Zeitraum von sechs Jahren zugestanden erhalten.

Darüber dachte Friedrich Wilhelm allerdings ganz anders. Bereits 1656 verfügte er über ein stehendes Heer von zweiundzwanzigtausend Mann. Diese Truppen waren zwar als wirklicher Schutz des Staates immer noch zu klein, doch groß genug, um die Kontributionen notfalls auch gegen die Stände und ohne ihre regelmäßige Bewilligung einzutreiben. Die Kontribution wurde zur festen Einrichtung über die Bewilligungsphase der ersten sechs Jahre hinaus. Auf diese Weise war dem Adel das wirksamste politische Machtmittel aus der Hand genommen. Die Armee rückte seitdem von Lustrum zu Lustrum stärker in den Mittelpunkt der staatlichen Aufmerksamkeit – nicht aufgrund irgendwelcher besonders durchschlagenden soldatischen Neigungen, sondern als Konsequenz der territorialen Zerstreuung Preußens sowie durch die kriegerischen Konflikte. Ungefähr neunzig Prozent des Militärbudgets wurden aus inländischem Steueraufkommen gedeckt. Die Gesamtausgaben von 1655 bis zum Tod des Kurfürsten beliefen sich auf vierundfünfzig Millionen Taler. Friedrich Wilhelm konnte zwar in seiner Regierungszeit die Staatseinkünfte verdreifachen, aber von den Gesamteinnahmen entfiel mehr als die Hälfte auf die Armee. Das war für die Bevölkerung eine enorme Belastung. Im Vergleich zu Frankreich mußten die Einwohner pro Kopf doppelt soviel Steuern entrichten wie jenseits des Rheins. Und in Frankreich, dessen Reichtum von keinem anderen Land des Kontinents auch nur annähernd erreicht wurde, lebten zwanzigmal mehr Menschen als in Brandenburg-Preußen.

Mit der Verkaufs-, Tor-, Gewerbe- und Viehsteuer, der Akzise, die Friedrich Wilhelm einzuführen versuchte, gelang es ihm nur in den Städten, die Kontribution abzulösen. Der Adel drang mit seiner Weigerung durch und behielt seine grundsätzliche Steuerfreiheit. Dennoch begann mit der erzwungenen Einführung regelmäßiger Abgaben in sämtlichen Ländern Brandenburg-Preußens nunmehr ihre einheitliche Strukturierung. Hinterpommern, Minden, Ravensburg und Halberstadt sperrten sich nicht. Den Widerstand in Magdeburg brach der Kurfürst mit militärischer Drohung. Er entsandte seine Regimenter vor die Stadtmauern und verlangte Gehorsam. Magdeburgs Bürgermeister Otto von Guericke, gleichbedeutend als Naturwissenschaftler, Politiker und Stadtarchitekt, beugte sich und stimmte den Forderungen namens der Bürgerschaft zu. Die Opposition in Cleve und Mark unterlief der Kurfürst durch erhebliche Vergünstigungen für den Adel; er gewährte ihm vor allem die Patrimonialgerichtsbarkeit und Steuerfreiheit. Auf dem Landtag von 1666 stimmte der Adel für Friedrich Wilhelm, so daß die Städte, allein gelassen, die Steuerreform des Herrschers akzeptieren mußten.

Am widerspenstigsten verhielten sich die ostpreußischen Stände. Sie gingen so weit, dem Kurfürsten die Anerkennung als Landessouverän zu verweigern. Das war gleichbedeutend mit Aufruhr. Für Friedrich Wilhelm gab es nur eine Antwort: militärische Gewalt. Den Sprecher der Königsberger Patrizier, Hieronymus Roth, der zu den reichsten Mitgliedern der aristokratischen Kaufmannsgilde zählte, ließ er 1662 gegen den Widerstand der Bürger gewaltsam arretieren und auf die Festung Kolberg bringen; ohne Verfahren blieb Roth dort in Haft, bis er 1678 starb. Noch härter griff der Kurfürst gegen den Landadel ein. Sein Wortführer, Oberst Christian Ludwig von Kalckstein, bemühte sich, den polnischen König Johann Kasimir zu einer aktiven Parteinahme für die Stände Ostpreußens und zu einer Intervention zu überreden. Friedrich Wilhelm schickte verkleidete Dragoner nach Warschau und ließ den Obersten entführen. In eine Tapete gewickelt wurde er heimlich über die Grenze gebracht, vor Gericht gestellt, wegen Eidbruchs, Hochverrats und Majestätsbeleidigung angeklagt und nach dem Schuldspruch am 8. November 1672 in Memel enthauptet.

»Necessitas omnem legem frangit – Die Notwendigkeit bricht jedes Gesetz.« – Von Seneca übernommene Devise des Großen Kurfürsten

Diese Aktion besiegelte den Eingliederungsprozeß der Stände. Jeder in Brandenburg-Preußen konnte sehen, »daß nunmehr die Kurfürstlichen Lande gleichsam membra unius capitis – Glieder mit einem Haupte – seien«, wie Friedrich Wilhelm grollte. Diese Formel hatte der Kurfürst schon in seinem zweiten Regierungsjahr – noch zaghaft genug – den brandenburgischen Ständen vorgehalten, damit sie ihm Geld für den pommerschen Grenzstreit mit Schweden bewilligten. Während sich damals die Stände mit Erfolg geweigert hatten, gab es nunmehr kaum noch ernstzunehmende Widerstände gegen die Zentralisation des Staates. Verwaltung, Finanzdirektorium und Kriegskommissariat wurden von der Mark Brandenburg aus richtungweisend für sämtliche kurfürstlichen Territorien. Friedrich Wilhelm hatte damit die Fundamente für die Entstehung des Gesamtstaates Preußen gelegt.

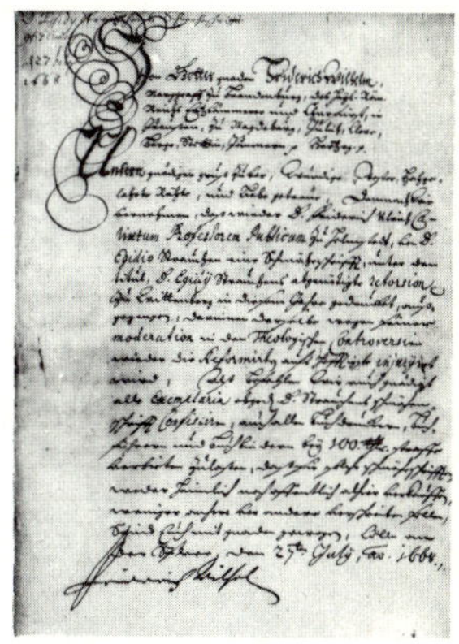

Preußisches Vertriebsverbot für Schmähschriften gegen den Staat und seinen Souverän sowie Strafandrohung für Zuwiderhandelnde Reskript des Großen Kurfürsten an das Konsistorium vom 27. Juli 1668

In seiner Neigung zu zweckbestimmter Toleranz nahm Friedrich Wilhelm Wesentliches von der beispielhaft gewordenen Haltung Friedrichs des Großen vorweg, doch spielten bei seiner Nachsicht auch ökonomische Erwägungen eine Rolle, die sich mit seinem Calvinismus vorzüglich vertrugen. Absolute Kontrolle der Steuerverwaltung, Subsidien ausländischer Mächte als dinghafter Ertrag politischer Vereinbarungen, Kräftigung des Wirtschaftslebens, Finanzierung neuer Manufakturen, Egalisierung der Rechtssprechung – alles diente der Ausformung des Staates.

Als Ludwig XIV. im Jahr 1685 das Edikt von Nantes aufhob, das sein Großvater Heinrich IV. 1598 erlassen hatte, begann eine Massenflucht der Hugenotten. Friedrich Wilhelm erließ daraufhin unverzüglich ein eigenes Edikt, das den Emigranten bedingungslos »eine sichere und freie Zufluchtsstätte in allen Unseren Ländern und Provinzen in Gnaden« anbot. Die meisten der rund zwanzigtausend Einwanderer, die in Preußen eine neue Heimat fanden, waren Manufakturisten, Kaufleute und Handwerker. Dadurch erhielten die Gewerbe enormen Auftrieb. Der Kurfürst gewährte den Refugiés nicht nur zinsfreie Kredite und erließ ihnen für zehn Jahre alle Steuern und Abgaben, sondern stellte ihnen auch Gebäude und die notwendigen Werkzeuge zur Verfügung. Die hugenottische Einwanderung hatte beträchtliche Wirkungen für den Staat, da sie die gegebene Eingrenzung des Horizonts grundlegend sprengte. Die konkrete Situation wird schon in einer einzigen Zahl sichtbar: Um 1700 waren vierzig Prozent aller Einwohner Berlins gebürtige Franzosen.

Der Große Kurfürst hinterließ bei seinem Tod 1688 ein Land, das sich aus einem Hausbesitz der Hohenzollern in einen Territorialstaat modern absolutistischer Prägung verwandelt hatte. In dem Halbjahrhundert seiner Regierungszeit wurde die Heeresstärke mehr als versechsfacht; die Armee war auf eine Festzahl von dreißigtausend Mann angewachsen. Das Begräbnis des Kurfürsten besaß alle Merkmale eines Staatsaktes von internationalem Rang – ein Zeichen für das gewaltige Prestige, das sowohl der Herrscher als auch Preußen errungen hatten. Die Ländereien, die Friedrich Wilhelm von seinem Vater übernommen hatte, besaßen keine Gemeinsamkeit, weil weder bei der Bevölkerung noch bei den Ständen das Empfinden dafür existierte, Teil eines gemeinsamen Staates zu sein. Für Cleve war die Mark Brandenburg eine fremde Provinz, den Königsbergern waren die Bauern in Ravensburg so gleichgültig wie die Indios am Amazonas. Für die Entstehung eines übergreifenden Staatsbewußtseins war es deshalb unabdingbar, die Verwaltungseinrichtungen der einzelnen Fürstentümer ihrer Selbständigkeit zu berauben, die Stände zu entmachten und durch weitestmögliche Zentralisierung der Behörden in Berlin das organisatorische Fundament einer Vereinheitlichung zu legen, die sich auf alle Bereiche erstreckte.

Die Stadt Berlin
mit ihren ›Verschönerungen
und Erweiterungen‹
um die Wende vom 17. zum
18. Jahrhundert
Medaille von Raimund Faltz,
1700

Der Entwicklung eines preußischen Gemeingeistes und Staatsbewußtseins diente es ebenfalls, daß Kurfürst Friedrich Wilhelm – anders, als sich Friedrich der Große entschieden hatte – auch Bürgerliche in gehobene und höhere Stellen des Staates berief, zumal geschulte Juristen. Das entsprach der Vorurteilslosigkeit des Herrschers und diente ihm dazu – ähnlich wie es schon lange die französischen Könige mit Hilfe der ›Noblesse de robe‹ praktiziert hatten –, den Vorrang des Geburtsadels zu beschneiden und seine Macht zu mindern. Die Proteste, daß der Herrscher adelige Ämter an Bürgerliche verlieh, schob Friedrich Wilhelm mit einer Argumentation beiseite, die von den Bürgern selbst hätte stammen können und die in der Aufklärung des 18. Jahrhunderts zum Instrumentarium der Begründungen gehörte, mit denen das Bürgertum seine politischen Ansprüche rechtfertigte. Der Kurfürst wies darauf hin, daß zu allen Zeiten »Tugend und rechtschaffene tapfere Aktionen« durch Verleihung des Adels belohnt worden seien und der Adel erst auf diese Weise als eigener Stand gewachsen sei: »Dieweil nun unsere Zeiten auch tugendhafte Subjecta getragen und noch tragen, so würde es nicht nur zur Verkleinerung unserer Zeiten und wider den Ursprung, Fundament und ersten Anfang des ganzen Adelsstandes, sondern auch wider die weltlichen Majestäten sein, wenn sich derjenige, welcher durch Tugend und sonderbares rechtschaffenes Verhalten einen höheren Stand meritieret und erhalten, sich dessen nicht rühmen, oder war er ehrlich erworben, nicht prätendieren solle.«

Der Kurfürst trat in diesem Punkt so energisch auf, weil der Adel ohnedies nicht daran zweifeln konnte, daß der Herrscher am Prinzip des adligen Vorranges nicht zu rütteln beabsichtigte. Schon wenige Jahre nach dem Antritt der Regierung hatte er bündig erklärt, überall auf der Welt habe zu Recht »der Ritterstand in collatione officiorum den Vorzug vor dem bürgerlichen Stande«. Der Kurfürst billigte nicht dem Bürgertum insgesamt Gleichwertigkeit zu, er behielt es sich lediglich vor, nach eigenem Ermessen Bürgerliche in den Adelsstand zu erheben. Er schränkte damit die Majorität des Adels lediglich numerisch ein, etwa bei der Zusammensetzung des Geheimen Rates.

Friedrich Wilhelm,
der Große Kurfürst,
mit seiner Gemahlin
Louisa Henrietta von Nassau
Gemälde von
Gerard van Honthorst

Der Staat Preußen wurde willentlich geschaffen, durch rücksichtslos harte Aktionen, durch herrisches Auftrumpfen, durch den Entschluß, den dynastischen Territorialbesitz in einen Staat zu verwandeln, der nicht nur durch die Äußerlichkeiten einer integrierenden Organisation zusammengehalten wurde, sondern durch Gestaltungsprinzipien, die das Wesen dessen bildeten, was später als ›preußischer Geist‹ so bewundert und verfemt wurde. Preußentum als ein unverkennbares und unvergleichliches Phänomen unserer Geschichte entstand durch den Großen Kurfürsten. Dies allein rechtfertigt das Beiwort seines Titels, nicht der furiose Sieg bei Fehrbellin gegen die Schweden, die damals besten Soldaten Europas. Preußen blieb die einzige Schöpfung des vergangenen Jahrtausends deutscher Geschichte, in der sich der Staat als überindividuelles, als höheres Prinzip verkörperte: nicht als Abstraktum, sondern realisiert in Grundsätzen des Verhaltens und Handelns, in einem eigenen Ethos, an dessen Unerschütterlichkeit sich alle ökonomisch-materiellen Irritationen und Verführungen des kulturellen Überschusses brachen.

Der Große Kurfürst hielt sich zwar äußerlich an die zeitgenössische Tendenz zur Verabsolutierung des Staates. Der preußische Absolutismus, der Nerv Preußens, die Substanz des Preußischen selbst, erschöpfte sich unter dem Großen Kurfürsten bei weitem nicht in der aufweisbaren Zweckdienlichkeit und Nützlichkeit des Rationalen und Funktionalen. Im Verlauf der zweiten Hälfte des 17. Jahrhunderts setzte sich diese Staatsschöpfung »immer sichtbarer von ihrer Umwelt ab, entwickelt sie immer entschiedener die ihr immanenten Prinzipien, bis ihre geistige Wesenheit sich in einer vom Gemeinwillen getragenen, einem gemeinsamen Auftrage verpflichteten Gemeinschaft der verschiedensten Landschaften und Stämme in scharfen Konturen darstellt«, so umriß in unserer Zeit Paul Graf Yorck von Wartenburg das Substantielle dieses Prozesses.

Die »geistige Wesenheit« des Preußischen bestand in einer inhaltlichen Auseinandersprengung des aufgeklärten Absolutismus, wobei das Ferment des ›Aufgeklärten‹ sich nicht in der rationalen Endabsicht erschöpfte; es lebte von dem Willen, eine Staatsordnung gemäß unverbrüchlichen Grundsätzen zu gestalten. Die Person des Herrschers veränderte sich hierbei vom omnipotenten Fürsten zu einem Regenten, der den Herrschaftsbegriff durch den Dienstbegriff ablöste. In Preußen symbolisierte die Krone »einen Staat, dessen Absolutheitsanspruch seine selbstgesetzte Grenze in einem Auftrage fand, an dessen Verwirklichung sie gemessen wurde«. Die Souveränität des Staates, die der Solda-

Preußens Stellung beruht »nach seiner Lage und Ausdehnung auf seiner geistigen Spannkraft, nicht auf Naturverhältnissen«. – Wilhelm Dilthey im Jahr 1862

tenkönig Friedrich Wilhelm I. wenig später so unerbittlich markierte, zielte nicht auf seine Verherrlichung ab, sondern auf eine Steigerung seiner Würde. Der Rang dieses Staates hatte nichts zu tun mit dem Status einer Gefälligkeitsorganisation zum freudvollen Nießbrauch seiner Bürger.

Sowohl unter dem Gesichtspunkt der staatlichen Verantwortung als auch hinsichtlich der liberal-individualistischen Erwartungen des Bürgertums mußte der altpreußische Staat bald als unzeitgemäß erscheinen, zumal nach der Französischen Revolution. Das Freiheitsjubilate, das seitdem vor dem leuchtenden Emblem der Bürger- und Menschenrechte bis heute erklingt, konveniert zwar vollauf den grundlegenden Persönlichkeitsforderungen des Individuums, doch es verabsolutiert auch seine Position und isoliert es dadurch rettungslos. So erlischt jeder Sinn für das Säkulare in der Schöpfung Preußens. Es gelang seinen Herrschern, auch »auf staatlicher Ebene Freiheit zu verwirklichen, Freiheit als Gegenbild der Verantwortung«, wie es Yorck von Wartenburg formulierte. Kein Fürstentum in Deutschland, kein Herrscher, kein Gemeinwesen konnte in seiner Geschichte jemals für sich in Anspruch nehmen, was den Hohenzollern nicht nur glückte, sondern was sie willentlich konzipierten: die Idee des preußischen Staates. In ihr war eine Ordnungsdirektive eingeschlossen, die von den preußischen Herrschern innerhalb der gegebenen Bedingungen nicht nur postuliert, sondern auch realisiert wurde; behutsamer formuliert: Es gelang in Preußen zeitweise, die Distanz zwischen Entwurf und Ernüchterung in einem verblüffenden Ausmaß zu verringern. Die Unzuträglichkeiten, die zu dem Phänomen Preußen gehörten, wurden immer dann empfindlich spürbar, wenn sich jene Distanz ins Widersinnige überdehnte, wie etwa in der Ära Friedrich Wilhelms IV.

Wappen mit Helmkleinod des Königs von Preußen und der königlichen Prinzen

Der Idee des preußischen Staates paßte sich die politische Wirklichkeit nur eine geringe Spanne von Jahrzehnten lang an. Nach der Französischen Revolution ließ sich das Verhältnis Preußens zu seinen Bürgern, des Herrschers zu seinen Untertanen kaum noch ausgleichen. Die Idee wurde überständig. Doch bis tief ins 20. Jahrhundert verloren die preußischen Tugenden nichts von ihrer exzeptionellen Kraft. Der Wille, diesen Spezifika auch als einigenden Merkmalen des Staates eine Eigenheit zuzumessen, verband trotz aller persönlichen Unterschiede die Hohenzollern vom Großen Kurfürsten bis zu Friedrich II. Der Alte Fritz fand für die Tatsache, daß sein Urahn erstmals preußisches Eigenbewußtsein auch staatlich ausgeformt hatte, eine schlichte Geste der Bewunderung in einem zeitüblich demonstrativen Akt. Er ging eines Tages mit seinem Gefolge zum Sarg Friedrich Wilhelms, ließ ihn öffnen und musterte nachdenklich das harte Gesicht, das vom Verfall noch nicht zerstört worden war. Dann berührte er die Hand des Toten: »Meine Herren, er hat Großes vollbracht – De grandes choses, Messieurs, celui-ci a fait!«

Prinz Eugen, der Pazifikator

Größe ist ein Beziehungsbegriff. Im Verhältnis zu Frankreich und zu Österreich-Habsburg bildete Preußen selbst noch zu Beginn des 18. Jahrhunderts auf dem Kontinent und innerhalb des Reiches einen Territorialstaat zweiter Ordnung, zwar das mächtigste aller deutschen Fürstentümer, doch eben nur das stärkste unter vielen Schwachen. Was also konnte dieses sich eben erst aus den Niederungen zweitrangiger Grafschaften und Herzogtümer mühsam erhebende Preußen neben Österreich und seinem jahrhundertealten Monarchengeschlecht darstellen, zumal die Substanz der hohen Würde des Hauses Habsburg, die im Kampf gegen Frankreich erneut offenkundig geworden war, in nichts mehr an das gebrochene Österreich des Westfälischen Friedens erinnerte?

Wien hatte seine Kraft nicht allein in der ermattenden Auseinandersetzung mit Ludwig XIV. erkennen lassen, sondern weit mehr noch in der Abwehr der Osmanen-Expansion, in der Entschlossenheit, an der sich die Wucht sämtlicher Vorstöße des Sultans und der darauffolgenden mächtigen osmanischen Invasion im Südostraum Europas brach. Am 21. Juli 1718 wurde durch den Frieden von Passarowitz das Finale des Jahrhundertringens Habsburgs mit den Osmanen auf dem Balkan markiert, ein Siegeszeichen, dessen Glanz durch den erneuten Krieg von 1737 bis 1739 und seinen für Österreich unglückseligen Verlauf zwar nicht unwesentlich getrübt wurde, das aber dennoch mit Recht in den Annalen der deutschen Geschichte und auf den Erinnerungstafeln Habsburgs zu den triumphalen Daten zählt.

Allegorie auf die Türkensiege Kaiser Rudolfs II. von 1591/92
Gemälde von Bartholomäus Spranger

Ende 1714 war der Kampf zwischen Venedig und den Osmanen, den beiden großen See- und Handelsmächten, um das östliche Mittelmeer von neuem entflammt. Der Sultan eroberte Morea, die Peloponnes und warf die Venezianer aus ihren letzten Inselstützpunkten vor Kreta. Da die Osmanen, wie zumeist in dieser Region, den Krieg als kombinierte See- und Landaktion führten, sah sich Österreich 1716 dazu gezwungen – schon wegen der vereinbarten Unterstützung der Lagunenrepublik, die Wien zu einem Schutz- und Trutzbündnis hatte bewegen können –, auf dem Balkan gegen die Heere des Sultans ins Feld zu ziehen, zum wiederholten Mal seit mehr als drei Jahrhunderten.

Die Armee Habsburgs, geführt von Prinz Eugen, erhielt Zuzug von adligen Herren verschiedenster Nationalität. Noch immer lag über dem Türkenkrieg Habsburgs etwas von dem religiösen Schimmer der Kreuzzüge, von der sakralen Weihe des Aufbruchs der Völker Europas unter dem Kreuz gegen den Antichrist. Die Beflissenheit der europäischen Herren, mit der sie zu den Fahnen des Savoyers eilten, wurde noch angestachelt durch den Wunsch, das Handwerk des Krieges bei demjenigen Feldherrn zu lernen, mit dessen Namen sich der höchste Waffenruhm der Zeit verband.

Prinz Eugen hielt, was sich die Herren von ihm versprachen; er hielt es auf seine riskant geniale Art. Im Sommer 1716 zog er die kaiserlichen Truppen bei der Festung Peterwardein an der Donau zusammen. Noch bevor sich der Feldherr wegen der vielen Nachlässigkeiten und Verzögerungen, die nach wie vor für die österreichische Heeresführung charakteristisch waren, über die Art und Richtung seiner Operationen schlüssig wurde, enthoben ihn die Osmanen seiner Sorgen. Sie entsandten von Belgrad aus ein mächtiges Heer. Am 5. August kam es zur Schlacht. Sie endete mit einer kopf- und regellosen Flucht ihrer Truppen. Die osmanischen Verluste überstiegen diejenigen der Österreicher um mehr als das Doppelte. Prinz Eugen setzte jedoch nicht in Richtung Belgrad nach, sondern wandte sich nach Osten und eroberte innerhalb von zwei Monaten das gesamte Banat mit der Hauptstadt Temesvár. Der Sultan verlor damit seine letzten Positionen in Ungarn.

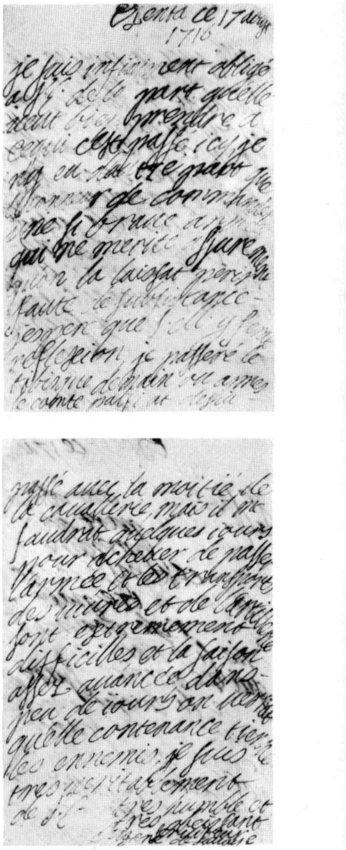

Der Vormarsch der Kaiserlichen gegen Temesvár
Eigenhändiges Schreiben des Prinzen Eugen vom 17. April 1716

Eugen von Savoyen freilich, längst weit mehr als nur ein Genie des Aufmarschs, des Pulverdampfes, der meisterlichen Kavallerie-Attacken, dachte weiter als nur bis zum vollendeten Sieg. Seit Jahren hatte er in Wien seine Überzeugung vorgetragen, daß der Sinn eines Krieges nicht im militärischen Erfolg zu suchen sei, sondern in der Schaffung eines dauerhaften Friedens. Da er auch als Kriegsherr immer Pazifikator blieb, erschöpfte sich für ihn ein Friede nicht im Niederlegen der Waffen und der Ratifikation von Verträgen. Er begann deshalb unverzüglich Pläne zu entwickeln, das Banat, dessen weites Land die Türken entvölkert hatten, neu zu besiedeln. Seinem Ruf folgte eine Überzahl von Bauern samt ihren Familien, vor allem aus Schwaben, Bayern, der Pfalz und aus Hessen. Ihre Sammelbezeichnung als Donau-Schwaben steht für eines der letzten Kapitel der deutschen Kolonisation im europäischen Osten.

Im darauffolgenden Frühjahr 1717 rückte Prinz Eugen nach gründlicher Planung mit einem Heer, das sich in denkbar bestem Stand befand, donauabwärts. Er zog vor Belgrad, überquerte die Save, verschanzte sich dann südlich der Stadt in dem Winkel der beiden Flüsse und begann Mitte Juli die Belagerung mit einem systematischen Kanonenbeschuß. Drei Wochen lang versuchten die Kaiserlichen, die Festung zu zermürben. Sie trieben Sappen voran, bombardierten die Mauern, schossen Breschen, doch die Erfolge waren nicht so, daß Eugen von Savoyen einen Sturm für aussichtsreich hielt. Überdies tauchten schon Ende Juli die ersten Vorreiter des starken Ersatzheeres auf, das von Adrianopel heranzog und dem der Sultan persönlich mit seinem ganzen Hofstaat folgte. Kaum war die Hauptmacht der Armee angekommen, ließ der Großwesir Verschanzungen anlegen und die Stellungen ausbauen. Die kaiserlichen Belagerer waren damit zwischen dem dreimal so starken Ersatzheer des Großwesirs und der Festung eingezwängt; sie wurden jetzt selbst belagert. Schon nach wenigen Tagen lagen die Stellungen des Prinzen unter heftigem Feuer.

Auf diese Nachricht hin wurde in der Hofburg die Lage des Feldherrn für aussichtslos gehalten, die große Katastrophe schien unausweichlich. Der Neider in Wien hatte offensichtlich mit seiner Prophezeiung im Winter recht behalten: »Man bereitet sich nun darauf vor, Belgrad zu belagern: Wenn der Himmel fortfährt, Wunder zu wirken, wird dieser Platz erobert und werden die Türken noch einmal geschlagen, aber wenn es gestattet ist, aus den derzeitigen Anstalten auf die Zukunft zu schließen, so dürfte es erlaubt sein anzunehmen, daß das Los diesmal zugunsten der Moslems entscheiden wird.« Der Prinz übersah die Lage ohne Illusionen, deshalb entschloß er sich zu einem Gewaltstreich. In der frühesten Dämmerung des 16. August, um drei Uhr morgens, entfaltete sich völlig überraschend der Angriff der Kaiserlichen. Obgleich die Osmanen mit aller Energie und Verbissenheit fochten, war die Schlacht schon um acht Uhr für Österreich entschieden. Der Großwesir ordnete den Rückzug nach Süden an.

Prinz Eugen, durch einen Schuß in den Arm leicht verwundet, ließ das Heer nicht verfolgen; es genügte ihm, daß er die Türken aus ihren Stellungen geworfen und sie gezwungen hatte, nach Nisch abzuziehen. Diese Schlacht, begonnen aus einer hoffnungslos scheinenden Bedrängnis und gekrönt von einem vollständigen Sieg mit minimalen Verlusten, rückte den Namen des Feldherrn endgültig in die Gefilde der poetischen Verklärung. Die Erinnerung an seinen Kampf um Belgrad wurde durch ein Lied wachgehalten, das seinen Platz bei den unvergänglichen deutschen Volksliedern fand. Der Verfasser ist unbekannt, möglicherweise handelt es sich um einen bayerischen Kavalleristen, vielleicht auch um einen brandenburgischen Wachtmeister: »Prinz Eugenius,

»Ohne dero Konservation wäre auch die größte Viktorie allzeit für mich ein Unglück und nicht ersetzlicher Verlust gewesen.« – Kaiser Karl VI. an Prinz Eugen am 19. August 1717 der edle Ritter, wollt' dem Kaiser wiedrum kriegen Stadt und Festung Belgerad ...«.

Schon am nächsten Tag sprach ein Parlamentär des Festungskommandanten im Lager vor, und am 18. August unterzeichneten die Türken das Kapitulationspergament. Die Besatzung erhielt freien Abzug. Vier Tage darauf zog Prinz Eugen in Belgrad ein. Der Friede von Passarowitz im darauffolgenden Jahr bestätigte Österreich den Besitz des Banats, des Nordens von Serbien, sowie einer Reihe bosnischer Gebiete und der rund vierzigtausend Quadratkilometer umfassenden fünf Distrikte der Kleinen Walachei zwischen der Aluta und der Donau.

Etliches von der dramatischen Steigerung eines heroischen Schauspiels steckt in diesen Jahren 1717/18, in denen sich die Laufbahn des Prinzen krönte. Der Sieg von Belgrad übertraf alle früheren Erfolge des Savoyers, so glänzend sie im einzelnen auch gewesen sein mochten. Ein solcher Triumph war drei Jahrzehnte vorher bestenfalls verschwommen, als verworrene Sehnsucht, als Pendant eines zutiefst verletzten Stolzes durch die Träume des jungen Fürstensohnes gegeistert. Eugen war in Paris aufgewachsen. Noch viele Jahre später erinnerte sich Liselotte von der Pfalz, die Schwägerin Ludwigs XIV., bei Eugens Namen an einen »schmutzigen, sehr débauchierten Bub, der gar keine Hoffnung zu nichts Rechtem gab«. Wegen seiner fast liliputanerhaft kleinen Statur wurde er schon damals als Gnom verspottet. Der Hohn steigerte sich noch wegen seines bemerkenswert unschönen Gesichts: Stumpfnase, beständig offener Mund, zwei übergroß vorspringende Zähne. Bei den Gewährsleuten finden sich gleichbleibende Adjektive: unordentlich, abscheulich, mutwillig, unfähig. Dazu kamen Neigungen, die selbst dem derben Empfinden Liselottes – zumal sich bei ihr selbst etliche Affinitäten fanden – von der Wurzel her zuwider waren: »Alle jungen Leute plagten ihn und lachten ihn aus, hießen ihn Madame Lancienne.« Noch im Jahr 1707, da Eugen schon längst von Europa als der unübertreffliche Feldherr bewundert wurde, meinte Liselotte höhnisch in einem Brief, der Prinz werde sich wohl nicht mit Damen inkommodieren; »ein paar schöne Pagen wären besser seine Sache«.

Er sollte Geistlicher werden, aber sein Ziel war eine militärische Karriere, nicht nur wegen des zeitgenössischen Ideals des honnête homme, sondern aus wirklicher Besessenheit. Er drang zum König vor. Diese Audienz wurde nicht nur ein Mißerfolg, sondern eine kaum noch zu übertreffende Kränkung. Nie vergaß dieser Enkel des Herzogs von Savoyen, der Franz I. und Kaiser Karl V. zu Vorfahren hatte, den Spott, mit dem Ludwig XIV. seine Bitte um Aufnahme in das Heer und Verleihung einer Kompanie quittierte. Der König war davon überzeugt, daß er von diesem prinzlichen Gnom, der nicht nur jedem, der ihn kannte, als unwürdig und lasterhaft galt, sondern so überaus häßlich und von denkbar schwächlichem Körperbau war, nichts erwarten konnte. Nach Frankreich, so soll Eugen damals geschworen haben, werde er nur »mit dem Schwert in der Hand« zurückkehren. Er bereitete seine Flucht vor und kam auch gut über die Grenze. Ludwig XIV. war zunächst empört, dann aber erkundigte er sich ironisch bei seiner Umgebung: »Habe ich mir da nicht einen großen Verlust zugefügt?«

Prinz Eugen sprach in Wien vor und erhielt nach einer Audienz von Leopold I. die Erlaubnis, sich bei Herzog Karl von Lothringen zu melden, dem Feldmarschall und Oberbefehlshaber, und als Volontär ins kaiserliche Heer einzutreten.

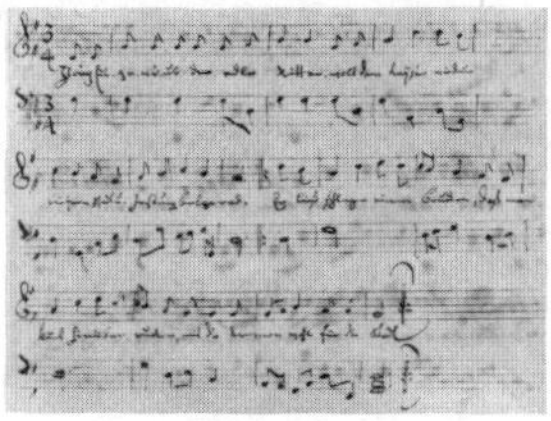

»Prinz Eugen, der edle Ritter«
Älteste Aufzeichnung
des Volksliedes
in der Handschrift
›Musikalische Rüstkammer
auf der Harfe‹ von 1719

In diesem Jahr 1683 bewegten Leopold I. andere Nöte als Rücksichten auf die Konstitution eines jungen Fürsten, der offenkundig keinen größeren Ehrgeiz hatte, als unter seinen Fahnen zu dienen, in einer Armee, gegen die soeben das osmanische Heer in einer nie gekannten Stärke heranzog. Der türkische Großwesir Kara Mustafa marschierte mit zweihundertdreißigtausend Mann durch den Balkan. Der Sultan hatte beschlossen, in einem Ansturm, der an die Zeiten Mehmet des Eroberers erinnerte, die Metropole Habsburgs zu überwältigen und in seine Hand zu bringen. Ludwig XIV., der sich nicht ohne Grund offen rühmte, für ihn sei es nur nötig, kurz zu winken, und schon würde der »Kettenhund« aus dem Orient losbrechen, hatte dazu den Anstoß gegeben. Den Sultan trieb allerdings derselbe übermächtige Wunsch, den seit Mehmet dem Eroberer jeden Osmanenherrscher getrieben hatte. Kara Mustafa drückte es mit der Wendung aus: Ich werde nicht eher ruhen, als bis ich meine Pferde im Petersdom zu Rom eingestellt haben werde.

Impressionen von der Türkenbelagerung Wiens im Jahr 1683
Zeichnung eines Österreichers, 1683

»Schild Germaniens«

In den Dörfern und Städten Habsburgs läuteten abermals die Türkenglocken. Im Juli 1683 stand das Riesenheer der Osmanen vor Wien. Die Szenen der Massenflucht und der grenzenlosen Angst im ganzen Land übertrafen die Schreckenserinnerungen des Dreißigjährigen Krieges. Auch der Hof des Kaisers mit dem Herrscher an der Spitze flüchtete voller Panik; die Regierung wurde nach Passau verlegt. Zurück blieben als Besatzung kaum zweiundzwanzigtausend Mann. Karl von Lothringen hatte lediglich das unbedingt notwendige Minimum an Truppen in den Mauern belassen. Er zog sich mit dem Rest der Armee zurück, um Verstärkung aus dem Reich abzuwarten. Die osmanische Armee war so überraschend schnell herangerückt, daß der Kaiser an die erforderlichen Rüstungen erst denken konnte, als Wien schon eingeschlossen war. Das Reichsheer, zu dem die deutschen Fürsten ihre Kontingente mit einer überraschenden Einmütigkeit, ja fast mit nationaler Entschlossenheit stellten, zog erst heran, als die Osmanen die Kapitale Österreichs – die seit Kaiser Ferdinand II. auch zur Reichshauptstadt avanciert war – schon fast zwei Monate lang mit vollem Einsatz, mit allen Kniffen und Methoden der damaligen Belagerungstechnik berannt hatten. Doch den türkischen Regimentern gelang es trotz des ununterbrochenen Bombardements, trotz ihrer Minen und pausenlosen Sturmangriffe nicht, die Abwehr der Besatzung zu ermüden oder eine Bresche zu schlagen. Durch diesen erbitterten und beispiellosen Widerstand der Soldaten und Bürger, an deren Spitze der Kommandant Ernst Rüdiger Graf Starhemberg stand, bewährte sich Wien als »Schild Germaniens«, wie die Stadt wegen ihrer Standhaftigkeit bald im ganzen Reich gefeiert wurde.

Am 7. September waren sämtliche Ersatzregimenter mit dem kaiserlichen Heer vereinigt. Die Armee zog am rechten Donau-Ufer nach Wien. Am 12. September – die Türken waren bereits bis zur Burg vorgedrungen – entwickelte sich vom Kahlenberg aus der vehemente Angriff gegen die osmanischen Belagerer, unterstützt von einem Ausfall der Besatzung Wiens. Der Sieg war so vollständig, daß die Armee des Sultans in fast regelloser Flucht durch den Balkan zurückströmte. Die Kaiserlichen setzten nach, stießen bis Gran vor und eroberten die Festung. Kara Mustafa erhielt von seinem Herrn in Stambul die Quittung für

Prinz Eugen von Savoyen bei einem Kunsthändler in Amsterdam
Zeichnung von P. van den Berge, Anfang des 18. Jahrhunderts

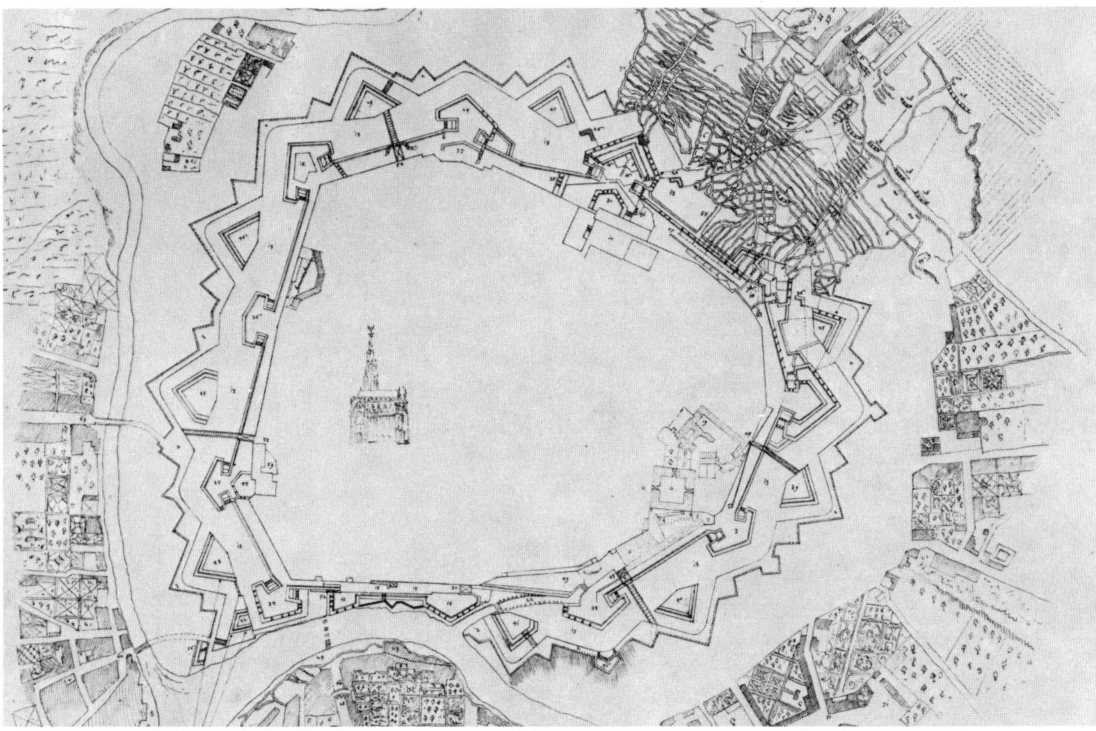

Grundriß des von den Türken belagerten Wiener Festungsgürtels um den Kern der Stadt
Zeichnung eines italienischen Ingenieurs, 1683

Die Schlacht bei Mohácz gegen die Osmanen im Jahr 1687
und die nachfolgende Erstürmung Belgrads durch die Kaiserlichen unter Maximilian II. Emanuel
Sockelreliefs von Guillelmus de Grof an der Statuette auf den ›Türkensieger‹, 1714

das Fiasko in Form einer seidenen Schnur zugesandt. Nach dem Verlust eines solchen Unternehmens stand es dem leitenden Feldherrn nicht zu, sein Leben zu behalten. Der Großwesir beging Selbstmord. Sein Kopf wurde abgeschlagen, nach Stambul geschickt und dem Herrscher im Serail auf einem Silbertablett überreicht. Dem 20. Jahrhundert erscheinen solche Zeiten, in denen Begriffe wie Ehre oder Verantwortung durchtränkt sind von der Bereitschaft zu physischer Hafung, als barbarisch. Andererseits wäre einem Armeeführer wie Kara Mustafa die Vorstellung, sein Rücktrittsgesuch einzureichen und fortan seine Pension zu genießen, genauso abwegig erschienen.

Prinz Eugen, dem der Kaiser noch im Dezember 1683 ein Dragonerregiment verlieh, nahm seit diesem Jahr an den meisten Feldzügen auf dem Balkan teil. Autorität bei seinen Reitern gewann er ungewöhnlich rasch, denn dieser kleine, schmächtige und doch so unendlich zähe, tollkühne, willensstarke, grenzenlos selbstbewußte Mann bewies auch dem letzten, wie wenig Format und Genialität, Würde und Größe mit dem Metermaß zu tun hatten. Die Savoyendragoner und ihr Ruhm hielten sich bis in die letzten Stunden des Habsburgerreichs am Ende des Ersten Weltkrieges.

Zwei Jahre später, 1685 fiel Neuhäusel. Kurz darauf wurde bei Gran ein türkisches Heer besiegt. Im September 1685 stießen die Regimenter unter dem Doppeladler bis zur ungarischen Hauptstadt Ofen vor, eroberten sie und warfen die Osmanen aus ihrer Verwaltungs- und Herrschaftszentrale in Ungarn. Habsburg befand sich auf einem Siegeszug, den die fremden Mächte kaum zu fassen vermochten: Schlachten, Belagerungen, Erfolg auf Erfolg bei Fünfkirchen, Szegedin, Mohácz. Siebenbürgen unterwarf sich und erbat den Schutz Habsburgs, nachdem die Türken von den Kaiserlichen gezwungen worden waren, das Gebiet zu räumen. Auch Slawonien ersuchte um die Schutzherrschaft Wiens. Kurfürst Max Emanuel von Bayern erstürmte in einem überraschenden Anlauf Belgrad. Zum ersten Mal seit nahezu dreihundert Jahren revidierte der ungarische Adel seine Selbstherrlichkeit gegenüber Habsburg. Die Stände beugten sich unter die Oberhoheit Wiens. Außerdem entfiel der Insurrektionsartikel, die Bestimmung, die den Ungarn das Recht gab, bei Verstößen gegen die Verfassung sich mit Waffengewalt zu wehren. Das ungarische Königtum behielt zwar seine Selbständigkeit, doch wurde das Erbrecht der Habsburger ausdrücklich akzeptiert. Der Kaiser setzte auch die Krönung seines ältesten Sohnes Joseph I. – er war erst neun Jahre alt – zum König von Ungarn durch. Erneut hatte sich also eine Art des Regierens bewährt, die bei den Habsburgern fast periodisch auftrat: Regieren als unerschütterliche Passivität, als Kunst des Ausharrens – ein Prinzip, das bei Leopold I. zusätzlich von seiner persönlichen Unlust an Entschlüssen getragen wurde.

Maximilian II. Emanuel als Türkensieger Bronzearbeit von Guillelmus de Grof, 1714

»Ich hasse diesen Zwang zu Entscheidungen.« – Kaiser Leopold I.

In der zweiten Hälfte der achtziger Jahre dieses Jahrhunderts rammte Österreich auf dem Balkan die Pfähle ein, die den Weg zu seiner Großmachtstellung fixierten. Die Rechnung, die Ludwig XIV. mit seiner osmanischen Allianz aufgestellt hatte, war nicht aufgegangen. Aus diesem Grund sah er sich am Rhein erneut zu militärischen Unternehmungen gedrängt. 1688 entschloß sich der König, durch einen neuen Raubzug ins Reichsgebiet seiner Enteignungspolitik, die ihm Straßburg eingebracht hatte, die Sanktion zu erzwingen. Die Ehe Liselottes von der Pfalz mit Herzog Philipp von Orléans, dem Bruder des französischen Königs, wurde für Ludwig XIV. zum Vorwand, um Erbforderungen in der Pfalz zu erheben. Frankreich begann den dritten Raubkrieg, den

Pfälzischen Krieg. Im Herbst 1688 brachen Ludwigs Regimenter in die Pfalz ein. Speyer, Mainz und Trier wurden erobert, im Norden wurde Kurköln besetzt, Bonn fiel, rechtsrheinisch auch Mannheim.

Doch Reich und Kaiser reagierten energisch. England und die Generalstaaten kamen zu Hilfe. Die Franzosen wurden nach verhältnismäßig kurzer Zeit aus den eroberten Gebieten zurückgeschlagen und mußten schließlich die Pfalz räumen. Ihrem Rückzug verliehen sie durch die neuartige Praxis willkürlicher und völlig unnötiger Verwüstung, durch methodisches Niederbrennen möglichst vieler Städte und Dörfer, einen gänzlich negativen, aber unvergänglichen Ruf. Von Köln über Bingen brannten die Städte, Oppenheim wurde verwüstet, Heidelberg ging in Flammen auf, die Festung wurde gesprengt, Mannheim schlimmer verheert als durch Orkan und Feuersbrunst, Worms und Speyer folgten, die Kaisergräber wurden geschändet. All das geschah, ohne daß die Plätze umkämpft gewesen wären. Der einzige erkennbare Zweck dieses Verheerens schien darin zu liegen, der Erinnerung eine tiefe Spur des Grauens einzuprägen. Der Vorwand, das geräumte Gebiet in ein Todesglacis zu verwandeln, einen breiten Streifen Niemandsland zu schaffen, der für Frankreich einen zusätzlichen Schutz bildete, war militärisch unsinnig. Trotzdem blieb es bei der offiziell ausgegebenen Devise des französischen Kriegsministers François Michel Louvois: »Verbrennt die Pfalz!«

Die Brandschatzung Heidelbergs durch französische Truppen im Frühjahr 1689
Aus einem Stich, 1689

Das systematische Verwüsten wurde während der folgenden Kriegsjahre von General Ezéchiel de Mélac zu einem letzten Höhepunkt getrieben. Mélac eroberte 1693 erneut Heidelberg, offensichtlich eigens zu dem Zweck, die Reste der Stadt am 22. Mai gänzlich niederbrennen zu lassen, einschließlich des schönsten Renaissance-Gebäudes in Deutschland, des Heidelberger Schlosses. Bis heute haben die Ruinen nichts von ihrer eindringlich mahnenden Ausstrahlung eingebüßt. Selbst wenn der Bezug auf die historischen Umstände dem Bewußtsein weitgehend verlorengegangen ist, so sind die Trümmer auch heute noch ein Wahrzeichen für den Stumpfsinn von Zerstörung um der bloßen Vernichtung willen. Insgesamt wurden an die hundert Städte und weit über tausend Dörfer »vom Erdboden rasiert«. Erst 1697 konnten alle beteiligten Mächte die jahrelangen Friedensgespräche beenden. Der Pfälzische Krieg wurde durch die in dem niederländischen Schloß Rijswijk unterzeichneten Verträge beschlossen. Frankreich behauptete das Elsaß. Entsprechend dem Vertragsartikel 16 wurde »die Stadt Straßburg für ewige Zeiten Frankreich eingegliedert«, ein Grund, um diesen Vereinbarungen für lange Zeit im Volksmund der Deutschen die Bezeichnung ›Friede von Reiß-weg‹ zu sichern.

Im Südosten waren die Kaiserlichen in denselben Jahren über die Aluta hinaus in die Walachei und nach Bosnien vorgestoßen. Doch die Osmanen wehrten sich hartnäckiger, als erwartet. Großwesir Ahmed Köprülü nahm den Kaiserlichen die Festung Belgrad wieder ab, doch im Osten konnte der Oberbefehlshaber Habsburgs, Markgraf Ludwig Wilhelm von Baden-Baden – im Volksmund der ›Türkenlouis‹ – die Reste Siebenbürgens erobern. Auf dem Balkan stießen kaiserliche Detachements bis Nisch vor. Am 19. August 1691 kam es zu der überaus blutigen Schlacht bei Slankamen zwischen Peterwardein und Belgrad. Kein Treffen des sieggewohnten Markgrafen war so unerbittlich, keines entschied er so eindrucksvoll für sich wie diese Schlacht. Zwölftausend osmanische Soldaten blieben auf dem Feld, mit ihnen ihr Befehlshaber Köprülü – er lebt noch heute in der türkischen Erinnerung als verehrte Heldengestalt.

Türkische Prunkwurfspieße aus der Kriegsbeute Ludwig Wilhelms von Baden, des Siegers über die osmanischen Streitkräfte bei Belgrad im Jahr 1691

Nach der Schlacht bei Slankamen wurde der Türkenlouis vom Kaiser an den Rhein beordert; er übernahm den Oberbefehl im Pfälzischen Krieg gegen die Franzosen. Im Südosten wechselte daraufhin die militärische Führung fast von Jahr zu Jahr, es entwickelte sich ein wahres Revirement der Unfähigkeit. Die Rückschläge der Habsburger Bataillone, die unerwarteten Erfolge der Osmanen, die Vorbereitungen der Hohen Pforte, Siebenbürgen zurückzuerobern, zeigten in aller Deutlichkeit, daß die Herrschaft auf dem Balkan zunächst ein reines Problem der souverän überlegenen Feldherrnkunst war. Dieselbe Erkenntnis, freilich anders akzentuiert, vermittelte 1697 der neue Oberbefehlshaber der kaiserlichen Armee: Prinz Eugen. Von allen, die in Betracht kamen, hatte der Präsident des Hofkriegsrates, dessen Meinung uneingeschränkt vom Türkenlouis unterstützt wurde, keinen Heerführer zu nennen vermocht, »der mehr Verstand, Experienz, Applikation und Eifer an Euer Kaiserlichen Majestät Dienst hätte, ein generoses Gemüt, auch die Liebe und den Respekt bei der Miliz, als der Prinz von Savoyen«. Bereits 1687 – mit fündundzwanzig Jahren – war er vom Kaiser zum Feldmarschall-Leutnant befördert und mit dem goldenen Vlies ausgezeichnet worden.

Der strahlende Sieg des Fünfunddreißigjährigen am 11. September 1697 über die Osmanen bei Zenta an der Theiß war nicht nur ein sensationelles Präludium seiner eigenen Laufbahn als Feldherr, sondern brachte auch den Durchbruch zu grundsätzlichen Verhandlungen über die Gewichtsverschiebungen, die aufgrund der militärischen Erfolge und der Gebietsveränderungen im Südostraum während der letzten beiden Jahrzehnte eingetreten waren. Diese Situation wurde besiegelt durch den Frieden von Karlowitz vom 29. Januar 1699.

Der Friede von Karlowitz bedeutete eine tiefe Zäsur. Er schloß die erste Phase des Endkampfes um den Balkan zwischen Wien und Konstantinopel ab. Vom Reich wich der jahrhundertealte Druck des osmanischen Expansionsdranges. Europa mußte nun davon Kenntnis nehmen, daß sich Frankreich durch die Kriege und Siege seines Königs auf dem Weg zur Selbstentmachtung befand, während bei Österreich alles darauf hinwies, daß es sein Ziel, Großmacht zu werden, nicht mehr verfehlen konnte. Ausschlaggebend dafür waren nicht allein die Erfolge im Südosten. Seine wiederentdeckten Kräfte konnte Habsburg sich selbst und den anderen Staaten auch im Westen des Reiches bestätigen. Das neuerliche Vorrücken Österreichs hatte zur Voraussetzung gehabt, daß Frankreichs europäische Vorherrschaft in reziproker Gleichzeitigkeit abgebaut wurde. Dieser Prozeß des politischen Kräftewechsels, der die Spannungsverhältnisse des kontinentalen Staatensystems völlig veränderte, bildete nicht nur den Beginn einer neuen Phase, sondern markierte zugleich das Ende einer Rekonvaleszenz, in der sich das Reich und die Deutschen seit dem Westfälischen Frieden im Jahr 1648 befanden.

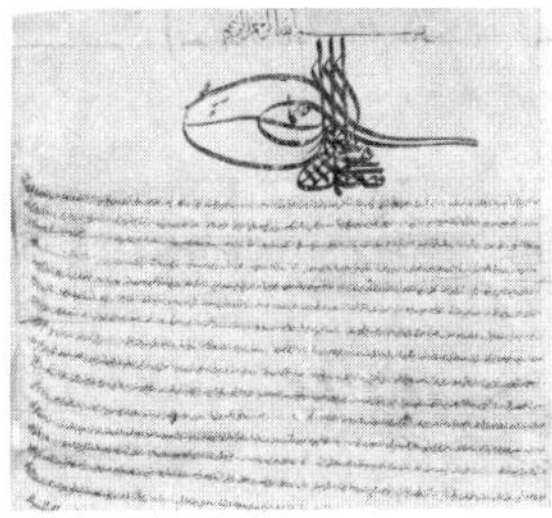

Abzug der Türken aus Ungarn und Siebenbürgen: Urkunde Mustafas II. vom 2. März 1699 zur Ratifikation des am 26. Januar 1699 mit Kaiser Leopold I. geschlossenen Friedens von Karlowitz

Friede des Elends 1648

In den Abendstunden des 24. Oktober, an einem Samstag, feuerten siebzig Kanonen von den Basteien der Stadt Münster einen dreifachen, donnernden Salut. Gleichzeitig begannen die Glocken der elf Kirchen langhallend zu läuten. Jedermann wußte nun, daß der allgemeine Friede zwischen den so lange verfeindeten und kämpfenden Parteien unterzeichnet und besiegelt war. Am folgenden Sonntag wurde nach den Dankgottesdiensten der Friede »vom Stadt-Secretarius, welcher auf einem geputzten Pferde saß, so laut als möglich« verkündet. Die Zeremonie wurde eingerahmt von Trompetenblasen und Trommelwirbel. Der Jubel blieb aber gedämpft. Laut war nur die offizielle Freude, wiederum feuerten die Kanonen dreifachen Salut. Ein Gesandter berichtete: »Das Schießen von den Basteien mit Stücken und aus den Häusern mit Musketen, die Vokal- und Instrumentalmusik von Lamberti- und Liebfrauenturm währte den ganzen Tag hindurch bis fast Mitternacht.«

›Der Frieden von 1648‹ Zeichnung von Michael Grabenberger

In Osnabrück sah es anders aus. Zwar wurde ebenfalls Salut geschossen, doch »vor dem Rathaus haben gar viel der Bürgerschaft geweinet, und ist so große Freude nicht verspüret worden«. Die Bevölkerung Münsters konnte freilich leichter jubeln als die übrige große Mehrheit der Deutschen im ganzen Reich, denn Münster zählte zu den wenigen festen Plätzen, an denen sich die Raserei des Krieges gebrochen hatte, weil die starken Mauern einer Eroberung widerstanden; auch ein Grund, warum man das sichere Münster als Zentralort der langwierigen Friedensverhandlungen ausgesucht hatte. Schon 1643 waren die Hauptgegner des Dreißigjährigen Krieges übereingekommen, die zahlreichen Friedensfühler, die sich bereits seit Jahren immer wieder über die Grenzen und Fronten hinwegschoben, in ernsthafte Friedensgespräche zu verwandeln. So begannen in den beiden westfälischen Bischofsstädten, nachdem man sie für neutral erklärt hatte, die umständlichen Konferenzen und Erörterungen der Deputierten, während gleich vor den Toren der Stadt, im Münsterland, im ganzen Reich unverändert gekämpft, getötet, geplündert, gefoltert, gehungert wurde. Im protestantischen Osnabrück verhandelten die Gesandten des Kaisers und die Reichsstände mit den schwedischen Bevollmächtigten und den protestantischen Gegnern. Im katholischen Münster fanden die Beratungen mit den Vertretern Frankreichs statt. Woche für Woche, Monat für Monat wurden die Einzelheiten durchgesprochen, in kaum zu zählenden Detailentwürfen, ausgefeilt in einem unnachahmlich zähen Feilschen, als ob der Krieg schon längst an seinem eigenen Elend gestorben wäre. Die Verhandlungen in Westfalen waren keineswegs Anzeichen der Erschöpfung, vielmehr Signale der Einsicht, daß niemand einen überwältigenden Erfolg mehr zu erringen vermochte, obgleich es seit langem feststand, wer zu den Siegern und wer zu den Verlierern gehörte.

»Indem ganz Deutschland in Bewegung war, genoß man zu Münster und Osnabrück, als in den Tempeln oder Wiegen des Friedens, einer vollkommenen Ruhe.« – Notiz eines Schreibers auf dem Friedenskongreß

Die Parteien in Münster verhandelten in getrennten Sälen; man sprach nicht direkt miteinander, sondern bediente sich vermittelnder Boten, die geschäftig zwischen den Delegationen hin und her eilten und ständig Befürchtungen nährten, ob diese diplomatische Betriebsamkeit nicht in Selbstzweck ausarten könnte. In Osnabrück dagegen hatte sich bis auf etliche Ausnahmen das direkte Verhandlungsverfahren eingespielt. Die Atmosphäre in beiden Städten war durchtränkt von Geduld, Unnachgiebigkeit, List, Korruption, Bestechung von und nach allen Seiten. Die Bestechungsgelder wurden damals mit durchtriebenem Augenzwinkern als ›Realdankbarkeit‹ bezeichnet. Alle Bevollmächtigten bis zum ärmsten Schreiber waren korrumpierbar, denn alle waren unerhört verschuldet. Der Prunk, mit dem die Gesandten trotzdem auftraten, ja im Auftrag ihrer Regierungen ausdrücklich auftreten mußten, sollte über die militärische Situation der verhandelnden Mächte genauso hinwegtäuschen wie über die politische, obgleich sich de facto kaum einer hinters Licht führen ließ.

Die Beendigung des Dreißigjährigen Krieges durch den Westfälischen Frieden
Die für das Reich bestimmten Ratifikationsurkunden Schwedens vom 18. November 1648 (mit der Unterschrift von Königin Christine) und Frankreichs vom 26. November 1648 (mit der Unterschrift von Ludwig XIV.)

Eine grobe Bilanz der Völker und Staaten, die sich seit 1618 an dem Krieg beteiligt hatten, ergibt folgende Liste: Böhmen, Dänen, Franzosen, Holländer, Italiener, Kroaten, Polen, Schweden, Spanier, Türken, Ungarn – praktisch alle Völker Europas nahmen teil an einem Krieg im Reich, an einem Krieg, den zunächst Deutsche gegen Deutsche geführt hatten. Der Friede von 1648 betraf nicht allein die unmittelbar beteiligten Mächte, sondern schloß auch sämtliche Bundesgenossen und Anhänger der kriegführenden Parteien ein: Das reichte vom Herrscher in Portugal über den englischen König bis zum Zaren in Moskau.

Sieger waren nicht die Deutschen, sondern diejenigen Mächte, die sich aus Gründen, die sich mit den ursprünglichen Motiven des Krieges nicht deckten, in den Kampf eingemischt hatten – diesselben Mächte, die in dem Augenblick zu den Waffen griffen, als die Deutschen einzusehen begannen, daß es Zeit war, den Krieg zu beenden. Das war 1630, als der Schwedenkönig Gustav II. Adolf auf der Insel Usedom in der Oder-Mündung landete, und im Jahr darauf, als sich das katholische Frankreich entschloß, durch Subsidienunterstützung der protestantischen Schweden den verdeckten Krieg gegen Deutschland und das Reich zu beginnen. Frankreich zielte über die Schwächung des Reiches hinaus auf eine völlige Vernichtung der Macht des Hauses Habsburg in Europa. So waren Frankreich und Schweden, noch bevor sich die Friedenswünsche der deutschen Fürsten durchzusetzen vermochten, in das Parteien- und Interessengewirr verschlungen und deshalb imstande, den Totentanz lange genug in Bewegung zu halten, um als Herren des Geschehens dem Morden erst dann ein Ende zu setzen, als es am gewinnbringendsten erschien.

Die großen Sieger Frankreich und Schweden waren auch die Gewinner des Krieges. Beide Staaten zeichneten als ausländische Garantiemächte des Westfälischen Friedens; sie erhielten das Recht und die Vollmacht, bei Angelegenheiten des Reiches, also in deutschen Fragen, mitzusprechen – ein Umstand, der nicht nur beiläufig an die Rechte von neuzeitlichen Sieger- und Besatzungsmächten erinnert. Im einzelnen konnte Frankreich durch das Vertragswerk von 1648 folgendes für sich verbuchen: Die Bistümer Metz, Toul und Verdun, über die Paris seit 1552 das Reichsvikariat ausübte, wurden »zur Förderung des Friedens . . . auf immer und unwiderruflich der Krone Frankreichs einverleibt«. Hinzu kamen Breisach, Ober- und Nieder-Elsaß, der Sundgau und die kaiserliche Landvogtei über zehn Reichsstädte und vierzig Reichsdörfer, die im Elsaß lagen. Rechtsrheinisch erhielt Frankreich das Besatzungsrecht der Reichsfestung Philippsburg südlich Mannheims; auf dieser Seite des Stroms durften bis hinab nach Basel keinerlei Befestigungen angelegt werden. Der Kaiser mußte alle Hoheitsrechte Österreichs im Elsaß an Frankreich abtreten. Dem französischen König wurde überdies im Paragraphen 76 des ›Instrumentum Pacis Monasteriense‹, wie der Friede von Münster entsprechend seinem lateinischen Vertragstext hieß, »der Durchzug durchs Reich zu Wasser und zu Lande zum Einmarsch von Truppen und der Einfuhr von Lebensmitteln und alles übrigen, so viel und so oft es nötig sein wird«, freigestellt.

»La gloire de la France.« – Voltaire über den Westfälischen Frieden

Entscheidend in diesen Bestimmungen war, daß Ludwig XIV. im Elsaß nicht etwa nur die bisherigen Rechte Habsburgs übernahm, sondern von dem Gebiet als souveräner Herr Besitz ergriff, da er dem Reich nicht unterstand und damit auch keinem Reichsgericht. Frankreich erhielt folglich im Elsaß faktisch mehr, als Österreich jemals dort besessen hatte, denn die Rechte, die übertragen und übernommen wurden, änderten ihre Natur: Sie waren keine Reichsrechte mehr, sondern Souveränitätsrechte des französischen Königs. Damit ging das Elsaß dem Reich unwiderruflich verloren.

Erneuerung der Allianz zwischen Frankreich und der Eidgenossenschaft im Jahr 1663: die Gesandten der Schweiz mit Ludwig XIV. von Frankreich in Notre-Dame in Paris am 18. November 1663
Aus einem Wandteppich von Charles Le Brun und Adam Frans van der Meulen

›Verloren‹ ging auch die Schweiz. Zumindest wurde die Trennung der Eidgenossen, die der Sache nach schon lange bestand, rechtlich sanktioniert. Eine kaiserliche Erklärung im Friedensvertrag versicherte, daß die Schweizer Kantone im Besitz »einer gewissermaßen vollen Freiheit und Exemtion vom Reich und den Behörden und Gerichten des Reiches keineswegs unterworfen« seien. Die Eidgenossen erlangten damit ihre volle Souveränität; der Kaiser hatte ihnen die Stellung eines »freien ausgezogenen Standes« mit Siegel und Unterschrift bestätigt. In eine derartige Unabhängigkeit wurden auch die Vereinigten Provinzen der nördlichen Niederlande entlassen.

Schweden erhielt Vorpommern, die mecklenburgische Stadt Wismar – Mecklenburg kaufte die alte Hansestadt 1803 pfandweise zurück, doch Schweden verzichtete erst hundert Jahre später auf seinen Einlösungsvorbehalt –, die Bistümer Bremen und Verden, und zwar »mit allen Rechten als dauerndes und unmittelbares Reichslehen«; dazu eine Entschädigungssumme von fünf Millionen Reichstalern. Aufgrund der Vertragsregelungen mußten die schwedischen Könige von Kaiser und Reich als unmittelbarer Reichsstand aufgenommen werden, so daß sie »zu den Reichstagen unter den andern Reichsständen ... unter dem Titel eines Herzogs von Bremen, von Verden und Pommern, sowie eines Fürsten von Rügen und Herrn von Wismar geladen werden müssen; dabei soll ihnen als Sitz in den Reichsversammlungen im Fürstenrat auf der weltlichen Bank der fünfte Platz angewiesen sein«.

Damit waren für Schweden nicht alle Ziele erreicht worden. Wohl hatte Gustav Adolf, wie er unermüdlich versicherte, als Schirmherr und Retter des Protestantismus deutschen Boden betreten, doch der schwedische Reichsrat hatte schon in seiner Sitzung vom 3. November 1629 trocken festgestellt, daß der König bei seiner bevorstehenden Landung »nicht leeren Ruhm oder andere Ursachen, sondern allein den Nutzen und die Sicherheit des Vaterlandes« im Auge habe. Immerhin wurden 1648 die beiden obersten Ziele des Königs verwirklicht. Erstens hatte Schweden festen Fuß im Reich gefaßt, so daß es jederzeit in der Lage war, von deutschem Boden aus militärisch vorzugehen. Zweitens konnte Schweden durch seine deutschen Städte an der Ost- und Nordsee einen nahezu undurchdringlichen Ring um das Reich legen, in dem sich nichts weniger manifestierte als die Bestätigung der schwedischen Seeherrschaft im Norden: Dänemark war abgeschlagen und zurückgedrängt, Polen isoliert. Stockholm standen nun die Zölle fast aller deutschen Flußmündungen zu. Es erhielt damit ein Drittel der Reichseinnahmen aus den Zollerträgen. Die Landkarte zeigt, daß Deutschland durch diese Regelung vom Rhein bis zur Weichsel seine Flußmündungen verloren hatte, vollständig von der See abgeschnitten und so zu einem Binnenland geworden war.

Kreditzettel der Stockholmer Bank vom 17. April 1666

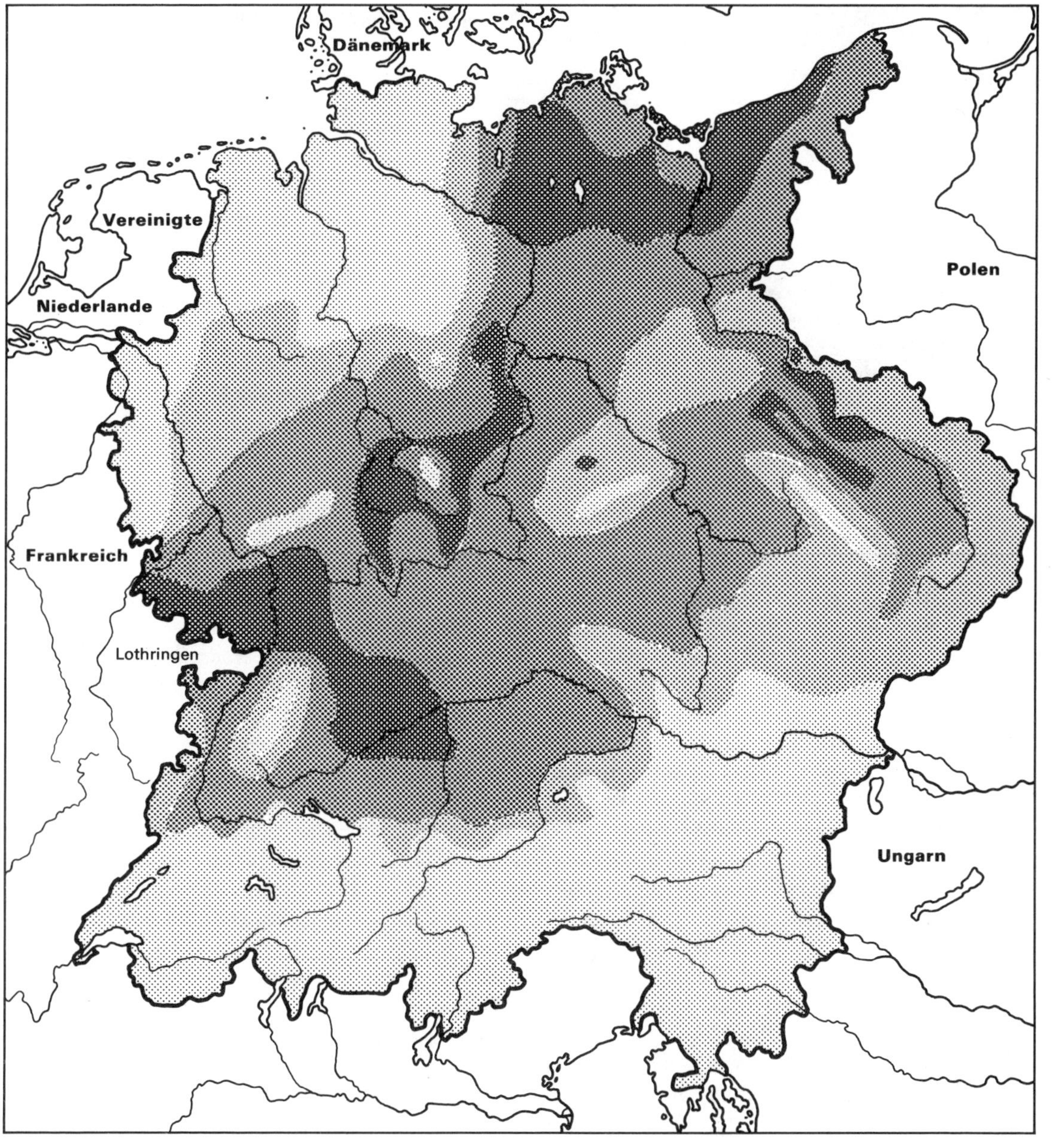

0 – 15%	über 66%
15 – 33%	
33 – 66%	

Die sehr unterschiedlich hohen Bevölkerungsverluste einzelner Landstriche in Deutschland während des Dreißigjährigen Krieges sind selten auf unmittelbare Kriegshandlungen zurückzuführen, sondern überwiegend durch die mit Soldatenzügen auftretenden Seuchen und Hungersnöte entstanden.

Bevölkerungsverluste im Dreißigjährigen Krieg

Der Friedensschwur der niederländischen Unterhändler im Ratssaal zu Münster vor Unterzeichnung des Instrumentum Pacis am 24. Oktober 1648 Aus einem Gemälde von Gerard Terborch, 1648

In seinem Inneren wurde das Reich total zertrümmert. Man zerlegte es in insgesamt achtzehnhundert politische Gebilde, darunter siebenundsiebzig Fürstentümer größerer Art, einundfünfzig reichsfreie Städte, fünfundvierzig freie Städte und vierzehnhundertfünfundsiebzig reichsunmittelbare, unabhängige Herrschaften. Der Formel ›Souveränität‹ wuchsen in den jahrelangen Vorverhandlungen des Westfälischen Friedens annähernd magische Kräfte zu.

Die Souveränität der Staaten, Fürsten und Städte lebte auf Kosten der Souveränität des Reiches. Bei dieser Gewährung von Souveränität, das heißt voller Landeshoheit, handelte es sich um eine Variante der Elsaß-Regelung. Die Territorialherren erhielten Hoheitsrechte des Reiches übertragen, so daß sich Reichsrechte in Landesrechte verwandelten. Die Reichsstände besaßen jetzt das Recht, »Bündnisse unter sich und mit auswärtigen Mächten zu schließen, außer gegen Kaiser und Reich«. Die vielzitierte ›deutsche Libertät‹, zu deren vorgespiegelter Rettung sich die ausländischen Mächte bemüßigt gefühlt und in den Krieg gestürzt hatten, präsentierte sich seit dem Frieden von 1648 als Freiheit der Deutschen untereinander und mit ausländischer Assistenz gegeneinander Krieg führen zu dürfen.

Den unmittelbaren Reichsständen wurde ferner das Recht bestätigt, auf ihrem Gebiet die Art des Glaubens zu bestimmen. Für den Kirchenbesitz wurde als Stichtag der 1. Januar 1624 festgesetzt. Alle Veränderungen, die seitdem stattgefunden hatten, mußten rückgängig gemacht werden. Die Gleichberechtigung der drei großen Konfessionen wurde anerkannt, auch der Bruderzwist unter den Evangelischen – den Lutheranern und den Reformierten – wurde damit beigelegt; sie traten im Friedensvertrag gemeinsam als evangelische Partei auf. Artikel 5 bestimmte, daß der Passauer Vertrag von 1552, der den Augsburger Frieden 1555 vorbereitet hatte, sowie dieser Friede selbst, durch den die Reichsstände Religionsfreiheit erhielten und zugleich das Recht, über den Glauben ihrer Untertanen zu entscheiden, »heilig und unverletzt gehalten werden sollen«.

Es sah so aus, als folgte dem großen Religionskrieg nun der große Religionsfriede. In Artikel 30 wurde jedoch den Reichsständen das Jus reformandi bestätigt, das Recht, auf ihren Territorien nur die ihnen genehme Art der Konfession zu dulden und bei der Bevölkerung durchzusetzen; wer sich dagegen sträubte, dem wurde, wie es in der keineswegs zynisch gemeinten Formulierung hieß, »die Wohltat der Auswanderung zugestanden«. So wurde 1648 nicht die Religionsfreiheit in Deutschland gesichert, sondern die Freiheit der Landesherren, die Religion ihrer Untertanen zu bestimmen. In der Praxis drückte sich das als Gewalt aus. Die Bestimmungen dieses ›Religionsfriedens‹ entsprachen zwar der Verständnisbereitschaft, Einsicht und Erschöpfung aller Parteien, doch deshalb machen sie die beklommene Frage nicht überflüssig, ob hier nicht am Ende eines über vier Generationen währenden Bruderzwistes ein Status festgeschrieben worden ist, der grundsätzlich schon zu Beginn der Religionsfehde erreicht worden war. Der Westfälische Friede 1648 bestätigte doch nur erneut, was man schon im Augsburger Religionsfrieden 1555 vereinbart hatte.

»Pax optima rerum.« – Inschrift auf einem Doppeltaler zum Friedensschluß von 1648

Das würde nur dann auf eine Sinnlosigkeit hinauslaufen, wenn es sich bei jenem Status nicht um etwas nur ›Grundsätzliches‹ gehandelt hätte. Denn zwischen 1555 und dem Beginn des Dreißigjährigen Krieges lag die denkwürdige Epoche der Gegenreformation. Die katholische Kirche beendete ihre eigene Renovatio und setzte zum Gegenstoß an. Sie führte ihn mit solcher Wucht, daß auf dem Gipfel ihrer Machtentfaltung, im Jahr 1629, als Kaiser Ferdinand II. das Restitutionsedikt erließ, die protestantische Sache sich in eine Kurzgeschichte der Historie zu verwandeln schien. Die Absicht scheiterte. Sollte darin allein einer der wenigen und mühsam zu entdeckenden ›Gewinne‹ des Dreißigjährigen Krieges liegen? Auch unter dem religiösen Aspekt fällt es schwer, diesem sowohl umfassendsten als auch kümmerlichsten aller Friedensschlüsse positive Seiten abzugewinnen. Die Rettung des Protestantismus verankerte das Jus reformandi, und diese Befugnis trägt die Verantwortung für den Umstand, daß die erzwungene politische Botmäßigkeit der Deutschen, die seit 1648 ebenso faktisch vorhanden war, wie sie in ihrem wirklichen Umfang unmäßig übertrieben wurde, eine religiöse Wurzel erhielt, für die nicht Luthers Name charakteristisch ist, sondern der Westfälische Friede mit seinen gesiegelten Pergamenten der Resignation, der Ergebenheit.

Zu den Siegern Frankreich und Schweden gesellten sich mithin auch die deutschen Fürsten als Sieger, wenn auch nachgeordneter Prominenz. Ebenso mußten sich die vielen Millionen Gläubigen, die jetzt wegen ihrer Konfession nicht mehr zu zittern brauchten, kaum zu den Verlierern zählen. Selbst jene anderen, die sich dem Dekret ihrer Landesherren widersetzten, waren immer noch besser gestellt als während des Krieges, da ihnen als Ketzern weit Schlimmeres drohte als die »Wohltat der Auswanderung«. Sie alle, Lutheraner, Katholiken, Reformierte, durften in den enttäuschend gutgläubigen Friedens-Choral des Kirchenlied-Dichters Paul Gerhardt einstimmen: »Gottlob, nun ist erschollen / das edle Fried- und Freudenwort, / Daß nunmehr ruhen sollen / die Spieß und Schwerter und ihr Mord. / Wohlauf und nimm nun wieder / dein Saitenspiel hervor, / O Deutschland! und sing Lieder / im hohen vollen Chor. / Erhebe dein Gemüte / und danke Gott, und sprich: / Herr, deine Gnad und Güte / bleibt dennoch ewiglich!«

Das Vertrauen auf Gottes Gnade blühte 1648 aus dem Untergrund einer schrankenlosen Angst, die sich im Verlauf des Krieges fast ohne Ausnahme aller Deutschen bemächtigt hatte: der Angst vor kleiner und großer Unbill des Geistes, der Seele und des Körpers, genauso wie jener Angst, die der Verlorenheit des Menschen in der Welt ihre abgründige Tiefe gibt. ›Angst‹ ist deshalb das zentrale Wort in der Lyrik Andreas Gryphius', des ausdrucksstärksten Dichters, den es damals in Deutschland gab: »Ich red es offenbar: so lang als Titans Licht / Vom Himmel ab bestrahlet mein bleiches Angesicht, / Ist mir noch nie ein Tag, der ganz ohn Angst, bescheret.« Wenn 1648 vom Frieden gar nichts zu erwarten war, dann doch zumindest ›Tage ohne Angst‹. Das durften alle diejenigen erhoffen, die sich noch an Zeiten des Friedens erinnerten, und ebenso die vielen Jüngeren, für die das Wort ›Friede‹ ohne Inhalt, weil bar aller Erfahrung war. Deshalb vor allem wurde der Friede 1648 nicht bejubelt, nicht gefeiert, obwohl sich mit ihm die Empfindung einer unerhörten Befreiung, ja Erlösung verband. Gegenüber diesem Elementarbedürfnis war es gänzlich gleichgültig, wie sich nach der Unterzeichnung der Dokumente Soll und Haben verteilten: Man sehnte sich einfach nach dem Frieden, und zwar so verzehrend, daß seine Regelungen nebensächlich wurden. So wie die brandenburgischen Beauftragten an ihren Kurfürsten schrieben: »Nicht genugsam können wir die grundlose Gütigkeit Gottes preisen, daß sie uns diese Zeit hat erleben lassen,

Plünderung von Schmuck und kostbaren Geräten während des Dreißigjährigen Krieges
Gemälde von Willem Cornelisz. Duyster

daß nach so vielen und gleichsam unsäglichen Molestien und Drangsal, so ganz Deutschland in die dreißig Jahre hero empfunden, wir diese fröhliche Zeitung vernehmen.« Diejenigen, die gelitten, gehungert, ihre Kinder, Frauen, Männer und ihren Besitz verloren hatten, konnten 1648 nur gewinnen, zumal das wirkliche Opfer des Krieges und der Konferenzen dem einzelnen konkret zunächst nicht faßlich wurde.

Tatsächlich geschlagen, geradezu vernichtet, war letztlich das Heilige Römische Reich, nicht so sehr territorial, als vielmehr in seinem inneren Bestand, seiner Substanz nach. Isaak Volmar, der kaiserliche Rat und Delegierte in Münster, bezeichnete das Reich, wie es in Münster und Osnabrück zugerichtet wurde, als einen »toten Körper«. Sein Urteil lebte keineswegs von kaiserlich gegenreformatorischen Vorlieben ferdinandeischer Abkunft. Frankreich und Schweden hatten Habsburg dazu gezwungen, von sämtlichen Vorstellungen eines Weltreiches und einer europäischen Vorherrschaft Abschied zu nehmen; die weitestgehende Zergliederung der Reichsteile war dafür eine unbedingte Notwendigkeit. Aushöhlung der Zentralgewalt und Stärkung der Duodez-Fürstentümer gehörten so untrennbar zueinander, daß sich die Umgestaltung des Reiches 1648 auch als eine Duodezentralisierung charakterisieren ließe. Genauso zersetzend auf den inneren Zusammenhalt des Reichsverbandes wirkte das Recht auf Einmischung, das sich die Garantiemächte Frankreich und Schweden gesichert hatten. Der Untergang der Staufer in der Mitte des 13. Jahrhunderts wurde seit alters als Exitus des Reiches beklagt. Verloren jedoch ging nur die Universalität, die Weltumspannung, die sich bei Kaiser Heinrich VI. so imposant ausgeprägt hatte. Das Imperiale dagegen trat nach kurzer Metamorphose erneut hervor. Die widersetzliche Gemeinsamkeit von Kaiser und Reichsfürsten durchpulste die Jahrhunderte bis in den Dreißigjährigen Krieg. Erst 1648 wurden dem Reich die tragenden Pfeiler weggeschlagen. Daran kann es keinen Zweifel geben.

Im Zeichen der durch die Westfälischen Verträge möglich gewordenen fürstlichen Machtentfaltung im Reich: Schiffe der Flotte Kurbrandenburgs Aus einem Gemälde von Lieve Verschuir, 1684

Den Deputierten des Westfälischen Friedens gelang es, dem Reichsverband das politische Rückgrat herauszulösen. Während seine einzelnen Teile durch Übertragung der Superitas territorialis Selbstherrlichkeit gewannen, hatten sich zur selben Zeit Staaten wie Frankreich, England oder Rußland schon längst folgerichtig entlang der nationalen Achse zu modernen Imperien auszuformen begonnen. Spätestens seit dem 17. Jahrhundert richteten sich die politischen Gestaltungskräfte der vergleichbaren Völker und Staaten Europas zentripetal aus. Den Deutschen hingegen wurde die Struktur ihres verklammernden Staatsverbandes zertrümmert, ihre Einzelglieder wurden freigesetzt und dadurch sämtliche zentrifugalen Gewalten belebt. Je kräftiger sich seitdem die mehr als dreihundert deutschen Einzelstaaten entwickelten, um so stärker beschleunigte sich der politische Auszehrungsprozeß des Reiches; er endete in gänzlicher Funktionslähmung. Dieser Weg wurde 1648 dem Reich durch ein Rechtsinstrument vorgezeichnet, dessen Detaillierung samt seiner internationalen Absicherung keinen Spielraum für Änderungen offen ließ. Die Leistung der vielen hundert Juristen, Diplomaten, Räte, die jahrelang in Münster und Osnabrück verhandelt und gearbeitet hatten, reizte noch eineinhalb Jahrhunderte später Georg Wilhelm Friedrich Hegel zu der Feststellung, bei der 1648 geschaffenen Reichsverfassung habe es sich um eine »konstituierte Anarchie« gehandelt.

Die Regelungen der Westfälischen Friedensverträge hatten für Deutschland die verhängnisvollsten politischen Auswirkungen. Alle tiefgreifenden Veränderungen, jeder Erfolg, jedes Unglück, alles was ans Mark rührt, besitzt jedoch auch seinen formalen Aspekt. Beides muß nicht in Deckung sein – auf 1648 angewandt: Die substantielle Vernichtung des Reiches einerseits und die Bedeutung der neuen, fundamentalen Verfassungsregelungen andererseits stehen zueinander in einem krassen Mißverhältnis. Läßt man die inhaltlichen Konsequenzen beiseite, so gehören die Dokumente von Münster und Osnabrück zu den gewichtigsten Verfassungsurkunden der Reichsgeschichte; ihr Rang wird nur noch von der ›Goldenen Bulle‹ Kaiser Karls IV. übertroffen.

So kläglich das Reich bis zu seinem Ende 1806 verrottete: Das westfälische Friedenswerk blieb für eineinhalb Jahrhunderte ein fester Bezugspunkt. Es fixierte in absolut verbindlicher Form die kirchliche und staatliche Situation in Deutschland. Bei den Dokumenten handelte es sich, wie im Eingangssatz des ersten Artikels feierlich hervorgehoben wird, um einen »christlichen, allgemeinen, immerwährenden Frieden«. Der Text dieser immerwährenden Vereinbarungen, bei denen der religiöse Nebenklang des Ewigen nicht zu überhören ist, wird von wiederholten Beteuerungen der Unverbrüchlichkeit aller ausgehandelten Paragraphen und Bestimmungen durchzogen: immerwährendes Vergessen aller Feindseligkeiten, Amnestie für sämtliche Vergehen, immerwährendes Begraben aller Streitigkeiten. Alle »sowohl vor dem Kriege als auch im Kriege, mit Worten, Schriften oder Taten zugefügten Beleidigungen, Gewalttaten, Feindseligkeiten, Schäden und Unkosten ohne alles Ansehen der Personen oder Sachen sollen dergestalt gänzlich abgetan sein, daß alles, was deshalb der eine vom anderen fordern könnte, in immerwährendem Vergessen begraben sein soll«.

Der Friede ist »null und nichtig, ungültig, unbillig, ungerecht, verdammenswert, verwerflich, nichtssagend, inhalts- und wirkungslos für alle Zeiten.« – Aus der Bulle von Papst Innozenz X. zum Westfälischen Frieden

Der Hintergrund dieses »zur Ehre Gottes und zum Heil der Christenheit« vereinbarten ewigen Friedens – den die katholische Kirche allerdings strikt ablehnte – gibt den Bestimmungen von Münster und Osnabrück als »Leges et constitutiones fundamentorum« des Heiligen Römischen Reiches Deutscher Nation seine besondere Weihe. In Paragraph 2 des Artikels XVII heißt es: »Auch soll . . . dieser Vertrag eine immerwährende Satzung und ein Grundgesetz des Reiches sein und inkünftig gleich wie die anderen Satzungen und Grundgesetze des Reiches namentlich dem nächsten Reichsabschied und der kaiserlichen Wahlkapitulation selbst einverleibt werden und für die Abwesenden ebensosehr wie für die Anwesenden, für die Geistlichen gleich wie für die Weltlichen verbindlich als eine Richtschnur, die sie immerdar zu befolgen haben, vorgeschrieben sein.« Keine einzige denkbare Form von Vertragsbrüchen, Streitigkeiten, Kriegen, die sich in Zukunft ereignen würden, sollte an den Regelungen von 1648 etwas ändern können. Die europäischen Mächte stellten fest, daß in einem solchen Fall »der geschlossene Friede nichtsdestoweniger in Kraft bleiben soll, und alle Vertragspartner sollen verpflichtet sein, alle und jede Bestimmung dieses Friedens gegen jedermann zu schützen und zu verteidigen«.

In den westfälischen Verträgen wird beinahe in sämtlichen Artikeln vom deutschen Reich gesprochen. Gerade deshalb ist es nicht nur bemerkenswert, sondern auch überaus charakteristisch, daß dieses Reich, das schließlich damals noch nicht zu einer schmächtigen Formel abgemagert war, sondern immer noch als Institution politischen Großformats existierte, in Münster und Osnabrück durch keinerlei Bevollmächtigte vertreten war. Verhandelt wurde nur von den kaiserlichen, königlichen und reichsständischen Gesandten und Delegierten, und zwar »in Gegenwart und mit Zustimmung und Einwilligung der Kurfürsten, Fürsten und Stände des Heiligen Römischen Reiches«; auch unterschrieben wurde von keinem Vertreter des Reiches, sondern nur von den reichsständischen Deputierten. Darin offenbart sich, wie endgültig die wesentlichen Reichsrechte auf die Stände übergegangen waren. Das zugestandene Jus foederis glich die Souveränität der Fürsten derjenigen des Kaisers an. In den beiden ersten Paragraphen des Artikels VIII wurde ihnen praktisch uneingeschränkte Landeshoheit zugebilligt; sie erhielten »Stimmrecht in allen Beratungen über Reichsgeschäfte«. Ob es sich um neue Gesetze oder Steuern, um Truppenwerbungen oder Kriegserklärungen handelte, nichts durfte »künftig jemals ohne die aus dem Reichstag abgegebene freie Zustimmung und Einwilligung aller Reichsstände geschehen oder zugelassen werden«.

Umfassender ließ sich die Autonomie der deutschen Fürsten nicht mehr ausbauen, umfassender ließ sich aber auch die Oberhoheit des Kaisers als des Herrn des Reiches nicht beschneiden. Die Macht der Reichsstände ergab sich aus der Ohnmacht des Kaisers. Seit 1648 wurde jeder Versuch sinnlos, das Reich so umzugestalten, wie es den funktionalen Erfordernissen eines modernen Staatswesens entsprochen hätte. Die Frage »Cui bono?«, die sich beim Westfälischen Frieden immer wieder stellt, läßt sich nicht nur anhand der militärischen Sieger, des Schiedsspruches der Waffen, des Gesamterfolges der ausländischen Mächte beantworten. Das ungehinderte Emporwachsen der deutschen Einzelstaaten, ihre individuelle Modernisierung haben einiges mit dem Aufsteigen des territorialfürstlichen Phönix aus der Asche des Reiches zu tun.

Da sich der Westfälische Friede sowohl gegen das Reich als auch gegen das Gesamtinteresse Deutschlands richtete, weil er dem selbständigen Denken und politischen Handeln der deutschen Fürsten Vorschub leistete, wäre zwischen 1648 und 1806 die Politik eines Reichsfürsten, die sich in den Dienst des Reiches oder Deutschlands gestellt hätte, von den tatsächlichen Verhältnissen und den Begründungen her widersinnig gewesen. Nur weil die innere Verfassung des Reiches die Möglichkeit dazu bot, kam es zum Ringen Preußens mit Österreich in den Schlesischen Kriegen. Wenn sich nach 1648 ein Gefühl deutscher Zusammengehörigkeit regte, dann immer nur als elementare Empfindung, nie jedoch als Konsequenz der politischen Überlegung einer landesfürstlichen Obrigkeit.

Wenn für das Verhältnis der Fürsten zum Kaiser die Komplementärbegriffe Macht und Ohnmacht charakteristisch sind, so gehört zu der Feststellung, das Jahr 1648 hätte eine verheerende Schwächung des Reiches bedeutet, eine Ergänzung: 1648 hat sich in den Einzelgliedern des Reiches eine beeindrukkende Gewalt durchgesetzt. Die Zersplitterung, gegen die Kaiser und Reich ununterbrochen anzukämpfen hatten, war ausschließlich unter dem Gesichtspunkt der Gemeinsamkeit, des Zusammenhalts, der staatlichen Ordnung und ihrer Sicherung das Merkmal einer leidvollen Schwäche; aus ihr ergab sich der beständige Aderlaß des Reiches. Von den Antrieben her, dem unbändigen Willen zur Selbständigkeit, dem störrischen Pochen auf Eigenrecht und Eigenwürde ist der Partikularismus in unserer Geschichte das Kennzeichen einer

Kleinfürsten in Fechterposen
Skizzen von Jacques Callot,
um 1630

unglaublichen Stärke und vor allem ein klarer Beweis dafür, wie ungeeignet sich die Deutschen durch die Jahrhunderte erwiesen haben, Untertanen zu sein. Die deutschen Rechtsbücher des Mittelalters bekunden höchst augenfällig, daß bei uns seit alters die Freiheiten und Rechte des Menschen vom Fürsten genauso wie vom rodenden Bauern ganz und gar unzimperlich wahrgenommen worden sind. Von den Zeiten Heinrichs des Löwen im 12. Jahrhundert bis zum Westfälischen Frieden sind an dem Übermaß kapitaler Unbotmäßigkeit, an dem auftrumpfenden Behaupten der eigenen Besonderung bis hin zur dickschädligen Eigenbrötlerei, an dem fanatischen Kampf um persönliche Freiheit, an dem starrsinnigen Vertrauen darauf, daß die eigenen Kräfte auch dort zum Ziel führen, wo es nahe gelegen hätte, gemeinsam zu handeln, an der privatindividuellen Aufsässigkeit der Deutschen mit ihren steifen Nacken letztlich die Bemühungen zuschanden geworden, den inneren Zusammenhalt durch die Jahrhunderte zu festigen und das Reich derart umzuformen, daß die Einheit gewahrt bliebe und trotzdem Modernität gewonnen würde.

»Unfreiheit kommt von unrechter Gewalt.« – Aus dem ›Sachsenspiegel‹

Der christliche Ritter des alten Reichsverbandes Holzschnitt des Monogrammisten WR, 1559

Deutschlands Struktur war seit der Gründung des Reiches föderativ. Die Einheitlichkeit des staatlichen Verbandes, die Klammer des Reiches und das Ausmaß seiner zusammenhaltenden Energien hingen vollständig von der Entschlossenheit, dem Willen, dem Geschick und den Möglichkeiten der Kaiser ab, die beständige Separationsvorliebe der Herren und den Kampf aller gegen alle um Sonderrechte zu beschwichtigen. Zumal die Habsburger entwickelten eine spezifische Begabung phlegmatisch-listiger Zurückhaltung bei der politischen Führung des Reiches. Sie brachten viel bewußte Reserve, getarnt als einheimische Neigung zu Nachlässigkeit, ins Spiel; sie wurden dadurch der prunkenden Vielfalt der deutschen Länder gerecht und hielten sie dennoch zusammen in einer Einheit, die sich durch höheres Recht sanktionierte als durch bloßen Zentralisierungsdrang. Nach dem Zerfall des Reiches 1806 wurde – über das Zwischenspiel des Deutschen Bundes – die Funktion des Reichszusammenhaltes vom national zugerüsteten Staat übernommen. Bismarck verknüpfte politisch folgerichtig die Reichsgründung von 1871 mit dem alten Reich und seinen Kaisern, auch wenn die Reichsordnung etwas gänzlich anderes dargestellt hatte, als es die Nationalordnung darstellte.

In dem verzweifelten Widerstand Wilhelms I. gegen die Kaiserwürde und den Kaisertitel einerseits, in der festen Entschlossenheit, mit der Bismarck gleichwohl seinen Willen durchsetzte andererseits, sind Hauptgegensätze enthalten, die untrennbar und wesensmäßig zur Geschichte der Deutschen und der Geschichte ihres Reiches gehören. Für den Kaisertraum der Deutschen, für ihre Träume vom Reich, die ihnen nie so quälend zusetzten wie in den Jahrzehnten, in denen sie das Reich verloren hatten, besaß Bismarck plötzlich eine unvergleichliche Sensibilität, ein Empfinden, das den Preußenkönig Wilhelm I. niemals beglückt, nach dem er sich nie gesehnt und unter dem er niemals gelitten hatte. Die Formel war einfach: Zu einem Reich gehört ein Kaiser.

Die Erklärung Wilhelms I. vom 18. Januar 1871 machte dies deutlich: Die Erneuerung der »seit mehr denn sechzig Jahren ruhenden deutschen Kaiserwürde« sollte es der deutschen Nation ermöglichen, »unter dem Wahrzeichen ihrer alten Herrlichkeit das Vaterland einer segensreichen Zukunft entgegenzuführen. Wir übernehmen die Kaiserliche Würde in dem Bewußtsein der Pflicht, in deutscher Treue die Rechte des Reiches und seiner Glieder zu schützen, den Frieden zu wahren, die Unabhängigkeit Deutschlands, gestützt auf die geeinte

Kraft seines Volkes, zu verteidigen ... Uns aber und und Unseren Nachfolgern an der Kaiserkrone wolle Gott verleihen, allzeit Mehrer des Deutschen Reiches zu sein, nicht an kriegerischen Eroberungen, sondern an Gütern und Gaben des Friedens auf dem Gebiete nationaler Wohlfahrt, Freiheit und Gesittung«. Fast jeder Satz enthält Reminiszenzen, bis hin zu dem uralten Bestandteil des Kaisertitels: »semper Augustus – zu allen Zeiten Mehrer des Reichs«, eine Wendung, die sich erstmals in den ›Relationes‹ des Quintus Aurelius Symmachus und in deutschen Urkunden seit König Rudolf I. findet.

»Der schlechteste Kaiser ist immer noch besser als der vollkommenste Zankbund.« – Ernst Moritz Arndt in einer Flugschrift von 1815

Auch Metternich kannte das Bedingungsverhältnis von Kaiser und Reich. Als er sich nach den Befreiungskriegen entschloß, die Neuordnung der deutschen Verhältnisse ohne Rückgriff auf die Reichstraditionen durchzuführen, mußte er auch Position und Titel des Kaisers ablehnen. Die Verknüpfung damit hätte unter den Interessengesichtspunkten Habsburg-Österreichs eine Schwächung Wiens bedeutet. Lapidar stellte Fürst Metternich nach seinem Sturz in einer Denkschrift vom 10. November 1855 mit dem Blick auf den Wiener Kongreß fest: »Der Deutsche Bund ist kein Reich, denn Reiche ohne Oberhaupt sind nicht denkbar.« Aus demselben Grund setzten sich die preußischen Reformer sowie alle national gestimmten Deutschen nach dem Sieg über Napoleon für die Neuschaffung des Reiches ein, wie der Freiherr vom Stein, Arndt, Humboldt.

Die Entscheidung gegen das vorherrschend national geordnete Reich: eine Sitzung des Wiener Kongresses Stich von Ludwig Zütz, 1814

Völkerrechtlich besitzen beide Daten, 1648 und 1815, der Westfälische Friede und der Wiener Kongreß, eine vergleichbare Dignität. Sie besitzen auch für die Entwicklung des staatlich-gesellschaftlichen Zusammenlebens der Deutschen Momente von grundlegender Ähnlichkeit. 1815 wurde gegen das vorherrschend national geordnete Reich entschieden, 1648 gegen die Möglichkeit, den alten Reichsverband gemäß den absolutistisch-modernen Notwendigkeiten umzugestalten. In Münster und Osnabrück wäre Gelegenheit dazu gewesen, allerdings unter der recht unrealistischen Erwartung, daß Frankreich und Schweden daran ein Interesse gehabt hätten. Andererseits ist es keineswegs wirklichkeitsfern ebenso festzustellen, daß es den Reichsständen durchaus möglich gewesen wäre, anhand einer kühlen Bilanz zu der Einsicht zu kommen, wie vorteilhaft gerade aufgrund der Kriegserfahrungen eine Stärkung der Reichseinheit auch für sie selbst sein würde. Doch sie entschieden anders, und so besteht noch immer das Fazit Friedrich Engels' zu Recht, daß Deutschland durch den Westfälischen Frieden für mehr als zwei Jahrhunderte »aus der Reihe der politisch tätigen Nationen Europas gestrichen wurde«.

Des Reiches längster Krieg

Die Wolfsphase

In dem Kampf der europäischen Mächte zwischen 1618 und dem Westfälischen Frieden ging es sowohl um Konfessionsfragen als auch um Macht- und Hegemonieansprüche Habsburgs und Frankreichs, Schwedens und Spaniens. Der Ausgang des Ringens hing bald nur noch davon ab, ob es gelingen würde, das Reich im Minderzustand eines bloßen Schlachtfeldes zu halten, oder ob der Kaiser fähig wäre, allen Gegenkräften zum Trotz den Gesamtverband des Reiches so zu stabilisieren, daß er nicht zum Objekt reichsfremder Bestrebungen wurde. Kaiser Ferdinand II. – neben Wallenstein und Gustav Adolf, dem schwedischen Kanzler Axel Oxenstierna und Kardinal Richelieu eine der Schlüsselfiguren des Dreißigjährigen Krieges – hatte dazu die hervorragendste Möglichkeit in den Jahren 1628 und 1629, als die Macht Habsburgs in Dimensionen gewachsen war, die sich nur mit den Höhepunkten der Herrschaft Kaiser Karls V. vergleichen lassen.

Ferdinand II. ließ diese Möglichkeiten vorbeigehen. Erst viel zu spät bemerkte er, welche gewaltige Chance er versäumt hatte. Im Jahr 1635 versuchte er im Prager Frieden jenes kapitale Versehen wenigstens in den Grundzügen zu korrigieren. Umsonst, denn der Kaiser war zu dieser Zeit nicht mehr Herr seiner Entschlüsse. Die Schweden standen bereits viel zu tief, viel zu sicher im Reich, und Frankreich hatte sich mittlerweile unwiderruflich dazu entschlossen, die Entwicklung in Mitteleuropa keinen ›Zufällen‹ mehr zu überlassen, sondern sie aus der Hand des Kaisers in die eigene Obhut zu nehmen.

Kaiser Ferdinand II. Gemälde von Georg Pachmann, um 1635

Frankreich in Deutschland

Der Dreißigjährige Krieg entwickelte sich in zwei Etappen, in denen sich Gliederungselemente der altgriechischen Tragödien finden. Der kaiserliche Feldherr Wallenstein – nach dem Urteil Rankes die »außerordentlichste Gestalt, die in der weitausgreifenden Bewegung der Epoche des Dreißigjährigen Krieges auftritt« – wurde am 25. Februar 1634 ermordet. Das Datum bildete den Höhepunkt und die Peripetie. Nach seinem Tod wurde Deutschland zum Aufmarschgebiet fremder Regimenter, zum Feld von Operationen, die untereinander kaum noch Zusammenhänge besaßen und die doch alle zu dem Haupteffekt beitrugen, das Reich im Inneren auseinanderzubrechen.

Im Frühjahr 1647 entschloß sich Kurfürst Maximilian I. von Bayern, mit den Franzosen und Schweden zu Ulm einen Waffenstillstand abzuschließen. Maximilian war schon seit Jahren genauso kriegsunwillig wie die anderen deutschen Fürsten. Er war der vielen Schlachten nicht minder überdrüssig als seiner eigenen Winkelzüge und Wendungen während des ganzen Krieges, seiner Allianzen mit dem Kaiser und gegen ihn, mit den Franzosen und mit den Schweden und gegen sie – und doch konnte er nicht davon lassen.

In diesem Frühjahr gab es zudem einen Grund für die kurfürstlichbayerische Friedensliebe: Die französischen Regimenter unter General Henri de Latour d'Auvergne Turenne, vereint mit dem Gros der schwedischen Truppen, waren im Herbst 1646 in einem einzigartigen Sturmlauf nach Bayern durchgebrochen, das Land verheerend, die Bevölkerung drangsalierend. Dem Oberbefehlshaber des bayerischen Heeres, Johann van Werth, mißfiel jedoch der Waffenstillstand Maximilians. Er versuchte zusammen mit dem Generalwachtmeister Johann Sporck die bayerischen Einheiten ins Lager des Kaisers zu führen. Doch die Soldaten sperrten sich gegen die Eigenwilligkeit ihrer Feldherrn. Werth und Sporck wurden vom Kurfürsten geächtet, flohen zu Kaiser Ferdinand III., der seit 1637 römisch-deutscher Kaiser und Nachfolger seines Vaters Ferdinand II. war, und wurden von ihm hoch belohnt: Werth erhielt das Kommando über die böhmische Kavallerie, Sporck wurde zum Feldmarschalleutnant befördert.

Der Ulmer Waffenstillstand samt dem mißlungenen Coup der beiden Gene-

Maximilian I. von Bayern Vorderseite einer Medaille von Alessandro Abondio, 1623

räle enthielt reichlich viel abstruse Momente; das gehörte zu dieser ganzen Endphase des Dreißigjährigen Krieges, in der die Kämpfe, Eroberungen, stürmischen Reiterzüge, Plünderungsexpeditionen an das Übereinanderherfallen von Wolfsrudeln erinnern. Kaum hatte Turenne nach Abschluß des Waffenstillstandes mit Bayern kehrtgemacht und war in Richtung Nordwesten nach den Spanischen Niederlanden abgezogen, kündigte Maximilian die Ulmer Abmachung mit den Schweden; er nahm an, er wäre in der Lage, sich gegen einen einzigen Widersacher militärisch behaupten zu können. Doch der französische Marschall brach daraufhin das niederländische Unternehmen ab, drehte um, vereinigte sich mit den Regimentern des schwedischen Oberbefehlshabers in Deutschland, Marschall Karl Gustav Wrangel. Die Bayern wurden am 25. Mai 1648 bei Zusmarshausen westlich von Augsburg vernichtend geschlagen. Es war die letzte große Feldschlacht des ganzen Krieges. Franzosen und Schweden stießen nach diesem Triumph ohne weiteren Widerstand noch einmal durch ganz Bayern bis zum Inn vor. Kurfürst Maximilian flüchtete in die sichere Festung Salzburg und meditierte dort einige Zeit über das Für und Wider einer folgerichtigen Politik.

»Weißt du denn nicht, mein Sohn, mit wie wenig Verstand die Welt regiert wird?« – Axel Oxenstierna

Bayerns Ziele stimmten über lange Etappen des Krieges hinweg mit denjenigen Frankreichs überein. Der Kurfürst hatte von Anfang an die Position des Sprechers und Hauptes der Katholiken im Reich eingenommen und sie über alle Höhen und Tiefen der militärischen und politischen Wechselfälle hinweg behauptet. Er führte die Phalanx der Reichsopposition gegen den Kaiser an und gehörte zu den entschiedensten Gegnern aller Bestrebungen, das habsburgische Dominat im Reich und in Europa abzusichern. Kardinal Richelieu, der große Staatsmann und skrupellos-geniale Protagonist der französischen Vorherrschaft in Europa, bediente sich in durchschlagend erfolgreicher Manier des bayerischen Brecheisens für seine Zwecke, nicht nur beim Zersprengen der spanisch-habsburgischen Einklammerung, nicht nur in seinem Kampf gegen den Kaiser und das Reich, sondern ebenso bei der Realisierung des vordringlichsten Zieles Frankreichs, der Eroberung Lothringens und des Elsaß.

Zeitungen
Von der grossen Hungers-Noht di. in der Belägerung Prysach ist gewesen/dafür uns GOtt allhier und bey allen Christen-Menschen in Gnaden behütten wolleAes ist auch solche Noht darinnen gewesen/daß die Gefangenen in Stock-Hauß die andern gefressen haben so darinnen gestorben/auch die Ratten haben sie gefressen den Hunger darmit zustillen.
Nebenst dem Taxt/
Was ein jedes in wehrender Belägerung gegolten hat.
So wol auß dem Lager vor Prysach/Basel/ Augspurg und Nürnberg.
MDC. XXXVIIJJ.

Über die Hungersnot in der durch die Franzosen und die Truppen Bernhards von Sachsen-Weimar von April bis Dezember 1638 belagerten Stadt Breisach
Bericht in einer bayerischen Zeitung von 1639

Im Jahr 1635 war Frankreich vom verdeckten Krieg gegen den Kaiser und seine Verbündeten zum offenen Krieg übergegangen. Direkter Anlaß waren die bedrängte Lage der Schweden nach der verlorenen Schlacht bei Nördlingen 1634 und ihre Isolierung durch den Prager Frieden. Paris erklärte Spanien den Krieg, drei Jahre darauf auch offiziell dem Kaiser. Richelieu gelang es, Herzog Bernhard von Sachsen-Weimar als Parteigänger Frankreichs zu gewinnen, den namhaftesten Heerführer der evangelischen Partei in diesem Krieg und Nachfolger Gustav Adolfs bei der militärischen Führung der Schweden. Der Kardinal subsidierte Herzog Bernhard den Aufbau eines schlagkräftigen Heeres. Bernhard vermochte im Dienst Frankreichs 1638 den Kaiserlichen bei Rheinfelden eine schwere Niederlage beizubringen. Richelieu sah seine Hoffnungen bestätigt, daß Bernhard von Sachsen-Weimar die von Frankreich seit 1632 besetzten Gebiete und Städte absichern würde; es handelte sich um Lothringen, Speyer, Trier, Zabern, Colmar und die Landvogtei Hagenau. Der Herzog hatte damit in kurzer Zeit alle Erfolge der Kaiserlichen seit 1635 gegen Frankreich wettgemacht. Seine Truppen eroberten Freiburg und Breisach, Anfang 1639 auch die Freigrafschaft Burgund, die Franche-Comté, die zusammen mit den Niederlanden als Burgundischer Kreis zum Reich gehörte. Im Juli 1639 starb Herzog Bernhard unerwartet an Typhus.

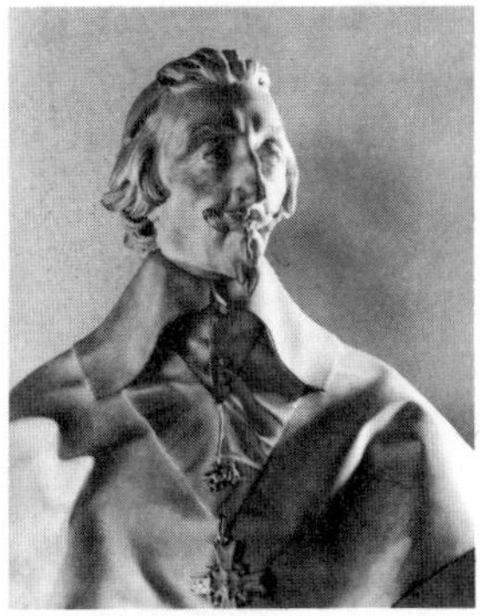

Kardinal Richelieu
Marmorbüste von
Francesco Mocchi

Richelieu übernahm sofort die Truppen des Herzogs, die mit französischen Geldern aufgestellt und besoldet worden waren. Er übernahm auch die Eroberungen des Herzogs, allen voran das Elsaß. Richelieu hatte damit eines seiner Ziele schon erreicht: Frankreich, so hatte er geschrieben, müsse kämpfen, »um sich einen Zutritt nach Deutschland zu schaffen«. Für niemanden im Reich konnte es jetzt noch einen Zweifel daran geben, daß sich Frankreich und Schweden hinter rasch wechselnden konfessionellen Vorwänden zu einem einträglichen Raubzug zusammengefunden hatten. Die Franzosen konnten auch das spanische Veltlin besetzen, aber erst 1643 errang der Herzog von Enghien, der Sohn des Prinzen von Condé und Oberbefehlshaber der französischen Armee, den entscheidenden Sieg bei Rocroi nordöstlich von Reims bei der flandrischen Grenze. Die Spanier verloren ihre besten Fußregimenter. Mit dem Sieg bei Rocroi war Madrid aus dem Krieg geworfen. Im darauffolgenden Jahr trieb Condé zusammen mit Turenne die bayerischen Regimenter durch den Schwarzwald zurück und eroberte anschließend das gesamte linksrheinische Gebiet bis hinauf in den Raum von Mainz. Dann stießen die Franzosen nach Süddeutschland vor. Bei Mergentheim wurde Turenne zwar im Mai 1645 geschlagen und der französische Zangengriff in den Südraum des Reiches durch den Sieg der Kaiserlichen bei Alerheim westlich Nördlingens gebrochen, doch hatten diese Erfolge keinen Bestand. Im Jahr 1646, als die Franzosen brennend und plündernd Bayern verwüsteten, flehte Kurfürst Maximilian förmlich beim Kaiser darum, er möge sich doch endlich mit den Franzosen in nachgiebigster Form einigen.

»Wir mußten alle Völker zu
Totengräbern haben.« –
Friedrich von Logau

Die Schweden im Reich

Von den Kriegszügen der anderen Parteien stachen diejenigen der Franzosen kaum ab. Schon seit den ersten Unternehmungen des kaiserlichen Generals Tilly war es für die Bevölkerung des Reiches schwer, zwischen Freund und Feind zu unterscheiden. Aber erst in der Wolfsphase des Dreißigjährigen Krieges hatten sich alle festen Zuordnungen mindestens einmal, meistens jedoch wiederholt verkehrt. Die Schweden waren 1630 auf Reichsboden gelandet, um die Protestanten und ihre Sache vor dem Untergang zu bewahren. Gustav Adolf versicherte Herzog Bogislaw von Pommern, er sei keineswegs ein Feind des Kaisers; er und seine Schweden seien lediglich nach Deutschland gekommen, um das Reich »in antiqua forma, libertate et tranquillitate zu konservieren und den Religions- und Profanfrieden wider die grassierenden turbatures pacis publicae zu schützen«. Fünf Jahre später kämpften die protestantischen Regimenter Sachsens im Norden Deutschlands gegen die Truppen des protestantischen Schweden. Schotten dienten und kommandierten unter kaiserlicher Fahne. Schweden vertrieben Dänen aus dem Reich und wurden kurz darauf von Dänen in Deutschland attackiert. Am Oberrhein lieferten sich spanische und französische Soldaten blutige Gefechte. Auf dem Bodensee kam es zu einer Schlacht zwischen schwedischen und spanischen Schiffen. Die Mauern des pfälzischen Städtchens Kusel zwischen Idar-Oberstein und Kaiserslautern wurden einmal »von den Kroaten des nachts überstiegen und fast alles darinnen massakriert«. Sinnbildlich für dieses Chaos dürfte das Schicksal Zweibrückens sein: Die Stadt wurde von den Schweden erobert, erhielt dann eine französische Besatzung und

Der Königl. Majest. zu Schweden
Verpflegungs Ordonnanz, Wie hinführo so wohln Hohe vnd Niedere Officirs/alß gemeine Soldaten zu Roß vnd Fuß/ auff den Musterplätzen/ bey allen Trüpsen/in durchgehender Gleichheit/ täglichs an Essen/Trincken/ vnd Servis zu vnterhalten.

Ein Obrister soll täglichs 2. Mahlzeiten haben / für sich vnd die Seinige vnd jede Mahlzeit: [illegible] Essen/deren eins ins andere mehr nicht denn 1/4 eines Reichsthalers koste. 10. lb Brodts. 10. Maß halb Wein/vnd Bier. Servis.

Obriste Leutenant jede Mahlzeit: [illegible] Essen à 1/4 eines Reichsthalers. [illegible] lb Brodts. 6. Maß halb Wein vnd Bier. Servis.

Major oder Capitain jede Mahlzeit: 6. Essen à 1/4 eines Talers. 6. lb Brodts. 4. Maß halb Wein vnd Bier. Servis.

Leutenant oder Fendrich jede Mahlzeit: 4. Essen à 1/4 eines Thalers. 4. lb Brodts. [illegible] Maß halb Wein vnd Bier. Servis.

Vnter Officirer jede Mahlzeit: 3. Essen à 6. kr. 2. lb Brodts. 1 1/2 Maß Bier. Servis.

Ein Corporal vnd Trummelschlager: 2. Essen à [illegible] kr. jede Mahlzeit. 2. lb Brodts. 1 1/2 Maß Bier. deß Tages. Servis.

Ein gemeiner Soldat deß Tages: 2. lb Brodts. 1. Maß Bier/vnd nach Verordnung 1. lb Fleisch/oder deß Haußmans Koß. Servis.

Wo der Wein vbel zubekommen / soll das Bier bestimter Massen gereicht / auch vnter dem Servis Mehrers nicht dann Logiament, Holtz / Liecht/ Saltz/ vnd Seliger erfordert vnd gelieffert / vnd hierinnen im Geringsten kein Mißbrauch oder Vberfluß gestattet werden.

Verpflegungsvorschriften
für die Truppen unter
schwedischem Kommando
Flugblatt, um 1632

wurde schließlich von italienischen Einheiten der kaiserlichen Armee erstürmt und niedergebrannt.

Die Züge des schwedischen Heeres während der achtzehn Kriegsjahre seit 1630 bildeten ein labyrinthisches Gewirr von Schlangenlinien. Schwedens Soldaten marschierten durch Pommern, Mecklenburg, Sachsen, Thüringen, Franken, Bayern; sie waren in München, am Rhein, an der Elbe, in Südmähren, in Böhmen, vor den Toren Wiens. Der Ruhm ihrer großen Heerführer, von Gustav Adolf angefangen über Gustav Horn, Johan Banér, Lennart Torstenson, bis zu Wrangel und Hans Christopher von Königsmarck, war genauso groß wie ihre sprichwörtliche Grausamkeit und Brutalität, die noch viele Jahrzehnte nach dem Krieg den Schreckensruf »Die Schweden kommen!« in eine effektvolle pädagogische Drohung für widerborstige Kinder verwandelten. Schweden waren es, die 1648 nach der Eroberung des Hradschin und der Prager Kleinseite unerbittlich versuchten, auch die Altstadt zu erstürmen, ohne daß es ihnen gelungen wäre, den Widerstand der Besatzung und Bevölkerung, vor allem der deutschen Studentenkompanien, zu brechen und das rechte Ufer der Moldau zu erreichen. Auf der Karlsbrücke stand eine unüberwindbare Mauer von Bürgern, Mönchen, Studenten; hier zerbrach jeder Angriff der Schweden. Bis Ende Oktober lag die Altstadt unter Kanonenbeschuß: Die Schweden warfen Pechkränze, legten Minen, doch die Verteidiger schanzten Tag und Nacht.

Die Kunstkammer eines Adligen zur Zeit des Dreißigjährigen Krieges Aquarell von Michael Herr, nach 1620

Als Königsmarck die Überzeugung gewonnen hatte, die Altstadt nicht erobern zu können, ließ er zwar unentwegt weiter bombardieren und angreifen, räumte aber unterdessen die Prager Adelssitze, Bibliotheken und Kunstkammern gründlich aus. Prag wurde wie kaum eine andere Stadt im Dreißigjährigen Krieg geplündert. Ganze Klosterbibliotheken, Skulpturen, komplette Brunnen, Steinsammlungen, Gemälde, Tafelgeschirr, Teppiche, Aberhunderte kostbarer Möbel wurden auf Schiffe verladen. Seit der Zeit Kaiser Rudolfs II. und seiner Sammelleidenschaft war Prag eine der reichsten Kunstkammern Europas geworden; seit der Abräumaktion Christopher von Königsmarcks sackte Prag für Jahrzehnte in die Niederungen eines Areals zwischen Plünderung und Leichenfledderei ab. Ende Oktober traf auch in Prag die Nachricht von der Unterzeichnung der Westfälischen Verträge ein. Mitten in das Donnern der Geschütze begannen die Friedensglocken zu läuten. Doch die Kämpfe flauten nur zögernd ab. Noch tagelang verließen schwedische Beutewagen die Stadt auf der Leipziger Straße in nördlicher Richtung. So sah das militärische Ende des Krieges in jener Stadt aus, in der er 1618 begonnen hatte.

»Ich werde Bayern bis auf den Grund verwüsten und in Asche legen, so daß sich die kaiserliche Soldateska darin selbst aufzehrt.« – Gustav II. Adolf im Frühling 1632

Schweden waren es schließlich auch, die am erfolgreichsten an der Verwandlung des Krieges zum Fratzenhaften hin gearbeitet hatten. An deren Räubereien, Foltern, Schändungen erinnert das Klageepos Christoph von Grimmelshausens ›Der abenteuerliche Simplicissimus‹, ein Schelmenroman, der wie kein anderes literarisches Dokument des Jahrhunderts die Unermeßlichkeit des Elends dieser Zeit exemplifiziert. Gustav Adolf hatte das Prinzip in den Krieg eingebracht, daß die Truppen planmäßig zu plündern hatten, um den Feind restlos seiner Hilfsquellen zu berauben. Im letzten Kriegsjahrzehnt hatte die Bevölkerung nur zwei Möglichkeiten, dem Tod mit verhältnismäßig hoher Sicherheit zu entkommen: einmal in den großen befestigten Städten, die von einer langen Belagerung abschreckten, zum anderen in den ausgedehnten wilden Wäldern, wenngleich man dort in Erdlöchern schlafen, aus Baumrinde Brot backen, Eicheln, Wur-

Rüstungsindustrie in Schweden zur Zeit des Dreißigjährigen Krieges:
Eisenbergwerk und Kanonengießerei in Julita Stykebruket
Aus einem Gemälde von Allaert van Everdingen, Mitte des 17. Jahrhunderts

Ein Feldlager mit Söldnern, ihren Familien und mit Händlern bei Ostende im Dreißigjährigen Krieg
Gemälde von Sebastian Vranck, erste Hälfte des 17. Jahrhunderts

Ein Reitergefecht zu Ausgang des Dreißigjährigen Krieges
Gemälde von Philips Wouwerman

zeln, Gras und Blätter kochen oder Käfer, Würmer und Schnecken essen mußte. In weiten Landstrichen »ist kein Pferd, keine Geiß, kein Schwein, kein Hund und Katz übrig geblieben«. Mäuse, Ratten, Katzen und Hunde rückten in den Rang von Delikatessen auf, die man auch öfter auf Märkten anbot. Überall war schließlich der »zähnebleckigte Hunger« zu Hause. Immer häufiger wurde sogar das Fleisch von Toten gegessen. Viele Städte begannen deshalb auf den Friedhöfen und bei den Galgen Wachen aufzustellen. Marschall Banér sagte es jedem, der es hören wollte, daß es ihm völlig unmöglich sei, die schwedischen Truppen von Gewalttaten zurückzuhalten.

Aus den Annalen, Diarien, Berichten, Klageschriften und »Jammerchroniken« jener Jahre weht Seite für Seite dasselbe apokalyptische Entsetzen. Schon damals erinnerte man sich an die verheißene Wolfszeit der ›Edda‹, die anbrechen würde, wenn der gefährlichste aller Dämonen, der Fenriswolf, mit seinem Geheul das Nahen des Weltuntergangs verkündete. Englische Diplomaten berichteten von ihrer Reise nach Regensburg, daß zwischen Köln und Frankfurt sämtliche Städte, Dörfer und Schlösser niedergebrannt und ausgeplündert gewesen seien. In Bacharach hätten Verhungerte mit Gras im Mund umhergelegen. Mainz wäre so jämmerlich zertrümmert gewesen, daß sie zur Übernachtung auf ihrem Schiff hätten bleiben müssen, und in den Trümmern hätten »viele arme Leute sterbend auf den Kehricht-Haufen« gelegen. Der sächsische Feldherr und Staatsmann Georg von Arnim hatte dieses Ende vorausgesehen, wie so viele andere auch: »Sollte der Krieg länger dauern, so wird das Reich völlig zerstört werden. Wer aufrichtigen, ehrlichen Sinnes ist, dem muß das Herz bluten; wenn er das Reich so im Unglück sieht, muß er sich nach Frieden sehnen. Unser geliebtes Deutschland wird fremden Menschen zum Opfer fallen und der ganzen Welt ein beklagenswertes Beispiel sein.«

Überfall eines Söldners auf Bauern
Radierung von Hans Ulrich Franck, nach 1643

Statistisch lassen sich die Verheerungen des Dreißigjährigen Krieges nicht zutreffend erfassen, denn es gibt in der Überlieferung zu viele Lücken. Relativ sicher steht heute fest, daß die deutsche Landbevölkerung um rund vierzig Prozent zurückging, während in den Städten etwa jeder dritte dem Krieg zum Opfer fiel. Ein noch erschreckenderes Bild ergibt sich, wenn man die regionalen Unterschiede berücksichtigt, denn der Krieg hatte seine heimgesuchten Regionen und seine Schongebiete. In Böhmen sank die Bevölkerung von drei Millionen auf etwa siebenhundertachtzigtausend. Im Jahr 1618 wurden hier fünfunddreißigtausend Dörfer gezählt, aber am Ende des Krieges war nur noch jedes sechste bewohnt, die übrigen waren niedergebrannt oder verödet. Als spanische Truppen durch München zogen, brachten sie die Pest mit. Binnen vier Monaten starben zehntausend Menschen. In Württemberg war die Zahl der Bevölkerung bereits 1641 von vierhunderttausend auf achtundvierzigtausend gefallen. In der Pfalz fand sich 1641 nur noch ein Fünfzigstel der Bevölkerung. Magdeburg verlor neunzig Prozent seiner Einwohner, Chemnitz achtzig, Berlin wie Colmar fünfzig Prozent. Allein auf das Konto der Schweden kamen eintausendfünfhundert Städte, achtzehntausend Dörfer und zweihundert Burgen, die zerstört wurden. Die ununterbrochene Angst, von der die Bevölkerung des Reiches in den letzten Kriegsjahren beherrscht wurde, war einer der Hauptgründe, warum jedermann den Friedensschluß 1648 als Erlösung begrüßte, ohne sich ernstlicher dafür zu interessieren, was die Parteien in Münster und Osnabrück ausgehandelt hatten. Ein Zeitgenosse drückte diese höchst verständliche Empfindung in einer Sentenz der gottergebenen Urteilsverkehrung so aus: »Am

Frieden ist mehr gelegen als am Recht; denn das Recht ist um des Friedens willen gemacht.«

Symbol des Grauens
Zeichnung ›Der Tod bei seinem Ritt über das Schlachtfeld‹ von Stefano della Bella

Doch Friede bedeutete Leben, und davon war 1648 nicht viel zu spüren. Da nun selbst Luther nicht imstande gewesen war, aus der Bibel nachzuweisen, daß die Mehrehe für einen Christen verboten sei und er deshalb der Bigamie des Landgrafen Philipp von Hessen sein Ja nicht verweigerte, beschlossen die Fürsten 1650 in Nürnberg, der deutschen Bevölkerungsnot in christlich ungewöhnlicher, doch wünschenswert effektvoller Weise abzuhelfen. Sie verkündeten: »Männer unter sechzig Jahren dürfen nicht zum Eintritt in Klöster zugelassen werden. Theologen und Hilfsgeistliche, die die Weihen noch nicht empfangen haben, sowie die weltlichen Stiftsherren sollen heiraten. Es soll jedem Mann erlaubt sein, sich zwei Weiber zu nehmen; und alle Männer und jeder einzelne soll von der Kanzel herab immer wieder ermahnt werden, sich dieser Sache zu getrösten.«

Staatsräson und Konfession

Das Insistieren auf religiösen Rechten hatte die Gegner 1618 zum Schwert greifen lassen. Der Kampf um diese Glaubensrechte, ihre Vernichtung oder Bewahrung prägte die erste Phase des Dreißigjährigen Krieges bis zum Prager Frieden 1635. Kaiser Ferdinand II. hatte damals bereits die Hoffnungen begraben, daß es ihm gelingen würde, diejenigen Gebiete, die er 1628 erobert hatte, wiederzugewinnen und ihre Bewohner in den Schoß der Kirche zurückzuführen. Seit er im Februar 1634 Wallenstein hatte ermorden lassen, besaß er keinen Feldherrn mehr von einem auch nur angenähert vergleichbaren Format. Statt dessen verfügte er über eine Reihe von Generalen, auf die er sich deshalb so blindlings verlassen konnte, weil sie geringeren Zuschnitts waren als der eigenwillige Herzog von Friedland. Im Feld wirkte sich das zwar negativ aus, doch im Hinblick auf die monarchische Absolutheit und Reputation erhielt die neue Situation zweifelsohne stabilisierende Momente. Die Frage bestand lediglich darin, ob der Kaiser und das Haus Habsburg imstande waren, aus jener inneren Kräftigung Kredit zu schlagen, Konsequenzen zu ziehen und politische Entscheidungen zu treffen, die den Krieg einem im Sinne Wiens erfolgreichen Ende näher bringen würden. Ferdinand hatte dabei auch unverändert mit dem Problem zu tun, ob sich die Interessen des Hauses Österreich und der katholischen Religion mit den Interessen des Reiches in Deckung bringen ließen, dessen Kaiser er war und dessen Glieder zu einem erheblichen Teil nicht der katholischen Kirche angehörten.

Welche Forderungen das enthielt und welche Anforderungen dadurch an ihn gestellt wurden, konnte er sich durch einen Blick nach Frankreich verdeutlichen, wo in denselben Jahren Kardinal Richelieu die partikularen Mächte und Interessen so erfolgreich dem staatlich-monarchischen Willen, der scharf gefaßten Staatsräson, unterwarf. Auch wenn dem Kaiser in seiner nahezu hörigen Katholizität der Zugang zu einer ähnlich modernen Staatlichkeit wie zu derjenigen des französischen Kardinals verschlossen bleiben mußte, waren ihm höhere Vernunftsgründe nicht fremd: Hatte er doch um einer staatlichen Räson willen, die das Koordinatennetz für die Ziele und Interessen, Vorteile und Gewinne des Staates bildete, seinen obersten Generalfeldhauptmann umbringen lassen.

»In Wahrheit darf er ein heiliger Fürst genannt werden, der, gleich einem anderen David, durch kein Mißgeschick könnte erschüttert oder zu Grunde gerichtet werden.« – Nuntius Carlo Caraffa an Papst Urban VIII. über Ferdinand II. im Jahr 1629

Denn er hatte befürchtet, oder gab es zumindest vor – ob tatsächlich oder angeblich war dabei nebensächlich –, daß der Feldherr zu einer unerträglichen Gefahr für das Haus Habsburg geworden war. Er hielt sich an das, was ihm in der Denkschrift eines Gegners von Wallenstein versichert wurde: daß sich der Generalissimus nicht nur des Ungehorsams und der Mißachtung des Kaisers, sondern der Schädigung des Landes und der Religion schuldig gemacht hätte. Deshalb neigte der Kaiser auch wohlwollend sein Haupt, als der spanische Gesandte Graf Iñigo Velez de Guevara Oñate den Mord als »eine große Gnade, die Gott dem Hause Österreich erwiesen hat«, feierte und ließ sich dies von seinem Beichtvater Lamormaini bestätigen: »Es gefiel der göttlichen Majestät, die Pläne des Kaisers zu segnen.«

Welche Pläne? Die Macht des Hauses Habsburg und des Heiligen Römischen Reiches, dessen Macht unweigerlich von der Stärke der kaiserlichen Dynastie abhing, zu erhalten, zu festigen und zu steigern. Um dieses Ziel zu erreichen, gab es bestimmte Interessen, die verfolgt werden mußten, und andere, die zu unterdrücken waren. Diese Interessen Habsburgs zwangen den Kaiser und alle, die dem Hause Habsburg dienten, zu bestimmten Handlungen. Hierin aber vereinigten sich selbst die Differenzen zwischen Ferdinand II. und Wallenstein, als auch die noch immer schwelenden Differenzen zwischen dem katholischen Kaiser und den protestantischen Reichsfürsten und schließlich ebenso die Differenzen zwischen der Absicht, das habsburgische Dominat im Reich zu kräftigen, und der Meinung aller Reichsfürsten, ob katholisch oder evangelisch, zu diesem einen Wunsch.

Ferdinand II. war insofern bereits ein absolutistischer Monarch, als er sich selbst weitgehend mit dem Staat, seinen Zielen und seiner Gewalt identifizierte. Auch Wallenstein sah sich im Dienst des Kaisers und seines Hauses, aber er sah sich ebenso im Dienste des Reiches, als einer der mächtigsten Fürsten dazu. Gerade an diesem Punkt begannen sich die Perspektiven des Monarchen und des Feldherrn zu trennen. Staatsräson war für Wallenstein weitgehend identisch mit Reichsräson. Für den Kaiser dagegen handelte es sich um eine Räson des Hauses Habsburgs, um eine Staatsräson seines Gottesgnadentums – und mit Reichsräson war sie nur insoweit identisch, wie er das Reich zu rekatholisieren vermochte.

Vor dieser Kulisse kam es zu den Ereignissen zwischen den Jahren 1634 und 1636. Wallenstein hatte 1633 die kaiserliche Armee hartnäckig aus dem Krieg in Oberdeutschland herausgehalten. Am stärksten war deswegen Kurfürst Maximilian I. von Bayern aufgebracht, der sich kaum gegen die Schweden unter Feldmarschall Horn und Herzog Bernhard von Sachsen-Weimar behaupten konnte. Nach dem Tod Wallensteins änderte sich das jedoch: Am 26. Juli 1634 gelang es der vereinigten kaiserlich-bayerischen Armee, Regensburg zurückzuerobern. Anfang September steigerte sich ihre Kampfstärke durch Zuzug spanischer Regimenter beträchtlich. Diese Armee von nahezu vierzigtausend Mann zog vor Nördlingen, belagerte die Stadt und errang am 5. und 6. September gegen die rasch herangeführten oberdeutsch-schwedischen Regimenter einen wahrhaft überwältigenden Sieg. Horn wurde gefangengenommen, die Truppen wurden zersprengt. Die schwedische Herrschaft in Süd- und Mitteldeutschland fiel über Nacht zusammen; ebenso brach der Heilbronner Bund auseinander, zu dem sich Schweden im März 1633 mit den süd- und westdeutschen Protestanten zusammengeschlossen hatte und dem wenig später auch die

Die Schlacht bei Nördlingen am 6. September 1634: Sieg der Kaiserlich-Spanischen unter Erzherzog Ferdinand über die Oberdeutsch-Schwedischen unter Bernhard von Weimar Stich, nach 1634

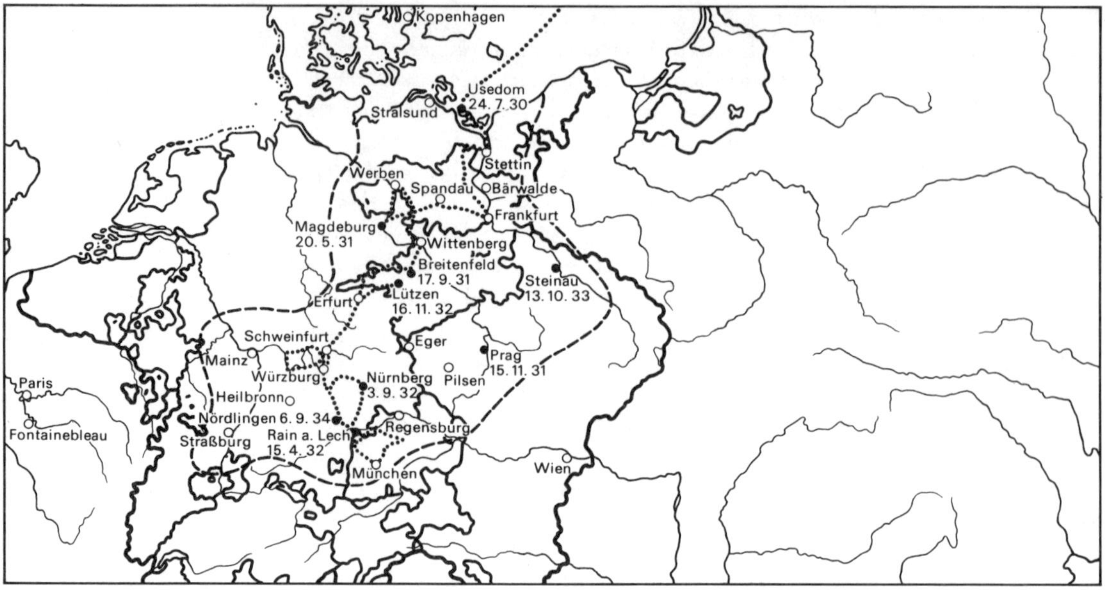

Der Schwedische Krieg 1630-1635

·········· Feldzug Gustavs II. Adolfs 1630-1632

● Schlacht- und Gefechtsorte

– – – Hauptkampfgebiete

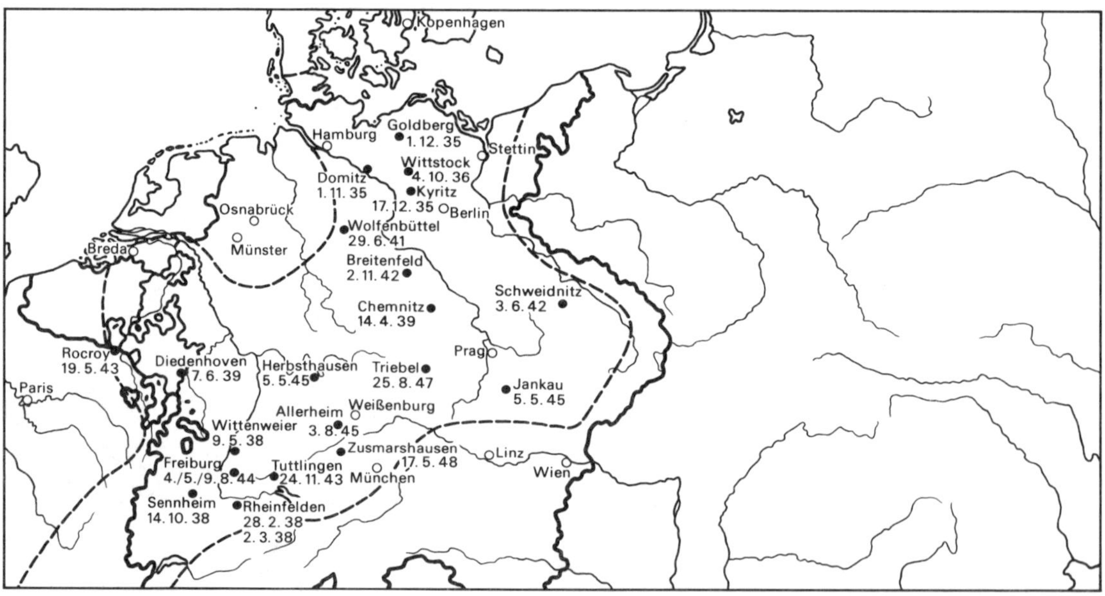

Der Schwedisch-Französische Krieg 1635-1648

● Schlacht- und Gefechtsorte

– – – Hauptkampfgebiete

Der Dreißigjährige Krieg

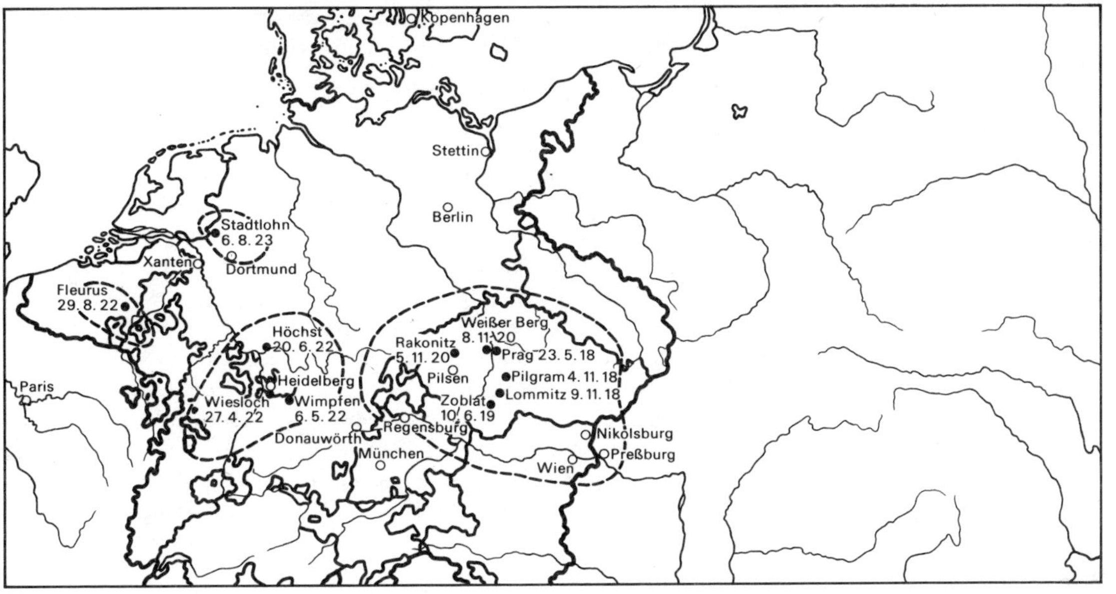

Der Böhmisch-Pfälzische Krieg 1618-1623

● Schlacht- und Gefechtsorte
– – – – Hauptkampfgebiete

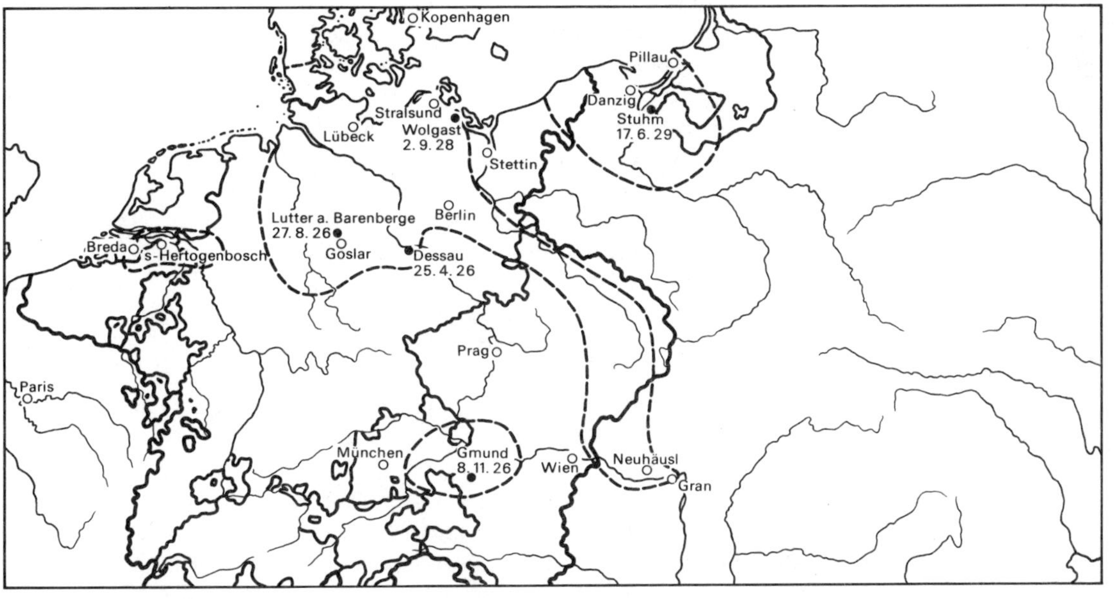

Der Niedersächsisch-Dänische und der Schwedisch-Polnische Krieg (1625-1629)

● Schlacht- und Gefechtsorte
– – – – Hauptkampfgebiete

Reichsritterschaft beigetreten war. Sein Ziel war es, die völlige Gleichberechtigung von Lutheranern und Reformierten im Reich durchzusetzen und Schwedens Eroberungen zu bestätigen.

Die Schlüssel zum Frieden lagen seit Jahren in Dresden. Aus diesem Grund hatte auch Wallenstein so anhaltende und intensive Gespräche mit Sachsen geführt. Kurfürst Johann Georg I. war kein unbedingter Freund der Schweden; er galt zwar als Führer der evangelischen Sache im Reich, hatte sich aber dem Kaiser gegenüber nie zu einer wirklich energischen Oppositionspolitik aufschwingen können. Nach der Ermordung Wallensteins setzte die Hofburg ohne Unterbrechung die Verhandlungen mit Sachsen fort. Besonders stark engagierte sich Ferdinand II., der Sohn des Kaisers. Die Forderungen Dresdens waren hoch, unter anderem wurden für die Protestanten alle geistlichen Güter und Fürstentümer zurückverlangt, die sich seit 1612 in ihrem Besitz befanden. Erst durch den Sieg der Kaiserlichen bei Nördlingen belebte sich der Wirklichkeitssinn des Kurfürsten; und als sich die katholischen Reichsstände ihrerseits mit überschießenden Forderungen meldeten, entwickelte der gemeinhin als lethargisch bekannte Herrscher einen fast hektischen Eifer, den Akkord mit Wien herzustellen.

Der Ort des Friedensschlusses vom 30. Mai 1635: Prag mit Burg und Neustadt Holzschnitt von Jan Kozel

Bereits am 24. November 1634 wurden in Pirna Friedenspräliminarien unterschrieben. Am 30. Mai 1635 schlossen dann Ferdinand und Kursachsen den Frieden von Prag. Der Kurfürst erhielt die Lausitz, sein Sohn das Erzstift Magdeburg. Ferdinand II. bestätigte den Passauer Vertrag von 1552 und den Augsburger Religionsfrieden. Stichtag für den geistlichen Besitz sollte der 12. November 1627 sein; danach wären Minden, Bremen und Halberstadt katholisch geblieben. Im übrigen wurde die Ausführung des Restitutionsedikts für die folgenden vierzig Jahre suspendiert, was praktisch seiner Aufhebung gleichkam. Ferner beschlossen die Herrscher, den Schweden dreieinhalb Millionen Taler zu bieten, damit sie Deutschland verließen. Sollte sich Oxenstierna weigern, würden sich die kaiserlichen und sächsischen Truppen vereinigen und die Schweden samt den Franzosen mit Gewalt aus dem Reich vertreiben.

Der Prager Friede war als Ausgangsbasis für einen allgemeinen Reichsfrieden gedacht. Bis auf die expressis verbis ausgeschlossenen Stände wie Württemberg, Baden und die oberdeutschen Kreise, die mit den Schweden alliiert waren, folgten fast alle Reichsstände der Einladung und traten dem Frieden bei. Der Kaiser erhielt ferner den Oberbefehl über die Reichsarmee, mit deren Aufstellung sich sämtliche Vertragspartner einverstanden erklärten. Dieses Zugeständnis der Armeeführung wog besonders schwer, denn die Stände verzichteten dabei ausdrücklich auf ihr altes, eifersüchtig gewahrtes Jus armorum und Jus foederis, das auf dem Wormser Reichstag von 1521 durch die ›Wormser Matrikel‹ eine verbindliche Rechtsgrundlage erhalten hatte, wodurch das Reichsheer in einzelne Kontingente zersplittert worden war. Die Matrikel für die Aufstellung und Führung des Reichsheeres widersprach allen Gesichtspunkten militärischer Vernunft, denn sie stärkte nicht die Schlagkraft des Reichs, sondern allein das Selbstbewußtsein der Stände. Wegen der schnellen Veränderungen des Kriegswesens war sie überdies anachronistisch. Wallenstein hatte sich über diese Matrikel hinweggesetzt und sie durch die Praxis seiner selbständigen Werbung und Aufstellung eines kaiserlichen Heeres beiseite geschoben, was den Haß der deutschen Reichsfürsten gegen ihn schürte. Später wurde die Matrikel wieder in Kraft gesetzt; sie war bis 1806 gültig.

Daß die Fürsten dem Kaiser im Prager Frieden ein solches Vorrecht zustanden, war ein Indiz für ihre Bereitschaft, seine Position verfassungsrechtlich zu stärken. Der Prager Friede lieferte ferner den Beweis für ihre Einsicht, daß die konfessionellen Zwiste fast belanglos wurden gegenüber den Gefahren, die durch die Einmischung der fremden Mächte entstanden. Doch dieser letzte große Versuch, der Reichsidee ein festes Fundament zu geben, scheiterte – mußte scheitern. Daß der sächsische Kurfürst ein erbitterter Gegner der Reformierten war, weit intransigenter als Ferdinand III., der sie bereitwillig in den Prager Frieden aufgenommen hätte, schuf Schwierigkeiten, doch mehr von der Art läßlicher Sünden. Zerstört wurde jede Hoffnung auf einen allgemeinen Reichsfrieden durch die schwedische Hartnäckigkeit und durch die Sorge Frankreichs, die Deutschen könnten sich einigen, bevor es die eigene Ernte in den Scheuern hatte. Paris dachte nicht daran, seinen Willen zum Krieg durch den Friedenswillen der deutschen Fürsten paralysieren zu lassen.

»Sachsen hat seinen Frieden gemacht, aber das wird auf uns nur die Wirkung haben, daß wir unsere Bemühungen erneuern, alles in Fluß zu halten.« – Richelieu zum Prager Frieden

Ferdinand II. und Wallenstein

Der Mord in Eger

Die Dragoner des Hauptmanns Walter Deveroux hatten den Leichnam in einen Fußteppich gerollt, an den Füßen gepackt und zogen ihn nun hinter sich her, die steile Treppe hinab. Der Kopf des Toten polterte von Holzstufe zu Holzstufe. Draußen war es stockdunkel, eiskalt und stürmisch. Die Soldaten karrten den Leichnam zum Kastell. Am nächsten Tag wurde ein Brettersarg gebracht. Der Tote war jedoch zu groß; ein Furier zerschlug ihm mit einer Keule die Beine, erst jetzt ließ sich die Leiche in den Kasten zwängen: die Leiche von Albrecht Wenzel Eusebius von Wallenstein, Herzog von Mecklenburg, Sagan und Friedland, Fürst von Groß-Glogau, General-Oberst-Feldhauptmann des Kaisers und der Krone Spaniens in Deutschland, General des Baltischen und Ozeanischen Meeres, Träger des Ordens vom Goldenen Vlies. Mit diesem Mann starb nicht nur der überragendste Condottieri der Weltgeschichte, sondern der einzige Staatsmann des Kaisers, der die Sache des Reiches im Dreißigjährigen Krieg souverän und erfolgreich gegen die ausländischen Mächte vertreten hatte, der einzige auch, der Frankreichs leitendem Minister, Kardinal Richelieu, und dem schwedischen Reichskanzler Oxenstierna ebenbürtig gewesen war.

Dreieinhalb Monate vor diesem Ende, am 14. November 1633 hatte Herzog Bernhard von Sachsen-Weimar mit seinen schwedischen Truppen Regensburg erobert. Der Kaiser und der bayerische Kurfürst waren erschüttert und verstört. Seit den Zeiten der Römer besaß Regina castra seinen hohen Rang. In der »Kaiserchronik« eingangs des 12. Jahrhunderts wurde »Regensburg« in freier Selbstverständlichkeit neben Rom, dem Zentrum der Christenheit, als »Hauptstadt« bezeichnet. Ihr Fall galt dem katholischen Fürsten als größtes Unglück des ganzen Jahres 1633. Maximilian bat Wallenstein flehentlich, er möge umgehend mit der kaiserlichen Armee von Nordböhmen heranziehen und die Schweden aus der Stadt vertreiben. Gleichzeitig verstärkte der Kurfürst in Wien jedoch die Partei derjenigen, die seit Monaten die Absetzung Wallensteins betrieben: Der Feldherr sei zu wirklich durchschlagenden Militäraktionen nicht bereit; statt die Gegner des Kaisers zu bekämpfen, verhandle er ununter-

Albrecht von Wallenstein
Aquarell, 17. Jahrhundert

»Ersuchen Wir gnädigst, in der gegenwärtigen Not uns nit zu lassen.« – Kaiser Ferdinand II. an Wallenstein im April 1632

brochen mit ihnen; wer könne dafür garantieren, daß er noch loyal zum Kaiserhaus stehe?

Wallenstein war kurz nach dem Fall der Stadt Regensburg aufgebrochen und hatte mit der Armee nach wenigen Tagen den Böhmerwald erreicht. Hier brach er jedoch das Unternehmen ab. Er berichtete am 3. Dezember 1633 nach Wien, daß wegen des strengen Frostes und der starken Schneefälle mit einer aussichtsreichen Militäroperation bis zum Frühjahr gewartet werden müsse; er führe die Armee in die Winterquartiere. Der Kaiser und seine Berater waren empört, obgleich jeder Trommelbub damals wußte, daß der Krieg im Winter bei Freund und Feind ruhte, ruhen mußte. Ferdinand II. ließ Wallenstein den Befehl zustellen, sofort weiterzumarschieren, die Schweden anzugreifen und Regensburg zurückzuerobern sowie die Regimenter, die er nach Oberösterreich in die Winterquartiere geschickt hatte, zur Entlastung der Erblande an den Inn zu verlegen.

Wallenstein lehnte ab. Er ließ sich seine Vollmachten in der militärischen Führung selbst durch persönliche Befehle des Kaisers nicht schmälern; er berief sich auf die Göllersdorfer Vereinbarung vom 13. April 1632. Damals hatte der seit August 1630 Entlassene sich auf die verzweifelten Bitten des Kaisers hin bereit erklärt, binnen wenigen Monaten ein neues Heer aufzustellen, in Kürze auf über hunderttausend Mann zu erhöhen und auch das Kommando zu übernehmen, allerdings unter einer Reihe von Bedingungen – unter anderm auch derjenigen, daß er absolute Weisungs- und Entscheidungsfreiheit bei sämtlichen militärischen Operationen besitze. Ferdinand II. hatte Wallenstein eingeräumt, er möge sich »alles, was er Unseres Dienstes zu sein befinden, angelegen sein lassen, da Wir ihm alles anheimgestellt haben und darum trauen«; der Kaiser übertrug ihm Vollmacht in absolutissima forma. Jetzt, im Dezember 1633, erinnerte Wallenstein nicht nur an diese Vereinbarungen. Er rief in Pilsen einen Kriegsrat aller Generale und Regimentskommandeure zusammen und legte ihnen die Befehle aus Wien vor. Die Offiziere lehnten sie einstimmig ab. In einem Gutachten für den Kaiser betonten sie: Wenn die Winterquartiere jetzt aufgehoben würden, müßten die Soldaten »krepieren oder desperieren«.

Auf diese Antwort entschloß sich der Kaiser dazu, seinen Feldherrn abzusetzen – ja nicht nur das: Er ließ sich von der regen Aktionspartei der Wallenstein-Gegner am Wiener Hof davon überzeugen, daß sich der Generalissimus auch einer Verschwörung schuldig gemacht hätte; worum es sich dabei im einzelnen handeln sollte, wurde nicht bekanntgegeben. Ende Dezember entschied Ferdinand II., Wallenstein nicht einfach abzuberufen, sondern ihn mit Gewalt entfernen zu lassen. Am 24. Januar erließ der Kaiser ein Ächtungsdekret gegen Wallenstein und seine Vertrauten wie die Feldmarschälle Christian von Ilow und Adam Erdmann Graf Trčka von der Lipa. Trčka und Wallenstein waren verschwägert; die Schwester Trčkas hatte Wilhelm Graf Kinsky geheiratet, der ebenfalls zu Wallensteins engstem Vertrautenkreis gehörte. Dem Kaiser war es gelungen, für seinen Plan sechs der höchsten Offiziere aus Wallensteins Umgebung zu gewinnen, zu denen der Feldherr bedingungslos Vertrauen hatte, zumal sie sämtlichst unter seinem Generalat aufgestiegen und von ihm gefördert worden waren. An der Spitze stand Matthias von Gallas, der zusammen mit dem Patent, das ihn zum Nachfolger Wallensteins in der Armeeführung bestimmte, den Befehl erhielt, den Herzog »und die vornehmsten Mitverschworenen, wenn irgend möglich, gefangenzunehmen und nach Wien zu bringen oder als überführte Schuldige zu töten«.

Als die öffentliche Ächtung durch den Kaiser bekannt wurde, fielen auch die übrigen kommandierenden Offiziere fast ausnahmslos von Wallenstein ab. Der Herzog, damals ein schwerkranker Mann, dem selbst Reisen in einer gepolsterten Sänfte größte Schmerzen bereiteten, brach am 22. Februar 1634 mit einem kleinen Gefolge von Pilsen nach Eger auf und traf zwei Tage später in der Stadt ein. Am Abend des 25. Februar lud der Kommandant, Oberstleutnant Johann Gordon, ein Schotte, die Vertrauten des Feldherrn zu einem Bankett auf die Kaiserburg ein. Gordon, der irische Oberstleutnant Walter Butler und Oberstwachtmeister Walter Leslie hatten beschlossen, hinter der Maske persönlicher Treue gegenüber Wallenstein das kaiserliche Ächtungsdekret in einer speziellen Weise umzusetzen. Der 25. Februar 1634 war der letzte Sonnabend des Faschings. An dem Bankett nahm außer Ilow, Trčka und Kinsky auch Rittmeister Heinrich Neumann teil, der Sekretär Wallensteins. Mitten im Pokulieren stürzten auf ein vereinbartes Zeichen hin schwerbewaffnete Dragoner in den Saal und hieben die Offiziere, die sich bis zuletzt verteidigten, nieder. Zwei Stunden später brachen sechs Dragoner unter Führung des Hauptmanns Deveroux in das Stadthaus am unteren Markt ein, in dem Wallenstein Quartier genommen hatte. Sie sprengten die Tür zu seinem Zimmer. Wallenstein stand am Fenster und blickte in das entfesselte Schneetreiben. Als er sich umdrehte, holte Deveroux aus und stieß ihm die Partisane mit voller Wucht durch die Brust. Wallensteins Blut spritzte an die Wand. Er war sofort tot.

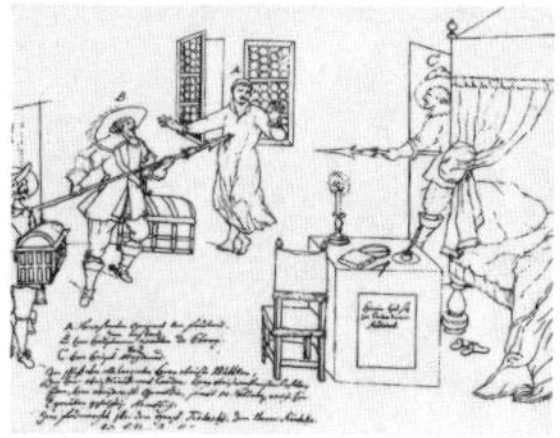

Die Ermordung Wallensteins im Stadthaus zu Eger am 25. Februar 1634 Zeichnung, nach 1634

Hochverrat?

Mit diesem schmutzigen Ende einer Laufbahn, die nach Jahrhunderten noch nichts von ihrer Attraktion verloren hat, verknüpfen sich zwei Hauptfragen. War der Kaiser wirklich dazu gezwungen gewesen, sich auf eine solche Weise von demjenigen zu befreien, der ihm mehr als eineinhalb Jahrzehnte am erfolgreichsten und aufopferndsten gedient hatte? Eine Frage, die wahrscheinlich mit dem abgründigen Respekt, den selbst der todkranke Herzog von Friedland den Wiener Kreisen samt dem Kaiser einflößte, am ehesten zu klären ist. Auf welche Beweise stützte sich zum anderen die Behauptung im Ächtungsdekret, daß es sich beim Herzog und seinen Vertrauten um »überführte Schuldige« handle? Worin bestand Wallensteins »Verschwörung«?

»Es gibt keinen Ausdruck, der abscheulich genug wäre, eine solche Tat zu charakterisieren, und keine Strafe in diesem Leben, die entsetzlich genug wäre, eine solche Tat zu sühnen.« – Richelieu über den Mord in Eger

Eine belegbare Schuld Wallensteins stand weder vor Erlaß des Ächtungsdekrets fest, noch konnte sie nach der Ermordung auch nur mit einer einzigen Zeile bewiesen werden. In Göllersdorf hatte der Kaiser seinen Feldherrn auch dazu ermächtigt, Friedensgespräche zu führen, zumal Verhandlungen mit Sachsen. Das war schriftlich fixiert worden. Am 22. Mai 1632 schrieb Feldmarschall Arnim an Kurfürst Johann Georg I., Wallenstein hätte ihm nicht nur versichert, »daß er Plenipotenz den Frieden zu traktieren und zu schließen in den Händen habe, (er) hat mir auch solches zu lesen gegeben«. Der Herzog konferierte mit allen Parteien, zumal seit dem Tod Gustav Adolfs in der Schlacht bei Lützen am 16. November 1632: Mit den Schweden, den Exilböhmen, den Franzosen, den Sachsen. Die Wünsche dieser Partner wichen erheblich voneinander ab. Die Exilböhmen etwa, die seit der Schlacht am Weißen Berg 1620 Heimat und Besitz verloren hatten, verknüpften mit dem damals allmächtig scheinenden Herzog von Friedland, der doch nach seiner Abkunft und seinem riesigen böhmischen Besitz einer der ihren hätte sein können, ganz andere Interessen als die Schweden. Ihr Wortführer, Heinrich Matthias Graf von Thurn, das Haupt der böhmischen Rebellion 1618, ebenso der Unterhändler Johann von Bubna, auch enge Freunde Wallensteins auf kaiserlicher Seite wie die altböhmische Magnatenfamilie Trčka von der Lipa besaßen nur ein Ziel: Böhmen in irgendeiner Form so zu restituieren, als hätte es das Datum 1618 nie gegeben, das Land womöglich völlig aus dem Staatsverband Habsburgs herauszubrechen und damit einen Zustand herbeizuführen, wie er vor der Schlacht von Mühlberg im Jahr 1547 bestanden hatte, als Ferdinand I. Böhmen wegen der feindlichen Haltung des Adels zum Erbreich Habsburgs erklärt hatte. Exilböhmen sollen schon im Sommer 1631 Wallenstein die Krone Böhmens, die Wenzelskrone, angeboten haben. Nähere Details eines solchen Plans sind jedoch nicht bekannt; bekannt ist nur die wegwerfende Handbewegung Wallensteins: »Was, die Kron', das wär ein groß Schelmenstück!«

»Er schloß sich bald der kaiserlichen, bald der schwedischen, bald überhaupt keiner Politik an.« – Franz Mehring über die Schwächlichkeit Georg Wilhelms von Brandenburg im Dreißigjährigen Krieg

Mit den Schweden verhandelte Wallenstein ebenso zäh wie unverbindlich, in wiederholten Anläufen. Als es für ihn keine Zweifel mehr daran gab, daß Oxenstierna ohne Gebietsabtretungen des Reiches niemals die Waffen niederlegen würde, brach er die Kontakte brüsk ab. Zu den Ecksteinen von Wallensteins gesamtem Friedensplan gehörte die unerschütterliche Überzeugung, daß im Reich für auswärtige Mächte kein Platz sei, weder für das verbündete Spanien noch für Frankreich oder Schweden. Deshalb bemühte sich Wallenstein 1633 mit allen Mitteln, Sachsen und Brandenburg von den Schweden zu trennen. Bei Brandenburg hatte er im Herbst 1633 Erfolg. Kurfürst Georg Wilhelm, dessen kluger Minister Georg Ludwig Graf von Schwarzenberg das Fürstentum die längste Zeit hatte auf kaiserlicher Seite halten können, war schließlich dem Ruf seiner dauerhaften Kraftlosigkeit gerecht geworden und hatte sich entschlossen, aufgrund der verschärften schwedischen Nötigung die Partei zu wechseln. Nachdem ihm Wallenstein durch einen raschen Vorstoß in Schlesien die Ernsthaftigkeit seiner Bündnis- und Friedenswünsche verdeutlicht hatte, erklärte sich Georg Wilhelm zu einem Waffenstillstand bereit. Diesen Initiativen Wallensteins hatte es der Kaiser auch zu danken, daß Sachsen und Brandenburg nicht dem Heilbronner Bund Oxenstiernas beigetreten waren.

Satire auf die Diplomaten im Dreißigjährigen Krieg: ›der Spiele-Mann‹ Surrealistische Halbfigur aus Schachbrettern, Spielkarten, Bällen und Schlägern
Zeichnung von Georg Strauch, Mitte des 17. Jahrhunderts

Die Erörterungen mit Sachsen blieben im August und September 1633 wegen der sächsischen Verbindungen zu Schweden stecken. Wallensteins Gesprächspartner, der bevollmächtigt für den Kurfürsten verhandelte, war Hans Georg von Arnim – ein Freund des Herzogs –, seit er im Dänischen Krieg bis 1628 unter ihm als Feldmarschall gedient hatte. Nach Erlaß des Restitutionsedikts wechselte Arnim freiwillig das Lager, erhielt den Oberbefehl über die sächsischen Truppen und kämpfte auf schwedischer Seite. Er sehnte sich genauso leidenschaftlich nach dem Reichsfrieden wie Wallenstein und teilte die Meinung des Herzogs, der im Dezember 1631 zu ihm gesagt hatte: »Zuletzt, wenn die meisten Lande werden in Asche liegen, wird man Fried machen müssen, wie uns denn diese in die vierzehn Jahr konstituierten Kriegsexempel genug vor Augen stellen.« Doch sein entschiedenes Luthertum ließ Arnim die Religionsprobleme weit weniger indifferent beurteilen, als es Wallenstein vermochte. Arnim strebte das Konzept einer ›dritten Partei‹ des Reiches an, in der sich und mit deren Hilfe der kursächsische Partikularismus saturieren konnte.

In Wien wuchs der Unmut wegen dieser langen Konferenzen zwischen Wallenstein und Arnim, nicht wegen der Verhandlungen selbst, sondern wegen ihrer Ergebnislosigkeit. Die Hofburg wollte Erfolge sehen, im Zweifelsfall militärische. Im August wurde deshalb Heinrich Graf von Schlick, der Präsident des Hofkriegsrates in Wien, zu Wallenstein ins Feldlager gesandt, um dem Feldherrn die Aufforderung des Kaisers zu aktiver Kriegführung zu überbringen. Schlick war ebenfalls im Krieg gegen die Dänen unter Wallenstein Feldmarschall gewesen. Es kam jedoch danach zu Zwisten, wodurch Schlick einer der treuesten Feinde des Herzogs wurde. Als er seine Instruktion vorgetragen hatte, reagierte Wallenstein mit dem Hinweis auf seine Vollmachten und verbat sich jeden weiteren Versuch, in seine Entschlüsse einzugreifen. Schlick, mit einem Blick über das Feldlager, meinte, wenn er selbst den Oberbefehl besäße, würde er das feindliche Heer auf der anderen Seite in ein paar Stunden vernichten. In diesem ganzen Jahr 1633 hatte Wallenstein nichts anderes versucht als zu beweisen, daß mit militärischen Mitteln allein dem Frieden nicht näherzukommen war: Noch bestanden aussichtsreiche Chancen, daß sich politische Vernunft gegenüber militärischer Logik behaupten könnte. Jeder überflüssige Gewehrschuß konnte alles aufs Spiel setzen, was beide Seiten bis dahin an Friedensmöglichkeiten herausgearbeitet hatten. So erwiderte Wallenstein dem Grafen Schlick nur langsam und voller Verachtung: »Die Sachsen in ein paar Stunden vernichten – solch' Rat hätt ich wohl von einem Hofkaplan erwartet, denn von Ihm.«

Die Sachsen waren komplizierte Gesprächspartner, doch noch schwieriger erwies es sich mit Spanien. König Philipp IV. zählte zwar zu den Bewunderern Wallensteins, aber die Pläne des Escorial hatten so gut wie nichts mit den Vorstellungen des Generalissimus zu tun. Madrid sorgte sich mit Grund um die Spanischen Niederlande. Das Gebiet lag allzu verlockend in Reichweite Frankreichs und der Schweden. Deshalb sollte der Kardinal-Infant Ferdinand mit einem stattlichen Heer von Mailand aus durch Graubünden und dann am Rhein entlang in die Niederlande ziehen, zusammen mit dem spanischen Gouverneur von Mailand, dem Herzog von Feria. Die Spanier konsultierten Wallenstein, der gegen einen solchen Durchzug nichts einzuwenden hatte. Daraufhin erweiterte jedoch Madrid den Plan: Ein selbständiges spanisches Heer unter dem Kommando Ferias sollte im Elsaß und am Rhein aufgestellt werden. Als Aufgabe war ihm nicht nur der Schutz des Elsaß und der rheinischen Gebiete bis hinauf nach Köln zugedacht, sondern auch der ganz Süddeutschlands einschließlich Frankens. Da für eine solche Funktion die spanischen Truppen zahlenmäßig nicht ausreichten, sollten sämtliche kaiserlichen Regimenter im deutschen Süden die spanische Armee verstärken und dem Befehl des Herzogs von Feria unterstellt werden.

Die Übergabe
der brabantischen Stadt Breda
an die spanischen Generale
Spinola und Leganés
im Jahr 1625
Gemälde von Jusepe Leonardo,
1634

Nicht allein daß der Kaiser ausdrücklich Wallenstein den alleinigen Oberbefehl über sämtliche Truppen im Reich zusammen mit der Direktion der Kriegführung übertragen hatte: Der Herzog befürchtete mit Grund eine flammende Empörung aller Fürsten des Reiches, ob katholisch oder protestantisch. Das Projekt Madrids würde die Stellung des Kaisers restlos untergraben, da seit vielen Jahrzehnten keine Fremden so verhaßt waren wie die Spanier. Durch ein solches Heer würde der »viehischen spanischen Servitut« stärker Vorschub geleistet als jemals seit den Tagen Kaiser Karls V. Vor allem würde Frankreich umgehend den verdeckten Krieg aufgeben, was sämtliche Friedensaussichten mit einem Schlag vernichten müßte. Ferdinand II. stimmte diesen Einwänden und Überlegungen Wallensteins ohne Vorbehalte zu. Es berührte ihn besonders peinlich, daß Philipp IV. den Herzog von Feria bereits zu seinem General in Deutschland ernannt hatte, ohne in Wien darüber ein einziges Wort verloren zu haben. Wallenstein hatte sich in dieser Frage durchgesetzt, aber von diesem Tag an zählte der spanische Gesandte Oñate in der Hofburg zu seinen unerbittlichsten Gegnern.

Die Krisis setzte im Dezember 1633 ein, als Wallenstein den ausdrücklichen Befehl des Kaisers mißachtete, indem er die Armee in den Winterquartieren beließ. Mitte Dezember wurde der Herzog in Pilsen von dem einflußreichsten Minister und Berater des Kaisers aufgesucht, von Maximilian Graf Trauttmansdorff. Noch einmal skizzierte der Feldherr dem Minister aus seiner Sicht die militärische und politische Gesamtlage und bat ihn, dem Kaiser unmittelbar mündlich und exakt zu berichten. Wallenstein sah in den erklärten Absichten Madrids aufgrund der erkennbaren Ambitionen Philipps IV. die größten Gefahren für das Reich heraufziehen. Der Kaiser dürfe sich auf keinen Fall von dem beständigen Drängen Spaniens ermüden und als Folge davon in fruchtlose »ewige Kriege und Intrigen einstecken« lassen. Die augenblickliche Lage sei für einen Akkord nicht nur günstig, sondern es sei auch so notwendig wie noch nie, ihn so rasch wie möglich herzustellen: »Man muß Fried machen, sonst wird alles unsererseits verloren sein.« Die Mission Trauttmansdorffs schlug fehl, sofern sie vom Kaiser überhaupt als Mission gedacht war.

Einzug einer Gesandtschaft des spanischen Hofes in Wien im Jahr 1634 Zeichnung, Mitte des 17. Jahrhunderts

Noch mehr Bedeutung kam dem letzten offiziellen Gespräch zu, das Wallenstein am 5. Januar 1634 in Pilsen führte. Der Beichtvater Maria Annas, der Tochter des spanischen Königs und Gemahlin Ferdinands III., war von Philipp IV. gebeten worden, nochmals beim Herzog vorzusprechen und eine Vermittlung zu versuchen. Dieser Gesandte, der Kapuziner Diego de Quiroga, gehörte zu den verläßlichsten Parteigängern Wallensteins. Zwei volle Tage konferierte der Herzog mit Quiroga. Sie sprachen miteinander als Freunde, auch wenn Wallenstein in langen Sequenzen ein letztes Mal seinem angestauten Groll, seinen endlosen Vorwürfen an die Adresse Wiens und des Kaisers Raum ließ, kommentiert mit Begründungen und Rechtfertigungen seiner eigenen Maßnahmen. Wiederum empörte er sich über die Torheit, von der das offene Zerwürfnis ausgegangen sei, über den Befehl des Kaisers, im Winter nach Regensburg zu ziehen und die Stadt zurückzuerobern: »Wenn dieses ein Schülerjung begehrt, wäre er wert, daß man ihn mit Ruten streicht!« Ausschlaggebend aber wurde für Quiroga der Starrsinn, mit dem sich Wallenstein allen spanischen Plänen widersetzte. Nach der Abreise Quirogas diktierte der Generalissimus am 10. und 11. Januar seinen letzten Friedensentwurf. Er hob darin nochmals hervor, daß für die Ordnung im Reich ausschließlich die deutschen Fürsten verantwortlich seien, weshalb Frankreich und Spanien aus den Rhein-Gebieten entfernt werden müßten. Nicht anders als die Franzosen und Schweden wünsche auch Spanien, ein Dominat im Reich zu errichten und die deutsche Freiheit abzuwürgen. »Das will ich nicht zugeben, solange ich lebe.« Mit den Schweden könne man sich möglicherweise leichter einigen. Ihr Interesse am Besitz der wichtigsten Ostseehäfen sei zwar elementar, doch ließen sich zweifellos Wege finden, um sie zufriedenzustellen. Das heiße aber nicht, daß er eine »Beliebung zu einer Allianz mit Schweden trage; denn das Römische Reich würde dadurch in steter Unruhe sein«.

»Nun, ich hab den Frieden in meiner Hand gehabt.« – Wallenstein zu dem Obristen Johann von Beck am 21. Februar 1634

Zu Trauttmansdorff hatte Wallenstein offen davon gesprochen, daß er genau wüßte, welch »seltsame, gefährliche Diskurse wider ihn bei Hof vorgingen«. Er täuschte sich in diesen letzten Wochen auch keineswegs über die Absichten hinweg, die der Kaiser selbst hatte. Überrascht war er allenfalls von der Entschlossenheit und dem von krasser Angst getriebenen Haß, mit dem seine Existenz, ja sein Leben vernichtet werden sollte. Deshalb wurde der angebliche Hochverrat, der den Kaiser dazu bewogen haben soll, seinen Feldherrn zu ächten, für Wallenstein erst dann Bestandteil seiner Pläne, als das Ächtungsdekret überall angeschlagen war. Von diesem Moment an kämpfte Wallenstein nicht mehr um den Frieden, sondern um seinen Kopf.

Teils blonder Löwe, teils Hyäne

Nach dem Mord in Eger resümierte Reichskanzler Oxenstierna reichlich banal, Wallenstein hätte mehr unternommen, als er ausführen konnte. Nicht nur im politischen oder militärischen Feld besteht kaum jemals Kongruenz zwischen Plänen und ihrer Verwirklichung. Das Scheitern eines Planes ist niemals der Beweis für die Fehlerhaftigkeit des Plans, ebensowenig wie seine erfolgreiche Verwirklichung auch schon eine ausreichende Legitimation für ihn ist. Wer außerdem nur das anvisiert, wozu er sich befähigt fühlt, erreicht weniger, als ihm de facto möglich wäre – das zeigt die Geschichte in allen Epochen. Auch Gustav Adolf hat das bei seinem Festlandsunternehmen gegen den Kaiser gezeigt.

Im Frühjahr 1629 hatte Wallenstein seinen Feldmarschall Arnim mit zehntausend Mann in den Osten geschickt; er sollte den polnischen König, der seit 1620 mit Gustav Adolf in einen heftigen Krieg verwickelt war, unterstützen. Schon zwei Jahre vorher hatte er ein Regiment nach Polen abkommandiert. Der Schwedenkönig bestritt seinem Vetter Sigismund III. die rechtmäßige Nachfolge auf dem Thron. In Wirklichkeit ging es ihm jedoch um Brückenköpfe auf dem Festland. Wallenstein rechnete bereits 1626 mit einem schwedischen Angriff auf Pommern. Gustav Adolf hatte außer Livland und Riga auch Pillau und das Weichsel-Delta um Danzig erobert. Die pommersche Grenze lag damit praktisch in Sichtweite seiner Truppen. Wallenstein folgerte: »Lassen wir den König in Polen im Stich, dann haben wir hinterher am Schweden einen ärgeren Feind als am Türken.«

Feldmarschall Arnim lieferte bald nach seiner Ankunft dem Schwedenkönig in der Stuhmer Heide eine Schlacht, die so blutig und vernichtend war, daß Gustav Adolf sich entschloß, die ganze polnische Affäre mit dem Status quo abzubrechen. Am 26. September 1629 vereinbarte er mit Polen für sechs Jahre einen Waffenstillstand. Hauptvermittler war einer der besten Diplomaten Richelieus, Hercule Girard de Charnacé. Gustav Adolf behielt die beiden Häfen Pillau und Elbing an der Frischen Nehrung, östlich von Danzig.

Eine erste Bündnisofferte Richelieus im Jahr 1624 war von Gustav Adolf abgelehnt worden. Nunmehr, fünf Jahre danach, hatte des Königs Drang nach Sicherung und Erweiterung seines Dominium maris Baltici erheblich an Intensität gewonnen, denn die Dänen waren von der kaiserlichen Armee aus ganz Norddeutschland vertrieben worden. Sämtliche Ostsee- und Nordseehäfen des Reiches, mit Ausnahme von Stralsund, waren Teil der Interessensphäre des

Das Stockholmer Schloß
Gemälde, vor 1697

Kaisers. Ferdinand II. hatte den Sieger Wallenstein zum ›General des Baltischen und Ozeanischen Meeres‹ ernannt. Habsburg machte sich bereit, nach der Entmachtung Dänemarks die Vorherrschaft Schwedens in den Nordmeeren und den beabsichtigten Ausbau von schwedischen Festlandsrampen auf Reichsboden einer sorglichen Prüfung zu unterziehen.

Gustav Adolf registrierte mit Unbehagen, wie rasch und eindrucksvoll Wallenstein die ersten Grundzüge der kaiserlichen Ostsee-Politik skizzierte. Stralsund war sowohl für Wien, als auch für Stockholm ein Gradmesser der Entscheidung. Die Hansestadt, ursprünglich stolz auf die Kraft, mit der sie sich im Sommer 1628 gegen die Kaiserlichen behauptet hatte, mußte sich schon wenig später damit abfinden, daß sie ihre Selbständigkeit zwischen diesen beiden Kontrahenten nicht bewahren konnte. Während der Belagerung durch die kaiserlichen Truppen richtete sie dringende Hilferufe an die beiden Wasserkönige Christian IV. und Gustav Adolf. Christian sandte ein Hilfskorps unter dem Obristen Heinrich Holk. Mit dem Schwedenkönig aber mußte der Rat erst einen Allianzvertrag auf zwanzig Jahre schließen, bevor Verstärkungen aus Stockholm eintrafen. Seitdem bildete Stralsund den westlichen Pfeiler des festländischen Sockelsystems Gustav Adolfs. Mit dem Allianzvertrag geriet Stralsund in eine Abhängigkeit, die unvergleichlich schmerzhafter und folgenschwerer war, als die kaiserliche Garnison gewesen wäre, die Stralsunds Bürger nicht aufnehmen wollten und deretwegen sie es auf einen Kampf ankommen ließen. Kaum war der Vertrag mit Gustav Adolf unterzeichnet, begannen sie zu ahnen, daß es dem König nicht um ihre, sondern um seine Interessen ging. Seemacht besaß er selbst, dazu benötigte er nicht die Hanse.

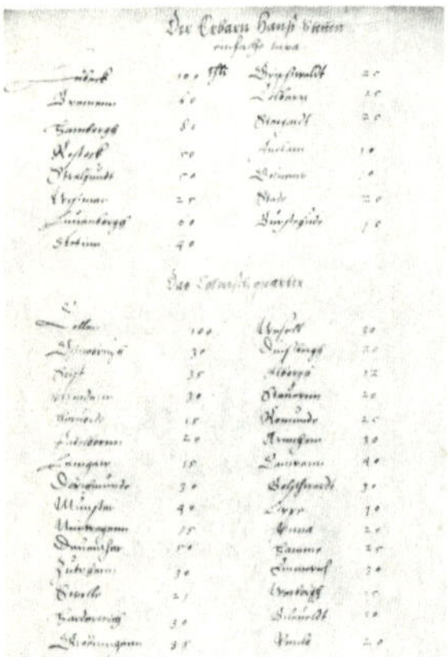

Jahresbeiträge der Hansestädte
Eintragungen im Buch
der Hanseakten, um 1620

Wallensteins Ziel, sämtliche Ostsee- und Nordseehäfen des Reiches in kaiserlichen Besitz oder zumindest in direkte Abhängigkeit vom Kaiser zu bringen, war bis auf Stralsund realisiert. Gustav Adolf mußte, seit der Kaiser 1628 dem Feldherrn die Herzogtümer Mecklenburg-Schwerin und Mecklenburg-Güstrow als Reichslehen übertragen hatte, alle Wünsche an der Präsenz seines gefährlichsten Gegners im Küstenbereich zwischen Vorpommern und Lübeck orientieren. Die maritimen Absichten Habsburgs stellten sich nicht erst als Ergebnis des siegreichen Krieges gegen Dänemark ein. Bereits 1625 wurden dem Kaiser Gutachten über die Notwendigkeit einer aktiven Nord- und Ostsee-Politik Habsburgs vorgelegt. Der leitende Minister, Hans Ulrich von Eggenberg, begeisterte sich fast schwärmerisch für diesen Plan, denn seine Perspektive sei »rühmlich, nützlich, ja notwendig. Rühmlich: Wüßte ich nicht, was Euer Majestät Rühmlicheres sein könnte, als wenn unter Ferdinand II. der kaiserliche Stander auf dem Meere sich sehen läßt – so zuvor aus der Menschen Memori, ja fast aus der Bücher Gedächtnis gekommen. Nützlich: Wo ist der Nutz, wo sind die Reichtümer anders, als wo die Navigation ist? Notwendig: Wie kann das Haus Österreich seinen Feinden, Mißgünstigen, welche es fast ganz in den Notfall gebracht, leichter widerstehen als durch die Macht auf dem Meer, welche allein mächtig und kräftig ist, die Korrespondenz des Hauses zu erhalten, die weit entlegenen und disuniierten Potias derselben zu uniieren und allen anderen Potentaten Leges zu geben?«

Würde Habsburg damit beginnen, Hoheitsrechte in der Ostsee an sich zu ziehen, ließe sich ein Zusammenstoß mit Schweden nicht vermeiden. Wallensteins Fernziel bestand deshalb darin, durch Befestigung sämtlicher Häfen und Landeplätze einen Kordon von Bollwerken zu errichten, mit Hilfe der Hanse und ihren Schiffen Schweden in der Ostsee abzusperren, zugleich die Holländer davon auszuschließen und damit ihren Handel entscheidend zu treffen. Der Hanse sollte auf Kosten der Niederländer das Monopol im spanischen Güterverkehr zwischen dem Reich und Südamerika zufallen. Schon nach wenigen Monaten begann sich die Zusammenarbeit mit den Hansestädten einzuspielen. Seit dem Sommer 1628 wurden Mecklenburg und die kaiserliche Armee zum besten Handelspartner der Seestädte. Binnen kurzem verwandelten sich durch die behutsame Diplomatie Wallensteins die Hansestädte zu den wichtigsten Stützen der kaiserlichen Macht in Norddeutschland. Das ging so weit, daß Wallenstein in der ersten Hälfte des Jahres 1630 schließlich die Seehandelsprinzipien und die gesamte Position hanseatischer Politik akzeptierte und damit rechnen konnte, mit den Städten bald einen befriedigenden Modus für die kaiserliche Seeposition zu finden.

Wenn Gustav Adolf gegen diese Entwicklung nichts unternahm, würde Habsburg bald in der Lage sein, auf eigenen Werften Schiffe zu bauen; der Kaiser wäre dann nicht mehr auf das Wohlwollen der Hanse, Polens und Spaniens angewiesen. Ohne Bundesgenossen war Schweden zu dieser Zeit allerdings nicht in der Lage, gegen eine derartige Macht wie Habsburg ins Feld zu ziehen. Axel Oxenstierna riet deshalb dem König von jeder Invasion ab. Doch in Stockholm arbeitete noch immer Frankreichs Sonderbotschafter Charnacé, der dem König nach seinen Vermittlungsdiensten nach Schweden gefolgt war: An den finanziellen Mitteln sollten die Pläne Gustav Adolfs nicht scheitern. Der König ließ sich dadurch beeinflussen, forderte allerdings Subsidien in ungewöhnlicher Höhe. Vor allem beharrte er darauf, daß Frankreich gemeinsam mit Schweden den offenen Krieg gegen den Kaiser beginnen müsse. Paris weigerte sich. Wenn es in diesem Stadium bereits unverhüllt an Gustav Adolfs Seite den Kampf gegen Ferdinand II. aufnahm, so hätte dies auch Krieg gegen des Kaisers Verbündete im Reich bedeutet, gegen Bayern und alle katholischen Stände.

Christian IV. von Dänemark
Zeichnung von
Adriaen Haelweg, vor 1648

An diesem Punkt starben die Verhandlungen mit Frankreich ab. Gustav Adolf setzte vorerst auf einen anderen Trumpf. Im Februar 1629 sprach er mit dem dänischen König seine Deutschland-Pläne durch. Dynastisch war Dänemark mit Holstein in Personalunion verbunden; durch die Zugehörigkeit Holsteins zum niedersächsischen Reichskreis gehörte Christian IV. als Mitglied dem Reichsfürstenrat an und fühlte sich deshalb als Angehöriger des Reiches. Als ihm Gustav Adolf seine Invasionsabsichten entwickelte, war er hellauf empört. Im Reich habe der Schwedenkönig nichts verloren, es gebe weder Gründe noch Anlaß zu einer Intervention. Gustav Adolf verteidigte sich mit religiösen Motiven: Er wollte die Sache Luthers vor dem Untergang retten. So rechtfertigte er das Projekt auch in Stockholm, als er sich vom schwedischen Reichstag verabschiedete. Er hatte sogar die Genugtuung, daß ihn einige Reichsstände um Hilfe gebeten, ihn also nach Deutschland gerufen hatten, damit er die alten Rechte und Freiheiten wiederherstelle.

»Was haben Euer Liebden in Deutschland zu tun? Was hat der Kaiser gegen Euer Liebden verbrochen?« – Christian IV. zu Gustav II. Adolf am 29. Februar 1629

Gustav Adolf wurde diese Argumentation vom Kaiser selbst in den Mund gelegt. Aufgrund des Restitutionsedikts, das Ferdinand II. am 6. März 1629 erlassen hatte, sollten alle seit 1552 eingezogenen Klöster und geistlichen Stiftungen, die nicht reichsunmittelbar und bis zur Passauer Konvention von 1552 katholisch waren, wieder Katholiken zugesprochen werden. Restituiert werden sollten auch sämtliche reichsunmittelbaren Stifte, welche die Protestanten seit dem Augsburger Religionsfrieden eingezogen hatten. Hunderttausende sahen sich dadurch einer gewaltsamen Rekatholisierung ausgesetzt. Die gewaltige Sondergruppe der Reformierten wurde insgesamt rundweg zu Ketzern erklärt, ihrer Konfession also jede Rechtsgrundlage entzogen. Das Restitutionsedikt versetzte die Protestanten in helle Verzweiflung. Wallenstein hatte bis zum letzten Moment gegen dieses Edikt gekämpft. Er hatte dem Kaiser wiederholt vorgehalten, daß dieser ihn und die kaiserliche Armee 1625 mit der ausdrücklichen Instruktion ins Reich geschickt habe, den Gegnern Habsburgs bei ihrem Kampf jeden konfessionellen Vorwand, den »Prätextum der Religion zu nehmen«. Wenn die Jesuiten jetzt wegen des Glaubens ebenfalls zum Schwert greifen würden, habe Gustav Adolf einen unwiderlegbaren Vorwand, um direkt in Deutschland einzugreifen.

Gustav II. Adolf von Schweden
Bronzebüste von
Hans van der Putt, 1632

Gustav Adolf wetterte nun vor allem dagegen, daß der Kaiser den polnischen König mit Truppen in seinem Kampf gegen Schweden unterstützt habe und daß Wallenstein den schwedischen Ostseehandel abzuschnüren beabsichtige. Er beteuerte lautstark, daß er mit der Invasion auch sein eigenes Land verteidige, Schweden sich also nur in einer offensiven Defensive befinde. Die deutschen Stände, gleichgültig welcher Konfession, wären davon leichter zu überzeugen gewesen, wenn Gustav Adolf nicht schon 1627 den Holländern versichert hätte: »Mein ganzes Kriegswesen bezweckt nichts anderes als den Vorteil und die Erleichterung all derer, die ein gemeinsames Interesse gegen das Haus Habsburg und Spanien verbindet.« Die Befürchtungen im Reich, daß Gustav Adolf nun seinerseits mit dem »Prätext der Religion« sein Spiel treibe, wurde Jahre später, 1644, von Oxenstierna bestätigt: »Pommern und die Seeküste sind für die Krone Schwedens gleichsam eine Bastion, und in ihr besteht unsere Sicherheit gegenüber dem Kaiser. Sie waren die vornehmste Ursache, die Seine Majestät in die Waffen brachte.«

So landete Gustav Adolf am 6. Juli 1630 mit dreizehntausend Mann bei Peenemünde, eroberte Usedom und Wollin und stand schon Mitte des Monats mit seinen Truppen in Stettin. Zur gleichen Zeit waren der Kaiser und die Kurfürsten in Regensburg zusammengekommen. Den Herren ging es besonders um den Wechsel in der Heeresführung. Wallenstein – so wurde nachdrücklich verlangt – müßte vom Kaiser unverzüglich entlassen werden. Am 13. August 1630 entband Ferdinand II. seinen Feldherrn des Oberbefehls – in Ehren und in größter Verlegenheit gegenüber dem Herzog. Am gleichen Tag unterzeichneten die Kurfürsten eine geradezu treuherzige Beschwerde an Gustav Adolf, in der sie ernsthaft versicherten, sie könnten keinerlei Veranlassung für sein »feindtätliches Vorgehen wider das Reich« entdecken. Der Kaiser reagierte später auf die Nachricht von der Landung der Schweden, die trotz des Beschwerdebriefes erfolgte, mit seinem sattsam bekannten Gleichmut, er zuckte kaum die Achseln.

»Da ham mer halt ä Feindl mehr.« – Ferdinand II. bei der Nachricht von der Landung Gustav Adolfs

Doch seine Gelassenheit hielt nicht lange an. Ende 1630 hatte der König seine Armee bereits auf einen Stand von vierzigtausend Mann gebracht. Die Kassen Stockholms waren dadurch zwar gänzlich entleert, aber Gustav Adolf vergaß seine französischen Gesprächspartner nicht, zumal sie sich selbst beständig in Erinnerung brachten. Die Geldnot steigerte das Verständnis des Königs für die politischen Ziele Richelieus. Am 23. Januar 1631 schlossen Frankreich und Schweden den Vertrag von Bärwalde in der Kurmark. Gustav Adolf erhielt rückwirkend für das Jahr 1630 fünfhunderttausend Livres, für jedes folgende

Jahr das Doppelte, also eine Million. Er mußte sich dafür zur Neutralität gegenüber Bayern und den in der Liga zusammengeschlossenen katholischen Fürsten verpflichten. Der Schwedenkönig akzeptierte diese Einschränkung allerdings nur unter der Bedingung der Gegenseitigkeit, das hieß: Keiner der betreffenden Fürsten durfte sich mit Waffengewalt gegen ihn wehren.

Bis zum Frühjahr 1631 hatte Gustav Adolf seine Armee in beste Verfassung gebracht. Ihre Bewaffnung war der kaiserlichen überlegen. Durch ihre Gliederung in kleinere Einheiten, in Brigaden, waren die Truppenkörper in der Schlacht beweglicher als ihre Gegner. Der blonde ›Löwe aus Mitternacht‹ fand in den ersten Monaten kaum Unterstützung durch die deutschen Protestanten. Bei den meisten stand die Reichstreue noch über der Furcht vor dem Restitutionsedikt; nur Hessen-Kassel und die Herzöge von Sachsen-Weimar traten offen auf seine Seite. Zahlreiche Reichsfürsten mußte er mit Gewalt dazu zwingen, ihre »deutsche Libertät« von ihm retten zu lassen.

Die Schweden okkupierten Pommern und besetzten die ersten Gebiete von Mecklenburg. Im April 1631 wurde Frankfurt an der Oder gestürmt. Die Kaiserlichen belagerten unterdessen das stark befestigte Magdeburg. Die Stadt war protestantisch, sie fiel aber unter die Bestimmungen des Restitutionsedikts. Johann Tserclaes Tilly wollte das widerspenstige Bistum, das die Protestanten respektvoll als ›unseres Herrgotts Kanzlei‹ bezeichneten, für den Sohn des Kaisers erobern. Seit Dezember 1630 lag Magdeburg unter Beschuß. Die Verteidiger baten Gustav Adolf dringend um Hilfe, doch der König reagierte nicht. Am 20. Mai 1631 setzte der Reitergeneral Gottfried Heinrich von Pappenheim bei Tilly den Befehl zum Sturm auf die Festung durch. Die Kaiserlichen drangen durch zwei Breschen in die Stadt ein. Gegen Mittag brach plötzlich Feuer an vielen Stellen gleichzeitig aus. Der Brand war offensichtlich gelegt. Wer dafür verantwortlich zu machen ist, hat sich bis heute nicht klären lassen. Magdeburg brannte vollständig ab. Nach drei Tagen war von einer der blühendsten und reichsten Städte Deutschlands nichts übriggeblieben außer dem Dom, der Liebfrauenkirche und einigen Fischerhütten an der Elbe. Von dreißigtausend Bewohnern starben fünfundzwanzigtausend, dazu eine unbekannte Zahl von Soldaten. Auch wenn Tilly unschuldig an dieser fürchterlichen Zerstörung war, so verbindet sich doch mit seinem Namen für immer dieses schrecklichste aller Ereignisse, dieses ›Hiroshima des Dreißigjährigen Krieges‹.

Die Belagerung und Eroberung von Magdeburg durch die Kaiserlichen unter Tilly und Pappenheim im Mai 1631
Aus einer Radierung von Matthäus Merian d. Ä.

Anfang Juni zwang Gustav Adolf seinen Schwager, den Kurfürsten von Brandenburg, endlich das Bündnis mit Schweden zu unterschreiben. Da er bisher mit seinen Überredungskünsten keinen Erfolg gehabt hatte, entsann er sich der ultima ratio regis. Er ließ schwedische Kanonen vor dem kurfürstlichen Palais auffahren. Daraufhin griff Georg Wilhelm zur Feder. Am 11. September mußte Sachsen diesem Beispiel folgen. Die kurfürstlichen Regimenter stießen zu den Schweden. Am 17. September kam es bei Breitenfeld nordwestlich von Leipzig zur ersten großen Schlacht zwischen Gustav Adolf und Tilly. Die Kaiserlichen konnten zunächst die sächsischen Einheiten in die Flucht treiben, aber dann gelang es Gustav Adolf mit seinen schnellen Brigaden, unterstützt durch kombiniertes Kartätschenfeuer, die Gefechtsordnung des kaiserlichen Heeres zu zersprengen. Abends löste sich das Gros vollständig auf; die Regimenter fluteten nach Leipzig und Halle zurück. Tilly wurde von einem Weinkrampf geschüttelt, er verlor in dieser Schlacht elftausend Mann, die Sachsen dreitausend, Gustav Adolf nur fünfzehnhundert.

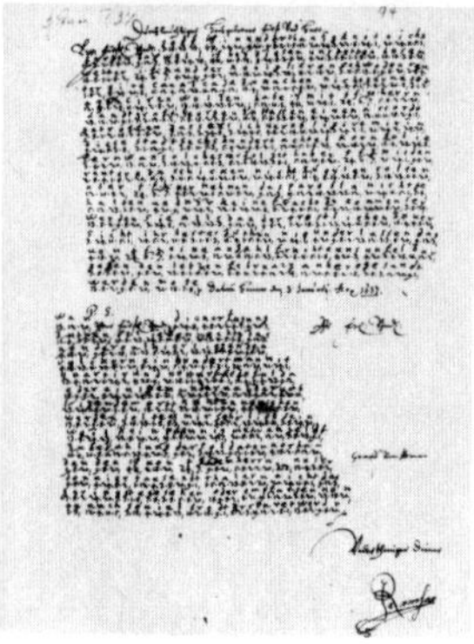

Not und Elend in Hanau
während der schwedischen
Besatzungszeit seit 1634
Chiffrierter Brief des
schwedischen Gouverneurs
James Ramsay
an Landgraf Wilhelm
vom 3. Januar 1637

Mit diesem Sieg fiel den Schweden die Herrschaft in ganz Norddeutschland zu; knapp ein Jahr nach Gustav Adolfs Landung brach die kaiserliche Macht im Reich zusammen. Für Gustav Adolf lagen keine Hindernisse mehr auf den Straßen, die in den Westen und Süden Deutschlands führten. Der Krieg griff zum ersten Mal auch auf katholisch-ligistische Gebiete über. Im Oktober marschierten die Schweden in das Hochstift Würzburg ein. Von hier aus stießen sie ins Zentrum der Germania Sacra vor, eroberten Hanau, Frankfurt und Mainz. Wenig später hatten die schwedischen Generale auch den ganzen Südwesten Deutschlands samt dem Elsaß in der Hand, ebenso weite Gebiete am Rhein und ganz Westfalen.

Das große Territorialziel Gustav Adolfs, der Erwerb und Besitz der ›Ostseekante‹, verdämmerte als erledigtes Problem im Hintergrund dieses gewaltigen Raubzuges, der völlig neue, völlig unerwartete Aspekte eröffnete. Dem König sagte die Rolle des Herrn in Deutschland ausnehmend zu. Er begann in eindrucksvoller Schnelligkeit, die eroberten Gebiete unter seine Heerführer zu verteilen, sie rechtlich umzugestalten. Für Bernhard von Sachsen-Weimar wurde Franken in ein weltliches Herzogtum verwandelt. Feldmarschall Horn erhielt Mergentheim als Fürstentum zugewiesen. Der König bezog die Reichsritterschaft in die Reichskreise ein. Mit derartigen Maßnahmen leitete er eine Neugliederung und Umverteilung des Reiches in die Wege, die von ähnlicher Radikalität war, wie sie Napoleon nach seinen Siegen praktiziert hatte. Gustav Adolf stand bald an der Spitze eines Heeres von achtzigtausend Mann. Richelieu konnte seine Bestürzung über diese lawinengleiche Invasion kaum verbergen. Der Wasserkönig Gustav Adolf stellte offensichtlich inmitten Europas seine Begabung als Festlandskönig unter Beweis. Daß er den Kaiser entthronen wollte, war nicht mehr neu. Überraschend aber war der Freimut, mit dem er seine persönlichen Sympathien für die Krone des Heiligen Römischen Reiches bekannte. Paris erkundigte sich bei dem so unvermittelt mächtig gewordenen Bundesgenossen, wie es denn mit den rheinischen Gebieten stehe. Der Schwedenkönig erwiderte, daß er in Deutschland nicht gebieten könne, wenn er nicht den Rhein, mithin die Fürstbistümer Mainz, Trier, Köln besitze. Doch Frankreichs Interessen in dieser Richtung waren erheblich älter, auch erheblich grundsätzlicher. Richelieu sandte seinen Schwager, den Marquis de Brézé, zu Gustav Adolf. Der Botschafter versuchte geduldig, bei Gustav Adolf Einsicht für Frankreichs politisches Ordnungskonzept in Europa zu wecken. Schließlich bot er ihm an, das Reich nach schwedisch-französischen Interessensphären aufzuteilen. Schweden sollte Norddeutschland erhalten, Frankreich die rheinischen Gebiete. Da jedoch zu dieser Zeit sowohl hier als auch dort schwedische Lagerfeuer brannten, fiel es Gustav Adolf nicht schwer, Frankreichs Botschafter abzukanzeln: »Ich bin als Protector, nicht als Proditor Deutschlands gekommen!«

Die Stadt Augsburg
mit ihren
Festungserweiterungen
durch die Schweden
Rückseite einer Medaille
von Daniel Sailer, 1632,
mit den Wappen der
von Gustav II. Adolf
eingesetzten Verantwortlichen
für die Stadt

Im zeitigen Frühjahr 1632 zog der König nach Nürnberg, empfing die Huldigungen des Rates, schwenkte nach Süden, stieß am Lech erneut mit Tilly zusammen und hatte dessen Regimenter nach sechs Stunden geschlagen. Es war das letzte Treffen des ›Heiligen im Harnisch‹, denn Tilly wurde in der Schlacht schwer verwundet und starb zwei Wochen darauf; eine Kettenkugel hatte sein rechtes Bein zerschmettert. Kurfürst Maximilian flüchtete nach Regensburg. Wehrlos lag Bayern vor der schwedischen Armee. Über die Richtung der Etappen in den folgenden Wochen gab es keine Zweifel. Auf Ingolstadt folgten

Schwedischer Zug/
Das ist:
Guter anfang zu der instehenden Göttlichen hülf-
fe/ vnd Exempel der rechten Buß.

DA nun mit frolocken der A Vogel sein Beuth bracht.
An jeztgemeldten B Ort/ man das sehr wenig lacht/
Weil man nachfahren sah den C Held/von Gott er-
kohren/
Zu D eröbern all das/was man bißher verlohren.
So daß Gott selbst E regiert seines Wagens F schwinden Lauff/
Gottes G Eyver räumt hinweg/ was jhn möcht halten auff/
Der H an dem Weg auch saß/ war froh/daß er hett Frieden/
Am Wagen war sein Span I von Tugend vnterschieden/
K Großmütig/ L schnell/ M listig/ N fürsichtig von Geschlecht/
Er selber führt den Nahmn/ hoch Adelich gerecht. (Gust. Adol.)
O Wind vnd P Meer müssen jhm stets stehen zu geboten/
Weil er Christi Schifflein erretten wil aus Nöthen.
Vom Frieden Q jhm viel wurd gesagt/da er auffbrach/
Doch merckt er wol/daß sich nicht so verhielt die Sach/
Da er das vorig R Weib am Weg weinend hört flehen/
Wircklich zu trösten sie/Er keins wegs kundt vmbgehen.

Weil zur Bedrängten Schutz/Gott jhm segnet sein S Schwerdt/
Auch braucht ers zu Gottes Ehr/ wo mans an jhn begert:
Weil er thut in seinem Reich löblich das Recht T handhaben/
Als wolt er solches gern an allen Ort so haben.
Darzu jhm auch sein Freund/ V die noch leiden vnrecht/
Nicht wenig jammern thun/daß er jhnn hülff zu recht.
Wiewol vnansehnlich sein Mittel seynd zu achten/
Sol man doch nicht den Feind/ ob schon gering/verachten!
Denn was er mangel hat /kan jhm W Gott schicken zu/
Heimlich durch die/ so jhm bißher noch X sehen zu.
Des Himmels Y Geister all jhm Sieg theten nachsingen/
Vnd für Frewd in der Lufft sich hoch vnd nieder schwingen.
Für seinn Verlust ein Z Krantz sie/von Lohrbeer gemacht/
Brachten jhm entgegen/ den er gar nicht veracht.

Gedruckt im Jahr M. DC. XXXII.

Der Siegeszug des schwedischen Heeres
unter Gustav II. Adolf durch Deutschland im Jahr 1632
Pro-schwedisches protestantisches Flugblatt, 1632

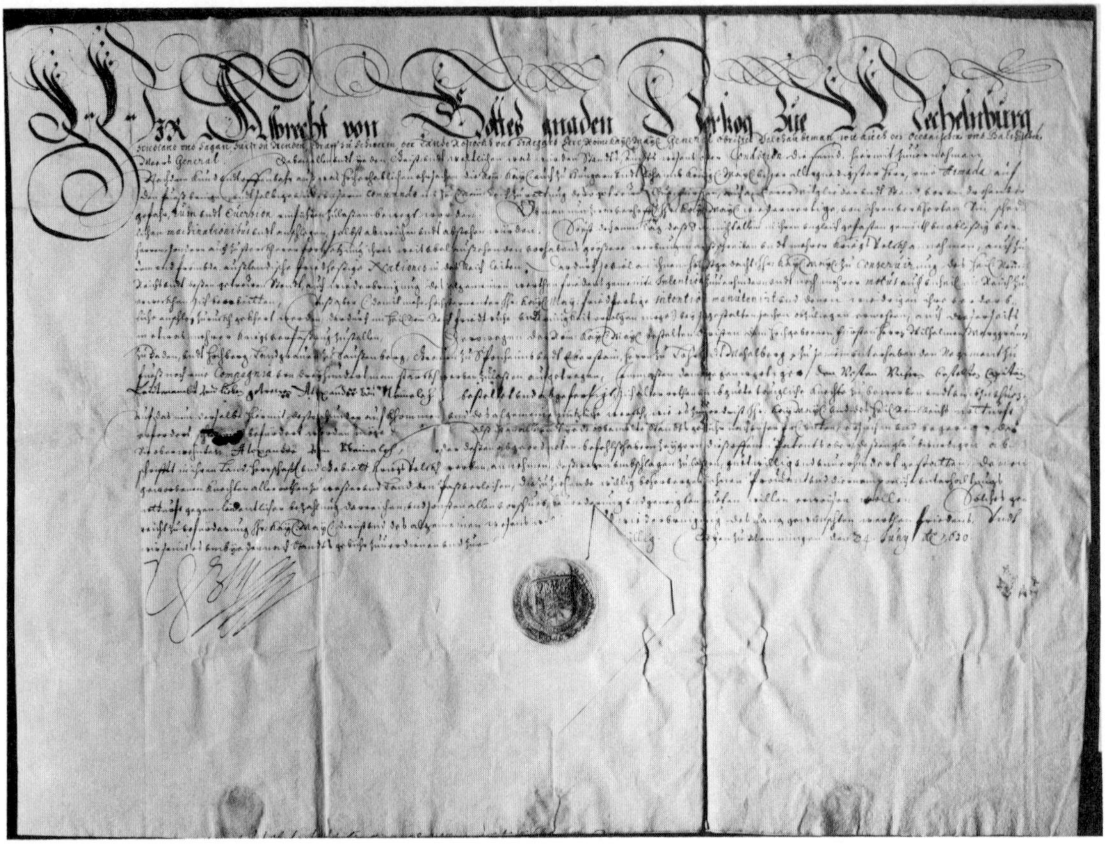
Wir Albrecht von Gottes gnaden Hertzog zue Mechelnburg

den 24. Juny Ao. 1630

Anwerbung von Söldnern für das kaiserliche Heer
Von Wallenstein als Herzog von Mecklenburg ausgestelltes, unterzeichnetes und gesiegeltes Patent vom 24. Juni 1630

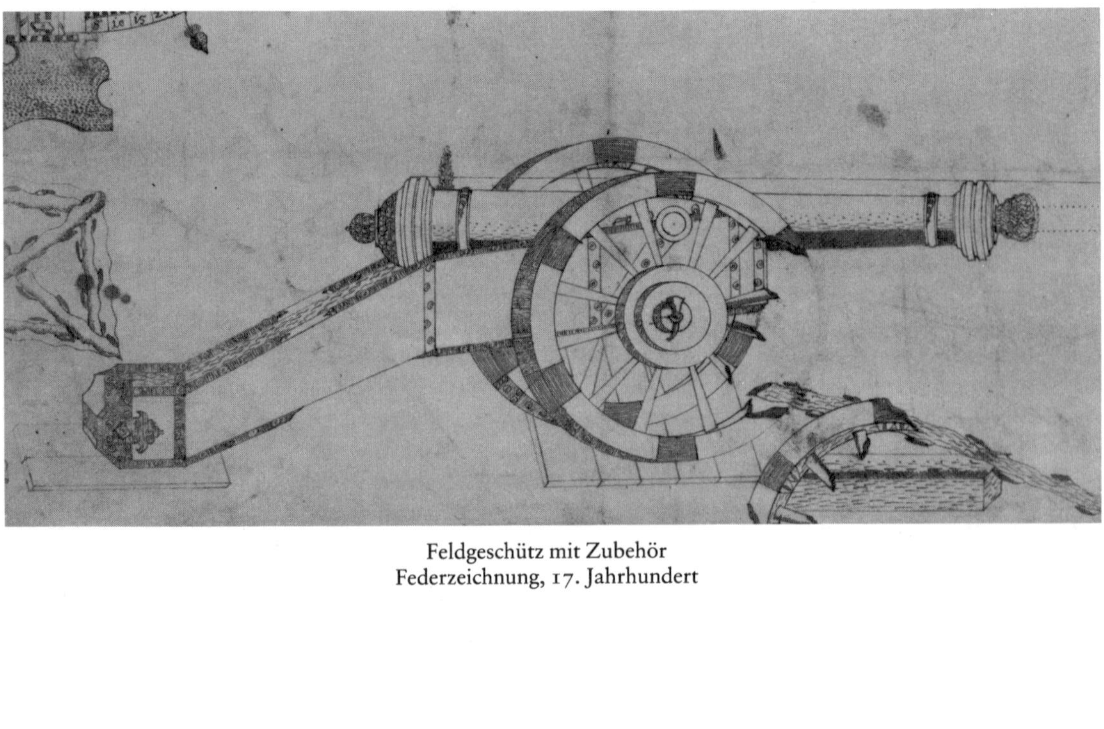

Feldgeschütz mit Zubehör
Federzeichnung, 17. Jahrhundert

Augsburg und Landshut, dann schloß sich München an. Von hier führte der Weg nach Osten. Die hyänengleiche Gier des Königs steigerte sich dabei von Tag zu Tag. Die bayerische Kampagne der Schweden hatte kaum noch etwas mit einem militärischen Unternehmen zu tun, sie glich einem beschaulichen Plünderungszug, bei dem die Schweden nicht nur die erlesensten Kostbarkeiten aufluden, sondern selbst die junge Saat als Pferdefutter mitnahmen. Vor München mußten die Bürgermeister den König begrüßen und ihm kniend die Schlüssel der Stadt überreichen. Gustav Adolf ritt vor die Residenz, musterte sie mit Expertenblick und meinte dann zu seinem Gefolge, es sei doch bedauerlich, daß er sie nicht auf Walzen nach Stockholm transportieren könne. Er fand einigen Trost bei den reichen Beständen der kurfürstlichen Sammlungen.

»Es stinkt ihm das Maul nach der Donau und Österreich.« – Kurfürst Maximilian über die Pläne Gustav Adolfs im Mai 1632

Gustav Adolfs Kometenbahn brach jählings ab, als Wallenstein dem Drängen des Kaisers folgte und die Werbetrommel rühren ließ. Altgediente, kampferprobte Söldner und Offiziere, geniale Reiterführer und furchtlose Haudegen, Grafen, Herzöge, Obristen, selbst komplette Einheiten kamen aus allen Himmelsrichtungen zu den Musterplätzen. Gustav Adolf hatte soeben erst München verlassen, da erklärte Wallenstein seine Rüstungen für beendet. Die neue friedländisch-kaiserliche Armee zog ins Feld. Bis zuletzt hatte Gustav Adolf ernstlich mit einer solchen Möglichkeit nicht gerechnet. Nunmehr befürchtete er, Wallenstein würde sich unmittelbar nach Sachsen wenden. Er zog seine Regimenter aus Bayern und Süddeutschland zusammen und wandte sich nach Norden, um den Sachsen beizustehen. Doch Wallensteins strategisches Konzept sah anderes vor. Er beabsichtigte, seine Regimenter mit den restlichen Truppen Maximilians zu vereinigen und den Schweden den Weg zu verlegen, um eine Fusion mit den Sachsen zu verhindern. Ende Juni strömten die bayerischen und kaiserlichen Truppen im Fichtelgebirge zusammen. Erst jetzt begriff Gustav Adolf die Absichten des Herzogs mit der Plötzlichkeit eines Schocks. Er gab Befehl, die Truppen in höchster Marschgeschwindigkeit aus Bayern herauszubringen, er hetzte sie geradezu über Augsburg nach Schwabach, mußte aber hier erkennen, daß es seinem Gegner tatsächlich gelungen war, ihn von den Sachsen abzuschneiden. Gustav Adolf lagerte sich mit seinem Heer zwischen den Mauern von Nürnberg und Fürth. Wenig später traf Wallenstein ein: Er wählte für seine Truppen das Gebiet südwestlich von Fürth, bei Zirndorf und der Alten Veste.

Anwerbung von Söldnern
Aus einem Stich von
Jacques Callot

Sechs Wochen lagen sich die Armeen gegenüber. Gustav Adolf versuchte immer wieder, Wallenstein zu einem Angriff zu reizen. Der Herzog dachte jedoch nicht daran, in das Feuer von fünfhundert Kanonen zu stürmen, die für einen Angriff der Kaiserlichen bereitstanden. Er lieferte mit seinem Stellungskrieg im Sommer 1632 eines der ersten, der eindrucksvollsten Beispiele für die Möglichkeiten der Ermattungsstrategie; in der Militärhistorie wurde es als Modell registriert. Wallenstein bekümmerte es nicht, daß Gustav Adolf unterdessen durch Verstärkungen vom Rhein, aus Schwaben und Thüringen sein Heer verdreifacht hatte. Mit einem solchen Zuzug neuer Regimenter hatte er gerechnet. Je mehr das schwedische Heer anwuchs, um so schwieriger wurde es, die Mannschaften, den Troß, die Pferde aus dem seit Wochen belasteten Gebiet um die Noris zu verpflegen. Deshalb mußte Gustav Adolf entweder selbst die Kaiserlichen angreifen oder abziehen.

Wallenstein kalkulierte richtig. Gustav Adolf setzte auf seinen Nimbus als unbezwinglicher Kriegsgott, er griff am 1. September die kaiserlichen Stellun-

»Man muß nicht leichtlich ohne großen Vorteil mit dem Feinde schlagen, denn nicht geschlagen werden, ist auch eine große Victoria.« – Graf Johann VII. von Nassau-Siegen

Gustav II. Adolf von Schweden auf dem Schlachtfeld von Lützen am 16. November 1632 Radierung von Matthäus Merian d. Ä.

gen an. Wallenstein hatte sie nach einem völlig neuen System angelegt, nicht als zusammenhängende Linie, sondern als Kette vereinzelter, gestaffelter Feldschanzen und Bastionen, deren nicht besetzte Winkel sich von Geschützen lückenlos erreichen ließen. Vier Tage lang rannten die Schweden an, ohne Erfolg. In der Nacht des 4. September ließ Gustav Adolf den Kampf abbrechen. Er hatte rund siebentausend Mann verloren, dreimal soviel wie die Kaiserlichen. Sein Ruhm als Unbesiegbarer, als schwedischer Invictissimus, wurde in der Abwehrschlacht an der Regnitz zuschanden. Obwohl es nach den Regeln, die für die offene Feldschlacht galten, bei diesem Stellungskrieg trotz der letzten Sturmtage weder einen Sieger noch einen Verlierer gab, folgerten die Zeitgenossen: Weil Gustav Adolf nicht siegen, weil er Wallenstein nicht überwinden konnte, verlor er die Schlacht an der Alten Veste.

Eineinhalb Monate später, am 16. November 1632, trafen beide Feldherren erneut zusammen, diesmal bei Lützen. Der Kampf begann erst am späten Vormittag, als sich der Nebel hob. Hier entbrannte die schwerste, schonungsloseste und verbissenste Schlacht des Dreißigjährigen Krieges. Unter ununterbrochenem Geschützfeuer von beiden Seiten tobte der Kampf den ganzen Tag »mit einer solchen Furia, daß niemand je solches gesehen«, wie Wallenstein am nächsten Tag notierte. Abends war es mit den elementarsten Grundregeln für offene Feldschlachten vorbei; der Kampf hatte sich in ein fürchterliches Gemetzel verwandelt, in ein unerbittliches Schlagen, Stechen und Hauen. Es ist »ein solcher Ernst bis in die Nacht hinein beiderseits im Fechten gewesen, daß man nichts denn Donnern und Hageln von Stücken und Musketen gehört, und ist dieses letztere noch härter denn das erste gewesen«. Die Kämpfe flauten erst lange nach Einbruch der Dunkelheit ab. Auch diesmal gab es weder Sieger noch Verlierer. Beide Armeen waren restlos erschöpft. Doch nicht dieses Remis wurde für Lützen bedeutungsvoll, sondern der Soldatentod Gustav Adolfs. Dadurch erhielten die politischen Richtpunkte des Krieges eine neue Orientierung.

Die Kurfürsten in Regensburg

Daß Wallenstein im Dänischen Krieg die Protestanten im Reich niedergeworfen hatte, war den katholischen Fürsten und ihrem Bund, der Liga, recht. Keineswegs recht war es ihnen jedoch, daß ein solcher Erfolg, dessen Größe »fürwahr über aller Menschen Gedanken und Hoffnungen ist« – wie der Hofkammerpräsident in Wien kopfschüttelnd äußerte –, nicht durch ein fürstlich-katholisches, sondern durch ein eigenes Heer des Hauses Habsburg errungen worden war. Da die Armee des Kaisers ausschließlich ein Produkt ihres Organisators und Oberbefehlshabers war, konzentrierten sich sämtliche Fürsten, die sich durch den exorbitanten Zuwachs an kaiserlicher Macht kaum weniger bedrückt fühlten als durch einen äußeren Feind, nicht auf den Monarchen, sondern auf den Herzog von Friedland. Sie sandten Klagschrift auf Klagschrift nach Wien über Drangsalierungen, Plünderungen, Erpressungen durch kaiserliche Truppen, beschwerten sich über die unerträglich hohen Kontributionen, die zur Erhaltung und Besoldung der Truppen von ihnen eingefordert wurden, protestierten gegen die Mißachtung ihrer Rechte. Schon am 28. Juni 1628 – der Dänische Krieg war noch nicht völlig beendet – trafen die katholischen Kurfürsten in Bingen zusammen, brachten ihre gesammelten Vorwürfe zu Papier und forderten vom Kaiser, »dem Herzoge von Friedland das Schwert aus der Hand zu nehmen«.

In diesem Kampf ging es nicht nur um die Figur im Rampenlicht. Mit seinem Namen verband sich die Macht Habsburgs im Reich und in Europa, aber weit über diese Repräsentanz hinaus war er verantwortlich für die politische Umgestaltung der kaiserlichen Position, deren Folgen für das Verhältnis der Fürsten zu Kaiser und Reich nahezu revolutionär sein mußten. Des kaiserlichen Vertrauens war sich Wallenstein nur sicher, solange Ferdinand II. auf eine eigene kaiserliche Armee als unersetzliches Instrument habsburgischer Politik angewiesen war. Die Gegnerschaften, die daraus für den Schöpfer der Armee resultierten, gehörten von Anfang an zu seinem Alltag im Feldlager. Zusätzlich verfeindete er sich wegen seines Temperaments, das ihn wiederholt zu Ausbrüchen und Aussprüchen trieb, die rasch ihren Weg zu den Fürsten fanden, mit unfehlbarer Sicherheit auch stets nach München kamen, zu seinem hellhörigsten Gegner im Reich, zum Kurfürsten Maximilian I. Der bayerische Kurfürst war dem Generalissimus gegenüber deshalb so empfindlich, weil er sich und seine Politik zwischen Wien und Paris, die Absichten seiner reichsfürstlichen Opposition gegen den Kaiser durchschaut fühlte. Mit dem Blick nach München hatte Wallenstein damals prophezeit, es würde sich eines Tages mit Gewißheit zeigen, daß diejenigen, die aus Rücksicht auf das Wohl des Ganzen dem Hause Österreich dienten, zugleich bessere Katholiken seien als diejenigen, die entgegengesetzt handelten.

»Die Dinge sind soweit gekommen, daß alle Kriege, die in Europa geführt werden, miteinander vermischt und zu einem einzigen geworden sind.« – Gustav II. Adolf zu Axel Oxenstierna im Jahr 1626

Wallensteins Opposition gegen die fürstlichen Sonderrechte, die den Notwendigkeiten einer straffen, erfolgreichen Kriegführung zuwiderliefen, war niemals nur ein Kampf zwischen persönlichen Gegnern. Er konnte sich kaum zügeln, wenn er sah, daß selbst in dieser gewaltigsten Auseinandersetzung, die bis dahin Europa zerrissen hatte, hinter dem Schutzemblem der deutschen Libertäten, das auch Gustav Adolf so effektvoll einhertrug, die schwersten Kanonen von den Reichsfürsten vor die Tore der Festung Habsburg gerollt wurden, des stärksten Bollwerks, das ein deutscher Kaiser, geschützt durch die spanischen Vorwerke, jemals errichtet hatte. Im Unterschied zu Kaiser Karl V. war Ferdinand II. durch und durch ein Kaiser des Deutschen Reiches. Das objektive Ziel der kaiserlichen Reichsgewalt wurde von Wallenstein schon bald mit Bemerkungen umkränzt, deren Färbung nichts an Leuchtkraft vermissen ließ, so wenn er bereits im Frühjahr 1626 bemerkte: »Wir haben schon genug wegen des Bayern Ungelegenheiten ausgestanden. Ist nicht ragione de statu, daß man ihn mächtiger auf Kaisers Unkosten macht.« Andere Sentenzen wurden verdreht, übertrieben oder ihm in den Mund gelegt. Doch selbst wenn sie nicht zweifelsfrei beurkundet sind, so spiegeln sie doch meistens präzise seine Meinung: »Es wird nicht eher Ruhe sein im Reich, bis man einem von ihnen den Kopf zwischen die Füße legt. Man muß die Kurfürsten Mores lehren. Sie müssen von dem Kaiser, der Kaiser nit von ihnen abhangen. Ich hoff', dem Hause Österreich dabei einen guten Dienst zu tun.« Schließlich der Satz, den die Fürsten niemals vergaßen: »Man muß ihnen die Gasthütel abziehn im Reich.«

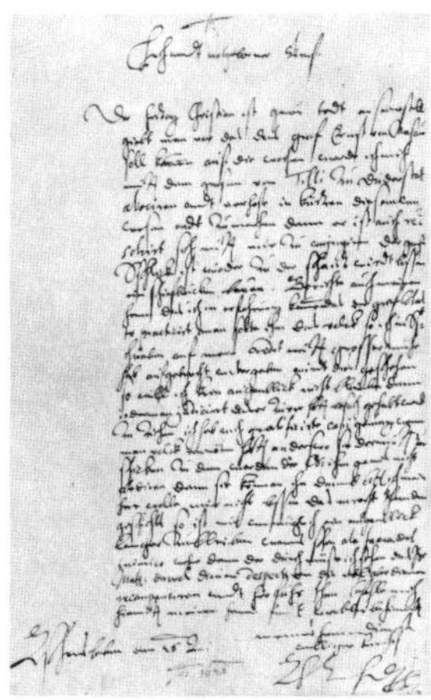

Wallensteins Absicht einer Verständigung mit Tilly über die weitere Kriegführung Schreiben Wallensteins vom 26. Juni 1626 an Maximilian von Trauttmansdorff

Nach Abschluß des Dänischen Krieges Ende 1629 ließ der Kaiser einen Kurfürstentag einberufen. Ferdinand II. hoffte, dort sämtliche Streitfragen beilegen und bei den Herren die Wahl seines Sohnes zum kaiserlichen Nachfolger durchsetzen zu können. Der Kurfürstentag fand in Regensburg statt. Der

Kaiser traf mit seiner Familie am 19. Juni 1630 ein. Kurz darauf waren auch die Diplomaten fast aller großen europäischen Staaten in der Stadt versammelt. Später wurde einmal leicht dramatisierend behauptet, daß Regensburg im Juli 1630 Schauplatz der größten diplomatischen Schlacht des Jahrhunderts gewesen sei.

Der Kaiser hielt sich zu dieser Zeit im Reich für allmächtig, er sah die Protestanten niedergeschmettert, betrachtete den Krieg schon als siegreich beendet. Gab es noch Schwierigkeiten, die ernsterer Natur waren? Der euphorische Selbstbetrug ließ Ferdinand II. die Bedingungen seiner Macht verkennen, machte ihn auch blind dafür, daß die Fürsten eine geschickte Verknüpfung der drei Hauptberatungspunkte durchgesetzt hatten: Erstens das Problem des Oberkommandos der kaiserlichen Armee, also Wallensteins Entlassung; zweitens die Modalitäten der Heeresfinanzierung; drittens die Wahl Ferdinands III. Durch diese Reihenfolge befand sich der Kaiser in einer defensiven Verhandlungsposition.

Frankreich hatte schon 1629 seinen diplomatischen Eifer in München verstärkt. Richelieus Graue Eminenz in den Gefilden der außenpolitischen Arenen, François Leclerc du Tremblay, an allen Höfen bekannt als Père Joseph, arbeitete und konferierte genauso unermüdlich wie die Gesandten des Papstes. Die Emissäre schürten die alten Rivalitäten zwischen den Häusern Wittelsbach und Habsburg. Frankreich präparierte sorgfältig die Ziele heraus, die Habsburg von denjenigen Maximilians und der Liga trennten, und der päpstliche Bote wies Maximilian wohlwollend respektvoll darauf hin, daß seit der ›Goldenen Bulle‹ Kaiser Karls IV. die Frage der Erblichkeit der Kaiserkrone negativ entschieden und damit die Thronfolge nicht auf Habsburg festgelegt sei, so daß die Rechte und Ansprüche des Hauses Wittelsbach nicht weniger Gewicht besäßen als diejenigen Habsburgs. Was in der Brust Maximilians als heimlicher Optativ wühlte, das flüsterte ein französischer Sondergesandter dem Kurfürsten von Brandenburg als heiße Neuigkeit ins Ohr: Maximilian habe sich entschlossen, gegen die Habsburger zu kandidieren; sollte die Wahl der Fürsten auf ihn fallen, würde er das Restitutionsedikt aufheben und den Religionsfrieden im Reich sichern. Daß der bayerische Kurfürst aber auch den Entwurf eines Defensivpaktes mit Frankreich bereits studiert und höchst fürsorglich beiseite gelegt, daß ihm Richelieu fünfzigtausend Mann zur Unterstützung der Liga angeboten hatte, das erfuhr Georg Wilhelm nicht.

Maximilian I. von Bayern als Haupt der Liga
Stich von Wolfgang Kilian, erste Hälfte des 17. Jahrhunderts

Maximilian trat in Regensburg als Sprecher der Kurfürsten auf. Er wußte nicht, ob sich der Kaiser den kurfürstlichen Forderungen beugen würde. Wohl aber wußte er, wie mühelos sich in einem solchen Fall der Defensivpakt mit Frankreich unterzeichnen ließ. Also begann er ohne Umschweife mit der Hauptfrage: Er forderte namens sämtlicher Kurfürsten vom Kaiser einen Wechsel der Armeeführung. Erst wenn dieses leidige Problem geklärt sei, könne man über die anderen Punkte konferieren. Ferdinand zögerte lange. Allzu offensichtlich wurde er von den Fürsten ebenso plump wie erfolgreich erpreßt: erst Wallenstein, dann die Kriegskosten, dann die Nachfolge. Père Joseph half dem Kaiser mit seinem Rat: Der Feldherr sei zwar sehr erfolgreich gewesen, doch da seine Dienste nicht mehr benötigt würden, empfehle es sich nicht, die Kurfürsten zu vergrämen, zumal auch Frankreichs Friedenswille Auftrieb erhalte, wenn der Kaiser seine Armee den neuen Umständen anpasse.

Am 13. August 1630 gab der Kaiser die Entlassung Wallensteins bekannt.

Ferner erklärte er sich damit einverstanden, die Stärke des kaiserlichen Heeres derjenigen der ligistischen Truppen anzugleichen. Er hatte auch keine Einwände gegen eine Kontrolle der Armeeführung und der kaiserlichen Außenpolitik durch die Reichsstände. Die Nachfolge Ferdinands III. wurde aber nicht bestätigt. Damit waren sämtliche Wünsche erfüllt worden, mit denen die Fürsten nach Regensburg gekommen waren. Der Kaiser dagegen hatte nach Schluß des Kurfürstentages nichts, aber auch gar nichts erreicht – im Gegenteil: Er hatte ohne Not seine Politik im Reich zuschanden machen und Habsburgs Stärke und Reputation verheerend dezimieren lassen.

Das Restitutionsedikt

Auf der Versammlung in Regensburg wurde auch langwierig darüber verhandelt, ob und in welcher Form Spanien in seinem Krieg mit den Niederlanden unterstützt werden sollte. Die Fürsten weigerten sich standhaft, Spaniens Partei zu ergreifen – ein Entschluß, der ihnen nicht schwer fiel und noch erleichtert wurde durch die Warnungen des französischen Kapuziners vor den verhängnisvollen Auswirkungen einer Unterstützung Spaniens. Wieder war Ferdinand II. überstimmt. Nur in einer einzigen Frage konnte er einen Erfolg verbuchen. Sein leitender Minister Eggenberg hatte mit Ausdauer und Leidenschaft versucht ihn zu überreden, sich mit den Kurfürsten von Sachsen und Brandenburg dadurch auszusöhnen, daß er das Restitutionsedikt zurücknahm. Der Kaiser blieb jedoch standhaft, obgleich nach der Landung Gustav Adolfs keine Maßnahme von größerer politischer Wirkung gewesen wäre als die Aufhebung des Edikts, denn die Fürsten wären dadurch den Schweden gegenüber in eine geschlossene Front gebracht worden. Doch für den Kaiser war das Edikt noch erheblich triftiger als die Wahl seines Sohnes.

»Père Joseph hat die deutschen Kurhüte in seiner Kapuze davongetragen.« – Ferdinand II. über die französische Diplomatie auf dem Kurfürstentag in Regensburg

Christian IV. hatte mit Ferdinand II. am 22. Mai 1629 den Lübecker Frieden geschlossen, einen überaus milden, ausgleichenden Frieden. Nach anfänglichem Sträuben beugte er sich dem Argument, daß ein Sieg- oder gar Diktatfriede sich unheilvoll auf das Reich auswirken und ebenso außenpolitisch bedenkliche Folgen haben müßte. Wallenstein hatte die Bedingungen des Lübecker Verständigungsfriedens persönlich ausgehandelt; die größte Anerkennung seiner diplomatischen Leistung erhielt er durch den Wutausbruch Richelieus, der die Nachricht von der Unterzeichnung des dänischen Königs mit dem Satz quittierte: »Dieser elende Fürst (Christian IV.) hat alle seine Verbündeten verraten und sich ungerupft aus dem Krieg herausgeschlängelt.«

Dänemark verlor durch diesen Frieden keinen Quadratmeter seines Bodens und brauchte keine Kriegsentschädigung zu zahlen. Der König hatte lediglich seine Ansprüche auf die norddeutschen Stifte zurückzunehmen, also auf Bremen, Verden, Halberstadt und Osnabrück. Der Kaiser hatte ursprünglich sein Auge auf Schleswig, Holstein und Jütland geworfen, doch Wallenstein hatte ihn von allen Rachegedanken und Gelüsten nach Landgewinn abbringen können: »Ohne Restituierung Jütlands, Schleswigs und Holsteins wird gewiß kein Friede geschehen. Ist dies restituiert, so verhoffe ich gänzlich, daß der König nicht allein einen Frieden machen wird, sondern sich ganz und gar mit Eurer Majestät und Dero hochlöblichstem Hause konföderieren.« Christian IV. wurde tatsächlich seit 1629 ein zuverlässiger Parteigänger Habsburgs. Er trat

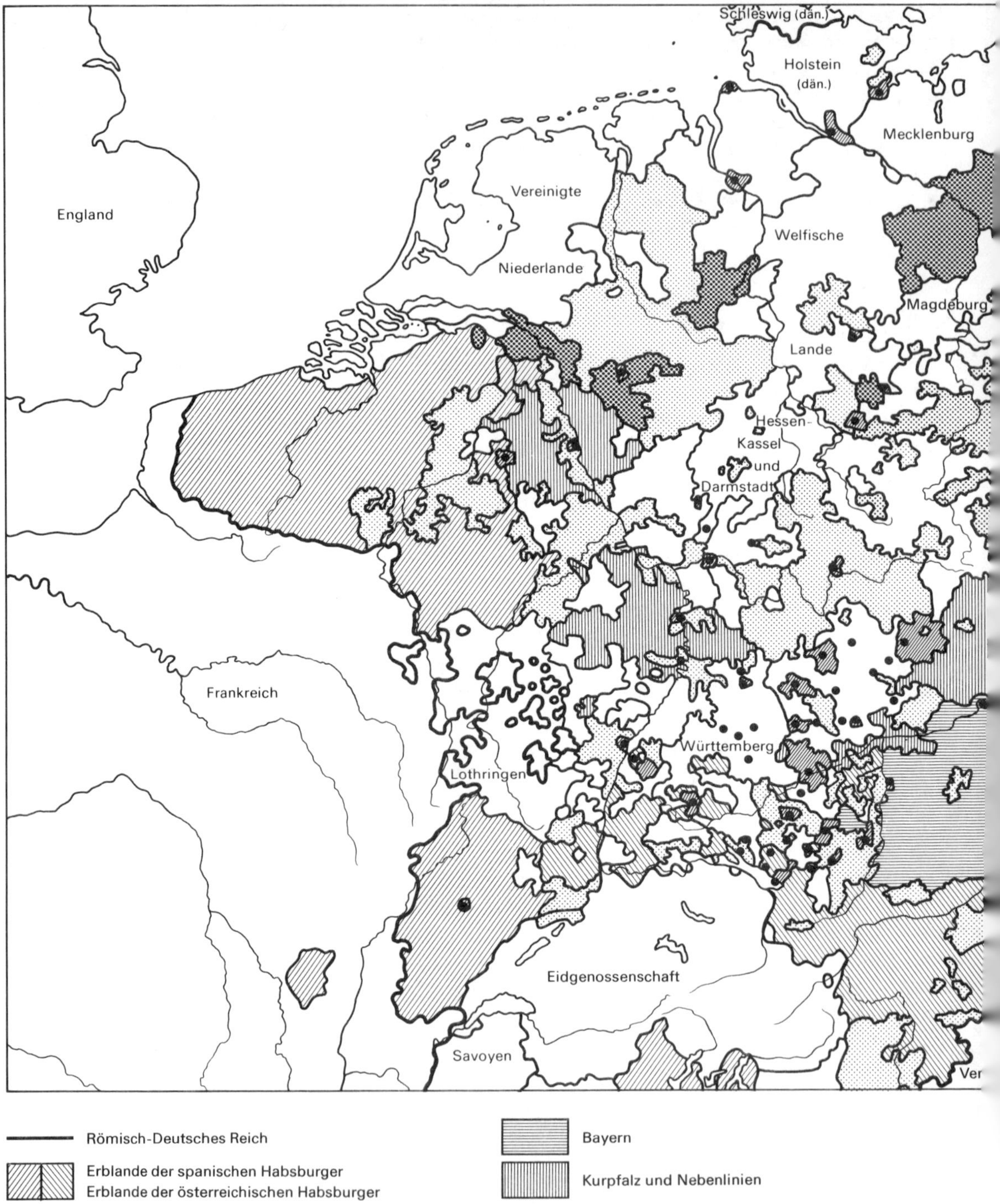

Das Römisch-Deutsche Reich am Vorabend des Dreißigjährigen Krieges

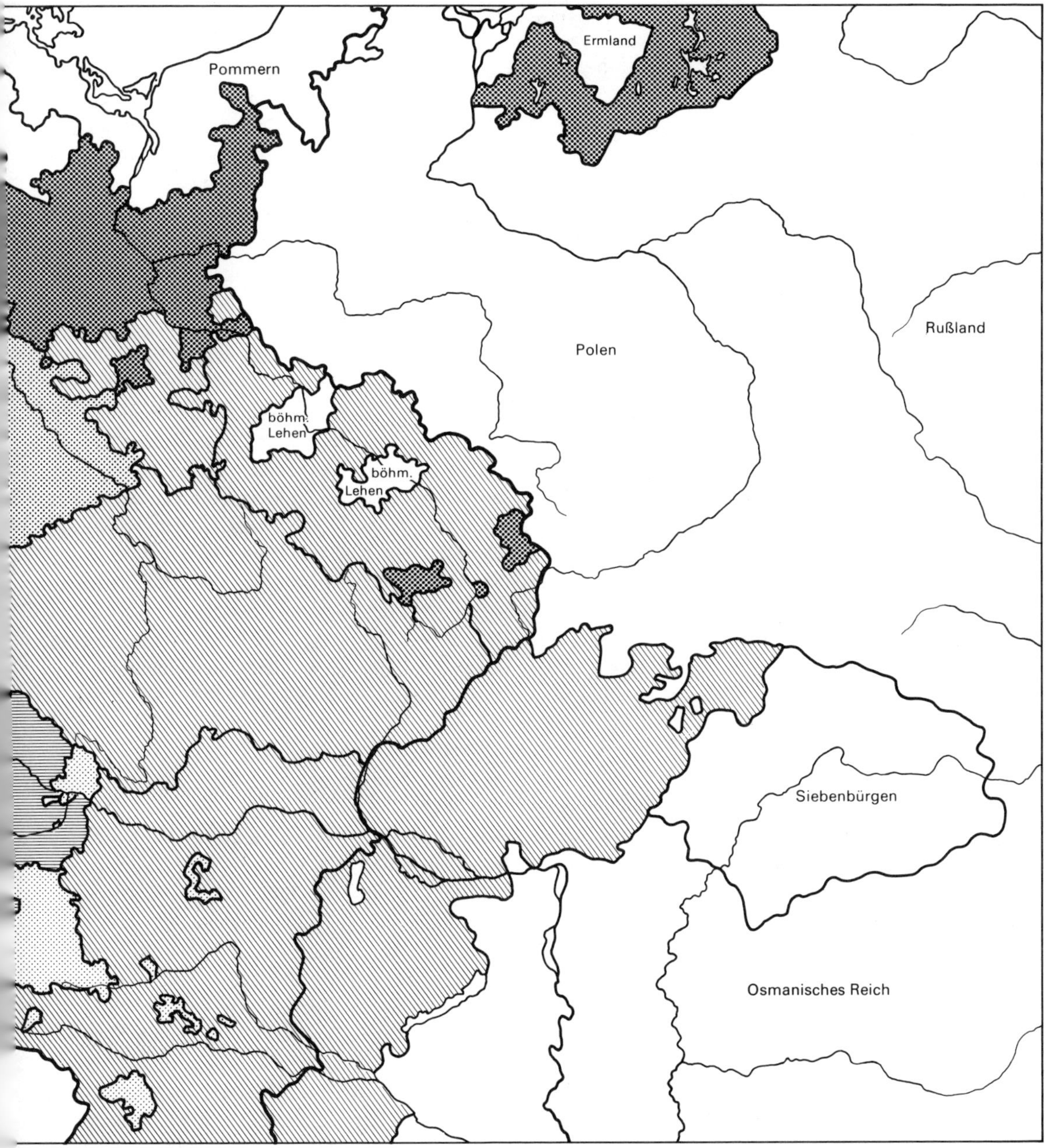

Kurbrandenburg und Erblande

Kursachsen

nicht säkularisierte geistliche Territorien

Reichsstädte und ihre Territorien

1643 auf seiten Wiens gegen die Schweden und die Generalstaaten erneut in den Krieg ein.

Der Lübecker Friede, der maßvollste Vertrag des ganzen Dreißigjährigen Krieges, war um so nötiger, als der Kaiser in denselben Monaten die Protestanten des Reiches durch den Erlaß des Restitutionsediktes im Frühjahr 1629 in größte Unruhe versetzt hatte. Schon seit den Tagen seiner Jugend bestand der glühendste Wunsch des Kaisers darin, daß die katholische Religion zu ihrer früheren Blüte »abgemach wachsen möchte«. Doch Ferdinand verstand unter »abgemach wachsen« etwas ungleich Drastischeres als die Fachleute der Agrikultur. Im Herbst 1628 ordnete er an, alle notwendigen Bestimmungen über die Rückführung der Stifte und des früheren Kirchenbesitzes auszuarbeiten. Ein halbes Jahr darauf, am 6. März 1629, konnte er bereits das Restitutionsedikt unterzeichnen, das folgenschwerste und unglückseligste Dokument seines Lebens und des Dreißigjährigen Krieges.

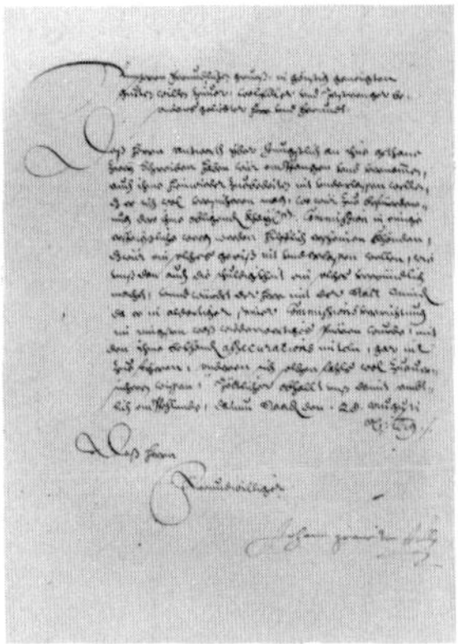

Tillys Hilfsangebot an den kaiserlichen Kommissar für den westfälischen Kreis bei der ›Vindizierung‹ ehemals katholischen Besitzes aufgrund des Restitutionsedikts Schreiben Tillys vom 28. August 1629

Der Kaiser zerriß mit dem Edikt achtzig Jahre Reichsgeschichte. Er fachte die religiösen Gegensätze erneut bis zur Weißglut an, und das in einem Moment, da jedermann den allgemeinen Frieden schon fast mit Händen greifen konnte. Der Kaiser, der sich zeitlebens für die Speerspitze der Gegenreformation hielt, mochte wirklich überzeugt sein, daß er der Sache der Kirche mit dem Edikt zum endgültigen Sieg verhalf. Doch faktisch gelang ihm damit nichts anderes, als was bis dahin allen Feinden Habsburgs samt den protestantischen Ständen trotz ihrer weitläufigen Bemühungen nicht gelungen war: eine geschlossene und entschlossene Front gegen sich selbst und gegen die katholische Liga zu schmieden. Keine Koalition und kein Bündnis der Gegner Österreichs hätte sich auf Wien verderblicher auswirken können als das Dekret vom 6. März 1629.

Der Prager Fenstersturz

Mit dem Restitutionsedikt bezeugte der Kaiser eine Blindheit für die politische Wirklichkeit, die häufig zu den Eigenschaften eines von tiefem Glauben beherrschten Menschen gehört. Nicht nur, daß die Frage von Reformation und Gegenreformation schon seit Generationen kein innerdeutsches Problem mehr war, kein »germanischer Tumult« in den ausgedehnten Nebel- und Walddistrikten nördlich der Alpen: Das Jahrzehnt zwischen 1618 und 1628 hatte jedem aufmerksamen Betrachter und Akteur gezeigt, wie fruchtlos es war, immer noch unverändert den Vorstellungen von einem absoluten Sieg der katholischen Lehre nachzuhängen. Der Dreißigjährige Krieg entbrannte wegen einer konfessionellen Differenz, die aufs Ganze gesehen recht belanglos war. Doch den Leidenschaften in dem erregten Für und Wider strömten die todesbereite Kraft und todbringende Gewalt aus anderen Räumen zu als aus jenen, in denen Choräle und Meßgesänge erklangen. Die leidvollste, fürchterlichste Epoche in der Geschichte der Deutschen war auch in ihrer ersten Phase nur insoweit ein Religionskrieg, als die konfessionelle Problematik den Anlaß für ihn lieferte und somit ein reichhaltiges Bündel höchst weltlicher Interessen und Bestrebungen, Wünsche und Forderungen überdeckte. Im Frühjahr 1618 wurde dieses Gemisch unterschiedlichster Antriebe und Kräfte mit eruptiver Gewalt auseinandergesprengt. Die Entschlossenheit der einen Partei, unter dem Vorwand konfessioneller Nöte ihre ständischen Ziele mit militärischen Mitteln zu verteidigen, prallte auf die Entschlossenheit der anderen, die Kontrahenten um der eigenen Ziele willen zu vernichten.

Ferdinand II. war am 6. Juni 1617 von den böhmischen Ständen fast einstimmig als König angenommen worden. Bevor seine Wahl durch die feierliche Krönung im Veitsdom zu Prag bestätigt wurde, mußte er den Majestätsbrief unterschreiben, den Kaiser Rudolf II. am 9. Juli 1609 erlassen hatte und dessen Bestimmungen Böhmen eine Religionsfreiheit garantierten, die noch über die Artikel des Augsburger Religionsfriedens hinausging. Der Majestätsbrief war als unbeabsichtigtes, aber bedeutungsvollstes Nebenprodukt der Rivalitäten zwischen Erzherzog Matthias und seinem Bruder Rudolf zustande gekommen. Seit Jahren wurde der Kaiser von seinen Brüdern nicht mehr für regierungsfähig gehalten. 1605 hatten sie ihm nahegelegt, abzudanken, doch Rudolf II. weigerte sich. Da er seine Residenz in Prag hatte, bemühte er sich emsig um Unterstützung durch die böhmischen Stände. Auch Matthias und seine Brüder waren auf Parteigänger angewiesen, wenn sie diesen berühmt gewordenen ›Bruderzwist in Habsburg‹ für sich entscheiden wollten. Kaiser Rudolf war streng katholisch, die Protestanten waren ihm ein Greuel. Doch auch der strenggläubigste Monarch vermochte schon eingangs des 17. Jahrhunderts die politischen Erfordernisse der kaiserlichen Reputation nicht mehr von ihrer Verquickung mit konfessionellen Fragen freizuhalten. Deshalb garantierte Rudolf II. den böhmischen Ständen die Erfüllung ihrer beiden Hauptwünsche, nämlich Religionsfreiheit und die Bestätigung einer Reihe althergebrachter Privilegien. Matthias replizierte damit, daß er sich der gemeinsamen Unterstützung der protestantischen Herren und Stände Ungarns, Österreichs und Mährens versicherte.

Kaiser Rudolf II.
Bronzebüste von
Adriaen de Vries, 1607

Mit derartigen Parteiungen hatte der Zwist seinen innerdynastischen Charakter verloren. Da sowohl der Kaiser als auch der Erzherzog auf breite Majoritäten angewiesen waren und den protestantischen Ständen dabei eine Schlüsselrolle zufiel, löste der Streit um den Kaiser unvorhergesehene und folgenschwere Wirkungen aus. Im Jahr 1606 stellten die Erzherzöge erneut die Regierungsunfähigkeit Rudolfs II. fest, da »die Römische Majestät an einer zu unterschiedlichen Zeiten sich zeigenden Gemütsblödigkeit leidet«. Nach diesem Beschluß fühlte sich Matthias kräftig genug, um seinem Bruder ein Ultimatum zu stellen; Rudolf dagegen war zu schwach, um es abzulehnen. So kam es zu einem Vergleich. Danach hielt es Kaiser Rudolf II. jedoch für überflüssig, mit den Zusagen Ernst zu machen, die er den böhmischen Ständen gegeben hatte, denn nun benötigte er ihre Unterstützung nicht mehr. Doch die Herren betrachteten das anders. Sie mobilisierten kurzerhand das böhmische Landesaufgebot, ein Heer von fünftausend Mann, ernannten Graf Thurn zum Oberbefehlshaber, rückten nach Prag und präsentierten dem Kaiser schriftlich ihre Wünsche. Die Forderungen waren in der Zwischenzeit angewachsen wie verzinstes Kapital. Das Dokument enthielt neue Wünsche und vor allem eine Reihe von Absicherungen gegenüber der Krone. Der Kaiser sträubte sich, nicht zuletzt gegen die Form, mit der die Herren ihn zur Unterschrift zwingen wollten. Schließlich sah er sich genötigt, am 9. Juli 1609 den vielzitierten Majestätsbrief auszustellen. Als die Deputation vom Hradschin zurückkam und das Dokument vorwies, brachen Tausende in frenetischen Jubel aus. Endlich hatten die Protestanten Böhmens, Ritter und Herren, Bürger und Bauern, zwei Drittel der ganzen Bevölkerung, ihre wahre ›Magna Charte‹. Auch die katholischen Stände Böhmens akzeptierten den Majestätsbrief.

Kaiser Matthias
als König von Böhmen
Gemälde von
Hans von Aachen,
bald nach 1612

»Man muß vor allem die Annullierung des Majestätsbriefes betreiben.« – Erzherzog Ferdinand zu Fürst Karl von Liechtenstein, dem Landeshauptmann von Mähren, im Jahr 1610

Um dieses Pergament kreisten ein Jahrzehnt lang alle wichtigen Ereignisse im böhmischen Königreich. Jeder Herrscher, Matthias wie Ferdinand, mußte den Majestätsbrief bestätigen und signieren, wenn er die Wenzelskrone tragen wollte. Matthias war überdies noch gezwungen, den Ständen in seiner Wahlkapitulation vom 27. Februar 1610 weitere Zugeständnisse zu machen, während von Ferdinand 1617 nur die Bestätigung des Majestätsbriefes gefordert wurde. Trotzdem entschlossen sich die böhmischen Herren nur zögernd und mißtrauisch zu der Wahl. Sie konnten nicht vergessen, wie kategorisch sich der Erzherzog schon vor Jahren zu dem Dokument von 1609 geäußert hatte. Sie wußten, daß er die Abneigung mit allen Angehörigen des Hauses Habsburg teilte. Erzherzog Leopold schrieb in jenem Jahr an Maximilian von Bayern: »Summa summarum ist nicht allein der Kaiser gedrungen worden, alles zu gewähren, sondern er mußte alles mit Privilegien bestätigen, was mir das Herz im Leibe zersprengen möchte.« Andererseits kam es nicht auf Empfindungen und Abneigungen an. Ausschlaggebend war letzten Endes, daß auch Ferdinand das Dokument und damit die Religionsfreiheit und die ständischen Vorrechte bestätigt hatte.

Militärisches Geplänkel in Prag zwischen den Truppen Rudolfs II. und dem ›Kriegsvolk‹ des Matthias am 15. Februar 1611
Aus einem Stich, 1612

Ferdinand war entsprechend seiner streng jesuitischen Erziehung ein extrem frommer Mann. Bevor er das Dekret Kaiser Rudolfs II. unterschrieb, bat er das Jesuitenkollegium in Prag um Urteil und Rat, wie er sich als treuer Sohn der Kirche verhalten solle. Die Patres erwiderten, daß es für ihn nicht zulässig gewesen wäre, den Majestätsbrief zu erteilen; er hätte sich also in der Situation des Kaisers dem Druck nicht beugen dürfen. Da dies jedoch hier nicht zur Diskussion stünde, dürfe er den Majestätsbrief »ohne Skrupel bestätigen, wenn er nicht anders zur Regierung kommen kann«.

Die Stände Böhmens kannten nicht nur den Ruf ihres neuen Königs, sie erinnerten sich auch, wie es seinen Erbländern Steiermark, Kärnten und Krain ergangen war. Als er 1592 die Huldigung seiner Landstände empfangen hatte, wurden ihnen daraufhin die Landesfreiheiten zugesichert. Die Stände bezogen dies auch auf die freie Religionsausübung und auf das Recht für eigene Landschaftsschulen, die Ferdinands Vater, Karl II. von Innerösterreich, ihnen und seinen Städten gewährt hatte. Nach seinem Regierungsantritt 1596 begann Ferdinand jedoch seine Länder unerhört rücksichtslos zu rekatholisieren, alle Widerstandsversuche unterdrückte er mit brutaler Gewalt. Deshalb kommentierte man in Prag seine Unterschrift unter den Majestätsbrief mit der einleuchtenden Schlußfolgerung: »Wenn Ferdinand schon seinen Erbländern den Eid nicht gehalten hat, dann wird er es den Böhmen gegenüber auch nicht tun.«

Die böhmischen Stände blickten erheblich skeptischer in die Zukunft, als es erfahrenen Menschen ziemt. Nach dem Augsburger Religionsfrieden bekannte sich im Heiligen Römischen Reich nur jeder zehnte Einwohner zum katholischen Glauben. Sechs Jahrzehnte später besuchte jedoch wiederum jeder vierte die Heilige Messe. Zuversichtlichere Adlige in Böhmen relativierten die Berichte über Ferdinands Verhalten in seinen Erbländern. Er sei keineswegs eidbrüchig geworden, denn er habe zwar auf der Burg in Graz die ständischen Freiheiten und Rechte beschworen, davon jedoch die religiösen Forderungen eigens ausgenommen, da die Privilegien der Stände nichts mit Glaubensfragen zu tun hätten. Wenn er also den Majestätsbrief unterschrieben habe, werde er sich auch daran halten.

Vorerst ging es in Böhmen noch nicht um den Majestätsbrief als Ganzes,

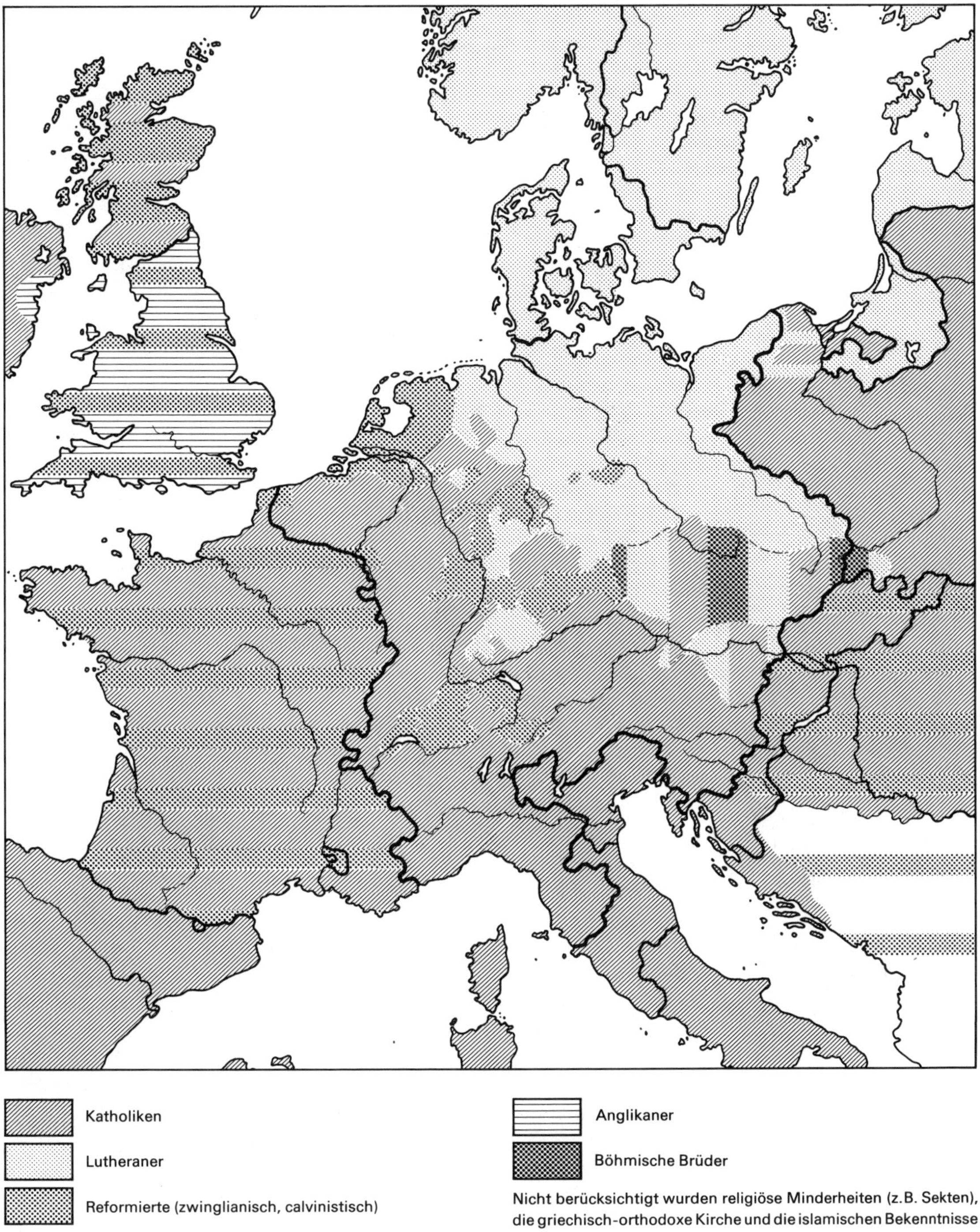

Konfessionen in Europa um 1618

sondern nur darum, wie sein Text auszulegen sei. Im Jahr 1617 spitzten sich die Gegensätze im Streit um zwei protestantische Kirchen zu. Sie befanden sich auf kirchlich-königlichen Gütern, in Braunau und Klostergrab. Die Behörden forderten die Sperrung der Gotteshäuser. Die Protestanten dagegen beriefen sich auf den Majestätsbrief. Im Dezember 1617 wurde in dem einen Fall kurzer Prozeß gemacht. Der Prager Erzbischof sandte Handwerker nach Klostergrab und ließ die Kirche abreißen. Bevor das Problem in Braunau ähnlich entschieden wurde, versammelten sich in Prag die protestantischen Stände. Am 11. März 1618 sandten die Herren ein Schreiben an den Kaiser. Sie verlangten von ihm, die Verfügungen über die beiden Kirchen zurückzuziehen, die Protestanten auf den königlichen Gütern nicht mehr wie bisher zu unterdrücken und alle Bürger, die wegen des Widerstandes bei der Verteidigung der beiden Kirchen eingekerkert worden waren, zu entlassen. Die Antwort aus Wien wurde prompt erteilt; sie war grob, unversöhnlich: Des Kaisers Geduld sei am Ende, er verbiete eine Wiederholung derartiger Zusammenkünfte, die Ständeversammlung habe einen Aufruhr provoziert, deshalb werde er die Anstifter vor Gericht stellen lassen.

Das Schreiben des Kaisers reizte die böhmischen Protestanten zu heller Empörung. Die Stände traten erneut zusammen und zogen am 23. Mai auf den Hradschin, um den kaiserlichen Statthaltern ihre Antwort zu überreichen. Im Sitzungssaal kam es rasch zu einem hitzigen Wortwechsel. Die besonders verhaßten Statthalter Jaroslaw von Martinitz und Wilhelm von Slawata wurden zum Fenster gezerrt, hochgestemmt und in den Burggraben geworfen, außerdem ein harmloser Sekretär, Philipp Fabricius. Obgleich es bis zum Burggraben siebzehn Meter waren, erlitt keines der Opfer ernstere Verletzungen; alle drei konnten entfliehen.

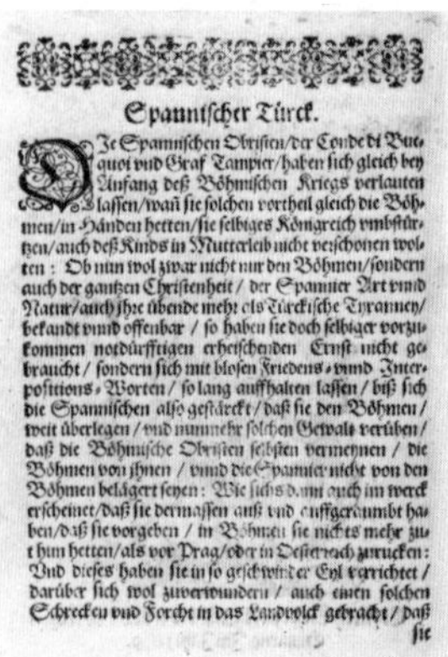
Spannischer Türck.

DJe Spannischen Obristen/der Conde di Buquoi vnd Graf Tampier/haben sich gleich bey Anfang deß Böhmischen Kriegs verlauten lassen/wañ sie solchen vortheil gleich die Böhmen/in Händen hetten/sie selbiges Königreich vmbstürtzen/auch deß Kinds in Mutterleib nicht verschonen wolten: Ob nun wol zwar nicht nur den Böhmen/sondern auch der gantzen Christenheit/der Spannier Art vnnd Natur/auch jhre übende mehr als Türckische Tyranney/bekandt vnnd offenbar/so haben sie doch selbiger vorzukommen notdürfftigen erheischenden Ernst nicht gebraucht/sondern sich mit blosen Friedens- vnnd Interpositions-Worten/so lang auffhalten lassen/biß sich die Spannischen also gestärckt/daß sie den Böhmen/weit überlegen/vnd nunmehr solchen Gewalt verüben/daß die Böhmische Obristen selbsten vermeynen/die Böhmen von jhnen/vnnd die Spannier nicht von den Böhmen belägert seyen: Wie sichs dann auch im werck erscheinet/daß sie dermassen auß vnd auffgeraumbt haben/daß sie vorgeben/in Böhmen sie nichts mehr zu thun hetten/als vor Prag/oder in Oesterreich zurucken: Vnd dieses haben sie in so geschwinder Eyl verrichtet/darüber sich wol zuverwundern/auch einen solchen Schrecken vnd Forcht in das Landvolck gebracht/daß sie

Über schändliches Verhalten der kaiserlichen Truppen in Böhmen im Herbst 1618
Flugschrift von 1619

Der Dreißigjährige Krieg, der ›blutige Kehraus des Mittelalters‹, wie er einmal bildkräftig, aber nicht ganz zutreffend charakterisiert worden ist, brach nicht wegen zweier Kirchen in kaum bekannten Orten im Norden und Nordosten Böhmens aus. Anlässe sind in der Geschichte nur in den seltensten Fällen identisch mit den Gründen. Die religiösen Probleme in Böhmen waren zweifellos bedrängend und erbitternd, doch sie unterschieden sich weder prinzipiell noch in ihrer Schärfe von der allgemeinen Situation im Reich. Die Prager Aktion, die so spontan gewirkt hatte, war keine überstürzte Handlung. Die Stände planten seit langem eine aufsehenerregende Demonstration, etwas Tumultuarisches oder gar einen Gewaltakt. Sie strebten in ihrem Land eine Veränderung des verfassungsrechtlichen Gefüges von Grund auf an: einen Umsturz. Sie wollten eine Restitution der alten Verhältnisse erzwingen, sie wollten die Wiedererrichtung der Adelsherrschaft mit einem frei gewählten König an der Spitze, also die Beseitigung der Habsburger Direktionsgewalt in den Ländern der Wenzelskrone. Die versuchte, wenn auch mißglückte Ermordung der kaiserlichen Statthalter war nichts anderes als das Signal für den wirklichen Umsturz. Schon am nächsten Tag wurde in Prag eine selbständige provisorische Regierung von dreißig Direktoren gebildet. Graf Thurn erhielt den Auftrag, umgehend die Landesverteidigung zu organisieren und ein Heer zu rekrutieren. Die Werbungen liefen unverzüglich an. Bereits nach drei Wochen marschierte Thurn an der Spitze eines Regiments nach Süden, zur österreichischen Grenze. Es begannen Verhandlungen mit fremden Mächten, um Parteigänger für die eigene Sache zu gewinnen.

Kurz nach der Rebellion ersuchte Kaiser Matthias, der Nachfolger Rudolfs II. seit 1612, den gekrönten König von Böhmen, Ferdinand, um seine Meinung, wie er sich in der Auseinandersetzung verhalten sollte. Ferdinand antwortete sofort: Er empfahl, den Aufstand mit rücksichtsloser Gewalt niederzuwerfen. Damit war Kaiser Matthias nicht zufrieden. Er neigte nur mit Worten zu kriegerischer Brutalität, nicht mit Taten. Deshalb setzte er seine Verhandlungen mit Prag fort und verzichtete auf militärische Rüstungen. Auch Prag verhandelte, allerdings ohne die militärischen Maßnahmen zu vernachlässigen. Erst eine Erkrankung des Kaisers und die Entfernung seines engsten Beraters ermöglichten es Ferdinand, die hinhaltend konzessionsbereite Politik Wiens abzubrechen. Bereits im Hochsommer 1618 überquerten kaiserliche Regimenter die böhmische Grenze. Die Kämpfe zwischen den Rebellen und den Kaiserlichen zogen sich bis in den Winter hin.

Am 20. März 1619 starb Kaiser Matthias. Jetzt besaß Ferdinand II. völlig freie Hand. Am 27. März ließ er den Prager Direktoren mitteilen, daß er die kaiserlichen Statthalter, die bis zum Mai 1618 die Geschäfte in Böhmen geführt hatten, in ihren Ämtern neu bestätige. Dem Direktorium, das von der Confoederatio Bohemica, den Vereinigten böhmischen Ständen, eingesetzt worden sei, fehle jeglicher Rechtsboden; die Mitglieder seien deshalb Usurpatoren. Am Schluß des Dokuments sicherte Ferdinand den Ständen volle Straffreiheit und die Bestätigung ihrer früheren Rechte zu, sofern sie sich seiner Gnade überließen. Hier wäre Gelegenheit gewesen, den Aufstand zu einer Affäre herabzuspielen, ihn beizulegen und die Widersacher miteinander zu versöhnen. Ernstlich aber lag dies nicht in der Absicht Wiens, denn Ferdinand beharrte auf Positionen, die er schon unwiderruflich verloren zu haben schien. Die Böhmen wiederum konnten damit rechnen, daß ihr Aufstand auch in die österreichischen Erblande übergreifen würde. Dort hatten die Stände nach dem Tod des Kaisers seinem Nachfolger Ferdinand die Huldigung verweigert.

Begräbnis Altböhmens

Nach dem Zusammenbruch der Verhandlungen wurde der Aufstand innerhalb Habsburgs zu einer Sache der Kanonen. Die böhmischen Wirren waren schon längst zu einer Angelegenheit des Reiches und seiner konfessionellen Parteiungen geworden. Die wichtigste Entscheidung für Ferdinand II. fiel im Sommer 1619. Am 11. Juli brach er mit seinem Hofstaat nach Frankfurt am Main auf, um persönlich an der Kaiserwahl der Kurfürsten teilzunehmen; als König von Böhmen besaß er das Kurrecht. Die Kaiserkrone besaß in jenen Wochen eine kaum abzuschätzende Bedeutung, da zur selben Zeit in Prag ein Generallandtag eröffnet wurde, auf dem Ferdinand die erbliche Königswürde und -krone abgesprochen werden sollte. Die Versammlungen in Prag und Frankfurt begannen und endeten fast am gleichen Tag. Die Synchronie ist ein charakteristisches Merkmal ihrer politischen Wechselbeziehung.

Anspielung auf die böhmischen Ambitionen des pfälzischen Kurfürsten: Friedrich V. von der Pfalz auf Jasons Schiff Stich, 1613

Der dreiundzwanzigjährige Kurfürst Friedrich von der Pfalz, seit Jahren Führer der Protestanten im Reich, faßte ein letztes Mal alle seine Kräfte und Bemühungen zusammen, um Ferdinand bei der Kaiserwahl den Rang abzulaufen. Friedrich hatte bereits in den ersten Monaten der Rebellion den böhmischen Ständen seine Sympathie bekundet. Obwohl er militärischen Auseinandersetzungen abgeneigt war, hatte er gehofft, daß die Fürsten der Union ebenfalls die Sache der Böhmen unterstützen und ein gemeinsames Heer aufstellen würden. Die Union beharrte jedoch strikt auf ihrer neutralen Haltung in der böhmischen Frage. Trotzdem erklärte sich Friedrich schon im Sommer 1618 bereit, eine Wahl der Herren in Prag zum böhmischen König anzunehmen.

Die Reise Ferdinands litt zunächst unter dem übelsten politischen Klima. Fast überall in den habsburgischen Landen brodelte vorrevolutionäre Unruhe. In Spanien und in Brüssel schätzte man die Persönlichkeit des Habsburgers nicht übermäßig hoch. Mit den Sympathien für seine Sache hatte das nichts zu tun; doch was hätte man gewonnen, wenn diese »einfältige verjesuitete Seele« die Kaiserkrone erhielte? Die protestantischen Kurfürsten waren nicht persönlich nach Frankfurt gekommen, sie ließen sich durch Gesandte vertreten. Friedrich von der Pfalz hatte vergeblich darauf gedrängt, die Kaiserwahl solange zu verschieben, bis die böhmische Angelegenheit geklärt sei. Er fand damit keinen Anklang, nicht einmal bei der Union. Seine Aussichten als Gegenkandidat schrumpften mehr und mehr, während jene Ferdinands stiegen, zumal sich die katholischen Fürsten trotz ihrer Vorbehalte geschlossen für ihn erklärten, nicht zuletzt deshalb, weil es keine Alternative gab, seit der Bayernfürst abgewunken hatte.

»Sie haben sich auf viele Bedingungen geeinigt, die Ferdinand kaum gefallen werden.« – Friedrich von der Pfalz an seine Gemahlin Elisabeth Stuart über die böhmische Konföderationsakte

In Prag wurde auf dem Generallandtag am 31. Juli 1619 das staatsrechtliche Gefüge der böhmischen Länder neu geordnet. Der Aufbau war absolut ständisch. Dem König wurde keinerlei Verfügungsberechtigung zuerkannt, er war in allen wichtigen Fragen an die Einwilligung der Stände gebunden. Alle habsburgischen Länder wurden aufgefordert, sich den hundert Artikeln der neuen Konföderationsakte anzuschließen.

Da sich die Stände für ein reines Wahlkönigtum entschlossen hatten, erkannten sie am 22. August 1619 Ferdinand die Wenzelskrone ab, erklärten ihn des Thrones für verlustig und wählten am 26./27. August den pfälzischen Kurfürsten zum neuen König von Böhmen und den Nebenländern der Krone. Die Wahl fiel mit Friedrichs Geburtstag am 26. August zusammen. Zwei Tage darauf wurden auch in Frankfurt die wochenlangen Beratungen des Kurfürstenkollegiums abgeschlossen. Ferdinand hatte sich nach zähflüssigen Verhandlungen auch mit Johann Georg von Sachsen verständigt, indem er den Augsburger Religionsfrieden garantierte, woraufhin der sächsische Kurfürst seinen Widerstand aufgab. Am 28. August fand in der Kurkapelle der Frankfurter Bartholomäuskirche die Wahl Ferdinands zum deutschen Kaiser mit allen Stimmen statt. Selbst Friedrich von der Pfalz gab also seine Stimme demjenigen Mann, dessen Stelle als König von Böhmen er einzunehmen bereit gewesen war und mit dem er, zumal nach seiner Wahl zum Kaiser, unweigerlich in Kürze die Klingen kreuzen mußte.

Friedrich V. von der Pfalz
Gemälde aus der Werkstatt von Michiel Jansz. van Mierevelt, 1613

Friedrich von der Pfalz konnte die Wenzelskrone nur mit Waffengewalt behaupten. Sowohl die Fürsten der Union als auch die englische Regierung rieten ihm dringend davon ab, die Wahl der Böhmen anzunehmen. Friedrich ignorierte die Ratschläge. Am 31. Oktober 1619 zog er mit seiner Gemahlin Elisabeth in Prag ein. Die Bevölkerung feierte das strahlend jugendliche, ausnehmend schöne Herrscherpaar. Friedrich wurde im Dom zum König gekrönt. Doch seine ersten Maßnahmen waren nicht Ausdruck seiner königlichen Weisheit, sondern Ausflüsse seines Calvinismus. Er ließ die Kirchen der Hauptstadt und dann des ganzen Landes von Bildern und Altären säubern.

Erste Antipathien regten sich. Sie nahmen zwar gleichmäßig zu, doch konnte Friedrich die wenigen Monate seiner Regierungszeit ohne offene Differenzen hinter sich bringen. Da er praktisch nur einen Winter lang den Thron innehatte und seine Karriere dann nahezu im Unsichtbaren verging, steckt in seinem geläufigen Beinamen ›der Winterkönig‹ einige Quintessenz.

In Frankfurt hatte sich Maximilian von Bayern bereit erklärt, mit der Liga des Kaisers Kampf um Böhmen zu unterstützen. Seine Bedingungen waren hoch, doch Ferdinand wollte handeln, nicht verhandeln. Am 30. April 1620 wurde Friedrich vom Kaiser aufgefordert, er solle binnen Monatsfrist das Reich verlassen, denn er sei ein Usurpator. Falls er sich dem Befehl widersetze, drohte ihm Ferdinand die Reichsacht samt der Konfiskation des Besitzes an. Die protestantischen Fürsten entzogen Friedrich von der Pfalz jede Unterstützung; die Unionsfürsten schlossen mit dem Kaiser am 3. Juni in Ulm einen Neutralitätsvertrag. Für das Reich wurde Waffenruhe vereinbart, Union und Liga sollten nur in Böhmen Entscheidungsfreiheit besitzen. Damit hatte Friedrich jede Deckung aus dem Reich verloren. Er blieb zwar hartnäckig, weniger aus bewußter Tapferkeit, als aus naiver Sorglosigkeit, doch überließ er jeden energischen Einsatz den Prager Direktoren, ganz absorbiert von seinem glücklichen Eheleben, dem er den Zauber beständiger Flitterwochen zu verleihen wußte.

Am 8. November 1620 schlug ein vereinigtes kaiserlich-ligistisches Heer die Truppen der böhmischen Stände in der Schlacht am Weißen Berg im Westen von Prag. Friedrich von der Pfalz konnte mit Mühe entfliehen. Seine Gemahlin Elisabeth hielt ihr Versprechen, daß sie guten Mutes jedes Schicksal mit ihm teilen werde, das die Annahme seiner Wahl zum König von Böhmen mit sich bringen würde. Über Friedrich wurde 1621 die Reichsacht verhängt. Die siebenundzwanzig namhaftesten Führer des Aufstandes, derer man sich hatte bemächtigen können, wurden am 21. Juni auf dem Altstädter Ring in Prag exekutiert. Die übrigen Rebellen erhielten »aus kaiserlicher angestammter Milde Ehr' und Leben geschenkt, aber mit den Gütern wird nach Gutdünken verfahren«. Dieses Dekret der Wiener Hofburg bedeutete die Konfiskation von rund fünfhundert Herrschaften, von fast drei Vierteln des böhmischen Landes. Abertausende von Adligen und Bürgern mußten Böhmen verlassen. Zwischen der Schlacht am Weißen Berg und dem Jahr 1623, in dem die Güterumschichtung im wesentlichen abgeschlossen war, fand das Begräbnis jenes alten Böhmens statt, wie es seit Kaiser Karl IV. als Herzstück Europas bestanden hatte.

Die Schlacht am Weißen Berg
bei Prag
am 8. November 1620:
Sieg der Kaiserlich-Bayerischen
unter Tilly über das Heer
des Winterkönigs Friedrich
Stich von
Nicolaus Weishun, vor 1666

Unter den kostbarsten Beutestücken, die dem Kaiser nach Wien geschickt wurden, befand sich das Original des Majestätsbriefes. Ferdinand nahm die Urkunde der »verwirkten Privilegien, daraus dies Übel alles entsprungen« – so hatte er sie Maximilian gegenüber charakterisiert –, las sie durch und zerschnitt sie dann mit einer Schere. Zwei Jahre darauf löste der Kaiser seine Zusagen an den Bayernherzog ein. Er übertrug die pfälzische Kur auf die bayerische Linie des Hauses Wittelsbach. Maximilian erhielt die Ober- und Unterpfalz.

Regensburger Religionsgespräch zwischen jesuitischen und protestantischen Theologen im Jahr 1601
Kolorierter Kupferstich des Monogrammisten H. W., 1606

Spaltung des Reiches – Revolution des Glaubens

Landesfürsten, Kirchenpolitik und Religionsfriede

Der blutige Introitus des Dreißigjährigen Krieges stützt ungerechtfertigt die Vorstellung, als rahmten die Daten 1618 und 1555 eine Epoche ein, die der Bezeichnung des Augsburger Religionsfriedens wenigstens annähernd Rechnung trug: sechs Jahrzehnte leidlichen Wohlstands, relativer Eintracht, gedrosselten Friedens, insgesamt also eine geruhsame Zeit, lediglich gewürzt mit solchen Auseinandersetzungen, die unsere Geschichte und Politik, Gesellschaft und Kultur davor bewahren, in die Unmenschlichkeit der Langweile abzusinken. Sofern man sich an die Koordinaten des Dreißigjährigen Krieges hält, besitzt eine solche Vorstellung ihr Recht. Sie trifft jedoch keineswegs auf die Lage zu, wie sie tatsächlich in der zweiten Hälfte des 16. und in der Vorkriegszeit des 17. Jahrhunderts bestanden hat.

Die Protestanten hatten das Augsburger Agreement allein ihrer Entschlossenheit zu danken, mit der sie die konfessionellen Überzeugungen auch mit dem Schwert verteidigt hatten. Im Jahr 1555 waren zwar die wichtigsten Probleme zwischen ihnen und den Altgläubigen beigelegt worden, doch mit dem Reichsabschied wurde allzuviel in das Fach der Gleichgültigkeit geschoben, halb resigniert, halb zukunftsgläubig. Auch 1555 wurde reichsrechtlich dem Prinzip nach nur eine Situation gebilligt, die schon seit Jahrzehnten die Unüberwindbarkeit eines Felsblocks hatte: daß es zwei Konfessionen in Deutschland, in Europa gab. Deshalb erklärte der Reichstag 1555 lapidar: »Nachdem die beiden Religionen in Gebrauch, sollen dieselbigen auch bleiben.«

Zwei Konfessionen: evangelische und katholische Predigt Holzschnitt von Georg Pencz, 1529 (geteilt reproduziert)

Die Textgestalter verfuhren bei dieser knappen Formulierung keineswegs nachlässig. Der vereinbarte Religionsfriede bezog sich lediglich auf die Katholiken und auf diejenigen, die sich zur Augsburgisch-lutherischen Konfession bekannten. Der Paragraph 17 bestimmte ausdrücklich, daß »alle anderen, die sich zu den beiden vorgenannten Religionen nicht bekennen, in diesem Frieden nicht genannt, sondern gänzlich ausgeschlossen sein« sollen. Das betraf nicht nur die Reformierten des calvinistischen Protestantismus, das bezog sich ebenso auf jede der vielen kleinen Splittergruppen und Sekten, die auch den Lutheranern ein theologischer Greuel waren; es handelte sich um Verirrte und Ketzer, denen womöglich noch weniger Daseinsrechte zukamen als den verhaßten Papisten. Darin bestand die Achillesferse der Reformation. So groß, gewaltig ihr Aufbruch, so unerhört ihre Resonanz, so unvorstellbar ihr Erfolg gewesen war: Die Katholiken standen den Protestanten und ihren vielen Abweichlern in einer fest gefügten, durch keinerlei dogmatische Differenzen geschwächten Front gegenüber. Deshalb bemühten sich alle weitsichtigeren und weitherzigeren Parteigänger Luthers seit 1555 um ein militärisch abgesichertes konfessionelles Bündnis, um ihrer Religion willen, um ihrer Verteidigung gegen die Katholiken willen, die sich zum erbarmungslosen Gegenstoß formierten, um des Schutzes der entkatholisierten Güter willen.

Obwohl die Gegenreformation bereits die Etappe des Vorspiels weit hinter sich hatte, war das Bündnis der Protestanten noch immer nicht über den bloßen Wunsch hinaus gediehen. Erst auf den Regensburger Reichstagen der Jahre 1594, 1597/98 und 1603 gelang es den rigoros-stürmischen Calvinisten, die Lutheraner von der Unerläßlichkeit einer gemeinsamen Opposition zu überzeugen, wenn sie sich nicht von der Gegenreformation Schritt für Schritt zurück an die Wand drängen lassen wollten. Die protestantischen Fürsten traten seitdem als ›Korrespondierende Stände‹ auf, zumal gegenüber dem Kaiser, denn die Gegenreformation war nicht zuletzt eine Sache der Habsburger Dynastie geworden, selbst wenn sie auch von anderen Fürsten des Reiches, insbesondere von Maximilian, gefördert wurde.

Ein Feldlager der Reichsarmee gegen die Türken
Zeichnung, um 1600

Um ihren konfessionellen Wünschen, die seit ihren Kämpfen mit Kaiser Karl V. immer auch Partikularismuswünsche der deutschen Landesherren waren, spürbares Gewicht zu geben, entschlossen sich die Fürsten zur Steuerverweigerung. Die Osmanen waren 1593 zu einer neuen großen Offensive angetreten. Bedroht wurde dadurch nicht nur Habsburg, bedroht wurden alle Christen und christlichen Staaten, doch gekämpft wurde in den Ländern des Kaisers. Folglich erklärten die ›Konföderierten Stände‹ des Reiches, sie würden die ›Türkenhilfe‹, die Habsburg als Reichssteuer so dringend benötigte, lediglich unter der Voraussetzung bewilligen, daß der Augsburger Religionsfriede nicht ständig in katholisch-gegenreformatorischem Sinn ausgelegt werde. Das war seit 1588 Brauch des Reichskammergerichts geworden, als Rudolf II. eine katholische Majorität der Gerichtsbeisitzer hergestellt hatte und wie es vor allem auch jedes Gutachten und Urteil des Reichshofrates zeigte. Tatsächlich war der Reichshofrat vollständig vom Kaiser abhängig, denn er gehörte ihm selbst als Oberster Richter an. Die Bedeutung gerade dieser Instutition, auch als einer der entscheidendsten Zentralbehörden Habsburgs, wurde von den Herrschern schon früh erkannt; der Reichshofrat galt als ›Augapfel‹ des deutschen Kaisertums.

Zu einer ähnlichen Initialwirkung wie das Kirchenproblem von Braunau und Klostergrab brachte es die konfessionelle Situation in der schwäbischen Reichsstadt Donauwörth. Ihre Bevölkerung war fast ausnahmslos protestantisch; die wenigen katholischen Familien, die dort noch lebten, waren nicht begütert und besaßen keinerlei Einfluß. Gleichwohl prozedierte der Magistrat mit unnötiger Intoleranz, er sperrte sich gegen jeden Zuzug katholischer Bürger von auswärts. Das noch bestehende Kloster vom Heiligen Kreuz reagierte nicht weniger starrsinnig, unterstützt und angefeuert von den Jesuiten des benachbarten Dillingen. Die Fahnen des rechten Glaubens sollten bei allen passenden und unpassenden Gelegenheiten entrollt werden. Im Jahr 1605 kam es bei einer Prozession zu Belästigungen durch Protestanten. Die Patres beschwerten sich, und der zuständige Bischof von Augsburg erhob Klage beim Reichshofrat. Sein Spruch erging in katholisch erwünschter Eindeutigkeit: Donauwörth wurde die Reichsacht angedroht, falls Katholiken erneut von Protestanten behelligt würden. Die Altgläubigen der Stadt mußten nicht lange darauf warten, und so ließ Ende 1607 der Kaiser über Donauwörth die Reichsacht verhängen. Maximilian I. von Bayern wurde mit der Exekution beauftragt. Am 17. Dezember marschierten bayerische Truppen ein. Die Rekatholisierung begann unverzüglich. Im Jahr 1609 erklärte Maximilian dem Kaiser, Donauwörth sei nicht in der Lage, die Kosten, die ihm durch die Reichsexekution entstanden seien, zu ersetzen. Deshalb müsse ihm Rudolf II. die Stadt verpfänden, denn der Besitz Donauwörths decke recht genau seine Ausgaben für die Exekution. Donauwörth wurde bayerische Landstadt. 1625 lebte in ihren Mauern keine einzige evangelische Familie mehr.

Dieses Exempel allein hätte noch nicht den Ausschlag gegeben; erst die innerhabsburgische Krise des Bruderzwistes ließ den protestantischen Entschluß zur militärischen Einigung keimen. Während Maximilians Truppen in

Abendmahlsfeier in einer norddeutschen evangelischen Kirche
Gemälde von Otto Wagenfeldt, 1649–1651

Die Würzburger Universität
nach der Fertigstellung
im Jahr 1591,
eine Wiedergründung des
Gegenreformators
Julius Echter von Mespelbrunn,
und dessen als Grablege
bestimmte Neubaukirche
Stich von
Johann Leypold, 1603

Das Jesuitenkolleg in München
Stich von Johann Smissek,
vor 1650

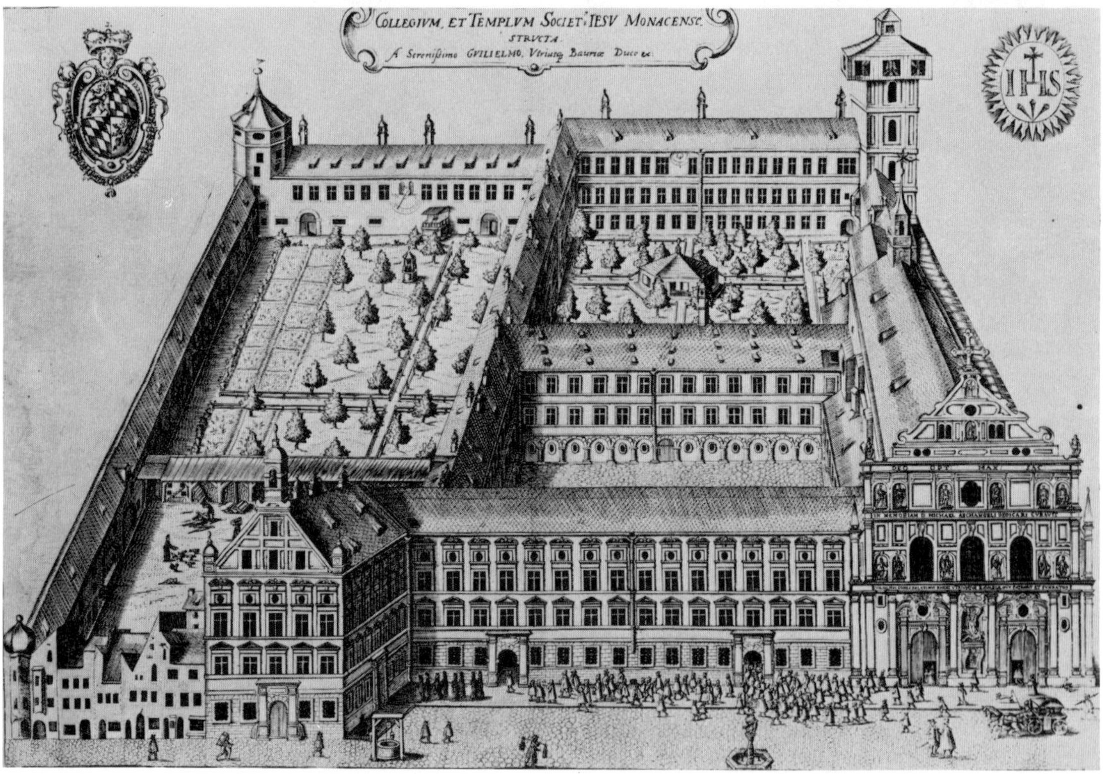

Donauwörth einmarschierten, trat in Regensburg der Reichstag zusammen. Der Kaiser benötigte erneut die »eilende, mitleidenliche, barmherzige Hilfe« gegen die Türken in Form von großen Geldsummen. Doch die Konföderierten Stände verlangten als Vorleistung eine ausdrückliche Bestätigung der Paragraphen des Augsburger Religionsfriedens und eine feierliche Garantie des Kaisers, daß er sich endgültig an den Text des Dokuments und nicht an die katholisch-gegenreformatorischen Entschlüsse des Reichshofrates halten werde.

Rudolf II. war nicht persönlich nach Regensburg gekommen, da er unter einem seiner schweren psychoneurotischen Anfälle litt. Als seinen Stellvertreter hatte er Erzherzog Ferdinand nach Regensburg gesandt. Ferdinand, der dem Reichstag präsidierte, erklärte sich mit der Erneuerung des Religionsfriedens einverstanden, allerdings hatte er als Wortführer der katholischen Sache andere Vorstellungen davon. Alles, was die Protestanten seit 1555 gegen den Religionsfrieden, also rechtswidrig, erworben und säkularisiert hatten, müßte von ihnen zurückerstattet werden. Diese Restitutionsklausel bedeutete eine unverhüllte Kampfansage. Die Korrespondierenden Stände ließen umgehend die Pferde satteln und verließen den Reichstag. Zum ersten Mal in der Geschichte war diese Versammlung aller geistlichen und weltlichen Fürsten des Reiches ohne einen Beschluß, ohne Reichsabschied, auseinandergegangen. Die Unversöhnlichkeit der konfessionellen Gegensätze hatte die Institution gesprengt.

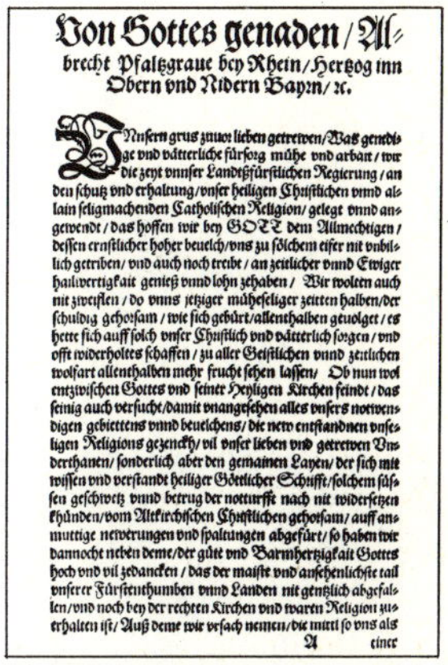
Von Gottes genaden/Albrecht Pfaltzgraue bey Rhein/Hertzog inn Obern vnd Nidern Bayrn/ꝛc.

VNsern grus zuuor lieben getrewen/Was gendige vnd vätterliche fürsorg mühe vnd arbait/wir die zeyt vnnser Landtsfürstlichen Regierung/an den schutz vnd erhaltung/vnser heiligen Christlichen vnnd allain seligmachenden Catholischen Religion/gelegt vnnd angewendt/das hoffen wir bey GOTT dem Allmechtigen/dessen ernstlicher hoher beuelch/vns zu sölchem eifer nit vnbillich getriben/vnd auch noch treibt/an zeitlicher vnnd Ewiger hailwertigkait genieß vnnd lohn zehaben/ Wir wolten auch nit zweiflen/do vnns jetziger müheseliger zeitten halben/der schuldig gehorsam/wie sich gebürt/allenthalben geuolget/es hette sich auff solch vnser Christlich vnd vätterlich sorgen/vnd offt widerholtes schaffen/zu aller Geistlichen vnnd zeitlichen wolfart allenthalben mehr frucht sehen lassen/ Ob nun wol entzwischen Gottes vnd seiner Heyligen Kirchen feindt/das seinig auch versucht/damit vnangesehen alles vnsers notwendigen gebiettens vnnd beuelchens/die new entstandnen vnseligen Religions gezenckh/vil vnser lieben vnd getrewen Vnderthanen/sonderlich aber den gemainen Layen/der sich mit wissen vnd verstandt heiliger Göttlicher Schrifft/solchem süssen geschwetz vnnd betrug der notturfft nach nit widersetzen khünden/vom Altkirchischen Christlichen gehorsam/auff anmuttige newerungen vnd spaltungen abgefürt/so haben wir dannocht neben deme/der güte vnd Barmhertzigkait Gottes hoch vnd vil zedancken/das der maist vnd ansehenlichste tail vnserer Fürstenthumben vnnd Landen nit gentzlich abgefallen/vnd noch bey der rechten Kirchen vnd waren Religion zuerhalten ist/Auß deme wir vrsach nemen/die mittl so vns als

A einer

Im Zeichen des konfessionellen Gegensatzes: Verbot einer Übersiedlung in protestantische Gebiete, des Besuchs sektischer Schulen, der Lektüre von Büchern nichtkatholischer Autoren. Religionsmandat Albrechts V. von Bayern vom 30. September 1569

An der Spitze der ständischen Opposition befand sich die Kurpfalz. Unter ihrer Führung versammelten sich im Mai 1608 in dem aufgehobenen Benediktinerkloster von Ahausen bei Nördlingen die protestantischen Fürsten Süddeutschlands und schlossen ein Bündnis: die ›Union‹, zunächst befristet auf ein Jahrzehnt. Ihr Zweck war der Schutz aller Protestanten und ihrer Rechte. Das Bündnis sollte sie vor jeder weiteren Gewalttat und Rechtswidrigkeit bewahren. Die Beschlüsse sollten notfalls mit Hilfe eines eigenen Heeres durchgesetzt werden. Der formelle Charakter eines Schutzbundes konnte niemanden darüber hinwegtäuschen, daß sich die Union höchst offensiv gegen die Katholiken und speziell gegen Habsburg richtete. In den folgenden Monaten schlossen sich alle namhaften Protestantenfürsten des Reiches der Union an, auch Brandenburg, Hessen und eine große Zahl von Reichsstädten. Welchen politischen Rang dieses Bündnis hatte, zeigte sich daran, daß die Union rasch auch von fremden Staaten und Gegnern Wiens als schwere Ramme vor den Toren der Casa d'Austria anerkannt wurde. Was die Unionsfürsten nicht deutlich zu formulieren wagten, bekannten die protestantischen Stände in den österreichischen Erblanden, daß »die Länder von dem Stamm und dem Haus Österreich müßten abgesondert werden«. Fürst Christian von Anhalt, die treibende Kraft der Union und der Generalissimus ihres Heeres, wurde in Paris als Abgesandter des Protestantenbündnisses ehrenvoll empfangen. Der französische König Heinrich IV. schloß mit ihm einen Pakt gegen Habsburg.

Die Katholiken warteten nicht lange mit ihrer Antwort. Im Juni 1609 gründete Herzog Maximilian I. in München einen Gegenbund: die ›Liga‹, eine Defensivvereinigung zur Wahrung des Landfriedens und der katholischen Religion. Die Liga entstand zunächst als reines Spiegelbild der Union, doch ihre Konturen prägten sich ungleich schneller und markanter aus, so daß sie bald im Vergleich zur Union als Original wirkte. Alle größeren katholischen Stände, Bischöfe, Kur- und Reichsfürsten schlossen sich in der Liga zusammen. Spanien erklärte seine Übereinstimmung mit den Zielen der Liga und versicherte ihr seinen Rückhalt. Gleichwohl handelte es sich bei diesen beiden Bündnissen nicht um einheitliche Formationen aller Protestanten und aller Katholiken. Zum ersten Mal schlossen sich zwar Calvinisten und Lutheraner zu einer gemeinsamen politischen Aufgabe zusammen, doch weigerte sich der Kurfürst von Sachsen, dem Bündnis beizutreten, obgleich auch Sachsen an der Sprengung des Reichstages von 1607/08 kräftig mitgewirkt hatte. Der Kurfürst war nicht bereit, diesem Bündnis seine traditionell guten Beziehungen zum Kaiser zu opfern. Distanz zur Liga wiederum hielt der Erzbischof von Salzburg. Auch das Haus Habsburg, aus dem seit bald zweihundert Jahren die Kaiser des Reiches gewählt wurden, konnte der Liga nicht beitreten, so sehr seine religiösen Interessen sich mit denjenigen des katholischen Bundes deckten.

Beide Bündnisse pochten von der Gründung an auf ihren defensiven Charakter, aber es sprangen sowohl bei der Union als auch bei der Liga nur die Momente der Aggressionsbereitschaft ins Auge. Mit der Gründung der Union hatten die Protestanten auf einen Angriff reagiert, und wem gegenüber hätte sich andererseits die Liga zur Verteidigung der katholischen Interessen zusammenschließen sollen, wenn nicht gegenüber einem drohenden Angriff der Protestanten und ihrer Union? Die Allianzen hätten auch nicht entstehen können, wenn der Augsburger Religionsfriede inzwischen nicht alle Substanz verloren gehabt hätte. Ursprünglich sollte er als »ein beständiger, beharrlicher, unbedingter, für und für ewig währender Frieden aufgerichtet und beschlossen sein und bleiben«. Doch eine stattliche Reihe seiner Bestimmungen und die tatsächlichen politisch-konfessionellen Verhältnisse im Reich hatten ihn in einen »beständigen, beharrlichen, unbedingten« Anlaß zur Verschärfung der Feindseligkeiten verwandelt. Die Gründung beider Bündnisse wurde zum Auftakt der Schlußphase des kalten Religionskrieges, der seit den sechziger Jahren des 16. Jahrhunderts fast im ganzen Reich schwelte.

Erzherzog Ferdinand
mit einem Hofzwerg
Gemälde von
Joseph Heintz d. Ä., 1604

Ein Land voller Ketzer

Donauwörth war ein besonders grelles Zeichen für die drakonischen Methoden, mit denen sich die Konfessionen befehdeten. In der Tatsache, daß gerade Erzherzog Ferdinand dem damaligen Reichstag zu Regensburg präsidierte, lag ein Stück Symbolik. Kein anderer katholischer Fürst hätte auf die Protestanten aufreizender wirken können: Der Neunundzwanzigjährige verkörperte für sie seit Jahren den Inbegriff der ›papistischen Despotie‹. Ferdinand hatte zusammen mit seinem Vetter Maximilian I. von Bayern die Jesuiten-Universität von Ingolstadt besucht. Nach Abschluß seiner Studien gab ihm sein Onkel und Vormund, Herzog Wilhelm der Fromme von Bayern, eine Art kleinen Fürstenspiegel mit auf den Weg. Die Quintessenz seiner Ratschläge bestand in der eindringlichen Empfehlung, Ferdinand möge sich nur mit ausgesucht frommen, eifrig katholischen Räten umgeben und dieses Prinzip höher stellen als die überlieferten Grundsätze adliger Wahl. Da in seiner Regierung alles eine katholische Grundlage besitzen müsse, möge er »diesfalls nit allein auf das Herkhumen sehen«.

Ferdinand hatte sich schon als Knabe in Ingolstadt entschlossen, die Folgen der religiösen Läßlichkeit seines Vaters in seinen Ländern ohne Rückstand auszumerzen. In den österreichischen Erblanden sah es damals nicht viel anders aus als im Reich. In Graz sollen sich, wenn man einer überzeichnenden Nachricht vertraut, 1596 nur noch drei Personen öffentlich zum katholischen Glauben bekannt haben. Über die Tatsache, daß er und sein kleines Gefolge die einzigen waren, die regelmäßig den Gottesdienst besuchten, wußte sich Ferdinand mit der Versicherung hinwegzutrösten, die Herzog Alba Jahre zuvor Katharina von Medici, der französischen Königin, aus Anlaß der Bartholomäus-Nacht von 1572 gegeben hatte: »Viel besser ist es, ein Reich in verwüstetem, ja zugrunde gerichtetem Zustand durch einen Krieg für Gott und für den König zu behaupten, als unversehrt ohne Krieg für den Teufel und seine Anhänger, die Ketzer.«

»Besser eine Wüste als ein Land voller Ketzer.« – Erzherzog Ferdinand

Ferdinand bereitete die Gegenreformation in seinen Ländern gründlich und umsichtig vor. Sich selbst rüstete er 1598 durch eine Wallfahrt nach Italien, hatte eine Begegnung mit dem Papst, besichtigte Venedig, Rom, Florenz und Bologna, besuchte den vielgerühmten Gnadenort Loreto in der Provinz Ancona und legte vor der Jungfrau Maria das Gelübde ab, selbst bei Gefahr seines Lebens sämtliche ketzerischen Lehren in seinen Erbländern auszurotten. Das Gelöbnis wurde zur Leitlinie seines Handelns. Den Wiederholungen eines Rosenkranzes ähnlich versicherte er, »er wolle lieber und ehender auf seine Königreiche und Länder verzichten, als eine Gelegenheit, dem rechten Glauben fortzuhelfen, wissentlich versäumen«.

Seine Reise nach Italien dauerte ein Vierteljahr. Ende Juli 1598 kehrte er zurück. Die neuen Verordnungen verkündete er im September, nachdem er noch einmal bekannt hatte: »Lieber würde ich von Wasser und Brot leben, lieber mit einem weißen Stäblein in der Hand samt Weib und Kindern die Heimat meiden; lieber von Haus zu Haus das Brot betteln, ja, lieber in Stücke mich zerreißen lassen, als länger die Unbill dulden, die bisher in meinen Ländern gegen Gott und die Kirche verübt worden ist.« Aus dieser Bedingungslosigkeit ergaben sich ganz andere politische Wirkungen als aus dem furiosen Eifern so vieler Glaubensfanatiker, mit dem die Milizen unter dem Zeichen des Kreuzes und der Jungfrau Maria mit den Soldaten des wahren Evangeliums auf Leben und Tod und um jeden Fußbreit Boden rangen. Sie alle, selbst die Gemeinden der kleinsten Sekten, waren von der brennenden Leidenschaft erfüllt, die Luther getrieben und die ihm so ungeheure Kräfte verliehen hatte: »Man saget, hätt ich das Evangelium nicht gepredigt, so wäre alles friedlich geblieben. Was kann ich dazu? Ihr sollt die Predigt halten, oder es soll nicht ein Stein auf dem andern bleiben.« Die großen Jesuiten-Generale, die begeisternden Kapuziner der Jahre nach den Reformkonzilen von Trient, sie hielten andere Predigten, doch sie standen in nichts der religiösen Hyperbolie nach, die wesentlich zum reformatorischen Aufbruch gehörte, so als erinnerten sie sich täglich an eins der letzten Prophetenworte Luthers, von 1546, dem unversöhnlichen, drohenden: »Nach meinem Tod sollen sie alle erst den Luther recht fühlen, wie wohl auch itzt, wo ich in solch bäbstlichem und pfäffischen Aufruhr ermordet werde!«

Vertreter der katholischen Kirche: Papst, zwei Kardinäle, zwei Bischöfe und Mönch Prunkmesser im Köcher, Knochenschnitzereien, Mitte des 16. Jahrhunderts

In Steiermark, Kärnten und Krain fühlten die Österreicher im Herbst 1598 die harte Hand ihres Erzherzogs. Alle protestantischen Geistlichen und Prediger hatten binnen zehn Tagen Graz und das Land zu verlassen. Derselbe Vertreibungsbefehl wurde auch für Kärnten und Krain ausgeschrieben. Sämtliche nichtkatholischen Kirchen wurden geschlossen. Wer in anderen Räumen einen protestantischen Gottesdienst abhielt, mußte mit der Todesstrafe rechnen. Ferdinand gab sich nicht mit der bloßen Proklamation zufrieden, er sorgte

Catholischer Lehr 112
Vernomen ist hiemitte / Behend in einer sum / Was einem Christe zime / Von seinem Christenthum / Zu wissen als fünff strassen / Zur Kirchen Christi Braut / Als Glaube / Thun und Lassen / In forcht man Got vertrawt.
Amen sey diß gesungen / Nutzlich und auch behet / Mit frölichkeit erklungen / Niemandt sey als verblent / Eigentlich diß zumercken / So wol als seinen namen / Nachm Glaube gutes wercken / Und singen zu Amen.

Getruckt zu Ingolstat durch Alexander Weissenhorn.

ANNO
M. D. LXX.

Verteidigung des katholischen Glaubens: letzte Seite in einem Katechismus von Johannes Nas, 1570

Höllensturz des Papstes und seiner Anhänger Zeichnung aus der Werkstatt von Lucas Cranach d. Ä., um 1538, vielleicht Entwurf zu einem Gemälde für Schloß Hohenfels in Torgau, der bevorzugten Residenz des sächsischen Kurfürsten

dafür, daß die Dekrete auf kürzestem Weg und ohne die geringste Nachsicht verwirklicht wurden. Er ließ sämtliche Viertel seiner Städte und alle Distrikte seiner Gebiete von Kommissaren mit militärischen Eskorten durchkämmen und systematisch kontrollieren. Widerstand regte sich nirgends, es kam zu keinem Aufruhr, zu keiner Rebellion; selbst der Adel und die Stände protestierten anfangs nur mit Worten, dann wurde es rasch still.

Schon nach einem halben Jahr konnte Erzherzog Ferdinand die Rekatholisierung seiner Länder als abgeschlossen betrachten. Am 30. April 1599 verkündete er in seiner ›Hauptresolution‹, dem Landesfürsten stehe in seinen Städten und Märkten das »absolutum et merum imperium« zu. Dieser Grundsatz war nicht neu, er wandelte nur den Paragraphen 15 des Augsburger Religionsfriedens ab, mit dem die landesherrliche Kirchengewalt bestätigt wurde, freilich mit einer undifferenzierenden Ausschließlichkeit, die zutreffend als Flammenzeichen verstanden wurde. Die ›Hauptresolution‹ des Erzherzogs entwickelte sich zum Grundgesetz der innerösterreichischen Gegenreformation. Ferdinand rückte zum reformkatholischen Repräsentanten des kirchenpolitischen Gegenzuges auf: zunächst für Innerösterreich, dann als Nachfolger von Matthias für Habsburg und schließlich als Kaiser für das gesamte Römische Reich Deutscher Nation, das er Buchstaben für Buchstaben und Rechtssatz für Rechtssatz in ein Heiliges Reich katholischer Observanz verwandeln wollte, in die letzte Theokratie der Geschichte.

Der geistliche Vorbehalt

Geeint waren alle Glaubensrichtungen und Sekten lediglich durch ihren grenzenlosen Haß auf den anderen. Die Calvinisten verfluchten die Lutheraner mit derselben Inbrunst, mit der die Altgläubigen von den Glaubensscharen Luthers verdammt wurden. Melanchthon, einer der sanftesten aller Theologen, ob sie zu Rom, Zürich, Genf oder Wittenberg gehörten, bat nicht lange vor seinem Tod, keineswegs abgeklärt, wie es von einem Weisen zu erwarten wäre, sondern nur grenzenlos erschöpft, daß ihn Gott »vor der Wut der Theologen« schützen möge. Diese Wut äußerte sich zumeist in Worten, als Schmähung, Hohn, Beleidigung, sie steigerte sich zu einer Verrohung der Sprache, die zu ausschweifend war, als daß sie sich nur mit der groben Vitalität jener Zeit erklären ließe. Die Durchsäuerung des polemischen Schrifttums mit Unflätigem war ein unerträgliches Merkmal dafür, wie schnell sich bei den Theologen das Empfinden verbreitete, daß anderen Überzeugungen gegenüber selbst die vorzüglichsten Argumente ohnmächtig waren. Die gelehrten Debatten zwischen den Experten und Führern der Konfessionen, wie sie zwischen Doctor Martinus Luther und Professor Johannes Eck, wie sie bei den vielen Disputationen und Religionsgesprächen von Leipzig 1619 bis über die Jahrhundertmitte hinaus veranstaltet wurden, füllten sich rasch mit dem Atem der Gewalt, der angedrohten, der geforderten, der ausgeübten Gewalt. Wer nicht durch Einsicht zum rechten Glauben fand – jenem des Papstes, Luthers, Zwinglis, Calvins, der Wiedertäufer –, dem verhalf die Schärfe des Schwertes dazu. Schon eingangs hatte Luther auf dem Reichstag zu Worms 1521 vor dem Kaiser, den Fürsten, vor Deutschland und der Welt den Streit gerechtfertigt, hatte sich in der atemlosen Stille des Saales unerbittlich und hart zur Zwietracht bekannt, denn

»von wegen des göttlichen Wortes müssen Parteien, Mißhellung und Uneinigkeit werden. Sagt der Herr doch selbst: Ich bin nicht kommen, den Fried, sondern das Schwert zu senden«.

Also nickte Luther, als der Rebell Thomas Müntzer nach der Niederlage der Bauern bei Frankenhausen tagelang gefoltert und dann hingerichtet wurde. Zwingli nickte, als sich die Wiedertäufer seiner Lehre nicht beugten und er sie verjagen und ertränken ließ. Calvin nickte, als er befahl, Abweichler auf Scheiterhaufen zu verbrennen. Wen konnte die Klage eines so verständigen Theologen wie des Lutheraners Sebastian Franck verwundern, der seine »Brüder unter allen Völkern« und Bekenntnissen hatte und sich betrübte, daß bei den Türken größere Rede- und Glaubensfreiheit zu finden sei als in den lutherischen Gebieten? Als wäre dafür noch eine schriftliche Bestätigung angebracht, versicherte ein Lutheraner, daß »der calvinistische Drache mit allen Greueln des Mohammedanismus schwanger ist«.

»Ein frommes und denkwürdiges Beispiel für die ganze Nachwelt.« – Melanchthon über die Verbrennung Michael Servets durch Calvin am 27. Oktober 1553

Noch bediente sich die Gewalt im Reich anderer Formen als des ungezügelten Hauens, Stechens und Mordens, wie es in den umliegenden Ländern schon zu sehen war, zumal im Frankreich der Hugenottenkriege, die zwischen 1562 und 1593 so vehement entbrannten, daß ein deutscher Fürst entsetzt und doch erleichtert beteuern konnte: »Wir sitzen in Rosen, dieweil die anderen in Blut.« Doch war dies kaum noch ein Problem der Perspektive, sondern eine Frage anscheinend höherer Ordnung, die aus unergründlichen Motiven das eine Reichsterritorium unter dem Krummstab herrlich leben und gedeihen ließ, freilich wohlangepaßt dem Kirchenzwang – so das Hochstift Würzburg unter dem Fürstbischof Julius Echter von Mespelbrunn – und dem anderen den Konfessionszwist als Taifun bescherte. Die Lutheraner mochten sich unter dem Schutz ihrer Landesherren weithin eines Scheinfriedens sicher wähnen, doch weder die Stoßtruppen der Reformation, die Calvinisten, noch ihre makellos geschulten, unerbittlich disziplinierten Gegner, die Jesuiten, teilten den Quietismus der geordneten Selbstgefälligkeit, der zu vielen Landeskirchen gehörte. Statt in Rosen, saßen sie im Sattel, kämpften um verlorenes Terrain, strebten nach neuem Bodengewinn. Die Reformation Calvins hatte im letzten Drittel des 16. Jahrhunderts die westlichen Gebiete Europas wie eine Sturmflut Gottes überspült. Die irdische Aktivität des Calvinismus, fundiert durch die Lehre von der göttlichen Gnadenwahl schon im weltlichen Leben des Menschen, bestimmte seine Gläubigen zu Schwertführern sowohl im Dienst der Reformation als auch im Kampf gegen die Lanzenträger der katholischen Erneuerung.

Im deutschen Westen gewann der Calvinismus in den sechziger Jahren eine feste Basis unter dem rheinpfälzischen Kurfürsten Friedrich III., dem Frommen. Der Fürst griff in die Hugenottenkriege, aber auch in den Aufstand der Niederlande gegen die Spanier energisch ein. Heidelberg wurde zum mächtigen Bollwerk eines neuen, aggressiven Reformgeistes. Friedrich der Fromme besaß die Kühnheit, den Augsburger Reichstag 1568 als Forum für sein hallendes Bekenntnis zum calvinischen Puritanismus zu benützen. Seine Sparsamkeit, seine streng zentralistische Staats-, Finanz-, Wirtschafts- und Gesinnungsführung – letztere nach dem Vorbild Calvins in Genf durch Rekrutierung einer rheinpfälzischen Sittenpolizei – verwandelten sein Fürstentum in das allgemein bewunderte Modell eines Gemeinwesens, das sich nicht etwa nur mit Herz und Mund zu einer reinen evangelisch-reformatorischen Glaubenslehre bekannte, sondern sie auch als tägliche Zucht und Ordnung ertrug.

Reformierte und Katholiken beim ›Seelenfischfang‹ der Andersgesonnenen
Aus einem Agitationsbild von Adriaen Pietersz. van de Venne, 1614

Von diesem Terrain aus entspann sich in den kur- und oberrheinischen Reichskreisen Deutschlands ein schonungsloser Kampf zwischen den Konfessionen. Die Väter des Augsburger Religionsfriedens waren von der bitteren Notwendigkeit des Friedens weit stärker bewegt worden als von der Bedingung seiner Dauer, dem Religionsvergleich. In der langen Liste seiner einhundertvierundvierzig Paragraphen rangierte als achtzehnter eine Bestimmung, die zu einem beständig detonierenden Sprengsatz wurde und über Jahre hinweg dafür sorgte, daß sich der Religionsfriede zur Karikatur eines Friedens verzerrte. Es handelte sich um den ›geistlichen Vorbehalt‹, den Reservatum ecclesiasticum. Der Artikel bestimmte, daß es zwar jedem geistlichen Reichsfürsten freistehe, zum neuen Glauben Luthers überzutreten, doch in einem solchen Fall verliere er seine bisherigen Rechte und Einkünfte, müsse also auf sein Land und seine Herrschaft verzichten. Nachzurücken habe ein Bekenner des alten Glaubens.

Mit diesem geistlichen Vorbehalt sollte 1555 jeder weiteren Säkularisation ein Riegel vorgeschoben werden. Die Protestanten hatten bis zur Erschöpfung darum gekämpft, daß die Bischöfe und Äbte bei einem Glaubenswechsel in ihren Ämtern und ihrem Besitz bleiben dürften. Die Katholiken wiesen sie jedoch ebenso unnachsichtig wie wohlbegründet darauf hin, daß Kirchenbesitz kein Privatbesitz sei, sondern von den geistlichen Fürsten seit jeher nur treuhänderisch verwaltet wurde. Schließlich akzeptierten die Protestanten um des Religionsfriedens willen eine Kompromißformel, um die sie Ferdinand I. gebeten hatten und die er kraft seiner königlichen Machtvollkommenheit, allen weiteren Diskussionen zum Trotz, in den Religionsfrieden einfügte. Das wurde zur Crux des Jahres 1555.

Aus Sachsen konnte man hören, »es sei ein Schimpf und Makel, daß nunmehr den Kurfürsten, Fürsten, Grafen, Herren, Edelleuten und ihren Nachkommen die Tür zu geistlichen Würden und Indigenitäten verschlossen werden solle«. Geistliche Würden und Indigenitäten bedeuteten materiell nichts anderes als Land und Leute, Reichtum und Besitz. Daß ein solcher Verzicht »Schimpf und Makel« sei, meinte auch knapp zwei Jahrzehnte später Gebhard Truchseß von Waldburg, Erzbischof und Kurfürst von Köln, dem reichsten Erzstift am Niederrhein. Der Freiherr hatte beste Jesuitenerziehung erhalten und war 1577 vom Domkapitel gewählt worden, eine Ernennung, die von der Kurie um so leichteren Herzens bestätigt wurde, als sich Gebhard Truchseß voll zu den Beschlüssen des Reformkonzils von Trient bekannt hatte.

Sein fester katholischer Glaube beeinträchtigte indessen nicht seine ebenso feste Liebe zu der Gräfin Agnes von Mansfeld, einem Stiftsfräulein des Klosters Gerresheim bei Düsseldorf. Dieses Kanonissenstift, das schon seit 870 bestand, zählte zu den exklusivsten Ordensniederlassungen. Der Erzbischof hatte die Gräfin 1580 als Dreiunddreißigjähriger kennengelernt. Ihre Beziehung wurde so leidenschaftlich, daß sich das Paar zu Konsequenzen entschloß. Zunächst dachte Truchseß von Waldburg daran, sein Amt niederzulegen, den Glauben zu wechseln und Agnes von Mansfeld zu heiraten. Doch das Erzbistum Köln war wie ganz Deutschland von einem Adel durchsetzt, der sich entweder bereits offen zur Reformation bekannte oder die gröbsten Blößen seiner protestantischen Sympathien nur noch mit einem Minimum katholischer Anstandstücher bedeckte. Als Gebhard seine Absichten im Kreis der Vertrauten offenbarte, widersprach man ihm nur in einem Punkt. Den Glauben möge er wechseln, Agnes von Mansfeld solle er heiraten, aber das Erzstift Köln dürfe er nicht verlassen; er möge es behalten und säkularisieren. Die Empfehlung war brisant, sie war jedoch nicht überraschend. Im Domkapitel bestand eine stattliche evangelische Gruppe, so daß Gebhard Truchseß für solch einen Entschluß namhafte Unterstützung finden würde. Die Erfolgschancen waren keineswegs ungünstig, wie es auch in den folgenden Monaten der treibende Fürsprecher, der reformierte Graf Johann von Nassau skizzierte, der die Verbindungen zu den Wetterauer Grafen hielt und ebenso zu den Niederlanden.

Der Erzbischof ließ die Angelegenheit zwei Jahre lang in der Schwebe. Im August 1582 erkundigte er sich bei Herzog Heinrich von Sachsen-Lauenburg, dem Administrator der Hanse- und Reichsstadt Bremen, wie weit die Bereitschaft der evangelischen Fürsten ging, ihn zu unterstützen. Bremen bildete die unerschütterliche Bastion des Protestantismus in Norddeutschland. Sollte sich das Konzept verwirklichen lassen, durch eine Verwandlung des Kurfürstentums Köln ein mächtiges Dreieck der Reformation zwischen dem Niederrhein, Bremen und den reformierten Niederlanden zu schaffen, dann müßten früher oder später die letzten Festungen der Katholiken um Paderborn und Münster in den evangelischen Sog geraten.

So bedachtsam der Kurfürst sein Projekt hatte wachsen und reifen lassen, so nachlässig hatte er seine Verwirklichung vorbereitet. Ende 1582 gab er seinen Entschluß bekannt, ließ im November Bonn besetzen, verkündete in der Weihnachtszeit seinen Übertritt zum Protestantismus, gestattete freie Religionsausübung im Gebiet des Fürstentums und feierte 1583 mit Agnes von Mansfeld eine rauschende Hochzeit.

Gebhard Truchseß von Waldburg
Stich, vor 1600

Die Katholiken des Reiches ließen sich jedoch ihre Hochburg am Rhein nicht so ohne weiteres rauben. Sie erkannten die Tragweite des Kölner Coups: Wer in diesem Krieg die Oberhand behielt, der blieb Herr im Westen des Reiches, oder er wurde es – Krieg insofern, als trotz aller Entschlüsse und Beratungen auf Landtagen und Konferenzen der letzte Entscheid in der Kölner Affäre bei den Truppen lag. Gebhard Truchseß von Waldburg stützte sich hauptsächlich auf die Söldner des reformierten Pfalzgrafen Johann Casimir. Die Katholiken, seit langem ebenso vortrefflich geschult wie souverän geführt von dem deutschen Jesuiten-Provinzial Petrus Canisius, dem »Zweiten Apostel Deutschlands«, setzten die Truppen Herzog Wilhelms V. von Bayern in Marsch, des Onkels und Vormunds von Ferdinand II.

Papst und Kaiser erklärten Gebhard Truchseß von Waldburg für abgesetzt; er wurde exkommuniziert. Das Kölner Domkapitel sagte sich von seinem konvertierten Kurfürsten los. Gebhard Truchseß von Waldburg mußte 1589 nach Straßburg fliehen, wo er 1601 starb. Als Nachfolger wurde Herzog Ernst von Bayern gewählt, der Bischof von Freising, Hildesheim und Lüttich. Im Herbst begannen die militärischen Operationen. Sie zogen sich fünf Jahre lang hin. Die Bevölkerung litt unsäglich unter den beständigen Plünderungen, Überfällen und Verheerungen des Landes. Dann endete der Kölner Krieg mit einem absoluten Sieg der Katholiken, doch die Gebiete des Niederrheins waren in einem Ausmaß verwüstet, das sich nur mit den Greueln des Dreißigjährigen Krieges vergleichen läßt. Die Kurfürsten, auch von Sachsen und Brandenburg, akzeptierten schließlich die Wahl Herzog Ernsts von Bayern.

Der Bischof von Freising sträubte sich jedoch wegen eines Liebesverhältnisses hartnäckig, seine bayerische Heimat zu verlassen; er mußte handfest dazu gezwungen werden, nach Köln zu gehen. Um sich zu trösten, brachte er in sein

»Er ist ein großer Sünder, aber man muß den Rock nach dem Leibe schneiden.« – Petrus Canisius über Ernst von Bayern

Kurfürstentum einen Schwarm weltlich aufgeschlossener Damen mit. Der Kölner Krieg war trotz seines Anlasses, trotz eines höchst privat motivierten Entschlusses des Kurfürsten, keine Angelegenheit einzelner Persönlichkeiten. Sein Finale wurde zu einem Triumph der Gegenreformation. Im Jahr 1584 setzte in Westfalen die Rekatholisierung ein; die Protestanten wurden aus dem Feld geschlagen. Die katholische Kirche hatte damit das Rheinland genauso behauptet wie die vielgerühmte ›Pfaffengasse‹ in ihrer ganzen Länge: die Perlenkette der Prachtbistümer von Köln bis hinab nach Straßburg und Chur. Und nicht zuletzt hatte sie sich ihre Majorität im Kurfürstenkollegium und Reichsfürstenrat gewahrt. Der Kölner Kirchenstreit zeigte schließlich auch die Überlegenheit der jesuitisch zugerüsteten Kirche in der direkten Auseinandersetzung mit den vergleichbar entschlossen kämpfenden Protestanten calvinischen Glaubens.

Inniger Glaube

Martin Luther
Medaillonbildnis auf einer Miniatur im Matrikelbuch der Wittenberger Universität, zwischen 1502 und 1552

Auf dem Rückweg vom Reichstag in Worms 1521 nach Wittenberg wurde Luther dem Schein nach von Straßenräubern überfallen und auf die Wartburg in Thüringen gebracht. Der sächsische Kurfürst Friedrich III., der Weise, hatte es für empfehlenswert gehalten, den Reformator für einige Zeit der Öffentlichkeit zu entziehen. Die »Quarantäne« dauerte vom Mai 1521 bis Ende Februar 1522. Luther ertrug sie nur unwillig; er aß und trank zuviel. Schließlich rettete er sich in einen ausschweifenden Briefwechsel und begann mit der Übersetzung des Neuen Testaments ins Deutsche. Inzwischen radikalisierten sich in Wittenberg die Zustände, der Fanatismus von Luthers Mitstreiter Andreas Karlstadt wuchs von Woche zu Woche. Als Karlstadt Anfang 1522 der Wittenberger Kirche eine neue ›Ordnung‹ gab, hielt es Luther nicht mehr unter der Tarnkappe. Er verließ die Wartburg entgegen dem kurfürstlichen Rat und ohne Bedenken wegen der vom Kaiser verhängten Reichsacht, ging schleunigst nach Wittenberg zurück und schuf hier binnen einer Woche wieder Ruhe.

Im selben Monat, im März 1522, ritt ein baskischer Caballero, acht Jahre jünger als Luther, auf einem Maulesel zu dem achtzig Kilometer nordwestlich von Barcelona gelegenen Berg Montserrat. Das Benediktinerkloster Nuestra Señora de Montserrat, hoch in den steilen Felsen gebaut, besaß ein Bild der Schwarzen Muttergottes, weswegen die Abtei zu den berühmtesten Wallfahrtsorten Spaniens zählte. Der Pilger legte seine Waffen vor dem Altar nieder, nahm tagelang Beichte und Buße auf sich, kniete eine ganze Nacht vor dem Marienaltar, gelobte absolute Keuschheit und Armut und erneuerte den Schwur, sein ganzes Leben bis zum letzten Atemzug in den Dienst Jesu und Marias zu stellen. Ignatius von Loyola, dem höheren Adel entstammend und Offizier in kastilischen Diensten, hatte dieses Gelöbnis abgelegt, als ihm während der Rekonvaleszenz nach einer schweren Verwundung – bei der Verteidigung Pamplonas gegen die Franzosen wurde sein rechtes Bein zerschossen – eines Nachts Maria mit dem Jesuskind erschienen war.

Ignatius von Loyola
Gemälde von 1585 nach dem Original von Sánchez Coello

Fast zwei Jahrzehnte lang wanderte Ignatius von Loyola durch die Höhen und Tiefen der Askese, des Studiums, der Selbstfindung. Er reiste nach Jerusalem, skizzierte schon früh die ersten Grundzüge seines kleinen Exerzitienbuches, des wichtigsten Textes der römischen Kirche in den letzten Jahrhunderten, predigte und versuchte, den Frommen in ihren Nöten mit seinen ›Geistlichen Übungen‹ zu helfen, mit Regeln und Methoden, die es ihm selbst ermöglicht hatten, über die Versuchungen des sündhaften Körpers zu triumphieren. Nicht anders als Luther, so stand auch Ignatius dieselben seelischen Qualen, Selbstqualen, Höllenängste und Verwirrungen durch, jedoch endete für beide dieser Prozeß mit absolut entgegengesetzten Schlußfolgerungen. Luther rang sich zu der Gewißheit hindurch, daß es für den von Grund auf verderbten Menschen nur die Möglichkeit gebe, aus dem Glauben allein als Gerechter und Gerechtfertigter zu leben. Ignatius von Loyola hingegen entdeckte als unerschütterliches Fundament der Rettung vor der Verdammnis ausschließlich die Heilige Schrift in ihrer Unfehlbarkeit und die römische Kirche. Zu seinen Haupterkenntnissen gehörte die Feststellung: »Der Mensch ist dazu geschaffen, daß er Gott lobe und ehre und, ihm dienend, sich das ewige Leben erwerbe. Alles andere in der Welt ist um des Menschen willen geschaffen, das heißt: damit es ihm zur Erreichung seines religiösen Zweckes behilflich ist.« Persönliche Meinungen und Auslegungen der Heiligen Schrift seien eine Anmaßung und müßten zum Chaos führen. Bedingungsloser Glaube sei nicht blinder Glaube, sondern der einzig wahre Glaube: »Um in allem sicher zu gehen, müssen wir stets immer festhalten: Was meinen Augen weiß erscheint, das ist schwarz, wenn die hierarchische Kirche so entscheidet.«

In der Wesensbestimmung des Glaubens läßt sich kein größerer Abstand denken als zwischen dem Reformator im germanischen Norden und dem Heiligen aus Spanien. Theologisch-dogmatische Fragen waren Ignatius von Loyola und seinem kleinen Kreis von elf Gefährten völlig gleichgültig. Sein einziges Ziel war ein Leben in Heiligkeit, ein Leben in völliger Hingabe an den Dienst für die Kirche, den Papst. Ursprünglich beabsichtigte die Gruppe, in den Gebieten des Islam zu missionieren, doch 1537 fiel der Entschluß, gegen die Ungläubigen innerhalb des Christentums zu kämpfen, und zwar nicht mit den Methoden der Inquisition, sondern in erster Linie durch Erziehung und Bekehrung der Jugend.

Wappen der Gesellschaft Jesu
Holzschnitt in dem 1616
in Mainz
erschienenen Werk
›De pace Germaniae‹
von Adam Contzen

Ignatius von Loyola organisierte seinen Bund nach den Grundsätzen, die er aus seiner Offizierszeit als Prinzipien der Militärformationen kannte. An der Spitze seiner ›Compañía de Jesús‹ stand der General mit absoluter Befehlsgewalt; ihm gegenüber waren die niederen Ränge bis hinab zum einfachsten Streiter Gottes zu bedingungsloser Disziplin und völligem Gehorsam verpflichtet. Im Jahr 1539 ließ Ignatius den Papst darum bitten, die Gelübde und Artikel seiner Kompanie anzuerkennen und als neuen Orden der Kirche zu genehmigen. Paul III. erließ im September 1540 die Bulle ›Regimini militantis ecclesiae‹ und sanktionierte die Societas Jesu (SJ), die es rasch zu welthistorischer Wirkung brachte.

Als Streiter Gottes von vergleichbarer Intensität, Verzückung und Härte fand sich im Protestantismus nur Johannes Calvin. Auch ihm wurden in den Eingangsphasen seiner Glaubensformung mehrfach Erschütterungen überirdischer Abkunft zuteil. Mit zweiundzwanzig Jahren übermannte ihn beim Tod seines Vaters das Gefühl eines direkten Eingreifens des Herrn. Wenig später zerstörte die Kenntnis der reformatorischen Schriften Luthers seine ganze theologische Orientierung und richtete sie neu aus. In diesen Jahren kam es zu einem völligen Umsturz. Mit sechsundzwanzig Jahren schrieb er sein Hauptwerk ›Unterweisung in der christlichen Religion‹ nieder. Diese ›Institutiones‹

erschienen 1536. Calvin arbeitete bis zu seinem Tod 1564 ununterbrochen an Erweiterungen; die letzte Ausgabe umfaßte weit über eintausend Druckseiten.

Johannes Calvin
Wachsbildnis, zweite Hälfte des 16. Jahrhunderts

Ursprünglich wollte er nichts anderes, wie er in der Vorrede versicherte, als »einige Grundzüge entwerfen, wodurch Freunde der Religion zur wahren Gottseligkeit gebildet werden könnten«. Dann jedoch entwickelte sich der Text zu einer Bekenntnisschrift, zu demjenigen Werk der Reformation, dessen Glaubenskraft und Logik, Konsequenz und Grausamkeit von keiner anderen protestantischen Schrift übertroffen wurde. So wie Luther, so lehrte auch Calvin die unfaßliche Größe Gottes. Doch der Herr war so gütig, den heillos verdorbenen Menschen sein Wort durch die Schrift zu offenbaren. Folglich müsse jeder Satz darin wörtlich genommen werden. Durch den Opfertod Christi sei es möglich geworden, daß die kraft der Erbsünde durch und durch verrottete Menschheit nicht völlig der Verdammung und der Hölle überantwortet wird. Allerdings hat Gott nur einen Teil für die ewige Seligkeit erwählt. Wie Luther, so lehrte auch Calvin die Prädestination. Auf Gottes unerforschlichen Ratschluß sei alles Geschick der Menschen und der Welt zurückzuführen, selbst der Sündenfall Adam und Evas. Dieses Gesamtgeschehen habe Gott ein für allemal festgelegt.

Luther hatte gelehrt, daß alles Geschehen nur deshalb unverbrüchlich festliege, weil Gott in seiner Allmacht es voraussehen könne. Calvin jedoch erklärte: Gott wisse nur deshalb um die Zukunft, weil er alles von Anbeginn an festgelegt habe. Der Unterschied zu Luther ist klein, und doch ist er radikal. Nach Calvin kämen die zur Hölle Bestimmten unrettbar dorthin. Deshalb sei es auch gänzlich überflüssig, für die Toten zu beten. Das Gebet selbst ließ Calvin zu, die Messe dagegen lehnte er auch in der Form Luthers ab. Beim Abendmahl sei Christus nur geistig anwesend, denn letztlich handle es sich um eine Erinnerungsfeier, in der die Sakramente nur symbolischen Gehalt besäßen. In der Hostie den Leib Christi zu vermuten und anzubeten, sei Götzendienst. Genauso verhalte es sich mit den Bildern, Kruzifixen, Altären, Statuen, mit dem Schmuck in den Kirchen, weil das zweite Gebot des Alten Testaments derartiges verbiete.

Das Leben in der Welt habe Gott durch die Kirche und den Staat regeln lassen. Der Kirche obliege es, den Gläubigen die Regeln des gottgefälligen Lebens vorzuschreiben, dem Staat obliege es, den Regeln Geltung zu verschaffen, »damit nur das reine Evangelium gelehrt und gehört werde«. Dementsprechend organisierte Calvin in Genf das Leben in der Stadt nach den Grundsätzen einer Theokratie. Die Radikalität, mit der Calvin die Ohnmacht des Menschen verkündete, übertraf zwar alles, was bisher im Christentum von der Nichtigkeit des Menschen gelehrt wurde, doch das trieb die vielen Millionen, die sich zum reformierten Glauben bekannten und am Puritanismus genauso stark litten, wie sie seine Leiden genossen, nicht in Resignation: Wenn es möglich sei, daß dieser oder jener zu den Verdammten gehöre, dann sei es mit derselben Wahrscheinlichkeit möglich, daß er zu den Erwählten gehöre. Diese Zuversicht und die Erwartung des Jenseits mit seinem unermeßlichen Glück vermitteln nach Calvin dem Gläubigen seine Kraft: »Vor ihren Augen steht der Tag, an dem der Herr seine Gläubigen in die Ruhe seines Reiches aufnimmt, an dem er alle Tränen abwischen wird von ihren Augen, an dem er sie mit dem Kleid der Herrlichkeit und der Freude schmückt, sie mit der unaussprechlichen Süße seiner Freuden weidet und sie endlich des Teilhabens an seiner Seligkeit

Martin Luthers Lehre:
die Rechtfertigung des Sünders vor dem Gesetz durch die Gnade Gottes und den Glauben
Gemälde aus der Werkstatt von Lucas Cranach d. Ä., zwischen 1529 und 1534

Gottesdienst in der reformierten Kirche in Stein bei Nürnberg:
die Predigt im Mittelpunkt der Lehre Calvins
Stich, 17. Jahrhundert

Das Konzil von Trient: eine Tagung während der letzten Sessionsperiode
Gemälde von Elia Maurizio, 1633

würdigt.« Der Calvinismus war so düster, so schwarz wie das Habit seiner Geistlichen. Doch wenn ein Calvinist vom Glück des kommenden Jenseits sprach und predigte, trat ein Glanz hervor, dessen Intensität von der Kraft lebte, mit der die irdische Welt verdammt wurde.

Bis der Herr die Erwählten zu sich rief, mußten Kirche und Staat das Leben der Gläubigen auf dieser Erde nach dem Text der Bibel regeln. Wie sich das mit der absoluten Prädestination vertrug, ließ sich nur schwer begreifen, doch da Gott, wie Calvin versicherte, ihm die Gnade erwiesen hatte zu sagen, was gut und böse sei, verabschiedeten die Geistlichen und die Stadträte Genfs sicheren Glaubens und guten Mutes Calvins neue Kirchenordnung. Sie wurde so rigoros durchgeführt, daß dadurch eine völlig neue Sozialordnung entstand. Konsistorium und Räte ließen beständig kontrollieren, ob die Vorschriften und Sittendekrete bis zum Buchstaben hin befolgt wurden. Die Strafen waren drakonisch. Innerhalb zweier Jahrzehnte wurden in Genf achtundfünfzig Bürger wegen Verstöße gegen die Kirchenordnung hingerichtet. Wirtshäuser, Glücksspiele, Trunkenheit, verschwenderisches Leben, Schmuck, Tanz, Einladungen mit festähnlichem Charakter waren verboten. Die Farben der Kleider waren genauso vorgeschrieben wie die Art der Frauenfrisuren. Kaiser Karl V. erschien die ätzende Rücksichtslosigkeit der Lehre Calvins »mehr viehisch als menschlich«.

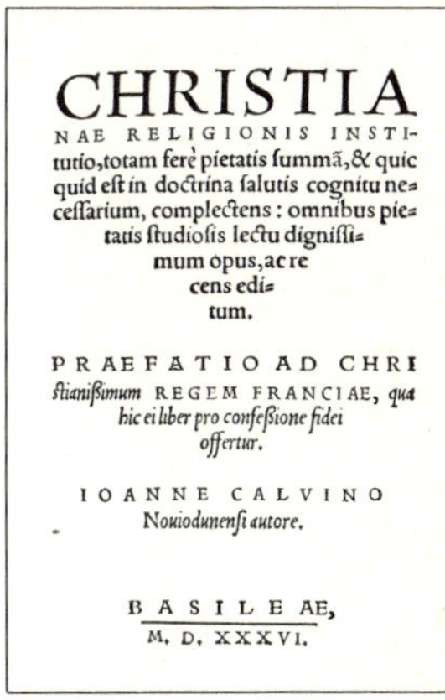
CHRISTIA
NAE RELIGIONIS INSTI-
tutio,totam ferè pietatis summã,& quic
quid est in doctrina salutis cognitu ne-
cessarium, complectens : omnibus pie-
tatis studiosis lectu dignissi-
mum opus,ac re
cens edi-
tum.

PRAEFATIO AD CHRI
stianissimum REGEM FRANCIAE, qua
hic ei liber pro confessione fidei
offertur.

IOANNE CALVINO
Nouiodunensi autore.

BASILEAE,
M. D. XXXVI.

Calvins Hauptschrift
Titelseite der ersten, 1536 erschienenen Fassung seines Werkes ›Unterweisung in der christlichen Religion‹

Ob die Disziplin und Selbstzucht, der Fleiß, die Arbeitsbesessenheit und Sparsamkeit durch die theologische Sanktionierung des Calvinismus wirklich zur Ausbildung des modernen Kapitalismus beigetragen haben, läßt sich nur vermuten, nicht aber – trotz der hohen Wahrscheinlichkeit – sicher entscheiden und keineswegs beweisen. Der Zwang, den die Obrigkeit in Genf ausübte, war ungeheuer; sie wurde jedoch auch mit allen anfänglichen Unruhen fertig. Das Experiment einer unerbittlich verwirklichten Sittenreinheit wurde niemals eindrucksvoller und mit größerem Erfolg durchgeführt als in diesem kleinen Gottesstaat Calvins, einem Erfolg, der schon zu seiner Zeit bewundert wurde und immer verblüffend bleiben wird, weil der Härte, die er zur Voraussetzung hatte, genausoviel Respekt gebührt wie Abscheu.

»Eine solche Sittenreinigkeit ziert die christliche Religion ganz außerordentlich, ist ihr angemessen und eigen, so daß wir ihren Mangel bei uns nicht genug beweinen können.« – Valentin Andrae, lutherischer Pfarrer aus Württemberg, nach einem Besuch in Genf 1610, sieben Jahrzehnte nach Einführung der Kirchenordnung Calvins

Das Konzil von Trient

Bis zum Ausbruch des Dreißigjährigen Krieges wurde die konfessionelle Entwicklung in Deutschland vom Protestantismus der Reformation Luthers bestimmt, die konfessionelle Frontstellung dagegen von den Jesuiten und den Calvinisten. Die Männer der Societas Jesu wären allerdings niemals in offizieller Mission abgesandt worden, wenn ihr oberster General, der Papst, nicht die Order entsprechend den allgemeinen Beschlüssen erteilt hätte, die von der römischen Kirche im 16. Jahrhundert als verbindliche und bindende Quintessenz der katholischen Reform verabschiedet wurden.

Die Päpste verbanden im 16. Jahrhundert keine guten Erinnerungen mit den früheren Konzilen. Sie waren kaum jemals ohne ernste Kraftproben für die Kirchenführung verlaufen. Zu den General- und Reformkonzilen gehörte der dräuende Hintergrund der Konziliarbewegung des 14. Jahrhunderts, die auf nichts anderes abgezielt hatte, als den gewählten Oberhirten der Christenheit, den Pontifex maximus, der Unantastbarkeit seiner Herrschaft zu berauben. Kein Papst hatte die Feststellung des großen Konzils in Konstanz von 1414 bis

Ratschlag von der Kirchen/eins ausschus etlicher Cardinel/Bapst Paulo des namens dem dritten/auff seinen befelh geschrieben vnd vberantwortet.
Mit einer vorrede D. Mart. Luth.
Sophisma Chrysippi.
Si mentiris, etiam quod uerum dicis, mentiris.

Luthers Angriff gegen die zaghafte Reformdiskussion innerhalb der römischen Kirche:
Kirchenreinigung durch drei Kardinäle
Holzschnitt der Cranach-Schule auf der Titelseite einer 1538 erschienenen Wittenberger Schrift mit einer Vorrede von Luther

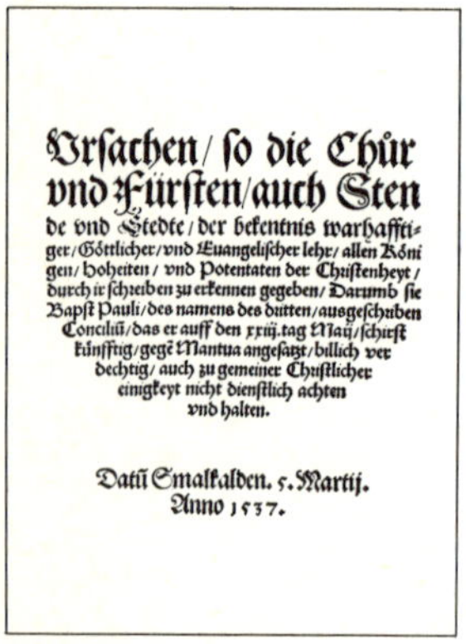
Vrsachen/ so die Chůr vnd Fürsten/auch Stende vnd Stedte/ der bekentnis warhafftiger/ Göttlicher/ vnd Euangelischer lehr/ allen Königen/ hoheiten/ vnd Potentaten der Christenheyt/ durch ir schreiben zu erkennen gegeben/ Darumb sie Bapst Pauli/ des namens des dritten/ ausgeschriben Concilium/ das er auff den xxiij. tag Maij/ schirst künfftig/ gegē Mantua angesatzt/ billich verdechtig/ auch zu gemeiner Christlicher einigkeyt nicht dienstlich achten vnd halten.

Datū Smalkalden. 5. Martij.
Anno 1537.

Stellungnahme der evangelischen Fürsten gegen den Schmalkaldischen Bund
Titelseite eines gedruckten Schreibens vom 5. März 1537 gegen das von Papst Paul III. angesetzte Konzil in Mantua

1418 vergessen, daß die Versammlung der Kirchenfürsten und Priester am Bodensee »unmittelbar von Jesus Christus ihre Gewalt erhalten hat« und ihr deshalb »jede Person, sei es auch die päpstliche, in allem, was den Glauben ... und die allgemeine Reformation der Kirche Gottes in Haupt und Gliedern betrifft, zu gehorchen verpflichtet ist«. Auch jetzt, in den Jahrzehnten des protestantischen Tumults, ging es um eine Reform der römischen Kirche. Doch seit Pius II. im Jahr 1460 in seiner Bulle ›Execrabilis‹ ein für allemal die Oberhoheit des Papstes und die Unverletzlichkeit seiner Vorrechte und seiner Stellung gegenüber jedem Konzil erklärt und die ganze Konziliarbewegung als ketzerisch verurteilt hatte, durfte sich das Papsttum gesichert fühlen.

Wenn Luther nicht gewesen wäre, denn was war Luther anderes als ein Fanal für die Radikalität, mit der sich der römischen Kirche, ob sie oder die Päpste es wollten oder nicht, die Nöte und Notwendigkeiten der Reform stellten? Das Problem war zwar nicht mehr eine Reform »in Haupt und Gliedern«, doch gewißlich das, was die Grundlagen und Grundfragen des Glaubens, das kirchliche Organisationsprinzip, die Mißstände der Amtsführung und den katholischen Universalismus betraf. Diese vier Grundthemen hatte Luther wie mächtige Glocken angeschlagen. Ihr Hallen über ganz Europa hin lag den Päpsten genauso im Ohr wie allen Priestern römischen Glaubens, die den Weg Luthers nicht gehen wollten.

Kaiser Karl V. haßte den Aufruhr des Wittenbergers bis an sein Totenbett. Noch im spanischen Kloster San Yuste, nach seiner Abdankung 1555, bedauerte er, daß er mit Luther nicht gleich zu Beginn kurzen Prozeß gemacht hatte. Doch mit derselben Eindringlichkeit verlangte er schon seit seiner Krönung von Rom die Einberufung eines Reformkonzils. Die Päpste zögerten, sie warteten ab, wie die Bewegung im Reich verlief, ob der Kaiser nicht mit seinen Mitteln und in seiner Art die »liebliche Eintracht der Kirche«, wie es Karl V. wünschte, wiederherstellen konnte. Erst Paul III. entschloß sich, das Konzil einzuberufen. Alle Anzeichen sprechen dafür, daß die Versammlung bewußt erst zu einem Zeitpunkt ausgeschrieben wurde, da es jedem Interessenten undenkbar erschien, die konfessionellen Parteien in Deutschland noch miteinander versöhnen zu können. Das Konzil wurde 1545 im Dom von Trient eröffnet – zur selben Zeit, da im Reich die Würfel endgültig fielen und der Kaiser sich entschloß, den Religionszwist auf dem Weg über einen Religionskrieg beizulegen. Karl V. vereinbarte 1546 mit dem Papst ein Kriegsbündnis. So begann der Schmalkaldische Krieg zwischen dem Kaiser und den protestantischen Reichsständen, die sich 1531 im ›Schmalkaldischen Bund‹ zusammengeschlossen hatten.

Das Konzil von Trient, das Tridentinum, dauerte achtzehn Jahre, bis 1563. Es verlief in drei Etappen: von 1545 bis 1547 (anschließend bis 1549 in Bologna), von 1551 bis 1552 und schließlich zehn Jahre später die wichtigste, die Schlußredaktions-Etappe 1562 bis 1563, für die Pius IV. verantwortlich zeichnete. Die Tridentiner Versammlungen standen seit der Eröffnungssitzung im Zeichen der Kriegserklärung an die Protestanten, die für die neue große Glaubens- und Kirchenspaltung verantwortlich waren. Schon 1546 wurde in Trient unter der überlegenen Führung und Debattierbrillanz der Jesuiten das Glaubensbekenntnis von Nicaea aus dem Jahr 325 in jedem Punkt bestätigt, die kirchliche Tradition als gleichberechtigt neben der Heiligen Schrift anerkannt und die Kirche selbst zu derjenigen Institution erklärt, die allein berechtigt sei, den Text zu interpretieren. Damit wurde erneut und endgültig die Autorität der

Kirche in ihrer Unfehlbarkeit bestätigt und verankert. Besonders leidenschaftlich wurden die Diskussionen über den Glauben und die Glaubenssätze geführt. Bischöfe ließen sich zu Tätlichkeiten hinreißen. Der Kaiser griff ein und teilte der Versammlung mit, er würde, wenn es weiter so hitzig zuginge, zur Dämpfung einige Prälaten in die eiskalte Etsch werfen lassen. Schließlich setzten die Jesuiten, strikt entgegen Luthers Lehre, das Bekenntnis des Konzils zur Willensfreiheit und die Erklärung durch, daß zur Rechtfertigung des Menschen vor Gott auch gute Werke beitrügen.

Die nächste Sitzung wurde 1551 in Trient eröffnet. Diesmal durften die Protestanten ihre Glaubenslehre entwickeln. Die Empfehlungen, die sie anschlossen, waren so rigoros, daß der Papst es untersagte, sie öffentlich zu debattieren. Zur selben Zeit brach im Reich erneut der Krieg zwischen dem Kaiser und den Protestanten aus. Die Gefahr, daß die militärischen Unternehmungen sich bis Trient ausweiten könnten, war groß genug, um die Versammelten abreisen zu lassen. Im April 1552 wurde offiziell das Ende der Sessionen erklärt.

Im Passauer Vertrag vom August 1552 erhielten die Protestanten Religionsfreiheit. Von diesem Augenblick an war kein Lutheraner mehr an dem Konzil interessiert. Die letzte, entscheidende Sitzungsperiode wurde ausschließlich zu einer Angelegenheit der innerkatholischen Renovatio. Alle Versuche der Bischöfe, ihre Position gegenüber Rom zu stärken, mißlangen. Die päpstliche Autorität und Gewalt wurde bestätigt und erhöht, der Klerus einer strengen Disziplinar-Ordnung unterworfen, um endlich untadelige Sitten zu sichern. Alle Mißstände wie Nepotismus, Bestechung und Benefizienwesen wurden beseitigt. Besonders wichtig wurde der Beschluß, eigene Priesterseminare zu errichten. Dieses Seminardekret erwies sich bald als Garantie für die Ausbildung eines Klerus, der fromm, diszipliniert, aufopfernd und enthaltsam nur den Dienst an der Kirche und der Seelsorge versah.

Die Lehrbeschlüsse des Tridentinums in ihrer Gesamtheit galten der römischen Kirche bis tief ins 20. Jahrhundert als ›Magna charta des Systems der Mitte‹. Der Geist dieses Konzils freilich, das die Grundlage der katholischen Kirche vollständig renovierte, war Geist von unverfälscht jesuitischer Abkunft. Seit den Konzilbeschlüssen von Trient trat nicht nur, gleichlaufend mit der Staatsentwicklung Europas, auch in der Kirche der Absolutismus seine Herrschaft an, sondern es setzte sich kämpferische Entschlossenheit in einer Institution durch, die nicht mehr um ihren Bestand zitterte, sondern die sich dazu aufgerafft hatte, durch eigene Erneuerung altes Terrain zurückzugewinnen.

Papst Paul IV.
Vorderseite einer Medaille von Gian Federico Bonzagna, 1559

Bewaffneter Glaube

Dem Tridentinum wurden die Diskussions- und Reformthemen vom Protestantismus vorgeschrieben. Die Gegenreformation wiederum schrieb dem Protestantismus die Mittel und das Gelände des Religionskampfes vor. Wenn die Lutheraner geglaubt hatten, durch den Augsburger Religionsfrieden im Reich gewissermaßen freie Hand zu besitzen, so dokumentierten ihnen die Katholiken, daß Luther nicht nur einen Umbruch für Deutschland bedeutet, sondern auch eine Wandlung der römischen Kirche ausgelöst hatte, die dem katholischen Glauben bald das an Substanz zuführte, was sie dem Luthertum und seinen Sekten raubte. Der Prozeß, der in jenen Jahren unter der Petschaft ›Gegenreformation‹ begann, war nicht identisch mit der katholischen Renovatio, die sich seit dem Tridentinum ihren Ausdruck in Dekreten schuf, die mit epochaler Prägnanz das Wesen katholischen Glaubens verkörperten. Die Gegenreformation war lediglich ein verhältnismäßig schmales Teilstück des Gesamtergebnisses der innerkirchlichen Reformbemühungen, die schon Jahrhunderte zurücklagen. In der Gegenreformation reagierten Kirche und Papst auf die Herausforderung Luthers. Ihre Antwort kam spät, zu spät, und deshalb fiel sie übermäßig schroff aus.

Literarisch-dogmatisch gelang es der Kirche erst durch den Jesuiten-General Robert Bellarmin der Reformation den Rang abzulaufen. 1586 veröffentlichte er den ersten Teil seiner Kampfschrift ›Dispute der umstrittenen Punkte des christlichen Glaubens gegen die Ketzer dieser Zeit‹ (Disputationes de controversiis Christianae fidei adversus huius temporis haereticos), die 1593 abgeschlossen vorlag. Ihre Wirkung ähnelte einem Flächenbrand, der sich nicht eindämmen läßt. Die Protestanten wurden durch dieses Werk zu mehr als hundert Gegenschriften angestachelt. Sie richteten an ihren Universitäten eigens anti-bellarmistische Lehrstühle ein, und die Professoren blieben ihr Leben lang damit befaßt, den arglosen Nachwuchs ihrer Gottesgelehrten gegen Bellarmins Argumentationen zu feien. Der Katechismus Bellarmins aus dem Jahr 1597 wurde vierhundert Mal aufgelegt, in sechzig Sprachen übersetzt und wird noch heute in Italien gebraucht.

Im Raum der Kirche selbst wurde alles, was nur entfernt protestantischen Geistes und Ansatzes, protestantischer Verwandtschaft oder Abkunft verdächtig erschien, bis zum Stumpf ausgemerzt. Zuständig dafür war die ›Oberste Kongregation der Kardinäle vom Heiligen Offizium der Inquisition‹, eine Institution, die eigens dafür geschaffen wurde, um die Tridentiner Dekrete in unerbittlicher Form durchzusetzen. Die Inquisition erreichte ihren absoluten Höhepunkt schon zwischen 1555 und 1559, unter dem Pontifikat Pauls IV., der als Kardinal jahrelang die treibende Kraft der innerkatholischen Reformbewegung gewesen war. Die Inquisitoren rotteten aus der Kirche selbst die geringfügigste Abirrung mit einer Konsequenz und Grausamkeit aus, die jeder anderen Institution die Selbstzerstörung garantiert hätte. Aber die römische Kirche und das Papsttum gingen daraus erfrischt und gestärkt hervor, befreit von allem dogmatischen Überhang, gerüstet für jedes Duell, zäh, aktiv, aggressiv. Zu einer unerläßlichen Ergänzung der Inquisition wurde der Katalog verbotener Bücher. Auch dieser »Index librorum prohibitorum« wurde erstmals unter dem Pontifikat Pauls IV. zusammengestellt und veröffentlicht. Seine Auswahlprinzipien waren anfangs derart unerbittlich, daß auch eine Überzahl von Werken geächtet wurde, die nicht das geringste mit Häresie zu tun hatten. Das Verbot der Lektüre wurde rigoros überwacht; selbst fanatischen Vorkämpfern der Gegenreformation war ein Zugang zu solchen Schriften nicht möglich.

»Der Papst ist ein Mensch von Stahl, und die Steine, die er berührt, sprühen Funken.« – Der florentinische Gesandte über Paul IV.

Politisch-diplomatisch begann die Gegenreformation erst im letzten Drittel des 16. Jahrhunderts mit dem Angriff; fast schon zu spät, denn der streitbare Calvinismus rüstete sich in Frankreich zum Durchbruch und schien in Polen durch die Adelsmajorität bereits gesichert zu sein. Damit hätten sich Nordost- und Nordeuropa, Mittel- und Westeuropa bis zu den Pyrenäen zu einem reinen Herrschaftsgebiet des Protestantismus entwickelt, die katholische Kirche und ihr Glaube hingegen wären abgesunken zu einer religiösen Besonderheit des mediterranen Raums. In offiziell katholischer Version bedeutet »Gegenreformation im kirchenpolitischen Sinn den Versuch, die an die religiöse Erneuerung verlorenen Gebiete mit den Mitteln der Politik zurückzuerobern«. Die Offensive, die fast ausnahmslos von Jesuiten geführt wurde, entfaltete sich mit beispielloser Gewalt. Ihre Erfolge waren für den Protestantismus konsternierend. In Polen wurde alles verlorene Terrain wiedergewonnen. In Deutschland entwickelte sich Bayern, das bereits seit 1558 als Brückenkopf der Jesuiten diente, zum Hauptquartier des militanten Katholizismus. Auch Franken wurde ein Bollwerk. Die Gegenreformation durchsetzte den ganzen Süden des Reiches. In Frankreich endete der Kampf mit einer bedingten Niederlage des Calvinismus. Das Ringen mit den Hugenotten war entschieden, als Heinrich IV., der als Calvinist den Thron bestiegen hatte, sich 1593 zum Glaubenswechsel entschloß, um in Frankreich den selbstmörderischen Religionskrieg zu beenden und damit den Staat vor dem politischen Chaos zu retten. Paris war unbestreitbar, wie die Welt nicht vergessen sollte, eine Messe wert. Das Toleranz-Edikt von Nantes 1598 gewährte den Hugenotten zwar Religionsfreiheit, aber ihre Hoffnung, Frankreich in einen Staat des Calvinismus zu verwandeln, mußte begraben werden; sie blieben mit ihren kaum neun Prozent der Bevölkerung eine Minderheit.

Da die Gegenreformation auch die Länder Habsburgs unter den katholischen Schirm und hinter ihren Schild zurückgebracht hatte, verlagerte sich der Schwerpunkt der Kämpfe vom religiösen Raum in den diplomatisch-politischen: Das katholische Frankreich entdeckte erneut seinen hartnäckigsten, gleichfalls katholischen Gegenspieler Habsburg; unter religiösem Aspekt hatte sich an dieser Feindschaft seit Karl V. und Franz I. nichts geändert. Wenn nunmehr Wien die Gegenreformation im Reich vorantrieb, so veränderte der Religionskampf lediglich seine Natur: Er wurde zu einem politisch-nationalen Kampf. Frankreich konnte das Verhältnis auch umkehren: Der politisch-nationale Kampf wurde von Habsburg hinter katholisch-klerikaler Deckung betrieben.

Doch zu einem politisch-nationalen Kampf hatte sich auch die Reformation Luthers schon in den ersten Jahren des Aufbruchs erweitert, so unwiderstehlich und rapide, daß Luther selbst es kaum zu fassen vermochte. Seine Reform war vom ersten Moment an eine Kampfansage, war immer Krieg, ein Aufeinanderschlagen gewesen. Luther hatte es ursprünglich so nicht gewollt, doch er hatte das Ringen bald bejaht, es begrüßt und unterstützt, schließlich auch seine Aufgipfelung resigniert hingenommen. So sehr ihn der Kampf auch erschöpfte und bekümmerte, von seiner Unumgänglichkeit blieb er bis zur letzten Minute überzeugt.

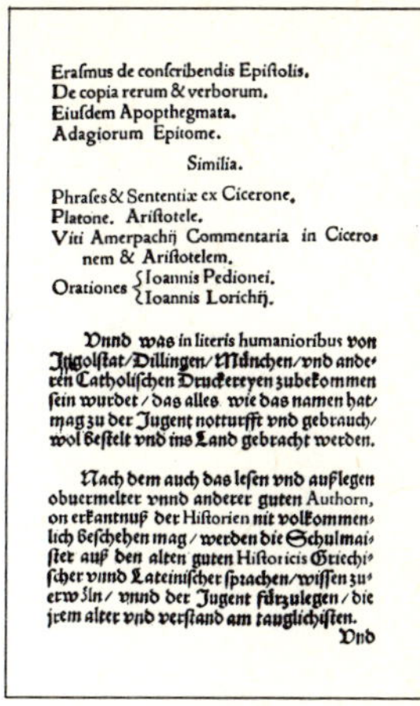
Erasmus de conscribendis Epistolis.
De copia rerum & verborum.
Eiusdem Apopthegmata.
Adagiorum Epitome.

Similia.

Phrases & Sententiæ ex Cicerone.
Platone. Aristotele.
Viti Amerpachij Commentaria in Ciceronem & Aristotelem.
Orationes { Ioannis Pedionei. / Ioannis Lorichij.

Vnnd was in literis humanioribus von Ingolstat/Dillingen/München/vnd anderen Catholischen Druckereyen zubekommen sein wurdet/das alles wie das namen hat/ mag zu der Jugent notturfft vnd gebrauch/ wol bestelt vnd ins Land gebracht werden.

Nach dem auch das lesen vnd auflegen obuermelter vnnd anderer guten Authorn, on erkantnuß der Historien nit volkommenlich beschehen mag/werden die Schulmaister auf den alten guten Historicis Griechischer vnnd Lateinischer sprachen/wissen zuerwölen/ vnnd der Jugent fürzulegen/die jrem alter vnd verstand am tauglichisten.
Vnd

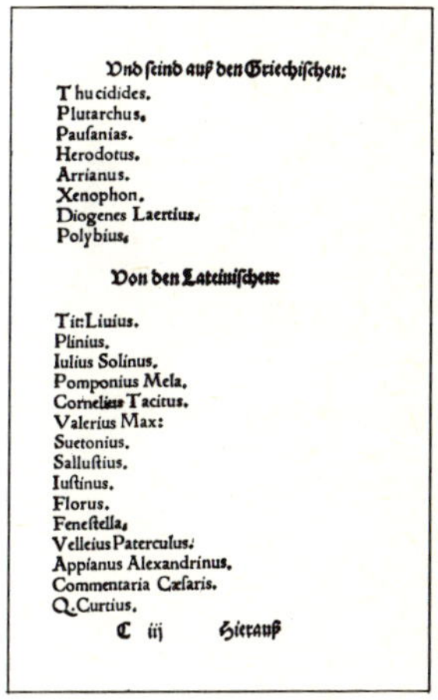
Vnd seind auß den Griechischen:

Thucidides.
Plutarchus.
Pausanias.
Herodotus.
Arrianus.
Xenophon.
Diogenes Laertius.
Polybius.

Von den Lateinischen:

Tit: Liuius.
Plinius.
Iulius Solinus.
Pomponius Mela.
Cornelius Tacitus.
Valerius Max:
Suetonius.
Sallustius.
Iustinus.
Florus.
Fenestella.
Velleius Paterculus.
Appianus Alexandrinus.
Commentaria Cæsaris.
Q. Curtius.
C iij Hierauß

Über die Bedeutung
der Historiker und Dichter
für die
religiös-sittliche Erziehung
der katholischen Jugend
Zwei Seiten in einer 1569
in München gedruckten
Schulordnung für Bayern

Augsburg 1555

Kein Friede in der Geschichte der Deutschen trägt mit größerem Unrecht die Bezeichnung ›Friede‹ als der Reichsabschied der Fürstenversammlung in Augsburg 1555, der den Krieg zwischen dem Kaiser und der Opposition der deutschen Stände beenden sollte und als Religions- und Landfriede verkündet wurde. Die Protestanten konnten das Grundprinzip der wechselseitigen Duldung und Ausübung der Religion, das hier als Gesetz verankert, als politisch-rechtlich unanfechtbare Grundlage fixiert wurde, zweifellos als einen Sieg feiern. Um ein solches Toleranz-Dekret hatten sie Jahrzehnte gefochten. Doch war Augsburg 1555 ebensowenig eine Niederlage des Kaisers und der katholischen Sache, da zu viel Strittiges ungeklärt blieb und sich nicht einmal der Besitzstand der Parteien unverbrüchlich sichern ließ.

Bekenntnis als Vorrecht

Der Augsburger Religionsfriede zwischen König Ferdinand I. im Namen seines Bruders, Karls V., und den katholischen und protestantischen Reichsständen vom 25. September 1555

In dem gleichermaßen klassisch wie berüchtigt gewordenen Paragraphen 15 wurde den Reichsständen das Recht zugebilligt, sich für eine der beiden Religionen zu entscheiden – altgläubig oder neugläubig – und die Untertanen dazu anzuhalten, dieser Option zu folgen. Die Formel: Wess' das Land ist, dess' das Bekenntnis, Cuius regio, eius religio, steht nicht wörtlich in der Augsburger Übereinkunft, doch sie gibt das praktische Verfahren wieder, das nur zum Teil und zum Schein religiös war, da es ebensoviel politische Nötigung umschloß. Religionsbekenntnis wurde identisch mit politischem Bekenntnis. Die allgemeine Sehnsucht in Deutschland, endlich einen »ewigen und unkonditionierten Friedstand« zu erreichen, war zwar allgemein und übermächtig geworden, doch trugen die Beschlüsse in Augsburg nicht diesem Empfinden Rechnung, sondern folgten den Wünschen und Interessen des territorialen Fürstentums. Der Augsburger Religionsfriede fixierte lediglich die Parität zwischen den Reichsständen. Sie einigten sich, vom Status quo auszugehen, also ältere Rechte nicht mehr heranzuziehen und sicherten sich wechselseitig zu, ihre Länder auch konfessionell so voreinander zu verriegeln, wie sie politisch verriegelt waren. Damit wurde das fürstliche Landesrecht für die Herren zum religiösen Vorrecht gegenüber ihren Untertanen.

Seit dem Auftreten Luthers hatte der Kaiser nicht nur ausschließlich wegen Glaubensdifferenzen gegen die Protestanten gekämpft, auch nicht nur gegen Landesfürsten, die seiner Oberhoheit widerstrebten, sondern bei dem kaiserlichen Einsatz ging es ebensosehr um die Einheit und Einheitlichkeit des Reiches, denn hier in Deutschland herrschte einheitlich geltendes Reichs- und Religionsrecht. Seit Jahrhunderten zweifelte niemand daran, daß ein Herrscher in seinem Land einer einzigen Religion Geltung gewähren konnte; schließlich dominierten im Abendland die alleinseligmachende Kirche und der römische Glaube. Dieses Prinzip hatte auch 1555 volle Geltung, nur daß es sich jetzt bei diesem »einen Land« nicht mehr um das Reich und um Deutschland handelte und nicht mehr um einen einzigen Herrscher, den Kaiser, sondern um viele Länder und viele Obrigkeiten. Rechtlich bedeutete das, unter Einschluß einer Prise zynischer Trauer, daß die Einheit der Kirche, des Glaubens und des politischen Zusammenhalts, die das Reich nicht hatte bewahren können, nunmehr von den Territorialstaaten an sich gerissen wurde.

Hätte Luther das gebilligt, entsprach ein solcher Grundsatz dem Herzschlag dessen, was ihn 1517 dazu getrieben hatte, aufzubegehren, die Qual der einzelnen, einsamen Seele um ihr Heil, die grausamen Stacheln des persönlichen Gewissens? Ließ sich eine flagrantere Verletzung dieser Überzeugung denken als durch das Cuius regio? Konnte der Widersinn noch überboten werden der darin lag, daß auch unter protestantischen Landesherren das Problem des religiösen Glaubens, eines zutiefst geistigen Problems, unter das materiale Joch des politischen Zwangs gebeugt wurde? Die römische Kirche wies mit Recht auf diesen krassen Widerspruch hin, freilich nur mit einem Recht, das sich aus der Sache selbst ergab, nicht aus ihrem eigenen Verhalten und Verfahren seit jenen endlos zurückliegenden Jahrhunderten, da auch sie Staatskirche geworden war und selbst bestimmt hatte, was als Ketzertum und Häresie zu verfolgen und was als rechter Glaube zu befolgen sei.

Luther kannte die vielen Scheiterhaufen, die schon zum größeren Ruhme Gottes gelodert hatten. Doch seine Angst davor war geringer als der Todesmut, mit dem er sich zu seinem eigenen Glauben und zu dem Recht durchrang, davon Zeugnis abzulegen. Diese Tapferkeit hatte Luther in Worms vor dem Kaiser zu seinem Nein getrieben, dem später volkstümlich überlieferten Satz: »Ich kann nicht anders.« Von dieser protestierenden, sich empörenden Haltung der Gläubigen, die wiederum nur von ähnlichen Erschütterungen bewegt wurden wie Luther, nicht aber von politisch-territorialen Rücksichten, bezog die Reformation ihre ganze Wucht und ihre epochale Wirkung. Und mochte die Renaissance-Kirche, die Luthers Abscheu derart erregt hatte, für die Protestanten im Kaiser und seinen Armeen verkörpert sein: Für die Person Karls V. und seinen katholischen Glauben galt Luthers »Ich kann nicht anders« mit derselben Gewalt und Inbrunst. Der Kaiser hatte Luther in Worms alles vortragen und bekennen lassen, was den Reformator bewegte, er hatte aufmerksam zugehört, keineswegs gleichgültig oder indigniert. Doch am nächsten Tag bestätigte er die Unverbrüchlichkeit seines römischen Glaubens, verkündete bündig, es sei sicher »daß ein einzelner Bruder irrt, wenn er gegen die Meinung der ganzen Christenheit steht, da sonst die Christenheit tausend Jahre oder mehr geirrt haben müßte«. Dann folgt das Bekenntnis, dessen welthistorisches Gewicht dem Nein Luthers zu den »tausend Jahren Christenheit oder mehr« in nichts nachsteht: »Deshalb bin ich entschlossen, meine Königreiche und Herrschaften, Freunde, Leib und Blut, Leben und Seele einzusetzen. Denn das wäre eine Schande für uns und für Euch, Ihr Glieder der edlen deutschen Nation, wenn in unserer Zeit durch unsere Nachlässigkeit auch nur ein Schein der Häresie und Beeinträchtigung der christlichen Religion in die Herzen der Menschen einzöge.«

Der Reichstag zu Worms 1521: Luther vor dem Kaiser und den Kurfürsten
Aus einem Holzschnitt von Hans Sebald Beham

»Ich bedaure, so lange gezögert zu haben, gegen ihn vorzugehen.« – Karl V. auf dem Wormser Reichstag am 19. April 1521

Dabei blieb es für den Kaiser: mehr als drei Jahrzehnte ununterbrochene Versuche, den Konfessionszwist beizulegen, den Streit zu schlichten, einen Vergleich zu erzielen. Das jedoch, was in Augsburg 1555 beraten werden sollte und dann beschlossen wurde – darum hatte Karl V. nicht sein ganzes Leben lang gerungen. Deshalb erschien der Kaiser auch nicht selbst in Augsburg; er übertrug die Verhandlungen seinem Bruder und Nachfolger Ferdinand I. Karl V. weigerte sich, den »Gliedern der edlen deutschen Nation« das zweifelhafte, nur durch die Besessenheit eines »notorischen Ketzers« erwirkte Vorrecht eines willkürlichen Entscheids zwischen zwei Religionen zu bestätigen, seinen Namen und seine Hand dafür herzugeben. Trotz aller politischen Differenzen mit den römischen Päpsten teilte der Kaiser die Gefühle der Erschütterung, als die päpstlichen Nuntien von Augsburg an Paul IV. berichteten, daß eine Einigung zwischen den Parteien so gut wie sicher sei und dieser Religionsfriede, diese Turpe cosa et scandalosa, fuor di misura, beschlossen und unterschrieben werde.

Wenn Luthers Aufruhr nur eine Empörung der Seele, des Gewissens, des Herzens gewesen wäre, eine Eruption der Glaubensnot, dann hätten die Protestanten in der Tat die Augsburger Übereinkunft als den großen Frieden, den Abschluß der Reformation auch als eines Prozesses mit reichs- und kirchenrechtlichen Wirkungen, feiern können. Sofern das Jahr 1555 im evangelischen Jubiläumskalender gerühmt und seiner als eines Ereignisses gedacht wird, das die Fundamente einer Ordnung legte, die bis ins 20. Jahrhundert hielten, dann sollte der Jubeltrank in Erinnerung daran nicht ohne die bitteren Essenzen der politischen, nationalen, kulturellen Folgen genossen werden. Die grenzenlose Trauer, mit der Kaiser Karl V. im Jahr 1555 versicherte: »Alle Sachen der löblichen deutschen Nation stehen heute viel schlechter, als sie in viel hundert Jahren jemals gestanden«, paraphrasiert die Klage Luthers von 1542, wenige Jahre vor seinem Tod: »Laßt alles treiben und fallen. Germanien ist gewesen und wird nie wieder sein, was es gewesen ist.«

»Gottes Wort ist Luthers Lehr, darum vergeht sie nimmer mehr«
Vorderseite einer Medaille zur Erinnerung an Luthers Thesen-Anschläge
Jubiläumsprägung des Meisters C. M., 1617

Der Kaiser und der Reformator, beide konstatierten die heillose Verflechtung eines Glaubensproblems mit den Zuständen und Interessen des öffentlich politischen Raums, sie registrierten es mit derselben Betroffenheit. Die Reformation Luthers wäre allerdings verloren und eine episodische Affäre geblieben, wenn sie nicht von den Territorialherren des Reiches geschützt und gestützt worden wäre – aus Motiven, die so gut wie nichts mit dem zu tun hatten, was den Bruder Martinus in seiner kahlen Mönchszelle umhergetrieben und was schon vor ihm Savonarola, Johannes Hus, John Wiclif, Katharina von Siena und Brigitta von Schweden genauso gequält hatte. Doch die Glaubenserneuerung, die Religions- und Kirchenreform Luthers, von den Fürsten als Instrument ihres Widerstands gegen den Kaiser mit Hellsicht und größtem Geschick ergriffen, wurde erst dadurch, daß sie in den Fäusten der Fürsten zu einem Teil der irdischen Händel wurde, zu derjenigen Religion Deutschlands, die als historisches Phänomen bis heute mit dem Wort ›Reformation‹ bezeichnet wird.

Deshalb erhielt in Augsburg 1555 nicht die Reform Luthers mit Brief und Siegel die Weihe der rechtlichen Anerkennung, sondern wurde zwischen den Unterzeichnern lediglich ein Waffenstillstand geschlossen. Der protestantische Jurist, Diplomat und Historiker Johannes Sleidan veröffentlichte bereits 1555 die erste Geschichte der Reformation. Er schrieb das Werk aufgrund der Akten und der Detailkenntnis eines Zeitgenossen, der nicht nur als Zaungast das Geschehen betrachtet hatte, sondern der selbst an allen Phasen des Geschehens als Akteur beteiligt war. Sleidan hatte die Verbindung zwischen dem französischen König Franz I. und dem Schmalkaldischen Bund initiiert, hatte zu der Delegation gehört, die auf dem Tridentinum die protestantische Sache erläuterte und vertrat, und wurde zum Historiographen des Schmalkaldischen Bundes bestellt. Doch für ihn, diesen Kenner, war nicht dasjenige die Achse der Reformation, was die Reformatoren selbst für das Zentrum gehalten hatten: Die mehr als drei Jahrzehnte der Reformation, ihre Entfaltung und die Kriege, die ihre Ausformung bestimmten, seien nichts anderes gewesen als ein Ringen um die deutsche Reichsverfassung. Das Buch von Sleidan verletzte die meisten Fürsten und Theologen; sie reagierten mit der Empörung von Zeitgenossen, die dem anderen Zeitgenossen nicht dessen, sondern nur die eigene Optik zubilligen – nicht zu vergessen die Beschämung über Auseinandersetzungen, die im

Moment des Zusammenpralls genauso existentiell waren wie wenig später degoutant. Selbst Melanchthon lehnte die Darstellung von Sleidan ab: Dieses »Buch lobe ich nicht, denn von Dingen, die nicht schön sind, kann man nicht Schönes sagen. Sleidan erzählt viel, was ich lieber mit ewigem Schweigen bedeckt gesehen hätte«.

Doch das wirklich Entscheidende, was sich mit keinem Schweigen bedecken ließ, hatte Sleidan besonders auffällig ins Blickfeld postiert und den Evangelischen ins Bewußtsein gehoben: Die Reformation, der gewaltigste Glaubensprotest seit den Tagen des Urchristentums, hatte selbst im ersten Jahrzehnt mit ihrer Kraft und ihrem Feuer den Übergang in den politischen Raum und damit ihre Umwandlung gefördert. Danach verfiel das ganze Phänomen in Mittelmäßigkeit, da häuften sich Wortbrüche, Brutalität, Doppelzüngigkeit, Habgier, Schacher und Verrat. Dem Verfall entsprachen die ausgehandelten Paragraphen zu Augsburg. Sie waren das karge Produkt eines Feilschens politischer Krämer, nicht die einzigartige Frucht eines imposanten Kampfes. Der Reichsabschied 1555 würde vielleicht, so befürchteten die Wissenden, kaum daß man die Versammlung geschlossen hatte, durch schriftliche Kommentare noch erläutert und weitschweifig kontrovers ausgedeutet. Doch der Griff zu den Waffen werde und könne als Folge seiner Beschlüsse nicht ausbleiben.

»Man wird das Werk des vergangenen Sommers nicht büchisch, sondern spießisch disputieren müssen.« – Urteil eines schwäbischen Adligen im Februar 1556 über den Augsburger Religionsfrieden

Wider Kaiser und Reich

Die Fürstenrevolution

Nicht anders war auch der Reichstag selbst in Augsburg 1555 zustande gekommen: als Ergebnis eines Griffs zu den Schwertern mit Sieg und Niederlage, mit Resignation und Sinkenlassen der Waffen. Den Grundriß dieser Etappe lieferte eine Fronde der deutschen Fürsten gegen den Kaiser. Sie wurde belebt und gerechtfertigt durch religiöse Erbitterung, getragen wurde sie jedoch von einer Opposition, die sich nicht an die Ausrichtung der Konfessionsparteiungen hielt. Eine erste Gruppierung norddeutscher Fürsten, die sich noch vornehmlich wegen der bedrohten Religion Luthers zusammengefunden hatte, wurde 1551 von dem dreißigjährigen Moritz von Sachsen zerschlagen – offenbar nur deshalb, damit der junge Kurfürst mit den Truppen insgeheim selbst die Führung des Aufstandes gegen den Kaiser übernehmen konnte. Moritz alliierte sich mit dem zornigsten Gegner des Kaisers im Reich, mit seinem Schwager, dem Landgrafen Wilhelm von Hessen. Über dessen Vater Philipp hatte der Kaiser im Schmalkaldischen Krieg die Reichsacht verhängt und hielt ihn seit der Niederlage der Protestanten 1547 gefangen. Magdeburg hatte sich in diesem Krieg zwischen Kaiser und protestantischen Ständen nicht unterworfen. Der Kaiser verhängte über die widerspenstige Stadt ebenfalls die Acht. Sie sollte durch ein eigenes Exekutionsheer vollstreckt werden. Moritz von Sachsen erhielt den Auftrag, die Führung zu übernehmen und die Reichsacht zu vollstrecken.

Moritz von Sachsen
Aus dem Bildnis mit seiner Gemahlin Agnes von Lucas Cranach d. J., 1559

Jetzt sah sich der Kurfürst in der Lage, offen rüsten zu können, ohne Verdacht zu erregen. Zur selben Zeit schloß er einen peinlichst geheimgehaltenen Bündnisvertrag mit dem französischen König; das war der eklatanteste Verrat eines deutschen Fürsten, der je an Kaiser und Reich begangen worden ist. Da Moritz von Sachsen nicht über die großen Summen verfügte, die dem Schmalkaldischen Bund zur Verfügung gestanden hatten, lieferte der Kurfürst gegen hohe Subsidien die Reichsstädte und Grenzfestungen Metz, Toul, Verdun und Cambrai an Frankreich aus, als hätte er wie der Herrscher des Reiches im Auftrag dieses Reiches selbst darüber zu verfügen. Außerdem bot er dem Monarchen in Paris seine Unterstützung bei der nächsten Kaiserwahl an. Moritz beabsichtigte, mit einem Gewaltstreich, »durch einen kühnen Schlag dem Kaiser die Reputation im Reiche zu nehmen«. Abgesichert durch die solide Rückendeckung Frankreichs vereinigten die Fürsten von Sachsen, Hessen und Kulmbach ihre Heere. Das Projekt war ungleich gefährlicher als sämtliche früheren Unternehmungen der Schmalkaldener zusammengenommen.

Die Fürsten drangen im März 1552 unvermittelt nach Augsburg vor, zogen rasch und zielbewußt in den Süden und brachen in Tiroler Gebiet ein, um den Kaiser zu fangen. Karl V. war von Augsburg in die Hofburg des ruhigeren Innsbruck gezogen, ohne Heer, ohne Waffen. Wiederholt war der Herrscher vor dem sächsischen Kurfürsten gewarnt worden; seine Schwester Maria, die Regentin in den Niederlanden, hatte ihm schon vor Monaten von bedrohlichen Informationen berichtet, doch der Kaiser lächelte nur ungläubig, überlegen. Anfang 1552 erklärte er rundheraus über Moritz von Sachsen, »daß er sich, sofern noch menschliche Treue und Glauben auf Erden seien, nicht anders denn allen Gehorsams und Guten zu ihm versehe«. Wenn es überhaupt einen Fürsten des Reiches gab, dem er vertrauen konnte, dann diesem jungen Mann, dem er den Kurhut übertragen und der sich seit Jahren so unverbrüchlich für die kaiserliche Sache geschlagen hatte.

Doch jetzt konnte es keine Zweifel mehr geben, die Schreckensmeldung beruhte auf Tatsachen. Der Sachsenfürst war mit seinen Söldnern bereits in Tirol eingedrungen, hatte die Sperre bei Reutte überrannt und die Ehrenberger Klause erstürmt; von Innsbruck trennte ihn nur noch wenig mehr als die Distanz eines Tagesmarsches. Der Kaiser wurde zu dieser Zeit von unerträglichen Schmerzen geplagt. Die Gicht setzte ihm so fürchterlich zu, daß er mehr kroch als gehen konnte. Er mußte von Dienern in eine Sänfte gehoben werden, sein kleines Gefolge brach auf inmitten von Regen und Sturm. Man trug den Herrscher über Pässe und Saumpfade, passierte den Brenner, zog an der Eisack entlang, durch das Rienz-Tal zur Drau und von hier über Spittal – mit einer kurzen Rast im Schloß Salamanca, dem Schloß des Generalschatzmeisters Ferdinands – nach Villach. Moritz rückte am 23. Mai in Innsbruck ein, doch der Kaiser befand sich schon kurz vor Lienz. Der Sachsenfürst ließ die Hofburg plündern. Seine Enttäuschung über die mißlungene Aktion kaschierte er mit einem Galgenhumor, der seinem Stil und Charakter entsprach: »Ich habe keinen Käfig, der groß genug wäre für solch einen Vogel.«

Innsbruck
Aus einem Aquarell im ›Schwazer Bergbuch‹ von Jörg Kolber und Ludwig Lässl, 1556

Kurz darauf wurde der Passauer Vertrag unterzeichnet. Mit Recht wurde er als der Grundstein des Augsburger Vergleichs 1555 gerühmt, zu Unrecht als eine schmähliche Niederlage des Kaisers gefeiert. Daß Karl V. dem sächsischen Kurfürsten entkommen war und statt dessen die Franzosen, kaum daß die Truppen der rebellierenden Fürsten nach Süden aufgebrochen waren, sowohl in die überschriebenen Reichsstädte als auch ins habsburgische Burgund, die Franche-Comté, einmarschierten, das gab nicht nur den verschworenen Freunden des Sachsenfürsten zu denken. Frankreich hatte jetzt das Tor zum Reich fast vollständig in der Hand. Moritz mußte selbst von Protestanten wiederum das

Wort »Verräter« hören, ein Schimpf, der seinem Namen anhing, seit er sich in den Vordergrund der Reichspolitik gedrängt hatte. Nach dem Passauer Vertrag zerfiel die Einheit der Fürstenopposition; ihr Zusammenhalt war nichts anderes gewesen als eine Funktion der Erwartung, daß die Truppen der Rebellen einem sicheren Sieg entgegenstürmten. Mit dem Passauer Vertrag war es Moritz von Sachsen dem Anschein nach gelungen, die protestantischen Positionen zu sichern. Wirklich greifbar war jedoch nichts anderes geworden, als daß der Kurfürst Gebiete des Reiches den Franzosen ausgeliefert hatte.

Moritz von Sachsen

Seit seiner Krönung wurde die Reichspolitik Kaiser Karls V. von der verwickelten Symbiose zwischen der Reformation und den Reichsständen geprägt. Nach eineinhalb Jahrzehnten hatte sich Karl V. schließlich davon überzeugt, daß die Wittenberger Ketzerei nicht auszurotten war, solange ihrem Rumpf das landesfürstliche Rückgrat als unerschütterliche Stütze diente. Deshalb entschloß er sich, ihre Wirbelsäule zu zerbrechen, das heißt die protestantischen Reichsstände nicht als Glaubenskämpfer anzugreifen, sondern als Glieder des Reiches, die ihre Selbstherrlichkeit dem Kaiser gegenüber zu weit getrieben hatten. Waren sie militärisch niedergeworfen und ihr Widerstand gebrochen, würde sich aus der nunmehr unbehinderten, immensen Fülle seiner Reichsgewalt auch der protestantischen Ketzerei auf exekutivem Weg beikommen lassen.

Im Todesjahr Luthers, 1546, rüstete Karl V. zum Krieg gegen die protestantischen Reichsstände des Schmalkaldischen Bundes, zu einem Krieg, der ausdrücklich nicht als Religionskrieg deklariert wurde, obgleich er seinen Beweggründen nach so sehr ein Religionskrieg war wie kein anderer. Anlaß dazu gab die Lage in Braunschweig-Wolfenbüttel. Die Bevölkerung hatte 1542 ihren katholischen Herzog Heinrich den Jüngeren vertrieben. Drei Jahre später versuchte der Herrscher, seit bald zwei Jahrzehnten eine verläßliche Stütze des Kaisers im Reich und ein erklärter Protestantenfeind, sein Territorium wiederzuerobern. Doch Johann Friedrich, der Kurfürst von Sachsen, und Landgraf Philipp der Großmütige von Hessen kamen den Braunschweigern zu Hilfe. Sie besiegten Heinrichs Truppen in der Schlacht bei Höckelheim und nahmen den Herzog gefangen. Karl V. erklärte dies zu einer Verletzung des Reichsrechts und ließ am 20. Juli 1546 über Johann Friedrich und Landgraf Philipp die Acht verhängen. Was er nunmehr militärisch ins Werk setzte, hatte formal tatsächlich nichts mit dem Konfessionshader zu tun. Es handelte sich um reichsrechtliche Maßnahmen gegen zwei Fürsten, die als Rebellen den Reichsfrieden gebrochen hatten. Auf kaiserlicher Seite focht auch Herzog Moritz von Sachsen, ein Lutheraner und der Schwiegersohn Philipps von Hessen. Moritz hatte sich im Jahr zuvor mit den Schmalkaldenern am Krieg gegen Herzog Heinrich von Braunschweig-Wolfenbüttel beteiligt. Danach wurde Moritz von Sachsen vom Kaiser mit der Vollstreckung der Acht gegen seinen Vetter Johann Friedrich betraut. Kurfürst Johann Friedrich kannte das ganze Ausmaß der Gefahr, in der er sich befand. Auch seine Verbündeten gaben sich keinen Täuschungen hin. Sie mobilisierten alle Kräfte. Das Bundesheer, an dessen Spitze Johann Friedrich gegen den Kaiser ins Feld zog, belief sich auf siebenundfünfzigtausend Mann.

Die Musterung
des kaiserlichen Heeres
im Jahr 1535
Aus einem Karton von
Jan Cornelisz. Vermeyen
für eine Teppichserie
auf die Verdienste Karls V.

Sein Gegner, der fünfundzwanzigjährige Moritz von Sachsen, genoß damals, nicht ganz gerechtfertigt, den Ruf als begabtester Heerführer Deutschlands. Er hatte seine Talente 1542 im kaiserlichen Heer gegen die Osmanen und zwei Jahre darauf bei dem Feldzug Karls V. gegen Frankreich demonstriert. Ehrgeizig, skrupellos, einfallsreich, verwegen, mit einem Verstand begabt, dem das Hasardieren mehr lag als der Syllogismus, gleichwohl mit der Fähigkeit krudester Berechnung ausgestattet, wurde Herzog Moritz zum Impresario des Protestantismus in seinem wichtigsten politischen Stadium. Als Luther das junge »Herzoglein ohne Land« – damals noch mehr Junge als junger Mann – bei dem Kurfürsten von Sachsen kennenlernte und Johann Friedrich ein Urteil erbat, äußerte der Reformator eine seltsame Warnung.

»Hütet Euch, daß Ihr keine jungen Löwen erzieht!« – Luther über den jungen Moritz von Sachsen zu Kurfürst Johann Friedrich

Moritz stand auf der Seite der Protestanten, doch das besagte nichts. Er bewunderte den Landgrafen Philipp, den profiliertesten Fürsten der Reformation. Die körperliche Unbeholfenheit seines unmäßig dicken Vetters Johann Friedrich hingegen – der Kurfürst konnte sein Pferd nur mit einer Leiter besteigen – amüsierte ihn zu sehr, als daß noch viel Raum für Respekt geblieben wäre. Der Zwanzigjährige, der das lateinisch-französische Wort ›Moral‹ bald durch den Ausdruck ›Zweckmäßigkeit‹ eindeutschte, entwickelte einen merkwürdigen Sinn für den Reichsgedanken. Das distanzierte ihn vom Schmalkaldischen Bund, dem des Reiches und des Kaisers Türkennot gerade recht war, um daraus konfessionelle Zugeständnisse zu erpressen. Am schärfsten ausgeprägt, ungezügelt bis zur Schrankenlosigkeit, waren der Machthunger und Ehrgeiz des Herzogs. Aus verletztem Stolz überwarf er sich mit seinem Vetter Johann Friedrich, der sich Eingriffe in die landesfürstlichen Rechte des jungen Moritz anmaßte. Als sich über Johann Friedrich und Landgraf Philipp das Kriegsgewitter zusammenbraute, bemühte sich Moritz beim Kaiser um eine Vermittlung, sondierte jedoch de facto seine eigenen Chancen: An wen würden Land und Kur von Sachsen bei einer Ächtung Johann Friedrichs fallen? Der Kaiser und seine Ratgeber verstanden. Karl V. schien zu grübeln, und als er sprach, konnte es sich um eine verbalisierte Fortsetzung seines Nachdenkens handeln, dann aber hob sich eine Frage ab, höchst dezent und überaus diplomatisch-hypothetisch, ob Moritz – sollten sich die Verhältnisse dahingehend entwickeln – möglicherweise bereit sei, die Reichsexekution durchzuführen. Moritz überdachte einen solchen Fall, gleichfalls ganz hypothetisch und vorsichtig, und bestätigte schließlich dem Kaiser seine Frage. Allerdings, ein Ja ohne Vorbehalte sei ihm erst dann möglich, wenn er seinen Landtag befragt hätte.

Moritz von Sachsen legte sich mithin genausowenig fest wie der Kaiser. Schon seine erste Probe als Verhandlungsfuchs geriet in die Nähe eines Meisterstücks. Solches Fingieren und Taktieren des Herzogs ließ den englischen Humanisten Roger Ascham, der zu den Bewunderern des Fürsten zählte, 1553 ein kritisches Urteil über ihn notieren: »Wer es übers Herz bringen kann, seinen Freund Herzog Heinrich von Braunschweig, seinen nahen Verwandten Herzog Friedrich, seinen Schwiegervater, den Landgrafen, seinen obersten Herrn, den Kaiser, seinen Verbündeten, den französischen König, zu betrügen und damit alle Bande der Freundschaft, der Natur, des Gesetzes, des Gehorsams und des Eides zu zerreißen, der ist fähig, dazu noch alle Welt zu betrügen – wenn er sich schließlich nicht noch selbst betrügt.«

Als 1546 die Würfel gefallen waren, so gefallen, daß sich Moritz abgesichert fühlen konnte, übernahm er das Exekutionsmandat. Zunächst blieb er passiv.

Erst als die Schmalkaldener im Herbst zur Donau zogen, rückte Moritz in Kursachsen ein, mußte jedoch zurückweichen, als Johann Friedrich mit seinen Truppen erschien, um sein Land wieder zu befreien. Im Frühjahr 1547 zog der Kaiser persönlich an die Elbe. Um Landgraf Philipp mußte er sich nicht bekümmern, denn der Fürst gefiel sich in Lethargie. Kurfürst Johann lagerte mit seinem Heer jenseits des Flusses bei Mühlberg in einer hervorragenden Stellung. Zunächst wollte er den Meldungen, daß Karl V. persönlich mit seiner Armee anrückte, nicht glauben. Am Morgen des 24. April sah er jedoch am anderen Ufer die kaiserlichen Wimpel, Reiter, Geschütze und Arkebusiere. Johann Friedrich wurde blaß, doch überwand er rasch den Schock. Er glaubte sich zwar in seiner Stellung sicher, die Elbe war hier breit, dreihundert Schritt, die Strömung reißend und es gab auch keine Furt, die Kaiserlichen konnten somit nicht übersetzen. Trotzdem gab der Kurfürst den Befehl, abzuziehen. Er hatte beschlossen, sich in den Festungen Magdeburg oder Wittenberg zu verschanzen und dort den Kaiser mit seiner Armee auflaufen zu lassen.

Das kaiserliche Heerlager
vor Lauingen im Donau-Ried
im Herbst 1546
Aus einem Gemälde von
Mathis Gerung, nach 1546

Der kaiserliche Feldherr Alba hatte stundenlang das Ufer nach einer Furt abgesucht, umsonst. Doch Karl V. fand sich damit nicht ab, er glaubte es nicht, ein Instinkt trieb ihn dazu, mit seinem Bruder Ferdinand und Moritz von Sachsen selbst einen Erkundungsritt zu unternehmen – und tatsächlich entdeckte er einen Übergang. Noch keine Stunde war abgelaufen, da stand Moritz bereits mit viertausend Berittenen und tausend Arkebusieren am rechten Ufer der Elbe. Die Schlacht bei Mühlberg, die nunmehr entbrannte, verdient den Namen Schlacht nicht, denn die Kaiserlichen fielen wie besessen über die kurfürstlichen Truppen her, deren gemächlicher Abzug sich binnen Minuten in kopflose Flucht verwandelte. Die Schlacht bei Mühlberg, die zur Vernichtung des Schmalkaldischen Bundes führte und alle Hoffnungen der Protestanten seit eineinhalb Jahrzehnten zerstörte, entwickelte sich nicht als Kampf, sondern als Treibjagd. In der Lochauer Heide versuchte der Kurfürst schließlich eine Schlachtordnung aufzubauen, mehr verzweifelt als kraft militärischen Könnens, als wollte er mit seinen Befehlen nur dem sicheren Ende ein wenig Trotz bieten. Herzog Alba und Moritz von Sachsen ritten die beiden Flügel des Gegners in einem einzigen Angriff nieder. Das Treffen entartete zu einem stundenlangen Hetzen und Niedermetzeln der Kurfürstlichen. Johann Friedrich wurde gefangen genommen und zum Kaiser gebracht.

»Ich kam, sah, und Gott siegte.« – Karls V. Variation von Cäsars »Veni, vidi, vici« nach der Schlacht bei Mühlberg

Die Schlacht bei Mühlberg zählt nicht deshalb zu den herausragenden Ereignissen der Kriegsgeschichte, weil sie von exorbitanter militärischer Genialität gewesen wäre, sondern weil der Kaiser hier an der Elbe seinen größten, seinen allerpersönlichsten Triumph im Reich verbuchen konnte. Keiner seiner Berater hatte ein solches Treffen für empfehlenswert gehalten, keiner seiner Feldherrn hielt einen Angriff für möglich. So war nur dem Kaiser und ausschließlich ihm der glänzende Erfolg zu verdanken. Er allein war der Sieger. Und welch ein Sieger! In dieser Haltung, mit diesem Bewußtsein empfing er den sächsischen Rebellen. Der Kurfürst zog seinen Hut, setzte an: »Gnädigster Kaiser und Herr . . .« Da unterbrach ihn Karl: »Ja, bin ich jetzt Euer gnädigster Kaiser und Herr? Sonst habt Ihr mich mit anderen Namen genannt.« Und als Johann Friedrich darum bat, der Kaiser möge ihn »als einen geborenen Fürsten halten«, erhielt er die Antwort: »Ich will mich halten gegen Euch, wie Ihr Euch gegen mich gehalten habt. Eure Werke haben Euch dahin gebracht, wo Ihr seid. Geht hinweg!«

Siegel Karls V.
nach der Schlacht bei Mühlberg
im Jahr 1547
Holzschnittvorlage, um 1550

Johann Friedrich wurde zum Tod verurteilt. Am 10. Mai 1547 verzichtete er in der Wittenberger Kapitulation auf Kurwürde und Kurlande und trat von seinen Ansprüchen auf Magdeburg und Halberstadt zurück. Daraufhin änderte der Kaiser das Urteil in lebenslange Haft. Nachfolger Johann Friedrichs wurde Moritz von Sachsen. Der neue Herr allerdings galt spätestens seit der Mühlberger Schlacht nicht nur den deutschen Protestanten als Judas und Verräter. Doch Moritz wäre seines Ruhmes als berechnendster aller deutschen Fürsten unwürdig gewesen, wenn er den Haß nicht vorausgesehen und einkalkuliert hätte. Er störte ihn nicht. Trotzdem trat er nicht als Eroberer, als Gewaltfürst, als Usurpator im Dienst eines Kaisers auf, der entgegen seiner Wahlkapitulation mit fremden Truppen ins Reich gekommen war. Moritz bemühte sich um Duldung bei der Bevölkerung; er tastete die Konfession nicht an, zweifellos ebenfalls aus Berechnung. Schon früh hatte er sich vom Kaiser versichern lassen, daß er »nicht daran denke, die christliche Religion mit dem Schwert zu vertilgen, sondern den Ausgang der religiösen Streitigkeiten einem allgemeinen Konzil überlassen wolle«.

»Er trägt als Hut die Sonne«

Kaiser Karl V. bei seinem Ritt über das Schlachtfeld von Mühlberg
Gemälde von Tizian, 1548/49

Von Tizian stammt das Gemälde, das heute im Prado hängt: Karl V. reitet über das Schlachtfeld von Mühlberg, die Lanze eingelegt, mit Helm, Feldbinde, dunkler Rüstung, auf schwarzem Pferd, vor einem gespenstisch drohenden Hintergrund. Nur selten gab es in der Geschichte einen solchen Triumphator, am Tage des Sieges jedenfalls. Aus dem berühmten Bild Tizians spricht die Ausschließlichkeit eines Herrschers, der sich im Scheitelpunkt seiner Macht befindet. Aber welcher Macht? Er hatte die Protestanten niedergeworfen; doch war das schon gleichbedeutend mit der Verwirklichung seiner eigenen Vorstellung von der Ordnung Europas, von der Christenheit? Sein Reich erstreckte sich vom Morgenrot bis Mitternacht durch die bekannten Breitengrade. Der persische Gesandte charakterisierte ihn als den Kaiser, »der die Sonne als Hut trägt«. Sollte jedoch in seinem Reich tatsächlich die Sonne nicht untergehen: konnte das heißen, daß auch dieses Reich selbst keinen Sonnenuntergang erleben würde? Die starre Miene Karls V. auf dem Gemälde Tizians zeugt nicht nur von der Selbstgewißheit eines Unüberwindlichen; in ihr drückt sich auch das Bewußtsein von der Vergeblichkeit der Siege aus, das der Schatten jener Sonne war.

Nach Mühlberg entschloß sich auch Landgraf Philipp von Hessen zur Unterwerfung; er gab den Widerstand auf, den er ohnedies kaum ernsthaft geleistet hatte. Am 19. Juni 1547 erschien er vor dem Kaiser in Halle. Die Bedingungen seines Kniefalls vor Karl V. waren wochenlang ausgehandelt worden. Nun betrat der Landgraf, flankiert von den Kurfürsten Moritz von Sachsen und Joachim von Brandenburg, den großen Saal, in dem sich die Menschen Kopf an Kopf drängten. Der Kaiser saß auf dem Thronsessel. Über seinem Haupt spannte sich der golden-brokatene Baldachin. Landgraf Philipp, seit Jahrzehnten der politische Führer der Protestanten, fast schon ein Symbol des siegenden Luthertums, trat in betont eleganter Lässigkeit vor den Kaiser. Er beugte das Knie. Alle Fürsten, Offiziere, Prälaten, Räte und Granden im Saal empfanden es: Philipp erachtete die Zeremonie als ein beiläufiges Ritual zwischen Ebenbürtigen, nicht aber als Bekundung seiner Demut. Philipps Kanzler verlas die Abbitte. Anschließend trug der Vizekanzler Karls V. den Text der kaiserlichen Verzeihung vor. Als er verstummte, erwartete der Landgraf das Zeichen des Kaisers, um sich zu erheben. Karl V. rührte sich nicht. Philipp lachte, erhob sich ohne Aufforderung und hörte den Kaiser murren: »Ich will Euch lachen lehren!«

In der Urkunde hatte Karl V. versichert, der Landgraf »soll nicht so hart, wie er verschuldet, gestraft werden, als mit ewigem Gefängnis«. Philipp interpretierte das als Zusicherung seiner Freiheit, doch am Abend wurde er inhaftiert. Seine Empörung erledigte Herzog Alba mit einem Achselzucken. Als sich die protestierenden Eingaben aus dem Reich häuften, machte die Ausdeutung des Feldherrn bald die Runde, daß der Kaiser dem Landgrafen nur zugesichert habe, ihn vor »ewigem Gefängnis« zu verschonen. Seine Haft werde mit Sicherheit nicht ewig dauern, des Kaisers Wort bleibe selbst dann gewahrt, wenn der Gefangene einen Tag, bevor er sterbe, aus dem Kerker entlassen werde.

Nach Mühlberg schien tatsächlich nicht nur Philipp von Hessen das Lachen zu vergehen, sondern nahezu dem ganzen christlichen Europa, soweit es seine Politik nicht mit einer Konfession identifizierte. Zu Beginn des Schmalkaldischen Krieges genossen die Widersacher des Kaisers den Paroxysmus der Konfessionswidrigkeiten genauso wie jene anderen, die der Selbstzerfleischung der Deutschen nie ihren Beifall vorenthielten. Sogar der Osmanensultan im fernen Stambul konnte nicht verstehen, aus welchen Gründen sich seine christlichen Feinde beständig selbst an die Gurgel fuhren und gegenseitig vernichteten. Auch Paul III. hatte den Kaiser nicht aus religiösen Gründen unterstützt und bestärkt. Er verkündete, was Karl V. immer abgestritten hatte: Im Reich gehe es endlich nicht mehr mit Disputen, sondern mit dem Schwert gegen die Ketzer. Wie konnte der Kaiser bei solcher Kirchenassistenz den Krieg gegen die Schmalkaldener noch schlicht als ausschließliche Reichssache deklarieren? Sobald es sich abzeichnete, wie souverän der Kaiser seine Gegner entmachtete, rief der Heilige Vater in unwürdiger Hast alle seine Hilfstruppen sofort zurück. Einen Sieg solchen Ausmaßes, wie ihn Karl errungen hatte, gehörte keinesfalls zu den Vorstellungen, die Rom von der Zutunlichkeit kaiserlicher Dominanz besaß. Sollte dem Kaiser jetzt auch in Deutschland gelingen, was er bereits in Spanien, in seinen Erblanden, in Oberitalien, in Ungarn und anderen Ländern erreicht hatte? Sollte er auch nördlich der Alpen jeden Widerstand brechen – sei er nun religiöser oder ständischer oder additiver Art – und damit die Länder seines universalen Imperiums ausnahmslos als Teile der Hausmacht Habsburg eingliedern? Je länger die Politiker, Kirchenfürsten und Diplomaten Europas die Folgen der Schlacht bei Mühlberg bedachten, um so bedrückter wurden ihre Mienen. Selbst die enthemmtesten Fanatiker des römischen Glaubens wünschten nur die Ausrottung der Ketzerei mit Hilfe des Kaisers. Doch wäre dieser Erfolg zu teuer erkauft, wenn Karl V. dadurch auch die Weltherrschaft Habsburgs auf einen Felsen gründete, an dem sich kaum weniger erfolglos rütteln ließ als am Felsen Petri.

Aufzeichnung von Kriegsereignissen für Kaiser Karl V. Miniatur des Meisters HD von 1545 in dem ›Kriegsmemorial‹ des Grafen Reinhart zu Solms

Wer vermochte den Kaiser davor zurückzuhalten? Nicht nur Rom empfand es so, nicht nur Frankreich, allen anderen voran empfanden es so die deutschen Fürsten. Mußte nicht einer wie der andere von ihnen nach dem Exempel, das Karl V. an Sachsen statuiert hatte um seinen Besitz, um seine Würde bangen? Seit Mühlberg folgten die Gesandten der deutschen Herren dem kaiserlichen

Feldlager als unruhiger Schwarm bekümmerter Bittsteller. Ein wahrer Schweif von Ergebenheit zog hinter dem Kaiser her, der seine beiden Gefangenen, die geächteten Landfriedensbrecher und Häupter der deutschen Reformation, als Geiseln und Trophäen seiner Unbezwinglichkeit mit sich führte. Ergebenheit empfing ihn auch auf der Augsburger Fürstenversammlung im darauffolgenden Jahr, auf dem »geharnischten« Reichstag. Da knieten die Deputierten der Städte in schier endloser Reihe vor dem Herrn des Reiches und beschworen ihren untertänigen Gehorsam.

Der Reichstag begann im Winter 1547 und endete im darauffolgenden Sommer. Alles, was Sitz und Stimme hatte, war vollzählig erschienen. Doch hier verhandelte nicht der gewählte Kaiser mit des Reiches mächtigen Ständen, hier diktierte der Imperator aus dem Übermaß seiner militärischen Gewalt, so wie ihn Tizian gemalt hatte bei dem Ritt über das Mühlberger Schlachtfeld. Karl V. ließ die deutschen Fürsten wissen: »So steht unser Wille nicht dahin, daß man viel Herren, sondern daß man allein Einem diene und beim Kaiser als alleiniger Obrigkeit als gehorsamer Untertan bleibe.« Trotzdem bemühte er sich – Staatsmann fast schon in zweiter Natur – mit aller Energie darum, »Einigkeit, Friede und Recht« im gesamten Reich wiederherzustellen. Er versuchte, die vorläufige Regelung der Glaubensfragen als Ausgleich bis zu ihrer endgültigen Klärung durch das Konzil in eine akzeptable Form zu bringen. Doch der Kaiser verkannte die Belastung der Probleme durch seine eigene Katholizität, über deren Natur er wieder und immer wieder vor der Welt Zeugnis abgelegt hatte – hinreichend lapidar noch im Frühjahr 1546 auf dem Reichstag in Regensburg, der seinen Entschluß zum Krieg festigte: »Reformation heißt nicht, einen neuen Glauben annehmen.«

Wem half der gute, aber unbeugsame Wille des Kaisers auf diesem geharnischten Reichstag? Keinem einzigen Gläubigen, auch wenn der vom Kaiser beschlossene Abschied als »neue, ewige, selige Reformation ausgeschrieen« wurde. Den Protestanten kam er in der Frage des Laienkelchs, der Priesterehe und der Fastengebote entgegen. Aber da alles übrige auf eine Verpflichtung zu vorreformatorischen Lehren und Riten hinauslief, waren die Protestanten im Reich hell empört. Nicht minder erregten sich die Altgläubigen über des Kaisers Weitherzigkeit in der Ehe- und Abendmahlsfrage – eine grundlose Erregung, weil diese kaiserliche ›Reformation‹ des Interims nur für die Protestanten galt, nicht jedoch auch für die deutschen Katholiken, so daß Deutschland konfessionell unverändert getrennt blieb. Von »Einigkeit, Friede und Recht« im Reich war am Schluß der Versammlung keine Rede mehr.

Des Kaisers Diktat, das ›Augsburger Interim‹, war kein Vergleich als Ausgleich; es bildete nur neuen Zündstoff. Ob alt- oder neugläubig: Dieses Reichsgesetz war nichts anderes als eine Gewissensnötigung durch den Kaiser. Die Protestanten eiferten voller Haß gegen das »heuchlerische, glattstreichende Kätzlein Interim«. Der Kaiser vermochte es nur dort durchzusetzen, wo er im Reich unmittelbare Macht besaß. Dies unternahm er auch, gleichgültig gegenüber allen feindlichen Reaktionen. Selten gab es einen Herrscher, der Jahrzehnte hindurch derart mit sich selbst in Einklang blieb wie Karl V., die letzte kaiserliche Majestät des Reiches, die ein Papst persönlich gekrönt hatte. Dem venezianischen Gesandten und Kardinal Gasparo Contarini gestand Karl eines Tages: »Es liegt in meiner Natur, halsstarrig auf meiner eigenen Meinung zu beharren.« Contarini versuchte, geschmeidig abzubiegen: »Sire, auf guten

»Ein großer Fürst wie Du darf nur siegen. Niederlage ist das höchste Verbrechen.« – Erzherzogin Maria, Generalstatthalterin der Niederlande, zu ihrem Bruder Karl V.

Meinungen zu beharren ist Festigkeit, nicht Halsstarrigkeit.« Der Kaiser erwiderte mit dem Anflug eines ironischen Lächelns: »Manchmal beharre ich auch auf schlechten.«

Das Augsburger Interim war kaiserliches Beharren auf schlechter Meinung. Dieses Vergleichsdiktat entfachte genausoviel Unruhe und Widerstand wie die Pläne des Kaisers, seine Nachfolge in einem Sinn zu regeln, der die Teilung der gesamten Macht, die er als Kaiser in den Händen hielt, verhinderte. Er fand keine ansprechende Formel zur Behebung des Sachverhalts, daß die eine Hälfte des Weltimperiums seinem Nachfolger als Erbe Habsburgs zufiel und die andere Hälfte – Deutschland und das Heilige Römische Reich – ein Wahlreich darstellte, dessen Sukzession den deutschen Kurfürsten oblag. Diese Fürsten jedoch reagierten auf alles, was eine Beschneidung ihrer Rechte oder gar eine Minderung ihrer Macht intendierte, mit verbissenem Widerstand. So folgte wenige Jahre auf den Zenit von Mühlberg der Zusammensturz der wesentlichsten kaiserlichen Pläne. Der Passauer Vertrag 1552 annullierte das Augsburger Interim, und Karl V. mußte sich dazu entschließen, das Imperium zu teilen. Sein Sohn Philipp II. erhielt Spanien samt den Kolonien, die Freigrafschaft Burgund und die Niederlande sowie Neapel-Sizilien und Mailand. An Karls Bruder Ferdinand – seit 1531 bereits römischer König – fiel die Kaiserwürde. Die Kronen Böhmens und Ungarns hatte Ferdinand 1526 erhalten, und die deutsch-habsburgischen Erblande befanden sich schon seit 1521 in seinem Besitz.

Philipp II. von Spanien
Gemälde aus der Schule von Juan Pantoja de la Cruz

Rebellion für das Seelenheil

Die Vertragsregelung mit Ferdinand wurde in derselben Stadt und in demselben Jahr vereinbart, das für den Kaiser, für Martin Luther, für das Reich und für die Deutschen eine Zäsur darstellte, die tiefer griff als 1555 das Augsburger Arrangement. Das Jahr 1521 bedeutete das absolute Gipfeldatum des 16. Jahrhunderts. Noch kurz vor seinem Tod, 1558, wurde Karl V. nahezu von Krämpfen abgründiger Reue geschüttelt: Er habe sich geirrt, als er damals Luther nicht töten ließ, und so sei jener Irrtum ins Ungeheure gewachsen, und das alles nur, »weil ich einst dem Ketzer Luther das Wort gehalten habe«. Der burgundische Ritter und Edelmann Karl wurde zutiefst verletzt, als sich König Franz I. mit dem feierlichen Schwur »bei meiner Ritterehre« aus der Gefangenschaft des Kaisers befreite und unmittelbar darauf diesen Schwur brach und sich darüber noch belustigte. Der Katholik Karl hingegen ließ sich von seinen Beichtvätern die feinen, nichtsdestoweniger höchst präzisen Unterschiede erläutern, die zwischen einem Eid, den der Fromme einem Rechtgläubigen schwört, und jenem anderen bestanden, der sich an die Adresse eines Ketzers richtet, dem schon auf Erden die Höllenstrafe sicher war.

Ferdinand I.
Vorderseite einer Medaille, 1558

Doch es gab noch den dritten, den Herrscher und Staatsmann Karl. Für ihn galt weder das eine noch das andere. Die Frage des Wortbruchs stellte sich kaum jemals innerhalb einer rein privaten Dimension. Nach der Besetzung Wittenbergs im Mai 1547 besuchte der Kaiser die Schloßkirche und ging auch zu der Gruft, in der Luther begraben liegt. Karls Beichtvater – nach anderen Berichten soll es Herzog Alba gewesen sein – ließ sich angeblich zu dem Vorschlag hinreißen, den Sarg dieses Ketzers zu öffnen und seine Gebeine wenigstens nach seinem Ableben auf dem Scheiterhaufen zu verbrennen. Karl wies ihn barsch zurück: »Ich führe nicht Krieg gegen die Toten.« Doch der Kaiser hatte selbst gegen lebende Protestanten nur ein einziges Mal Krieg geführt, und zwar erst dann, als nach immer wieder erneuerten Bemühungen das Guthaben seiner Hoffnungen erschöpft war, den Konfessionszwist gütlich beizulegen – im Stich gelassen sowohl vom Papst und den Altgläubigen, als auch von Luther und seinen Bekennern.

Bis zum Augsburger Religionsfrieden waren seit den sensationellen Thesen Luthers 1517 fast sechs Jahrzehnte vergangen. In diesem Halbjahrhundert brach die römische Kirchenordnung im Reich, inmitten Europas, zusammen. Doch ein politisches Äquivalent dazu hatte sich nicht entwickelt, es sei denn, man ginge soweit und bezeichnete die ungeheure Kräftigung der deutsch-protestantischen Territorialmächte, die auf Kosten der kaiserlichen Autorität genauso gesteigert wurde wie auf Kosten der Einheitlichkeit Deutschlands, als politische Kehrseite der frisch geprägten konfessionellen Vorderseite. Durch die Reformation Luthers wurde das deutsche Reich, den internen Fürstenseparatismus noch überbietend, in zwei Teile getrennt. Seit Luther datiert die Doppelgleisigkeit unserer Geschichte: zweierlei Glaube, zweierlei Territorien, zweierlei Geistigkeit und Kultur, ja selbst zweierlei Himmel.

Die Landeskirchen

Die letzte Kaiserkrönung auf italienischem Boden: Kaiser Karl V. und Papst Clemens VII. im Krönungszug in Bologna am 24. Februar 1530 Aus einem Stich von N. M. Hogenberg

Die Zerspaltung des deutschen Reiches setzte unmerklich ein, wurde von keinem geahnt. Objektiviert wurde die Reformation durch das Augsburgische Bekenntnis – Confessio Augustana – des Reichstages von 1530. Karl V. hatte an seinem dreißigsten Geburtstag, am 24. Februar 1530, in Bologna aus der Hand des Papstes die Kaiserkrone empfangen. Im Jahr zuvor konnte der jahrelange Krieg zwischen ihm und dem französischen König durch den Frieden von Cambrai beigelegt werden, durch den ›Damenfrieden‹. Karls Tante, Erzherzogin Margarete, Regentin der Niederlande, und Louise, Herzogin von Savoyen, die Mutter Franz' I., schlossen und unterzeichneten den Vertrag für die beiden Herrscher.

Die Erzherzogin war seit ihren Kinderjahren in Frankreich mit Louise befreundet. Der Friede war nicht ungünstig für den Kaiser, auch wenn er nicht den Hoffnungen entsprach, die Karl nach dem grandiosen Sieg bei Pavia 1525, durch den Franz I. seine Armee und seine Freiheit verlor, erfüllt hatten. Gleichwohl, der Damenfriede gab dem Kaiser die Hände frei, um nunmehr im Reich die zunehmend hitziger umstrittene ›Sache des Glaubens‹ beizulegen und auch hier den Frieden herzustellen. So war es im kaiserlichen Anschreiben vom Januar 1530 formuliert worden: »Wir wollen versuchen, alle Meinungen zu einer christlichen Wahrheit zu vergleichen und alles abzutun, was auf beiden Seiten unrichtig ausgelegt oder getan worden ist, auf daß wir die Zwietracht und vergangene Irrtümer überwinden, eines jeglichen Meinung in Liebe und Gütigkeit hören, verstehen und erwägen und also alle in einer Gemeinschaft, Kirche und Einigkeit leben.«

Doch diese Versammlung entwickelte sich völlig anders, als es den Erwartungen der Ausschreibung und der üblichen offiziellen Gefälligkeit ihrer Formulierungen entsprach. Sie entwickelte sich auch nicht gemäß der Ausgleichsbereitschaft des Kaisers. Für Karl V. hatten sich bis dahin die politischen Dimensionen des Konfessionshaders noch nicht unverhüllt genug abgezeichnet. Erst auf dem Reichstag in Augsburg erkannte er das ganze Ausmaß der Schwierigkeiten, und diese Einsicht bildete zugleich seine erste schwere Niederlage. Schon der Auftakt brachte einen Mißklang. Der Reichstag wurde mit einer großen Fronleichnams-Prozession eröffnet. Dieses Fest zum Gedächtnis des Abendmahls am Gründonnerstag wird von der katholischen Kirche seit Jahrhunderten stets mit dem größten Glanz begangen. Karl V. hatte die protestantischen Stände ersucht, sich »Gott zu Ehren« an der Prozession zu beteiligen, doch sie lehnten ab, denn »derlei gottlose Bräuche seien auszurotten«.

Auf dem Reichstag hatte der Kaiser nicht nur die Konfessionsfragen behandeln wollen. In der Beilegung der Auseinandersetzungen, in der Erneuerung des Friedens im Reich sah er die wichtigste Voraussetzung dafür, um dem übermächtig angestiegenen Expansionsdruck des Osmanensultans Süleyman II., des Prächtigen, erfolgreich zu widerstehen. Er konnte auf Gleichgestimmtheit der Reichsstände rechnen, denn als die Osmanen den Sturm auf Österreich vorbereiteten, hatte auch Luther 1529 mit zwei aufrüttelnden Schriften – ›Vom Kriege wider die Türken‹ und ›Heerespredigt wider den Türken‹ – an die Fürsten appelliert, sich an dem Abwehrkampf zu beteiligen. Sein Aufruf ging nicht ins Leere. Wien ließ sich noch im letzten Moment durch eine namhafte Besatzung stärken. Im September 1529 wurde die Stadt von mehr als zweimal hunderttausend Mann osmanischer Truppen eingeschlossen und berannt. Niklas Graf zu Salm, der Stadtkommandant, verfügte über eine hervorragende Artillerie, eine Hinterlassenschaft Kaiser Maximilians I. Die Besatzung konnte jedem Angriff Paroli bieten, jede Bresche in den Mauern schließen. Den türkischen Mineuren gelang es nicht, die Gräben unter die Festungswälle weit genug voranzutreiben, um den Verteidigungsring nachhaltig aufzureißen. Der Siegestaumel der ersten Tage bei den Osmanen legte sich schnell. Am 17. Oktober hoben sie plötzlich die Belagerung auf; die kalte Herbstwitterung veranlaßte sie, das Unternehmen abzubrechen, damit ihr Riesenheer nicht ohne feste Winterquartiere vom Frost überrascht würde.

Karl V. setzte mit Recht voraus, daß die direkte Bedrohung der habsburgischen Erblande und damit auch Süddeutschlands den Fürsten spürbar verdeutlicht hatte, wie wenig es sich bei der Türkengefahr um rein habsburgische Bekümmerungen handelte, und wie sehr es dabei auch um ihre eigenen Nöte ging; während der Belagerung Wiens waren osmanische Reiterkontingente bis in die Gegend um Regensburg vorgedrungen. Doch diese Voraussetzung des Kaisers traf nicht zu. Die Lutheraner waren zwar mit der selben Verständigungsbereitschaft nach Augsburg gekommen wie der Kaiser, aber der gute Wille allein genügte nicht, um die Verhandlung zu dominieren; er ging nicht einmal soweit, um der Osmanengefahr einen Vorrang zu sichern gegenüber den Konfessionsfragen. Kursachsen hatte darauf gedrängt, daß Luther und seine Freunde in einer Bekenntnisschrift ihre Grundüberzeugungen entwickelten, allerdings mit äußerster Rücksicht auf die katholische Lehre. Diese Schrift – das Augsburgische Bekenntnis –, um die auch Karl V. gebeten hatte, damit er in konziser Form eine theologische Basis für die Gespräche beider Seiten besaß, bildete ein gemäßigteres Konfessionsdokument, als sich nach den heftigen Auseinandersetzungen des letzten Jahrzehnts hätte erwarten lassen. Die Protestanten verbanden damit die Hoffnung, daß in den Artikeln der ›Augustana‹ »selbst unsere Widersacher nicht uneins mit uns sein können«. Von den

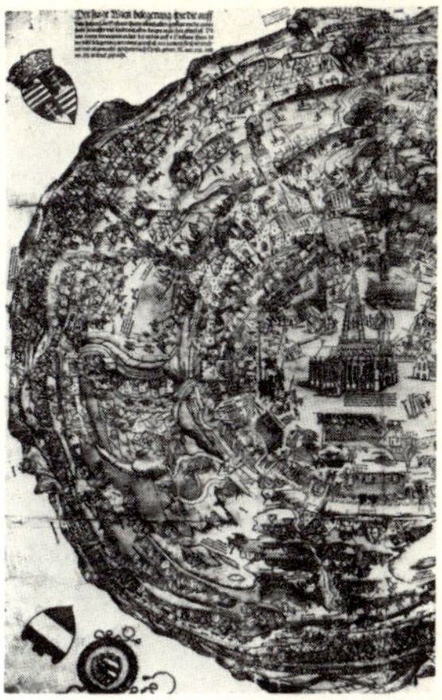

Wien während der Belagerung durch die Türken im Herbst 1529
Linke Hälfte einer Rundansicht
Kolorierter Holzschnitt von Niklas Meldemann, 1529

»Am dritten Tag werden wir hinter Euren Mauern frühstücken.« – Osmanische Botschaft an die Wiener Besatzung zu Beginn der Belagerung – Antwort des Grafen zu Salm wenige Tage später: »Euer Frühstück wird kalt!«

achtundzwanzig Artikeln, die am 25. Juni 1530 in der Sitzung vor Kaiser und Reich feierlich verlesen wurden, waren nur sieben negativ gefaßt. Sie bezogen sich auf das Abendmahl unter beiderlei Gestalt, auf Priesterehe, Meßkanon, Beichte, Fasten und Klostergelübde, auf den Unterschied der Stände und die bischöfliche Jurisdiktion; es handelte sich um diejenigen Punkte, die gegenüber den Altgläubigen als Mißbräuche beanstandet wurden.

Der Kaiser erbat von katholischen Theologen eine Stellungnahme. Von ihrer Antwort hing es ab, ob die Behauptung des kursächsischen Kanzlers Christian Bayer zutraf: Aus der Confessio Augustana ergebe sich, daß »wir kein von der römischen Kirche abweichendes Dogma haben. Auch wir verehren den römischen Papst, wenn er nur einiges übersieht und uns nicht verstößt«. Mit seinem Ersuchen um die Antwort der Altgläubigen hielt sich Karl V. an den Tenor seiner Ausschreibung des Reichstages. Er wollte den Zwist durch ein kaiserliches Schiedsgericht beilegen, ihn also nicht der Entscheidung durch ein Universalkonzil ausliefern und schon gar nicht der exekutiven Gewalt. Die zwanzig altgläubigen Theologen unter der Führung von Johannes Eck arbeiteten ihre Erwiderung aus und legten sie als ›Confutatio pontificia‹ dem Kaiser vor. Karl V. mißbilligte die polemische Form der Dokumente, er ließ die Schrift fünfmal neu redigieren, erst dann schien sie ihm ausreichend moderat zu sein. Am 3. August wurde die Confutatio auf dem Reichstag verlesen. Der Kaiser hoffte, die Protestanten würden seinen Willen zum Kompromiß anerkennen und würdigen. Er rechnete damit, die Abweichler auf die konziliante »päpstliche Widerlegung« einstimmen zu können, denn er selbst sah sich verantwortlich für diese letzte Fassung an, für deren Zurückhaltung schon die neue Bezeichnung ›Responsio Augustanae Confessionis‹ sprach, unter der sie dem Reichstag vorgetragen wurde. Doch die Protestanten lehnten den Text ab. Karl V. ließ sich davon aber nicht entmutigen. Er brachte beide Seiten in einem paritätisch besetzten Ausschuß zusammen, wo die strittigen Punkte wochenlang weiterverhandelt wurden. Mitunter näherten sich die Positionen geradezu überraschend einander an. Trotzdem war das Ergebnis schließlich der Bruch.

Kaiser Karl V. und Kurfürsten in Augsburg im Jahr 1530 Titelholzschnitt zu einem Reichstagsbericht über kaiserliche Belehnungen, 1530

Die Protestanten entschieden sich zu einem unnachgiebigen »Non possumus«. Ohne Änderung wurde seitdem die Confessio Augustana zum verpflichtenden Bekenntnisdokument der lutherischen Kirchen und des Protestantismus. Melanchthon, der bis zu diesem Moment seiner späteren Titulatur ›Diplomat der deutschen Reformation‹ Ehre gemacht hatte, gab ebenfalls seine Zurückhaltung auf. Er verfaßte eine ›Apologie‹ des Augsburgischen Bekenntnisses. Sie kränkte und empörte den Kaiser, er verweigerte die offizielle Annahme. Die Protestanten versagten dann auch dem Entwurf des Reichsabschiedes vom 22. September ihre Zustimmung. Karl V. hatte als letzte Konzession eine erneute Vertagung des Entscheids über die Konfessionsdifferenzen bis zum Generalkonzil angeboten. Die protestantischen Fürsten, an der Spitze Johann von Sachsen, verließen Augsburg. Der Reichsabschied vom 19. November, den nur die altkatholischen Reichsstände billigten und annahmen, enthielt diejenige Antwort des Kaisers, die auf die Verweigerung der Protestanten nicht anders ausfallen konnte: Erneuerung des Wormser Edikts ohne Milderung. Jedem, der sich nicht den Bestimmungen des alten Glaubens fügte, drohten Reichsacht und Strafmandate des Kammergerichts. Der Reichsabschied war eine reichsrechtliche Verfügung, wodurch die Protestanten zum wiederholten Mal ausdrücklich zu Landfriedensbrechern und Reichsrebellen erklärt wurden.

Luther war geächtet. Deshalb konnte er nicht selbst auf dem Reichstag erscheinen. Er befand sich wohlbehütet auf der Veste Coburg. Als er aus den Berichten entnahm, wie sich trotz der langen Beratungen die Positionen zunehmend versteiften, schrieb er aufgebracht: »Es gibt keine Einigung mit dem Papst, solange es einen Papst gibt. Ich berste vor Zorn, brecht ab, kehrt heim!« Damit schleppte er dem Entschluß des Landgrafen Philipp von Hessen nach, der Augsburg bereits Anfang August in brüsker Manier verlassen hatte. Philipp ist schon vor Beginn des Reichstages zum Bruch entschlossen gewesen. Seiner Meinung nach war die Zeit der theologischen Gespräche über die strittigen Fragen, die »disputierlichen Sachen«, vorbei und Luthers Reformation zum Thema eines gewaltsamen militärischen Aufstands gegen den Kaiser geworden. Er förderte mit diesem Schritt de facto die Spaltung des Reiches, er verhalf damit aber auch seiner eigenen Meinung bei den evangelischen Ständen zum Durchbruch. Augsburg 1530 lieferte mit der Confessio Augustana, hinter der die lutherischen Obrigkeiten des Reiches standen, die Glaubensgrundlage für den Verteidigungspakt, zu dem sich die Protestanten nach der Kampfansage des ›rauhen Abschieds‹ dieses Jahres zusammenfanden: das Schutzabkommen des Schmalkaldischen Bundes. Im Februar 1531 wurde die Bundesurkunde besiegelt. Als Casus belli, der zur Kriegshilfe verpflichtete, galt ein Angriff katholischer Fürsten.

Die formelle Fassung konnte nicht darüber hinwegtäuschen, daß sich das Bündnis gegen den Kaiser und gegen die habsburgische Hausmacht richtete. Wegen dieses Doppeleffekts verhehlte selbst Bayern nicht seine Sympathien für die Schmalkaldener. Karl V. mußte ohnmächtig die Tatsache dieses Schutzbundes akzeptieren, er war auch nicht in der Lage, den Augsburger Reichsabschied durchzuführen, selbst wenn er gewollt hätte. Da ihm die Türkenhilfe 1530 verweigert worden war, mußte er sich 1532 die Unterstützung der protestantischen Fürsten gegen die Osmanen in Ungarn durch die Artikel des Nürnberger Religionsfriedens buchstäblich erkaufen: Der Kaiser sicherte den Schmalkaldenern bis zum Konzil oder dem nächsten Reichstag den Religionsstand zu und stellte alle Prozesse über die Kirchengüter durch das Reichskammergericht ein. Praktisch bedeutete das die Annullierung des Reichsabschieds von 1530. Die Reformation konnte sich ungehindert weiter ausbreiten.

Der Schmalkaldische Bund bildet innerhalb der Entwicklung des Luthertums eine wenig überraschende Konsequenz. So konzessionsbereit die Protestanten 1530 nach Augsburg gekommen waren, so sehr hing die Beilegung der Kontroverse von der Voraussetzung ab, daß die Altgläubigen sich auf Bedingungen einließen, die nicht als Ergebnis eines theologischen Ausgleichs vereinbart, sondern von den Lutheranern vorgelegt wurden. Überdies war Luthers Glaubensrevolte bereits seit Jahren in die behäbigere Ordnungs- und Organisationsthematik geraten, deren Verwirklichung den weltlichen Gewalten zustand. Seit 1525 datiert die Phase der reformatorischen Restriktion, seit 1525 war es auch mit allen Träumen und Plänen von einer national gesonderten, evangelisch-deutschen Reichskirche vorbei; die lutherischen Landeskirchen etablierten sich. Reichsrechtliche Basis dafür wurde der Beschluß des Reichstages von Speyer 1526, der es jedem Reichsstand überließ, mit seinen Untertanen »in Sachen, die das Edikt, durch die Kaiserliche Majestät auf dem Reichstag zu Worms gehalten ausgegangen, belangen möchte, für sich also zu leben, zu regieren und zu halten, wie ein jeder solches gegen Gott und Kaiserliche

Verknüpfung
der protestantischen Lehre
mit dem Landesfürstentum:
Kurfürst Johann Friedrich,
der Großmütige, von Sachsen
und Martin Luther
unter dem Gekreuzigten
Holzschnitt von
Lucas Cranach d. J.
auf dem Titelblatt der letzten
von Luther durchgesehenen
Ausgabe des
Neuen Testaments

Majestät hofft und vertraut verantworten zu können.« Mit diesem Beschluß wurde das Luthertum zu einer Angelegenheit des deutschen Landesfürstentums, zu einer Variante des Partikularismus innerhalb des Reiches.

Die Territorialfürsten wurden nunmehr zu Oberherren der evangelischen Kirche. Der Abschied des Reichstages von 1526 erweiterte das landesherrliche Kirchenregiment, das im Mittelalter ausgebildet worden war, sich jedoch nur auf die kirchliche Organisation und Disziplin erstreckt hatte, um die Befugnis zur Entscheidung in Glaubensfragen. Maßgeblich für diese Entwicklung wurde nicht zuletzt die Säkularisierung des katholischen Kirchengutes. Dabei spielten neben den religiösen Beweggründen auch höchst weltliche und sehr menschliche Motive eine gravierende Rolle, denn der altkirchliche Besitz fiel zum größten Teil den Landesherren persönlich zu. Niemals zuvor hatte es eine günstigere Gelegenheit für die Fürsten gegeben, ihr Gebiet zu vergrößern und ihren Etat aufzufüllen. Die Trennung von Rom hatte für die Landesherren überdies zur Folge, daß die Kirchenabgaben nicht mehr über die Alpen nach Rom flossen, sondern im eigenen Land verblieben.

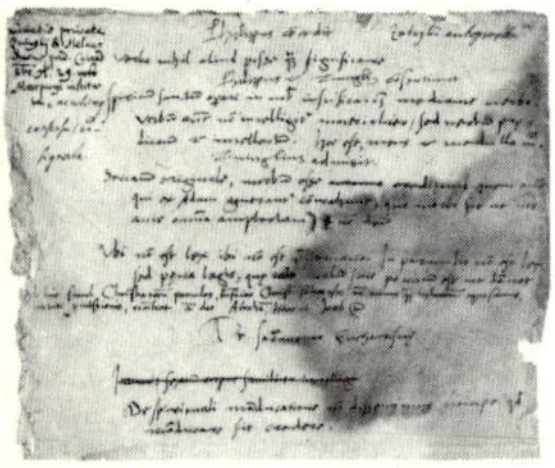

Aufzeichnungen Zwinglis über eine Vorbesprechung mit Melanchthon am 1. Oktober 1529 für das von Philipp von Hessen einberufene Religionsgespräch in Marburg

An den Kirchenordnungen, die seit 1526 entworfen und eingeführt wurden, war lediglich die Lehre Luthers einheitlich. Die Kirchen selbst unterschieden sich sowohl nach dem Regiment als auch in ihren Verfassungen erheblich voneinander. So wurde mit Hilfe der Landeskirchen die Reichszerrissenheit zusätzlich und nachhaltig vermörtelt. Im Reichsabschied von Speyer wurde der staatskirchenrechtliche Grundsatz des Cuius regio eius religio bereits für die Praxis der Landeskirchen toleriert und legitimiert. Die Visitation, die Überprüfung der Kirchenverhältnisse, geschah im Auftrag des völlig selbstverantwortlichen Landesherrn. Vom Papst im Süden hatte sich die Reformation unwiderruflich getrennt; als Gegengewicht ließen sich freilich eine Vielzahl neuer Päpste im Norden zählen. König Ferdinand I. versuchte zwar im zweiten Reichstag von Speyer 1529 diese Entwicklung zu unterbrechen – der Reichsabschied jenes Jahres hob den Beschluß von 1526 wieder auf –, doch die lutheranische Minderheit des Reichstages weigerte sich, dem Abschied zuzustimmen, sie erhob scharfen Protest. Die Lutheraner wurden seitdem unter der Bezeichnung ›Protestanten‹ zusammengefaßt.

»Ich bekenne, daß ich den Zwingli für einen Unchristen halte mit all seiner Lehre.« – Martin Luther

Zur konfessionellen Situation der Glaubensbewegung Luthers gehört als charakteristische Besonderheit das Protestieren als ununterbrochene Separierung. Das begann bereits bei den Hussiten, setzte sich fort bei den Böhmischen Brüdern, wurde von Luther aufgenommen und durch ihn wiederum initiiert, so sehr er auch selbst für seine Lehre den Anspruch auf Verbindlichkeit erhob und jedes Abweichen verdammte: Karlstadt, Müntzer, Zwingli, Jakob Hutter, Melchior Hofmann, Menno Simons, von den Baptisten bis zu den Zeugen Jehovas in unseren Tagen, von den zutiefst Frommen bis zu den Heeren frömmelnder Exzentriker. Kaum etwas läßt sich schwieriger erfassen als die Gruppen, Sonderformen, Flügel und Flügelchen, die dem Schoß des Protestantismus entstammten: ungezählte Köpfe einer frommen Hydra, die nachwuchsen, ob sie nun von Katholiken oder Lutheranern abgeschlagen wurden. Obgleich Luther in seiner Zeit erst den Anfang der Sektenbildungen erlebte, weckten sie bei ihm schwerste Bedenken und Ängste.

Die Hinrichtung im Zeichen des Glaubenseifers
Tafel vom Kilian-Altar eines fränkischen Meisters
aus dem Siechenhaus in Würzburg

Münzwerkstatt
Holzschnitt von
Hans Burgkmair, um 1515,
für den ›Weißkunig‹

Die deutschen Fürsten hatten frühzeitig erkannt, welche starken Kräfte sich durch Luthers Glauben auf ihre territorialen Interessen konzentrieren ließen. Auch Luther gab sich keinen gewaltigen Täuschungen über die Beweggründe so vieler Landesherren hin, die evangelische Sache zu unterstützen. Allzu offensichtlich bedeutete eine Stärkung des Protestantismus auch einen persönlichen Machtzuwachs der Fürsten, eine Steigerung ihrer Territorialgewalt. Den Beweis dafür lieferte der große Bauernkrieg in den Jahren 1524 bis 1526. Deutschland wurde schon seit etlichen Jahrzehnten von einer epidemischen Unruhe in der Bevölkerung gequält. Sie hatte die Reichsritterschaft, die Bürger in den Städten und die Bauern in allen Teilen des Landes erfaßt. Die Motive dafür waren fast so zahlreich wie die Erscheinungsformen. Besonders gravierend waren Mißernten und horrende Teuerungen, weil erheblich mehr Güter des Grundbedarfs, vor allem Nahrungsmittel, benötigt wurden, als tatsächlich produziert werden konnten. Diese Preisrevolution, die schon Ende des 15. Jahrhunderts einsetzte, führte zu einem konstanten Absinken des Realeinkommens des Volkes. Zu diesem Prozeß gehörten auch das stetige Anwachsen der Bevölkerung, die Steigerung des Geldumlaufs bis hin zu nachweisbarer Inflation, die Konzentration großer Kapitalmengen bei den Fernhandelsleuten und Großunternehmern, die ein Merkmal des beginnenden Frühkapitalismus in ganz Europa bildeten, schließlich auch der steigende Zorn über die Abgaben, die aus Rom gefordert, von Jahr zu Jahr höher geschraubt und in ganz Deutschland als ein Aussaugen empfunden wurden – nicht erst eingangs des 16. Jahrhunderts, sondern schon erheblich früher. Die erste Zusammenstellung der deutschen Beschwerden gegen Kirche und Papst, die ›Gravamina der deutschen Nation‹ – Gravamina Germanicae nationis – reicht bis zu den Reformwünschen zurück, die auf dem Konzil von Konstanz 1414 bis 1418 behandelt wurden.

Die Beschwerden und Klagen häuften sich zu Beginn des 16. Jahrhunderts in bedrohlicher Form; sie richteten sich an die unterschiedlichsten Adressen. Einen besonders kräftigen Nachhall besaßen bei der Bevölkerung die Stimmen der frühen Glaubensreformer und der aufrührerischen Einzelgänger der Bauernschaft. Die meisten ihrer Vorläufer hatten Schulter an Schulter gestanden, als hätte es kaum sachliche Unterschiede in ihren Motiven und Zielen gegeben. Zu den auffälligsten Kronzeugen zählte Hans Böheim, der Pfeifer von Niklashausen, einem Wallfahrtsort im Tauber-Tal. Im Jahr 1476 begann der Hirte und Musikant während der Fastenzeit aufrüttelnde Bußpredigten zu halten. Das Echo seiner leidenschaftlichen Mahn- und Brandreden drang binnen Wochen bis zum Rhein, nach Schwaben und tief ins Bayerische. Sonntag für Sonntag predigte das ›Pfeiferhänsle‹ gegen die Pfaffen, den Papst, den Kaiser, verdammte alle weltlichen und geistlichen Abgaben, Fronden und Zinsen, verkündete die allgemeine Brüderlichkeit der Menschen, forderte die Abschaffung aller Stände und Privilegien und verlangte, daß der Wald, die Bäche, Flüsse und Wiesen in Zukunft jedem zur Nutzung zugänglich sein müßten. Die Zahl der Bauern, die zu den Wallfahrten nach Niklashausen strömten, wuchs reißend an. An einem Sonntag sollen sich an die vierzigtausend Bauern versammelt haben, um den redegewandten Propheten zu hören. Seine Verheißungen und Forderungen gipfelten schließlich in dem Appell, die Bauern sollten zu den

Waffen greifen, damit die Stunde der göttlichen Gerechtigkeit schneller herannahe. Am 12. Juli 1476 ließ der Bischof von Würzburg Hans Böheim verhaften. Ein Befreiungsgesuch von aber Tausenden von Bauern mißlang. Bischöfliche Reiterei zersprengte die Wallfahrer. Kurz darauf wurde das Pfeiferhänsle als Ketzer verbrannt.

Hans Böheim war der gewichtigste Vorläufer der deutschen Bauernrevolution des 16. Jahrhunderts. Auf ihn und seine urchristlich-kommunistischen Ideen und Verkündigungen beriefen sich die ersten Aufrührer 1524. So laut wie Martin Luther 1517 an die Türen des Bestehenden schlug, so deutlich hörten auch die Aufmerksameren im Reich das anschwellende Grollen im ganzen Land. Schon Ulrich von Hutten – der Reichsritter und Humanist, der begeisternde Dichter und begnadete Pamphletist, dessen hinreißendes Pathos sich mit der Stimmung der Deutschen im Reich deckte und sie treffend reflektierte – hatte die Landesfürsten beschworen, die Gärung im Volk nicht zu ignorieren, ja er hatte vor der Möglichkeit eines bevorstehenden Bauernkrieges gewarnt.

Ulrich von Huttens populäre Dialog-Schrift Titelseite des 1521 in Straßburg erschienenen Werkes mit Holzschnitten von Hans Baldung Grien

Die Revolution der deutschen Bauern, die Mitte 1524 begann, wurde zum dramatischen Schlußakt einer langen Vorgeschichte von Konflikten mit der Obrigkeit, den Territorialfürsten. Über die Bewegung des Bundschuh – der mit Lederriemen geschnürte Bauernschuh war seit der Mitte des 15. Jahrhunderts das Symbol der Bauernforderungen und wurde in bewußten Gegensatz zum gespornten Ritterstiefel gestellt – reichte die Tradition des Aufbegehrens zurück bis ins Mittelalter. Die Forderungen der Bauern, die weitgehend vom lebendigen Recht erfüllt waren und deshalb heftige Opposition gegen den Siegeszug des Römischen Rechtes einschlossen, lassen sich zurückführen bis zu den alten deutschen Rechtsbüchern, dem ›Sachsen-‹ und ›Schwabenspiegel‹. Die Brücke wurde hergestellt durch die ›Reformatio Sigismundi‹, eine rebellische Flugschrift aus dem Jahr 1439, deren hitzige Formulierungen von Kritik und sozialrevolutionären Ideen strotzten. Die meisten Ansprüche leiteten die aufständigen Bauern allerdings direkt aus der Heiligen Schrift ab. Ihre berühmten zwölf ›Hauptartikel aller Baurschaft‹, die der Memminger Kürschner Sebastian Lotzer Ende Februar 1525 zusammengestellt hatte, wurden eingeleitet von einer langen Passage, in der die Bauern das Recht beanspruchen, sich auf die Bibel zu berufen. Das Evangelium sei »nit Ursach der Empörung oder (des) Aufruhrs, dieweil es eine Rede ist von Christo dem verheißenen Messias, dessen Wort und Leben nichts als Liebe, Friede, Geduld und Einigkeit lehret, also daß alle, die an diesen Christus glauben, lieblich, friedlich, geduldig und einig werden; weshalb der Grund aller Artikel der Bauren das Evangelion zu hören und demgemäß zu leben, dahingerichtet ist«.

Die Bauern verlangten vor allem, daß sie ihre Pfarrer selbst wählen und absetzen dürften, sie forderten die Aufhebung der Leibeigenschaft, Beschränkung des Zehnten, freie Jagd, Fischerei und Weide, Herabsetzung der willkürlich gesteigerten Fronden; sie lehnten alle Lasten ab, die nicht als herkömmlich galten, verlangten eine Minderung der Pachtzinsen und die Behebung einer Reihe anderer Mißstände. Jeder einzelne Artikel dieser Programmschrift, des politischen Manifests der deutschen Bauernrevolution, wurde aus Bibelstellen begründet und gerechtfertigt, denn die Aufständischen betrachteten das »göttliche Recht« als ihr unerschütterliches Fundament. Dem Kriterium von Gottes Wort unterwarfen sie allerdings auch ihre eigenen Ansprüche. Im zwölften und letzten Artikel wird ausdrücklich versichert: Sollten diese Artikel nicht dem

Bauernpaar beim Tanz
Zeichnung von Urs Graf, 1525

Wort Gottes entsprechen und man könnte das den Bauern anhand des Bibeltextes nachweisen, so würden sie davon abstehen; solche Artikel, »die Unrecht wären, sollen von Stund an tot und ab sein und nichts mehr gelten«. Kaum anders hatte sich auch Luther seinen Widersachern gegenüber auf die Autorität der Heiligen Schrift berufen, hatte den Satz Christi aus dem Johannesevangelium zitiert: »Habe ich übel geredet, so beweise mir, daß es übel sei«; und dann ergänzt: »Bringt Zeugnis gegen meine Lehre, überführt mich des Irrtums, aus den Propheten und Evangelien! Wenn man mich daraus besser belehrt, will ich gerne widerrufen und als erster meine Schriften ins Feuer werfen.«

»Das gemeine Stadt- und bäurisch Volk muß aufrührerisch werden, so unzählig sind die Schmachbüchlein und Läster-Reden, die unter das Volk ausgehen wider päpstliche und weltliche Obrigkeit.« – Warnung des katholischen Humanisten Johannes Cochläus an Martin Luther im Jahr 1523

Das Pochen der Bauern auf Freiheit und Gerechtigkeit gehörte in das Richtfeld der hussitischen Sozialansprüche ein Jahrhundert früher und zu den Appellen ihres Ahnherrn, des englischen Theologen und Reformators John Wiclif, der gegen Ende des 14. Jahrhunderts die Kirche und die Fürsten beunruhigt und verstört hatte und der zu den namhaftesten Vorläufern und Vorkämpfern Luthers zählt. Deshalb wollten auch die rebellierenden Bauern in der Bewegung Luthers nicht nur die kritische Dynamik für ihre eigene Sache nützen, sondern sie waren tatsächlich nicht in der Lage, grundsätzliche Differenzen zwischen ihren Beschwerden und Ansprüchen einerseits und den reformatorischen Forderungen des Wittenberger Mönches andererseits zu entdecken. Die Bauern betrachteten ihre Rebellion als eine Sonderform der reformatorischen Empörung. Tatsächlich hatte auch Luther mit seinen Verkündigungen kräftig dazu beigetragen, daß sich die Bauern mit einer derart wilden, todesbereiten Entschlossenheit gegenüber ihren Herren, dem Reich und den Großen der Welt auf ihre angestammten Rechte als Menschen, als »wahre und rechte Christen«, beriefen. Der Reformator hatte bereits vor ihrem Aufstand diejenigen Lasten, die nicht in der Heiligen Schrift enthalten waren, für ungöttlich erklärt. Trotzdem distanzierte sich Luther, kaum daß die Bauernhaufen bewaffnet waren und mit Gewalt ihre Sache durchzusetzen versuchten, ohne langes Zögern von den Rebellen. Ähnlich markant hatte er 1522 die Versuche Franz von Sickingens und Huttens abgewehrt, die Reichsritterschaft hinter dem Schild nationalpolitischer Vorstellungen und Ambitionen zur kriegerischen Empörung zu mobilisieren. Luther verwarf grundsätzlich jeden Kampf gegen die weltliche Obrigkeit mit dem Schwert. Darüber konnte es seit März 1522 keine Irrtümer mehr geben, nachdem Luther seine Schrift ›Treue Vermahnung zu allen Christen, sich zu hüten vor Aufruhr und Empörung‹ veröffentlicht hatte.

Die Plünderung des Klosters Weißenau bei Ravensburg durch bewaffnete Bauern Aus einer aquarellierten Zeichnung in der Chronik der Bauernunruhen von Jakob Murer, 1525

Die deutsche Bauernrevolution setzte im Mai 1524 ein. Zunächst handelte es sich um kleinere Erhebungen in Forchheim und im Schwarzwald. Die Anlässe selbst waren im Grunde kaum der Rede wert, sie bildeten niemals einen zwingenden Grund für die Unruhen, sondern waren stets nur ein Indiz. Die Empörungen rissen nicht ab, sie flackerten durch den südwest- und süddeutschen Raum. Stets handelte es sich um lokale Ereignisse, denn die Bauern hatten kaum Kontakt untereinander, selbst dann noch nicht, als das vorbereitende Stadium beendet war und sich seit 1525 der Aufruhr wie ein Schwelbrand durch ganz Süddeutschland fraß, über den fränkischen Raum hinweg nach Norden drang und seinen Höhepunkt in Thüringen erreichte, bei dem großen Aufstand unter Thomas Müntzer. Das war keine Bewegung der untertänigst überreichten Petitionen, sondern ein Tumult der Morgensterne und Kampfsicheln, der Hellebarden und Fischspieße. Klöster, Burgen, Herrensitze, Schlösser standen in Flammen, Adlige wurden gehetzt und erschlagen. Die Bauern konnten für

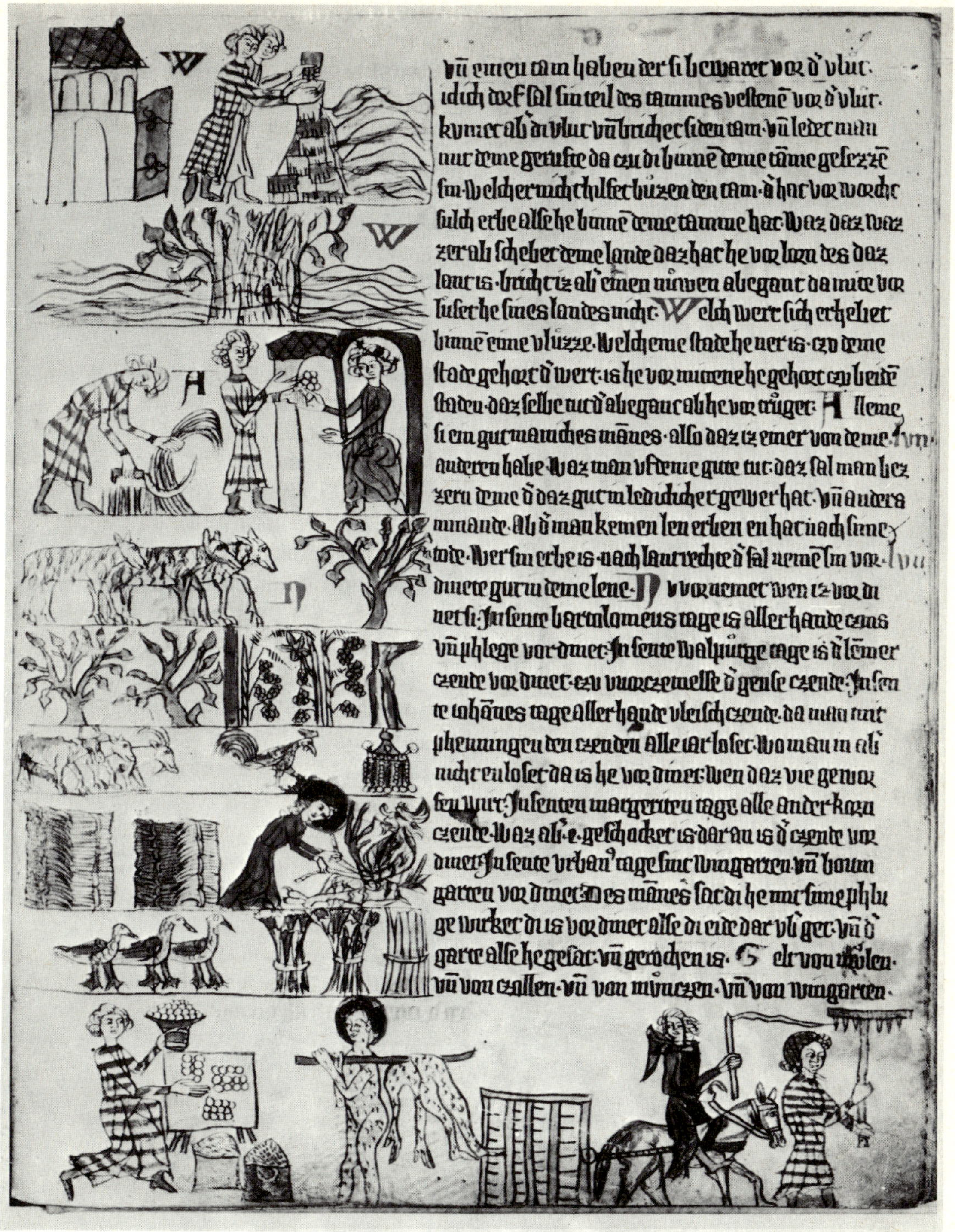

Die bäuerlichen Abgaben nach den Bestimmungen im Artikel 58 des zweiten Buches
im ›Sachsenspiegel‹ von Eike von Repgow
Miniatur in der Heidelberger Handschrift

Recht und Unrecht im Blickwinkel der Bauern
Stich von Daniel Hopfer zu Sprüchen Salomos, um 1525

Kriegerische Aktionen der Bauern bei Biberach
Aquarellierte Zeichnung in der Chronik der Bauernunruhen von Jakob Murer, 1525

ihre Revolution auch die Bürger der kleineren Landstädte gewinnen. Ihre Anfangserfolge waren gewaltig. Sogar die Fürsten von Mainz und von der Pfalz konnten dazu gezwungen werden, die ›Zwölf Artikel‹ anzuerkennen. Über die ersten Forderungen hinaus entwarfen die Bauernführer Reformpläne für das ganze Reich. Ihr Elan wurde von einer Entschlossenheit getrieben, zu der es kaum eine Parallele in der Geschichte Deutschlands gibt. Die Bauern zweifelten nicht im mindesten an ihrem bevorstehenden Triumph.

Die Obrigkeiten blieben nicht lange passiv. Der Schwäbische Bund, eine 1488 gegründete Landfriedensorganisation süddeutscher Stände, warb mit beträchtlichen Vorschüssen, die er von den Fuggern erhalten hatte, Tausende von den Landsknechten an, die nach dem Sieg des Kaisers über die Franzosen in Italien entlassen und nach Deutschland gekommen waren. Der Feldhauptmann des Bundesheeres, Georg Truchseß von Waldburg, der ›Bauernjörg‹, besiegte am 4. April 1525 bei Leipheim in der ersten Schlacht des Bauernkrieges die Baltringer Aufrührer. Die Verluste der Bündischen waren nicht der Rede wert, dagegen wurden tausend Bauern getötet und viertausend gefangengenommen. Damit setzte die militärische Katastrophe der Bauernrevolution ein. Den erfahrenen Söldnern des Bundesheeres, ihrer Ausrüstung, Bewaffnung und Reiterei waren die Bauern nicht gewachsen.

Luther reagierte zunächst so, wie es die Bauern erwarten mußten; er versuchte zu beruhigen, zu vermitteln. Am 19. April 1525 veröffentlichte er seine ›Ermahnung zum Frieden auf die Zwölf Artikel der Bauerschaft in Schwaben‹. Luther entwickelte darin den Rebellen eindringlich, daß sie ihre Forderungen keineswegs mit den Worten des Evangeliums untermauern könnten, wie sie es taten. Die realen Nöte des täglichen Bauerndaseins interessierten den Reformator kaum – mit einem gewissen Recht, denn die rebellierenden Bauern und Bürger empörten sich nicht vornehmlich wegen eines unerträglichen sozialen Notstandes, sondern aus politischen Gründen: Sie wollten ihre Position, entsprechend der gesellschaftlich-ökonomischen Wirklichkeit, politisch respektiert sehen. Trotzdem klafften erschreckende Abgründe zwischen den Klagen des gemeinen Mannes und seinem Wunsch nach größerer Freiheit und der Antwort, die Luther darauf gab: Auch ein Leibeigener könne Christ sein und christliche Freiheit besitzen, genauso wie jeder Gefangene im Kerker ein Christ sein könne, obgleich er alles andere als frei sei und vielleicht in Ketten liege. Das Reich dieser Welt sei nun einmal von Gott so eingerichtet worden, daß Ungleichheit bestehe. Deshalb werde es immer Menschen geben, die frei seien, und andere, die gefangen seien; es werde und müsse immer Untertanen geben.

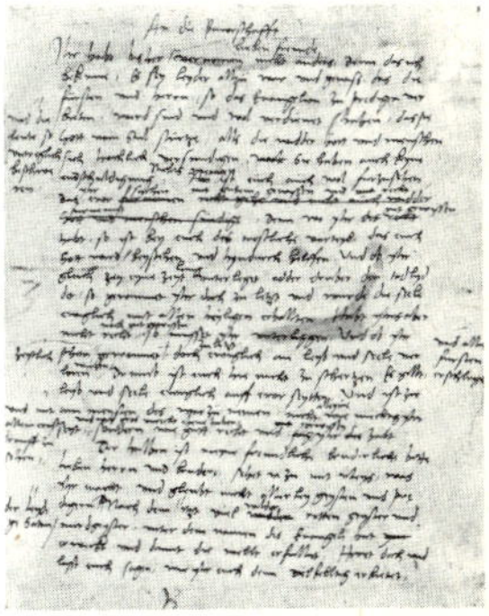

Martin Luthers ›Ermahnung zum Frieden ...‹ Eine Seite des Manuskripts von 1525

Bis Anfang Mai 1525 war Luther im thüringischen Aufstandsgebiet unterwegs. Die Eindrücke verstörten ihn, er verlor seine Nachsicht und Mäßigung. Am 5. Mai veröffentlichte er seine zweite Schrift gegen die Bauern, ein vor Haß schäumendes Pamphlet, die Geschichte der Deutschen kennt kaum eine unglückseligere Kampfschrift: ›Wider die mörderischen und räuberischen Rotten der Bauern‹. Keiner der angegriffenen, bedrohten und vertriebenen Fürsten hätte hemmungsloser gegen die Aufständischen schreiben können, die »rauben und toben und tun wie die rasenden Hunde«, als dieser Mann Gottes und Reformator Luther, der selbst noch wenige Jahre zuvor nach Gewalt geschrien und gefragt hatte, warum »wir (den Papst und die Päpstlichen) nicht mit allen Waffen angreifen und unsere Hände in ihrem Blut waschen«? Jetzt aber forderte Luther, der Rebell gegen die kirchliche Obrigkeit der irdischen Welt, die Fürsten dazu auf, sich mit allen Mitteln, die sie besäßen, zu wehren. Denn das und nur dies stehe der weltlichen Obrigkeit jetzt zu: Sie »hat das gute Recht, sintemal die Bauern nun nicht mehr um das Evangelium fechten, sondern sind öffentlich worden treulose, meineidige, ungehorsame, aufrührerische Mörder, Räuber, Gotteslästerer, welche auch (die) heidnische Obrigkeit zu strafen Recht und Macht hat, ja dazu schuldig ist. Drum soll hie zuschmeißen, würgen und stechen heimlich und öffentlich, wer da kann, und gedenken, daß nichts giftiger, schädlicher, teuflischer sein kann, denn ein aufrührerischer Mensch, gleich als wenn man einen tollen Hund totschlagen muß; schlägst du nicht, so schlägt er dich und ein ganzes Land mit dir. Drum, liebe Herren, loset hie, rettet hie, helfet hie, erbarmet euch der armen Leute, steche, schlage, würge hie, wer kann. Bleibst du drüber tot, wohl dir, seligeren Tod kannst du nimmermehr überkommen. Denn du stirbst im Gehorsam göttlichen Worts und Befehls (Röm. 13,4) und im Dienst der Liebe.«

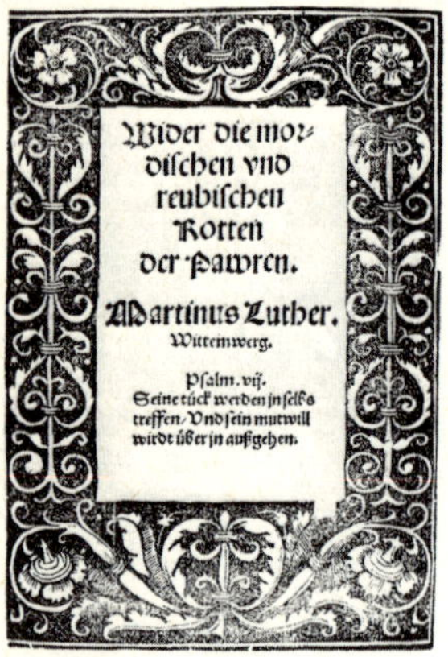

Martin Luthers Kampfansage
an die radikalen Bauern
Titelholzschnitt seiner 1525
in Wittenberg
erschienenen Schrift

Im Dienst dieser Liebe stachen, schlugen, würgten die Herren und metzelten die Bauernhaufen nieder. Besonders energisch ging Landgraf Philipp von Hessen gegen die Aufrührer vor. Am 18. April eroberte er Hersfeld. Fünf Tage später vertrieb er die Bauern aus Fulda. Die Fürsten hatten nicht erst die Empfehlung Luthers abgewartet. Im Grunde war die Bauernrevolution in Deutschland schon zusammengebrochen, als Luthers zweite Schrift erschien. Die größte und entscheidende Schlacht verloren die Rebellen am 15. Mai. Sie hatten damals fast ganz Thüringen in ihrer Gewalt. Landgraf Philipp konnte sich mit seinem Schwiegervater, Herzog Georg von Sachsen, über eine gemeinsame Militäraktion einigen. Die Hauptmacht der Thüringer Bauern, rund achttausend Mann unter Thomas Müntzer, befand sich in dem Städtchen Frankenhausen beim Kyffhäuser. Müntzer hatte versucht, auch die Bergleute zu mobilisieren, doch die Knappen lehnten ab. Sympathie war eine andere Sache als der Kampf auf Leben und Tod. Am 15. Mai begann die Schlacht. Die Bauern wurden von den Fußknechten und Reisigen in jämmerlichster Weise zusammengehauen. Sechstausend verloren das Leben, wenig mehr als tausend konnten fliehen, sechshundert gerieten in Gefangenschaft, darunter Müntzer. Ende Juli befanden sich sämtliche Zentren der Bauernrevolution wieder in fürstlicher Hand. Zu einem letzten großen Aufstand kam es im Frühjahr 1526 im Salzburger Raum, an dessen Spitze sich Michael Gaismair stellte. Gaismair hatte schon im Mai 1525 den Tiroler Bauernaufstand geführt, war nach dessen Zusammenbruch in die Schweiz geflohen, hatte in Zürich mit Zwingli einen Feldzugsplan gegen Habsburg entworfen und Anfang 1526 in Graubünden die ›Tiroler Landesordnung‹ niedergeschrieben: die Verfassung einer radikal-demokratischen Bauernrepublik, bei der das Vorbild der Schweizer Eidgenossenschaft Pate stand und die das konsequenteste und zugleich modernste Ordnungskonzept der deutschen Bauernrevolution wurde. In der ersten Junihälfte war der Kampf in Tirol aussichtslos geworden. Gaismair floh auf venezianisches Gebiet.

Daß die Brutalität der Fürsten durch Luther angestachelt worden wäre, trifft nicht zu. Für ihre Verbitterung hatten schon weit früher die kaum zu zählenden, niedergebrannten Burgen und Klöster gesorgt. Entscheidend wurde der Trennungsstrich, den Luther in krassester Form gegenüber der irdisch-politischen Sphäre gezogen hatte. Doch so deutlich diese Markierung auch war, so wenig theologisch-moralische Schlüssigkeit enthielt sie. Luther konnte sich au fond nicht darauf berufen, daß seine Lehre und seine Kritik an der Kirche nur die Aktivität eines Glaubensreformers sei und nicht diejenige eines Politikers. Er hatte die weltliche Obrigkeit der römischen Kirche von der Basis des Evangeliums aus angegriffen und von dieser Plattform aus ihre Vernichtung gefordert und betrieben. Das Umstürzende dieses Unterfangens bestand darin, daß es sich dabei zugleich um einen eminent politischen Akt gehandelt hat. Seit den Fastenpredigten jedoch, die er am 9. März 1522 begonnen hatte, zog er sich vor der bestehenden politischen Macht in die Reserve zurück. Endgültig präjudizierte er 1523 seine Haltung gegenüber aufrührerischer Gewalt in der Schrift ›Von weltlicher Obrigkeit, wie weit man ihr Gehorsam schuldig sei‹.

Wenn Luther schon die Radikalität der Waffen grundsätzlich verdammte, dann erst recht diejenige, die sich gegen jene Fürsten richtete, auf deren Unterstützung er samt seiner reformatorischen Bewegung angewiesen war. Aufruhr gegen die Herren? Dazu hatte er niemals geraten und gepredigt wie Thomas Müntzer, der anfangs zu seinen klügsten und agilsten Mitkämpfern zählte. Müntzer war ein begnadeter Prediger und wohl der leidenschaftlichste Gottsucher in jenen Jahren. Erst als seit 1524 Müntzer sich zu einem ›neuen Johannes‹ entwickelte und seinen Gottesstaat mit einer radikal-sozialen Ordnung zu verwirklichen suchte, begann Luther mit seinen vehementen Angriffen gegen den ›Satan von Allstedt‹. Müntzer blieb nichts schuldig. Am berühmtesten wurde seine Philippika ›Hochverursachte Schutzrede und Antwort wider das geistlose, sanftlebende Fleisch zu Wittenberg‹, die im Herbst 1524 in Nürnberg gedruckt wurde. Müntzer warf darin Luther, dem ›Vater Leisetritt‹, nichts weniger vor, als daß er, der Urheber der Reformation, die neue Bewegung aus Bequemlichkeit selbst verraten und dadurch die ganze Christenheit mit einem falschen Glauben in die Irre geführt habe. Theologisch nahm er dabei besonders Luthers Rechtfertigungslehre aufs Korn, da sie die bestehenden Verhältnisse, die Stellung der Fürsten genauso sanktioniere wie die Not des »gemeinen Mannes«. Das jedoch widerspreche dem Gesetz Christi. Luthers Argumentation lief letzten Endes darauf hinaus, daß Gott dem Menschen die Obrigkeit als ›Zuchtrute‹ gegeben habe. Der wahre Gläubige müsse das als gottgewollt hinnehmen, ja ein Christ besitze gewissermaßen ein Recht darauf, durch die irdischen Gewalthaber schlecht behandelt zu werden, ein Recht auf Ungerechtigkeit und Leid. Müntzer hingegen zog ganz andere Folgerungen aus dem Evangelium; er stellte fest: »Sieh zu, die Grundsuppe des Wuchers, der Dieberei und Räuberei sind unsere Herren und Fürsten. Die Herren machen das selber, daß ihnen der arme Mann zum Feind wird. Die Ursache des Aufruhrs wollen sie nicht wegtun; wie kann es deshalb auf die Länge hin gut werden? So ich das sage, muß ich aufrührerisch sein. Wohl hin!»

Auch als Müntzer nach vielen Tagen der Folter am 27. Mai 1525 vor den Mauern der Stadt Frankenhausen hingerichtet wurde, empfand Luther kein Bedauern. Alle Einwände gegen die Hemmungslosigkeit seiner Bauernschrift, die ihm selbst von den Lutheranern verübelt wurde, wies er energisch zurück. Luther stand zu seiner Meinung. Er ließ nach dem Tod Müntzers erneut eine Abrechnung mit seinem meistgehaßten Gegner drucken: »Der heiße Aufrührer, der die Obrigkeit und das Recht nicht leiden will, sondern greift sie an und streite wider sie und will sie unterdrücken und selbst Herr sein und Recht stellen, wie es der Müntzer tat.« Diese Obrigkeit aber, die fürstliche genauso wie die städtische, benötigte Luther zur Durchführung seiner Reformation; wie sie dabei ver-

»Wer Gottes Wort nicht will hören mit Güte, der muß den Henker hören mit der Schärfe.« – Martin Luther über die Bauern nach dem Zusammenbruch ihrer Revolution

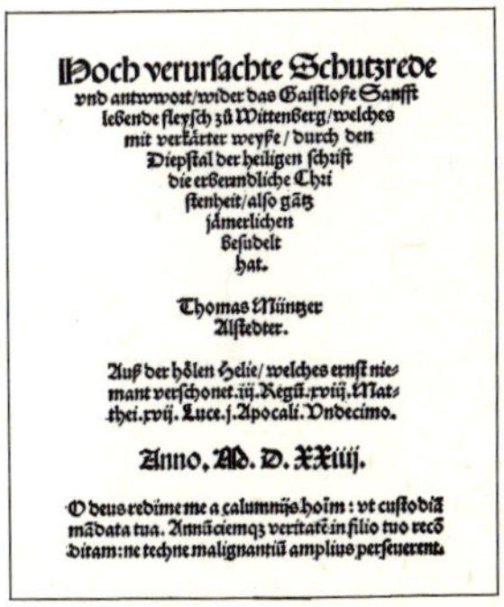

Hoch verursachte Schutzrede
vnd antwwort/wider das Gaistlose Sanfft
lebende fleysch zů Wittenberg/welches
mit verkärter weyse/durch den
Diepstal der heiligen schrift
die erbermdliche Chri
stenheit/also gãtz
jämerlichen
besudelt
hat.

Thomas Müntzer
Alstedter.

Auß der hölen Helie/welches ernst nie-
mant verschonet.iij.Regũ.xviij.Mat-
thei.xvij.Luce.j.Apocali.Vndecimo.

Anno.M.D.XXiiij.

O deus redime me a calumnijs hoim: vt custodiã
mãdata tua. Annũciemqȝ veritatẽ in filio tuo recõ
ditam: ne techne malignantiũ amplius perseuerent.

Thomas Müntzers Pamphlet gegen Martin Luther und dessen Fürstenbrief
Titelseite der 1524 im Nürnberger Raum gedruckten Programmschrift

fuhr, das mußte sie allein entscheiden. Dem »gemeinen Mann« dagegen, dem Volk, wie es sich in den aufbegehrenden Bauern zu Wort gemeldet hatte, stand gar nichts zu. Auf die Bauern, die doch zu denselben Christen zählten wie Luther, münzte er damals den Bibelspruch: »Dem Esel gehört Futter, Last und Geißel.«

Verinnerung der Rebellion

Im Jahr 1525 enthüllten sowohl Luther als auch Müntzer den ganzen Abgrund, der zwischen Glaubensfreiheit und weltlich-politischer Autorität lag. Die Tragödie der Bauernrevolution, dieses machtvollsten Versuches nicht nur der deutschen, sondern auch der europäischen Geschichte, Glaubensreform, Sozialumsturz und Neuordnung miteinander zu verschmelzen, wurde zu einer leidvollen Paraphrase der lutherischen Reformation. Die Lage der Bauern in den folgenden Jahren und Jahrzehnten gestaltete sich zwar keineswegs so trostlos, wie lange Zeit vermutet und behauptet worden ist, doch das änderte nichts an der Tatsache des Fehlschlags. Ihr Manifest, die ›Zwölf Artikel‹, diente nach dem Zusammenbruch der Revolution auch den Fürsten als Orientierungsprogramm für die Beschwerden und Mißstände. Die Schrift wurde auf dem Reichstag in Speyer 1526 beraten, sie lieferte die Basis für die Arbeit einer Kommission, die aufgrund einer kaiserlichen Proposition den Ursachen der Bauernrevolution nachgehen sollte, um einer Wiederholung vorzubeugen. Am 18. August legte der ›Große Ausschuß‹ seinen Bericht vor. Ein erheblicher Teil der bäuerlichen Forderungen wurde als berechtigt anerkannt, und es wurde empfohlen, »daß sich eine jede Obrigkeit davor hüten sollte, ihre Untertanen unbillig zu belästigen«. Die Herren sollten sich deshalb um alle Sorgen und Wünsche kümmern, den Kleinzehnt künftig nur noch dort erheben, wo er schon lange Brauch gewesen war, die Lasten nicht mehr willkürlich vergrößern und die Leibeigenschaft nirgends neu einführen. Die Frondienste sollten während der Erntezeit nur in der unbedingt notwendigen Form beansprucht werden, die Gemeinden sollten die enteigneten Wälder, Weiden und Äcker zurückerhalten. Den Herren wurde nahegelegt, ihr Verhältnis zu den Untertanen so zu regeln, daß sie es mit ihrem »Gewissen«, mit dem »göttlichen und natürlichen Recht« und mit der »Billigkeit« vereinbaren konnten.

Bauernmahl
Stich von Daniel Hopfer, vor 1536

Eine große Zahl von Reichsstädten beließ es nach dem militärischen Sieg der Fürsten bei den Erleichterungen, die sie während der Revolution gemäß den ›Zwölf Artikeln‹ den Bauern zugestanden hatten. In Memmingen war während des Aufstandes die Leibeigenschaft aufgehoben und den Bauern freie Jagd und Fischerei zugestanden worden. Dabei blieb es auch nach 1525. Ähnliche Beispiele sind aktenkundig aus Nürnberg, Zürich und Basel. Mit dem Zusammenbruch der Revolution war der Bauernschaft als Ganzes keineswegs auch moralisch das Genick gebrochen, sie übte sich nicht in Demutshaltungen. Im Bereich des Schwäbischen Bundes weigerten sich die Bauern in zahlreichen Herrschaften mit ruhiger, aber unerschütterlicher Entschiedenheit, Abgaben, Steuern und Dienstleistungen zu entrichten. Der Schwäbische Bund hatte überdies selbst seinen Mitgliedern geraten, sorgfältig die auf Versöhnlichkeit gestimmten Richtlinien der Reichstagsempfehlungen von 1526 zu beachten. Auch Georg Truchseß von Waldburg forderte im Frühling 1526 von seinen Untertanen eine Zusammenstellung aller ihrer Beschwerden und Sorgen. Die

Schrift, die er dann von den Bauern erhielt, war nichts weiter als eine kaum verschleierte Variante der ›Zwölf Artikel‹. Solche Beispiele sind als Korrektur der eingewurzelten Schlußfolgerung zu werten, daß die militärische Niederlage der Bauern eine völlige Entmündigung des Standes nach sich gezogen habe. Die gescheiterte Bauernrevolution wurde nicht durch eine völlige Entrechtung der Bauern besiegelt. Dazu waren einerseits die Bauern zu selbstbewußt und störrisch, andererseits die Herren zu klug. Viele Ziele der Aufrührer wurden im 16. Jahrhundert auf leisen Sohlen erreicht.

Historische Vergleiche können niemals etwas beweisen, sondern immer nur Sachverhalte kolorieren: Die Lage der deutschen Bauern nach 1526 enthält manches, das sich nach dem gescheiterten Aufstand der Ungarn 1956 wiederfindet. Militärisch wurden die ungarischen Rebellen niedergewalzt, doch ein Gutteil ihrer Kritik wurde durch die Entwicklung in den folgenden Jahren rücksichtsvoll und bewußt gegenstandslos gemacht.

Hätte die religiöse Spaltung und der Fortgang der politischen Zerstückelung des Reiches in Kleinstaaten verhindert werden können, wenn die Bauernrevolution erfolgreich gewesen wäre? Hätte sich das Reich nach einer Neuordnung seiner Struktur zum modernsten Staat Europas entwickelt? Derartigen Wertungsurteilen fehlt bei der deutschen Bauernrevolution genauso die Basis wie beim Dreißigjährigen Krieg. Derartige Eruptionen veranlassen tiefe Wunden und Narben, von denen die Eigenart der Geschichte eines Volkes weit mehr abhängt als von seinen vermeintlichen Triumphen. Je größer eine Katastrophe ist, desto unzuträglicher sind summarische Abschätzungen. Die Kurzformel, daß durch das Ende der Bauernrevolution der politische Wille der Deutschen zerschlagen worden sei – so wie im Dreißigjährigen Krieg die Form ihres staatlichen Verbunds – ist zu undifferenziert. Zweifellos bewirkten sowohl Luther als auch der Sieg der Fürsten über die Bauern eine enorme Stärkung der ständischen Gewalten. Doch aus dem Erfolg oder Mißerfolg von Revolutionen lassen sich keine Einsichten ableiten über die Eigenschaften und Befähigungen eines Volkes.

Die Bauernrevolution war als Gesamtphänomen Ausdruck einer Krisen- und Umbruchssituation des inneren Widerstreits der Epoche. Deshalb wird nur ein Oberflächenaspekt berücksichtigt, wenn man ihr Scheitern allein auf die militärische Unterlegenheit der Bauern zurückführt. Diese Revolution konnte im Grunde genommen schon wegen der inhaltlichen Modernität ihres gesellschafts- und staatspolitischen Konzepts nicht erfolgreich sein. So wurde der Mißerfolg der deutschen Bauernrevolution die Voraussetzung für den Erfolg der Französischen Revolution – bei aller Fragwürdigkeit ihrer Ergebnisse. Zu unterstreichen ist ferner das enge Verhältnis, in dem sich nicht nur die Bauernrevolution und Luthers Reformation befinden, sondern vor allem die Konsequenzen, die zu beiden Bewegungen gehören. Die Energien der Deutschen, die im ersten Viertel des 16. Jahrhunderts nach politischem Ausdruck im Öffentlichen drängten, wurden durch das Scheitern der Bauernrevolution nicht im Kern geschwächt, sondern nach innen gelenkt; sie wurden interiorisiert, unterlagen also demselben Prozeß, der für die Glaubensbewegung Luthers charakteristisch ist. Durch diese doppelt bedingte Richtungsänderung begann ein Mobilisierungsprozeß derjenigen Anlagen, die als eigentümlich für die geistig-kulturelle Situation Deutschlands im 16. und 17. Jahrhundert gelten. Der Humanismus wurde zwar bei den Deutschen durch die Reformation gewaltsam verändert,

Buchdruckerzeichen des Baseler Verlegers und Humanisten-Freundes Johannes Froben Gemälde von Hans Holbein d. J.

nicht jedoch vollständig abgebrochen. Der Impetus der philologischen Gelehrsamkeit setzte sich fort in den vielen Neugründungen der protestantischen Universitäten und ebenso in den katholisch-gegenreformatorischen Bezirken.

Aus der Glaubenslehre Luthers folgt, daß Religion vor allem eine betont innerliche Angelegenheit und Erfahrung ist, freilich keine der Vernunft. Diese Konsequenz wurde verdichtet durch die Vielzahl derjenigen, die sich jetzt erneut der großen Mystiker erinnerten. Von der Individualisierung des Glaubens und des religiösen Verhaltens der Reformations- und Gegenreformationsepoche leiteten sich im 18. Jahrhundert die wesentlichen Ideen der deutschen Aufklärung ab, nicht zuletzt die Ideen der Humanität und der Toleranz, ebenso schließlich die Zentralvorstellungen der pädagogischen Entwürfe und im 19. Jahrhundert so gut wie alles, was am deutschen Liberalismus Substanz besaß. Im philosophischen Raum wurde Jakob Böhme um die Wende vom 16. zum 17. Jahrhundert der stärkste Vermittler zwischen dem Belangvollen der Reformation und dem deutschen Idealismus bis hin zu Hegel. Böhmes Theosophie ist ohne die Mystik Meister Eckarts genausowenig zu denken wie ohne Luther. Nach Böhme begann ein Säkularisierungsprozeß seiner Ideen, aus dem sich von Leibniz bis zur deutschen Romantik alles Essentielle entwickelte, das als spezifisch für die deutsche Philosophie zwischen dem 17. und 19. Jahrhundert gilt.

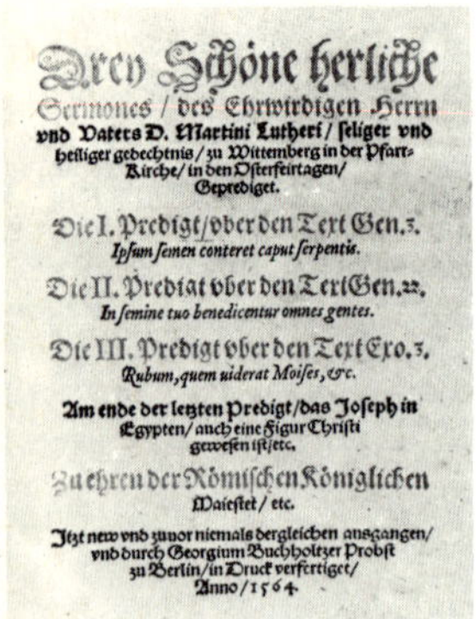
Drey Schöne herliche Sermones / des Ehrwirdigen Herrn vnd Vaters D. Martini Lutheri / seliger vnd heiliger gedechtnis / zu Wittemberg in der Pfarr-Kirche / in den Osterfeirtagen / Geprediget.

Die I. Predigt / vber den Text Gen. 3.
Ipsum semen conteret caput serpentis.

Die II. Predigt vber den Text Gen. 22.
In semine tuo benedicentur omnes gentes.

Die III. Predigt vber den Text Exo. 3.
Rubum, quem uiderat Moises, &c.

Am ende der letzten Predigt / das Joseph in Egypten / auch eine Figur Christi gewesen ist / etc.

Zu ehren der Römischen Königlichen Maiestet / etc.

Jtzt new vnd zuuor niemals dergleichen ausgangen / vnd durch Georgium Buchholtzer Probst zu Berlin / in Druck verfertiget / Anno / 1564.

Der erste Druck
von Luther-Predigten
im kurbrandenburgischen
Raum
Titelblatt einer 1564
in Berlin
erschienenen Auswahlschrift

Schließlich ergab sich aus dem umfänglichen Prozeß der Interiorisierung, in den die Reformation mündete, der dem Scheitern der Bauernrevolution folgte und der zusätzlich durch den Calvinismus geprägt wurde, eine intensive Belebung jener Tugenden, die unterscheidend für ›das Preußische‹ wurden, viele Jahrzehnte lang auch mit dem Anspruch auf Repräsentanz für Deutsches schlechthin: Zurückhaltung, Opferbereitschaft, Unbestechlichkeit, Hingabe, Wahrhaftigkeit, Treue, Tapferkeit. Die Innenseite des Preußentums als eines Phänomens jenseits der politisch-militärischen Welt war pietistischer Artung; seine Feldausrüstung jedoch entstammte gewissermaßen dem Gegenbereich, der lutherischen Orthodoxie. Deutscher Protestantismus und reformierter Glaube standen weithin als Merkzeichen unserer Geschichte. Die gescheiterte Bauernrevolution, zumal mit jenem Ertrag, der sich nicht durch absprechende Vokabeln umreißen läßt, gehört mit demselben Recht dazu. In unserer Gegenwart wird die Bauernrevolution offiziell von den Deutschen östlich der Elbe stolz und respektvoll hervorgehoben – und dieser Umstand ist bemerkenswerter als die Stichhaltigkeit der Begründung.

»Der Bauernkrieg ist der
Angelpunkt der deutschen
Geschichte.« –
Friedrich Engels

Der Schrei nach Reform

Am 6. Juli 1415 wurde in Konstanz am Bodensee der fünfundvierzigjährige böhmische Magister Johannes Hus an einen starken Pfahl gebunden. Rings um ihn wurde ein Scheiterhaufen nach allen Regeln zeitgenössischer Henkerskunst aufgetürmt, bis zum Hals. Fast die ganze Bevölkerung der Stadt drängte zur Richtstätte. Bevor der Henker die Fackel an den Holzstoß hielt, trippelte ein altes Weiblein herbei und legte noch ein Scheit hinzu. »O sancta simplicitas, o heilige Einfalt!«, seufzte Hus. Dann züngelten die Flammen hoch. Johannes Hus begann lateinische Hymnen zu singen, laut und kräftig, bis seine Stimme unterging im Prasseln des Holzes, im Rauch und in den Flammen. Der Bericht in dieser Form ist sicherlich legendär. Aber er ist charakteristisch für die blinde Wut der heiligen Einfalt, bezeichnend auch für das Ausmaß der Kräfte und Gegenkräfte, die damals im Bezirk des christlichen Glaubens aufeinanderprallten. Hus starb als Ketzer, von der Kirche ausgestoßen und verdammt. König Sigismund hatte zwar sein Wort verpfändet, daß Hus sicheres Geleit zu dem Konzil in Konstanz erhalte, doch einem verurteilten Ketzer gegenüber brauchte er sich an Zusagen nicht gebunden zu fühlen. Dabei hatte Hus nichts anderes gewollt, als die wahre christliche Lehre zu verkünden, die Kirche zu reformieren. Und er wurde das Opfer von Theologen und Kirchenfürsten, die ihrerseits ebenfalls nichts anderes beabsichtigten als eine Reform der Kirche und des Glaubens.

Johannes Hus
auf dem Scheiterhaufen
am 6. Juli 1415
und das Verstreuen
seiner Asche
Holzschnitt in der
Wiener Chronik des
Konstanzer Konzils
von Ulrich Richenthal, 1482

Der Schrei nach Reform hallte seit Beginn des 14. Jahrhunderts durch ganz Europa und ertönte stets von neuem. Zum ersten Mal hatte 1311 der Bischof von Mende auf dem Konzil von Vienne in einem Gutachten dringend empfohlen, alles, was nötig sei, an der Kirche »zu verbessern und an Haupt und Gliedern zu reformieren«. Um diese »allgemeine Reformation der Kirche Gottes an Haupt und Gliedern« ging es auch gut hundert Jahre später in Konstanz, als hier das größte Konzil in der Geschichte der Kirche und zweifellos auch das wichtigste seit frühchristlicher Zeit stattfand. In Konstanz ging es um drei Hauptpunkte: Erstens sollte die Kirchenspaltung beendet werden, die seit vierzig Jahren bestand. Zweitens waren alle ketzerischen Irrlehren auszurotten. Drittens mußte eine Kirchenreform durchgeführt werden. Das erste gelang dem Konzil. Die Versammlung setzte die damals miteinander konkurrierenden drei Päpste ab und einigte sich wieder auf ein gemeinsames Oberhaupt der Kirche, auf Papst Martin V. In Punkt zwei gelang nur ein Teilerfolg: Die Irrlehren des englischen Reformators John Wiclif wurden verdammt, sein gefährlich rebellischer Schüler Johannes Hus zum Ketzer erklärt und verbrannt. Mit dieser Aktion hatte die Kirche zwar das häretische Lehrgut verurteilt, sie hatte es aber nicht ausgerottet. Der letzte Hauptpunkt, die Reform der Kirche, wurde nicht bewältigt, man vertagte das Problem, schob es auf die lange Bank, dorthin, wo sich wichtige Dinge nie von selbst erledigen. Am Ende dieser Bank der überfälligen Reform saß Martin Luther.

Die vielfältige Kritik an der Kirche und ihrer Veräußerlichung wurde zu Anfang des 15. Jahrhunderts noch verschärft durch ein neues Freiheitsstreben, das sich gegen die überlieferten Bindungen und dogmatischen Fesseln richtete, deren gottgewollte Natur bestritten oder zumindest in Frage gestellt und nicht mehr ohne weiteres akzeptiert wurde. Das stimmte noch weithin zusammen mit den Forderungen der verschiedensten sozialen oder häretischen Bewegungen, denen sämtlich ein charakteristisches Moment der Auflehnung und insofern revolutionäre Tendenzen gemeinsam waren. Dieser oppositionelle Geist wurde jedoch auch von dem tief religiösen Bemühen geprägt, ein Christentum entsprechend den Idealen der christlichen Urgemeinde zu verwirklichen. Das traf schon auf den Heiligen Franziskus und die große Armutsbewegung des 13. Jahrhunderts zu. Das galt für die sozial-religiösen Aufstände im ausgehenden 14. Jahrhundert in England, bei denen sich die christlichen Reform-, Gleichheits- und Freiheitsansprüche in dem Schlagwort verdichteten: »Als Adam grub und Eva spann, wer war denn da der Edelmann?« Und das galt schließlich auch für die großen Bauernaufstände, von der Jacquerie in Frankreich 1358 über die Bundschuh-Bewegung bis zur großen deutschen Bauernrevolution.

Die Kirchenkritik und das erbitterte Drängen nach Glaubensreform ist in den Jahrhunderten vor Luther stets eine Angelegenheit besonders markanter Persönlichkeiten gewesen. Sie alle, von der großen Mystikerin Brigitta von Schweden eingangs des 14. Jahrhunderts bis zu dem Dominikaner Savonarola in Florenz, waren Ahnen, Vorläufer, Lehrer Martin Luthers. Trotzdem regten sich in dem jungen Augustinereremiten Martinus zunächst nur Zweifel und Fragen, die ihn selbst und sonst niemanden betrafen, die ihn quälten, umhertrieben, peinigten. Scheinbar ganz private Fragen, bei denen es um sein Seelenheil ging und die offenbar nichts zu tun hatten mit all dem, was sich seit bald zweihundert Jahren als Sprengstoff des Glaubens in der Kirche angesammelt hatte.

Martin Luther als Mönch
Stich von Lucas Cranach d. Ä., 1520

Da stand Martinus Luther im Jahr 1510 auf dem Petersplatz in Rom, siebenundzwanzig Jahre alt. Seit fünf Jahren war er Mönch, von ungewöhnlicher Härte gegen sich selbst, radikal in der Kasteiung. Das änderte sich auch nicht durch die Eindrücke in Rom, dieser unermeßlich reichen Stadt, reich an Kunst und weltlichen Schätzen, an Lebensfreude und Verführungen. Vier Wochen verbrachte er in Rom. Er unterzog sich mehrmals der Generalbeichte, suchte Sündenvergebung und Fegefeuererlaß für sich und seine Verwandten, rutschte auf den Knien die Scala Santa, die heilige Treppe am Lateran, empor und war schließlich aufgewühlt von dem Entsetzen über den Zustand der römischen Kirche und ihrer Priester, einen Zustand der Verwilderung, des Verfalls, der Schande. Das brannte sich Luther ein, das konnte er nicht vergessen. Damals hielt er sich mit den Urteilen noch völlig zurück, erst ein Jahrzehnt später und dann vor allem in seinen ausschweifenden ›Tischreden‹ verdammte er Rom als die große ›Hure Babylon‹ und den Papst als ›Antichrist‹, wütete gegen »diese Kardinäle, diese Päpste und diese ganze Meute des römischen Sodom«.

»Die Buben wissen, daß das Papsttum nicht Gottes Kirche ist.« – Martin Luther über die katholischen Bischöfe in seinen ›Tischreden‹

Über die Ewige Stadt empörte sich Luther besonders deshalb, weil seine eigene radikale Frömmigkeit in stärkstem Kontrast zu der schrankenlosen Lebenslust in der Residenz der Päpste stand, die doch die Stellvertreter Christi auf Erden zu sein hatten. Für Luther ging es damals um eine einzige Frage, und sie wurde für ihn zunehmend brennender: Wie muß das Leben eines wahrhaft Gläubigen beschaffen sein, damit er Gnade vor Gott findet? Wie kann der Einzelne mit seiner ganzen Sündhaftigkeit und Schuld vor der unermeßlichen Größe und Heiligkeit des Herrn bestehen? Wie also bekomme ich einen gnädigen Gott?

Erasmus von Rotterdam
Gemälde von
Hans Holbein d. J., 1523

Ängste eines Augustiners

Aus Luther brach hier die verzweifelte Stimme der einsamen Seele hervor, die sich an die Sünde verloren weiß und nach der Erlösung vom Leid und der Gnade Gottes zittert. Das war jedoch nicht die Stimme eines akademischen Reformpredigers oder geschulten Kanzelredners und schon gar nicht die gepflegte Stimme des größten Humanisten Erasmus von Rotterdam, der ebenfalls nichts für so dringlich hielt wie eine Reform der Kirche. Allerdings kritisierte dieser religiöse Moralist lediglich die Veräußerlichung der Papstkirche, ohne daß er sie prinzipiell in Frage stellte. Luther dagegen stand auf einem anderen Fundament. Er bildete in seiner ausweglos scheinenden Verzweiflung eine lebendige Verkörperung der verlassenen Seele selbst. Durch ihn wurde noch einmal die ›Freiheit eines Christenmenschen‹ sichtbar und der elementar einleuchtende Widersinn, daß auf diesem grenzenlosen Feld der Freiheit nichts anderes herrscht als Gottes Wille und Entscheidung, der Ratschluß des Allmächtigen, dem sich der Gläubige beugen muß, gleichgültig, ob er ihn als Weisheit ansieht oder als Willkür. Der freie Wille steht nicht dem Menschen zu, sondern Gott allein. Das war für Luther die Essenz des christlichen Erdendaseins. Aus dieser augustinisch geprägten Frömmigkeit heraus bekämpfte er zeitlebens jede Dominanz der Vernunft. In den ›Tischreden‹ versicherte er: »Die Vernunft ist der Eitelkeit unterworfen, wie alle anderen Kreaturen Gottes, nämlich dem Narrenwerk; aber der Glaube sondert ab die Eitelkeit vom Wesen.« Luther stattete den Glauben also mit einer Differenzierungskraft aus, die selbst der Vernunft überlegen ist – und er zielte dabei durchaus auf die neuzeitliche Vernunft ab, jene des Erasmus, der anhebenden Moderne. Dagegen nun stand seine elementare Frömmigkeit; sie entstammte keineswegs dem Raum des Mittelalters, sie war vielmehr urchristlicher Abkunft, oder vermeinte es zu sein. Bei dieser Frömmigkeit Luthers handelte es sich um ein bedingungsloses Vertrauen zu Gott: Glaube, wie ihn Luther erfahren hatte und unentwegt davon predigte, Glaube ist Wagnis. Sein ganzer Sinn wäre dahin, wenn es für ihn eine objektive Garantie gäbe, womöglich nachweisbar mit Vernunftsschlüssen. Hier lebte erneut das »Credo, quia absurdum« des Kirchenvaters Quintus Tertullian aus dem 2. nachchristlichen Jahrhundert auf: »Ich glaube, daß Gottes Sohn gestorben ist, weil es widersinnig ist.« Das Abweisen der Vernunft, das Hervorheben des Wagnisses lassen erkennen, inwiefern Luthers Glaubenslehre eine Theologie der Gnade ist. Sämtliche Bestimmungsstücke dieses Aufrisses sind bezogen auf den einzelnen Menschen: Die Sündenerfahrung ist persönlich, der Glaube ist zutiefst persönlich und ebenso die dem Einzelnen gewährte Gnade; dazu gehört schließlich auch ein ganz persönlicher Gott, der da richtet und im Gericht dem Einzelnen – vielleicht – gnädig ist.

Tief in den Befangenheiten von Zeiten, die dem Elementaren verhaftet sind, ankert diese Gläubigkeit Luthers; sie ist an das Konkrete ebenso untrennbar gebunden wie an das Unbeirrbare des Mythischen. Unter diesem Gesichtspunkt allein darf Luthers Frömmigkeit als mittelalterlich bezeichnet werden. Zu seiner Jenseits- und Gerichtserwartung, zu seiner Eschatologie gehört auch seine Dämonologie. Gott besaß für ihn dieselbe Realität wie der Teufel, dem er – wie die Überlieferung nicht objektiv, wohl aber wesensmäßig richtig festhält – auf der Wartburg das Tintenfaß an den Kopf warf. So wie er an Gott und Teufel glaubte, so glaubte er auch an Zauberer und Hexen, an Dämonen, Kobolde und Wassermänner. In den Horizont dieser Art Glaubensrealität, die symptomatisch ist für die religiösen Erschütterungen und Leidenschaften jener Umbruchsjahrhunderte, gehörte auch der zeitgenössische Hexenwahn, eins der abstrusesten geschichtlichen Phänomene. Ohne die Voraussetzung des massiven Realismus christlicher Gläubigkeit und der Gewißheit, mit der das Volk seit alters von der Existenz guter und böser Geister, Dämonen, Feen und Hexen überzeugt war, lassen sich weder der Wahn noch seine Steigerungen begreifen. Immerhin wurde noch von Papst Paul VI. im Jahr 1972 die persönliche Existenz des Teufels ausdrücklich bestätigt. Darin liegt Konsequenz; denn würde man umgekehrt schließen, dann entfiele mit der Leugnung einer persönlichen Existenz dieses abtrünnigen, gefallenen und vom Erzengel Michael in den tiefsten Abgrund gestürzten Engels auch die Existenz eines persönlichen Gottes. Tho-

Kampf der Rechtgläubigen gegen das ›Teufelspack‹ der Glaubensfeinde
Gemälde vom Meister der Barbara-Legende, um 1475

mas von Aquin, größter Kirchenlehrer des Mittelalters und oberste Lehrautorität des Christentums, hatte das Dasein der Engel genauso lebhaft, detailliert und überzeugend beschrieben wie die wirkliche Existenz des Teufels samt den mit ihm paktierenden Hexen.

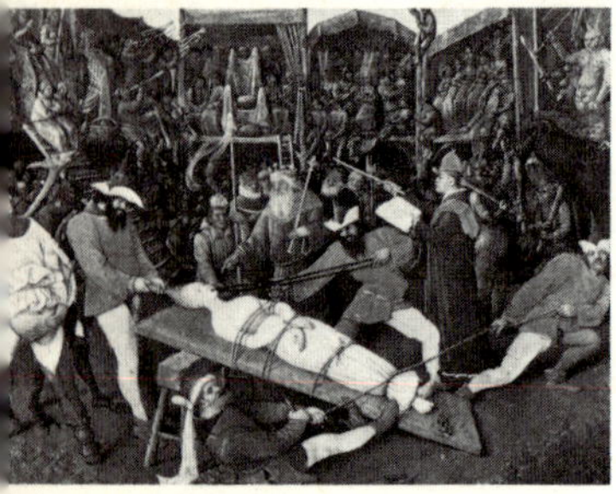

Folterungen im Zeichen des Hexenwahns
Aus einer Miniatur von Jean Fouquet in dem Werk ›Les Heures d'Etienne Chavalier‹, um 1460

Das gut entwickelte System des Hexenglaubens mit seinen präzisen Angaben, Daten und Katalogen von Unglücksfällen, die auf das Treiben der Hexen zurückgingen, kam im 15. und 16. Jahrhundert in Bewegung; es wurde zu dem fast überall in Europa aufflammenden Hexenwahn hochgetrieben. Charakteristisch dafür war die Unfähigkeit, zwischen den Symptomen des weltlichen Elends und seinen Ursachen zu trennen. Deshalb wurden die Hexen für schuldig erklärt, daß Gott die Menschen auf der Erde mit soviel Elend und Kummer bestrafte. Die Gläubigen und die Theologen glaubten an die Körperlichkeit des Teufels und seiner Hexen, der ›Teufelshuren‹, Luther genauso wie Calvin oder ihre katholischen Gegner. Des Reformators Lied »Und wenn die Welt voll Teufel wär!« bezog seine Kraft aus diesem Glauben. Und daß solche Unholde getötet werden mußten, stand schon im Alten Testament, im zweiten Buch Moses: »Eine Zauberin sollst du nicht leben lassen.« Seinen Höhepunkt erreichte der Hexenwahn in der zweiten Hälfte des 16. Jahrhunderts. Zwischen 1480 und 1780 sollen in Europa sowie in Neuengland, der ersten Kolonie der aus England in Nordamerika eingewanderten ›Pilgerväter‹, nach der höchsten Schätzung etwa neun Millionen Menschen als Hexen verbrannt worden sein; realistischere Vermutungen beziffern die Opfer seit dem Mittelalter auf eine Million. Neunzig Prozent der Opfer waren Frauen.

Die nicht zu enträtselnden Tiefenschichten gehörten genauso zum Volksglauben der damaligen Zeit wie zur Gläubigkeit der katholischen Kirche und der neuen Glaubenslehre Luthers. Aus der unbändigen Leidenschaftlichkeit und dem tiefen Ernst, von denen sie getragen wurden, entwickelte sich bei Luther nach dem ersten Aufbegehren rasch und in dichter Folge seine schroffe Kritik an der Kirche, an ihrer traditionellen Textauslegung des Neuen Testaments, an der bestehenden Kirchenverfassung und an dem allgemeinen religiösen Leben. In dem zermürbenden Kampf mit den eigenen Zweifeln und Anfechtungen entdeckte Luther das persönliche Gewissen als etwas Absolutes. Hier lag die ganze Brisanz seiner Predigten und Schriften. Er verwarf mit Vehemenz die Lehrautorität der Kirche und setzte an ihre Stelle die persönliche Einsicht, die Fassungskraft des Einzelnen: Jeder von uns, sagt Luther, kann Gottes Wort verstehen, die Hilfe eigens bevollmächtigter und ausgebildeter Priester innerhalb einer Institution ist dazu nicht nötig.

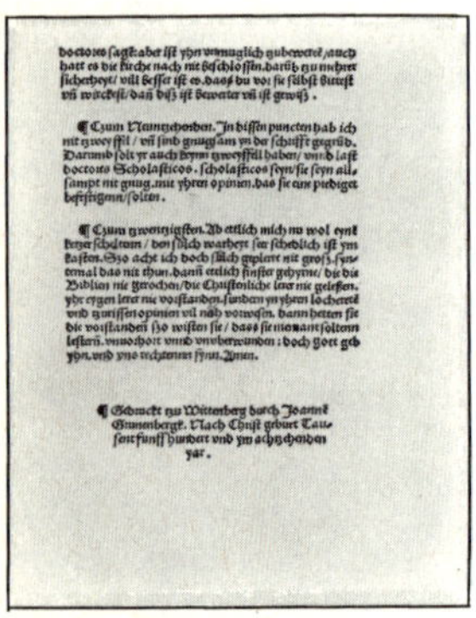

Martin Luthers Schrift ›Sermon von dem Ablaß und Gnade‹
Letzte Seite der 1518 in Wittenberg erschienenen Publikation

Luthers direkter Protest begann mit einer heftigen Predigt im Oktober 1516 gegen die damals übliche Praxis der Sündenvergebung, speziell gegen den Ablaßhandel. Sie wurde zum Vorspiel der ›Fünfundneunzig Thesen‹ über ›Buße und Ablaß‹ vom 31. Oktober 1517, zum Auftakt des größten und folgenschwersten Angriffs gegen die römische Kirche, den die Weltgeschichte kennt. Luther sah sich gezwungen, seine Thesen nochmals ausführlich zu erläutern. Im Januar 1518 veröffentlichte er den gemeinverständlichen ›Sermon von dem Ablaß und Gnade‹. Der Franziskaner Friedrich Myconius, einer der vertrautesten Gefährten Luthers, berichtete, daß die hundertfachen Abschriften und Nachdrucke »in vier Wochen schier die ganze Christenheit durchlaufen hatten, als wären die Engel selbst Botenläufer und trügen's vor aller Menschen Augen. Es glaubt kein Mensch, welches Gerede davon wurde.« Luther war es dabei gar nicht so sehr um die allgemein verbreitete Empörung über den öffentlichen Ablaßhandel zu tun als vielmehr um den Protest gegen die Wechselseitigkeit von irdischer Leistung und jenseitigem Lohn. Durch diesen Protest zerschlug der Reformator das kirchliche Recht auf Binde- und Lösegewalt und stellte die gesamte katholische Interpretation des christlichen Parallelogramms von Mensch und Welt, Kirche und Gott in Frage.

Damit waren die Würfel gefallen, denn inzwischen war in Rom Anzeige erstattet worden. Der Prozeß gegen Luther lief an. Doch in Sachsen stellte sich Kurfürst Friedrich der Weise hinter Luther. Papst Leo X., der in dem Kurfürsten seinen damals im Reich zuverlässigsten politischen Verbündeten sah, behandelte die Angelegenheit zunächst so, als existiere sie nicht. Die Dominikaner, in erster Linie ihr Ordensbruder Johann Tetzel, dessen Ablaßpraktiken für Luther zum Anlaß seiner fünfundneunzig Thesen geworden waren, blieben jedoch nicht still. Auch der schärfste Disputant der Kirche in Deutschland, Johannes Eck, griff Luther an. Die Kontroverse führte zu der Leipziger Disputation von 1519, auf der Luther von Eck zu dem Eingeständnis gezwungen wurde, daß er den gesamten organisatorischen Bau der bestehenden Kirche ablehne und den päpstlichen Primat bestreite. Der endgültige Bruch mit Rom kündigte sich bereits an. Daraus entwickelte sich in unerbittlicher Folgerichtigkeit der Riesenkampf um die Autorität des Statthalters Christi, die Sakramente, den Status der Priester, die geistliche Gewalt und die Kirchenordnung.

»Ich verachte die Wut der Römer wie ihre Gunst; ich will mich in Ewigkeit nicht mehr mit ihnen aussöhnen noch Gemeinschaft mit ihnen haben.« – Martin Luther an den Humanisten Georg Spalatin am 11. Juni 1520

Die Antwort aus Rom kam rasch, denn Karl V. war im Juni 1519 zum Kaiser gewählt worden. Der Papst hatte es nun nicht mehr nötig, um das Wohlwollen des sächsischen Kurfürsten zu werben. Der kanonische Prozeß gegen Luther wurde wieder aufgenommen. Die Kirche verdammte 1520 einundvierzig Lehrsätze Luthers. Der Papst drohte ihm in der Bulle ›Exsurge Domine‹ den Bann an, falls er sich nicht binnen sechzig Tagen zum Widerruf entschließe. Luther unternahm, entgegen früheren Versicherungen, einen Ausgleichsversuch; er schrieb einen Brief an Leo X., sandte ihn mit der Widmungsschrift ›Von der Freiheit eines Christenmenschen‹ nach Rom, gab aber in der Sache keinen Buchstaben nach. Seine letzte Antwort bildete zwar einen symbolischen Akt, doch es handelte sich darüber hinaus um eine Herausforderung der ganzen offiziellen Christenheit: Luther verbrannte am 10. Dezember 1520 vor dem Elstertor in Wittenberg einen Plakatdruck der päpstlichen Bulle und eine Reihe kanonischer Schriften. Eine riesige Menge sah dabei zu. Damit war der Bruch perfekt. Am 3. Januar 1521 wurde über Luther der Kirchenbann verhängt: durch die Bulle ›Decet Romanum Pontificem‹.

Bulla contra errores Martini Lutheri ꝛ sequacium.

Päpstliche Banndrohung gegen Martin Luther und seine Anhänger vom 15. Juni 1520 Titelseite des Vatikan-Druckes

Was half jetzt seine Überlegung: »Hätte ich gewußt, da ich anfing zu schreiben, was ich jetzt erfahren und gesehen habe, nämlich daß die Leute Gottes Wort so feind wären und sich so heftig dawider setzten, so hätte ich fürwahr stille geschwiegen; denn ich wäre nimmermehr so kühn gewesen, daß ich den Papst und schier alle Menschen angegriffen und sie erzürnt. Ich meinte, sie sündigten nur aus Unwissenheit und menschlichen Gebrechen und unterständen sich nicht, Gottes Wort vorsätzlich zu unterdrücken. Aber Gott hat mich hinan geführt wie einen Gaul, dem die Augen geblendet sind, daß er die nicht sehe, die auf ihn zurennen.« Dieses »auf ihn zurennen« wurde zur größten Glaubensschlacht seit Bestehen der Kirche. Ihre Auswirkungen ließen kaum etwas in Europa unberührt.

Seit dem päpstlichen Bann stand Luther mit dem Rücken zur Wand. Damals so gut wie ein Jahrhundert zuvor wurde mit dem Kirchenbann eine Entscheidung über Leben und Tod gefällt. Luther hatte keine andere Wahl als aufzugeben oder sich mit denjenigen Kräften zu verbünden und sich ihrer zu bedienen, die schon seit 1517 alle seine Appelle, Streitschriften, Aktionen unterstützt oder sie wenigstens mit Beifall begrüßt hatten. In jenen Jahren war ganz Deutschland von einer Antipathie gegen die römische Kirche erfüllt, die hart an Aufruhr grenzte. Darauf mußte Luther setzen, und er war sicher, daß ihm kein Fehlschluß unterlief. Schon seit längerem bemühte sich Papst Leo X. darum, die christlichen Staaten Europas für einen Kreuzzug gegen die Türken zu mobilisieren. Der osmanische Druck nahm im adriatischen Balkangebiet zu. Außerdem ging der Vormarsch des Sultans in Nordafrika so komplikationslos vor sich, daß er bald die gesamte Mittelmeerküste im Besitz haben mußte.

Die römischen Sendboten sprachen in allen Hauptstädten vor. Von Deutschland erwartete der Papst, daß drei Jahre lang jeder Geistliche den Zehnten entrichtete, jeder »vermögliche« Laie doppelt soviel, und daß aus dem Volk jeder fünfzigste Mann als Aufgebot gestellt würde. Kaiser Maximilian I., der dieses Türkenprojekt seit Jahren mit größtem Interesse und vorbehaltloser Billigung unterstützte, berief den Reichstag nach Augsburg. Am 5. August 1518 entwickelte der päpstliche Kardinal-Legat Jacob Cajetan das Verlangen Roms. Aber die Reichsstände reagierten ablehnend, ja sie antworteten mit Gegenforderungen und steigerten sie bis zu rabiatesten Anklagen. Sie häuften Vorwurf auf Vorwurf, griffen die gesamte Finanzpolitik der römischen Kurie an, wetterten gegen die Forcierungen ihrer Besteuerungspraxis durch beständiges Höherschrauben der Annaten, Palliengelder und sonstigen Abgaben, deren Überzahl und Sprenkelung sich kaum noch übersehen ließ. Sie empörten sich über die schandbaren Praktiken bei der Besetzung der kirchlichen Stellen, attackierten die kuriale Verwaltungspraxis und brandmarkten die hohen Gebühren und die Willkür, die bei den kirchlichen Prozessen zur Regel geworden waren.

Papst Leo X.
Holzschnitt-Porträt auf der ersten Textseite der Banndrohungsschrift gegen Martin Luther vom 15. Juni 1520

Die Reichsstände beantworteten das Ansinnen des Papstes mit einer lückenlosen Zusammenstellung und Aufgliederung all dieser Beschwerden. Ihr Katalog der ›Gravamina der deutschen Nation‹ von 1518 näherte sich bereits der Zahl von einhundert gewissenhaft erläuterten Mißständen und bildete den Gipfel der deutschen Kritik an der römischen Kurie seit dem Konstanzer Reformkonzil. Kaiser Maximilian und der päpstliche Legat waren von der offenen Feindseligkeit der Reichsstände zutiefst betroffen. Ein Teilnehmer an den Augsburger Beratungen stellte fest, daß es in der Geschichte Deutschlands noch nie eine Petition gegeben habe, in der päpstliche Forderungen mit solcher Kühnheit zurückgewiesen worden seien.

Luther, der zur gleichen Zeit in Augsburg mit Kardinal Cajetan zusammentraf und hier erstmals direkt von der römischen Kurie zu seinen Thesen vernommen wurde, hatten die Beschwerden der Reichsstände und das erbitterte Ungestüm, mit dem sie beraten und vorgetragen wurden, überaus hellhörig gemacht. Die Gründe ihres gewaltigen Zorns waren zwar recht verschieden von den Motiven seiner eigenen Kritik an Rom, aber in der Praxis liefen die Forderungen weitgehend auf dieselben Maßnahmen hinaus, vor allem deckte sich die antirömische Richtung. Das Potential des reichsständischen Unmuts mußte Luthers eigene Stellung beträchtlich festigen. Die Begeisterung, die seine Kritik überall in Deutschland entfacht hatte, zählte nicht mehr lediglich als Beweis für die Unruhe, sondern bildete ein weitertreibendes Moment der Kritik.

Nach dem Augsburger Reichstag verwandelte Luther die ›Gravamina der deutschen Nation‹ in ein Werkzeug für seine eigenen Anklagen. Das literarische Ergebnis verbreitete er 1520 als großes Sendschreiben ›An den Christlichen Adel deutscher Nation von des christlichen Standes Besserung‹. Dieser kirchenpolitische Traktat war radikaler auf die praktisch-politische Lage in Deutschland ausgerichtet als jede andere Schrift Luthers. Der Reformator warf sich hier mit größtem Elan in die Woge des antirömischen Affekts und des deutschen Nationalgefühls. Er ließ sich von ihr fortreißen und erhob dadurch seine eigene Glaubenssache zu einem Thema der reichsständischen Öffentlichkeit. Auf diese Weise wurden Luthers Ideen aus der privaten, persönlichen Verankerung gelöst und damit unweigerlich mit anderen Akzenten versehen. Luther hielt sich in dieser Publikation nicht nur an die Linie und Thematik der ständischen Beschwerden, sondern profilierte und verschärfte das Grundsätzliche. Mit dieser reformatorischen Hauptschrift Luthers wurde im deutschen Reich ein Feldzeichen der Unversöhnlichkeit aufgepflanzt.

Wiederum entzündeten Luthers Reformappelle und ihre Vehemenz ein Feuer enthusiastischer Zustimmung bei den Deutschen. Jetzt ging es Luther um Zeugnisse dafür, daß sein langer Kampf um das persönliche Seelenheil dieselbe Grundlage hatte wie der leidenschaftliche religiöse Protest von vielen Tausenden, der mit dem allgemeinen Protest im Reich gegen die römische Kirche zusammenfiel. Verantwortlich war Luther nur für den einen Vektor, nicht aber für den überraschenden Zusammenfluß so vieler und so unterschiedlicher Bestrebungen und Erwartungen, verantwortlich war er auch dafür, daß sich das Gesamtgeschehen zu einer nationalen Revolte fortentwickelte, deren Gewalt bald alles über den Haufen warf, was noch kurz zuvor für eine irdische Ewigkeit gebaut zu sein schien. Die Glaubensqual eines Einsamen und Einzelnen war zu einer Sache der Nation geworden.

Worms 1521

Ein päpstlicher Bannspruch bedeutete nicht nur Exkommunikation, völligen Ausschluß aus der Kirche, sondern zog seit dem Jahr 1220 auch die Reichsacht nach sich. Dem Kirchenbann mußte zwangsläufig die kaiserliche Achterklärung folgen. Sobald sie verhängt war, mußte Luther als rechtlos gelten; jeder im Reich würde die Pflicht haben, ihn zu verfolgen, zu verhaften und auszuliefern oder ihn zu töten, denn wer ihm Unterkunft und Speisung gewährte, mußte selbst der Acht verfallen. Noch war es nicht so weit. Kaiser Karl V. zitierte den Reformator 1521 vor den Reichstag nach Worms. Luther wußte, was dort von ihm erwartet und verlangt wurde. Er bekam noch einmal Gelegenheit für einen Widerruf, durch den er sich vor der Reichsacht hätte retten können. Obwohl Luther entschlossen war, nichts zu widerrufen und zurückzunehmen, reiste er nach Worms. Das war ein ähnlich riskanter Entschluß wie derjenige von Johannes Hus, der sich auf die kaiserliche Zusage des freien Geleits verlassen hatte und dieses Vertrauen mit dem Leben bezahlen mußte.

»Der größte Augenblick in der neueren Geschichte der Menschheit.« – Thomas Carlyle über Luthers Auftreten vor dem Reichstag in Worms

Das Schauspiel in Worms am 17. und 18. April 1521 wurde später zurecht

Legende und Geschichte: Luther auf dem Reichstag zu Worms vor Kaiser Karl V. am 17. April 1521
Aus einem Historienbild des 19. Jahrhunderts

mit allen Zügen eines säkularen Ereignisses ausgestattet, koloriert und dekoriert, mit symbolischen Zügen wie mit stilisiert-legendären. In solchen Schilderungen wird Luther in feierlicher Begleitung vor den Kaiser und die Stände geführt, die Straßen sind brechend voll, er muß auf Seitenwegen zum Sitzungssaal, wird durch eine Seitentür hinaufgebracht, geht durch das Spalier der sympathisierenden Ritter, hört das respektvoll-teilnehmende Wort Georg von Frundsbergs, des hochgerühmten Landsknechtsführers: »Mönchlein, Mönchlein, du gehest einen schweren Gang!« und legt schließlich sein großes Bekenntnis ab: »Widerrufen kann und will ich nichts, da gegen das Gewissen zu handeln weder ungefährlich noch ehrenhaft ist. Gott helf mir. Amen.« Dann der erregte Zuruf des kirchlichen Offizials: »Laß dein Gewissen fahren, Martin!« Doch Luthers Wort ist kaum gesprochen, da fliegt es hinaus ins Land, unübertrefflich abgewandelt in die schlagende Kurzformel für die Unerschütterlichkeit des Reformators: »Hier stehe ich! Ich kann nicht anders. Gott helfe mir. Amen.«

Der junge Kaiser hatte lange und ruhig zugehört. Nun aber verließ er ungeduldig den Saal, als wäre ihm erst jetzt die Erkenntnis gekommen, daß er sich mit diesem widerspenstigen Mönch bereits über Gebühr abgegeben hatte. Am darauffolgenden Tag erklärte der Kaiser vor der Versammlung: »Nachdem wir gestern die Rede Luthers hier gehört haben, sage ich Euch: ... Ich werde ihn nie wieder hören; er habe sein Geleit; aber ich werde ihn fortan als notorischen Ketzer betrachten und hoffe, daß Ihr als gute Christen gleichfalls das Eure tut.« Am 26. Mai unterschrieb Karl V. das Wormser Edikt, das der päpstliche Legat Hieronymus Aleander entworfen hatte und mit dem über Luther die Reichsacht verhängt wurde. Da die meisten Stände den Reichstag schon verlassen hatten, lehnte es der Reichskanzler ab, das Edikt gegenzuzeichnen. Die Verfügung wurde auch nicht in den Reichsabschied aufgenommen. Gleichwohl besaß das Edikt absolute Verbindlichkeit für alle Stände des deutschen Reiches.

Luther hatte expressis verbis einen Tag nach der Verbrennung der päpstlichen Bulle am 11. Dezember 1520 in Wittenberg verkündet: Wer die päpstlichen Dogmen nicht zurückweise und verurteile, könne nicht die ewige Seligkeit erlangen. So kam es zu übersteigerten Schlußfolgerungen aus der augustinischen Weltbewertung – die Erde als relativ belangloses Durchgangsstadium auf dem Weg des Menschen zu Gott – und zu ihrer scharfen Anwendung in Luthers Gegenwart und unter ihren Bedingungen. Was in der römischen Kirche bis dahin stets zusammengehalten worden war und wofür auch das Kaisertum Karls V. mit seiner Universalmonarchie ein letztes Mal Repräsentanz beanspruchen durfte, spaltete Luther nunmehr auseinander. Hier der geistliche, ganz auf den privatisierten Menschen bezogene Bereich, dort der weltliche Bezirk, die politische Obrigkeit und Macht.

In der Begründung für diese Trennung drückt sich Fundamentales von Luthers Gläubigkeit und Glaubensreform aus. Sie verhinderte seine Parteinahme für die Bauernrevolution, sie ermöglichte ihm, stets nur von der geistlichen, geistigen, individuellen Seelenfreiheit des Menschen zu sprechen, nicht jedoch von der praktischen, politischen Freiheit. Trotzdem entkam er nicht irdischen Verwicklungen und Widersprüchen. Da er wie die anderen Reformer die Veräußerlichung der Kirche brandmarkte, forderte er die politischen Mächte heraus und war auf denjenigen Teil von ihnen angewiesen, die in seiner Reform das Politikum erkannten; deshalb die sensationelle Wirkung seines Traktats »An den christlichen Adel deutscher Nation« und deshalb auch die

Bedeutung des Reichstages von Worms 1521. Von 1517 bis zu diesem Datum erstreckte sich die Phase des Aufbruchs.

Mit der Reichsacht begann die revolutionäre Etappe der Reformation. Denn nunmehr erreichten die Reden und Schriften Luthers auch Hunderttausende von denjenigen, denen es um ein ganz anderes Heil ging als um dasjenige ihrer verschreckten kleinen Seelen. Was jetzt aufloderte, stand unter dem neuen Zeichen ›evangelisch‹, der Formel Luthers für seine Lehre, die er auf der Reise nach Worms entdeckt und geprägt hatte. Über die gewaltigen Ausmaße der öffentlichen Resonanz 1521 berichtete der päpstliche Nuntius verstört nach Rom: »Jetzt ist ganz Deutschland in hellem Aufruhr; neun Zehntel erheben das Feldgeschrei ›Luther!‹, und für das übrige Zehntel, falls ihm Luther gleichgültig ist, lautet die Losung wenigstens ›Tod dem römischen Hofe!‹, und jedermann verlangt und schreit nach einem Konzil auf deutschem Boden.«

Beide, der päpstliche Nuntius wie der gebannte Mönch, waren sich darüber klar, daß sich die Glaubenssache des Wittenbergers in beängstigender Schnelligkeit selbständig gemacht hatte, selbständiger, als es Luther gewollt hatte. Die Kämpfe um seine Seele hatten sich zu irdischen Kämpfen ausgewachsen. Die Anklagen des Bruders Martin hätten niemals ein solch ungeheures Echo gefunden, wenn es dabei nicht um neuralgische Punkte der Politik, der nationalen Leidenschaften gegangen wäre. Jeder fühlte sich davon berührt, herausgefordert. Luther rief es jedem einzelnen zu, bis hin zu den Fürsten und Herrschern: »Ich beschwöre dich, wenn du recht vom Evangelium denkst, glaube nur nicht, seine Sache könne ohne Lärmen, ohne Ärgernis und Aufruhr betrieben werden. Du wirst aus dem Schwert keine Feder, aus dem Krieg keinen Frieden machen. Das Wort Gottes ist Schwert, ist Krieg, ist Zerstörung, ist Ärgernis, ist Verderben.«

Hutten und Sickingen

Wie sollte man jedoch nach 1521 mit Sicherheit entscheiden, ob alle Ärgernis, alle Zerstörung, jeder Krieg, bei dem sich die Akteure auf den Namen Luthers und die Sache der Reformation beriefen, tatsächlich ein Ausdruck dessen war, was der Reformator mit dem »Wort Gottes« gemeint hatte? Diese Frage stellte sich auch für Luther selbst, denn bei allen Flugschriften, die er jetzt Zug um Zug in das Reich hinauswarf, handelte es sich um Fackeln des Aufruhrs, um schrille Mahnungen, nicht von den religiös-politischen Eigenrechten zu lassen, sie auf Biegen und Brechen festzuhalten und den Kampf um sie bis zum Sieg durchzustehen. Der wahre christliche Glaube, so lautete die Quintessenz, kann nur in einem Reich verwirklicht werden, das nicht unter der Botmäßigkeit Roms steht, das sich vom Papst befreit hat. Folglich mußte der neue Glaube in erster Linie ein christlich-deutscher Glaube sein. Das verkappte, schließlich aber überdeutliche »Gegen Rom!« verwandelte sich im öffentlichen Feld jählings ins anspruchsvoll politische »Los von Rom!«. Ulrich von Hutten war derjenige, der das früher gespürt hatte als jeder andere Zeitgenosse. Deshalb war er auch der erste, der dem Aufstand Luthers und der reformatorischen Bewegung weit mehr abgewinnen konnte als nur die ursprünglichen Absichten und Ziele des religiösen Aufbegehrens.

Satire auf das Papsttum: der Papst als wilder Mann
Radierung von Melchior Lorck auf einem reformatorischen Spottblatt, 1545

Am 12. Juli 1517 krönte Kaiser Maximilian in Augsburg den neunundzwanzigjährigen Reichsritter Ulrich von Hutten in einem Festakt zum ›Poeta laureatus‹. Die Tochter Konrad Peutingers, des großen Humanisten, kaiserlichen Rates und Leiters der Augsburger Stadtpolitik, setzte Hutten den Kranz aus apollinischem Lorbeer auf. Mit dieser seltenen Auszeichnung durch den Kaiser wurde ein Mann geehrt, der seit etlichen Jahren dem humanistischen Deutschland genauso ein Begriff war wie Rudolf Agricola, Jacob Wimpheling, Johann Trithemius, Conrad Celtis, Johannes Reuchlin, Erasmus von Rotterdam, Willibald Pirkheimer, Rufus Mutianus, Crotus Rubeanus oder Beatus Rhenanus. Als Gelehrter konnte sich Hutten in dieser Garde des humanistischen Deutschlands nur mühsam behaupten. Doch er übertraf sie alle mit seiner dichterischen Kraft, dem Enthusiasmus seines Engagements und dem Glanz seiner Rhetorik. Hutten war soeben von Studien aus Italien nach Deutschland zurückgekehrt. Sein Gönner Johannes Cochläus schrieb aus Bologna an Pirkheimer: »Ich ehre und liebe einen so großen Mann um seines Geistes, seines Studiums, seiner Gelehrsamkeit willen, weil er sein Volk und Vaterland liebt und verherrlicht.« Und Franziskus Irenikus plazierte Hutten sogar auf den obersten Rang vor allen anderen Humanisten-Dichtern in Deutschland.

Ulrich von Hutten
Holzschnitt von Erhard Schön

Hutten war nicht nur der jüngste, sondern auch der stürmischste, mitreißendste deutsche Humanist. Cochläus hatte in seinem Brief an Pirkheimer auch eine Warnung und Bitte ausgesprochen: Er befürchtete, daß Huttens »offene deutsche Art, wenn er sie nicht mäßigen lernt, ihm verderblich werde. Erasmus wird ihn zügeln, zügle auch Du ihn, wenn Du es vermagst, damit nicht durch der Barbaren Nachstellung unser gemeinsames deutsches Vaterland vor der Zeit einen solchen Geist verliere«. Doch weder Pirkheimer noch Erasmus waren Huttens Leidenschaftlichkeit gewachsen. So bedächtigte Naturen wie sie oder Cochläus, deren opulente Geistigkeit und charakterliche Behäbigkeit nie in Widerspruch mit ihrem Patriziertum geriet, konnten nicht erfassen, daß Hutten gar nicht versuchte, sich »mäßigen zu lernen«, sondern darauf bedacht war, seine Unfähigkeit zur Mäßigung nicht zu verlernen. Dem feuerwerksgleichen Temperament des jungen Mannes sind die berühmten ›Dunkelmännerbriefe‹ zu verdanken, die er zusammen mit Crotus Rubeanus verfaßt hat. Diese ›Epistolae obscurorum virorum‹ zählen zu den großartigsten Satiren der Weltliteratur und zu den bemerkenswertesten Dokumenten vorreformatorischer Kritik an der herrschenden Geistlichkeit.

Die ›Fünfundneunzig Thesen‹ Luthers und ihre anhaltende Diskussion erledigte Hutten 1518 noch als ›Mönchsgezänk‹ zwischen Augustinern und Dominikanern. Doch schon im Jahr darauf, als seine ›Türkenrede‹ an die deutschen Fürsten samt dem ›Brief an alle freien Deutschen‹ erschien, erkannte er plötzlich, daß die evangelische Bewegung von denselben oder zumindest gleichgearteten Kräften getrieben wurde, von denen auch seine eigenen Wünsche nach »Verwirklichung der (deutschen) Nation« lebten. Viele, und besonders die unerträglichsten Mißstände, die Luther jetzt offen bekämpfte, wurden seit Jahrzehnten auch von den Humanisten attackiert, allen voran durch Huttens besten Freund Erasmus, den die Welt nicht nur als König der Humanisten rühmte, sondern auch als Wortführer der Kritik an der Kirche und den herrschenden Mächten. Doch Huttens eigene Kritik übertraf in ihrer Wucht und Prägnanz selbst die Autorität eines Erasmus.

Für Hutten wurde von den Umtrieben des Wittenberger Mönches, der nur fünf Jahre älter war als er, allein der Kampf gegen Rom ausschlaggebend, denn in diesem Kampf befand er sich schon erheblich länger als Luther. Die antirömische Gemeinsamkeit zwischen ihnen war erheblich wichtiger als die Frage, ob religiöse Beweggründe oder politisch-nationale ihren Aktivitäten zugrunde lagen. Persönliche Beziehungen zwischen ihnen konnten sich wegen der Reserve Huttens gegenüber allen Glaubensproblemen nicht entwickeln. Innere Gemeinsamkeit verband sie nicht, gemeinsam war lediglich der römische Gegner, das Papsttum. Für Hutten gab es nicht einmal intellektuellen Zugang zu den religiösen Grunderlebnissen des Reformators. Er fühlte sich von seinen Erregungen nicht berührt, heuchelte aber auch nicht: »Ein Luthericus bin ich nicht, aber dem gottlosen Rom bin ich noch feindlicher gesinnt als Luther.« Von einer reformatorischen Begeisterung findet sich bei Hutten keine Spur. Sein Reformprogramm, für dessen Realisierung er ohne Bedenken sogar zu einem revolutionären Aufruhr bereit gewesen wäre, war ausschließlich politisch orientiert. Da Hutten für die deutsche Freiheit kämpfte und da er sie am stärksten durch Rom geknebelt sah, gab es zwischen ihm und dem Reformator nur Solidarität, solange es auch Luther für seine erste Pflicht hielt, gegen den Papst zu wettern und das Reich von der römischen Kette zu befreien. Wenige Jahre, zwischen 1520 und 1522, sahen die Deutschen in Hutten und seinem Freund Franz von Sickingen diejenige politische Macht verkörpert, die am bedingungslosesten für ihre Nationalwünsche kämpfte.

»Von Luther könnte ich vielleicht schweigen, von der Freiheit nicht.« – Ulrich von Hutten

Kaiser Maximilian war im Januar 1519 gestorben. Sechs Monate später, im Juni, wurde sein Enkel Karl V. zum Kaiser gewählt. Die Umstände der Wahl, die jahrelangen Vorkämpfe und die Versuche Frankreichs, Maximilians und Roms, die Kurfürsten mit allen Mitteln, besonders durch Subsidien, ›Handsalben‹, Bestechungsgelder, schon vor der Wahlprozedur auf einen Kandidaten festzulegen, erregten erhebliches Aufsehen und kritischen Unmut, besonders bei denjenigen Nachfahren, deren Ehrenkodex eine Funktion ihrer Unwissenheit oder ihres Pharisäertums darstellte. Unüblich an solchen Praktiken der Willensbildung war damals nur die Höhe, bis zu der die Summe für den Stimmenkauf getrieben wurde. Jakob Fugger, der größte Bankier und Handelsmann des Jahrhunderts und eines der bewunderungswürdigsten Finanzgenies aller Zeiten, streckte von den achthundertundfünfzigtausend Goldgulden, die für die Wahl Karls V. benötigt wurden, allein fünfhundertdreiundvierzigtausend vor. Mit seinem Entschluß, nicht den Hauptkonkurrenten Franz I. zu unterstützen, trug Jakob Fugger wesentlich dazu bei, den Habsburgern die Kaiserkrone zu sichern und der Idee des Reiches ihre Tradition zu wahren, ja ihr neue Kraft zuzuführen. Die Vorstellung jedoch, eine Kaiserkrone wäre nichts anderes gewesen als eine Sache, deren Besitz von der Höhe des Kaufpreises abhing, entspricht einer Optik, die von den Phänomenen der Geschichte lediglich dasjenige wahrzunehmen in der Lage ist, was sich auf Zahlen reduzieren läßt.

Jakob Fugger, der Reiche
Vorderseite einer Medaille, 1518

Hutten und seine Freunde verknüpften mit Karl V. ähnlich große Erwartungen wie Luther, der dessen Wahl freudig begrüßte: »Gott hat uns ein junges, edles Blut zum Haupt gegeben und damit viel Herzen zu großer, guter Hoffnung erweckt.« Karl war schließlich von den Fürsten gegen den nachhaltigsten Widerstand des Papstes und der Kirche gewählt worden. Und die meisten Deutschen rechneten fest damit, daß der junge, als tatkräftig gelobte Herrscher umgehend mit der schon so lange anstehenden Reichsreform beginnen würde: gegen die Landesfürsten, gegen den Einfluß der Kurie, für die Städte, die Stände, die Ritterschaft. Das wäre eine Erfüllung der Erwartungen des ganzen Volkes gewesen. Doch die Kurfürsten erhofften sich das Gegenteil davon.

Seit dem Augsburger Reichstag 1518 waren Hutten und Sickingen davon überzeugt, daß der Haß aller Reichsstände gegen Rom und der ungezügelte Territorialegoismus der Landesfürsten den Kaiser nicht nur die Dringlichkeit einer radikalen Reform in ihrem Sinn erkennen und beginnen, sondern sie notfalls auch mit Gewalt durchführen lassen würde. Beide rechneten fest mit der Unterstützung der Reichsritterschaft des Rheingebiets sowie Schwabens und Frankens, in der sich der reichsunmittelbare niedere Adel korporativ zusammengeschlossen hatte. Diese Bündigung war seit dem ›Ewigen Landfrieden‹ Kaiser Maximilians vom Wormser Reichstag 1495 rechtlich anerkannt. Ebenso hofften sie auf eine Parteinahme der Reichsstädte, die sich ähnlich benachteiligt und politisch unterlegen fühlten wie die Reichsritterschaft. Allerdings ignorierten sie bewußt, daß die meisten Ritter ihre Deklassierung selbst bis zur Heillosigkeit getrieben hatten, weil sie das ursprünglich relativ berechtigte Raubrittertum entarten ließen.

Franz von Sickingen
Radierung von
Hieronymus Hopfer

Hutten fuhr 1520 in die Niederlande, um den Bruder des Kaisers, Erzherzog Ferdinand, für seine Vorstellungen zu gewinnen. Die Umgebung Ferdinands verhinderte jedoch eine Audienz. Nach einigen Wochen wurde Hutten berichtet, daß die geistliche Gerichtsbarkeit gegen ihn ein Verfahren eingeleitet hätte. Tatsächlich existierte eine päpstliche Inquisitionsvollmacht, aufgrund derer er wegen Schädigung der Würde des apostolischen Stuhls verhaftet und vor Gericht gestellt werden sollte. Hutten brach den Aufenthalt in den Niederlanden ab und zog sich in die starke Festung Ebernburg zurück, die Sickingen gehörte und die als ›Herberge der Gerechtigkeit‹ allen Schutzsuchenden offenstand; auch Martin Bucer, neben Luther und Melanchthon der dritte große Reformator Deutschlands, fand 1521 auf der Ebernburg ein Asyl. Hutten, seit 1519 unentwegt agitatorisch im Reich unterwegs, hatte versucht, bei den Rittern und in den Städten eine junge Mannschaft zusammenzubringen. Seine und Sickingens Hoffnungen auf den Kaiser hielten sich bis zum Reichstag in Worms 1521. Nach der Verurteilung Luthers nahm Hutten von diesen Illusionen Abschied.

Erst jetzt wurde es ernst mit Huttens berühmt gewordenem deutschen Wahlspruch »Ich hab's gewagt!«, den er zum ersten Mal 1520 auf das Titelblatt einer Schrift hatte drucken lassen, in jenem Jahr, in dem Sickingen ihn dazu brachte, in Zukunft seine wichtigsten Flugschriften fast nur noch in deutscher Sprache zu publizieren. Ende Juni 1521 verfaßte Hutten sein Bekenntnislied, das ebenfalls das Motto trug »Ich hab's gewagt!«, und das man später als das einzige große deutsche Lied der weltlichen Dichtung zwischen Walther von der Vogelweide und Klopstock gerühmt hat. Nach Worms versuchte Hutten durch eine Flut agitatorisch-polemischer Flugschriften die Ritter und Städte für eine gemeinsame Aktion zu mobilisieren, vorgeblich zur Rettung und Verwirklichung der Reformation Luthers, tatsächlich jedoch, um die nationale Reichsreform auch gegen den Kaiser durchzuführen. Dieser Einigungsversuch scheiterte. Danach ging Hutten zu den direkten Aktionen über, auf die er sich festgelegt, die er als ritterliche Fehde angekündigt hatte. Er rief den ›Pfaffenkrieg‹ aus und versuchte päpstliche Gesandtschaften entlang des Rheins zu überfallen. Sickingen brachte seinen Freund mit nachsichtiger Energie von diesen Unternehmungen rasch wieder ab.

Die Weinsberger Burg bei Heilbronn nach der Beschießung im Jahr 1504
Zeichnung von Hans Baldung Grien in seinem Skizzenbuch

Die Belagerung von Hohenasperg, der Festung Herzog Ulrichs von Württemberg, durch Georg von Frundsberg, den Führer des Schwäbischen Bundes, im Mai 1519
Zeichnung von Albrecht Dürer, 1519

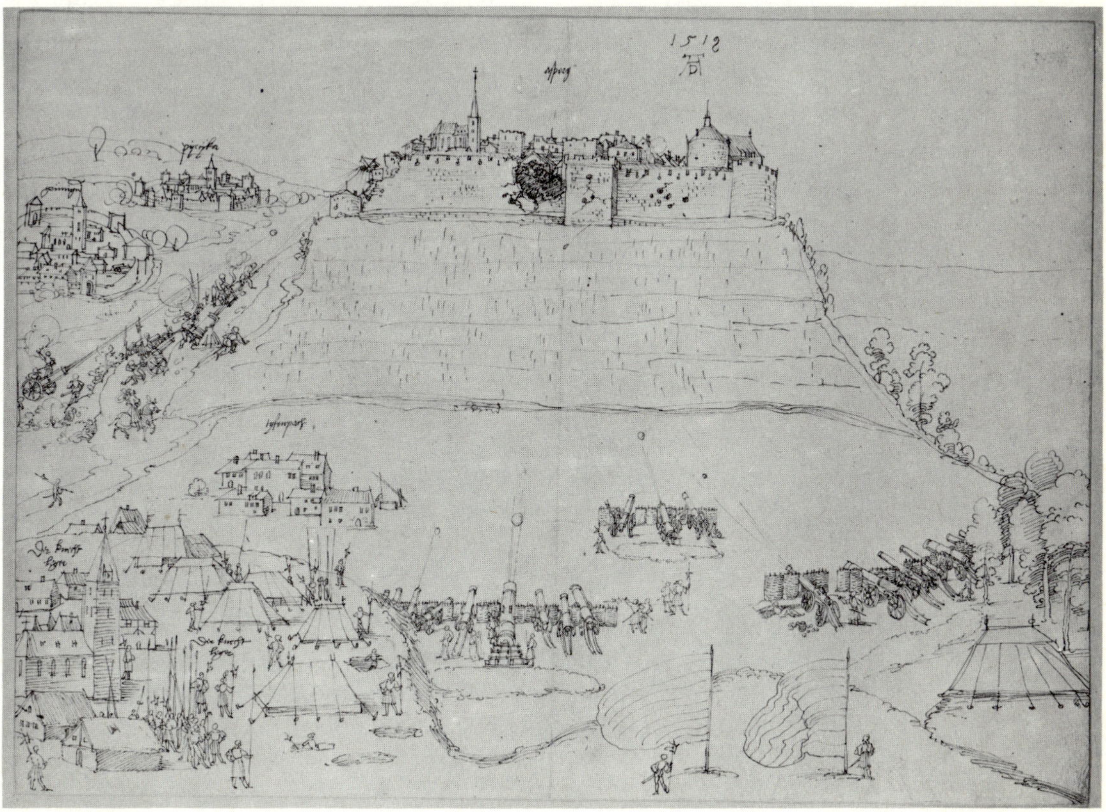

Das Augsburger Stadtregiment bei einer Sitzung
Hauptminiatur von Jörg Breu in dem ›Geheimen Ehrenbuch der Augsburger Zunftregierung‹, erste Hälfte des 16. Jahrhunderts

Schon seit den Zeiten Kaiser Maximilians wurde Franz von Sickingen als stärkster Reichsritter, erfolgreichster Kriegsherr, Schützer des alten Rechts und Hüter der wahren Reichsinteressen bewundert und respektiert. Er rechnete beharrlicher als Hutten damit, den Kaiser für ihr national-politisches Reformprogramm gewinnen zu können. Im Jahr 1521 ernannte ihn Karl V. zum kaiserlichen Rat, Kämmerer und Feldhauptmann. In seinem Dienst warb er auf eigene Rechnung ein Heer und fiel damit in Frankreich ein. Der Erfolg war trotz hoher Kosten nicht nennenswert. Im Mai 1522 war es auch mit Sickingens Geduld vorbei. Die Freunde entschlossen sich, ihren Umsturzplan, den sie 1520 entworfen hatten, endlich durchzuführen. Hutten bereitete das Unternehmen propagandistisch vor, und Sickingen lud im Sommer sechshundert Ritter aus dem oberrheinischen Gebiet nach Landau ein. Am 13. August verabschiedete die Versammlung den Bundesbrief einer ›Brüderlichen Vereinigung‹. Hauptzweck des Landauer Bundes war der Rechtsschutz der Bundesverwandten. Der nächste Schritt sollte darin bestehen, ein geistliches Kurfürstentum des Reiches zu überfallen, um damit den Zusammenbruch der Territorialfürstentümer auszulösen und so eine Reichsreform gewaltsam zu erzwingen.

Das geeignetste Angriffsobjekt war das benachbarte Kur-Trier. Am 27. August 1522 wurde dem Erzbischof die Fehde erklärt. Sickingen fiel in sein Gebiet ein, die Ritter begannen mit der Belagerung von Trier. Der Moment war nicht ungünstig, denn Luther hatte zur gleichen Zeit an die Herren des Reiches appelliert, sich endlich gegen den geistlichen Stand handfest durchzusetzen. Sickingen und Hutten schrieben deshalb auf ihr Panier die Worte ›Evangelium, Freiheit, Gerechtigkeit‹. Der Krieg gegen das ›Pfaffentum‹, den Hutten so lange literarisch ausgetragen hatte, erreichte sein heißes Stadium. Doch Sickingen wurde von den Reichsrittern nur mäßig unterstützt, auch seine Spekulation, daß sich die Bauern und Bürger seiner Erhebung anschließen würden, ging fehl. Der militärische Sturm auf Trier wurde von den Bischöflichen abgeschlagen.

Die Reichsfürsten, ob sie der Reformation zuneigten oder altkirchlich gesonnen waren, hielten sich nicht an den Aspekt der Glaubensreform, sondern sahen nur die Gefahr, die ihrer Oberhoheit als Territorialherren drohte. Das Reichsregiment in Nürnberg erklärte am 1. Oktober Franz von Sickingen als Landfriedensbrecher in die Acht. Der Erzbischof von Trier, Kurfürst Richard von Greiffenklau, sowie Landgraf Philipp von Hessen und Kurfürst Ludwig V. von der Pfalz verbündeten sich; ihr Interesse, mit der Aufsässigkeit des Adels in ihren Gebieten unwiderruflich Schluß zu machen, war weitaus größer als die Beschwernisse der reformatorischen Frage. Die Truppen erstürmten eine Ritterburg nach der anderen. Im Frühjahr 1523 zogen sie vor Landstuhl westlich von Kaiserslautern, die stärkste Festung Sickingens neben der Ebernburg, und begannen Ende April mit der Belagerung. Sickingen hatte keine Chancen. Die Mauern von Landstuhl waren zu schwach, um den Kanonen der Fürsten zu widerstehen. Alle Türme und Brustwehren wurden solange bombardiert, bis sich Landstuhl in eine rauchende Ruine verwandelt hatte. Am 7. Mai wurde sie von den Bischöflichen gestürmt. Sickingen war während der Kanonade tödlich verwundet worden und starb am Tag der Kapitulation. Die Raubzüge der schwäbisch-fränkischen Ritter wurden durch ein Heer des Schwäbischen Bundes, an dessen Spitze wiederum Georg Truchseß von Waldburg stand, radikal unterbunden. Der Feldhauptmann ließ dreißig ihrer Burgen schleifen und niederbrennen.

Die Belagerung
der Festung Landstuhl,
der Burg Franz von Sickingens,
durch die Truppen
der Bischöflichen
im Mai 1523
Stich, 1619

»Sehen und erkennen sollen künftige Jahrhunderte, was für Menschen diejenigen gewesen sind, die sich wider Ehrbarkeit, Gesetz und Recht, Treue und Frömmigkeit, mit Frevel und Verwegenheit gesetzt haben.« – Ulrich von Hutten über die deutschen Fürsten in seinem letzten Traktat vom 21. Juli 1523

Das deutsche Strafrechtsbuch von 1533
Titelseite der in Mainz erschienenen Gerichtsordnung Karls V. von 1532

Die Katastrophe Sickingens wurde zur Katastrophe der gesamten Reichsritterschaft, sie wurde auch zur Grundlage für den Ausbau der landesfürstlichen Macht. Hutten, der im Herbst 1522 zum Reinigungseid nach Nürnberg befohlen wurde, war in die Schweiz geflüchtet. Hier erfuhr er vom Tod Sickingens und dem Ende der Ritterkriege. In der Schweiz hatte Hutten zunächst seinen früheren Freund und Gönner Erasmus aufgesucht und ihn um Hilfe gebeten. Die Situation war peinlich, denn Hutten hatte den Humanisten-König wegen seiner Reserve gegenüber Luther schon öffentlich als Feigling beschimpft. Erasmus sah jetzt die Gelegenheit für eine passende Antwort: Sein Ofen sei nicht in der Lage, Huttens schlotterndes Gebein ausreichend zu wärmen. Hutten quittierte das mit einer bösartigen Satire. Über die Publikation dieser ›Expostulatio‹ war Erasmus so aufgebracht, daß er Hutten durch den Magistrat aus der Stadt verjagen ließ. Zwingli, einer der humansten Glaubensreformer, verhalf Hutten schließlich zu einem Asyl auf der Insel Ufenau im Zürichsee. Hier starb er am 29. August 1523. Seine Nachkommen ließen 1959 das Grab öffnen, um die Gebeine umzubetten. Bei dieser Zeremonie sprachen sowohl ein Pater von den Benediktinern als auch ein protestantischer Pfarrer Gebete.

Eine entscheidende Rolle spielte während der Ritterkriege und in diesen Jahren der Karenz das Reichsregiment in Nürnberg. Bei der Eröffnung des Wormser Reichstages 1521 hatte sich der junge Kaiser ohne Einschränkungen zum deutschen Auftrag des Reiches bekannt. Das hatte er bereits in seiner Wahlkapitulation am 3. Juli 1519 unterschrieben und bei seiner Krönung in Aachen im Jahr darauf beschworen: Er werde die Fürsten gegen alle Erhebungen der Untertanen beschirmen und gegen alle Bündnisse schützen, unbeschadet ihrer eigenen kurfürstlichen Einigung und deren Mitwirkung an der Regierung des Reiches; er werde zu Reichs- und Hofämtern nur geborene Deutsche befördern, in sämtlichen Schriften und Reichshandlungen lediglich die deutsche oder lateinische Sprache gebrauchen, keinen Reichstag außerhalb der Grenzen des Reiches ausschreiben, kein fremdes Kriegsvolk herbeiführen, das Reich nicht mindern, sondern mehren und Verlorenes wieder einbringen. Der junge Herrscher hatte damit keineswegs nur ein Formularbekenntnis abgelegt. Auch mit seiner Unterstützung der Beschwerden der deutschen Fürsten über den Papst und die Kurie war es ihm ernst. Doch des Reiches Angelegenheiten bestanden in den Augen des katholischen Kaisers aus anderen Sachen, als sie Luther verfocht, aus anderen, als es Hutten und Sickingen vermeinten, und schließlich nicht aus denjenigen, die den deutschen Fürsten als wesentlich erschienen und die sie nach 1521 durch ihr ›Reichsregiment‹ zu realisieren versuchten.

Die Ära des Hauses Habsburg

In Worms löste der Kaiser eine weitere Zusage seiner Wahlkapitulation ein. Er hatte versprochen, »ein löbliches, ehrliches Regiment mit frommen, annehmbaren, tapferen, verständigen, redlichen Personen deutscher Nation neben etlichen Kurfürsten und Fürsten« einzurichten. Allerdings standen diesem Reichsregiment nur in jenen Wochen und Monaten Regierungsrechte zu, in denen die Anwesenheit des Kaisers im Reich nicht möglich war. Den Vorsitz führte ein Statthalter, den der Kaiser selbst ernannte. Karl V. übertrug das Amt seinem Bruder Ferdinand. Dieses oberste Reichsorgan hatte legislative Befugnisse, denn die Fürsten verlangten nach einer solchen Institution, »damit die Mängel, Gebrechen und Beschwerungen allenthalben im Heiligen Reich abgelegt, reformiert und in gutes Wesen und Ordnung gebracht« würden, wie es im Paragraph drei der Regimentsordnung vom 26. Mai 1521 hieß. Das Reichsregiment amtierte höchst beflissen an seinem Sitz in Nürnberg. Die vielen Gesetze, die es erließ, sollten die ständischen Vorstellungen von den Reformnotwendigkeiten innerhalb des Reiches verwirklichen. Zu tatsächlichen Ergebnissen kam es nicht, denn das Reichsregiment war zwar in der Lage, seine Gesetze zu beschließen, zu erlassen und zu verkünden, nicht aber, ihre Ausführung durchzusetzen. Im Jahr 1524 wurde es vom Kaiser, unterstützt von einer Reihe oppositioneller Fürsten, die mit dem Nürnberger Organ nicht zufrieden waren, entmachtet und 1530 endgültig aufgelöst.

Damit hatte diese Institution dasselbe Ende gefunden wie ihre Vorgängerin, das erste Reichsregiment aus dem Jahr 1500. Damals zwangen die Fürsten auf dem Reichstag in Augsburg unter der Führung des Mainzer Erzbischofs und Kurerzkanzlers Berthold von Henneberg den Kaiser dazu, ebenfalls der Errichtung eines Reichsregiments zuzustimmen, das allerdings im Unterschied zu 1521 uneingeschränkte Regierungsgewalt erhielt und mit dessen Hilfe ebenfalls das ständische Reformprogramm verwirklicht werden sollte. Das Ziel war die Umwandlung des Reiches, der kaiserlichen Monarchie, in eine reichsfürstliche Oligarchie, in ein ›Regnum politicum‹; sie hätte den Machtwillen der Kaiser an die Kette der Stände und Landesherren gelegt. Maximilian, der unentwegt an Geldnöten litt, und zwar so stark wie kaum je ein Habsburger, beugte sich wegen der dringend benötigten Reichshilfe und schien damit in dem langen Kampf mit der ständischen Reformbewegung unterlegen zu sein. Berthold von Henneberg hatte schon fünf Jahre zuvor versucht, ein solches Regiment durchzusetzen. Der Kaiser, dessen Regierungsgewalt als König damit völlig auf die Stände übergegangen wäre, hatte sich damals noch gegen den Erzbischof behaupten können, zumal der Mainzer Kurfürst für seine radikalen Absichten und Pläne nicht einmal sämtliche Reichsstände hinter sich hatte.

Kaiser Maximilian I. bei Amtsgeschäften: Austausch der Diplomatenpost Holzschnitt für den ›Weißkunig‹

In Augsburg 1500 schien Berthold von Henneberg sein Ziel erreicht zu haben. Viel Zeit, um sich seines Triumphes zu freuen, blieb ihm allerdings nicht. Maximilian kannte seine deutschen Fürsten besser als der Kurerzkanzler. Zunächst sah es tatsächlich so aus, als wäre der Kaiser nicht mehr in der Lage, auch nur eine einzige Maßnahme ohne das Reichsregiment zu beschließen und durchzuführen. Da jedoch das Regiment ein Kollegialorgan darstellte, hing seine Funktionsfähigkeit davon ab, daß seine Arbeit effektvoll von den Ständen und Fürsten unterstützt wurde. Dies war nicht der Fall, und zwar in einem blamablen, den Kaiser fast belustigenden Ausmaß. Außer dem Kurerzkanzler

Anfangs »wurde Erzbischof Berthold von Maximilian wie ein Vater geachtet«. – Der Humanist Johannes Trithemius und den Schreibern seiner Regimentskanzlei interessierte sich kaum jemand von den Ständen für das Regiment. Zahlungen wurden nicht geleistet. Zu exekutiven Maßnahmen war die Institution ebenfalls nicht in der Lage. Der Kaiser führte die Außenpolitik des Reiches in der Form weiter, wie er sie schon bis 1500 geführt hatte: ohne die Unterstützung der Herren, völlig selbständig. Schon kurz nach seiner Etablierung war das Erste Reichsregiment in Nürnberg zu einer Farce hochfliegender Pläne entartet. Im Jahr 1502 erklärte Maximilian die Tätigkeit des Regimentes für beendet. Freundlich und bestimmt forderte er dem Kurerzkanzler das Regimentssiegel ab.

Kaiser Maximilian I.
und Friedrich II., der Weise,
von der Pfalz
beim Dill in Augsburg
im Jahr 1511
Zeichnung von
Hans Burgkmair d. J. für
Herzog Wilhelm IV.
von Bayern,
nach Entwürfen von
Hans Burgkmair d. Ä., 1529

Kaiser Maximilian I. stand länger als ein Vierteljahrhundert an der Spitze des Reiches. Dazu kamen die sieben Jahre, die er von 1486 – am 16. Februar hatten ihn die Kurfürsten in Frankfurt zum römischen König gewählt – bis zum Tod Friedrichs III. im Jahr 1493 neben dem Kaiser regierte. Seine gesamte Politik richtete sich bis zum Schluß an drei Schwerpunkten aus: an der Reform des Reiches, an der Wahrung und Vergrößerung seines Besitzstandes sowie an der nationalen Stärkung der Reichsdignität samt seiner eigenen Herrschaft vermittels einer großzügigen Förderung der Dichtung, der Künste und der humanistischen Wissenschaften. Soweit es sich dabei um erklärt zeitgenössisch deutsche Obliegenheiten handelte, deckten sie sich trotzdem nur teilweise mit den national-politischen Vorstellungen Huttens und Sickingens. Maximilian I. verkörperte weit mehr einen Herrscher Habsburgs und einen Kaiser des gesamten Reiches, als es den eng national gefaßten Überzeugungen der beiden Freunde entgegenkam.

›Deutsch‹ in Übereinstimmung mit der Erfordernis, die Einheit und Kraft des Reiches zu erhalten und zu festigen, hatte auch Karl V. gehandelt, weit eindrucksvoller und überzeugender als die deutschen Fürsten, die beständig die ›Teutsche Libertät‹ gegen den ›Spanier‹ ausgespielt und damit nur ihre eigenen Bedürfnisse gemeint hatten. Karl V. war es bei den Auseinandersetzungen mit ihnen niemals um die habsburgischen Hausmachtinteressen gegangen, noch weniger bei den wiederholten Kriegen mit Frankreich und König Franz I. Vor allem in diesem Kampf handelte Karl V. in völliger Identifikation mit dem Reich, wehrte er alle Versuche Frankreichs ab, den deutschen Westen aufzubrechen. Selbst sein letzter Kriegszug war auf nichts anderes gerichtet, als Frankreich die Westmarken mit Toul und Verdun, Metz und Nancy wieder abzunehmen, die der Kurfürst von Sachsen dem französischen König ausgeliefert hatte. Und nicht die deutschen Fürsten kämpften dabei an der Seite des Kaisers, sondern seine spanischen Eliten, die unter dem Kommando des von den Deutschen so vielgeschmähten Herzog Alba bei dem monatelangen Kampf um die Festung Metz im Herbst und Winter 1552 verbluteten. Daß es mißlang, die Festung zurückzuerobern, bedeutete weit mehr eine Niederlage des Reiches als eine Niederlage des Kaisers.

Deshalb sind die Hoffnungen im Reich nicht unberechtigt gewesen, daß der junge Kaiser Karl V. in der Grundhaltung mit seinem Großvater Maximilian übereinstimmen würde. Denn die Identifizierung Karls V. mit dem Reich wurde noch durch seinen beharrlichen Kampf mit dem Papsttum ergänzt – ein Ringen, das auch die Regierungsära Maximilians I. geprägt hatte und das sich seit den Kämpfen der salischen Kaiser als festes Thema der äußeren Politik des Reiches entwickeln läßt. So hatte es auch Hutten getan, als er Anfang 1521 für Kaiser Karl V. und seine Entschlüsse auf dem Wormser Reichstag eine Schrift über die fast durchweg gespannten Beziehungen der Kaiser zu den Päpsten, von Otto I., dem Großen, bis in seine Gegenwart, drucken ließ und den jungen Herrscher schließlich an die resignierte Feststellung Maximilians gegen Ende seines Lebens erinnerte: »Nun ist dieser Papst auch zu einem Bösewicht gegen mich geworden. Nun mag ich sagen, daß mir kein Papst, solange ich gelebt, je Treue oder Glauben gehalten hat; ich hoffe zu Gott, dies soll der letzte sein.«

Karl V. blieb an diese Tradition gekettet. In Worms hatte der päpstliche Gesandte gefordert, der Kaiser solle der Bannbulle des Heiligen Vaters gegen Luther unverzüglich die Achterklärung folgen lassen. Doch Karl und sein Kanzler erinnerten sich noch zu gut daran, wie energisch sich der Papst darum bemüht hatte, seine Wahl zu verhindern, und so mußte der Nuntius hören: »Sorgt dafür, daß Euer Papst sich recht gegen uns verhalte; dann werden wir ihm seinen Willen tun. Sollte der Papst jedoch unsere Angelegenheiten verwirren, so werden wir die seinen verwirren.« Die fürchterliche Plünderung Roms durch die kaiserlichen Landsknechte Georg von Frundsbergs im Jahr 1527, der ›Sacco di Roma‹, löste beim Kaiser wohl mehr ein persönliches als ein regierungsamtliches Entsetzen aus; denn kurz zuvor hatte er kühl bemerkt: »Wir sehen wohl, sie werden in Rom nicht gut tun, wenn sie nicht wohl gestriegelt werden.« Der Schock dieser Plünderung saß bei den Päpsten so tief, daß Karl V. noch am Ende seiner Regierung, als Paul IV. sich in der schroffsten Form gegen die kaiserliche Politik wandte, Herzog Alba nach Italien schickte und dem Papst mit einem neuen Sacco di Roma drohte.

Der ›Sacco di Roma‹
im Jahr 1527
Stich, 1528

Doch die Reichs- und Rom-Politik Karls V. war nicht Grund genug, um ihm auch nur entfernt etwas von der Popularität bei den Deutschen zu sichern, die sein Großvater, ›der letzte Ritter‹, genossen hatte. Zieht man die Summe, so bestand Maximilians Außenpolitik in einer Mischung aus selbstverschuldeten Mißerfolgen und unverschuldeten Überraschungserfolgen. Darin drückte sich nicht etwa nur das individuelle Gepräge seiner persönlichen Anlagen, seiner ungebändigten Phantasie und der allzuoft unterstellten Sprunghaftigkeit aus. Ebensowenig lassen sie sich ausschließlich als Orientierungslosigkeit eines allzu nachdrücklich beschworenen Übergangszeitalters erklären, des Eintritts in die Neuzeit. Wirklich belangreich waren vielmehr die delikate Situation des Kaisers innerhalb des Reiches und die besondere Stellung des Hauses Habsburg, dessen Weltgeltung erst unter Kaiser Maximilian gesichert wurde.

Mit achtzehn Jahren, 1477, heiratete er Maria von Burgund, die Tochter Karls des Kühnen. Ursprünglich hatte der Herzog die Erbin Burgunds aufgrund eines Tauschgeschäftes mit dem Sohn Friedrichs III. verloben wollen: Der Kaiser sollte als Gegenleistung Burgund zu einem selbständigen Königreich erheben oder wenigstens eine verbindliche Zusage geben, daß er den Wunsch des Herzogs, die deutsche Königskrone zu erhalten und auch im Kaisertum nachzufolgen, bei den deutschen Kurfürsten durchsetzen werde. Im Vergleich mit Karl dem Kühnen war Friedrich III. ein armer Mann. Doch ihm allein in ganz Europa stand die Anrede ›Majestät‹ zu. Selbst wenn er auf Ochsenkarren über Land fahren mußte, was gelegentlich vorkam, war er der einzige Fürst, der die Macht besaß, jemanden zum König zu erheben. Der Plan Karls des Kühnen zerschlug sich; die Gründe sind unklar geblieben. Im Jahr 1476 willigte der Herzog plötzlich ohne Bedingungen in die Verlobung Marias und Maximilians ein. Kurz darauf wurde das Burgunderheer in der Schlacht bei Nancy von den Schweizern geschlagen. Der Herzog verlor dabei sein Leben. Maximilian brach

Maximilian mit seinen
Gemahlinnen:
mit Maria von Burgund (außen)
und Bianca Maria Sforza
von Mailand (Mitte)
Relief von Nikolaus Türing,
um 1500

»Hätten wir Frieden, wir säßen in einem Rosengarten.« – Erzherzog Maximilian in einem Brief an seinen Freund Sigismund Prüschenk vom Jahr 1477

Burgundische ›Feldschlangen‹: Teil der Rüstungsaufgaben für Maximilian I. nach der Niederlage Karls des Kühnen im Kampf gegen die Eidgenossen Miniatur im Bildinventar der Bieler Burgunder-Beute nach der Murten-Schlacht vom 22. Juni 1476

nach Burgund auf. Von der ersten Begegnung mit Maria berichtete ein Augenzeuge: »Beide wurden blaß bis in die Lippen, so sehr gefielen sie einander.« Im August 1477 fand die Hochzeit in Burgund statt.

Maximilian lernte eine Welt kennen, die nur aus Unwahrscheinlichkeiten zu bestehen schien. Flandern und Brabant bildeten damals die goldenen Bezirke des Kontinents. Hier entwickelte sich das erste Industriegebiet der Welt; die Webereien des Landes lieferten das beste und kostbarste Tuch ganz Europas; Antwerpen als Handelsstadt war bereits der härteste Konkurrent Venedigs und seines legendären Reichtums. In dieser Schatzkammer Europas begann für das junge Paar eine Zeit, die sich selbst nach Abzug der offiziellen Verklärungen poetischer Hofhistoriographen immer noch als ein Dasein präsentierte, bei dem sich schrankenloser Prunk, die überraschend starke Zuneigung zwischen den Jungvermählten und die irrealen Vorstellungen eines Lebens gemäß zeitloser Ritterideale zu einer letzten schimmernden Idylle des Mittelalters ergänzten. Maria starb schon nach viereinhalb Jahren, im März 1482; sie war auf der Jagd vom Pferd gestürzt. Der zeitgenössische Chronist und Historiker Jean Molinet beschloß in seinen ›Chroniques‹ diese wenigen Jahre Maximilians in Burgund mit der Feststellung: »Eine ewige und unerschütterliche Liebe verband die beiden in solch süßer und liebender Harmonie, daß nur der furchtbare Streich des Todes sie voneinander trennen konnte.« Selbst wer auf die poetische Lizenz verzichtet, dürfte verstehen, warum Maximilian testamentarisch verfügte, nach seinem Tod sein Herz nach Brügge zu bringen und in den Sarkophag Marias zu legen.

Frankreichs König Ludwig XI. hatte seit dem Tod Karls des Kühnen dafür gesorgt, daß Maria und Maximilian kaum Zeit fanden, ihre Tage im Rosengarten zu verbringen. Der König hatte mit Drohungen und Erpressungen versucht, die Eheschließung zu verhindern, weil er Maria mit seinem eigenen Sohn Karl verheiraten wollte; der Dauphin war noch keine sieben Jahre alt. Französische Truppen rückten in Burgund ein, sie besetzten auch die Grenzgebiete der Picardie und des Artois. Maria forderte nach ihrer Hochzeit die annektierten Gebiete zurück. Im Herzogtum von Bourgogne lag die Wiege Burgunds; in seiner Hauptstadt Dijon befand sich das Stammschloß seiner Fürsten. Da Ludwig sich weigerte abzuziehen, blieb nur die Antwort der Waffen. Maximilian konnte folglich das größte Erbe des Kontinents nicht einfach mit Hilfe einer Trauungszeremonie erlangen, sondern er mußte darum Krieg führen, einen kostspieligen, zähen Krieg. Sein Kampf wurde zum Auftakt des jahrhundertelangen Ringens zwischen den Häusern Valois-Bourbon und Habsburg, zwischen Frankreich und Österreich samt dem Reich, um die Vorherrschaft in Europa. Für Frankreich handelte es sich um verzweifelte Versuche einer Wiederbelebung der karolingischen Herrschaftsideen. Die französischen Könige empfanden bis hin zu Napoleon das römisch-deutsche Kaisertum mit seiner christlich-abendländischen Herrscherweihe und dadurch sakralen, direkt auf Gott bezogenen und von Gott abgeleiteten Position als eine beständige Herabsetzung ihrer eigenen Monarchenstellung.

Maximilian war nach Burgund gekommen als ein Fürst, »der von keiner Sache eine Ahnung hatte«, wie der französische Diplomat und Historiker Philippe de Commynes damals feststellte. Nun mußte er binnen kurzem lernen, Söldner anzuwerben, Verteidigungsanlagen zu errichten, Truppen auszubilden und zu führen. In dieser Zeit, 1478, kam Marias erstes Kind zur Welt, ein Sohn,

Apotheose auf Burgund und seine Gesellschaft im Hochmittelalter:
der König mit Dauphin und Lehnsherren beim Empfang der Geistlichkeit;
Kaufleute, Handelsschiffe und Karawanen;
Bauern und Hirten
Französische Miniatur in dem Werk ›Gouvernement des Princes‹ von Gilles de Rome,
dem Erzieher Philipps des Schönen, zweites Viertel des 15. Jahrhunderts

Stammbaum Kaiser Maximilians I.
auf dem Beglaubigungsdokument der Privilegien des Hauses Habsburg
durch Richter und Rat der Stadt Wien vom 19. Dezember 1512

Der Bau des Familiensitzes der Habsburger im Aargau: der Habsburg
Miniatur in einer Handschrift von 1518

Philipp der Schöne, der spätere Vater Karls V. Im Jahr darauf, 1479, fiel der französische König in Flandern ein. Bei Guinegate stellte ihn Maximilian und errang einen glänzenden Sieg. Doch alles, was er in diesem Jahr an Erfolgen hätte verbuchen können, wurde mit dem Tod Marias in Frage gestellt. Die flandrischen Städte versuchten, sich von dem Gesamtstaat Burgund zu separieren. Sie verbündeten sich mit Frankreich. Maximilian war gezwungen, über ein Jahrzehnt lang sowohl gegen Frankreich zu kämpfen, als auch die Habsburger Herrschaft in den Niederlanden zu behaupten und zu festigen. Erst nach der Unterzeichnung des Friedens von Senlis am 23. Mai 1493 konnte er sicher sein, daß er den burgundischen Staat für sich gerettet und seinen Besitz behauptet hatte. Der oft zitierte Wahlspruch aus dem 15. Jahrhundert »Bella gerant alii, tu, felix Austria, nube – Kriegführen lasse die anderen, du, glückliches Österreich, heirate!«, der sich schon auf die Hochzeit in Burgund hatte münzen lassen, ist so überzeugend, daß leicht übersehen wird, wie energisch jeder Habsburger sein Heiratsgut mit dem Schwert verteidigen mußte.

Thronteppich des Königs Matthias Corvinus: im Schild die Wappen von Ungarn, Dalmatien und Böhmen sowie der Familie Hunyadi Gewebe einer Florentiner Werkstatt wohl nach einem Entwurf von Antonio Pollaiuolo, 1470

Kaiser Friedrich III. konnte den Krieg seines Sohnes mit Frankreich nicht unterstützen, denn dafür hatte das Haus Habsburg kein Geld. Die Chronisten notierten sachlich: »Der Kaiser ist ein arm Mann.« Überdies wurde Friedrich selbst durch seine Auseinandersetzungen mit dem ungarischen König Matthias Corvinus in Atem gehalten. Im Sommer 1485 mußte er ohnmächtig hinnehmen, daß die Ungarn nach viermonatiger Belagerung Wien eroberten und Matthias Corvinus in die Hofburg einzog. Wenn auch die Kurfürsten nicht unglücklich darüber waren, daß Friedrich die Angelegenheiten im Reich weitgehend sich selbst und ihnen überlassen hatte, hielten sie doch eine solche Entwicklung in Österreich für zu bedenklich, als daß sie sich jetzt der Wahl eines energischen deutschen Königs entgegengestellt hätten. Der Kaiser freilich sah es anders. Er widersetzte sich lange und konnte nur mit Mühe von seinem Starrsinn abgebracht werden. Im Februar 1486 wählten die Kurfürsten in Frankfurt einstimmig Maximilian zum römischen König. Er wurde einige Wochen später in Aachen gekrönt und bestieg den Thron Karls des Großen. Damit war ihm die Nachfolge Friedrichs III. im Reich gesichert.

»Mit einem solchen Prinzen muß das Goldene Zeitalter wiederkehren.« – Sebastian Brant nach der Wahl Maximilians

Daß aber auch um dieses Reich gekämpft werden mußte, erfuhr der König schon 1495, zwei Jahre nach dem Tod seines Vaters. Trotz des Reichtums Burgunds benötigte Maximilian große Summen von den Ständen; er wünschte eine zwölfjährige Finanzierungshilfe. Ohne dieses Geld war er nicht in der Lage, sich in Italien gegen den französischen König Karl VIII. durchzusetzen – denselben Mann, der zwanzig Jahre früher Maria von Burgund hatte heiraten sollen.

Spanien, der Papst, Mailand und Venedig, die sich mit dem Kaiser gegen Frankreich zu einer Liga zusammengeschlossen hatten, warteten dringend auf Unterstützung durch ein Landsknechtheer. Auf dem Reichstag von Worms, der im März 1495 begann, stimmten die Fürsten mit Maximilian darin überein, daß die Außeninteressen des Reiches gewahrt und verteidigt werden müßten; sie seien bereit zu »einer tapferen währenden Hilfe«, aber zuvor müsse eine »aufrichtig beständige Ordnung und Wesen durch das ganze Reich« durchgeführt sein. Diese Reichsreform sollte jedoch nicht die Bedingungen für ein innerlich gefestigtes Reich schaffen, als dessen Verkörperung der Kaiser gelten und Außenpolitik treiben würde, sondern nur der fortschreitenden Konsolidierung der Landesfürstentümer dienen.

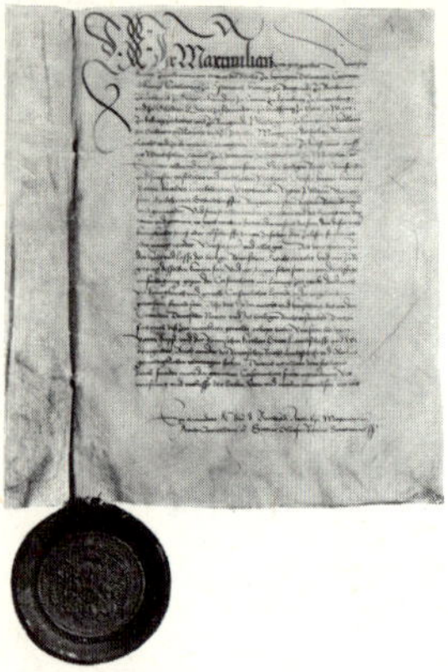

Der ›Ewige Landfriede‹
Erste Seite des Libells
zum Wormser
Reichsgrundgesetz
vom 7. August 1495

Berthold von Henneberg brachte seinen Reformplan ein, der die Entmündigung des Kaisers durch das Reichsregiment vollzogen hätte. Maximilians heftige Einwände konnten überzeugen; der Plan wurde zurückgewiesen. Trotz der Grunddifferenzen wurden in den folgenden Monaten einige bedeutende Reformgesetze erlassen. Der Reichstag verabschiedete einen ›Ewigen Landfrieden‹ und beseitigte damit endgültig die alten Bestimmungen des Fehderechts. Erst mit diesen Verfügungen wurde im Reichsgebiet eine wirkliche Rechtsgemeinschaft gegründet. Wie es früher zugegangen war, läßt sich aus dem ersten Artikel des Gesetzes ablesen. Vom Tag seiner Verkündung an durfte »niemand, von was Würden, Stand und Wesen er sei, den Andern befehden, bekriegen berauben, fahen, überziehen, belagern, noch auf einige Schloß, Städt, Märkt, Befestigung, Dörfer, Höf oder Weiler absteigen oder ohne des Anderen Willen mit gewaltiger Tat freventlich einnehmen oder gefährlich mit Brand oder in anderem Weg dermaßen beschädigen«. Der Reichstag in Worms beschloß ferner, ein Reichskammergericht zu etablieren und die allgemeine Reichssteuer des ›Gemeinen Pfennigs‹ einzuführen.

So wichtig diese Gesetze waren, so entscheidend wäre es gewesen, sie auch durchzuführen. Das galt insbesondere für die Reichssteuer, denn für Maximilian I. war in diesen Jahren nichts dringlicher als die Realisierung gerade dieses Wormser Beschlusses. Der Gemeine Pfennig war für die Aufstellung eines Reichsheeres und für den Unterhalt des Reichskammergerichtes gedacht. Da es jedoch keine zentrale Reichseinhebungsbehörde gab, war der Kaiser von der individuellen Bereitschaft der Länder und Stände abhängig. Auf die Dauer überwog die Säumigkeit der Steuerpflichtigen bei weitem das tatsächliche Aufgebot. Nach jahrelangen zähen Kämpfen wurde die allgemeine Reichssteuer wieder fallengelassen, denn sie war undurchführbar. Maximilian blieb weiterhin auf unmittelbare, direkte Hilfe der Stände angewiesen. Erst nach dem Tod Bertholds von Henneberg, 1504, konnte der Kaiser versuchen, die Reichsreform nicht mehr in ständischem, sondern in monarchischem Sinn voranzutreiben. Im Jahr 1507 setzte er eine Erweiterung der Reichsverfassung durch; vollendet wurde diese Umgliederung 1512 auf dem Reichstag zu Köln. Die neue Reichsordnung sah einen weitergehenden Ausbau der Kreisverfassung vor. Das Reichsgebiet wurde – mit Ausschluß Böhmens und der Schweiz – in zehn Landfriedenskreise eingeteilt. Ihr Zweck war die Sicherung der Reichsexekution. Auch hier blieb vieles inmitten der Durchführung stecken.

Feldherr ohne Fortune

Maximilians Regierung bedeutete für die Reichsgesetzgebung nur einen bedingten Gewinn. Die europäischen Mächte hatten rasch erkannt, wie groß das Mißverhältnis zwischen den außenpolitischen Plänen des Kaisers und der Unterstützung dieser Pläne durch das Reich war. Er mußte daraus eine von Karl IV. präjudizierte Konsequenz ziehen, die fortan ein festes Moment der Politik aller deutschen Kaiser wurde: von der Basis der habsburgischen Hausmacht aus Reichspolitik zu betreiben. Im Jahr 1490 starb der ungarische König Matthias Corvinus. Obgleich Maximilian noch durch die Widrigkeiten mit Frankreich gebunden war, gelang es ihm in Kürze, die verlorenen Gebiete Habsburgs in seinen Erblanden zurückzuerobern. Er schloß 1491 den Frieden von Preßburg. Der Erbanspruch Habsburgs auf die Kronen von Ungarn und Böhmen wurde durch Bestätigung der ›Erb-Einung‹ im Jahr 1463 als rechtens erklärt. Damals war Friedrich III. mit Matthias Corvinus einen Kompromiß eingegangen: Er überließ Matthias Corvinus die Ungarnkrone, behielt jedoch selbst den Titel eines Königs von Ungarn bei und nahm Matthias an Sohnes statt an, mit dem Recht, ihn nach seinem Tod zu beerben und damit wieder in den Besitz Ungarns zu kommen. Die Bedingung wirkte papieren, denn der Kaiser war fünfundzwanzig Jahre älter als sein ungarischer Konkurrent. Doch er lebte tatsächlich länger als Matthias Corvinus. Die größten Konsequenzen für die europäische Politik ergaben sich aber aus dem Entschluß Maximilians, seine beiden Kinder Philipp und Margarete in einer Doppelhochzeit mit der spanischen Infantin und dem Thronfolger Don Juan zu verbinden. Dadurch wurde nicht nur Frankreich von der mächtigen Klammer Spanien-Habsburg in gefährlichster Weise umfaßt, sondern der Kaiser initiierte auch die gewaltigste Machtballung des 16. und 17. Jahrhunderts in Europa.

Die Vertragsverhandlungen von Preßburg im November 1491: Regelung für die Erbrechte der Habsburger auf die Krone Ungarns im Falle des Aussterbens der jagiellonischen Linie
Holzschnitt im Korrekturexemplar des ›Weißkunig‹, 1514

Vorerst wartete die Liga in Italien auf den Zuzug des Herrschers mit einem Landsknechtsheer. Als sich jedoch der Reichstag 1495 als Fehlschlag erwies, nahm Maximilian das Angebot Venedigs und Mailands an, nunmehr als Feldherr in ihre Dienste zu treten, auf ihre Kosten ein Heer zu rekrutieren und es nach Italien zu führen. Der Kaiser akzeptierte die Offerte nicht zuletzt deshalb, weil er hoffte, mit den Truppen sowohl die Bedrohung Oberitaliens durch Frankreich abzuwenden als auch seinen Rom-Zug und die Kaiserkrönung sichern zu können. Mitte August 1496 erschien Maximilian mit seinem Heer in Italien. Der Feldzug entwickelte sich zu einer einzigen Kette von Schlappen. Er mußte ihn nach einigen Monaten einstellen; damit hatte sein Ansehen in Europa einen Tiefpunkt erreicht.

»Maximilian I. hat mit sehr wenig Ehre für den kaiserlichen Namen Italien seine Schwäche offenbart.« – Francesco Guicciardini über den Herbstfeldzug 1496

Äußerst negativ für Maximilian entwickelte sich zudem der Krieg mit der Schweiz im Jahr 1499. Für den Ausbruch war ein ganzes Bündel von Ursachen verantwortlich. Das erste Motiv bestand in der Weigerung der Eidgenossen, unter Berufung auf alte Reichsprivilegien den Beschlüssen von Worms 1495 zuzustimmen. Der eigentliche Anlaß für den ersten Schuß war nichtig, sofern die stolze Empfindsamkeit der freien Schweizer Bauern und die Eifersucht der benachbarten Tiroler und Schwaben ein solches Urteil zulassen. Die Eidgenossen konnten jedes Treffen mit den Landsknechten Maximilians oder mit den Truppen des Schwäbischen Bundes für sich entscheiden. Nach acht Monaten verbissener Gefechte und blutigster Treffen mußte sich der Kaiser am 22. September 1499 zum Frieden von Basel verstehen. Der Vertrag bedeutete die Entlassung der Eidgenossen aus dem Reichsverband, obwohl im Text dieses Verhältnis nicht eigens erwähnt wurde. Formal blieb die Schweiz zwar immer noch ein Teil des Reiches, aber sie unterstand weder seiner Gerichtsbarkeit noch seinen Steuergesetzen; ebensowenig galten für ihr Gebiet die Bestimmungen der Heeresordnung. Damit hatte die Schweiz ihre faktische Unabhängigkeit erkämpft.

Maximilians Ansehen hob sich erst wieder nach der Jahrhundertwende, nun jedoch mit einer verblüffenden Schnelligkeit und völlig unerwartet. Er griff deshalb 1507 erneut seinen Plan eines Rom-Zuges auf, um endlich die Kaiserkrone zu erhalten. Kaum war die Absicht bekanntgeworden, meldeten Venedig und Frankreich Protest an. Auch der Papst konnte sich nicht zu lautem Jubel entschließen. Da Maximilian wegen dieser Frage nicht unbedingt einen Krieg

Festwagen mit Motiven
aus dem Krieg Maximilians I.
gegen Venedig
im Frühjahr 1508
Holzschnitt von
Hans Springinklee
zur illustrierten Ausgabe des
›Triumphzugs
Kaiser Maximilians I.‹

Georg von Frundsberg
Relief auf einem
Augsburger Spielstein,
um 1535

beginnen wollte, andererseits der Papst von der Entschlossenheit des Habsburgers überzeugt war, die Krönung zu erzwingen, gestattete er Maximilian, am 4. Februar 1508 im Dom von Trient im Rahmen einer schlichten Zeremonie zu verkünden, daß er den Titel ›Erwählter römischer Kaiser‹ angenommen habe. Kurz darauf begann Maximilian dennoch einen neuen Krieg gegen die Lagunenrepublik, aber seine Truppen wurden geschlagen; er büßte Fiume, Triest und Görz ein. Venedig erhielt am 6. Juni 1508 in einem dreijährigen Waffenstillstand seine Eroberungen in Friaul bestätigt. Der Hauptgrund für den neuerlichen Mißerfolg bestand wiederum in dem horrenden Geldmangel des Kaisers. Seinen Landsknechten sangen die Italiener ihr Spottlied nach: »Massimiliano senza ducati ...« Maximilian fand sich mit der Niederlage ab. Er hatte schon in der Jugend beim Turnier gelernt, aus dem Sattel gestochen und geworfen zu werden. In solchen Momenten stellte er nur gleichmütig fest: »Das Unglück zieht seinen Bruder nach sich.« Die Reichsstände hatten jede Hilfe abgelehnt. Auch Jakob Fugger weigerte sich diesmal, mit Vorschüssen auszuhelfen. Dabei war die wirtschaftliche Situation des Reiches keineswegs prekär. Niccolò Machiavelli stellte 1508 auf einer Reise durch die südwestlichen Bezirke fest: »An der Macht Deutschlands darf niemand zweifeln; denn es hat Überfluß an Menschen, Reichtümern und Waffen.« Um so verständlicher war die Erbitterung des Kaisers, der die finanziellen Möglichkeiten der Fürsten gut genug kannte und keine sachliche Notwendigkeit sah, nach wie vor den größten Teil der Aufwendungen des Reiches aus den Einkünften seines eigenen Hausbesitzes zu bestreiten.

Maximilians Befähigung zum Feldherrn ist trotz seiner vielen verlorenen Schlachten weniger umstritten, als anzunehmen wäre. Machiavelli genauso wie der venezianische Diplomat Vincenzo Quirini versicherten, daß der Kaiser in seiner Zeit der beste Heerführer des Reiches gewesen sei. Seine Meriten als ›Vater der Landsknechte‹ lassen sich nicht hoch genug veranschlagen. Dasselbe gilt für die Entwicklung des Geschützwesens, die Maximilian den Ruhm eingetragen hat, der Schöpfer der österreichischen Artillerie zu sein. Die Initiative des Kaisers bei der Truppenschulung und -führung war ausschlaggebend dafür, daß schließlich, auch dank der Zusammenarbeit mit Georg von Frundsberg, die deutschen Landsknechte den Schweizern den Rang als beste Soldaten Europas ablaufen konnten. Maximilian übernahm nicht nur die Taktik des Fußkampfes, wie sie die Schweizer entwickelt hatten, sondern führte sie weiter unter dem Aspekt schärferer Disziplin, größerer Exaktheit und stärkerer Beweglichkeit der einzelnen Truppenkörper.

Alessandro Benedetti schilderte als Augenzeuge die Parade deutscher Landsknechte in Mailand vor Herzog Lodovico Sforza: »Der Vorbeimarsch der Deutschen, die einen Gevierthaufen von sechstausend Mann bildeten, zog alle Augen auf sich. Nach deutschem Brauch vernahm man in diesem Schlachthaufen eine Menge Trommeln, daß einem die Ohren schier platzten. Nur mit Brustpanzern versehen marschierten sie an uns vorüber, die Vordersten trugen lange Spieße, die sie als Ehrenbezeigungen präsentierten, dann folgten Knechte mit Hellebarden und Zweihändern. Auch Fahnenträger waren unter ihnen, und je nachdem die Fahne geschwenkt wurde, bewegte sich der ganze Haufen nach rechts oder links oder rückwärts, geschlossen, als ob er sich auf einem Floß befände. Und plötzlich, angesichts des Herzogspaares, verwandelte sich der Gevierthaufen auf ein Zeichen mit der Fahne in einen Keil, dann teilte er sich in zwei Abteilungen, um schließlich, als alles wieder beisammen war, in ganzer Front zu schwenken, indem der linke Flügel auf der Stelle marschierte und der übrige Teil des Gewalthaufens sich um ihn herum bewegte – ein ungewohnter, erstaunlicher Anblick.« Trotz der harten Schulung und der straffen Führung war der Kaiser bei den Landsknechten, die er seine Söhne nannte, ungemein beliebt. Maximilian schien keine Furcht zu kennen. Sein Draufgängertum war frei von allen Momenten finsterer Verbissenheit. Selbst in den unglückseligsten Schlachten blieb er bei seinen Soldaten und kämpfte mit ihnen Schulter an Schulter.

An den wechselnden Koalitionen der folgenden Jahre, die sämtlich wegen des umkämpften Oberitalien entstanden und letztlich der Abwehr französischer Ambitionen galten, war Maximilian stets beteiligt, zumeist mit Mißerfolgen. Sein Ansehen als erster Fürst der Christenheit litt darunter nur sehr bedingt, denn der Kaiser hatte für seine abenteuerlichsten Unternehmungen immer höchst noble Gründe und für seine glücklichsten oft nur die Gründe eines Spielers. Der Deutsche Orden war 1466 im Frieden von Thorn gezwungen worden, die polnische Oberhoheit zu akzeptieren. Doch die Hochmeister weigerten sich, den Lehnseid abzulegen. Kaiser und Reich unterstützten sie darin. Ihnen wurde sogar ausdrücklich verboten, den Eid zu leisten, da der Thorner Friede von ihnen nicht gebilligt und deshalb nicht rechtskräftig war. Im Jahr 1511 wurde das Problem nach der Wahl Albrechts von Brandenburg erneut akut, und zwar nicht nur wegen der starren Haltung Albrechts, sondern weil kurz darauf König Sigismund I. von Polen die Schwester Johann Zápolyas, des Wojwoden von Siebenbürgen, heiratete, der mit aller Energie nach der ungarischen Krone strebte.

Sigismund I. von Polen bei der Überreichung des Friedensvertrages von Krakau an Albrecht von Brandenburg-Ansbach im April 1525
Miniatur in der Celler Chronik eines wohl aus Danzig stammenden Schreibers, nach 1553

Kaiser Maximilian revidierte nach dieser Heirat seinen Entschluß, den Hochmeister zu unterstützen. Der formelle Erhalt des Ordenslandes, wo die politische Macht der Ritter seit einem halben Jahrhundert ununterbrochen zerfiel, schien ihm das Risiko eines Verlusts der habsburgischen Anwartschaft auf Ungarn und Böhmen nicht aufzuwiegen. Der Kaiser leitete ein Arrangement mit Sigismund ein. Im April/Mai 1515 trafen Maximilian, der polnische König sowie sein Bruder Wladislaw II., König von Böhmen und Ungarn, in Preßburg zusammen. Auf dem anschließenden Kongreß in Wien im Juli/August wurde der Ausgleich zwischen den Habsburgern und den Jagiellonen offiziell vereinbart: Maximilian mußte den Lehnseid des Ordensmeisters billigen, dafür wurde Ludwig II. von Ungarn mit Maximilians Enkelin Marie vermählt und Anna von Böhmen mit Ferdinand I. von Habsburg. Damit waren Ungarn und Böhmen endgültig für Habsburg gewonnen – nicht völlig auf Kosten des Ordens; denn Maximilian hatte immerhin erreicht, daß die Vorherrschaft in Preußen nicht verloren ging. Er hatte sich geweigert, dem polnischen Verlangen nach paritätischer Zusammensetzung der Ordensmitglieder – halb deutsch, halb polnisch – nachzugeben.

So vordergründig mitunter des Kaisers hartnäckiger Kampf gegen Venedig, sein Ringen um die Terra ferma, wirkte: Maximilian ging es dabei letztlich um nichts anderes, als die alten Rechte des Reiches zu behaupten, eines Reiches, das zumal für diesen Kaiser seiner Substanz nach unverändert das ›Regnum Teutonicorum‹ bildete: das ›Reich deutscher Nation‹, zu dessen Gründung die deutschen Stämme unter Heinrich I. zu Beginn des 10. Jahrhunderts gedrängt hatten und dessen Bestand sich seit der Wahl Maximilians zum römischen

König 1486 auch im Titel des Reiches ausdrückte. Maximilian wurde dabei nicht überwiegend von der alten christlich-universalen Reichsidee bestimmt, sondern von einem praktisch-politischen Empfinden, das erheblich moderner eingefärbt war als das dynastische Bewußtsein mancher seiner Nachfolger. Wie stark gleichwohl auch ihn der mittelalterliche Kaiserimperialismus erfüllte, wird an seinem Plan aus dem Jahr 1511 sichtbar, als er sich um die Nachfolge auf dem Stuhl Petri bewarb, um zu der Kaiserkrone auch die päpstliche Tiara zu erhalten. Diese Absicht enthielt weniger Phantastik, als es auf den ersten Blick erscheint. Die Kämpfe zwischen Kaisern und Päpsten sind stets auf ein gemeinsames Ziel ausgerichtet gewesen. Bonifatius VIII. hatte im 13. Jahrhundert für den päpstlichen Anspruch auf Obergewalt eine Schlußfolgerung als Beispiel herangezogen: Ein Tier mit zwei Köpfen ist ein Ungeheuer, die Kirche ist kein Ungeheuer; also kann sie auch nicht zwei Häupter haben, sondern nur eins. Sicherlich waren die Zeiten des hierokratischen Papsttums lange vorbei. Doch im Hinblick auf das politisch völlig destruierte Italien eingangs des 16. Jahrhunderts und die ähnliche Lage in Deutschland besaß das Projekt der personalen Vereinigung von Sacerdotium und Imperium seinen greifbaren Sinn. Wessen hätte die Christenheit dringlicher bedurft als der notwendigen Gemeinsamkeit von Kaiser und Papst? Ein deutscher Kaiser als Oberhirte im Lateran – die Zeitgenossen hielten das für nicht weniger realistisch als die Versuche der französischen Herrscher, unter dem Vorwand, das alte Erbe der Anjou in Süditalien wieder anzutreten, sich zu Königen von Neapel und Jerusalem krönen zu lassen, um so das Kaisertum Karls des Großen wiederzubeleben.

Die Rivalitäten zwischen Kaiser und Papst
Holzschnitt von 1460 auf einem immer wieder nachgedruckten Flugblatt
Exemplar aus dem Jahr 1576

Mäzen und Träumer

Trotz aller Einzelkatastrophen und Enttäuschungen bleiben als Ergebnis von Maximilians europäischer Politik einige triftige Tatsachen bestehen. Den Westen des Reiches hatte er nicht nur um die Niederlande und Burgund erweitert, sondern damit auch zwei Außenwerke geschaffen, die Frankreich gegenüber eine dauerhafte Sicherung bildeten. Im Osten und Südosten hat er dem Neugewinn Böhmens und Ungarns entscheidend vorgearbeitet, hatte die große Tradition der Luxemburger und Karls IV., die West-Ost-Achsenorientierung der Reichspolitik, wieder aufgenommen und damit die Hauptlinie vorgezeichnet, an der sich die osmanische Expansion brechen sollte. Im Inneren gelang es ihm, die erste große Trennung von Kaiser und Reich, die Berthold von Henneberg durch die Vernichtung der Kopula ›und‹ beabsichtigte, durch die Entschlossenheit zu verhindern, mit der er den dynastischen Imperialismus auch im Reich selbst durchsetzte. In der Entwicklung Habsburg-Österreichs zur Großmacht, in dem Habsburger Anspruch auf Weltgeltung und spätere Weltherrschaft, setzten sich nicht nur die alten Kaiserträume fort, sondern auch der Einungswille aus den Zeiten der Sachsen und Salier. Von daher erklärt es sich, daß die Deutschen jahrhundertelang in der Volksüberlieferung Maximilian zu demjenigen deutschen Kaiser überhöht haben, dem allein es möglich gewesen wäre, ihren vagen Vorstellungen und Erinnerungen von Einheit und Reich sowohl Realität als auch Glanz zu geben.

Die tiefsten Wirkungen hinterließ Maximilians leidenschaftliches Interesse an den Künsten und Wissenschaften seiner Zeit, insbesondere an der Förderung der deutschen Künstler und der Betreuung ihrer Arbeit. Das deutsche Bewußtsein des Kaisers deckte sich im wesentlichen mit den zeitgenössischen Bewegungen und Orientierungen im Reich, mit dem Pulsieren des Humanismus, den geistigen, künstlerischen und wissenschaftlichen Aktivitäten, die mehr als ein halbes Jahrhundert lang auch Deutschland in einer ständigen Berauschung hielten. Trotz seiner lebenslangen Geldnot frönte Maximilian einem Mäzenatentum, dessen Ausmaß von keinem Kaiser der Deutschen übertroffen worden ist. Einen Vorläufer hatte Maximilian darin nur in Kaiser Karl IV. In der Regierungszeit des ›letzten Ritters‹ gab es kaum einen deutschen Künstler von Format, den Maximilian nicht gefördert, den er nicht berufen oder mit Aufträgen bedacht hätte: Albrecht Dürer, seit 1521 Hofmaler mit fester Besoldung, Peter Vischer, Hans Burgkmair, Veit Stoss, Adam Kraft, Albrecht Altdorfer. Mit Altdorfer müssen die Meister der Donau-Schule genannt werden, vor allem Lucas Cranach d. Ä., Wolf Huber, Jörg Breu sowie die beiden Rueland Frueauf. Ferner gehörten der Innsbrucker Architekt und Maler Jörg Kölderer, Nikolaus Türing, die Augsburger Maler und Holzschnitt-Zeichner Leonhard Beck und Hans Schäufelein zu dem Kreis der Geförderten. Als Hofhistoriograph arbeitete Johann Stabius unter dem Kaiser. Seit 1495 nahm Heinrich Isaac die Stelle als Hofkomponist ein, nachdem er zuvor als Organist und Musiklehrer am Hof Lorenzo de' Medicis in Florenz tätig gewesen war. Mit diesem flandrischen Meister, neben dem in seiner Zeit noch Josquin des Prez zu nennen ist, erreichte der Einfluß der niederländischen Musik im Reich ihren Höhepunkt. Maximilians Leidenschaft für Musik und Gesang entfachte sich während seiner Jahre in Burgund. Er befand sich kaum jemals auf Reisen, ohne daß ihn ein kleines Orchester begleitete. Als ihm vorgerechnet wurde, wieviel Geld diese Marotte verschlinge, wehrte der Kaiser ab: »Ohne die Musik wär ich ein Wüterich oder ein trauriger Narr.« In Wien rief er die Hofmusikkapelle ins Leben und stiftete am 30. Mai 1498 als eine ihrer Sonderabteilungen denjenigen Chor, der heute noch besteht und weltberühmt ist: die ›Wiener Sängerknaben‹.

Die deutschen Humanisten konnten jederzeit auf den Kaiser rechnen, ebenso die Theologen wie Johannes von Staupitz, der Ordensobere Martin Luthers, der eng mit dem Nürnberger Humanistenkreis verbunden war, oder Johannes Trithemius, der Abt von Sponheim, später Prior des Schottenklosters in Würzburg, ein bedeutender Historiker und Humanist, dessen Gelehrsamkeit solches Staunen erweckte, daß ihm übernatürliche Kräfte zugeschrieben wurden. Die Verwunderung reduzierte sich nach seinem Tod ein wenig, als man entdeckte, daß Trithemius in seinem Humanisteneifer eine Reihe der angeblich von ihm aufgespürten alten Manuskripte und Quellen selbst erfunden und geschrieben hatte.

Der Kaiser förderte die Architektur wie die Plastik, die Malerei wie den Holzschnitt, die Naturwissenschaften wie die Dichtung und die Wiener Universität. Er gab der ›Akademie der Dichtkunst‹, die Conrad Celtis 1501 in Wien gegründet hatte, eine finanzielle Basis. Maximilian beschäftigte Drucker genauso aufwendig wie Waffenschmiede und Erzgießer. Er selbst schrieb und diktierte Manuskripte über eine Fülle von Themen, entwarf Buchplan auf Buchplan. In seiner Art war er eine charakteristische Verkörperung des Uomo universale der Renaissance, freilich ganz unter den Bedingungen der deutschen

»O Jahrhundert! O Wissenschaften! Es ist eine Lust zu leben.« – Ulrich von Hutten an Willibald Pirkheimer am 25. Oktober 1518

Eine Kogge
Zeichnung von
Albrecht Altdorfer, 1515

Conrad Celtis' Werk
›Quatuor Libri Amorum
secundum quatuor
Latera Germaniae‹
Titelblatt der 1502 in Nürnberg
erschienenen Publikation

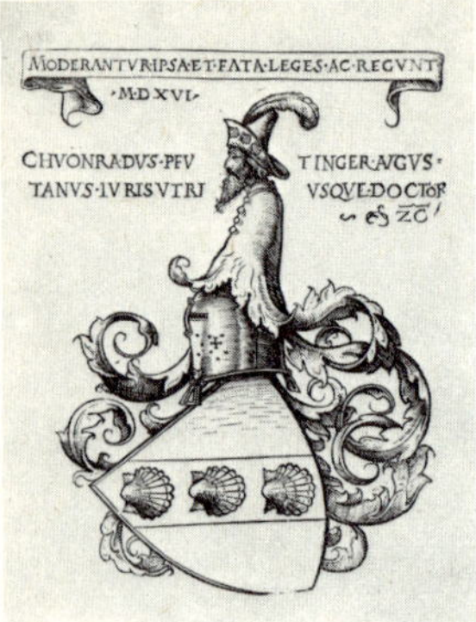

Konrad Peutingers Wappenexlibris
Kolorierter Holzschnitt von Hans Burgkmair d. Ä., 1516

Kultur im Reich. Seine beiden Selbstbiographien, die allerdings nur die Jugend behandeln, zählen zu den seltenen Lebensbeschreibungen aus der Hand regierender Fürsten. Beide halten sich in der Tradition ritterlicher Lehrgedichte. Den realistischeren ›Weißkunig‹ – eine Anspielung auf den Schimmel, den er als König ritt – veröffentlichte er 1514. Der stärker allegorische ›Theuerdank‹, in dem er die Geschichte seiner Brautfahrt nach Burgund berichtete, erschien 1517. Durch seinen Schreiber Hans Ried ließ er im ›Ambraser Heldenbuch‹ alte Dichtungen sammeln. So ist Maximilian die einzige Überlieferung des zweiten Nationalepos nach dem ›Nibelungenlied‹ zu verdanken: das mittelhochdeutsche ›Gudrunlied‹ aus dem 13. Jahrhundert.

Sicherlich wurde Maximilians Popularität durch sein Mäzenatentum gesteigert. Am meisten jedoch dürften seine persönliche Liebenswürdigkeit und Herzlichkeit, die seine Würde als Kaiser niemals beeinträchtigten, für die nahezu unerklärlich tief gegründete Volkstümlichkeit verantwortlich sein, die durch die Zeit nichts eingebüßt hat, ja eher aufgrund der vielen legendenhaften Überzeichnungen zusätzliches Licht erhielt. Bei all seiner Melancholie, seinem Ernst, der sich im Alter oft als Bärbeißigkeit äußerte, war er immer bereit, in Lachen auszubrechen und sich an einem Unsinn zu beteiligen. Er bewahrte den Übermut eines Jungen, der den Schalk mit Recht nicht als Gegensatz des Weisen empfindet.

Am 18. August 1477 war Maximilian in Gent eingeritten, hinter ihm ein Gefolge von fast tausend Fürsten und Bischöfen, Freiherrn und Rittern. Der junge Erzherzog trug einen vergoldeten Panzer, sein langes blondes Haar wurde von einem Reif aus Diamanten und Perlen zusammengehalten. Er zog nach dem Urteil von Augenzeugen in Burgund ein »wie ein Erzengel, ein lebendes Beispiel für alle schönen Prinzen der Welt; hier hat die Natur nichts vergessen«. Mehr als vier Jahrzehnte später zog er ebenfalls in eine Stadt ein, nicht prächtig, vielmehr todkrank. Er wollte in der Hauptstadt Tirols übernachten. Tirol hatte er als »Herz und Schild meines Reiches« gerühmt. Er selbst ist auch oft als ›Tiroler Kaiser‹ bezeichnet worden. Innsbruck war diejenige Stadt, die er am meisten geliebt, in die er die Zentralbehörden des Reiches gelegt hatte. Doch die Gastwirte der Herbergen öffneten die Tore nicht, sie verlangten, der Kaiser möge erst seine alten, unbeglichenen Rechnungen bezahlen. Sie verweigerten seinem Troß Quartier, die Pferde Maximilians fanden keine Stallungen. Zutiefst verletzt gab er Befehl, mitten in der Nacht, im Schneetreiben, weiterzuziehen. Für dieses Innsbruck hatte er ein Lied geschrieben und von Heinrich Isaac vertonen lassen: »Innsbruck, ich muß dich lassen / ich fahr dahin mein Straßen / in fremde Land dahin. / Mein Freud ist mir genommen / die ich nit weiß bekommen / wo ich im Elend bin.«

Der Kaiser wollte jetzt nach Wien, doch sein Fieber stieg. In Wels an der Traun mußte er die Reise unterbrechen. Er nahm Quartier in der Burg des mächtigen Grafen von Wels-Lambach. Hier erwartete Maximilian seinen Tod. Er wußte, daß ihm kein Arzt mehr helfen konnte. Am 30. Dezember 1518 ließ er sein Testament schreiben. Um ihn waren nur einige Mägde, Diener, Troßbuben und sein Freund Sigismund von Herberstein, den er als jungen Mann im Friauler Feldzug zum Ritter geschlagen hatte. Herberstein führte das Tagebuch. Aus der Silberstadt Schwaz im Inn-Tal kam Georg von Frundsberg von seiner Burg. Am Bett saß der Kartäusereremit Georg Reysch, bereit, dem Sterbenden jederzeit »in den Himmel zu helfen«. Maximilian sah dem Tod gelassen entgegen, ihn bekümmerte nur, daß er nicht auf dem Schlachtfeld sterben konnte. In den letzten Tagen blickte er viele Stunden schweigend durch das kleine Burgfenster in den Winterhimmel. Schließlich ordnete er jede Einzelheit seiner Bestattung an. Aus Wien traf nun auch der Arzt Tannstetter ein, doch Georg Reysch hatte schon die Sterbekerze angezündet. Der Kaiser starb am 12. Januar 1519, um drei Uhr morgens. Zu seinem Tod bemerkte der Humanist und Diplomat Johannes Cuspinian, der Maximilian seit dreißig Jahren nahestand: »Ganz am Ende seines Daseins wurde er der Bescheidendste aller Sterblichen.«

Die Gestalt Maximilians I. ist lange Zeit in einer Art verklärt worden, die mehr den Wünschen der Nachfahren entsprach, als sie dem Wesen seiner Persönlichkeit angemessen war. In der stattlichen Reihe der Habsburger Monarchen findet dieser Kaiser nur schwer seinen adäquaten Platz. Er verkörperte einen Herrschertypus, zu dem es keine annehmbaren Parallelen gibt. In seinen Interessen drückte sich eine geistige Kapazität aus, die mit den Standards der Hofleben nicht zu verbinden war. Durch seine Erfahrungen in Burgund, seine Verzauberung durch die Lebensformen und Bestimmungsbegriffe des hohen Adels wurde er tatsächlich der ›letzte Ritter‹. Derselbe Herrscher, der das Kriegswesen modernisierte, überließ sich insgeheim der Sehnsucht nach dem Hof des König Artus und seiner Tafelrunde. Maximilian war jedoch ebenso elementar verankert im zeitgenössisch Deutschen. Er besaß dieselben Affinitäten wie Albrecht Dürer, der ihm so nahe stand wie kein anderer Künstler, der sich als eine der Verkörperungen Deutschlands fühlte und dem Kaiser denselben Beinamen gegeben hätte, den er für sich selbst angemessen fand: Albertus Dürer Germanicus. Vorwürfe, seine Politik diene Habsburg und nicht dem Reich, hatte Maximilian einmal zornig pariert: »Mein Ehr ist deutsch Ehr, und deutsch Ehr ist Mein Ehr!« Begnadet und geschlagen mit einer unverwüstlichen Kindlichkeit, einem entwaffnenden Leichtsinn, war er trotzdem auch schon von der eigentümlichen Trauer Habsburgs durchdrungen, die dem begrifflich kaum artikulierbaren Wissen von der unerbittlichen Vergänglichkeit des Bestehenden und der Vergeblichkeit allen Mühens entsprang. Über das Persönliche hinaus gelang Maximilian erstmals die Verschmelzung von Kaiseridee und Hausdynastie. Die imperiale Reichsgewalt konnte er nicht erneuern, wohl aber verlieh er dem imperialen Gedanken, dem Rang und der Wirklichkeit des Kaisertums eine solche Vitalität, daß seine Verbindlichkeit für Habsburg und das Reich über Epochen hinweg erhalten blieb.

Kaiser Maximilian I.
Gemälde von
Bernhard Strigel, vor 1510

Die Geburt einer Fabel

Der Vater Maximilians war bei seiner Wahl von den Fürsten und Ständen des Reiches mit ähnlich hochgespannten Erwartungen begrüßt worden wie der ›letzte Ritter‹. Obgleich Maximilian zu den besten Turnierkämpfern seiner Epoche gehörte und für die ausschmückenden Erzählungen immer wieder handfeste Beispiele und überzeugende Beweise lieferte, übertraf ihn sein Vater an Statur und Ausmaßen noch bei weitem. Friedrich III. war ein Hüne, der Sohn von Eltern, in denen noch etwas von den Sagen und Berichten jener mythischen Zeit der Riesen fortlebte. Herzog Ernst I., der Eiserne, von Steiermark trug seinen Namen nicht nur zu Recht, sondern er wählte auch eine ebenbürtige Gemahlin, die polnische Fürstin Cimburgis von Masowien. Sie war eine schöne

Frau; die Harmonie ihrer Gesichtszüge wurde nicht einmal durch die ausgeprägte ›Habsburgerlippe‹ gestört, das klassische Kennzeichen der Dynastie, das ihr als Erbteil zu verdanken war. Doch nicht ihre Schönheit wurde damals bestaunt. Sie besaß solche Kräfte, daß sie angeblich Nägel mit bloßen Händen in die Wand zu schlagen vermochte. Deshalb wurde sie auch zumeist ganz sachlich ›Cimburgis die Starke‹ genannt. Friedrich, mit dreiundzwanzig Jahren, 1440, zum römischen König gewählt, schien diese Stärke nur rein physisch zu besitzen. Von Tatkraft fand sich bei ihm, wie die Fürsten im Reich bald zu erkennen glaubten, so gut wie nichts.

Kaiser Friedrich III.

»Man gibt weder dem Papst, was des Papstes ist, noch dem Kaiser, was des Kaisers ist. Nirgends ist Ehrfurcht, nirgends Gehorsam.« – Enea Silvio Piccolomini in einem Brief aus Deutschland

Das Reich galt während des 15. Jahrhunderts, zumal zwischen 1440 und 1490, als Stätte einer allgemeinen Anarchie, in der weder Ordnung noch Recht herrschten, sondern Willkür und Terror, Gewalt und Mord. Friedrich III. brachte nach seiner Wahl im Jahr 1440 unverzüglich die alten Reichsreformverhandlungen wieder in Gang, die bereits Kaiser Sigismund in den dreißiger Jahren nach dem Abflauen der Hussitenstürme eingeleitet hatte. Schon 1442 legte er seine ›Reformation‹ vor, ein abgewogenes Dokument, das aber kein vollständiges Landfriedensgesetz darstellte, sondern nur das Fehderecht energisch zurückstutzte, mit dem aber die Rechtsunsicherheit hätte beendet werden können. Das Gesetz scheiterte, weil es nicht möglich war, ein unabhängiges Gerichtswesen und eine funktionierende Exekutive zu schaffen.

Die Fürsten wären zu jeder Regelung bereit gewesen, sofern sich daraus ein Machtzuwachs für sie ergeben hätte. Schon vor der Wahl Friedrichs III. hatte ein Plan bestanden, das Reich in vier Landfriedenskreise aufzugliedern, denen jeweils ein Fürst mit entsprechender Gerichtsbarkeit vorstehen sollte. In dem königlichen Gegenentwurf wurde jedoch wegen der Neutralität der Rechtsfindung vorgeschlagen, einen solchen Hauptmann von sämtlichen Reichsständen wählen zu lassen. Aber das lehnten die Fürsten ab, sie beharrten auf ihrer eigenen Zuständigkeit. Die Städte wiederum sperrten sich gegen beide Lösungen, da sie damit beschäftigt waren, sich den Versuchen der Fürsten zu widersetzen, die ihre Oberhoheit auf die Städte ausdehnten. Damit blieb die öffentliche Gerichtsbarkeit im Reich, so wie schon seit Jahrzehnten, verzweifelt notwendig, aber nicht realisierbar. Und deshalb griff zwangsläufig jedermann wie gewohnt zur Selbsthilfe. Man wahrte, behauptete oder erzwang seine Rechte durch die Fehde, deren Zulässigkeit von der Rechtsordnung gebilligt war und die als subsidiäres Rechtsmittel seit der Zeit des Interregnum von 1234 bis 1273 und in allen Phasen der staatlichen Ohnmacht des Reiches seine Tradition besaß. So blieb es unverändert bei den Kleinkriegen und Kämpfen zwischen den Fürsten und Städten, den Städten und Rittern, bei den Versuchen zahlreicher Bünde, ihre Selbständigkeit in eigener Regie auszubauen und die Zentralgewalt, den Kaiser, nur insoweit gelten zu lassen, als es den Eigeninteressen dienlich erschien. Erneut entpuppte sich das widrige Gegen- und Wechselspiel als entscheidende Sperre für die Lösung der dringlichsten Probleme des Reiches.

Kaiser Friedrich III. Kopie von Anton de Boys nach einem Original aus der Zeit um 1490

Friedrich III. zog daraus die Konsequenzen. Er vergeudete die Kräfte nicht in einem Bereich, dessen Nöte sich nur beheben ließen, wenn die Leidtragenden selbst die Einsicht dafür entwickelten. Wenn das Volk über die Untätigkeit des

Kaisers klagte, dann rief es nur scheinbar nach einem starken Friedrich. De facto sehnte es sich nach der Macht jener Herrscher, die lange vor den Staufern mit Heinrich III. einen Höhepunkt erreicht hatten, weil sie die Herzöge unter die Königsgewalt gebeugt, ihnen das Joch der Mäßigung auf den Nacken gelegt, den Gottesfrieden und die Treuga Dei verkündet hatten. Nikolaus von Kues, der bedeutendste Kirchenfürst, Diplomat und Philosoph der Epoche, hatte in seiner souveränen Reformschrift ›De Concordantia Catholica‹ von 1432/33 die deutschen Herren gewarnt: »So wie die Fürsten das Reich verschlingen, so wird das Volk die Fürsten verschlingen.« Praktische Folgen hatte diese Staatsschrift mit ihren Mahnungen und Vorschriften so wenig wie andere Konzepte, die in jener Zeit entworfen wurden, bis hin zur revolutionären ›Reformatio Sigismundi‹ von 1439, der sogenannten Trompete des Bauernkrieges.

Nikolaus von Kues' Werk ›De Concordantia Catholica‹ Miniatur mit einer Darstellung disputierender Magister in dem für Domenico de Dominichi, den Bischof von Torcello, 1464 angefertigten Codex

Gemeinsam war ihnen jedoch der appellative Charakter. Sie weckten und schärften das Bewußtsein für die Mißstände, unter denen alle litten, selbst Friedrich III. Wie hätte der Kaiser in den Bruderkrieg der Fürsten in Sachsen eingreifen können? Was sollte er gegen den mächtigen Kölner Erzbischof veranlassen, der seine Herrschaft nach Westen auszudehnen versuchte und mit dem Herzog von Cleve zusammenstieß? Fünf Jahre tobte diese Soester Fehde. Sie wurde erst 1449 beigelegt, setzte sich aber schon im Jahr darauf als Münsterische Stiftsfehde zwischen dem Erzbischof und den Grafen von Hoyn viele Jahre lang fort. Die Kriege innerhalb des Reiches rissen nicht ab. Raubritterzüge waren die Regel. Der geniale Sekretär, Ratgeber und Freund des Kaisers, Enea Silvio Piccolomini (Pius II.), dessen Intelligenz derjenigen seines Herrn nichts schuldig blieb, machte für diese Lage ausschließlich die deutschen Fürsten verantwortlich: »Obwohl ihr den Kaiser als euern König und Herrn anerkennt, ist seine Herrschaft nicht gesichert. Er hat keine Macht: Ihr gehorcht ihm nur, wenn euch der Sinn danach steht, und das ist selten genug der Fall. Ihr alle strebt nach Freiheit; weder Fürsten noch Stände geben ihm, was ihm zusteht. Er hat keine Einkünfte, keine Schätze. So kommt es, daß ihr in ständigem Krieg und in Feindseligkeiten lebt; daher auch Mord, Brandschatzung..., die daher rühren, weil es an der höchsten Autorität mangelt.«

Friedrichs III. Distanz zu den Wirren im Reich, die er als Manifestation einer Wirrnis des politischen Gemeinbewußtseins der Reichsglieder ansah, hielt ihn nicht davon ab, alle ständischen Versuche, seine Herrscherrechte zu mindern, mit Energie und Ausdauer abzudrosseln. Am gefährlichsten wurde Pfalzgraf Friedrich I., der Siegreiche, der sich in den sechziger Jahren zum stärksten Territorialpolitiker des Reiches durchkämpfte und zum beachtlichsten Gegenspieler des Kaisers wurde. Der Pfalzgraf rief eine ›Reichsreform der rheinischen Kurfürsten‹ ins Leben. Er beabsichtigte eine Trennung und Verselbständigung der Westgebiete des Reiches, eine Entmachtung des Kaisers und trug sich mit dem Gedanken, selbst König zu werden. Im Süden gelang es ihm kurzfristig, in Kriegen mit Markgraf Albrecht Achilles von Zollern, dessen Fürstenbund die fränkischen Städte außer Nürnberg unterjocht hatte, und in Kämpfen mit den Wittelsbachern seine Vorherrschaft durchzusetzen. Doch Friedrich entzog ihm schließlich die Basis all seiner Pläne durch die Einigung mit Burgund, die zur Gründung der Habsburger Reichsbastion im Westen führte.

Im Jahr 1488 besiegelte Friedrich III. die kaiserlichen Reichsinteressen durch den geschicktesten Coup seiner Politik aus dem Grazer Hinterhalt: durch seine Initiative bei der Gründung des ›Kaiserlichen Bundes in Schwaben‹. Mit dem

Der Landesherr von Württemberg, Graf Eberhard, mit adligen Räten und Dienern bei der Erörterung territorialer Fragen Kopie nach einem Original aus dem 15. Jahrhundert

Bündnis wurde eine Art ideeller Brücke zwischen den Erblanden und Burgund geschlagen. Auf der Basis dieser Landfriedensorganisation gelang es außerdem, die schlimmsten Auswüchse der Rechtsunsicherheit in Oberdeutschland zu beschneiden. In dem Kaiserlichen Bund hatten sich zunächst die Reichsstände Schwabens zusammengefunden. Dem Kaiser war es gelungen, den Widerstand des mächtigsten Territorialherren im Süden, Graf Eberhards V., des Gründers der Tübinger Universität 1477, zu überwinden und auch ihn in den Bund zu zwingen. Aus der halben Nötigung dieses herausragenden Landesherren entwickelte sich ein festes Neigungsverhältnis zu Kaiser und Reich. Graf Eberhard übernahm die Führung des Schwäbischen Bundes. Die Habsburger verfügten damit über einen stattlichen Partner im Süden des Reiches, wodurch die Wittelsbacher, die Hauptrivalen Habsburgs, politisch neutralisiert wurden. Nach wenigen Jahren hatte die Landfriedenseinigung des Schwäbischen Bundes, dem jetzt nicht nur der Adel, die Reichsritterschaft und die Städte Schwabens, sondern auch zahlreiche andere Stände angehörten, praktisch Geltung im ganzen Reich, die norddeutschen Gebiete ausgenommen. Diese Einigung wurde zum Fundament des ›Ewigen Landfriedens‹ von 1495.

Ohnmacht und Hausmacht

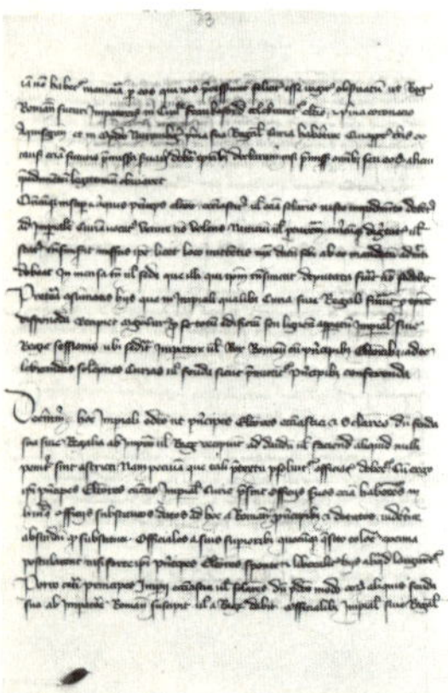

Die ›Goldene Bulle‹ von 1356: Verfügung Kaiser Karls IV. an jeden neu gewählten König zur Einberufung des ersten Reichstages nach Nürnberg Exemplar für den Pfalzgrafen bei Rhein

In der ›Goldenen Bulle‹ Kaiser Karls IV. von 1356 wurden die Habsburger von der Zugehörigkeit zum Wahlkollegium ausgeschlossen. Herzog Rudolf IV. von Österreich war die Kurwürde versagt worden. Im Jahr 1359 legte Rudolf dem Kaiser, der, seit Rudolf 1353 Karls Tochter Katharina geheiratet hatte, sein Schwiegervater war, Urkunden vor, aus denen sich einhellig die Sonderstellung Österreichs und seiner Landesfürsten gegenüber allen anderen Territorien des Reiches ergab. Kaiser Friedrich I. Barbarossa hatte 1156 in der Urkunde des ›Privilegium minus‹ dem Babenberger Heinrich II. Jasomirgott die Erhebung der Ostmark von einer Markgrafenschaft zu einem Herzogtum bestätigt; zusätzlich hatte er ihm eine Reihe außerordentlicher Vergünstigungen gewährt. Rudolf IV. hatte diese Urkunde von seinen Kanzleiräten in eine zweite Fassung bringen und durch weitere Schriftstücke ergänzen lassen. Durch dieses Urkundenbündel, das ›Privilegium maius‹, verwandelte sich Österreich in ein Erzherzogtum. Seine Herrscher waren den Texten gemäß von nahezu sämtlichen Lehnspflichten dem Reich gegenüber befreit, das Reich hingegen war zu einer Beistandspflicht gegenüber allen äußeren Feinden genötigt. Eine weitere Gruppe von Vorrechten ergab sich angeblich aus Erlassen, die Kaiser Nero, ja schon Cäsar zu Urhebern hatten. Aufgrund dieser ›Hauptprivilegien‹, die Rudolf IV. in der Prager Königsburg vorlegte und von Kaiser Karl IV. bestätigt sehen wollte, rangierte Österreich seinen Rechten und Vorrechten nach plötzlich weit vor den Kurfürstentümern des Reiches.

Kaiser Karl IV. war ein erfahrener Herrscher. Obwohl Mißtrauen nicht zu seinen auffälligsten Eigenschaften gehörte, verstanden er und vor allem seine Hofkanzlei einiges von Urkunden. Deshalb weigerte er sich, die Bestätigung zu erteilen. Die Dokumente wurden keineswegs zu Fälschungen erklärt, obgleich sich Petrarca besonders engagiert und böse dazu äußerte. Sie wurden nicht bestätigt, weil sie nicht einwandfrei zu sein schienen. Ein Jahrhundert später entsann sich Friedrich III. der Urkunden seines Großonkels Rudolf, dem der

Volksmund den Ehrennamen ›der Stifter‹ beigelegt hatte. Da Friedrich nicht weniger selbstbewußt war als sein Vorfahre, der schon mit sechsundzwanzig Jahren gestorben war, aber bereits die Wiener Universität und etliche andere bedeutende Institutionen gegründet hatte, ließ er die Frage der Echtheit des ›Privilegium maius‹ auf sich beruhen und erteilte 1453, ein Jahr nach seiner Kaiserkrönung in Rom, den Dokumenten diejenige Bestätigung, die ihnen Karl IV. vorenthalten hatte. Damit erhielten die Bestimmungen unanfechtbare, reichsrechtliche Gültigkeit. Seit 1453 gab es weder an der Echtheit noch an der Verbindlichkeit der ›Hauptprivilegien‹ einen Zweifel; erst 1852 wurde die Fälschung einwandfrei festgestellt, zu einer Zeit, da sich aus der Klärung der Urheberschaft nicht die geringsten Weiterungen ergaben.

Des »Heiligen Römischen Reiches Erzschlafmütze.« – Langjähriges Fehlurteil über Kaiser Friedrich III.

Die oft beklagte, zu Unrecht unterstellte Tatenscheu Kaiser Friedrichs III. war nichts anderes als die Außenhaut der seltenen Gabe politischer Prospektivität. Friedrich besaß ein untrügliches Gespür für die realistische Einsicht, daß das Beste eines Staatsmannes oft dasjenige ist, was er unterläßt. Der Kaiser hielt sich niemals für einen an Unschlüssigkeit leidenden Menschen. Für seine Fähigkeiten sprechen seine Erfolge in der Reichspolitik, die Weitsicht seiner dynastischen Planungen und die Stärke seines Glaubens, daß die Habsburger Dynastie vor allen Herrscherhäusern der Welt auserwählt sei und jedes andere Geschlecht unvergleichlich überrage. Die Habsburger, so war Friedrich unerschütterlich überzeugt, stammten direkt von Priamos, dem König von Troja, ab. Die Gewißheit von der Habsburger Exorbitanz war bei Friedrich III. deshalb so konkret, weil sie mystischer Natur war. Das hatte wenig mit Nebulosem zu tun, aber viel mit Ehrgeiz und Machtwillen. Was andere Herrscher durch Betriebsamkeit zu erreichen suchten und verfehlten, erstrebte Friedrich III. mit Beharrlichkeit und Geduld, mit Unbeirrbarkeit und Gleichmut. Während sich andere Herrscher bei Unglücksfällen und Katastrophen bis an die Grenzen des Schlaganfalls erregten, hob Friedrich III. in ähnlichen Situationen kaum die Lider. Sein besonderes Lieblingswort – »Die Zeit übt das Amt der Rache« – enthält fast schon zuviel an Leidenschaft.

AEIOU: die Vokal-Devise Friedrichs III. auf der ersten Seite seines am 27. April 1437 begonnenen Notizbuches Teil der linken Spalte auf der ersten Seite

Drei Jahre vor seiner Wahl zum römischen König in Frankfurt begann Friedrich ein Notizbuch zu führen. Auf die erste Seite schrieb er später die Vokal-Devise AEIOU. Wie die anderen Zeitgenossen, die nachdenklicheren Sinnes waren, beschäftigte sich Friedrich intensiv mit den Wissenschaften und Künsten, griff den alten Brauch der Dichterehrung wieder auf, krönte Enea Silvio Piccolomini und 1487 Conrad Celtis in Nürnberg zum Poeta laureatus, war interessiert an Astrologie und Alchemie, baute sich in Graz Laboratorien und ließ sich faszinieren von den neuen Einsichten einer Naturerkenntnis, die nicht mehr auf Spekulation setzte, sondern auf den Index der Kontrolle und Verifikation. Ihn fesselte die Mystik nicht des Tanszendenz-Bezogenen, sondern des Sichtbaren, das der Deutung nicht weniger Freiraum ließ als die Spekulation innerhalb des Koordinatensystems der christlichen Dogmen. Das Spiel mit den fünf Vokalen AEIOU wurde für Kaiser Friedrich mehr als eine Manie des Buchstabenzaubers oder der Vokalsuperstition. Welche Deutung er ihnen gegeben hat, ist nicht völlig gewiß, es ist also auch nicht sicher, ob sie mit der schon damals allgemein gebräuchlichen Formel übereinstimme: Austriae est imperare orbi universo – Es ist Österreichs Bestimmung, die Welt zu beherrschen. Wichtiger als die Interpretation ist die irritierende Tatsache, daß der Kaiser nicht müde wurde, seine Vokal-Devise überall anzubringen, wo es ihm möglich und notwendig erschien. Er ließ sie in die Steine seiner Bauten meißeln, über Türen, Einfahrten, Fensterbögen anbringen, ins Holz seiner Wagen kerben, in Edelsteine gravieren, in Gold- und Silbergeräte treiben, auf Folianten malen und auf Buchdeckel prägen, in Gewänder und Paramente sticken und weben, in sein Majestätssiegel schneiden. Dieser Herrscher des Reiches, dessen Geduld – verwechselt mit Indolenz – Anlaß zu bitterstem Spott gab, dieser Kaiser, der zeitweise dem Anschein nach so arm war wie der Ärmste seiner Knechte, dieser Fürst sah sich stets als der auserwählte Herrscher einer ›Monarchia magica‹. Er war durchdrungen von der schicksalhaft sicheren und unbezweifelbaren Bestimmung der Domus Austriaca und schuf die Fabel von der absoluten Unvergleichbarkeit Österreichs. Denn daran glaubte er mit ganzer Kraft.

Die Beherrschung der Welt war für Kaiser Friedrich III. eine Formel der Würde und der Sendungsgewißheit, kein staatsmännisches Programm der Fernziele. Ein ausgesprochen politischer Sinn ist erstmals 1666 expressis verbis in einer Wiener Veröffentlichung mit den fünf Vokalen verbunden worden. Der Kaiser war ein besserer Wirtschafter, als sein zeitweiser Geldmangel vermuten läßt. Friedrich III. nahm die ersten Kontakte zu den Fuggern auf, eine Zusammenarbeit, die sowohl für die Augsburger Handelsherren und Finanziers – die ›Könige der Kaufleute‹ – als auch für Habsburg außerordentliche Folgen hatte. Lukas Fugger erhielt 1462 ein Wappen verliehen; seitdem hieß die Linie der Familie ›Fugger vom Reh‹. Elf Jahre später wiederholte sich die Nobilitierung bei Ulrich Fugger; aus dem Zweig dieser ›Fugger von der Lilie‹ stammten Jakob (II.), der Reiche, und sein genialer Neffe Anton. Als Friedrich III. im August 1493 starb, hinterließ er seinem Sohn und Nachfolger nicht nur Schulden oder hohle Titel und Würden. Seine riesige Juwelensammlung wurde zum Krongut der Habsburger. Bei der Wahl Karls V. zum Kaiser spielte dieser Hausschatz neben dem Geld Jakob Fuggers die Hauptrolle. So ohnmächtig Friedrich mitunter in seinem eigenen Land und vor allem gegenüber dem Ungarnkönig Matthias Corvinus war, so hatte er trotz aller Rückschläge die Hausmacht Habsburg zielstrebig, auch skrupellos gegenüber seinen engsten Verwandten, ausgebaut. Maximilian erhielt Österreich samt Steiermark, Kärnten, Krain und Tirol, dazu den elsässischen Sundgau sowie das damalige Burgund mit den Niederlanden, Flandern, Brabant, Luxemburg, dem Artois und der Franche-Comté.

Die Verlobung Friedrichs III. mit Eleonore von Portugal vor der Stadt Siena im Jahr 1452
Aus einem Wandgemälde von Bernardino Pinturicchio in der Sieneser Dombibliothek, vor 1508

Des Kaisers Vokal-Devise schließt auch eine unverkennbare politische Neuorientierung ein. Friedrich III. verzichtete zugunsten einer Konzentration bewußt auf überkommene Hausrechte, beispielsweise bei der Schweiz, und ererbte Anwartschaften. Er verdichtete ›Habsburg‹ in die konkretere Formel des ›Hauses Österreich‹ und lieferte damit der Dynastie jenes haltbare Fundament, von dem aus sich die Gleichsetzung von Hausmachtpolitik und Reichspolitik durchführen ließ. Mit demselben Gespür für das Mögliche setzte sich der Kaiser über seine Mißerfolge mit einem seiner Lieblingsworte hinweg, das sich allerdings ebenso auf das Gegenteil anwenden läßt: »Rerum irrecuperabilium summa felicitas est oblivio – Das höchste Glück liegt im Vergessen des Unwiederbringlichen.« Friedrich III. wollte damit verdeutlichen, daß die Bestimmung, sein A E I O U, sich dem irdischen Wechsel entzieht und deshalb alles, was in der zeitlichen Welt zählt, relativ ist, mithin keinen Ewigkeitswert besitzt. Dies war eine spezifisch habsburgisch-österreichische Einsicht. Sie ist bemerkenswert, weil sie herablassend die oft wiederholte Feststellung ergänzt: »Österreich kommt immer eine Idee, ein Jahr oder eine Armee zu spät.« Aber gerade deswegen hatte Österreich solange Bestand, behielt eine andere Version des A E I O U seine Gültigkeit: »Austria erit in orbe ultima – Österreich wird bis ans Ende der Welt bestehen.«

Der Hussitensturm

Kaiser Friedrichs Vorgänger, König Albrecht II., war 1439 überraschend gestorben; auf einem Kriegszug gegen die Osmanen in Ungarn hatte er sich ein Sumpffieber zugezogen. Albrecht und Friedrich besaßen einen gemeinsamen Urgroßvater. Mit dessen beiden Söhnen teilte sich die Dynastie in die albertinische und die leopoldinische Linie. Albrecht II. hinterließ einen nachgeborenen Sohn, Ladislaus V. Postumus. Er wurde 1440, als Säugling, zum König von Ungarn gekrönt und 1453 zum König von Böhmen. Bis zu seiner Volljährigkeit stand er unter der Vormundschaft Friedrichs III. Die Regierungsgeschäfte in Böhmen führte unterdessen Georg von Poděbrad, der Führer der gemäßigten Hussiten, ein einfallsreicher, ehrgeiziger Homo politicus, der sich allen seinen Rivalen in Böhmen weit überlegen erwies und kräftige Allianzen mit den Fürsten des Reiches schloß, um seinen ausgreifenden Interessen die notwendige Tiefe zu geben. Im Jahr 1452 übertrug ihm Friedrich III. die Vormundschaft Ladislaus' Postumus. Der böhmische Landtag erkannte Georg von Poděbrad im selben Jahr als Gubernator an. Noch bevor ihn die Volljährigkeit des rechtmäßigen Königs in politische Gewissensnöte stürzte, starb Ladislaus Postumus. Die Umstände seines Todes im Jahr 1457 konnten nicht geklärt werden. Im Jahr darauf wurde Georg von Poděbrad zum König gewählt. Er mußte sich dem Papst gegenüber durch einen geheimen Eid verpflichten, daß er, der selbst hussitischen Glaubens war, wieder zur römischen Kirche zurückkehren und in Böhmen ebenfalls den alten Glauben restituieren werde.

Albrecht II. von Habsburg
Kopie nach einem Original
aus der Zeit um 1435

Dem Kaiser erwuchs mit Georg von Poděbrad ein ähnlicher Rivale wie mit Pfalzgraf Friedrich I. im Reich. Georgs höchstes Ziel war die deutsche Königskrone. Doch seine Chancen hingen von seinem Verhältnis zur römischen Kirche ab, und diese Beziehung wurde ausschließlich von der Erfüllung seines Eides bestimmt, Böhmen wieder rechtgläubig zu machen. Georg von Poděbrad hatte jedoch bei seinen Plänen nicht den Starrsinn der Böhmen in Rechnung gestellt. Die Hussiten stemmten sich rigoros gegen jede Union mit Rom. König Georg konnte zwischen ihnen und dem katholischen Adel nicht vermitteln. Er hatte sich durch seinen Eid an eine Verpflichtung gekettet, an der sein Volkskönigtum zerbrechen sollte. 1461 wurde der Reichskrieg gegen ihn erklärt. Fünf Jahre später verhängte der Papst über ihn als einen rückfälligen Ketzer den Bann, wodurch Georg seine Herrscherwürde verlor. In Böhmen brach ein neuer Hussitenkrieg aus. Doch bevor eine militärische Entscheidung fiel, starb Georg von Poděbrad in Prag. Mit ihm verlor Böhmen 1471 den kraftvollsten Herrscher, der – außer Karl IV. – auf dem Hradschin residiert hat.

Der Ketzerkönig Georg wurde nicht das Opfer übersteigerter Ambitionen, uneingelöster Zusagen, gebrochener Eide oder politischer Kurzsicht; er mußte vielmehr, wie aber Tausende mit ihm, den religiösen Wirren und Unruhen Zoll entrichten. Nach der Verbrennung von Johannes Hus 1415 in Konstanz war

»Wiclif, Wiclif, wie vielen wirst Du noch den Kopf verdrehen!« – Randbemerkung von Johannes Hus auf einem Manuskript Wiclifs ganz Böhmen von der gewaltigsten Erregung in seiner langen Geschichte erfaßt worden. Der Adel des Landes spaltete sich in einen hussitischen und einen katholischen Herrenbund. König Wenzel IV., der seit dem Tod seines Vaters 1378 Böhmen regierte, war unfähig, einen Ausgleich herbeizuführen. Als er sich schließlich doch zu härteren Maßnahmen gegen die Hussiten entschloß, wurde am 30. Juli 1419 das Prager Rathaus gestürmt. Die Aufrührer warfen dreizehn katholische Richter, Räte und Bürger aus dem Fenster; keiner kam mit dem Leben davon. Der König reagierte mit einem Wutausbruch. Nach einem Schlaganfall starb er am 16. August.

Prag im 15. Jahrhundert
Holzschnitt in der lateinisch geschriebenen Weltchronik des Hartmann Schedel, 1493

Sigismund, der Halbbruder Wenzels und Herrscher des Reiches, griff jetzt zu drakonischen Mitteln. Der Papst assistierte ihm und rief erneut zu einem Kreuzzug gegen Böhmen auf; den ersten hatte er bereits 1418 verkündet. Die hussitische Revolution weitete sich damit zu einem Krieg europäischen Formats aus. Kaiser Sigismund führte 1420 ein Reichsheer bis vor Prag, wo es von den Hussiten fürchterlich geschlagen wurde. Im folgenden Jahrzehnt fanden insgesamt fünf solcher Kreuzzüge statt, und jedesmal triumphierten die Hussiten. Ihre Truppen gingen 1427 zur Offensive über, fielen in Österreich, in Ungarn und Schlesien ein. Im Jahr 1430 stießen sie nordwärts bis Torgau vor, drehten in südwestlicher Richtung nach Altenburg ab und marschierten über Plauen und Kulmbach bis nach Nürnberg. Drei Jahre später drangen sie auf ihrem letzten Zug ins Gebiet des Deutschen Ordens ein und kamen fast bis Danzig. Die Kirche entschloß sich nach den Mißerfolgen der Reichsheere zu einem Konzil, das 1431 in Basel zusammentrat. Die Hussiten beteiligten sich an den Beratungen, und 1433 wurde eine Übereinkunft erzielt. Doch schon im Jahr darauf brach in Böhmen der durch den gemeinsamen Gegner bis dahin eingedämmte Konflikt zwischen den Radikalen und den Gemäßigten offen aus. Am 30. Mai 1434 kam es zu einer fürchterlichen Entscheidungsschlacht südlich von Prag, in der die Radikalen geschlagen und fast alle getötet wurden. Zwölftausend verloren das Leben; die Sieger machten nur siebenhundert Gefangene. Im Jahr 1436 wurden die Vereinbarungen von 1433, die ›Kompaktaten‹, mit denen sich die Gemäßigten einverstanden erklärt hatten, ratifiziert.

Hussitenschlacht
Miniatur in einer tschechischen Ausgabe des Alten Testaments, 1430/40

In den Hussitenstürmen brach vieles Grundsätzliche auf, das der Reformation und der deutschen Bauernrevolution vorausgriff. Die radikalen Hussiten, die Taboriten, hatten ähnliche Gemeinschaftsformen zu entwickeln versucht, wie sie von Müntzer und den extremen Flügeln der Reformation gefordert wurden. Darin manifestierten sich modern-demokratische Elemente genauso wie die alte Sektentradition der häretischen Waldenser und Begarden. Die Forderungen der Hussiten wurden 1420 in den ›Vier Prager Artikeln‹ zusammengefaßt: Abendmahl unter beiderlei Gestalt für Laien und Geistliche, freie Predigt der Heiligen Schrift, Verbot und Bestrafung der Todsünden und Beseitigung des weltlichen Besitzes der Geistlichkeit. Religiös drang die Hussitenbewegung nicht über die Grenzen, doch für Böhmen hatte es umstürzende Folgen, daß der Aufruhr, der das Land seit dem Hervortreten von Hus 1402 durchbebte, von einer starken antideutschen Strömung zusätzlich angeheizt und auch von König Wenzel gefördert wurde. Der nationale Zwist gipfelte in der Forderung, die Verfassung der Prager Universität zuungunsten der Deutschen abzuändern. Der König stimmte zu. Die Universität war seit ihrer Gründung in vier Nationen separiert: in die böhmische, die sächsische, die bayerische und die polnische. Den Deutschen, deren Studentenanteil achtzig

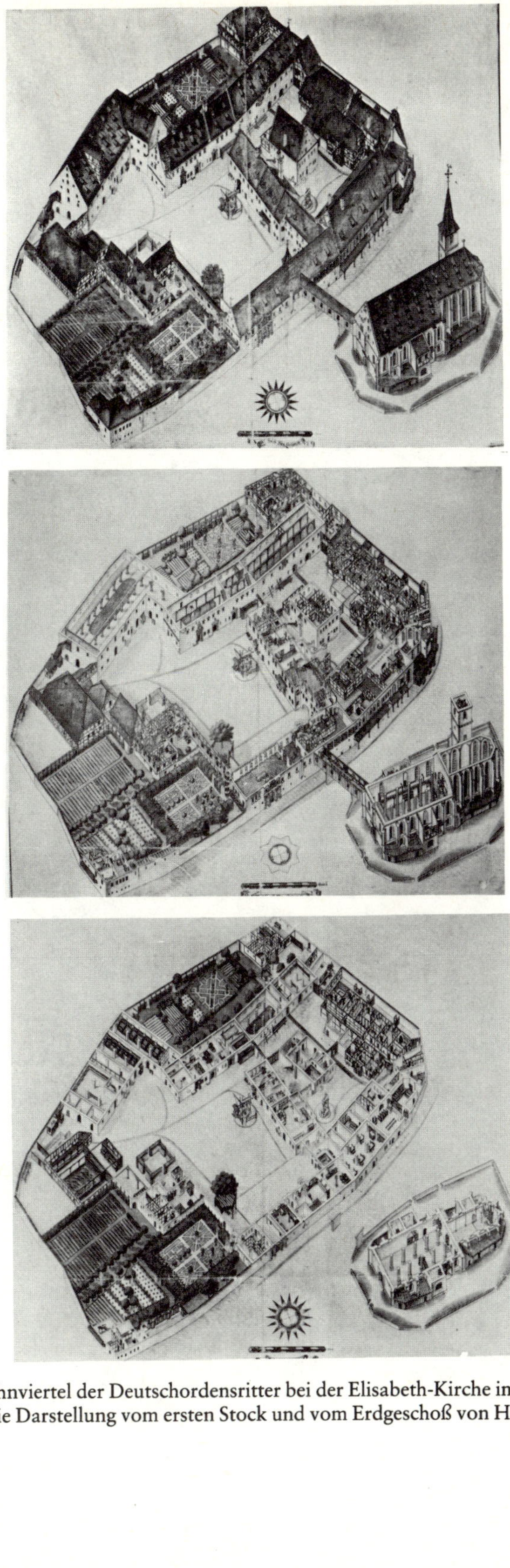

Das Wohnviertel der Deutschordensritter bei der Elisabeth-Kirche in Nürnberg
Ansicht sowie Darstellung vom ersten Stock und vom Erdgeschoß von Hans Bien, 1625

Eidesleistung vor dem Weseler Stadtregiment. Gemälde von Derick Baegert, 1494

Ein Patrizier-Turnier
Kabinettscheibe wohl vom zweiten Hausbuchmeister, um 1470/80

Prozent betrug, standen bis zu diesem Tag drei von insgesamt vier Stimmen zu. Diese überkommene Rechtsstellung der deutschen Landsmannschaften wurde durch das ›Kuttenberger Dekret‹ des Königs vom 18. Januar 1409 beseitigt; von nun an sollte die böhmische Nation über drei Stimmen verfügen, die anderen Nationen insgesamt jedoch nur über eine einzige. Als Antwort verließen die deutschen Studenten und Magister zu mehreren Tausend Prag, zogen nach Leipzig und gründeten dort eine neue Universität.

Die Hussitenstürme wurden für Sigismund zum Alptraum seiner Regierungsära. Als er 1437 starb, konnte er sich kaum des Triumphs erfreuen, daß ihm nun doch auch von Böhmen als König gehuldigt worden war. Nach dem Tod Wenzels war er erbberechtigter Nachfolger in Böhmen geworden. Doch hier wurde er als wortbrüchiger Mörder von Hus, der seit dem Tag seines Todes als Nationalheiliger gilt, abgrundtief gehaßt. Die hussitischen Böhmen lehnten ihn zudem als ›Deutschen‹ ab. Gleichzeitig fürchtete der Adel des Landes die beständige Geldnot Sigismunds; es war bekannt, daß der Kaiser die Steuern besonders rücksichtslos eintreiben ließ. Erst nach langen, blutigen Jahren der Hussitenstürme, fast zwei Jahrzehnte später, wurde Sigismund auch von den Böhmen förmlich als König anerkannt und durfte in Prag als Herrscher des Landes einziehen; vorher hatte er einen feierlichen Schwur auf die ›Kompaktaten‹ ablegen müssen.

Kaiser Sigismund
Vorderseite des Siegels
an dem Privilegiendokument
für die Stadt Nürnberg
vom 31. Mai 1433

So spät sich auch dieser Erfolg einstellte, trug er doch zur Vollendung des Vorhabens bei, das Sigismund als wichtigstes Projekt seiner Regierung angesehen hatte: die verhängnisvollsten Streitfragen der europäischen Christenheit, allen voran das große Schisma, zu beseitigen. Für eine solche Aufgabe brachte dieser letzte Luxemburger Herrscher statt des diplomatischen Geschicks eine barbarische Unbekümmertheit mit, die kaum jemals ihren Eindruck verfehlte. Sigismund stellte eine Mischung aus Bauer und Ritter dar, versetzt mit Genußsucht und Brutalität, Witz und Intelligenz. Enea Silvio Piccolomini notierte ein Gespräch des Herrschers mit Papst Eugen IV. in Rom, in dem Sigismund ein prägnantes Doppelporträt skizziert hat: »In drei Dingen, Heiliger Vater, unterscheiden wir uns, in drei anderen sind wir uns gleich. Du schläfst des Morgens, ich stehe vor Tagesanbruch auf. Du trinkst Wasser, ich Wein. Du fliehst die Frauen, ich renne ihnen nach. Darin aber gleichen wir uns: Du verschwendest die Schätze der Kirche, ich kann nichts bewahren. Du hast kranke Hände, ich leide an den Füßen. Du richtest die Kirche zugrunde, ich das Reich.«

Sigismunds Nachfolger Albrecht II. hatte als Herrscher seines Reiches keine Zeit, seine Fähigkeiten ähnlich zu überprüfen. Da Sigismund 1437 ohne männliche Erben starb und seine einzige Tochter Elisabeth, die Erbin von Ungarn und Böhmen, mit Herzog Albrecht von Österreich verheiratet war, erhielt der Schwiegersohn im Januar 1438 die Stephanskrone, wurde am 18. März in Frankfurt zum deutschen und am 29. Juni in Prag zum böhmischen König gewählt. Die Herrschaft in seinen Erblanden, die Kriegführung gegen die Hussiten hatten dem Charakter des Vierzigjährigen ein gutes Zeugnis ausgestellt: anziehend, zuversichtlich und Erwartungen erweckend. Doch seine Regierung dauerte nur knapp eineinhalb Jahre. Für die Bestimmung der Habsburger als Kaiser und Könige des Reiches ist der Umstand, daß Albrecht II. seine monarchische Stellung nicht nur in einem übertragenen Sinn, sondern durch Verwandtschaftsbeziehungen von den Luxemburgern geerbt hatte, ein ergänzendes Moment der Fabel ›Habsburg-Österreich‹, wie sie unter seinem Nachfolger Friedrich III. entstanden ist, dem Albrecht vor seinem Tod ausdrücklich die Vormundschaft über den erhofften Erben anvertraut hatte.

Die Krönung Friedrichs III.
zum Kaiser
am 19. März 1452
Aus einem Gemälde eines
französischen Meisters,
15. Jahrhundert

Epoche des Wechsels

Die Zerrissenheit der Kirche zu Anfang des 15. Jahrhunderts spiegelte sich kurze Zeit in der Führung des Reiches wider. Im Jahr 1409 mußten sich die verwirrten Gläubigen für einen von drei amtierenden Päpsten entscheiden: für Gregor XII. in Rom, Benedikt XIII. in Avignon oder für Alexander V. in Pisa. Im Reich sah es ein Jahr später genauso aus, es gab drei römisch-deutsche Könige: Wenzel IV. in Böhmen, Sigismund im Reich und ihren Vetter Jobst, den Markgrafen von Mähren. Sigismund und Jobst waren in aufeinanderfolgenden, nicht völlig rechtmäßigen Wahlen zu deutschen Königen erhoben worden. Zu ernsthaften Thronwirren kam es jedoch nicht, da Wenzel schon im Jahr 1400 von der Mehrheit der Kurfürsten für abgesetzt erklärt worden war und Jobst 1411 starb, so daß einer erneuten, diesmal korrekten Wahl Sigismunds nichts mehr entgegenstand.

Der böhmische Sockel des Reiches

König ohne Thron und Sitte

Wenzel hatte mit achtzehn Jahren seine Regierung angetreten, als begabter, hervorragend gebildeter und selbstbewußter Herrscher. Das Erbe allerdings, das er von seinem Vater übernommen hatte, war bei weitem zu groß für seine Fähigkeiten, zumal unmittelbar nach dem Tod Karls IV. der schwelende Gegensatz zwischen den Territorialherren und den Städten des Reiches aufflammte. Die Kontrahenten schlossen sich zu Schutz- und Kriegsbünden zusammen. Ende der achtziger Jahre verwandelten sich die blutigen Kleinkämpfe in einen offenen Krieg zwischen den Adelsbünden und den Städtebünden der ›Pfeffersäcke und Krämer‹, wie die Fürsten die reichen Wirtschafts- und Handelsherren ebenso verächtlich wie neidisch bezeichneten. Die Adelsbünde behielten in dieser ersten Phase ohne Schwierigkeiten die Oberhand. Die Städtebünde wurden in den Feldschlachten besiegt. Der konsequente Abbau ihrer Selbständigkeit setzte ein. Für die Machtkonzentration bei den Territorialherrschaften war damit ein besonders unangenehmes Hindernis beiseite geräumt.

Wenzel IV. von Böhmen
Büste am Triforium
des Prager Veitsdomes

König Wenzel hatte in diesen Auseinandersetzungen keine Autorität und Kraft gezeigt. Der Kontrast gegenüber der Herrschaft Karls IV. war deprimierend. Nach einigen Besuchen im Reich, nach etlichen erfolglosen Bemühungen, dem Beispiel seines Vaters entsprechend Landfriedensvereinbarungen zustande zu bringen, kümmerte er sich nicht mehr um die Fehden und die Interessenpolitik außerhalb Böhmens. Allerdings hielt er es auch in seinem eigenen Königreich nicht anders; hier war er womöglich noch weniger in der Lage, sich gegen die mächtigen Herren durchzusetzen – er versuchte es gar nicht. Wenzel täuschte sich über seine Schwächen nicht hinweg. Diese Selbsterkenntnis führte jedoch zu einer fatalen Steigerung seines Jähzorns und seiner tyrannischen Herrschsucht in der engsten persönlichen Umgebung.

Seine Unfähigkeit zu regieren, ließ er bald in eine notorische Faulheit umschlagen. Tagsüber ging er auf die Jagd und abends betrank er sich mit seinen Kumpanen. Daß ihn die geistlichen Kurfürsten am Rhein für abgesetzt erklärten, störte ihn nicht, da ihm an den Tagesgeschäften eines engagierten Monarchen nichts lag. Doch es kränkte ihn, und deshalb pflegte er bewußt seine Abneigung gegen die ›Großen‹ des Reiches. Er gab sich forciert als Böhme und wurde darum von den Böhmen geschätzt, zumal ihnen Hus mit seinem neuen Glauben auch das Bewußtsein für ihre nationale Besonderheit schärfte.

Auch hier fällt der harte Unterschied zu Karl IV. auf. Der Kaiser hatte eigens in die ›Goldene Bulle‹ aufnehmen lassen: »Das Heilige Römische Reich besteht aus verschiedenen Nationen mit ihren Sitten, Lebensformen und verschiedenen Sprachen und Gesetzen.« Nationalität war nichts wirklich Differenzierendes, war keine Frage einer besonderen Wertigkeit. In seiner lateinisch geschriebenen Autobiographie – neben Maximilian I. ist Karl IV. der einzige Herrscher des Reiches, der sein Leben selbst niedergeschrieben hat – schilderte Karl IV., wie er nach seiner Erziehung in Frankreich und einem zweijährigen Aufenthalt in Italien 1333 als Siebzehnjähriger in seine böhmische Heimat zurückkehrte: »Wir hatten die böhmische Sprache ganz verlernt. Doch haben wir uns später ihrer wieder bemächtigt, so daß wir sie sprechen und verstehen konnten wie jeder andere Böhme. Durch Gottes Gnade haben wir außer dem Böhmischen auch das Französische, das Italienische, das Deutsche und Lateinische so zu sprechen, schreiben und lesen gelernt, daß wir eine wie die andere dieser Sprachen geläufig schreiben, lesen, sprechen und verstehen konnten.«

Nichts finden wir darin von einer Bevorzugung dieses oder jenes Volkes, seiner Sprache, seiner politischen Besonderheit. Als Karl IV. gestorben war, hielt der Erzbischof von Prag im Veitsdom auf dem Hradschin die Leichenrede. Er nahm für die Stadt und für Böhmen, aber auch für das Reich Abschied vom ›Vater des Vaterlandes‹, wie er den Toten bezeichnete. Trotz der persönlichen Selbsteinschätzung des Kaisers und trotz der gleichen Haltung seiner Zeitgenossen ist Karl IV. später zu einem Streitobjekt zwischen Deutschen und Tschechen, zum Anlaß einer ebenso trivialen wie tragischen Aufrechnung des Wirkens, des Zusammenlebens, des Miteinanders und ebenso des Gegeneinanders der beiden Völker in Böhmen geworden. Für die Tschechen blieb Karl IV. bis heute ein tschechischer König und Kaiser, der »populärste König, der jemals in Böhmen geherrscht« hat, wie František Palacký, der Alt- und Großmeister der tschechischen Geschichtsschreibung im 19. Jahrhundert, versicherte; und nach dem Urteil eines anderen tschechischen Experten war er sogar »einer der größten, klügsten und edelsten Herrscher aller Zeiten und Völker«. So hohes Lob wurde dem Kaiser außerhalb Böhmens, zumal von den Deutschen des Reiches, kaum jemals zuteil. Vielleicht zurecht, denn was dem bewußt national fixierten Tschechen unerläßlich erscheint, stellt sich den Deutschen nicht als Problem, weil sich das Heilige Römische Reich und das Königreich Böhmen, dieses rangmäßig oberste Kurfürstentum desselben Heiligen Römischen Reiches, historisch nicht voneinander abgesondert betrachten lassen. Bis zur Auflösung des Reiches 1806 ist die Geschichte der böhmischen Kronländer ein Stück Reichsgeschichte und damit ein Teil der Geschichte der Deutschen. Dieses Sowohl-Als-auch der Volks- und Reichszugehörigkeit läßt sich durch keine nationalen Reklamationen der jüngsten Moderne hinweginterpretieren.

Karl IV. und die Goldene Stadt

»Der Kaiser hätte, weil er eine so starke Vorliebe für dieses Land hatte, und dazu, es großartig zu erhöhen, in seiner besonderen Güte gern den Ruhm der ganzen Welt dahinein geführt.« – Aus der zeitgenössischen Chronik des sogenannten Pulkawa

Karl IV. übernahm nach seiner Rückkehr 1333 die Regentschaft in Böhmen. Bevor er in Prag einzog, besuchte er das Grab seiner Mutter im Kloster Königsaal; sie war während seines Aufenthalts in Frankreich gestorben. Böhmen befand sich damals in einem verwilderten Zustand. Karl schilderte in seiner ›Vita Karoli‹ die Lage als verheerend. Selbst wenn er dabei übertrieben haben sollte, muß die Leistung, die er in den nächsten Jahren vollbrachte, als Musterstück einer Staatskunst bezeichnet werden, das um so erstaunlicher ist, als es sich um einen Neuling handelte. Der junge ›Markgraf von Mähren‹, wie sein amtlicher Titel nunmehr lautete, nützte das Vertrauen, das ihm der bodenständige Adel entgegenbrachte, hervorragend aus. Binnen kurzem entwickelte er sich zu einem Landesherren, der Böhmen in wenigen Jahren fast in einen Modellstaat verwandelte. Zunächst setzte er die Auslösung der Krongüter aus den Händen des Adels durch und brachte auch die sechzehn königlichen Burgen in Böhmen und Mähren, die ebenfalls verpfändet waren, wieder in seinen Besitz. Um die Justiz kümmerte sich Karl IV. mit besonderem Nachdruck. Er verfolgte jeden Landfriedensbruch mit ungewöhnlicher Härte, ließ die Verwaltung straff organisieren und sanierte die Finanzen so rasch, daß der Landtag – beeindruckt von der Energie des Herrschers – ihm sogar eine außerordentliche Königssteuer genehmigte. Selbstbewußt schrieb er in seiner Vita: »Das Königreich gedieh von Tag zu Tag. Alle Guten liebten uns, die Bösen jedoch fürchteten uns und mieden den Rechtsbruch, und das Recht gewann wieder Kraft im Reich, denn vorher waren die Barone großenteils zu Tyrannen geworden und hatten nicht die geziemende Scheu vor dem König, ja sie hatten die Königsmacht unter sich geteilt.«

Ohne Zweifel handelte es sich bei dem jungen Fürsten, der all diese Erfolge in so wenigen Monaten erreichen konnte, um einen frühreifen, hochbegabten Mann. Trotz seiner Autobiographie ist von ihm persönlich nicht allzuviel bekannt. Die Gesichtszüge der Büste des Kaisers von der Triforiumsgalerie im Chor des Prager Veitsdomes, die von Peter Parler stammt, können nur unverbindlichen Mutmaßungen als Grundlage dienen. Sie lassen sich kaum in Einklang bringen mit dem Kopf der anderen bekannten Statue des Kaisers, die den Meister des Schönen Brunnens in Nürnberg zum Urheber hat. Peter Parlers Büste zeigt ein derbes, schlitzohrig bäuerisches Gesicht, dessen Breite zwischen Behäbigkeit und Brutalität siedelt. Das andere dagegen ist schmal, metallisch glatt, straff, gestreckt, ja vornehm-elegant, durchgeistigt. Nur die Barttracht stimmt überein, auch die hohen Jochbögen der Slawen, das Přemysliden-Erbe, wiederholen sich. Charakterologische Rückschlüsse sollten aus den Skulpturen nicht gezogen werden. Das ist deshalb wesentlich, weil in der Geschichtsschreibung die Urteile und Vorurteile bei der Abschätzung seiner Politik und Staatskunst besonders häufig von seinen persönlichen Anlagen her entwickelt und abgeleitet wurden, von Anlagen, die kaum bekannt sind. So sammelten sich Wertungen und Bezeichnungen an wie: Verschlagenheit, Gemütskälte, Behutsamkeit, Tatenscheu, Berechnung, Schläue. Karl soll ein heimtückischer, doppelzüngiger, abgebrüht listiger Mensch gewesen sein. Die meisten solcher Behauptungen ergaben sich aus dem Kontrast, in dem sich sein Herrschertum zu dem Schema befand, das seit der neuromantisch nationalen Verklärung der deutschen Kaiser des Mittelalters Geltung besaß. Sie ergaben sich nicht aus den Plänen, Entschlüssen und Maßnahmen des Kaisers selbst.

Böhmen wurde von Karl IV. zum Kern, zum Mittelpunkt des deutschen Reiches erhoben. Daß er dieses Herzstück seiner Hausmacht auch noch persönlich liebte, kaum weniger innig, als Maximilian Tirol geliebt hatte, sollte man nicht überbewerten. Karl IV. introduzierte zwar von Böhmen aus eine völlig veränderte Reichspolitik, maßgebend dafür war jedoch nicht die Liebe zu seinem Vaterland. Das Reichskonzept der Staufer mit seiner Italien-Veranke-

Kaiser Karl IV.
Büste von Peter Parler
am Triforium des
Prager Veitsdomes,
1374–1383,
und Statue vom Meister
des Schönen Brunnens
in Nürnberg

rung hatte längst jede Grundlage verloren. In seinen West- und Mittelgebieten fanden sich für das Heilige Römische Reich keine Gestaltungsmöglichkeiten, lediglich in Ost-Mitteleuropa gab es Gelegenheit für staatliche Ausformung, wirtschaftliche Intensivierung und Machtzuwachs. Daß Kaiser Karl IV. dies umzusetzen vermochte, ohne einen Tropfen Blut unnütz zu vergießen, daß er die Vokabeln ›Kampf‹ und ›Krieg‹ durch die Begriffe ›Kopulation‹ und ›Kalkül‹ ersetzte, wurde ihm lange Zeit von solchen Herrschern und Historikern verübelt, die der Überzeugung waren, der Verstand eines Herrschers erweise sich in seiner Bereitschaft, zum Schwert zu greifen. Demgegenüber präsentiert sich der Staatsmann Karl IV. als der erste große Diplomat unter den gekrönten Häuptern Europas und des Reiches, als eine Verkörperung des wohlbedachten Appeasements, abhold den großen Gebärden.

Er formte Böhmen zum Sockel des Reiches. Durch ihn erhielt es zum ersten Mal ein Zentrum. Bis zu Karl IV. hatten die Kaiser fast ausnahmslos auf Reisen regiert. Sie saßen ständig im Sattel, zogen von einem Stützpunkt zum anderen, zu Pfalzen, Königshöfen, Klöstern; die Akten, das Archiv, die Registratur wurden meist im Troß mitgeführt. Mit diesem Verfahren brach erst Karl IV. grundsätzlich, so häufig auch er selbst zwangsläufig unterwegs sein mußte. Er bestimmte Prag zur Hauptstadt, versammelte an der Moldau sämtliche Zentralbehörden, schuf damit dem Reich eine Metropole, die sich ohne weiteres mit Paris und Rom messen konnte. Nicht lange nach dem Tod des Kaisers schrieb Umberto Decembrio, der mit einer mailändischen Gesandtschaft nach Böhmen gekommen war, in einem Brief: »Nirgends habe ich eine so reiche und mit allen möglichen Dingen überschwemmte Stadt gesehen. Gehst du zum Markt, so denke an den alten Cato: ›Sei auf der Hut, sonst bringst du die volle Börse leer zurück!‹ Die Stadt bietet fast den Anblick der Romulusstadt. So wie sie ist sie mit Hügeln und Tälern geschmückt und statt dem Tiber fließt die Moldau, über die Karl IV. die hochberühmte Brücke hat schlagen lassen, mitten durch die Stadt.«

Eintragungen über Wareneinkäufe in Prag im Jahr 1401 Privatgeschäftsbuch des Regensburger Kauf- und Handelshauses W. und M. Runtinger

Der Mailänder registrierte mit seinem erstaunten Urteil nichts weiter als den Umstand, daß der Kaiser seine Hauptstadt auch wirtschaftlich zur Achse des Reiches ausgestattet hatte. Karl IV. ließ die Moldau schiffbar machen und setzte das gleiche für Oder und Elbe ins Werk. Durch seine Lage an den Haupthandelsstraßen entwickelte sich Prag zu einem Verkehrsknotenpunkt und Stapelplatz erster Ordnung auf dem Kontinent. Die Handelswege folgten der luxemburgischen Territorialpolitik von Flandern nach Frankfurt über Nürnberg bis Prag; hier setzte sich die Route nach Krakau und später auch nach Ungarn fort. Die Nord-Süd-Achse erstreckte sich von Venedig über Prag nach Niederdeutschland. Der Kaiser versicherte 1365 den Venezianern, der Handelsweg nach Brügge verlaufe am zweckmäßigsten und gewinnbringendsten nicht, wie seit alters gewohnt, über Augsburg, sondern über Prag und sei deshalb der Geographie zum Trotz auch kürzer. In jenem Jahrzehnt der entfalteten Wirtschaftsplanung entschloß sich Karl IV., die steinerne Brücke über die Moldau schlagen zu lassen, die seinen Namen trägt.

Was die Regierungszeit des Kaisers für Prag bedeutet hat, läßt sich in nüchternen Worten kaum rekapitulieren. Das Jahrhundert seit dem Interregnum hatte dem Reich eine innere Verwüstung sondergleichen gebracht. Nirgends fand sich ein nennenswertes Zentrum – sieht man von dem regionalen Oppositionskreis München unter Ludwig dem Bayern ab –, um das sich kulturelles Leben hätte kristallisieren können. In den deutschen Territorien gab es keine einzige Hohe Schule. Die Stände waren geprägt von Armut und Verwahrlosung. Deutschland besaß zwar einige großartige, ja gewaltige Denker und Mystiker wie Meister Eckart, Johannes Tauler oder Heinrich Seuse; es gab Dichter wie Heinrich Frauenlob von Meißen, Ottokar von Steiermark, Thilo von Kulm, Johannes Hadlaub oder Hermann von Fritzlar. Doch kaum jemand kannte sie, und deshalb hatten sie keine Wirkung. Einige Köpfe mit Übersicht befürchteten damals, der Zustand der deutschen Gebiete sei derart hoffnungslos, daß »das Reich von Deutschland genommen« würde, nachdem es seinerzeit den Deutschen so zukunftssicher übertragen worden war.

Seit Karl IV. war es mit derartigen Bekümmerungen vorbei. Der kaiserliche Hof, die königliche Kanzlei, in der sich die Herrschaftsidee manifestierte und sichtbar ausdrückte, die Gründung der ersten deutschen Universität 1348, die unerhört schnelle Vergrößerung der Stadt, der Bau des Domes und des Königspalastes auf dem Hradschin – seit der Zeit König Ottokars, seit mehr als fünfzig Jahren, war die alte Königsburg bis auf die Grundmauern zerfallen und zerstört –, die Errichtung von mehr als hundert Kirchen und Klöstern, die schrankenlose Förderung aller Künste, der Volkspredigt in beiden Sprachen, der slawischen Liturgie, der Historiographie, der humanistischen Disziplinen – das alles strahlte ins Reich und nach Europa hin.

Die Karlsbrücke zwischen Prager Burg und Altstadt
Kolorierter Holzschnitt von Jan Kozel, 1562

Jenseits der Moldau ließ der Kaiser die Prager Neustadt bauen; schon ein Jahrzehnt später gingen hier rund hundert Metzger ihrem Gewerbe nach. Die Metropole hatte sich durch diese Erweiterung um mehr als das Doppelte vergrößert. Unter Karl IV. wurde Prag nach Konstantinopel und Rom zur größten Stadt des Kontinents. Hier ließ er die Reichskleinodien niederlegen. Sowohl für sie als auch für seine Kronschätze erbaute er später als ständigen Aufbewahrungsort die große Feste Karlstein südwestlich von Prag, seine Lieblingsburg, die er geradezu in den Rang eines Heiligtums erhob. Zwei Jahrzehnte stand an der Spitze der Prager Hofkanzlei Johann von Neumarkt, der bedeutendste Staatsmann der Epoche, der Begründer und Schöpfer der neuhochdeutschen Schriftsprache, die eineinhalb Jahrhunderte später Luther als unersetzliche Grundlage für seine Bibelübersetzung diente.

König von Gnaden Frankreichs?

Die Jugend Karls IV. war recht ungewöhnlich. Sein Vater, Johann von Luxemburg, Sohn des deutschen Kaisers Heinrich VII., hatte im Jahr 1310 die Verwaltung der Grafschaft Luxemburg übertragen bekommen. Böhmen hatte der Kaiser als erledigtes Reichslehen eingezogen und seinen Sohn im gleichen Jahr, auf dem Reichstag zu Speyer am 30. August 1310, damit belehnt. Außerdem verheiratete er Johann mit Elisabeth von Böhmen. Sie war die Schwester König Wenzels III., des letzten Přemysliden, der in Olmütz 1306 ermordet wurde.

Karl wuchs ohne jede elterliche Fürsorge auf, seine Mutter kannte er praktisch nicht. König Johann, der in Böhmen ständig mit Adelsrevolten zu tun hatte, ließ sich einreden, daß auch seine Gemahlin mit dem Adel paktiere und der Plan bestehe, sein erstgeborenes Söhnchen zu rauben und an seiner statt zum König von Böhmen zu proklamieren. Johann ließ seine Gemahlin auf Burg

Mělnik festsetzen, den sechs Monate alten Thronfolger dagegen unter der Obhut zuverlässiger Gefolgsleute auf der sicheren Burg Pürglitz einschließen. Hier blieb der Knabe bis 1323. Im Herbst 1322 heiratete Maria, die junge Schwester Johanns, in Paris den französischen König Karl IV., den Schönen. Johann beschloß, seinen Sohn zur Erziehung an den französischen Hof bringen zu lassen.

Im Frühjahr 1323 reiste Karl aus der Einsamkeit der dunklen böhmischen Wälder in die bedeutendste Stadt Europas, in das politische Zentrum des Abendlandes. Sein Vater war vernarrt in Paris, er nannte es »die ritterlichste Hauptstadt der Welt« und beteuerte, daß er nur an diesem Ort zu leben vermöge. Petrarca war bei weitem nicht so voreingenommen wie der König, doch auch er fand für das Paris jener Zeit immerhin noch die würdigenden Sätze: »Obwohl Paris hinter seinem Ruhm zurückbleibt und vieles den Lügen seiner Bevölkerung verdankt, ist es ohne Zweifel eine großartige Stadt. Wahrhaftig, ich habe außer Avignon nie einen schmutzigeren Ort gesehen. Gleichzeitig besitzt es die gelehrtesten Männer und gleicht einem großen Korb, darin die seltensten Früchte aller Länder gesammelt sind. Es hat eine Zeit gegeben, da man die Franzosen wegen ihrer ungebändigten Manieren für Barbaren hielt. Jetzt liegt der Fall ganz anders. Heiteres Temperament, Liebe der Geselligkeit, Leichtigkeit und verspielte Konversation charakterisieren sie heute. Sie bedienen sich jeder Gelegenheit, um sich auszuzeichnen und alle Sorgen bekämpfen sie mit Scherzen, Lachen, Singen, Essen und Trinken.«

Karls Tante Maria wurde am 8. Mai 1323 zur Königin gekrönt. Um die luxemburgisch-französische Allianz noch fester zu knüpfen, arrangierten die beiden Herrscher eine Kinderheirat. Der siebenjährige Karl heiratete mit päpstlichem Segen die ebenfalls erst sieben Jahre alte Cousine Blanche des Königs, der überdies die Patenschaft bei der Firmung Karls übernommen hatte. Der einflußreichste Lehrer des Thronfolgers wurde der zweiunddreißigjährige Benediktiner Petrus Roger du Maumont, ein gewaltiger Redner, ein höchst gelehrter und außerordentlich energischer Kopf. Er entstammte dem südfranzösischen Adel, war extrem französisch gesonnen und wurde vom Hof bald mit diplomatischen Missionen betraut. Petrus Roger avancierte rasch, wurde Abt von Fécamps, 1328 Bischof und zog etliche Jahre später als Clemens VI. in den Papstpalast von Avignon ein. Der junge Karl erhielt durch Petrus Roger eine hervorragende Bildung; sie war am festliegenden Grundstudium der Hochscholastik ausgerichtet, die allerdings damals schon das antike Lehrgut umfänglich verarbeitet hatte.

Im Jahr 1330 brach König Johann nach Italien auf. Eine Reihe lombardischer Städte hatte ihn um Hilfe gebeten. Er versuchte, ein oberitalienisch-luxemburgisches Königreich zu etablieren. Tatsächlich gelang es dem bewährten Schlachtenfreund und Kriegsfürsten in kurzer Zeit, weite Gebiete der Lombardei und der Toskana an sich zu bringen. Das Problem bestand lediglich darin, daß Italien ein Gebiet des Heiligen Römischen Reiches war und König Johann zu der Gruppe der entschiedensten Gegner Kaiser Ludwigs des Bayern gehörte. Johann wurde deshalb auf dem Reichstag zu Nürnberg beklagt: Sein Einfall in die Lombardei habe dem Reich Schaden zugefügt. Daraufhin befahl der König seinen Sohn, der noch nicht fünfzehn Jahre alt war, zu sich. Er sollte für ihn die Signorien ausüben und die italienischen Gebiete Johanns auch militärisch verwalten. Der König zog nordwärts, um den Vorwürfen des Kaisers persönlich

Mechanisches Wurfgeschütz, sogenannte Blide Konstruktionszeichnung im Kriegsbuch des Konrad Kyeser, um 1400

entgegenzutreten. Karl war mit einer Verantwortung beladen, die sich nur schwer bemessen läßt. In der folgenden Zeit stand er die härteste Schulung in praktischer Politik durch, in einem Land und in einer Epoche, die unter Politik kaum viel mehr verstand als Bestechung, Verrat oder Meuchelmord. Seine Statthalterschaft bestand vorwiegend in einer Reihe von Schlachten, Gefechten und Scharmützeln gegen die Markgrafen Este von Ferrara, gegen die Herren von Corregio und gegen die Visconti, die in König Johann nur den Handlanger Frankreichs sahen und den Parteigänger eines Papstes, der nicht der ihre, der kein italienisch-römischer Oberhirte war. Nach mehr als zwei Jahren hatte Karl von dieser Regentschaft genug. Gegen den Wunsch seines Vaters zog er nach Böhmen. Die Regierung, die er hier begann, diente nicht nur den besonderen Landesinteressen, sondern bildete bereits einen bewußten Vorgriff auf seine Reichspolitik. Die Krone Böhmens sollte das Fundament werden, auf dem die Krone des Reiches sicher ruhen konnte.

König Johann hatte bei den Böhmen niemals Sympathie gewinnen können, nicht einmal Respekt. Das entsprach einer Wechselseitigkeit, denn Johann fühlte sich nur in Frankreich beheimatet und überdies zählte er zu den Fürsten, die in erster Linie das ritterliche Abenteuer reizte. Davon wurde sein Leben, wurden seine politischen Pläne und Projekte, wurde schließlich auch sein Tod bestimmt. Im Sommer 1346 waren die Engländer in der Normandie gelandet. Eduard III. erhob Anspruch auf den französischen Thron. Der Hundertjährige Krieg zwischen England und Frankreich entbrannte. König Philipp VI. bat seine Freunde um Hilfe, woraufhin König Johann und Karl umgehend mit einem stattlichen Kontingent von Rittern nach Frankreich zogen, um den Monarchen – er war der Bruder von Karls Gemahlin Blanche – zu unterstützen. König Johann übernahm selbst die Führung des Hilfskorps, ein Entschluß, der seinen alt-ritterlichen Normen entsprach und trotzdem ans Groteske streifte, denn er war seit sechs Jahren vollständig erblindet. Am 26. August kam es bei Crécy an der Somme zu der berühmtesten und folgenschwersten Schlacht des Jahrhunderts. Das französische Ritterheer war dem Gegner zahlenmäßig weit überlegen, trotzdem stellte sich für den Kenner bald heraus, daß die Ritter gegen die englischen Bogenschützen und Lanzenträger keinerlei Aussicht hatten zu siegen. Ihre Verluste waren ungeheuerlich: Sechstausend Ritter und Knappen wurden getötet, dazu fast zwanzigtausend Pikeniere.

Das englische Heer Eduards III. samt Artillerie auf dem Vormarsch in Frankreich
Miniatur in den Breslauer ›Chroniques de France ...‹ von Jean Froissart, um 1468/9

König Johann allerdings wollte nicht glauben, daß die Schlacht verloren sei. Die dringenden Empfehlungen zweier vertrauter Ritter, sich zurückzuziehen, bestärkten nur seinen Starrsinn: »Das wird, will's Gott, nicht geschehen, daß Böhmens König aus der Schlacht flieht. Wisset und glaubet, ich will heute entweder heldenhaft und ritterlich siegen oder wie ein König fallen und sterben. Führt mich dorthin, wo der größte Kampf tobt. Meinen Sohn Karl aber schützet mit Fleiß.« Er befahl, sein Pferd zwischen die Pferde der beiden Ritter zu binden und stürzte sich ins Getümmel. Mit seinen Gefährten wurde er bald getötet. Sein Leichnam wurde am nächsten Morgen von den Engländern entdeckt. Eduard war überwältigt von diesem dramatischen Rittertod. Er entfernte vom Helm des böhmischen Königs die drei Straußenfedern, die von einer Goldtresse mit der luxemburgischen Devise »Ich dien« zusammengehalten wurden und überreichte sie seinem Sohn, dem ›Schwarzen Prinzen‹. Federn und Devise sind bis heute ein Teil des Wappens der englischen Thronfolger.

»So ist nun die Krone der Ritterschaft gefallen. Nie war jemand diesem Böhmenkönig ähnlich.« – Eduard III. beim Anblick des toten Johann von Böhmen

Die Fürsten der Christenheit besaßen damals noch einen reizbaren Sinn für soviel phantastisches Heldentum, wie es König Johann vorgelebt und vorgestorben hatte. Bei seinem Sohn Karl dagegen fand sich kaum ein Abglanz davon. Vor Crécy hatte er zu denjenigen gehört, die am ersten erkannt hatten, daß sich hier gänzlich ungleiche Partner gegenüberstanden und daß die Franzosen verloren waren. Karl sorgte dafür, daß er am Leben blieb. König Johann hatte mit seinem illustren Tod die Unverbrüchlichkeit der langjährigen französisch-luxemburgischen Allianz ein letztes Mal besiegelt. Paris durfte nicht nur gut motiviert darauf hoffen, sondern auch fest damit rechnen, daß nunmehr – in der tiefsten Krise Frankreichs seit Menschengedenken – der Sohn und Nachfolger, der Schwager des französischen Königs, die Verbindung beibehalten und fortführen würde. Johann und der Hof zu Paris hatten schließlich seit der frühesten Jugend Karls alles getan, was sie zur Sicherung der Allianz für unerläßlich und zweckmäßig hielten.

Da die Päpste seit ihrem ›Babylonischen Exil‹ in Avignon, das im Jahr 1305 begonnen hatte, Oberhirten von der Gnaden französischer Herrscher waren, und da die Auseinandersetzungen zwischen Kaiser und Papst seit den zwanziger Jahren der Epoche immer schärfere Formen angenommen hatten, schloß die Partnerschaft Frankreich-Luxemburg-Böhmen den christlich-europäischen Aspekt einer Absetzung Kaiser Ludwigs des Bayern ein. Von Karl IV. wurde in ganz besonderem Maß eine Parteinahme für die avignonesisch-französische Sache erwartet, da sein Lehrer Petrus Roger im Jahr 1342 den Stuhl Petri an der Rhône bestiegen hatte. Clemens VI. gehörte zu den avignonesischen Päpsten mit dem härtesten Charakter. Kurz nach seiner Inthronisierung entschloß er sich, den zermürbenden Kampf mit Ludwig dem Bayern so rasch wie möglich und so gewalttätig wie nötig zu beenden. Er konnte eine Mehrzahl der deutschen Fürsten überzeugen, daß erst dann wieder Friede und Ordnung im Reich und in der Christenheit einziehen würden, wenn Kaiser Ludwig abgesetzt und die Kurfürsten einen neuen Herrscher gewählt hätten.

Karl IV. bei Clemens VI. in Avignon im Jahr 1346 Miniatur in den Breslauer ›Chroniques de France...‹ von Jean Froissart, um 1468/9

Als Prätendent kam nur Karl IV. in Frage, und zwar nicht allein deshalb, weil er der unbedingte Favorit des Papstes war. Die böhmischen Stände hatten ihn bereits 1341 zum Nachfolger König Johanns ernannt. Vor der Kurfürstenwahl 1346 unternahm Karl eine Reise nach Avignon. Er schloß mit dem Papst ein Abkommen, das die Rechte des künftigen Königs im Reich genauso festlegte wie diejenigen des Papstes. Da der Text jedoch nicht völlig eindeutig war, vermochte Karl seine Zusage guten Gewissens durch Eid zu bekräftigen. Er wußte, daß er sich tatsächlich zu weitaus weniger verpflichtet hatte, als Clemens VI. von ihm erwartete. Ausdrücklich und unmißverständlich wurde von Karl IV. nur das Approbationsrecht des Papstes für Italien anerkannt, für das der zukünftige Herrscher seit seinen lombardischen Lehrjahren keinerlei Interesse mehr besaß. Clemens VI. jedoch dachte an das gesamte Reich, insbesondere an Deutschland.

Am 11. Juli 1346 beschloß die Mehrheit von fünf Kurfürsten, Ludwig dem Bayer die Königswürde zu entziehen und statt dessen Karl von Böhmen als römischem König zu huldigen. Im Reich war diese Wahl heftig umstritten, die Meinungen und Sympathien prallten aufeinander. Karl mußte sich mit üblen Beinamen vertraut machen. Seine Gegner nannten ihn den ›Pfaffenkönig‹. Der Minorit Wilhelm von Ockham, ein großer Theologe und Philosoph und ein unbedingter Parteigänger Ludwigs des Bayern, bezeichnete Karl IV. als ›Mietling des Klerus von Avignon‹, als eine bezahlte Kreatur. Doch den nüchternen

Staatsmann Karl irritierte diese Reaktion nicht. Er beschloß, die Widerstände nicht zu brechen, sondern zu unterlaufen und demonstrierte meisterhaft und überzeugend seinen entschlossenen Willen zu einer Realpolitik der Besänftigung, des Auspendelns der Gegensätze. Hier wurde zum ersten Mal eine der Konstanten seines Lebens und seines Herrschertums sichtbar. Karl IV. gehörte zu jener seltenen Art von Realisten, die niemals der Wirklichkeit einen Vorwurf daraus machen, daß sich politische Konzepte nur unter den größten Schwierigkeiten der Realität anpassen lassen.

Politik des Landfriedens

Karls Regierung begann in einer Zeit des Schreckens. Europa litt unter wahrhaft apokalyptischen Heimsuchungen: Von Südfrankreich drang der schwarze Tod, die Pest, unaufhaltsam nach Norden, drang erbarmungslos von einem Land zum anderen. Den Menschen fehlte jeder Vergleich für das entsetzliche Sterben; riesige Landstriche verödeten. Guy de Chauliac, der Leibarzt des Papstes, notierte in dumpfer Hoffnungslosigkeit, daß im pestverseuchten Avignon einmal innerhalb von drei Tagen eintausendvierhundert Menschen gestorben seien und Clemens VI. nicht mehr in der Lage war, die vielen Toten zu segnen. Deshalb habe er der Rhône seinen Segen erteilt. Man hätte sich von den Leichen nicht anders befreien können, als sie haufenweise in den geduldigen Fluß zu karren. Die Sterbeziffern waren ungeheuerlich: in Bern sechzig Menschen am Tag, in Köln und Mainz einhundert, in Paris insgesamt fünfzigtausend, im Gebiet von Florenz doppelt soviel. Innerhalb von sechzehn Monaten sank die Bevölkerung Englands von vier Millionen auf zweieinhalb. Die endlosen Geißlerzüge, mit denen die besonders Frommen den Zorn des Himmels zu mildern versuchten, hatten nur den Effekt, daß sie die Pest in den letzten Winkel schleppten, der noch nicht betroffen war. Während dieser Jahrhundertkatastrophe starb in Europa jeder dritte und in Deutschland sogar jeder zweite.

Der Kampf Karls IV. gegen Ludwig den Bayern, der unweigerlich ausgetragen werden mußte, konnte noch entschieden werden, bevor die Pestwelle Europa mit voller Wucht erfaßte. Im Oktober 1347 brach Karl aus Böhmen auf und zog mit einem großen Heer nach Bayern. Doch schon in Taus, am Rand des Böhmerwaldes, wurde ihm berichtet, daß sein Wittelsbacher Gegner auf einer Bärenjagd östlich von München, bei dem Dorf Puch in der Nähe des Zisterzienserklosters Fürstenfeldbruck, vom Schlag getroffen worden und tot vom Pferd gestürzt war.

Kaiser Ludwig der Bayer
Vorderseite des Antwerpener Goldschildes, um 1338

Damit erledigte sich im Reich der Widerstand gegen das Königtum Karls IV. binnen kurzer Zeit von selbst; auch die Reichsstädte beschlossen, seine Herrschaft anzuerkennen. Bei den Wittelsbachern bemühte er sich um eine Versöhnung. Nach dem Tod seiner ersten Gemahlin verheiratete er sich mit Anna von der Pfalz, stellte so das Rivalisieren mit den Wittelsbachern, die er 1348 aus der Mark Brandenburg verdrängt hatte, ein und überließ ihnen 1350/51 Brandenburg erneut als Hausbesitz. Die Mitgift seiner Gemahlin, ihre oberpfälzischen Besitzungen mit dem Zentrum Sulzbach, entwickelte er zum Grundstock ›Neuböhmens‹. Karl verlegte sich in den folgenden Jahren auf systematischen Territorialerwerb. Er vergrößerte seine böhmische Herrschaft durch Länderkauf, Pfandschaften und Lehnshoheiten. Die aufmerksameren Zeitgenossen konnten bald die Hauptlinie seiner Großpolitik erkennen. Der König war offensichtlich bemüht, von Böhmen aus durch die Oberpfalz und das fränkische Gebiet entlang des Mains eine Landbrücke zu bilden, die sich über Frankfurt hinüber bis zum Stammgebiet der Luxemburger erstrecken sollte. Karls römisch-deutsches Königtum wurde am 17. Juni 1349 endgültig untermauert. An diesem Tag fand in Frankfurt erneut seine Wahl statt, diesmal durch sämtliche Kurfürsten und einstimmig. Fünf Wochen darauf wurde er in Aachen gekrönt.

»Es hat nie einen Kaiser gegeben, der die weltumfassende Politik, wie sie die Kaiser immer ausgeübt hatten, mit dynastischen Zwecken besser verbunden hätte als Karl IV.« – Leopold von Ranke

Von seinem Kronland aus erweiterte der Kaiser die Luxemburger Hausmacht nicht nur nach Westen. Der Nerv seiner Politik bestand darin, innerhalb des monarchischen Rahmens dynastisch-partikularistisch zu operieren, um eine möglichst große Zahl von Herrschaften ins böhmisch-luxemburgische Schwerefeld zu ziehen und damit zu Nutz und Frommen des Reiches die einzelnen Territorialmächte der Fürsten zu überbieten. Dadurch mußten sich ihre Neigungen zu autonomer Selbstisolierung samt den abträglichen Folgen für den Gesamtverband entschärfen; die Teilgewalten wurden stärker ins Reichsgefüge verkettet. Einen anderen Weg, um der Macht des Reiches gegenüber den souveränen Staaten Europas unter den herrschenden Bedingungen Geltung zu verschaffen, gab es nicht. Im dynastischen Territorialwettbewerb operierte Karl IV. so geschickt und erfolgreich, daß ihm später vorgeworfen wurde, seine Erwerbspolitik sei von Ländergier kaum zu unterscheiden gewesen. Hält man sich an die Veränderungen der Landkarte, dann ist das Ergebnis verblüffend: Als Karl IV. starb, hatten sich die Luxemburger Territorien um zwei Drittel vergrößert; der Herrschaftsbereich seines Hauses erstreckte sich über rund ein Viertel des deutschen Reichsgebietes. Der Hausbesitz umfaßte das Luxemburger Stammland zwischen Maas und Mosel, das südlich an Metz und im Norden an das Herzogtum Jülich und an das Bistum Lüttich grenzte; dazu kamen – seit 1355 – die beiden Herzogtümer Limburg und Brabant, im Osten Böhmen, Mähren, Schlesien, seit 1368 die Markgrafenschaft Lausitz und 1373 das Kurfürstentum Brandenburg. Auch der künftige Erwerb Ungarns samt der Stephanskrone war durch Erbvertrag gesichert.

Landesherr und Landleute: die Einsetzung eines Herzogs durch den Bauernältesten, die sogenannte Fürstenstuhl-Szene Miniatur in einer Landeschronik Österreichs von Leopold Stainreuther, 1479

Diese staunenswerte Expansion hätte nicht stattgefunden, wenn sie nicht von Notwendigkeit getrieben worden wäre. Seit dem Zusammenbruch des Stauferreiches wurde Jahrzehnt auf Jahrzehnt durch die Wirren und Nöte der Reichspolitik immer offenkundiger, daß die Herrscher kein wirksameres Mittel zur Erhöhung ihrer Autorität besaßen als die Mehrung ihrer Hausmacht – ein notwendiges, eindrucksvolles Mittel. Das Stichwort für diese Politik der Sockelsicherung, die nichts mit dem Landhunger zu tun hatte, unter dem die fürstlichen Wölfe der Habsucht im Reich anhaltend litten und die ihre Gültigkeit bis zu Maria Theresia und Joseph II. behielt, wurde schon in der Epoche Karls IV. formuliert. Erzbischof Boemund II., der Nachfolger des einflußreichen Kurfürsten Balduin von Trier, hatte am 29. November 1356 unmißverständlich die Mehrung der Hausmacht als »reichsnotwendig« bezeichnet. Kein Zeitgenosse widersprach ihm darin.

Nach Abschluß des langwierigen Prozesses der Inthronisation und der Aussöhnung Karls IV. mit den Söhnen Ludwigs des Bayern setzte im Reich eine lange Periode der Beruhigung, ja des Friedens ein. Das entsprach dem Grundton der Politik Karls IV., die durchweg auf konsolidierende Dämpfung abgestimmt war. Er begann planmäßig, Landfriedensbündnisse im Reich zu schmieden, im Rheinischen genauso wie in Westfalen, Niedersachsen, in den Ostseeländern, in Franken, Bayern und Schwaben. Selbst die Hanse, die sich besonders selbstbewußt auf ihre eigene Macht stützte, konnte er gewinnen. Schon seit dem 11. Jahrhundert diente nichts so effektvoll dem inneren Zustand des Reiches wie eine geschickte Landfriedenspolitik. Im 14. Jahrhundert wurde sie zu einem untrüglichen Index der monarchischen Kraft.

Die ›Goldene Bulle‹

Gegen das Wort aus der Leichenrede des Prager Erzbischofs beim Tod des Kaisers, Karl IV. sei der »Vater des Vaterlandes« gewesen, setzte Kaiser Maximilian I. die Behauptung, Karl sei nur »des Heiligen Römischen Reiches Erzstiefvater« gewesen; dazu gehört noch das weit abfälligere Wort: »Nie ist das Reich von einer Pest betroffen worden, die verderblicher als Karl IV. gewesen wäre.« Maximilian verurteilte seinen Vorfahren nicht nur aus Animosität, sondern weil hier unterschiedliche Jahrhunderte und anders geartete Vorstellungen vom Reich und den Möglichkeiten der Reichspolitik gegeneinander standen. Karls Herrscheramt war vom ersten Augenblick an mit einer schweren Hypothek fürstlicher Vorbehalte belastet. Sie betrafen nicht allein seine Person und die Umstände seiner Wahl, sondern es ging dabei in hohem Maße um die Wahrung und Absicherung aller Rechte, die seit dem Zusammenbruch des staufischen Kaiserreiches die Kurfürsten an sich gezogen hatten. Die schwankende, ungefestigte Stellung der Herrscher des Reiches hatte ihnen die Möglichkeit dazu gegeben. Auch die heftigen Auseinandersetzungen zwischen Kaiser und Papst in der Ära Ludwigs des Bayern lieferten den deutschen Herren gute Gelegenheiten, ihre eigenen Rechte auszubauen.

Unter den alten Nußbäumen des Königshofes Rhense, links des Rheins oberhalb von Koblenz, versammelten sich an einem wundervollen Hochsommertag, am 16. Juli 1338, die ersten Fürsten des Reiches. Der Ort besaß damals schon einen besonderen Ruf, er war überdies auch verkehrstechnisch günstig gelegen, nämlich genau an derjenigen Stelle, an der die vier rheinischen Kurfürstentümer zusammenstießen: Mainz, Trier, Köln und das Gebiet des Pfalzgrafen bei Rhein. Seit einem Jahrhundert kamen in Rhense die rheinischen Kurfürsten zusammen, wenn es wichtige Reichsangelegenheiten zu besprechen gab – so auch diesmal Mitte Juli 1338. Am Ende ihrer Beratungen formulierten sie einen Beschluß, ein Weistum, wie seit den germanischen Zeiten Aussagen über ein geltendes Gewohnheitsrecht bezeichnet wurden. In dem wichtigsten Abschnitt ihrer Erklärung stellten sie fest, »daß, nachdem jemand von den Kurfürsten des Reiches oder dem größten Teil dieser Fürsten, auch in Uneinigkeit zum römischen König gewählt worden ist, er nicht der Ernennung, Anerkennung, Bestätigung, Zustimmung oder Ermächtigung des apostolischen Stuhles bedarf zur Übernahme der Verwaltung der Rechte und Güter des Reiches oder des Königstitels«. Noch im gleichen Jahr verschärfte Ludwig der Bayer diese Erklärung durch das in Frankfurt eigens erlassene Gesetz ›Licet juris‹. Er versicherte darin, daß seine kaiserliche Würde unmittelbar von Gott stamme, und deshalb komme demjenigen, der von den Kurfürsten erwählt werde, vom Zeitpunkt der Wahl an auch die Kaiserwürde zu. Ludwig versuchte

Der Königsstuhl
zu Rhense am Rhein
Ruine des Baus von 1376

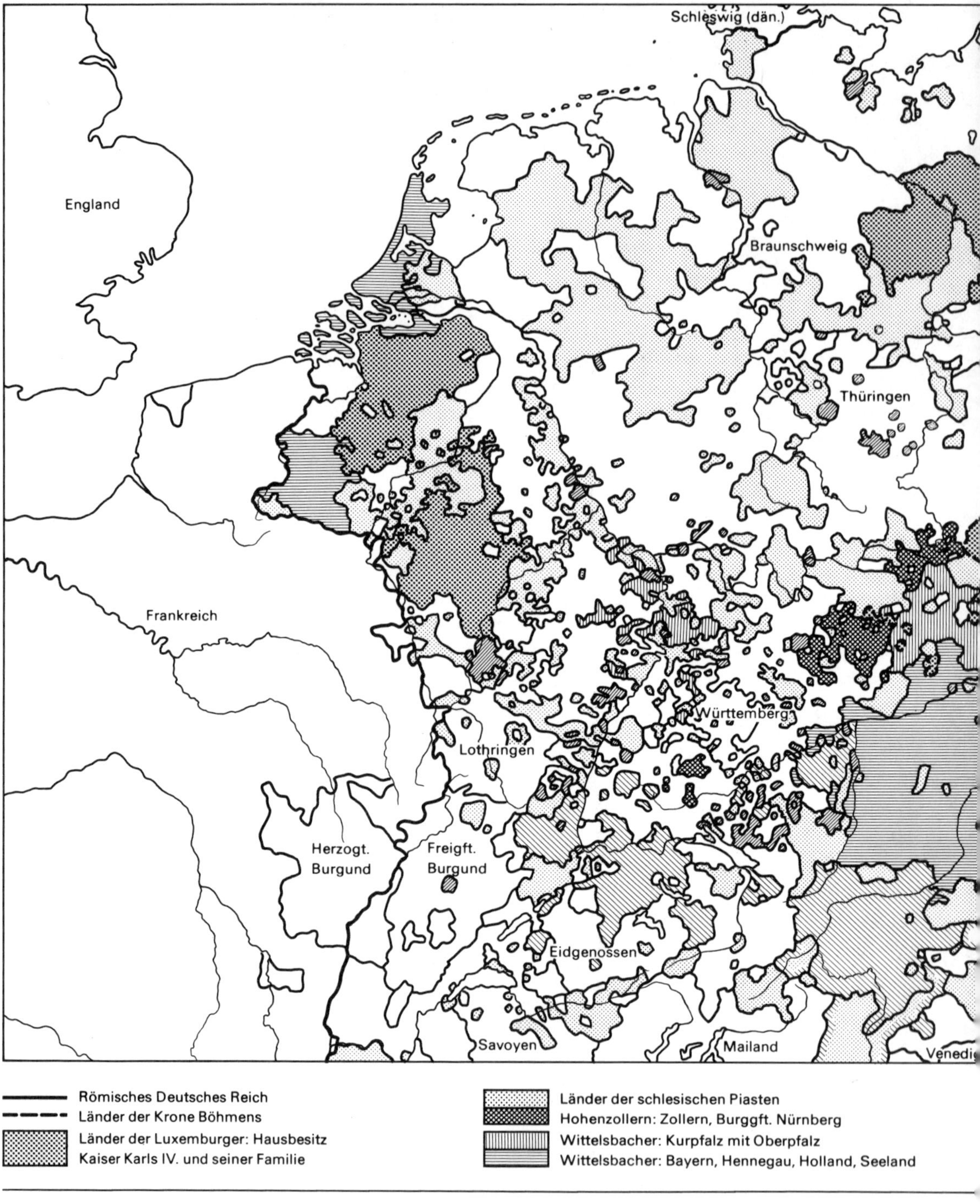

Mitteleuropa zur Zeit Kaiser Karls IV., 1378

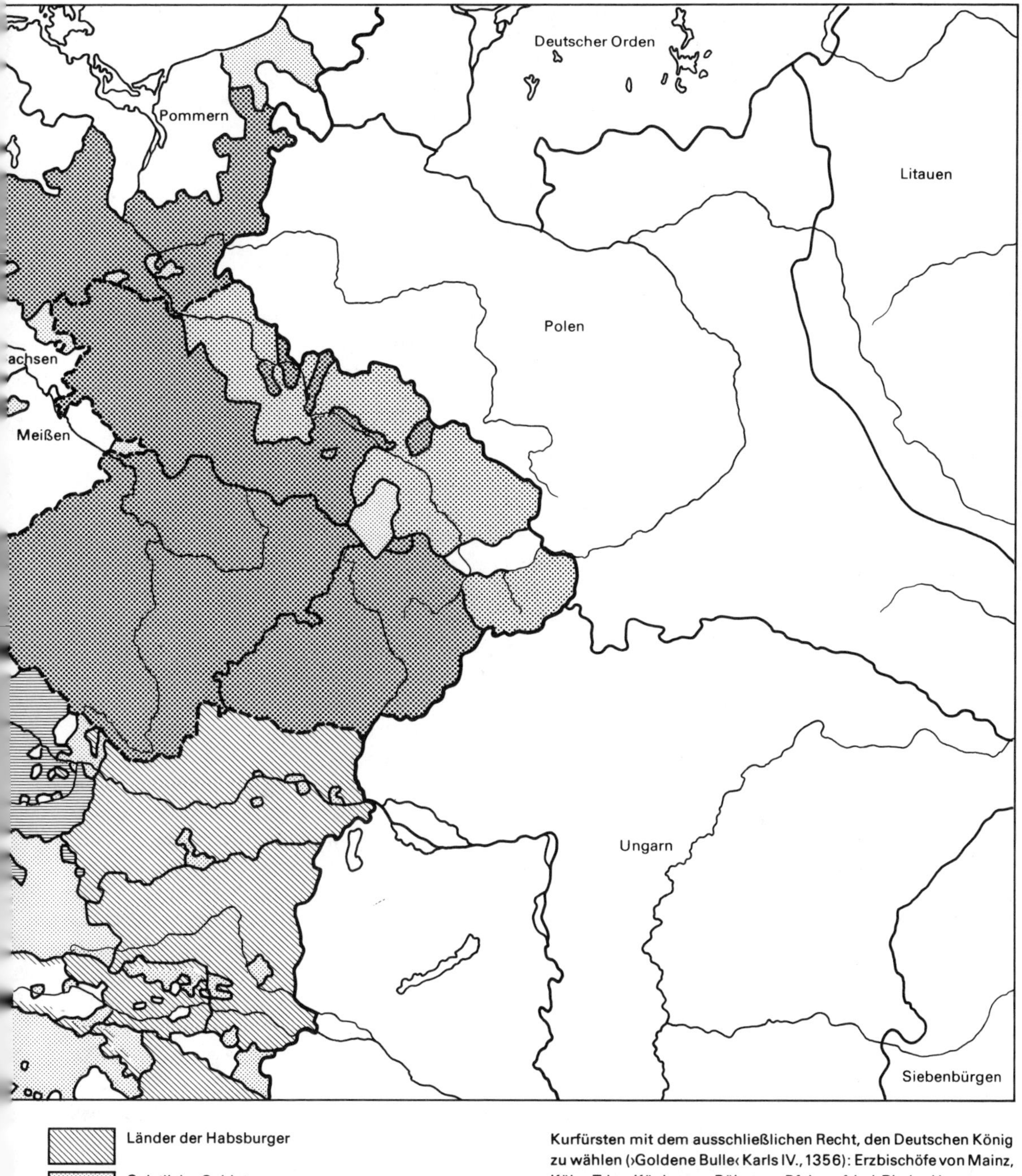

Kurfürsten mit dem ausschließlichen Recht, den Deutschen König zu wählen (›Goldene Bulle‹ Karls IV., 1356): Erzbischöfe von Mainz, Köln, Trier, König von Böhmen, Pfalzgraf bei Rhein, Herzog von Sachsen, Markgraf von Brandenburg also, das Kaisertum von der päpstlichen Krönung abzutrennen und unabhängig zu machen. Demgegenüber hatte das Rhenser Kurfürstenweistum nur erklärt, daß der deutsche König in seinen Reichsrechten von der römischen Kurie unabhängig sei. Sobald die Kurfürsten sich für einen deutschen König entschieden hatten, sei er kraft dieser Wahl auch ›Kaiser im Reich‹ und habe das Hoheitsrecht am Imperium. Wenn dieser Reichskaiser zum Herrn des christlichen Abendlandes, zum Weltkaiser, erhoben werden wolle, müsse der Papst in Rom die Kaiserkrönung vollziehen.

Die Erklärung des ›Kurvereins von Rhense‹ sollte die Stellung Kaiser Ludwigs gegenüber dem Papst stärken. Sie sollte aber auch das Reichsrecht und das Wahlrecht der Kurfürsten gegenüber den Ansprüchen der Kurie abgrenzen. Beides zielte direkt gegen die Päpste in Avignon, denn Ludwig der Bayer war im Jahr 1324 von Johannes XXII. mit dem Bann belegt worden, weil er in Italien ohne päpstliche Bestätigung kaiserliche Herrschaftsrechte beansprucht hatte. Mit ihrem Weistum von Rhense hatten nunmehr die Kurfürsten festgestellt, daß es sich bei einer solchen Approbation letztlich um eine Einmischung des Papstes in die inneren Angelegenheiten des Reiches handle. Die Frankfurter Bestimmung Ludwigs des Bayern, die am 3. August 1338 auf dem Reichstag bekanntgegeben wurde, schloß der Sache nach die Erklärung ein, daß der päpstliche Bann, der über den Kaiser verhängt war, null und nichtig sei. Bei diesen Beschlüssen ging es allerdings nicht nur um eine entschiedene Zurückweisung des Heiligen Stuhls, sondern auch um eine nachhaltige Stärkung der reichs- und kurfürstlichen Position. Da Ludwig der Bayer jede Form der Unterstützung in seinem Ringen mit der Kirche benötigte, fand das Weistum von Rhense seine uneingeschränkte Zustimmung. Es gab ihm Gelegenheit, seine eigene, noch erheblich weitergehende Reichstheorie zu formulieren. Daß hier die Tendenz Farbe erhielt, die Abhängigkeit des Herrschers vom Papst durch die Abhängigkeit von den Kurfürsten zu ersetzen, spielte in der Situation, in der sich Kaiser Ludwig schon lange befand und die sich ständig verschlechterte, keine Rolle.

»Jedes Reich, das in sich selbst uneins ist, wird veröden, denn seine Fürsten sind Diebsgesellen geworden.« – Eingangssatz der ›Goldenen Bulle‹

Rhense war ein Rubikon. Noch nie zuvor waren Reichsrechte in einer derart bestimmten Richtung umschrieben und theoretisch untermauert worden. Karl IV., der als Gegenkönig zu Ludwig dem Bayern gewählt worden war, fand durch das Weistum von 1338 sein Verhältnis zu den Kurfürsten unverrückbar festgelegt; die Kurfürsten hatten außerdem 1338 in einem Bündnis ihre eigenen Gewohnheiten, Rechte und Freiheiten in aller Deutlichkeit präzisiert. An diesem Sachverhalt vermochte Karl IV. nichts zu ändern. Er konnte lediglich Konsequenzen daraus ziehen und versuchen, ihn ein wenig zu modifizieren. Die entsprechenden Forderungen wurden nach eingehenden Beratungen sorgfältig formuliert und in Paragraphen gebracht; das Gesamtwerk, die ›Goldene Bulle‹, erhielt später seinen Namen aufgrund des angehängten goldenen Siegels. Die ersten dreiundzwanzig Capitula dieses bedeutendsten aller Gesetze des Heiligen Römischen Reiches wurden vom Kaiser am 10. Januar 1356 auf dem Nürnberger Reichstag verkündet, die restlichen sieben Capitula zu Weihnachten desselben Jahres auf dem Reichstag in Metz. Die sieben Eingangskapitel der ›Goldenen Bulle‹ bilden nichts anderes als eine Bestätigung der Kurfürsten-Erklärung von 1338 über die Königswahl. Das war jedoch keine bloße Rekapitulation, denn gleichzeitig wurde durch dieses Reichsgrundgesetz verhindert, daß der Weg, den die Kurfürsten 1338 eingeschlagen hatten, in eine Richtung weiterlief, die vom Reich und damit vom Kaiser und dem staatlichen Gesamt-

Eine Seite der ›Goldenen Bulle‹ in der für König Wenzel 1400 geschaffenen Prachtausgabe des Reichsgrundgesetzes von 1356

verband wegführte. Es schob insbesondere jeder weiteren Aufsplitterung einen unzerbrechlichen Riegel durch die Bestimmung vor, daß künftig Kurfürstentümer unteilbar seien und die Herrschaftsfolge nach dem Erstgeburtsrecht geregelt werden müsse.

Der Staufenkaiser Heinrich VI. hatte im Jahr 1196 den deutschen Fürsten einen Erbreichsplan vorgelegt und empfohlen, die Wahlmonarchie Deutschlands und des Reiches in eine Erbmonarchie umzuwandeln. Die Fürsten lehnten das Projekt ab. Seitdem datierte die besondere Form der Verselbständigung der deutschen Territorialherrschaften. Dieses unwiderrufliche Faktum wurde durch die ›Goldene Bulle‹ anerkannt und rechtlich bestätigt. Reichsintern bedeutete das eine schlagartige Dämpfung der Auseinandersetzungen, eine Stabilisierung des Reiches, wie sie sich seit mehr als einem Jahrhundert niemand mehr hatte vorstellen können. Auch das Verhältnis des deutschen Königs und des Reiches zum Papst wurde durch die ›Goldene Bulle‹ in einer Art gelöst, die der ebenso sanften wie entschiedenen Staatskunst Karls IV. entsprach; er klammerte diese Frage einfach aus, er überging sie. Seit 1356 gab es keine Schwierigkeiten mehr bei der Königswahl. Der gewichtigste Vorwurf, der später gegen die ›Goldene Bulle‹ erhoben wurde, bezog sich auf den endgültigen Entscheid zugunsten des Wahlkönigtums anstatt eines Erbkönigtums. Diese Kritik orientierte sich nicht an den tatsächlichen Verhältnissen, sie unterschlug die Bedingungen und Entwicklungen mehrerer Jahrhunderte einer Geschichte, in der sich die Deutschen mit ihren Stämmen und Fürstentümern, Herrschaftsgründungen und Stadtgemeinschaften eine Form des Reichsverbandes gegeben hatten, die sich durch kein Gesetz mehr annullieren ließ und die vor allem in der Mitte des 14. Jahrhunderts niemand hätte ernstlich annullieren können. Die Alternative Erbrecht oder Wahlrecht existierte nicht mehr.

Viele und auch höchst dringliche Probleme wurden durch die ›Goldene Bulle‹ nicht gelöst: angefangen vom Verhältnis der Städte, Ritter, Reichsunmittelbaren und Fürsten zueinander bis zum Finanzwesen und zur Heeresordnung. Zweifellos wollte Karl IV. das alles nicht durch die ›Goldene Bulle‹ regeln, er konnte es auch gar nicht. Entscheidend an dieser ersten Reichsverfassung waren nicht die Mängel, entscheidend wurde vielmehr, daß gerade durch die Festigung des Reiches als eines Wahlkönigtums sich erst jetzt diejenigen realen Bedingungen entwickeln konnten, die der dynastischen Erbfolge zum Durchbruch verhalfen. Trotz der zahlreichen und ständig erneuerten Versuche fremder Herrscher, durch Überredung und Bestechung der kürenden Fürsten die Krone an sich zu bringen, blieben Kaiserwürde und Thron bis zum Ende des Reiches im Besitz der Luxemburger und Habsburger.

Vater und Erzvater

»Wer Böhmen beherrscht, beherrscht Europa.« – Überlieferter Spruch

Seinem eigenen Land, dem Kurfürstentum und Königreich Böhmen, hatte Karl IV. in der ›Goldenen Bulle‹ eine erhöhte Position gesichert. Nicht unter politischen Gesichtspunkten, wohl aber rangmäßig stand er an der Spitze der Kurfürsten: »Cum sit princeps coronatus et unctus.« Auch damit wurde nur ein Verhältnis, wie es tatsächlich bestand, rechtlich fixiert. Noch heute läßt sich in Nürnberg, derjenigen Stadt, in der seit 1356 jeder gewählte König seinen ersten Reichstag abhalten sollte, einiges davon ablesen, wenn die Mittagsstunde

Nürnberg von Westen
Aus der Mitteltafel
des Krellschen Altares
in der Nürnberger
St.-Lorenz-Kirche, um 1483

schlägt und auf dem Hauptmarkt am Turm der Frauenkirche sich die Türen zum Männleinlaufen öffnen. Was sich da so beflissen dreimal vor dem Zentrum, dem thronenden Monarchen, dreht, das sind die Herren Kurfürsten des Heiligen Römischen Reiches bei ihrer Huldigung vor Kaiser Karl IV. Sie verneigen sich und verneigten sich damals nicht vor dem früher verhöhnten ›Pfaffenkönig‹, sondern vor dem landauf, landab gerühmten ›Friedenskaiser‹.

Da keine Reichsreform mehr in Richtung Erbkönigtum möglich war, wurde den Herrschern durch die ›Goldene Bulle‹ in aller Klarheit der Weg zur Hausmachtspolitik gebahnt. Auch daran läßt sich erkennen, wie wenig Karl IV. mit den allzu dicht gebündelten überlieferten Formen von Königsmacht und Kaisertum im Sinn hatte. Besonders darin unterschied er sich von seinem Wittelsbacher Rivalen; unter diesem Aspekt war er tatsächlich der unverfälschte Gegenkönig. Hier siedelten die schweren Differenzen zwischen ihm und seinem Freund Francesco Petrarca, das distanzierte ihn auch von dem Feuerkopf Cola di Rienzo, der kurze Zeit als gewählter Volkstribun Rom regiert hatte, von altrömischer Größe und Tugend träumte und dessen Versuch, Italien zu einigen, jammervoll gescheitert war. Er floh 1530 an den Königshof zu Prag. Petrarca und Rienzo schwärmten ununterbrochen von der versunkenen Reichs- und Kaiserherrlichkeit. Von Karl IV. erwarteten sie, was schon Dante von Heinrich VII. erhofft hatte: Daß er die gloriose Macht des universalen Kaisertums erneut aufrichten, daß er Italien einigen würde.

Mit Petrarca verstand sich Karl IV. hervorragend, soweit es um die humanistischen Bestrebungen und Passionen ging. Petrarca, zwölf Jahre älter als der König, galt in seinem Jahrhundert als unbestrittener Dichterfürst des christlichen Abendlandes, als der überragende Prophet des Humanismus. Durch ihn, durch Johann von Neumarkt und Karl IV. gewann die humanistische Bewegung auch nördlich der Alpen Terrain; so erhielt der Kaiser später den Ehrentitel eines ›Vaters der Renaissance in Deutschland‹. In Prag wurden erstmals die vielen Impulse aufgenommen, die schon seit Jahrzehnten die hervorragendsten Geister Italiens in Enthusiasmus versetzten: die Wiederentdeckung der Antike, des klassischen Altertums, die schrankenlose Verehrung und Bewunderung der alten Schriften, der Dichtung, Philosophie und Kunst, die Neubewertung der Natur, die Sicht eines Menschen, der – nach antikem Vorbild – befreit war von dogmatischen Fesseln und Fixierungen, der seine Individualität entdeckte und sich zu ihr bekannte.

Doch so intensiv die freundschaftlichen Verbindungen zwischen Karl IV. und Petrarca waren, so stark auch die Faszination vor allem der Rhetorik, des verbalen Pathos, auf den König und seine Umgebung wirkte, so einschränkungslos er seine Stadt, das ganze Land dem Humanismus öffnete: Wenn Cola di Rienzo oder Petrarca glaubten, daß dieser Herrscher das mittelalterlich Imperiale transformieren und ihre eigenen Vorstellungen und Hoffnungen von einem Kaiser in Italien verwirklichen würde, verkannten sie die staatsmännische Nüchternheit und Modernität Karls IV. In seinen vielen Briefen beschwor ihn Petrarca, doch nicht Prag, sondern Rom zur Metropole des Reiches zu erheben; er sei schließlich »König der Römer«, und deshalb gehöre es zu seiner obersten Pflicht, Frieden und Einigkeit in Italien, im »Garten des Reiches«, wiederherzustellen. Doch der König wehrte freundlich ab, so gleichbleibend herzlich und beharrlich, daß es an unverfrorene Güte grenzte. Als ihn Petrarca aufforderte, endlich als der von Gott gesandte Retter nach Italien zu ziehen, weil

Landesherrliche Einkünfte:
Leistung eines Schweinezinses, Abgabe aus der Fischerei, Handelszoll, Felderträge aus dem Schwarzwald
Miniaturen im Zins-, Nutz- und Urbar-Buch von Rheinfelden, erstes Drittel des 15. Jahrhunderts

Hofdamen und Herren bei Gesellschaftsspielen
Aus einem deutschen Wirkteppich, 1385–1400

in dem Land die Ankunft eines Monarchen niemals sehnsüchtiger erwartet worden sei als eben jetzt, antwortete Karl IV.: »Die alten Zeiten, welche du erwähnst, kannten die schwierigen Bedingungen der Gegenwart noch nicht. Freund, es ist nötig, mit den Lebenden über das endgültige Entschwundene nachzudenken. Augustus hatte recht, als er zu seinen Freunden sagte: ›Ihr wißt nicht, was für ein Ungeheuer die Herrschaft ist.‹ Vor dem Griff zum scharfen Stahl ist erst jeder andere Weg zu suchen. So wollen es die Ärzte und so haben es die Kaiser gelernt. Unkundig der Folgen hat Italien, das nun so lange schon nach Frieden hungert, sich selbst mehr Schaden zugefügt als dem Kaiser, als es frevlerisch die Hand gegen die Kaiser erhob, gleichsam wie ein törichtes Kind, das sich, obgleich es hungert, gegen die Amme wendet.«

Das sollte allerdings nicht heißen, daß Karl IV. grundsätzlich auf die Kaiserkrone verzichten wollte. Solange ihr repräsentativer und symbolischer Gehalt noch Substanz besaß, mußte sich jeder Herrscher des Reiches um die Krönung in Rom bemühen. Dafür hatte Karl IV. dasselbe untrügliche Gespür wie für die ungebrochen lebendige Reichsdynamik bei den Deutschen. Ranke hat das in der nüchternen Formel ausgedrückt, daß Karl IV. immer gewußt hätte, »was sich in der Welt ausrichten läßt und was nicht«. Gegen Ende des Jahres 1354 brach er zu seinem Rom-Zug auf, allerdings nicht an der Spitze eines Reichsheeres, sondern nur mit einem Teil des Hofstaates und einem Gefolge von Rittern. Am 6. Januar 1355, dem Dreikönigstag, wurde er in Mailand in der Metropolitan-Kirche S. Ambrogio mit der ›Eisernen Krone‹ der Langobarden gekrönt – seit der Krönung Konrads III. im Jahr 1128 in Monza diejenige Zeremonie, in der die Erzbischöfe von Mailand den deutschen Königen das Regnum Italiae bestätigten. Anschließend zog Karl IV. weiter nach Süden, ritt am 5. April, am Ostersonntag, im Krönungsornat zusammen mit seiner Gemahlin durch die Tore Roms und stieg auf dem Petersplatz vor der Basilika ab. Im Dom wurde er von dem päpstlichen Legaten, dem Kardinalbischof Peter von Ostia, gesalbt, mit der goldenen Kaiserkrone gekrönt und erhielt Szepter, Reichsapfel und Schwert.

Plan von Rom
Miniatur in einer ›Cosmographia‹ des Tolomeo, zwischen 1420 und 1450

Die Bedingungen dieses Rom-Zuges waren lange vorher in ausführlichen Verhandlungen festgelegt worden. Karl hatte sich zu ihrer strikten Beachtung verpflichtet. Er hatte einen Eid darauf abgelegt, Rom nur am Krönungstag zu betreten und nicht innerhalb seiner Mauern zu übernachten. Kein einziges der alten Herrschaftsrechte, die sich früher aus der Kaiserkrönung in Rom ergaben, wurde von ihm angetastet. Darin lag Konsequenz. Seit dem Ende der Stauferherrschaft hatte sich das Heilige Römische Reich durch politische Akzentverlagerung sukzessive zu einem Reich Deutscher Nation entwickelt. Diese Richtung wurde von Karl IV. unterstützt, und zwar nach Maßgabe einer ebenso unbestechlichen wie unsentimentalen Einsichtskraft. Den Widerstreit zwischen Krone und Tiara um Vorrang und Recht schätzte Karl IV. inzwischen als weitgehend gegenstandslos ein: Ludwig der Bayer hatte um ein Phantom gekämpft. Karl war bemüht, jeder möglichen Erneuerung eines solchen Gegensatzes den Boden zu entziehen. Deshalb hielt sich der Herrscher auch mit nahezu übertriebener Sorgfalt an seine Vereinbarungen mit der Kurie, blieb in Rom bei der Krönung tatsächlich nicht länger als vom Morgengrauen bis zur Abenddämmerung und reiste anschließend ohne Säumen wieder nordwärts den Alpen zu. Aus denselben Überlegungen entsprang allerdings auch die Energie, mit der er sämtliche Bestrebungen unterstützte, das Exil der Päpste an der Rhône zu beenden. Avignon und die französische Politik hatten sich allzu lange und allzu folgenschwer auf das Reich, auf Deutschland und die Deutschen ausgewirkt. Deshalb gehörte Karl IV. zu denjenigen, die besonders unermüdlich die Päpste zu einer Rückkehr nach Rom zu bewegen versuchten. Als endlich 1367 Urban V. den Sitz an den Tiber verlegte, kam der Kaiser auf Bitten des Papstes im darauffolgenden Jahr mit einem Heer nach Italien, um das Land militärisch zu befrieden. Erfolge hatte er kaum; die chaotischen Zustände, die Lust der italienischen Signorien an der Selbstzerfleischung, die permanenten Machtkämpfe der großen Adelsgeschlechter bestätigten ihm erneut, wie berechtigt seine Reserve gegenüber Italien und seinen politischen Verhältnissen war. Urban V. kehrte nach einiger Zeit wieder nach Avignon zurück. Erst 1377 übersiedelten mit Gregor IX. die Päpste endgültig ins Patrimonium Petri; auch bei diesem zweiten und auf die Dauer erfolgreichen Versuch hatte Karl IV. nachdrücklich mitgewirkt.

Gregor XI., der letzte
französische Papst,
bei seiner Rückkehr aus
Avignon
nach Rom im Jahr 1377
Relief von
Pietro Paolo Olivieri
am Grabmal Gregors XI. in
S. Francesco Romana in Rom

Der Schimmer, der über dem Zeitalter Karls IV. liegt, entstammt nicht allein der unerhörten Kulturblüte, die Böhmen und das Reich dem Kaiser verdankten. Die teils exemplarische, teils historisch-individuelle Besonderheit jener Epoche wurden vom Rang der Staatskunst und der Persönlichkeit des Herrschers bestimmt. In einer Phase des, wie es schien, endgültigen Niedergangs hatte Karl IV. nicht nur das Reichskonzept gerettet, sondern ihm auch eine neue Form und Richtung gegeben, von der Jahrhunderte unserer Geschichte geprägt wurden. Das geschah nicht zuletzt dadurch, daß er auf Herrschaftsimpulse aus der vorstaufischen Kaiserzeit zurückgriff und sie revitalisierte. Als Frankreich und England sich im Hundertjährigen Krieg ineinander verbissen, erneuerte der Kaiser die alten Grenzen des Reiches im Westen, blockierte dadurch die Neigungen Frankreichs, politische Aktivität im Rheinischen zu erproben, restaurierte die Reichsoberhoheit über Burgund und ließ sich sogar 1365 zum König des Arelats krönen. Das war keine nur symbolische Prozedur, die dem Realisten Karl ohnedies nicht gelegen hätte, sondern eine Maßnahme, die mit dazu beitrug, Frankreich bis zum Ende des 15. Jahrhunderts eine Expansion nach Italien zu verwehren.

Am intensivsten allerdings bewegten ihn die Sicherungen der Reichsinteressen im Osten. Darin vor allem besteht das Säkulare seiner Politik: in der Verlagerung des Schwergewichts des Reiches, im Wechsel der politischen Inklination, die ausschließlich durch seine Regierung bewirkt wurde. Dieser Wechsel richtete sich nicht auf Veränderung des Bestehenden, sondern verwandelte das Bestehende selbst zum Element eines neuen politischen Konzepts. Karl hatte erkannt, daß es vor allem im Osten möglich war, der Reichsidee zum Ausdruck und zur Repräsentation zu verhelfen. Diese Neuorientierung hatte Bestand: An den Grundlinien seiner Reichspolitik hielten die Erben Karls IV., die Habsburger, unverbrüchlich fest. Weil die Existenz des Reiches als ausschlaggebender staatlicher Ordnungskomplex Europas dank der Staatskunst Karls IV. Jahrhunderte überdauerte, besitzt der ›Vater des Vaterlandes‹, bei allem Respekt vor Kaiser Maximilian I., Anspruch auf die Titulatur ›Erzvater des Reiches‹.

Für die innere Geschichte des deutschen Reiches stellte die ›Goldene Bulle‹ dasjenige Gesetzeswerk dar, in dem sich die Grundbedingungen der Zusammengehörigkeit der Deutschen im Rahmen eines staatlichen Verbandes widerspiegelten und an dem sich auch sämtliche Versuche ausrichteten, diese Bestimmungselemente zu verändern. Sie wurde zu einem Richtmaß des Für und Wider historischer Konstitutiva, wurde aber auch selbst in Frage gestellt und als unverwechselbares Charakteristikum der Geschichte der Deutschen bewertet oder abgewertet.

Als Karl IV. seine Regierung begann, war seit dem Ende der Stauferherrschaft noch nicht einmal ein ganzes Jahrhundert vergangen. Und doch: Was für radikale Veränderungen hatten stattgefunden, wieviele Katastrophen im Habitus allgemeiner und allgemein alltäglicher Anarchien hatten sich aneinandergereiht, wieviele Zusammenbrüche mußten in diesem Jahrzehnt hingenommen werden! In der chaotischen Wirrnis, die dem staufischen Kaisertum folgte, endete zunächst auch die europäische Vormacht des Reiches, das als Imperium Romanum über Karl den Großen in die Hände der deutschen Kaiser gelegt worden war. Die Auflösung der hegemonialen Macht wurde von einem Zerfall der inneren Autorität, der verkettenden Kraft im Reich selbst, begleitet. Das Absterben der Zentralgewalt versetzte die Landesfürsten in eine völlig neue Lage.

Die Territorialfürsten standen seit der Gründung des Reiches in einer festen, wenn auch nie spannungsfreien Beziehung zu den Königen und Kaisern. Auch unter den Staufern waren sie eingefügt in den klar umrissenen Bezirk einer Oberhoheit, die ihnen zwar dank der transalpin fixierten Politik der Kaiser einen weiten, zeitweise übermäßigen Spielraum gewährt hatte, die aber trotzdem keinerlei Unklarheiten über die Verantwortlichkeiten und Pflichten, Freiheiten und Rechte der Fürsten zuließ. Eingeleitet wurde dieser Prozeß bereits durch den zermürbenden Kampf um die deutsche Krone nach dem Tod Kaiser Heinrichs VI. 1197. Herzog Philipp von Schwaben, der jüngste Sohn Friedrich Barbarossas und Bruder Heinrichs VI., mußte nach der Gegenwahl des Welfen Otto IV. von Braunschweig jahrelang um seine Anerkennung und die Unterstützung durch die Mehrheit der deutschen Fürsten ringen. In der Praxis sah das so aus, wie es der schwäbische Probst Burchard von Ursberg in seiner Chronik – wenn auch parteiisch überzeichnend – berichtete: Philipp von Schwaben begann, »da er kein Geld hatte, um den Rittern Sold zu bezahlen, die Güter zu verschleudern, die sein Vater Friedrich I. weit und breit in Schwaben zusammengebracht hatte, so daß er jedem freien Herrn und Ministerialen Dörfer oder Grundbesitz oder Kirchen, die ihm gehörten, verpfändete. Und so geschah es, daß ihm schließlich nichts übrig blieb als der leere Name über die Länder und die Städte oder wenige Marktflecken und wenige Burgen im Land«.

Verlagerung der Macht

Was sich hier ankündigte, wurde erst nach dem Tod Friedrichs II. für die innere Situation des Reiches bestimmend. Mit dem Ende der Stauferherrschaft mußten zwangsläufig sämtliche Bindungen an die Zentralgewalt zerfasern. Den Herren fiel damit jählings eine Souveränität zu, die sie politisch weit freizügiger über ihre Territorien gebieten ließ, als die Kaiser jemals das Reich selbst beherrscht

»Die Zeit, in der jeder tat, was ihm recht schien, und einer wider den anderen mit Trug und Hinterlist, mit Brand und Raub vorging.« – Zeitgenössische Notiz

Die Kaiserpfalz zu Eger, ein Bollwerk der staufischen östlichen Machtposition im Kampf Philipps von Schwaben gegen Otto IV.

hatten. Der Wechsel war zu abrupt, als daß sie diese Macht- und Herrschaftssteigerung nicht überfordert hätte. Eine Art Inversion der Gewalt prägte die konkreten Verhältnisse: Anstatt zu herrschen wurden die Fürsten von ihren Territorien beherrscht.

Die Zeit zwischen der staufischen und der karolingischen Epoche unserer Geschichte wird gewöhnlich als eine Ära des Reichsverfalls beklagt. Dies trifft zu, sofern die Grenzen der kaiserlichen Herrschergewalt mit den Grenzen des Reiches ineinsgesetzt werden. Der ›Verfall‹ bezog sich nicht auf die territoriale Lage des Reiches, sondern auf das Schwinden der zentripetalen Gewalt. Selbst wenn das ›Interregnum‹, die oft so düster geschilderte »kaiserlose, schreckliche Zeit« faktisch nur von 1254 bis 1273 dauerte und das Reich genaugenommen seit dem Tod Friedrichs II. bis zur Krönung Heinrichs VII. im Jahr 1312 keinen Kaiser hatte, so bestand auch das Charakteristische dieser Epoche nicht in dem Fehlen der monarchischen Spitze, sondern darin, daß sich aus der Vakanz der Zentralgewalt ein beständiges Ringen unterschiedlichster Kräfte und Interessen ergab. Bis dahin hatte das Reich – in seiner Identität mit der Person des Königs und Kaisers – sämtliche Bestrebungen, Rechte und Wünsche seiner Glieder an sich gebunden. Andererseits hielten auch diejenigen, die keine übergreifenden Hoheitsrechte und keine den Fürsten vergleichbare Herrschergewalt besaßen, an diesem Reich fest.

Lehnsleute bei Abgaben an einen Kurfürsten Miniatur in der für König Wenzel 1400 geschaffenen Ausgabe der ›Goldenen Bulle‹

Nunmehr, im Interregnum, war die Wechselseitigkeit gestört. Das Reich band nicht mehr. Am unmittelbarsten wurden dadurch die Bauern, Ritter und Städte betroffen. Das staufische Kaiserreich zerfiel in einer Zeit, da die agrarische Struktur des Mittelalters in Deutschland noch kaum in Bewegung gekommen war. Rund achtzig Prozent des Volkes lebten auf dem Land und nur etwa fünfzehn Prozent in der Stadt. Auf dieses Verhältnis hatte auch das Wachstum der deutschen Bevölkerung keinen Einfluß, die sich vom Beginn des 11. Jahrhunderts bis zur Mitte des 14. Jahrhunderts verdreifachte. Die Entwicklung und Zunahme der Städte folgte dieser Steigerung fast gleichmäßig linear. Erst in der Zeit Karls IV. setzte ein geradezu eruptives Wachstum der Städte samt zahlreichen städtischen Neugründungen ein.

In dem beschwerlichen Prozeß der politischen Verselbständigung, der in den größeren Fürstentümern und geschlosseneren Herrschaftsräumen des Reiches seit dem Interregnum einsetzte, spielten aufgrund der fehlenden Zentralorientierung nicht nur Eigeninteresse und partikularistische Selbstsucht eine wesentliche Rolle, sondern genausoviel Bindungslosigkeit der Fürsten und vitaler Selbsterhaltungstrieb. Die charakteristischen Herrenfehden jener Jahre sind weniger Manifestation einer spezifisch deutschen Neigung zur Selbstzerfleischung, als weit mehr ein Indiz der Verwirrung, die zu dem großen Wechsel gehörte. Die Konsequenzen dieser Entwicklung für die Geschichte der Deutschen sind unter dem Aspekt der nationalen Zentralstaaten nahezu stereotyp als verheerende Zersplitterung gebrandmarkt worden. Doch in ihnen wird ebenso prägnant eine eminente Überlebenskraft und ein ungebärdiger Selbstbehauptungswille sichtbar, dessen Beharrungsvermögen sich heute noch in dem föderalistisch abgesicherten, starrsinnig demonstrierten Eigenbewußtsein der Stämme wie den Bayern oder Hessen, den Niedersachsen oder Westfalen drastisch äußert. Ihr Aufbegehren gegen alles, was ihnen wie Entmachtung zugunsten eines Zentralismus erscheint, ist kaum weniger reaktionsschnell als der Abgrenzungswille auch kleinerer Gruppen innerhalb der Länder wie etwa der Franken gegenüber ihren südlicheren Brüdern oder des hansischen Bürgerstolzes in Bremen, Hamburg und Lübeck. Solche elementaren Regungen widerstreben zwar dem Augenschein nach der Zusammenfassung in weitere Herrschafts- oder Staatsbindungen, sie garantieren jedoch erst die Bedingungen für solche Formierungen.

Kritische Behauptungen, daß sich die Teilgewalten bar jeder Verantwortung gegenüber dem Reich gezeigt und nur minderen Sonderegoismus zur Schau gestellt hätten, mißachten den Umstand, daß selbst in seinen glanzvollsten Zeiten das Reich niemals ein Abstraktum darstellte, sondern stets höchst realiter in der Person des Herrschers sichtbar war. Dem mittelalterlichen Kaisertum der Deutschen wurden von seinen Nachfahren nur deshalb so kraftvolle Empfindungen entgegengebracht, weil sich das Reichskonzept mit dem Herrschertum in Einklang befand. Die Könige und Kaiser waren nicht Repräsentanten, sondern Personifikationen der politischen Ordnung. Sie wurde in ihnen leibhaftig; jedermann konnte das Reich in der Person des Kaisers mit eigenen Augen sehen. Nur deshalb herrschte eine so ungeheure Verwirrung in jener Epoche des Wechsels, in den rund zweihundert Jahren zwischen dem Staufer Friedrich II. und dem Habsburger Friedrich III.: Das Reich leuchtete, so schien es den Zeitgenossen, nur noch abgeschwächt, als Widerglanz in einzelnen Herrschern auf, am intensivsten noch in Karl IV.

Geschichtlich offeriert sich die Verwirrung jedoch nur selten als reines Chaos und noch seltener bar jeder Faszination. Faszinierend war zweifellos die Vielgestaltigkeit, in der sich der Wechsel – weg von der Personifikation – vollzog, denn Gefühle verbindender Art und verbindlichen Anspruchs gegenüber nicht-personalen Phänomenen wie dem ›Staat‹, der ›Kirche‹, dem ›Vaterland‹ sind verhältnismäßig neuzeitlicher, jüngerer Abkunft. Und auch diesen Bezügen eignet immer nur so viel Intimität, wie es dem Wirklichkeitsgehalt des fraglichen Vorstellungs- und Bindungskomplexes entspricht. Am intensivsten prägen sich solche Verpflichtungsverhältnisse gegenüber Personen aus. Die deutschen Herrscher von den Staufenkaisern bis zu den Sachsenkönigen unterschieden sich von den Habsburgern letztlich durch nichts anderes, als daß sie selbst, als Personen, das Reich und die Herrschaft konkretisierten, während die Habsburger Kaiser Hoheitsträger waren; ihnen stand die Majestas zu, sie waren jedoch nicht identisch mit ihr. Die Formel ›Kaiser und Reich‹ ist im Grunde bei den Herrschern vor dem Interregnum nicht am Platz, weil hier die Konjunktion etwas verbindet, was nicht getrennt war: Der Kaiser war zugleich das Reich, und das Reich war der Kaiser. Ein Kaiser ohne Reich war nicht vorstellbar. Erst seit dem Interregnum mußte die Erfahrung durchlitten und durchlebt werden, daß es einen Ordnungsverband mit der Bezeichnung ›Reich‹ gab, dessen Existenz nicht mit der Existenz eines Königs und Kaisers identisch war.

Otto II. bei der Entgegennahme der Huldigung durch die Reichsteile
Miniatur aus einem Trierer ›Registrum Gregorii‹, nach 983

Der territoriale Selbstgründungsprozeß, der eine Konsequenz des Zusammenbruchs des Staufenkaisertums bildete, schloß eine Verlagerung der Machtverhältnisse ein. Die Potestas des Reiches ist bis dahin Auctoritas und Machtausübung der Kaiser gewesen. Wenn diese Macht nunmehr an die Fürsten überging, von ihnen an sich gezogen wurde, mußte dies unweigerlich eine gegenläufige Wirkung haben, mußte sich gegen das überkommene Gliederungs- und Ordnungskonzept des Reiches und seine Ansprüche wenden. Die Gesamtstaatlichkeit des Reiches löste sich weitgehend in die Sonderstaatlichkeit der Reichsfürsten auf. Die Hoheit des Reiches trennte sich von der Person des Kaisers und ging in hunderterlei Weise auf die Länder, Herren und Städte über. Die territorialen Neuordnungsversuche richteten sich dabei vielfach auch an den neuen Herrschaftsgefügen aus, die schon unter den Staufern in Osteuropa während der Kolonisation entstanden waren. Mustergültig dafür war die Schöpfung des Deutschen Ritterordens. Wesentlich wurde schließlich auch, daß die Existenz all jener politisch weitgehend autonom ausgerichteten Fürstentümer von nichts anderem abhängig war als von der Befähigung ihrer Herrscher, selbständig und selbstbewußt politisch zu handeln, einen Instinkt für die realen Bedingungen der Macht zu entwickeln.

Ludwig der Bayer

Ludwig der Bayer
Relief, 1317

Die Ideen und Vorstellungen, die sich mit dem Kaiser und dem Kaisertum verbanden, waren allerdings nicht direkt an einzelne Persönlichkeiten oder Herrschergeschlechter gebunden. Ähnliches galt auch für das ›Reich‹. Schon im fränkischen Reich vor Karl dem Großen war eine Reihe staatsrechtlicher Anschauungen entwickelt und diskutiert worden, die sowohl zur Entstehung von Reichstheorien führten als auch – stark beeinflußt von den Traditionen des Volkskönigtums der germanischen Zeit – zu rechtlich differenzierten Präzisierungen des Königtums, seines Wesens, der Gewalt des Königs, seiner Würde und seiner Aufgaben, seiner Rechte und Pflichten. Weder dem Kaiser noch dem Reich gingen in den Jahrzehnten, die dem Interregnum unmittelbar folgten, im Allgemeinempfinden Wesentliches von dieser Magnifizenz verloren, auch wenn sie sich in den Herrschern weniger und weniger verkörperte, sondern nur noch symbolisierte. Daß aber ›Kaiser und Reich‹ nicht lediglich emblematische Funktionen zukamen, das zeigten Herrscher wie Ludwig der Bayer genauso wie seine Vorgänger Heinrich VII. und Rudolf I. von Habsburg.

Der Wittelsbacher Ludwig war ein Enkel König Rudolfs I. Er verlor seinen Vater, Herzog Ludwig II. von Oberbayern und Pfalzgraf bei Rhein, schon mit elf Jahren und verbrachte so den größten Teil der folgenden Zeit in Wien am Hof der Habsburger. Ludwigs Regierungszeit endete nicht nur mit der Konkurrenz des Gegenkönigs Karl IV., sondern begann auch unter denselben Vorzeichen. Nach dem Tod Kaiser Heinrichs VII. fand eine Doppelwahl zwischen Ludwig und seinem Vetter Herzog Friedrich von Österreich und Steiermark statt. Vier deutsche Kurfürsten wählten am 19. Oktober 1314 in Sachsenhausen bei Frankfurt am Main Herzog Friedrich zum deutschen König. Am nächsten Tag wurde Ludwig von den restlichen Kurfürsten in Frankfurt, dem Herkommen nach der zuständige Ort, ebenfalls zum König gewählt. Doppelwahlen im Reich waren selten, aber nicht unbekannt. Nach altem Rechtsbrauch konnten sie letztlich nicht anders entschieden werden als durch die Waffen. Ludwig kam erst nach sieben Jahren zum Erfolg: Er besiegte seinen Vetter Ende September 1322 bei Mühldorf am Inn und konnte den Rivalen gefangennehmen. Da jedoch Friedrichs Bruder Leopold den Kampf fortsetzte, entschloß sich Ludwig im Jahr 1325, die Regierung mit Friedrich gemeinsam zu führen.

»Derjenige von zwei gewählten Königen, der der Mächtigere ist und den Sieg davonträgt, soll das Reich besitzen.« – Begründung Ludwigs des Bayern für seine Rechtmäßigkeit in der ›Sachsenhäuser Appellation‹ von 1324

Leopold hatte sich bereits unmittelbar nach der Doppelwahl energisch für seinen Bruder und damit für die Habsburger Thronansprüche engagiert. Die Schweizer um den Vierwaldstätter See, die Kantone der Waldstätten, hatten die Wahl Ludwigs unterstützt; sie waren bei dieser Gelegenheit aufsässig geworden und hatten ein Kloster überfallen. Friedrich bestritt den drei Kantonen die Reichsunmittelbarkeit, die ihnen von Heinrich VII. bestätigt worden war und verhängte über sie die Reichsacht. Sein Bruder Leopold zog mit einem Ritterheer in die Schweiz, um die Acht zu vollstrecken und die Habsburger Herrschaft in diesem Stammgebiet zu sichern. Die Schweizer Fußtruppen stellten das Heer Leopolds am 13. November 1315 in einer Engstelle unterhalb des Morgartens und errangen, völlig überraschend für alle Waffenkundigen, einen vollständigen Sieg. Die Taktik war neu: Ohne Respekt vor den schwergepanzerten Gegnern zerstörten die Schweizer Bauern die Schlachtordnung der Habsburger durch konzentrierte Angriffe auf die Pferde, brachten die Ritter zu Fall und hatten danach kaum noch Schwierigkeiten, mit den unbeweglichen Feinden fertigzuwerden. Nach diesem Sieg erneuerten die drei Urkantone ihr ›Ewiges Bündnis‹, das sie 1291 geschlossen hatten. Ihr Name ›Eidgenossen‹ markierte seitdem die dritte machtvolle Eigenbildung innerhalb des Reiches neben dem Deutschen Orden und der Hanse. Die Habsburger führten Jahrzehnt um Jahrzehnt einen vergeblichen Kampf gegen die wachsenden Isolierungsbestrebungen der Eidgenossen. Sie zogen jedoch aus der Katastrophe von Morgarten keine militärische Lehre und mußten deshalb 1386 bei Sempach eine Neuauflage desselben Fiaskos hinnehmen, nur noch weit blutiger. Das Ritterheer Herzog Leopolds III. von Österreich, dem Neffen des Verlierers von Morgarten, wurde mittels derselben Taktik geschlagen und weitgehend vernichtet, auch der Herzog selbst wurde getötet.

Die Morgartener Schlacht: Sieg der Schweizer über das Heer Leopolds am 13. November 1315 Miniatur in einer Berner Chronik, 1470

Den Schweizern war 1315 nicht nur ein entscheidender Schritt zur selbständigen Bündigung gelungen, sondern sie hatten auch dazu beigetragen, daß Friedrichs Position gegenüber Ludwig erheblich geschwächt wurde. Andererseits hatte der Wittelsbacher nach seinem Sieg bei Mühldorf kein Interesse, durch eigene Unnachgiebigkeit die Hartnäckigkeit Leopolds auf weitere Proben zu stellen, da er hinreichend mit der Feindschaft zu tun hatte, die zwischen ihm und Papst Johannes XXII. aufgeflammt war. Der Papst, ein genialer Verwaltungsfachmann, sittenstrenger Oberhirte und extrem französisch ausgerichteter Machtpolitiker, hatte die Doppelwahl der deutschen Kurfürsten geschickt zu seinen Gunsten ausgenützt. Er behielt sowohl Ludwig als auch Friedrich die Bestätigung vor. Damit war er dem Buchstaben nach ermächtigt, die Rechte des deutschen Königs in den italienischen Gebieten des Reiches wahrzunehmen. Er bestellte einen päpstlichen Reichsvikar für Mittel- und Oberitalien. Ludwig der Bayer reagierte darauf mit der Ernennung eines eigenen Generalvikars und entsandte ihn mit einem Heer nach Oberitalien. Die päpstlichen Truppen wurden von den Kaiserlichen gezwungen, die Belagerung Mailands abzubrechen.

»Die Zwietracht der Deutschen und ihrer Fürsten ist Heil und Friede für Papst und Kirche. Das Reich der Deutschen ist die eherne Schlange, die zu zerschlagen ich alle meine Kraft gebrauchen will.« – Papst Johannes XXII.

Als sich Ludwig der Drohung des Papstes nicht beugte, innerhalb von drei Monaten die deutsche Krone samt der Reichsregierung niederzulegen, wurde er am 23. März 1324 mit dem Bann belegt. Dies war der Auftakt zu dem letzten und keineswegs glanzvollen Schauspiel des Kampfes zwischen einem Herrscher des Reiches und dem Oberhirten der Kirche unter der alten Fragestellung des Dominats der beiden Universalgewalten. Ludwig wurde in Italien traditionell von den Ghibellinen – den italienischen Parteigängern des Reiches und der Staufer seit Beginn des 13. Jahrhunderts – unterstützt, theologisch-geistig auch von den Minoriten, die das Armutsideal der Kirche verfochten, staatstheoretisch durch Marsilius von Padua und seine Anhänger. Dieser unversöhnliche

Die apostolische Armut
Miniatur in einer alttschechischen Handschrift, zweite Hälfte des 15. Jahrhunderts

Heinrich VII.
beim Überschreiten der Alpen auf seinem Zug nach Italien im Jahr 1310
Miniatur aus einer Handschrift, erste Hälfte des 14. Jahrhunderts

Feind des avignonesischen Papsttums entwickelte in seinen Schriften eine radikal irdisch ausgerichtete Lehre vom Staat mit deutlichen Vorgriffen auf moderne Auffassungen von der Bedeutung der Volkssouveränität und betonte nicht minder nachdrücklich die Unterordnung der Kirche gegenüber der weltlichen Herrschaft.

Ludwig der Bayer war ein tapferer, impulsiv entschlossener, aufrechter Mann, ein König ohne Fehl und Tadel, ebenso allerdings ein Fürst der halben Handlungen aufgrund einer verhängnisvollen Kurzsicht, mithin ein Herrscher ohne Erfolg. Er konnte nicht einmal seine Vordergrundsziele erreichen; allerdings gelang dies auch nicht der Kirche. Das jahrelange Ringen festigte im Inneren des Reiches lediglich die Stellung der Kurfürsten, wie es das Weistum von Rhense des Jahres 1338 gezeigt hatte und wie sie es auch Ludwig dem Bayer bereits deutlich genug signalisierten, als sie sich bereit erklärten, seinen Rom-Zug zu unterstützen: Ohne ihre Hilfe hätte sich Ludwig niemals behaupten können. Einig waren sich Herrscher und Fürsten nur in dem Willen, die staatliche Verselbständigung durch rigorose Abgrenzung von der Kirche voranzutreiben.

Das freilich war wiederum nur möglich durch einen Verzicht auf Reklamation der früheren Reichsrechte und Kaiseransprüche, die sich aus der Universalismusvorstellung ergaben, jenem Verzicht, den Kaiser Karl IV. so kühl und sachlich zugestanden hatte und den weder Petrarca noch Cola di Rienzo akzeptieren wollten. Auch Dante hatte nicht zugestimmt, auch er hatte den Großvater Karls IV., Kaiser Heinrich VII. – der Dichter nannte ihn voll ehrfürchtiger Erwartungen seinen ›l'alto Arrigo‹ –, beschworen, nach Italien zu ziehen und die mittelalterliche Herrschaft der Kaiser neu zu errichten.

Diese Sehnsucht der Italiener – freilich nicht der guelfisch bestimmten – lebte nicht so sehr von der wehmütigen Erinnerung an die Zeiten der Staufer, sondern war eine Folge der Wirren und Kämpfe, die zu einem Teil die Kirche mit dazu bewogen hatten, den Sitz von Rom nach Avignon zu verlegen, sich zum anderen Teil jedoch aus diesem Abzug der letzten großen Autorität ergaben. Heinrich VII. hatte sich dazu bewegen lassen, kaiserliche Italien-Politik unter jenen Motiven zu betreiben, die an früher erinnerten. Clemens V. verhielt sich zunächst indifferent, um so mehr, als Heinrich VII. dem Papst ausdrücklich versichert hatte, in Mittelitalien sämtliche Rechte und den Besitz der Kirche peinlichst zu respektieren. Heinrichs Erwartungen bestätigten sich nur in Oberitalien. Zu Beginn des Jahres 1311 konnte er in Mailand die Lombardenkrone empfangen, doch sein Zug in den tieferen Süden wurde zum Anlaß blutigster Auseinandersetzungen mit den Guelfen, mit Robert von Anjou, ja er hatte plötzlich sogar den Papst als Gegner. Heinrich VII. konnte sich zwar Ende Juni 1312 in Rom krönen lassen, doch gelang es ihm nicht, das Land zu befrieden und die alten Reichsrechte auch nur zum Teil aufzugreifen und zu realisieren. Sowohl er als auch Ludwig der Bayer bestätigten lediglich, wie unwiderbringlich die Italien-Politik der Staufer verabschiedet worden war.

Keine Krönung in Rom

Beiden Herrschern hatte schon ihr bedeutender Vorgänger Rudolf I. von Österreich das Muster einer Reichspolitik vorgestellt, die den Notwendigkeiten Rechnung trug und nicht solchen Plänen, deren Basis in Erinnerungen bestand.

Heinrich VII. hatte sich nach Italien gewandt, ohne die Verhältnisse im Land zu durchschauen oder auch nur verhältnismäßig zureichend zu überblicken. Für Rudolf von Habsburg dagegen waren dieselben Gründe ein Anlaß, sich umgekehrt zu verhalten: Er ließ sich nicht nach Italien ziehen, obgleich ihn der Papst dringend darum bat und seine Wahl unter anderem nicht zuletzt in der Erwartung unterstützt hatte, sich Rudolf dadurch zu verpflichten und ihn zu bewegen, den wilden Machtkämpfen der Städte und Adelsfamilien ein Ende zu bereiten, die seit dem Fortgang der Staufer tobten.

Rudolf hatte zwar, wie jeder deutsche König, den lebhaften Wunsch, in Rom zum Kaiser gekrönt zu werden, doch blieb er nüchtern genug, diese Absicht nicht zu einem Objekt päpstlicher Politik entarten zu lassen. In den achtzehn Jahren seiner Regierung, von 1273 bis 1291, wurden in Rom sechs Oberhirten inthronisiert, und jeder von ihnen betrieb seine eigene Politik, die mit derjenigen seines Vorgängers kaum Verbindungen hatte. Für Rudolf I. bedeutete dies ein beständiges Neuverhandeln über die Bedingungen und Zusagen eines Rom-Zuges. Der König war durchaus bereit, auf alte Reichsrechte zu verzichten, denn er gab sich keinen Täuschungen darüber hin, daß es seit den Staufern mit dem ›Romanum‹ des Imperiums vorbei war; es konnte nur noch christlich verstanden werden, nicht mehr territorial. Insofern verband sich mit dem Begriff ›Reich‹ nur ein scheinimperialer Status, dessen Realität nicht vom Anspruch, sondern von den einschränkenden Bedingungen bestimmt wurde. Größe, auch Größe des Reiches als Bewahrung der Macht und Neugründung, war nur möglich durch Umgestaltung, durch politische Einschmelzung der Osträume ins Reich. Rudolf I. griff damit jene Initiativen auf, die von der zielstrebigen Interessenpolitik Heinrichs des Löwen und Albrechts des Bären im Nordosten des Reiches und im Deutschen Orden vorgeprägt und durch ihn zu einer Kontinuität bis zu Karl IV. ausgeformt wurden.

Rudolf von Habsburg
Oberteil des Reliefs
von seinem Grabmal
in der Krypta des Domes
zu Speyer

Rudolf I. war ein praktisch denkender Staatsmann. Sein Kampf um die Kaiserkrönung sollte weniger der Stabilisierung seiner eigenen Herrscherstellung dienen, als vielmehr eine weitgehende Garantie dafür bilden, daß einer seiner Söhne zum Nachfolger gewählt würde. Rudolf I. befürchtete nicht zu Unrecht, daß die Macht des Hauses Habsburg, die er mit überraschender Schnelligkeit und unerwartet erfolgreich begründet und gesteigert hatte, sich nachteilig auf die Überlegungen der Kurfürsten auswirken könnte. Seine Reserve gegenüber den politischen Zuständen in Italien wurde noch durch das ausgeprägte Interesse ergänzt, das er an den betont deutschen Reichszielen besaß. Obgleich er bis zuletzt darauf gehofft hatte, war es ihm schließlich doch nicht möglich, mit den Päpsten ein Arrangement zu finden und sich in Rom krönen zu lassen.

»Das ist die Höhle des Löwen. Man sieht die Spuren derjenigen, die sich hineinbegaben. Man sieht keine, die wieder herausgekommen sind.« – Rudolf I. über Italien

Glück und Ende des Přemysliden

Rudolf von Habsburg wurde 1218 geboren. Kaiser Friedrich II. hatte ihn selbst aus der Taufe gehoben. Er blieb bis zur Katastrophe des Kaiserreiches und dem Untergang des Geschlechts stets ein Gefolgsmann der Staufer; er ließ sich davon auch nicht abbringen, als der Kampf zwischen Friedrich II. und der Kirche so heillose Formen angenommen hatte, daß Kaisertreue identisch werden konnte mit Untergang. Die Habsburger Territorien zentrierten sich damals um elsässi-

Tagung des Baseler Bundes auf Habsburger Territorium: die Gerichtsstätte bei Mühlhausen im Elsaß Miniatur in der Luzerner Chronik des Diebold Schilling, 1513

sche Gebiete zu beiden Seiten des Rheins und Schwabens, zumal jene Teile, die heute Gebiete der Schweiz sind. Ihre Größe war nicht übermäßig neiderregend, andererseits aber so stattlich, daß Graf Rudolf hinreichend Gelegenheit hatte, seine Energien und Fähigkeiten in der Verwaltung zu beweisen und ebenso seine Entschlossenheit zu demonstrieren, den Habsburger Territorialbestand mit den Waffen zu sichern und zu vergrößern. Insgesamt freilich stellte das Gebiet, dessen Landesherr er war, bei weitem noch nicht jenen Komplex dar, der als Fundament einer Hausmacht charakterisiert werden konnte. In Deutschland hatte er sich bereits einen guten Namen durch seinen harten Gerechtigkeitssinn und die Unerbittlichkeit gemacht, mit der er in seinen Ländern gegen die Rechtsunsicherheit vorging, ja geradezu wütete; einmal ließ er an einem einzigen Tag neunundzwanzig Raubrittern den Kopf vor die Füße legen. Besonders zu schaffen machte ihm der Bischof von Basel, dessen eigene Territorialpolitik darauf abzielte, die Habsburger Gebiete im Elsaß und in der Schweiz durch einen Landkeil auseinanderzudrücken.

Der Papst hatte bei den Kurfürsten darauf gedrungen, daß die Herrschergewalt im Reich durch die Wahl eines fähigen deutschen Königs wiederhergestellt würde. Der endgültige Sieg der Kirche über ihren mächtigsten Gegner im Land, die Staufenkaiser, lag nunmehr lange genug zurück. Die Kirchenfürsten wurden inzwischen von weit größeren Sorgen bedrängt als von der Furcht vor einer neuen Übermacht der Kaiser. Der Papst ließ sogar bei den deutschen Fürsten anklingen, daß er notfalls selbst einen ihm gemäßen König ernennen würde, falls sie nicht in der Lage wären, einen Entschluß zu fassen. Schließlich einigten sich die Kurfürsten am 1. Oktober 1273 auf Rudolf von Habsburg. Dieser Graf, der immerhin schon fünfundfünfzig Jahre zählte, schien ihnen einerseits tüchtig genug und andererseits auch hinreichend machtlos genug zu sein, um allen ihren Wünschen nachzukommen. Rudolf von Habsburg war letztlich Kleinadel aus der Provinz, doch seine Reputation empfahl ihn für die Königskrone. Rudolf belagerte zu dieser Zeit mit seinen Truppen die Stadt Basel. Er selbst hatte niemals an die Möglichkeit einer solchen Erhöhung gedacht. Als ihm nachts in seinem Lagerzelt die Nachricht überbracht wurde, soll er, wie die Chronisten erzählen, den Nürnberger Burggrafen Friedrich von Zollern gebeten haben, sich keinen Scherz mit ihm zu erlauben. Doch Friedrich beteuerte: »Dies sei ferne, daß ich Euch, den mächtigsten aller Herren, zum besten hätte.«

Von »dem mächtigsten aller Herren« konnte bei weitem noch nicht die Rede sein. Allerdings machte sich Rudolf I. nunmehr mit anderen Plänen vertraut, als seine Kräfte in Kämpfen mit dem Bischof von Basel zu vergeuden. Er brach die Belagerung ab, entließ die Gefangenen und zog mit seiner Gemahlin nach Norden. Daß die Kurfürsten sich geirrt hatten, als sie glaubten, keinen allzu ehrgeizigen König gewählt zu haben, davon war nur derjenige zutiefst überzeugt, der ihn am besten kannte, der jahrelang mit ihm gekämpft hatte: der Bischof von Basel. Andererseits verhielt sich Rudolf von Habsburg keineswegs so, wie der Bischof mutmaßte. Für den ersten wirklichen König, den das Reich nach den Jahrzehnten des Interregnums besaß, konnte und mußte es nur ein Ziel geben: dem Königtum wiederum eine Machtgrundlage zu schaffen. Während des Interregnums waren die meisten königlichen Rechte, Güter und Einkünfte verloren gegangen, letztlich alles, was unter den Begriff der ›Reichsgüter‹ fiel. Das ›Hausgut‹ stand dem König selbst zu, es war sein und seiner Familie Eigentum. Das Reichsgut unterstand jedoch dem Reich und es gehörte jeweils

»Sitz fest, Herre Gott, oder Rudolf wird auch nach Deinem Thron langen!« – Der Bischof von Basel bei der Nachricht von der Königswahl Rudolfs I.

immer nur dem gewählten Nachfolger. Deshalb lag es auch völlig im Sinn der Kurfürsten, wenn Rudolf I. vor allem das Problem der Reichsgüter aufgriff, so wie er schon bei seiner Wahl geschworen hatte, das Reichsgut zu wahren und ohne Zustimmung der Kurfürsten nicht darüber zu verfügen.

Die Bemühungen des Königs, 1281 durch ein Reichsweistum alles seit 1245 unrechtmäßig erworbene Reichsgut zurückzugewinnen, hatten freilich nicht die erhofften Erfolge. Große Gebiete waren an Herren gekommen, denen sie nur in rücksichtslosester Form, mit Waffengewalt wieder abgenommen werden konnten. Auch daraus ergab sich eine Konsequenz, die zu den direkten Folgen des Interregnums gehörte und die sich unter Karl IV. bereits bestätigt hatte: Eine starke Königsmacht in Deutschland erwuchs nur auf der Grundlage einer starken Hausmacht.

Der Versuch des Königs, Reichsgut zurückzugewinnen – seine Revindikationspolitik – zeitigte trotz ihres Fehlschlagens ein Ergebnis, das man nicht hatte voraussehen können: Sie führte zur Grundlegung der Habsburger Macht. Der einzige Kurfürst, von dem die Wahl Rudolfs von Habsburg abgelehnt wurde, weil er selbst nach der deutschen Königskrone strebte, war Ottokar II. Přemysl, der König von Böhmen. Ottokar war der mächtigste Fürst des Reiches, doch die größten Gebiete seiner Herrschaft – seine Territorien und sein Einfluß reichten von Schlesien bis zur Adria – bestanden aus Reichsgut, das er unrechtmäßig an sich gebracht hatte: Österreich und Steiermark waren Reichslehen, auf die der Böhmenkönig keinen Anspruch besaß. Der Aspekt, daß der ehrgeizige, mit Kindern gesegnete Rudolf von Habsburg nur deshalb so entschlossen Reichsgüter zurückzugewinnen versuchte, um seine Nachkommen damit zu belehnen, besitzt einige stichhaltige Gründe. Verstärkt wurde der Eindruck von Rudolfs planmäßigem Vorgehen noch durch seinen herausfordernden Entschluß, als König diejenigen Reichsgüter zurückzugewinnen, die am schwersten zu ›revindizieren‹ waren, und nicht kleinere, belanglosere. Dazu paßte eine Bemerkung König Rudolfs, die überliefert ist: »Wenn man drei Feinde hat, so muß man zwei schonen, um sich für den dritten aufzusparen.«

Ottokar II. von Böhmen
Oberteil des Reliefs
von seinem Grabmal
im Prager Dom

Ottokar II. lehnte es ab, König Rudolf zu huldigen. Er lehnte es ebenfalls ab, auf Österreich und Steiermark zu verzichten. Rudolf I. leitete daraufhin das Reichsverfahren gegen den Böhmenkönig ein. Am 24. Juni 1275 wurde Ottokar geächtet, weil er eine Ladung des Reichstages nicht befolgt hatte. Als Rudolf mit einem Reichsheer nach Österreich zog, sah sich Ottokar plötzlich gezwungen, nachzugeben. Vor Wien ritt er im Gefolge seiner Herren, bekleidet mit einem königlichen Gewand zum Lager Rudolfs I. Vor der Huldigung soll der Habsburger geäußert haben: »Der Böhmenkönig hat mein graues Wams oft verlacht, nun aber wird mein graues Wams über ihn lachen.« Der Kniefall Ottokars II. allerdings, die formelle Einigung mit dem deutschen König im Dezember 1276, war nicht mehr wert als ein halbherziges Arrangement. Obwohl dem Přemysliden nur noch Böhmen und Mähren verblieb, war er entschlossen, um den Bestand seines Großreichs bis zur letzten Konsequenz zu kämpfen. Er benötigte den Frieden, um den Krieg vorzubereiten, ein Heer aufzustellen und Waffengefährten zu mobilisieren. Auf der Seite König Ottokars standen schließlich Polen, Schlesien, Meißen und Brandenburg. Rudolf I. dagegen wurde unterstützt vom Herzog von Bayern, dem Erzbischof von Salzburg, den Bischöfen von Regensburg und Passau, dem Grafen von Tirol und dem König von Ungarn.

Im August 1278 trafen die Gegner bei Dürnkrut auf dem Marchfeld zusammen. Beide wußten, daß ihr Schicksal von einer Offensive à outrance abhing. Das Marchfeld hatte schon seinen Ruhm als traditionelles Schlachtfeld jenseits der Donau bei Wien. Hier war bereits Kaiser Marc Aurel mit den Markomannen zusammengestoßen. Die Schlacht zwischen den beiden Königen verlief mehr als überraschend. Ottokars Heer war zahlenmäßig weit überlegen, doch Rudolf I. setzte mit seinen Truppen – ähnlich überraschend wie Karl V. bei Mühlberg – über die Donau und griff die konsternierten Böhmen mit derart furioser Wucht an, daß die Entscheidung bereits nach kurzer Zeit zu seinen Gunsten gefallen war. Ottokars Heer löste sich vollständig auf, der Böhmenkönig selbst wurde auf der Flucht von österreichischen Rittern erschlagen. Das ursprüngliche Mißverhältnis zwischen beiden Fürsten, das Ringen zwischen ihnen, bei dem es letztlich um die Krone des Reiches ging, bewegte wiederholt die Phantasie der Späteren. ›König Ottokars Glück und Ende‹ – nach Grillparzers bekanntem Drama, das er auch als Parallele zum Aufstieg und Ende Napoleons verstanden hatte – wurde zur Grundlage von Habsburgs Erfolg. Denn König Rudolf I. gab mit Billigung der Kurfürsten die erledigten Reichslehen Österreich und Steiermark an seine Söhne Albrecht und Rudolf. Kärnten und Krain, die zunächst an seinen Waffengefährten, den Grafen Meinhard von Tirol, fielen, wurden 1335 ebenfalls Habsburger Besitz. Mit seinem Sieg hatte Rudolf I. die Königsgewalt gesichert, ihr etwas von der Aura alter Macht wiedergegeben, er hatte seinem Haus ein Fundament geschaffen, das erheblich sicherer gegründet war als das Großreich Ottokars II.

»Ein armer, kleiner Graf!« – Ottokar II. Přemysl über König Rudolf I.

Ritterorden und Hanse

Rudolf von Habsburg hatte als fast namenloser Graf im Jahr 1254 an einem Kriegszug König Ottokars gegen die heidnischen Preußen im Samland teilgenommen. Eine zeitgenössische Chronik berichtet von diesem Kreuzzug: »So groß war die Menge dieses Heeres, daß es die Zahl von sechzigtausend Kämpfern überschritt; die Zahl der Wagen und der Karren, die Waffen und Lebensmittel mit sich führten, habe ich nicht gehört. Er betrat mit seinem Heer das Samland im Gebiet Medenau, und als alles, was brennbar war, verbrannt und zahlreiche Menschen gefangengenommen oder getötet waren, übernachtete er dort. Am folgenden Tag kam er in das Gebiet Rudau und eroberte dort die Burg mit Macht. Das Volk der Samländer wurde dort so sehr niedergemetzelt, daß seine Edlen dem Könige mit Bitten Geiseln anboten, daß er sie in seine Gnade aufzunehmen geruhe und nicht das ganze Volk vernichte. Der König rückte weiter vor bis zu einem Berge, auf dem jetzt die Burg Königsberg steht; dort riet er den Brüdern (des Ritterordens), eine Burg zur Verteidigung des Glaubens zu errichten, und überließ ihnen prächtige, königliche Geschenke zur Unterstützung des Baues. Als so seine Mühe der Kreuzfahrt erschöpft war, kehrte der König ohne großen Schaden für sein Volk in sein Reich zurück. – Nach der Rückkehr des Herrn König von Böhmen bereiteten Meister und Brüder alles vor, was für den Bau notwendig war, nahmen die treuen Preußen mit und erschienen im Jahr 1255 und erbauten an der Stelle, die jetzt ›Alte Burg‹ heißt, die Burg Königsberg, die sie aus Verehrung für den König von Böhmen die ›Königsburg‹ nannten.«

Königsberger Stadtsiegel von einer Urkunde, 13. Jahrhundert

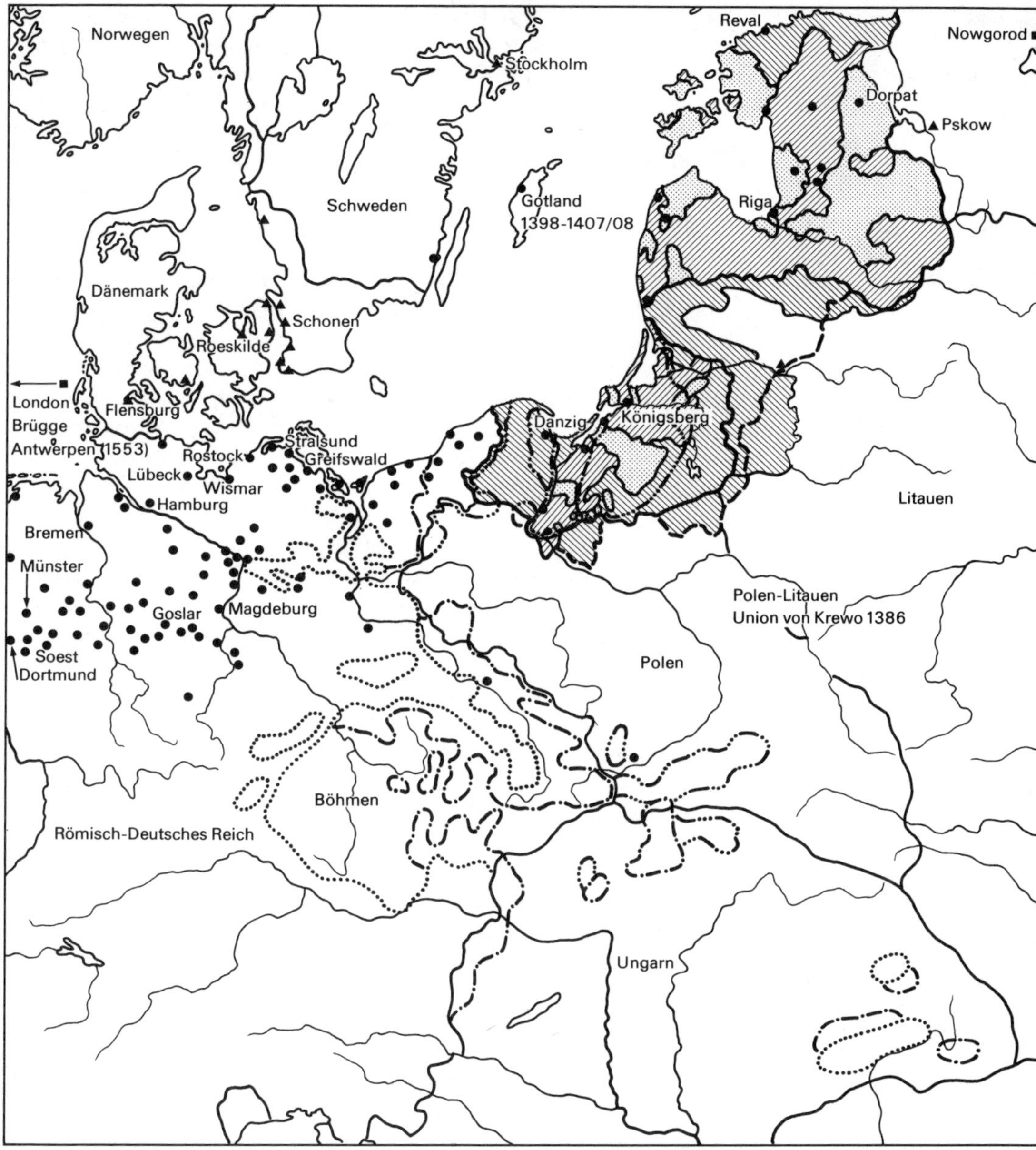

- ● Städte der Hanse
- ■ Hansekontore im Ausland
- ▲ Faktoreien und Privilegien der Hanse

- Gebiet des Deutschen Ordens 1309
- Grenze des Ordensstaates 1398

- Gebiet des Deutschen Ordens um 1405
- Grenze des Ordensstaates 1422
- Geistliche Gebiete (Bistümer)

- Grenze des deutschen Siedlungsgebietes um 1250
- Grenze des deutschen Siedlungsgebietes um 1300
- Grenze des deutschen Siedlungsgebietes um 1400

Die deutsche Ostsiedlung,
die Hanse und der Deutsche Orden

Ordensritter beim Kampf
Miniatur in einer im Auftrag des Hochmeisters Ludwig von Braunschweig geschaffenen Handschrift Heinrich von Heßlers, Mitte des 14. Jahrhunderts

Der Bericht spiegelt getreu die Situation jener unruhigen Jahre inmitten der ersten Phase der Staatsgründung des Deutschen Ritterordens wider. Die Gemeinschaft war neben den Templern und Johannitern als dritter geistlicher Orden 1198 in Akkon entstanden, umgewandelt aus einem Krankenpflegerorden deutscher Kaufleute. Seine Aktivität richtete sich bald vom Heiligen Land auf den Südost- und Nordostraum Europas. Auf einen Hilferuf des ungarischen Königs kämpfte der Orden seit 1211 in Siebenbürgen gegen die heidnischen Kumanen. In diese Zeit fiel die Gründung von Kronstadt, der Hauptstadt des Burzenlandes. Der vierte Hochmeister, Hermann von Salza, der seit 1209 an der Spitze des Ordens stand, wurde seit 1216 zum Vertrauten, engen Berater und schließlich zuverlässigsten Freund Kaiser Friedrichs II. Der Orden mußte 1225 Siebenbürgen verlassen, da er einem dringenden Ruf des polnischen Piastenherzogs Konrad von Masowien folgte, ihn gegen die Preußen zu unterstützen. Die Deutschritter erhielten 1226 das Kulmerland. Erst jetzt begann von dieser Territorialzelle aus im Nordosten des Abendlandes die Christianisierung, Kolonisierung und Staatsbildung durch die Ordensritter. Ihre Tracht, der weiße Mantel mit dem schwarzen Kreuz, erhielt bald sinnbildhaften Rang für ein Unternehmen, dessen historisches Schwergewicht nicht hoch genug veranschlagt werden kann, dessen Tragweite unbestritten ist und dessen Details, schon berührt in jenem Bericht von der Kreuzfahrt König Ottokars, später zu vielfachen Kontroversen Anlaß gaben, zumal seitens der polnischen Geschichtsschreibung. Mission war nicht erst seit den Kämpfen des Kreuzritter-Ordens eine gewaltsame und eine grausame Angelegenheit. Selbst das nicht unberechtigte Urteil Johann Gottfried Herders mehr als fünfeinhalb Jahrhunderte später: »Die Menschheit schauert vor dem Blut, das hier vergossen ward in langen, wilden Kriegen« ändert nichts daran, daß nicht von hier aus die Kategorien zu gewinnen sind, die der Staatsbildung des Deutschen Ordens angemessen sind.

»Da wir durch Gehorsam dahin zurückkehren, von wo wir durch Ungehorsam weichen mußten, so sollen die Brüder in Demut gehorsam sein und in allen Dingen den eigenen Willen brechen.« –
Aus den Regeln des Deutschen Ritterordens

Herrschaft, aufgerichtet im Kampf, Staatsordnung mit Schwert und Kreuz, setzte nicht nur im Speziellen, sondern eo ipso Opfer und Gewalt voraus. Der Staat des Deutschherren-Ordens beruhte letztlich auf seinen nach außen gekehrten Ordnungsregeln, die zu politischer Gestaltung führten. Zu ihr zählt nicht nur die Durchgliederung des eroberten und christianisierten Landes, sondern ebenso die Systematik der deutschen Besiedlung, die zu einem buchstäblichen Durchtränken des gesamten Gebiets mit deutschen Burgen, Dörfern und Städten führte. So wurden, wie es in dem Ordensbericht an Kaiser Maximilian von 1512 heißt, »diese Lande durch den Orden mit großen Opfern an Leib und Gut und Blutvergießen zu unserem Glauben und in unsere deutsche Sprache gebracht, so daß es in etlichen Historien ›Nova Germania‹ genannt wurde, das ist: Neu Deutschland«.

Die Errichtung des Ordensstaates war unter dem Gesichtspunkt der kolonisierenden Besiedlung nichts weiter als eine Fortsetzung jenes großen Unternehmens, das schon seit dem 11. Jahrhundert als mächtige Welle der Kolonisation betont friedlicher Natur eingesetzt hatte, und zwar aufgrund der Initiative vorwiegend slawischer Landesherren. In der ›Slawenchronik‹ des deutschen Augustinerchorherrn Helmold von Bosau bei Plön heißt es unter dem Jahr 1139: »Das Land war menschenleer. Darum sandte Graf Adolf Boten aus nach Flandern und Holland, nach Utrecht, Westfalen und Friesland und hieß alle, die des Landes darbten, nach Wagrien kommen mit ihren Familien: dort würden sie gutes, fruchtbares Land erhalten, geräumig, Fisch und Fleisch im Überflusse bietend, und strotzend von guter Weide. Auf dies Gebot hin erhob sich eine unzählige Menge aus verschiedenen Stämmen, und sie kamen mit Weib und Kind und all ihrer Habe ins Land Wagrien zum Grafen Adolf, das verheißne Land zu besitzen.« Den deutschen Siedlern wurden besondere Ausnahmeregelungen zugestanden; die stärksten Wirkungen gingen davon aus, daß nahezu sämtliche Städtegründungen im Osten mit der Privilegierung des ›Deutschen Rechts‹ gemäß den alten Stadtrechten im deutschen Reich verbunden waren.

Die Eroberung des Preußenlandes im engeren Sinn konnte bis 1283 abgeschlossen werden. In denselben Jahren griff die Mission und Eroberung auch nach Livland und Kurland über. Zur Zeit der größten Expansion, unter dem Hochmeister Winrich von Kniprode, umfaßte das Ordensgebiet das gesamte Land im Nordosten entlang der Küste von Estland über Kurland nach Preußen, dazu im Westen Danzig und Pomerellen, seit 1402 auch die Neumark. Durchaus singulärer Art war die Stellung des Hochmeisters. Er wurde auf Lebenszeit gewählt. Seine Aufgabe war sowohl geistlicher als auch betont staatlich-politischer Art. Obwohl er reichszugehörig war, besaß er nicht die Rechte eines Reichsfürsten, lediglich Hermann von Salza war vom Kaiser zum Reichsfürsten erhoben worden. Letztlich bildete der Deutsche Orden einen selbständigen Staat neben dem Reich. Er war zwar mit ihm verbunden, andererseits aber nicht derart eng, daß in den Zeiten seines Verfalls vom Reich aus wesentlich mehr unternommen werden konnte, als tatsächlich unternommen wurde. Daran konnten selbst so bedeutende Hochmeister wie Heinrich von Plauen oder Wolter von Plettenberg nichts ändern. Im späteren Staat Preußen lebten dem Anschein nach vom Deutschen Orden nur noch die Wappenfarben schwarzweiß, der Name des Landes und der einköpfige Kaiseradler fort, den Friedrich II. dem Hochmeister Hermann von Salza verliehen hatte. Die geistigen Prinzipien, das willentliche Ordnungskonzept der Ritter selbst drückte sich freilich nur in jenen Imponderabilien aus, für deren Wahrnehmung nicht die fünf Sinne zuständig sind.

Das Ordensschloß Marienwerder

Eine völlig anders geartete Eigengründung, die freilich kaum weniger historische Kraft ausstrahlte, fand zur selben Zeit durch die wirtschaftlichen Zweckbündnisse norddeutscher Kaufleute statt. Ihr Name ›Hanse‹ bedeutete ursprünglich eine Genossenschaft, der im Ausland besondere Rechte zustanden, veränderte sich jedoch bald zu einem selbständigen Begriff für den Interessenverband mehrerer Kaufmannsgilden und Städte. Der Verbund nahm entsprechend der Intensivierung des Handels, zumal über die nördlichen Meere, zunehmend festere Formen an. Der Nerv des Zusammenhalts bestand zwar lediglich in der gegenseitigen Sicherung, doch war er ausreichend stark, um der Hanse als Wirtschaftspotenz auch die Bedeutung einer eigenständigen Territorialmacht zu garantieren: Eine ›Verhansung‹, ein Boykott in Form wirtschaftlicher Achterklärung des Bundes, konnte die ökonomische Vernichtung bedeuten. In der Zeit seiner größten Wirkung und Ausdehnung, die nahezu mit dem Höhepunkt der Macht des Deutschen Ordens zusammenfiel, galt die Hanse als eine politische Größe, die sich sowohl zur See als auch im Handel über Land mit Nachdruck militärisch zu behaupten wußte, selbst wenn sie dies nie als Ganzes, sondern stets nur als Aktion einzelner ihrer Mitglieder unternahm.

Schiffsgericht am Hafen
Miniatur in dem 1497 aufgezeichneten Stadtrecht der Hansestadt Hamburg

Während des Interregnums hatten die deutschen Handelsstädte bereits begonnen, untereinander eigene Schutzbündnisse zu schließen; eines der frühesten wurde noch im staufischen Kaiserreich 1241 zwischen Lübeck und Hamburg vereinbart. Der eigentliche Hansebund trat zwar erst 1344 als selbständige Institution hervor, doch die wechselseitigen Schutzverträge zwischen den Gilden und Städten bildeten konkrete Vorformen, die im Verlauf weniger Jahrzehnte zu einem geschlossenen Netz von Verträgen und Bindungen anwuchsen, bis sie sich geradezu von selbst zur politisch selbständigen Hanse entwickelt hatten. Die längste Zeit blieb Lübeck die unbestrittene Vormacht, die ›Königin der Hanse‹. Kaiser Friedrich II. hatte 1226 den Freibrief Friedrich Barbarossas bestätigt und Lübeck damit zur freien Reichsstadt erhoben. Enea Silvio Piccolomini widmete der Bedeutung Lübecks den Panegyrikus: »Alle aber überragt Lübeck, geziert mit hochgegiebelten Häusern und reich geschmückten Kirchen, eine Stadt, deren Ansehen und Macht so groß ist, daß auf ihren Wink drei gewaltige Reiche, Dänemark, Schweden und Norwegen, ihre Könige anzunehmen oder abzusetzen gewohnt sind.«

Die Niederlassungen der deutschen Kaufleute außerhalb des Reiches erstreckten sich vom russischen Nowgorod über Wisby auf Gotland und Bergen in Norwegen bis zum Londoner Stalhof. Von Brügge kamen die hansischen Schiffe im 15. Jahrhundert sogar bis zu den spanischen Küsten und Häfen. Die Reputation des Kaufmannstandes dank der hansischen Erfolge hatte überall in Deutschland beachtliche Wirkungen. Der Humanist Rudolf Agricola stellte betrübt fest: »Die vornehmsten Städte Deutschlands lassen jetzt niemand mehr Künste und Sprachen lernen, sondern sobald ein Knab deutsch schreiben und lesen kann, so muß er gen Frankfurt, Antwerpen und Nürnberg und muß rechnen lernen und des Handels Angelegenheiten. Ja, er muß ein Händler und Kaufmann werden.«

»Wenn wi tohop hept stan,
Hett uns noch nüms wat dan!« – Hansespruch

Diese Klage ist signifikant für eine der hundertfachen Schwebelagen jener Veränderungen, denen sämtliche geschichtlichen Phänomene unterworfen sind und die genauso ein Moment ihrer Gestaltung wie ihrer intensivsten Ausformung und ihres Verfalls bilden. Der letzte Hansetag, die regelmäßige Konsultations-Zusammenkunft der Mitglieder, fand 1669 statt, wie alle Zusammenkünfte in Lübeck. Doch die meisten Mitglieder des Bundes waren ferngeblieben, hatten sich entschuldigt, nicht nur aus Desinteresse, sondern auch weil vielen die Mittel fehlten, um den Hansetag überhaupt besuchen zu können. Für die Auflösung der Hanse wäre ein solches Merkmal des gänzlichen Verfalls nicht nötig gewesen, denn er hatte bereits viele Jahrzehnte früher eingesetzt, schon im letzten Drittel des 16. Jahrhunderts, teils bedingt durch die Kräftigung der Randstaaten außerhalb des Reiches, teils durch die Verlagerung des Handels in die Ozeane als Folge der maritimen Expansion Europas. Nicht dieses Ende allerdings ist bemerkenswert, sondern der Erinnerung angemessen sind die Leistungen der Hanse als kaufmännische Weltmacht und in den Zeugnissen ihrer Wirklichkeitsgestaltung, die noch in unserem 20. Jahrhundert in Fülle erhalten und sichtbar sind: in den Stadttoren und -mauern, den Rats- und Bürgerhäusern, den Türmen und Kirchen, in denen nicht das Zweckgerichtete, sondern das interessen-entbunden Majestätische der Hanse zur Verwirklichung drängte, in der Gotik des Nordens zumal, wie in der Kirche Sankt Nikolai von Wismar, die einem Betrachter »von Riesen für Riesen erbaut zu sein« schien.

Stralsunder Stadtsiegel von einer Hafen-Urkunde, 14. Jahrhundert

Das Stauferreich

›Verwandler der Welt‹

Einem Riesen vergleichbar unter den deutschen Kaisern dürfte mehr als nur bildhaft der glanzvollste Herrscher der Hohenstaufen gewesen sein: Friedrich II. Die Zeitgenossen bedachten ihn freilich noch mit einer Fülle anderer Beinamen und Charakterisierungen. Am neutralsten wohl in der Feststellung, der Kaiser sei das »Staunen der Welt – Stupor mundi« gewesen. Fünf Jahre vor seinem Tod, auf dem Höhepunkt des Kampfes zwischen Kaiser und Kirche, legte ihm ein päpstlicher Agent die ebenso haßerfüllte wie respekthaltige Kette folgender Epitheta bei: »Fürst der Tyrannei, Zerstörer der kirchlichen Lehre und Verderber der Geistlichkeit, Umstürzler des Glaubens, Lehrer der Grausamkeit, Erneuerer der Zeiten, Zersplitterer des Erdkreises und Hammer der ganzen Welt!« Hier klingt das Gewaltsame übermäßig durch, es wird zweckgerecht ergänzt durch den Seufzer des Papstes: »Wie faß ich diesen Proteus?« Innozenz IV., der mächtige Gegenspieler, der den Kaiser um vier Jahre überlebte, durfte sich der Gewißheit erfreuen, er hätte den Proteus schließlich doch gefaßt. Rückwirkend betrachtet, scheint diese Gewißheit um so unerschütterlicher gewesen zu sein, als das Ende der Staufer eine schauervolle Realisierung des Fluches war, den der Oberhirte nach dem Tod des Kaisers allen Namensträgern der Familie entgegenschleuderte: »Rottet aus Namen und Leib, Samen und Sproß dieses Babyloniers.«

Statthalter Christi, Statthalter Gottes

Das lange, gnadenlose Ringen um Anspruch und Recht zwischen den Päpsten und den Kaisern hatte dem Spätmittelalter seine schartige Kontur verliehen. Der neuralgische Punkt, um den sich schließlich die Entscheidungen zentrierten, war Sizilien, denn es gelang dem Papst zu verhindern, daß das Normannenreich Neapel-Sizilien, das staufische Erbreich, zu einem untrennbaren Bestandteil des kaiserlichen Imperiums wurde. Maßgeblich dafür wurde der Entschluß von Innozenz III., nach dem Tod Heinrichs VI. entsprechend dem kaiserlichen Testament die Lehnshoheit über das sizilische Reich sowie die Vormundschaft und Regentschaft für den unmündigen Thronerben Friedrich II. zu übernehmen.

Heinrich II.
beim zeremoniellen Einzug
in eine Kirche
Miniatur in einem
Seeoner Pontifikale
für den Kaiser, um 1010

Mit dem Herausbrechen Neapel-Siziliens war eine grundlegende Voraussetzung für die Suprematie der Kaiser über die Päpste entfallen. Dieser lange und dramatische Prozeß erreichte seinen theoretischen Zenit auf dem Vierten Laterankonzil im Jahr 1215, auf dem der Papst die Zweischwerter-Lehre verkündete – den römischen Oberhirten stehe sowohl die geistliche als auch die weltliche Gewalt zu –, die vom Konzil angenommen wurde. Eingeleitet hatte diese Entwicklung spätestens Gregor VII. im 11. Jahrhundert mit seinem Versuch, dem Königtum jeden geistlichen Charakter zu bestreiten und ihm damit vom Ursprung her nur eine weltliche Legitimität zuzubilligen: Lediglich als Amtsträger der Kirche sei der König auch Amtsträger Gottes. Deshalb entbehre er des sakralen Charakters, er sei kein Vicarius Dei. Mit diesem Anspruch hatte der mächtigste Salierkaiser, Heinrich III., während seiner Regierungszeit von 1039 bis 1056 viermal den Stuhl Petri mit deutschen Bischöfen besetzt. Nach dem Tod Heinrichs III. folgerte Papst Gregor VII., daß umgekehrt dem Papst das Recht zustehe, Könige nach eigenem Ermessen abzusetzen, weil die weltliche Gewalt der geistlichen Gewalt unterworfen sei.

Die Desakralisierung eines Amtes mußte in der praktischen Auswirkung auf seine völlige Verweltlichung hinauslaufen, und dies wiederum schlug auf das Papsttum selbst in einer Weise zurück, die nahezu mit kausaler Nötigung den Untergang des Papsttums in seiner mittelalterlichen Stellung zur Folge hatte; es wurde in den Strudel der Vernichtung gezogen, der dem Zusammenbruch des staufischen Universalreiches folgte. Auch das Papsttum hatte weltliche Gewalt in Anspruch genommen und mußte sie in Anspruch nehmen, solange es sich für die ›rechte Ordnung der Welt‹ verantwortlich fühlte. Deshalb trat das ›entgeistlichte‹, das rein staatlich-politische Herrschertum den Päpsten schließlich doch wieder in entscheidenden Bereichen als ebenbürtig gegenüber. Im Investiturstreit zwischen Gregor VII. und Heinrich IV. wurde das Problem noch von verhältnismäßig vordergründigen Differenzpunkten überdeckt, doch das Thema selbst wurde bereits kräftig angeschlagen. Die feierliche Erklärung von Innozenz III. ein Jahrhundert später, die weltlichen Herrscher würden ausschließlich vom Papst ihre Reiche zu Lehen erhalten, und zwar deshalb, weil der Inhaber des Stuhles Petri nicht etwa nur der Statthalter des Apostelfürsten Petrus, sondern Stellvertreter Christi und Statthalter des allmächtigen Gottes selbst sei. Diese Erklärung war nicht nur eine Feststellung, sondern eine offene Herausforderung der Könige des Reiches.

Christlicher Ritter
Relief von einer Chorschranke aus der Mauritius-Kirche in Münster, um 1070

Konradins Ritt in den Süden

»Die hohe Macht unseres Hauses soll sich in unserer Zeit wieder erheben, auf daß unser herrliches Geschlecht nicht entarte.« – Konradin vor seinem Ritt nach Italien

Die Herausforderung wurde angenommen, und sie wurde damit zum Schicksal für die Aufgipfelung und den Zusammensturz des mittelalterlichen Kaisertums genauso wie der staufischen Dynastie. Über ihrem Ende lag nicht weniger Schimmer als über den Zinnen ihrer Herrschaft in den Zeiten Friedrich Barbarossas und seines Enkels, des sizilischen Kaisers Friedrich II. Nicht nur das Papsttum, nicht nur Sizilien, auch Italien samt seinen Parteiungen für Kirche und Kaiser, die Guelfen und Ghibellinen, wurden zum Geschick der Staufer. Der Hohenstaufe Konradin wurde gleichermaßen von seinem sizilischen Erbanspruch und dem dringenden Ruf der Ghibellinen im Herbst 1257 dazu bewogen, von Augsburg aus mit einem Heer von Rittern und Fürsten in den Süden aufzubrechen. Der Italien-Zug des fünfzehnjährigen Konradin – von den Italienern wurde dieses »schönste Kind, das man nur finden konnte«, Corradino genannt – bildete einen Kontrapost der Trauer, der zu den unentbehrlichen Charakteristika des staufischen Kaisertums selbst gehört. Anfangs wurde der Heereszug des letzten Kaiserenkels und legitimen Erben des Reiches von mächtigen deutschen Fürsten unterstützt, allen voran von seinem Vormund, Herzog Ludwig von Bayern, sowie seinem Stiefvater Graf Meinhard von Tirol und Rudolf von Habsburg. In Verona, das am 21. Oktober erreicht wurde, waren die Mittel aufgebraucht, die Älteren schreckten vor den wachsenden Risiken, den Ungewißheiten des Zuges zurück und kehrten um.

Doch Konradin gab nicht auf, ihn kümmerten nicht die Bannflüche des Papstes, er fürchtete die militärische Stärke der Franzosen nicht, die in ganz Unteritalien die Herrschaft an sich gebracht hatten. Er zog mit Friedrich von Österreich, dem nur wenig älteren Freund, weiter nach Süden. Sie erreichten Pavia und trennten sich: Friedrich führte das Heer über die Apenninenpässe, Konradin segelte durch Winterstürme über das Ligurische Meer nach Pisa. Hier trafen die Freunde wieder zusammen. Die Chronisten notierten: »Über diesen gefahrvollen Zug staunten die Menschen.« Konradin ritt mit seinem Heer weiter, im Arno-Tal bei Ponte a Valle errang er einen glänzenden Sieg. Das Heer zog weiter über Siena nach Grosseto und Viterbo. Von den Mauern der Stadt konnte der Papst den Zug der fünftausend Ritter betrachten; noch schien nicht sicher zu sein, was er zu Pfingsten den Dominikanern in Viterbo prophezeit hatte: »Fürchtet euch nicht! Denn wir wissen es, daß dieser Jüngling durch nichtswürdige Menschen wie ein Lamm zur Schlachtbank geführt wird, und diese Gewißheit ist so groß, wie es nächst den Glaubensartikeln keine andre mehr gibt.«

Am 24. Juli 1268 zog Konradin in Rom ein. Die Stadt jubelte, sie hatte sich geschmückt wie seit Menschengedenken nicht mehr. Konradin empfing die Senatorenwürde. Zur selben Zeit wurden die Franzosen in Italien bereits schwer bedrängt, denn in Sizilien brach ein Aufstand der staufisch Gesonnenen gegen die Herrschaft Karls von Anjou aus, dem der Papst in aller Form das normannische Königreich zu Lehen gegeben hatte. Konradin blieb keine drei Wochen in Rom. Am 10. August zog er mit seinen Rittern Karl von Anjou entgegen, um eine Entscheidungsschlacht herbeizuführen. Am 23. August kam es in der Nähe von Tagliacozzo zum großen Treffen. Karl von Anjou konnte den Kampf nach einem blutigen Ringen mit Not für sich entscheiden. Konradin entkam mit Friedrich von Österreich. Eine Woche später wurden sie jedoch auf dem Weg nach Sizilien verraten und an den französischen König ausgeliefert. Sie kamen nach Neapel, auf das Castel dell'Ovo. Nach einem ›Prozeß‹ gegen den Kaiserenkel und eine Reihe seiner Begleiter wurden sie als »Verräter an der Krone und Feinde der Heiligen Kirche« zum Tod verurteilt und am 29. Oktober 1268 auf der Piazza del Mercato öffentlich enthauptet. Mit Konradin starben mehr als zehn Grafen und Ritter; die Namen sind nur zum Teil bekannt. Karl von Anjou hatte für sich neben dem Schafott ein erhöhtes Podium errichten lassen, von dem aus er der Prozedur ohne Sichtbehinderung beiwohnen konnte.

Staufer- und Reichswappen im Engelsgriff
Relief aus Schwaben, spätes 15. Jahrhundert

Der Eindruck im deutschen Reich soll tiefe Beklommenheit gewesen sein, doch findet sich in einer Magdeburger Chronik auch die Notiz: »Die Völker Italiens haben größeren Schmerz empfunden als die Deutschen.« Mit Konradins Tod entschwand die Herrschaft der Hohenstaufen, des ganzen deutschen Kaisertums jener Zeit und jener Prägung endgültig in die Bezirke der Sehnsucht, und die verlorene Realität wurde in die Räume der Sagen und Legenden versetzt. Schon von Konradin wurde berichtet, daß ein schwarzer Adler vom Himmel herabstieß, seinen rechten Flügel mit dem Blut des Toten benetzte und wieder nach oben schoß. Die Kaiser wurden in eine Überwirklichkeit entrückt, die nicht der Endgültigkeit gehörte, sondern der Wiederkunft. Solche Vorstellungen ballten sich schließlich um eine einzige Gestalt, um Friedrich Barbarossa in der Tiefe des Berges, für den nunmehr gelten sollte, was ursprünglich auf Kaiser Friedrich II. gemünzt war: »Vivit, non vivit – Er lebt und lebt nicht!«

»Sonne der Völker, Hort des Friedens«

In der Mitte des 13. Jahrhunderts notierte der englische Chronist Matthäus Paris vom Tod des Großvaters Konradins: »Es starb um diese Zeit Friedrich, der größte unter den Fürsten der Erde, zugleich das betroffene Staunen der Welt und ein wundersamer Verwandler.« Bei Friedrich II. war das Echo der Zeitgenossen einhellig. Ihre Bewunderung bewegte sich bis zum Tod des Herrschers am Rande des nur erzwungenen Begreifens, die Ungläubigkeit drang immer wieder durch, wurde getrieben von verschreckter Faszination, die das Unerklärliche genoß, und noch gesteigert durch die Vermutung, daß der Kaiser zum Himmel genauso gute Verbindungen besitzen müsse wie zur Hölle, wie die Päpste so unermüdlich versichert hatten. Andere Empfindungen klingen an in den Zeilen, die Friedrichs Sohn Manfred seinem älteren Halbbruder Konrad nach Deutschland schrieb: »Die Sonne der Völker, die Leuchte der Gerechtigkeit ist untergegangen, untergegangen der Hort des Friedens! Ein reicher Trost aber ist uns geblieben: Glücklich und siegreich lebte unser Herr Vater bis an sein Ende.«

Das Thema des Sieges gehörte zur Herrschaft, das Thema des Glücks nicht einmal zum Privatleben des Kaisers. Friedrich II. entzieht sich den eingeschliffenen Richtbegriffen, auch der moderne Ausdruck des Genialen geht bei dieser Persönlichkeit am Phänomen vorbei. »Stupor mundi – das Staunen der Welt« ist immer noch diejenige Formel, die ihm besonders nahe kommt. Staunenerregend waren seine Bildung, seine intellektuellen, wissenschaftlichen, künstlerischen Gaben und Befähigungen, staunenerregend waren seine Staatskunst, seine Verwaltungspraxis, die Organisation des Sizilischen Reiches, staunenerregend waren schließlich die unerschöpfliche Willenskraft, die unerhörte Kühnheit und das schrankenlose Selbstbewußtsein des Kaisers in seinem Kampf mit dem Papsttum: ein einmaliges und einmalig erschreckendes Schauspiel in der Geschichte der Deutschen, des ganzen Abendlandes.

Aus dem Investiturstreit des 11. Jahrhunderts war die Kirche durch den bis heute sprichwörtlich bekannten Gang Heinrichs IV. nach Canossa scheinbar allzu offenkundig als Sieger hervorgegangen. Für Rom drehte es sich in den folgenden Jahren mit Vorrang darum, die errungene Unabhängigkeit des Papsttums von den Kaisern machtpolitisch zu sichern und auszubauen. Für die Herrscher des Reiches hingegen drehte es sich darum, die Königsgewalt neu zu fundieren und zu kräftigen, und zwar den Fürsten gegenüber genauso wie gegenüber dem Stuhl Petri. Eins der besonders heiklen Probleme in Italien war die Frage der tatsächlich nutzbaren Hoheitsrechte, die dem König zustanden und als faktische Erträge schließlich einen Teil seiner materiellen Macht bildeten. Aus welcher Fülle diese Regalien bestanden, zeigt der Katalog, der in Roncaglia im Jahr 1158 für Reichsitalien aufgestellt wurde.

Heinrich V. und
Papst Paschalis II.
zur Zeit des
Investiturstreites
Miniatur in einer Bearbeitung
der Weltchronik
des Frutolf von Michelsberg,
um 1113

Dazu gesellte sich gegen Ende des 12. Jahrhunderts eine weitere Streitfrage zwischen Kaiser und Papst, die rasch zur Crux des gesamten Stauferkaisertums wurde, insbesondere jedoch zum Schlüssel für die Regierung Friedrichs II. Das Schwergewicht der kaiserlichen Politik hatte sich zwar nach der Übernahme des Kaisertums durch die Staufer stärker denn je zuvor in den Süden verlagert, hier aber waren die Verhältnisse bis zu Heinrich VI. verhältnismäßig gleichbleibend durch die Dreigliederung des Landes bestimmt: Im Süden befand sich das Normannenreich, dessen Könige zwar als Usurpatoren betrachtet wurden, die aber immerhin die Lehnsoberhoheit der Päpste anerkannten; Mittelitalien wurde von Rom und dem Patrimonium Petri, dem Kirchenstaat, geprägt, und im Norden befand sich das Königreich Italien als Teil des Reiches mit dem Zentrum der Lombardei, jenem Gebiet, in dem letztlich die Städte mit ihren Adelsgeschlechtern die politische Führung bestimmten. Kaiser Heinrich VI. war mit Konstanze, der Tochter des Normannenkönigs Roger II., verheiratet.

Als im Jahr 1189 die normannisch-sizilische Dynastie in der männlichen Linie ausstarb, fiel das Königtum an Heinrich VI. Gegen den Widerstand des Papstes und der normannischen Barone erkämpfte sich Heinrich das sizilische Erbe, zog in Palermo ein und wurde am Weihnachtstag des Jahres 1194 im Dom zum König von Sizilien gekrönt; der Kaiser erhob das Südreich zu einem Teil des Imperiums. Tags darauf, am 26. Dezember, wurde der Thronerbe Friedrich II. geboren. Mit dem Griff der Staufer nach Sizilien war der Kirchenstaat in die bedrohlichste Zangensituation geraten: Das Patrimonium Petri lag inmitten zweier Reichsgebiete. Sämtliche Bemühungen der Kirche, diese Umklammerung zu sprengen, mußte sich an dem umgekehrten Programm orientieren: die päpstliche Herrschaft auf Kosten der Kaiser in Italien auszudehnen und so dauerhaft wie möglich durch Expansion und Koalitionen zu befestigen.

Die Verwicklungen und Schlingen der italienischen Politik ließen dabei allerdings vieles, was in eine bestimmte Richtung gezielt hatte, in die Gegenrichtung laufen. Musterfall dafür wurde der Welfe Otto IV., der Sohn Heinrichs des Löwen. Kaiser Heinrich VI. war schon drei Jahre nach seinem Einzug in Palermo gestorben. Die Staufer in Deutschland sahen es als unmöglich an, aufgrund der Vormundschaft des Papstes über den vierjährigen Friedrich II. die Thronansprüche tatsächlich durchzusetzen, und wählten deshalb den Bruder des verstorbenen Kaisers, Herzog Philipp von Schwaben, zum König. Ihre Gegner jedoch entschieden sich für Otto IV. Nach fast zehn Jahren schärfster Auseinandersetzungen und der Ermordung Philipps von Schwaben konnte sich Otto IV. 1209 erneut rechtmäßig in Frankfurt wählen und im Jahr darauf von Innozenz III. in Rom zum Kaiser krönen lassen.

Otto IV.
Goldschmiedearbeit
am Schrein Karls des Großen,
zwischen 1200 und 1215

Otto IV. hatte dem Papst durch feierlichen Eid unbegrenzte Unterstützung und Billigung der italienischen Politik der Kirche zugesichert. Obgleich der Pontifex schon bald feststellen mußte, daß Otto IV. durchaus nicht sein »lieber Sohn (war), an dem er sein Wohlgefallen« hatte, krönte er ihn dennoch zum Kaiser und rechnete damit, daß Otto weder in Italien Reichsrechte reklamieren noch die Integrität Siziliens antasten würde. Beide Erwartungen erwiesen sich als Fehlspekulationen. Otto IV. ignorierte Verpflichtungen und Eid; der Kaiser setzte dazu an, staufische Politik zu betreiben und das Sizilische Reich zu erobern. Der Papst mußte über ihn den Bann verhängen. Noch mehr: Als einziger Gegenzug bot sich das Vorhaben an, einen aus dem Geschlecht der traditionellen Gegner des Papsttums, den jungen Staufer und rechtmäßigen König von Sizilien, Friedrich II., in Deutschland zum Gegenkönig wählen zu lassen, um Otto aus Italien zu bringen. Der Papst sicherte dabei Friedrich II. auch die Kaiserkrone zu. Immerhin konnte er ihm die Verpflichtungen abnehmen, daß er sie nicht mit der Krone Siziliens vereinen und daß er einen Kreuzzug durchführen werde.

Wiederum hatte der Papst »zwei Deutsche unter eine Krone gebracht, daß sie über das Reich Unfrieden und Verwüstung brächten«. – Walther von der Vogelweide

Rom selbst also verhalf dazu, daß seine alten Gegner, die Staufer, erneut inthronisiert wurden, es zog gewissermaßen den größten, den gefährlichsten Feind des Papsttums an der eigenen Brust auf; und dies alles geschah mit dem klaren Bewußtsein von den unabsehbaren Risiken der Entscheidung. Freilich gab es für den Papst in seiner Bedrängnis keine Alternative. Spätestens bei Otto IV. hätte der Kirche deutlich werden müssen, daß es sich bei der kaiserlichen Politik im Reich nur noch äußerlich um eine spezifisch salische, welfische oder staufische Politik handelte. Auch Friedrich II. hatte bald Gelegenheit zu beweisen, daß ihm die Intentionen seines Konkurrenten Otto näherstanden als die Ambitionen seines päpstlichen Gönners. Das Exempel Ottos IV. zeigte dem Staufenkaiser, daß jeder Herrscher des Reiches in Italien imperiale Politik treiben mußte – ob Welfe oder Staufer. Das stand nicht einmal mehr seinem willkürlichen Entschluß frei, er war dazu genötigt, es sei denn, ein Kaiser hätte die Absicht gehabt, das Kaisertum bewußt ad absurdum zu führen. Kaiserliche Politik war eo ipso imperiale Politik.

Friedrich hatte ursprünglich keineswegs die Absicht, direkt mit dem Papst zu rivalisieren. Ihm ging es nicht um Gegnerschaft, sondern um Ebenbürtigkeit. Abgesehen von seiner privaten Überzeugung war diese Überlegung später ausschlaggebend dafür, sich selbst und sein Reich – beides läßt sich bei ihm kaum trennen – in eine sakrale Sphäre zu nobilitieren. Auf derselben Linie liegt auch die Bemühung des Kaisers, seinem Herrschertum mystische Substanz zu verleihen. Freilich handelte es sich dabei auch um politisch harten Realismus, denn um des Papstes Willen schien Friedrich II. geradezu dazu gezwungen zu sein, seine Stellung zu erhöhen. Erstaunlich war allerdings, daß Friedrich II. nicht viel mehr dazu tun mußte, als einen Anstoß zu geben.

Friedrich II.
Vorderseite einer Münze

Eine Flut von entsprechenden Huldigungen der Zeitgenossen ist uns überliefert, und mit Recht wurde an diesen Dokumenten als besonders bemerkenswert hervorgehoben, »in welche Sphäre man den Kaiser stellte und zu stellen vermochte. Denn es war das Satanische und der Kirche so furchtbar Gefährliche, daß dieser letzte Staufer niemals auf die harmlose antiquarisch-gelehrte Art der früheren Staufer etwa als ›deus de prole deorum‹ gepriesen wurde, sondern daß man ihn, den ›vom göttlichen Planen Belehrten‹, ›vom Gottesauge unablässig Erhellten‹, viel wirklichkeitsnäher, christlicher und dabei scheinbar in Demut einen Schritt zurückgehend nur als Emanation, als Werker des wahren Gottes, als Gottes Sohn begriff und sich dann freilich getraute, ihn als solchen dem Erlöser fortwährend zur Seite zu stellen.«

Im abstrakt-politischen Feld ruhte Friedrichs Herrscherbegriff auf einem naturrechtlichen Fundament, obgleich er das Wechselverhältnis Papsttum – Kaisertum die längste Zeit akzeptierte und auch die übergeordnete Stellung der geistlichen Gewalt bis zum Ausbruch des offenen Kampfes mit Rom nicht prinzipiell in Frage stellte. Friedrich II. entzog sich aber der Kaiser–Papst-Problematik in ihrer überlieferten Form dadurch, daß er seinem Herrschertum eine völlig neue Ebene gab: Cäsar, Retter der Welt und Messias zugleich. Nur deshalb allerdings konnte das kaiserliche Herrscherbild zu einer unerhörten Herausforderung der Kirche werden, nur deshalb steigerte sich der Endkampf zwischen Kaiser und Papst zu apokalyptischen Dimensionen, die kaum mehr vorstellbar sind.

Das innere Ordnungsprinzip des staufischen Kaiserstaates läßt sich ohne Zwang durch die mittelalterliche Doppelformel umreißen: Frieden und Gerechtigkeit. Man dürfte sogar umgekehrt sagen, daß diese beiden Wechselbegriffe erst durch Friedrichs puristisches Gliederungsprinzip, durch seine straffe Verwaltungspraxis und die konsequente Zentralisierung, wie sie mustergültig in seinem Sizilischen Reich durchgeführt wurde, signifikant geworden sind für die mittelalterliche Ordnungsidee. Nichts wäre verfehlter, als ›Frieden und Gerechtigkeit‹ in einem neuzeitlichen Sinn auszulegen. Beide Wörter schlossen im Mittelalter drakonische Strenge, Intoleranz, Grausamkeit, Ketzerverfolgung und Folterungen ein, und zwar als gewohnte, jedermann bekannte Realisatoren der Herrschaftsvorstellungen.

Allerdings sind weder die Formeln selbst noch die Mittel in ihrem Dienst für die Gestalt des Staufenkaisers spezifisch. Auffallend ist vielmehr die enorm zweckorientierte und beamten-hierarchische Durchführung der Staatsordnung, konzipiert von einem Menschen, der wesentlich durch die innigste Verflechtung von Vernunft und Mystik ausgezeichnet ist, eine Kontamination, die sich außerreligiösen Kategorien entzieht. Wenn dieses Ineinander aufgelöst wird, kommt es unweigerlich zu den widersinnigen Einschätzungen des Kaisers: Einerseits würde es sich bei Friedrich II. um einen rationalen, intellektuell hochdifferenzierten Geist handeln, der in einem breiten Vorlauf naturwissenschaftliche Erkenntnishaltung und die Leitkomponenten humanistischer Persönlichkeitsbildung vorweggenommen hätte, andererseits sei er ein Herrscher gewesen, dem profunde Frömmigkeit, ein übermächtiges Auserlesenheitsbewußtsein und die feste Überzeugung geeignet hätten, daß er von Gott persönlich gewählt worden und von ihm über alle Menschen emporgehoben worden sei.

Frieden und Gerechtigkeit in des Kaisers Konzept wurden im Rahmen einer Ordnung verwirklicht, in der es keinen Raum für die individuellen Freiheitsvorstellungen gab, wie sie unserer Zeit geläufig sind. Das darf nicht als Verstoß gegen eine absolut gesetzte Freiheit oder womöglich als ihre völlige Verneinung angesehen werden, auch wenn Gregor IX. dem Kaiser vorwarf, er hätte es soweit gebracht, daß niemand in seinem Reich es wage, »ohne deinen Befehl die Hand oder den Fuß zu bewegen«.

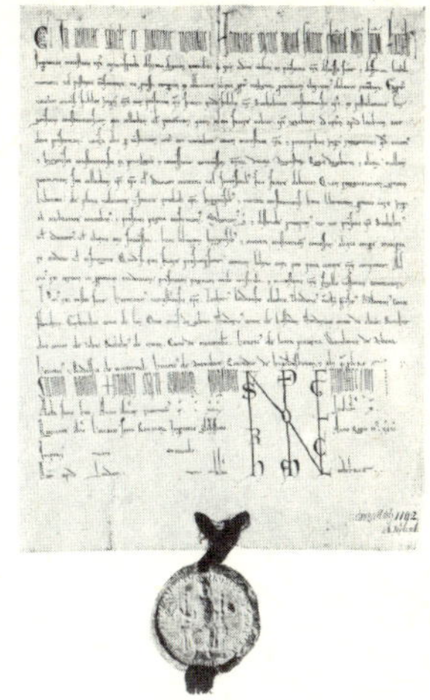

Steuerfreiheit für Konstanz
Erlaß Heinrichs VI.
aus Lüttich
vom 24. September 1192

Herrschaft und Freiheit

Auch dem Mittelalter war der Terminus ›frei‹ in den verschiedenartigsten Formen und in allen möglichen Zusammensetzungen vertraut, nicht zuletzt durch die langwierigen Auseinandersetzungen der Theologen über die Willensfreiheit. Nicht vertraut dagegen war ihm die Diskussion, die theoretische Klärung von Inhalt, Umfang und Abgrenzung des Wortes – vor allem in politisch-gesellschaftlicher Hinsicht –, ja nicht einmal das Bewußtsein davon, in welchem Maß es sich hier um etwas handelte, das diskutiert und verdeutlicht werden mußte. Deshalb waren Wort und Begriff der Freiheit auch noch nicht strittig. Erst als dies der Fall wurde, am Ende des Mittelalters, setzte eine entsprechende Traktatliteratur ein, ausgelöst insbesondere durch den Humanismus.

Der Freiheitsbegriff vor allem im hohen Mittelalter war von einer derart formalen Weite, daß er geradezu sich gegenseitig ausschließende Inhalte subsumieren konnte. Er war dehnbar, veränderlich, jedenfalls denkbar vieldeutig. Wenn es auch überspitzt und unzutreffend sein mag, dem mittelalterlichen Freiheitsbegriff einen modernen, liberalen gegenüberzustellen, so ist an dieser Konfrontation doch so viel richtig, daß im Mittelalter Freiheit weithin identisch war mit der spezifisch christlichen Interpretation: Frei sein heißt, Gott unterworfen sein, seine Ordnung, die jedem seine Stellung zuwies und damit auch seine Freiheit, bedingungslos anerkennen. Freiheit schloß damit gerade das nicht aus, was heute gewöhnlich als ihr vollständiges Gegenteil angesehen wird, nämlich die Abhängigkeit. Vor allem die Abhängigkeit von Gott hat im Mittelalter die wirkliche, recht verstandene Freiheit begründet, oder in einer allgemeinen Formulierung: »Wo immer über Freiheit tiefer nachgedacht

»Höchste, immer bestehende Freiheit des Königs, keinem untertan zu sein und dem ganzen Königreich ohne Furcht vor einer menschlichen Zurechtweisung zu gebieten ...« – Aus einer zeitgenössischen Flugschrift

wurde, gelangte man zur Erkenntnis, daß zur Freiheit von etwas stets die Abhängigkeit von etwas anderem gehört, und daß diese Abhängigkeit den positiven Gehalt der Freiheit ausmacht.«

Unter diesem Gesichtspunkt war der Mensch im Mittelalter nur dann frei, sofern er in die christliche Rechts- und Daseinsordnung einbezogen war, die ihm durch Obhut, zum Beispiel durch die Königsmunt oder die Mundwalt des Hausvaters, die Freiheit garantierte. Freiheit wurde dadurch zur ›geschützten Untertänigkeit‹, die eine Herrschaft voraussetzte. Im absoluten Sinn war es diejenige Gottes, im irdischen Dasein vor allem diejenige des Königs, des Kaisers oder des Papstes. Freiheit wurde gewahrt, zugewiesen, verliehen, sei es als Gnade, sei es als Privileg; man erlangte dadurch eine Sonderstellung. Erst durch die Delegation von oben wurde Freiheit auch zu einem Recht. In diesem Bezugssystem konnte ein Freiheitsbegriff als Natur- oder Menschenrecht keinen Sinn haben. Überall dort, wo sich ein Freiheitsstreben gegen die Kirche, den Staat richtete, handelte es sich nicht so sehr um eine Umkehrung des Freiheitsinhaltes, eine Verletzung oder Sinnentleerung, als vielmehr um eine andere Freiheitsvorstellung, die sich mit der vorherrschenden christlich-mittelalterlichen zwar nicht vertrug, aber die neben ihr als eine andere Möglichkeit dieser Zeit existierte und die sich auch oft genug drastisch bemerkbar machte.

Der weltliche Staat
Teil einer Miniatur
in einer Handschrift
›De civitate Dei‹
von Augustinus aus der
Benediktinerabtei Posa
bei Zeitz, um 1180

Neben der verliehenen, zugeteilten Freiheit gab es mithin auch die von früher überkommene, die angestammte Freiheit. Zumal der ›freiherrliche‹ Adel pochte auf seine ›angeborene‹ Freiheit, die er im Zweifelsfall auch als ›Recht‹ ins Spiel zu bringen wußte. Die Verbindungslinien reichten hier weit bis in die Römerzeit zurück. Nicht nur durch den bloßen Wortgebrauch von Libertas und Liber schon in den frühen karolingischen Glossen im Sinne von Freiheit und frei, ist das gleichlaufende Verständnis und eine unverkennbare Verwandtschaft gesichert: Der Wortgebrauch wäre in dieser Weise nicht möglich gewesen, wenn die römische Rechtsauffassung nicht ebenfalls, und sei es in noch so abgeschwächter Form, gewissermaßen als unartikuliertes Empfinden vorhanden gewesen wäre. In der römischen Libertas drückte sich kein Anspruch der Person aus, sondern sie umriß den Ort der Person in der gesamten Rechtsordnung und damit im sozialen und politischen Ganzen.

Im christlichen Mittelalter wurden zwar hin und wieder auch ausdrücklich Freiheitsrechte beansprucht, aber Ordnung und Herrschaft standen in einem fast natürlichen gegensätzlichen Verhältnis zum Freiheitsstreben und Freiheitsbedürfnis, das nicht nur außerhalb der spezifisch mittelalterlich-christlichen Freiheitsvorstellung seinen Platz hatte, sondern von der etablierten Ordnung ohne weiteres übergriffen wurde. Bei aller Vieldeutigkeit des Freiheitsbegriffes fügte sich jedoch jeder seiner Inhalte in die gegebene Ordnung ein, selbst dort noch, wo er sich gegen diese Ordnung richtete. Entsprechende Oppositionsbewegungen zielten nämlich vom Ansatz her nicht gegen die Ganzheit der bestehenden Verhältnisse, auch wenn bereits die Umrisse einer neuen Freiheitsvorstellung durch sie hervortraten.

Das wird in einer besonders berühmten Urkunde jener Zeit deutlich. In der englischen ›Magna Charta Libertatum‹ vom 15. Juni 1215 ist zum ersten Mal staatsrechtlich fixiert, daß sich auch der König unter das Recht zu beugen hat. Trotzdem wurde durch die Magna Charta der einheitliche Ordnungskosmos des Mittelalters nicht aufgesprengt, sondern nur sein Bild profiliert, denn hier formulierten lediglich die Barone gegenüber der Krone ihr oppositionelles

Der Mainzer Reichslandfriede Kaiser Friedrichs II. von 1235
Die deutsche Fassung des Gesetzes in der Dresdener Bilderhandschrift des ›Sachsenspiegels‹

›Frau Welt‹
Vorder- und Rückseite einer gotischen Steinskulptur an der Außenseite der Sebaldus-Kirche in Nürnberg

Programm. Die Magna Charta läßt sich am treffendsten mit einem Reichsgesetz wie der ›Constitutio in favorem principum‹ vergleichen, das die deutschen Fürsten dem König Heinrich VII. im Jahr 1231 abgetrotzt hatten und das ihnen auch von Kaiser Friedrich II. ein Jahr später im Wesentlichen bestätigt wurde.

Das Gegensatzpaar Herrschaft und Freiheit gehörte mithin als Ordnungselement zum Mittelalter, gleichgültig, wie die Freiheitsansprüche im einzelnen Fall zu interpretieren waren. Die Libertas ecclesiae, die Kirchenfreiheit, vertrug sich nicht immer mit der Königsfreiheit. Die politische Freiheit, Publica libertas – was immer darunter zu verstehen war –, fand wechselweise ihre angeblichen Hüter bei Papst und Kaiser. Immer wieder wurde auch die altchristliche Freiheit, vor allem in der Version der paulinischen Briefe, Spiritus libertatis, beschworen. Durchweg aber dominierte im Mittelalter die Interpretation der Freiheit als ›Abhängigkeit von Gott‹.

Otto I. mit Adelheid und dem Thronfolger zu Füßen Christi, des Heiligen Mauritius und der Madonna Elfenbeinrelief aus Mailand, um 963

Reich und Sizilisches Reich

Diese Zusammenhänge machen es unmöglich, Kaiser Friedrich II. sachlich zutreffend als den »ersten modernen Menschen auf dem Thron« zu bezeichnen, als einen »traditionellen Geist«, dessen unteritalienisches Reich nichts weiter als »der moderne, zentralisierte Gewaltstaat« gewesen sei, oder daß des Kaisers »fast völlig säkularisierte Weltanschauung« sich geistig-politisch in einem »ganz säkularisierten Absolutismus« niedergeschlagen habe. Die Reichsidee des Kaisers wurde lediglich anhand der Koordinaten des weltlich basierten Machtstaates entwickelt, der sein Selbstbewußtsein nicht mehr dem kirchlichen Segen verdankt. Das Imperium Friedrichs II. bildete etwas präzis Umrissenes, eine staatliche Wirklichkeit eigener Art, die wohlabgesetzt war gegenüber anderen Staaten wie Frankreich oder England. Zusammengehalten, überhöht und gekrönt wurde dieses Reich von einer Kaiseridee, deren imperialer Gehalt sowohl politischer als auch mystischer Natur war. Zusätzlich wurden noch mit ihr Herrschaftskonzeptionen legiert, die aus der orientalischen Welt stammten. Der direkte Traditionszusammenhang war freilich festgelegt durch die römische Kaiservorstellung, deren Rechtsauffassung den Herrscher nicht nur zur »Quelle allen Rechtes« verwandelte, sondern ihn auch als Verkörperung des Imperium Romanum auftreten ließ.

Wie wenig für diese Vielschichtigkeit die Vokabel ›säkularisierter Absolutismus‹ ausreicht, zeigt sich in der praktischen Politik Friedrichs II. Bei der Umgestaltung Siziliens entsprechend seinen staatlichen Ordnungsvorstellungen war er kaum durch den Zwang zu Konzessionen behindert. Aber Sizilien war nicht identisch mit dem kaiserlichen Imperium. Die gesamtitalienische Situation bestimmte auch das Verhältnis des Kaisers zu den deutschen Landesfürsten, mußte es bestimmen. Im Norden waren auch die inneren Voraussetzungen völlig anderer Art und Herkunft als im Sizilischen Reich. Was dem Kaiser in seinem angestammten Erbgebiet so staunenswert gelungen war, das ließ sich in Deutschland nicht entfernt durchführen, ja überhaupt nicht erwägen.

Vorherrschaft und Übergewicht der Einzelfürsten waren hier seit mehr als einem Jahrhundert schon fast eine tabuierte Tendenz der Entwicklung. Dazu kam, daß der Papst nichts so sehr fürchtete und fürchten mußte, wie eine Angleichung der Reichsgebiete untereinander mit der möglichen Konsequenz, den schreckerregenden Gedanken einer Personalunion Siziliens und Deutschlands durch den Kaiser auch von dort her zu intensivieren. Alles in allem war es ausgeschlossen, das sizilische Exempel im Norden zu wiederholen. Im übrigen wäre das selbst nicht mit Gewalt möglich gewesen, denn wenn der Kaiser in Italien Politik treiben wollte, war er auf größtmögliche innere Ruhe in Deutschland und auf die wohlwollende Assistenz der Landesfürsten angewiesen. Von der nationalliberalen Geschichtswissenschaft wurde bis weit in unser Jahrhundert dem Staufenkaiser der Vorwurf gemacht, er hätte die Dinge in den deutschen Reichsteilen desinteressiert treiben lassen, seine »geringschätzige Auffassung der staatlichen Zustände Deutschlands« hätte ihn dazu geführt, Deutschland zu einem »Nebenland« zu degradieren. Schon von dem Zeitgenossen Walther von der Vogelweide war beanstandet worden, daß Friedrich II. nicht vornehmlich ein deutscher Fürst, sondern ein König von Apulien gewesen sei. Wie jedoch hätte die Politik des Kaisers aussehen sollen und vor allem aussehen können, die den deutschen Reichsnotwendigkeiten optimal angepaßt gewesen wäre? Sich aus Italien ganz zurückzuziehen? Die Auseinandersetzungen mit dem Papst durch Nachgeben beizulegen? Hatten die Fürsten nicht den so gänzlich auf die deutschen Reichsnotwendigkeiten abgestellten Erbreichsplan Heinrichs VI. verworfen? Für ihre Ablehnung ist schließlich nichts anderes der Grund gewesen als ihre Sorge, die Führung des Reiches könnte zu sehr gestärkt werden. Aus ähnlichen Gründen konnte sich Rudolf von Habsburg weder mit den Fürsten noch mit dem Papst einigen. So blieb auch Kaiser Friedrich II. keine andere Möglichkeit, als durch eigene, kaiserliche Macht dem Herrscher ein greifbares Schwer- und Übergewicht im Imperium zu geben.

Das Portal des staufischen Jagdschlosses ›Castel del Monte‹ in Apulien

König von Jerusalem

Friedrichs Name gewann nicht nur wegen des Formats seiner Persönlichkeit Weltruhm. Unerhört bis zur Beklemmung war die Folgerichtigkeit, mit der er seine Politik durchführte und auch dann nichts revidierte, als sein Kampf mit der Kirche Dimensionen erreichte, die das Abendland bis dahin nicht gekannt hatte. Während des 12. Jahrhunderts waren die oberitalienischen Städte zunehmend stärker und selbstbewußter geworden. Schon im Frieden von Konstanz 1183 hatte Friedrich Barbarossa Reichsrechte in Italien aufgeben müssen: Der Kaiser sicherte dem Lombardenbund die Selbständigkeit der Städte zu. Sie erkannten zwar seine Oberhoheit an, doch der praktische Nutzen bestand lediglich darin, daß die Möglichkeit der Landverbindung zwischen Deutschland und Italien erhalten blieb – im übrigen hatte diese Anerkennung dekorativen Charakter. Die Hoffnung der Städte, den Verselbständigungsprozeß bis zur völligen Autonomie steigern zu können, war kein bloßes Wunschgefühl. Eben das aber widersprach den Voraussetzungen, die den Ecksteinen der kaiserlichen Reichspolitik Halt gaben. Friedrich II. mußte sich der Lombardei sicher sein können, denn sie bildete die Brücke zwischen den deutschen und den mittelitalienischen Reichsgebieten. Der Streit zwischen den oberitalienischen Städten und dem Staufenherrscher war demnach weit mehr als nur ein Problem der kaiserlichen Reputation. In ihm ging es um die Substanz des Kaisertums.

Verhärtet wurden die Fronten nicht zuletzt auch dadurch, daß die bloße Existenz derart isoliert-freiheitlicher Stadtstaaten allen Vorstellungen Friedrichs II. von Art und Wesen des kaiserlichen Imperiums widersprach. Dem projektierten Reichstag in Cremona 1226 hatte der Kaiser die Devise gegeben: Restitution der Reichsrechte in Italien. Sie war eine schlüssige Konsequenz des Staatskonzepts Friedrichs, ihr hatten sich die Lombarden mit Mailand an der Spitze unterzuordnen. Die Städte fügten sich jedoch nicht, sie schlossen sich erneut zu einem Bund zusammen. Der alte Lombardenbund des Jahrhunderts vorher war es zwar nicht, aber er besaß doch erhebliche Kräfte. Ob der Entschluß des Kaisers, den Widerstand der Liga gewaltsam zu brechen, klug war oder nicht: Er war jedenfalls notwendig. Die Lombardenfrage trieb Friedrich II. auch in den offenen Konflikt mit dem Papst. Wenn der Kaiser sich in Oberitalien durchsetzte und die Städte unterwarf, dann befand sich Rom in der kaiserlichen Umklammerung. Die Unabhängigkeit des Kirchenstaates war identisch mit der Unabhängigkeit der oberitalienischen Städte. Diese Gleichung entstammte nicht der Ära Friedrichs II., ihre Tradition wurde bereits in der Zeit Friedrich Barbarossas gegründet.

»Unser Schifflein schwankt zwischen der Scylla und Charybdis der lombardischen und päpstlichen Hinterlist einher.« – Petrus de Viena, Großhofrichter Kaiser Friedrichs II.

Die Konfrontation mit der lombardischen Liga hatte sich 1226 vorerst abgezeichnet, noch war nichts entschieden, das Gegeneinander nur konstellativ entworfen, es war noch keine Wirklichkeit der Waffen. Auch Rom konnte eine Parteinahme vertagen, konnte sie um so mehr vertagen, als für den Papst der neue Kreuzzug weit dringlicher war als der Zwist zwischen dem Kaiser und den norditalienischen Städten. Deshalb vermittelte er zwischen den Gegnern. Im Jahr darauf verstarb er. Sein Nachfolger, Gregor IX., brachte in die Entwicklungen und Streitigkeiten eine entscheidende, eine schneidende Note. Der Kaiser hatte 1225 in einem Vertrag dem Papst erneut garantiert, bis zum August 1227 zum Kreuzzug aufzubrechen; sollte er diese Verpflichtung nicht einhalten, dann würde und dürfte der Papst den Bann über ihn verhängen. Alle Vorbereitungen zur Einlösung des Versprechens, das schon seit der Krönung in Aachen datierte, waren termingerecht durchgeführt worden. Das Heer wartete in Brindisi auf die Schiffe. Kurze Zeit später brach in der Hochsommerhitze eine fürchterliche Seuche aus. Die Ritter starben zu Hunderten, auch der Kaiser und mit ihm der Landgraf von Thüringen wurden infiziert. Sie stachen zwar noch in See, mußten aber umkehren, als ihr Zustand bedrohlich wurde. Landgraf Ludwig starb in Otranto, der Kaiser wurde in die Bäder von Pozzuoli gebracht und dort ausgeheilt. Die führerlosen Reste des erheblich dezimierten Kreuzheeres verliefen sich schließlich.

Gregor IX. wußte sehr wohl, daß der Kaiser nicht in der Lage gewesen war, sein Gelübde dem Buchstaben nach zu erfüllen. Trotzdem verhängte er sofort den Bann, denn es ging ihm nicht um Einsicht, sondern um Auseinandersetzung. Kaum war Friedrich wieder handlungsfähig, organisierte er den Kreuzzug von neuem, gegen den Willen des Papstes, ohne Unterstützung Roms, als ein Gebannter. Durch diesen souveränen Entschluß des Kaisers wurde das Verhalten des Papstes öffentlich disqualifiziert.

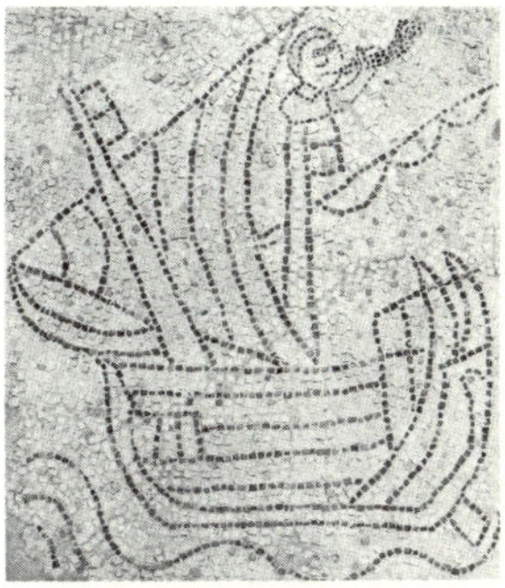

Kreuzfahrerschiff und Kreuzritter
Mosaiken aus einer Folge von Darstellungen des vierten Kreuzzuges in S. Giovanni Evangelista in Ravenna, Anfang des 13. Jahrhunderts

Im Jahr 1228 landete Friedrich II. mit einem kleinen Heer in Akkon. Einige Monate später gelang es ihm, die Heilige Stadt wiederzugewinnen – nicht durch militärische Gewalt, sondern durch eine profunde Bildung, durch die verehrende Hochachtung, die er der islamischen Kultur entgegenbrachte und schließlich vor allem durch jene Distinktion, die unzulänglich genug mit dem Ausdruck ›persönliches Format‹ umschrieben wird. Friedrich II. sprach fließend Arabisch, er war seit Jahren in der islamischen Theologie, Philosophie und Dichtung kaum weniger beheimatet als die besten muslimischen Gelehrten. Dies alles zusammen war ausschlaggebend dafür, daß der Sultan von Ägypten, al-Kamil, den Christen Jerusalem zurückgab, daß die Beilegung politisch-religiöser Differenzen auf der Basis wechselseitiger Anerkennung und enzyklopädischer Geistesbildung stattfand. Etwas Vergleichbares hatte es bis dahin nicht gegeben, und da diese Tatsache allen Regeln politischer Vernunft widersprach, blieb sie kurios und hatte keine Chance, Schule zu machen. Im März 1229 setzte sich Friedrich II. in der Grabeskirche der Heiligen Stadt die Krone des Königreiches Jerusalem aufs Haupt.

Die Zeremonie hatte für den Kaiser nicht nur formalen Charakter. Ihm war es ernst mit der Tradition der Herrscher Israels – bei aller wirklichen und unterstellten Reserve gegenüber den Ansprüchen der fixierten Religionen. Der Staufenkaiser sah in König David einen seiner Vorläufer. Mit der Krönung im Heiligen Land begann die Selbstdarstellung Friedrichs II. als eines Menschen und Herrschers, der mehr als nur ein sterblicher Fürst war. In einem großen Manifest aus Jerusalem ging er soweit, Textstellen der Heiligen Schrift, die sich auf den Sohn Gottes bezogen, mit seiner Person zu verbinden. Die Eindeutigkeit, mit der er zeigte, welchen Rang er seinem Kaisertum von jetzt ab zusprach, ließ sich nicht mehr steigern: sakral begründet, biblisch verwurzelt, ein Amt, das nicht minder unmittelbar unter Gott stand wie das Papsttum.

Staufische Reifenkrone
Arbeit aus einem
1236 von Friedrich II.
gestifteten Reliquiar

Hammer der Welt

Von der Krönung in Jerusalem und dem Versuch des Kaisers, das Lombardenproblem zu lösen, spannt sich eine lange Phase des Stillhaltens zwischen Kaiser und Papst. Friedrich II. war bestrebt, den Papst in eine Situation der Isolierung zu manövrieren, in der er nur noch begrenzt aktionsfähig war, damit sich diese dosierte Ohnmacht als Unterstützung des Kaisers in der oberitalienischen Frage auswirkte. Ansatz dafür war die Hoffnung des Pontifex, daß ihm der Kaiser wirksam den Rücken stärkte gegen die aufsässigen Römer, die den Päpsten schon traditionell in bedrohlicher Regelmäßigkeit zu schaffen machten. Dieses Zusammenspiel konnte allerdings nur dauern, solange sich beide Kontrahenten noch nicht von den letzten Illusionen gelöst hatten. Friedrich II. genügte die Zurückhaltung des Papstes bald nicht mehr, er beharrte auf einer weit stärkeren und deutlicheren Unterstützung im Lombardenzwist, als sie Gregor IX. geben konnte. Der Papst war zwar genötigt, 1234 die Städte aufzufordern, den Schiedsspruch des Kaisers anzuerkennen; als sich aber der Reichskrieg gegen sie abzuzeichnen begann, setzte Gregor alle Mittel ein, um es nicht zu dieser tödlichen Bedrohung kommen zu lassen. Dieses Aufschieben und Hinhalten war nur drei Jahre lang möglich. Im September 1237 begann der Feldzug Friedrichs. Ende November schon wurde bei Cortenuova das lombardische Heer vom Kaiser vernichtet.

Mailand war nach dieser Katastrophe bereit, die wesentlichsten und wichtigsten Forderungen des Staufenkaisers anzunehmen. Friedrich genügte das nicht, er verlangte eine bedingungslose Unterwerfung. Seine Gegner ahnten, welches Schicksal sie bei einer solchen Kapitulation erwartete, denn der Kaiser war berüchtigt für seine Rache. »Nein«, antworteten sie deshalb dem Sieger: Es sei

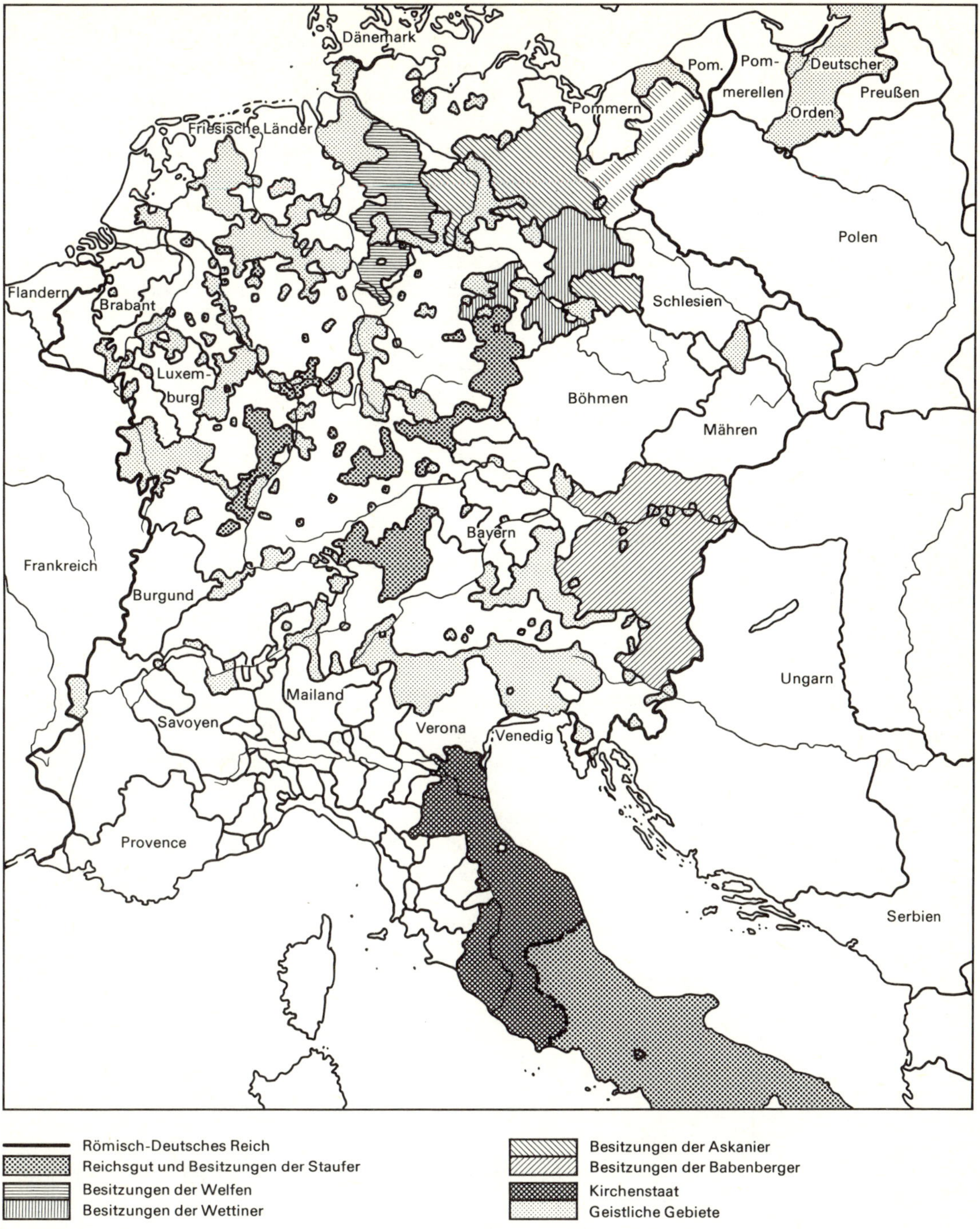

Mitteleuropa zur Zeit Kaiser Friedrichs II.

besser, im Kampf zu sterben, mit dem Schwert in der Hand, als durch den Henker, durch Feuer oder durch Hunger. Friedrich blieb hart.

Später wurde dem Kaiser vorgeworfen, er hätte sich durch blinden Haß dazu hinreißen lassen, die Mailänder Friedensofferte auszuschlagen; durch diesen unentschuldbaren Fehler hätte Friedrich II. letztlich selbst den gigantischen Endkampf mit dem Papst ausgelöst, ja er hätte dadurch sogar alles verspielt. Ein solches Urteil setzt voraus, daß auf der Basis der Übereinkunft, wie sie Mailand vorgeschlagen hatte, auch das Problem der lombardischen Eigenmächtigkeit endgültig ausgeräumt gewesen wäre. Daran freilich hatte der Kaiser seine Zweifel, und es handelte sich keineswegs nur um vage Befürchtungen, sondern um eine Nutzanwendung der Erfahrungen, die weit ins 12. Jahrhundert zurückreichten. Sicherlich war der Kaiser höchst erbittert; kein Herrscher des Mittelalters hatte mit stärkeren Leidenschaften zu tun gehabt als Friedrich II., aber kein Herrscher des Mittelalters hatte trotzdem seine politischen Entschlüsse so wenig von diesen Leidenschaften bestimmen lassen wie Friedrich II.

Der Wille einiger Städte, bis zum Untergang Widerstand zu leisten, veranlaßte den Papst, in den Kampf einzugreifen. 1237 ist ein Jahr der kaiserlichen Triumphe gewesen. Daß sich in den folgenden Monaten die militärischen Rückschläge häuften, bestärkte den Papst in seiner Entschlossenheit. Die offene Auseinandersetzung begann 1239: Friedrich II. wurde erneut exkommuniziert. Diesmal reagierte der Kaiser nicht in der Maske des ergebenen Christen wie ein Jahrzehnt vorher, nach dem Abbruch des Kreuzzuges. Er bestritt hochfahrend und schroff die Rechtmäßigkeit des päpstlichen Spruches. Als Antwort marschierte er in zwei Provinzen des Kirchenstaates ein, in die Mark Ancona und das Herzogtum Spoleto, und schuf damit eine Landbrücke zwischen dem Königreich Sizilien und dem mittelitalienischen Reichsgebiet.

»Es steigt aus dem Meere die Bestie voller Namen der Lästerung, die mit den Tatzen des Bären und dem Rachen des Löwen wütet.« – Gregor IX. nach seinem Bann über Kaiser Friedrich II.

Wohin der Kaiser auch kam, er trat wie ein Gottgesandter auf: Ein Kreuz wurde ihm vorangetragen, Huldigungen der Bevölkerung quittierte er mit segnender Hand, er bediente sich messianischer Wendungen und Passagen, und da er sich schließlich selbst in eine göttliche Position rückte, konnte er seinerseits den Papst als ›Antichrist‹ anprangern. Auf dem höchst umstrittenen Konzil von Lyon 1245 wurde Friedrich noch einmal gebannt, wurde aller Welt seine Absetzung verkündet. Doch jetzt brach der Kaiser aus: »Zu lange bin ich Amboß gewesen, nun will ich Hammer sein!«

Der offene Konflikt zwischen dem Staufenkaiser und Rom dauerte fast zwölf Jahre lang. Es war ein Kampf auf Biegen und Brechen, er trug alle Merkmale eines Vernichtungskrieges, es handelte sich um das gewaltigste geistig-religiöse Ringen des ganzen Mittelalters. Zu einer Entscheidung kam es nicht, denn das Ende wurde nicht im Feld herbeigeführt, durch keine Vermittlung und ebensowenig dadurch, daß einer der Kämpfenden aufgab. Der Brand erlosch von selbst, das Feuer sackte in sich zusammen, durch den unerwarteten, völlig überraschenden Tod des Kaisers. Im Echo darauf klangen noch ein letztes Mal die ungeheuren Kräfte an, die in dieser Auseinandersetzung freigesetzt worden waren: Hohn und jubelnde Genugtuung auf seiten der kaiserlichen Gegner, Fassungslosigkeit bei den staufischen Parteigängern.

Zum Epochalen der Gestalt dieses Kaisers gehörte die völlige Verschmelzung der Persönlichkeit mit der Idee des Herrschertums, einer extrem hochgespannten Idee. Dazu noch die vorgegebene Disposition des Menschen Friedrich: Fürchterlich im Haß, von dynamischer Sinnlichkeit, von ungeheurer Lebensintensität, ein Rasender, der gleichwohl auch exorbitant im Niederringen seiner Ausbrüche war. Deshalb auch der irritierende Aplomb dieses Fürsten, der so unerhört menschlich war in seinen Antrieben und so nichtmenschlich, wenn er auf dem Thron saß, unbeweglich, schweigend, und seine Verlautbarungen durch einen Sprecher vortragen ließ.

Die Meinung, für Friedrich II. wäre letztlich die Ratio das oberste Prinzip gewesen, scheint unausrottbar zu sein. Im konventionellen Wortsinn, wie er aus dem Aufklärungszeitalter stammt, trifft der Begriff ›rational‹ nicht einmal auf die Organisation Siziliens zu. Die Verwaltung des Königreiches war zweckmäßig, in höchstem Grad effizient, und das ist im politischen Raum noch mehr als lediglich ›rational‹. Auch seine sprichwörtlich religiöse Toleranz hatte recht wenig mit Vernunftgläubigkeit zu tun und recht viel mit skeptischer Weisheit. Deshalb ist es auch verfehlt, den Staufenkaiser als ›Wegbereiter der Neuzeit‹ zu bezeichnen. Herrschertum, Staatskunst, politisches Handeln erhalten ihren Stellenwert nicht von späteren Zeiten, auch der Aspekt einer Veränderung des Vorgefundenen hilft nicht weiter. Herrschaft, politische Aktion überhaupt, wirkt sich zu allen Zeiten als Verändern und Verwandeln aus, ja ist so selbstverständlich, daß es sich letztlich um eine tautologische Feststellung handelt. Auch die Richtung der bewirkten Veränderung gemäß der chronologischen Gleislinie liefert keine Urteilskriterien, es sei denn, man stuft in unbekümmerter Fortschrittsseligkeit alles Folgende höher ein als das Frühere. Jahreszahlen bleiben aber unweigerlich von chronologischer Artung und gewinnen nie qualitativen Rang.

Das Grabmal Friedrichs II. im Dom zu Palermo

Friedrich II. wurde von seinen Zeitgenossen als ›Verwandler der Welt‹ gerühmt. Damit war nicht gemeint, was sich unserem Verständnis als erstes nahelegt: Daß er eine ins Stocken geratene, weitgehend erstarrte Welt wieder in Bewegung versetzt und ›progressiv‹ verwandelt hätte. Gemeint war, daß er die Welt ›neu erschaffen‹ würde, wie es Vergil in seinen Hirtengesängen verheißen hatte: der Kaiser als Retter der Welt, der sie in eine neue, umfassend gerechte Ordnung bringen würde, als ihr Kosmokrator. Friedrich II. konnte diese irdisch gerechtfertigte Erlösungshoffnung nicht erfüllen. Doch nicht dies ist für seine Gestalt von Belang, sondern daß sich bei den Völkern noch Jahrhunderte nach seinem Tod die säkulare Heilserwartung und der Glaube an die erlösende Wiederkunft eines Heiland-Herrschers mit der Person dieses Staufenkaisers verband.

Friedrich I. Barbarossa und Heinrich der Löwe

Die Herrschaft des staufischen Hauses begann mit einem Zwischenspiel, denn die deutschen Fürsten folgten ihrem Wahlrecht und entschieden sich für einen der profiliertesten Gegner des ausgestorbenen Salier-Hauses, für den Sachsenherzog Lothar III. Nach dem Geblütsrecht, das immer noch wesentlich die Überlegungen bestimmte, hätte der Enkel Heinrichs IV., Herzog Friedrich von Schwaben, berechtigte Ansprüche auf die Krone besessen. Lothar III. mußte deshalb seine Königsmacht in langjährigen Kämpfen gegen Friedrich von Schwaben, die staufische Familie und ihre Parteigänger behaupten und konnte sich erst kurz vor seinem Tod 1137 durchsetzen. Trotzdem waren seine

Reichspolitik stark und der Erfolg respektabel. Lothar nützte die schismatische Bedrängnis in Rom, das zwischen zwei Päpsten gespalten war, geschickt aus: Er unternahm zwei Italien-Züge, brachte Apulien unter die Lehnshoheit des Reiches und setzte die kaiserliche Macht in ganz Süditalien durch.

Lothar III. beim Überreichen der Schutzurkunde an den Abt des Klosters Vornbach im Jahr 1136
Miniatur im Traditionsbuch des Vornbacher Klosters, zweite Hälfte des 12. Jahrhunderts

Erst nach seinem Tod gelang den Staufern zu verwirklichen, wozu sie sich schon seit dem Ende der Salier berechtigt fühlten. Als Nachfolger Lothars wurde Konrad III., der Bruder Philipps von Schwaben, gewählt, den die staufische Partei bereits 1127 zum Gegenkönig Lothars erhoben hatte. Auch in diesem Fall entschieden sich die Fürsten, nicht den Stärkeren zu wählen, beziehungsweise denjenigen, den sie für den Stärkeren hielten, also nicht Heinrich den Stolzen, Herzog von Bayern und Sachsen, den Schwiegersohn des verstorbenen Kaisers. Sie befürchteten eine übermäßige Steigerung der Welfenmacht, denn Heinrich gehörte der süddeutschen Linie des Geschlechts an. Konrad hingegen schien nur in jenem begrenzten Umfang Macht zu besitzen, der ihrem Selbständigkeitsbedürfnis entgegenkam.

Dem freien Wahlrecht entsprang damit jener Gegensatz, der sich rasch zu einem Phänomen individueller Art mit besonders tiefen Wirkungen auf die Geschichte der Deutschen ausweitete. Seine Dramatik ist bis heute verbunden mit der Gestalt des Welfenherzogs Heinrich des Löwen. Er reflektiert sich auch nachhaltig in der italienischen Kaiserpolitik, deren Parteiungen von den Welfen – Guelfen – und Staufern nicht nur ihren Namen bezog. ›Ghibellinen‹ war die italienische Umformung von Waiblingen, einer der staufischen Hauptburgen und -besitzungen. In Deutschland war der Schlachtruf derselben Parteiung, transformiert in die unterschiedlichsten Gegensätze, jahrhundertelang bekannt und wurde praktiziert als »Hie Welf, hie Waibling!«

Im Jahr 1125 hätten wegen einer machtvollen Politik des Reiches im Äußeren der Staufer Philipp von Schwaben oder sein Bruder Konrad zum König gewählt werden müssen. Statt dessen entschieden sich die Fürsten für Lothar III. Nach dem Tod Lothars wiederum wäre es politisch sinnvoll gewesen, den Welfen Heinrich den Stolzen zu küren, statt dessen entschieden sich die Fürsten nun für Konrad III. Dieser erste Staufer auf dem Thron hatte mithin kein dringlicheres Problem als den Kampf gegen seinen Rivalen, einen Kampf, der nicht nur zwischen ihm und seinem welfischen Gegenspieler, sondern auch zwischen den zugehörigen Parteiungen der Reichsfürsten entbrannte, und bei dem die Kirche kräftig assistierte. Heinrich der Stolze konnte die beiden Herzogtümer Bayern und Sachsen nicht halten, denn der König belehnte den Askanier Albrecht den Bären, der zum Urahnen des brandenburgischen Staates wurde, mit dem sächsischen Herzogtum. Bayern wurde von dem Babenberger Markgrafen Leopold IV. behauptet. Äußerlich konnte der Gegensatz zu Beginn der vierziger Jahre beigelegt werden, doch insgeheim schwelte er weiter und verhinderte, daß der erste Kaiser der Staufer seine Fähigkeiten in der äußeren Politik des Reiches erproben konnte. Er ließ sich überdies dazu verleiten, einen Kreuzzug ins Heilige Land vorzubereiten und an ihm teilzunehmen. Im Jahr 1147 brach er auf, scheiterte jedoch vollständig und kehrte 1149 nach Deutschland zurück, um eine Erfahrung reicher, die ihm nichts eintrug, und an Mitteln so arm, daß er in Italien nichts unternehmen konnte. Konrad III. starb 1152. Da sein eigener Sohn erst sieben Jahre alt war, bestimmte er noch auf dem Sterbebett seinen Neffen Friedrich zum Nachfolger.

Friedrich I., wegen seines rötlichen Bartes in Italien ›Barbarossa‹ genannt, war ein Urenkel Kaiser Heinrichs IV. Die Fürsten mußten diesmal bei der Wahl keine Bedenken überwinden, denn sie hatten lange und bitter genug verspürt, daß die blutigen Auseinandersetzungen zwischen den beiden mächtigsten Fürstenhäusern Deutschlands kein zweckmäßiges Pendant des Entschlusses darstellten, das Königsamt von vornherein auf eine schwankende Basis zu stellen. Von Friedrich I. erhofften sie nunmehr, daß er in der Lage sein würde, den Zwist rasch zu beenden; nicht weil sie glaubten, er wäre dazu kraft seiner Persönlichkeit in der Lage, sondern weil er abstammungsmäßig genauso zu den Welfen zählte wie zu den Staufern.

Mit Friedrich I. wurde »ein Verwandter beiderlei Blutes berufen wie ein Eckstein, die auseinanderstrebenden Wände wieder zu verbinden«. – Bischof Otto von Freising, Gesta Friderici II 2

Friedrich bestieg den Thron mit dreißig Jahren. In keinem Herrscher seit der karolingischen Zeit fand sich das mittelalterliche Kaisertum so vollkommen inkarniert wie in Friedrich Barbarossa. Sein Enkel Friedrich II. war eine singuläre Gestalt, er gehörte der Gattung derjenigen an, die erst dann von den Grenzen ihrer Fähigkeiten ein Bewußtsein erhalten, wenn sie weit über diese Grenzen hinausgegriffen haben. Kaiser Barbarossa hingegen war frei von solchen Spannungen und Bestrebungen, er verkörperte die majestätische Gegenwart des Reiches, und zwar in seiner gesamten Macht und sakralen Herrlichkeit; er verkörperte sie als christlicher Ritter, der – gemeinsam mit dem Oberhirten der Kirche – zur Führung im Auftrag Gottes bestellt worden war, »der in der Leidensgeschichte seines Sohnes Christi die Regierung der Welt zwei Schwertern unterworfen hat«, wie es der Kaiser zwei Jahre nach seiner Krönung in Rom in einem Manifest formulierte.

Friedrich I. Barbarossa
Vorderseite einer Münze, um 1180

Reichsitalien

Mochte das Gleichgewicht zwischen Papsttum und Kaisertum als ausgewogene Selbständigkeit im Konzept Friedrichs angelegt sein, so herrschten in Rom andere Vorstellungen von diesem Verhältnis. Das Ziel der Päpste bestand nach wie vor darin, den Vorrang des Reiches niederzureißen. Auch die Mittel in diesem Kampf um das Dominat hatten sich nicht geändert. Papst Hadrian IV. ließ 1157 auf dem Reichstag zu Besançon die Kaiserwürde von seinem Legaten als päpstliches ›Beneficium‹ bezeichnen. Der Reichskanzler des Kaisers, Rainald von Dassel, übersetzte diesen Ausdruck in seiner säkular bestimmtesten Form mit dem Wort ›Lehen‹, was bei der Versammlung der Fürsten zornige Proteste auslöste. Der Legat war der Herausforderung des Kanzlers diplomatisch nicht gewachsen, er ließ sich zu der Frage hinreißen: »Von wem hat denn der Kaiser das Kaisertum, wenn nicht vom Dominus papa?« Nur die Autorität Friedrich Barbarossas verhinderte, daß die Fürsten sich mit gezogenen Schwertern auf den Legaten stürzten.

Der Papst distanzierte sich zunächst; von einer neuen Gesandtschaft ließ er das Wort ›Beneficium‹ mit ›Wohltat‹ übersetzen. Friedrich Barbarossa wußte allerdings nunmehr, daß die kaiserliche Würde von Rom als das Gegenteil einer Wohltat interpretiert wurde. Der Kaiser ließ sich davon zunächst noch nicht verhärten, er unterstrich erneut die Gleichberechtigung von geistlicher und weltlicher Macht, markierte aber nicht minder selbstbewußt die völlige Unabhängigkeit beider voneinander. Erstmals erschien im Jahr 1157 in einer Veröffentlichung der kaiserlichen Kanzlei für das Reich die Bezeichnung ›Sacrum imperium‹.

Friedrich I. Barbarossa mit seinen Söhnen Heinrich und Friedrich Miniatur in der Weingartener Welfenchronik, um 1180

So ernst wie Friedrich Barbarossa die kaiserliche Macht, das Regnum, verstand, so ernst meinte er mit der Erneuerung des Reiches, des Imperiums, die praktische Handhabung der Reichsrechte. Erprobt werden mußte das in jenen Reichsteilen, wo es schon Konrad III. hätte erproben müssen: in Oberitalien. Doch die lombardischen Städte hatten schon zu lange ihre Freiheit genossen, als daß sie kaiserlichen Befehlen ohne Widerspruch gefolgt wären. Im Ringen um die Reichsrechte begann sich zugleich der Kampf zwischen dem Kaiser und dem Papst zu artikulieren, denn die Kirche stand bedingungslos auf der Seite des Lombardenbundes. Barbarossa brach 1158 mit einem Heer nach Oberitalien auf, um die Acht, die er drei Jahre zuvor über Mailand, das Zentrum der Lombardenopposition, hatte verhängen lassen, zu vollstrecken. Die Stadt unterwarf sich schließlich; sie wurde nicht erstürmt, sondern durch den festen Ring des kaiserlichen Heeres, das an die sechzigtausend Mann zählte, ausgehungert. Die Friedensbedingungen waren hart und demütigend, aber nicht unerträglich.

Im Anschluß an diesen Sieg, der Italien zutiefst beeindruckte, berief Friedrich I. den Reichstag nach Roncaglia und verkündete dort die neuen Grundsätze der kaiserlichen Regalienpolitik. Der Katalog wurde unter der Gedanken- und Federführung Bologneser Juristen ausgearbeitet. Diese Verordnungen hätten dem Kaiser allein aus Reichsitalien Einnahmen in einer Höhe gesichert, die viereinhalb mal höher lagen als sämtliche Abgaben der deutschen Städte. Die Roncalischen Gesetze wurden von sämtlichen betroffenen Städten, außer von Genua, angenommen und beschworen. Gebrochen wurden sie kaum weniger schnell, als sie der Sieger verkündet hatte. Schließlich befahl der Kaiser eine Mailänder Abordnung zu sich, um sie zur Rede zu stellen. Doch er bekam nur langatmige Erklärungen zu hören. Friedrich unterbrach sie und warf der Delegation vor, Mailand und die Städte hätten ihren Eid gebrochen, worauf die Abgeordneten mit dem alten Sophistenmittel replizierten: »Wir haben zwar geschworen, aber wir haben nicht geschworen, diese Eide auch zu halten!« Darauf konnte der Kaiser nur noch eine Antwort geben.

Erneut ließ er das Reichsheer aufbieten. Da sich Mailand diesmal durch seine Vorbereitungen einer langen Belagerung gewachsen fühlte, verschärfte auch der Papst die Tonlage im Verkehr mit dem Kaiser und stellte ihm eine Liste von Forderungen zu, von deren Erfüllung er die Fortdauer der guten Beziehungen zum Reich abhängig machte. Friedrich Barbarossa wies in seiner – inzwischen fast überall bekannten souverän-herablassenden Art – das päpstliche Ansinnen zurück und erwiderte: »Der Wunsch des Papstes, ich dürfte keinen Gesandten an die Stadt Rom abordnen, ist zu ernst, um darüber zu scherzen. Denn nach Gottes Willen sind Wir Römischer Kaiser. Wir besäßen aber nur einen leeren Titel und wären ein trauriger Schattenkaiser, wenn Wir Uns die Gewalt über Unsere Stadt Rom entziehen ließen.« Diese Brüskierung mußte den Papst geradezu zwingen, sein äußerstes Mittel anzuwenden: den Bann. Doch ehe der Entschluß fiel, starb Hadrian IV. Die Reaktion des Kaisers bestand nicht nur aus Erleichterung, sondern er gab, als in Rom eine Doppelwahl stattfand, auch bekannt: »Wir werden nur eine solche Persönlichkeit auf dem Stuhle Petri dulden, die zur Ehre des Reiches und zum Frieden der Kirche einträchtig gewählt wird.« Daß diese Persönlichkeit derjenige Oberhirte war, der die kaiserliche Italien-Politik billigte, löste bei niemandem Überraschung aus.

Die Spaltung der Christenheit konnte aber nur dann für Barbarossa zu einem

Triumph seiner Politik werden, wenn es ihm gelang, Mailand zu erobern. Die Stadt hatte fortifikatorisch alles getan, was in Erwartung einer langen Belagerung nötig erschien: Sämtliche Feldbefestigungen waren überprüft und in Stand gesetzt worden, die Bürgerschaft hervorragend bewaffnet und verteidigungsbereit. Der Kaiser, so lief in Mailand ein Wort um, habe geschworen, die Krone erst dann wieder aufs Haupt zu setzen, wenn Mailand im Staube liege. Die Mailänder waren darüber belustigt.

Friedrich Barbarossa stellte in gleicher Stimmung, nur etwas grimmiger, fest, daß die Mailänder die Gründe ihrer ersten Niederlage völlig vergessen hatten. Erstürmen ließen sich die Mauern nicht, doch die Lebensmittelvorräte reichten nur bis zur nächsten Ernte. Wie sie diese Ernte einbringen wollten, hatten sich die Mailänder nicht hinreichend überlegt. Wohl aber hatte der Kaiser gründlich darüber nachgedacht, wie es zu verhindern war. Er ließ die gesamte Umgebung der Stadt verwüsten und alle Zugänge hermetisch abriegeln. Kurz nach Beginn der Belagerung brach in den Hauptmagazinen Mailands ein Brand aus, so daß sich der Hunger erheblich früher meldete, als die Konsuln berechnet hatten. Der Verteidigungswille bröckelte langsam ab. Apathie griff um sich, dann Verzweiflung: »Der Mann stürzte sich auf die Frau, der Bruder auf den Bruder, der Vater auf den Sohn, wenn man glaubte, daß einer Brot versteckt hielt.« Am 6. März 1162 kapitulierte Mailand bedingungslos. Ein langer Zug näherte sich dem kaiserlichen Sitz: an der Spitze die Konsuln, dann die Ritter und Herren, die Räte und Stadtdelegierten, barfuß, die Schwerter auf den Nacken gebunden, das Volk mit Kreuzen in den Händen. Sie verhielten vor dem Kaiser und sanken zu Boden, während der Erzkanzler die Urkunde der Unterwerfung verlas. Die Bevölkerung mußte ausnahmslos ihre Häuser verlassen und die Stadt räumen. Sie wurde in vier Dörfer umgesiedelt. Vierhundert der vornehmsten Bürger kamen in Gefangenschaft, dann plünderten italienische Milizen aus Städten wie Pavia, Cremona oder Novarra, die mit Mailand verfeindet waren, die Wohnungen und legten die Stadt in Brand: Mailand wurde vollständig vernichtet.

Rückkehr der Mailänder
in ihre Stadt
Relief von der Porta Romana
in Mailand, 1171

Bis 1166 blieb es in Italien verhältnismäßig ruhig. Dann sah sich Friedrich Barbarossa zu einem neuen Italien-Zug genötigt. Seine Ritter erstürmten Rom. Anfang August brach jedoch die Malaria aus; sie verbreitete sich so schnell, daß die kaiserlichen Truppen binnen zehn Tagen nur noch aus Resten bestanden. Auch der Reichskanzler, der führende Kopf der kaiserlichen Politik, Rainald von Dassel, starb in Rom. Auf welch schwachem Grund die Reichspolitik in Italien stand, erfuhr der Kaiser erst jetzt, in einer Bedrängnis, die ihn und die überlebenden deutschen Herren und Knappen zu einem Rückzug zwang, den kein ebenbürtiger Gegner bewirkt hatte. Ganz Oberitalien rebellierte, nur Pavia blieb kaisertreu. Friedrich mußte sich mit einer Handvoll Ritter bis zu den Mauern von Pavia durchkämpfen. Er schrieb nach Deutschland um Hilfe. Seine Schilderung der Lage enthielt das kaum verdeckte, gewaltige Fragezeichen, das hinter der gesamten kaiserlichen Politik im Süden stand: »Die Himmel staunen, der ganze Erdkreis zittert, alle Elemente sind in Aufruhr geraten. Nicht gegen Unsere Person allein geht der Aufruhr, er geht gegen die Macht des deutschen Volkes, denn sie schreien überall, ›wir wollen die deutsche Herrschaft nicht mehr!‹ Aber Wir werden lieber inmitten Unserer Feinde in Ehren untergehen, als daß Wir, solange Wir leben, den Untergang des Reiches dulden.«

»Sein höchstes Ziel und sein beharrliches Streben galt der Ehre und Vergrößerung des Reiches. Er hat es mit glühender Leidenschaft verfochten.« – Friedrich Barbarossa über Rainald von Dassel im Jahr 1167

Erst zehn Jahre später war der Kaiser bereit, der politischen Eigenmächtigkeit der lombardischen Städte durch ein Arrangement entgegenzukommen. Er war auch bereit, sich mit dem Papst auszusöhnen. Im Frieden von Konstanz schließlich, der im Jahr 1183 vereinbart wurde, erklärte sich der Lombardenbund bereit, die Oberhoheit des Kaisers anzuerkennen. Friedrich Barbarossa akzeptierte die relativ autonome Selbstverwaltung der italienischen Städte, die Lombarden wiederum sperrten sich nicht mehr gegen ein Minimum der notwendigen kaiserlichen Zentralverwaltung. Sie gelobten sogar, »dem Herrn Kaiser getreulich zu helfen, seine Besitzungen, die er außerhalb des Bundes innehat, zu erhalten«.

Der Löwe

Die deutschen Reichsgebiete versuchte Kaiser Friedrich I. so zielbewußt wie kein Herrscher vor ihm in eine allgemeine Rechtsordnung zu bringen; seine Regierungszeit bedeutete einen Durchbruch in der Landfriedensgesetzgebung. Schon 1152, im Jahr seiner Königswahl, erließ er den ersten Reichslandfrieden, in dem vor allem die Fehden verboten wurden. Bis zu seinem Tod wurden von der kaiserlichen Kanzlei noch mehrfach spezielle Landfriedensgesetze erlassen. Folgenschwer, jedoch den bestehenden Verhältnissen genauso Rechnung tragend wie alle großen Reichsgesetzgebungen – abgesehen vom Westfälischen Frieden –, war Friedrich Barbarossas Ausbau des Lehnsrechtes. Damit erhielten zum ersten Mal die Beziehungen der Fürsten zum Reich ihre juristische Präzision als Lehnsverhältnis. Die geistlichen Fürsten wurden zu Trägern von Szepterlehen, wie das Reichskirchengut hieß, die weltlichen dagegen zu Trägern von Fahnlehen, zu Inhabern von Reichsfürstentümern, die der König durch das Symbol der Fahne direkt verlieh. Die relative Verselbständigung der Lehnsträger, der Wechsel vom Stammesherzog zum Landesherrn, war gegen Ende der Regierungszeit Barbarossas abgeschlossen. Unter seinem Enkel Friedrich II. tauchte erstmals für die Lehnsträger der Ausdruck ›Domus terrae‹, Landesherr, auf. Diese Verfassungspolitik des Kaisers erhielt ihre harten Akzente durch den schonungslosen Kampf, den Friedrich I. mit Herzog Heinrich dem Löwen durchzustehen hatte: der Kaiser mit seinem mächtigsten Vasallen, der Staufer mit dem Welfen.

Heinrich der Löwe
als Herzog von
Bayern und Sachsen
Sechstes Reitersiegel, 1161

Heinrich der Löwe trat sein Erbe im Jahr 1139 an, mit knapp zehn Jahren. Er selbst war in dem Alter noch nicht in der Lage, selbständig zu handeln, doch seine Großmutter, Richenza von Northeim, die Witwe Kaiser Lothars III., kämpfte in dieser Zeit um die welfischen Interessen mit größerem Erfolg als jeder andere Namensträger des Hauses vorher. Ohne ihren Einsatz wäre der staufisch-welfische Streit schon längst zur Bedeutungslosigkeit entschlafen. Im Jahr 1142 gelang es ihr, für Heinrich den Löwen das sächsische Gebiet wieder zurückzugewinnen. Nur wenige Jahre später legte Heinrich die ersten Beweise seiner eigenen Energie, seiner ungehemmten Rücksichtslosigkeit ab. Ein Chronist charakterisiert den kaum erwachsenen Knaben als den »hochmütigsten und brutalsten Menschen aller Zeiten«.

Heinrich beteiligte sich 1147 am Kreuzzug gegen die Wenden und erneuerte noch im gleichen Jahr die welfischen Ansprüche auf Bayern. Friedrich I. honorierte die Unterstützung seiner Königswahl damit, daß er ausdrücklich den Nordosten des Reiches dem Welfenherzog als Interessengebiet zusprach und ihm dafür auch die wichtigsten Reichsrechte gewährte. Der Herzog erhielt vom

Die letzte Stunde des Ritters Roland nach dem Kampf gegen die Sarazenen
Miniatur in dem vom Pfaffen Konrad verfaßten deutschen ›Rolandslied‹, um 1170

Die Krönung eines Ottonen durch Christus im Beisein der Vertreter der Reichsteile
Miniatur im Aachener Ottonen-Codex, dem Liuthar-Evangeliar, um 990

Kaiser das Recht zur Investitur, die Vollmacht, wie es in der ›Slawenchronik‹ steht, »im ganzen Land der Slawen, das er selbst oder seine Vorfahren erobert und nach Kriegsrecht erworben hatte, Bistümer zu gründen, zu verleihen und zu bestätigen«. Heinrich der Löwe nahm 1154/55 am ersten Italien-Zug des Kaisers teil und wurde danach, wie es ihm sein kaiserlicher Vetter vor dem Zug in Goslar – von Heinrich halb abgenötigt – versichert hatte, mit dem Herzogtum Bayern belehnt. Für Heinrich blieb Bayern zwar nur ein Gebiet zweiter Ordnung, doch sorgte er auch hier im Süden für folgenschwere Veränderungen. Der wichtigste Handelsknotenpunkt mit hohen Zolleinnahmen war der Markt Föhring. Er lag an der berühmten Salzstraße und der Isar-Brücke bei Oberföhring und gehörte dem Bischof Otto von Freising. Heinrich hatte erkannt, daß der kleine Handelsplatz südlich davon, eine Klosterniederlassung, weit mehr Zukunft hatte, allerdings nur, wenn die Konkurrenz von Föhring nicht mehr bestand. Der Herzog verhandelte nicht, sondern handelte: Er ließ die Isar-Brücke zerstören, verbot den Markt Föhring und verlegte ihn durch Übertragung der Markt- und Zollrechte nach Süden, »zu den Mönchen«. Damit hatte München 1158 seinen Grundstein erhalten.

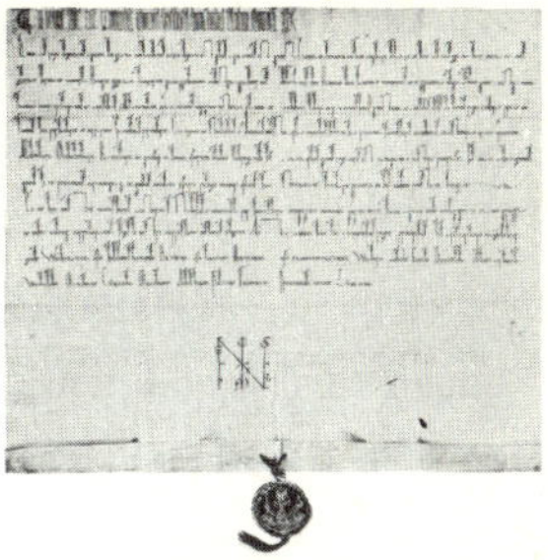

Verleihung des Rechts der Bischofsinvestitur an Heinrich den Löwen durch Friedrich I. Königliche Urkunde aus Goslar vom Juni 1154

Der Besitz Sachsens und Bayerns, dazu freie Hand im Nordosten: Diese Konstellation sorgte nahezu durch ihr Eigengewicht für eine Stabilität im deutschen Reich, die dem Kaiser in Italien weitgehend Rückendeckung verschaffte, solange Heinrich der Löwe dem Kaiser zur Seite stand. Barbarossa betrachtete den Besitz des Löwen, das Doppelherzogtum Bayern und Sachsen, als Hauptstützen des deutschen Reiches, als die beiden Säulen der Sicherheit. Heinrichs eigene Ziele lagen eindeutig im Nordosten, nur hier war Machtzuwachs und Erweiterung möglich, zumal das sächsische Gebiet, gleichmäßig um die Weser zentriert, im Westen an die königlichen Territorien Rainalds von Dassel grenzte.

Der Herzog baute seine Residenz Braunschweig aus und gab ihr den Rang einer organisatorischen Zentrale. Von hier trieb er die sächsische Oberhoheit nach Norden und Nordosten vor, in das wendisch-slawische Gebiet zwischen Unterelbe und Ostsee, dem heutigen Holstein und Mecklenburg. Heinrich der Löwe gründete die Bistümer Ratzeburg und Schwerin, verlegte nach der Neugründung Lübecks das Bistum Oldenburg in die Hafenstadt, schloß für die Stadt bedeutende Handelsverträge und sicherte dadurch Lübecks Spitzenstellung im Ostseehandel mit Nowgorod, Gotland und Schweden. Der Herzog drang bis zur Peene vor und überzog das ganze Gebiet mit einem Netz fester Plätze und Siedlungen.

Braunschweiger Stadtsiegel von einer Urkunde, vor 1231

Die Arbeit Heinrichs des Löwen lief auf innere und äußere Kolonisation von bleibendem Bestand hinaus. Die große Wendenrebellion des Jahres 1164 schlug er zusammen mit seinem Vetter Albrecht dem Bären und dem dänischen König unter großen Opfern nieder. Diesmal beließ er es nicht bei Einzelaktionen: Die Wenden wurden bis nach Pommern verfolgt. Erst in Stolpe hielten die sächsischen und dänischen Truppen an. In der ›Slawenchronik‹ wird das Ende und damit die unwiderrufliche Befriedung mit den Sätzen resümiert: »So wurden die Wenden gedemütigt und mußten erkennen, daß ›der Löwe mächtig ist unter den Tieren und vor keinem umkehrt‹. Wenn irgendwo noch letzte Überreste von Wenden vorhanden waren, fielen sie entweder der Hungersnot zum Opfer oder waren gezwungen, scharenweise zu den Dänen oder Pommern zu flüchten, die sie mitleidlos an die Polen, Sorben oder Böhmen verkauften.« Das Gebiet

Heinrichs des Löwen reichte von Dortmund bis Stettin, dazu kam neues Land jenseits der Elbe. Im Süden gebot er über Bayern und Tirol bis nach Trient.

»An der eigenen Macht ist mir mehr gelegen als am Zorn glatzköpfiger Pfaffen.« – Heinrich der Löwe zum dänischen König

Den deutschen Fürsten wurde diese Machtstellung des Herzogs von Jahr zu Jahr peinvoller, der Fürst mit seiner Anmaßung und Willkür immer verhaßter. Heinrich der Löwe hatte sein Herzogtum auch innerhalb der alten Reichsgebiete durch rüdeste Eingriffe in die Lehnsrechte der Bischöfe und Grafen, Äbte und Ritter ausgebaut und gefestigt. Er griff bei den geringsten Meinungsverschiedenheiten mit seinen Nachbarn, ob Fürst oder Bischof, sofort zum Schwert. Er ließ Burgen überfallen und niederbrennen, ließ Märkte schließen und zog eigenmächtig verfallene Herrschaften ein. Solange jedoch zwischen ihm und dem Kaiser Einvernehmen bestand, solange der Kaiser seine Übergriffe stillschweigend deckte, blieb seine Position ungefährdet. Die Fürsten hatten schon wiederholt versucht, durch Bünde dem Herzog entgegenzutreten, stets ohne Erfolg. Friedrich Barbarossa rechnete, daß Heinrichs Existenz im Norden bereits eine Art Garantie der königlichen Statthalterschaft bildete. Allerdings verlor im Lauf der Jahre und durch seine Erfolge Heinrich der Löwe in seinem Verhältnis zum Kaiser den Überblick. Das Mißtrauen zwischen den Vettern wuchs unmerklich an, ausgelöst durch Kleinigkeiten, verstärkt durch Mißverständnisse. Offenkundig wurde es schließlich, als es dem Kaiser durch eine Unachtsamkeit Heinrichs gelang, welfischen Besitz um Memmingen durchaus korrekt an sich zu bringen. Der Ärger des Herzogs war diesmal doppelt groß, denn er sah ein, daß ihm ein solcher Fehler früher nie unterlaufen wäre.

Im Jahr 1175 befand sich Friedrich in Italien, wo sich für 1176 erneut ein Krieg abzeichnete. Friedrich I. bat die deutschen Fürsten wiederum um Hilfe, und wie stets erhielt er die erhofften Zusagen, nur nicht von Heinrich dem Löwen. Ohne Waffenhilfe des stärksten Herrn in Deutschland war das Ritteraufgebot des Kaisers nahezu kläglich. Der Abt von Sankt Blasien stellte nüchtern fest: »Nur Herzog Heinrich konnte dem Reich jetzt bei seiner Macht und seinem Reichtum den entscheidenden Dienst leisten.« Barbarossa bat seinen Vetter zu einem persönlichen Gespräch. Sie trafen in Chienna am Comer See zusammen. Der Herzog blieb bei seiner Weigerung – die Quellen geben darüber keine direkte Auskunft, aber die Berichte aus zweiter Hand umkreisen diese Unterredung ausführlich –, obwohl der Kaiser seinen Vetter schließlich flehentlich gebeten zu haben scheint, »demütiger als es sich für die kaiserliche Würde ziemt«, ja es heißt sogar, Barbarossa wäre vor dem Herzog auf die Knie gefallen. Schließlich habe Heinrich eine Bedingung gestellt: Der Kaiser möge ihm wiederum die Vogtei über Goslar zusprechen, die der Herzog 1168/69 hatte abgeben müssen. Diese kaum verhüllte Erpressung wies jedoch Friedrich I. schroff zurück. Heinrich der Löwe »entfernte sich im Zorn« und ritt zurück ins Reich. Die Chancen des Kaisers in dem ausbrechenden Krieg waren durch die fehlende Hilfe des Welfenherzogs geringer als je zuvor. Die Niederlage bei Legnano am 29. Mai 1176 bestätigte die trüben Erwartungen. Der Kaiser hatte nicht nur die Demütigung der abgeschlagenen Bitte zu überwinden, dies betraf nur ihn persönlich. Aber er kalkulierte auch seine Stellung im Reich; wenn er aus Italien ohne Erfolg zurückkehrte, als Geschlagener, während zur selben Zeit die Macht Heinrichs des Löwen im Reich ständig wuchs, dann hatte der Herzog die Autorität und Stellung des Königtums geschädigt.

»Herr, nun die Krone Euch zu Füßen gefallen ist, wird sie wohl bald auf Eurem Haupte glänzen!« – Überliefertes Wort von Truchseß Jordan zu Heinrich dem Löwen

Die deutschen Fürsten erhoben 1178 in Speyer Klage gegen den Herzog. Es ging um Einzelheiten und Einzeltaten, doch war dies nur der Ausdruck der überall herrschenden Meinung, daß Heinrich der Löwe, wie ein Chronist schrieb, »durch seine Übermacht eine Reichsgefahr geworden war«. Dieselben Klagen, nur verstärkt, wiederholten sich im Januar 1179 in Worms. Zum Magdeburger Reichstag im Juni wurde Heinrich der Löwe förmlich geladen, er blieb jedoch fern. Am 15. Januar 1180 wurden ihm die Reichslehen abgesprochen, nach Ablauf eines Jahres erging die Acht und Oberacht. Der Kaiser übertrug dem Pfalzgrafen Otto von Wittelsbach das Herzogtum Bayern. Sachsen teilte Friedrich I. in zwei Gebiete, die Westdistrikte – nunmehr bezeichnet als Westfalen – kamen an Philipp von Köln, die östlichen Territorien erhielt Bernhard von Anhalt, der jüngste Sohn Albrechts des Bären. Heinrich der Löwe hatte lange damit gerechnet, daß es ihm möglich sein werde, mit den Gegnern einzeln fertig zu werden; weitgehend gelang ihm das auch, doch einen Reichskrieg konnte er niemals durchstehen. Bevor es zur letzten Probe kam, bat er deshalb 1181 den Kaiser um freies Geleit, er unterwarf sich. Friedrich Barbarossa sprach ihn von der Acht frei. Heinrich der Löwe verlor alle Gebiete, ihm blieb nur der Besitz seines Familieneigentums, seiner Allode Braunschweig und Lüneburg. Er wurde darüber hinaus für drei Jahre aus dem Reich verbannt. Bis zu seinem Tod versuchte er in ständig erneuerten Anläufen, das Verlorene wiederzugewinnen, doch vergebens. Der Kaiser starb fünf Jahre vor ihm: 1190 ertrank er in dem Fluß Saleph im südlichen Anatolien auf der Kreuzfahrt. Heinrich konnte dies nicht einmal als persönlichen Trost empfinden.

Friedrich I. Barbarossa an der Spitze des dritten Kreuzzuges und sein Tod im Saleph am 10. Juni 1190
Miniatur in einer Ebulo-Handschrift, 1197

In Deutschland blieb die Erinnerung an diese beiden ungewöhnlichen Fürstengestalten jahrhundertelang wach. Beide waren von extrem gegensätzlicher Art. Der Kaiser war auch phänotypisch eine vollendete Verkörperung der höchsten irdischen Würde, der makellosen Majestät. Mit den Worten des Chronisten Rahewin: »Die Gestalt seines Leibes ist von schönem Maße. Das blonde Haar ist an der Stirn gekräuselt und bedeckt die Ohren nur wenig. Die Augen sind scharf, die Nase zierlich, die Lippen fein. Fröhlich und heiter wirkt sein Gesicht, aus dem die Zähne leuchten wie frischgefallener Schnee.« Heinrich der Löwe dagegen gänzlich anders, das strikte Gegenteil des Eindrucks, den man auch damals mit der Vorstellung eines Ritters verband. Seinem Aussehen nach gehörte der Herzog weit eher zu denjenigen Völkern, die er so unnachgiebig bekämpfte und christianisierte. Der Herzog war auffallend klein, schwarzhaarig, der Rundkopf saß auf einem kurzen Hals. Doch die Erscheinung spiegelte nicht nur brutale Kraft, sondern auch ein Übermaß von herrischer Gewalt, die auf keinen, der Heinrich dem Löwen begegnete, ohne tiefen Eindruck blieb. Daß unterworfene Slawen zeitweise zu diesem Mann wie zu einem Gott beteten, muß nicht als Chronisten-Latein abgetan werden.

Heinrich der Löwe war kein Herrscher für Legenden, kein Sujet für raunende Erzählungen. Die praktische Arbeit, die er als Landesfürst betrieb, war Politik des Bauens, des Rodens, der Bekehrung, der Gründung, der Organisation, des Wirtschaftens. Seine Leistung hatte in staatlicher Hinsicht keinen Bestand, aber die sichtbare Tagesarbeit überdauerte. Wie bei Persönlichkeiten dieses Formats fand sich bei Herzog Heinrich zweierlei: Er verkörperte zum letzten Mal das große Stammesherzogtum aus der Frühzeit des Reiches; er verkörperte jedoch ebenso zum ersten Mal die Machtnatur jener Reichsfürsten, deren politischer Wille auf unmittelbares Schaffen zielte, deren Vorstellungskraft sich ans Greifbare hielt, an das, was sich gemäß einem Konzept standsicher bewirken ließ – so, wie es bei einem Herrscher wie dem Großen Kurfürsten der Fall gewesen ist.

Heinrich der Löwe
und seine Gemahlin Mathilde
Grabfiguren im Dom
zu Braunschweig

Die Salier, die Sachsen

Politik des Südens

Barbarossa hätte die Auseinandersetzung mit Heinrich dem Löwen anders beilegen können, wenn durch den Zwist nicht auch entscheidende Grundsätze der Reichspolitik, und zwar in ihrer ganzen Unverträglichkeit, aufgebrochen und sichtbar geworden wären, Grundsätze, die für die Politik jedes Herrschers des Reiches seit Otto I., dem Großen, ausschlaggebend wurden. Das Reich Karls des Großen hatte seine Gewichtung entlang einer Achse, deren Richtung von der Verlängerung des italienischen Territorialschaftes nach Nordwesten hin vorgezeichnet wurde. Diese Linie führte symmetrisch zwischen Reims und Aachen hindurch. Als Ostgrenze des Karolingischen Reiches waren ausdrücklich Elbe und Saale bestimmt worden; die Grenze zog sich von Hamburg herab bis nach Regensburg und schloß hier an die Donau an. Halle und Erfurt waren Städte der Grenzmarken, selbst Forchheim lag damals fast am Ostrand des Reiches.

Diese Orientierung brach mit der Auflösung des Karolingischen Imperiums zusammen. Die Gründung des deutschen Reiches unter Heinrich I. im Jahr 919 konnte nur dann von Dauer sein, wenn die Sperre zum Osten hin aufgebrochen wurde. Heinrichs Sohn, Otto der Große, setzte diese Erkenntnis in politische Maßnahmen um. Er gründete das Erzbistum Magdeburg mit dem Auftrag, von hier aus die slawischen Gebiete bis über die Weichsel hin mit christlichem Glauben zu durchdringen und dem Reich einzugliedern. Schon kurze Zeit später wurde mit der Gründung des Bistums Posen im Jahr 968, das Magdeburg unterstellt war, eine erste Phase der Reichspolitik abgeschlossen.

Eine ähnliche Territorialbewegung begann von Bayern aus entlang der Donau. Entsprechend der sächsischen Ostmark im Norden fand nach dem Sieg Kaiser Ottos im Jahr 955 über die Magyaren auf dem Lechfeld eine Neugründung der bayerischen Ostmark statt. Sie schob sich über die Wachau und Sankt Pölten rechts der Donau vor. Die bayerische Ostmark wurde ein Markgrafentum der Babenberger; im Jahr 996 findet sich für sie erstmals die Bezeichnung ›Ostarrichi‹. Die Steiermark, das Herzogtum Kärnten seit 976 und die Mark Krain schlossen als Sicherungs- und Schutzgebiet nach Süden an. Der Blick Sachsens – genauso wie jener der anderen Marken im Osten – war von Anfang an zwangsläufig durch die unmittelbare Gefährdung und die politischen Notwendigkeiten festgelegt. Heinrich der Löwe und Albrecht der Bär hatten folglich mit ihrer Christianisierung und Kolonisierung lediglich getan, was seit den ersten Sachsenkaisern zu einer Hauptaufgabe des deutschen Reiches zählte.

Albrecht der Bär
Vorderseite einer Münze, um 1165

Der Welfenkaiser Lothar III. hatte in aller Klarheit diese Tradition aufgegriffen. Er unterstützte nachdrücklich die nach Osten gerichteten Territorialbemühungen der Markgrafen Konrad von Meißen-Lausitz und Albrechts des Bären von der sächsischen Nordmark aus, er förderte die Missionsarbeit der Erzbischöfe von Bremen und Magdeburg. Lothar III. drückte der Ostorientierung der Reichspolitik durch die Gründung der drei Ostmarken – der Meißener, der Brandenburger und der nördlichen Schauenburger Mark – ein kaiserliches Siegel auf. Zu seiner Zeit waren sie allerdings keineswegs nur mehr als Sicherungen der Reichsgrenzen gedacht, sondern dienten bereits als Rampen einer beweglichen, ausgreifenden Ostmarkenpolitik. Deshalb hatten Friedrich Barbarossa und Heinrich der Löwe, jenseits ihrer persönlichen Besonderheiten, die beiden fundamentalen Konzepte der Reichspolitik verkörpert: Das eine war orientiert am christlichen Universalismus und hatte dadurch sein natürliches Zentrum im Süden, in Italien und Rom, das zweite – kategorial anders – trug seine Rechtfertigung für den Herrscher in sich selbst, benötigte keine Nobilitierung und Weihe, wurde jedoch dem Reich nicht minder gerecht. Ein Ausgleich dieser beiden Konzepte war unter den Staufern nicht möglich, und da sie konträr zu sein schienen, mußte der Zusammenstoß zwischen Friedrich Barbarossa und Heinrich dem Löwen besonders unversöhnlich sein. Unter dem Aspekt des Reiches jedoch schloß sich die Politik der drei großen Kaiserdynastien der Deutschen – Hohenstaufen, Salier und Sachsen – von Beginn des Interregnums bis zur Gründung des Reiches entlang der beiden Achsen West-Ost und Nord-Süd zu einer Einheit zusammen.

Das Wormser Konkordat

Kaiser Lothar III. hatte nicht beabsichtigt, Reichspolitik nur als Fortsetzung des Erbes zu betreiben, das ihm die salischen Herrscher mit Heinrich V. und seinem Vater Heinrich IV. hinterlassen hatten: als Streit der Kaiser mit den Päpsten um die Investitur. Selbst wenn Lothar dies gewollt hätte, wären die Schwierigkeiten in seiner Situation nicht zu überwinden gewesen. Der Welfe war mit massiver Unterstützung der Kurie gewählt worden, er hatte mit seinen staufischen Gegnern im Reich zu kämpfen und war schließlich auch durch das Wormser Konkordat gebunden, mit dem am 23. September 1122, also nur drei Jahre vor seiner Wahl zum König, das gewaltige Debakel und Spektakel des Investiturstreites beigelegt worden war. Letztlich hatte Lothar selbst zu dieser Einigung beigetragen, denn als Herzog von Sachsen beteiligte er sich seit dem Jahr 1111 wiederholt führend an Aufständen gegen Heinrich V. und stärkte dadurch mittelbar die Kompromißbereitschaft des Kaisers in der Investiturfrage.

Bei den Auseinandersetzungen zwischen Friedrich Barbarossa und dem Papst war es um das Prinzipielle des Verhältnisses zwischen Herrscher und Kirche schlechthin gegangen: War der Papst Oberlehnsherr des Kaisers? Diese Grundsatzfrage leuchtete beim Ringen um die Investitur nur durch den Hintergrund; im Investiturstreit spitzte sich alles auf den Kampf um verhältnismäßig augenfällige Rechte zu: Wem stand es zu und in welcher Form, Bischöfe zu ernennen und einzusetzen? Diese Frage erhielt ihr politisches Gewicht durch den Umstand, daß die Bischöfe im Reich als zugleich weltliche Fürsten desselben Reiches auch Pfeiler der königlichen Macht darstellten, folglich der König ein unmittelbares Interesse an dem Recht ihrer Einsetzung haben mußte. Wenn dieses Recht allein von Rom beansprucht und an Rom delegiert wurde, hatte die Kirche stärkste Einflußmöglichkeiten auf die Reichspolitik.

Das Reichskreuz: für die Reliquien des Reischsschatzes Westdeutsche Goldschmiedearbeit, um 1024

Das Wormser Konkordat lief nun scheinbar auf einen Kompromiß hinaus, der weder etwas mit einem Sieg des Papsttums noch mit einer Niederlage der Kaiser zu tun hatte. Seine Artikel legten fest, daß der Kaiser die Bischöfe mit dem Szepter zu belehnen hatte, der Papst dagegen mit Ring und Stab. Allerdings trennte das Wormser Konkordat scharf zwischen den deutschen Reichsgebieten und denjenigen Italiens und Burgunds. Hier hatte die Belehnung durch den Kaiser erst nach der Wahl und Weihe der Würdenträger durch die Kirche stattzufinden, und nur in Deutschland durfte er umgekehrt prozedieren. Damit wurde dem Kaiser die Priorität nur noch für die deutschen Reichsgebiete zugestanden. Durch die Hinnahme des kurialen Vorranges in Italien und Burgund hatte der Kaiser für diese Reichsgebiete praktisch seinen Einfluß auf die Besetzung preisgegeben und damit die königliche Machtstellung erheblich reduziert. Andererseits wurde in Deutschland durch das Konkordat auch der Weg zur Entwicklung der geistlichen Reichsfürstentümer freigelegt, da die Bischöfe kraft ihrer Stellung als Reichsvasallen auch königliche Hoheitsrechte besaßen. Nicht weniger entscheidend für das Verhältnis von Kaiser und Papst wurde die selbständige Stellung des Pontifex gegenüber dem Herrscher des Reiches, die sich durch das Wormser Konkordat verfestigte und die Päpste zu dem Versuch bewog, den Kaisern gegenüber einen freien Herrschaftsanspruch durchzusetzen. Dies allein profilierte das Ringen der staufischen Kaiser mit Rom. Der Bruch mit der sächsisch-ottonischen Reichs- und Königskonzeption bedeutete schließlich auch das Freischlagen des Weges zum reinen Wahlkönigtum, das sich zwar unter Rückgriffen auf Vorstellungen germanischer Traditionen durchsetzte, von den Sachsenkaisern aber bereits in entschlossener Wendung einen Akzent erhalten hatte, der den Notwendigkeiten des Reiches als eines verklammernden Staatsverbandes der Deutschen nicht weniger augenfällig und gemäß innerer Gründe Rechnung trug.

Die Frage der Investitur bildete folglich kein zweitrangiges Problem bloßer Zuständigkeiten oder Prioritäten. Sie betraf die Stellung der Kirche in der Welt, sie betraf die Stellung des Herrschers gegenüber der Kirche. Ihre Klärung und Entscheidung mußte festlegen, in welchem Verhältnis weltlicher Herrscher und Kirche zueinander standen. Dieser Zwist, der nicht grundlos eine tiefe Zäsur in der Geschichte des Reiches und der Kirche markierte, begann mit der cluniazensischen Reform.

Cluny und Konrad II.

Bereits seit dem 10. Jahrhundert hatte sich vom französischen Benediktiner-Kloster Cluny in Burgund eine starke Reformbewegung durch ganz Europa verbreitet. Sie richtete sich zunächst gegen die Verweltlichung des Mönchswesens, dehnte ihre Forderungen aber bald auf die Gesamtkirche aus. In Deutschland wurden die Reformgedanken besonders von dem Schwarzwaldkloster Hirsau an der Nagold aufgenommen. Abt Wilhelm gestaltete sie eigenständig um. Die Hirsauer Reform wurde zwar für Deutschland maßgeblich, bildete aber der Substanz nach nur eine spezielle Variante der cluniazensischen Bewegung. Die Benediktiner-Väter von Cluny zielten schließlich auch auf eine strenge Trennung zwischen klerikaler und weltlicher Tätigkeit ab, eine Tendenz zu asketischer Absonderung setzte sich durch, jede Verquickung mit dem weltlichen Herrschertum sollte beendet werden. All diese Forderungen mußten aber letztlich darauf hinauslaufen, daß sich in den großen Bereichen der Weltführung die Kirche den Kaisern gegenüber nicht nur als autonom, sondern auch als übergeordnet ansah.

Die Richtung dieser Entwicklung wurde von der Kurie früher erkannt als von den Kaisern. Schon der letzte Sachsenherrscher, Heinrich II., der Heilige, unterstützte besonders kraftvoll die cluniazensische Bewegung in einer Phase, da es ihr schon längst nicht mehr nur um das Mönchswesen ging, und erhielt deshalb auch nicht umsonst seinen ehrenden Beinamen. In der Zeit seiner Regierung von 1002 bis 1024 gewannen die Cluniazenser mächtigen Auftrieb. Die Hauptforderungen liefen jetzt innerhalb der Kirche auf unbedingte Aner-

Ambo Heinrichs II. Westdeutsche Goldschmiedearbeit, erstes Viertel des 11. Jahrhunderts kennung der priesterlichen Ehelosigkeit hinaus, im weltlichen Bereich auf ein Verbot, geistliche Ämter käuflich zu erwerben oder ihre Besetzung mit Geldabgaben zu koppeln – Simonie – sowie radikal mit dem Grundsatz zu brechen, daß den weltlichen Herren das Recht zustand, von sich aus geistliche Würdenträger einzusetzen – Laieninvestitur. Diese dritte Forderung mußte zum Angelpunkt der ganzen Reformbewegung werden, weil sie die Funktion beider Institutionen, der Kirche und des Königtums, direkt betraf.

Die Begünstigung durch Heinrich II. hatte den Reformern festen Boden geliefert. Sein Nachfolger Konrad II., der erste Kaiser der Salier, entwickelte kraft seiner Konzentration auf politische Realitäten wenig Gespür für die Veränderungen, die sich in der Kirche anbahnten. Konrad war der energischste Herrscher der Salier; seine Politik war auf fest abgegrenzte Ziele gerichtet. Für Konrad II. stellte die Reichskirche nur ein Mittel, ein Element der Königsmacht dar, und demgemäß wurde sie auch behandelt. Daß er Abgaben bei der Investitur der geistlichen Würdenträger einzog, war für ihn selbstverständlich. Für ausgesprochen wichtig aber hielt er es, die Tradition seiner sächsischen Ahnen fortzuführen und die Macht des Königs zu Lasten der Stammesherzöge auszubauen. Deshalb verlieh er dem Lehnsadel das Erbrecht; er sicherte dadurch seine Unabhängigkeit vom Stammesherzogtum und verpflichtete es der Krone. Seinem Sohn Heinrich III. garantierte er schon zu Lebzeiten die Nachfolge, verlieh ihm die Herzogtümer Bayern und Schwaben und brachte 1033 durch Erbvertrag auch Burgund an sich. Den gewaltigen Territorialriegel der Königsherrschaft im Reich ergänzte er 1039, im Jahr seines Todes, noch durch die Mark Kärnten, die er zu königlichem Hausgut erklärte. Der Respekt, den seine kraftvolle, harte, der Ordnung des Reiches dienende Politik weckte, erhöhte auch das Ansehen und die Macht des Reiches. Obwohl er in der Bildung den geistlichen Herren weit unterlegen war, übertraf er sie durch seinen natürlichen Stolz, zu dessen Stärkung er sich nicht daran zu erinnern brauchte, daß er Kaiser Otto den Großen zum Ahnen hatte. Seine Umgebung beugte sich ohne Widerspruch der »durchdringenden Klugheit« des Königs, wie notiert wurde, zumal Konrad II. »rastlos tätig in allem war, was dem Reiche frommt«. Seine Volkstümlichkeit wuchs Jahr für Jahr. Nach seiner Krönung in Rom war seine Stellung praktisch unerschütterlich. Im Jahr 1037 rief ihn die Mailänder Bevölkerung zu sich und bat ihn, die Übergriffe des Erzbischofs, den der König selbst eingesetzt hatte, abzustellen, sonst wäre sie gezwungen, sich selbst Gesetze zu geben – ein deutlicher Wink in Richtung Rebellion. Die Mailänder Geste war mehr symbolisch, denn von Konrad II. lief in Italien das Wort um, daß der »König niemandem weicht außer Gott und der Sonne«. Konrad II. ließ sich nicht lange bitten, er hatte den Mailändern umgehende Hilfe versprochen: »Wenn die Italiener nach meinen Gesetzen dürsten, so will ich sie tränken.« Er setzte den Erzbischof ab und befreite das ritterliche Kleinbürgertum in derselben Weise wie in Deutschland von der Abhängigkeit der Standesherren, indem er dort ebenfalls die Erblichkeit der kleinen Lehen verfügte. Der Kaiser hatte damit eine einflußreiche Partei Mailands für sich gewonnen. Der Beliebtheit dieses salischen Herrschers konnte sich nur selten Gleiches zur Seite stellen. Als Konrad II. im Jahr 1039 starb, war er noch keine fünfzig Jahre alt. Von seiner Grablegung in Speyer wurde notiert: »Gott erwies diesem Herrscher die Gnade, daß an seiner Leiche mehr geweint, gebetet und Almosen gespendet wurden, wie noch niemals zuvor am Grabe eines Kaisers.«

»Am Sattel Kaiser Konrads hängen die Bügel Karls des Großen.« – Spruch der Zeit

Konrad II.
Vorderseite einer Münze, vor 1039

Heinrich III., Vorreiter der Kirchenreform

Der Sohn des Kaisers trat mit einundzwanzig Jahren seine Regierung an. Mit ihm hatten sich die Väter der cluniazensischen Reform einen nahezu vollkommenen Repräsentanten ihrer Ideen herangezogen. Dies darf wörtlich verstanden werden, denn Heinrich wurde von Bischof Brun von Augsburg, dem Bruder Heinrichs II., des Heiligen, und von Bischof Egilbert von Freising erzogen. Dem jungen Herrscher fehlte die zugreifende Aktivität des Vaters, ebenso sein politischer Instinkt. Heinrichs Naturell war ernst, fast schwermütig, sein ausgeprägter Sinn für die Prinzipien eines strengen Christentums wurde durch seine zweite Gemahlin Agnes von Poitou, der Tochter Herzog Wilhelms von Aquitanien, zu einer fast bedingungslosen Parteinahme für die cluniazensische Bewegung gesteigert. Heinrich III. wurde derjenige Kaiser, der den Cluniazensern im Raum der Kirche zum Durchbruch verhalf.

Heinrich III. Goldschmiedearbeit am Schrein Karls des Großen, zwischen 1200 und 1215

Am radikalsten unterschied er sich von seinem Vater durch den völligen Bruch mit der Simonie. Heinrich III. verzichtete damit auf gewaltige Einnahmen zugunsten des Reiches. Da er seine königliche Stellung nicht als eine Doppelposition einschätzte, sondern weltliche und geistliche Aufgaben in seinen Augen nur dieselben Angelegenheiten in unterschiedlicher Ausprägung darstellten, fühlte er sich ganz im Dienst der Kirche, allerdings als ihr Oberherr. Er setzte zahlreiche Bischöfe ein – entgegen den Forderungen von Cluny –, doch er wählte stets Würdenträger, die vollständig den Erwartungen der Reformer entsprachen, also im Sinne der cluniazensischen Forderungen. In gleicher Machtvollkommenheit erhob Kaiser Heinrich III. wiederholt Päpste auf den Stuhl Petri; doch stets handelte es sich um Männer, die vom Geist Clunys lebten. Daß durch eine solche Tätigkeit der Träger des höchsten Kirchenamtes praktisch doch zum obersten Bischof des Reiches degradiert wurde, übersah Heinrich III., sonst hätte er sein Mitspracherecht bei der Papstwahl nicht noch zusätzlich dadurch festigen lassen, daß er sich von den Römern die Patriciuswürde übertragen ließ.

Die Summierung der Einzelerfolge rechtfertigt das Urteil, daß sich während der Regierung Heinrichs III. die Kaisermacht der Salier und diejenige des Reiches auf einem Gipfel befanden. Trotzdem dürfte es ebenso sicher sein, daß Heinrich III. zwar von seltener Sittenreinheit erfüllt war und einem nicht minder festen Willen, cluniazensischen Forderungen so weit wie nur möglich zum Durchbruch zu verhelfen, daß er aber unter einer starken politischen Kurzsichtigkeit litt. Schon recht früh, wenige Jahre nach seinem Regierungsantritt, meldete sich aus der Kirche selbst die erste Stimme, die gegen seine Eingriffe opponierte. Heinrich III. nahm davon keine Notiz, er stieß sich selbst dann noch nicht daran, als die Positionen von Papst und Kaiser bereits weit auseinandergerückt wurden: »Zwischen der priesterlichen Weihe und derjenigen, die Ihr empfangen habt, besteht ein großer Unterschied; die unsrige ist lebenspendend, die Eurige hat den Tod zur Folge, und je größer der Vorzug ist, den das Leben vor dem Tod hat, umso höher ist unsere Weihe erhaben über der Eurigen.«

»Dem Papst sind wir Gehorsam, Euch Treue schuldig. Euch haben wir über das Weltliche, jenem über das Geistliche Rechenschaft zu geben.« – Bischof Waso von Lüttich zu Heinrich III. im Jahr 1246

Die Reformisten versuchten, sich nicht nur mit reinen Mitteln durchzusetzen. Papst Benedikt IX., der 1032 zum Oberhirten gewählt worden war, verzichtete nach dreizehn Jahren wegen der heftigen Parteikämpfe und ständigen Unzuträglichkeiten auf sein Amt; er verkaufte es gegen eine hohe Summe seinem Taufpaten, der nunmehr als Gregor VI. den Petri-Stuhl bestieg. Gregor war zwar in unkorrekter Form in den Besitz der Tiara gekommen, aber er war ein bedingungsloser Vertreter cluniazensischer Ideen. Der Kaiser mochte sich jedoch mit solchen Methoden nicht befreunden. Er ließ Gregor VI. absetzen, der Papst ging in die Verbannung nach Köln, begleitet von einem seiner Verwandten, dem toskanischen Kaplan Hildebrand.

Canossa: Triumph oder Niederlage?

Heinrich III. starb im Jahr 1056. Sein Sohn war zwar bereits zum König gewählt und gekrönt worden, doch Heinrich IV. zählte erst sechs Jahre. Die Regentschaft führte seine Mutter; sie verstand darunter allerdings nicht viel mehr, als auf den Tag seiner Volljährigkeit zu warten. Sechs Jahre später, 1062, wurde sie durch eine Art Staatsstreich entmachtet; ihr Sohn kam unter die Obhut des Erzbischofs von Köln. Im Jahr 1066 übernahm Heinrich IV. die Regierung. In Rom hatten sich unterdessen die Reformisten durchgesetzt. Schon 1059 war ein Dekret erlassen worden, in dem das Papsttum gänzlich vom Einfluß der Kaiser befreit wurde; für die Wahl des Oberhirten wurde ausschließlich ein spezielles Kardinalskollegium für zuständig erklärt.

Heinrich IV. hatte seit seiner Regierungsübernahme zunächst keine dringlicheren Sorgen, als seine eigene Macht im Reich zu stabilisieren; erst 1075 hatte er die Oberhand errungen. In den Weihnachtstagen desselben Jahres ließ er in Goslar die deutschen Fürsten die Nachfolge seines Söhnchens – Konrad IV. war damals nicht viel mehr als eineinhalb Jahre alt – beschwören. In Rom war zwei Jahre zuvor jener Mönch Hildebrand zum Papst gewählt worden, der Gregor VI. in die Verbannung nach Deutschland begleitet hatte. Mit ihm begann der Triumph der Cluniazenser, mit ihm begann ein gnadenloser Kampf zwischen Papsttum und Kaisertum. Die dramatischen Effekte und Steigerungen dieses Kampfes finden kaum ihresgleichen. Das Ergebnis freilich entspricht bei weitem nicht dieser Dramatik, sieht man von der aufsehenerregenden Form ab, in der Heinrich IV. den Streit zunächst beilegte: durch seinen Gang nach Canossa.

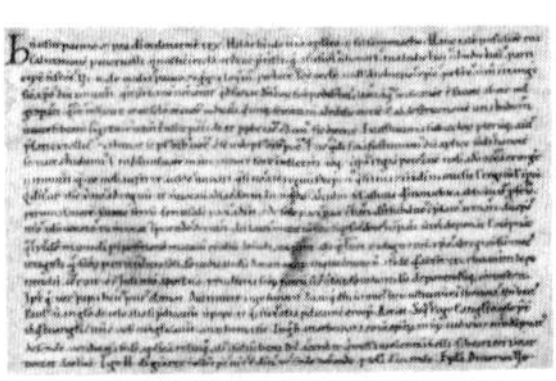

Der Absagebrief Heinrichs IV. an Papst Gregor VII. vom 24. Januar 1076 Eine Abschrift aus dem 12. Jahrhundert

In Mailand war seit Monaten der Erzstuhl vakant. Die Besetzung wuchs sich zu einer Machtprobe aus, denn die päpstliche Partei forderte kanonische Bischofswahlen statt einer Investitur durch den Kaiser. Heinrich IV. waren seit 1073 durch einen Sachsenaufstand die Hände gebunden; er ließ das Mailänder Problem in der Schwebe. Gregor VII. bemühte sich unterdessen, eine allgemeine Kirchenreform einzuleiten; sein Plan, ein Reformkonzil einzuberufen, stieß jedoch auf den Widerstand der deutschen Bischöfe. Der Sieg Heinrichs IV. über die Sachsen sowie eine Niederlage der päpstlichen Parteigänger in Mailand versteiften Heinrichs IV. Selbstbewußtsein. Ohne Rücksicht auf den Papst besetzte er den Mailänder Erzstuhl mit einem Kirchenfürsten seiner Wahl. Gregor VII. reagierte mit einer scharfen Warnung. Auf Heinrich IV. und die meisten deutschen Bischöfe wirkte sie als Kampfansage; am 24. Januar 1076 erklärten sechsundzwanzig deutsche Bischöfe unter Vorsitz Heinrichs IV. auf einer Synode in Worms den Papst für abgesetzt. Gregor VII. antwortete mit dem Bann und verkündete seinerseits, daß der Kaiser und die Bischöfe Amt und Würden verloren hätten. Heinrich war sich in dieser Zerreißprobe nur der Unterstützung der geistlichen Fürsten sicher; das Reichskirchensystem in

Deutschland war seit Otto dem Großen erheblich stabiler als die Bindung der weltlichen Fürsten an ihren Herrscher. Eine Zusammenkunft päpstlicher Legaten mit deutschen Herren konnte Heinrich neutralisieren. Der Papst verzichtete darauf, sofort eine Neuwahl durchzuführen, allerdings mußte sich Heinrich IV. verpflichten, innerhalb eines Jahres den Bann zu lösen. Der Herrscher beugte sich, er ritt dem Papst, der auf der Reise nach Deutschland war, entgegen. Sie trafen auf der Burg Canossa zusammen. Der Papst löste den Bann.

Die wirklichen Auseinandersetzungen begannen für Heinrich IV. allerdings erst jetzt. Die deutschen Fürsten wählten einen Gegenkönig, erstmals in der Geschichte des Reiches; sie durchbrachen damit das dynastische Herrschaftsprinzip, das seit Heinrich I. gegolten hatte. Heinrich IV. replizierte mit aller Energie, erklärte seine Gegner sämtlicher Ämter und Lehen für verlustig und setzte in Kärnten, Bayern und Schwaben andere Fürsten ein. Heinrich IV. hatte damit seine Königsposition stärker untermauert, als dies vor Beginn der Auseinandersetzung mit dem Papst der Fall war. Durch seine Entschlossenheit wurden auch die Hoffnungen des Papstes zunichte, er könnte in den Kämpfen der Fürsten mit dem König eine Vermittlerrolle übernehmen. Im Jahr 1080 veröffentlichte er einen neuen Erlaß über die Investitur und die kanonischen Wahlen und verhängte über Heinrich IV. zum zweiten Mal den Bann. Diesmal jedoch fühlte sich der Herrscher weit stärker als vor einem Jahrfünft. Wiederum erklärte er Gregor VII. für abgesetzt, ernannte selbst einen neuen Papst, zog mit einem Heer nach Italien und ließ sich 1084 von Clemens III. feierlich krönen. Gregor VII. hatte sich in die Engelsburg geflüchtet, wurde von einem Normannenheer befreit und nach Salerno gebracht; dort starb dieser eindrucksvollste aller Päpste im Jahr darauf.

»Der heilige Satan!« – Kardinal Petrus Damiani über Gregor VII.

Nach der Peripetie in Rom mußte Heinrich IV. bis zu seinem Tod, über zwanzig Jahre lang, ununterbrochen weitere Kämpfe bestehen; ihm blieb fast keine denkbare Enttäuschung erspart. Sein Sohn Konrad wandte sich gegen ihn, ebenso seine Gemahlin. Am erfolgreichsten konnte sich der Kaiser im deutschen Reichsgebiet behaupten. Am Dreikönigstag des Jahres 1103 erließ er den ersten Landfrieden des Reiches. Auch sein zweiter Sohn, den er als Heinrich V. bereits hatte wählen und krönen lassen, schloß sich einer Fürstenrebellion gegen ihn an. Beide rüsteten zur Entscheidungsschlacht; zum äußersten kam es jedoch nicht, denn der Kaiser starb am Silvestertag des Jahres 1105.

Ob dieses nie zu vergessende Schauspiel, daß der mächtigste Herrscher des Abendlandes sich zur Buße auf den Weg zum Papst begibt und – barfuß, in härenem Gewand – um Lösung des Bannes ersucht, wirklich eine Niederlage Heinrichs IV. darstellt oder nicht, diese Frage verschiebt die Gesichtspunkte. Hätte sich Heinrich IV. geweigert, so wäre seine Königsstellung nicht zu halten gewesen. Der Papst hätte triumphiert. Er mußte in dieser Situation ›triumphieren‹, gleichgültig, wie sich Heinrich IV. entscheiden mochte. Die Meditationen Gregors VII., als ihn der Normanne Robert Guiscard aus der Engelsburg befreite und er selbst als Verbannter in Salerno saß, waren zweifellos ebenso wenig von Siegerempfindungen bestimmt. Sowohl der Zusammenstoß zwischen der reformierten Papstkirche und dem altgegründeten Königtum als auch die Buße in Canossa sind zu werten als Richtmarken für einen Zeiten- und Ordnungsumbruch, der dem Verhältnis der Herrscher zur Kirche, der Beziehung der Fürsten zum König neue Koordinaten setzte. Der Wechsel selbst wurde jedoch von Heinrich IV. weder ausgelöst noch beschleunigt. Er war das

Die Vertreibung Gregors VII. und sein Tod am 25. Mai 1085
Miniatur in der Chronik Ottos von Freising, zweite Hälfte des 12. Jahrhunderts

Ergebnis jener langsamen Veränderung, die seit den Zeiten des ersten großen Reformers von Cluny, seit Abt Odo, 926 einsetzte und noch im gleichen Jahrzehnt von Burgund nach Lothringen in dasselbe Gebiet übergriff, das König Heinrich I. ein Jahr zuvor, im Jahr 925, dem Deutschen Reich eingegliedert hatte.

Die cluniazensische Bewegung gehört als theologischer Unterstrom zur Epoche der salischen und sächsischen Herrscher des Reiches, aber ihre außerordentlichen Wirkungen zeigten sich dem Abendland erst in dem Drama um Gregor VII. und Heinrich IV. Das Erregende darin täuscht allerdings darüber hinweg, daß der tatsächliche Einfluß der Cluniazenser-Bewegung auf die Stellung des deutschen Königs und das Verhältnis der Fürsten zu ihm sich kaum jemals zufriedenstellend bestimmen lassen wird.

Deutsches Kaisertum

Die Ottonen

Kaiser Heinrich II., der von der Kirche bereits 1146 heiliggesprochen wurde, hatte seinen Vorgänger und Vetter Otto III. auf beiden Italien-Zügen begleitet; Heinrich war um sieben Jahre älter als Otto III. Dieser Enkel Ottos des Großen hätte zu jenen Gestalten rechnen können, die ein Zeitgenosse der Staufer in Cremona so beschrieb: »Vorzüglich bewaffnet sitzen diese Deutschen wie angegossen auf ihren Pferden, das schönste Volk, das jemals nach Italien kam. Ritter von hoher Gestalt, Jünglinge von mannhaftem Mut. Einfach, fromm und ohne Trug kommen sie aus ihrer Heimat. Wenn sie dann aber lange mit uns verkehren, werden sie falsch und böse.« Der Nachsatz traf auf Otto III. nicht zu, denn er hatte keine Gelegenheit, lange mit Italienern zu verkehren. Im Jahr 994 fand auf einem Reichstag für Otto die Schwertleite statt, die feierliche Umgürtung mit dem ritterlichen Schwert; damit war er, obwohl erst vierzehn Jahre alt, in den Ritterstand aufgenommen und konnte selbst die Regierung antreten. Der König brach 996 mit großem Gefolge zu seinem ersten Italien-Zug auf und ließ sich von seinem Vetter Brun, den er zum Papst erhoben hatte, in Rom die Kaiserkrone aufs Haupt setzen. So jung Otto III. auch war, so fasziniert war er von Italien und so ausnahmslos war er auch fixiert auf altrömische Überlieferungen und Vorstellungen, freilich ganz in der Nachfolge seines Vaters Ottos II. Seit seiner Krönung nahm Otto III. ebenfalls den Titel ›Romanorum Imperator Augustus‹ an.

Otto III.
Elfenbeinrelief auf einem lothringischen Gefäß, erstes Viertel des 11. Jahrhunderts

Im selben Jahr kehrte er nach Deutschland zurück, unternahm 997 einen missionarischen Kriegszug gegen die Elbslawen und brach Ende des Jahres erneut in den Süden auf, entschlossen, Italien nicht mehr zu verlassen. Rom wurde zur Residenz des Kaisers; er versuchte römische Herrschafts- und Staatsvorstellungen wieder zu beleben, er entwickelte den von seinem Vater aufgegriffenen Gedanken von der Renovatio imperii Romanorum weiter, ließ die Wendung als Umschrift auf seinen Bleibullen anbringen und bemühte sich, derjenige Herrscher zu werden, in dem sich die Fortdauer des christlich-römischen Weltreiches leibhaft erkennen ließ. Folgenschwer für die Reichspolitik im Osten war der Entschluß des Kaisers, das Bistum Gnesen aus der Abhängigkeit Magdeburgs zu lösen und ihm Selbständigkeit zu gewähren; praktisch lief das auf die künftige Verselbständigung Polens hinaus.

Otto III. war ein hochbegabter, energischer Herrscher; schon auf ihn wurde der Ausdruck ›Staunen der Welt‹ gemünzt, so wie auf den Hohenstaufen Friedrich II. Durch Otto III. erhielt die Südorientierung der Reichspolitik binnen wenigen Jahren den religiösen Stempel einer rauschhaften Entwirklichung. Seine Mutter Theophanu war eine Nichte des byzantinischen Kaisers; von ihr stammten die Einflüsse, die Otto in eine Richtung lenkten, die schon seine Zeitgenossen zur Kritik an dem ›Griechen‹ reizte. Fast respektlos klagte ein sächsischer Abt: »Das aber war die Sünde des Kaisers: Er wollte das Land seiner Geburt, das liebe Deutschland, nicht einmal mehr sehen. Wie ein alter Heide mühte er sich zwecklos um das altersmorsche Rom.« Otto III. war jedoch, ganz entgegen der Kritik des Abtes, ausschließlich beherrscht von dem Gedanken eines christlichen Universalreiches, zu dessen Gliedern Deutschland und Italien genauso unterschiedslos gehörten, wie es keinen Unterschied geben sollte zwischen geistlicher und weltlicher Macht.

»Rottet alles sächsisch Rohe in mir aus, stattdessen entwickelt in mir alles griechisch Feine.« – Bitte Ottos III. an seine Erzieher

Der Große

Wenn von seinem Vater, von Otto II., schon zu Lebzeiten böse überspitzt behauptet wurde, er hätte alle Herrschertugenden besessen bis auf diejenige, »auch siegen zu können«, so relativiert sich ein solches Urteil nicht nur wegen der kurzen Regierungszeit Ottos II. – er starb bereits mit siebenundzwanzig Jahren –, sondern weil dieser Herrscher vollständig verdeckt wird vom Schatten seines Vaters, Ottos I., des Großen. Den Beinamen erhielt der Kaiser nach seinem Sieg 955 auf dem Lechfeld bei Augsburg, dessen welthistorischer Rang bereits damals von den Zeitgenossen deutlich empfunden wurde; ihm gegenüber tritt auch jenes berühmte Paralleldatum von 1241 – der Mongolenschlacht bei Liegnitz – zurück. Widukind von Corvey faßte nach der Schilderung des Ablaufs der Schlacht den Eindruck zusammen: »Im Glanz dieses herrlichen Sieges wurde König Otto von seinem Heer als Vater des Vaterlandes und Kaiser gefeiert. Er befahl, Gott den Allmächtigen zu preisen und ihm Lob, Preis und Dank zu singen in allen Kirchen des Reiches; er trug durch Boten das gleiche auch seiner ehrwürdigen Mutter auf und kehrte, jubelnd empfangen, als Sieger nach Sachsen zurück. Und der Jubel des Volkes war mit Recht groß; denn eines solchen Sieges hatte sich in den letzten zweihundert Jahren noch kein König rühmen können.«

Otto I. war 936 seinem Vater in der Regierung gefolgt. Die erste Maßnahme – traditionell nicht nur bei den deutschen Herrschern – bestand in der Stabilisierung der Königsmacht, obgleich die Zustimmung zu seiner Wahl ohne Schwierigkeiten erfolgt war. Die Opposition ging von Verwandten aus: Zwei Brüder rebellierten gegen ihn. Es dauerte mehr als ein Jahrzehnt, bis sich Otto I. durchgesetzt und alle Verschwörungen und Revolten niedergeschlagen hatte. Etliche Jahre später war er noch einmal dazu gezwungen, gegen eine Revolte vorzugehen; diesmal war sein Sohn Ludolf daran beteiligt. Andererseits wurde Otto I. durch diese Kämpfe auch dazu genötigt, den Gesamtverband des Reiches im Inneren zu stärken und die Eigenmächtigkeit der Stammesherzöge und Teilfürsten zu beschneiden.

Otto I. mit dem Modell des Magdeburger Domes vor dem thronenden Christus Elfenbeinrelief, um 970

Weit zuverlässiger als die weltlichen Großen des Reiches hatten sich die Kirchenfürsten erwiesen; die Zusammenarbeit mit ihnen entwickelte sich zu einem überragenden Moment der Reichskonsolidierung. Otto I. benützte das

Ein Erzbischof
Elfenbeinrelief auf einem lothringischen Gefäß, erstes Viertel des 11. Jahrhunderts

Mittel der Investitur, um sich bei den Erzbischöfen, Bischöfen und Äbten einen zuverlässigen Rückhalt zu verschaffen. Er stattete die geistlichen Fürsten bei ihrer Ernennung mit umfangreichen Lehen aus und übertrug ihnen Teile der Königsgewalt, erhob sie also durch Übertragung besonderer Aufgaben zu einer Art Mitregenten. Diese Reichskirchenorganisation prägte lange Jahrhunderte die innere Struktur des staatlichen Verbandes.

Die enge Verbindung zwischen König und Kirche wurde auch zum direkten Anlaß für Otto den Großen, nach Italien zu ziehen. Markgraf Berengar II. versuchte in der Jahrhundertmitte, seine Herrschaft bis tief in den Süden auszudehnen mit dem Ziel, auch das Papsttum in seine Abhängigkeit zu bringen. Nach dem Tod König Lothars von Italien 950 rückte Berengar an seine Stelle; um seine Position rechtlich zu stärken, versuchte er die Königinwitwe Adelheid mit seinem Sohn Adalbert zu verheiraten. Adelheid von Burgund, die rechtmäßige Erbin, sandte einen Hilferuf an Otto I. Der König brach daraufhin umgehend zu seinem ersten Italien-Zug auf, drang ohne Widerstand in die lombardischen Provinzen ein, gründete hier die Markgrafschaften Verona und Aquileja – das spätere Friaul –, ließ sich zum König des Langobardenreiches erheben und nahm Adelheid von Burgund selbst zur Gemahlin. Otto I. schloß bereits bei diesem ersten Italien-Zug mit den großen Handelsstädten Verträge ab, vor allem mit Venedig; er gewährte der Lagunenstadt auf »unabsehbare Zeiten« völlige Handelsfreiheit im Reich. Seitdem entstanden die bald berühmten Handelsstraßen über die Alpenpässe. Die zweite Italien-Fahrt Ottos I. wurde sein Krönungszug. Ausgelöst wurde sein Entschluß durch einen Hilferuf des Papstes, der sich harten Angriffen Berengars ausgesetzt sah. Der Herrscher traf im Jahr 961 in Pavia ein, feierte hier das Weihnachtsfest, zog Anfang 962 weiter, legte vor den Toren Roms das feierliche Versprechen ab, die Rechte Roms zu achten und die Stadt zu verteidigen, und wurde am 2. Februar 962 zum Kaiser gekrönt. Im Jahr darauf nahm der Kaiser Berengar gefangen und brachte ihn nach Deutschland.

Mit der Kaiserkrönung hatte Otto I. die karolingische Tradition aufgegriffen, hatte die Rechtsnachfolge des Imperiums Karls des Großen angetreten. Durch die Kaiserwürde wurde ihm auch die Oberhoheit über das Patrimonium Petri zuteil, die Schutzherrschaft über die Kirche. Kaum allerdings befand sich Otto I. in diesen Fußstapfen, mußte auch er die charakteristisch ›römischen Erfahrungen‹ sammeln. Der Papst hatte ihm zwar den Treueid geleistet, jedoch offensichtlich nur, um ihn baldmöglichst zu brechen. Auf einer Synode in Rom enthob ihn der Kaiser seines Amtes und zwang die Römer zu dem ausdrücklichen Eid, niemals ohne seine Zustimmung einen Pontifex zu wählen. Nach der Neuwahl kehrte Otto I. nach Oberitalien zurück, mußte jedoch bereits nach wenigen Monaten wieder an den Tiber. Die Römer hatten sich mit Waffengewalt empört und einen eigenen Papst eingesetzt. Otto rückte mit seinem Heer vor die Mauern, daraufhin unterwarfen sie sich. Das Wechselspiel hielt sich über Jahre. Seine letzte Rom-Fahrt unternahm Otto I. im Spätsommer 966, wiederum wegen eines Aufruhrs in Rom. Kaum wurde in der Stadt bekannt, daß die Deutschen in der Toskana ständen, bekam die kaiserliche Partei die Oberhand; allerdings hatte Otto I. das sichere Empfinden, daß die Zuneigung der Römer eine Frage der geographischen Distanz sei. Er ließ die Anführer hinrichten, etliche Patrizier verbannen und den namhaftesten von ihnen zuvor öffentlich auspeitschen.

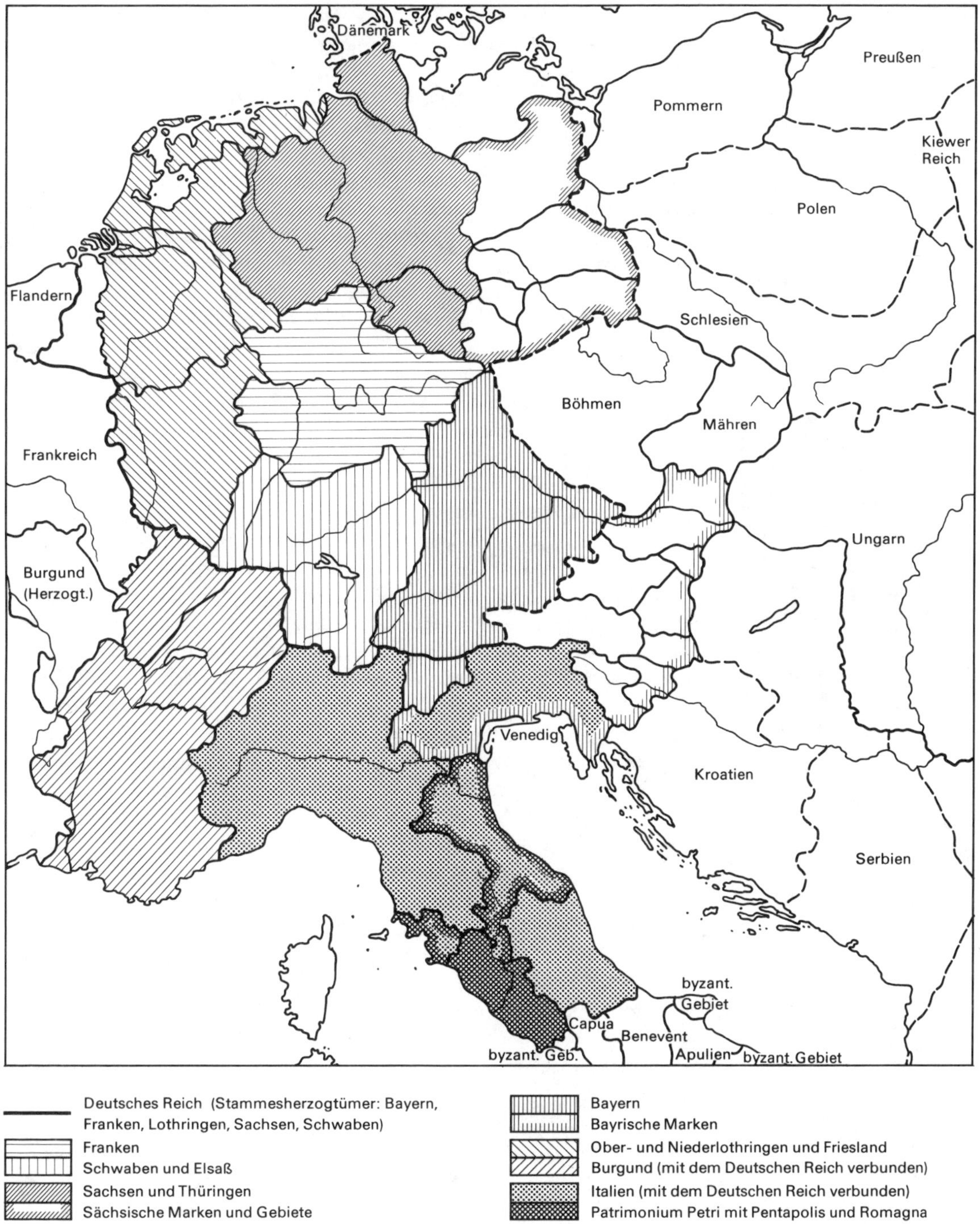

Mitteleuropa zur Zeit der sächsischen Kaiser

Die wesentlichen Kennzeichen der italienischen Reichspolitik traten damit schon unter der Regierung desjenigen Herrschers hervor, der sie eingeleitet hatte: Italien, jenes Land, dessen Friede und Einheit durch keinen legitimen König gewahrt wurde, rief durch seine Fürsten, rief durch den Papst den deutschen Herrscher über die Alpen zu Hilfe. Der Kaiser kam als Friedensfürst, doch er mußte diesen Frieden mit dem Schwert erringen, gegen die Parteien des Landes. Er wurde zum Schutzherrn der Kirche, doch auch sie mußte er mit dem Schwert schützen und überdies mehr als einmal gegen Feinde, die aus ihrem Raum selbst kamen. Völlig überraschend dürften die Zustände in Italien für Otto den Großen nicht gewesen sein, obgleich nicht auszuschließen ist, daß ihm einige seiner skeptischen Bemerkungen erst von späteren Chronisten in den Mund gelegt worden sind. Schon vor seiner Krönung soll er, wie berichtet wird, seinem Schwertträger gesagt haben: »Wenn ich im Petersdom bete, halte das Schwert unverrückbar über meinem Haupt! Oft genug hat sich, wie du weißt, meinen Vorfahren gegenüber die Treue der Römer als windig erwiesen. Ein kluger Mann sieht ferne Gefahren voraus, damit sie ihn nicht unverhofft überrumpeln. Später, wenn wir wieder auf dem Monte Mario sind, magst du beten, soviel du willst!«

Krönung Heinrichs II.
durch die Hand Gottes
Miniatur in dem Regensburger
Sakramentar für den Kaiser,
zwischen 1002 und 1014

Zweifellos wurden die deutschen Kaiser und Ritter von Hunderttausenden in Italien als Befreiung und Schutz empfunden; trotzdem erhielt in diesem 10. Jahrhundert die Bevölkerung des Südens mit der italienischen Reichspolitik auch Gelegenheit, ihren Haß gegen Otto den Großen, jenen »fremden Fürsten und sein Barbarenheer« zu entwickeln und ihn von einem Kaiser auf den anderen zu übertragen. Ein italienischer Mönch, der das Strafgericht des Kaisers miterlebt hatte, notierte in seiner Chronik den Jammerruf: »Weh dir, Rom, von wievielen Völkern bist du bedrückt und zertreten worden! Der Sachsenkönig hat dich genommen, deine Völker spüren das Schwert, deine Kraft ist vernichtet. Einst warst du die Mutter, jetzt bist du die Tochter geworden; deine Macht ist dahin. Du hast das Szepter und die höchste Gewalt gehabt, aber vom Herrscher der Sachsen bist du geplündert und arg gebrandschatzt. Weh dir, leoninische Stadt! Schon längst warst du erobert, jetzt hat dich der Sachsenkönig in Verlassenheit gestürzt.«

Otto der Große hatte Italien weder unterworfen noch zertreten. Er hatte bei Antritt seiner Herrschaft nicht beabsichtigt, je über die Alpen zu ziehen. Doch für ihn war schließlich dieses Reich im Süden nichts weiter als ein Vehikel, um das Reich der Deutschen aus einem gebrechlich lockeren Verband umzugestalten zu einer Staatsschöpfung, die jenem Einheitswillen Rechnung trug, der die ostfränkischen Stämme und ihre Herzöge dazu getrieben hatte, im Jahr 919 den Sachsenfürsten Heinrich I. zu bitten, die Königswürde des Deutschen Reiches anzunehmen.

Die Stunde des Reiches

Ein altes Lied, das früher oft gesungen wurde, beginnt mit den Worten: »Herr Heinrich sitzt am Vogelherd, recht froh und wohlgemut ...« In dieser Form wurde die Legende ins gefällig Melodische gebracht, daß Herzog Heinrich bei einer Jagdhütte, wo er »mit lockeren Knaben Vögel im Netz fing«, von den Boten angetroffen wurde, die ihm ausrichteten, die Franken und Sachsen hätten ihn zum deutschen König gewählt. Am zuverlässigsten ist ohne Zweifel die nüchterne Skizze Widukinds von Corvey in seiner ›Sachsengeschichte‹. Eberhard, der Bruder des ostfränkischen Königs Konrad I., »versammelte die Fürsten und Ältesten der Franken (im Mai 919) zu Fritzlar und rief vor dem versammelten Volk der Franken und Sachsen Herzog Heinrich zum König aus. Als diesem vom höchsten Kirchenfürsten – das war damals Erzbischof Heriger von Mainz – Salbung und Diadem angeboten wurden, lehnte er zwar nicht ab, nahm aber auch nicht an: ›Es genügt mir‹, sagte er, ›vor meinen Ahnen vorauszuhaben, daß ich König heiße, erwählt durch Gottes Gnade und eure Liebe; Salbung und Krone möge Würdigeren als Uns zuteil werden, solcher Ehre halten wir Uns nicht für wert.‹ Solche Worte fanden bei allem Volk lauten Beifall; sie hoben die Rechte zum Himmel empor und grüßten den neuen König immer wieder mit brausenden Heil- und Namensrufen.«

Heinrich I. konnte nach einiger Zeit auch die beiden süddeutschen Stämme zur Anerkennung bringen. Am hartnäckigsten erwies sich Arnulf von Bayern, der vom Adel seines Stammesgebiets und einigen Nachbarn ebenfalls zum ›Rex in regno Teutonicorum‹ gewählt worden war. Im Jahr 923 beugte sich auch Herzog Giselbert unter die Oberhoheit Königs Heinrichs und brachte dadurch Lothringen ins Deutsche Reich. Der König baute während seiner Herrschaft Lothringen nach Norden hin weiter aus, so daß schließlich auch ganz Friesland Teil des Reiches wurde. Bei der Grenzsicherung entwickelte Heinrich I. größte Energie und Beweglichkeit. Durch einen siegreichen Kriegszug gegen den dänischen König stellte er die Mark Schleswig zwischen Eider und Schlei wieder her, unternahm einen Expansionszug gegen die Wenden und unterwarf 929 durch einen Zug nach Böhmen den Přemyslidenherzog Wenzel I.

Belagerung und Übergabe einer Stadt
Miniatur in dem St. Gallener ›Psalterium Aureum‹, letztes Drittel des 9. Jahrhunderts

Ein Diplomatenstück eigener Art gelang ihm mit dem Waffenstillstand, den er 926 gegen laufenden Tribut für neun Jahre mit den Magyaren abschloß. Die Vereinbarung diente ihm lediglich zur systematischen Vorbereitung einer Entscheidungsschlacht. Im selben Jahr erließ er zu Worms eine Reichsverordnung für den Bau eines Netzes von Fluchtburgen. Zumal entlang der Elbe und Saale sowie an den wichtigsten Paßstraßen des Harzes entstanden gesicherte Plätze. Sämtliche Bischofssitze und Pfalzen wurden durch eigene Befestigungen verstärkt. Die Fluchtburgen wuchsen durch Zuzug von Handwerkern ständig an. König Heinrich ließ in ihnen Markt und Gericht halten. So wurde das Fundament gelegt für solche Städte wie Quedlinburg, Merseburg oder Goslar. Durch die Errichtung der Burg Meißen im Jahr 929 gewann Heinrich I. auch die Sorbische Mark Karls des Großen dem Reich zurück.

Neben den Fluchtburgen bereitete er das Land durch den Aufbau eines stattlichen, geschulten Reiterheeres militärisch vor, um der Kampfweise der Ungarn ebenbürtig zu werden. Schon nach sieben Jahren, 933, verweigerte er der magyarischen Gesandtschaft den fälligen Tribut. Wie erwartet, rückten die Ungarn mit einem gewaltigen Heer ins Reich. Das entscheidende Treffen fand an der Unstrut statt: »Nach der siegreichen Heimkehr zollte König Heinrich, wie es sich gehörte, der Ehre Gottes auf alle Weise Dank für den ihm von Gott verliehenen Sieg über die Feinde, gab den Tribut, den er sonst den Ungarn hatte geben müssen, nun der Kirche und bestimmte ihn zu Schenkungen an die Armen. Das Heer aber jubelte ihm zu als dem Vater des Vaterlandes, seinem Herrn und Gebieter und Kaiser; der Ruhm seiner Macht und Herrlichkeit drang weithin zu allen Völkern und Königen. Deshalb besuchten ihn auch die Großen aus anderen Königreichen, um Gnade vor seinen Augen zu finden, und verehrten ihn aufs höchste, als sie die Treue dieses herrlichen, großen Mannes erkannt hatten.« Das Lob des Chronisten klingt mehr als kräftig, verständlich wenn man in Rechnung stellt, daß die Magyaren nach dieser Niederlage volle zwei Jahrzehnte keine Raubzüge mehr unternahmen, wenn man überdies bedenkt, daß Widukind selbst ein Sachse war und außerdem als Hagiograph begonnen hatte. König Heinrich konnte jedoch in der Tat am Ende seiner sechzehnjährigen Regierungszeit die Versicherung seiner Nachbarn zur Kenntnis nehmen, daß er nicht nur der erste König des Deutschen Reiches gewesen war, sondern bewundert wurde als ›der Erste unter den Königen Europas‹.

Mythos und Ethos

Die römisch-deutsche Kaiserkrone: die Reichskrone Westdeutsche Goldschmiedearbeit, um 980

König Heinrich I. wurde in Quedlinburg begraben, in dem Dom, den er selbst hatte erbauen lassen. Der ›Städtegründer‹ war auch zum Gründer des Deutschen Reiches geworden. Mit seinem Namen bleibt die Geschichte der Deutschen für immer verbunden – nicht intensiver als mit aber Hundert anderen Namen, doch sicherlich um eine Spur eigentümlicher. Die Gründung des Deutschen Reiches für sich allein genommen dürfte weniger charakteristisch sein als der Einigungswille, der sich darin ausdrückt. Dieser Wille manifestierte sich unstreitig erst im Ansatz, bei der Wahl des Herzogs zum König, bei seinem Bemühen, die Stammestümer zusammenzuhalten und aneinanderzubinden – eine politische Tagesarbeit, die dem Gefühl einer allgemeinen Zusammengehörigkeit der Deutschen entsprang und mit deren Hilfe dasselbe Empfinden auch ununterbrochen gefördert und gestärkt wurde.

Die Deutschen hatten sich 919 in einer recht unsentimentalen Weise zusammengeschlossen. Um ihren ersten König und Herrscher entstand keine Aura der Verklärung, er besaß keine Eignung zu legendärer Überhöhung. Mythisch wurden andere ihrer Herrscher, mythisch wurde auch unübersehbar vieles von dem, was in den halb durchsonnten, halb verschatteten Randgebieten des politischen Hauptstroms siedelt; auch der Begriff ›Reich‹ ist teils mythisch, teils eschatologisch eingefärbt. Doch was diesen harten und gerade deshalb so faßlichen König besonders profiliert, ist seine Entschiedenheit, seine Tatkraft, von der die Deutschen häufig zu viel besitzen und die sie noch häufiger immer dann vergessen, wenn sie besonders darauf angewiesen sind.

Heinrichs I. Gemahlin Mathilde, Tochter des Herzogs Widukind, faßte am Totenbett des Königs eine Einsicht in Worte, die Wesentliches aus der Geschichte anklingen läßt: Keine Lehren, keine Erkenntnisse, die von den Fakten, den Leiden, den Tumulten abgehoben sind, sondern etwas, das zum Geschehen selbst gehört, zum flackernden Ereignis genauso wie zu seinem Ende – daß nämlich Resignation ebenso ein Prinzip unserer aller Selbstgewißheit ist wie die Verachtung dieser Resignation. Die Königinwitwe »rief ihre Söhne und Töchter zu sich und ermahnte sie: ›Prägt dies sorgsam eurem Gemüt ein: Fürchtet Gott und ehret in allen Dingen ihn, IHN, der solches geschehen lassen kann. Sich König und Herr zu nennen gebührt nur IHM, der solche Macht übt über arm und reich. Meidet den Zwist um vergängliche Hoheit, denn solches Ende wie hier nimmt jeglicher Ruhm dieser Welt, und glücklich ist nur, wer sich die unendliche Ewigkeit bereitet.‹«

Namensregister und Quellennachweise der Abbildungen

Mit Abb. sind die Abbildungen, mit Marg. die Marginaltexte bezeichnet. Die Zahlen verweisen auf die Seiten.

Bei der Beschaffung von Bildvorlagen halfen mit Anregungen und Auskünften: Vilma Frielingsdorf, Wilfried Göpel, Klaus Siebenhaar, alle Berlin.
Die Erlaubnis zur Wiedergabe von Originalen erteilten freundlicherweise die in diesem Verzeichnis genannten Archive, Bibliotheken, Museen, Sammlungen und Institutionen.
Die Vorlagen für die Bilddokumente stammen von:
Aachener Domschatz; Fotos: Ann Münchow, Aachen 709, 739, 742, 744; Rheinisches Bildarchiv, Köln 728 · Aachener Münster; Foto: Ann Münchow, Aachen 737 · Anderson, Rom 717 u. · Archiv des Propyläen Verlages, Berlin 22 u., 28, 37 u., 63 o., 64, 68, 69 o., 76, 83, 84, 85 o., 96, 105 u., 114, 118, 121, 125, 126, 139, 160 u., 164 o., 179, 180, 188 o., 197, 204 o. r., 204 u. l., 205 u., 211, 219, 223 u., 224, 228, 229 u., 234 u., 244, 270 u., 281, 311, 362, 365, 371, 386 u., 406 o., 418 o., 419, 424, 425, 437, 444, 452, 454 o., 458, 465, 471, 485, 504 o., 518, 544, 546, 601 u., 619, 624 o., 632, 671 u., 679, 689, 695, 697, 698, 701, 702 u., 710, 716, 721, 725 · Archives du Ministère des Affaires Etrangères, Paris 249, 265 · Archiv für Kunst und Geschichte, Berlin 21, 22 o., 23 o., 26 o., 169, 170, 171, 172, 173, 175, 177 u., 178, 182, 185, 186, 188 u., 190, 192, 193, 195, 196, 203 u., 204 u. r., 213 u., 214 u., 285 u., 346, 423, 426, 428 u., 447, 448 o., 454 u., 457, 459, 470 o., 472, 477 u., 484 o. · Archiv Gerstenberg, Frankfurt am Main 449 · Auswärtiges Amt, Bonn 32 u., 34, 65, 89, 252 u., 267 · Badisches Landesmuseum, Karlsruhe 492, 516 u. · BASF AG, Ludwigshafen 268 u. · Bayerische Staatsbibliothek, München 617, 652, 746 · Bayerische Staatsgemäldesammlungen, München 331 u., 375 u., 377, 605 o. · Bayerisches Armeemuseum, Ingolstadt 405 · Bayerisches Hauptstaatsarchiv, München 322 o., 326, 658 u., 722 · Bayerisches Nationalmuseum, München 514, 515 · Berlin-Museum; Fotos: Hans-Joachim Bartsch, Berlin 82, 212, 248, 269, 337, 367, 378 o., 461, 476 u. · Biblioteca Apostolica Vaticana 687 · Bibliothek der Heimoberschule Schulpforta 712 · Bibliothek der Humboldt-Universität, Berlin 397 · Bibliothek des Oberlandesgerichts Celle 651 · Bibliothèque Nationale, Paris 298, 430, 468, 486, 606, 645 o. · Bibliothèque Publique et Universitaire, Genf; Foto: François Martin, Genf 589 · Bildarchiv der Österreichischen Nationalbibliothek, Wien 238 o., 342, 466, 542 · Bildarchiv Foto Marburg 360 u., 478 u., 603, 614 u., 616 u., 669, 671 o. · Bildarchiv Preußischer Kulturbesitz, Berlin 58 o., 58 M., 60, 101 u., 107, 108, 109, 110 u., 111, 113 o., 119, 128 u., 129, 130, 131, 132, 133, 135, 136 u., 137, 138, 140, 143, 144, 145, 146, 147, 148, 150, 151, 152, 158, 159, 160 o., 161 u., 162, 163, 164 u., 166, 168 u., 198 u., 201 u., 206, 208, 215 u., 221 u., 222, 223 M., 225, 226 o., 227, 229 o., 232, 240, 246, 247, 250, 258 u., 260 u., 261, 274, 283, 285 o., 287, 288, 293, 300, 304, 305, 309, 310, 318 u., 327, 328, 329 o., 335 u., 344 o., 369 o., 453 · Bilderdienst Süddeutscher Verlag, München 237 · Dr. Bleckwenn, Biblio-Verlag 448 u., 456, 462, 473, 484 u., 504 u. · Blenheim Palace, Oxon., Collection of Art 494 · British Museum, London 477 o. · Bundesarchiv, Frankfurt am Main 296 · Bundesarchiv, Koblenz 183 · Bundesarchiv, Militärarchiv 260 o. · Burgerbibliothek, Bern 678, 693, 731 · Chebské Muzeum, Eger 543 · Clemens-Sels-Museum, Neuß; Foto: Rheinisches Bildarchiv, Köln 433 · Corpus Christi College, Cambridge 708 · Dana-Bild 92 · J. H. Darchinger IFJ, Bonn 57 · Dena-Bild, Berlin 45 · Deutsche Bundesbank, Frankfurt am Main 520 u., 723, 735 · Deutsche Fotothek, Dresden 102 u., 373 · Deutsche Staatsbibliothek, Berlin 657 · Deutscher Verein für Kunstwissenschaft, Arbeitsstelle CVMA Stuttgart 664 u. · Deutsches Klingenmuseum, Solingen; Foto: Bruno Unterbühner, Solingen-Wald 579 · ›Die Zeit der Staufer‹, Katalog II der Stuttgarter Ausstellung 707, 711, 726, 729 · dpa-Bild 38, 46 u., 48, 50, 51 o., 55 u., 56, 74, 75 o., 99, 106 · Franziskanerkloster St. Anna München 580 o. · Fratelli Alinari, Florenz 660, 688 · Galerie Werner Kunze, Berlin 174 · Galleria degli Uffizi, Florenz 526 · Galleria del Levante, Mailand 240 · Geheimes Staatsarchiv Preußischer Kulturbesitz, Berlin; Fotos: Bildarchiv Preußischer Kulturbesitz 221 o., 284, 295 u., 319, 339, 355, 394, 408, 414, 416 u., 420 o., 429, 431 u., 435, 479, 505, 508 · Gemäldegalerie der Prager Burg; Foto: Prokop Paul, Prag 563 u. · Germanisches Nationalmuseum, Nürnberg 313, 418 u., 506, 516 o., 531 u., 535, 553, 587 u., 595, 663, 666, 686 · Graf Harrach'sche Gemäldegalerie, Rohrau 487 u., 509 o. · Graphische Sammlung Albertina, Wien 493 o., 536, 555, 556, 558, 631, 650 o. · Hamburger Kunsthalle; Foto: Ralph Kleinhempel, Hamburg 381, 398 o., 575 · Hauptamt für Hochbauwesen Nürnberg, Bildstelle und Denkmalsarchiv 684, 714 · Haus-, Hof- und Staatsarchiv, Wien; Fotos: Otto, Wien 236, 238 u., 252 o., 282 o., 320, 341 u., 383, 389, 390, 392 u., 395 o., 409 o., 440, 441, 443, 487 o., 496, 509 u., 517, 519, 557, 562, 566, 574, 623, 645 u., 648, 685 · Dr. Ernst Hauswedell & Ernst Nolte, Hamburg 489, 590 u. · Heeresgeschichtliches Museum Wien 343 o., 353, 387, 391 o., 392 o., 413 o., 420 u., 442 · Hessische Landesbibliothek, Fulda 724 · Hessisches Landesmuseum, Darmstadt 215 o. · Hessisches Staatsarchiv, Marburg 552 o. · Historisches Museum Bern 644 · Historisches Museum der Stadt Wien 467, 478 o., 512, 513 u., 528, 607 · Historisches Museum Frankfurt am Main 340, 343 u., 344 u., 348, 357, 384 u., 398 u., 406 u. · Kölnisches Stadtmuseum; Foto: Rheinisches Bildarchiv, Köln 738 · Kulturhistorisches Museum Stralsund 499 · Kungl. Arméförvaltsingen, Stockholm; Foto: Svenska Porträttarkivet 550 · Kunstbibliothek Preußischer Kulturbesitz, Berlin; Fotos: Karl Heinrich Paulmann, Berlin 155 u., 199, 204 o. l., 207, 209, 210 o., 218, 262, 263, 301 o., 428 o., 431 o., 451, 469 u., 475, 480, 483, 497, 502 o. · Kunsthistorisches Museum Wien 439, 463, 529 o., 563 o., 578, 599, 605 u., 655, 661, 736, 748 · Kunstmuseum Basel 523, 621, 624 u. · Kunstmuseen Krefeld 338 · Kunstmuseum der Stadt Düsseldorf; Foto: Landesbildstelle Rheinland 363 · Landesarchiv Berlin; Foto: Silva Hahn, Berlin 198 o.; Foto: Helga Simon, Berlin 356 u. · Landesbildstelle Berlin 36 u., 61, 62 u., 81, 95 o., 97, 112, 116, 122, 124, 127, 201 o., 203 o., 214 o., 217, 220, 230, 234 o. · Landeshauptarchiv Koblenz 694 u. · Lichtbildwerkstätte ›Alpenland‹, Wien 413 u., 450 · Werner Lüning, Lübeck, für Punch-Library, London 157 · Magyar Nemzeti Múzeum, Budapest 647 · Mainfränkisches Museum, Würzburg; Foto: Eberhard Zwicker, Würzburg 446, 576 o., 611 · Märkisches Museum, Berlin 270 o., 366 u., 378 u., 380, 404, 427, 622 · Klaus Märtens, Berlin, mit Erlaubnis der Witwe des Künstlers 167 · Martin-von-Wagner-Museum, Würzburg 409 u. · MAS, Barcelona 584 u. · Leonard von Matt, Buochs 588 · Mauritshuis, Den Haag; Foto: A. Dingjan, Den Haag 507, 568 · Metropolitan Museum of Art, New York 743 · Mittelrheinisches Landesmuseum, Mainz 692 · Münchner Stadtarchiv 577 · Münchner Stadtmuseum 376, 576 u. ·

Musée National du Louvre, Paris; Foto: Leonard von Matt, Buochs 531 o. · Musei Civici Brescia 591 · Museo Civico, Mailand 715 · Museo Civico, Turin 490 · Museo del Prado, Madrid 534 o., 545, 602 · Museum der Stadt Lauingen a. d. Donau; Foto: Ludwig Zimmermann, Lauingen 601 o. · Museum der Stadt Regensburg; Foto: Erhard Daniel, Regensburg 570; Foto: Wilkin H. Spitta, Bernhardswald 672 · Muzeum Hlavního Města, Prag 347, 540, 564, 662 o., 673 · Natali, Ravenna 717 o. · Nationale Forschungs- und Gedenkstätten der klassischen deutschen Literatur, Weimar 379, 382 · National Gallery London 522 · National Portrait Gallery, London 567 · Niedersächsische Staats- und Universitätsbibliothek, Göttingen 674, 694 o. · Nordiska Museet, Stockholm 498 o. · Öffentliche Bibliothek der Universität Basel 590 o., 609 · Österreichische Galerie, Wien 415 · Österreichische Nationalbibliothek, Wien 594, 608, 612, 641, 646, 649, 659, 682, 690, 740 · Petit Palais, Genf; Foto: Ernst-Barlach-Haus, Hamburg 275 · Photographie Giraudon, Paris 388, 488, 626 o., 691 · Presse- und Informationsamt der Bundesregierung, Bundesbildstelle, Bonn 35, 102 o. · Radio Times Hulton Picture Library, London 493 u., 551, 630, 634, 637, 643 o. · Rheinisches Bildarchiv, Köln 359, 583 · Rijksmuseum Amsterdam 513 o., 533, 582 · Royal College of Surgeons of England, Downe, Orpington 366 o. · Sächsische Landesbibliothek, Dresden 713 · Sammlung Dr. Günter Böhmer, München 361, 386 o., 400 · Sammlung Dr. Hohn, Mönchengladbach; Fotos: Theo Windges, Krefeld 24 u. · Sammlung Lankheit, Karlsruhe 258 o. · Sammlung Georg Schäfer, Schweinfurt 349 · Volker Schadach, Goslar 286 · Helga Schmidt-Glassner, Stuttgart 732 · Schweizerisches Landesmuseum, Zürich 520 o. · Staatliche Graphische Sammlung München 369 u., 616 o., 642 · Staatliche Kunsthalle Karlsruhe 307 o., 635 o. · Staatliche Kunstsammlungen Dresden 165, 356 o., 385, 438, 534 u., 597 · Staatliche Kunstsammlungen Weimar 587 o. · Staatliche Luther-Halle, Wittenberg 596, 618 · Staatliche Münzsammlung München 374, 529 u., 552 u., 633, 677 · Staatliche Museen Preußischer Kulturbesitz, Berlin, Gemäldegalerie 434 · Staatliche Museen Preußischer Kulturbesitz, Berlin, Kupferstichkabinett 470 u., 476 o., 527, 549, 573, 613 u., 620, 635 u. · Staatliche Museen Preußischer Kulturbesitz, Berlin, Skulpturenmuseum 586, 650 u. · Staatliche Museen zu Berlin, Kupferstichkabinett und Sammlung der Zeichnungen 391 u. · Staatliche Museen zu Berlin, Münzsammlung 399 u., 445, 460 · Staatliche Museen zu Berlin, Nationalgalerie 26 u. · Staatliche Schlösser und Gärten Potsdam-Sanssouci 436 · Staatsarchiv für Oberbayern, München 593 · Staatsarchiv Hamburg 702 o. · Staatsarchiv Nürnberg 627, 628, 665 · Staatsarchiv Sigmaringen 372, 412, 554 o. · Staatsbibliothek Bamberg, Graphische Sammlung 580 u., 705 · Staatsbibliothek Preußischer Kulturbesitz, Berlin 407, 416 o., 626 u., 675, 676, 727 · Staats- und Stadtbibliothek Augsburg 613, 636, 654 · Stadtarchiv Münster; Foto: Hermann Greve, Münster 548 · Stadtarchiv Nördlingen, Graphische Sammlung 375 o. · Stadtbibliothek Mainz; Foto: Studio Popp, Mainz 638 · Städtisches Museum Wesel; Foto: Kreisbildstelle 664 o. · Stadtmuseum Ludwigshafen 350 · Stadt- und Landesbibliothek Wien; Foto: Lichtbildwerkstätte ›Alpenland‹, Wien 395 u. · Stadt- und Universitätsbibliothek Frankfurt am Main; Foto: Herzog-August-Bibliothek, Wolfenbüttel 530 · Stadt- und Universitätsbibliothek Leipzig 511 · Stadt- und Universitätsbibliothek Mainz; Foto: Studio Popp, Mainz 585 · Statens Historiska Museum, Stockholm 718 · Stedelijk Museum Amsterdam 177 o. · stern tv, Hamburg 39, 110 o. · Stiftsbibliothek St. Gallen; Foto: Carsten Seltrecht, St. Gallen 747 · Stiftung Oskar Reinhardt, Winterthur 399 o. · Süddeutsche Zeitung, München 53 u. · Sven Simon, Bonn 36 o., 53 o. · Tiroler Landesmuseum Ferdinandeum, Innsbruck 598, 643 u., 656 · Ullstein Bilderdienst, Berlin 23 u., 29, 30, 31, 32 o., 33, 37 o., 40, 42, 43, 44, 46 o., 51 u., 52, 55 o., 58 u., 59, 62 o., 63 u., 66, 67, 69 u., 70, 71, 72, 75 u., 77, 78, 79, 80, 85 u., 86, 87, 88, 90, 91, 94, 95 u., 98, 100, 101 o., 103, 104, 105 o., 105 M., 113 u., 115, 117, 123, 128 o., 136 o., 149, 153, 155 o., 156, 161 o., 168 o., 176, 181, 184, 191, 200, 202, 205 o., 210 u., 212 (Unterschrift), 213 o., 216, 223 o., 226 u., 235, 239, 241, 242, 243, 245, 251, 254, 255, 256, 257, 259, 264, 266, 268 o., 271, 272, 273, 277, 278, 279, 280, 282 u., 291, 292, 294, 295 o., 297, 299, 301 u., 303, 306, 307 u., 308, 312, 314, 315, 317, 318 o., 322 u., 323, 325, 329 u., 330, 331 o., 334, 335 o., 336, 341 o., 345, 351, 354, 358, 364, 384 o. · Universitätsbibliothek Erlangen-Nürnberg, Handschriftenabteilung 532, 653 o. · Universitätsbibliothek Heidelberg 615 · Universitätsbibliothek Innsbruck 653 u. · Universitätsbibliothek Jena 741 · Universitätsbibliothek Prag; Foto: Státní Knihovna, Prag 662 u. · Universitäts- und Landesbibliothek Halle 584 o. · Universitetets Konstmuseum Uppsala 547 · Verwaltung der Staatlichen Schlösser und Gärten, Berlin, Schloß Charlottenburg 360 o., 469 o., 498 u., 502 u., 524 · Volkswagenwerk AG, Wolfsburg 47 · Wartburg-Stiftung, Eisenach; Foto: Klaus G. Beyer, Weimar 393 · Westfälisches Landesmuseum für Kunst und Kulturgeschichte, Münster 537, 554 u., 569, 625, 706 · Windsor Castle; Foto: A. C. Cooper Ltd., London 410 · Hans-Jürgen Wohlfahrt, Ratzeburg 25 · Württembergische Landesbibliothek, Stuttgart 700 · Württembergisches Landesmuseum, Stuttgart 658 o. · Zentralbibliothek Luzern 696 · Zentralbibliothek Zürich 610 · Zentrales Staatsarchiv Merseburg 401.

Die Landkarten sind den Bänden der ›Propyläen Geschichte Europas‹ entnommen, mit Ausnahme der Karten auf den Seiten 474, 680/81, 699, 719, 745, die Erhard Bechtluft, Berlin, nach Angaben von Ferdinand Schwenkner gezeichnet hat.
An der Zusammenstellung der Marginaltexte wirkte mit: Eva Klesatschke.

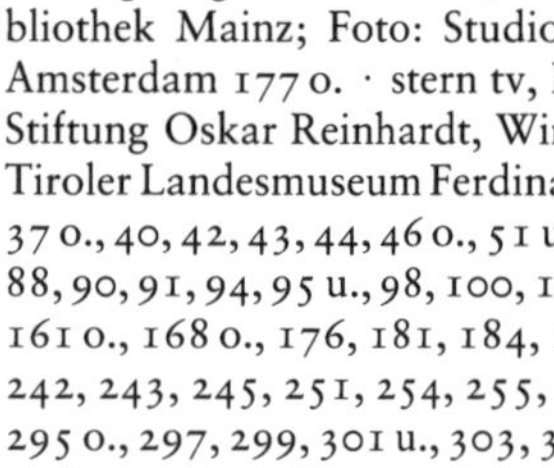

Für Seite 174:
Die Reproduktion zeigt den ›Aufstand der Nullen‹, eine Zeichnung von Werner Heldt, 1933

Für Seite 277:
Der Bündnisvertrag von 1879 zwischen dem Deutschen Reich und Österreich-Ungarn

Propyläen Verlag

Offsetreproduktionen Repro-Gölz, Ludwigsburg
Satz und Druck Süddeutsche Verlagsanstalt und Druckerei GmbH, Ludwigsburg
Buchbinder May & Co., Darmstadt

Printed in Germany 1979
ISBN 3 549 05801 2

4. Auflage